미국주식 S&P 500 가이드북

인베스테인먼트 지음

무한

해외주식 잔액 10조 원 시대, 당신의 선택은?

해외주식 투자 10조 원 돌파!

2017년 12월 12일 한국예탁결제원 통계에 의하면 11월 말 기준 국내 투자자의 해외 주식 직접투자 잔액은 10조 1,928억 원에 달하며, 이는 작년 말 잔액과 비교할 때 55%나 증가한 수치이다. 국내 주식 시장의 기대수익률 하락, 산업 전반에서 중국의 추격 등 다양한 요인으로 인해 주식 투자자들은 해외로 눈길을 돌리고 있으며, 특히 대주주 요건 및 금융소득 종합과세의 강화는 고액 자산가들의 관심을 해외로 돌리고 있다.

그중 투자자들의 미국시장에 대한 관심은 단연 압도적이다. 한국예탁결제원에 따르면 11월 기준 외화증권 중 주식 투자 비중이 가장 높은 곳은 미국이며 약 40.3%에 달한다. 현재 일부 투자자들이 미국주식 투자를 통해 큰 수익을 얻고 있음에도 불구하고 대부분 국내외 투자자는 언어라는 진입장벽, 시차, 부족한 정보와 콘텐츠로 인해 선뜻 미국주식시장에 발을 내딛지 못하고 있다. 현재 미국은 전 세계 GDP의 25%, 주식시장 시가 총액의 54%, 채권 시장의 40%를 차지하고 있다. 만약 미국시장을 외면하고 한국만 투자하고 있다면 밥상 위에 차려진 잘 구워진 생선의 몸통은 버리고 뼈나 지느러미만 취하는 것이나 다름없다.

그러나 투자자들의 관심에 비해 미국시장 전반을 분석하고, 다양한 정보를 폭넓게 얻을 방법은 찾기 힘든 것이 현실이다. 이런 현실은 소수 종목에 포트폴리오를 편중시켜 분산투자를 원하는 투자자들의 요구를 충족시키지 못하고 있으며, 심지어 정확하지 못한 정보로 올바른 투자 판단을 방해받는 경우도 있다. 현재 미국주식 투자에 관련된 한국어 정보를 얻는 방법은 여전히 제한적인 것이 현실이다. 이런 척박한 현실이 책을 집필하게 된 계기이며, 이제 국내외 투자자들이 이 가이드북을 미국주식 투자의 나침반으로 삼고 자국 편향주의를 과감히 던져버리면서 미국주식 투자에 도전할 때라고 생각한다.

가능성이 무한하고 매년 끊임없이 성장하는 시장은 미국이다.
미국에서 세계를 선도하는 종목을 찾고 과감하게 투자하라!

S&P500에 상장된 기업들은 각 분야에서 글로벌 1위를 차지하는 기업들이며, 아마존(AMZN), 구글(GOOGL)과 같이 글로벌 혁신을 이끌어 가는 기업들이 상장되어 있다. 각 분야 1위 기업들은 전 세계 시장에서 부동의 위치를 차지하며 주주들에게 이익을 돌려주고 있다. 코카콜라(KO), 존슨 앤드 존슨(JNJ), 애플(AAPL), 록히드 마틴(LMT), 액티비전 블리자드(ATVI), JP모건(JPM) 등 S&P500에 포함된 기업들은 전 세계를 무대로 꾸준한 수익을 올리고 있으며, 장기간에 걸친 가격 상승과 높은 배당을 통해 주주들에게 부를 제공하고 있다. 한 예로 코카콜라(KO)의 경우 전 세계 음료 시장의 25%를 차지하고 있으며 수십 년간 배당을 인상 지급하는 동안 11번의 주식분할을 통해 막대한 부를 주주들에게 선사하였다.

S&P500에 속한 500개 기업의 2017년 기준 연초 대비 평균 주가 상승률은 17.09%였으며, 상위 50개 기업의 평균 상승률은 68.45%(최대 상승률은 132.72%, 최대 하락률은 -53.56%)이다. 전 세계 시가총액 1위의 초대형주인 애플(AAPL)은 2017년 51.10%, 아마존(AMZN)은 55.82%의 수익률을 자랑하고 있다. 아무리 적은 투자 금액이라도 우량 기업에 투자하여 꾸준한 분기 배당을 통한 '복리', 성장을 통한 '주가 상승', 가격 상승으로 인한 '주식분할' 이 3가지의 조합이 잘 이루어진다면 좋은 주식을 황금으로 바꾸는 마이더스의 손을 가진 21세기의 연금술사가 될 수 있다.

미국주식 투자 무엇이 문제이고, 무엇을 해야 하는가?

'정부 정책에 맞서지 마라', '떨어지는 칼날은 잡지 마라', '소문에 사고 뉴스에 팔아라', '먼저 사고 난 뒤 물어보고 먼저 팔고 난 뒤 물어봐라' 등의 수많은 주식 격언과 용어가 투자자들을 현혹하고 있다. 이럴 때 투자자들은 과연 무엇을 봐야 할까? 무엇보다도 가장 기본인 개별 기업들의 본질을 봐야 한다.

『미국주식 S&P500 가이드북』은 기업들의 본질을 있는 그대로 볼 수 있으며 미국주식에 투자하는 모든 이들은 필수적으로 보유해야 할 책이라고 감히 말하고 싶다. 미국주식에 투자하기 전 책에 나와 있는 관련 기업을 한 번이라도 살펴보고 투자한다면 보다 좋은 투자수익률을 올릴 수 있을 것이다.

옛말에 아는 만큼 보인다고 했다. 자신이 투자하는 회사에 대해 알고 있고 믿음을 가진다면 온갖 루머나 단기 악재에도 과감히 매수해서 수익을 낼 수 있으며, 자신이 투자한 기업이 돌이킬 수 없는 선택을 한다면 과감히 매도하여 더 큰 손실을 줄일 수 있다. 가장 중요한 것은 바로 투자하는 기업을 제대로 안다는 것과 기업의 정확한 정보를 획득하는 것이며, 이 책이 그런 노력과 수고를 일정 부분 덜어줄 것이다.

지금이라도 알았다면 늦지 않았다.
늦었다고 생각할 때가 가장 빠른 때다.

우리가 매번 내뱉는 "누가 무엇을 투자해서 얼마를 벌었다던데~"라든지 "그때 그걸 샀었어야~"를 이젠 되풀이하지 말기 바란다. 소중한 오늘을 이런 푸념만 하며 보내는 것이 과연 맞는 것인지 한번 생각해보자. 우선 시작을 해보는 것이 중요하다. 무엇이든 시작이 어렵고 힘들지만 소중한 경험과 연륜이 쌓이면 모든 일이 쉬워지는 것이다.

이번 가이드북의 기획 의도는 해외에 투자를 원하지만 언어의 장벽 때문에 투자를 망설이는 미국과 한국에 있는 모든 투자자를 위해 가독성 좋은 한글로 정보를 제공하고, 신뢰성 있는 기업 IR(Investor Relations) 자료, 로이터(Reuter), 포브스(Forbes), 팩트셋(Factset) 등에서 제공하는 정확한 자료를 바탕으로 정보를 정리하여 미국주식 투자 판단에 도움을 주는 것이다. 미국주식시장을 대표하는 S&P500 기업 전반에 대한 분석과 미국주식 투자에 필요한 정보를 얻는 방법, 계좌 개설, 미국주식 투자에 관련된 세금, 2018년 유망종목들에 대한 분석과 전망을 통해 투자자들이 더욱 넓은 투자 기회를 얻을 수 있다고 본다.

끝으로 이 책이 나오기까지 많은 도움을 주신 '석관동 떡볶이' 하경호 이사님, 출판에 조언을 준『플랫폼 전쟁』의 김조한 작가님,『소음과 투자』,『밀레니얼머니』의 한지영 번역가님, 2018 CES 참가를 도와준『미국주식 투자지도 2018』안석훈 작가님, 파이낸셜 프리덤 블로그의 빈누님, 데이터 작업을 도와준 미래에셋대우 최광일 매니저와 시애틀 리께 다시 한 번 감사의 말을 전하고 싶다.

키움증권은 한국 주식시장 점유율 1위의 증권회사로 우뚝 선 데 이어, 최근에는 해외 주식투자 중개 부문에서도 두각을 나타내고 있습니다. 그러나, 한 가지 어려운 점이 있으니 투자 대상 국가가 지나치게 특정 국가에 편향되어 있다는 점입니다. 특히 세계 주식시장 시가총액의 50% 이상을 차지하는 미국시장에 대한 매매는 상대적으로 부진한 편이죠.

이런 현상이 나타난 이유는 '시차'로 인해 실시간 거래가 어렵다는 점이 크겠지만, 다른 한편으로는 미국에 상장된 기업들에 대한 투자의 정보가 너무 부족하다는 점도 걸림돌로 작용했습니다. 그러나 이런 아쉬움만 가지고 있기에는 '제4차 산업혁명'을 주도하는 미국 기업들의 매력이 너무 큽니다. 이런 수요에 부응해 당사 투자전략팀의 서상영 차장 등이 그 바쁜 중에서 짬을 내어 『미국주식 S&P500 가이드북』을 발간했다고 하니 참으로 기쁩니다.

이 책에는 애플(AAPL)이나 엔비디아(NVDA), 그리고 아마존(AMZN)처럼 4차 산업혁명을 주도하는 기업뿐만 아니라 존슨 앤드 존슨(JNJ), 넷플릭스(NFLX)처럼 전 세계인의 '먹고 생활하고 즐기는 모든 것'을 주도하는 미국 기업들에 대한 정보를 골고루 담고 있는 만큼 미국주식 투자자들에게 큰 도움이 될 것으로 기대됩니다. 특히 '배당 투자로 월세 만들기' 등 다양한 투자 사례까지 포함되어 있고, 미국주식 매매 시 소홀히 하던 세금과 관련된 내용까지 포함하고 있다는 면에서 단순한 소개서의 차원을 뛰어넘은 것 같아 무척 만족스럽습니다.

저희 키움증권 고객뿐만 아니라, 한국주식시장의 많은 참가자들이 이 책을 통해 보다 넓은 투자의 세계를 접하는 것은 물론, 자산 증식의 기회를 잡기를 바라는 마음입니다. 끝으로 책을 발간하는데 수고한 서상영 차장과 공동 저자들에게도 고맙다는 말씀을 전하는 바입니다.

— 이 현, 키움증권 대표 이사 이 현

현재 미국을 중심으로 꽃을 피우고 있는 4차 산업혁명의 주요 기업들은 글로벌 산업지형을 근본부터 흔들고 있으며, 비즈니스 모델 변화 속에서 주도권 경쟁은 더욱 심화되고 있습니다. 강력한 플랫폼을 바탕으로 비즈니스 생태계를 만들어가는 주도기업과 그렇지 못한 기업들의 실적은 극명하게 갈리는 모습입니다. 새로운 기술혁신으로 인해 부(富)가 재편되는 속도도 비약적으로 빨라졌습니다.

미국을 중심으로 등장한 글로벌 혁신기업들로 인해 글로벌 자산투자와 배분은 이제는 선택이 아닌 필수가 되었습니다. 그런데도 많은 투자자가 해외투자를 망설이는 가장 큰 원인은 언어와 정보의 부족함이 아닐까 합니다. 이번에 발간되는 한글판 『미국주식 S&P500 가이드북』은 정보의 부재와 언어의 장벽을 타파하고자 노력한 산물이라고 봅니다. 글로벌 자산 배분과 투자에서 나타난 많은 장벽 중 하나를 허무는 과정이라고 보며 기대가 큽니다.

출판에 참여한 저자들이 언급한 것처럼 주식 투자에는 많은 관점이 존재하지만 가장 중요한 기업의 본질을 보는 것입니다. 기업이 무엇을 생산하고, 어떤 강점이 있고, 어떻게 운영되는지를 안다면 정확한 투자판단을 내릴 수 있기 때문입니다. 또한, 실전 매매를 통한 노하우까지 보태진다면 금상첨화일 것입니다.

이 책은 계좌 개설 및 세금 등 기초부터 시작해서 인터넷을 통한 정보의 검색, 미국주식 투자의 가이드라인을 제시하고, 미국 500개 기업의 각종 정보를 집약해 담고 있습니다. 미국주식 투자에 관심 있거나 투자를 처음 시작한 분들부터 현재 투자를 진행하고 있는 모든 분에게 사막의 오아시스가 되길 바랍니다.

– 마득락, 미래에셋대우 대표이사 사장

우리가 영어를 공부하는 이유는 세상 대부분의 지식과 지혜가 영어로 쓰여 있기 때문일 것입니다.

전 세계 GDP의 95%를 기업이 생산합니다. 생산의 중심은 국가가 아니라 민간이며 특히 주식회사가 생산의 중심이 되었습니다. 실물시장인 GDP의 규모가 80조 달러인데 비해, 자산시장인 주식시장은 90조 달러 수준이며, 저자들이 밝힌 것처럼 모든 시장의 핵심은 결국 미국입니다.

주식시장이 경기를 선행하므로 꼭 주식투자를 하지는 않는다 해도 '미국주식시장'의 움직임은 알아야 할 필요가 있습니다. 경제가 어떻게 움직이는지, 어떤 업종이 성장하고 있는지, 어떤 기업이 시장을 선도하는지 알기 위해서는 미국시장의 이해가 반드시 필요합니다. 2011년 세계 최고 기업의 순위는 엑슨모빌, 애플, 페트로차이나였지만, 2017년 말 최고 기업은 애플, 구글(알파벳), 마이크로소프트로 바뀌었고, 2018년 1월말 현재 애플, 아마존, 마이크로소프트로 바뀌었습니다. 최고 기업의 변화만으로도 경기와 업종, 기업 경쟁력의 변화를 느낄 수 있습니다.

이 책은 놀랍습니다. 해외투자에 관한 대부분의 책들은 주로 한 개인의 성공담이나, 일부 기업(주식)들의 성공과 실패 이야기로 구성되어 있습니다. 해외여행을 가기 위해서는 몇 장의 사진이나, 재미있는 일화보다 싸게 비행기표를 사는 법, 지도를 보는 법과 같은 구체적인 가이드가 필요합니다.

이 책은 마치 지도처럼 때로는 사전처럼 상세하게 1) 왜 투자해야 하는지, 2) 어떻게 분석해야 하는지, 3) 무엇에 투자해야 하는지를 알려주고 있습니다. 책상에 꽂아 두고 찾아보는 좋은 가이드북이 될 것이라 생각됩니다.

– 최일, CFA 이안경제연구소 소장

흔히 재무 및 회계관련 석/박사 학위가 있거나, 관련 업무에서 경험을 많이 쌓은 분이 좋은 투자가가 될 가능성이 높다고 믿기 쉽습니다. 하지만 높은 수익률을 내는 투자처를 제때 찾아내는 것과 학문 연구와는 방향, 의미, 방법 등에 차이가 있습니다. 전자를 해결하기 위해선 정리되고, 방향을 잡아주는 안내서가 필요합니다. 『미국주식 S&P500 가이드북』은 국내외에 계신 투자자들이 미국에 상장되어 있는 500개 기업을 보는 눈을 갖게 만들고, 망망한 대해와 같은 투자의 길을 안내하는 등대이자 나침반과 같은 안내서가 될 거라 믿으며 추천하는 바입니다.

– Andrew Lee, USCPA

저자는 급변하는 글로벌 경제의 여러 분야를 두루 접하며 투자와 가치를 접목시켜온 미국주식 실전투자자입니다. 저의 후배이기도 한 그는 늘 성실하고 열정적인 자세, 인간에 대한 믿음으로 시장 경제의 움직임을 발 빠르게 분석해왔습니다. 그의 소중한 경험을 담은 이 서적이 각자도생(各自圖生)의 시대에 원원할 수 있는 지혜를 제공할 것임을 믿어 의심치 않습니다. 결국 투자도, 가치도, 미래도 '사람'이 만들어가는 것입니다. 냉혹한 금융 시장에서 그의 책 『미국주식 S&P500 가이드북』이 참으로 고마운 이유가 여기에 있습니다. 전 세계 경제의 중심지인 미국주식을 통해 금융의 가치를 '더불어 사는 삶'에서 구현하고자 하는 그의 노력에 경의를 표하며 항상 열정과 사람을 중심에 두는 투자자로 남기를 바라며 추천사를 갈음합니다.

– 도기천, CNB뉴스 편집국장

라스베이거스 풍류객으로 유명한 저자를 오랫동안 알고 지냈습니다. 저에게 찾아와 미디어 회사들에 대해 궁금하다 했던 기억이 납니다. 지금은 저보다 더 미디어 회사들의 깊은 곳까지를 잘 알고 실제로 투자까지 해서 많은 수익을 내시는 것으로 알고 있습니다.

책을 쓰시는 분들이 경험에서 묻어 나오는 사람들이 적다고들 합니다. 그래서 깊이가 없고, 이론에만 충실한 것 아니냐는 이야기도 합니다. 저는 하루에 얼마나 공부하고, 글을 쓰고 실행하는지를 미국 현지에서도 생생히 목격을 했습니다. 이 책을 보시고 지나치는 것은 어쩔 수 없지만, 이 책을 구매하신다면 정말 후회하지 않을 것이라는 것은 확신할 수 있습니다. 미국 회사들을 뉴스 기사에서만 접하셨다면 이 책의 목차를 통해 하나씩 다시 살펴보세요. 여러분의 미래가 바뀔 수 있습니다. 강력하게 추천합니다.

– 김조한, 곰앤컴퍼니 미래전략실 이사

이 책을 받아 들고 고민에 빠졌습니다.

"투자자들이 이 책을 어떻게 활용하면 좋을까?", "나라면 어떻게 활용할 수 있을까?"

방대한 정보와 자료는 기본이고, 주가 흐름의 맥을 알려주는 깊이까지 한번에 담아낸 『미국주식 S&P500 가이드북』! 제가 내린 결론은 1년 이상 미국주식 투자를 경험한 투자자들의 니즈를 충족할 수 있는 유일무이한 책이 될 것입니다. 『미국주식 S&P500 가이드북』은 『미국주식 투자지도 2018』과 더불어 많은 주식 투자자들에게 2018년 미국주식 투자의 길라잡이 역할을 톡톡히 해주리라 믿습니다.

– 안석훈, 『미국주식 투자지도 2018』 저자

추천사를 부탁받고 책을 보니 이런 책에 제가 오히려 추천사를 쓸 수 있다는 것이 영광입니다. 그동안 읽어본 투자 관련 서적들과는 차원이 다른 것 같습니다.

종교인에게는 바이블이 필수이고 공부하는 학생에게는 백과사전이 필수인 것처럼 이 책은 미국에 투자하시고자 하는 분들에게는 바이블과 백과사전과 같은 역할을 해줄 것이라고 믿습니다. 또한 원하시는 목적지까지 갈 수 있는 지도와 같은 역할을 해줄 것입니다.

무엇보다 방대한 자료를 모아서 간단하고 깔끔하게 정리한 것에 감탄할 뿐입니다. 이것은 미국증시에 대한 엄청난 내공이 없으면 불가능한 일입니다. 저도 이러한 책을 쓰고 싶은 마음뿐입니다. 이 책을 쓰신 저자들의 노고에 감사드립니다.

– 김형진, 미국 리폼드 대학 노동경제학 교수

목차

I. 미국주식 투자 가이드

Chapter 1. 미국주식 투자 기초

Chapter 2. 미국 배당주 투자하기

Ⅱ. 섹터별 편람

❶ 이 책은 기업 IR 자료를 중심으로 팩트셋(Factset), 로이터(Reuters), 포브스(Forbes) 등의 자료를 기반으로 하고 있으며, 2017년 3분기까지의 자료를 바탕으로 하였다.

❷ 스마트폰의 스캔을 이용하여 QR코드를 찍으면 해당기업의 IR 페이지로 이동할 수 있다. 주가차트는 2014년 1월 2일의 주가 및 지수를 100으로 하여 2018년 1월 20일까지 S&P500 지수와 해당 종목을 상대 비교하였다.

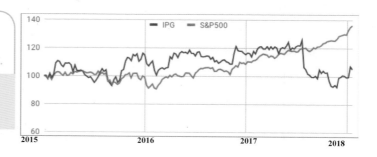

IPG
인터퍼블릭 그룹 오브 컴퍼니
Interpublic Group of Companies, Inc.

섹터 자유소비재 (Consumer Discretionary)
세부섹터 광고(Advertising)

❸ 이 책에 실린 자료들은 신뢰할 수 있을 만한 출처를 바탕으로 작성되었으나 시간, 제도의 변화 등으로 인해 불확실한 정보가 있을 수 있으므로 투자 시점에서 주요 투자 요소에 대한 확인을 필요로 한다.

❹ 이 책에 실린 견해들은 특정 회사 등의 견해가 아닌 필자들의 의견이며, 투자에 의한 최종 수익/손실은 투자자에게 귀속됨을 유의해주기 바란다.

❺ 본 책에 실린 S&P500 편입 종목은 2017년 12월 31일을 기준으로 작성되었으며, 2018년 이후 편입, 편출 사항은 다음과 같다. 새롭게 편입된 종목은 2019년 나올 책에서 다룰 예정이다.

	편입		편출	
날짜	티커	종목명	티커	종목명
4월 4일	MSCI	MSCI Inc	CSRA	CSRA Inc
3월 19일	TTWO	Take-Two Interactive	SIG	Signet Jewelers
	SIVB	SVB Financial	PDCO	Patterson Companies
	NKTR	Nektar Therapeutics	CHK	Chesapeake Energy
3월 7일	IPGP	IPG Photonics Corp.	SNI	Scripps Networks Interactive
1월 3일	HII	Huntington Ingalls Industries	BCR	CR Bard

I
미국주식
투자 가이드

Chapter. 1 미국주식 투자 기초

1. 미국주식 몸풀기 : 기초 지식편

미국시장이라는 거대한 투자의 바다에 뛰어들기 전에 몸풀기 측면에서 한국시장과 다른 미국시장의 몇 가지 특징을 살펴보자. 우선 미국주식시장은 NYSE와 NASDAQ을 큰 축으로 하여 양분화되어 있으며 각 종목은 두 군데 동시 상장이 가능하다. 특히 이 책에서 다루고 있는 S&P500 지수는 현재 DJIA(Dow Jones Industrial Average) 지수와 함께 전 세계적으로 가장 널리 활용되고 있는 지수로 1957년에 도입되었다.

S&P500이란?

신용평가사인 Standard & Poor's가 집계하는 주가지수로 시가총액의 규모, 유동성, 산업그룹 내의 대표성 등이 반영되어 선정된 505개 주식으로 구성되어 있다. (우선주가 동시상장된 언더아머(UA), 디스커버리 커뮤니케이션(DISCK), 21세기 폭스사(FOX), 뉴스 코퍼레이션(NWS), 알파벳(GOOGL)을 제외하면 총 500개)

S&P500 Dow Jones Indicies 공식 홈페이지에 따르면 2018년 1월 31일 기준 7조 8,000억 달러가 이 지수를 벤치마킹하고 있으며, 이 중 2조 2,000달러가 지수 자산에 해당된다. S&P500에 등록된 500개 기업은 전체 시가 총액에서 약 80%를 차지하고 있다.

과거 4개 섹터로 분류되어 있었으나 세부 섹터가 증가하면서 현재는 총 11개 섹터로 구성되어 있으며, 1) 자유소비재(Consumer Discretionary), 2) 필수소비재(Consumer Staples), 3) 산업재(Industrials), 4) 정보기술(Information Technology), 5) 에너지(Energy), 6) 금융(Financials), 7) 리츠(Real Estate), 8) 통신(Telecommunication Services), 9) 유틸리티(Utilities), 10) 헬스케어(Health Care), 11) 원자재(Materials)가 있다.

한국시장과 다른 주요 특징

❶ 상하한가, 동시호가가 없다.

미국시장에서는 상하한가와 동시호가가 존재하지 않는다. 따라서 기업 실적에 영향을 미칠 이벤트가 발생하면, 정규장 내에서 거의 다 반영이 된다. 일반적으로 선진국일수록 상/하한가가 없고, 후진국일수록 상/하한가 범위가 좁다. 시장에서 얼마나 합리적으로 이벤트를 받아들일 수 있는지가 중요한 것이다. 뿐만 아니라 동시호가 주문 없이 바로 종료된다는 점도 차이점 중에 하나이다.

❷ 달러(USD)로 거래가 이뤄진다.

미국에 상장된 주식들은 당연히 달러(USD)로 매매가 이뤄진다. 굳이 미국주식이 아니더라도 일본주식은 엔화(JPY)로, 중국주식은 위안화(CNY)로 매매가 이뤄진다. 따라서 미국주식을 매매하기 위해서는 기본적으로 환전이 필요하며, 해외에 상장된 주식들 역시 비슷한 과정을 거쳐야 한다.

혹시나 환전이 되어 있지 않은 상태에서 미국주식을 매수하고자 한다면 일부 증권사에서 제공하는 통합 증거금 제도도 활용해보자. 이 서비스는 원화로 해외주식을 매수하고 나중에 외화로 결제하는 시스템이다.

❸ 결제일은 T+3

증권사마다 조금씩 다르기는 하지만 미국주식의 일반적인 결제일은 T+3일이다. 다만 현지 사정에 따라 지연될 수도 있으니 자금이 필요할 때는 기간을 보다 넉넉하게 매매하는 것이 좋다.

❹ 유료 실시간 시세

국내주식은 실시간 시세가 무료로 제공된다. 그러나 미국주식은 기본적으로 15분 지연시세로 제공되고, 유료로 시세를 지불해야만 실시간 시세를 볼 수 있다. 증권사마다 다르지만 대략 시장마다 $2 정도로 3개 시장(뉴욕증권거래소, 나스닥, 아멕스)을 모두 신청할 경우 한 달에 6,000~8,000원이며, 매월 결제가 된다. 단기 매매 위주라면 실시간 시세로 장을 보는 것도 좋은 선택이다.

❺ 상승 녹색, 하락 빨간색

미국장을 처음 보는 분들이 쉽게 헷갈리는 것 중에 하나가 한국과 캔들의 색깔이 다르다는 점이다. 한국에서는 빨간색이 상승, 파란색이 하락인 반면 미국에서는 상승이 파란색(녹색), 하락이 빨간색이다.

이러한 표기 방법은 서양과 동양이 선호하는 색이 다르기 때문인데, 서양의 경우 파란색을 긍정적인 의미로 선호하고 있으며, 동양, 특히 일본에서는 빨간색을 선호하여 이러한 구성을 하게 되었다고 한다.

❻ 프리마켓과 애프터마켓이 길다.

미국은 프리마켓(장전 거래)과 애프터마켓의 거래시간이 길다. 서머타임이 미적용 되는 시기에는 일반적으로 한국 시간을 기준으로 오후 6시부터 장이 움직이기 시작하며, 오후 11시 30분에 본장이 열리고 새벽 6시에 장이 종료된 이후로는 약 4시간가량 애프터마켓이 열린다.

미국에서 장전/장후 거래가 중요한 것은 실적 발표 등 대부분의 중요한 발표들이 본장이 아닌 장전/장후 거래 시간에 이뤄지기 때문이다. 따라서 프리마켓, 애프터마켓 시간대의 주식 움직임도 주의 깊게 살펴보는 것이 중요하다.

❼ 액면가가 없다.

최근 삼성전자가 5,000원인 액면가를 100원으로 낮추면서 화제가 되었다. 한국에서 액면가가 중요한 이유는 대한민국 회계기준상 기본적인 자본금이 액면금액으로 표시되기 때문이다. 그러나 실질적인 의미가 없기 때문에 2011년 상법 개정 당시 액면가의 개념을 없앤 무액면 주식 제도가 도입되었으며, 미국에서는 진작부터 액면가의 개념 없이 주식이 거래되고 있다.

❽ 매매 단위 : 1주

미국주식의 거래 단위는 기본적으로 1주이다.

❾ 휴장은 월요일 혹은 금요일에 배치되고, 장이 단축되는 날도 있다.

한국에서는 휴장일이 휴장 사유가 발생한 당일(ex. 명절, 기념일 등)에 휴장을 하지만, 미국의 경우 일반적으로 휴장은 주말과 연결될 수 있도록 월요일, 혹은 금요일에 배치가 된다. 또한 장이 일찍 끝나는 날도 있는데, 7월에 있는 독립기념일 등이 이에 해당된다.

❿ 수급 통계가 없다.

한국주식시장에서는 기관이나 외국인의 수급을 굉장히 중요하게 여긴다. 아무래도 증시 규모가 상대적으로 작다보니 특정 수급 주체의 영향을 많이 받게 되기 때문일 것이다. 그러나 미국에서는 기관이나 외국인의 수급 데이터가 나오지 않는다. 그러다보니 실적에 의해서 움직이는 경향이 강하다.

⓫ Level 1, 2로 호가창 서비스가 다르다.

한국은 10단 호가가 무료로 제공되지만, 미국은 Level 1(매수 1호가, 매도 1호가만 보임), Level 2로 구분이 되어 있다. 일반적으로 국내 증권사들이 고객들에게 제공하는 것은 Level 1에 해당된다. 다음 그림은 Level 2로 보이는 화면이다.

AAPL Apple Inc. - Common Stock

$175.87 -0.32 (0.18%)
01/18/2018, 12:22 AM South Korea Time

| | Bid 175.88 | Ask 175.89 | B/A Size 100x300 | Volume 5.55M | High 176.21 | Low 175.07 | **Buy** | **Sell** |

| Overview | News | Options | **Level II** | Social |

MPID	SHR	BID	ASK	SHR	MPID
NSDQ	100	175.88	175.89	300	batx
batx	300	175.87	175.89	200	arcx
edgx	200	175.87	175.89	100	NSDQ
arcx	200	175.86	175.89	100	edgx
phlx	200	175.85	175.90	200	phlx
bosx	100	175.72	175.91	200	baty
amex	200	175.70	176.02	200	bosx
baty	100	175.70	176.05	100	SBSH
edga	100	175.66	176.09	100	edga
iexg	100	175.25	176.51	100	amex
GSCO	600	173.39	176.84	100	iexg
SUNT	100	172.37	178.68	600	GSCO
SUFI	100	169.15	179.40	100	SUNT
ETMM	100	169.15	183.35	100	SUFI
SSUS	100	169.15	183.35	100	ETMM

출처: Ameritrade

2. 미국 투자 A to Z : 한국편

미국 투자를 위한 단계

Step1	Step2	Step3
계좌 개설 및 약정 • 계좌 개설 • 외화증권 약정 • 해외주식 매매 신청	입금 및 환전 • 원화/외화에서 외화로 환전 • 연계계좌 외화입금	주문 매수/매도 • 영업점/ HTS/ MTS로 주문

1) 계좌 개설 및 약정 등록하기

미국주식을 매매하기 위해서는 가장 기본적으로 '해외주식 약정이 된 계좌'와 '외화'가 필요하다. 우선 계좌 개설은 인근 지점을 방문해서 할 수도 있고, 최근에는 비대면 계좌 개설 어플리케이션으로도 계좌 개설을 할 수 있어 보다 편리하게 계좌를 만들 수 있다.

해외주식 매매만을 위해 별도의 계좌를 만들 필요는 없으며, 국내 주식이 가능한 계좌에 '외화증권 약정'과 '해외주식 매매신청 약정'을 하면 된다. 일종의 옷 입히기라고 생각하면 이해하기 쉽다. 물론 이 과정은 영업점을 방문하지 않더라도 HTS나 MTS로도 쉽게 가능하다.

약정 등록은 국내 거주자 및 내국인 대우 외국인에 한하여 가능하며, 한국예탁결제원 조세실무상 미국, 캐나다 국적자의 경우 해외주식 거래가 불가능하다. 즉 내국인 개인, 내국인 대우 외국인, 재외국민(영주권자), 재외국민(비영주권자)까지는 매매가 가능하지만, 비거주 외국인 및 미국/캐나다 국적자의 거래는 사실상 막혀 있는 셈이다.

2) 입출금 및 환전

일반적으로 증권사에서는 외화 실물을 보유하지도 않고, 외화 입금을 받지도 않는다. 따라서 해외주식을 매매하고자 하는 사람은 원화를 계좌에 입금 후 환전을 하거나, 외화를 바로 해외주식 거래 계좌에 보내는 방법이 있다. 증권사마다 조금씩 다르지만 일반적으로 표준 환전이 되는 통화는 미국 달러(USD), 홍콩 달러(HKD), 중국 위안(CNY), 일본 엔(JPY), 유럽 유로(EUR) 등이다.

3) 주문 매수/매도

(1) 매수/매도 방법

해외주식이라고 해서 국내주식과 주문 방식이 크게 다르지 않다. 종목을 찾아 가격과 수량을 지정하고 매수/매도

하면 된다. 해외주식을 서비스하는 증권사들은 일반적으로 거래가 가능한 종목들을 검색할 수 있게 해두고 있다.

> **Tip** **종목을 검색해봐도 나오지 않는 경우**
>
> 제대로 검색을 하지 못했거나, 매매 가능한 종목으로 등록되어 있지 않은 경우이다.
> 1) 검색이 되지 않는 이유의 70% 이상은 종목명을 제대로 입력하지 않은 경우로, 자신이 정확한 정보(티커/심볼, 종목번호, 명칭, ISIN코드)를 입력하였는지 확인한다.
> 2) 위 방법에도 검색이 불가능한 경우, 코드가 등록되지 않았다면 거래하는 증권사에 요청하여 코드를 등록한 다음 주문을 할 수 있다. 다만 이 방법은 상당 시간 소요될 수 있다.

(2) 거래시간

미국시장과 한국시장의 가장 큰 차이는 바로 거래시간일 것이다. 서머타임이 실시된 경우 미국시장은 한국시간으로 밤 22시 30분~다음 날 새벽 05시 00분까지 열리며, 서머타임이 해제된 경우 한국 시간으로 23시 30분~다음 날 새벽 06시 00분까지 열리게 된다.

국가명	서머타임 실시	서머타임 해제
미국	22:30~05:00	23:30~06:00
중국	10:30~12:30, 14:00~16:00	
홍콩	10:30~13:00, 14:00~17:10	
일본	09:00~11:30, 12:30~15:00	

주요 국가별 거래시간 안내(한국시간 기준)

미국주식의 경우 야간 시간에 매매가 이뤄지기 때문에 거래시간이 부담스럽다면 예약주문을 통해서도 거래가 가능하다.

경우에 따라 예약주문을 할 경우 선택지가 있는데, '개시'를 선택할 경우 장 시작과 동시에 주문이 들어가며 '개시+30분'이나 '마감-30분'을 선택할 경우 각각 개장하고 30분 후, 장 마감 30분 전에 주문이 들어가게 된다. 매일 주문을 내기가 번거롭다면 기간 예약을 통해 날짜를 지정할 수 있다.

4) 실시간 시세 신청하기와 무료로 실시간 시세를 볼 수 있는 사이트

해외주식 거래 시 실시간 시세를 이용하기 위해서는 거래소에서 부과하는 실시간 시세 비용을 납부해야 한다. 실시간 시세 비용을 납부하지 않을 경우 15분 지연시세(일본은 20분 지연시세)를 무료로 제공받게 된다. 거래가 많이 이뤄지는 미국이 가장 저렴하며, 증권사에 따라 베트남과 인도네시아까지도 실시간 시세가 가능하다.

Cboe Book Viewer

The Cboe Book Viewer shows the top buy (bids) and sell (asks) orders for any stock trading on the Cboe U.S. Equities Exchanges. The Book Viewer shows real-time current bids/asks for a company's stock, the last 10 trades, number of orders accepted, and total volume traded on the relevant Cboe exchange.

The Book Viewer shows data for each of the Cboe U.S. Equities Exchanges – BZX, BYX, EDGX, and EDGA – and you can toggle between them in the upper left-hand corner of the tool.

Book Viewer ≫ BZX Equities   BYX Equities   EDGX Equities   EDGA Equities   Market Quality Statistics ☑
Shows the top bids and asks for any symbol.

VXX 🔍		Orders Accepted	Total Volume
BARCLAYS BK PLC IPATH S&P500 VIX			14,533,213

	TOP OF BOOK		LAST 10 TRADES		
	Shares	Price	Time	Price	Shares
ASKS			16:58:33	30.82	1,000
			16:58:33	30.82	600
			16:58:33	30.82	1,500
			16:58:33	30.82	1,400
			16:58:05	30.82	100
BIDS			16:58:05	30.82	100
			16:58:05	30.82	100
			16:58:05	30.82	100
			16:58:05	30.82	100
			16:51:40	30.81	100

Last updated 17:29:56

출처 : Cboe 홈페이지

5) 수수료

수수료의 경우 증권사의 정책이나 이벤트 등에 따라 다르지만, 대부분 온라인을 기준으로 0.2~0.5% 사이에서 거래가 가능하다. 꼭 챙겨봐야 할 부분은 '최소 수수료'인데, 최소 수수료가 존재할 경우 거래 대금에 따른 수수료와 최소 수수료를 비교하여 큰 금액을 수수료로 부과하기 때문에 소액으로 매매하기에는 적합하지 않다.

3. 미국 투자 A to Z : 미국편, 로빈후드를 이용한 미국 현지에서 계좌 개설하는 방법

※이 방법은 미국 국적을 가진 사람 및 유효한 비자를 보유한 사람에게만 해당된다. 한국 국적을 보유한 사람은 다음 방법이 제한될 수 있으므로 유의하기 바란다.

미국 현지에서 거주하는 초보 투자자나 미국주식에 대해 막연한 이들에게 가장 힘든 것은 미국 증권사를 통한 계좌 개설일 것이다. 수많은 사이트와 블로그를 둘러보아도 미국 현지에서 미국주식 투자를 시작하고 싶은 초보 투자자와 매매수수료에 부담을 느끼는 미국 내 개인 투자자를 위해 상세하게 설명한 글은 찾아보기 힘들다.

로빈후드 증권사는 TV, 인터넷 광고 없이 비싼 광고료를 아끼면서 입소문만으로 광고를 하는 것이 특징이다. 그래서 각종 이벤트를 수시로 벌이면서 친구 추천을 통한 계좌 개설을 늘리는데 총력을 기울이며 경비를 절감하는 것이다. 2015년 IOS 애플리케이션을 출시하며 시작해 단 2년 동안 200만 명이 넘는 가입자를 통해 로빈후드가 급성장해 온 것을 아래의 그림을 보면 알 수 있다.

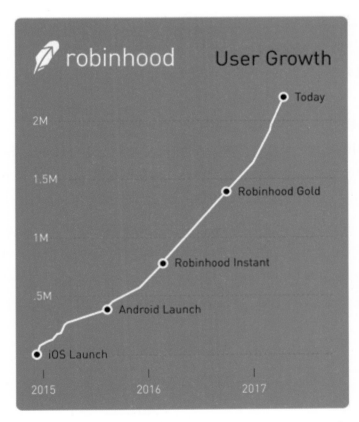

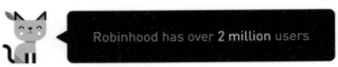

출처 : 로빈후드 홈페이지

1) 로빈후드가 초보 투자자에게 유리한 3가지 이유

로빈후드가 초보 주식투자자에게 유리한 3가지 이유는 다음과 같다.

첫째, 초보 주식투자자가 처음 시작하기에 부담이 적다.

대부분의 증권사는 최초 계좌 개설에서 적게는 $1,000에서 많게는 $100,000까지 초기 예치금을 요구하기 때문에 어느 정도 부담을 감수해야 한다. 로빈후드는 소액으로 최초 계좌 개설이 가능하다. 즉 소액으로 계좌 개설이 가능하고 주식거래를 쉽게 시작할 수 있는 것이다. 쉽게 시작할 수 있다는 것이 초보자에겐 진입장벽이 없으므로 아주 유리한 것이다. 대부분 주식투자에 진입장벽이 높은 이유 중 하나가 많은 액수를 처음 넣어야 하는 점이다. 하지만 로빈후드의 경우는 소액으로 계좌 개설이 가능하므로 쉽게 초보자라도 시작을 할 수 있는 이점이 있는 것이다. 적은 금액으로 시작할 수 있으니 일단 부담감은 훨씬 낮아질 수 있다.

둘째, 단주(1주) 매매로 주식 매매의 감각을 높일 수 있다.

매매가 익숙해지면 분할 매수로 주식이 하락해 낮은 가격에 더 매수하여 평단가를 떨어뜨리면서 주식이 가지고 있는 변동성과 하락 위험성 관리를 가능하게 해준다. 앞서 밝혔듯이 로빈후드는 수수료를 받지 않는다. 그러므로 부담없이 1주 매매 즉 단주 매매가 가능하다. 초보자에겐 주식이라는 것을 매매하는 것조차도 버거운 게 사실이다. 매매수수료가 없는 로빈후드를 이용하면 1주 매매도 가능하므로 분할매수로 인해 위험성 관리가 충분히 이루어지기 때문에 초보 투자자의 입문 증권사로 추천하는 것이다. 1주씩 많은 매매를 하다 보면 직접 경험을 통해 주식 매매가 익숙해지므로 초보자들에겐 쉽게 매매 연습을 할 수 있는 배움터의 역할을 할 수 있다.

셋째, 쉬운 구성으로 초보자들이 쉽게 기업에 대해 공부하고 매매할 수 있다.

로빈후드는 많은 증권사에서 제공하는 HTS(홈 트레이딩 시스템)가 없다. 스마트폰과 웹에서만 매매가 가능하다. HTS를 쉽게 다루려면 많은 시간과 인내 그리고 어느 정도 교육이 필요하다. 하지만 로빈후드는 초보자들도 쉽게 사용할 수 있는 스마트폰과 웹을 통해 직관적으로 매매할 수 있게 만들었다. 초보자들도 쉽게 기업 정보, 매출, 배당, 주식차트, 뉴스를 알 수 있게 스마트폰 애플리케이션을 통해서 다 담고 있으며, 세세한 정보들은 부족한 게 사실이지만 아주 쉽게 사용하게끔 만들어 놓았기 때문에 누구라도 쉽게 스마트폰 애플리케이션을 받아서 사용할 수 있다. 가격 대비 성능비가 뛰어난 로빈후드를 사용해보면 다른 증권사 애플리케이션으로 갈아타더라도 쉽게 적응이 된다. 그래서 초보자 입문용으로 로빈후드를 추천하는 것이다.

2) 로빈후드 소개와 다른 증권사의 비교

다음 그림은 로빈후드와 다른 증권사의 비교이다. 그림을 보면 쉽게 이해가 되리라 본다.

다른 증권사의 경우 최초 계좌 개설 금액이 $500이다. 로빈후드 덕분에 찰스슈왑은 반값인 $4.95로 매매수수료를 낮추었다. 아래 그림은 예전에 로빈후드가 등장할 당시 만든 광고라서 지금과는 약간 다를 수도 있다.

출처 : 로빈후드 홈페이지

다음 페이지에 있는 표는 현재 미국 내 대부분 증권사의 수수료와 최소 계좌 개설 금액을 정리한 자료이다. 로빈후드처럼 매매수수료와 최소 계좌 금액을 비교해 보면 왜 로빈후드가 탁월한 선택인지 알 수 있다. 최소 계좌 개설 금액이 $0이면 조금 높은 매매수수료를 지급해야 하며, 매매수수료가 낮으면 최소 계좌 개설 금액이 높은 것을 알 수 있다.

ETF 매매에 적합한 증권사가 있지만 주식, 옵션 등 파생상품에 유리한 증권사도 있다. 이후에 로빈후드 애플리케이션에 적응한 뒤에는 본인에게 적합한 증권사를 찾아 나가기 바란다. 예를 들어 찰스슈왑의 경우 많은 종목을 거래할 수 있고, 각종 ETF와 찰스슈왑이 자체적으로 공모한 펀드를 매매수수료 없이 매매할 수 있다.

다음 링크는 현재 미국 내 각 증권사의 수수료 비교와 얼마의 금액으로 계좌를 만들 수 있는지를 비교하는 사이트이다. 이후 본인의 증권사 선택에 참고하기 바란다.

 https://www.nerdwallet.com/blog/investing/best-online-brokers-for-stock-trading/

Online Broker	Best for	Highlights	Commiss-ions	Promotion	Account minimum	Start investing
MERRILL EDGE ★★★★☆ Review	Research	Breadth and depth of in-house and outside research	$6.95 per trade	$100-$600 cash bonus depending on account size	$0	Open Account
E✳TRADE ★★★★★ Review	Investment selection	Broad selection of investment options, power trading platforms	$6.95 per trade; volume discounts	60 days of commission-free trades ($10,000+ deposit)	$500 ($50 for IRAs)	Open Account
TD Ameritrade ★★★★★ Review	Beginners + Investment selection	$0 account minimum, quality research, trading tools and customer service	$6.95 per trade	Up to $600 cash bonus and 60 days in free trades depending on account size	$0	Open Account
TradeStation ★★★★★ Review	Active trading	Discount trading, comprehensive research, active trader community, noteworthy platforms	$5 flat fee or $0.006-$0.01 per share ($0.50-$1 min per trade) based on trading volume	Special terms for active military and first responders	$500 ($500 for IRAs)	Open Account
charlesSCHWAB ★★★★★ Review	Overall + Beginners + Investment selection	Large selection of commission-free ETFs, strong customer support, extensive research and educational content	$4.95 per trade	$100 referral award for first-time clients	$1,000	Open Account
Fidelity ★★★★★ Review	Overall + Low cost + Research	Free premium research, low commissions, advanced trading capabilities	$4.95 per trade	300 commission-free trades ($50,000+ deposit)	$2,500 ($0 for IRAs)	Open Account
ally INVEST ★★★★★ Review	Low cost	Low commissions, no account minimum	$4.95 per trade; volume discounts	$100 cash bonus or up to $500 in free trades depending on account size	$0	Open Account
Interactive Brokers ★★★★★ Review	Active trading	Volume trading discounts, international trade capabilities, advanced tools/platform	$0.005 per share ($1 min.); max. 0.5% of trade value	Special terms for clients 25 and younger	$10,000 ($5,000 for IRAs)	Open Account

출처: 너드월렛(Nerdwallet) 홈페이지(2018년 1월 9일 현재)

3) 로빈후드 계좌 개설 방법(아이폰 IOS 기준)

본 안내는 아이폰을 기준으로 한 것으로, 안드로이드폰의 경우는 다를 수 있으므로 계좌 개설에 참고만 하기 바란다. 참고로 매매수수료가 없다 보니 이 글을 읽고 한국에 계시는 분들의 계좌 개설 문의가 많을 것이라 본다. 아쉽게도 로빈후드는 서비스 지역이 현재 미국과 호주만 가능하며 현재 한국 국적을 가진 이들은 계좌 개설이 어렵다고 봐야 한다.

    계좌 개설 전 다음 그림을 통해 스스로 계좌 개설이 가능한지 알아보자. 다음 그림에는 계좌 개설 자격조건과 계좌의 유형 및 계좌에 대한 설명이 포함되어 있다.

Account Opening Requirements (계좌 개설 자격조건)

 Robinhood Support
May 03, 2017 20:55

Account Requirements:

To apply for a Robinhood account, you must:
(로빈후드 계좌 계설시 반드시 필요한 자격 조건들)

- Be 18 years or older   (18세 이상 가능)

- Have a valid Social Security Number (not a Taxpayer Identification Number)
  (미국사회보장번호 필요 SSN, 택스 아이디 불가)

- Have a legal U.S. residential address   (미국내 합법적인 거주지 주소 필요)

- Be a U.S. citizen, U.S. permanent resident, or have a valid U.S. visa*
  (미국 시민권자, 영주권자, 미국에서 유효한 비자 소지)

*Option not available for citizens of Office of Foreign Assets Control (OFAC) countries, Financial Action Task Force (FATF) identified high-risk and non-cooperative jurisdictions, and other high-risk jurisdictions, designated at the sole discretion of Robinhood. Citizens of these countries must provide copies of a valid U.S. passport or Permanent Resident Card.

Exceptions may be made for active U.S. military personnel stationed abroad.

To open up a brokerage account with Robinhood, customers must first submit an application. After you submit your account application, one of two things may happen:
Robinhood에 증권 계좌를 개설하려면 먼저 고객이 신청서를 제출해야 한다.
증권계정 신청서를 제출 한 뒤에 한 가지나 두 가지 상황이 발생할 수 있다

1) Account application is verified and approved automatically -- you will receive an email and notification within an hour of submission.
1) 증권 계좌 신청서는 자동으로 확인되고 승인된다. 제출 후 한 시간 내에 이메일과 알림을 받게 된다.

2) Some of your provided information needs additional verification or manual check by a Robinhood representative. This can occur if you have any typos in your application or a limited credit history, and we'll email you if this happens. In some cases, this may cause the account approval process to take up to five trading days.

2) 제공된 정보 중 일부는 Robinhood의 담당자가 직접 추가로 확인하거나 수동으로 확인해야한다. 이는 애플리케이션에 오타가 있거나 신용 기록이 짧은 경우 발생할 수 있으며, 이런 경우에는 이메일을 보내준다. 어떤 경우에는 신청한 증권 계좌 승인 처리가 최대 5거래일이 걸릴 수 있다.

Please note that queued bank transfers will not be initiated until your application is approved.

링크를 건 은행에서 개설한 증권계좌로 송금은 신청서가 승인 될 때까지 시작되지 않는다.

When you sign up for a new account, you will automatically be given a standard Robinhood account. This basic account is a limited margin account because you'll have access to instant settlement and instant deposits, which will allow you to immediately begin trading with up to $1,000 of the money you deposit without waiting for it to settle.

새로운 계정에 가입하면 표준 Robinhood 계정이 자동으로 부여된다. 기본 계좌는 제한된 증거금 (100%) 계좌이므로 입금된 금액만큼 결제 및 예금을 이용할 수 있다. 그러면 은행계좌에서 증권계좌로 입금되는 시간을 기다리지 않고 입금한 돈의 최대 $1,000을 즉시 거래 할 수 있다. $1,000만 바로 매매에 사용할 수 있으며 초과되는 금액은 몇 일을 기다려야 한다.

We use a limited margin account type offered by our clearing partner to power Robinhood. This allows us to credit your account the exact amount of your stock sale during the three day settlement period. You may learn more about stock settlement here.

클리어링 파트너(로빈후드 증권거래 중계회사)가 제공하는 제한된 마진 계정 유형을 사용하여 매매를 가능케 해준다. 이걸 허용함으로 3일이 걸리는 결제 기간 동안 귀하의 계정에서 주식 매매를 할 수 있다. 주식 매매의 결산에 대한 자세한 내용은 여기를 참조하라.

Keep in mind that because these are limited margin accounts, you'll be subject to margin account regulations while using Robinhood, including those on day trades.

제한된 마진 계정이라 일일 거래를 포함하여 Robinhood 증권계좌를 이용할 때 마진 계좌 규정을 준수해야합니다. 증거금 계좌는 주식 중개회사가 주식을 구매하기 위해 현금을 대출하는 중개 계좌인데 3일간 걸리는 시간을 단축해 준다고 이해하면 된다.

This is not a traditional margin account. You will not be able to borrow more cash than in your account (leverage) or sell stocks which you do not own (short sell). While traditional margin accounts have the risk of incurring a loss greater than your account balance, we have specifically designed Robinhood to avoid that possibility. That being said, we plan to offer these features–leverage, shorting, and options–in the future, but those will require separate upgrade processes.

이것은 전통적인 증거금 계정이 아니다. 당신은 당신의 계정 (레버리지)보다 더 많은 돈을 빌릴 수 없으며 자신이 소유하지 않은 주식 (공매도)을 매매 할 수 없다. 즉 입금한 금액만 사용이 가능한 제한된 금액을 잠시 빌려주는 것이라고 이해하면 된다. 이건 이후 다른 방법을 통해 공부하면 되고 지금 설명은 계좌개설이 중요하고 개념이 중요하므로 더 자세한 설명은 생략한다.
전통적인 마진 계정은 계정 잔액보다 손실이 발생할 위험이 있는데 , 로빈후드는 이런 가능성을 피하기 위해 특별히 로빈후드 계정을 설계했다. 즉, 차후에 이러한 기능 (레버리지, 공매도 및 옵션)을 제공할 계획이지만 별도의 업그레이드 절차가 필요하다. 아직은 주식매매만 가능하다. 다른 증권사와 달리 공매도나 다른 매매를 허용하지는 않고 있다. 이게 단점이기도 하다.

다음 그림을 통해서 계좌 개설 방법을 알아보자. 스마트폰과 웹을 통해서 개설이 가능하다.

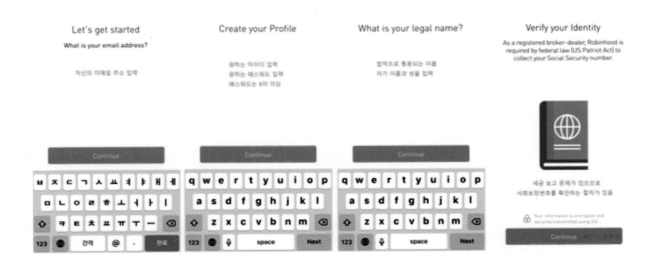

1. 이메일 주소 필요(사용 중인 이메일 필요)
2. 아이디 입력 및 패스워드 입력
3. 법적으로 사용 중인 이름(성과 이름) 입력
4. 세금 보고를 해야 하므로 SSN(사회보장번호)이 필요

5. 생년월일 입력 (월/일/년도)
6. 실제 거주지 주소 입력(우편물을 수령할 수 있는 주소)
7. 미국 국적인 경우 국적은 미국을 입력
8. SSN(사회보장번호) 입력

9. 현재 자신의 투자경력 입력

10. 현재 자신의 직업 상태 입력(일하고 있는지, 은퇴했는지, 학생인지)

11. 일하고 있다면 직장과 직업 입력

12. 자신과 가족 중 상장기업 고위 임원이나 10% 보유 지분이 있는지 입력

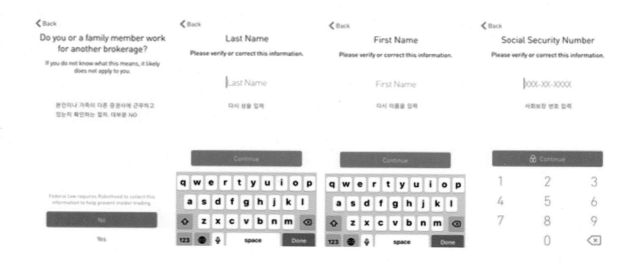

13. 본인이나 가족 중 다른 증권사에서 일하는 사람이 있는지 확인

14. 성을 재입력

15. 이름을 재입력

16. SSN(사회보장번호) 재입력

17. 신청서 다시 보기

18. 신청서 다시 보고 제출

19. 신청서 제출 시 로빈후드를 어떤 경로로 알게 되었는지 입력

20. 계좌 개설 완료

4) 로빈후드 계좌 개설해서 주식 1주 받기

현재 로빈후드 계좌 개설하는 이에게 다음 프로모션 QR코드를 스캔하면 프로모션 코드를 제공한 사람과 프로모션 코드로 계좌 개설을 한 쌍방에게 로빈후드에서 주식 1주를 증정하는 이벤트를 진행 중이다. 애플이나 존슨 앤드 존슨과 같은 $100 이상의 주식을 획득하는 행운을 가져보기 바란다.

다음 프로모션 QR코드를 스마트폰에서 스캔해 본인의 계좌 개설을 하면 꽝이 없는 공짜 주식을 1주 받을 수 있다. 아래 2개의 QR코드 중 하나를 선택하여 기회를 잘 이용하기 바란다. 반드시 아래 QR코드를 통해서 가입해야 서로 1주씩 로빈후드에서 제공하는 공짜 주식을 받을 수 있다.

1. 배당 투자? 배당 투자!

배당 주식으로 월세 만들기가 가능할까? 현재로서는 미국주식으로만 가능하다. 주로 1년에 한 번 배당을 지급하는 한국과는 달리 미국에는 분기 배당이 활성화되어 있으며, 심지어 월간 단위로 배당금을 지급하는 종목도 있다. 또한, 배당 성향은 30%대 이상으로 20% 미만인 한국에 비교해 2배가량 높다. 배당주들을 잘만 조합하면 월세처럼 매월 배당금을 지급 받을 수 있다.

2017년 합의된 세제개혁안은 배당주들의 투자 가치를 높여줄 전망이다. 현재 다국적 기업 Top 50의 미국 외 해외보유 현금은 9,260억 달러(약 1,000조 원)에 달하며 과거 2004년 일시적으로 이뤄진 'Tax holiday' 당시 세금 감면으로 총 3,620억 달러가 미국으로 유입, 주로 배당 및 자사주 매입에 활용된 것으로 추정된 사례를 볼 때 이번 개편안 통과로 막대한 현금이 미국으로 유입되어 배당으로 활용될 가능성이 높다.

부동산에 비유하면 배당주에 투자하는 것은 시세 차익과 동시에 임대 소득까지 누릴 수 있는 투자이다. 한국의 경우 배당 투자에 대한 인식이 아직 낮은 편이지만, 미국에서 배당주 투자는 기업의 성장을 누리는 방법으로 널리 받아들여지고 있는 투자 중 하나이다. 미국 기업의 성장을 함께 나누고 싶고, 항상 오를 종목만 찾다가 손실을 본 투자자라면 미국 배당주 투자에 관심을 가져볼 만하다.

2. 왜 미국 배당주인가?

1) 배당, 기업의 건강함을 엿볼 수 있는 지표

『절대로! 배당은 거짓말하지 않는다』의 저자 켈리 라이트는 배당은 기업이 어떤 상황에 직면해 있는지 알려주는 중요한 신호라고 말한다. 배당이 인상되면 그 기업의 주가는 증가한 투자가치를 반영해 상승하며, '배당이 삭감되면 배당금 감소뿐만 아니라, 미래 이익이 더욱 나빠질지 모른다는 우려가 드러나 하락하게 된다'고 보는 것이다. 배당은 주식시장이 막 등장한 동인도 회사 시절부터 기업의 현재 상태와 건전성을 판단하는 주요지표였다.

2) 배당 투자, 미국이 한국보다 나은 이유

(1) 미국, 달러를 기반으로 한 기축통화국이자 높은 배당 성향을 가진 국가

톰슨 로이터(Thomson Reuters)의 자료에 따르면 2017년 한국의 배당 수익률은 1.67%로 주요 24개 국가 중 22위이다. 또한, 블룸버그(Bloomberg)에서 조사한 자료에 따르면 작년 한국의 순이익 중 배당금액의 비율을 나타내는 배당성향은 16.7%에 불과해 미국의 35.8%에 비해 크게 뒤처지는 것으로 나타났다. 물론 체코의 72.8%, 호주의 70.9%, 영국의 63.3%에 비하면 미국의 배당성향이 가장 높은 수준이라고 할 수는 없다. 그렇다면 미국이 아닌 이들 나라에 투자하면 더 높은 배당을 받을 수 있는데 굳이 미국에 투자해야 하는 이유는 무엇일까?

이유는 간단하다. 미국, EU 등 일부 국가를 제외한 나라들은 기축통화국이 아니다. 기축통화인 달러는 금융위기 등 위험 상황에서 다른 나라의 통화에 대해 안전판으로 작용한다. 1997년 IMF 구제금융 당시 원/달러 환율은 최고 1,964원까지 상승했으며, 2008년 미국발 금융위기 당시에는 1,600원에 근접할 정도로 상승했다.

한국에서 해외에 투자하는 입장에서 위기 시 원/달러 환율의 상승은 달러 포트폴리오를 쿠션처럼 보호해주는 역할을 하게 된다. 금융 위기 상황에서 보유 주식이 $100에서 $50로 50% 하락하고, 원/달러 환율이 1,000원에서 1,500원으로 50%가량 상승한다고 가정해보자. 이 경우 원화로 환산한 평가액은 $100 * 1,000원 = 100,000원에서 $50 * 1,500원 = 75,000원으로 25% 하락한다. 원/달러 환율이 같은 경우에 비교해 25,000원(25%)을 보호받는 것이다.

	현재 평가	위기 시 주가	위기 시 환율	평가액	최종 손실율
미국	$100 * 1,000원 = 100,000원	$50 (-50%)	1,000원 → 1,500원	75,000원 ($50 * 1,500원)	-25%
한국	= 100,000원	50,000원 (-50%)	(+50%)	50,000원	-50%

(2) 한국 주식보다 현저히 낮은 오너리스크

미국의 대다수 기업은 전문경영인 영입을 통해 투명한 회계 관리를 한다. 경제 사범에 대해 엄격하게 법을 적용함으로써 회계 부정이나 리스크 발생 소지가 낮다. 몇 가지 사례를 살펴보자.

미국은 경제 사범에 대해 굉장히 엄격하다. 미국의 핵심 정신인 자본주의의 근간을 흔들 수 있는 중대한 범죄라고 보기 때문이다. 전 나스닥 증권거래소 위원장이었던 버나드 메이도프는 미국 최대 규모인 650억 달러 규모의 다단계 사기 후 징역 150년형을 받고 아직 복역 중이다. 2000년 숄람와이스는 내셔널 헤리티지 생명보험에서 4억 5,000만 달러를 유용하다 845년형을 확정받았으며, 2006년 엘론 전 CEO 제프리의 스킬링은 회계 부정으로 징역 24년 3개월을 받았다. 이처럼 미국은 경제 사범에 대해 엄격해 상대적으로 투명성이 높다.

반면 한국의 사례를 보자. 3조 원 규모의 사기 대출을 벌였던 모뉴엘에 대한 처벌은 징역 15년, 벌금 1억 원, 추징금은 고작 357억 원이었다. 재벌들의 횡령 및 배임, 승계 과정에서의 일감 몰아주기, 대우조선해양의 분식회계 사건 등에서 보듯 한국은 급격한 자본주의의 발전이 초래한 부작용이 여전히 남아 있다. 그런데도 이에 대한 처벌은 관대하다.

(3) 정치, 경제, 지리적 리스크

우스갯소리로 한국의 상황을 전교에서 11등이지만 반에서는 5등인 슬픈 우등생에 비유하기도 한다. 군사력으로는 전 세계 10위권이지만 군사 최강대국 중국, 일본, 러시아, 그리고 미국이 군사 경쟁을 벌이는 각축장의 한가운데에 있기 때문이다. 국내 투자자들은 이미 많이 둔감해졌지만 휴전선을 맞대고 접해 있는 북한의 도발도 끊임없이 이어져 오고 있다.

2017년 한 해 한국 증시는 외부적 요인에 의해 흔들림이 잦았다. 중국발 사드(THAAD) 리스크, 북한 핵실험, 미사일 발사 등등 지정학적 리스크가 이어졌으며 그때마다 국내 증시는 기업가치가 아닌 외부적 요인에 의해 흔들렸다. 5천만 명이 겨우 넘는 소박한 내수시장을 가지고 있어 경제의 자생력 또한 약한 편이며, 자원이 없어 각종 자원의 수입으로 원자재와 상품의 등락으로 인한 노출도가 미국과 비교하면 현저히 심하다.

반면 미국은 3억 명이 넘는 탄탄한 내수시장과 원천기술을 선도하는 기술력, 막강한 군사력을 통해 지리/경제적 리스크에 있어 한국보다 상대적으로 자유롭다. 정치적으로도 언론사, 기업, 개인이 자기의 지지 정당을 떳떳하게 밝히고 정치헌금을 기부하여 투명성이 상대적으로 높다.

(4) 주주 친화적 환경

앞에서 본 배당성향에서 나타난 것처럼 한국과 비교하면 미국은 배당 측면에서 훨씬 더 주주 친화적이다. 높은 배당성향뿐만 아니라 월 배당/분기 배당 등 배당 지급 방식에서도 다양한 형태가 있으며, 이는 투자자에게 다양한 투자 방법을 구사할 수 있게 해준다.

2017년 10월 재벌닷컴의 조사에 따르면 국내 10대 그룹 소속 상장사들의 배당성향은 포스코 그룹이 56.2%로 가장 높았고 농협 44.0%, GS 40.3%, LG 22.5%, SK 19.9%, 한화 19.0% 삼성 12.9%, 현대차 10.3%, 롯데 10.1%

등의 순이었다. 이는 필립모리스(PM) 90.1%, 코카콜라(KO) 77.5%, AT&T(T) 68.5%, 스타벅스(SBUX) 51.9%와 비교했을 때 훨씬 낮은 수준이다.

한국 주식 시장에서 잊을만 하면 벌어지는 이른바 '일감 몰아주기'도 미국에서는 거의 찾아보기 힘들다. 주식회사의 오너가 주주와 함께 운영하는 회사를 '자기만의' 회사로 인식하고 부를 2세에게 저렴하게 대물림하기 위해 오너나 2세의 보유 지분이 높은 회사에 일감을 몰아주고, 배당도 집중적으로 실시하는 행태가 여전히 존재하는 것이 엄연한 한국주식 시장의 현실이다.

3) 미국 배당 투자의 특징과 차이점

(1) 배당의 신속성

배당을 재투자하는 투자 방법에 있어서 배당이 얼마나 신속하게 들어오는지도 중요한 요소이다. 배당금이 빨리 들어올수록 적립 기간이 빨라져 장기적으로 봤을 때 배당이 긴 주기로 들어오는 것에 비교하여 더 큰 복리효과를 누릴 수 있기 때문이다. 아래 표는 미국의 배당 절차로, 배당 선언(Dividend Declaration)에서 배당 지급까지 1개월 정도가 소요된다. (한국 투자자의 경우 예탁결제원 및 증권사 유니버스를 거쳐 지급되므로 1주일가량 더 소요) 이는 12월 말 배당락 이후 3~4월경에서야 배당금이 지급되는 한국과 큰 차이가 있다.

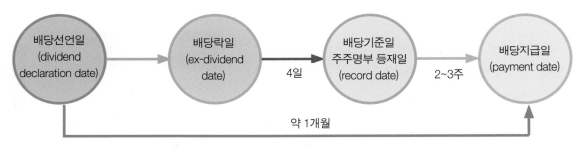

출처 : 자본시장연구원, 『배당 재투자 계획(DRIP)에 관한 연구』

한국의 경우 주주총회를 소집하고 결의를 해야 배당절차 및 배당금을 확정할 수 있지만, 미국의 경우 이사회에서만 결정이 이뤄지면 배당절차 및 배당금을 확정할 수 있다는 점도 중요한 차이점이다. 그만큼 신속하게 배당이 이뤄질 수 있기 때문이다

(2) 다양한 배당 형태

미국주식의 경우 월 배당, 분기 배당이 일상화되어 있다. 최근 삼성전자가 3분기 분기 배당을 하면서 한국에서도 긍정적인 변화가 감지되긴 하지만, 여전히 절대다수의 기업은 1년에 한 번만 배당을 시행하고 있다. 배당간 간격이 짧을수록 투자자 입장에서는 더욱 온전한 복리효과를 누릴 수 있게 된다. 월/분기 배당을 받고, 이를 바로 재투자하게 되면 추가로 매입한 주식에 대해서도 배당을 받는 것이 되어 장기간 투자를 할 경우 연배당과 비교해 큰 차이가 발생하게 된다.

3. 미국주식 배당 투자, 이렇게 하자

1) 좋은 배당 주식 선별 방법

(1) 배당률이 높다고 반드시 좋은 주식은 아니다.

미국주식시장에서는 시가 배당률이 10~30%를 넘어가는 주식들을 심심찮게 발견할 수 있다. 하지만 무조건 배당률이 높다고 좋은 주식이라고 할 수는 없다. 이유는 간단하다. 시가 기준 20%의 배당을 하게 되면 이론적으로 -20%의 배당락이 발생하게 되는데, 이 갭을 메울 수 있는 꾸준한 실적과 현금 창출 능력이 없는 기업이라면 배당락 후 주가를 회복하기 힘들다.

기억하자. '실적과 현금 창출 능력'이 중요하다. 현금 창출이 꾸준하게 이뤄지지 못할 경우 이후 배당을 주기 위해 은행에서 차입하거나 사내 유보 현금을 꺼내서 주주에게 줘야 한다. 이 경우 현금 유동성이 나빠질 수 있고, 재투자가 제대로 이뤄지지 않아 기업 경쟁력이 약화될 수 있다. 주가 하락으로 인해 과거의 배당금을 반영하여 배당률이 높아지는 경우도 있는데, 이 경우 실적 악화가 주가 하락의 원인이라면 배당을 중지하거나 배당금을 축소할 수 있으므로 주의해야 할 필요가 있다.

(2) 주식 분할을 자주 하고 배당성향이 높은 주식을 찾아라.

미국주식의 경우 $100 이상이거나 고액으로 거래되는 주식들은 유동성이 떨어지는 것을 막기 위해 주식 분할을 하는 경우가 많다. 그러나 주식 분할을 하는 경우를 살펴보면 회사의 주가가 실적 성장과 함께 오르기 때문이기도 하다. 그러므로 차트를 보면 대부분 이런 주식들은 우상향을 보이며, 배당금도 지속해서 늘어나는 경향이 있다. 통계적으로 주식분할을 시행한 주식은 3년 동안 33.20%가 상승하였고, 이는 S&P500 평균 수익률과 비교했을 때 10%p 정도 높은 수준이다.

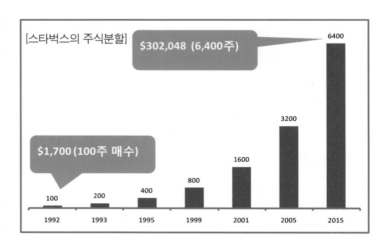

출처 : 비즈니스 와이어(www.businesswire.com) 홈페이지, 인베스테인먼트

꾸준한 실적 상승으로 인한 주식 분할의 대표적인 사례는 스타벅스(SBUX)이다. 스타벅스는 지난 23년간 6차례의 주식분할을 했으며, 주가는 17,767% 상승했다. 1992년 $1,700를 투자해 100주를 매수했다면 주식 수는 6,400주, 평가액은 $302,048에 달한다. 물론 과거에 주가가 지속해서 상승했다고 하여 미래에도 주가가 똑같이 오르지는 않는다는 반론이 있을 수도 있지만, 꾸준한 실적 상승이 동반되는 주식을 장기 보유하는 것은 높은 수익이라는 보답으로 돌아올 것이라는 점은 분명하다.

(3) 어떤 브랜드를 가지고 있으며, 경제적 해자가 있는지 확인하자.

중세시대에 성을 방어하기 위해 성벽 바깥 둘레에 파놓은 연못을 '해자'라고 한다. 적의 침입으로부터 성을 보호하기 위해 만든 일종의 방어막인 셈이다. 경제적 해자가 있다는 말은 간단하게 말해 다른 기업이 침투하거나 경쟁하기 힘든 독점적인 기업이다. 예를 들어 액션캠을 생산하는 고프로(GPRO)의 경우 경제적 해자가 없다 보니 중국산 짝퉁 카메라에 의해 시장이 잠식당해 기업공개(IPO) 이후 주가가 지속해서 하락하는 모습을 보였다. 하지만 애플 아이폰은 iOS라는 '해자'를 가지고 있어 높은 영업이익률을 유지하고 있다.

'내가 보유한 기업이 경제적 해자가 있는가?'라는 질문은 성공적인 배당 투자를 이끄는 핵심적인 질문이다. 배당을 지속해서 지급하기 위해서는 꾸준한 수익이 뒷받침되어야 하고, 이를 가능하게 하는 가장 기본적인 수단이 바로 '경제적 해자'인 것이다. 내가 투자한 기업이 어떤 제품을 팔고 있는지, 이 제품이 시장에서 어느 정도의 독점력을 가졌는지 고민해보자.

(4) 얼마나 오랜 기간 배당을 했고, 전 세계인을 상대로 꾸준히 성장해왔는지를 확인한다.

어떤 회사든 어려운 시기를 겪는다. 현금 창출 능력이 뛰어난 기업은 좋은 시기 현금을 보유하고, 어려운 시기가 오면 이 현금으로 연구개발(R&D)을 통해 좋은 제품을 생산해 소비자를 만족시키고 이익을 창출한다. 자본주의 사회에서 기업은 끊임없이 도전을 받고, 경기도 항상 좋을 수는 없다. 핀란드 노키아의 몰락 사례는 이를 단적으로 보여준다.

미국에 상장된 S&P500 기업의 역사를 보면 100년 이상의 업력을 가진 회사는 거의 없으며, 있다고 하더라도 긴 역사 동안 수없이 많은 인수합병(M&A)을 통해 변화해왔다. 오랜 역사 속에서 수많은 경쟁기업의 도전을 이겨내고 이익을 창출해 살아남은 회사에 투자한다면 기대 이상의 수익을 거둘 수 있다. 아무리 날고 기는 좋은 회사라고 하더라도 변화와 혁신 없이는 앞날을 보장받지 못한다. 배당 투자는 장기 투자여야 복리 효과를 제대로 누릴 수 있다. 그러므로 오랜 기간 사업을 지속할 수 있는 기업, 변화에 능동적으로 대처하고 있는 기업을 찾는 것이 중요하다.

해당 기업이 배당을 잘해왔는지 내력이 궁금하다면 다음 웹사이트에서 조회해보자.

 나스닥닷컴(http://www.nasdaq.com/symbol/div/dividend-history)

 디비던드닷컴(http://www.dividend.com)

---

2) 배당 투자의 핵심, 배당 재투자로 수익 극대화하기

(1) 배당은 현금으로 받는 것보다 재투자하는 것이 수익률 측면에서 좋다.

아인슈타인이 "가장 위대한 수학의 발견이다"라고 이야기했던 마법, 바로 '복리'이다. 시간은 우리에게 '부'를 줄 수 있다. 다음 그림에서 배당 재투자(빨간색, 녹색)와 배당 재투자 없이 현금으로 배당을 받은 경우(파란색)를 비교해보자. 같은 금액을 투자할 경우 10년이라는 기간은 별 차이가 없어 보이지만, 시간이 지날수록 수익률 차이가 기하급수적으로 커져 30년이 되면 수익률이 2배 가까이 차이가 나게 된다.

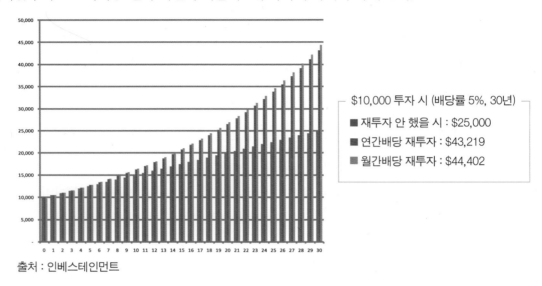

출처 : 인베스테인먼트

인생은 길다. 포트폴리오의 일정 부분을 배당주로 투자하고, 이를 오랜 시간 유지해 나갈 때 장기 복리 투자의 과실을 누릴 수 있을 것이다.

(2) 배당 기준일을 정확히 파악하고, 매년 특별배당을 주는 주식에 관심을 둔다.

Ex-Date는 배당락일이므로 반드시 전날까지는 주식을 매수해야 한다. 미국주식의 경우 한국과 달리 월 배당, 분기 배당을 하므로 일정을 잘 숙지하고 있어야 한다. 배당락일 주식을 매수하면 배당금이 빠진 만큼(배당락이 나온 만큼)의 가격에 주식을 매수할 수 있어도 배당은 받을 수 없다. 따라서 꼭 배당기준일을 확인하여야 하며, 한국에서 투자하는 경우 결제 지연 등의 문제가 생길 수 있으므로 유의할 필요가 있다.

이익 잉여금이 많을 경우 특별배당도 시행하는데, 공시를 참고하거나 '배런즈'에서 확인하면 된다.

 배런즈(http://www.barrons.com/public/page/special-dividends.html)

예를 들어 2016년 포드(F), 빅토리아 시크릿으로 잘 알려진 엘브랜드(LB)가 특별 배당을 시행한 바 있다. 2017년도에도 많은 이익이 발생하여 특별 배당을 주는 주식은 매수할 만하며, 배런즈와 디비던드닷컴(http://

www.dividend.com)을 참고하면 쉽사리 종목을 찾아낼 수 있다.

(3) 장기투자라고 반드시 수익이 나는 것은 아니다. 반드시 리스크 관리가 필요하다.

　장기투자는 단순히 주식을 매수해서 그냥 들고 가는 것을 의미하지는 않는다. 언제든지 기업의 배당 수익률이 낮아지고, 해결하기 어려운 악재가 발생한다면 과감하게 갈아타야 할 필요가 있다. 아무 생각 없이 주식을 보유하고, 회사의 변화를 확인하지 않는 것만큼 잘못된 투자 방법도 없다.

　분기마다 배당과 실적을 확인하여 돌이킬 수 없는 변화나 문제가 발생한다면 비중을 과감하게 줄일 수 있어야 한다. 동업자 정신을 바탕으로 분기마다 배당과 실적을 확인하고, 투자한 기업의 뉴스를 찾아보고 성장에 지장을 줄 만한 이벤트가 발생한 경우 관리를 해나가는 것이 필요하다.

4. 미국 배당 투자로 월세 만들기

1) 배당 투자로 월세 만들기가 필요한 이유와 방법

(1) 확률 게임, 언제까지 승자가 될 수 있을까?

　동전 던지기를 해서 연속으로 앞면이 나올 확률은 얼마나 될까? 첫 번째에 나올 확률은 ½ (50%), 연속으로 두 번 나올 확률은 ¼ (25%)이고, 이 확률은 동전 던지기를 반복하면서 기하급수적으로 감소한다.

회차	1	2	3	4	5	6	…	n
확률	1/2	1/4	1/8	1/16	1/32	1/64	…	$1/2^n$
확률	50%	25%	12.5%	6.25%	3.125%	1.5625%	…	

　투자도 마찬가지이다. 위와 같은 기계적인 확률은 아니더라도 투자한 종목이 매번 상승하기란 쉽지가 않다. 우리가 재무제표를 뜯어보며 기본적 분석을 하고, 차트를 보며 기술적 분석을 하는 것은 근본적으로 투자의 확률을 높이기 위한 것이지 100% 수익을 보장받는 것은 아니다.

　더군다나 수익은 짧게 가져가고 손실은 길게 가져가는 일반적인 투자 행태상, 꾸준히 수익을 내다가도 한 번의 투자에서 크게 손실을 내는 경우가 허다하다. 그런데도 한국의 빈약한 배당 투자 성향과 투기적 성향이 결합하면서 주식을 꾸준히 수익을 낼 수 있는 수단이기보다는 일종의 투기로 보는 경향이 강하게 나타나고 있다.

　매번 오를 종목만 찾기에 지친 투자자라면 배당 투자를 통해 인컴형 수익을 추구하는 것도 하나의 대안이 될 수 있다. 물론 배당 투자가 매매 차익을 노리는 투자와 비교해 아예 쉽다고 말할 수는 없다. 기업의 수익을 꾸준하게 점검하고 동향을 점검해야 하기 때문이다. 그러나 한 가지 분명한 점은 배당주 투자가 매매 차익만을 노리는 투자에 비해 더욱 편안하게 기업의 성과를 공유할 수 있는 투자라는 점이다.

(2) 시세차익에서 월세 만들기로

우스갯소리로 조물주 위에 건물주라는 말을 한다. 한동안 초, 중, 고등학생들을 대상으로 한 장래희망 조사에서 건물주가 1, 2위를 차지했던 것처럼 한국에서 월세를 받을 수 있는 건물주에 대한 선망은 열광에 가깝다. 그런데도 건물주를 꿈꾸는 모든 사람이 건물주가 될 수 없는 이유는 최소 자본이 높아 필요한 만큼의 자본을 모으기 어렵고, 부동산 자산의 특성상 유동성이 떨어지며(원할 때 사고팔기가 어렵고), 물건을 고르고 취득하고 관리하는 과정에서 높은 수준의 법률적 지식이 필요하기 때문이다.

배당 투자로 월세 만들기는 상대적으로 쉽다. 대표적인 리츠 종목인 Realty Income(O)을 보자. 1994년 상장한 O는 하와이를 제외한 49개 주 및 푸에르토 리코(Puerto Rico)에서 임대업을 영위하고 있으며 22년째 배당금을 늘려오고 있다. 2018년 1월 12일 현재 시가 기준 배당률은 4.84%로 KB국민은행에서 밝힌 서울 오피스텔 평균 임대수익률 4.89%(11월 기준)와 비교해 큰 차이가 없다. 차이가 있다면 서울 오피스텔 평균 임대수익률이 4월 이후 지속해서 하락세라면, O는 지속해서 배당금을 늘리고 있다는 점이다.

O의 1주당 가격은 $52.72(2018년 1월 12일 종가 기준)로 원화로 계산하면 약 6만 원 가량이다. 6만 원만 있으면 바로 월세 만들기를 시작할 수 있다. 최근 1년간 하루 평균 거래대금은 7,482만 달러(원화 792억 원) 수준으로 거래를 하는 데 있어 어려움이 없다. 가장 큰 장점은 직접 부동산을 매입하는 경우 지속적으로 시장 조사를 하고, 임대인들을 관리해야 하지만 O를 매입할 경우 154명의 전문 인력들이 50개 지역, 56개의 섹터(리테일, 산업, 사무실, 농업)에 걸친 5천 개 이상의 자산을 관리해 준다는 점이다. 막연하게 건물주를 꿈꾸기보다는 리츠를 통해 더욱 쉽게 월세 만들기의 꿈을 시작할 수 있다.

(3) 배당 포트폴리오를 만들고 운영해보자.

❶ 종목 선정

배당 포트폴리오를 구성하기 위해서 가장 중요한 것은 종목 선별이다. 앞에서 제시한 좋은 배당 주식을 고르고 관리하는 방법을 다시 정리해보면 다음과 같다.

좋은 배당 주식 선별 방법
1. 배당률이 높다고 반드시 좋은 주식은 아니다.
2. 주식 분할을 자주 하고 배당성향이 높은 주식을 찾아라.
3. 어떤 브랜드를 가지고 있으며, 경제적 해자가 있는지 확인하자.
4. 얼마나 오랜 기간 배당을 했고, 전 세계인을 상대로 꾸준히 성장해왔는지 확인한다.

❷ 매수하기

포트폴리오를 구성하면서 한꺼번에 종목을 담을 필요는 없다. 더욱이 소수 종목에 집중적으로 투자할 필요도 없다. 배당 포트폴리오 종목들을 매수하는 데 있어서 가장 중요한 것은 '분산'이다. 다양한 섹터로 종목을 분산하고, 개별 종목 매수 역시 최소 3차례 이상 나눠서 할 것을 권한다.

'언제 사야 싸게 살까?'라는 고민은 누구나 하는 고민이지만, 쉽게 답을 찾을 수 없는 고민이기도 하다. 하지만 배당주에 접근하는데 있어서 가이드라인을 찾자면, 최근 5년간의 시가 배당률을 살펴보고, 시가 배당률이 높은 상태에서 매수하는 것이 좋다.

이미 매수한 종목이 하락했다면 왜 주가가 하락했는지를 살펴보자. 경쟁사 제품이 더욱 잘 팔린다거나, 새로운 비즈니스 모델에 제대로 적응하지 못한다거나 하는 기업의 매출과 이익에 영향을 미칠 만한 요인이 아니라면 오히려 좋은 주식을 싸게 살 기회가 될 수 있다. 배당 투자는 단기간에 차익을 내고 끝나는 투자가 아닌 만큼 주가 하락은 오히려 더 높은 배당률에 주식을 사 모을 수 있는 기회로 인식할 필요가 있다.

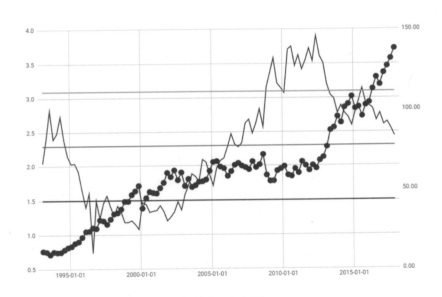

범례
파란색 : 시가배당률
보라색 : 주가
주황색 : 평균배당률 + 1표준편차
붉은색 : 평균배당률
녹색 : 평균배당률 - 1표준편차

출처 : 나스닥닷컴(http://nasdaq.com), 인베스테인먼트

위 차트는 존슨 앤드 존슨(JNJ)의 1993년 이후 시가 배당률과 주가를 나타낸 차트이다. JNJ의 1993년 이후 평균 배당률은 2.3%이고, 시가 배당률의 표준편차는 0.79이다. 평균 +1 표준편차인 시가 배당률 3.09% 이상에서는 매수하고, 평균 -1 표준편차인 시가배당률 1.5% 이하에서는 매도하는 전략을 구사한다면 더욱 편하게 접근할 수 있을 것이다.

특히 주가가 정체된 구간에서 지속해서 시가 배당률이 높아진다는 것은 배당이 지속해서 증가했다는 것을 의미하며, 실적과 순이익을 점검하여 증가세를 보인다면 바로 매수할 적기임을 의미한다.

❸ 관리하기

배당주 포트폴리오를 관리하는 것은 농사를 짓는 것과 같다. 한 번 매수했다고 끝나는 것이 아니라, 지속해서 관리하고 가꿔줘야 수익률을 극대화할 수 있다. 앞에서 제시한 배당주 관리하는 방법을 다시 정리해보면 다음과 같다.

> **배당 투자의 핵심, 배당 재투자로 수익 극대화하기**
> 1. 배당은 현금으로 받는 것보다 재투자하는 것이 수익률 측면에서 좋다.
> 2. 배당기준일을 정확히 파악하고, 매년 특별배당을 주는 주식에 관심을 둔다.
> 3. 장기투자라고 반드시 수익이 나는 것은 아니다. 반드시 리스크 관리가 필요하다.

배당주 포트폴리오 관리의 제1원칙은 기업의 건강함을 지속해서 점검하는 것이다. 배당을 지속해서 잘 줄 수 있는지, 배당을 주고 남는 돈으로 추가 이익을 창출할 수 있을 만큼 건강한 회사인지를 점검해야 한다. 물론 일일이 관리하기 힘들다면 SCHD(Schwab U.S. Dividend Equity ETF), VYM(Vanguard High Dividend Yield ETF), VIG(Vanguard Dividend Appreciation ETF), DGRO(iShares Core Dividend Growth ETF), HDV(iShares Core High Dividend ETF) 등 ETF를 통해 배당을 받는 것도 좋은 방법이다.

배당금은 가급적이면 배당주에 재투자하는 것이 좋다. 월간 배당 목표 금액(배당으로 $1,000 수령)을 정하고, 목표했던 배당금을 받을 수 있을 때까지 계속해서 배당금으로 배당주를 계속 매입하는 것이다. 더욱 빠르게 배당금을 늘리고 싶다면 배당 직전의 주식을 사거나, 배당금으로 고배당을 지급하는 종목을 매수하는 방법이 있다.

2) 섹터별 베스트 배당주 11선

S&P500 내에서 섹터 내에서 꾸준한 실적을 바탕으로 현금창출과 배당을 꾸준하게 해오고 있는 기업들을 뽑아보았다. 각 기업에 대한 상세 설명은 편람 부분을 참고하기 바란다.

Ticker	기업명	섹터	배당률(%)	배당성향(%)	증액 연수(년)	배당주기
JNJ	존슨 앤드 존슨	헬스케어	2.31	46.2	55	Q1
CSCO	시스코	IT	2.84	52.5	7	Q1
MCD	맥도날드	자유 소비재	2.33	61.9	41	Q2
XOM	엑슨 모빌	에너지	3.52	83.7	35	Q1
DWDP	다우듀폰	소재	2.02	45.5	-	Q2
MO	알트리아 그룹	필수 소비재	3.79	80.5	9	Q3
ETN	이튼 코퍼레이션	산업재	2.85	52.2	8	Q3
T	에이티 앤 티	통신	5.42	68.5	33	Q3
ED	콘솔리데이티드 에디슨	유틸리티	3.47	67.3	43	Q3
JPM	제이피모건	금융	1.99	27.2	7	Q3
O	리얼티 인컴	리츠	4.84	88.2	22	M

출처 : 디비던드닷컴(http://dividend.com), 2018. 1. 26. 기준

	1	2	3	4	5	6	7	8	9	10	11	12
Q1	JNJ CSCO			JNJ CSCO			JNJ CSCO			JNJ CSCO		
Q2		MCD XOM DWDP			MCD XOM DWDP			MCD XOM DWDP			MCD XOM DWDP	
Q3			MO ETN JPM T ED		JPM	MO ETN T ED			MO ETN JPM T ED			MO ETN JPM T ED
M	O	O	O	O	O	O	O	O	O	O	O	O

S&P500 배당주 연간 일정

- 11종목을 동일한 비중으로 담을 경우 평균 연 배당률 3.21%
- Q1 : 1, 4, 7, 10월 배당

  Q2 : 2, 5, 8, 11월 배당

  Q3 : 3, 6, 9, 12월 배당

  M : 월간 배당

1. JPM (제이피모건 : JPMorgan Chase & Co.)

섹터	금융(Financials)	배당률	1.99%
세부섹터	금융 전반(Diversified Banks)	배당성향	27.2%

10년 재무제표 및 배당 관련 지표

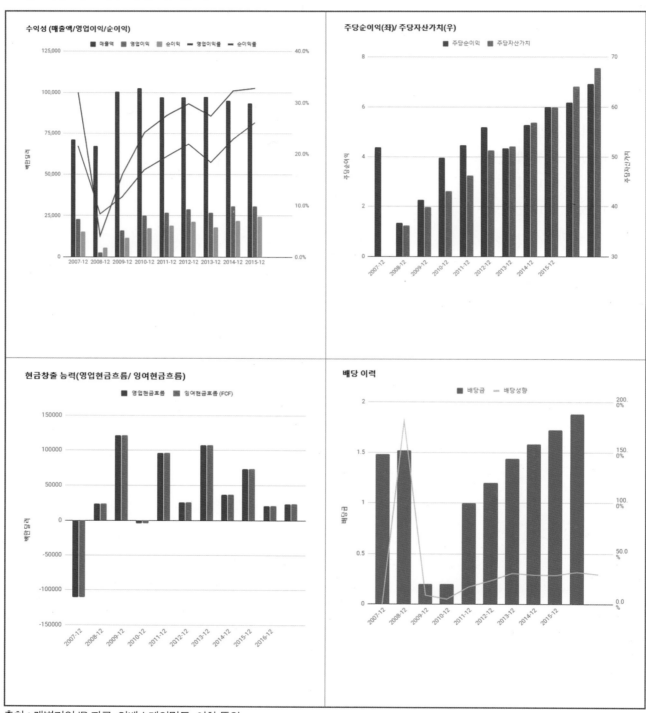

출처 : 개별기업 IR 자료, 인베스테인먼트, 이하 동일

2. CSCO (시스코 : Cisco Systems)

섹터	IT(Information Technology)	배당률	2.84%
세부섹터	통신장비(Communications Equipment)	배당성향	52.5%

10년 재무제표 및 배당 관련 지표

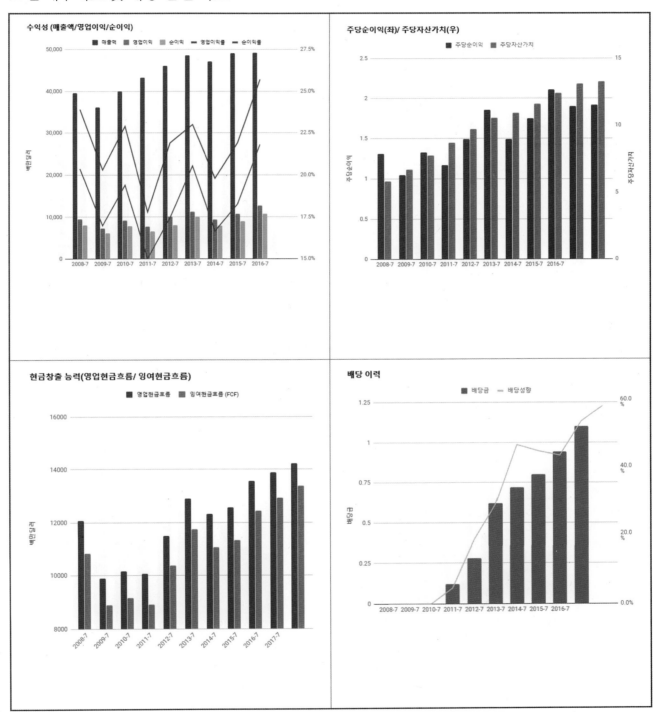

3. MCD (맥도날드 코퍼레이션 : McDonald's Corp.)

섹터	자유 소비재(Consumer Discretionary)	배당률	2.33%
세부섹터	식음료(Restaurants)	배당성향	61.9%

10년 재무제표 및 배당 관련 지표

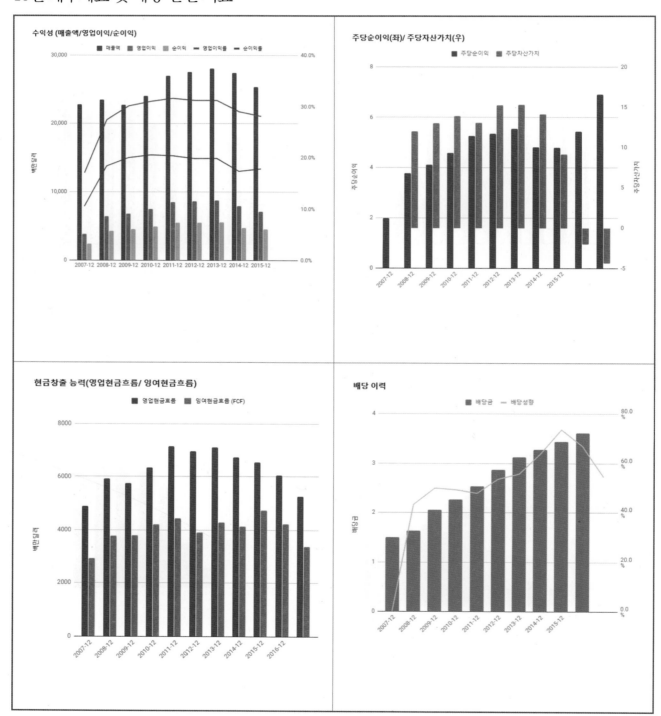

4. XOM (엑슨 모빌 : Exxon Mobil Corp.)

섹터	에너지(Energy)	배당률	3.52%
세부섹터	종합 석유&가스(Integrated Oil & Gas)	배당성향	83.7%

10년 재무제표 및 배당 관련 지표

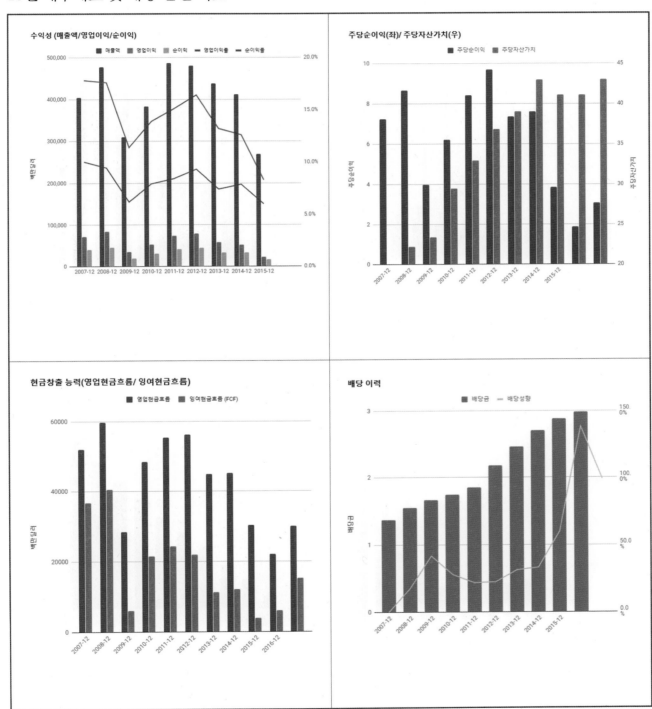

5. JNJ (존슨 앤드 존슨 : Johnson & Johnson)

섹터	헬스케어(Health Care)	배당률	2.31%
세부섹터	건강 장비(Health Care Equipment)	배당성향	46.2%

10년 재무제표 및 배당 관련 지표

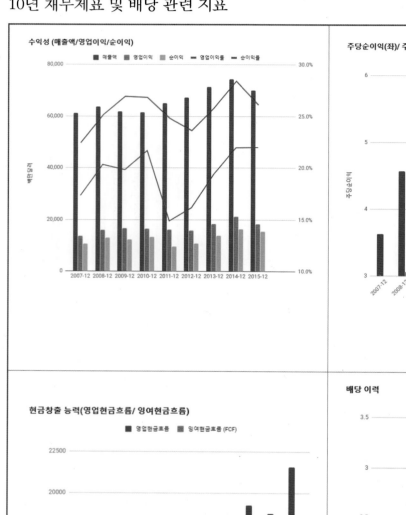

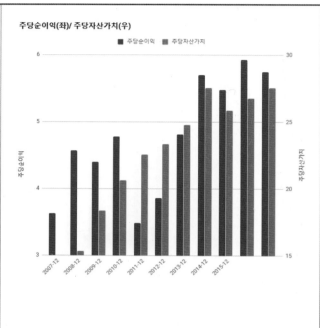

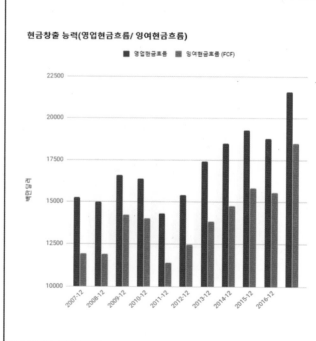

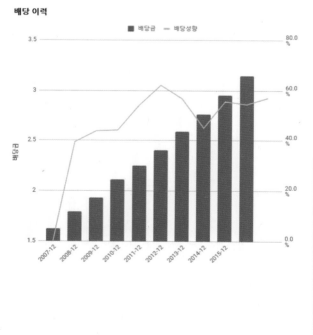

6. DWDP (다우듀폰 : DowDuPont)

섹터	소재(Materials)	배당률	2.02%
세부섹터	화학(Diversified Chemicals)	배당성향	45.5%

10년 재무제표 및 배당 관련 지표

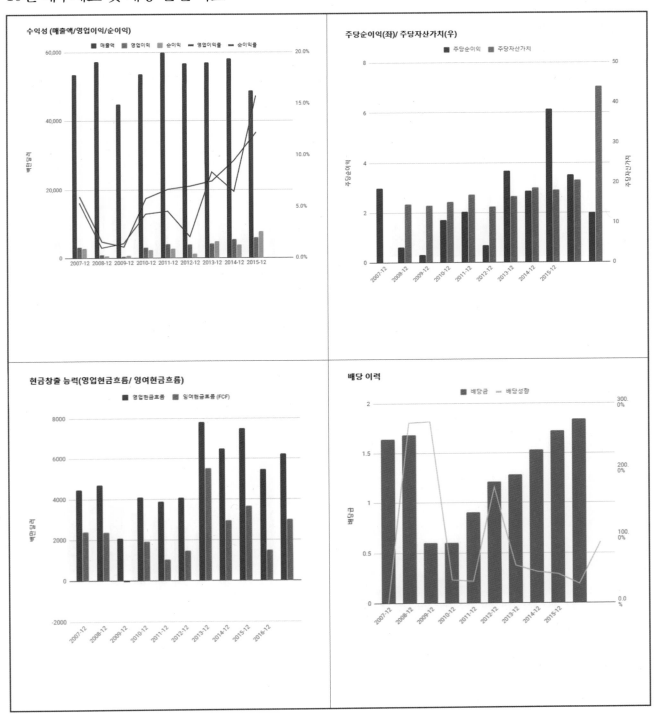

7. MO (알트리아 그룹 : Altria Group Inc)

섹터	필수소비재(Consumer Staples)	배당률	3.79%
세부섹터	담배(Tobacco)	배당성향	80.5%

10년 재무제표 및 배당 관련 지표

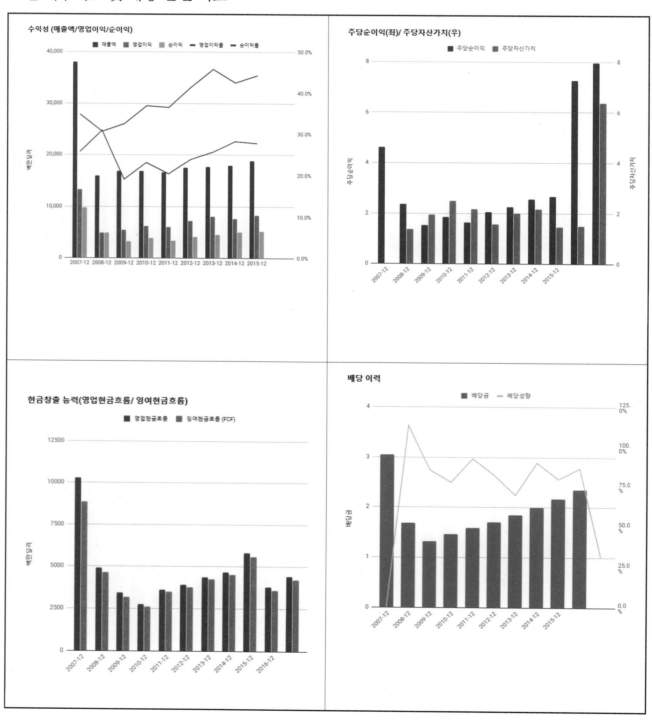

8. ETN (이튼 코퍼레이션 : Eaton Corporation)

섹터	산업재(Industrials)	배당률	2.85%
세부섹터	전자 소재(Electrical Components & Equipment)	배당성향	52.2%

10년 재무제표 및 배당 관련 지표

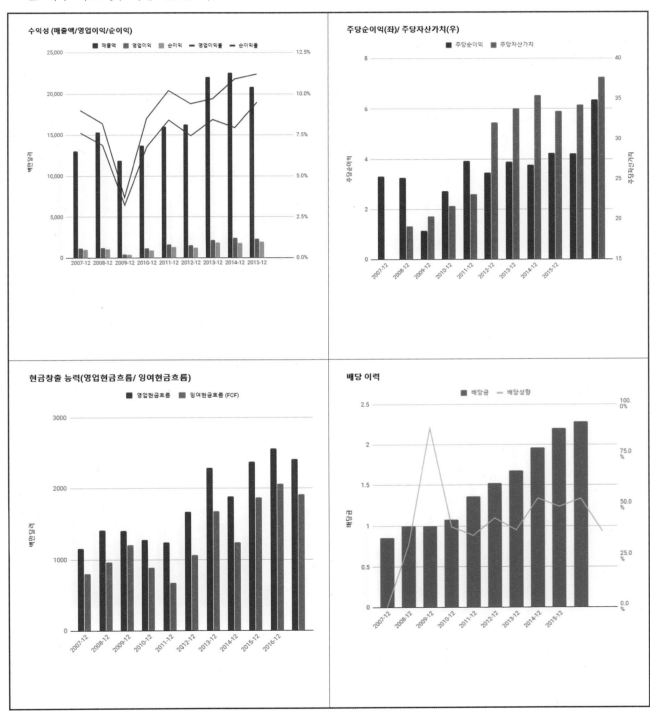

9. T (에이티 앤 티 : AT&T Inc)

섹터	통신(Telecommunication Services)	배당률	5.42%
세부섹터	통신(Integrated Telecommunication Services)	배당성향	68.5%

10년 재무제표 및 배당 관련 지표

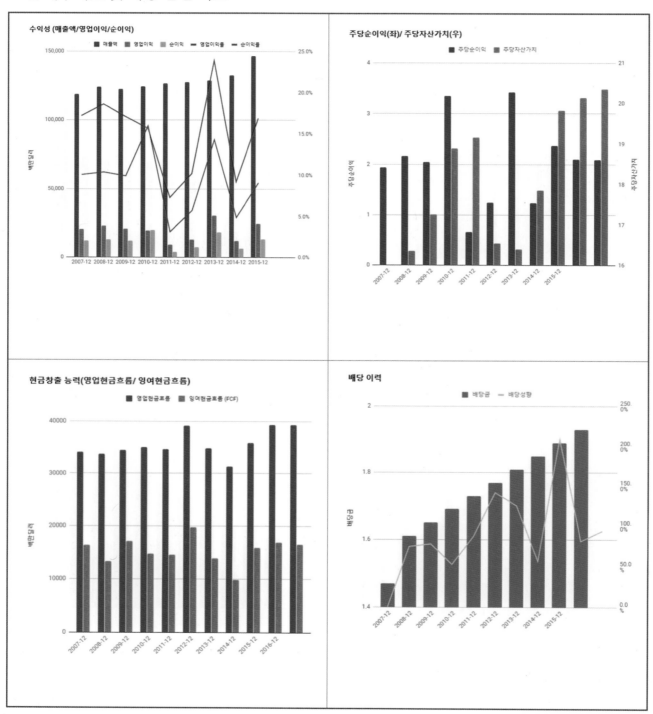

10. ED (콘솔리데이티드 에디슨 : Consolidated Edison)

섹터	유틸리티(Utilities)	배당률	3.47%
세부섹터	전자 장비(Electric Utilities)	배당성향	67.3%

10년 재무제표 및 배당 관련 지표

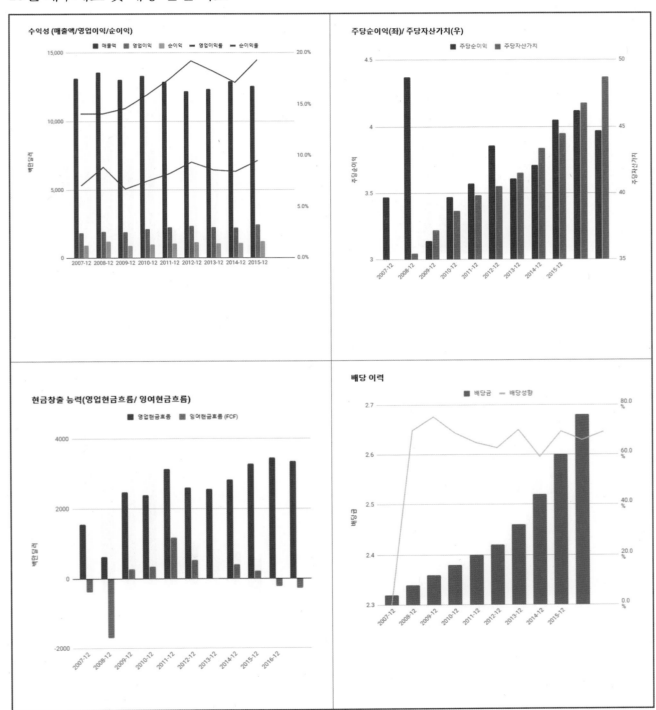

11. O (리얼티 인컴 : Realty Income Corporation)

섹터	리츠(Real Estate)	배당률	4.84%
세부섹터	소매 리츠(Retail REITs)	배당성향	67.3%

10년 재무제표 및 배당 관련 지표

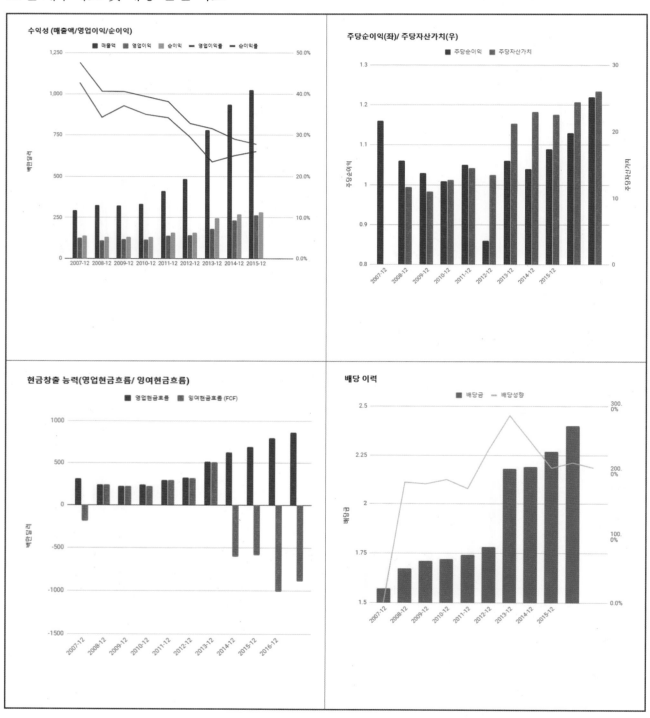

Chapter. 3 즐겨찾기를 통한 미국주식 투자

다음은 미국주식을 투자하면서 유용한 정보를 얻을 수 있고 투자아이디어를 제공하는 사이트들을 모아 놓은 목록들이다. 매일 수없이 쏟아져 나오는 정보의 홍수 속에서 자신에게 필요한 유용한 사이트들을 잘 정리해두면 투자에서 좋은 성과를 낼 수 있을 것이다. 다음 열거된 사이트들이 미국주식 투자에 도움이 되었으면 하는 바람이다.

1. 팩트셋(Factset)

 http://www.factset.com

주식시장에서 주가가 상승할 때는 많은 이유가 있다. 하지만 모든 이유는 한 가지로 귀결이 된다. 그것은 개별 기업들의 실적이다. 기업의 실적은 주가를 상승시키는 원동력이며 기업의 생산 활동으로 발생하는 이익이기 때문이다.

현재 미국주식시장에서 미 행정부의 세제 개편안이 주식시장에 영향을 주는 이유는 당연히 법인세 인하에 따른 실적 개선 기대감이 높아질 수 있다는 점이다. 향후 미 연방준비제도(이하 연준) 금리 결정이 중요한 점은 현재 상장사들의 변동되는 대출 이자와 밀접한 관련이 있기 때문이다. 이런 이유로 기업들의 실적을 찾아내기 위한 노력은 투자의 수익으로 연결되는 첫걸음이라고 할 수 있다.

'기업 실적 상승 = 기업 주가 상승'이라는 공식을 반드시 명심하고 명심하자.

다음 그림에서 1999년부터 최근 20년간의 미국 기업의 12개월 실적 예상치와 미국 대표 지수인 S&P 500이 차이는 조금 있지만 동행하고 있다는 것을 확인할 수 있다.

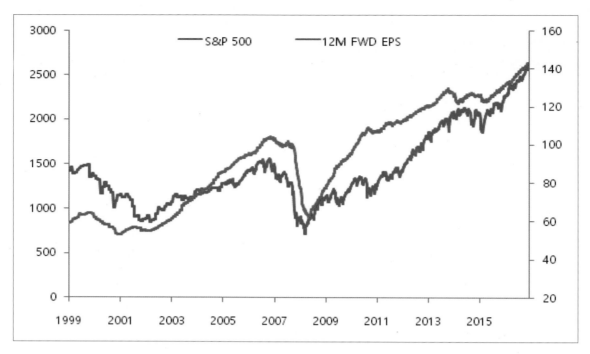

출처 : 로이터(Reuters) 12M FWD EPS는 12개월 실적 예상치

미국 기업들의 실적을 알 수 있는 사이트로 투자자들이 꼭 봐야 하는 곳 중 하나이다.

팩트셋(Factset)은 미국 코네티컷주 노르워크시에 본사를 두고 있는 각종 금융·데이터를 처리하는 소프트웨어 회사이며 미국에서 가장 큰 시장 조사업체 중 하나이다. 팩트셋은 세계적인 금융기관의 애널리스트, 자산 포트 폴리오 매니저, 투자 은행가들에게 각종 금융 정보와 분석 자료를 제공하고 있다.

첫 화면의 왼쪽 아래 인사이트(Insight)라는 곳을 클릭하면 S&P500 기업들의 실적에 대해 많은 것을 알려주고 있다.

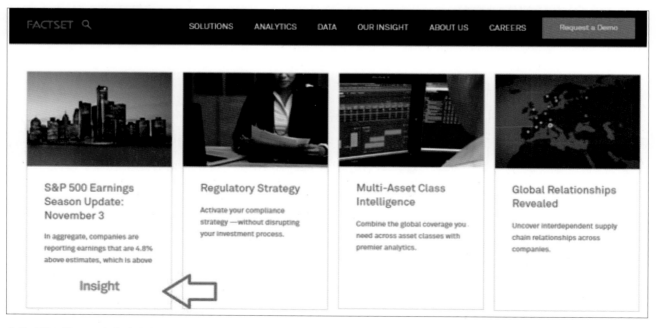

출처 : 팩트셋(Factset) 홈페이지

매주 금요일에는 약 30여 페이지에 달하는 S&P500의 각 섹터와 전체 기업들의 실적에 관련된 보고서를 무료로 제공하고 있다. 실적이 곧 주가로 이어진다는 점에서 강력하게 추천하는 바이다.

 http://www.factset.com/earningsinsight

이 보고서에는 아래의 그림과 같이 S&P500의 업종별 영업이익 및 매출 추정치와 전망치 등이 포함되어 있다. 보고서만 보면 향후 미국 기업들의 실적을 어느 정도 예상할 수 있으며 섹터 ETF, 지수 ETF, 선물, 옵션에 투자하는 투자자라면 꼭 봐야 하는 유용한 사이트 중 하나이다.

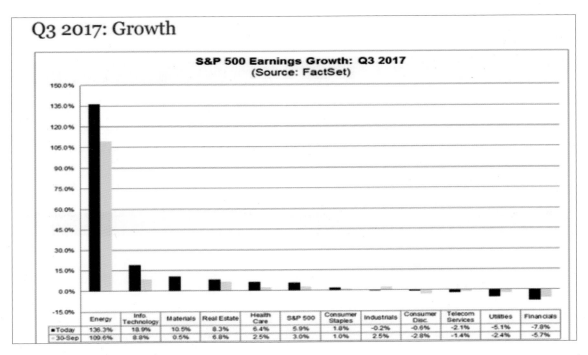

출처 : 팩트셋(Factset) 홈페이지

2. 나스닥(NASDAQ)

http://www.nasdaq.com

미국주식 투자를 하는 사람이면 자신이 보유하거나 향후 투자할 기업들의 실적이 중요한 점은 누구나 다 알고 있다. 문제는 과연 기업들의 실적이 언제 발표되는지 관심을 가지지 않는 투자자들이 있다는 점이다. 나스닥(NASDAQ)에서는 기업들의 실적 발표 및 기본 사항들을 아주 친절하게 알려주고 있다. 이 사이트에서 미국에 상장된 모든 기업의 실적을 한눈에 확인할 수 있다.

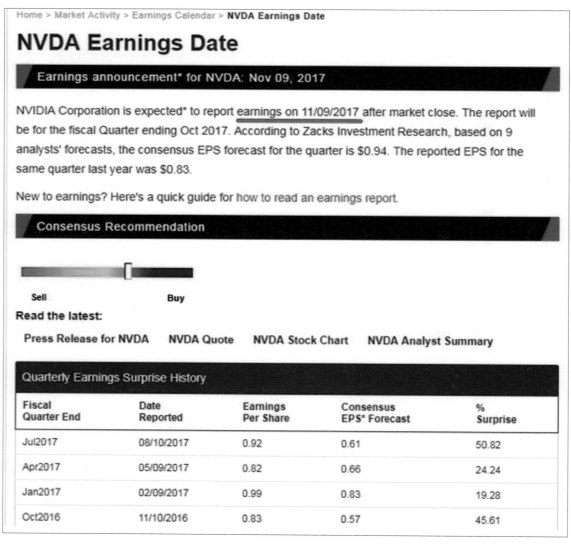

출처 : 나스닥(NASDAQ) 홈페이지 실적 조회 화면

활용 방법

1. 아래 이미지에서 별표가 있는 곳에 기업의 심볼을 넣으면 기업 실적 발표 날짜 및 과거 실적 추이 등이 나온다.

Earnings Calendar

Earnings Announcements for November 06, 2017

Company Search: [Enter symbol for earnings date]

Previous **Nov 06** Nov 07 Nov 08 Nov 09 Nov 10 Next

Earnings Date - Confirmed by Zacks   **Earnings Date - Estimated by Zacks**

Time	Company Name (Symbol) Market Cap Sort by: Name / Size	Expected Report Date	Fiscal Quarter Ending	Consensus EPS* Forecast	# of Ests	Last Year's Report Date	Last Year's EPS*
◑	The Priceline Group Inc. (PCLN) Market Cap: $93.76B	11/06/2017	Sep 2017	$34.31	13	11/07/2016	$30.94
☀	CVS Health Corporation (CVS) Market Cap: $70.53B	11/06/2017	Sep 2017	$1.49	20	11/08/2016	$1.64
☀	Sysco Corporation (SYY) Market Cap: $29.19B	11/06/2017	Sep 2017	$0.73	6	11/07/2016	$0.67
◑	Microchip Technology Incorporated (MCHP) Market Cap: $21.75B	11/06/2017	Sep 2017	$1.27	4	11/07/2016	$0.9
◑	Skyworks Solutions, Inc. (SWKS) Market Cap: $20.53B	11/06/2017	Sep 2017	$1.64	8	11/03/2016	$1.37
☀	Cardinal Health, Inc. (CAH) Market Cap: $19.25B	11/06/2017	Sep 2017	$1.01	8	10/31/2016	$1.24
☀	Mylan N.V. (MYL) Market Cap: $18.95B	11/06/2017	Sep 2017	$1.21	6	11/09/2016	$1.38
☀	Franco-Nevada Corporation (FNV) Market Cap: $14.91B	11/06/2017	Sep 2017	$0.27	6	11/07/2016	$0.3

출처 : 나스닥(NASDAQ) 홈페이지

2. 화살표를 보면 당일 실적 발표 기업들의 이름 또는 시가총액 순서로 나열할 수 있다.

3. 기업 이름의 왼쪽에 해 모양은 장 시작 전, 달 모양은 장 마감 후 실적 발표를 의미한다.

나스닥 사이트에선 미국 기업들의 배당 일정도 제공하고 있으니 참고하면 좋다.

 http://www.nasdaq.com/dividend-stocks/dividend-calendar.aspx

3. 텔레트레이더(TELETRADER)

 https://www.teletrader.com

텔레트레이더 사이트는 각국의 주가지수, 상품, 환율과 주요국의 경제지표 및 언론사들의 뉴스들이 한꺼번에 모여 있는 곳이다. 이곳을 이용하면 모든 정보를 한눈에 볼 수 있다는 점에서 주식투자의 각종 정보를 얻는 데 유용하게 사용할 수 있다.

아래 화면 왼쪽을 보면 위에서부터 아래로 각국 시장별 지수, 외환, 선물, 스크리너, 펀드, ETF, 채권, 뉴스, 경제 일정, 경제 데이터, 포트폴리오 등 세부항목에 대해 한눈에 직관적으로 볼 수 있게 만들어져 있다.

출처 : 텔레트레이더(Teletrader)

4. 마켓비트(Marketbeat)

 https://www.marketbeat.com

미국에 상장된 개별 기업들을 분석할 때 유용한 사이트 중 하나이다. 회사이름(Company Name) 안에 개별 기업이름이나 심볼을 넣게 되면 미국에 상장되어 있는 모든 기업의 기본적인 정보들을 한눈에 파악할 수 있다.

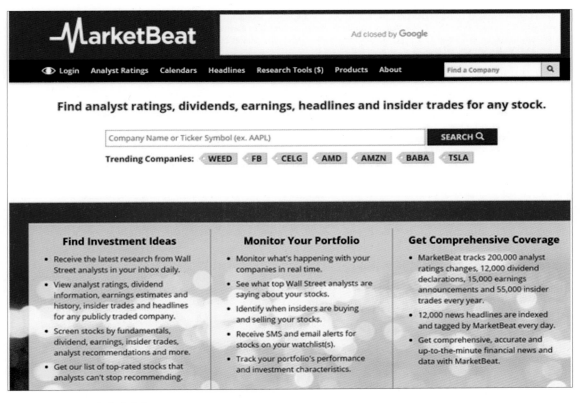

출처 : 마켓비트(MarketBeat) 홈페이지

예를 들어 애플의 심볼인 'AAPL'을 입력하면 애플에 대한 기본적인 기업정보를 확인할 수 있다. 애플의 시가 총액이 8,911억 달러이며 12개월 예상 주가수익(Fwd P/E) 비율은 15.53배라는 것을 확인할 수 있다. 기업의 수익성과 관련된 내용, 배당 수익률이 1.5%라는 것도 확인할 수 있다.

한편, 개별 기업에 대해 자주 하는 질문(Frequertly Asked Question)이라는 메뉴도 유용하게 사용할 수 있다. 평소에 애플에 관심이 있거나 투자하고 있는 투자자들이 궁금하게 여기는 회사에 대한 기본적인 질문 내용을 한눈에 파악할 수 있다.

What is Apple's stock symbol?

Apple trades on the NASDAQ under the ticker symbol "AAPL."

How often does Apple pay dividends? What is the dividend yield for Apple?

Apple announced a quarterly dividend on Thursday, November 2nd. Investors of record on Monday, November 13th will be paid a dividend of $0.63 per share on Thursday, November 16th. This represents a $2.52 annualized dividend and a dividend yield of 1.46%. The ex-dividend date is Friday, November 10th. **View Apple's Dividend History.**

When did Apple's stock split? How did Apple's stock split work?

Apple's stock split before market open on Monday, June 9th 2014. The 7-1 split was announced on Wednesday, April 23rd 2014. The newly issued shares were issued to shareholders after the market closes on Friday, June 6th 2014. An investor that had 100 shares of Apple stock prior to the split would have 700 shares after the split.

How will Apple's stock buyback program work?

Apple declared that its Board of Directors has authorized a share repurchase plan on Sunday, June 4th 2017, which allows the company to buyback $50,000,000,000.00 in outstanding shares, according to EventVestor. This buyback authorization allows the company to buy up to 6.5% of its shares through open market purchases. Shares buyback plans are usually an indication that the company's management believes its stock is undervalued.

How were Apple's earnings last quarter?

Apple Inc. (NASDAQ:AAPL) posted its earnings results on Thursday, November, 2nd. The iPhone maker reported $2.07 earnings per share for the quarter, topping the consensus estimate of $1.87 by $0.20. The iPhone maker had revenue of $52.58 billion for the quarter, compared to analyst estimates of $50.71 billion. Apple had a return on equity of 36.36% and a net margin of 21.09%. The company's revenue for the quarter was up 12.2% on a year-over-year basis. During the same quarter in the previous year, the company earned $1.50 earnings per share. **View Apple's Earnings History.**

When will Apple make its next earnings announcement?

출처 : 마켓비트(Marketbeat) 홈페이지

5. 리퍼 알파 인사이트(Lipper Alpha Insight)

 http://lipperalpha.financial.thomsonreuters.com

기업정보와 경제정보를 제공하는 업체인 톰슨-로이터에서 운영하는 사이트이다. 이곳에 꼭 들어가서 확인해봐야 하는 이유는 전 세계 자금들의 흐름을 요약해주고 자세하게 분석해주기 때문이다. 더불어 미국의 실적발표 기간을 비롯한 주요 이벤트가 발생했을 때 관련된 이슈 분석을 발 빠르게 제공해 주는 곳이다. 미국주식 투자에 아주 유용하게 사용하고 참고할 수 있는 곳이다.

출처 : 리퍼 알파 인사이트(Lipper Alpha Insight) 홈페이지

6. 시킹 알파(Seeking Alpha)

 https://seekingalpha.com

많은 분석가가 자신들의 투자전략, 개별종목에 대한 이슈와 시황, 주식, 채권, 선물옵션, 투자방법에 관련된 많은 아이디어를 공유하는 사이트이다. 이곳은 무료로 회원 가입을 한 뒤 자신이 좋아하는 분석가들을 선택하여 팔로우할 수 있고, 팔로잉하는 분석가나 개인투자자들의 인사이트가 담긴 글을 알람으로 설정하여 실시간으로 받아 볼 수 있다. 아래의 그림에 있는 화살표에는 주식시장과 관련된 투자 아이디어들이 풍부하게 있다. 미국 주식시장에 투자하는 투자자라면 강력하게 추천하는 사이트 중 하나이다.

탑 마켓 헤드라인스(Top Market Headlines)에는 현재 시장에서 주로 관심이 있는 뉴스들이 나타난다. 여기에서 좋은 점은 뉴스와 관련된 종목들의 심볼이 제공된다는 점이다. 그렇기 때문에 관련된 뉴스를 보고 자기가 보유하고 있거나 관심 종목으로 등록된 종목에 대해 재빠른 대응을 할 수 있다는 점이 장점이다.

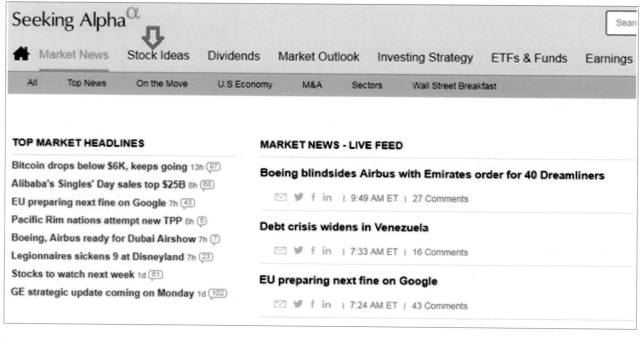

출처 : 시킹 알파(Seeking Alpha) 홈페이지

7. 제로헷지(ZeroHedge.com)

http://www.zerohedge.com

매일 주식시장에서 벌어지는 주요 이슈에 대해 각 분야 전문가들의 분석과 전망 및 방향성을 제공하는 곳이다. 이런 분석도 참고하면 좋지만, 홈페이지에 들어가면 제로헷지 리드즈(Zero Hedge Reads)라는 부분을 잘 살펴보자. 주식, 상장지수펀드(ETF), 중국 금융시장, 금속시장 등 전 세계 주요 금융시장에 대한 전문적인 분석 사이트들을 모아 놓았다. 제로헷지(Zero Hedge)를 통해 주요 이슈에 대해 살펴본 이후 해당 링크를 클릭해서 전문적인 분석을 살펴보는 식으로 이용하면 유용하다.

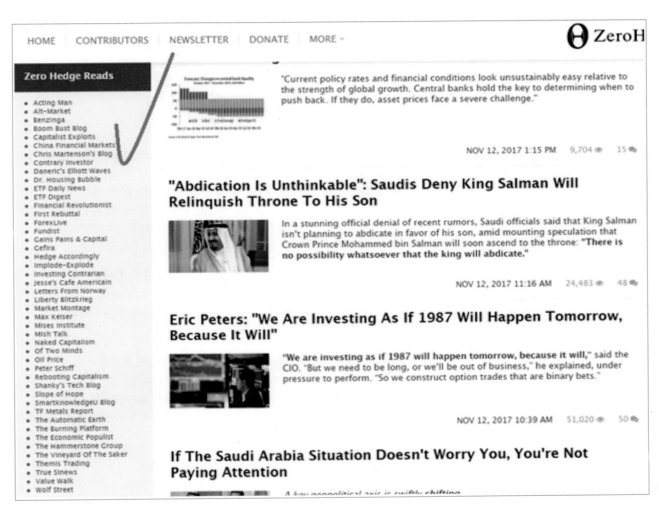

출처 : 제로헷지(ZeroHedge.com) 홈페이지

8. 마켓 리얼리스트(Market Realist)

 http://marketrealist.com/analysis/stock-analysis

섹터별 관련 종목 및 이슈들에 대한 분석이 있는 사이트이다. 체크 모양이 있는 곳이 각 산업 섹터별 자료들을 포함하고 있는 곳이다. 이와 함께 주요 상장지수펀드(ETF)를 비롯한 상품 시장 관련 내용도 분류되어 있기 때문에 투자에 참고하기 아주 편한 사이트이다.

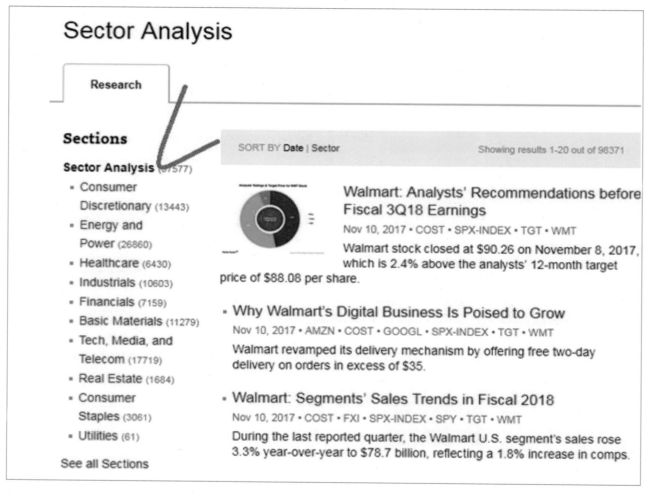

출처 : 마켓 리얼리스트(Market Realist) 홈페이지

9. 탑다운 차트(Topdown charts)

 https://www.topdowncharts.com

오로지 차트를 중심으로 모든 경제 분석 정보를 제공하는 곳이다. 그날 중요한 경제적인 이슈가 무엇이었는지 파악할 수 있는 곳이다. 설명이 쉽고 한눈에 차트를 통해 주식시장의 변화를 예측할 수 있다는 점에서 초보자들에게도 참고하면 좋은 사이트이다.

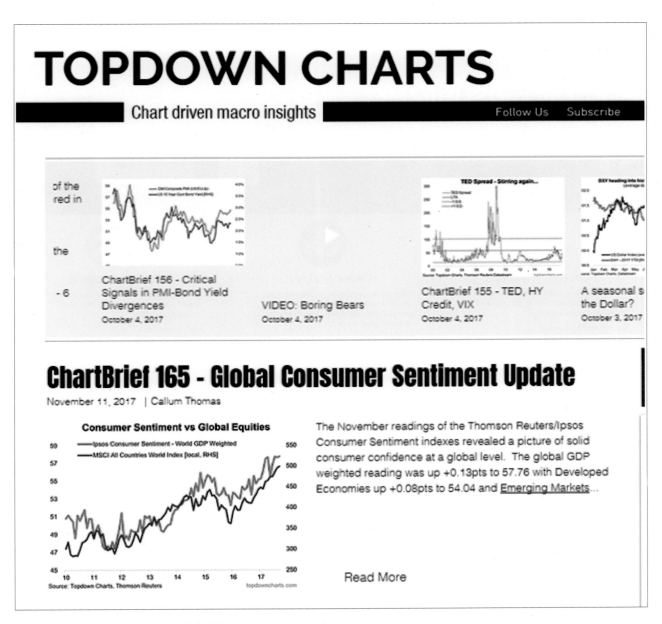

출처 : 탑다운 차트(Topdown charts) 홈페이지

10. 포트폴리오 비주얼라이즈(Portfolio Visualize)

 https://www.portfoliovisualizer.com/

자신의 현재 상황에 맞게 생각하고 있는 자산 배분과 자산 포트폴리오를 테스트할 수 있는 사이트이다. 개별 종목에 대한 분석과 함께 각종 자산의 상관관계 등 아무 곳에서나 쉽게 접하지 못하는 분석을 쉽게 할 수 있도록 도와주며 막막하게만 여겨지는 자기 생각을 담은 포트폴리오를 구체적으로 구성할 수 있게 도와주는 유용한 사이트이다.

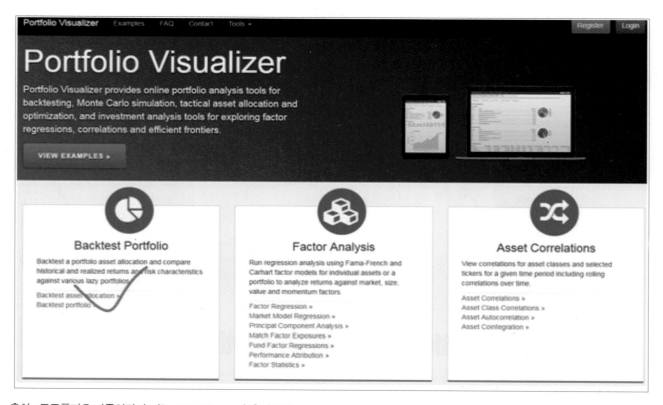

출처 : 포트폴리오 비주얼라이즈(Portfolio Visualize) 홈페이지

위에 표시된 그림에서 백테스트 포트폴리오(Backtest Portfolio)를 클릭하면 다음과 같은 그림이 나온다.

이곳에서 체크 표시된 곳을 클릭하면 보통형, 안정형, 성장형, 공격형 등 각종 다양하게 구성된 포트폴리오들과 함께 많은 투자용 포트폴리오 샘플들이 제시되어 있다. 예를 들어 Custom을 선택한 이후 자신이 원하는 투자 대상 국가와 상품들 및 자산을 배분해주면 된다. 그렇게 하고 난 뒤 화면 맨 아래에 있는 분석 포트폴리오 (Analyze Portfolios)를 클릭하면 분석 결과가 나타난다.

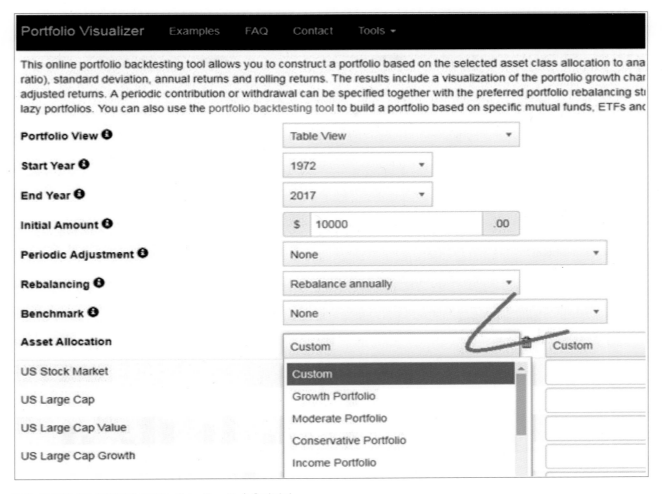

출처 : 포트폴리오 비주얼라이즈(Portfolio Visualize) 홈페이지

　예를 들어 성장형 포트폴리오(Growth portfolio)를 선택 후 실험(Test)을 하면, 다음과 같은 미국주식 52%, 미국을 제외한 세계 주식 28%, 미국 채권 16%, 환율 헤지가 되지 않은 전 세계 채권 4%로 직관적으로 배분되어 있는 포트폴리오를 구성할 수 있는 예시를 제시해 주는 것이다. 한눈에 투자에 유용하게 참고할 수 있도록 아이디어를 얻을 수 있다. 그리고 이런 포트폴리오를 운영 시 연도별로 얼마나 많은 수익을 역사적으로 올렸는지 그래프를 통해 알려준다. 투자자라면 항상 자산 배분이 어려운 것이 현실이다. 이런 도움을 통해 자신의 포트폴리오를 짜는데 도움을 받고 역사적인 수익률을 통해 아이디어를 쉽게 얻을 수 있다.

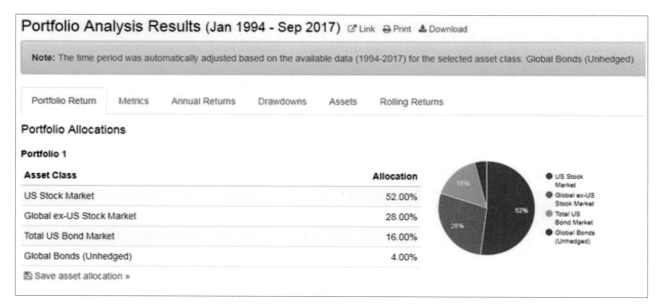

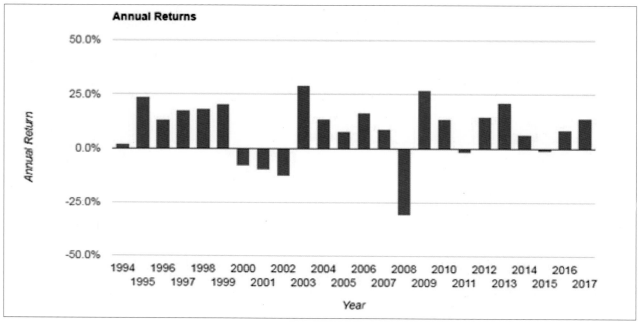

출처 : 포트폴리오 비주얼라이즈(Portfolio Visualize) 홈페이지

11. 전 세계 선거 관련 사이트

 http://www.mherrera.org/elections.html

현재 주식시장에선 정치적인 이슈들이 많은 영향을 준다. 그중 가장 영향력이 있는 이슈라고 한다면 선거가 될 것이다. 각 나라는 선거를 통해 뽑은 지도자의 성향에 따라 각 나라 정부의 정책이 바뀌고, 이렇게 바뀐 정책들이 해당 국가와 다른 국가의 주식시장의 방향성을 완전히 갈라놓기도 하기 때문이다. 예를 들면 2016년 미국 대선에서 트럼프의 당선으로 인해 이란과 멕시코의 상황이 몹시 나쁘게 흐르고 있다는 것을 알 수 있다.

위 사이트에서는 대부분 국가의 각종 선거일정과 정치 일정을 파악할 수 있다. 예를 들어 투자자와 밀접한 관련이 있는 그리스를 포함한 남유럽 국가들의 선거일정을 찾을 수 있다. 영향력 있고 중요한 국가들이 정치 일정을 앞두고 있다면 향후 전개될 경우의 수를 생각하고 어떻게 투자에 접목하고 대응할 것인지 참고해야 할 것이다.

LATEST UPDATES:04/11/17

- **10 December-Venezuela,Municipal elections**
- **21 December-Catalonia (Spain),Parliament**

2017 PAST ELECTIONS

8 January-Colombia,Mayoral election in Fresno (Tolima)
10 January-Georgia (USA),US House and Senate runoff elections
15 January-Japan,Local elections
15 January-Portugal,Municipal by-election in A.F. de Galveias
20 January-Lower Austria (Austria),Municipal elections in Waidhofen an der Ybbs

출처 : http://www.mherrera.org/elections.html 홈페이지

참고로 아래에 있는 사이트도 참고해서 보면 투자에 도움이 될 것이다.

유럽의 선거와 관련 분석에 좋은 사이트

 http://blogs.lse.ac.uk/europpblog

미국의 정치 분석에 좋은 사이트

 http://www.politico.com

12. 경제지표 관련 사이트

블룸버그, 미국의 주요 경제지표 발표 및 전망과 더불어 관련된 경제지표가 왜 중요한지 등에 관해 설명해 놓은 사이트이다. 모바일앱을 통해서도 확인할 수 있다.

 https://www.bloomberg.com/markets/economic-calendar

포렉스 팩토리, 미국과 더불어 주요국 경제지표를 알 수 있는 사이트이다.

 https://www.forexfactory.com/calendar.php

인베스팅닷컴에서 발표하는 전 세계 모든 국가의 경제지표와 발표 일정들을 실시간으로 확인할 수 있다. 한국어도 지원이 되며 모바일앱을 통해서도 확인할 수 있다. 최근에 상장된 암호화폐의 시세도 확인할 수 있다.

 https://kr.investing.com/economic-calendar

이코노매직, 주요 경제지표들을 선택하면 차트가 자동으로 업데이트되어 그려지며 사이트에서 엑셀로 자료를 내려받을 수 있고 차트를 활용하기 편한 사이트이다.

 http://www.economagic.com

스타티스타(Statista)는 각종 주요 통계정보를 알 수 있는 곳이다. 검색에 원하는 내용을 입력하면 입력한 내용과 관련된 통계치를 확인할 수 있다.

 https://www.statista.com

트레이딩이코노믹스, 세계 각국의 모든 경제지표를 한눈에 볼 수 있는 곳이다. 한국어도 지원이 된다.

 https://tradingeconomics.com

이코노미스트, 데일리 차트

 https://www.economist.com/blogs/graphicdetail

13. 국제유가 관련 사이트

에너지 정보청(EIA), 허리케인 움직임과 주요 석유 관련 인프라 시설의 현황을 확인할 수 있다.

 https://www.eia.gov/special/disruptions

엑슨모빌, 미국의 가장 큰 정유업체인 엑슨모빌의 국제유가 전망에 대해 알 수 있는 곳이다.

 https://energyfactor.exxonmobil.com

옥스퍼드 대학에서 나오는 세계 에너지 전망을 확인할 수 있는 곳이다.

 https://www.oxfordenergy.org

채텀하우스의 국제유가 전망을 확인할 수 있는 곳이다.

 https://www.chathamhouse.org/research/topics/energy-environment-resources

국제에너지 포럼으로 원유시장의 향후 트렌드 전망을 알 수 있는 곳이다.

 https://www.ief.org

미국 에너지 정보청(EIA)의 원유시추 생산성 보고서를 확인할 수 있다. 단편적으로 시추공 수가 증가한다고 원유 생산이 증가하는 건 아니다.

 https://www.eia.gov/petroleum/drilling

리그데이터를 통해 각종 석유 시추 리그(시추공) 수의 변동 상황과 현황을 확인할 수 있다. 원유 시추공 수의 증감은 원유시장의 등락에 제한적이지만 영향을 미친다.

 http://rigdata.com

미국 국립 허리케인 센터 홈페이지이며, 미국 경제에 영향을 주는 허리케인을 추적할 수 있다. 매년 여름 불청객으로 찾아오는 허리케인의 영향에 따라 주식시장과 에너지 시장이 영향을 받는다.

 http://www.nhc.noaa.gov

미국 상품선물 거래 위원회 홈페이지이며, 각종 상품 선물의 비상업적(투기적) 매매 데이터를 확인할 수 있다. 투기적 수요에 의해 가격 왜곡이 심하므로 상품과 원자재에 투자한다면 항상 챙겨봐야 할 사이트이다.

 http://www.cftc.gov/MarketReports/CommitmentsofTraders/HistoricalCompressed/index.htm

14. 각종 언론사 사이트

아래의 CNBC, 마켓워치, 로이터는 가장 빠르고 신속하게 주식시장의 소식을 전하는 언론사이다.

 https://www.cnbc.com

_____

 https://www.marketwatch.com

_____

 http://www.reuters.com

_____

인베스터스, 미국 증시 관련 종목 및 시장 분석이 잘되어 있는 언론사 중 하나이다.

 https://www.investors.com

_____

인스티튜셔널인베스터스, 미국 내 각종 헤지펀드와 기관투자자들의 동향 및 분석 관련 정보를 제공하는 언론사이다.

 https://www.institutionalinvestor.com

_____

비즈니스 인사이더는 각종 투자에 도움이 되는 내용이 많은 언론사 중 한 곳이다. 특히 기획 글이 깊이가 있다.

 http://www.businessinsider.com/moneygame

_____

미국 월가 관련 보도가 많은 언론사이며 좋은 인사이트를 제공하고 있다.

 http://wallst-news.com

_____

미국 정부 정책에 관련된 뉴스가 많은 언론사이다.

 https://www.vox.com

미국주식에 투자하는 투자자에게 유용한 사이트를 한곳에 모아보았다. 21세기는 인터넷의 발달로 각종 가공되지 않은 정보가 범람하는 홍수의 시대이다. 하지만 각자에게 유용한 투자아이디어와 정보를 선별하고 정리한다면 향후 주식시장에서 남들보다 발 빠르게 추세를 읽고 일정을 파악하여 향후 미국주식 투자에 도움이 되리라 생각한다.

한국 속담에 '구슬이 서 말이라도 꿰어야 보배'라는 말이 있다. 아무리 좋은 정보와 아이디어라도 그것을 투자자가 활용하지 못한다면 생명력이 없는 정보이다. 부디 앞에 열거된 많은 사이트를 통해 얻은 좋은 정보와 아이디어를 통해 성공적인 미국주식 투자를 했으면 하는 마음이다.

Chapter. 4 2018 미국주식 투자가이드

1. 미국주식 투자, 어디에 어떻게 투자할까?

이제 앞서 기본적으로나마 미국시장을 충분히 이해했고 증권사를 통해 계좌도 개설했으니 본격적으로 미국주식 실전 투자에 뛰어들어 보자. 먼저 미국주식시장의 현 위치를 살펴보고 현재 세계적인 트렌드가 어떻게 흐르고 있는지 파악해 2018년 미국 강세장 국면에서 투자할 곳과 주식들을 관심권에 넣어보자.

현재 미국 증시는 2008년 서브프라임 모기지의 거품 붕괴 이후 쉼 없이 우상향을 하고 있다. 금융위기 이후 통화완화 정책의 성공, 지속해서 유입되는 젊은 이민인구, 다른 선진국에 비교해 높은 출생률, 소득이 높은 3억 명이 소비하는 거대한 경제 규모가 이러한 상승의 원동력으로 작용하고 있다.

미국에는 한국과 달리 28가지의 다른 산업이 골고루 포진되어 있으며 세계 어떤 주식시장과 비교하더라도 큰 규모와 다양성을 지니고 있는 시장이다. 한국에서는 126개의 업종이 있지만 미국은 모건스탠리캐피탈 인터내셔널(MSCI, Morgan Stanley Capital International) 분류 기준으로 11개 섹터에서 154개 하위 업종이 존재하고 있다. 미국시장은 한마디로 갖은 야채와 고명이 풍부한 비빔밥과 같이 골고루 영양분을 섭취할 수 있는 시장이다.

현재 미국은 실리콘 밸리를 중심으로 태동한 4차 산업혁명의 선두주자이다. 대부분의 투자자와 시장참여자들은 4차 산업혁명의 선두국가를 선택하라고 한다면 주저 없이 미국을 선택할 것이다. 현재 FANG(팡)이라고 불리는 IT 기술주들이 미국주식시장의 주도주를 자처하고 있다.

필자는 2018 CES에서 구글의 어시스턴트가 곳곳에 설치되어 홍보되는 것을 목격하였다. 모든 사람들이 숨죽이며 지켜봤던 알파고와 이세돌의 바둑대국을 기억할 것이다. 구글 자회사의 웨이모는 작년부터 애리조나주에서 자율주행 택시를 상용화하여 시범운행을 하고 있다. IBM의 왓슨(Waston)을 이용한 자율주행 소프트웨어와 각 병원에서 도입하고 있는 의료 진단 보조프로그램은 현재 상용화되어 있는 상태이다.

아마존 알렉사(Alexa)와 에코(Echo)가 몰고 오는 생활의 편의성과 무인점포 아마존고(Amazon go)의 등장이 이런 것을 대변해 주고 있다. 애플은 아이폰을 중심으로 만들어가는 문화, 시리(Siri)의 상용화와 커넥티드 카의 상용화에 매진하고 있다. 넷플릭스는 이제 미국에선 미디어 컨텐츠 서비스의 고유명사가 되었고, 전 세계에서 1억 명이라는 가입자 수를 확보하고 있다. 이런 기업들은 우리 생활 속에 침투하고 있으며, 이를 바탕으로 실적을 창출하고 있다.

수많은 세계 유수의 기업들은 미국에서 상장을 원하고 미국시장에 상장되기 위해서 문을 두드리고 있다. 네이버의 라인, 중국의 알리바바와 바이두, 벨기에 맥주 기업 앤호이저 부쉬(BUD), 세계 3대 철광석 업체인 호주 BHP 빌리튼 , 일본의 캐논, 소니, 혼다, 도요타, 영국의 광산기업 리오틴트, 석유 기업 로열더치셸, 프랑스의 제약사 사노피, 세계 4위 석유 분야 상장기업 토탈, 세계 최대의 기업용 소프트웨어 업체인 독일의 SAP, 대만의 반도체 기업 TSMC, 브라질 석유 기업 페트로브라스, 광산기업 발레(VALE) 등 이루 헤아릴 수 없이 많은 주식이 미국시장에 상장되어 있다. 예로부터 모든 길은 로마로 통한다는 말이 있었다. 몇 백년 전 많은 무역상이 실크로드를 통해 유럽과 아시아의 무역을 진행했듯이 세계의 모든 기업은 미국시장을 중심으로 돌아가고 있다.

현재 미국은 기준금리 인상 시기에 접어들었다. 미국시장에서 기준금리와 주가는 역의 관계가 아닌 정의 관계였다. 경기회복세가 진행되기 때문에 금리도 자연스럽게 올라가고 있다는 의미이다.

2018년 트럼프의 제안으로 추진된 법인세와 해외 송금세 인하로 인해 미국기업들의 수익성이 좋아지고 있으며 연구개발(R&D)투자와 공격적인 인수합병으로 몸집 불리기, 배당인상과 자사주 매입으로 주주의 이익증대, 근로자의 임금인상으로 노동생산성 향상까지 바야흐로 미국의 기업들은 뜨거운 태양이 작열하여 탐스러운 열매를 맺기 위한 초여름의 문턱에 들어섰다고 본다.

트럼프가 2016년 대선 시기부터 일관되게 외치고 있는 1조 달러 인프라 투자에 대해 살펴보면 미국은 이미 2015년 12월 미국 내 낙후된 인프라 투자에 관련 패스트 액트(FAST ACT)법이 통과되어 예산이 집행 중이다. 미국 현지인들은 곳곳에서 도로공사 등 인프라 스트럭처의 시설 보수 및 리모델링이 진행되는 것을 목격할 수 있을 것이다.

현재 각종 세금인하로 재정수입이 낮아지면서 미 정부의 재정적자가 심해지고 더 많은 채권을 발행할 것이라는 시장 참여자들의 생각으로 인해 약달러가 지속되고 있다. 이로 인한 혜택은 해외사업 비중이 높은 미국기업들의 수익성 개선으로 직결된다. 달러 가치의 하락으로 각종 상품과 원자재의 가격이 2016년 1월 기점으로 우상향을 하며 인플레이션이 심화되고 있다. 앞으로 약달러 기조가 하향 안정화된다면 해외 매출 비중이 큰 기업들의 실적은 개선되고 환율의 영향으로 인해 순이익이 증가할 것이다. 달러 약세와 함께 인플레이션으로 인한 상품과 원자재 가격의 상승은 기업들의 상품가격 인상으로 호시탐탐 소비자들의 주머니를 노릴 것이라고 보고 있으며 이런 과정은 곧바로 미국 기업들의 수익성과 직결이 된다.

현재 미국의 주택경기는 2008년 서브프라임 모기지 버블의 여파로 시작된 주택공급 부족이 아직도 진행되고 있다. 미국의 주택경기가 좋아진다는 것은 주택건설을 위한 고용창출과 각종 소재, 산업재의 공급 부족도 일으킬 수 있다. 상품과 원자재 가격 인상으로 인한 인플레이션과 더불어 금리 인상은 개인들의 주택 구매욕구를 더욱더 증가하게 만들 것이다.

이런 일련의 상황들 속에 어떤 업종과 기업을 유심히 봐야 할 것인가? 이 책을 차근차근 읽다보면 아마 한눈에 보일 것이다. ETF를 제외한 모든 종목은 이 책에 수록되어 있으므로 관심을 가지고 찾아보기 바란다.

2. 유망섹터 / 수혜주

1) 4차 산업혁명으로 혜택을 받을 종목과 ETF

5G 통신 확장으로 모든 사물의 연결과 클라우드 기반의 데이터 센터가 늘어나고 있다. 5G와 연결되는 자율주행차의 개발은 더욱더 가속화될 것이다. 현재 자율주행차 개발에서 인텔 동맹과 엔비디아 동맹으로 합종연횡은 올해도 주목해서 봐야 할 이슈이다.

현재 공장 자동화를 완료시킨 스마트 공장에선 많은 로봇이 필요하다. 독일에서 시작된 스마트공장은 현재 전 세계 공장자동화 시스템에 접목하고 있다. 공장 내 모든 로봇이 일사불란하게 제어되는 통신네트워크와 수많은 로봇이 필요하다. 구글이 인수해서 한때 화제가 되었던 보스턴 다이내믹스를 기억할 것이다. 이제는 주인이 바뀌어 소프트뱅크가 인수한 업체이지만 유튜브를 통해서 시연되는 로봇들의 부드러운 동작과 기술들을 보면 이제는 로봇이라는 것이 산업현장만이 아닌 일상생활에 곧 다가올 듯 느껴진다.

2018 CES에서 대부분의 중국업체와 스타트업들의 제품은 구글 어시스턴트와 아마존 알렉사와 연동되는 제품을 전시하고 있었다. 올해는 인공지능(AI) 스피커를 통한 스마트홈 제어 제품들이 가정마다 꾸준히 늘 것으로 예상이 된다.

머지않은 미래에 각종 검색, 상품 주문, 가전제품 등 AI스피커와 연결된 모든 사물의 조절과 통제 및 검색을 할 수 있게 될 것이다. 커넥티드카와 결합 및 혁명적인 스마트홈의 가장 중추적인 역할을 인공지능 스피커라는 스마트 허브를 통해서 할 수 있다고 본다. 아마존은 소비자들의 트렌드 파악을 통해 막대한 데이터 확보와 맞춤 광고를 통해서 독점적인 시장지배력을 확보할 수 있으니 현재 알렉사를 기반으로 아마존을 통한 전자상거래와 클라우드를 접목해 엄청난 시장을 노리고 있다.

구글 검색보다 아마존 알렉사를 통한 음성검색이 더 활성화될 수도 있고 시장점유율 자체가 상당히 달라질 수 있는 강력한 무기가 될 것이라고 눈치챈 구글은 2018 CES에서 곳곳에 구글 어시스턴트 시연장을 마련했고, 라스베이거스 곳곳에 '헤이 구글'의 광고를 도배하였다. 다음 그림은 비즈니스 인사이더에서 나온 자료로 현재 인공지능 스피커의 판매 현황을 나타내고 있다.

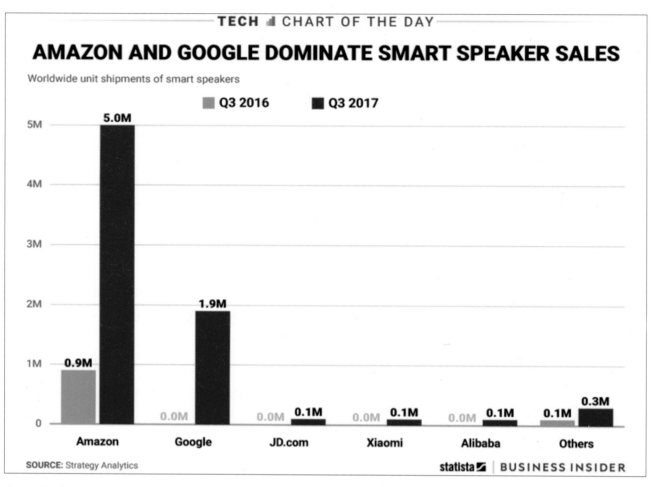

작년 10월에 발간된 흥미로운 책이 하나 있었는데 스콧 갤러웨이 교수가 출간한 『더 포(The FOUR, oh how to build a trillion dollar company)』에서는 구글을 '뇌', 아마존은 '장기', 애플은 '성기', 페이스북은 '심장'으로 묘사하였다. 미국에서 4대 기업의 영향력은 엄청나다는 것을 확인할 수 있다.

작년 5월 전 세계를 공포에 떨게 했던 랜섬웨어인 '워너크라이'를 모두 기억할 것이다. 그로 인해 많은 기업과 개인들의 물적, 정신적인 피해는 엄청났었다. 요즘 심심치 않게 일어나고 있는 암호화폐 거래소의 해킹 사건들을 보면 사이버 보안은 날이 갈수록 더 중요한 기술로 주목 받고 있음을 알 수 있다. 다음 표는 4차 산업혁명에서 혜택을 받을 수 있는 S&P 500에 속한 종목과 ETF들이다.

분류	수혜종목과 ETF
5G와 사물인터넷	CSCO, T, VZ, AMT, CCI
자율주행차	NVDA, F, GM, BIDU, GOOGL, QCOM, INTC, AAPL
인공지능(AI)	IBM, AMZN, FB, XT, AIEQ
로봇	ROBO, BOTZ, ISRG, MDT
클라우드/사이버보안	SKYY, CIBR, CRM, ORCL

2) 미국 기준금리 인상으로 혜택을 받을 종목과 ETF

현재 미 연준은 2018년 세 번에 걸쳐 기준금리를 인상할 것이라고 표명했다. 2009년 양적 완화 이후로 미 연준은 막대한 금액의 미 국채와 주택담보대출 채권을 시장으로부터 빨아들였다. 기준금리가 공격적으로 인상이 된다면 미 연준의 금고에 잠자고 있는 채권 가격은 하락하게 된다. 금리상승 시기에는 채권의 가격이 하락한다는 것은 누구나 알고 있는 사실이다. 그러므로 공격적인 금리 인상보다는 완만한 금리 인상을 통해 미 연준도 탈출구를 찾을 것이라고 예상되며 3월, 6월 그리고 12월 정도에 세 번 인상이 되지 않을까 예상해 본다.

미국의 200년 역사에서 평균 기준금리는 5.18%이다. 아직 1.75~2.00% 범위의 연준 기준금리이므로 아직 기준금리는 올라갈 가능성이 높다고 봐야 할 것이다. 금리가 인상되면 은행과 보험의 대출 이자율 상승으로 영업 이익률이 개선된다. 보험사는 보험가입 고객들에게 자금을 조달해 자금을 운용하기 때문에 기준금리가 올라가면 이자 수입이 늘어나게 되고 이것은 보험사의 수익성으로 연결되는 것이다.

은행주들은 대출을 통해 수익을 창출하므로 대출이자가 높아지면 이후 기준금리 인상으로 인한 수익성 개선으로 이어진다. 사기업인 연준의 지분을 대부분 가지고 있는 미국 4대 은행도 연준으로부터 배당을 받기 때문에 수익성 개선에 일조할 것이라고 본다. 관심 종목으로 봐야 할 은행과 보험주들은 다음과 같다.

분류	종목과 ETF
은행	BAC, JPM, WFC, C
보험	BRK-B, AIG, PRU, MMC
ETF	XLF, KBWB, KBWP, IAI

3) 인프라 스트럭쳐에 혜택을 받을 종목과 ETF

2015년 12월 미국 의회는 픽싱 아메리카 서피스 트랜스퍼테이션(Fixing America's Surface Transportation: FAST)이라는 법안을 통과시켰다. 이 법안의 주요 내용은 미국의 국가교통예산법으로 통상 5년 단위로 국회의 인준 절차를 밟지만, 교통정책의 지방 분권화로 인해 연방정부 단위의 예산 수립에 많은 어려움이 있었다.

많은 이들이 낙후된 미국의 교통인프라 안전성에 대한 문제를 제기함에 따라 10여 년 만에 최초로 육상교통 계획 및 투자에 대해 장기적 예산을 마련하게 되었다. 책정된 예산은 2016년부터 향후 5년 동안 3,600억 달러이며 도로, 안전, 대중교통, 철도, 연구, 기술개발, 통계 프로그램 등에 집행되는데 예산안의 비중은 도로, 교량과 같은 육상교통 인프라와 관련된 시설의 유지 및 보수에 집중되어 있다.

그러면 향후 몇 년간은 이 법안을 바탕으로 소재, 산업재, 중장비 업체들을 유심히 봐야 할 것이다. 거기에 트럼프의 1조 달러 인프라 건설 추진은 촉매제가 될 것이다. 다음 그림은 미국 토목협회(ASCE)가 평가한 현재 미국의 인프라 스트럭쳐 수준인데 D+ 학점으로 평가되고 있다.

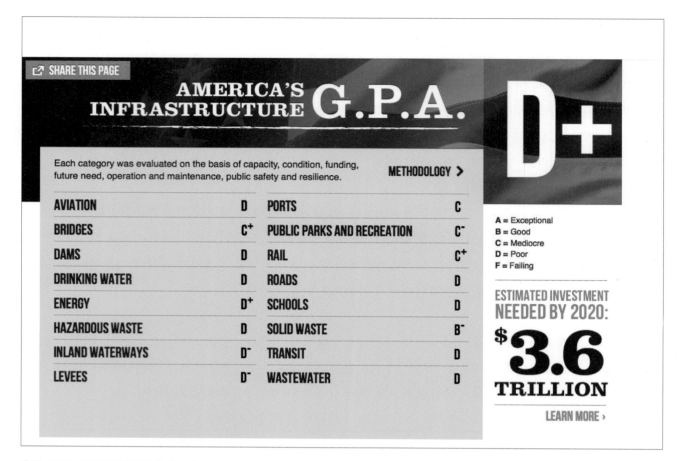

출처 : 미국 토목협회(ASCE) 홈페이지

 https://transportation.house.gov/fast-act/

분류	종목과 ETF
건설, 중장비업체	CAT, URI, DE
소재, 산업재	MMM, VMC, PX, MLM
ETF	ITB, XHB, IYT, PKB

4) 미국 주택 건설경기에 혜택을 받을 종목과 ETF

2009년 서브프라임 모기지 거품 이후 버블 붕괴를 경험하고 파산했던 많은 사람들이 주택 구매를 꺼리며 집값의 하락만을 기다리면서 렌트비로 자신의 월급을 사용하고 있다. 물론 파산으로 인해 몇 년간 주택을 살 수 없는 이유도 있었다고 본다. 그러나 2009년 이후 잠시 주춤했던 렌트비는 집을 압류당한 사람들의 수요에 의해 꾸준히 상승하고 있으며, 그 결과 거의 35% 이상 렌트비가 상승했다. 주택건설업체도 2009년 이후 주택착공을 하지 않고 몸을 사리기 시작했다. 몇 년간의 이어진 주택 건설업체들의 이러한 행보는 현재 오히려 집값 상승과 주택 공급 부족을 일으키고 있다.

다음 그림은 현재 미국의 신규주택 착공 건수를 그래프로 나타낸 것이다. 2008년 이후 주택착공이 예전과 비교하면 턱없이 부족했다는 것을 알 수 있다. 신규주택이 부족하니 기존주택의 가격도 상승하였고, 주택보유자들이 기존 주택을 팔기 전에는 낡고 오래된 집을 고쳐서 시장에 내놓게 된다. 지난 몇 년간 홈디포(HD)나 로위스(LOW)처럼 주택 건축자재를 판매하는 업체들 역시 실적도 좋았다. 아직 몇 년간은 이런 흐름이 지속하리라고 판단된다.

그리고 미국의 대부분 주택은 한국의 아파트와 달리 나무를 이용해 주택을 건설한다. 이에 따라 산림을 소유하고 있거나 목재를 가공하는 업체들의 주가 흐름도 유심히 살펴봐야 한다. 미국 내 신규 주택착공 건수가 폭발적으로 늘어나면 목재의 수요도 덩달아 늘어나기 때문이다. 미국 내 신규주택이 건설되면 각종 쓰레기를 수거하는 쓰레기 처리업체도 독점인 만큼 가구 수 증가로 수익성이 상당히 좋아질 것으로 보인다.

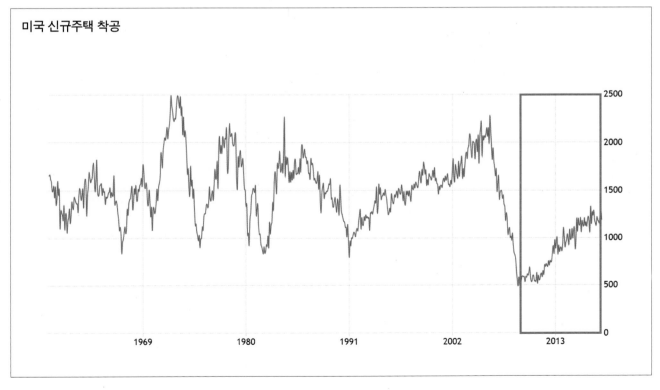

출처 : 세인트루이스 연준

분류	종목과 ETF
신규주택 건설	PHM, LEN, DHI, IP, WY, WHR, RSG, WM
기존주택 리모델링	HD, LOW, MHK
ETF	XHB, WOOD, CUT

5) 달러 약세 및 송환세 감면으로 혜택을 받을 종목과 ETF

골드만 삭스의 분석에 의하면 현재 미국기업들이 해외에 보관 중인 현금 및 처분 가능한 유가증권은 약 3조 1,000억 달러에 달한다. 이중 단연 최고는 애플이다. 약 2,000억 달러를 미국이 아닌 해외에 보유하고 있다. 애플 다음으로 마이크로소프트, 시스코 시스템즈, 알파벳, 오라클, 존슨 앤드 존슨이 뒤를 잇고 있다. 블룸버그에 의하면 이번 송환세 감면으로 기업들이 향후 10년간 2,230억 달러 정도를 감면 받을 수 있다. 현재까지 미국의 세법은 자국 기업이 해외에서 벌어들인 수익에 대해 35%의 법인세를 매겨왔다. 다만, 이를 본국에 들여오기 전까지 세금 내는 것을 이연시켜 유예할 수 있도록 했었다. 그래서 많은 미국의 기업들은 과세를 미루기 위해 해외에 많은 현금을 비축해 놓았다.

아래 그림을 보면 한눈에 어떤 기업들이 해외에 현금을 쌓아두고 있는지 알 수 있다. 해외 매출 비중이 높은 종목들은 이후 달러 약세와 법인세 인하로 실적이 크게 상승할 요인이 많다고 볼 수 있다. 자세한 내용은 다음 표를 참고하기 바란다.

순위	회사명	회사가 보유한 현금과 유동성자산	해외에 있는 자산	해외에 보유하고 있는 자산 비중
1	애플(AAPL)	$261.5B	$246.0B	94.1%
2	마이크로소프트(MSFT)	$138.5B	$132.1B	95.4%
3	시스코 시스템즈(CSCO)	$70.5B	$67.5B	95.8%
4	알파벳(GOOGL)	$107.4B	$60.5B	56.3%
5	오라클(ORCL)	$66.9B	$58.3B	87.1%
6	존슨 앤드 존슨(JNJ)	$41.9B	$41.3B	98.6%
7	암젠(AMGN)	$41.4B	$38.9B	94.1%
8	길리어드사이언스(GILD)	$36.6B	$30.8B	84.2%
9	퀄컴(QCOM)	$38.6B	$29.4B	76.2%
10	제너럴 일렉트릭(GE)	$78.6B	$27.0B	34.4%
11	코카콜라(KO)	$27.4B	$24.7B	90.3%
12	펩시(PEP)	$18.3B	$17.5B	95.7%
13	프록터 앤드 겜블(PG)	$15.1B	$15.0B	99.1%
14	인텔(INTC)	$23.6B	$10.0B	42.4%
15	페이스북(FB)	$38.3B	$9.9B	25.9%

출처: 블룸버그(Bloomberg), B=10억 달러

6) 인플레이션으로 인한 혜택을 받을 종목과 ETF

2009년 이후 진행되었던 세계 경기의 침체는 서서히 완화되고 있다. 자본주의의 사이클은 10년에서 15년 주기로 '경기 침체-경기 회복-경기 과열-경기 후퇴'를 반복하며 흘러왔다. 현재 세계 경기는 기나긴 경기침체를 딛고 경기회복으로 진행되고 있다는 징후들이 세계 곳곳에서 확인되고 있다.

전 세계 33개국이 속해 있는 OECD가 발표하는 경기선행지수는 앞으로 6개월에서 12개월간의 경기 전망을 알 수 있는 유용한 지표이다. 기준선 100을 중심으로 이하면 경기의 침체를 의미하고, 이상이면 확장국면으로 판단한다. 현재 100을 기준선으로 대부분 국가가 기준선을 웃돌고 있고, 2016년 1월 이후 각종 원자재와 상품의 가격은 돌아서기 시작했다.

인플레이션 초입인 현재 시점에서 필요한 투자처는 달러의 연동되는 각종 상품과 원자재가 될 것이다. 현재 전 세계적으로 전기차 수요 증가가 전망되고 있으며, 배터리에 사용되는 소재인 코발트는 구리와 니켈의 채굴로 인한 부산물이기 때문에 구리와 니켈을 채굴하는 광산업체도 상당한 수혜가 예상된다. 우선 S&P500 내의 기업에서 찾아보면 아래와 같다. 미국으로 한정 지어 종목을 선택하면 폭이 좁기 때문에 ETF가 대안이 될 것이다.

사우디아라비아는 올해 국영 석유 기업 아람코 상장을 준비 중이다. 작년부터 사우디아라비아가 감산에 적극적으로 나서는 이유이기도 하다. 사우디아라비아 국영 석유기업인 아람코도 미국 내 기업들과 500억 달러 규모의 합작투자와 양해각서(MOU)를 별도로 체결했다. 아람코의 상장은 JP 모건· HSBC ·모건스탠리가 주관사로 선정되었다. 사우디아라비아의 미래를 위해선 최대한 국제유가를 끌어올려야 할 명분이 있는 셈이다. 거기에 달러 약세로 인해 현재 국제유가는 $65까지 올라와 있다. 이러한 유가 상승으로 인해 아마 미국 내 원유 시추업체와 미드스트림(운송 파이프라인) 및 정유업체에게 수혜가 돌아갈 것이라고 본다.

분류	종목과 ETF
철강 및 비철금속	NUE, AA, ARNC
구리 광산업체	FCX
소재 관련 ETF	XME
국제유가	XOM, CVX, BHGE, COP, KMI, CHK
원유 관련 ETF	XLE, XES, XOP

7) 블록체인과 암호화폐에 관련된 ETF

2009년 사토시 나카모토의 블록체인 기술을 기반으로 하는 비트코인 발명은 최근 가장 주목받고 있는 주제이다. 혹자는 튤립 투기와 비교해서 거품이라고 하며 혹자는 인간의 운명을 바꿀 위대한 발명이라고 한다. 이런 논의는 차치하더라도 투자자의 관점에서 보는 블록체인 기술은 분명히 먹거리가 있음을 부인할 수 없다.

현재 전 세계적으로 91개의 기업이 블록체인 기술에 투자 중이다. 2012년부터 일본의 SBI홀딩스는 크라켄, 리플, R3 등 8개 암호화폐에 투자 중이다. 구글은 비트코인 지갑 서비스기술업체에 투자하고 있으며 리플의 지분을 보유하고 있다. 미국의 메이저 은행인 씨티은행과 골드만 삭스도 블록체인기술에 투자 중이다. 오버스탁닷컴(OSTK, overstock.com)은 2015년 암호채권과 같은 최초의 블록체인 기반의 유가증권 500만 달러를 발행하였고, 작년 9월에는 미 증권거래소의 규정을 준수하는 암호화폐 거래소를 출범시키고 사업을 집중적으로 진행하고 있다. 2017년 기준으로 전 세계 150개 기업이 참가하고 있는 이더리움 기업연합(EEA)도 현재 활동 중이며 이더리움에 관련된 중요한 사항들과 정보들을 공유하고 있다.

2018년 1월 17일 미국 증권거래소에 블록체인 기술과 관련된 ETF 두 종목이 상장되기도 했다. 두 종목 다 순수한 블록체인 ETF라고 보기는 힘들다. ETF의 구성 종목을 보면 많은 대형주가 편입되어 있으며 블록체인기술과 조금 연관성만 있으면 편입된 느낌을 지울 수 없다. 그러나 그냥 흘려보내기엔 아쉬우며 자기의 투자성향에 맞게 잘 선택한다면 암호화폐의 등락에 몸을 맡기는 것보다 안정적인 투자가 될 것이라고 본다. BLOK는 수동 벤치마크를 사용하여 투자 및 가중치 결정에 대한 정보를 제공하는 적극적인 상품이지만 BLCN은 매년 2회만 구성 종목을 조정하는 인덱스 기반 패시브 상품이다. 변동성을 좋아하는 투자자는 BLOK가, 안정성을 추구하는 투자자들은 BLCN이 적합하다 판단되고, 보수나 편입 종목 수의 측면에서 BLCN이 조금은 나아 보인다. 아래 표는 두 ETF를 비교한 것이다.

	BLCN	BLOK
명칭	Reality Shares Nasdaq NexGen Economy ETF	Amplify Transformational Data Sharing ETF
운용보수	0.68%	0.70%
편입된 기업 수	65	51
주관사	Reality Shares	Amplify
상장된 곳	나스닥	뉴욕 증권거래소
비교	패시브	액티브

위에서 서술한 7가지 테마들은 최소한 2018년 미국주식시장의 상승을 이끌 견인차가 될 것이다.

미국주식시장의 역사를 살펴보면 2차 세계대전 이후 최장기간의 미국주가 상승 랠리는 1990년 10월부터 시작되었고 미국의 대세 상승장은 2000년 3월 나스닥의 닷컴 버블로 일단락이 되었다. 2009년 3월부터 서브프라임 모기지 거품 이후 시작된 대세 상승장은 현재까지 이어지고 있다. 이번 미국 증시 역사상 2번째로 긴 대세 상승장은 과연 언제쯤 마무리가 될지는 모든 이들의 관심사이기도 하다.

이전 10년 5개월간 지속하였던 최장기 대세 상승장의 기록을 깨려면 2019년 9월이 변곡점이 될 것이다. 만약 미국주식시장이 거품이라면 꺼져야 마땅하지만, 기업실적 추정치의 상승을 고려할 때 2019년 10월까지 대세 상승장이 지속하여 다시 한 번 미국주식시장의 새 역사를 기록할 가능성이 높다. 다음 그림은 미국주식시장의 대세 상승 시기를 그래프로 나타낸 것이다. 아래 노란색 실선이 현재 미국주식시장의 위치이다.

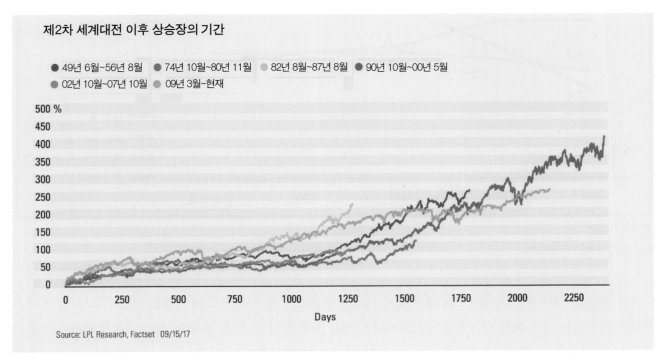

출처 : Factset(2017년 9월 15일 기준)

2018년, 고점인가? 아닌가?

2018년은 아직 고점이 아니라고 판단되는 몇 가지 근거를 보자.

미 연준은 경제에서 산전수전 다 겪은 백전노장들을 모아서 구성된다. 따라서 미 연준의 향후 미국경제전망을 보면 어느 정도 거품이 일단락되는 시점을 어렴풋이 짐작해 볼 수 있을 것이다. 하지만 전망은 전망일 뿐이며 맹목적으로 자신의 투자에 적용해서는 안 된다. 투자는 항상 대응의 영역이지 예측의 영역은 아니다.

다음 페이지 그림은 올해 초의 베이지북을 근거로 작성된 자료이다. 미 연준은 미국의 실업률을 2019년 정점으로 2020년 이후에는 급격한 실업률 상승을 전망하고 있다. 아마 미국 경기의 호황의 고점을 2019년에서 2020년 사이로 전망하는 듯하다. 수십 년간의 미국 실업률을 추적해 보면 실업률이 최저점에서 상승이 되는 순간에는 항상 경기 사이클상 불황이 찾아오거나 금융위기가 슬그머니 찾아왔다는 것을 쉽게 찾아볼 수 있다.

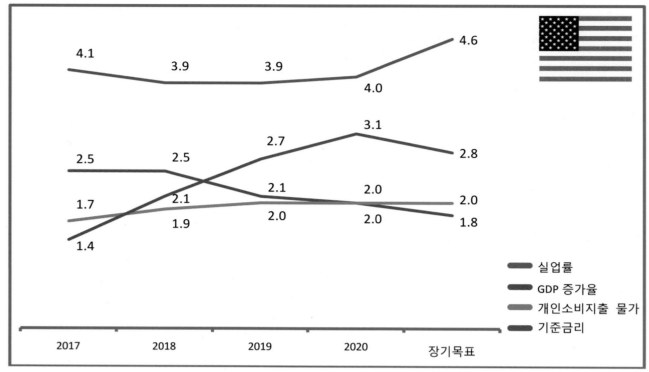

Fed가 보는 미국경제

4.1 3.9 3.9 4.0 4.6

3.1 2.7 2.8

2.5 2.5 2.1 2.0 2.0

1.7 2.1 2.1 2.0 1.8

1.4 1.9 2.0 2.0

실업률
GDP 증가율
개인소비지출 물가
기준금리

2017 2018 2019 2020 장기목표

*전망치중간값 기준

출처: FED, 인베스테인먼트

　미국 국내총생산(GDP)의 경우에도 2019년을 정점으로 2020년을 기점으로 하락세를 전망하고 있다. 국내총생산이 꺾인다는 것 자체가 경제활동이 둔화된다는 것은 누구나 알 수 있는 것이다. 2018년을 맞이하는 지금은 아직 미국 경기의 고점이라고 생각할 필요는 없다. 하지만 2019년 중반 이후에는 투자자로서 항상 리스크 관리를 염두에 두고 투자를 해야 된다고 본다. 2019년 이후부터는 리스크 관리와 대응을 중심으로 투자활동을 하는 게 좋을 듯하다. 어디까지나 이것은 향후 전망이지 이것이 그대로 실현되리라 보지 않으며 많은 변수에 의해 변할 수 있다.

　미 연준은 개인소비지출(PCE)도 2020년 2.0을 정점으로 이후에는 꺾이는 것으로 전망하고 있다. 전체적인 지표들을 살펴보면 2020년을 경기의 정점으로 판단하는 것 같다. 개인소비지출은 어느 정도 후행적인 경제지표인데, 소비자의 실생활에 밀접한 원유가격이 상승한다면 2018년 이후 충분히 상승하리라고 판단된다. 미국의 개인소비자들이 소비를 줄인다는 것은 미국 실업률과 같이 연동이 된다고 본다. 실업률이 증가하는 것은 자연스레 개인의 소비지출도 줄어드는 것이라고 봐도 무방하기 때문이다.

　미 연준은 미국의 기준금리를 2020년까지 3.1%를 목표로 점진적으로 올리려고 준비 중인 것으로 보인다. 그러나 연방준비제도가 공격적으로는 금리를 올리기는 힘들다고 본다. 연 3차례 이상 올린다면 물가가 상승하지 않는데 금리만 올라가는 상황이 되므로 큰 부담이 될 것이다. 이후 연준이 공격적으로 금리를 인상하고 2019~2020년 사이에 미국 국채 2년물과 10년물의 스프레드가 축소 내지는 역전이 된다면 투자자들은 경계심을 가지고 투자에 임해야 할 것이라고 본다. 연준이 전망하는 몇 가지 경제지표와 미국 경제의 많은 지표들이 아래로 꺾인다면 아마 2019~2020년 사이에는 미국 경제에 있어서 변곡점이 될 듯하다.

2020년은 미국 대통령 선거가 있는 해이기 때문에 2009년부터 이어온 미국 경기의 호황이 더 이어질 수도 있겠지만 몇 가지 지표로 볼 때 2020년쯤 고점이 될 가능성이 높은 것으로 판단된다. 그러나 미국 기업들의 실적 및 주당순이익(EPS) 증가세는 여전히 유효한 만큼 현재 미국에 투자 중인 국내외의 많은 투자자들이 미국의 강세장을 한동안 즐겼으면 하는 바람이며, 약세장으로 바뀌더라도 더 많은 투자의 기회와 방법이 있으므로 걱정할 필요가 없다고 본다. 약세장에는 약세장에 맞는 투자방법이 있으며 그것은 이후 새롭게 나올 책을 통해 선보이고자 한다. 다시 한 번 강조하지만 투자는 항상 대응의 영역이지 예측의 영역이 아니다.

1. 해외주식 세금의 구성 : 세금, 알아서 해주는 거 아닌가요?

해외주식을 거래하는 데 있어서 세금은 반드시 챙겨야 할 부분이다. 국내주식과는 세금을 매기는 방법에 차이가 있어 세금 관리를 어떻게 하느냐에 따라 최종적인 수익률이 크게 차이 날 수 있기 때문이다. 다음 김대우 씨의 사례를 통해 세금을 어떻게 관리하느냐에 따라 수익률이 얼마나 차이가 날 수 있는지 살펴보자.

김대우 씨는 2017년 초 1억 원으로 해외주식을 시작했으며, 같은 해 7월 보유하던 A종목을 모두 매도하여 5,250만 원의 수익을 내고 B종목을 매수했다. 그러나 11월 현재 B종목은 주가가 하락하여 현재 -2,000만 원인 상태이다. 증권사 영업점을 방문한 김대우 씨는 현재 손실이 난 종목을 매도했다가 다시 매수하면 양도소득세를 줄일 수 있다는 조언을 들었다.

B종목을 매도했다가 다시 매수할 경우 세금을 얼마나 줄일 수 있을까? 현재 해외주식의 매매 차익에 대한 양도소득세는 매도를 완료하여 수익실현을 한 금액을 기준으로 250만 원까지 세금을 면제해주고, 초과분에 대해서는 지방소득세를 포함하여 22%를 과세한다.

만약 김대우 씨가 손실 난 B종목을 매도하지 않고 2017년을 넘길 경우,
2017년 해외주식 양도소득세는 A종목에서 발생한 수익 5,250만 원에서 250만 원을 제외한 5,000만 원의 22%인 1,100만 원이 되며, 최종 수익률은 21.5%(원금 1억 원 + A종목 실현수익 5,250만 원 - B 종목 평가손실 2,000만 원 - 양도소득세 1,100만 원 = 1억 2,150만 원)이 된다.

B 종목을 매도했다가(손실 실현) 다시 매수한 경우,
해외주식은 1년 동안 수익과 손실이 함께 발생할 경우 수익분에서 손실분만큼을 제외해준다. 이 경우 2017년 해외주식 양도소득세는 A종목에서 발생한 수익 5,250만 원에서 B종목에서 발생한 손실 -2,000만 원을 제외한 3,250만 원에서 250만 원을 제외한 3,000만 원의 22%인 660만 원이 되며 최종 수익률은 25.9%(원금 1억 원 + A 종목 실현수익 5,250만 원 - B 종목 실현손실 2,000만 원 - 양도소득세 660만 원 = 1억 2,590만 원)이 된다. 2017년 연말 기준으로 평가 자산은 1억 3,250만 원으로 같지만, 세금에서 440만 원의 차이가 발생하여 수익률에도 차이가 발생할 수 있는 것이다.

이처럼 해외주식은 관리에 따라 수익률에서 차이가 발생할 수 있어 관리가 필요하다. 그러나 모르는 부분이라고 미리 겁먹을 필요는 없다. 책에 제시된 내용을 따라 어떤 항목들이 있는지, 어떤 이슈들이 있는지 이해하고, 체크리스트를 따라 해보기만 하면 된다.

해외주식을 거래하는 과정에서 발생하는 세금은 크게 매매에서 발생하는 거래세, 매매차익에서 오는 양도소득세, 배당에서 오는 배당소득세로 나뉘며 관련 이슈로는 양도소득세의 경우 손익통산/증여를 통한 절세, 연말정산, 신고기한 이슈가, 배당소득세의 경우 금융소득종합과세, 증여를 통한 절세, 의료보험 등의 이슈가 존재한다. 이를 그림으로 나타내면 다음과 같다.

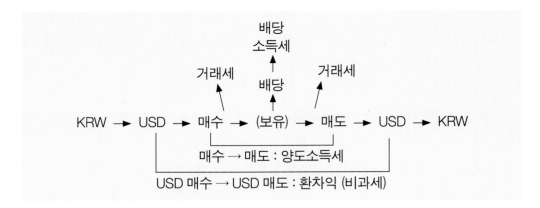

2. 매매과정에서 발생하는 세금 : 거래세

1) 과세 제도

매수, 매도 시 거래대금에 대해 발생하는 세금으로, 매매 시 거래대금에 합산하여 부과되며, 별도로 절세를 할 수 있는 방법은 없다. 다만 매매대금에 비례하여 세금이 부과되는 만큼, 빈번한 매매는 수익률을 하락시키는 요인이 됨을 기억하자. 한국과 미국, 기타 국가들의 거래세를 비교해보면 아래와 같다.

	매수	매도
한국	**총 제세금 : 0%**	**총 제세금 : 0.3%** 유가증권 시장 : 거래세 0.15% + 농어촌 특별세 0.15% 코스닥 시장 : 거래세 0.3%
미국	**총 제세금 : 0%**	**총 제세금 : 0.00231%** SEC Fee 0.00231%
중국	**총 제세금 : 0.01087%** Handling Fee 0.00487% + Securities management Fee 0.002% + Transfer Fee 0.004%	**총 제세금 : 0.11087%** Handling Fee 0.00487% + Securities management Fee 0.002% + Transfer Fee 0.004% + Stamp Duty 0.1%
홍콩	**총 제세금 : 0.1077%** Stamp Duty 0.1% + HKEX Trading Fee 0.005% + levy 0.0027%	**총 제세금 : 0.1077%** Stamp Duty 0.1% + HKEX Trading Fee 0.005% + levy 0.0027%
일본	**총 제세금 : 0%**	**총 제세금 : 0%**
베트남	**총 제세금 : 0%**	**총 제세금 : 0.1%** Tax 0.1%
인도네시아	**총 제세금 : 0.043%**	**총 제세금 : 0.143%**

증권사별로 상이할 수 있음.

3. 수익(매매차익)에 대하여 부과되는 세금 : 양도소득세

1) 과세 제도

양도소득세는 매매차익에 대해 과세되는 세금으로, 해외주식 매매 중에 가장 큰 부담이 될 수 있는 부분인 동시에 다양한 절세 방법을 활용할 수 있는 세금이다. 기본적으로 실현수익(매도하여 확정된 수익)에 대해 22%(양도소득세 20% + 지방소득세 2%(양도소득세 금액의 10%))가 부과되며, 매매차익 250만 원까지는 공제되어 세금을 내지 않아도 된다. 또한, 양도소득세는 분류 과세로써 금융소득종합과세에 포함되지 않아 고액자산가들이 금융소득종합과세를 피하는 방법으로도 유용하다. 아래 표에서 보이는 것처럼 국내에서 간접투자를 하는 것에 비교해 세율이 6.6%p 높지만, 금융소득종합과세에 따른 고세율 적용을 피할 수 있어 유용하다. 또한, 최근 국내주식에 대해서도 대주주 요건 강화로 양도소득세 부과 대상자가 증가할 것으로 보이며, 기대수익률을 고려할 때 해외주식에 대한 수요는 증가할 것으로 보인다.

손익 통산의 경우 국내상장 해외지수 ETF나 해외펀드는 손익 통산을 해주지 않아 A종목에서 수익이 +500만 원, B 종목에서 손실이 -500만 원이 발생할 경우 최종 수익은 0이지만, 수익 종목에서 77만 원의 세금이 부과되어 오히려 수익 없이 세금만 나가는 불합리한 경우가 발생할 수 있다. 그러나 해외 직접투자의 경우 1년간의 거래에 대해 손익 통산을 해주어, 위 사례처럼 A 종목에서 수익 +500만 원, B 종목에서 손실 -500만 원이 발생한 경우 최종 수익 금액은 0이 되어 세금이 부과되지 않아 합리적이다.

마지막으로 환차익은 기본적으로 비과세이지만, 양도소득세를 계산할 때는 매매 시점의 기준 환율이 적용되어 원화로 환산하여 양도소득세를 계산하게 된다. 따라서 매매 시점의 환율에 따라 양도소득세가 생각보다 늘어날 수도, 줄어들 수도 있다.

	해외상장 주식, ETF	국내상장 해외 ETF	국내설정 해외펀드
상장	해외	국내	국내
세금	양도소득세	배당소득세	배당소득세
세율	22%	15.4%	15.4%
비과세 한도	250만 원	X	X
금융소득 종합과세 포함 여부	X	O	O
손익통산 여부	O	X	X
이익 결산 시점	매수/매도 시	매수/매도 시	연 1회 이상

세금 비교

양도소득세 = [매도금액 (가격 * 수량 * 매도 시점 기준 환율)

　－ 매수금액(가격 * 수량 * 매수 시점 기준 환율)

　－ 제비용(수수료 등)

　－ 기본 공제 금액(250만 원)]

*22%(지방소득세 10% 포함)

양도소득세 계산 방법

예를 들어 미국에 상장되어 있는 A주식을 $100의 가격에 1억 원어치를 매수하여 $150에서 50%의 수익을 내어 매도한 경우 양도소득세가 어떻게 계산되는지 보자. (환율, 가격 등은 예시)

	가격	수량(주)/수수료(%)	환율(1USD)	합계
매도금액	150USD	1,000주	950KRW	142,500,000KRW
매수금액	100USD	1,000주	1,000KRW	100,000,000KRW
제비용				
매도		0.25%		356,250KRW
매수		0.25%		250,000KRW
SEC fee		0.00231%		3,292KRW

위 표에서 양도소득세는 [매도금액 142,500,000 - 매수금액 100,000,000 - 제비용(356,250 + 250,000 + 3,292) - 기본 공제 금액 2,500,000]인 39,390,458원에 대해 22%인 8,665,900원이 부과된다.

그렇다면 세금을 일일이 계산해야 할까? 그렇지 않다. 대부분의 증권사에서는 HTS에서는 양도소득세를 미리 계산할 수 있는 메뉴를 제공하고 있다. 연말에 접어들면 양도소득세를 조회해보고, 손실이 난 종목이 있으면 매도하여 양도세를 줄이는 전략을 구사하는 것도 세금을 줄이기 위한 하나의 방법이다.

2) 양도소득세 관련 이슈

(1) 과세기준 : N년 1월 1일 ~ 12월 31일(결제기준)

양도소득세의 과세기준은 기준연도 1월 1일부터 12월 31일까지이다. 한 가지 주의할 점은 과세기준이 '결제'라는 점이다. 미국시장이 2017년 12월 30일까지 열린다고 했을 때 12월 30일에 매도한 것은 2017년이 아닌 2018년의 양도소득으로 잡히며, 12월 31일까지 결제된 분에 한해서 2017년의 양도소득으로 잡힌다.

과세기준이 '결제'인 점은 '양도소득세를 줄이기 위한 손실 종목 매도하기'에서 매우 중요하다. 예를 들어 2017년 12월 30일까지의 양도소득이 5,250만 원이고 과세표준을 줄이기 위하여 평가손실이 -2000만 원인 종목을 매도하였다고 하자. '올해'를 기준으로 생각해 12월 30일에 해당 종목을 매도한 경우 마이너스 실현손익 금액은 2018년 과세표준에 포함되게 되며, 5,250만 원에 대한 세금 1,100만 원을 고스란히 내게 된다. 결제일 기준임을 몰랐기 때문에 440만 원가량의 세금을 더 내게 되는 것이다.

(2) 신고 및 납부 : N+1년 5월 1일 ~ 5월 31일

양도소득세의 신고 및 납부는 다음 해 5월 1일에서 5월 31일 사이에 이뤄진다. 수익은 이미 작년에 발생했고, 이에 대해 올해 세금을 현금으로 납부하는 것이기 때문에 아깝다는 느낌이 들 수도 있지만 꼭 챙겨서 내도록 하자. 양도소득세의 신고 불성실 가산세는 과소 신고에 대해 10%, 무신고에 대해 20%가 부과되며, 납부 불성실 가산세는 연 10.95%에 달한다. 배보다 배꼽이 더 커질 수 있으니 잘 챙겨서 제때 내는 것이 필요하다.

대형사들의 경우 신고 대행 서비스를 제공하고 있으며, 3월 말~4월 초에 신고 대행 접수를 하고 증권사에서 고객에게 고지서를 발송해주면 고객이 직접 납부하는 방식으로 이뤄진다. 다만 양도소득이 여러 증권사에서 발생한 경우 신고 대행 서비스가 불가능할 수도 있으니 유의해야 한다.

(3) 연말정산 시 피부양자 자격 기준 : 100만 원

연간 양도소득금액이 100만 원을 초과할 경우 공제기준 250만 원과 상관없이 연말정산의 피부양자 자격요건에서 제외된다. 양도소득세를 줄이기 위해 가족 명의로 매매를 할 경우 나중에 연말정산의 인적공제에서 제외되는 경우가 발생할 수 있는 것이다. 이 경우 기본공제 금액은 150만 원으로 연봉 5,000만 원이고, 세율 16.5%를 가정하면 기본공제 제외 시 세액 차이는 247,500원 가량이다. 단, 기본공제 대상자 제외로 인해 보험료, 신용카드 등 공제가 제외될 경우 세액 차이는 더 클 수 있다. 공제기준 250만 원 + 100만 원이 아닌 100만 원이 기준이므로 인적공제 대상자의 명의로 매매할 경우 주의해야 한다.

3) 절세 방법

(1) 손실 종목 매도 후 재매수

양도소득세는 실제로 매도가 이뤄진 내역을 기준으로 부과된다. 아직 매도하지 않은 미실현 평가 수익/ 평가 손실에 대해서는 양도소득세가 부과되지 않기 때문에 평가 손실이 나 있는 종목을 매도하여 양도소득세를 절감하는 전략을 활용할 수 있다.

양도소득세 과세표준 확인 → 250만 원 초과 시 연말 전 결제가 이뤄지도록 손실 종목 매도

예를 들면 다음과 같다.

> 현재 상황 : 양도소득세 과세표준 5,250만 원, 평가 손실 종목 보유(평가 손실 - 2,000만 원)
>
> ⬇
>
> 그대로 보유 시 : 과세표준 5,250만 원, 공제 250만 원 → 양도소득세 1,100만 원
> 매도 후 재매수 : 과세표준 3,250만 원, 공제 250만 원 → 양도소득세 660만 원

이와 같은 경우 투자자는 전체 잔고는 그대로 유지하면서 양도소득세를 440만 원 절감할 수 있다.

다만 이와 같은 전략을 활용하는 데 유의할 점이 있다. 경우에 따라 매도 당일 해당 종목을 재매수할 경우 전산에 제대로 반영이 되지 않아 따로 신고해야 할 수 있으므로, 될 수 있으면 매도 당일 재매수하기보다는 최소 하루 정도는 기간을 두고 재매수하는 것이 좋다. 또한, 양도소득세의 기준이 '결제'이기 때문에 해당 국가의 마지막 거래일 전까지는 결제가 이뤄지도록 매도를 해야 한다.

예를 들어 2017년 미국, 중국, 홍콩, 일본의 마지막 거래일은 29일이었고, 결제일은 미국 T+3일, 중국 T+1일, 홍콩 T+2일, 일본 T+2일이므로 양도소득세를 확정 짓기 위해 팔 수 있는 마지막 거래일은 미국 12월 26일, 중국 12월 28일, 홍콩 12월 27일, 일본 12월 27일이 된다. 다만 결제지연의 문제가 있을 수 있으므로, 넉넉하게 기간을 잡고 매매하는 것이 좋다.

(2) 증여를 통한 양도소득세 감면

해외주식을 증여할 경우 증여를 받은 사람의 평균 단가는 양도 시점의 가격으로, 양도소득세 과표기준이 되는 매수가격은 양도 시점 전후 2개월씩 총 4개월의 평균가격이 된다. 예를 들어 $100에 매수한 종목이 $200이 된 경우 이를 그냥 매도하면 한 주당 $100가 양도소득세의 기준이 되지만, 이를 배우자에게 증여한 경우 $200에 매수해서 $200에 매도한 것이 되고, 양도세의 경우 전후 2개월의 가격을 평균 내어 계산하므로 평균가격이 $200으로 유지된다고 가정하면 양도소득세를 줄일 수 있게 된다.

해외주식을 배우자 등에 증여 → 매도

예를 들면 다음과 같다. (대략적인 수치만을 나타낸 것으로 실제 계산은 차이가 생길 수 있음)

주식 가격 $100 → $200	매수 시점	매수자가 매도	배우자에게 양도(양도 후 매도) 매매 차익	배우자에게 양도(양도 후 매도) 양도소득세
매수단가	$100	$100	$200	기준 가격 (=전후 2개월, 총 4개월 평균가격)
매도단가	-	$200	$200	$200
수량	500주	500주	500주	500주
차익	-	($200-$100) *500=$50,000	0	($200 - 기준가격) *500

위의 경우에서 전후 2개월, 총 4개월의 평균 가격이 $200로 같다고 가정하면 매매차익은 0이 되어 양도소득세는 부과되지 않으며, 매수자가 그냥 매도한 경우와 비교할 때 약 900만 원의 양도소득세를 절감할 수 있다.

그렇다면 절감된 세금은 그냥 없어지는 것일까? 그렇지는 않다. 주식을 증여할 때 증여세가 부과되며, 배우자나 자녀의 경우 과세 없이 증여할 수 있는 한도(10년 기준 배우자 6억 원, 성인 자녀 5,000만 원, 미성년 자녀 2,000만 원)가 있기 때문에 이를 차감하게 된다. 요약하면 과세 없이 증여할 수 있는 한도를 활용하여 양도소득세를 절감하는 방법이다.

다만 주의해야 할 점이 있다. 우선 앞서 언급한 것처럼 양도소득이 100만 원을 초과하게 될 경우 연말정산의 인적공제에서 제외된다는 점이다. 또한, 증여의 경우 실질적인 귀속(증여를 받는 사람에게 완전히 넘어갔는지)을 기준으로 하므로 부부 간 지속해서 해외주식을 넘겨가면서 매도할 경우 문제가 생길 수 있다.

4. 배당에 대한 세금 : 배당소득세

1) 과세 제도

국내와 마찬가지로 해외주식에 대해서도 배당에 대해서 배당소득세가 부과된다. 대부분의 경우 원천징수되어 계좌에 입금되므로 크게 신경 쓸 필요가 없기는 하지만, 금융소득 종합과세에 포함이 되므로 적극적으로 절세가 필요한 경우 세부 내용을 확인해볼 필요가 있다.

기본적으로 배당소득세 계산의 기준은 14%이다. 국내의 경우 이자/배당에 대해 기본 세율 14%가 적용되고, 이에 대해 지방소득세 10%가 부과되어 총 이자/배당금의 15.4%가 최종 세율이 된다. 반면 해외의 경우 해외 현지의 세율에 영향을 받는데 현지 세율이 14%보다 높은 경우 해당 세율로, 해당 통화로 원천징수를 한 남은 금액이 계좌에 들어오게 된다. 반면 현지 세율이 14%보다 낮은 경우 낮은 만큼 해당 통화로 원천징수를 한 후 14%까지는 원화로 세금이 매겨진다. 이를 정리하면 다음 표와 같다.

배당소득세의 계산 : 14% (+ 지방소득세 10%) = 총 15.4%(국내)					
현지 세율이 14%보다 높은 경우 → 해당 세율 원천징수(해당 통화)					
현지 세율이 14%보다 낮은 경우 → 낮은 부분은 해당통화 원천징수 + 초과분 원화 과세					

	현지세율	14% 초과 여부	해당 통화 과세	원화 과세(KRW)	최종 세율
미국	**15%**	**O**	**15% (USD)**	**0%**	**15%**
중국	10%	X	10% (CNY)	4.4%(4%+0.4%)	14.4%
홍콩	0%	X	0% (HKD)	15.4% (14%+1.4%)	15.4%
일본	15.315%	O	15.315% (JPY)	0%	15.315%

* 주식 배당의 경우 원화로 세금 출금

배당소득세 관리와 관련해서 유의할 점은 중국/홍콩의 경우 원화로 세금이 출금되는 부분이 있기 때문에 자칫 계좌에 원화 미수금이 발생할 수 있다는 점이다. 따라서 중국/홍콩 상장 종목의 배당이 집중되는 4~6월에는 미리 원화를 계좌에 넉넉하게 넣어두는 것이 필요하고 평소에도 원화 잔고는 일정하게 유지하는 게 좋다. 미수금은 결국 증권사에 빚을 지게 되는 것이기 때문이다.

또한, 14%를 초과하는 부분은 세금을 환급받기 어렵다. 미국의 LP(Limited Partners) 종목들은 수익의 90% 이상을 배당하는 대신에 소득에 따라 최고 39.6%의 세금을 내게 된다. 미국 국적을 가지고 미국주식에서 배당금을 받는 경우 소득에 따라 최종세율이 결정되지만, 한국에서 미국 투자를 하는 경우 미국에서 해외 투자자(한국인)에 대한 소득을 일일이 파악하기 어렵기 때문에 최고 세율을 일률적으로 물리게 되고, 이는 사실상 환급받기 어렵다.

배당 형태별로도 배당소득세를 계산하는 방법에 차이가 있는데, 이를 정리하면 다음과 같다. 같은 금액의 배당이 나온다고 할 때 액면가가 있는 주식을 주식 배당으로 받을 경우 배당소득세를 가장 적게 낼 수 있지만, 미국은 액면가가 없는 경우가 대부분이어서 해당 경우는 거의 발생하지 않는다고 봐도 무방하다.

배당형태	분류	세금 계산	비고
주식배당	액면가 있는 경우	수량 * 액면가 * 세율 * 환율	원화로 출금
	액면가 없는 경우	수량 * 배당가격 * 세율 * 환율	원화로 출금
옵션배당	주식 선택 시	수량 * 배당가격 * 세율 * 환율	원화로 출금
	현금 선택 시	배당금 * 세율 * 환율	해당 통화 원천징수
현금배당	현금 배당	배당금 * 세율 * 환율	해당 통화 원천징수

2) 배당소득세 관련 이슈

(1) 과세기준 : N년 1월 1일 ~ 12월 31일

금융소득 종합과세를 계산하기 위한 과세기준은 기준연도 1월 1일부터 12월 31일까지이다. 즉 2017년 한 해 동안 전 금융권에서 받은 이자나 배당이 2,000만 원을 초과하게 되면 2018년도에 금융소득 종합과세 대상자가 된다.

(2) 신고 및 납부 : 원천징수 기본

배당소득세는 원천징수가 기본이다. 즉 미국주식에서 100USD의 배당이 나왔다면 15%인 15USD를 원천징수하고 남은 85USD가 계좌에 입금된다. 중국/홍콩 주식의 경우 원화로 징수되는 부분이 있으므로 중국 주식에서 100CNY만큼 배당이 나왔다면 10%인 10CNY이 원천징수된 90CNY가 계좌에 입금되고, 4.4%에 해당하는 부분이 원화 KRW로 계좌에서 출금된다.

(3) 의료보험 피부양자 자격 기준 : 3,400만 원

배당금을 받는 사람이 직장인 가입자의 피부양자로 등록이 되어 있는 경우, 이자/배당과 같은 금융소득을 포함한 종합과세소득이 1년에 3,400만 원을 넘으면 피부양자 자격을 잃고 지역가입자로 전환되게 된다. 2018년 7월부터 시행되며(기존 4,000만원), 배당금을 미리 계산하여 적절하게 나누는 것이 필요하다.

3) 절세 방법 : 증여를 통한 금융소득 종합과세 피하기

배당 소득의 경우 금융소득 종합과세 대상이 아닌 이상 별도의 절감 이유나 방법이 없다. 전 금융권에서 받은 이자/배당이 2,000만 원을 넘지 않는 이상 세율이 같기 때문에 굳이 신경을 쓸 필요가 없는 것이다.

그러나 금융소득 종합과세 대상자 혹은 대상자가 될 가능성이 높은 사람, 의료보험 직장인 가입자의 피부양자로서 금융소득이 3,400만 원을 초과할 가능성이 있는 사람이라면 주식의 증여를 통해 배당금 수령 금액을 조절할 필요가 있다. 특히 최근 일단락되기는 하였지만 금융소득 종합과세의 기준을 2,000만 원에서 1,000만 원으로 낮추자는 언급이 나오는 것으로 보아 배당소득세 부분도 더욱 신경 써야 한다.

만약 별다른 소득(근로소득, 기타소득 등)이 없다면 최대 7,220만 원까지는 금융소득 종합과세로 인한 세율 증가에 대해서는 걱정하지 않아도 된다.

과표	세율	과표가 2억 원인 경우	총 세금
1,200만 원 이하	6%	72만 원	72만 원
1,200만 원 초과 ~ 4,600만 원 이하	15%	510만 원	582만 원
4,600만 원 초과 ~ 8,800만 원 이하	24%	1,008만 원	1,590만 원
8,800만 원 초과 ~ 1억 5,000만 원 이하	35%	2,170만 원	3,760만 원
1억 5,000만 원 초과	38%	1,900만 원	5,660만 원

*과표가 2억 원인 경우의 세금 계산

종합소득을 계산할 때는 각각의 과표에 해당하는 세율만 적용되는 '초과누진세율'이 적용되기 때문에 따로따로 계산해야 한다. 금융소득의 경우 이미 주민세를 포함하여 15.4%의 세금을 원천징수로 이미 낸 상태이기 때문에 과세표준에 의해서 계산된 세금이 원천징수 세금보다 높은 경우에만 더 높은 세율이 부과된다.

만약 다른 소득이 없이 금융소득만 7,220만 원이 있는 경우 위 세율로 계산한 세금 금액과 이미 원천징수로 낸 세금이 같아 추가 세율을 적용받지 않게 된다. 다만 이 경우에도 3,400만 원을 초과할 경우 직장인 의료보험 가입자의 피부양자 자격에서 벗어나게 되므로 주의해야 할 필요가 있다.

참고로 종합소득세율 및 의료보험가입자의 피부양자자격기준은 다음과 같다.

과표	세율	누진공제
1,200만 원 이하	6%	-
1,200만 원 초과 ~ 4,600만 원 이하	15%	1,080,000
4,600만 원 초과 ~ 8,800만 원 이하	24%	5,220,000
8,800만 원 초과 ~ 1억 5,000만 원 이하	35%	14,900,000
1억 5,000만 원 초과 ~ 5억 원 이하	38%	19,400,000
5억 원 초과	40%	29,400,000

2017년 귀속 종합소득세율표

출처: 국세청(hpp://www.nts.go.kr)

과표	세율	누진공제
1,200만 원 이하	6%	-
1,200만 원 초과 ~ 4,600만 원 이하	15%	1,080,000
4,600만 원 초과 ~ 8,800만 원 이하	24%	5,220,000
8,800만 원 초과 ~ 1억 5,000만 원 이하	35%	14,900,000
1억 5,000만 원 초과 ~ 3억 원 이하	38%	19,400,000
3억 원 초과 ~ 5억 원 이하	40%	25,400,000
5억 원 초과	42%	35,400,000

2018년 귀속 종합소득세율표

의료보험 가입자의 피부양자 자격 기준

- 1단계 개편(2018년 7월~2022년 6월까지) : 3,400만 원 이하
- 2단계 개편(2022년 7월~) : 2,000만 원 이하

5. 해외 주식투자 세금 체크 리스트

시기	양도소득세	배당소득세
1월		
2월		
3월	대행 신청 가능한 경우 대행 신청	
4월		중국/홍콩 배당 집중 시즌
5월	양도소득세 납부 (5.1~5.31)	→ 원화 예수금 체크 필요
6월		
7월		
8월		
9월		연간 배당 계산
10월		→ 금융소득 종합과세 관련 전략 수립
11월	연간 양도소득세 과세표준 조회 → 절감 전략 세우기	→ 의료보험 자격 유지 전략 수립
12월	손실 종목 매도를 통한 양도소득세 과세표준 축소 ※ 결제기준이므로 마지막 거래일로부터 7거래일가량 시간 여유를 두고 매도	

6. 미국 현지 투자자의 미국 투자 세금 관리

미국 현지에서 주식투자를 하는 투자자들은 이듬해 1월 말까지 자신의 주식 계좌가 있는 각 주식거래 중개업체에서 4월 15일 전까지 보고해야 할 세금보고용 'Form 1099' 양식을 우편이나 주식거래 중개업체에서 내려받을 수 있다. 금융자본소득(Capital gain) 또는 금융자본손실(Capital loss)이 발생하면, 소득과 손실을 계산한 후의 순수하게 자신이 획득한 투자소득에 대한 세금을 국세청(IRS)에 낸다.

다음은 2017년 'Form 1099-B'의 견본양식이다.

출처 : 미 국세청(http://www.irs.gov)

주식투자로 손해를 입거나 이익을 냈다면 반드시 국세청(IRS)에 세금보고를 해야 한다. 만약 '1099-B'에 금액이 정확하게 기재되지 않는다면 투자자가 세금보고 시 이를 명확하게 수정해서 신고해야 하며 그렇게 해야지만 이후에 국세청으로부터 과징금 징수나 세무조사와 같은 불이익을 당하지 않는다. 미국은 챕터7을 신청해 파산하더라도 국세청에 진 빚은 탕감이 되지 않으니 특히 주의해야 한다. 어차피 주식거래 중개업체에서 국세청에 각 개인의 세금보고를 제출하므로 잘못된 판단과 '설마' 하는 안이함으로 불이익을 당하지 않는 것이 좋다.

보유한 주식이 상승하거나 하락하여도 매도하지 않았으면 미실현 이익과 손실이기 때문에 국세청(IRS)에 세금보고를 할 의무가 없다. 만약 은퇴계좌의 한 종류인 Roth-IRA계좌를 보유하고 투자하고 있다면 이미 세금보고한 금액을 투자한 것이기 때문에 따로 세금보고를 국세청에 할 필요는 없다. Traditional-IRA를 보유하고 있다면 정해진 세율에 따라서 국세청에 다음 해에 세금보고를 반드시 해야 한다. 매년 종합소득세율은 바뀌므로 국세청 홈페이지에서 확인해야 할 필요가 있다. 다음은 국세청 홈페이지이며 오른쪽 QR코드를 스캔하면 손쉽게 접속해서 확인할 수 있다. 그리고 한국어 서비스도 제공하니 참고하기 바란다.

 https://www.irs.gov/ko

하지만 본인 계좌에서 $10을 초과하는 배당소득이 있으면 세금을 보고해야 한다. 다음 그림은 '1099-DIV' 견본 양식이다.

9191	☐ VOID	☐ CORRECTED		
PAYER'S name, street address, city or town, state or province, country, ZIP or foreign postal code, and telephone no.	1a Total ordinary dividends $	OMB No. 1545-0110 2018 Form 1099-DIV	Dividends and Distributions	
	1b Qualified dividends $			
	2a Total capital gain distr. $	2b Unrecap. Sec. 1250 gain $	Copy A For Internal Revenue Service Center	
PAYER'S TIN	RECIPIENT'S TIN	2c Section 1202 gain $	2d Collectibles (28%) gain $	File with Form 1096.
RECIPIENT'S name	3 Nondividend distributions $	4 Federal income tax withheld $	For Privacy Act and Paperwork Reduction Act Notice, see the 2018 General Instructions for Certain Information Returns.	
Street address (including apt. no.)		5 Investment expenses $		
City or town, state or province, country, and ZIP or foreign postal code	6 Foreign tax paid $	7 Foreign country or U.S. possession		
	8 Cash liquidation distributions $	9 Noncash liquidation distributions $		
	FATCA filing requirement ☐	10 Exempt-interest dividends $	11 Specified private activity bond interest dividends $	
Account number (see instructions)	2nd TIN not. ☐	12 State	13 State identification no.	14 State tax withheld $
				$

Form **1099-DIV**　Cat. No. 14415N　www.irs.gov/Form1099DIV　Department of the Treasury - Internal Revenue Service
Do Not Cut or Separate Forms on This Page — Do Not Cut or Separate Forms on This Page

출처 : 미 국세청(http://www.irs.gov)

미국은 한국과 달리 종합소득과세에 비교적 단순하게 세율에 의한 세금을 보고할 수 있어서 상대적으로 편하게 느껴질 수 있다.

만약 주식투자에서 순자본 손실(Net Capital Losses)이 발생하면 일반 종합소득에서 공제할 수 있다. 공제할 수 있는 한도액은 연간 최고 $3,000이다(부부 별도 신고 시 $1,500). 만약 올해에 공제하지 못한 순자본 손실은 다음 해로 이월되어 자본소득이 있는 경우 양도소득과 먼저 계산하고, 그래도 계산하지 못한 순자본 손실은 매년 최고 $3,000을 한도로 일반 종합소득에서 이월시켜서 공제할 수 있다. 이것을 숙지한다면 주식투자로 손실을 보더라도 손실을 최소화시키는 절세의 방법으로 활용할 수 있다.

미국의 세법은 개인이 보유한 주식의 보유기간이 매수 후 1년 이하인 주식을 처분하여 발생한 소득은 단기 자본소득(Short-term Capital Gains, STCG)으로 분류하고, 보유기간이 매수 후 1년이 넘는 주식을 처분하여 발생한 소득은 장기 자본소득(Long-term Capital Gains, LTCG)으로 분류한다. 미국의 세법은 매년 세금보고를 하기 전 조금씩 바뀌게 된다. 자신이 직접 세금보고를 하는 경우에는 문제가 없지만, 세금보고가 어렵다고 생각이 된다면 공인회계사(CPA)나 각종 세금보고 웹사이트에서 제공하는 세금보고용 도구를 이용해 정확하게 세금을 보고하기를 적극적으로 권장한다.

주식투자 소득은 노동을 통해 획득한 소득이 아니기 때문에 사회보장세(15.3%)를 내야 할 의무는 없다.

1년 이상(장기) 보유한 주식을 매도한 경우는 장기투자 소득세율(최고 20%)이 적용되는데 종합과세이기 때문에 개인의 소득에 따라 달라진다. 장기 자본소득(LTCG)에 적용되는 세율은 최고 20%이다. 어떤 고소득자의 일반소득에 적용되는 최고세율 39.6%가 되더라도 그 납세자의 장기 자본소득(LTCG)에 적용되는 일반적 세율은 20%이므로 적용되는 최고 일반 소득세율이 15%를 초과하지만 39.6% 미만인 납세자는 장기 자본소득(LTCG)에 대하여 15%의 세율만 적용하여 세액을 계산한다. 만약 부부의 과세소득이 7만 5300달러(개인 3만 7650달러)를 초과하지 않는 경우에는 세금을 낼 필요가 없다.

일반소득세율이 10~15%인 납세자에 대해서는 장기 자본소득(LTCG)에 대해 면세의 특혜가 주어진다. 일반소득세율이 15% 이하인 납세자는 장기로 주식을 보유할 경우 장기 자본소득(LTCG)에 대해 소득세를 내지 않게 된다. 다만, 납세자의 일반소득과 비교하여 15% 세율이 넘는 장기 자본소득(LTCG)에 대해서는 다른 소득이 없어도 15%나 20% 세금을 내야 한다.

1년 미만(단기) 보유한 주식을 매도한 경우에는 일반 소득세율(최고 39.6%)이 적용되는데 종합과세이기 때문에 개인의 소득에 따라 달라진다. 단기 자본소득(STCG)은 일반소득과 포함해 일반 세율(10~39.6%)을 적용하여 세액을 계산한다. 이렇게 보유기간이 길어질수록 세금이 낮아지는 구조로 인해 미국은 주식 장기투자가 활성화되어 있다. 사고팔고를 반복하는 것이 아니라 더욱 낮은 세율의 적용을 위해서 최소 1년 이상 보유로 주식 매매차익에 대한 세금 감면 혜택을 받을 수 있다.

단기 자본소득 (STCG)	미혼	기혼 부부 합산 보고	미혼이며 가장	기혼 각자 보고	장기 자본소득 (LTCG)	미혼	기혼 부부 합산 보고	미혼이며 가장	기혼 각자 보고	적격 (Qualified) 배당세율
10%	$0-$9,525	$0-$19,050	$0-$13,600	$0-$9,525	0%	Up to $38,600	Up to $51,700	Up to $38,600	Up to $77,200	0%
12%	$9,525-$38,700	$19,050-$77,400	$13,600-$51,800	$9,525-$38,700						
22%	$38,700-$82,500	$77,400-$16,500	$51,800-$82,500	$38,700-$82,500	15%	$38,600-$425,800	$77,200-$479,000	$51,700-$452,400	$38,600-$239,500	15%
24%	$82,500-$157,500	$165,000-$315,000	$82,500-$157,500	$82,500-$157,500						
32%	$157,500-$200,000	$315,000-$400,000	$157,500-$200,000	$157,500-$200,000						
35%	$200,000-$500,000	$400,000-$400,000	$200,000-$500,000	$200,000-$300,000	20%	Over $425,800	Over $479,000	Over $452,400	Over $239,500	20%
37%	Over $500,000	Over $600,000	Over $500,000	Over $300,000						
순투자 소득세 (NIIT)	$200,000	$250,000	$200,000	$125,000	순투자 소득세 (NIIT)	$200,000	$250,000	$200,000	$125,000	

* 단기 자본 소득 (Short-Term Capital Gains Rate, STCG)은 개인 소득세율과 동일
* 장기 자본 소득 (Long-Term Capital Gains Rate, LTCG)
* 순투자 소득세 (Net Investment Income Tax, NIIT) : 비거주자 외국인(nonresident alien)에게는 해당되지 않음

2018년 개정 소득세율

세율	미혼	기혼합산보고	가장	기혼각자보고
10%	$0-$9,525	$0-$19,050	$0-$13,600	$0-$9,525
12%	$9,525-$38,700	$19,050-$77,400	$13,600-$51,800	$9,525-$38,700
22%	$38,700-$82,500	$77,400-$165,000	$51,800-$82,500	$38,700-$82,500
24%	$82,500-$157,500	$165,000-$315,000	$82,500-$157,500	$82,500-$157,500
32%	$157,500-$200,000	$315,000-$400,000	$157,500-$200,000	$157,500-$200,000
35%	$200,000-$500,000	$400,000-$600,000	$200,000-$500,000	$200,000-$300,000
37%	Over $500,000	Over $600,000	Over $500,000	Over $300,000

출처 : 미 국세청(http://www.irs.gov)

현재 파트너십의 파트너이거나 유한책임회사(LLC, Limited Liability Company), 혹은 S코퍼레이션의 주주라면 해당회사가 발행하는 케이원 스케줄(K-1 Schedule)도 잊지 말고 세금 보고에 포함해야 한다.

유한책임회사는 1인 이상의 출자금과 유한책임사원(주주)만으로 구성되는 회사이다. 사람과 자본만 결합한 독특한 형태의 회사이다. 주로 회사들이 막대한 자본을 확충하기 위한 방법으로 이런 회사를 세운다. 법인이 아니므로, 법인세과세 대상이 아니어서 자회사의 형식으로 두는 경우가 많다. 예를 들어 어떤 땅에 시추하면 원유가 적어도 투자한 자본 이상 몇 배만큼 채굴될 것이라는 조사가 완료된 상태이다. 하지만 회사는 지금 현금 유동성이 부족한 경우 이런 식으로 회사를 설립해 투자자를 모집해서 자금을 확충한 후 원유를 채굴한 수익을 나누는 구조인 것이다. 부동산 투자의 경우도 이에 해당한다. 아래는 2017년 'Schedule K-1'의 견본 양식이다.

Schedule K-1
(Form 1065)
Department of the Treasury
Internal Revenue Service

2017

OMB No. 1545-0123

651117

☐ Final K-1   ☐ Amended K-1

For calendar year 2017, or tax year

beginning / / 2017 ending / /

Partner's Share of Income, Deductions, Credits, etc. ▶ See back of form and separate instructions.

Part III	Partner's Share of Current Year Income, Deductions, Credits, and Other Items

1	Ordinary business income (loss)	15	Credits
2	Net rental real estate income (loss)		
3	Other net rental income (loss)	16	Foreign transactions
4	Guaranteed payments		
5	Interest income		
6a	Ordinary dividends		
6b	Qualified dividends		
7	Royalties		
8	Net short-term capital gain (loss)		
9a	Net long-term capital gain (loss)	17	Alternative minimum tax (AMT) items
9b	Collectibles (28%) gain (loss)		
9c	Unrecaptured section 1250 gain		

Part I	Information About the Partnership

A Partnership's employer identification number

B Partnership's name, address, city, state, and ZIP code

C IRS Center where partnership filed return

D ☐ Check if this is a publicly traded partnership (PTP)

Part II	Information About the Partner

E Partner's identifying number

F Partner's name, address, city, state, and ZIP code

출처 : 미 국세청(http://www.irs.gov)

부모 동의하에 계좌를 개설한 자녀가 보유한 주식에서 발생한 투자소득에는 'Kiddie Tax(자녀세금)'라고 하여 또 다른 세율이 적용되게 된다. 미성년 자녀(21세 미만)의 투자소득은 최고 $1,050까지는 세금을 낼 필요가 없으며, $2,100까지는 10%의 세율이 적용되고 선택에 따라서 부모의 소득신고 시에 포함해서 신고해도 관계는 없다. 매년 국세청에 보고해야 하는 세금비율과 금액은 달라지므로 보다 상세한 사항은 항상 미국 국세청 웹사이트(www.irs.gov)를 확인하거나 세무전문가와 상의할 필요가 있다.

II
섹터별 편람

Consumer Discretionary   자유소비재

Consumer Staples   필수소비재

Industrials   산업재

Information Technology   정보기술

Energy   에너지

Financials   금융

Real Estate   리츠

Telecommunication Services   통신

Utilities   유틸리티

Health Care   헬스케어

Materials   원자재

Consumer Discretionary

자유소비재

섹터 설명 및 전망

자유소비재(Consumer Discretionary, 경기 임의재) 섹터는 S&P500에서 약 12%를 차지하고 있으며 섹터에서 상위권 수준의 비중을 차지하고 있다. 2017년 평균 주가수익비율(PER) 값은 26.90배로 다소 고평가되어 있으며, 2018년은 이와 유사한 26.59로 전망되고 있다.

자유소비재 섹터는 타 섹터보다 다양한 업종의 기업들이 섞여 있어 개별 기업의 특성을 이해하고 투자해야 할 필요가 있다. 자유소비재 섹터 내 기업들 대부분은 전 세계를 대상으로 사업을 영위하는 세계적인 기업들이며, 아마존과 같은 전자상거래 기업, 미디어 공룡 넷플릭스, 세계적인 음식료 기업 맥도날드 등 소비자들에게 필수적이면서 경기에 영향을 받는 기업들이 속해 있다. 2018년 현재 4% 수준에 머무는 미국 실업률과 양호한 경기성장률을 바탕으로 하는 우호적 경제지표발표가 이어지고 있으며 이런 따뜻한 온기는 전 세계로 퍼져나가고 있다.

전 세계 국가들의 노동자 임금 상승과 소비자 심리 지수 개선은 긍정적인 연쇄효과를 가져올 것으로 예상하고 있다. 2018년 현재 미국 세제개편안의 혜택과 달러 약세로 인해 실질적인 이익 증가와 더불어 환율의 이익까지 더해져 2018년도 경기 임의재 섹터 상승은 지속할 것으로 전망되고 있다.

자유소비재 섹터 둘러보기

대표 ETF	시가총액 (1억$)	S&P500내 비중	편입 종목수
XLY	32,486	12.21%	84

S&P500 VS Consumer Discretionary

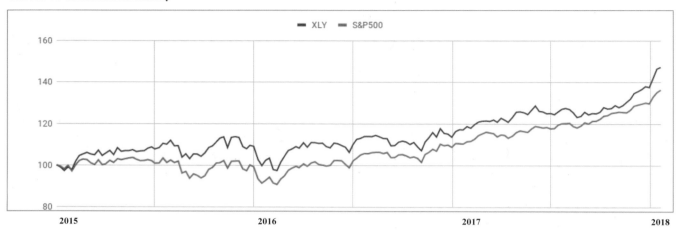

자유소비재 섹터는 2015년 1월 1일 이후 47.42% 상승했으며, 같은 기간 S&P500은 36.49% 상승했다. 자유소비재 섹터의 S&P500 대비 상대 수익률은 10.93%p 이다.

S&P500내 자유소비재 섹터 비중 추이

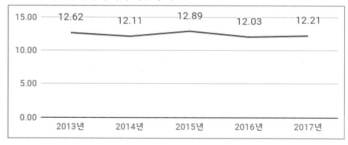

자유소비재 섹터 관련 주요 데이터

	자유소비재 섹터	S&P500 평균
PER (Trailing)	23.13	23.53
PER (Projected)	22.86	20.49
PBR	5.01	3.11
시가 배당률	1.35	1.87
P/Sales	1.55	2.09
P/Cash flow	19.17	21.71
변동성 3년	11.72	10.07
변동성 5년	11.59	9.49

자유소비재 섹터 대표 ETF 'XLY'의 최근 자금 유입 동향(100만$) 및 수익률(%)

자금동향

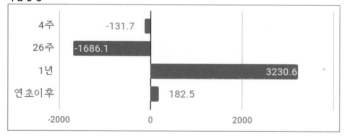

수익률

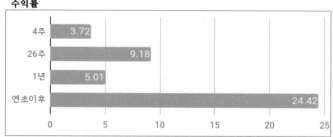

시가 총액 상위 종목

순위	티커	종목명/세부 섹터
1위	AMZN	Amazon.com Inc (아마존닷컴)
		인터넷 및 직접 마케팅 판매
2위	HD	Home Depot (홈 디포)
		가정 소모품 판매
3위	CMCSA	Comcast Corp. (컴캐스트 코퍼레이션)
		방송(케이블 및 위성)
4위	DIS	The Walt Disney Company (월트 디즈니 컴퍼니)
		방송(케이블 및 위성)
5위	MCD	McDonald's Corp. (맥도날드 코퍼레이션)
		레스토랑

섹터 내 상승/하락 상위 종목 (최근 1년)

상승률 상위 종목

순위	티커	상승률
1위	WYNN	89.28%
2위	DHI	88.35%
3위	PHM	85.88%

하락률 상위 종목

순위	티커	하락률
1위	UAA	-49.81%
2위	NWL	-45.35%
3위	MAT	-36.24%

(2018년 1월 13일 기준)

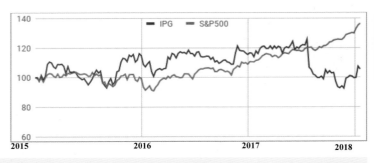

IPG
인터퍼블릭 그룹 오브 컴퍼니
Interpublic Group of Companies, Inc.

섹터 자유소비재 (Consumer Discretionary)
세부섹터 광고(Advertising)

인터퍼블릭 그룹 오브 컴퍼니(Interpublic Group of Companies, Inc.)는 글로벌 광고 및 마케팅 서비스 사업을 영위하는 업체이다. 회사는 1930년에 설립되었고 본사는 뉴욕주 뉴욕에 있으며 49,800명의 직원이 근무하고 있다. 회사는 소비자 광고, 디지털 마케팅, 커뮤니케이션 기획 및 미디어 구매, 홍보 및 전문 커뮤니케이션 분야를 전문으로 하고 있다. 인테그레이티드 에이전시 네트웍스(IAN)와 콘스티투언시 매니지먼트 그룹(CMG)의 두 가지 부문으로 나누어진다. 글로벌 마케터에서 지역 및 지역 고객까지 다양한 범위의 고객을 대상으로 맞춤식 마케팅 프로그램을 제공하고 있다. 인테그레이티드 에이전시 네크웍스(IAN) 부문은 맥칸 월드그룹, 에프씨비(FCB), 멀른로위 그룹(MullenLowe Group), 아이피지 미디아브랜즈(IPG Mediabrands-디지털 전문 기관) 및 국내 통합 기관으로 구성되고 있다. 콘스티투언시 매니지먼트 그룹(CMG)은 전문 마케팅 서비스 제품으로 구성되어 맥칸 월드그룹(McCann Worldgroup), 푸트(Foote), 콘 앤 벨딩(Cone & Belding) 및 멀른로위 그룹(MullenLowe Group)과 같은 3개의 글로벌 네트워크가 있으며 고객을 위해 통합 광고 및 마케팅 솔루션을 제공하고 있다. 회사의 글로벌 미디어 서비스 회사는 아이피지 미디어브랜즈(IPGMediabrands) 아래에서 운영되는 유엠(UM) 및 이니셔티브(Initiative)를 포함하고 있다.

기준일 : 2018/ 01 /25
한글 회사명 : 인터퍼블릭 그룹 오브 컴퍼니
영문 회사명 : Interpublic Group of Companies, Inc.
상장일 : 1972년 01월 21일 | 결산월 : 12월
시가총액 : 83 (억$) | 52주 최고 : $25.71 (-15.16%) / 52주 최저 : $18.3 (+19.18%)

주요 주주정보

보유자/ 보유 기관	보유율
The Vanguard Group, Inc.	10.15%
Massachusetts Financial Services Co.	6.6%
Fidelity Management & Research Co.	5.5%

애널리스트 추천 및 최근 투자의견

인터퍼블릭 그룹 오브 컴퍼니의 2018년 01월 25일 현재 17개 기관의 **평균적인 목표가는 22.75$**이며, 2018년 추정 주당순이익(EPS)은 1.62$로 2017년 추정 EPS 1.4$에 비해 **15.71% 증가할 것으로 예상**된다.

최근, 1개월, 3개월의 투자 의견 변화

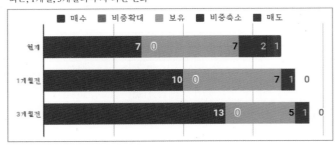

투자의견	금융사 및 투자의견	날짜
Downgrade	Wells Fargo: Outperform to Market Perform	1/18/2018
Downgrade	Macquarie: Neutral to Underperform	1/2/2018
Downgrade	Jefferies: Buy to Hold	12/13/2017
Downgrade	Argus: Buy to Hold	10/31/2017
Maintains	BMO Capital: to Outperform	10/26/2017

내부자 거래
(3M 비중은 12개월 거래 중 최근 3개월의 비중)

구분	성격	3개월	12개월	3M 비중
매수	매수 건수 (장내 매매만 해당)	12	21	57.14%
매도	매도 건수 (장내 매매만 해당)	27	30	90.00%
매수	매수 수량 (장내 매매만 해당)	711,976	787,504	90.41%
매도	매도 수량 (장내 매매만 해당)	833,967	903,300	92.32%
	순매수량 (-인 경우 순매도량)	-121,991	-115,796	

ETF 노출 (편입 ETF 수 : 81개 / 시가총액 대비 ETF의 보유비중 : 12.85%)

티커	ETF	보유 지분	비중
VO	Vanguard Mid-Cap ETF	$205,038,726	0.21%
VTI	Vanguard Total Stock Market ETF	$201,968,560	0.03%
VOO	Vanguard 500 Index Fund	$143,202,863	0.03%
SPY	SPDR S&P 500 ETF Trust	$106,149,615	0.04%
VOE	Vanguard Mid-Cap Value ETF	$69,436,742	0.39%

기간 수익률

1M : 4.34%	3M : 6.69%	6M : -16.3%	1Y : -7.49%	3Y : 7.99%

재무 지표

	2014	2015	2016	2017(E)
매출액 (백만$)	7,537	7,614	7,847	7,830
영업이익 (백만$)	790	871	936	969
순이익 (백만$)	477	455	609	565
자산총계 (백만$)	12,747	12,585	12,485	12,729
자본총계 (백만$)	2,409	2,254	2,310	
부채총계 (백만$)	10,339	10,331	10,176	

안정성 비율	2013	2014	2015	2016
유동비율 (%)	99.00	104.65	101.44	96.52
부채비율 (%)	416.22	429.24	458.42	440.60
이자보상배율 (배)	5.52	9.52	10.39	10.56

투자 지표

	2014	2015	2016	2017(E)
영업이익률 (%)	10.48	11.44	11.93	12.37
매출액 증가율 (%)	5.82	1.02	3.06	-0.21
EPS ($)	1.14	1.11	1.53	1.40
EPS 증가율 (%)	83.87	-2.63	37.84	-8.37
주당자산가치($)	5.11	4.87	5.15	5.41
잉여현금흐름 (백만$)	521	513	313	463

	2013	2014	2015	2016
배당성향(%)	49.18	33.93	44.04	40.27
배당수익률(%)	1.69	1.83	2.06	2.56
ROE (%)	11.56	22.03	22.27	30.56
ROA (%)	2.19	3.94	3.79	5.05
재고회전율				
EBITDA (백만$)	816.9	953	1,028.1	1,096.1

매출비중

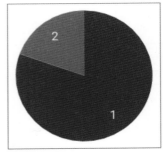

제품명	비중
1. 통합 통신망	
	80.53%
2.구매고객 관리	
	19.47%

109

OMC
옴니콤 그룹
Omnicom Group

섹터 자유소비재 (Consumer Discretionary)
세부섹터 광고 (Advertising)

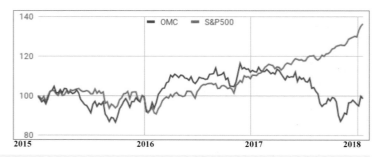

옴니콤 그룹(Omnicom Group Inc)은 지주 회사이며 광고, 마케팅 및 기업 통신 서비스 사업을 영위하는 업체이다. 회사는 1986년에 설립되었고 본사는 뉴욕주 뉴욕에 있으며 78,500명의 직원이 근무하고 있다. 회사의 브랜드 네트워크 및 에이전시는 전 세계 모든 시장에서 운영되며 광고, 고객 관계 관리(CRM), 홍보 및 전문 커뮤니케이션의 네 가지 영역으로 그룹화된 다양한 서비스를 제공하고 있다. 회사는 식품 및 음료, 소비재, 의약품 및 의료, 금융 서비스, 기술, 여행 및 엔터테인먼트, 통신 및 소매 등의 다양한 산업 분야를 지원하고 있다. 회사의 브랜드 네트워크 및 대행사는 북미 및 중남미를 포함하는 아메리카 대륙(The Americas) 지역에서 전 세계적으로 사업을 수행하고 있다. EMEA는 유럽, 중동 및 아프리카, 아시아 태평양은 호주, 중국, 인도, 일본, 한국, 뉴질랜드, 싱가포르 및 기타 아시아 국가를 포함하고 있다.

기준일 : 2018/ 01 /25

한글 회사명 : 옴니콤 그룹

영문 회사명 : Omnicom Group

상장일 : 1984년 11월 05일 | 결산월 : 12월

시가총액 : 177 (억$) | 52주 최고 : $87.43 (-13.07%) / 52주 최저 : $65.32 (+16.35%)

주요 주주정보

보유자/ 보유 기관	보유율
Massachusetts Financial Services Co.	7.61%
The Vanguard Group, Inc.	7.02%
First Eagle Investment Management LLC	6.55%

애널리스트 추천 및 최근 투자의견

옴니콤 그룹의 2018년 01월 25일 현재 17개 기관의 **평균적인 목표가는 77.53$**이며, 2018년 추정 주당순이익(EPS)은 5.55$로 2017년 추정 EPS 5.08$에 비해 **9.25% 증가**할 것으로 예상된다.

최근, 1개월, 3개월의 투자 의견 변화

투자의견	금융사 및 투자의견	날짜
Downgrade	Macquarie: Neutral to Underperform	2/1/2018
Upgrade	Argus: Hold to Buy	10/31/2017
Maintains	Credit Suisse: to Neutral	10/18/2017
Upgrade	Telsey Advisory Group: Market Perform to Outperform	10/18/2017
Downgrade	Morgan Stanley: Equal-Weight to Underweight	10/16/2017

내부자 거래

(3M 비중은 12개월 거래 중 최근 3개월의 비중)

구분	성격	3개월	12개월	3M 비중
매수	매수 건수 (장내 매매만 해당)	11	51	21.57%
매도	매도 건수 (장내 매매만 해당)	3	23	13.04%
매수	매수 수량 (장내 매매만 해당)	5,787	192,995	3%
매도	매도 수량 (장내 매매만 해당)	2,498	104,312	2.39%
	순매수량 (- 인 경우 순매도량)	3,289	88,683	

ETF 노출 (편입 ETF 수 : 89개 / 시가총액 대비 ETF의 보유비중 : 9.78%)

티커	ETF	보유 지분	비중
VTI	Vanguard Total Stock Market ETF	$428,413,367	0.6%
VOO	Vanguard 500 Index Fund	$303,734,439	0.7%
SPY	SPDR S&P 500 ETF Trust	$225,741,993	0.8%
IVV	iShares S&P 500 Index (ETF)	$112,767,669	0.7%
VTV	Vanguard Value ETF	$91,921,212	1.3%

기간 수익률

1M : 0.73%	3M : 2.62%	6M : -9.39%	1Y : -11.94%	3Y : 1.87%

재무 지표

	2014	2015	2016	2017(E)
매출액 (백만$)	15,318	15,134	15,417	15,313
영업이익 (백만$)	1,953	1,920	2,009	2,069
순이익 (백만$)	1,084	1,082	1,142	1,198
자산총계 (백만$)	21,560	22,111	23,165	23,300
자본총계 (백만$)	3,507	3,057	2,861	
부채총계 (백만$)	18,053	19,053	20,304	

안정성 비율	2013	2014	2015	2016
유동비율 (%)	94.91	92.78	84.25	90.80
부채비율 (%)	417.55	514.76	623.21	709.64
이자보상배율 (배)	9.47	11.02	10.60	9.58

투자 지표

	2014	2015	2016	2017(E)
영업이익률 (%)	12.75	12.69	13.03	13.51
매출액 증가율 (%)	5.03	-1.20	1.87	-0.67
EPS ($)	4.27	4.43	4.80	5.08
EPS 증가율 (%)	14.48	3.75	8.35	5.84
주당자산가치($)	11.55	10.23	9.21	10.42
잉여현금흐름 (백만$)	1,264	1,970	1,766	1,585

	2013	2014	2015	2016
배당성향(%)	43.13	44.81	45.35	45.03
배당수익률(%)	2.15	2.45	2.64	2.53
ROE (%)	27.43	33.69	40.79	49.50
ROA (%)	4.91	5.56	5.45	5.48
재고회전율				
EBITDA (백만$)	2,151.5	2,247.3	2,211.2	2,301.8

매출비중

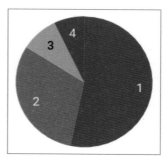

제품명	비중
1. 광고	53.15%
2.고객 관계 관리	30.73%
3. 홍보	8.92%
4. 전문 커뮤니케이션	7.2%

FL
풋 라커
Foot Locker Inc

섹터 자유소비재 (Consumer Discretionary)
세부섹터 의류 소매 (Apparel Retail)

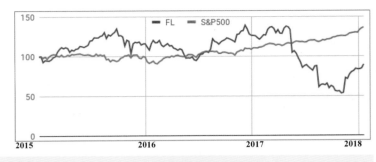

풋 라커(Foot Locker)는 신발 및 의류 소매 사업을 영위하는 업체이다. 1879년에 설립되었고 본사는 뉴욕주 뉴욕에 있으며 50,168명의 직원이 근무하고 있다. 회사는 운동(Athletic) 관련 제품을 판매하는 상점과 직접 판매(Direct-to-Customers)의 분야를 통해 사업하고 있다. 회사는 운동화 및 운동복 소매점이며 산하 브랜드로는 풋라커(FootLocker), 아동용 풋라커(Kids Foot Locker), 여성 풋라커(Lady Foot Locker), 챔프 스포츠(Champ Sports), 풋액션(Footaction), 러너스 포인트(Runners Point), 사이드스텝(Sidestep), 식스:02(SIX:02)를 보유하고 있다. 직접 판매 분야에서는 온라인과 모바일사이트를 통해 다양한 브랜드를 판매하고 있다. 직접 판매 온라인 사이트로는 이스트베이닷컴(eastbay.com), 파이널-스코어닷컴(final-score.com), 이스트베이팀세일즈닷컴(eastbayteamsales.com), 에스피24닷컴(sp24.com) 등이 있다. 운동(Athletic) 제품 관련 상점 웹사이트인 풋라커닷컴(footlocker.com), 레이디풋라커닷컴(ladyfootlocker.com), 식스02닷컴(six02.com), 키즈풋라커닷컴(kidsfootlocker.com), 챔스스포츠닷컴(champssports.com), 풋액션닷컴(footaction.com), 풋라커닷씨에이(footlocker.ca), 풋라커닷이유(footlocker.eu), 러너스포츠닷컴(runnerspoint.com), 사이드스템-슈즈닷컴(sidestep-shoes.com) 등을 운영하고 있다.

기준일 : 2018/ 01 /25

한글 회사명 : 풋 라커
영문 회사명 : Foot Locker Inc
상장일 : 1972년 01월 21일 | 결산월 : 1월
시가총액 : 64 (억$) |
52주 최고 : $77.86 (-32.78%) / 52주 최저 : $28.42 (+84.13%)

주요 주주정보

보유자/ 보유 기관	보유율
The Vanguard Group, Inc.	10.51%
BlackRock Fund Advisors	5.42%
Harris Associates LP	4.91%

애널리스트 추천 및 최근 투자의견

풋 라커의 2018년 01월 25일 현재 21개 기관의 **평균적인 목표가는 52.5$**이며, 2018년 추정 주당순이익(EPS)은 **4.34$**로 2017년 추정 EPS 4.08$에 비해 **6.37% 증가할 것으로 예상**된다.

최근, 1개월, 3개월의 투자 의견 변화

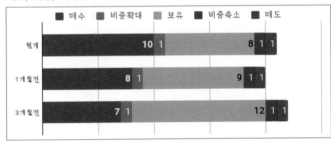

투자의견	금융사 및 투자의견	날짜
Initiated	Pivotal Research: to Buy	1/25/2018
Upgrade	Canaccord Genuity: Hold to Buy	12/15/2017
Downgrade	Standpoint Research: Buy to Hold	12/4/2017
Maintains	Buckingham: to Neutral	11/20/2017
Maintains	Citigroup: to Buy	11/20/2017

내부자 거래

(3M 비중은 12개월 거래 중 최근 3개월의 비중)

구분	성격	3개월	12개월	3M 비중
매수	매수 건수 (장내 매매만 해당)	5	51	9.80%
매도	매도 건수 (장내 매매만 해당)	5	21	23.81%
매수	매수 수량 (장내 매매만 해당)	892	153,912	0.58%
매도	매도 수량 (장내 매매만 해당)	69,442	176,948	39.24%
	순매수량 (-인 경우 순매도량)	-68,550	-23,036	

ETF 노출

(편입 ETF 수 : 76개 / 시가총액 대비 ETF의 보유비중 : 13.42%)

티커	ETF	보유 지분	비중
VTI	Vanguard Total Stock Market ETF	$153,827,765	0.02%
VB	Vanguard Small-Cap Index Fund	$149,382,428	0.20%
VOO	Vanguard 500 Index Fund	$109,174,659	0.03%
VBR	Vanguard Small-Cap Value ETF	$95,775,262	0.52%
SPY	SPDR S&P 500 ETF Trust	$79,753,376	0.03%

기간 수익률

1M : 9.98%	3M : 35.95%	6M : 6.35%	1Y : -27.37%	3Y : -3.57%

재무 지표

	2014	2015	2016	2017(E)
매출액 (백만$)	7,151	7,412	7,766	7,785
영업이익 (백만$)	811	943	1,011	790
순이익 (백만$)	520	541	664	524
자산총계 (백만$)	3,577	3,775	3,840	3,885
자본총계 (백만$)	2,496	2,553	2,710	
부채총계 (백만$)	1,081	1,222	1,130	

안정성 비율	2013	2014	2015	2016
유동비율 (%)	372.84	350.43	369.86	428.11
부채비율 (%)	39.70	43.31	47.87	41.70
이자보상배율 (배)	61.18	73.73	85.73	91.91

투자 지표

	2014	2015	2016	2017(E)
영업이익률 (%)	11.34	12.72	13.02	10.15
매출액 증가율 (%)	9.93	3.65	4.78	0.24
EPS ($)	3.61	3.89	4.96	4.08
EPS 증가율 (%)	24.91	7.76	27.38	-17.69
주당자산가치($)	17.72	18.64	20.61	20.24
잉여현금흐름 (백만$)	522	517	550	467

	2013	2014	2015	2016
배당성향(%)	28.07	24.72	26.04	22.40
배당수익률(%)	2.07	1.65	1.48	1.60
ROE (%)	17.61	20.83	21.43	25.23
ROA (%)	12.52	14.72	14.72	17.44
재고회전율	5.45	5.79	5.85	5.99
EBITDA (백만$)	806	950	1,091	1,169

매출비중

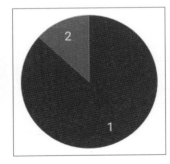

제품명	비중
1. 운동 상점	86.84%
2 온라인 및 기타 직판	13.16%

GPS
갭
Gap Inc.

섹터 자유소비재 (Consumer Discretionary)
세부섹터 의류 소매 (Apparel Retail)

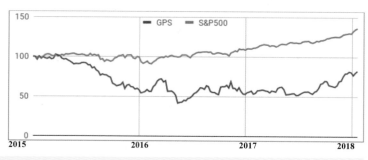

갭(Gap)은 의류 소매 사업을 영위하는 업체이다. 회사는 1969년에 설립되었고 본사는 캘리포니아주 샌프란시스코에 있으며 135,000명의 직원이 근무하고 있다. 회사는 갭, 바나나 리퍼블릭, 올드 네이비, 아틀레타, 인터믹스라는 브랜드를 통해 의류, 액세서리, 퍼스널 케어 제품을 남성, 여성, 아동 등을 대상으로 판매하고 있다. 회사의 제품들은 회사 소유의 웹사이트, 제3자 로지스틱스, 그리고 물류 창고를 통해 온라인으로 소비자에게 판매되고 있다. 전문매장, 할인매장, 온라인, 프랜차이즈 채널 외에도 회사의 옴니 채널을 이용해 온라인과 실제 매장을 연결하고 있다. 매장에서 주문하기, 매장에서 예약하기, 매장 찾기, 매장에서 배송하기 등을 포함한 옴니채널 서비스는 브랜드 포트폴리오 전체에서 사용되고 있다. 인터믹스 브랜드처럼 제3자에 의해 디자인되거나 생산된 제품들도 판매하고 있다. 현재 회사는 미국, 캐나다, 유럽, 프랑스, 아일랜드, 일본, 이탈리아, 중국, 홍콩, 대만, 멕시코에서 직영 매장을 운영하고 있다.

기준일 : 2018/ 01 /25
한글 회사명 : 갭
영문 회사명 : Gap Inc.
상장일 : 1976년 05월 21일 | 결산월 : 1월
시가총액 : 134 (억$) |
52주 최고 : $35.68 (-1.54%) / 52주 최저 : $21.02 (+67.12%)

주요 주주정보

보유자/ 보유 기관	보유율
FISHER JOHN J	14.43%
FISHER WILLIAM SYDNEY	11.23%
FISHER ROBERT J	9.87%

애널리스트 추천 및 최근 투자의견

갭의 2018년 01월 25일 현재 26개 기관의 **평균적인 목표가는 30.77$**이며, 2018년 추정 주당순이익(EPS)은 2.29$로 2017년 추정 EPS 2.1$에 비해 **9.04% 증가할 것으로 예상**된다.

최근, 1개월, 3개월의 투자 의견 변화

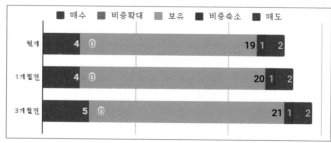

투자의견	금융사 및 투자의견	날짜
Maintains	Barclays: Overweight to Overweight	1/25/2018
Downgrade	Oppenheimer: Outperform to Perform	12/14/2017
Downgrade	Citigroup: Neutral to Sell	11/30/2017
Maintains	KeyBanc: to Overweight	11/17/2017
Maintains	Deutsche Bank: to Hold	11/17/2017

내부자 거래

(3M 비중은 12개월 거래 중 최근 3개월의 비중)

구분	성격	3개월	12개월	3M 비중
매수	매수 건수 (장내 매매만 해당)	1	1	100.00%
매도	매도 건수 (장내 매매만 해당)	9	54	16.67%
매수	매수 수량 (장내 매매만 해당)	5,000	5,000	100.00%
매도	매도 수량 (장내 매매만 해당)	684,421	3,446,922	19.86%
	순매수량 (−인 경우 순매도량)	-679,421	-3,441,922	

ETF 노출
(편입 ETF 수 : 102개 / 시가총액 대비 ETF의 보유비중 : 8.53%)

티커	ETF	보유 지분	비중
VO	Vanguard Mid-Cap ETF	$212,770,531	0.21%
VTI	Vanguard Total Stock Market ETF	$209,582,394	0.03%
VOO	Vanguard 500 Index Fund	$128,053,500	0.03%
SPY	SPDR S&P 500 ETF Trust	$95,022,775	0.03%
VOE	Vanguard Mid-Cap Value ETF	$72,046,391	0.40%

기간 수익률

1M : 3.72%	3M : 24.36%	6M : 46.38%	1Y : 43.84%	3Y : -14.04%

재무 지표

	2014	2015	2016	2017(E)
매출액 (백만$)	16,435	15,797	15,516	15,711
영업이익 (백만$)	2,046	1,556	1,470	1,399
순이익 (백만$)	1,262	920	676	836
자산총계 (백만$)	7,690	7,473	7,610	7,775
자본총계 (백만$)	2,983	2,545	2,904	
부채총계 (백만$)	4,707	4,928	4,706	

안정성 비율	2013	2014	2015	2016
유동비율 (%)	181.19	193.24	157.20	175.91
부채비율 (%)	156.34	157.79	193.64	162.05
이자보상배율 (배)	34.02	27.28	26.37	19.60

투자 지표

	2014	2015	2016	2017(E)
영업이익률 (%)	12.45	9.85	9.47	8.90
매출액 증가율 (%)	1.78	-3.88	-1.78	1.26
EPS ($)	2.90	2.24	1.69	2.10
EPS 증가율 (%)	4.32	-22.76	-24.55	24.40
주당자산가치 ($)	7.09	6.41	7.28	7.73
잉여현금흐름 (백만$)	1,415	868	1,195	767

	2013	2014	2015	2016
배당성향(%)	25.55	30.66	41.26	54.44
배당수익률(%)	1.84	2.14	3.72	3.99
ROE (%)	42.98	41.75	33.29	24.81
ROA (%)	16.71	16.24	12.14	8.96
재고회전율	8.76	8.61	8.40	8.38
EBITDA (백만$)	2,611.00	2,610.00	2,148.00	2,063.00

매출비중

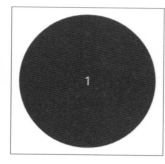

제품명	비중
1. 의류 소매	
	100%

LB
엘브랜드
L Brands Inc.

섹터 자유소비재 (Consumer Discretionary)
세부섹터 의류 소매 (Apparel Retail)

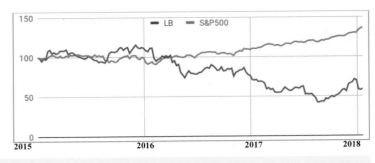

엘브랜드(L Brands)는 여성 전문 제품의 소매 사업을 영위하는 업체이다. 회사는 1963년에 설립되었고 본사는 오하이주 콜럼버스에 있으며 93,600명의 직원이 근무하고 있다. 회사는 여성용 속옷 및 기타 의류, 퍼스널 케어, 미용 및 향수 사업을 영위하고 있다. 회사는 빅토리아스 시크릿(Victoria's Secret), 베스 앤 바디 웍스(Bath & BodyWorks), 빅토리아 시크릿 앤 베스 앤 바디 웍스 인터내셔널(Victoria's Secret and Bath & Body Works International) 3개 자회사를 운영되고 있다. 회사의 제품들은 미국, 캐나다, 영국, 중국에서 회사 소유의 전문 소매 매장 및 웹사이트, 국제 프랜차이즈, 라이센스, 도매 파트너를 통해 판매되고 있다. 회사의 소매업 중에는 빅토리아스 시크릿(Victoria's Secret), 핑크(PINK), 베스 앤 바디 웍스(Bath & Body Works), 라 센자(La Senza) 등을 포함하고 있다. 라 센자는 여성용 속옷 전문 소매업이며, 캐나다에 120개 이상의 매장을 운영하고 있다. 헨리 벤델은 핸드백, 보석류, 그 외 액세서리를 취급하며 현재 28개 이상의 매장을 운영하고 있다.

기준일 : 2018/ 01 /25
한글 회사명 : 엘브랜드
영문 회사명 : L Brands Inc.
상장일 : 1982년 06월 10일 | 결산월 : 1월
시가총액 : 148 (억$) |

52주 최고 : $63.1 (-16.18%) / 52주 최저 : $35 (+51.11%)

주요 주주정보

보유자/ 보유 기관	보유율
WEXNER LESLIE HERBERT	16.74%
The Vanguard Group, Inc.	7.23%
PRIMECAP Management Co.	6.85%

애널리스트 추천 및 최근 투자의견

엘브랜드의 2018년 01월 25일 현재 30개 기관의 **평균적인 목표가는 55.6$**이며, 2018년 추정 주당순이익(EPS)은 3.42$로 2017년 추정 EPS 3.1$에 비해 **10.32% 증가할 것으로 예상**된다.

최근, 1개월, 3개월의 투자 의견 변화

투자의견	금융사 및 투자의견	날짜
Maintains	Barclays: Equal-Weight to Equal-Weight	1/25/2018
Upgrade	Baird: Neutral to Outperform	1/2/2018
Maintains	Morgan Stanley: to Overweight	12/14/2017
Upgrade	RBC Capital: Sector Perform to Outperform	11/17/2017
Maintains	BMO Capital: to Market Perform	11/17/2017

내부자 거래

(3M 비중은 12개월 거래 중 최근 3개월의 비중)

구분	성격	3개월	12개월	3M 비중
매수	매수 건수 (장내 매매만 해당)	0	17	0.00%
매도	매도 건수 (장내 매매만 해당)	1	7	14.29%
매수	매수 수량 (장내 매매만 해당)	0	1,040,198	0.00%
매도	매도 수량 (장내 매매만 해당)	187	153,771	0.12%
	순매수량 (−인 경우 순매도량)	-187	886,427	

ETF 노출

(편입 ETF 수 : 82개 / 시가총액 대비 ETF의 보유비중 : 5.26%)

티커	ETF	보유 지분	비중
DVY	iShares Select Dividend ETF	$208,939,814	1.16%
SPY	SPDR S&P 500 ETF Trust	$160,756,199	0.05%
IVV	iShares S&P 500 Index (ETF)	$81,059,906	0.05%
XLY	Consumer Discretionary SPDR (ETF)	$58,134,263	0.42%
MOAT	VanEck Vectors Morningstar Wide Moat ETF	$36,034,820	2.56%

기간 수익률

1M : -12.76%	3M : 25.03%	6M : 12.79%	1Y : -17.36%	3Y : -38.25%

재무 지표

	2014	2015	2016	2017(E)
매출액 (백만$)	11,454	12,154	12,574	11,592
영업이익 (백만$)	1,953	2,192	2,037	1,737
순이익 (백만$)	1,042	1,253	1,158	889
자산총계 (백만$)	7,544	8,493	8,170	8,287
자본총계 (백만$)	19	-258	-727	
부채총계 (백만$)	7,525	8,751	8,897	

안정성 비율	2013	2014	2015	2016
유동비율 (%)	172.51	192.50	221.65	172.05
부채비율 (%)	-2,050.68	39,605.26	-3,391.86	-1,223.80
이자보상배율 (배)	5.55	6.03	6.56	5.17

투자 지표

	2014	2015	2016	2017(E)
영업이익률 (%)	17.05	18.04	16.20	14.98
매출액 증가율 (%)	6.32	6.11	3.46	-7.81
EPS ($)	3.57	4.31	4.03	3.10
EPS 증가율 (%)	14.42	20.61	-6.29	-23.20
주당자산가치($)	0.06	-0.89	-2.55	-2.37
잉여현금흐름 (백만$)	1,071	1,142	1,008	775

	2013	2014	2015	2016
배당성향(%)	39.34	67.43	94.79	110.55
배당수익률(%)	2.29	2.79	4.16	7.31
ROE (%)				
ROA (%)	13.66	14.14	15.63	13.90
재고회전율	9.93	10.41	11.26	11.34
EBITDA (백만$)	2,150.00	2,391.00	2,649.00	2,555.00

매출비중

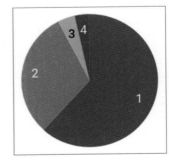

제품명	비중
1. 빅토리아 시크릿	61.88%
2 배쓰 앤 바디 웍스	30.63%
3. 기타	4.12%
4. 글로벌 판매	3.36%

ROST
로스 스토어
Ross Stores

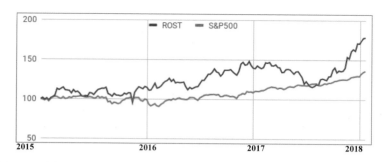

섹터 자유소비재 (Consumer Discretionary)
세부섹터 의류 소매 (Apparel Retail)

로스 스토어(Ross Stores)는 할인 소매 의류 및 홈 패션 매장인 로스 드레스 포어 레스(Ross Dress for Less)와 디디스 디스카운트(dd's DISCOUNTS)를 운영하는 업체이다. 회사는 1957년에 설립되었고 본사는 캘리포니아주 두블린에 있으며 78,600명의 직원이 근무하고 있다. 할인 소매 의류 및 홈 패션 매장은 미국 36개의 주에서 1,340개이다. 회사는 해당 시즌의 브랜드, 디자이너 의류, 액세서리, 신발, 홈 패션 등을 백화점 전문매장의 가격보다 20~60% 할인된 가격으로 제품을 판매하고 있다. 회사는 193개의 디디스 디스카운트(dd's DISCOUNTS) 매장을 운영 중이며, 회사의 총 운영 매장은 1,533개이다. 현재 캘리포니아에 3개, 펜실베이니아에 1개, 사우스캐롤라이나에 2개 총 6개의 유통 처리 시설을 소유하고 운영하고 있다.

기준일 : 2018/ 01 /25
한글 회사명 : 로스 스토어
영문 회사명 : Ross Stores
상장일 : 1985년 08월 08일 | 결산월 : 1월
시가총액 : 322 (억$) |
52주 최고 : $85.32 (-0.6%) / 52주 최저 : $52.85 (+60.45%)

주요 주주정보

보유자/ 보유 기관	보유율
The Vanguard Group, Inc.	9.32%
Fidelity Management & Research Co.	6.78%
BlackRock Fund Advisors	5.05%

애널리스트 추천 및 최근 투자의견

로스 스토어의 2018년 01월 25일 현재 27개 기관의 **평균적인 목표가는 84.52$**이며, 2018년 추정 주당순이익(EPS)은 3.91$로 2017년 추정 EPS 3.29$에 비해 **18.84% 증가**할 것으로 예상된다.

최근, 1개월, 3개월의 투자 의견 변화

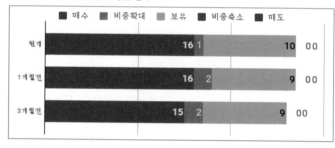

투자의견	금융사 및 투자의견	날짜
Maintains	Morgan Stanley: to Overweight	11/17/2017
Maintains	Nomura: to Buy	11/17/2017
Maintains	BMO Capital: to Market Perform	11/17/2017
Maintains	Buckingham: to Neutral	11/17/2017
Upgrade	JP Morgan: Neutral to Overweight	9/25/2017

내부자 거래

(3M 비중은 12개월 거래 중 최근 3개월의 비중)

구분	성격	3개월	12개월	3M 비중
매수	매수 건수 (장내 매매만 해당)	0	22	0.00%
매도	매도 건수 (장내 매매만 해당)	0	25	0.00%
매수	매수 수량 (장내 매매만 해당)	0	433,736	0.00%
매도	매도 수량 (장내 매매만 해당)	0	595,217	0.00%
	순매수량 (-인 경우 순매도량)	0	-161,481	

ETF 노출
(편입 ETF 수 : 98개 / 시가총액 대비 ETF의 보유비중 : 12.73%)

티커	ETF	보유 지분	비중
VTI	Vanguard Total Stock Market ETF	$789,573,700	0.11%
VOO	Vanguard 500 Index Fund	$559,631,182	0.13%
SPY	SPDR S&P 500 ETF Trust	$409,344,717	0.14%
VO	Vanguard Mid-Cap ETF	$401,541,024	0.40%
VIG	Vanguard Dividend Appreciation ETF	$290,477,727	0.81%

기간 수익률

1M : 10.26%	3M : 37.96%	6M : 54.22%	1Y : 26.9%	3Y : 80.32%

재무 지표

	2014	2015	2016	2017(E)
매출액 (백만$)	11,042	11,940	12,867	14,019
영업이익 (백만$)	1,488	1,624	1,803	2,019
순이익 (백만$)	925	1,021	1,118	1,264
자산총계 (백만$)	4,910	5,084	5,544	5,923
자본총계 (백만$)	2,279	2,472	2,748	
부채총계 (백만$)	2,630	2,612	2,796	

안정성 비율	2013	2014	2015	2016
유동비율 (%)	134.03	136.37	148.00	160.52
부채비율 (%)	103.96	115.41	105.68	101.76
이자보상배율 (배)	4,476.88	438.39	122.23	92.12

투자 지표

	2014	2015	2016	2017(E)
영업이익률 (%)	13.48	13.60	14.01	14.40
매출액 증가율 (%)	7.93	8.14	7.76	8.96
EPS ($)	2.24	2.53	2.85	3.29
EPS 증가율 (%)	13.74	13.20	12.65	15.38
주당자산가치($)	5.49	6.14	7.23	7.85
잉여현금흐름 (백만$)	726	959	1,261	1,312

	2013	2014	2015	2016
배당성향(%)	17.53	18.10	18.73	19.08
배당수익률(%)	1.00	0.87	0.84	0.82
ROE (%)	44.37	43.15	42.96	42.82
ROA (%)	21.13	20.54	20.43	21.03
재고회전율	8.30	8.40	8.55	8.78
EBITDA (백만$)	1,549.17	1,721.31	1,899.20	2,105.16

매출비중

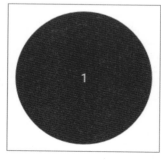

제품명	비중
1. 소매 판매	
	100%

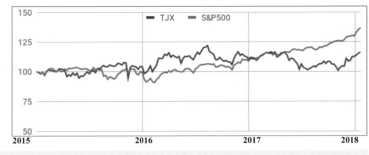

TJX
티제이엑스 컴퍼니
TJX Companies Inc.

섹터 자유소비재 (Consumer Discretionary)
세부섹터 의류 소매 (Apparel Retail)

티제이엑스 컴퍼니(TJX Companies)는 미국 및 해외의 할인 의류 및 홈 패션 소매 사업을 영위하는 업체이다. 회사는 1956년에 설립되었고 본사는 메사츄세추주 프래밍햄에 있으며 235,000명의 직원이 근무하고 있다. 회사는 마르막스(Marmaxx), 홈구즈(HomeGoods), 티제이엑스 캐나다(TJX Canada), 티제이엑스 인터내셔널(TJXInternational)로 나뉘어서 운영되고 있다. 티제이맥스(T.J Maxx)와 마샬(Marshalls)은 할인 소매 전문점이며 미국에 2,221개의 매장이 있다. 홈구즈(HomeGoods) 체인은 홈패션에 특화된 할인 소매 전문점이며 579개의 매장을 운영하고 있다. 티제이엑스 캐나다(TJX Canada)의 경우 캐나다에 있는 위너스(Winners), 홈센스(HomeSense), 마샬(Marshalls)을 운영 중이다. 위너스(Winners)는 할인 의류 및 홈패션 소매점이며, 홈구즈(HomeGoods)는 홈패션 할인 소매점이다. 더 티제이 엑스 인터내셔널(The TJX International) 사업부는 유럽에서 운영 중인 티케이맥스(T.K Maxx)와 홈센스(HomeSense)를 포함하고 있으며 503개의 매장을 미국, 아일랜드, 독일, 폴란드, 오스트리아, 네덜란드에서 운영하고 있다.

기준일 : 2018/ 01 /25
한글 회사명 : 티제이엑스 컴퍼니
영문 회사명 : TJX Companies Inc.
상장일 : 1972년 01월 21일 | 결산월 : 1월
시가총액 : 501 (억$) |

52주 최고 : $80.92 (-1.95%) / 52주 최저 : $66.44 (+19.41%)

주요 주주정보

보유자/ 보유 기관	보유율
The Vanguard Group, Inc.	7.45%
BlackRock Fund Advisors	4.9%
SSgA Funds Management, Inc.	4.4%

애널리스트 추천 및 최근 투자의견

티제이엑스 컴퍼니의 2018년 01월 25일 현재 29개 기관의 **평균적인 목표가는 85$**이며, 2018년 추정 주당순이익(EPS)은 4.55$로 2017년 추정 EPS 3.93$에 비해 **15.77% 증가할 것으로 예상**된다.

최근, 1개월, 3개월의 투자 의견 변화

투자의견	금융사 및 투자	날짜
Downgrade	Wells Fargo: Outperform to Market Perform	1/3/2018
Maintains	Citigroup: to Buy	11/16/2017
Maintains	Nomura: to Buy	11/15/2017
Maintains	Morgan Stanley: to Overweight	11/15/2017
Maintains	Buckingham: to Buy	11/15/2017

내부자 거래

(3M 비중은 12개월 거래 중 최근 3개월의 비중)

구분	성격	3개월	12개월	3M 비중
매수	매수 건수 (장내 매매만 해당)	0	6	0.00%
매도	매도 건수 (장내 매매만 해당)	6	19	31.58%
매수	매수 수량 (장내 매매만 해당)	0	332,506	0.00%
매도	매도 수량 (장내 매매만 해당)	185,501	412,076	45.02%
	순매수량 (−인 경우 순매도량)	-185,501	-79,750	

ETF 노출
(편입 ETF 수 : 95개 / 시가총액 대비 ETF의 보유비중 : 9.84%)

티커	ETF	보유 지분	비중
VTI	Vanguard Total Stock Market ETF	$1,154,641,571	0.17%
VOO	Vanguard 500 Index Fund	$861,480,478	0.21%
SPY	SPDR S&P 500 ETF Trust	$627,885,633	0.21%
VIG	Vanguard Dividend Appreciation ETF	$448,243,795	1.25%
VUG	Vanguard Growth ETF	$322,600,927	0.41%

기간 수익률

1M : 6.36%	3M : 6.98%	6M : 14.46%	1Y : 4.5%	3Y : 18.18%

재무 지표

	2014	2015	2016	2017(E)
매출액 (백만$)	29,078	30,945	33,184	35,657
영업이익 (백만$)	3,574	3,687	3,866	4,080
순이익 (백만$)	2,215	2,278	2,298	2,539
자산총계 (백만$)	11,128	11,490	12,884	13,275
자본총계 (백만$)	4,264	4,307	4,511	
부채총계 (백만$)	6,864	7,183	8,373	

안정성 비율	2013	2014	2015	2016
유동비율 (%)	172.49	170.88	153.84	162.91
부채비율 (%)	141.17	160.97	166.78	185.63
이자보상배율 (배)	72.19	64.53	61.18	62.69

투자 지표

	2014	2015	2016	2017(E)
영업이익률 (%)	12.29	11.91	11.65	11.44
매출액 증가율 (%)	6.04	6.42	7.24	7.45
EPS ($)	3.20	3.38	3.51	3.93
EPS 증가율 (%)	6.67	5.63	3.85	11.98
주당자산가치($)	6.23	6.49	6.98	6.73
잉여현금흐름 (백만$)	2,097	2,048	2,577	2,196

	2013	2014	2015	2016
배당성향(%)	19.73	22.22	25.23	30.06
배당수익률(%)	1.01	1.06	1.18	1.39
ROE (%)	54.14	52.16	53.15	52.13
ROA (%)	21.69	20.77	20.14	18.86
재고회전율	9.17	9.40	8.95	9.04
EBITDA (백만$)	3,876.10	4,162.67	4,303.78	4,524.72

매출비중

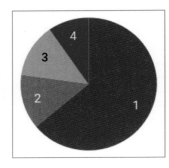

제품명	비중
1. Marmaxx 브랜드	64.03%
2. HomeGoods브랜드	13.27%
3. TJX-인터네셔널	13.14%
4. TJX-캐나다	9.56%

TPR
테피스트리
Coach Inc.

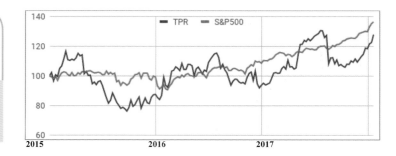

섹터 자유소비재 (Consumer Discretionary)
세부섹터 의류, 액세서리, 사치품 (Apparel, Accessories & Luxury Goods)

테피스트리(Tapestry Inc)의 이전 상호는 코치(Coach Inc)로써 고급 액세서리 및 라이프 스타일 컬렉션 사업을 영위하는 디자인 업체이다. 회사는 1941년에 설립되었고 본사는 뉴욕주 뉴욕에 있으며 15,100명의 직원이 근무하고 있다. 다양한 가죽, 직물 및 재료를 사용하여 만든 제품을 제품군으로 포함하고 있다. 사업 부문은 북미, 국제, 스튜어트 와이츠먼(Stuart Weitzman)으로 나누어진다. 북미 지역은 테피스트리(Tapestry)가 운영하는 매장(인터넷 포함)을 통한 테피스트리 브랜드 제품 판매 및 북미 지역 도매 고객을 대상으로 하는 사업을 포함하고 있다. 국제 사업부는 백화점 할인점 매장 위치, 소매점 및 아울렛 매장 및 전자 상거래 웹사이트를 운영하고 있다. 스튜어트 와이츠먼(Stuart Weitzman) 부문은 미국, 캐나다 및 유럽에 위치한 스튜어트 와이츠먼(Stuart Weitzman) 운영점 내에서 스튜어트 와이츠먼(Stuart Weitzman) 직영점과 북미와 해외 지역의 백화점을 통해 제품을 주로 판매하고 있다.

기준일 : 2018/ 01 /25
한글 회사명 : 테피스트리
영문 회사명 : Coach Inc.
상장일 : 2000년 10월 05일 | 결산월 : 6월
시가총액 : 135 (억$) |
52주 최고 : $48.85 (-1.98%) / 52주 최저 : $35.26 (+35.79%)

주요 주주정보

보유자/ 보유 기관	보유율
The Vanguard Group, Inc.	10.75%
T. Rowe Price Associates, Inc.	9.49%
BlackRock Fund Advisors	4.72%

애널리스트 추천 및 최근 투자의견

테피스트리의 2018년 01월 25일 현재 37개 기관의 평균적인 목표가는 **49.66$**이며, 2018년 추정 주당순이익(EPS)은 2.77$로 2017년 추정 EPS 2.39$에 비해 **15.89% 증가**할 것으로 예상된다.

최근, 1개월, 3개월의 투자 의견 변화

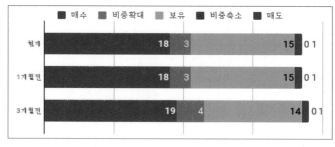

투자의견	금융사 및 투자	날짜
Initiated	Needham: to Hold	12/19/2017
Maintains	Buckingham: to Buy	11/8/2017
Maintains	UBS: to Buy	11/8/2017
Initiated	Susquehanna: to Positive	11/2/2017

내부자 거래

(3M 비중은 12개월 거래 중 최근 3개월의 비중)

구분	성격	3개월	12개월	3M 비중
매수	매수 건수 (장내 매매만 해당)	1	3	33.33%
매도	매도 건수 (장내 매매만 해당)	15	18	83.33%
매수	매수 수량 (장내 매매만 해당)	1,362	4,964	27.44%
매도	매도 수량 (장내 매매만 해당)	1,164,005	1,174,797	99.08%
	순매수량 (-인 경우 순매도량)	-1,162,643	-1,169,833	

ETF 노출
(편입 ETF 수 : 83개 / 시가총액 대비 ETF의 보유비중 : 12.76%)

티커	ETF	보유 지분	비중
VO	Vanguard Mid-Cap ETF	$331,407,473	0.33%
VTI	Vanguard Total Stock Market ETF	$325,912,383	0.05%
VOO	Vanguard 500 Index Fund	$231,176,364	0.06%
SPY	SPDR S&P 500 ETF Trust	$166,699,819	0.06%
IVV	iShares S&P 500 Index (ETF)	$85,832,707	0.06%

기간 수익률

1M : 11.51%	3M : 15.36%	6M : -2.01%	1Y : 35.25%	3Y : 32.26%

재무 지표

	2014	2015	2016	2017(E)
매출액 (백만$)	4,806	4,192	4,492	4,504
영업이익 (백만$)	1,245	756	761	836
순이익 (백만$)	781	402	461	603
자산총계 (백만$)	3,663	4,667	4,893	5,167
자본총계 (백만$)	2,421	2,490	2,683	
부채총계 (백만$)	1,242	2,177	2,210	

안정성 비율	2013	2014	2015	2016
유동비율 (%)	286.63	228.16	300.29	262.84
부채비율 (%)	46.60	51.33	87.43	82.37
이자보상배율 (배)			118.09	23.13

투자 지표

	2014	2015	2016	2017(E)
영업이익률 (%)	25.91	18.03	16.94	18.57
매출액 증가율 (%)	-5.30	-12.79	7.16	0.28
EPS ($)	2.81	1.46	1.66	2.14
EPS 증가율 (%)	-23.22	-48.04	13.70	29.16
주당자산가치($)	8.82	9.00	9.63	10.61
잉여현금흐름 (백만$)	766	738	362	720

	2013	2014	2015	2016
배당성향(%)	34.28	48.39	93.10	81.82
배당수익률(%)	2.17	3.95	3.90	3.31
ROE (%)	47.00	32.36	16.39	17.81
ROA (%)	31.18	21.72	9.66	9.63
재고회전율	9.86	9.15	8.29	9.51
EBITDA (백만$)	1,736.93	1,434.51	947.60	971.50

매출비중

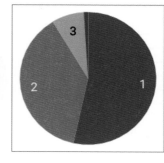

제품명	비중
1. 의류-북미	
	53.37%
2.의류-전세계	
	37.94%
3. 스튜어트 와이츠먼 브랜드	
	7.67%
4. 기타	
	1.02%

HBI
헤인즈 브랜즈
Hanesbrands Inc

섹터 자유소비재 (Consumer Discretionary)
세부섹터 의류, 액세서리, 사치품 (Apparel, Accessories & Luxury Goods)

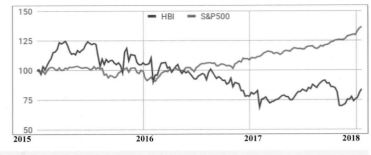

헤인즈 브랜즈(Hanesbarnds Inc)는 헤인즈(Hanes), 챔피언(Champion), 메이든폼(Maidenform), 딤(DIM), 발리(Bali), 플레이텍스(Playtex), 본즈(Bonds), 제이엠에스 / 저스트 마이 사이즈(JMS / Just My Size) 등의 의류 브랜즈들을 통해 미주, 유럽, 호주 및 아시아 / 태평양 지역의 속옷 및 운동복 등 기본 의류 제작 및 마케팅사업을 영위하고 있다. 회사는 1901년에 설립되었고 본사는 캐롤라이나주 윈스톤-살렘에 있으며 67,800명의 직원이 근무하고 있다. 회사는 이너웨어(innerwear), 액티브웨어(activewear), 다이렉트 투 컨슈머(Direct to Consumer) 및 인터내셔널(International)의 네 가지 부문으로 운영되고 있다. 이너웨어 부문은 남성용 · 여성용 · 아동용 속옷, 양말이 핵심 의류 제품들이다. 회사는 챔피언(Champion), 헤인즈(Hanes) 및 제이엠에스 / 저스트 마이 사이즈(JMS / Just My Size) 브랜드를 통해 액티브웨어(activewear) 시장에서 판매를 하고 있다. 다이렉스 투 컨슈머(Direct to Consumer) 사업에는 미국 내 소비자에게 직접 브랜드 제품을 판매하는 자사의 국내 영업점 및 웹사이트 운영이 포함되어 있다. 인터내셔널(International) 부문은 주로 이너웨어 및 액티브웨어 등의 제품을 포함하고 있다.

기준일 : 2018/ 01 /25

한글 회사명 : 헤인즈 브랜즈
영문 회사명 : Hanesbrands Inc
상장일 : 2006년 08월 16일 | 결산월 : 12월
시가총액 : 83 (억$) |
52주 최고 : $25.73 (-9.87%) / 52주 최저 : $18.9 (+22.69%)

주요 주주정보

보유자/ 보유 기관	보유율
The Vanguard Group, Inc.	9.99%
BlackRock Fund Advisors	4.58%
Massachusetts Financial Services Co.	4.55%

애널리스트 추천 및 최근 투자의견

헤인즈 브랜즈의 2018년 01월 25일 현재 17개 기관의 **평균적인 목표가는 26$**이며, 2018년 추정 주당순이익(EPS)은 2.05$로 2017년 추정 EPS 1.94$에 비해 **5.67% 증가**할 것으로 예상된다.

재무 지표

	2014	2015	2016	2017(E)
매출액 (백만$)	5,325	5,732	6,028	6,458
영업이익 (백만$)	763	858	898	932
순이익 (백만$)	405	429	537	719
자산총계 (백만$)	5,222	5,598	6,908	7,195
자본총계 (백만$)	1,387	1,276	1,224	
부채총계 (백만$)	3,835	4,322	5,684	

안정성 비율	2013	2014	2015	2016
유동비율 (%)	224.53	186.01	194.02	205.78
부채비율 (%)	232.36	276.54	338.72	464.40
이자보상배율 (배)	5.05	7.92	7.27	5.88

최근, 1개월, 3개월의 투자 의견 변화

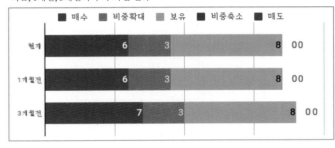

투자의견	금융사 및 투자	날짜
Maintains	Barclays: Overweight to Overweight	1/25/2018
Downgrade	Citigroup: Buy to Neutral	12/19/2017
Maintains	Buckingham: to Buy	11/2/2017
Maintains	Nomura: to Neutral	11/2/2017
Maintains	Morgan Stanley: to Equal-Weight	11/2/2017

투자 지표

	2014	2015	2016	2017(E)
영업이익률 (%)	14.33	14.97	14.90	14.43
매출액 증가율 (%)	15.06	7.64	5.18	7.13
EPS ($)	1.01	1.07	1.41	1.94
EPS 증가율 (%)	21.45	6.47	31.78	37.78
주당자산가치($)	3.46	3.26	3.23	3.45
잉여현금흐름 (백만$)	444	128	522	612

	2013	2014	2015	2016
배당성향(%)	18.46	30.23	37.74	31.43
배당수익률(%)	0.85	1.08	1.36	2.04
ROE (%)	31.22	30.91	32.21	42.96
ROA (%)	8.56	8.69	7.93	8.59
재고회전율	3.65	3.78	3.42	3.30
EBITDA (백만$)	605.22	861.16	962.38	1,001.16

내부자 거래

(3M 비중은 12개월 거래 중 최근 3개월의 비중)

구분	성격	3개월	12개월	3M 비중
매수	매수 건수 (장내 매매만 해당)	6	24	25.00%
매도	매도 건수 (장내 매매만 해당)	13	45	28.89%
매수	매수 수량 (장내 매매만 해당)	263,427	658,047	40.03%
매도	매도 수량 (장내 매매만 해당)	215,236	1,127,727	19.09%
	순매수량 (−인 경우 순매도량)	48,191	-469,680	

매출비중

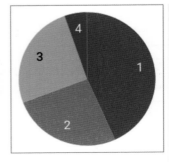

제품명	비중
1. 이너웨어	43.29%
2.액티브웨어	26.06%
3. 전세계 판매	25.41%
4. 온라인 및 기타 직판	5.23%

ETF 노출

(편입 ETF 수 : 79개 / 시가총액 대비 ETF의 보유비중 : 11.95%)

티커	ETF	보유 지분	비중
VO	Vanguard Mid-Cap ETF	$203,323,925	0.20%
VTI	Vanguard Total Stock Market ETF	$200,322,054	0.03%
VOO	Vanguard 500 Index Fund	$141,990,785	0.03%
SPY	SPDR S&P 500 ETF Trust	$105,875,767	0.04%
IVV	iShares S&P 500 Index (ETF)	$52,094,762	0.03%

기간 수익률

1M : 8.1%	3M : -8.19%	6M : -1.48%	1Y : 3.71%	3Y : -13.4%

KORS
마이클 코어스 홀딩스
Michael Kors Holdings

섹터 자유소비재 (Consumer Discretionary)
세부섹터 의류, 액세서리, 사치품 (Apparel, Accessories & Luxury Goods)

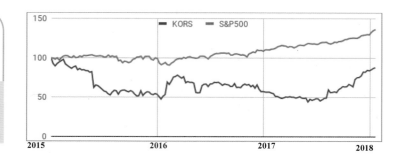

마이클 코어스 홀딩스(Michael Kors Holdings Inc)는 마이클 코어스(Michael Kors)의 상표 및 관련 상표들과 로고들을 보유하고 있는 지주회사이다. 회사는 2002년에 설립되었고 본사는 영국 런던에 있으며 12,689명의 직원이 근무하고 있다. 마이클 코어스의 제품들은 여성복, 액세서리, 남성복 등이 있으며 디자이너, 마케터, 유통 및 소매업의 역할을 담당하고 있다. 회사는 소매, 도매 및 라이센스의 세 가지 부문으로 운영되고 있다. 소매업은 미국(미국, 캐나다 및 라틴 아메리카), 유럽 및 아시아 지역에서 컬렉션 매장 및 생활용품 판매장의 운영을 기본으로 하고 있다. 도매업은 주로 미주, 유럽 및 아시아 전역의 할인매장 및 전문 매장을 담당하고 있다. 라이센스 부문은 향수, 미용, 안경, 가죽 제품, 보석, 시계, 외투, 남성복, 수영복, 모피 및 넥타이와 같은 제품에 자사의 상표를 지역별로 라이센싱하는 업무를 포함하고 있다.

기준일 : 2018/ 01 /25
한글 회사명 : 마이클 코어스 홀딩스
영문 회사명 : Michael Kors Holdings
상장일 : 2011년 12월 15일 | 결산월 : 3월
시가총액 : 102 (억$) |
52주 최고 : $68.31 (-1.61%) / 52주 최저 : $32.38 (+107.56%)

주요 주주정보

보유자/보유 기관	보유율
The Vanguard Group, Inc.	9.45%
Flossbach von Storch AG	7.73%
BlackRock Fund Advisors	4.93%

애널리스트 추천 및 최근 투자의견

마이클 코어스 홀딩스의 2018년 01월 25일 현재 28개 기관의 **평균적인 목표가는 62.5$**이며, 2018년 추정 주당순이익(EPS)은 4.11$로 2017년 추정 EPS 3.98$에 비해 **3.26% 증가**할 것으로 예상된다.

최근, 1개월, 3개월의 투자 의견 변화

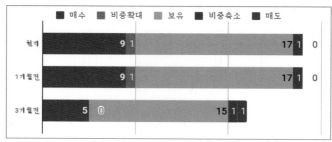

투자의견	금융사 및 투자	날짜
Maintains	Barclays: Overweight to Overweight	1/25/2018
Downgrade	Citigroup: Buy to Neutral	12/19/2017
Maintains	Buckingham: to Buy	11/2/2017
Maintains	Nomura: to Neutral	11/2/2017
Maintains	Morgan Stanley: to Equal-Weight	11/2/2017

내부자 거래

(3M 비중은 12개월 거래 중 최근 3개월의 비중)

구분		성격	3개월	12개월	3M 비중
매수	매수 건수 (장내 매매만 해당)		0	0	-
매도	매도 건수 (장내 매매만 해당)		5	38	13.16%
매수	매수 수량 (장내 매매만 해당)		0	0	-
매도	매도 수량 (장내 매매만 해당)		407,090	516,461	78.82%
	순매수량 (−인 경우 순매도량)		-407,090	-516,461	

ETF 노출
(편입 ETF 수 : 74개 / 시가총액 대비 ETF의 보유비중 : 12.32%)

티커	ETF	보유 지분	비중
VO	Vanguard Mid-Cap ETF	$238,499,469	0.24%
VTI	Vanguard Total Stock Market ETF	$234,951,520	0.03%
VOO	Vanguard 500 Index Fund	$175,281,451	0.04%
SPY	SPDR S&P 500 ETF Trust	$127,387,577	0.04%
VOE	Vanguard Mid-Cap Value ETF	$80,735,182	0.45%

기간 수익률

1M : 6.82%	3M : 46.61%	6M : 87.2%	1Y : 55.11%	3Y : -1.71%

재무 지표

	2014	2015	2016	2017(E)
매출액 (백만$)	4,371	4,712	4,494	4,609
영업이익 (백만$)	1,256	1,175	889	753
순이익 (백만$)	881	839	553	618
자산총계 (백만$)	2,692	2,567	2,410	3,386
자본총계 (백만$)	2,241	2,000	1,595	
부채총계 (백만$)	451	567	815	

안정성 비율	2013	2014	2015	2016
유동비율 (%)	576.31	611.19	383.42	205.85
부채비율 (%)	22.75	20.12	28.37	51.07
이자보상배율 (배)	2,570.08	5,840.63	691.24	216.76

투자 지표

	2014	2015	2016	2017(E)
영업이익률 (%)	28.73	24.94	19.78	16.33
매출액 증가율 (%)	32.04	7.79	-4.64	2.56
EPS ($)	4.35	4.50	3.33	3.98
EPS 증가율 (%)	33.03	3.45	-26.00	19.51
주당자산가치($)	11.22	11.31	10.22	13.47
잉여현금흐름 (백만$)	502	859	863	677

	2013	2014	2015	2016
배당성향(%)				
배당수익률(%)	0.00	0.00	0.00	0.00
ROE (%)	46.37	43.54	39.61	30.80
ROA (%)	37.73	35.90	31.86	22.17
재고회전율	9.54	9.23	8.83	8.20
EBITDA (백만$)	1,089.70	1,394.16	1,358.30	1,108.50

매출비중

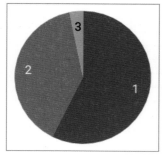

제품명	비중
1. 의류 소매	
	57.24%
2.의류 도매	
	39.52%
3. 라이센스 판매	
	3.24%

NKE
나이키
Nike

섹터 자유소비재 (Consumer Discretionary)
세부섹터 의류, 액세서리, 사치품 (Apparel, Accessories & Luxury Goods)

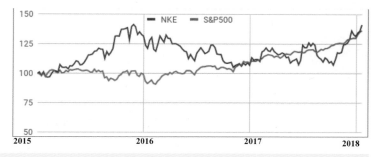

나이키(NIKE, Inc)는 운동화, 운동복, 운동 장비, 액세서리 등을 디자인, 개발, 마케팅 및 판매를 영위하는 업체이다. 회사는 1964년에 설립되었고 본사는 오레곤주 비벌튼에 있으며 70,700명의 직원이 근무하고 있다. 영업 부문은 북미, 서유럽, 중부 및 동부 유럽, 중화권, 일본 및 신흥 시장 등 지역별로 나누어진다. 나이키는 나이키, 조던, 헐리(Hurley) 및 컨버스(Converse)의 상표를 보유하고 있다. 나이키의 제품군은 9가지로 나누어지는데 러닝(Running), 나이키 농구(NIKE Basketball), 조던 브랜드(Jordan Brand), 축구(Football - Soccer), 남성용 트레이닝(Men 's Training), 여성용 트레이닝(Women 's Training), 액션 스포츠(Action Sports), 스포츠웨어(Sportswear), 골프(Golf) 등이 있다. 남성 트레이닝에는 야구 및 미식축구 제품이 포함되며 크리켓, 라크로스, 테니스, 배구, 레슬링, 걷기 및 실외 활동과 같은 기타 운동 및 레크리에이션 용도뿐만 아니라 어린이를 위해 디자인된 제품도 판매하고 있다.

기준일 : 2018/ 01 /25
한글 회사명 : 나이키
영문 회사명 : Nike
상장일 : 1980년 12월 02일 | 결산월 : 5월
시가총액 : 879 (억$) |
52주 최고 : $67.82 (-0.17%) / 52주 최저 : $50.35 (+34.45%)

주요 주주정보

보유자/ 보유 기관	보유율
The Vanguard Group, Inc.	7.47%
SSgA Funds Management, Inc.	4.42%
BlackRock Fund Advisors	4.28%

애널리스트 추천 및 최근 투자의견

나이키의 2018년 01월 25일 현재 36개 기관의 **평균적인 목표가는 66.5$**이며, 2018년 추정 주당순이익(EPS)은 2.67$로 2017년 추정 EPS 2.29$에 비해 **16.59% 증가할 것으로 예상**된다.

최근, 1개월, 3개월의 투자 의견 변화

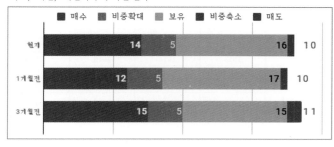

투자의견	금융사 및 투자	날짜
Upgrade	Wedbush: Neutral to Outperform	1/19/2018
Initiated	Buckingham: to Buy	1/5/2018
Upgrade	Argus: Hold to Buy	12/14/2017
Downgrade	HSBC: Buy to Hold	11/28/2017
Downgrade	Goldman Sachs: Buy to Neutral	10/19/2017

내부자 거래

(3M 비중은 12개월 거래 중 최근 3개월의 비중)

구분	성격	3개월	12개월	3M 비중
매수	매수 건수 (장내 매매만 해당)	2	20	10.00%
매도	매도 건수 (장내 매매만 해당)	15	60	25.00%
매수	매수 수량 (장내 매매만 해당)	4,338	602,927	0.72%
매도	매도 수량 (장내 매매만 해당)	3,739,879	5,719,322	65.39%
	순매수량 (-인 경우 순매도량)	-3,735,541	-5,116,395	

ETF 노출   (편입 ETF 수 : 101개 / 시가총액 대비 ETF의 보유비중 : 10.04%)

티커	ETF	보유 지분	비중
VTI	Vanguard Total Stock Market ETF	$2,145,546,621	0.31%
VOO	Vanguard 500 Index Fund	$1,534,505,550	0.37%
SPY	SPDR S&P 500 ETF Trust	$1,122,246,852	0.37%
VIG	Vanguard Dividend Appreciation ETF	$785,899,578	2.19%
VUG	Vanguard Growth ETF	$599,342,559	0.77%

기간 수익률

1M : 3.73%	3M : 24.76%	6M : 12.11%	1Y : 26.33%	3Y : 44.53%

재무 지표

	2014	2015	2016	2017(E)
매출액 (백만$)	30,696	32,464	34,254	35,815
영업이익 (백만$)	4,050	4,004	4,314	4,537
순이익 (백만$)	3,273	3,760	4,240	3,774
자산총계 (백만$)	21,951	21,379	23,259	24,001
자본총계 (백만$)	12,707	12,258	12,407	
부채총계 (백만$)	9,244	9,121	10,852	

안정성 비율	2013	2014	2015	2016
유동비율 (%)	272.45	252.23	280.42	293.41
부채비율 (%)	74.86	72.75	74.41	87.47
이자보상배율 (배)	85.53	103.85	121.33	52.61

투자 지표

	2014	2015	2016	2017(E)
영업이익률 (%)	13.19	12.33	12.59	12.67
매출액 증가율 (%)	10.48	5.76	5.51	4.56
EPS ($)	1.90	2.21	2.56	2.29
EPS 증가율 (%)	24.59	16.32	15.84	-10.49
주당자산가치($)	7.41	7.29	7.55	7.11
잉여현금흐름 (백만$)	3,717	1,953	2,535	3,231

	2013	2014	2015	2016
배당성향(%)	31.31	29.19	28.70	27.89
배당수익률(%)	1.21	1.06	1.12	1.32
ROE (%)	24.59	27.82	30.12	34.38
ROA (%)	14.63	16.01	17.36	19.00
재고회전율	7.48	7.41	7.08	6.92
EBITDA (백만$)	4,196.00	4,656.00	4,653.00	5,020.00

매출비중

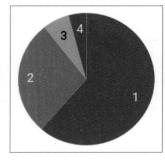

제품명	비중
1. 신발류	61.37%
2.의류	28.1%
3. Converse 브랜드	6.38%
4. 기타 액세서리 및 용품	4.15%

PVH
피브이에이치
PVH Corp.

섹터 자유소비재 (Consumer Discretionary)
세부섹터 의류, 액세서리, 사치품(Apparel, Accessories & Luxury Goods)

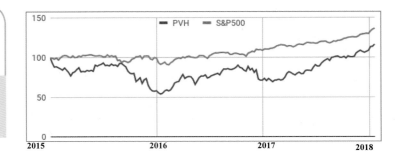

피브이에이치(PVH Corp)는 드레스 셔츠, 스포츠웨어, 청바지, 속옷, 수영복 및 핸드백, 신발류 및 기타 관련 제품을 디자인하고 판매하는 의류 사업을 영위하는 업체이다. 회사는 1881년에 설립되었고 본사는 뉴욕주 뉴욕에 있으며 18,800명의 직원이 근무하고 있다. 캘빈 클라인(Calvin Klein) : 캘빈 클라인(Calvin Klein), 토미 힐피거(Tommy Hilfiger), 헤리티지 브랜드(Heritage Brands)로 운영되고 있다. 회사는 캘빈 클라인(Calvin Klein), 토미 힐피거(Tommy Hilfiger), 반 휴센(Van Heusen), 아이조드(IZOD), 애로우(ARROW), 워너스(Warner's), 올가와 이글(Olga and Eagle) 등의 브랜드를 소유하고 있으며, 스피도(Speedo), 지오프리 빈(Geoffrey Beene), 케네스 콜 뉴욕(Kenneth Cole New York), 케네스 콜 리액션(Kenneth Cole Reaction), 션존(Sean John), 마이클 마이클 코어스(MICHAEL Michael Kors), 마이클 코어스 컬렉션(Michael Kors Collection), 챔스(Champs) 등의 라이센스를 받는 제품들을 보유하고 있다.

기준일 : 2018/ 01 /25

한글 회사명 : 피브이에이치
영문 회사명 : PVH Corp.
상장일 : 1972년 01월 21일 | 결산월 : 1월
시가총액 : 117 (억$) |
52주 최고 : $153.74 (-0.63%) / 52주 최저 : $84.53 (+80.72%)

주요 주주정보

보유자/ 보유 기관	보유율
The Vanguard Group, Inc.	9.86%
Fidelity Management & Research Co.	6.05%
BlackRock Fund Advisors	4.69%

애널리스트 추천 및 최근 투자의견

피브이에이치의 2018년 01월 25일 현재 18개 기관의 **평균적인 목표가는 155.94$**이며, 2018년 추정 주당순이익(EPS)은 8.85$로 2017년 추정 EPS 7.82$에 비해 **13.17% 증가할 것으로 예상**된다.

최근, 1개월, 3개월의 투자 의견 변화

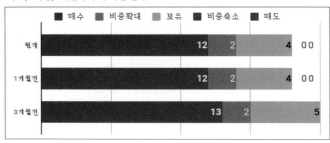

투자의견	금융사 및 투자	날짜
Maintains	Barclays: Overweight to Overweight	1/25/2018
Initiated	Deutsche Bank: to Hold	10/24/2017
Initiated	Barclays: to Overweight	9/20/2017
Initiated	Bernstein: to Market Perform	9/12/2017
Maintains	Credit Suisse: to Outperform	8/25/2017

내부자 거래

구분	성격	3개월	12개월	3M 비중
	(3M 비중은 12개월 거래 중 최근 3개월의 비중)			
매수	매수 건수 (장내 매매만 해당)	0	21	0.00%
매도	매도 건수 (장내 매매만 해당)	10	69	14.49%
매수	매수 수량 (장내 매매만 해당)	0	78,674	0.00%
매도	매도 수량 (장내 매매만 해당)	214,593	569,496	37.68%
	순매수량 (−인 경우 순매도량)	-214,593	-490,822	

ETF 노출   (편입 ETF 수 : 77개 / 시가총액 대비 ETF의 보유비중 : 12.52%)

티커	ETF	보유 지분	비중
VO	Vanguard Mid-Cap ETF	$287,024,934	0.29%
VTI	Vanguard Total Stock Market ETF	$282,630,907	0.04%
VOO	Vanguard 500 Index Fund	$200,612,849	0.05%
SPY	SPDR S&P 500 ETF Trust	$151,539,994	0.05%
VOE	Vanguard Mid-Cap Value ETF	$97,269,086	0.54%

기간 수익률

1M : 9.72%	3M : 14.8%	6M : 25.72%	1Y : 58.44%	3Y : 31.99%

재무 지표

	2014	2015	2016	2017(E)
매출액 (백만$)	8,241	8,020	8,203	8,756
영업이익 (백만$)	736	761	741	854
순이익 (백만$)	439	572	549	614
자산총계 (백만$)	10,932	10,674	11,068	11,573
자본총계 (백만$)	4,364	4,552	4,807	
부채총계 (백만$)	6,568	6,122	6,261	

안정성 비율	2013	2014	2015	2016
유동비율 (%)	193.16	203.08	183.64	184.02
부채비율 (%)	166.67	150.48	134.47	130.27
이자보상배율 (배)	4.07	5.37	6.71	6.81

투자 지표

	2014	2015	2016	2017(E)
영업이익률 (%)	8.93	9.49	9.03	9.76
매출액 증가율 (%)	0.67	-2.68	2.28	6.74
EPS ($)	5.33	6.95	6.85	7.82
EPS 증가율 (%)	201.13	30.39	-1.51	14.16
주당자산가치($)	52.89	55.86	61.16	66.91
잉여현금흐름 (백만$)	533	636	708	437

	2013	2014	2015	2016
배당성향(%)	8.62	2.85	2.18	2.21
배당수익률(%)	0.12	0.14	0.20	0.16
ROE (%)	3.78	10.09	12.84	11.74
ROA (%)	1.48	3.90	5.30	5.05
재고회전율	7.58	6.49	6.22	6.21
EBITDA (백만$)	1,070.84	980.60	1,018.10	1,063.20

매출비중

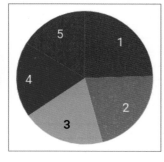

제품명	비중
1. 토미 힐피거 브랜드-전세계	23.74%
2.캘빈 클라인 브랜드-북미	20.6%
3. 토미 힐피거 브랜드-북미	19.06%
4. 캘빈 클라인-전세계	17.62%
5. 헤리티지 브랜드 도매	15.8%

RL
랄프 로렌
Ralph Lauren Corp.

섹터 자유소비재 (Consumer Discretionary)
세부섹터 의류, 액세서리, 사치품(Apparel, Accessories & Luxury Goods)

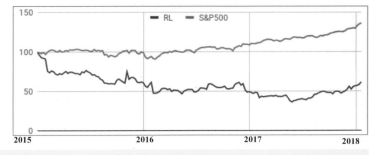

랄프 로렌(Ralph Lauren Corp)은 의류, 액세서리, 가정용 가구 및 기타 라이센스 제품을 포함한 라이프 스타일 제품의 디자인, 마케팅 및 유통, 판매 사업을 영위하는 업체이다. 회사는 1967년에 설립되었고 본사는 뉴욕주 뉴욕에 있으며 26,000명의 직원이 근무하고 있다. 회사는 도매, 소매 및 라이센스의 3가지 부문으로 운영되며 도매 사업은 전 세계 백화점 및 전문점 판매로 구성되어 있다. 소매업은 소매점을 통해 소비자에게 직접 판매하는 것으로 회사 직영점, 상점 내 상점 및 전 세계 전자 상거래 운영이 포함되어 있다. 라이센싱 사업은 소매점 운영 및 특정 의류와 같은 지정된 제품의 제조 및 판매와 관련된 다양한 상표 사용권을 부여하는 로열티 기반 계약으로 구성되어 있다.

기준일 : 2018/ 01 /25
한글 회사명 : 랄프 로렌
영문 회사명 : Ralph Lauren Corp.
상장일 : 1997년 06월 12일 | 결산월 : 3월
시가총액 : 65 (억$) |
52주 최고 : $119.33 (-0.49%) / 52주 최저 : $66.06 (+79.74%)

주요 주주정보

보유자/ 보유 기관	보유율
The Vanguard Group, Inc.	11.27%
Newton Investment Management Ltd.	9.58%
BlackRock Fund Advisors	5.95%

애널리스트 추천 및 최근 투자의견

랄프 로렌의 2018년 01월 25일 현재 20개 기관의 **평균적인 목표가는 99.43$**이며, 2018년 추정 주당순이익(EPS)은 5.82$로 2017년 추정 EPS 5.64$에 비해 **3.19% 증가**할 것으로 예상된다.

최근, 1개월, 3개월의 투자 의견 변화

투자의견	금융사 및 투자	날짜
Maintains	Barclays: Underweight to Underweight	1/25/2018
Downgrade	Bank of America: Neutral to Underperform	12/13/2017
Maintains	Barclays: to Underweight	11/6/2017
Maintains	Morgan Stanley: to Equal-Weight	11/3/2017
Maintains	Citigroup: to Buy	11/3/2017

내부자 거래

구분	성격	3개월	12개월	3M 비중
	(3M 비중은 12개월 거래 중 최근 3개월의 비중)			
매수	매수 건수 (장내 매매만 해당)	1	16	6.25%
매도	매도 건수 (장내 매매만 해당)	0	10	0.00%
매수	매수 수량 (장내 매매만 해당)	2,106	123,290	1.71%
매도	매도 수량 (장내 매매만 해당)	0	66,215	0.00%
	순매수량 (−인 경우 순매도량)	2,106	57,075	

ETF 노출
(편입 ETF 수 : 72개 / 시가총액 대비 ETF의 보유비중 : 12.82%)

티커	ETF	보유 지분	비중
VO	Vanguard Mid-Cap ETF	$157,948,037	0.16%
VTI	Vanguard Total Stock Market ETF	$155,511,840	0.02%
VOO	Vanguard 500 Index Fund	$110,411,257	0.03%
SPY	SPDR S&P 500 ETF Trust	$82,560,469	0.03%
VOE	Vanguard Mid-Cap Value ETF	$53,599,003	0.30%

기간 수익률

1M : 17.34%	3M : 24.11%	6M : 50.61%	1Y : 26.86%	3Y : -33.67%

재무 지표

	2014	2015	2016	2017(E)
매출액 (백만$)	7,620	7,405	6,653	6,132
영업이익 (백만$)	1,049	750	675	636
순이익 (백만$)	702	396	-99	466
자산총계 (백만$)	6,106	6,213	5,652	5,813
자본총계 (백만$)	3,891	3,744	3,300	
부채총계 (백만$)	2,215	2,469	2,352	

안정성 비율	2013	2014	2015	2016
유동비율 (%)	342.27	279.68	254.26	254.37
부채비율 (%)	50.97	56.93	65.95	71.29
이자보상배율 (배)	56.30	61.71	35.71	54.44

투자 지표

	2014	2015	2016	2017(E)
영업이익률 (%)	13.77	10.13	10.15	10.37
매출액 증가율 (%)	2.28	-2.82	-10.16	-7.83
EPS ($)	7.96	4.65	-1.20	5.64
EPS 증가율 (%)	-6.90	-41.25	-125.81	570.01000
주당자산가치($)	45.09	45.16	40.74	54.24
잉여현금흐름 (백만$)	503	589	668	499

	2013	2014	2015	2016
배당성향(%)	20.17	23.48	43.38	
배당수익률(%)	1.06	1.41	2.08	2.45
ROE (%)	19.85	17.72	10.37	-2.82
ROA (%)	13.49	11.51	6.43	-1.67
재고회전율	7.78	7.39	6.83	6.94
EBITDA (백만$)	1,384.00	1,343.00	1,060.00	982.50

매출비중

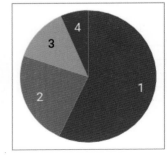

제품명	비중
1. 의류-북미	
	57.04%
2.의류-유럽	
	23.2%
3. 의류-아시아	
	13.27%
4. 기타	
	6.49%

TIF
티파니 앤 코
Tiffany & Co.

섹터 자유소비재 (Consumer Discretionary)
세부섹터 의류, 액세서리, 사치품 (Apparel, Accessories & Luxury Goods)

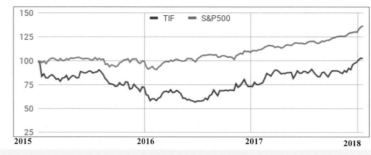

티파니 앤 코(Tiffany & Co)는 보석류의 소매사업을 영위하는 자회사를 보유한 지주회사이다. 회사는 1837년에 설립되었고 본사는 뉴욕주 뉴욕에 있으며 11,900명의 직원이 근무하고 있다. 자회사인 티파니 앤 컴퍼니(Tiffany and Company, Tiffany)는 보석상이자 전문 소매 사업을 영위하는 업체이다. 회사 사업 부문은 미주, 아시아 태평양, 일본, 유럽 및 기타로 구성되어 있다. 자회사를 통해 제품을 설계 및 제조하고 전 세계에서 티파니 앤 코(TIFFANY & CO.) 소매점을 운영하며 인터넷, 카탈로그, 비투비(Business-to-business, B2B) 및 도매를 통해 제품을 판매하고 있다. 시계, 가죽 제품, 스털링 실버웨어, 크리스털, 문구, 향수 및 액세서리를 판매하고 있다. 미주 지역은 미국, 캐나다 및 라틴 아메리카에 있는 회사가 운영하는 티파니 앤 코(TIFFANY & CO) 매장에서의 판매를 포함하고 있다. 아시아 태평양 지역에는 회사가 운영하는 티파니 앤 코(TIFFANY & CO) 매장이 85곳이 있으며, 일본 사업 부문에는 회사가 운영하는 매장 55곳을 보유하고 있다.

기준일 : 2018/ 01 /25

한글 회사명 : 티파니 앤 코
영문 회사명 : Tiffany & Co.
상장일 : 1987년 05월 05일 | 결산월 : 1월
시가총액 : 136 (억$) |
52주 최고 : $111.44 (-1.48%) / 52주 최저 : $77.15 (+42.3%)

주요 주주정보

보유자/ 보유 기관	보유율
The Vanguard Group, Inc.	9.65%
Qatar Investment Authority	9.51%
BlackRock Fund Advisors	4%

애널리스트 추천 및 최근 투자의견

티파니 앤 코의 2018년 01월 25일 **현재 29개 기관의 평균적인 목표가는 110.27$**이며, 2018년 추정 주당순이익(EPS)은 4.39$로 2017년 추정 EPS 4.09$에 비해 **7.33% 증가**할 것으로 예상된다.

최근, 1개월, 3개월의 투자 의견 변화

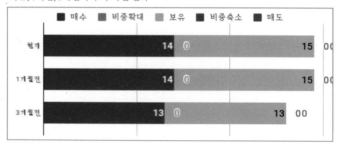

투자의견	금융사 및 투자	날짜
Initiated	JP Morgan: to Neutral	12/18/2017
Upgrade	Citigroup: Neutral to Buy	12/14/2017
Upgrade	KeyBanc: Sector Weight to Overweight	12/1/2017
Downgrade	SBG Securities: Buy to Hold	11/30/2017
Initiated	Susquehanna: to Neutral	11/2/2017

내부자 거래

(3M 비중은 12개월 거래 중 최근 3개월의 비중)

구분	성격	3개월	12개월	3M 비중
매수	매수 건수 (장내 매매만 해당)	1	22	4.55%
매도	매도 건수 (장내 매매만 해당)	22	47	46.81%
매수	매수 수량 (장내 매매만 해당)	2,000	199,678	1.00%
매도	매도 수량 (장내 매매만 해당)	162,422	4,721,979	3.44%
	순매수량 (-인 경우 순매도량)	-160,422	-4,522,301	

ETF 노출

(편입 ETF 수 : 87개 / 시가총액 대비 ETF의 보유비중 : 12.32%)

티커	ETF	보유 지분	비중
VO	Vanguard Mid-Cap ETF	$315,771,011	0.32%
VTI	Vanguard Total Stock Market ETF	$310,709,459	0.05%
VOO	Vanguard 500 Index Fund	$190,277,609	0.05%
SPY	SPDR S&P 500 ETF Trust	$138,508,760	0.05%
VIG	Vanguard Dividend Appreciation ETF	$117,723,060	0.33%

기간 수익률

1M : 6.34%	3M : 19.33%	6M : 15%	1Y : 35.69%	3Y : 21.91%

재무 지표

	2014	2015	2016	2017(E)
매출액 (백만$)	4,250	4,105	4,002	4,150
영업이익 (백만$)	877	794	744	799
순이익 (백만$)	484	464	446	511
자산총계 (백만$)	5,181	5,122	5,098	5,369
자본총계 (백만$)	2,851	2,930	3,028	
부채총계 (백만$)	2,330	2,192	2,069	

안정성 비율	2013	2014	2015	2016
유동비율 (%)	463.36	548.82	480.67	564.73
부채비율 (%)	73.83	81.73	74.83	68.33
이자보상배율 (배)	12.74	14.28	16.71	16.71

투자 지표

	2014	2015	2016	2017(E)
영업이익률 (%)	20.64	19.34	18.59	19.25
매출액 증가율 (%)	5.43	-3.41	-2.51	3.71
EPS ($)	3.75	3.61	3.57	4.09
EPS 증가율 (%)	164.09	-3.73	-1.11	14.51
주당자산가치($)	21.92	22.96	24.20	26.29
잉여현금흐름 (백만$)	368	561	479	450

	2013	2014	2015	2016
배당성향(%)	95.04	39.68	44.01	49.30
배당수익률(%)	1.61	1.71	2.47	2.22
ROE (%)	6.82	17.43	16.15	15.06
ROA (%)	3.87	9.75	9.01	8.73
재고회전율	1.77	1.81	1.79	1.83
EBITDA (백만$)	959.06	1,071.04	996.10	952.30

매출비중

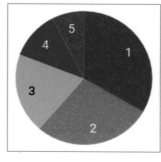

제품명	비중
1. 패션 및 쥬얼리	33.21%
2.약혼 보석 및 결혼 반지	28.04%
3. 고급 쥬얼리	19.47%
4. 맞춤 쥬얼리	11.62%
5. 기타	7.67%

UAA
언더아머
Under Armour

섹터 자유소비재 (Consumer Discretionary)
세부섹터 의류, 액세서리, 사치품 (Apparel, Accessories & Luxury Goods)

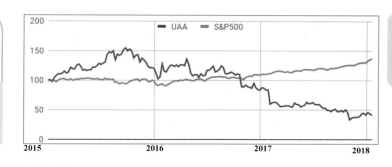

언더아머(Under Armour, Inc)는 남성, 여성 및 청소년을 위한 퍼포먼스 의류, 신발 및 액세서리의 개발, 마케팅, 유통 및 판매 사업을 영위하는 업체이다. 회사는 1996년에 설립되었고 본사는 메릴랜드 볼티모어에 있으며 11,000명의 직원이 근무하고 있다. 사업 부문에는 미국과 캐나다로 구성된 북미, 유럽, 중동 및 아프리카(EMEA), 아시아 태평양, 라틴 아메리카 및 연결 피트니스로 나누어져 있다. 회사의 제품은 전 세계에 판매되고 있으며 청소년부터 전문가, 전 세계 경기장, 활동적인 라이프 스타일을 가진 소비자 등 모든 운동선수들이 이용하고 있다. 회사는 도매 및 다이렉트 투 컨슈머(Direct to consumer) 채널을 통해 북미 지역에서 브랜드 의류, 신발 및 액세서리를 판매하고 있다. 북미 지역에 약 151개의 매장을 운영하고 있으며 캐나다, 뉴저지 및 플로리다에 소재한 주요 유통망을 통해 북미 지역에 제품을 공급하고 있다.

기준일 : 2018/ 01 /25
한글 회사명 : 언더아머
영문 회사명 : Under Armour
상장일 : 2005년 11월 18일 | 결산월 : 12월
시가총액 : 27 (억$) | 52주 최고 : $29.64 (-49.89%) / 52주 최저 : $11.4 (+30.26%)

주요 주주정보

보유자/ 보유 기관	보유율
Baillie Gifford & Co.	12.12%
The Vanguard Group, Inc.	10.01%
Baillie Gifford & Co.	4.49%

애널리스트 추천 및 최근 투자의견

언더아머의 2018년 01월 25일 현재 35개 기관의 **평균적인 목표가는 13.31$**이며, 2018년 추정 주당순이익(EPS)은 0.22$로 2017년 추정 EPS 0.19$에 비해 **15.78% 증가할 것으로 예상**된다.

최근, 1개월, 3개월의 투자 의견 변화

투자의견	금융사 및 투자	날짜
Downgrade	Macquarie: Neutral to Underperform	1/16/2018
Downgrade	Susquehanna: Neutral to Negative	1/9/2018
Initiated	Buckingham: to Neutral	1/5/2018
Upgrade	Stifel Nicolaus: Hold to Buy	12/15/2017
Upgrade	Susquehanna: Negative to Neutral	11/7/2017

내부자 거래

(3M 비중은 12개월 거래 중 최근 3개월의 비중)

구분	성격	3개월	12개월	3M 비중
매수	매수 건수 (장내 매매만 해당)	0	0	-
매도	매도 건수 (장내 매매만 해당)	11	20	55.00%
매수	매수 수량 (장내 매매만 해당)	0	0	-
매도	매도 수량 (장내 매매만 해당)	45,087	76,163	59.20%
	순매수량 (−인 경우 순매도량)	-45,087	-76,163	

ETF 노출 (편입 ETF 수 : 51개 / 시가총액 대비 ETF의 보유비중 : 4.21%)

티커	ETF	보유 지분	비중
SPY	SPDR S&P 500 ETF Trust	$32,861,368	0.01%
IVV	iShares S&P 500 Index (ETF)	$17,921,095	0.01%
RSP	Guggenheim S&P 500 Equal Weight ETF	$16,839,235	0.11%
XLY	Consumer Discretionary SPDR (ETF)	$11,912,591	0.09%
IWR	iShares Russell Midcap Index Fund (ETF)	$6,420,691	0.04%

기간 수익률

1M : -6.32%	3M : -20.12%	6M : -31.15%	1Y : -51.03%	3Y : -57.8%

재무 지표

	2014	2015	2016	2017(E)
매출액 (백만$)	3,084	3,963	4,825	4,923
영업이익 (백만$)	355	411	434	152
순이익 (백만$)	208	233	198	85
자산총계 (백만$)	2,095	2,866	3,644	3,845
자본총계 (백만$)	1,350	1,668	2,031	
부채총계 (백만$)	745	1,198	1,613	

안정성 비율	2013	2014	2015	2016
유동비율 (%)	264.59	367.48	313.02	286.28
부채비율 (%)	49.78	55.16	71.80	79.44
이자보상배율 (배)	90.51	92.80	34.02	17.58

투자 지표

	2014	2015	2016	2017(E)
영업이익률 (%)	11.51	10.37	8.99	3.09
매출액 증가율 (%)	32.26	28.50	21.75	2.03
EPS ($)	0.98	0.54	0.45	0.19
EPS 증가율 (%)	27.27	-44.94	-15.92	-57.13
주당자산가치($)	6.31	3.86	4.63	4.75
잉여현금흐름 (백만$)	79	-343	-82	-81

	2013	2014	2015	2016
배당성향(%)				
배당수익률(%)	0.00	0.00	0.00	0.00
ROE (%)	17.34	17.31	15.41	10.70
ROA (%)	11.86	11.33	9.38	6.08
재고회전율	5.92	6.13	6.01	5.68
EBITDA (백만$)	318.15	427.25	512.29	578.94

매출비중

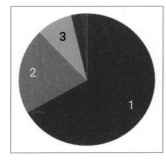

제품명	비중
1. 의복	66.92%
2.신발류	20.95%
3. 액세서리 및 용품	8.43%
4. 라이센스 수익	2.07%
5. 휘트니스	1.67%

VFC
브이 에프 코퍼레이션
V.F. Corp.

섹터 자유소비재 (Consumer Discretionary)
세부섹터 의류, 액세서리, 사치품 (Apparel, Accessories & Luxury Goods)

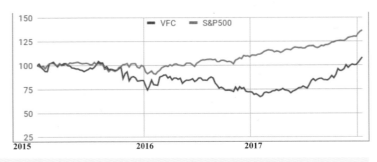

브이 에프 코퍼레이션(V.F Corporation)은 라이프 스타일 의류, 신발 및 관련 제품의 디자인, 생산, 조달, 마케팅, 유통 및 판매 사업을 영위하는 업체이다. 회사는 1899년에 설립되었고 본사는 캐롤라이나주 그린스보로에 있으며 58,000명의 직원이 근무하고 있다. 사업 부문에는 아웃도어 및 액션 스포츠(Outdoor & Action Sports Coalition), 진즈웨어(Jeanswear), 이미지웨어(Imagewear) 및 스포츠웨어(Soprtswear)로 나누어진다. 아웃도어 & 액션 스포츠 콜리션(Outdoor & Action Sports Coalition)은 야외와 액션 스포츠 브랜드들로 의복, 신발, 장비, 책가방, 수화물 및 부속품을 포함하고 있다. 이미지웨어(Imagewear) 부문은 이미지 비즈니스로 구성되어 있다. 랭글러(Wrangler) 브랜드는 미국의 대형 업체, 전문점 및 백화점, 브이 에프(VF) 운영점 및 온라인 랭글러 닷컴(wrangler.com)을 통해 데님, 의류, 액세서리 및 신발 제품 등을 판매하고 있다. 스포츠웨어 부문은 북미 지역의 노티카(Nautica) 및 키플링(Kipling) 브랜드 사업부로 구성되어 있다. 북미 이외 지역의 키플링 브랜드는 아웃도어 앤 액션스포츠(Outdoor & Action Sports) 연합에 의해 관리되고 있다.

기준일 : 2018/ 01 /25
한글 회사명 : 브이 에프 코퍼레이션
영문 회사명 : V.F. Corp.
상장일 : 1972년 01월 21일 | 결산월 : 12월
시가총액 : 320 (억$) |
52주 최고 : $82.1 (-0.19%) / 52주 최저 : $48.05 (+70.53%)

주요 주주정보

보유자/ 보유 기관	보유율
Wellington Management Co. LLP	5.95%
The Vanguard Group, Inc.	5.46%
SSgA Funds Management, Inc.	4.9%

애널리스트 추천 및 최근 투자의견

브이 에프 코퍼레이션의 2018년 01월 25일 현재 22개 기관의 **평균적인 목표가는 76.68$**이며, 2018년 추정 주당순이익(EPS)은 3.5$로 2017년 추정 EPS 3.03$에 비해 **15.51% 증가**할 것으로 예상된다.

최근, 1개월, 3개월의 투자 의견 변화

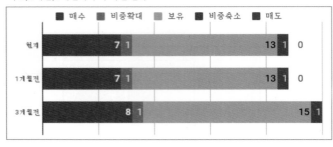

투자의견	금융사 및 투자	날짜
Maintains	Citigroup: to Neutral	10/25/2017
Maintains	Buckingham: to Neutral	10/24/2017
Maintains	Morgan Stanley: to Equal-Weight	10/24/2017
Initiated	Pivotal Research: to Buy	10/5/2017
Downgrade	KeyBanc: Overweight to Sector Weight	9/25/2017

내부자 거래

(3M 비중은 12개월 거래 중 최근 3개월의 비중)

구분	성격	3개월	12개월	3M 비중
매수	매수 건수 (장내 매매만 해당)	23	23	100.00%
매도	매도 건수 (장내 매매만 해당)	1	15	6.67%
매수	매수 수량 (장내 매매만 해당)	70,941	70,941	100.00%
매도	매도 수량 (장내 매매만 해당)	25,540	736,872	3.47%
	순매수량 (−인 경우 순매도량)	45,401	-665,931	

ETF 노출
(편입 ETF 수 : 97개 / 시가총액 대비 ETF의 보유비중 : 8.54%)

티커	ETF	보유 지분	비중
VTI	Vanguard Total Stock Market ETF	$617,289,055	0.09%
VOO	Vanguard 500 Index Fund	$454,293,384	0.11%
SPY	SPDR S&P 500 ETF Trust	$332,134,336	0.11%
SDY	SPDR S&P Dividend (ETF)	$200,357,785	1.20%
IVV	iShares S&P 500 Index (ETF)	$167,781,326	0.11%

기간 수익률

1M : 7.23%	3M : 27.8%	6M : 36.04%	1Y : 53.88%	3Y : 9.94%

재무 지표

	2014	2015	2016	2017(E)
매출액 (백만$)	12,391	12,693	12,085	12,100
영업이익 (백만$)	1,952	2,322	1,621	1,617
순이익 (백만$)	1,048	1,315	1,173	1,221
자산총계 (백만$)	9,845	9,640	9,739	9,563
자본총계 (백만$)	5,631	5,385	4,941	
부채총계 (백만$)	4,214	4,255	4,798	

안정성 비율	2013	2014	2015	2016
유동비율 (%)	247.64	249.78	214.41	240.46
부채비율 (%)	69.75	74.85	79.01	97.12
이자보상배율 (배)	19.59	23.62	27.48	17.96

투자 지표

	2014	2015	2016	2017(E)
영업이익률 (%)	15.75	18.29	13.41	13.36
매출액 증가율 (%)	9.07	2.44	-4.79	0.13
EPS ($)	2.42	2.90	2.95	3.03
EPS 증가율 (%)	-12.32	19.63	1.97	2.72
주당자산가치($)	13.01	12.62	11.93	10.83
잉여현금흐름 (백만$)	1,464	949	1,302	1,206

	2013	2014	2015	2016
배당성향(%)	33.76	46.53	46.66	52.57
배당수익률(%)	1.47	1.48	2.14	2.87
ROE (%)	21.60	17.89	23.88	22.71
ROA (%)	12.13	10.39	13.50	12.10
재고회전율	8.25	8.60	8.36	7.74
EBITDA (백만$)	1,837.50	2,226.40	2,593.88	1,897.90

매출비중

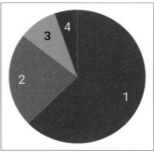

제품명	비중
1. 아웃 도어 및 스포츠 브랜드	
	62.68%
2.진스웨어 브랜드	
	22.78%
3. 이미지웨어 브랜드	
	9.18%
4. 스포츠웨어 브랜드	
	4.46%
5. 기타	
	0.9%

APTV
앱티브
Aptiv PLC

섹터 자유소비재 (Consumer Discretionary)
세부섹터 자동차 부품 및 장비 (Auto Parts & Equipment)

앱티브(Aptiv Plc)는 세계 최대 규모의 자동차 부품 제조업체인 델파이 오토모티브에서 분사되어 설립된 서비스 기술 업체이다. 회사는 2017년 분사되어 설립되었고 본사는 영국에 있으며 145,000명의 직원이 근무하고 있다. 자동차에 적용되는 각종 전기 시스템, 연결 시스템, 운전자 인터페이스, 안전·보안 관련 소프트웨어, 연료 관리시스템, 하이브리드·전기차 시스템, 인포테인먼트 등 다양한 기술을 개발하고 관련 상품과 서비스를 제공한다. 전기, 전자 아키텍처 부문은 커넥터, 배선 어셈블리 및 하네스, 전기 센터, 하이브리드 고전압, 안전 배포 시스템을 포함하여 차량의 전기 아키텍처를 설계하고 있다.

기준일 : 2018/ 01 /25
한글 회사명 : 앱티브
영문 회사명 : Aptiv PLC
상장일 : 2011년 11월 17일 | 결산월 :12월
시가총액 : 246 (억$) |
52주 최고 : $94.69 (-0.73%) / 52주 최저 : $73 (+28.75%)

주요 주주정보

보유자/ 보유 기관	보유율
The Vanguard Group, Inc.	8.1%
Massachusetts Financial Services Co.	5.87%
BlackRock Fund Advisors	4.73%

애널리스트 추천 및 최근 투자의견

앱티브의 2018년 01월 25일 현재 26개 기관의 **평균적인 목표가는 96.04$**이며, 2018년 추정 주당순이익(EPS)은 5.17$로 2017년 추정 EPS 4.7$에 비해 **9.99% 증가할 것으로 예상**된다.

최근, 1개월, 3개월의 투자 의견 변화

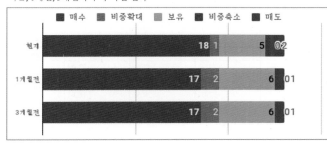

투자의견	금융사 및 투자	날짜
Initiated	Longbow Research: to Buy	1/5/2018
Initiated	Deutsche Bank: to Hold	12/6/2017
Initiated	Morgan Stanley: to Underweight	12/5/2017

내부자 거래

(3M 비중은 12개월 거래 중 최근 3개월의 비중)

구분	성격	3개월	12개월	3M 비중
매수	매수 건수 (장내 매매만 해당)	18	21	85.71%
매도	매도 건수 (장내 매매만 해당)	10	10	100.00%
매수	매수 수량 (장내 매매만 해당)	375,306	399,300	93.99%
매도	매도 수량 (장내 매매만 해당)	160,606	160,606	100.00%
	순매수량 (-인 경우 순매도량)	214,700	238,694	

ETF 노출 (편입 ETF 수 : 61개 / 시가총액 대비 ETF의 보유비중 : 8.46%)

티커	ETF	보유 지분	비중
VTI	Vanguard Total Stock Market ETF	$596,237,197	0.09%
VOO	Vanguard 500 Index Fund	$422,454,688	0.10%
SPY	SPDR S&P 500 ETF Trust	$311,538,953	0.10%
VO	Vanguard Mid-Cap ETF	$302,862,881	0.30%
IVV	iShares S&P 500 Index (ETF)	$156,079,150	0.10%

기간 수익률

1M : 10.8%	3M : 11.43%	6M : 22.79%	1Y : 58.02%	3Y : 67.68%

재무 지표

	2014	2015	2016	2017(E)
매출액 (백만$)	15,499	15,165	16,661	12,733
영업이익 (백만$)	1,903	1,916	2,305	1,615
순이익 (백만$)	1,309	1,188	1,152	1,263
자산총계 (백만$)	10,721	11,973	12,292	11,238
자본총계 (백만$)	3,013	2,733	2,763	
부채총계 (백만$)	7,708	9,240	9,529	

안정성 비율	2013	2014	2015	2016
유동비율 (%)	147.46	134.33	130.41	130.64
부채비율 (%)	221.70	255.83	338.09	344.88
이자보상배율 (배)	13.72	14.10	15.09	14.78

투자 지표

	2014	2015	2016	2017(E)
영업이익률 (%)	12.28	12.63	13.83	12.68
매출액 증가율 (%)	-5.86	-2.16	9.87	-23.58
EPS ($)	1.00	1.00	1.36	1.46
EPS 증가율 (%)				-22.27
주당자산가치($)	8.61	8.09	8.90	13.00
잉여현금흐름 (백만$)	1,356	999	1,113	865

	2013	2014	2015	2016
배당성향(%)				
배당수익률(%)				
ROE (%)	46.12	48.29	49.92	49.54
ROA (%)	12.26	12.68	11.11	10.04
재고회전율	15.19	14.60	13.72	13.72
EBITDA (백만$)	2,502.00	2,443.00	2,456.00	3,009.00

매출비중

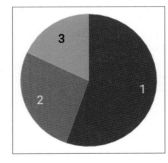

제품명	비중
1. 전기/전자 제품	55.92%
2.파워트레인	26.93%
3. 전장 및 안전 제품	18.09%
4. 기타 제품	-0.93%

BWA
보그워너
BorgWarner

섹터 자유소비재 (Consumer Discretionary)
세부섹터 자동차 부품 및 장비 (Auto Parts & Equipment)

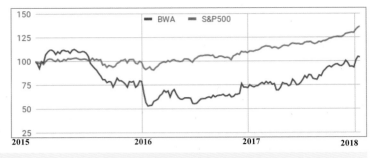

보그워너(BorgWarner Inc)는 연소, 하이브리드 및 전기 자동차용 기술 솔루션 제공 사업을 영위하는 업체이다. 회사는 1928년에 설립되었고 본사는 미시간주 어번힐즈에 있으며 27,000명의 직원이 근무하고 있다. 사업 부문은 엔진 및 드라이브트레인(Drivetrain)으로 구성되어 있다. 엔진 부문의 제품은 터보차저, 타이밍 장치 및 체인, 배기 시스템 및 열 시스템이 있으며 휘발유 및 디젤 엔진용 제품 및 대체 동력 전달 장치를 개발 및 제조하고 있다. 드라이브트레인(Drivetrain) 부문의 제품에는 변속기 부품 및 시스템, 전륜구동(AWD) 토크 전달 시스템 및 회전 전기 장치가 포함되어 있다. 회사의 제품은 전 세계적으로 경량 차량(승용차, 스포츠 유틸리티 차량(SUV), 밴 및 경트럭)의 주문자 제작 상표 부착 방식(Original Equipment Manufacturer, OEM)을 따르고 있다. 상업용 차량(중형 트럭, 대형 트럭 및 버스) 및 비포장 도로용 차량(농업 및 건설 기계 및 해양 응용 분야)도 주문자 제작 상표 부착 방식을 통해 판매하고 있다.

기준일 : 2018/ 01 /25
한글 회사명 : 보그워너
영문 회사명 : BorgWarner
상장일 : 1993년 08월 13일 | 결산월 : 12월
시가총액 : 119 (억$) | 52주 최고 : $58.22 (-2.57%) / 52주 최저 : $37.54 (+51.09%)

주요 주주정보

보유자/ 보유 기관	보유율
The Vanguard Group, Inc.	10.07%
Capital Research & Management Co.	7.13%
Boston Partners Global Investors, Inc.	5.5%

애널리스트 추천 및 최근 투자의견

보그워너의 **2018년 01월 25일 현재 23개 기관의 평균적인 목표가는 56.29$**이며, 2018년 추정 주당순이익(EPS)은 4.25$로 2017년 추정 EPS 3.82$에 비해 **11.25% 증가할 것으로 예상**된다.

최근, 1개월, 3개월의 투자 의견 변화

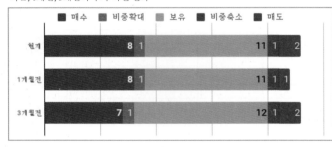

투자의견	금융사 및 투자	날짜
Initiated	Oppenheimer: to Outperform	12/7/2017
Maintains	Citigroup: to Neutral	10/31/2017
Maintains	Citigroup: to Neutral	10/30/2017
Maintains	BMO Capital: to Outperform	10/30/2017
Maintains	Barclays: to Equal-Weight	10/20/2017

내부자 거래

(3M 비중은 12개월 거래 중 최근 3개월의 비중)

구분	성격	3개월	12개월	3M 비중
매수	매수 건수 (장내 매매만 해당)	13	22	59.09%
매도	매도 건수 (장내 매매만 해당)	28	39	71.79%
매수	매수 수량 (장내 매매만 해당)	270,334	297,253	90.94%
매도	매도 수량 (장내 매매만 해당)	91,964	125,465	73.30%
	순매수량 (-인 경우 순매도량)	178,370	171,788	

ETF 노출   (편입 ETF 수 : 86개 / 시가총액 대비 ETF의 보유비중 : 12.14%)

티커	ETF	보유 지분	비중
VO	Vanguard Mid-Cap ETF	$292,338,173	0.29%
VTI	Vanguard Total Stock Market ETF	$287,770,708	0.04%
VOO	Vanguard 500 Index Fund	$191,782,509	0.05%
SPY	SPDR S&P 500 ETF Trust	$140,573,612	0.05%
VOE	Vanguard Mid-Cap Value ETF	$98,912,558	0.55%

기간 수익률

1M : 10.49%	3M : 16.77%	6M : 26.75%	1Y : 42.84%	3Y : 12.08%

재무 지표

	2014	2015	2016	2017(E)
매출액 (백만$)	8,304	8,025	9,071	9,708
영업이익 (백만$)	1,055	1,010	1,116	1,219
순이익 (백만$)	656	610	119	809
자산총계 (백만$)	7,228	8,826	8,835	9,691
자본총계 (백만$)	3,691	3,632	3,302	
부채총계 (백만$)	3,537	5,194	5,533	

안정성 비율	2013	2014	2015	2016
유동비율 (%)	172.33	137.02	133.01	139.19
부채비율 (%)	90.43	95.83	143.03	167.56
이자보상배율 (배)	27.03	29.55	16.61	13.19

투자 지표

	2014	2015	2016	2017(E)
영업이익률 (%)	12.70	12.59	12.30	12.56
매출액 증가율 (%)	11.69	-3.36	13.04	7.02
EPS ($)	2.89	2.72	0.55	3.82
EPS 증가율 (%)	5.86	-5.88	-79.78	594.77
주당자산가치($)	15.97	16.20	15.16	18.59
잉여현금흐름 (백만$)	239	291	535	569

	2013	2014	2015	2016
배당성향(%)	9.26	17.83	19.26	96.36
배당수익률(%)	0.45	0.93	1.20	1.34
ROE (%)	18.80	18.28	17.01	3.50
ROA (%)	9.78	9.72	8.05	1.81
재고회전율	16.42	17.23	13.06	13.29
EBITDA (백만$)	1,223.90	1,385.20	1,330.20	1,507.10

매출비중

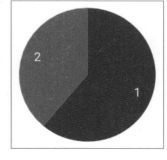

제품명	비중
1. 엔진	
	61.15%
2.드라이브 트레인	
	38.85%

126

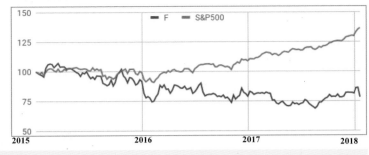

F
포드 모터스 컴퍼니
Ford Motor Company

섹터 자유소비재 (Consumer Discretionary)
세부섹터 자동차 (Automobile Manufacturers)

포드 모터스 컴퍼니(Ford Motors Company)는 각종 자동차 생산 및 모빌리티(mobility) 사업을 영위하는 업체이다. 회사는 1903년에 설립되었고 본사는 미시간주 디어본에 있으며 201,000명의 직원이 근무하고 있다. 회사는 포드 자동차, 트럭 및 스포츠 유틸리티 차량(SUV), 링컨 고급 차량의 전체 제품군 설계, 제조, 마케팅 및 서비스가 포함되어 있다. 자동차, 금융 서비스, 포드 스마트 모빌리티(Ford Smart Mobility LLC) 및 중앙 재무 운영의 4가지 부문으로 운영되고 있다. 자동차 부문은 주로 전 세계의 포드 및 링컨 브랜드 차량, 서비스 부품 및 액세서리를 판매하고 있다. 금융 서비스 부문은 포드 모터 신용 회사(Ford Motor Credit Company LLC)는 자동차 관련 금융 및 리스를 통해 대출 및 차량 구매의 편의를 제공하고 있다. 포드 스마트 모빌리티(Ford Smart Mobility LLC)는 효율적인 이동 서비스를 설계, 구축, 성장 및 투자하기 위해 설립된 자회사이다. 중앙 재무 운영(Central Treasury Operations) 부문은 주로 투자 의사 결정, 위험 관리 활동 및 자동차 부문의 자금 조달에 관여하고 있다.

기준일 : 2018/ 01 /25

한글 회사명 : 포드 모터스 컴퍼니
영문 회사명 : Ford Motor Company
상장일 : 1972년 01월 21일 | 결산월 : 12월
시가총액 : 451 (억$) |
52주 최고 : $13.48 (-11.12%) / 52주 최저 : $10.47 (+14.42%)

주요 주주정보

보유자/ 보유 기관	보유율
The Vanguard Group, Inc.	6.7%
Evercore Trust Company, NA	5.02%
BlackRock Fund Advisors	4.33%

애널리스트 추천 및 최근 투자의견

포드 모터스 컴퍼니의 2018년 01월 25일 현재 24개 기관의 **평균적인 목표가는 12.64$**이며, 2018년 추정 주당순이익(EPS)은 1.53$로 2017년 추정 EPS 1.57$에 비해 **-2.54% 감소**할 것으로 예상된다.

최근, 1개월, 3개월의 투자 의견 변화

투자의견	금융사 및 투자	날짜
Initiated	Guggenheim: to Neutral	6/21/2017
Upgrade	Jefferies: Underperform to Hold	2/10/2017
Upgrade	Barclays: Equal Weight to Overweight	2/3/2017
Upgrade	RBC Capital Mkts: Sector Perform to Outperform	1/27/2017
Initiated	Macquarie: to Neutral	12/1/2016

내부자 거래

(3M 비중은 12개월 거래 중 최근 3개월의 비중)

구분	성격	3개월	12개월	3M 비중
매수	매수 건수 (장내 매매만 해당)	18	26	69.23%
매도	매도 건수 (장내 매매만 해당)	22	38	57.89%
매수	매수 수량 (장내 매매만 해당)	1,810,252	2,465,894	73.41%
매도	매도 수량 (장내 매매만 해당)	2,093,304	2,948,176	71.00%
	순매수량 (−인 경우 순매도량)	-283,052	-482,282	

ETF 노출   (편입 ETF 수 : 97개 / 시가총액 대비 ETF의 보유비중 : 8.81%)

티커	ETF	보유 지분	비중
VTI	Vanguard Total Stock Market ETF	$1,097,924,345	0.16%
VOO	Vanguard 500 Index Fund	$778,554,613	0.19%
SPY	SPDR S&P 500 ETF Trust	$569,027,361	0.19%
IVV	iShares S&P 500 Index (ETF)	$288,511,791	0.19%
VTV	Vanguard Value ETF	$234,942,651	0.34%

기간 수익률

1M : -4.61%	3M : 3.27%	6M : 4.07%	1Y : -2.91%	3Y : -20.1%

재무 지표

	2014	2015	2016	2017(E)
매출액 (백만$)	144,077	149,558	151,800	143,993
영업이익 (백만$)	789	7,113	3,579	4,915
순이익 (백만$)	1,231	7,373	4,596	7,162
자산총계 (백만$)	208,615	224,925	237,951	251,743
자본총계 (백만$)	24,807	28,751	29,283	
부채총계 (백만$)	183,808	196,174	208,668	

안정성 비율	2013	2014	2015	2016
유동비율 (%)	177.50	170.96	179.01	120.14
부채비율 (%)	655.32	740.95	682.32	712.59
이자보상배율 (배)	8.04	0.72	6.22	2.84

투자 지표

	2014	2015	2016	2017(E)
영업이익률 (%)	0.55	4.76	2.36	3.41
매출액 증가율 (%)	-1.93	3.80	1.50	-5.14
EPS ($)	0.31	1.86	1.16	1.79
EPS 증가율 (%)	-82.97	500.00	-37.63	54.45
주당자산가치($)	6.10	7.11	7.21	8.61
잉여현금흐름 (백만$)	7,044	8,974	12,800	3,039

	2013	2014	2015	2016
배당성향(%)	22.73	161.29	32.61	52.17
배당수익률(%)	2.59	3.23	4.26	4.95
ROE (%)	33.81	4.84	27.78	15.90
ROA (%)	3.65	0.60	3.40	1.99
재고회전율	19.50	18.50	18.48	17.63
EBITDA (백만$)	13,183.00	8,212.00	15,079.00	12,296.00

매출비중

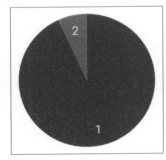

제품명	비중
1. 자동차 부문	
	93.25%
2.금융 서비스 분야	
	6.75%
3. 기타	
	0%

GM
제너럴 모터스 컴퍼니
General Motors Company

섹터 자유소비재 (Consumer Discretionary)
세부섹터 자동차 (Automobile Manufacturers)

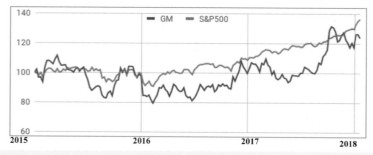

제너럴 모터스 컴퍼니(General Motors Company)는 자동차, 트럭, 크로스 오버 및 자동차 부품을 설계, 제작 및 판매 사업을 영위하는 업체이다. 회사는 1908년에 설립되었고 본사는 미시간주 디트로이트에 있으며 225,000명의 직원이 근무하고 있다. 사업 부문은 지엠북미(GMNA), 지엠유럽(GME), 지엠국제운영(GMIO), 지엠남미(GMSA) 및 지엠 파이낸셜(GM Financial)로 나누어진다. 제너럴 모터스 파이낸셜 컴퍼니(General Motors Financial Company, Inc.)를 통해 오토 파이낸싱 서비스를 제공하고 있다. 뷰익(Buick), 캐딜락(Cadillac), 쉐보레(Chevrolet) 및 지엠씨(GMC)와 같은 브랜드로 북미 지역의 차량을 개발, 제조 및 판매하고 있다. 뷰익(Buick), 캐딜락(Cadillac), 쉐보레(Chevrolet), 지엠씨(GMC), 홀든(Holden), 오펠(Opel) 및 복스홀(Vauxhall)을 포함한 브랜드로 북미 이외 지역의 차량을 개발, 제조 및 판매하고 있다. 미국 내 자동차 판매망을 통해 사후 차량 서비스, 유지 보수, 조명 수리, 충돌 수리, 차량 액세서리 등의 제품 및 서비스를 제공하고 있다. 지엠 파이낸셜은 자동차 관련 금융 및 리스를 통해 대출 및 차량구매의 편의를 제공하고 있다.

기준일 : 2018/ 01 /25
한글 회사명 : 제너럴 모터스 컴퍼니
영문 회사명 : General Motors Company
상장일 : 2010년 11월 18일 | 결산월 : 12월
시가총액 : 613 (억$) |
52주 최고 : $46.76 (-5.58%) / 52주 최저 : $31.92 (+38.31%)

주요 주주정보

보유자/ 보유 기관	보유율
UAW Retiree Medical Benefits Trust	9.87%
The Vanguard Group, Inc.	6.28%
Harris Associates LP	4.33%

애널리스트 추천 및 최근 투자의견

제너럴 모터스 컴퍼니의 2018년 01월 25일 현재 25개 기관의 **평균적인 목표가**는 **47.6$**이며, 2018년 추정 주당순이익(EPS)은 5.96$로 2017년 추정 EPS 6.32$에 비해 **-5.69% 감소**할 것으로 **예상**된다.

최근, 1개월, 3개월의 투자 의견 변화

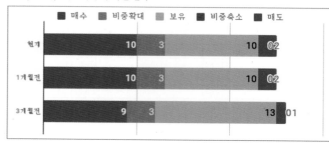

투자의견	금융사 및 투자	날짜
Upgrade	RBC Capital: Sector Perform to Outperform	12/19/2017
Upgrade	Guggenheim: Neutral to Buy	11/20/2017
Maintains	Nomura: to Neutral	11/2/2017
Downgrade	Nomura: Buy to Neutral	11/1/2017
Downgrade	Goldman Sachs: Neutral to Sell	10/30/2017

내부자 거래

(3M 비중은 12개월 거래 중 최근 3개월의 비중)

구분	성격	3개월	12개월	3M 비중
매수	매수 건수 (장내 매매만 해당)	11	15	73.33%
매도	매도 건수 (장내 매매만 해당)	28	61	45.90%
매수	매수 수량 (장내 매매만 해당)	1,350,814	1,378,134	98.02%
매도	매도 수량 (장내 매매만 해당)	40,980,965	42,957,563	95.40%
	순매수량 (−인 경우 순매도량)	-39,630,151	-41,579,429	

ETF 노출

(편입 ETF 수 : 99개 / 시가총액 대비 ETF의 보유비중 : 7.77%)

티커	ETF	보유 지분	비중
VTI	Vanguard Total Stock Market ETF	$1,263,816,593	0.18%
VOO	Vanguard 500 Index Fund	$948,774,515	0.23%
SPY	SPDR S&P 500 ETF Trust	$694,332,213	0.23%
IVV	iShares S&P 500 Index (ETF)	$351,627,227	0.23%
VTV	Vanguard Value ETF	$270,281,867	0.39%

기간 수익률

1M : 5.37%	3M : 10.98%	6M : 19.62%	1Y : 16.59%	3Y : 28.11%

재무 지표

	2014	2015	2016	2017(E)
매출액 (백만$)	155,929	152,356	166,380	145,307
영업이익 (백만$)	3,922	7,905	10,519	12,258
순이익 (백만$)	3,949	9,687	9,427	9,352
자산총계 (백만$)	177,677	194,338	221,690	192,328
자본총계 (백만$)	36,024	40,323	44,075	
부채총계 (백만$)	141,653	154,015	177,615	

안정성 비율	2013	2014	2015	2016
유동비율 (%)	130.59	127.35	97.46	89.46
부채비율 (%)	285.29	393.22	381.95	402.98
이자보상배율 (배)	22.08	9.73	17.84	18.39

투자 지표

	2014	2015	2016	2017(E)
영업이익률 (%)	2.52	5.19	6.32	8.44
매출액 증가율 (%)	0.32	-2.29	9.21	-12.67
EPS ($)	1.75	6.11	6.12	6.32
EPS 증가율 (%)	-35.42	249.14	0.16	3.27
주당자산가치($)	22.16	26.58	29.22	29.10
잉여현금흐름 (백만$)	-1,809	-11,341	-12,621	5,325

	2013	2014	2015	2016
배당성향(%)		72.73	23.35	25.33
배당수익률(%)	0.00	3.44	4.06	4.36
ROE (%)	13.56	10.12	25.72	22.52
ROA (%)	3.38	2.34	5.17	4.46
재고회전율	10.81	11.27	11.12	12.08
EBITDA (백만$)	13,284.00	10,160.00	15,079.00	20,671.00

매출비중

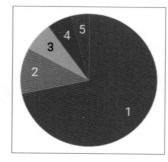

제품명	비중
1. GM-북미	
	71.54%
2. GM-유럽	
	11.24%
3. GM-전세계	
	7.06%
4. GM-금융부문	
	5.74%
5. GM-남미	
	4.34%

AAP
어드밴스 오토 파트
Advance Auto Parts

섹터 자유소비재 (Consumer Discretionary)
세부섹터 자동차 소매 (Automotive Retail)

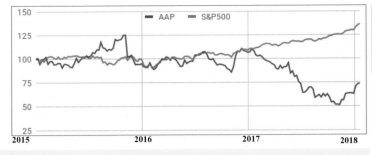

어드밴스 오토 파트(Advance Auto Parts, Inc.)는 북미 지역의 자동차 유지보수 시장 부품을 제공하여 디아이에프엠(do-it-for-me, DIFM) 및 디아이와이(do-it-yourself,DIY) 고객을 지원하는 사업을 영위하는 업체이다. 회사는 1929년에 설립되었고 본사는 버지니아주 로노크에 있으며 74,000명의 직원이 근무하고 있다. 판매 제품군은 미국차 및 수입차, 밴, 스포츠 유틸리티 차량 및 경량 및 대형 트럭의 브랜드 이름, 주문자 상표 부착방식(Original Equipment Manufacturer, OEM) 및 개인 라벨 자동차 교체 부품, 액세서리, 배터리 및 유지 보수 등의 사업을 영위하고 있다. 각 매장에서 셀프서비스 전자 상거래사이트에 이르기까지 다양한 채널을 통해 제공하고 있다. 어드밴스 오토 파트(Advance Auto Parts), 오토파트 인터내셔널(Autopart International), 카퀘스트(Carquest) 및 월드팩(Worldpac)이라는 상표로 북미에서 5,062개의 매장과 127개의 지점을 운영하고 있다.

기준일 : 2018/ 01 /25
한글 회사명 : 어드밴스 오토 파트
영문 회사명 : Advance Auto Parts
상장일 : 2001년 11월 29일 | 결산월 : 12월
시가총액 : 89 (억$) |
52주 최고 : $170.98 (-30.38%) / 52주 최저 : $78.81 (+51.03%)

주요 주주정보

보유자/ 보유 기관	보유율
The Vanguard Group, Inc.	9.37%
BlackRock Fund Advisors	4.52%
Starboard Value LP	4.3%

애널리스트 추천 및 최근 투자의견

어드밴스 오토 파트의 2018년 01월 25일 **현재 27개 기관의 평균적인 목표가는 114.89$**이며, 2018년 추정 주당순이익(EPS)은 6.43$로 2017년 추정 EPS 5.22$에 비해 **23.18% 증가할 것으로 예상**된다.

최근, 1개월, 3개월의 투자 의견 변화

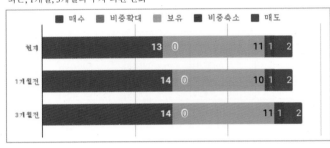

투자의견	금융사 및 투자	날짜
Initiated	Moffett Nathanson: to Neutral	12/4/2017
Maintains	Citigroup: to Sell	11/16/2017
Maintains	Morgan Stanley: to Overweight	11/15/2017
Maintains	JP Morgan: to Overweight	11/15/2017
Maintains	Morgan Stanley: to Overweight	11/8/2017

내부자 거래

(3M 비중은 12개월 거래 중 최근 3개월의 비중)

구분	성격	3개월	12개월	3M 비중
매수	매수 건수 (장내 매매만 해당)	21	77	27.27%
매도	매도 건수 (장내 매매만 해당)	10	21	47.62%
매수	매수 수량 (장내 매매만 해당)	26,138	424,139	6.16%
매도	매도 수량 (장내 매매만 해당)	5,384	27,573	19.53%
	순매수량 (-인 경우 순매도량)	20,754	396,566	

ETF 노출   (편입 ETF 수 : 73개 / 시가총액 대비 ETF의 보유비중 : 12.22%)

티커	ETF	보유 지분	비중
VO	Vanguard Mid-Cap ETF	$211,201,110	0.21%
VTI	Vanguard Total Stock Market ETF	$208,065,722	0.03%
VOO	Vanguard 500 Index Fund	$155,313,658	0.04%
SPY	SPDR S&P 500 ETF Trust	$111,003,725	0.04%
VOE	Vanguard Mid-Cap Value ETF	$71,572,389	0.40%

기간 수익률

1M : 16.2%	3M : 17.59%	6M : 11.16%	1Y : -31.76%	3Y : -21.98%

재무 지표

	2014	2015	2016	2017(E)
매출액 (백만$)	9,844	9,737	9,568	9,352
영업이익 (백만$)	960	877	809	662
순이익 (백만$)	492	472	458	388
자산총계 (백만$)	7,962	8,128	8,315	8,417
자본총계 (백만$)	2,003	2,461	2,916	
부채총계 (백만$)	5,959	5,667	5,399	

안정성 비율	2013	2014	2015	2016
유동비율 (%)	144.29	126.66	130.11	140.72
부채비율 (%)	267.02	297.54	230.31	185.13
이자보상배율 (배)	20.02	13.07	13.41	13.51

투자 지표

	2014	2015	2016	2017(E)
영업이익률 (%)	9.75	9.01	8.46	7.07
매출액 증가율 (%)	51.59	-1.09	-1.74	-2.26
EPS ($)	6.75	6.45	6.22	5.22
EPS 증가율 (%)	25.93	-4.44	-3.57	-16.05
주당자산가치($)	27.41	33.56	39.54	44.71
잉여현금흐름 (백만$)	481	455	241	378

	2013	2014	2015	2016
배당성향(%)	4.51	3.58	3.75	3.87
배당수익률(%)	0.22	0.15	0.16	0.14
ROE (%)	28.67	27.98	21.14	17.02
ROA (%)	7.68	7.28	5.86	5.57
재고회전율	2.67	3.03	2.40	2.25
EBITDA (백만$)	901.10	1,244.24	1,146.53	1,067.64

매출비중

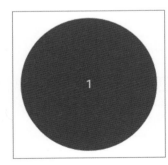

제품명	비중
1. 자동차 부품 및 용품	
	100%

CBS
씨비에스 코퍼레이션
CBS Corp.

섹터 자유소비재 (Consumer Discretionary)
세부섹터 방송 (Broadcasting)

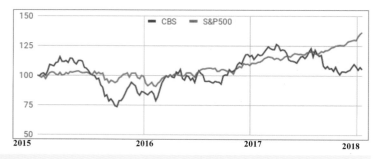

씨비에스 코퍼레이션(CBS Corporation)은 매스 미디어 사업을 영위하는 업체이다. 회사는 1986년에 설립되었고 본사는 뉴욕주 뉴욕에 있으며 15,550명의 직원이 근무하고 있다. 회사는 엔터테인먼트, 케이블 네트워크, 출판, 지역 미디어의 4가지 부문으로 운영되고 있다. 엔터테인먼트 부문은 씨비에스 티비(CBS TV) 네트워크로 구성되며, 씨비에스 티비 스튜디오, 씨비에스 스튜디오 인터내셔널(CBS Studios International) 및 씨비에스 티비 디스트리뷰션(CBS TV Distribution), 씨비에스 인터랙티브(CBS Interactive), 씨비에스 필름 그리고 회사의 디지털 스트리밍 서비스인 올 액세스(All Access) 및 씨비에스앤(CBSN)이 있다. 케이블 네트워크 부문은 쇼타임(Showtime), 더 무비 채널(The Movie Channel) 및 플릭스(Flix)와 같은 구독 프로그램 서비스를 운영하는 쇼타임 네트워크(Showtime Networks)로 구성되어 있다. 출판 부문은 사이먼 앤슈스터(Simon & Schuster), 포켓 북스(Pocket Books), 스크라이브너(Scribner) 및 갤러리 북스(Gallery Books)와 같은 인쇄물로 소비자에게 도서 출판 및 배포사업을 영위하고 있다. 로컬 미디어 부문은 씨비에스 TV 방송국 30여 곳을 소유하고 있으며 씨비에스 로컬 디지털 미디어, 씨비에스 티비 네트워크, 케이블 네트워크 및 콘텐츠 제작 및 배포를 포함하여 미디어 및 엔터테인먼트 산업 전반에 걸쳐 사업을 영위하고 있다.

기준일 : 2018/ 01 /25

한글 회사명 : 씨비에스 코퍼레이션
영문 회사명 : CBS Corp.
상장일 : 1990년 06월 18일 | 결산월 : 12월
시가총액 : 204 (억$) |
52주 최고 : $70.1 (-16.87%) / 52주 최저 : $52.75 (+10.46%)

주요 주주정보

보유자/ 보유 기관	보유율
Capital Research & Management Co.	8.37%
The Vanguard Group, Inc.	6.53%
BlackRock Fund Advisors	4.3%

애널리스트 추천 및 최근 투자의견

씨비에스 코퍼레이션의 2018년 01월 25일 현재 34개 기관의 **평균적인 목표가는 70.31$**이며, 2018년 추정 주당순이익(EPS)은 5.08$로 2017년 추정 EPS 4.33$에 비해 **17.32% 증가할 것으로 예상**된다.

최근, 1개월, 3개월의 투자 의견 변화

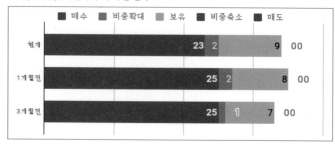

투자의견	금융사 및 투자	날짜
Downgrade	Stephens & Co.: Overweight to Equal-Weight	1/22/2018
Downgrade	Macquarie: Outperform to Neutral	1/2/2018
Initiated	Stephens & Co.: to Overweight	12/14/2017
Maintains	Loop Capital: to Buy	11/13/2017
Maintains	Credit Suisse: to Outperform	11/3/2017

내부자 거래

(3M 비중은 12개월 거래 중 최근 3개월의 비중)

구분	성격	3개월	12개월	3M 비중
매수	매수 건수 (장내 매매만 해당)	0	3	0.00%
매도	매도 건수 (장내 매매만 해당)	0	38	0.00%
매수	매수 수량 (장내 매매만 해당)	0	90	0.00%
매도	매도 수량 (장내 매매만 해당)	0	1,930,334	0.00%
	순매수량 (−인 경우 순매도량)	0	-1,930,334	

ETF 노출 (편입 ETF 수 : 78개 / 시가총액 대비 ETF의 보유비중 : 8.35%)

티커	ETF	보유 지분	비중
VTI	Vanguard Total Stock Market ETF	$496,544,301	0.07%
VOO	Vanguard 500 Index Fund	$370,613,056	0.09%
SPY	SPDR S&P 500 ETF Trust	$271,241,256	0.09%
IVV	iShares S&P 500 Index (ETF)	$138,049,324	0.09%
VUG	Vanguard Growth ETF	$134,873,376	0.17%

기간 수익률

1M : -1.95%	3M : -0.82%	6M : -12.27%	1Y : -9.04%	3Y : 3.94%

재무 지표

	2014	2015	2016	2017(E)
매출액 (백만$)	13,806	12,671	13,166	13,495
영업이익 (백만$)	2,974	2,564	2,650	2,836
순이익 (백만$)	1,354	1,554	1,552	1,742
자산총계 (백만$)	24,072	23,765	24,238	23,715
자본총계 (백만$)	6,970	5,563	3,689	
부채총계 (백만$)	17,102	18,202	20,549	

안정성 비율	2013	2014	2015	2016
유동비율 (%)	127.64	138.58	161.43	163.51
부채비율 (%)	164.77	245.37	327.20	557.03
이자보상배율 (배)	8.72	8.19	6.54	6.45

투자 지표

	2014	2015	2016	2017(E)
영업이익률 (%)	21.54	20.24	20.13	21.02
매출액 증가율 (%)	-9.67	-8.22	3.91	2.50
EPS ($)	2.55	2.92	2.84	4.33
EPS 증가율 (%)	-10.21	14.55	-2.74	52.38
주당자산가치($)	13.75	12.02	8.95	6.76
잉여현금흐름 (백만$)	1,069	1,223	1,489	1,243

	2013	2014	2015	2016
배당성향(%)	17.35	21.61	20.76	23.49
배당수익률(%)	0.75	0.98	1.27	1.04
ROE (%)	18.56	15.99	24.80	33.55
ROA (%)	7.09	5.37	6.50	6.47
재고회전율	18.74	16.30	11.56	9.76
EBITDA (백만$)	3,736.00	3,255.00	2,799.00	2,875.00

매출비중

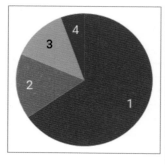

제품명	비중
1. 엔터테인먼트	
	67.42%
2.케이블 방송	
	16.41%
3. 지역 방송	
	13.51%
4. 출판	
	5.83%
5. 컨텐츠	
	-3.17%

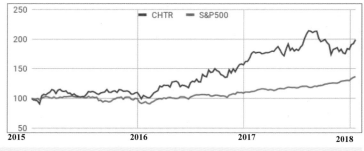

CHTR
차터 커뮤니케이션즈
Charter Communications

섹터 자유소비재 (Consumer Discretionary)
세부섹터 방송(케이블 및 위성) (Cable & Satellite)

차터 커뮤니케이션즈(Charter Communications, Inc.)는 미국에서 케이블 방송 및 통신사업을 영위하는 지주 회사이다. 회사는 1999년에 설립되었고 본사는 코네티컷주 스탬포드에 있으며 91,500명의 직원이 근무하고 있다. 현재 2,620만의 가정 및 기업 고객에게 비디오, 인터넷 및 음성 서비스를 제공하고 있다. 비디오 및 온라인 광고를 지역 및 전국적으로 서비스하고 있으며 통신 및 기업 고객 대상으로 정보기술(IT) 솔루션을 제공 및 관리하고 있다. 지역 스포츠 네트워크 및 지역 스포츠, 뉴스 및 라이프스타일 채널을 소유 및 운영하고 있으며, 보안 및 주택 관리 서비스도 판매하고 있다. 주문형 비디오(Video on Demand, VOD), 고해상도(High Definition, HD) 티비(TV) 및 디지털 비디오 레코더(DVR) 서비스를 포함한 구독 기반 비디오 서비스, 인터넷 서비스 및 음성 서비스를 고객들에게 제공하고 있다.

기준일 : 2018/ 01 /25
한글 회사명 : 차터 커뮤니케이션즈
영문 회사명 : Charter Communications
상장일 : 2009년 12월 02일 | 결산월 : 12월
시가총액 : 933 (억$) |
52주 최고 : $408.83 (-9.14%) / 52주 최저 : $307.01 (+20.98%)

주요 주주정보

보유자/ 보유 기관	보유율
Liberty Broadband Corp.	21.75%
The Vanguard Group, Inc.	5.23%
TCI Fund Management Ltd.	4.72%

애널리스트 추천 및 최근 투자의견

차터 커뮤니케이션즈의 2018년 01월 25일 현재 26개 기관의 **평균적인 목표가는 403.96$**이며, 2018년 추정 주당순이익(EPS)은 5.69$로 2017년 추정 EPS 2.6$에 비해 **118.84% 증가할 것으로 예상**된다.

최근, 1개월, 3개월의 투자 의견 변화

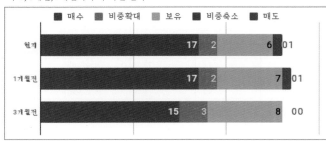

투자의견	금융사 및 투자	날짜
Initiated	Buckingham: to Buy	12/13/2017
Downgrade	Barclays: Equal-Weight to Underweight	12/4/2017
Maintains	Barclays: to Equal-Weight	10/27/2017
Downgrade	Guggenheim: Buy to Neutral	8/3/2017
Maintains	Barclays: to Equal-Weight	8/2/2017

내부자 거래

(3M 비중은 12개월 거래 중 최근 3개월의 비중)

구분	성격	3개월	12개월	3M 비중
매수	매수 건수 (장내 매매만 해당)	2	16	12.50%
매도	매도 건수 (장내 매매만 해당)	8	16	50.00%
매수	매수 수량 (장내 매매만 해당)	2,526,994	2,540,811	99.46%
매도	매도 수량 (장내 매매만 해당)	37,902	195,233	19.41%
	순매수량 (─인 경우 순매도량)	2,489,092	2,345,578	

ETF 노출
(편입 ETF 수 : 89개 / 시가총액 대비 ETF의 보유비중 : 7.23%)

티커	ETF	보유 지분	비중
VTI	Vanguard Total Stock Market ETF	$1,687,791,300	0.25%
VOO	Vanguard 500 Index Fund	$1,244,369,065	0.30%
SPY	SPDR S&P 500 ETF Trust	$910,600,004	0.30%
QQQ	PowerShares QQQ Trust, Series 1 (ETF)	$722,270,073	1.17%
VUG	Vanguard Growth ETF	$471,493,474	0.60%

기간 수익률

1M : 13.57%	3M : -0.92%	6M : 4.56%	1Y : 18.67%	3Y : 105.43%

재무 지표

	2014	2015	2016	2017(E)
매출액 (백만$)	9,108	9,754	29,003	41,580
영업이익 (백만$)	1,033	1,275	3,441	4,227
순이익 (백만$)	-183	-271	3,522	723
자산총계 (백만$)	24,550	41,130	153,237	147,598
자본총계 (백만$)	146	-46	50,366	
부채총계 (백만$)	24,404	41,176	102,871	

안정성 비율	2013	2014	2015	2016
유동비율 (%)	21.95	22.69	17.50	34.48
부채비율 (%)	11,353.64	16,715.07	-89,513.04	204.25
이자보상배율 (배)	1.14	1.13	0.98	1.38

투자 지표

	2014	2015	2016	2017(E)
영업이익률 (%)	11.34	13.07	11.86	10.17
매출액 증가율 (%)	11.69	7.09	197.35	43.37
EPS ($)	-1.88	-2.68	17.05	2.60
EPS 증가율 (%)	-3.03	-42.50	736.41	-84.76
주당자산가치($)	1.44	-0.45	149.27	134.08
잉여현금흐름 (백만$)	138	519	2,716	4,348

	2013	2014	2015	2016
배당성향(%)				
배당수익률(%)	0.00	0.00	0.00	0.00
ROE (%)	-112.67	-123.23		17.57
ROA (%)	-1.03	-0.88	-0.83	3.85
재고회전율				
EBITDA (백만$)	2,810.00	3,135.00	3,400.00	10,348.00

매출비중

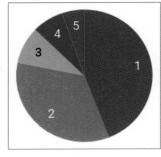

제품명	비중
1. 비디오	41.26%
2.인터넷	31.97%
3. 중소기업	8.55%
4. 음성	6.91%
5. 기업	4.93%

CMCSA
컴캐스트 코퍼레이션
Comcast Corp.

섹터 자유소비재 (Consumer Discretionary)
세부섹터 방송(케이블 및 위성) (Cable & Satellite)

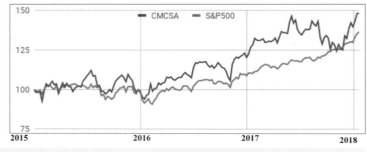

컴캐스트 코퍼레이션(Comcast Corporation)은 초고속 인터넷 및 케이블 방송 사업을 영위하는 업체이다. 회사는 1963년에 설립되었고 본사는 펜실베니아주 필라델피아에 있으며 159,000명의 직원이 근무하고 있다. 자회사인 컴캐스트 케이블(Comcast Cable)과 엔비씨유니버셜(NBC Universal)을 운영하고 있다. 컴캐스트 케이블(Comcast Cable)은 엑스피니티(XFINITY) 브랜드로 일반 가정에 비디오, 고속 인터넷 및 음성 서비스를 제공하고 있다. 엔비씨유니버셜 사업은 케이블 네트워크(Cable Networks), 방송 텔레비전(Broadcast Television), 필름 엔터테인먼트(Filmed Entertainment) 및 테마파크(Theme Parks)의 4가지 사업 부문으로 나누어진다. 방송 텔레비전(Broadcast Television) 사업부는 엔비씨(NBC)와 텔레문도(Telemundo) 방송 네트워크를 운영하며, 필름 엔터테인먼트(Filmed Entertainment) 부문은 주로 전 세계에서 촬영된 엔터테인먼트를 제작, 인수, 판매 및 배포하며 라이브 무대 연출을 개발, 제작 및 중계권을 판매하고 있다. 테마파크(Theme Parks)는 플로리다주 올랜도와 캘리포니아주 로스앤젤레스에서 유니버셜 테마파크를 운영하고 있다.

기준일 : 2018/ 01 /25

한글 회사명 : 컴캐스트 코퍼레이션
영문 회사명 : Comcast Corp.
상장일 : 1972년 07월 14일 | 결산월 : 12월
시가총액 : 1966 (억$) |
52주 최고 : $43.73 (-3.13%) / 52주 최저 : $34.78 (+21.79%)

주요 주주정보

보유자/ 보유 기관	보유율
The Vanguard Group, Inc.	6.69%
Capital Research & Management Co.	4.6%
BlackRock Fund Advisors	4.42%

애널리스트 추천 및 최근 투자의견

컴캐스트 코퍼레이션의 2018년 01월 25일 현재 32개 기관의 **평균적인 목표가는 48.72$**이며, 2018년 추정 주당순이익(EPS)은 2.76$로 2017년 추정 EPS 2.48$에 비해 **11.29% 증가할 것으로 예상**된다.

최근, 1개월, 3개월의 투자 의견 변화

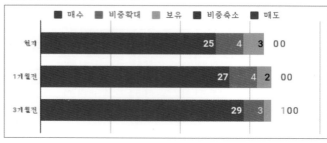

투자의견	금융사 및 투자	날짜
Maintains	Wells Fargo: to Outperform	1/25/2018
Maintains	Bank of America: Buy to Buy	1/25/2018
Downgrade	Instinet: Buy to Neutral	1/18/2018
Initiated	Buckingham: to Buy	11/21/2017
Maintains	Barclays: to Overweight	10/27/2017

내부자 거래

(3M 비중은 12개월 거래 중 최근 3개월의 비중)

구분	성격	3개월	12개월	3M 비중
매수	매수 건수 (장내 매매만 해당)	7	38	18.42%
매도	매도 건수 (장내 매매만 해당)	20	89	22.47%
매수	매수 수량 (장내 매매만 해당)	2,191	4,180,999	0.05%
매도	매도 수량 (장내 매매만 해당)	2,141,393	7,292,543	29.36%
	순매수량 (−인 경우 순매도량)	-2,139,202	-3,111,544	

ETF 노출

(편입 ETF 수 : 99개 / 시가총액 대비 ETF의 보유비중 : 8.96%)

티커	ETF	보유 지분	비중
VTI	Vanguard Total Stock Market ETF	$4,742,346,582	0.69%
VOO	Vanguard 500 Index Fund	$3,361,824,961	0.81%
SPY	SPDR S&P 500 ETF Trust	$2,458,912,795	0.82%
QQQ	PowerShares QQQ Trust, Series 1 (ETF)	$1,530,052,969	2.48%
VUG	Vanguard Growth ETF	$1,324,772,695	1.70%

기간 수익률

1M : 7.02%	3M : 15.08%	6M : 7.24%	1Y : 15.52%	3Y : 49.7%

재무 지표

	2014	2015	2016	2017(E)
매출액 (백만$)	68,775	74,510	80,403	84,394
영업이익 (백만$)	15,141	16,196	16,920	18,169
순이익 (백만$)	8,380	8,163	8,695	9,893
자산총계 (백만$)	159,339	170,588	180,500	185,335
자본총계 (백만$)	54,134	55,199	57,620	
부채총계 (백만$)	105,205	115,389	122,880	

안정성 비율	2013	2014	2015	2016
유동비율 (%)	74.42	77.72	67.68	75.97
부채비율 (%)	205.32	194.34	209.04	213.26
이자보상배율 (배)	5.27	5.79	6.10	5.75

투자 지표

	2014	2015	2016	2017(E)
영업이익률 (%)	22.02	21.74	21.04	21.53
매출액 증가율 (%)	6.37	8.34	7.91	4.96
EPS ($)	1.62	1.64	1.81	2.06
EPS 증가율 (%)	24.62	1.24	10.06	13.99
주당자산가치($)	10.37	10.70	11.35	12.12
잉여현금흐름 (백만$)	9,482	10,101	9,677	10,089

	2013	2014	2015	2016
배당성향(%)	30.47	28.13	30.86	30.81
배당수익률(%)	1.50	1.55	1.77	1.59
ROE (%)	13.63	16.21	15.55	16.37
ROA (%)	4.41	5.40	5.10	5.15
재고회전율	70.39	77.84	72.62	65.29
EBITDA (백만$)	29,683.00	23,160.00	24,856.00	26,478.00

매출비중

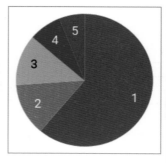

제품명	비중
1. 케이블 통신	
	62.25%
2. 케이블 네트워크	
	13.01%
3. 방송/텔레비전	
	12.62%
4. 영화/엔터테인먼트	
	7.91%
5. 테마 파크	
	6.15%

DIS
월트 디즈니 컴퍼니
The Walt Disney Company

섹터 자유소비재 (Consumer Discretionary)
세부섹터 방송(케이블 및 위성) (Cable & Satellite)

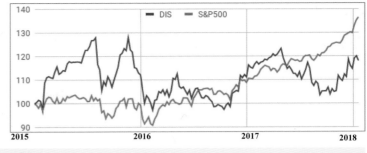

월트 디즈니 컴퍼니(The Walt Disney Company)는 엔터테인먼트 사업을 영위하는 업체이다. 회사는 1963년에 설립되었고 본사는 팬실베니아주 필라델피아에 있으며 159,000명의 직원이 근무하고 있다. 회사는 미디어 네트워크, 공원 및 리조트, 스튜디오 엔터테인먼트(Studio Entertainment) 및 컨슈머 제품과 인터랙티브 미디어(Consumer Products & Interactive Media)의 네 가지 사업 부문으로 운영되고 있다. 미디어 네트워크 부문은 에스피앤(ESPN) 케이블, 디즈니(Disney) 채널 및 CBS 방송 텔레비전 네트워크, 텔레비전 제작, 배급, 미국 내 텔레비전 방송국, 라디오 네트워크 및 방송국이 포함되어 있다. 파크 앤 리조트(Parks and Resorts) 부문에서 회사의 월트 디즈니 이매지니어링(Walt Disney Imagineering) 부서는 리조트 테마뿐만 아니라 새로운 테마파크 콘셉트와 놀이기구를 설계 및 개발하고 있다. 스튜디오 엔터테인먼트 부문에서는 라이브 액션 및 애니메이션 영화, 다이렉트-투-비디오 콘텐츠, 음악 녹음 및 라이브 무대를 제작하고 있다. 모바일 플랫폼, 도서, 잡지 및 만화책을 중심으로 게임을 개발 및 배포하고 있으며, 소매, 온라인 및 도매 사업을 통해 직접 캐릭터 상품을 유통하고 있다. 현재 21세기 FOX의 뉴스 사업 부문을 제외하고 인수합병을 추진 중이다.

기준일 : 2018/ 01 /25

한글 회사명 : 월트 디즈니 컴퍼니
영문 회사명 : The Walt Disney Company
상장일 : 1972년 01월 21일 | 결산월 : 9월
시가총액 : 1665 (억$) |
52주 최고 : $116.1 (-4.48%) / 52주 최저 : $96.2 (+15.27%)

주요 주주정보

보유자/ 보유 기관	보유율
The Vanguard Group, Inc.	6.6%
SSgA Funds Management, Inc.	4.47%
BlackRock Fund Advisors	4.29%

애널리스트 추천 및 최근 투자의견

월트 디즈니 컴퍼니의 2018년 01월 25일 현재 27개 기관의 **평균적인 목표가는 117.42$**이며, 2018년 추정 주당순이익(EPS)은 7.03$로 2017년 추정 EPS 6.53$에 비해 **7.65% 증가할 것으로 예상**된다.

최근, 1개월, 3개월의 투자 의견 변화

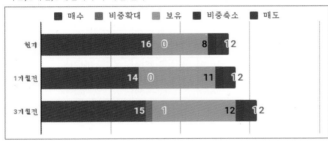

투자의견	금융사 및 투자	날짜
Upgrade	Rosenblatt: Neutral to Buy	1/3/2018
Upgrade	Macquarie: Neutral to Outperform	1/2/2018
Maintains	Loop Capital: to Hold	11/10/2017
Maintains	B. Riley: to Neutral	11/10/2017
Maintains	Morgan Stanley: to Overweight	10/31/2017

내부자 거래

(3M 비중은 12개월 거래 중 최근 3개월의 비중)

구분	성격	3개월	12개월	3M 비중
매수	매수 건수 (장내 매매만 해당)	11	43	25.58%
매도	매도 건수 (장내 매매만 해당)	23	32	71.88%
매수	매수 수량 (장내 매매만 해당)	7,039	26,667	26.40%
매도	매도 수량 (장내 매매만 해당)	89,530	918,112	9.75%
	순매수량 (−인 경우 순매도량)	-82,491	-891,445	

ETF 노출
(편입 ETF 수 : 106개 / 시가총액 대비 ETF의 보유비중 : 8.75%)

티커	ETF	보유 지분	비중
VTI	Vanguard Total Stock Market ETF	$3,839,301,387	0.56%
VOO	Vanguard 500 Index Fund	$2,864,774,681	0.69%
SPY	SPDR S&P 500 ETF Trust	$2,096,007,562	0.70%
VUG	Vanguard Growth ETF	$1,072,497,694	1.37%
IVV	iShares S&P 500 Index (ETF)	$1,061,584,634	0.69%

기간 수익률

1M : -0.61%	3M : 12.25%	6M : 3.26%	1Y : 2.72%	3Y : 16.19%

재무 지표

	2014	2015	2016	2017(E)
매출액 (백만$)	48,737	52,003	55,368	55,668
영업이익 (백만$)	11,517	12,843	14,157	15,051
순이익 (백만$)	7,501	8,382	9,391	9,085
자산총계 (백만$)	84,186	88,182	92,033	90,931
자본총계 (백만$)	48,178	48,655	47,323	
부채총계 (백만$)	36,008	39,527	44,710	

안정성 비율	2013	2014	2015	2016
유동비율 (%)	115.13	106.19	95.43	93.56
부채비율 (%)	68.73	74.74	81.24	94.48
이자보상배율 (배)	24.10	25.09	28.48	31.74

투자 지표

	2014	2015	2016	2017(E)
영업이익률 (%)	23.63	24.70	25.57	27.04
매출액 증가율 (%)	8.49	6.70	6.47	0.54
EPS ($)	4.31	4.95	5.76	5.78
EPS 증가율 (%)	26.02	14.85	16.36	0.32
주당자산가치($)	26.45	27.83	27.04	25.96
잉여현금흐름 (백만$)	6,469	6,644	8,440	8,419

	2013	2014	2015	2016
배당성향(%)	22.19	20.19	36.94	24.78
배당수익률(%)	1.16	0.97	1.77	1.53
ROE (%)	14.41	16.60	18.73	21.39
ROA (%)	8.50	9.68	10.27	10.87
재고회전율	29.71	31.84	33.07	37.40
EBITDA (백만$)	11,567.00	13,805.00	15,197.00	16,684.00

매출비중

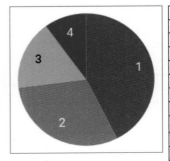

제품명	비중
1. 미디어 네트워크	
	42.58%
2.테마파크/리조트	
	30.51%
3. 스튜디오 엔터테인먼트	
	16.97%
4. 제품 및 인터랙티브 미디어	
	9.94%

DISCA
디스커버리 커뮤니케이션즈
Discovery Communications-A

섹터 자유소비재 (Consumer Discretionary)
세부섹터 방송(케이블 및 위성) (Cable & Satellite)

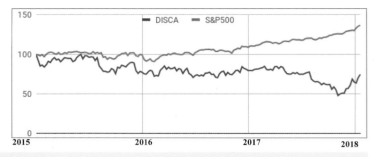

디스커버리 커뮤니케이션즈(Discovery Communications, Inc.)는 미디어 사업을 영위하는 글로벌 업체이다. 회사는 2008년에 설립되었고 본사는 메릴랜드주 실버 스프링에 있으며 7,000명의 직원이 근무하고 있다. 회사는 유료 텔레비전, 무료 방송(FTA) 및 방송 텔레비전, 웹사이트, 디지털 배포 계약 및 콘텐츠 라이센스 계약을 포함한 여러 플랫폼에서 콘텐츠를 제공하고 있다. 사업 부문은 미국 내 텔레비전 네트워크 및 디지털 방식으로 서비스가 이루어져 있는 미국 네트워크, 국제적인 텔레비전 네트워크와 디지털 콘텐츠 서비스로 구성된 인터내셔널 네트워크(International Networks), 교육과 관련한 제품 및 서비스를 제공하거나 프로덕션 스튜디오로 구성된 교육 및 기타 사업이 있다. 회사의 네트워크 포트폴리오에는 디스커버리 채널(Discovery Channel), 애니멀 플래닛(Animal Planet), 아이디(ID), 벨로시티(Velocity), 미국 이외 지역의 터보(Turbo) 및 유로스포츠(Eurosport) 브랜드를 보유하고 있다. 브랜드 맞춤형 웹사이트, 웹 기반 네트워크 및 온라인 스트리밍을 비롯한 다양한 플랫폼에서 각종 콘텐츠 배포사업을 하고 있다.

기준일 : 2018/ 01 /25
한글 회사명 : 디스커버리 커뮤니케이션즈
영문 회사명 : Discovery Communications-A
상장일 : 2005년 07월 06일 | 결산월 : 12월
시가총액 : 40 (억$) | 52주 최고 : $30.25 (-14.87%) / 52주 최저 : $15.99 (+61.03%)

주요 주주정보

보유자/ 보유 기관	보유율
Hotchkis & Wiley Capital Management LLC	12.16%
ClearBridge Investments LLC	11.44%
The Vanguard Group, Inc.	11.04%

애널리스트 추천 및 최근 투자의견

디스커버리 커뮤니케이션즈의 2018년 01월 25일 현재 23개 기관의 평균적인 목표가는 **24.58$**이며, 2018년 추정 주당순이익(EPS)은 2.24$로 2017년 추정 EPS 1.92$에 비해 **16.66% 증가**할 것으로 예상된다.

최근, 1개월, 3개월의 투자 의견 변화

투자의견	금융사 및 투자	날짜
Downgrade	Pivotal Research: Buy to Hold	1/9/2018
Upgrade	Macquarie: Neutral to Outperform	1/2/2018
Upgrade	Bank of America: Neutral to Buy	12/21/2017
Maintains	B. Riley: to Neutral	11/8/2017
Maintains	Credit Suisse: to Neutral	11/6/2017

내부자 거래

(3M 비중은 12개월 거래 중 최근 3개월의 비중)

구분	성격	3개월	12개월	3M 비중
매수	매수 건수 (장내 매매만 해당)	13	34	38.24%
매도	매도 건수 (장내 매매만 해당)	16	27	59.26%
매수	매수 수량 (장내 매매만 해당)	684,717	1,347,528	50.81%
매도	매도 수량 (장내 매매만 해당)	561,844	635,407	88.42%
	순매수량 (−인 경우 순매도량)	122,873	712,121	

ETF 노출
(편입 ETF 수 : 62개 / 시가총액 대비 ETF의 보유비중 : 13.36%)

티커	ETF	보유 지분	비중
VO	Vanguard Mid-Cap ETF	$97,049,819	0.10%
VTI	Vanguard Total Stock Market ETF	$96,667,845	0.01%
VOO	Vanguard 500 Index Fund	$67,732,382	0.02%
SPY	SPDR S&P 500 ETF Trust	$47,787,696	0.02%
VOE	Vanguard Mid-Cap Value ETF	$33,304,298	0.19%

기간 수익률

1M : 22.19%	3M : 17.18%	6M : -3.16%	1Y : -7.81%	3Y : -12.61%

재무 지표

	2014	2015	2016	2017(E)
매출액 (백만$)	6,264	6,369	6,524	6,789
영업이익 (백만$)	2,160	2,078	2,118	2,064
순이익 (백만$)	1,138	1,034	1,194	1,091
자산총계 (백만$)	16,014	15,864	15,758	19,883
자본총계 (백만$)	6,351	5,692	5,410	
부채총계 (백만$)	9,663	10,172	10,348	

안정성 비율	2013	2014	2015	2016
유동비율 (%)	186.24	95.66	164.41	166.50
부채비율 (%)	140.32	152.15	178.71	191.28
이자보상배율 (배)	6.63	6.59	6.45	6.05

투자 지표

	2014	2015	2016	2017(E)
영업이익률 (%)	34.48	32.63	32.46	30.41
매출액 증가율 (%)	13.17	1.68	2.43	4.07
EPS ($)	2.51	1.59	1.97	1.92
EPS 증가율 (%)	-16.72	-36.57	23.90	-2.60
주당자산가치($)	12.76	13.04	10.69	12.61
잉여현금흐름 (백만$)	1,259	1,261	1,372	1,591

	2013	2014	2015	2016
배당성향(%)				
배당수익률(%)	0.00	0.00	0.00	0.00
ROE (%)	17.19	19.29	18.71	22.49
ROA (%)	7.70	7.33	6.58	7.70
재고회전율	27.74	20.67	19.84	20.94
EBITDA (백만$)	2,305.00	2,489.00	2,408.00	2,440.00

매출비중

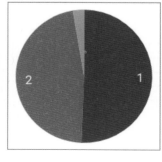

제품명	비중
1. 네트워크-미국	
	50.56%
2. 네트워크-전세계	
	46.79%
3. 교육 및 기타	
	2.68%
4. 부문간 공제	
	-0.03%

DISH
디쉬 네트워크 코퍼레이션
Dish Network Corporation

섹터 자유소비재 (Consumer Discretionary)
세부섹터 방송(케이블 및 위성) (Cable & Satellite)

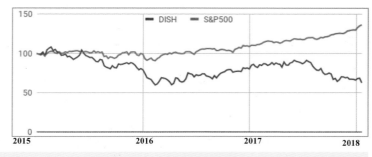

디쉬 네트워크 코퍼레이션(DISH Network Corporation)은 위성방송과 유선 스트리밍 및 광대역 통신사업을 영위하는 지주 회사이다. 회사는 1980년에 설립되었고 본사는 콜로라도주 잉글우드에 있으며 16,000명의 직원이 근무하고 있다. 사업 부문은 페이-텔레비전(Pay-TV)과 광대역 및 무선 사업부로 나누어 운영하고 있다. 페이-텔레비전은 디쉬(DISH) 브랜드와 슬링(Sling) 브랜드로 구성되어 있고, 디쉬(DISH) 브랜드의 구독 TV서비스는 직접 방송 위성 및 고정 위성 서비스 스펙트럼, 디쉬 소유 및 임대위성, 수신 시스템, 제3자 방송 운영, 고객 서비스 시설, 임대 계약을 사용하도록 허가하는 연방 통신위원회 (FCC) 라이센스로 구성되어 있다. 광섬유 네트워크, 재택 서비스 및 콜센터 운영 및 운영에 사용되는 기타 자산을 포함하고 있다. 슬링 브랜드 페이-텔레비전 서비스는 라이브, 선형 스트리밍 오버더탑(OTT)인터넷 기반 국내, 국제 및 라틴계 비디오 프로그램을 제공하고 있다. 디쉬넷(dishNET) 브랜드로 광대역 서비스를 제공하며 연구 개발, 무선 테스트 및 무선 네트워크 인프라에 투자하고 있다.

기준일 : 2018/ 01 /25
한글 회사명 : 디쉬 네트워크 코퍼레이션
영문 회사명 : Dish Network Corporation
상장일 : 1995년 06월 21일 | 결산월 : 12월
시가총액 : 107 (억$) |
52주 최고 : $66.5 (-29.42%) / 52주 최저 : $44.83 (+4.68%)

주요 주주정보

보유자/ 보유 기관	보유율
Putnam Investment Management LLC	8.01%
JPMorgan Investment Management, Inc.	7.67%
Dodge & Cox	7.04%

애널리스트 추천 및 최근 투자의견

디쉬 네트워크 코퍼레이션의 2018년 01월 25일 **현재 22개 기관의 평균적인 목표가는 71.97$**이며, 2018년 추정 주당순이익(EPS)은 2.21$로 2017년 추정 EPS 2.05$에 비해 **7.8% 증가할 것으로 예상**된다.

최근, 1개월, 3개월의 투자 의견 변화

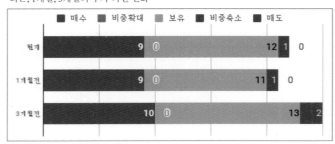

투자의견	금융사 및 투자	날짜
Downgrade	Morgan Stanley: Overweight to Equal-Weight	1/17/2018
Maintains	Barclays: to Overweight	11/10/2017
Maintains	UBS: to Neutral	11/10/2017
Upgrade	Pivotal Research: Hold to Buy	11/6/2017
Upgrade	Citigroup: Sell to Neutral	9/15/2017

내부자 거래

(3M 비중은 12개월 거래 중 최근 3개월의 비중)

구분	성격	3개월	12개월	3M 비중
매수	매수 건수 (장내 매매만 해당)	0	1	0.00%
매도	매도 건수 (장내 매매만 해당)	4	16	25.00%
매수	매수 수량 (장내 매매만 해당)	0	530	0.00%
매도	매도 수량 (장내 매매만 해당)	5,801	96,704	6.00%
	순매수량 (−인 경우 순매도량)	-5,801	-96.174	

ETF 노출
(편입 ETF 수 : 64개 / 시가총액 대비 ETF의 보유비중 : 8.54%)

티커	ETF	보유 지분	비중
VTI	Vanguard Total Stock Market ETF	$245,502,376	0.04%
VOO	Vanguard 500 Index Fund	$183,210,938	0.04%
SPY	SPDR S&P 500 ETF Trust	$132,357,679	0.04%
QQQ	PowerShares QQQ Trust, Series 1 (ETF)	$81,153,793	0.13%
IVV	iShares S&P 500 Index (ETF)	$68,088,110	0.04%

기간 수익률

1M : -6.81%	3M : -14.52%	6M : -30.06%	1Y : -24.74%	3Y : -37%

재무 지표

	2014	2015	2016	2017(E)
매출액 (백만$)	14,643	15,069	15,095	14,430
영업이익 (백만$)	1,824	1,971	2,211	1,743
순이익 (백만$)	945	747	1,450	1,048
자산총계 (백만$)	22,107	22,887	28,230	29,832
자본총계 (백만$)	2,054	3,032	4,966	
부채총계 (백만$)	20,054	19,855	23,264	

안정성 비율	2013	2014	2015	2016
유동비율 (%)	270.53	305.84	68.63	182.93
부채비율 (%)	1,943.68	976.51	654.83	468.51
이자보상배율 (배)	2.40	2.98	3.99	41.73

투자 지표

	2014	2015	2016	2017(E)
영업이익률 (%)	12.46	13.08	14.65	12.08
매출액 증가율 (%)	5.31	2.91	0.17	-4.40
EPS ($)	2.05	1.61	3.12	2.05
EPS 증가율 (%)	15.82	-21.46	93.79	-34.21
주당자산가치($)	4.36	5.92	9.97	12.90
잉여현금흐름 (백만$)	1,192	1,674	2,199	1,952

	2013	2014	2015	2016
배당성향(%)				
배당수익률(%)	0.00	0.00	0.00	0.00
ROE (%)	168.62	63.19	31.38	39.26
ROA (%)	4.43	4.37	3.42	5.75
재고회전율	24.47	29.10	34.09	35.30
EBITDA (백만$)	2,850.78	2,908.39	2,980.35	3,170.26

매출비중

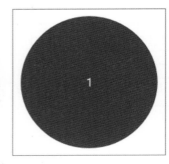

제품명	비중
1. 광대역 유료TV	
	100%

SNI
스크립스 네트워크 인터랙티브
Scripps Networks Interactive Inc.

섹터 자유소비재 (Consumer Discretionary)
세부섹터 방송(케이블 및 위성) (Cable & Satellite)

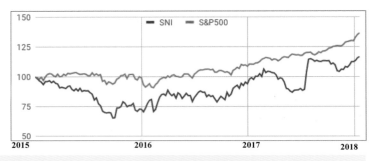

스크립스 네트워크 인터랙티브(Scripps Networks Interactive, Inc.)는 주로 가정, 음식, 여행 및 기타 라이프 스타일 관련 프로그래밍을 제공하는 라이프 스타일 중심 콘텐츠 개발 사업을 영위하는 업체이다. 회사는 1878년에 설립되었고 본사는 테네시주 녹스빌에 있으며 3,600명의 직원이 근무하고 있다. 회사의 콘텐츠는 텔레비전, 인터넷, 디지털 플랫폼 및 라이센스 계약을 포함한 여러 가지 방법으로 배포되고 있다. 사업 부문은 미국 네트워크, 국제 네트워크 및 기업 및 기타로 구성되어 있다. 미국 네트워크 부문은 에이치지티비(HGTV), 푸드 네트워크, 여행 채널, 디아이와이(DIY) 네트워크, 요리 채널 및 그레이트 아메리칸 국가로 구성된 6개의 전국 텔레비전 네트워크로 구성되어 있다. 국제 네트워크에는 영국, 기타 유럽 시장, 중동 및 아프리카(EMEA), 아시아 태평양(APAC) 및 라틴 아메리카에서 사용할 수 있는 티비앤 에스.에이(S.A) 네트워크 포트폴리오 및 기타 라이프 스타일 중심 네트워크가 포함되어 있다. 방송 네트워크 외에도 전 세계의 다른 방송사들에게 방송 프로그램의 일부를 판매하고 있다.

기준일 : 2018/ 01 /25

한글 회사명 : 스크립스 네트워크 인터랙티브
영문 회사명 : Scripps Networks Interactive Inc.
상장일 : 2008년 06월 12일 | 결산월 : 12월
시가총액 : 85 (억$) |
52주 최고 : $88.87 (-0.18%) / 52주 최저 : $64.87 (+36.75%)

주요 주주정보

보유자/ 보유 기관	보유율
The Vanguard Group, Inc.	9.04%
BlackRock Fund Advisors	4.4%
SSgA Funds Management, Inc.	3.77%

애널리스트 추천 및 최근 투자의견

스크립스 네트워크 인터랙티브의 2018년 01월 25일 **현재 15개 기관의 평균적인 목표가는 88.64$**이며, 2018년 추정 주당순이익(EPS)은 5.46$로 2017년 추정 EPS 5.55$에 비해 **-1.62% 감소**할 것으로 예상된다.

최근, 1개월, 3개월의 투자 의견 변화

투자의견	금융사 및 투자	날짜
Maintains	Morgan Stanley: to Equal-Weight	8/24/2017
Downgrade	Needham: Buy to Hold	8/1/2017
Downgrade	Argus: Buy to Hold	8/1/2017
Upgrade	Citigroup: Sell to Neutral	8/1/2017
Initiated	Wells Fargo: to Market Perform	7/20/2017

내부자 거래

(3M 비중은 12개월 거래 중 최근 3개월의 비중)

구분	성격	3개월	12개월	3M 비중
매수	매수 건수 (장내 매매만 해당)	0	0	-
매도	매도 건수 (장내 매매만 해당)	0	0	-
매수	매수 수량 (장내 매매만 해당)	0	0	-
매도	매도 수량 (장내 매매만 해당)	0	0	-
	순매수량 (-인 경우 순매도량)	0	0	

ETF 노출
(편입 ETF 수 : 71개 / 시가총액 대비 ETF의 보유비중 : 11.62%)

티커	ETF	보유 지분	비중
VO	Vanguard Mid-Cap ETF	$187,395,971	0.19%
VTI	Vanguard Total Stock Market ETF	$184,533,446	0.03%
VOO	Vanguard 500 Index Fund	$145,364,864	0.04%
SPY	SPDR S&P 500 ETF Trust	$103,436,663	0.03%
IVV	iShares S&P 500 Index (ETF)	$53,185,505	0.03%

기간 수익률

1M : 6.35%	3M : 2.89%	6M : 12.38%	1Y : 19.36%	3Y : 20.29%

재무 지표

	2014	2015	2016	2017(E)
매출액 (백만$)	2,665	3,018	3,401	3,524
영업이익 (백만$)	1,056	1,229	1,253	1,260
순이익 (백만$)	545	607	674	715
자산총계 (백만$)	4,781	6,902	6,418	6,501
자본총계 (백만$)	1,781	1,936	2,228	
부채총계 (백만$)	3,000	4,966	4,190	

안정성 비율	2013	2014	2015	2016
유동비율 (%)	515.74	143.41	116.85	148.87
부채비율 (%)	73.93	168.49	256.49	188.03
이자보상배율 (배)	20.88	20.04	10.69	9.17

투자 지표

	2014	2015	2016	2017(E)
영업이익률 (%)	39.62	40.72	36.84	35.74
매출액 증가율 (%)	5.32	13.24	12.70	3.62
EPS ($)	3.86	4.68	5.20	5.55
EPS 증가율 (%)	12.54	21.24	11.11	6.68
주당자산가치($)	10.46	11.84	14.69	21.88
잉여현금흐름 (백만$)	724	762	874	828

	2013	2014	2015	2016
배당성향(%)	17.65	20.89	19.74	19.31
배당수익률(%)	0.69	1.06	1.67	1.40
ROE (%)	25.77	31.33	41.76	39.35
ROA (%)	15.93	15.77	13.33	12.72
재고회전율				
EBITDA (백만$)	1,698.18	1,812.43	2,149.64	2,367.29

매출비중

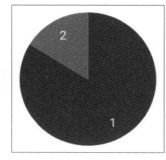

제품명	비중
1. 네트워크-미국	84.42%
2. 네트워크- 전세계	16.38%
3. 기타	-0.79%

TWX
타임 워너
Time Warner Inc.

섹터 자유소비재 (Consumer Discretionary)
세부섹터 방송(케이블 및 위성) (Cable & Satellite)

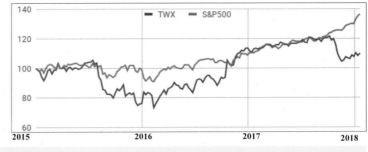

타임 워너(Time Warner Inc.)는 미디어 및 엔터테인먼트 사업을 영위하는 업체이다. 회사는 1985년에 설립되었고 본사는 뉴욕주 뉴욕에 있으며 25,000명의 직원이 근무하고 있다. 회사는 터너, 홈 박스 오피스, 워너 브러더스의 세 부문으로 운영되고 있다. 케이블 네트워크와 디지털 미디어 자산으로 구성된 터너(Turner), 프리미엄급 유료 텔레비전과 오버더탑(OTT) 서비스로 구성된 홈 박스 오피스(Home Box Office), 텔레비전, 장편 영화, 홈 비디오 및 비디오 게임 제작 및 배급으로 구성된 워너 브러더스(Warner Bros.) 회사는 불가리아, 크로아티아, 체코, 루마니아, 슬로바키아 공화국 및 슬로베니아 및 씨더블유(CW) 방송 네트워크(CW)에서 텔레비전 네트워크를 운영하는 방송 회사인 센트럴 유러피언 미디어 엔터프라이즈(Central European Media Enterprises Ltd.)의 지분을 소유하고 있다.

기준일 : 2018/ 01 /25
한글 회사명 : 타임 워너
영문 회사명 : Time Warner Inc.
상장일 : 1992년 03월 19일 | 결산월 : 12월
시가총액 : 733 (억$) |
52주 최고 : $103.9 (-9.72%) / 52주 최저 : $85.88 (+9.22%)

주요 주주정보

보유자/ 보유 기관	보유율
The Vanguard Group, Inc.	6.35%
BlackRock Fund Advisors	4.25%
SSgA Funds Management, Inc.	3.98%

애널리스트 추천 및 최근 투자의견

타임 워너의 2018년 01월 25일 **현재 23개 기관의 평균적인 목표가는 102.55$**이며, 2018년 추정 주당순이익(EPS)은 6.7$로 2017년 추정 EPS 6.23$에 비해 **7.54% 증가할 것으로 예상**된다.

최근, 1개월, 3개월의 투자 의견 변화

투자의견	금융사 및 투자	날짜
Maintains	Loop Capital: to Hold	11/17/2017
Upgrade	Pivotal Research: Hold to Buy	11/14/2017
Upgrade	Rosenblatt: Neutral to Buy	11/13/2017
Maintains	Loop Capital: to Hold	11/9/2017
Maintains	B. Riley: to Neutral	11/8/2017

내부자 거래

(3M 비중은 12개월 거래 중 최근 3개월의 비중)

구분	성격	3개월	12개월	3M 비중
매수	매수 건수 (장내 매매만 해당)	0	1	0.00%
매도	매도 건수 (장내 매매만 해당)	12	16	75.00%
매수	매수 수량 (장내 매매만 해당)	0	255	0.00%
매도	매도 수량 (장내 매매만 해당)	452,997	783,145	57.84%
	순매수량 (−인 경우 순매도량)	-452,997	-782,890	

ETF 노출
(편입 ETF 수 : 87개 / 시가총액 대비 ETF의 보유비중 : 8.11%)

티커	ETF	보유 지분	비중
VTI	Vanguard Total Stock Market ETF	$1,678,144,180	0.24%
VOO	Vanguard 500 Index Fund	$1,252,328,488	0.30%
SPY	SPDR S&P 500 ETF Trust	$915,826,634	0.30%
IVV	iShares S&P 500 Index (ETF)	$464,047,439	0.30%
VTV	Vanguard Value ETF	$358,196,184	0.52%

기간 수익률

1M : 3.44%	3M : -8.35%	6M : -6.14%	1Y : -2.86%	3Y : 12.23%

재무 지표

	2014	2015	2016	2017(E)
매출액 (백만$)	27,359	28,118	29,318	31,036
영업이익 (백만$)	6,541	6,841	7,622	8,125
순이익 (백만$)	3,880	3,785	3,904	4,962
자산총계 (백만$)	63,146	63,848	65,966	68,840
자본총계 (백만$)	24,476	23,648	24,366	
부채총계 (백만$)	38,670	40,200	41,600	

안정성 비율	2013	2014	2015	2016
유동비율 (%)	149.39	143.20	156.37	138.98
부채비율 (%)	135.89	157.99	169.99	170.73
이자보상배율 (배)	5.00	4.83	4.95	5.49

투자 지표

	2014	2015	2016	2017(E)
영업이익률 (%)	23.91	24.33	26.00	26.18
매출액 증가율 (%)	3.39	2.77	4.27	5.86
EPS ($)	4.42	4.69	5.01	6.24
EPS 증가율 (%)	10.65	6.11	6.82	24.45
주당자산가치($)	29.42	29.71	31.52	36.20
잉여현금흐름 (백만$)	3,207	3,428	4,251	4,560

	2013	2014	2015	2016
배당성향(%)	29.50	29.40	30.38	32.58
배당수익률(%)	1.72	1.49	2.16	1.67
ROE (%)	11.17	14.27	15.74	16.28
ROA (%)	4.73	5.81	5.96	6.01
재고회전율	14.27	16.34	16.29	15.37
EBITDA (백만$)	7,159.00	7,274.00	7,522.00	8,291.00

매출비중

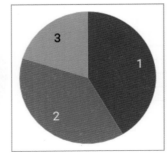

제품명	비중
1. 워너 브라더스 브랜드	
	41.49%
2. 터너 브랜드	
	38.39%
3. HBO 브랜드	
	20.12%

VIAB
비아컴
Viacom Inc.

섹터 자유소비재 (Consumer Discretionary)
세부섹터 방송(케이블 및 위성) (Cable & Satellite)

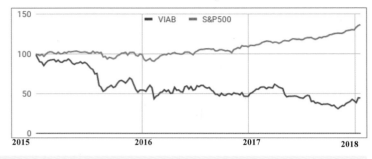

비아컴(Viacom Inc.)은 텔레비전 프로그램, 영화, 단편 콘텐츠, 응용 프로그램, 게임, 소비자 제품, 소셜 미디어 경험 및 기타 엔터테인먼트 콘텐츠 제작 사업을 영위하고 있는 업체이다. 회사는 2005년에 설립되었고 본사는 뉴욕주 뉴욕에 있으며 10,000명의 직원이 근무하고 있다. 회사는 180개국에서 글로벌 미디어 브랜드 서비스를 제공하고 있다. 회사는 미디어 네트워크 및 필름 엔터테인먼트의 두 부문으로 운영된다. 미디어 네트워크 부문은 시청자를 위한 프로그래밍 및 기타 콘텐츠를 제작, 구입 및 배급사업을 하고 있다. 미디어 네트워크 부문은 광고주, 콘텐츠 유통 업체 및 소매 업체를 대상으로 엔터테인먼트 콘텐츠 및 관련 브랜드 제품을 제공하고 있다. 영화 산업 부문은 파라마운트 픽쳐스(Paramount Pictures), 파라마운트 반티지(Paramount Vantage), 파라마운트 클래식(Paramount Classics), 브랜드들로 구성되어 있고, 영화, 텔레비전 프로그래밍 및 기타 엔터테인먼트 콘텐츠를 제작, 구입 및 배급하고 있다.

기준일 : 2018/ 01 /25
한글 회사명 : 비아컴
영문 회사명 : Viacom Inc.
상장일 : 2005년 12월 05일 | 결산월 : 9월
시가총액 : 119 (억$) |
52주 최고 : $46.72 (-28.55%) / 52주 최저 : $22.13 (+50.83%)

주요 주주정보

보유자/ 보유 기관	보유율
Capital Research & Management Co.	11.98%
The Vanguard Group, Inc.	10.03%
BlackRock Fund Advisors	4.77%

애널리스트 추천 및 최근 투자의견

비아컴의 2018년 01월 25일 **현재 30개 기관의 평균적인 목표가는 31.33$**이며, 2018년 추정 주당순이익(EPS)은 3.93$로 2017년 추정 EPS 3.77$에 비해 **4.24% 증가할 것으로 예상**된다.

최근, 1개월, 3개월의 투자 의견 변화

투자의견	금융사 및 투자	날짜
Downgrade	Macquarie: Neutral to Underperform	1/2/2018
Upgrade	Deutsche Bank: Sell to Hold	11/20/2017
Maintains	Bank of America: to Buy	11/17/2017
Maintains	Loop Capital: to Hold	11/17/2017
Maintains	UBS: to Buy	11/17/2017

내부자 거래

(3M 비중은 12개월 거래 중 최근 3개월의 비중)

구분	성격	3개월	12개월	3M 비중
매수	매수 건수 (장내 매매만 해당)	0	0	-
매도	매도 건수 (장내 매매만 해당)	0	0	-
매수	매수 수량 (장내 매매만 해당)	0	0	-
매도	매도 수량 (장내 매매만 해당)	0	0	-
	순매수량 (−인 경우 순매도량)	0	0	

ETF 노출   (편입 ETF 수 : 64개 / 시가총액 대비 ETF의 보유비중 : 4.62%)

티커	ETF	보유 지분	비중
SPY	SPDR S&P 500 ETF Trust	$147,518,453	0.05%
IVV	iShares S&P 500 Index (ETF)	$75,703,181	0.05%
XLY	Consumer Discretionary SPDR (ETF)	$52,983,051	0.39%
IWD	iShares Russell 1000 Value Index (ETF)	$36,414,762	0.09%
RSP	Guggenheim S&P 500 Equal Weight ETF	$34,067,070	0.22%

기간 수익률

1M : 10.31%	3M : 20.56%	6M : -7.43%	1Y : -17.07%	3Y : -50.99%

재무 지표

	2014	2015	2016	2017(E)
매출액 (백만$)	13,783	13,268	12,488	13,164
영업이익 (백만$)	4,125	3,318	2,732	2,834
순이익 (백만$)	2,392	1,922	1,436	1,545
자산총계 (백만$)	23,117	22,217	22,508	23,369
자본총계 (백만$)	3,963	3,818	4,541	
부채총계 (백만$)	19,154	18,399	17,967	

안정성 비율	2013	2014	2015	2016
유동비율 (%)	177.47	133.47	120.86	123.15
부채비율 (%)	342.10	483.32	481.90	395.66
이자보상배율 (배)	8.40	6.71	5.05	4.44

투자 지표

	2014	2015	2016	2017(E)
영업이익률 (%)	29.93	25.01	21.88	21.53
매출액 증가율 (%)	-0.08	-3.74	-5.88	5.42
EPS ($)	5.53	4.78	3.63	3.84
EPS 증가율 (%)	12.17	-13.56	-24.06	5.89
주당자산가치($)	8.98	8.89	10.77	14.31
잉여현금흐름 (백만$)	2,474	2,171	1,199	1,352

	2013	2014	2015	2016
배당성향(%)	23.76	23.20	30.87	38.78
배당수익률(%)	1.38	1.64	3.38	3.67
ROE (%)	38.08	53.68	52.97	36.75
ROA (%)	10.63	10.50	8.83	6.58
재고회전율	17.22	17.06	16.26	15.32
EBITDA (백만$)	4,166.00	4,342.00	3,540.00	2,953.00

매출비중

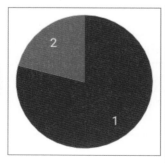

제품명	비중
1. 미디어 네트워크	79.61%
2.영화/엔터테인먼트	21.32%
3. 공제	-0.93%

MGM
엠지엠 리조트 인터내셔널
MGM Resorts International

섹터 자유소비재 (Consumer Discretionary)
세부섹터 카지노 (Casinos & Gaming)

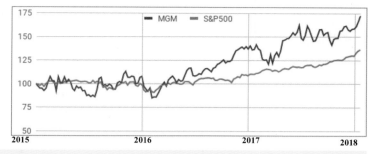

엠지엠 리조트 인터내셔널(MGM Resorts International)은 마카오와 미국의 카지노와 호텔 및 부동산을 소유하고 운영하는 지주 회사이다. 회사는 1986년에 설립되었고 본사는 네바다주 라스베이거스에 있으며 75,000명의 직원이 근무하고 있다. 회사는 자회사로 미국의 리조트 및 엠지엠 차이나(MGM China) 부문을 운영하고 있다. 미국 부문은 호텔, 음식 및 음료, 오락 및 다른 편의시설을 포함한다. 카지노 운영에는 다양한 슬롯, 테이블 게임, 경주 및 스포츠 도박이 포함된다. 엠지엠 차이나(MGM China)는 엠지엠 마카오(MGM Macau) 리조트와 카지노, 마카오의 코타이 스트립(Cotai Strip)에 있는 카지노, 호텔, 엔터테인먼트로 이루어진 복합 리조트를 운영하고 있다. 엠지엠의 카지노 리조트는 게임, 호텔, 컨벤션, 식사, 엔터테인먼트, 소매 및 기타 편의 시설을 제공하고 있다. 캘리포니아주와 네바다주의 프림 밸리 골프클럽(Primm Valley Golf Club)과 미시시피(Mississippi)의 소시어(Saucier)에 있는 폴른 오크(Fallen Oak) 골프 코스를 소유 및 관리하고 있다. 라스베이거스의 벨라지오(Bellagio)와 몬트 칼로(Monte Carlo) 사이에 위치한 시티센터 홀딩스(CityCenter Holdings, LLC)를 소유 및 관리하고 있다.

기준일 : 2018/ 01 /25
한글 회사명 : 엠지엠 리조트 인터내셔널
영문 회사명 : MGM Resorts International
상장일 : 1988년 05월 02일 | 결산월 : 12월
시가총액 : 208 (억$) |
52주 최고 : $37.76 (-0.58%) / 52주 최저 : $25.15 (+49.26%)

주요 주주정보

보유자/ 보유 기관	보유율
The Vanguard Group, Inc.	8.83%
Tracinda Corp.	6.57%
Capital Research & Management Co.	5.7%

애널리스트 추천 및 최근 투자의견

엠지엠 리조트 인터내셔널의 2018년 01월 25일 **현재 20개 기관의 평균적인 목표가는 39.21$**이며, 2018년 추정 주당순이익(EPS)은 1.48$로 2017년 추정 EPS 1.11$에 비해 **33.33% 증가할 것으로 예상**된다.

최근, 1개월, 3개월의 투자 의견 변화

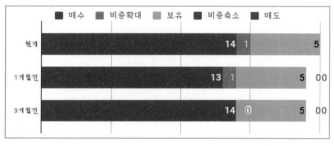

투자의견	금융사 및 투자	날짜
Initiated	Jefferies: to Buy	1/19/2018
Maintains	Nomura: to Buy	11/1/2017
Maintains	JP Morgan: to Overweight	11/1/2017
Initiated	Roth Capital: to Buy	10/25/2017
Downgrade	Stifel Nicolaus: Buy to Hold	10/18/2017

내부자 거래

(3M 비중은 12개월 거래 중 최근 3개월의 비중)

구분	성격	3개월	12개월	3M 비중
매수	매수 건수 (장내 매매만 해당)	0	0	0.00%
매도	매도 건수 (장내 매매만 해당)	12	0	13.33%
매수	매수 수량 (장내 매매만 해당)	0	10,000,000	0.00%
매도	매도 수량 (장내 매매만 해당)	230,307	7,017,693	3.28%
	순매수량 (−인 경우 순매도량)	-230,307	2,982,307	

ETF 노출

(편입 ETF 수 : 76개 / 시가총액 대비 ETF의 보유비중 : 10.59%)

티커	ETF	보유 지분	비중
VO	Vanguard Mid-Cap ETF	$461,583,459	0.46%
VTI	Vanguard Total Stock Market ETF	$454,423,176	0.07%
VOO	Vanguard 500 Index Fund	$322,125,269	0.08%
SPY	SPDR S&P 500 ETF Trust	$238,681,732	0.08%
VUG	Vanguard Growth ETF	$126,946,985	0.16%

기간 수익률

1M : 10.55%	3M : 13.87%	6M : 6.81%	1Y : 26.47%	3Y : 81.65%

재무 지표

	2014	2015	2016	2017(E)
매출액 (백만$)	10,082	9,190	9,455	10,684
영업이익 (백만$)	1,301	1,090	1,278	1,735
순이익 (백만$)	-150	-448	1,101	599
자산총계 (백만$)	26,703	25,710	28,907	28,644
자본총계 (백만$)	7,628	7,771	10,023	
부채총계 (백만$)	19,074	17,939	18,883	

안정성 비율	2013	2014	2015	2016
유동비율 (%)	122.76	88.83	107.63	97.22
부채비율 (%)	231.53	250.05	230.86	188.39
이자보상배율 (배)	1.39	1.59	1.37	1.84

투자 지표

	2014	2015	2016	2017(E)
영업이익률(%)	12.90	11.86	13.52	16.24
매출액 증가율 (%)	2.78	-8.85	2.88	12.99
EPS ($)	-0.31	-0.82	1.94	1.12
EPS 증가율 (%)	3.13	-164.52	336.59	-42.53
주당자산가치($)	8.33	9.06	10.83	13.16
잉여현금흐름 (백만$)	259	-260	-186	428

	2013	2014	2015	2016
배당성향(%)				
배당수익률(%)	0.00	0.00	0.00	0.00
ROE (%)	-3.64	-3.60	-9.72	19.43
ROA (%)	0.22	0.48	-3.97	4.53
재고회전율	91.05	95.15	88.28	93.65
EBITDA (백만$)	2,042.44	2,116.47	1,909.71	2,127.99

매출비중

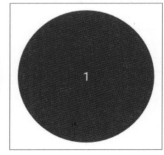

제품명	비중
1. 카지노 리조트	
	100%

WYNN
윈 리조트
Wynn Resorts Ltd

섹터 자유소비재 (Consumer Discretionary)
세부섹터 카지노 (Casinos & Gaming)

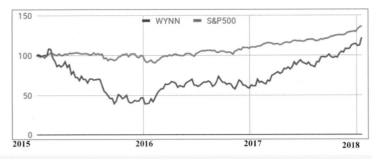

윈 리조트(Wynn Resorts, Limited)는 식당, 소매점, 엔터테인먼트 극장을 포함한 숙박 시설 및 편의 시설을 통합한 복합 카지노 리조트의 개발, 소유 및 운영 사업을 영위하는 업체이다. 회사는 2002년에 설립되었고 본사는 네바다주 라스베이거스에 있으며 24,600명의 직원이 근무하고 있다. 회사의 사업 부문은 마카오와 라스베이거스로 나누어 운영하고 있다. 마카오 부문은 윈 마카오(Wynn Macau), 앙코르(Encore), 윈 팰리스(Wynn Palace)로 구성되어 있다. 라스베이거스 부문에는 윈 라스베이거스(Wynn Las Vegas)와 앙코르(Encore)가 포함되어 있다. 윈 라스베이거스와 앙코르에는 234개의 게임테이블, 1,907대의 슬롯머신, 4,748개의 객실을 보유 중이며 많은 글로벌 명품 업체들이 입점해 있다. 매사추세츠주 에버렛에 통합 카지노 리조트인 윈 보스턴 하버를 건설 중이다.

기준일 : 2018/ 01 /25
한글 회사명 : 윈 리조트
영문 회사명 : Wynn Resorts Ltd
상장일 : 2002년 10월 25일 | 결산월 : 12월
시가총액 : 206 (억$) |
52주 최고 : $201.69 (-2.1%) / 52주 최저 : $92.51 (+113.43%)

주요 주주정보

보유자/ 보유 기관	보유율
WYNN STEPHEN ALAN	11.8%
WYNN ELAINE P	9.28%
The Vanguard Group, Inc.	7.98%

애널리스트 추천 및 최근 투자의견

윈 리조트의 2018년 01월 25일 **현재 20개 기관의 평균적인 목표가는 195.31$**이며, 2018년 추정 주당순이익(EPS)은 8.98$로 2017년 추정 EPS 7.37$에 비해 **21.84% 증가**할 것으로 예상된다.

최근, 1개월, 3개월의 투자 의견 변화

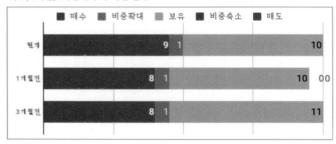

투자의견	금융사 및 투자	날짜
Initiated	Jefferies: to Buy	1/19/2018
Maintains	Stifel Nicolaus: to Hold	10/27/2017
Maintains	Barclays: to Equal-Weight	10/27/2017
Initiated	Roth Capital: to Buy	10/26/2017
Maintains	Morgan Stanley: to Overweight	10/13/2017

내부자 거래

(3M 비중은 12개월 거래 중 최근 3개월의 비중)

구분	성격	3개월	12개월	3M 비중
매수	매수 건수 (장내 매매만 해당)	5	14	35.71%
매도	매도 건수 (장내 매매만 해당)	5	18	27.78%
매수	매수 수량 (장내 매매만 해당)	112,675	132,043	85.33%
매도	매도 수량 (장내 매매만 해당)	49,623	342,353	14.49%
	순매수량 (−인 경우 순매도량)	63,052	-210,301	

ETF 노출
(편입 ETF 수 : 76개 / 시가총액 대비 ETF의 보유비중 : 10.78%)

티커	ETF	보유 지분	비중
VO	Vanguard Mid-Cap ETF	$402,475,405	0.40%
VTI	Vanguard Total Stock Market ETF	$395,920,581	0.06%
VOO	Vanguard 500 Index Fund	$273,774,694	0.07%
SPY	SPDR S&P 500 ETF Trust	$199,441,530	0.07%
QQQ	PowerShares QQQ Trust, Series 1 (ETF)	$158,412,035	0.26%

기간 수익률

1M : 8.19%	3M : 25.42%	6M : 33.91%	1Y : 97.79%	3Y : 22.21%

재무 지표

	2014	2015	2016	2017(E)
매출액 (백만$)	5,434	4,076	4,466	6,177
영업이익 (백만$)	1,273	659	522	1,098
순이익 (백만$)	732	195	242	407
자산총계 (백만$)	9,063	10,459	11,954	12,442
자본총계 (백만$)	211	22	258	
부채총계 (백만$)	8,852	10,437	11,696	

# 안정성 비율	2013	2014	2015	2016
유동비율 (%)	203.97	211.88	225.71	211.14
부채비율 (%)	6,229.40	4,193.34	47,778.96	4,535.30
이자보상배율 (배)	4.36	4.04	2.19	1.80

투자 지표

	2014	2015	2016	2017(E)
영업이익률 (%)	23.43	16.17	11.69	17.78
매출액 증가율 (%)	-3.33	-24.99	9.58	38.31
EPS ($)	7.25	1.93	2.39	5.22
EPS 증가율 (%)	0.00	-73.38	23.83	118.58
주당자산가치($)	-0.28	-1.10	1.55	4.83
잉여현금흐름 (백만$)	-29	-1,348	-255	671

	2013	2014	2015	2016
배당성향(%)	55.79	73.12	156.25	84.03
배당수익률(%)	2.06	3.53	4.34	2.31
ROE (%)				135.14
ROA (%)	12.83	11.04	2.88	2.70
재고회전율	81.15	73.95	55.56	53.80
EBITDA (백만$)	1,674.50	1,587.37	981.44	926.39

매출비중

제품명	비중
1. 카지노 리조트	
	100%

BBY
베스트 바이
Best Buy Co, Inc.

섹터 자유소비재 (Consumer Discretionary)
세부섹터 전자제품 소매 (Computer & Electronics Retail)

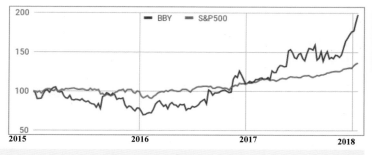

베스트 바이(Best Buy Co. Inc.)는 각종 전자제품의 판매, 사후 서비스 및 솔루션 공급 사업을 영위하는 업체이다. 회사는 1966년에 설립되었고 본사는 미네소타주 리치필드에 있으며 125,000명의 직원이 근무하고 있다. 회사는 미국, 캐나다 및 멕시코에서 사업을 운영하고 있으며, 국내와 국제 두 부문으로 운영하고 있다. 국내 부문은 베스트 바이(Best Buy), 베스트바이 닷컴(bestbuy.com), 베스트바이 모바일(Best Buy Mobile), 베스트 바이 다이렉트(Best Buy Direct), 베스트 바이 익스프레스(Best Buy Express), 긱 스쿼드(Geek Squad), 매그놀리아 홈 씨어터(Magnolia Home Theatre) 등 다양한 브랜드 이름으로 미국에서 사업을 영위하고 있다. 국제 부문은 캐나다, 멕시코에서 베스트 바이(Best Buy), 베스트바이닷컴닷캐나다(bestbuy.com.Ca), 베스트바이닷컴닷멕시코(bestbuy.com.MX), 베스트 바이 익스프레스(Best Buy Express), 베스트 바이 모바일(Best Buy Mobile) 및 긱스쿼드(Geek Squad)를 통해 사업을 영위하고 있다. 현재 미국내 및 해외 시장에서 1,200개의 대형 및 400개의 소형 매장을 운영하고 있다.

기준일 : 2018/ 01 /25
한글 회사명 : 베스트 바이
영문 회사명 : Best Buy Co. Inc.
상장일 : 1985년 04월 18일 | 결산월 : 1월
시가총액 : 223 (억$) |
52주 최고 : $78.59 (-1.5%) / 52주 최저 : $41.67 (+85.76%)

주요 주주정보

보유자/ 보유 기관	보유율
SCHULZE RICHARD M	13.19%
The Vanguard Group, Inc.	10.93%
Fidelity Management & Research Co.	8.97%

애널리스트 추천 및 최근 투자의견

베스트 바이의 2018년 01월 25일 현재 26개 기관의 평균적인 목표가는 66.11$이며, 2018년 추정 주당순이익(EPS)은 4.61$로 2017년 추정 EPS 4.03$에 비해 **14.39% 증가**할 것으로 예상된다.

재무 지표

	2014	2015	2016	2017(E)
매출액 (백만$)	40,339	39,528	39,403	41,220
영업이익 (백만$)	1,443	1,484	1,735	1,905
순이익 (백만$)	1,246	807	1,207	1,233
자산총계 (백만$)	15,256	13,519	14,215	13,553
자본총계 (백만$)	5,000	4,378	4,709	
부채총계 (백만$)	10,256	9,141	9,506	

안정성 비율	2013	2014	2015	2016
유동비율 (%)	141.00	150.82	142.76	147.66
부채비율 (%)	251.29	205.12	208.79	201.87
이자보상배율 (배)	10.65	16.03	18.55	24.10

최근, 1개월, 3개월의 투자 의견 변화

투자의견	금융사 및 투자	날짜
Downgrade	Telsey Advisory Group: Outperform to Market Perform	1/25/2018
Initiated	Moffett Nathanson: to Sell	12/4/2017
Maintains	Deutsche Bank: to Hold	11/17/2017
Maintains	Barclays: to Overweight	9/14/2017
Upgrade	Bank of America: to Buy	4/25/2017

투자 지표

	2014	2015	2016	2017(E)
영업이익률 (%)	3.58	3.75	4.40	4.62
매출액 증가율 (%)	-4.88	-2.01	-0.32	4.61
EPS ($)	3.53	2.30	3.86	4.03
EPS 증가율 (%)	141.17	-34.67	67.42	4.38
주당자산가치($)	14.21	13.52	15.14	12.81
잉여현금흐름 (백만$)	1,374	673	1,963	1,141

	2013	2014	2015	2016
배당성향(%)	47.27	20.66	40.43	29.42
배당수익률(%)	2.89	2.05	3.29	2.52
ROE (%)	34.47	27.75	17.22	26.57
ROA (%)		8.51	5.61	8.70
재고회전율	15.78	7.65	7.73	7.95
EBITDA (백만$)	1,781.00	2,099.00	2,141.00	2,389.00

내부자 거래

(3M 비중은 12개월 거래 중 최근 3개월의 비중)

구분	성격	3개월	12개월	3M 비중
매수	매수 건수 (장내 매매만 해당)	9	28	32.14%
매도	매도 건수 (장내 매매만 해당)	6	60	10.00%
매수	매수 수량 (장내 매매만 해당)	228,663	1,207,273	18.94%
매도	매도 수량 (장내 매매만 해당)	449,985	4,642,851	9.69%
	순매수량 (-인 경우 순매도량)	-221,322	-3,435,578	

ETF 노출

(편입 ETF 수 : 105개 / 시가총액 대비 ETF의 보유비중 : 12.36%)

티커	ETF	보유 지분	비중
VO	Vanguard Mid-Cap ETF	$476,948,579	0.48%
VTI	Vanguard Total Stock Market ETF	$469,573,870	0.07%
VOO	Vanguard 500 Index Fund	$332,885,695	0.08%
SPY	SPDR S&P 500 ETF Trust	$243,718,014	0.08%
VIG	Vanguard Dividend Appreciation ETF	$208,614,852	0.58%

매출비중

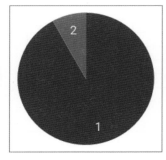

제품명	비중
1. 미국 지역 판매	
	91.99%
2. 전세계 판매	
	8.01%

기간 수익률

1M : 17.66%	3M : 31.13%	6M : 41.96%	1Y : 77.26%	3Y : 119.66%

GRMN
가민
Garmin Ltd.

섹터 자유소비재 (Consumer Discretionary)
세부섹터 가전 (Consumer Electronics)

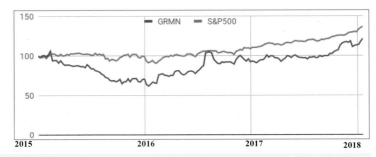

가민(Garmin Ltd.)은 지피에스(Global Positioning System, GPS) 탐색 및 무선 장치 및 응용 프로그램을 제공하는 사업을 영위하는 업체이다. 회사는 1989년에 설립되었고 본사는 스위스 샤프하우젠에 있으며 11,600명의 직원이 근무하고 있다. 회사는 자동차, 항공, 피트니스, 해양, 실외 등 다섯 가지 사업 부문으로 운영하고 있다. 차량용, 모바일 내비게이션 제품 및 모바일 지피에스(GPS) 시장을 위해 설계된 다양한 제품 및 애플리케이션을 제공하고 있다. 야외 핸드헬드, 웨어러블 장치, 골프 장치 및 교육, 애완동물 복종 장치 등 전 세계 소비자에게 위치추적에 관련된 제품을 제공하고 있다. 피트니스 및 활동 추적(activity tracking)에 사용하도록 설계된 다양한 제품도 제공하고 있다. 항공 사업 부문은 항공기 제조업체, 기존 항공기 소유자 및 운영자, 군대 및 정부 고객을 위한 기술을 제공하고 있으며 운송 항공기, 비즈니스 항공, 일반 항공, 실험 및 경호, 헬리콥터 등을 포함하고 있다.

기준일 : 2018/ 01 /25

한글 회사명 : 가민
영문 회사명 : Garmin Ltd.
상장일 : 2000년 12월 08일 | 결산월 : 12월
시가총액 : 120 (억$) |
52주 최고 : $64.96 (-0.38%) / 52주 최저 : $47.03 (+37.59%)

주요 주주정보

보유자/ 보유 기관	보유율
KAO MIN H	17.86%
BURRELL JONATHAN	12%
The Vanguard Group, Inc.	5.63%

애널리스트 추천 및 최근 투자의견

가민의 2018년 01월 25일 **현재 14개 기관의 평균적인 목표가는 57.56$**이며, 2018년 추정 주당순이익(EPS)은 2.96$로 2017년 추정 EPS 2.91$에 비해 **1.71% 증가할 것으로 예상**된다.

최근, 1개월, 3개월의 투자 의견 변화

투자의견	금융사 및 투자	날짜
Maintains	Morgan Stanley: to Equal-Weight	11/2/2017
Upgrade	Longbow Research: to Buy	7/19/2017
Downgrade	JP Morgan: to Underweight	5/4/2017
Initiated	Tigress Financial: to Buy	5/2/2017
Upgrade	Goldman Sachs: to Neutral	3/6/2017

내부자 거래

(3M 비중은 12개월 거래 중 최근 3개월의 비중)

구분	성격	3개월	12개월	3M 비중
매수	매수 건수 (장내 매매만 해당)	17	28	60.71%
매도	매도 건수 (장내 매매만 해당)	19	69	27.54%
매수	매수 수량 (장내 매매만 해당)	2,088,824	15,693,556	13.31%
매도	매도 수량 (장내 매매만 해당)	2,094,205	18,074,808	11.59%
	순매수량 (-인 경우 순매도량)	-5,381	-2,381,252	

ETF 노출

(편입 ETF 수 : 76개 / 시가총액 대비 ETF의 보유비중 : 8.75%)

티커	ETF	보유 지분	비중
DVY	iShares Select Dividend ETF	$214,523,114	1.19%
VO	Vanguard Mid-Cap ETF	$147,388,566	0.15%
VTI	Vanguard Total Stock Market ETF	$145,424,854	0.02%
VOO	Vanguard 500 Index Fund	$121,851,757	0.03%
SPY	SPDR S&P 500 ETF Trust	$92,110,948	0.03%

기간 수익률

1M : 9.44%	3M : 21.7%	6M : 23.8%	1Y : 33.42%	3Y : 20.89%

재무 지표

	2014	2015	2016	2017(E)
매출액 (백만$)	2,871	2,820	3,019	3,069
영업이익 (백만$)	691	550	624	659
순이익 (백만$)	364	456	511	699
자산총계 (백만$)	4,693	4,499	4,525	4,790
자본총계 (백만$)	3,403	3,345	3,418	
부채총계 (백만$)	1,290	1,154	1,107	

안정성 비율	2013	2014	2015	2016
유동비율 (%)	280.38	238.05	249.64	283.06
부채비율 (%)	33.33	37.90	34.51	32.39
이자보상배율 (배)				

투자 지표

	2014	2015	2016	2017(E)
영업이익률 (%)	24.07	19.50	20.67	21.47
매출액 증가율 (%)	9.07	-1.76	7.04	1.66
EPS ($)	1.89	2.39	2.71	2.91
EPS 증가율 (%)	-39.62	26.46	13.39	7.27
주당자산가치($)	17.74	17.63	18.13	20.20
잉여현금흐름 (백만$)	449	200	615	561

	2013	2014	2015	2016
배당성향(%)	57.69	100.53	84.10	75.56
배당수익률(%)	3.90	3.58	5.41	4.21
ROE (%)	17.03	10.31	13.52	15.11
ROA (%)	12.63	7.61	9.93	11.32
재고회전율	6.82	7.15	6.12	6.13
EBITDA (백만$)	652.84	767.64	627.94	710.25

매출비중

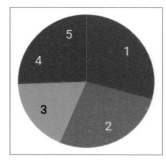

제품명	비중
1. 자동차 부문	29.24%
2. 휘트니스 부문	27.11%
3. 아웃도어 부문	18.1%
4. 항공 부문	14.55%
5. 해양 부문	11%

JWN
노드스트롬
Nordstrom

섹터 자유소비재 (Consumer Discretionary)
세부섹터 백화점 (Department Stores)

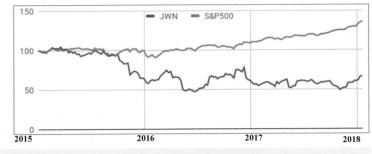

노드스트롬(Nordstrom, Inc.)은 미국에서 의류 전문 백화점 사업을 영위하는 업체이다. 회사는 1901년에 설립되었고 본사는 워싱턴주 시애틀에 있으며 72,500명의 직원이 근무하고 있다. 사업 부문은 소매와 신용 두 부문으로 나누어진다. 미국 내 40개 주에 위치한 344개의 매장 및 온라인 사이트를 운영하고 있다. 신용카드 및 직불카드를 포함한 다양한 신용 서비스를 제공하고 있다. 소매 부문은 117곳의 노드스트롬(Nordstrom) 브랜드 풀 라인 가게, 216곳의 할인 매장 노드스트롬 랙(Nordstrom Rack), 5곳의 캐나다 풀 라인 가게 및 노드스트롬 닷컴(Nordstrom.com) 등 온라인 매장을 운영하고 있다. 회사는 신용 사업 부문을 통해 고객이 노드스트롬(Nordstrom) 브랜드 라벨카드, 노드스트롬(Nordstrom) 브랜드 비자(Visa) 신용카드 및 노드스트롬(Nordstrom) 구매용 직불카드 등 다양한 결제 상품 및 서비스를 제공하고 있다.

기준일 : 2018/ 01 /25
한글 회사명 : 노드스트롬
영문 회사명 : Nordstrom
상장일 : 1972년 01월 21일 | 결산월 : 1월
시가총액 : 82 (억$) |
52주 최고 : $53 (-2.96%) / 52주 최저 : $37.79 (+36.09%)

주요 주주정보

보유자/ 보유 기관	보유율
NORDSTROM BRUCE A	15.43%
GITTINGER ANNE E	9.25%
The Vanguard Group, Inc.	7.06%

애널리스트 추천 및 최근 투자의견

노드스트롬 의 2018년 01월 25일 현재 **26개 기관의 평균적인 목표가는 49.32$**이며, 2018년 추정 주당순이익(EPS)은 3.21$로 2017년 추정 EPS 2.95$에 비해 **8.81% 증가**할 것으로 예상된다.

최근, 1개월, 3개월의 투자 의견 변화

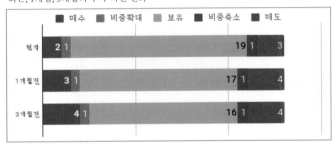

투자의견	금융사 및 투자	날짜
Upgrade	JP Morgan: Underweight to Neutral	1/2/2018
Maintains	BMO Capital: to Market Perform	11/13/2017
Maintains	Morgan Stanley: to Underweight	11/13/2017
Maintains	KeyBanc: to Outperform	11/10/2017
Maintains	UBS: to Neutral	11/10/2017

내부자 거래

			(3M 비중은 12개월 거래 중 최근 3개월의 비중)	
구분	성격	3개월	12개월	3M 비중
매수	매수 건수 (장내 매매만 해당)	13	26	50.00%
매도	매도 건수 (장내 매매만 해당)	25	38	65.79%
매수	매수 수량 (장내 매매만 해당)	439,342	3,706,984	11.85%
매도	매도 수량 (장내 매매만 해당)	35,062	3,255,752	1.08%
	순매수량 (−인 경우 순매도량)	404,280	451,232	

ETF 노출 　(편입 ETF 수 : 90개 / 시가총액 대비 ETF의 보유비중 : 9.51%)

티커	ETF	보유 지분	비중
VO	Vanguard Mid-Cap ETF	$141,854,726	0.14%
VTI	Vanguard Total Stock Market ETF	$139,676,203	0.02%
VOO	Vanguard 500 Index Fund	$99,181,114	0.02%
SPY	SPDR S&P 500 ETF Trust	$71,812,606	0.02%
VOE	Vanguard Mid-Cap Value ETF	$48,123,273	0.27%

기간 수익률

1M : 14.31%	3M : 11.25%	6M : 9.61%	1Y : 16.48%	3Y : -32.37%

재무 지표

	2014	2015	2016	2017(E)
매출액 (백만$)	13,506	14,437	14,757	15,376
영업이익 (백만$)	1,315	1,149	990	951
순이익 (백만$)	720	600	354	497
자산총계 (백만$)	9,245	7,698	7,858	8,063
자본총계 (백만$)	2,440	871	870	
부채총계 (백만$)	6,805	6,827	6,988	

안정성 비율	2013	2014	2015	2016
유동비율 (%)	205.75	186.57	103.54	107.03
부채비율 (%)	312.21	278.89	783.81	803.22
이자보상배율 (배)	8.28	9.46	9.19	8.11

투자 지표

	2014	2015	2016	2017(E)
영업이익률 (%)	9.74	7.96	6.71	6.18
매출액 증가율 (%)	7.70	6.89	2.22	4.19
EPS ($)	3.79	3.22	2.04	2.95
EPS 증가율 (%)	0.53	-15.04	-36.53	44.36
주당자산가치($)	12.84	5.02	5.12	5.49
잉여현금흐름 (백만$)	359	1,369	802	608

	2013	2014	2015	2016
배당성향(%)	32.35	35.48	46.89	73.27
배당수익률(%)	2.09	1.73	3.01	3.35
ROE (%)	36.76	31.86	36.24	40.67
ROA (%)	8.81	8.08	7.08	4.55
재고회전율	8.68	8.28	7.85	7.68
EBITDA (백만$)	1,795.00	1,823.00	1,725.00	1,635.00

매출비중

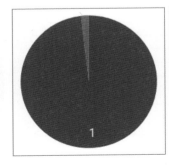

제품명	비중
1. 소매 판매	
	100.08%
2. 지불/결제	
	1.76%
3. 기타	
	-1.83%

M
메이시스
Macy's, Inc.

섹터 자유소비재 (Consumer Discretionary)
세부섹터 백화점 (Department Stores)

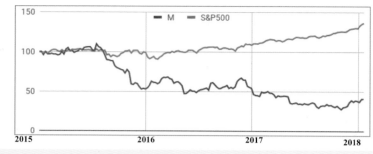

메이시스(Macy's, Inc.)는 메이시스(Macy's), 블루밍데일스(Bloomingdale's) 및 블루머큐리(Bluemercury)와 같은 다양한 브랜드로 오프라인 매장, 웹사이트 및 모바일 응용 프로그램을 통해 온라인 매장을 운영하는 소매업을 영위하는 업체이다. 회사는 1830년에 설립되었고 본사는 오하이오주 신시내티에 있으며 148,300명의 직원이 근무하고 있다. 회사는 남성, 여성 및 아동의 의류 및 액세서리, 화장품, 가정용 가구 및 기타 소비재를 포함한 다양한 상품을 판매하고 있다. 회사는 현재 미국 45개 주에서 700개 이상의 백화점을 운영하고 있으며 125개 이상의 할인 매장도 운영하고 있다. 자회사인 에프디에스 뱅크(FDS Bank)를 통해 고객의 모든 신용카드 계좌에 대한 업무 및 고객 서비스와 마케팅 서비스를 제공하고 있다.

기준일 : 2018/ 01 /25
한글 회사명 : 메이시스
영문 회사명 : Macy's, Inc.
상장일 : 1992년 02월 05일 | 결산월 : 1월
시가총액 : 81 (억$) |
52주 최고 : $34.37 (-20.01%) / 52주 최저 : $17.41 (+57.89%)

주요 주주정보

보유자/ 보유 기관	보유율
The Vanguard Group, Inc.	9.99%
BlackRock Fund Advisors	6.65%
SSgA Funds Management, Inc.	4.56%

애널리스트 추천 및 최근 투자의견

메이시스의 2018년 01월 25일 **현재 22개 기관의 평균적인 목표가는 26.67$**이며, 2018년 추정 주당순이익(EPS)은 2.94$로 2017년 추정 EPS 3.57$에 비해 **-17.64% 감소할 것으로 예상**된다.

최근, 1개월, 3개월의 투자 의견 변화

투자의견	금융사 및 투자	날짜
Initiated	Gordon Haskett: to Hold	5/9/2017
Upgrade	Atlantic Equities: Neutral to Overweight	2/17/2017
Initiated	Susquehanna: to Neutral	2/10/2017
Upgrade	Deutsche Bank: Hold to Buy	10/31/2016
Initiated	Guggenheim: to Buy	9/30/2016

내부자 거래

(3M 비중은 12개월 거래 중 최근 3개월의 비중)

구분	성격	3개월	12개월	3M 비중
매수	매수 건수 (장내 매매만 해당)	0	4	0.00%
매도	매도 건수 (장내 매매만 해당)	5	9	55.56%
매수	매수 수량 (장내 매매만 해당)	0	37,300	0.00%
매도	매도 수량 (장내 매매만 해당)	114,952	123,716	92.92%
	순매수량 (−인 경우 순매도량)	-114,952	-86,416	

ETF 노출
(편입 ETF 수 : 84개 / 시가총액 대비 ETF의 보유비중 : 14.94%)

티커	ETF	보유 지분	비중
VO	Vanguard Mid-Cap ETF	$200,342,197	0.20%
VTI	Vanguard Total Stock Market ETF	$197,310,081	0.03%
VOO	Vanguard 500 Index Fund	$139,948,924	0.03%
DVY	iShares Select Dividend ETF	$108,884,467	0.60%
SPY	SPDR S&P 500 ETF Trust	$102,177,563	0.03%

기간 수익률

1M : 9.84%	3M : 19.61%	6M : 15.62%	1Y : -9.05%	3Y : -57.22%

재무 지표

	2014	2015	2016	2017(E)
매출액 (백만$)	28,105	27,079	25,778	24,799
영업이익 (백만$)	2,795	2,327	1,683	2,003
순이익 (백만$)	1,526	1,072	619	1,084
자산총계 (백만$)	21,461	21,865	21,164	19,664
자본총계 (백만$)	5,378	4,253	4,322	
부채총계 (백만$)	16,083	17,612	16,842	

안정성 비율	2013	2014	2015	2016
유동비율 (%)	151.73	156.77	133.59	135.05
부채비율 (%)	246.20	299.05	414.11	389.68
이자보상배율 (배)	7.09	7.08	6.41	4.59

투자 지표

	2014	2015	2016	2017(E)
영업이익률(%)	9.94	8.59	6.53	8.08
매출액 증가율 (%)	0.62	-3.65	-4.80	-3.80
EPS ($)	4.30	3.26	2.01	3.58
EPS 증가율 (%)	9.42	-24.19	-38.34	77.85
주당자산가치($)	15.79	13.70	14.22	15.90
잉여현금흐름 (백만$)	1,939	1,207	1,205	1,146

	2013	2014	2015	2016
배당성향(%)	24.61	28.14	43.25	75.00
배당수익률(%)	1.79	1.86	3.45	5.05
ROE (%)	24.16	26.25	22.27	14.44
ROA (%)	6.97	7.08	4.94	2.84
재고회전율	5.14	5.08	4.91	4.73
EBITDA (백만$)	3,786.00	3,831.00	3,388.00	2,741.00

매출비중

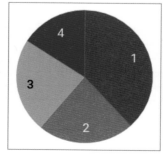

제품명	비중
1. 여성 용품	38%
2. 남성/아동	23%
3. 여성 의류	23%
4. 홈 / 기타	16%

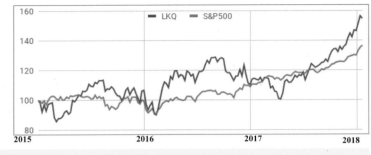

LKQ
엘케이큐 코퍼레이션
LKQ Corporation

섹터 자유소비재 (Consumer Discretionary)
세부섹터 유통 (Distributors)

엘케이큐 코퍼레이션(LKQ Corporation)은 차량 수리 및 유지 보수에 사용되는 교체 부품, 부품 및 시스템은 물론 특수 차량 제품 및 액세서리, 자동차 유리를 포함한 차량 부품의 유통을 영위하는 업체이다. 회사는 1998년에 설립되었고 본사는 일리노이주 시카고에 있으며 42,500명의 직원이 근무하고 있다. 회사의 사업 부문에는 북미, 유럽, 전문 분야, 셀프 서비스로 나누어져 있다. 북미 부문에서 미국과 캐나다에서 자동차 수리 사업과 부품 판매 사업을 영위하고 있다. 유럽 부문에서는 영국의 자회사를 통해 유럽지역에 차량 부품과 장비를 도매로 판매하고 있다. 전문분야 부문은 미국과 캐나다에서 특수 차량 제품과 부품의 유통을 담당하고 있다. 셀프 서비스 부문은 자동차 및 소형 트럭의 부품을 직접 소비자에게 판매하고 있다.

기준일 : 2018/ 01 /25
한글 회사명 : 엘케이큐 코퍼레이션
영문 회사명 : LKQ Corporation
상장일 : 2003년 10월 03일 | 결산월 : 12월
시가총액 : 132 (억$) | 52주 최고 : $43.75 (-1.69%) / 52주 최저 : $27.85 (+54.43%)

주요 주주정보

보유자/ 보유 기관	보유율
The Vanguard Group, Inc.	9.34%
Artisan Partners LP	9.27%
BlackRock Fund Advisors	4.54%

애널리스트 추천 및 최근 투자의견

엘케이큐 코퍼레이션의 2018년 01월 25일 **현재 16개 기관의 평균적인 목표가는 45.62$**이며, 2018년 추정 주당순이익(EPS)은 2.12$로 2017년 추정 EPS 1.89$에 비해 **12.16% 증가할 것으로 예상**된다.

최근, 1개월, 3개월의 투자 의견 변화

투자의견	금융사 및 투자	날짜
Initiated	JP Morgan: to Overweight	2/21/2017
Initiated	Susquehanna: to Positive	8/26/2016
Initiated	Sterne Agee CRT: to Buy	3/2/2016
Initiated	Jefferies: to Buy	1/15/2016
Initiated	FBR Capital: to Outperform	1/10/2014

내부자 거래

(3M 비중은 12개월 거래 중 최근 3개월의 비중)

구분	성격	3개월	12개월	3M 비중
매수	매수 건수 (장내 매매만 해당)	9	21	42.86%
매도	매도 건수 (장내 매매만 해당)	23	49	46.94%
매수	매수 수량 (장내 매매만 해당)	189,204	294,207	64.31%
매도	매도 수량 (장내 매매만 해당)	111,644	711,132	15.70%
	순매수량 (-인 경우 순매도량)	77,560	-416,925	

ETF 노출
(편입 ETF 수 : 60개 / 시가총액 대비 ETF의 보유비중 : 3.9%)

티커	ETF	보유 지분	비중
SPY	SPDR S&P 500 ETF Trust	$161,488,112	0.05%
IVV	iShares S&P 500 Index (ETF)	$83,978,602	0.05%
XLY	Consumer Discretionary SPDR (ETF)	$58,919,552	0.43%
IWD	iShares Russell 1000 Value Index (ETF)	$35,243,765	0.08%
RSP	Guggenheim S&P 500 Equal Weight ETF	$31,517,681	0.20%

기간 수익률

1M : 8.73%	3M : 21.52%	6M : 28.23%	1Y : 35.86%	3Y : 67.61%

재무 지표

	2014	2015	2016	2017(E)
매출액 (백만$)	6,740	7,193	8,584	9,646
영업이익 (백만$)	665	724	801	884
순이익 (백만$)	382	423	456	585
자산총계 (백만$)	5,573	5,648	8,303	8,895
자본총계 (백만$)	2,721	3,115	3,443	
부채총계 (백만$)	2,853	2,533	4,860	

안정성 비율	2013	2014	2015	2016
유동비율 (%)	265.48	308.70	311.28	294.65
부채비율 (%)	92.23	104.86	81.33	141.17
이자보상배율 (배)	10.56	11.39	13.79	9.26

투자 지표

	2014	2015	2016	2017(E)
영업이익률 (%)				
매출액 증가율 (%)	33.14	6.72	19.35	12.38
EPS ($)	1.26	1.39	1.51	1.89
EPS 증가율 (%)	21.15	10.32	8.63	25.02
주당자산가치($)	8.97	10.19	11.19	13.31
잉여현금흐름 (백만$)	230	359	428	406

	2013	2014	2015	2016
배당성향(%)				
배당수익률(%)	0.00	0.00	0.00	0.00
ROE (%)	14.44	15.05	14.51	13.91
ROA (%)	7.56	7.56	7.54	6.54
재고회전율	5.12	5.37	4.81	4.92
EBITDA (백만$)	626.82	790.11	852.33	1,007.25

매출비중

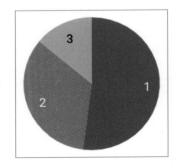

제품명	비중
1. 용품-북아메리카	52.08%
2. 용품-유럽	34.02%
3. 특수 제품	13.89%

DG
달러 제네럴 코퍼레이션
Dollar General Corporation

섹터 자유소비재 (Consumer Discretionary)
세부섹터 일반 상품 판매 (General Merchandise Stores)

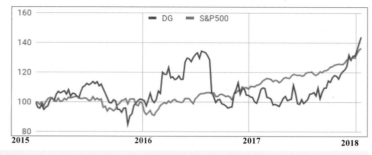

달러 제네럴 코퍼레이션(Dollar General Corporation)은 각종 저가 및 할인된 가격의 상품을 판매하는 할인소매 업체이다. 회사는 1939년에 설립되었고 본사는 테네시주 구들렛츠에 있으며 122,000명의 직원이 근무하고 있다. 이곳에서는 소모품, 계절 용품, 가정용품 및 의류를 포함한 다양한 제품을 판매하고 있다. 소모품은 종이 및 청소용품, 포장식품, 부패하기 쉬운 제품, 사탕, 과자, 탄산음료, 건강 및 미용을 위한 의약품 및 개인 위생용품, 애완동물 용품 및 애완 동물 사료, 각종 담배 등을 판매하고 있다. 계절용품으로는 파티 및 장식용품, 장난감, 배터리, 편지지, 선물 전화 및 액세서리, 가정용 사무용품을 판매하고 있다. 가정용품은 조리기구, 공예용품 및 주방, 침대 및 욕실용 제품을 판매하고 있다. 의복 제품은 유아용, 청소년용, 여성용 및 남성용까지 다양하게 판매하고 있다. 회사는 2017년 기준으로 미국 44개 주 13,429개의 매장을 운영하고 있다.

기준일 : 2018/ 01 /25

한글 회사명 : 달러 제네럴 코퍼레이션
영문 회사명 : Dollar General Corporation
상장일 : 2009년 11월 13일 | 결산월 : 1월
시가총액 : 282 (억$) |
52주 최고 : $103.99 (-0.8%) / 52주 최저 : $65.97 (+56.35%)

주요 주주정보

보유자/ 보유 기관	보유율
T. Rowe Price Associates, Inc.	9.8%
GIC Pte Ltd. (Investment Management)	8.87%
The Vanguard Group, Inc.	6.51%

애널리스트 추천 및 최근 투자의견

달러 제네럴 코퍼레이션의 **2018년 01월 25일 현재 31개 기관의 평균적인 목표가는 103$**이며, 2018년 추정 주당순이익(EPS)은 5.48$로 2017년 추정 EPS 4.52$에 비해 **21.23% 증가할 것으로 예상**된다.

최근, 1개월, 3개월의 투자 의견 변화

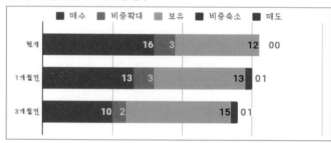

투자의견	금융사 및 투자	날짜
Upgrade	Telsey Advisory Group: Market Perform to Outperform	1/25/2018
Upgrade	Wells Fargo: Underperform to Outperform	1/23/2018
Initiated	Oppenheimer: to Outperform	1/17/2018
Initiated	Moffett Nathanson: to Neutral	12/4/2017
Upgrade	Deutsche Bank: Hold to Buy	11/16/2017

내부자 거래

(3M 비중은 12개월 거래 중 최근 3개월의 비중)

구분	성격	3개월	12개월	3M 비중
매수	매수 건수 (장내 매매만 해당)	1	18	5.56%
매도	매도 건수 (장내 매매만 해당)	2	31	6.45%
매수	매수 수량 (장내 매매만 해당)	2,112	77,514	2.72%
매도	매도 수량 (장내 매매만 해당)	9,548	80,673	11.84%
	순매수량 (-인 경우 순매도량)	-7,436	-3,159	

ETF 노출
(편입 ETF 수 : 89개 / 시가총액 대비 ETF의 보유비중 : 9.01%)

티커	ETF	보유 지분	비중
VTI	Vanguard Total Stock Market ETF	$683,674,548	0.10%
VOO	Vanguard 500 Index Fund	$462,172,718	0.11%
SPY	SPDR S&P 500 ETF Trust	$337,003,619	0.11%
VUG	Vanguard Growth ETF	$190,934,287	0.24%
IVV	iShares S&P 500 Index (ETF)	$171,337,885	0.11%

기간 수익률

1M : 12.15%	3M : 31.41%	6M : 41.24%	1Y : 43.63%	3Y : 50.79%

재무 지표

	2014	2015	2016	2017(E)
매출액 (백만$)	18,910	20,369	21,987	23,542
영업이익 (백만$)	1,785	1,952	2,076	2,042
순이익 (백만$)	1,065	1,165	1,251	1,229
자산총계 (백만$)	11,224	11,452	11,864	12,286
자본총계 (백만$)	5,710	5,378	5,406	
부채총계 (백만$)	5,514	6,074	6,458	

안정성 비율	2013	2014	2015	2016
유동비율 (%)	176.91	177.72	172.00	140.22
부채비율 (%)	101.17	96.57	112.95	119.45
이자보상배율 (배)	20.68	21.48	23.12	21.22

투자 지표

	2014	2015	2016	2017(E)
영업이익률 (%)	9.44	9.58	9.44	8.68
매출액 증가율 (%)	8.03	7.72	7.94	7.08
EPS ($)	3.50	3.96	4.45	4.52
EPS 증가율 (%)	10.41	13.14	12.37	1.46
주당자산가치($)	18.82	18.76	19.64	21.97
잉여현금흐름 (백만$)	941	873	1,045	847

	2013	2014	2015	2016
배당성향(%)			22.28	22.57
배당수익률(%)	0.00	0.00	1.17	1.35
ROE (%)	19.74	19.17	21.02	23.20
ROA (%)	9.66	9.65	10.28	10.73
재고회전율	7.07	7.09	6.96	6.94
EBITDA (백만$)	2,078.02	2,127.65	2,304.73	2,456.18

매출비중

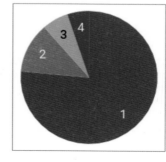

제품명	비중
1. 일반 생활품	76.41%
2.계절상품	12.16%
3. 가정 용품	6.25%
4. 의류	5.18%

DLTR
달러 트리
Dollar Tree

섹터 자유소비재 (Consumer Discretionary)
세부섹터 일반 상품 판매 (General Merchandise Stores)

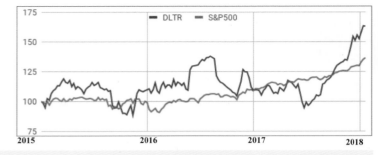

달러 트리(Dollar Tree, Inc.)는 각종 저가 및 할인된 가격의 상품을 다양하게 판매하는 할인소매 업체이다. 회사는 1986년에 설립되었고 본사는 버지니아주 체사피크에 있으며 176,800명의 직원이 근무하고 있다. 사업 부문은 달러 트리(Dollar Tree)와 패밀리 달러(Family dollar)로 나누어져 있다. 달러 트리는 달러 트리(Dollar Tree) 및 달러트리 캐나다(Dollar Tree Canada)의 브랜드로 운영되는 6,360개 매장이 있다. 미국 11개, 캐나다 2개의 유통센터를 운영하고 있으며 버지니아주 체사피크에 매장지원센터를 운영하고 있다. 패밀리 달러(Family Dollar) 부문은 11개의 유통 센터와 노스 캐롤라이나주 매튜스에 매장 지원 센터를 운영하고 있다. 회사는 2017년 기준으로 미국 48개 주와 컬럼비아 특별구 및 캐나다 5개 주에 14,334개의 매장을 운영하고 있다.

기준일 : 2018/ 01 /25
한글 회사명 : 달러 트리
영문 회사명 : Dollar Tree
상장일 : 1995년 03월 07일 | 결산월 : 1월
시가총액 : 273 (억$) | 52주 최고 : $116.28 (-1.1%) / 52주 최저 : $65.63 (+75.2%)

주요 주주정보

보유자/ 보유 기관	보유율
The Vanguard Group, Inc.	9.49%
Fidelity Management & Research Co.	6.5%
BlackRock Fund Advisors	4.5%

애널리스트 추천 및 최근 투자의견

달러 트리의 2018년 01월 25일 현재 **29개 기관의 평균적인 목표가는 115$**이며, 2018년 추정 주당순이익(EPS)은 5.73$로 2017년 추정 EPS 4.87$에 비해 **17.65% 증가할 것으로 예상**된다.

최근, 1개월, 3개월의 투자 의견 변화

투자의견	금융사 및 투자의견	날짜
Initiated	Oppenheimer: to Outperform	1/17/2018
Initiated	Guggenheim: to Buy	1/11/2018
Initiated	Moffett Nathanson: to Buy	12/4/2017
Maintains	KeyBanc: Overweight to Overweight	11/22/2017
Maintains	Buckingham: to Buy	11/20/2017

내부자 거래

(3M 비중은 12개월 거래 중 최근 3개월의 비중)

구분	성격	3개월	12개월	3M 비중
매수	매수 건수 (장내 매매만 해당)	7	33	21.21%
매도	매도 건수 (장내 매매만 해당)	0	68	0.00%
매수	매수 수량 (장내 매매만 해당)	12,672	48,775	25.98%
매도	매도 수량 (장내 매매만 해당)	0	1,098,448	0.00%
	순매수량 (−인 경우 순매도량)	12,672	-1,049,673	

ETF 노출
(편입 ETF 수 : 76개 / 시가총액 대비 ETF의 보유비중 : 12.45%)

티커	ETF	보유 지분	비중
VO	Vanguard Mid-Cap ETF	$632,419,842	0.64%
VTI	Vanguard Total Stock Market ETF	$622,353,536	0.09%
VOO	Vanguard 500 Index Fund	$464,642,267	0.11%
SPY	SPDR S&P 500 ETF Trust	$338,122,842	0.11%
QQQ	PowerShares QQQ Trust, Series 1 (ETF)	$210,785,706	0.34%

기간 수익률

1M : 7.94%	3M : 37.43%	6M : 61.84%	1Y : 49.85%	3Y : 71.98%

재무 지표

	2014	2015	2016	2017(E)
매출액 (백만$)	8,602	15,498	20,719	22,266
영업이익 (백만$)	1,070	1,091	1,709	2,044
순이익 (백만$)	599	282	896	1,149
자산총계 (백만$)	3,567	16,105	15,950	15,925
자본총계 (백만$)	1,785	4,407	5,390	
부채총계 (백만$)	1,782	11,698	10,560	

안정성 비율	2013	2014	2015	2016
유동비율 (%)	200.86	231.50	187.84	187.00
부채비율 (%)	136.77	99.83	265.44	195.94
이자보상배율 (배)	63.04	13.36	2.57	4.55

투자 지표

	2014	2015	2016	2017(E)
영업이익률 (%)	12.44	7.04	8.25	9.18
매출액 증가율 (%)	9.72	80.17	33.69	7.47
EPS ($)	2.91	1.27	3.80	4.87
EPS 증가율 (%)	6.20	-56.36	199.21	28.04
주당자산가치($)	8.68	18.76	22.82	27.87
잉여현금흐름 (백만$)	601	300	1,108	993

	2013	2014	2015	2016
배당성향(%)				
배당수익률(%)	0.00	0.00	0.00	0.00
ROE (%)	42.05	40.55	9.12	18.30
ROA (%)	21.60	18.91	2.87	5.59
재고회전율	7.81	8.31	7.90	7.21
EBITDA (백만$)	1161.30	1276.10	1578.10	2346.00

매출비중

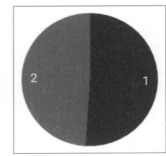

제품명	비중
1. 패밀리 달러 브랜드	
	51.07%
2.달러 트리 브랜드	
	48.93%

KSS
콜스 코퍼레이션
Kohl's Corp.

섹터 자유소비재 (Consumer Discretionary)
세부섹터 일반 상품 판매 (General Merchandise Stores)

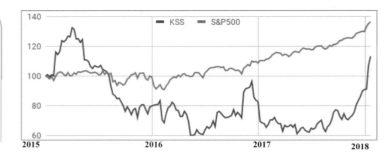

콜스 코퍼레이션(Kohl's Corporation)은 백화점 사업을 영위하는 업체이다. 회사는 1988년에 설립되었고 본사는 위스콘신주 메노미팔스에 있으며 138,000명의 직원이 근무하고 있다. 회사는 1,154곳의 백화점, 웹사이트 콜스 닷컴(www.Kohls.com), 12개의 필라(FILA) 매장 및 약 3개의 할인점을 운영하고 있다. 회사의 상점과 웹사이트는 중가의 프라이빗 상표 및 브랜드 의류, 신발, 액세서리, 미용 및 가정용 제품을 판매하고 있다. 웹사이트에는 매장에서 판매되는 상품뿐만 아니라 온라인에서만 구입할 수 있는 상품이 포함되어 있다. 회사의 자체 브랜드(private brand)에는 앱트9(Apt. 9), 크로프트 앤 배로우(Croft & Barrow), 점핍 빈즈(Jumping Beans), 에스오(SO) 및 소노마 굿즈 포 라이프(Sonoma Goods for Life) 등이 있다. 회사의 독점브랜드로는 푸드 네트워크(Food Network), 제니퍼 로페즈(Jennifer Lopez), 마크 앤서니(Marc Anthony), 락 앤 리퍼블릭(Rock & Republic), 심플리 베라 베라 왕(Simply Vera Vera Wang) 등이 있다.

기준일 : 2018/ 01 /25

한글 회사명 : 콜스 코퍼레이션
영문 회사명 : Kohl's Corp.
상장일 : 1992년 05월 19일 | 결산월 : 1월
시가총액 : 112 (억$) |
52주 최고 : $69.14 (-0.88%) / 52주 최저 : $35.16 (+94.9%)

주요 주주정보

보유자/ 보유 기관	보유율
The Vanguard Group, Inc.	10.16%
BlackRock Fund Advisors	8.27%
JPMorgan Investment Management, Inc.	5.92%

애널리스트 추천 및 최근 투자의견

콜스 코퍼레이션의 2018년 01월 25일 **현재 23개 기관의 평균적인 목표가는 60.95$**이며, 2018년 추정 주당순이익(EPS)은 4.55$로 2017년 추정 EPS 4.05$에 비해 **12.34% 증가할 것으로 예상**된다.

최근, 1개월, 3개월의 투자 의견 변화

투자의견	금융사 및 투자	날짜
Upgrade	RBC Capital: Underperform to Sector Perform	1/12/2018
Upgrade	JP Morgan: Neutral to Overweight	1/12/2018
Maintains	Morgan Stanley: to Underweight	11/13/2017
Upgrade	Baird: Neutral to Outperform	11/10/2017
Upgrade	Telsey Advisory Group: Market Perform to Outperform	10/9/2017

내부자 거래

(3M 비중은 12개월 거래 중 최근 3개월의 비중)

구분	성격	3개월	12개월	3M 비중
매수	매수 건수 (장내 매매만 해당)	19	78	24.36%
매도	매도 건수 (장내 매매만 해당)	12	27	44.44%
매수	매수 수량 (장내 매매만 해당)	32,568	506,196	6.43%
매도	매도 수량 (장내 매매만 해당)	133,121	185,840	71.63%
	순매수량 (−인 경우 순매도량)	-100,553	320,356	

ETF 노출 (편입 ETF 수 : 95개 / 시가총액 대비 ETF의 보유비중 : 16.52%)

티커	ETF	보유 지분	비중
DVY	iShares Select Dividend ETF	$311,965,762	1.72%
VO	Vanguard Mid-Cap ETF	$278,414,196	0.28%
VTI	Vanguard Total Stock Market ETF	$274,160,369	0.04%
VOO	Vanguard 500 Index Fund	$194,432,685	0.05%
SPY	SPDR S&P 500 ETF Trust	$147,310,680	0.05%

기간 수익률

1M : 31.52%	3M : 49.65%	6M : 66.93%	1Y : 66.64%	3Y : 13.81%

재무 지표

	2014	2015	2016	2017(E)
매출액 (백만$)	19,023	19,204	18,686	19,036
영업이익 (백만$)	1,689	1,553	1,369	1,383
순이익 (백만$)	867	673	556	683
자산총계 (백만$)	14,333	13,606	13,574	13,639
자본총계 (백만$)	5,991	5,491	5,177	
부채총계 (백만$)	8,342	8,115	8,397	

안정성 비율	2013	2014	2015	2016
유동비율 (%)	193.42	195.17	187.03	176.43
부채비율 (%)	140.52	139.24	147.79	162.20
이자보상배율 (배)	5.15	4.90	4.68	4.40

투자 지표

	2014	2015	2016	2017(E)
영업이익률 (%)	8.88	8.09	7.33	7.26
매출액 증가율 (%)	-0.04	0.95	-2.70	1.87
EPS ($)	4.27	3.49	3.12	4.05
EPS 증가율 (%)	4.68	-18.35	-10.53	29.72
주당자산가치($)	29.81	29.52	29.75	31.27
잉여현금흐름 (백만$)	1,342	784	1,380	1,088

	2013	2014	2015	2016
배당성향(%)	34.65	36.71	52.15	64.31
배당수익률(%)	2.77	2.61	3.62	5.02
ROE (%)	14.79	14.49	11.72	10.42
ROA (%)	6.29	6.04	4.82	4.09
재고회전율	4.99	4.95	4.89	4.77
EBITDA (백만$)	2,631.00	2,575.00	2,487.00	2,307.00

매출비중

제품명	비중
1. 백화점	
	100%

TGT
타겟 코퍼레이션
Target Corp.

섹터 자유소비재 (Consumer Discretionary)
세부섹터 일반 상품 판매 (General Merchandise Stores)

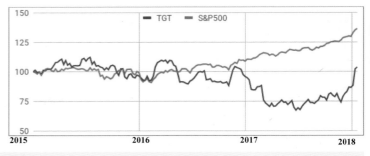

타겟 코퍼레이션(Target Corporation)은 상점 및 디지털 채널을 통해 일반 상품을 판매하는 대형 소매점 사업을 영위하는 업체이다. 회사는 1962년에 설립되었고 본사는 미네소타주 미니아폴리스에 있으며 323,000명의 직원이 근무하고 있다. 매장에서 일반 상품뿐 아니라 식료품, 유제품 및 냉동식품도 판매하고 있다. 디지털 채널에는 일반 매장에서 판매하는 제품뿐만 아니라 같은 제품도 다양한 크기와 색상의 제품을 판매하고 있다. 자사 브랜드에는 아쳐팜(Archer Farms), 마켓 팬트리(Market Pantry), 수툰 앤 닷지(Sutton & Dodge), 아트 클래스(Art Class), 메로나(Merona) 등의 다수 브랜드를 보유하고 있다. 독점 브랜드로 챔피언(Champion), 핸드 메이드 모던(Hand Made Modern), 모씨모(Mossimo), 리바이스의 데니젠(Levi's DENIZEN), 네이트 버큐스 포 타겟(Nate Berkus for Target), 키드 메이드 모던(Kid Made Modern), 오쉬코쉬의 재뉴엔 키즈(Genuine Kids from OshKosh) 등을 보유하고 있다. 회사는 미국 전역에 1,535곳의 직영 매장, 107곳의 임대 매장 및 회사 소유 건물 160채를 포함하여 1,802곳의 매장을 운영하고 있다.

기준일 : 2018/ 01 /25
한글 회사명 : 타겟 코퍼레이션
영문 회사명 : Target Corp.
상장일 : 1972년 01월 21일 | 결산월 : 1월
시가총액 : 415 (억$) |
52주 최고 : $78.7 (-1.8%) / 52주 최저 : $48.56 (+59.14%)

주요 주주정보

보유자/ 보유 기관	보유율
SSgA Funds Management, Inc.	9.38%
The Vanguard Group, Inc.	6.79%
BlackRock Fund Advisors	5.37%

애널리스트 추천 및 최근 투자의견

타겟 코퍼레이션의 2018년 01월 25일 **현재 27개 기관의 평균적인 목표가는 74.08$**이며, 2018년 추정 주당순이익(EPS)은 5.17$로 2017년 추정 EPS 4.7$에 비해 **9.99% 증가할 것으로 예상**된다.

최근, 1개월, 3개월의 투자 의견 변화

투자의견	금융사 및 투자	날짜
Upgrade	Susquehanna: Neutral to Positive	1/10/2018
Upgrade	Barclays: Underweight to Equal-Weight	1/5/2018
Initiated	Moffett Nathanson: to Neutral	12/4/2017
Maintains	Stifel Nicolaus: to Hold	11/16/2017
Maintains	Morgan Stanley: to Underweight	11/16/2017

내부자 거래

(3M 비중은 12개월 거래 중 최근 3개월의 비중)

구분	성격	3개월	12개월	3M 비중
매수	매수 건수 (장내 매매만 해당)	0	7	0.00%
매도	매도 건수 (장내 매매만 해당)	8	22	36.36%
매수	매수 수량 (장내 매매만 해당)	0	83,453	0.00%
매도	매도 수량 (장내 매매만 해당)	20,287	102,840	19.73%
	순매수량 (−인 경우 순매도량)	-20,287	-19,387	

ETF 노출
(편입 ETF 수 : 107개 / 시가총액 대비 ETF의 보유비중 : 10.43%)

티커	ETF	보유 지분	비중
VTI	Vanguard Total Stock Market ETF	$999,114,285	0.15%
VOO	Vanguard 500 Index Fund	$708,279,080	0.17%
SPY	SPDR S&P 500 ETF Trust	$518,618,702	0.17%
SDY	SPDR S&P Dividend (ETF)	$336,173,908	2.01%
DVY	iShares Select Dividend ETF	$283,036,575	1.56%

기간 수익률

1M : 24.74%	3M : 30.25%	6M : 42.41%	1Y : 21.84%	3Y : 4.21%

재무 지표

	2014	2015	2016	2017(E)
매출액 (백만$)	72,618	73,785	69,495	71,605
영업이익 (백만$)	4,175	4,535	4,380	4,334
순이익 (백만$)	2,449	3,321	2,669	2,566
자산총계 (백만$)	41,172	40,262	37,431	37,760
자본총계 (백만$)	13,997	12,957	10,953	
부채총계 (백만$)	27,175	27,305	26,478	

안정성 비율	2013	2014	2015	2016
유동비율 (%)	90.58	116.09	111.95	94.35
부채비율 (%)	174.49	194.15	210.74	241.74
이자보상배율 (배)	6.67	4.57	7.03	7.17

투자 지표

	2014	2015	2016	2017(E)
영업이익률(%)	5.75	6.15	6.30	6.05
매출액 증가율(%)	1.88	1.61	-5.81	3.04
EPS ($)	-2.58	5.36	4.74	4.70
EPS 증가율 (%)	-183.23	307.66	-11.53	-0.89
주당자산가치($)	21.86	21.52	19.69	20.11
잉여현금흐름 (백만$)	2,653	4,406	3,889	3,117

	2013	2014	2015	2016
배당성향(%)	53.75		41.43	50.21
배당수익률(%)	2.91	2.70	3.04	3.66
ROE (%)	16.43	16.20	24.64	22.33
ROA (%)	5.81	5.71	8.16	6.87
재고회전율	8.81	8.77	8.74	8.22
EBITDA (백만$)	6,216.00	6,304.00	6,748.00	6,678.00

매출비중

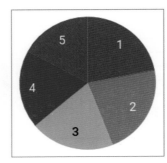

제품명	비중
1. 식품, 음료 및 애완 동물 제품	
	22%
2. 가정 필수품	
	22%
3. 의류 및 액세서리	
	20%
4. 가구 및 장식	
	19%
5. 기타 제품	
	17%

LEG
레겟 앤 플렛
Leggett & Platt

섹터 자유소비재 (Consumer Discretionary)
세부섹터 주택 가구 (Home Furnishings)

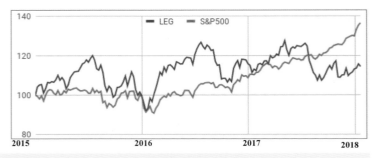

레겟 앤 플렛(Leggett & Platt)은 주택, 사무실 및 자동차의 좌석이나 침대 등의 다양한 제품을 고안, 설계, 생산, 제조를 영위하는 업체이다. 회사는 1883년에 설립되었고 본사는 미주리주 카티지에 있으며 21,300명의 직원이 근무하고 있다. 회사는 주거용 가구, 상업 제품, 산업 자재 및 특수 제품의 네 가지 부문으로 운영되고 있다. 브랜드는 컴포트코어(ComfortCore), 미라-코일(Mira-Coil), 버티코일(VertiCoil), 퀀텀(Quantum), 나노 코일(Nanocoil), 루라-플렉스(Lura-Flex) 및 매트리스 내부 스프링을 포함하는 액티브 서포트 테크놀로지(Active Support Technology)를 보유하고 있다. 액티브 서포트 테크놀로지(Active Support Technology)는 박스 스프링 구성 요소 및 기초가 포함된 세미-플렉스(Semi-Flex), 매트리스 속 스프링 제조 기계인 스풀(Spuhl), 안락의자 메커니즘을 포함하는 월 허거(Wall Hugger), 모션 및 소파 침대 메커니즘을 포함하는 슈퍼 새글레스(Super Sagless), 좌석에 사용되는 와이어 양식을 포함하는 노-새그(No-Sag), 용량성 감지 기능을 하는 엘피센스(LPSense) 천을 포함하는 헤인즈(Hanes) 등을 포함하고 있다.

기준일 : 2018/ 01 /25
한글 회사명 : 레겟 앤 플렛
영문 회사명 : Leggett & Platt
상장일 : 1972년 01월 21일 | 결산월 : 12월
시가총액 : 63 (억$) |
52주 최고 : $54.97 (-12.69%) / 52주 최저 : $43.17 (+11.16%)

주요 주주정보

보유자/ 보유 기관	보유율
The Vanguard Group, Inc.	10.74%
SSgA Funds Management, Inc.	7.6%
BlackRock Fund Advisors	7.21%

애널리스트 추천 및 최근 투자의견

레겟 앤 플렛의 2018년 01월 25일 **현재 9개 기관의 평균적인 목표가는 55.14$**이며, 2018년 추정 주당순이익(EPS)은 2.79$로 2017년 추정 EPS 2.48$에 비해 **12.5% 증가**할 것으로 예상된다.

최근, 1개월, 3개월의 투자 의견 변화

투자의견	금융사 및 투자	날짜
Downgrade	PiperJaffray: Overweight to Neutral	10/30/2017
Upgrade	SunTrust Robinson Humphrey: Hold to Buy	9/22/2017
Upgrade	Hilliard Lyons: Neutral to Long-Term Buy	7/24/2017
Initiated	Credit Suisse: to Neutral	6/23/2017
Initiated	PiperJaffray: to Overweight	6/5/2017

내부자 거래

(3M 비중은 12개월 거래 중 최근 3개월의 비중)

구분	성격	3개월	12개월	3M 비중
매수	매수 건수 (장내 매매만 해당)	61	262	23.28%
매도	매도 건수 (장내 매매만 해당)	12	29	41.38%
매수	매수 수량 (장내 매매만 해당)	76,103	163,256	46.62%
매도	매도 수량 (장내 매매만 해당)	76,103	215,181	35.65%
	순매수량 (−인 경우 순매도량)	-610	-51,925	

ETF 노출
(편입 ETF 수 : 87개 / 시가총액 대비 ETF의 보유비중 : 20.62%)

티커	ETF	보유 지분	비중
SDY	SPDR S&P Dividend (ETF)	$195,071,412	1.16%
VTI	Vanguard Total Stock Market ETF	$152,011,199	0.02%
VB	Vanguard Small-Cap Index Fund	$147,521,928	0.20%
DVY	iShares Select Dividend ETF	$113,546,109	0.63%
VOO	Vanguard 500 Index Fund	$107,622,100	0.03%

기간 수익률

1M : 3.14%	3M : 5.23%	6M : -8.35%	1Y : 1.13%	3Y : 8.79%

재무 지표

	2014	2015	2016	2017(E)
매출액 (백만$)	3,784	3,920	3,761	3,952
영업이익 (백만$)	323	487	494	470
순이익 (백만$)	222	324	367	342
자산총계 (백만$)	3,141	2,968	2,984	3,303
자본총계 (백만$)	1,155	1,098	1,094	
부채총계 (백만$)	1,986	1,870	1,890	

안정성 비율	2013	2014	2015	2016
유동비율 (%)	154.52	144.08	186.99	187.50
부채비율 (%)	122.13	171.94	170.35	172.77
이자보상배율 (배)	7.98	8.54	13.17	14.29

투자 지표

	2014	2015	2016	2017(E)
영업이익률 (%)	8.54	12.42	13.13	11.88
매출액 증가율 (%)	1.06	3.60	-4.07	5.10
EPS ($)	0.69	2.29	2.66	2.48
EPS 증가율 (%)	-49.27	231.30	16.33	-6.60
주당자산가치($)	8.32	8.01	8.18	11.23
잉여현금흐름 (백만$)	288	256	429	198

	2013	2014	2015	2016
배당성향(%)	88.06	179.41	55.90	51.16
배당수익률(%)	3.81	2.86	3.00	2.74
ROE (%)	13.48	17.50	29.02	33.69
ROA (%)	6.06	7.21	10.74	12.34
재고회전율	7.60	7.74	7.95	7.34
EBITDA (백만$)	441.50	432.40	591.70	601.10

매출비중

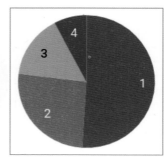

제품명	비중
1. 가구	
	50.98%
2. 특수 제품	
	25.94%
3. 상업용 제품	
	15.36%
4. 산업 자재	
	7.72%

MHK
모 호크 인더스트리
Mohawk Industries

섹터 자유소비재 (Consumer Discretionary)
세부섹터 주택 가구 (Home Furnishings)

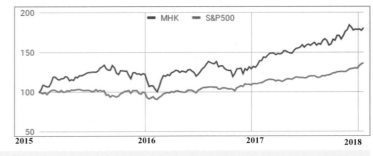

모 호크 인더스트리(Mohawk Industries, Inc.)는 전 세계적으로 주거용 및 상업용 공간의 바닥재를 제조하는 사업을 영위하는 업체이다. 회사는 1988년에 설립되었고 본사는 칼훈 조지아에 있으며 37,800명의 직원이 근무하고 있다. 회사의 사업 부문은 글로벌 세라믹(Global Ceramic), 플루어링 노스 아메리카(Flooring NA), 플루어링 레스트 오브 월드(Flooring Rest of Worlds)로 나뉜다. 회사는 카펫, 러그, 세라믹 타일, 래미네이트, 목재, 석재, 고급 비닐 타일 및 비닐 바닥재를 제조 및 유통하고 있다. 글로벌 세라믹(Global Ceramic)은 개보수 및 신축을 위해 주거용 및 상업용 시장에서 사용되는 도기 타일, 도자기 타일 및 자연석 제품 라인을 설계, 제조, 공급, 유통 및 판매하고 있다. 플루어링 노스 아메리카(Flooring NA) 사업부는 카펫, 래미네이트, 카펫 패드, 러그, 경재 및 비닐을 설계, 제조, 공급 및 판매하고 있다. 플루어링 레스트 오브월드(Flooring Rest of World) 사업부는 래미네이트, 경목 마루, 루핑 요소, 단열 보드, 중간 밀도 섬유판(MDF), 마분지 및 비닐 마루 제품을 설계, 제조, 공급 및 판매하고 있다.

기준일 : 2018/ 01 /25

한글 회사명 : 모 호크 인더스트리
영문 회사명 : Mohawk Industries
상장일 : 1992년 04월 01일 | 결산월 : 12월
시가총액 : 206 (억$) |
52주 최고 : $286.85 (-2.3%) / 52주 최저 : $209.9 (+33.5%)

주요 주주정보

보유자/ 보유 기관	보유율
LORBERBAUM JEFFREY S	13.11%
The Vanguard Group, Inc.	8.27%
JPMorgan Investment Management, Inc.	5.6%

애널리스트 추천 및 최근 투자의견

모 호크 인더스트리의 2018년 01월 25일 **현재 23개 기관의 평균적인 목표가는 297.26S**이며, 2018년 추정 주당순이익(EPS)은 14.99$로 2017년 추정 EPS 13.51$에 비해 **10.95% 증가할 것으로 예상**된다.

최근, 1개월, 3개월의 투자 의견 변화

투자의견	금융사 및 투자	날짜
Initiated	Jefferies: to Buy	12/12/2017
Maintains	Barclays: to Overweight	10/30/2017
Maintains	JP Morgan: to Neutral	10/30/2017
Maintains	Nomura: to Buy	10/27/2017
Initiated	Northcoast Research: to Buy	10/5/2017

내부자 거래

(3M 비중은 12개월 거래 중 최근 3개월의 비중)

구분	성격	3개월	12개월	3M 비중
매수	매수 건수 (장내 매매만 해당)	16	17	94.12%
매도	매도 건수 (장내 매매만 해당)	32	43	74.42%
매수	매수 수량 (장내 매매만 해당)	48,736	152,436	31.97%
매도	매도 수량 (장내 매매만 해당)	57,701	621,593	9.28%
	순매수량 (−인 경우 순매도량)	-8,965	-469,157	

ETF 노출
(편입 ETF 수 : 80개 / 시가총액 대비 ETF의 보유비중 : 11.1%)

티커	ETF	보유 지분	비중
VO	Vanguard Mid-Cap ETF	$430,020,036	0.43%
VTI	Vanguard Total Stock Market ETF	$423,531,542	0.06%
VOO	Vanguard 500 Index Fund	$300,122,271	0.07%
SPY	SPDR S&P 500 ETF Trust	$216,939,943	0.07%
VUG	Vanguard Growth ETF	$118,259,840	0.15%

기간 수익률

1M : 1.61%	3M : 9.6%	6M : 13.87%	1Y : 34.75%	3Y : 65.71%

재무 지표

	2014	2015	2016	2017(E)
매출액 (백만$)	7,803	8,072	8,959	9,485
영업이익 (백만$)	834	1,037	1,378	1,393
순이익 (백만$)	532	615	930	993
자산총계 (백만$)	8,286	9,934	10,231	11,901
자본총계 (백만$)	4,423	4,883	5,807	
부채총계 (백만$)	3,863	5,052	4,423	

안정성 비율	2013	2014	2015	2016
유동비율 (%)	233.62	160.15	99.72	127.71
부채비율 (%)	90.01	87.34	103.46	76.17
이자보상배율 (배)	7.14	8.50	14.58	34.00

투자 지표

	2014	2015	2016	2017(E)
영업이익률 (%)	10.69	12.85	15.38	14.68
매출액 증가율 (%)	6.19	3.44	11.00	5.87
EPS ($)	7.30	8.37	12.55	13.51
EPS 증가율 (%)	43.77	14.66	49.94	7.67
주당자산가치($)	60.59	65.66	77.88	92.80
잉여현금흐름 (백만$)	100	408	655	437

	2013	2014	2015	2016
배당성향(%)				
배당수익률(%)	0.00	0.00	0.00	0.00
ROE (%)	8.97	11.98	13.27	17.50
ROA (%)	4.96	6.34	6.77	9.26
재고회전율	5.43	5.01	5.12	5.46
EBITDA (백만$)	967.74	1,179.97	1,399.32	1,787.94

매출비중

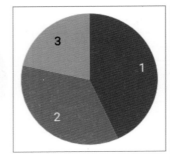

제품명	비중
1. 바닥재-북미	
	43.15%
2.세라믹 제품	
	35.44%
3. 바닥재-전세계	
	21.42%

HD
홈 디포
Home Depot

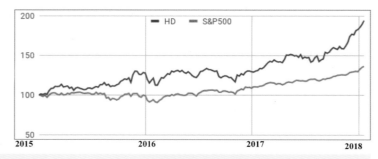

섹터 자유소비재 (Consumer Discretionary)
세부섹터 가정 소모품 판매 (Home Improvement Retail)

홈 디포(Home Depot, Inc.)는 주택 유지 보수 및 주택 관련 제품을 판매하는 사업을 영위하는 업체이다. 회사는 1978년에 설립되었고 본사는 조지아주 애틀란타에 있으며 406,000명의 직원이 근무하고 있다. 회사는 건축 자재, 주택 개량 제품, 잔디 및 정원 제품을 다양하게 판매하고 다양한 서비스를 제공하고 있다. 직영매장에서는 디아이와이(do-it-yourself, DIY) 고객, 디아이에프엠(do-it-for-me, DIFM) 고객 및 전문 고객의 3가지 주요 고객 그룹을 지원하고 있다. 디아이와이(DIY) 고객은 제품을 구매하고 자체 프로젝트 및 설치를 완료하는 주택 소유자이다. 상점과 온라인 자원, 제품 및 프로젝트 지식을 제공하도록 고안된 기타 매체를 통해 특정 제품 및 설치 질문에 대한 답변을 제공하고 있다. 디아이에프엠(DIFM) 고객은 자재 소유자가 직접 자재를 구매하고 제3자를 고용하여 프로젝트 또는 설치를 완료하고 있다. 주고객은 주로 전문 수리공, 리모델링, 일반 계약자, 수리공, 설치업자, 중소기업 소유자 및 소매업자들이다.

기준일 : 2018/ 01 /25
한글 회사명 : 홈 디포
영문 회사명 : Home Depot
상장일 : 1981년 09월 23일 | 결산월 : 1월
시가총액 : 2398 (억$) | 52주 최고 : $207.1 (-0.38%) / 52주 최저 : $136.33 (+51.32%)

주요 주주정보

보유자/ 보유 기관	보유율
The Vanguard Group, Inc.	6.72%
Capital Research & Management Co.	5.94%
SSgA Funds Management, Inc.	4.5%

애널리스트 추천 및 최근 투자의견

홈 디포의 2018년 01월 25일 **현재 33개 기관의 평균적인 목표가는 205.32$**이며, 2018년 추정 주당순이익(EPS)은 9.18$로 2017년 추정 EPS 7.38$에 비해 **24.39% 증가할 것으로 예상**된다.

최근, 1개월, 3개월의 투자 의견 변화

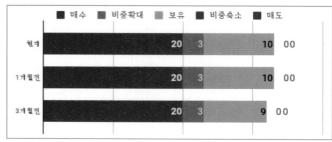

투자의견	금융사 및 투자	날짜
Maintains	Credit Suisse: Outperform to Outperform	1/24/2018
Initiated	Guggenheim: to Buy	12/13/2017
Initiated	Moffett Nathanson: to Buy	12/4/2017
Upgrade	Atlantic Equities: Neutral to Overweight	11/28/2017
Maintains	Citigroup: to Buy	11/16/2017

내부자 거래

(3M 비중은 12개월 거래 중 최근 3개월의 비중)

구분	성격	3개월	12개월	3M 비중
매수	매수 건수 (장내 매매만 해당)	10	22	45.45%
매도	매도 건수 (장내 매매만 해당)	13	41	31.71%
매수	매수 수량 (장내 매매만 해당)	121,741	181,038	67.25%
매도	매도 수량 (장내 매매만 해당)	229,640	620,679	37.00%
	순매수량 (-인 경우 순매도량)	-107,899	-439,641	

ETF 노출   (편입 ETF 수 : 115개 / 시가총액 대비 ETF의 보유비중 : 9.14%)

티커	ETF	보유 지분	비중
VTI	Vanguard Total Stock Market ETF	$5,766,779,834	0.84%
VOO	Vanguard 500 Index Fund	$4,087,789,265	0.98%
SPY	SPDR S&P 500 ETF Trust	$2,989,949,312	0.99%
VUG	Vanguard Growth ETF	$1,610,874,518	2.06%
IVV	iShares S&P 500 Index (ETF)	$1,514,757,246	0.99%

기간 수익률

1M : 10.26%	3M : 27.1%	6M : 37.28%	1Y : 48.47%	3Y : 93.36%

재무 지표

	2014	2015	2016	2017(E)
매출액 (백만$)	83,176	88,519	94,595	100,669
영업이익 (백만$)	10,502	11,902	13,464	14,740
순이익 (백만$)	6,345	7,009	7,957	8,733
자산총계 (백만$)	39,946	41,973	42,966	42,936
자본총계 (백만$)	9,322	6,316	4,333	
부채총계 (백만$)	30,624	35,657	38,633	

안정성 비율	2013	2014	2015	2016
유동비율 (%)	142.14	135.79	131.62	125.41
부채비율 (%)	223.58	328.51	564.55	891.60
이자보상배율 (배)	12.89	12.65	12.95	13.85

투자 지표

	2014	2015	2016	2017(E)
영업이익률(%)	12.63	13.45	14.23	14.64
매출액 증가율 (%)	5.54	6.42	6.86	6.42
EPS ($)	4.74	5.49	6.47	7.38
EPS 증가율 (%)	25.40	15.82	17.85	14.10
주당자산가치($)	7.13	5.04	3.60	1.26
잉여현금흐름 (백만$)	6,800	7,870	8,162	9,496

	2013	2014	2015	2016
배당성향(%)	41.49	39.92	43.22	42.79
배당수익률(%)	2.03	1.80	1.88	2.01
ROE (%)	35.55	58.09	89.64	149.44
ROA (%)	13.20	15.77	17.11	18.74
재고회전율	7.24	7.52	7.73	7.77
EBITDA (백만$)	10,923.00	12,288.00	13,765.00	15,437.00

매출비중

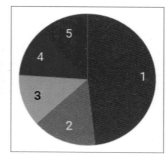

제품명	비중
1. 기타	
	30.8%
2. 실내 정원용품	
	9.73%
3. 페인트	
	8.1%
4. 가전	
	7.78%
5. 주방 및 욕실	
	7.59%

LOW
로위스 컴퍼니
Lowe's Companies, Inc.

섹터 자유소비재 (Consumer Discretionary)
세부섹터 가정 소모품 판매 (Home Improvement Retail)

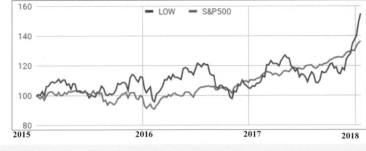

로위스 컴퍼니(Lowe's Companies, Inc.)는 홈디포와 마찬가지로 주택 유지 보수 및 주택 관련 제품을 판매하는 사업을 영위하는 업체이다. 회사는 1946년에 설립되었고 본사는 노스캐롤라이나주의 무어스빌리에 있고 290,000명의 직원이 근무하고 있다. 회사는 미국, 캐나다 및 멕시코 지역의 고객들을 대상으로 약 2,370개의 매장을 운영하고 있다. 유지 보수, 수리, 개장 및 장식을 위한 다양한 제품을 제공하며 목재 및 건축 자재를 포함한 주택 개량 제품을 제공하고 있다. 대표적인 제품들은 가전제품, 패션 설비, 배관 및 전기, 잔디와 정원 제품, 페인트, 바닥재, 목공예 및 주방제품 등이 있다. 또한, 케이-12(K-12) 공공 교육 및 지역 사회 개선 프로젝트에 중점을 둔 지역공동체를 지원하고 있다.

기준일 : 2018/ 01 /25
한글 회사명 : 로위스 컴퍼니
영문 회사명 : Lowe's Companies, Inc.
상장일 : 1972년 01월 21일 | 결산월 : 1월
시가총액 : 883 (억$) |
52주 최고 : $108.31 (-1.3%) / 52주 최저 : $70.76 (+51.07%)

주요 주주정보

보유자/ 보유 기관	보유율
The Vanguard Group, Inc.	7.65%
BlackRock Fund Advisors	4.48%
SSgA Funds Management, Inc.	4.36%

애널리스트 추천 및 최근 투자의견

로위스 컴퍼니의 **2018년 01월 25일 현재 32개 기관의 평균적인 목표가는 106.35$**이며, 2018년 추정 주당순이익(EPS)은 5.73$로 2017년 추정 EPS 4.52$에 비해 **26.76% 증가할 것으로 예상**된다.

최근, 1개월, 3개월의 투자 의견 변화

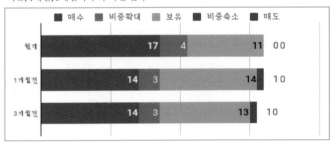

범례: 매수 | 비중확대 | 보유 | 비중축소 | 매도

	매수	비중확대	보유	비중축소	매도
현재	17	4		11	0 0
1개월 전	14	3		14	1 0
3개월 전	14	3		13	1 0

투자의견	금융사 및 투자	날짜
Upgrade	Telsey Advisory Group: Market Perform to Outperform	1/25/2018
Maintains	Baird: Outperform to Outperform	1/24/2018
Upgrade	Bernstein: Underperform to Outperform	1/22/2018
Upgrade	Barclays: Equal-Weight to Overweight	1/5/2018
Initiated	Guggenheim: to Buy	12/13/2017

내부자 거래

(3M 비중은 12개월 거래 중 최근 3개월의 비중)

구분	성격	3개월	12개월	3M 비중
매수	매수 건수 (장내 매매만 해당)	0	10	0.00%
매도	매도 건수 (장내 매매만 해당)	0	26	0.00%
매수	매수 수량 (장내 매매만 해당)	0	48,530	0.00%
매도	매도 수량 (장내 매매만 해당)	0	199,615	0.00%
	순매수량 (-인 경우 순매도량)	0	-151,085	

ETF 노출

(편입 ETF 수 : 100개 / 시가총액 대비 ETF의 보유비중 : 9.72%)

티커	ETF	보유 지분	비중
VTI	Vanguard Total Stock Market ETF	$2,123,303,452	0.31%
VOO	Vanguard 500 Index Fund	$1,505,122,966	0.36%
SPY	SPDR S&P 500 ETF Trust	$1,100,969,555	0.37%
VIG	Vanguard Dividend Appreciation ETF	$798,282,786	2.22%
VUG	Vanguard Growth ETF	$593,122,092	0.76%

기간 수익률

1M : 21.06%	3M : 34.56%	6M : 42.13%	1Y : 46.25%	3Y : 54.36%

재무 지표

	2014	2015	2016	2017(E)
매출액 (백만$)	56,223	59,074	65,017	68,484
영업이익 (백만$)	4,820	4,981	5,813	6,725
순이익 (백만$)	2,682	2,534	3,062	3,710
자산총계 (백만$)	31,827	31,813	34,408	34,659
자본총계 (백만$)	9,968	7,654	6,434	
부채총계 (백만$)	21,859	24,159	27,974	

안정성 비율	2013	2014	2015	2016
유동비율 (%)	116.00	107.83	100.66	100.22
부채비율 (%)	176.15	219.29	315.64	434.78
이자보상배율 (배)	8.85	9.22	9.16	8.87

투자 지표

	2014	2015	2016	2017(E)
영업이익률(%)	8.5	8.4	9	9.6
매출액 증가율 (%)	5.25	5.07	10.06	5.33
EPS ($)	2.71	2.73	3.48	4.52
EPS 증가율 (%)	26.64	0.74	27.47	29.90
주당자산가치($)	10.38	8.41	7.43	6.76
잉여현금흐름 (백만$)	4,049	3,587	4,450	4,285

	2013	2014	2015	2016
배당성향(%)	32.71	32.10	39.19	38.27
배당수익률(%)	1.51	1.28	1.49	1.82
ROE (%)	17.66	24.58	28.76	43.47
ROA (%)	6.94	8.31	7.96	9.31
재고회전율	6.03	6.23	6.43	6.53
EBITDA (백만$)	5,757.00	6,406.00	6,568.00	7,403.00

매출비중

제품명	비중
1. 주택 개선 용품	
	100%

DHI
디알 호튼
D. R. Horton

섹터 자유소비재 (Consumer Discretionary)
세부섹터 주택 건설 (Homebuilding)

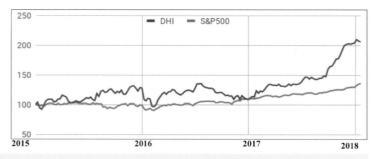

디알 호튼(D.R. Horton, Inc.)은 단독 주택 건설 사업을 영위하는 업체이다. 회사는 1978년에 설립되었고 본사는 텍사스주 포트 워스에 있으며 6,900명의 직원이 근무하고 있다. 회사는 미국 내 27개 주 79곳의 지역에서 주택 건설과 판매를 하고 있으며, 39개의 주택 건설 부문, 금융 서비스 운영 및 기타 사업 활동을 포함하고 있다. 주택 건설 부문에서는 단독 주택과 단독 주택, 이중 주택, 삼중 공동 주택 및 콘도미니엄과 같은 단독 주택과 부속 주택을 건설 및 판매하고 있다. 주택 건설 부문은 동부 지역, 중부 지역, 중서부 지역, 서부 지역, 남서부 지역 및 남동부 지역의 6개 부문으로 나누어 운영되고 있다. 금융 서비스 부문에서 고객에게 모기지를 대출해주고 소유권 위임 서비스를 하고 있으며 보험 관련 업무를 수행하는 자회사를 보유하고 있다. 회사는 임야, 목장, 토지등의 비주거용 부동산과 석유 및 가스 관련 자산을 소유 및 운영하고 있다.

기준일 : 2018/ 01 /25
한글 회사명 : 디알 호튼
영문 회사명 : D. R. Horton
상장일 : 1992년 06월 05일 | 결산월 : 9월
시가총액 : 189 (억$) |
52주 최고 : $53.32 (-2.04%) / 52주 최저 : $29.29 (+78.32%)

주요 주주정보

보유자/ 보유 기관	보유율
The Vanguard Group, Inc.	9.19%
HORTON DONALD RAY	6.18%
BlackRock Fund Advisors	5.71%

애널리스트 추천 및 최근 투자의견

디알 호튼의 2018년 01월 25일 **현재 22개 기관의 평균적인 목표가는 55.45$**이며, 2018년 추정 주당순이익(EPS)은 4.08$로 2017년 추정 EPS 3.45$에 비해 **18.26% 증가 할 것으로 예상**된다.

최근, 1개월, 3개월의 투자 의견 변화

투자의견	금융사 및 투자	날짜
Downgrade	Wedbush: Outperform to Neutral	12/12/2017
Downgrade	Keefe Bruyette & Woods: Market Perform	12/8/2017
Maintains	KeyBanc: to Overweight	11/10/2017
Maintains	Citigroup: to Neutral	11/10/2017
Maintains	UBS: to Buy	11/10/2017

내부자 거래

(3M 비중은 12개월 거래 중 최근 3개월의 비중)

구분	성격	3개월	12개월	3M 비중
매수	매수 건수 (장내 매매만 해당)	0	0	-
매도	매도 건수 (장내 매매만 해당)	20	34	58.82%
매수	매수 수량 (장내 매매만 해당)	0	0	-
매도	매도 수량 (장내 매매만 해당)	266,099	536,479	49.60%
	순매수량 (－인 경우 순매도량)	-266,099	-536,479	

ETF 노출   (편입 ETF 수 : 86개 / 시가총액 대비 ETF의 보유비중 : 13.37%)

티커	ETF	보유 지분	비중
VO	Vanguard Mid-Cap ETF	$437,846,870	0.44%
VTI	Vanguard Total Stock Market ETF	$430,718,986	0.06%
ITB	iShares Dow Jones US Home Const. (ETF)	$340,609,567	11.62%
VOO	Vanguard 500 Index Fund	$292,672,947	0.07%
SPY	SPDR S&P 500 ETF Trust	$211,516,068	0.07%

기간 수익률

1M : 1.77%	3M : 38.49%	6M : 40.61%	1Y : 81.84%	3Y : 116.66%

재무 지표

	2014	2015	2016	2017(E)
매출액 (백만$)	8,025	10,824	12,157	13,816
영업이익 (백만$)	801	1,102	1,384	1,511
순이익 (백만$)	534	751	886	1,036
자산총계 (백만$)	10,203	11,166	11,559	12,309
자본총계 (백만$)	5,120	5,895	6,793	
부채총계 (백만$)	5,083	5,270	4,766	

안정성 비율	2013	2014	2015	2016
유동비율 (%)	863.26	684.38	474.20	685.89
부채비율 (%)	118.06	99.28	89.40	70.16
이자보상배율 (배)	131.49			

투자 지표

	2014	2015	2016	2017(E)
영업이익률(%)	9.98	10.18	11.38	10.94
매출액 증가율 (%)	28.21	34.88	12.32	13.64
EPS ($)	1.57	2.05	2.39	2.73
EPS 증가율 (%)	9.03	30.57	16.59	14.38
주당자산가치($)	14.03	15.99	18.21	19.77
잉여현금흐름 (백만$)	-762	644	532	440

	2013	2014	2015	2016
배당성향(%)	2.82	9.17	12.32	13.56
배당수익률(%)	0.19	0.67	0.85	1.06
ROE (%)	12.10	11.63	13.64	13.97
ROA (%)	5.75	5.60	7.03	7.80
재고회전율	1.21	1.15	1.40	1.51
EBITDA (백만$)	693.30	839.30	1,156.40	1,445.10

매출비중

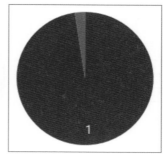

제품명	비중
1. 주택 건설	
	97.57%
2. 금융 서비스	
	2.43%

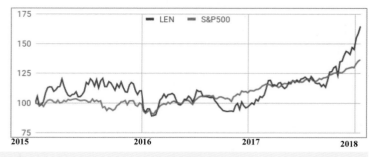

LEN
레나 코퍼레이션
Lennar Corp.

섹터 자유소비재 (Consumer Discretionary)
세부섹터 주택 건설 (Homebuilding)

레나 코퍼레이션(Lennar Corporation)은 부동산 관련 금융 서비스, 상업용 부동산, 투자 관리 및 금융 사업을 영위하는 업체이다. 회사는 1954년에 설립되었고 본사는 플로리다주 마이애미에 있으며 8,300명의 직원이 근무하고 있다. 회사의 사업 부문은 홈빌딩 이스트(Homebuilding East), 홈빌딩 센트럴(Homebuilding Central), 홈빌딩 웨스트(Homebuilding West), 레나(Lennar) 금융 서비스, 리알토 앤 레나 멀티패밀리(Rialto and Lennar Multifamily)로 나누어진다. 홈빌딩(Homebuilding-주택 건설 사업)에는 단독주택, 분리 주택의 건설 및 판매는 물론 주거용 토지의 매매, 개발 및 판매가 포함되어 있으며 레나(Lennar)라는 브랜드로 판매되고 있다. 레나 (Lennar) 금융 서비스 부문은 모기지 융자, 소유권 보험과 구매자와 판매자를 위해 거래를 마감해주는 클로징(closing) 서비스가 포함되어 있다. 리알토(Rialto) 부문은 부동산, 투자 관리 및 금융 회사이다. 레나 멀티패밀리(Lennar Multifamily) 부문은 미국 시장에서 제도적 다세대 임대 주택 포트폴리오를 개발하는 사업을 영위하고 있다.

기준일 : 2018/ 01 /25

한글 회사명 : 레나 코퍼레이션
영문 회사명 : Lennar Corp.
상장일 : 1972년 09월 11일 | 결산월 : 11월
시가총액 : 140 (억$) | 52주 최고 : $72.17 (-1.39%) / 52주 최저 : $43.32 (+64.26%)

주요 주주정보

보유자/ 보유 기관	보유율
The Vanguard Group, Inc.	10.09%
BlackRock Fund Advisors	6.28%
Viking Global Investors LP	4.65%

애널리스트 추천 및 최근 투자의견

레나 코퍼레이션의 2018년 01월 25일 **현재 20개 기관의 평균적인 목표가는 78.47$**이며, 2018년 추정 주당순이익(EPS)은 5.8$로 2017년 추정 EPS 5.23$에 비해 **10.89% 증가**할 것으로 예상된다.

최근, 1개월, 3개월의 투자 의견 변화

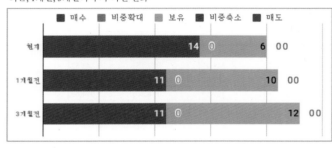

투자의견	금융사 및 투자	날짜
Upgrade	Credit Suisse: Neutral to Outperform	1/22/2018
Upgrade	Mizuho: Neutral to Buy	1/18/2018
Upgrade	Wells Fargo: Market Perform to Outperform	1/2/2018
Initiated	UBS: to Buy	10/25/2017
Upgrade	Citigroup: Neutral to Buy	10/20/2017

내부자 거래

(3M 비중은 12개월 거래 중 최근 3개월의 비중)

구분	성격	3개월	12개월	3M 비중
매수	매수 건수 (장내 매매만 해당)	9	57	15.79%
매도	매도 건수 (장내 매매만 해당)	15	37	40.54%
매수	매수 수량 (장내 매매만 해당)	442,924	1,312,496	33.75%
매도	매도 수량 (장내 매매만 해당)	312,447	622,745	50.17%
	순매수량 (−인 경우 순매도량)	130,447	689,751	

ETF 노출
(편입 ETF 수 : 77개 / 시가총액 대비 ETF의 보유비중 : 13.97%)

티커	ETF	보유 지분	비중
VO	Vanguard Mid-Cap ETF	$350,543,676	0.35%
VTI	Vanguard Total Stock Market ETF	$334,132,725	0.05%
ITB	iShares Dow Jones US Home Const. (ETF)	$278,887,886	9.51%
VOO	Vanguard 500 Index Fund	$234,459,426	0.06%
SPY	SPDR S&P 500 ETF Trust	$172,501,373	0.06%

기간 수익률

1M : 16.97%	3M : 42.38%	6M : 37%	1Y : 66.63%	3Y : 69.14%

재무 지표

	2014	2015	2016	2017(E)
매출액 (백만$)	7,749	9,469	10,951	12,355
영업이익 (백만$)	953	1,091	1,281	1,338
순이익 (백만$)	631	794	903	898
자산총계 (백만$)	12,958	14,420	15,362	17,258
자본총계 (백만$)	5,251	5,950	7,212	
부채총계 (백만$)	7,707	8,469	8,150	

안정성 비율	2013	2014	2015	2016
유동비율 (%)	1,137.12	462.33	510.37	456.42
부채비율 (%)	143.62	146.76	142.34	113.02
이자보상배율 (배)	7.45	26.08	87.60	276.95

투자 지표

	2014	2015	2016	2017(E)
영업이익률(%)	12.30	11.52	11.70	10.83
매출액 증가율 (%)	30.38	22.18	15.65	12.83
EPS ($)	3.12	3.87	4.13	3.79
EPS 증가율 (%)	25.81	24.04	6.72	-8.26
주당자산가치($)	23.54	26.75	29.96	33.47
잉여현금흐름 (백만$)	-801	-313	743	261

	2013	2014	2015	2016
배당성향(%)	7.44	5.71	4.62	4.07
배당수익률(%)	0.46	0.34	0.32	0.38
ROE (%)	12.47	14.03	15.16	14.24
ROA (%)	4.61	5.13	5.92	6.07
재고회전율	1.01	1.06	1.12	1.19
EBITDA (백만$)	730.36	991.78	1,134.67	1,331.40

매출비중

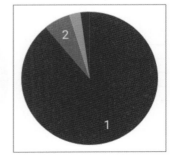

제품명	비중
1. 주택 건설	88.96%
2. 금융 서비스	6.28%
3. 레나 멀티패밀리 브랜드	2.63%
4. 리알토 브랜드	2.14%

PHM
펄트그룹
PulteGroup, Inc.

섹터 자유소비재 (Consumer Discretionary)
세부섹터 주택 건설 (Homebuilding)

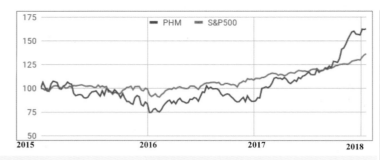

펄트그룹(PulteGroup, Inc.)은 단독주택 건설 사업을 영위하는 업체이다. 회사는 1950년에 설립되었고 본사는 조지아주 애틀란타에 있으며 8,300명의 직원이 근무하고 있다. 사업 부문은 주택 건설 및 금융 서비스로 나누어진다. 주택 건설 사업은 주로 미국 내 거주 목적을 위한 토지의 취득 및 개발과 토지의 주택 건설을 포함하고 있다. 금융 서비스 운영은 주로 모기지 금융 및 소유권 운영으로 구성되어 있다. 회사는 펄트 모기지(Pulte Mortgage LLC (Pulte Mortgage)) 및 기타 자회사를 통해 금융 서비스 사업을 진행하고 있다. 펄트 모기지(Pulte Mortgage)는 모기지 론의 출자를 통해 자금 조달을 하고 있다. 회사의 브랜드는 센텍스(Centex), 펄트 홈즈(Pulte Homes), 델 웹(Del Webb), 디보스타 홈즈(DiVosta Homes), 존 와이랜드 홈즈 앤 네이버후드(John Wieland Homes and Neighborhood)이며 단독 주택, 타운 하우스, 콘도미니엄 및 듀플렉스 등의 다양한 주택을 고객들에게 판매하고 있다.

기준일 : 2018/ 01 /25
한글 회사명 : 펄트그룹
영문 회사명 : PulteGroup, Inc.
상장일 : 1972년 01월 21일 | 결산월 : 12월
시가총액 : 101 (억$) |
52주 최고 : $35.21 (-0.85%) / 52주 최저 : $19.59 (+78.2%)

주요 주주정보

보유자/ 보유 기관	보유율
The Vanguard Group, Inc.	9.09%
PULTE WILLIAM J /PULTE/	7.52%
BlackRock Fund Advisors	6.14%

애널리스트 추천 및 최근 투자의견

펄트그룹의 2018년 01월 25일 **현재 22개 기관의 평균적인 목표가는 35.44$**이며, 2018년 추정 주당순이익(EPS)은 3.07$로 2017년 추정 EPS 2.04$에 비해 **50.49% 증가할 것으로 예상**된다.

최근, 1개월, 3개월의 투자 의견 변화

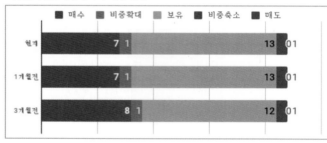

투자의견	금융사 및 투자	날짜
Upgrade	Mizuho: Neutral to Buy	1/18/2018
Downgrade	B. Riley: Buy to Neutral	1/3/2018
Downgrade	Buckingham: Buy to Neutral	11/14/2017
Upgrade	Mizuho: Underperform to Neutral	10/25/2017
Initiated	UBS: to Buy	10/25/2017

내부자 거래

(3M 비중은 12개월 거래 중 최근 3개월의 비중)

구분	성격	3개월	12개월	3M 비중
매수	매수 건수 (장내 매매만 해당)	6	12	50.00%
매도	매도 건수 (장내 매매만 해당)	11	24	45.83%
매수	매수 수량 (장내 매매만 해당)	221,447	290,798	76.15%
매도	매도 수량 (장내 매매만 해당)	83,729	588,037	14.24%
	순매수량 (−인 경우 순매도량)	137,718	-297,239	

ETF 노출   (편입 ETF 수 : 85개 / 시가총액 대비 ETF의 보유비중 : 14.13%)

티커	ETF	보유 지분	비중
VO	Vanguard Mid-Cap ETF	$221,368,155	0.22%
VTI	Vanguard Total Stock Market ETF	$218,552,467	0.03%
ITB	iShares Dow Jones US Home Const. (ETF)	$186,344,846	6.36%
VOO	Vanguard 500 Index Fund	$158,099,497	0.04%
SPY	SPDR S&P 500 ETF Trust	$115,685,836	0.04%

기간 수익률

1M : 3.49%	3M : 31.6%	6M : 42.32%	1Y : 80.96%	3Y : 60.4%

재무 지표

	2014	2015	2016	2017(E)
매출액 (백만$)	5,753	5,901	7,556	8,560
영업이익 (백만$)	642	744	865	974
순이익 (백만$)	471	491	598	625
자산총계 (백만$)	8,569	9,189	10,178	9,964
자본총계 (백만$)	4,805	4,759	4,659	
부채총계 (백만$)	3,764	4,430	5,519	

안정성 비율	2013	2014	2015	2016
유동비율 (%)	345.47	377.15	343.52	342.41
부채비율 (%)	87.87	78.35	93.08	118.45
이자보상배율 (배)	739.55	756.16	944.65	1,260.59

투자 지표

	2014	2015	2016	2017(E)
영업이익률(%)	11.16	12.61	11.45	11.38
매출액 증가율 (%)	2.73	2.57	28.04	13.28
EPS ($)	1.27	1.38	1.76	2.04
EPS 증가율 (%)	-81.32	8.66	30.44	16.04
주당자산가치($)	13.01	13.63	14.60	14.33
잉여현금흐름 (백만$)	267	-383	29	501

	2013	2014	2015	2016
배당성향(%)	2.23	18.25	24.26	20.60
배당수익률(%)	0.74	1.07	1.85	1.96
ROE (%)	76.05	9.97	10.27	12.70
ROA (%)	33.62	5.45	5.53	6.18
재고회전율	1.31	1.31	1.14	1.19
EBITDA (백만$)	558.15	681.84	790.61	918.77

매출비중

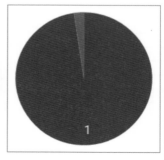

제품명	비중
1. 주택 건설	
	97.64%
2.금융 서비스	
	2.36%

CCL
카니발 코퍼레이션
Carnival Corp.

섹터 자유소비재 (Consumer Discretionary)
세부섹터 호텔, 리조트, 크루즈 (Hotels, Resorts & Cruise Lines)

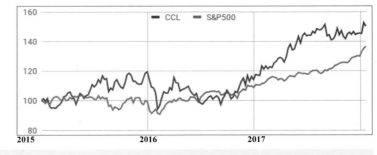

카니발 코퍼레이션(Carnival Corporation)은 크루즈 선박을 통한 여행 사업을 영위하는 업체이다. 회사는 1972년에 설립되었고 본사는 플로리다주 마이애미에 있으며 97,200명의 직원이 근무하고 있다. 회사는 여행객들을 대상으로 크루즈 여행을 제공하는 선박회사이며 북미, 이에이에이(EAA), 크루즈 지원 및 여행 및 기타의 4가지 부문으로 운영되고 있다. 북미 사업 부문에는 카니발 크루즈 라인(Carnival Cruise Line), 네덜란드 아메리카 라인(Holland America Line), 프린세스 크루즈(Princess Cruises) 및 시본(Seabourn)으로 나누어진다. 크루즈 지원 부문은 크루즈 브랜드와 파톰(Fathom-크루즈 이름)의 판매, 일반 및 관리 비용을 위해 제공되는 항구 및 관련 시설 및 기타 서비스를 제공하고 있다. 이에이에이(EAA) 부문에는 아이다 크루즈-아이다(AIDA Cruise-AIDA), 코스타 크루즈(Costa Cruise), 피 앤 오 크루즈-호주 (P&O Cruise-Australia), 피 앤 오 크루즈-영국(P&O Cruise-United Kingdom) 및 파톰의 선박 운영이 포함되어 있다. 여행 및 기타 부문은 홀랜드 아메리카 프린세스 알래스카 투어(Holland America Princess Alaska Tours)의 호텔 및 운송 운영과 회사와 제휴 관계가 없는 임대 보트 3척을 통해 사업을 운영하고 있다.

기준일 : 2018/ 01 /25

한글 회사명 : 카니발 코퍼레이션

영문 회사명 : Carnival Corp.

상장일 : 1987년 07월 24일 | 결산월 : 11월

시가총액 : 382 (억$) | 52주 최고 : $70.98 (-0.79%) / 52주 최저 : $53.66 (+31.23%)

주요 주주정보

보유자/ 보유 기관	보유율
ARISON MICKY MEIR	23.51%
SunTrust Banks, Inc. (Wealth Management)	7.18%
The Vanguard Group, Inc.	5.27%

애널리스트 추천 및 최근 투자의견

카니발 코퍼레이션의 2018년 01월 25일 현재 29개 기관의 **평균적인 목표가는 75.61$이며,** 2018년 추정 주당순이익(EPS)은 4.91$로 2017년 추정 EPS 4.26$에 비해 **15.25% 증가할 것으로 예상**된다.

최근, 1개월, 3개월의 투자 의견 변화

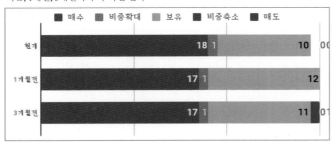

투자의견	금융사 및 투자	날짜
Maintains	Credit Suisse: Outperform to Outperform	1/25/2018
Upgrade	Credit Suisse: Neutral to Outperform	1/9/2018
Upgrade	Morgan Stanley: Underweight to Equal-Weight	12/6/2017
Downgrade	Credit Suisse: Outperform to Neutral	9/15/2017
Upgrade	William Blair: to Outperform	3/21/2017

내부자 거래

(3M 비중은 12개월 거래 중 최근 3개월의 비중)

구분	성격	3개월	12개월	3M 비중
매수	매수 건수 (장내 매매만 해당)	8	16	50.00%
매도	매도 건수 (장내 매매만 해당)	23	30	76.67%
매수	매수 수량 (장내 매매만 해당)	152,788	174,460	87.58%
매도	매도 수량 (장내 매매만 해당)	285,918	442,786	64.57%
	순매수량 (−인 경우 순매도량)	-133,130	-268,326	

ETF 노출
(편입 ETF 수 : 68개 / 시가총액 대비 ETF의 보유비중 : 5.31%)

티커	ETF	보유 지분	비중
VTI	Vanguard Total Stock Market ETF	$685,898,776	0.10%
VOO	Vanguard 500 Index Fund	$495,661,025	0.12%
IVV	iShares S&P 500 Index (ETF)	$183,815,543	0.12%
VUG	Vanguard Growth ETF	$95,812,580	0.12%
IWD	iShares Russell 1000 Value Index (ETF)	$87,597,275	0.21%

기간 수익률

1M : 3.95%	3M : 3.97%	6M : 2.32%	1Y : 28.63%	3Y : 50.81%

재무 지표

	2014	2015	2016	2017(E)
매출액 (백만$)	15,884	15,714	16,389	17,510
영업이익 (백만$)	1,784	2,574	3,071	3,202
순이익 (백만$)	1,236	1,757	2,779	2,606
자산총계 (백만$)	39,532	39,237	38,936	40,778
자본총계 (백만$)	24,288	23,771	22,597	24,216
부채총계 (백만$)	15,244	15,466	16,339	16,562

안정성 비율	2013	2014	2015	2016
유동비율 (%)	28.82	21.72	35.24	23.88
부채비율 (%)	63.32	62.76	65.06	72.31
이자보상배율 (배)	4.94	6.19	11.86	13.77

투자 지표

	2014	2015	2016	2017(E)
영업이익률(%)	11.23	16.38	18.74	18.29
매출액 증가율 (%)	2.77	-1.07	4.30	6.84
EPS ($)	1.59	2.26	3.73	3.61
EPS 증가율 (%)	14.39	42.14	65.04	-3.22
주당자산가치($)	31.26	30.79	31.13	33.73
잉여현금흐름 (백만$)				

	2013	2014	2015	2016
배당성향(%)	62.89	48.67	36.29	44.56
배당수익률(%)	2.26	2.17	2.62	2.43
ROE (%)	4.45	5.06	7.31	11.99
ROA (%)	2.72	3.10	4.46	7.11
재고회전율				
EBITDA (백만$)	2,958	3,150	3,642	4,789

매출비중

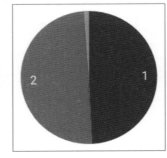

제품명	비중
1. 크루즈 여행-북미	
	62.65%
2. 크루즈 여행-유럽	
	63.04%
3. 기타	
	1.38%

HLT
힐튼 월드와이드 홀딩스
Hilton Worldwide Holdings Inc

섹터 자유소비재 (Consumer Discretionary)
세부섹터 호텔, 리조트, 크루즈 (Hotels, Resorts & Cruise Lines)

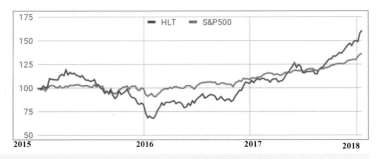

힐튼 월드와이드 홀딩스(Hilton Worldwide Holdings Inc.)는 호텔 및 생활레저 사업을 영위하는 업체이다. 회사는 2010년에 설립되었고 본사는 버지니아주 맥린에 있으며 169,000명의 직원이 근무하고 있다. 회사는 호텔 및 리조트의 소유, 임대, 관리 및 프랜차이즈를 운영하고 있다. 사업 부문은 소유권 관리 및 프랜차이즈로 나뉜다. 소유 및 리스 자산의 글로벌 포트폴리오에는 뉴욕, 런던, 샌프란시스코, 시카고, 상파울루 및 도쿄와 같은 도시의 다양한 호텔이 포함되어 있다. 관리 및 프랜차이즈 부문은 호텔을 관리하고 브랜드를 프랜차이즈 라이센스로 사용하고 있다. 브랜드의 구성은 힐튼 호텔스 앤 리조트, 워도프 아스토리아 호텔스 앤 리조트, 콘레드 호텔스 앤 리조트, 캐노피 바이 힐튼 등 다수의 브랜드로 구성되어 있다. 회사는 104개 국에서 4,875개의 호텔 및 리조트를 소유, 임대, 관리 또는 프랜차이즈 운영을 하고 있으며 796,440개의 객실을 보유하고 있다.

기준일 : 2018/ 01 /25
한글 회사명 : 힐튼 월드와이드 홀딩스
영문 회사명 : Hilton Worldwide Holdings Inc
상장일 : 2013년 12월 12일 | 결산월 : 12월
시가총액 : 278 (억$) | 52주 최고 : $86.99 (-0.7%) / 52주 최저 : $55.79 (+54.83%)

주요 주주정보

보유자/ 보유 기관	보유율
Beijing Tourism Investment Management	25.79%
Wellington Management Co. LLP	6.46%
Blackstone Corporate Private Equity	5.4%

애널리스트 추천 및 최근 투자의견

힐튼 월드와이드 홀딩스의 2018년 01월 25일 **현재 24개 기관의 평균적인 목표가는 85.29S이며**, 2018년 추정 주당순이익(EPS)은 2.54$로 2017년 추정 EPS 1.91$에 비해 **32.98% 증가할 것으로 예상**된다.

최근, 1개월, 3개월의 투자 의견 변화

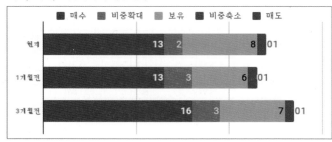

투자의견	금융사 및 투자	날짜
Downgrade	Morgan Stanley: Overweight to Equal-Weight	1/17/2018
Upgrade	Raymond James: Outperform to Strong Buy	1/8/2018
Downgrade	Goldman Sachs: Conviction Buy to Buy	11/14/2017
Maintains	Morgan Stanley: to Overweight	11/13/2017
Downgrade	Wells Fargo: Outperform to Market Perform	11/6/2017

내부자 거래

(3M 비중은 12개월 거래 중 최근 3개월의 비중)

구분	성격	3개월	12개월	3M 비중
매수	매수 건수 (장내 매매만 해당)	15	40	37.50%
매도	매도 건수 (장내 매매만 해당)	15	26	57.69%
매수	매수 수량 (장내 매매만 해당)	90,641	461,719	19.63%
매도	매도 수량 (장내 매매만 해당)	144,094	345,269,193	0.04%
	순매수량 (-인 경우 순매도량)	-53,453	-344,807,474	

ETF 노출   (편입 ETF 수 : 64개 / 시가총액 대비 ETF의 보유비중 : 2.67%)

티커	ETF	보유 지분	비중
SPY	SPDR S&P 500 ETF Trust	$219,679,686	0.07%
IVV	iShares S&P 500 Index (ETF)	$110,442,370	0.07%
XLY	Consumer Discretionary SPDR (ETF)	$78,919,549	0.58%
IWF	iShares Russell 1000 Growth Index (ETF)	$50,566,836	0.12%
IWR	iShares Russell Midcap Index Fund (ETF)	$45,039,687	0.25%

기간 수익률

1M : 10.89%	3M : 28.3%	6M : 36.84%	1Y : 48.16%	3Y : 61.11%

재무 지표

	2014	2015	2016	2017(E)
매출액 (백만$)	10,502	11,272	11,663	9,093
영업이익 (백만$)	1,673	1,774	1,867	1,369
순이익 (백만$)	673	1,404	348	563
자산총계 (백만$)	26,125	25,622	26,211	14,138
자본총계 (백만$)	4,714	5,951	5,849	
부채총계 (백만$)	21,411	19,671	20,362	

안정성 비율	2013	2014	2015	2016
유동비율 (%)	111.25	110.72	105.81	132.53
부채비율 (%)	521.19	454.20	330.55	348.13
이자보상배율 (배)	1.78	2.71	3.09	3.16

투자 지표

	2014	2015	2016	2017(E)
영업이익률(%)	15.93	15.74	16.01	15.06
매출액 증가율 (%)	7.88	7.33	3.47	-22.04
EPS ($)	2.04	4.27	1.06	1.91
EPS 증가율 (%)	51.11	109.31	-75.18	80.38
주당자산가치($)	14.48	18.18	17.91	3.99
잉여현금흐름 (백만$)	1,077	1,097	1,033	760

	2013	2014	2015	2016
배당성향(%)			9.86	80.00
배당수익률(%)	0.00	0.00	0.96	1.51
ROE (%)	11.79	14.77	26.15	5.86
ROA (%)	1.73	2.59	5.47	1.41
재고회전율	24.90	26.26	26.65	23.73
EBITDA (백만$)	1,705.00	2,301.00	2,466.00	2,553.00

매출비중

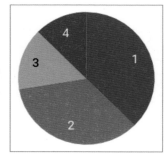

제품명	비중
1. 기타 수익	38.12%
2. 직영	35.64%
3. 관리 및 프랜차이즈	15.31%
4. 단기 임대	11.92%
5. 기타 수익	0.87%

MAR
메리어트 인터내셔널
Marriott Int'l.

섹터 자유소비재 (Consumer Discretionary)
세부섹터 호텔, 리조트, 크루즈 (Hotels, Resorts & Cruise Lines)

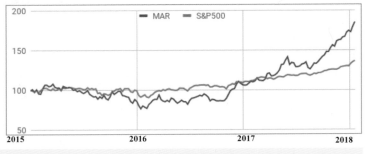

메리어트 인터내셔널(Marriott International Inc)은 호텔 및 숙박 사업을 영위하는 업체이다. 회사는 1927년에 설립되었고 본사는 메릴랜드주 베데스다에 있으며 226,500명의 직원이 근무하고 있다. 메리어트 인터내셔널은 북미 풀 서비스, 북미 리미티드 서비스 및 인터내셔널의 3가지 비즈니스 부문으로 운영되고 있다. 북미 풀 서비스 부문은 미국과 캐나다의 럭셔리, 프리미엄 브랜드 호텔들인 제이더블유 메리어트, 메리어트 호텔, 쉐라톤, 웨스틴, 르네상스 호텔, 리 메르딘, 오토그래프 콜렉션 호텔, 델타호텔, 게이로드 호텔, 트라이뷰트 포트폴리오로 구성되어 있다. 북미 리미티드 서비스 부문은 미국 및 캐나다에 소재한 중급 이상의 셀렉트(Select) 브랜드인 코트야드, 레지던스 인, 페어필드 인 앤 스위트, 스프링힐 스위트, 엘레멘트 호텔 및 목시 호텔이 포함되어 있다. 인터내셔널 부문은 미국과 캐나다를 제외한 나라들의 브랜드 중 제이더블유 메리어트, 세인트 레지스, 에디션, 불가리 호텔 & 리조트, 메리어트 호텔, 쉐라톤, 웨스틴, 포 포인츠, 에어로프트 호텔, 에이씨 호텔 바이 메리어트, 프로티 호텔, 엘레멘트 호텔 및 목시 호텔이 포함되어 있다.

기준일 : 2018/ 01 /25

한글 회사명 : 메리어트 인터내셔널
영문 회사명 : Marriott Int'l.
상장일 : 1993년 10월 01일 | 결산월 : 12월
시가총액 : 530 (억$) |
52주 최고 : $146.69 (-0.65%) / 52주 최저 : $83.81 (+73.88%)

주요 주주정보

보유자/ 보유 기관	보유율
MARRIOTT JOHN WILLARD JR	7.26%
MARRIOTT RICHARD EDWIN	5.42%
The Vanguard Group, Inc.	5.37%

애널리스트 추천 및 최근 투자의견

메리어트 인터내셔널의 2018년 01월 25일 **현재 24개 기관의 평균적인 목표가는 136.45$**이며, 2018년 추정 주당순이익(EPS)은 5.16$로 2017년 추정 EPS 4.23$에 비해 **21.98% 증가할 것으로 예상**된다.

최근, 1개월, 3개월의 투자 의견 변화

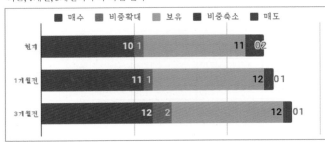

투자의견	금융사 및 투자	날짜
Maintains	Barclays: Equal-Weight to Equal-Weight	11/28/2017
Downgrade	Bernstein: Outperform to Market Perform	11/16/2017
Maintains	Morgan Stanley: to Overweight	11/13/2017
Maintains	Baird: to Neutral	11/10/2017
Maintains	Morgan Stanley: to Overweight	11/9/2017

내부자 거래

(3M 비중은 12개월 거래 중 최근 3개월의 비중)

구분	성격	3개월	12개월	3M 비중
매수	매수 건수 (장내 매매만 해당)	26	50	52.00%
매도	매도 건수 (장내 매매만 해당)	21	75	28.00%
매수	매수 수량 (장내 매매만 해당)	222,449	403,832	55.08%
매도	매도 수량 (장내 매매만 해당)	273,136	1,075,316	25.40%
	순매수량 (−인 경우 순매도량)	-50,687	-671,484	

ETF 노출   (편입 ETF 수 : 83개 / 시가총액 대비 ETF의 보유비중 : 7.78%)

티커	ETF	보유 지분	비중
VTI	Vanguard Total Stock Market ETF	$957,523,090	0.14%
VOO	Vanguard 500 Index Fund	$760,208,660	0.18%
SPY	SPDR S&P 500 ETF Trust	$556,192,925	0.19%
QQQ	PowerShares QQQ Trust, Series 1 (ETF)	$414,446,013	0.67%
IVV	iShares S&P 500 Index (ETF)	$281,327,848	0.18%

기간 수익률

1M : 10.97%	3M : 36.7%	6M : 40.07%	1Y : 70.73%	3Y : 89.84%

재무 지표

	2014	2015	2016	2017(E)
매출액 (백만$)	13,795	14,476	17,072	22,805
영업이익 (백만$)	1,183	1,394	1,754	2,466
순이익 (백만$)	753	859	780	1,611
자산총계 (백만$)	6,865	6,082	24,140	23,899
자본총계 (백만$)	-2,200	-3,590	5,357	
부채총계 (백만$)	9,065	9,672	18,783	

안정성 비율	2013	2014	2015	2016
유동비율 (%)	71.14	62.78	42.81	65.49
부채비율 (%)	-580.14	-412.05	-269.42	350.63
이자보상배율 (배)	8.57	10.75	8.60	8.27

투자 지표

	2014	2015	2016	2017(E)
영업이익률(%)	8.58	9.63	10.27	10.81
매출액 증가율 (%)	7.93	4.94	17.93	33.58
EPS ($)	2.60	3.21	2.68	4.23
EPS 증가율 (%)	26.83	23.60	-16.60	57.75
주당자산가치($)	-7.86	-14.01	13.87	10.82
잉여현금흐름 (백만$)	813	1,125	1,383	2,224

	2013	2014	2015	2016
배당성향(%)	32.00	30.31	30.16	43.56
배당수익률(%)	1.30	0.99	1.42	1.39
ROE (%)				88.29
ROA (%)	9.53	11.03	13.27	5.16
재고회전율				
EBITDA (백만$)	1,112.00	1,306.00	1,517.00	1,922.00

매출비중

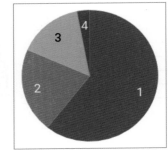

제품명	비중
1. 직영 호텔 서비스	
	60.78%
2. 위탁/프랜차이즈 호텔 서비스	
	20.86%
3. 전세계	
	15.44%
4. 기타	
	2.92%

NCLH
노르웨인 크루즈 라인
Norwegian Cruise Line Holdings Ltd.

섹터 자유소비재 (Consumer Discretionary)
세부섹터 호텔, 크루즈, 리조트 (Hotels, Resorts & Cruise Lines)

노르웨이안 크루즈 라인(Norwegian Cruise Line Holdings Ltd.)은 북미, 지중해, 발트해, 중미, 버뮤다, 카리브 해의 여정을 여행자에게 제공하는 글로벌 유람선 운영 업체이다. 회사는 2010년 설립되었으며 본사는 플로리다주 마이애미에 있고 30,000명의 직원이 근무하고 있다. 회사는 모던, 프리미엄, 럭셔리 브랜드를 포함하고 있다. 모던브랜드는 7일 이하의 부담 없는 분위기의 크루즈 여행을 제공하고 있다. 프리미엄, 럭셔리 세그먼트보다 평균 비용이 저렴하다. 프리미엄 브랜드는 7~14일 내외의 여행을 기본으로 하여 인구 밀도가 높은 지역에서 서비스를 제공하고 있다. 럭셔리 브랜드는 중소형 선박을 통한 최고 수준의 서비스와 품질을 제공하고 있다.

기준일 : 2018/ 01 /25
한글 회사명 : 노르웨인 크루즈 라인
영문 회사명 : Norwegian Cruise Line Holdings Ltd.
상장일 : 2013년 01월 18일 | 결산월 : 12월
시가총액 : 142 (억$) | 52주 최고 : $61.48 (-2.08%) / 52주 최저 : $46.83 (+28.55%)

주요 주주정보

보유자/ 보유 기관	보유율
Apollo Capital Management LP	10.68%
T. Rowe Price Associates, Inc.	8.74%
The Vanguard Group, Inc.	6.11%

애널리스트 추천 및 최근 투자의견

노르웨인 크루즈 라인의 2018년 01월 25일 **현재 23개 기관의 평균적인 목표가는 65.15$**이며, 2018년 추정 주당순이익(EPS)은 4.59$로 2017년 추정 EPS 3.92$에 비해 **17.09% 증가할 것으로 예상**된다.

최근, 1개월, 3개월의 투자 의견 변화

투자의견	금융사 및 투자	날짜
Upgrade	SunTrust Robinson Humphrey: Hold to Buy	1/17/2018
Downgrade	Macquarie: Neutral to Underperform	11/30/2017
Maintains	Barclays: to Overweight	11/10/2017
Maintains	Morgan Stanley: to Equal-Weight	11/10/2017
Initiated	Argus: to Buy	10/25/2017

내부자 거래

(3M 비중은 12개월 거래 중 최근 3개월의 비중)

구분	성격	3개월	12개월	3M 비중
매수	매수 건수 (장내 매매만 해당)	15	17	88.24%
매도	매도 건수 (장내 매매만 해당)	9	18	50.00%
매수	매수 수량 (장내 매매만 해당)	215,212	269,665	79.81%
매도	매도 수량 (장내 매매만 해당)	9,776,647	27,965,746	34.96%
	순매수량 (−인 경우 순매도량)	-9,561,435	-27,696,081	

ETF 노출 (편입 ETF 수 : 58개 / 시가총액 대비 ETF의 보유비중 : 9.95%)

티커	ETF	보유 지분	비중
VO	Vanguard Mid-Cap ETF	$268,356,954	0.27%
VTI	Vanguard Total Stock Market ETF	$263,932,843	0.04%
VOO	Vanguard 500 Index Fund	$182,425,232	0.04%
SPY	SPDR S&P 500 ETF Trust	$131,234,794	0.04%
VUG	Vanguard Growth ETF	$73,757,369	0.09%

기간 수익률

1M : 10.05%	3M : 4.74%	6M : 7.91%	1Y : 30.24%	3Y : 32.5%

재무 지표

	2014	2015	2016	2017(E)
매출액 (백만$)	3,126	4,345	4,874	5,400
영업이익 (백만$)	492	597	836	1,182
순이익 (백만$)	338	427	633	896
자산총계 (백만$)	11,573	12,265	12,974	14,257
자본총계 (백만$)	3,519	3,781	4,538	
부채총계 (백만$)	8,054	8,484	8,436	

안정성 비율	2013	2014	2015	2016
유동비율 (%)	17.01	13.60	14.38	17.78
부채비율 (%)	152.77	228.89	224.39	185.91
이자보상배율 (배)	1.42	3.19	2.64	2.98

투자 지표

	2014	2015	2016	2017(E)
영업이익률 (%)	15.74	13.74	17.15	21.89
매출액 증가율 (%)	21.62	39.00	12.18	10.79
EPS ($)	1.64	1.89	2.79	3.92
EPS 증가율 (%)	228.00	15.24	47.62	40.58
주당자산가치($)	15.46	16.60	19.97	23.68
잉여현금흐름 (백만$)	-416	-81	148	381

	2013	2014	2015	2016
배당성향(%)				
배당수익률(%)	0.00	0.00	0.00	0.00
ROE (%)	4.40	11.04	11.70	15.22
ROA (%)	1.63	3.76	3.58	5.02
재고회전율	61.64	62.35	75.75	78.35
EBITDA (백만$)	645.70	797.54	1,048.37	1,285.65

매출비중

제품명	비중
1. 크루즈 여행	
	100%

RCL
로열 캐리비언 크루즈
Royal Caribbean Cruises Ltd

섹터 자유소비재 (Consumer Discretionary)
세부섹터 호텔, 리조트, 크루즈(Hotels, Resorts & Cruise Lines)

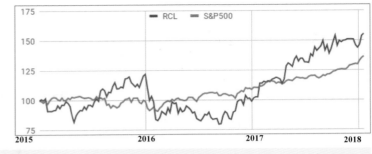

로열 캐리비언 크루즈(Royal Caribbean Cruises Ltd.)는 크루즈 선박을 통한 여행 사업을 영위하는 업체이다. 회사는 1968년에 설립되었고 본사는 플로리다주 마이애미에 있으며 66,000명의 직원이 근무하고 있다. 회사는 로얄 캐리비안 인터내셔널(Royal Caribbean International), 셀러브리티 크루즈(Celebrity Cruises) 및 아자마라 클럽 크루즈 - 글로벌 브랜드(Azamara Club Cruises - Global Brands)의 3가지 글로벌 크루즈 브랜드를 소유 및 운영하고 있다. 독일 브랜드 티유아이 크루즈(TUI Cruises), 스페인 브랜드 풀만터(Pullmantur), 중국 브랜드 스카이시 크루즈(SkySea Cruises)에 대한 지분을 소유하고 있다. 글로벌 브랜드와 파트너 브랜드는 크루즈 휴가에서 총 49척의 선박을 운영하며 약 123,270선석을 보유하고 있다. 선박은 7개 대륙 전체를 망라하는 105개국의 약 535개 목적지를 방문하는 여정이며 이중 로얄 캐리비안 인터내셔널(Royal Caribbean International)은 알레스카, 아시아, 호주, 캐나다, 카리브 해, 파나마 운하 및 뉴질랜드를 포함하여 2일에서 24일 사이의 크루즈 여행 일정 서비스를 제공하고 있다.

기준일 : 2018/ 01 /25

한글 회사명 : 로열 캐리비언 크루즈
영문 회사명 : Royal Caribbean Cruises Ltd
상장일 : 1993년 04월 28일 | 결산월 : 12월
시가총액 : 282 (억$) |
52주 최고 : $134.76 (-2.12%) / 52주 최저 : $85.16 (+54.88%)

주요 주주정보

보유자/ 보유 기관	보유율
WILHELMSEN ARNE ALEXANDER	13.99%
The Vanguard Group, Inc.	8.11%
Osiris Holdings, Inc.	5.27%

애널리스트 추천 및 최근 투자의견

로열 캐리비언 크루즈의 2018년 01월 25일 **현재 25개 기관의 평균적인 목표가는 143.43$**이며, 2018년 추정 주당순이익(EPS)은 9.97$로 2017년 추정 EPS 8.72$에 비해 **14.33% 증가할 것으로 예상**된다.

재무 지표

	2014	2015	2016	2017(E)
매출액 (백만$)	8,074	8,299	8,496	8,744
영업이익 (백만$)	992	1,539	1,781	1,717
순이익 (백만$)	764	666	1,283	1,596
자산총계 (백만$)	20,713	20,782	22,310	22,258
자본총계 (백만$)	8,284	8,063	9,121	
부채총계 (백만$)	12,429	12,719	13,189	

최근, 1개월, 3개월의 투자 의견 변화

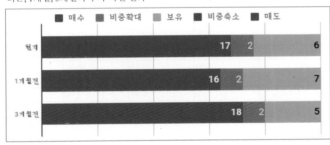

안정성 비율	2013	2014	2015	2016
유동비율 (%)	22.41	20.81	19.50	16.85
부채비율 (%)	127.89	150.03	157.75	144.59
이자보상배율 (배)	2.15	3.45	5.74	6.35

투자 지표

	2014	2015	2016	2017(E)
영업이익률 (%)	12.29	18.54	20.96	19.63
매출액 증가율 (%)	1.43	2.79	2.38	2.91
EPS ($)	3.45	3.03	5.96	7.41
EPS 증가율 (%)	59.72	-12.17	96.70	24.26
주당자산가치($)	37.78	36.99	42.51	48.45
잉여현금흐름 (백만$)	-68	333	22	2,049

투자의견	금융사 및 투자	날짜
Maintains	JP Morgan: Overweight to Overweight	1/25/2018
Maintains	Stifel Nicolaus: Buy to Buy	1/25/2018
Maintains	Bank of America: Neutral to Neutral	1/25/2018
Upgrade	Berenberg: Hold to Buy	1/11/2018
Downgrade	Macquarie: Outperform to Neutral	11/30/2017

	2013	2014	2015	2016
배당성향(%)	34.58	32.07	44.70	28.84
배당수익률(%)	1.56	1.33	1.33	2.08
ROE (%)	5.54	8.94	8.15	14.94
ROA (%)	2.37	3.75	3.21	5.96
재고회전율	53.50	58.78	67.80	72.18
EBITDA (백만$)	1,561.86	1,762.91	2,361.92	2,665.16

내부자 거래

		(3M 비중은 12개월 거래 중 최근 3개월의 비중)			
구분	성격	3개월	12개월	3M 비중
매수	매수 건수 (장내 매매만 해당)	29	37	78.38%
매도	매도 건수 (장내 매매만 해당)	42	69	60.87%
매수	매수 수량 (장내 매매만 해당)	218,952	327,038	66.95%
매도	매도 수량 (장내 매매만 해당)	204,578	887,269	23.06%
	순매수량 (-인 경우 순매도량)	14,374	-560,231	

매출비중

ETF 노출 (편입 ETF 수 : 77개 / 시가총액 대비 ETF의 보유비중 : 9.76%)

티커	ETF	보유 지분	비중
VO	Vanguard Mid-Cap ETF	$559,041,605	0.56%
VTI	Vanguard Total Stock Market ETF	$550,450,798	0.08%
VOO	Vanguard 500 Index Fund	$390,118,359	0.09%
SPY	SPDR S&P 500 ETF Trust	$285,773,984	0.10%
VOE	Vanguard Mid-Cap Value ETF	$189,305,927	1.06%

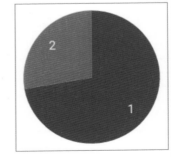

제품명	비중
1. 여객 티켓 판매	
	72.38%
2. 기타 수익	
	27.62%

기간 수익률

1M : 3.1%	3M : 6.65%	6M : 12.23%	1Y : 51.65%	3Y : 55.4%

WYN
윈드햄 월드와이드 코퍼레이션
Wyndham Worldwide Corporation

섹터 자유소비재 (Consumer Discretionary)
세부섹터 호텔, 리조트, 크루즈 (Hotels, Resorts & Cruise Lines)

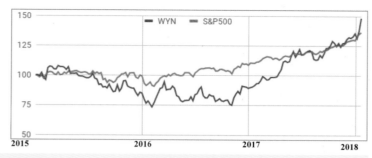

윈드햄 월드와이드 코퍼레이션(Wyndham Worldwide Corporation)은 호스피탈리티(hospitality) 사업을 영위하는 업체이다. 회사는 1974년에 설립되었고 본사는 팔시패니뉴저지에 있으며 37,800명의 직원이 근무하고 있다. 회사는 글로벌 브랜드 포트폴리오를 통해 다양한 서비스 및 제품을 제공하며 윈드햄 호텔 그룹(Wyndham Hotel Group), 윈드햄 데스티네이션 네트워크(Wyndham Destination Network) 및 윈드햄 베케이션 오너십(Wyndham Vacation Ownership)의 3가지 부문으로 운영되고 있다. 회사의 브랜드는 윈드햄 호텔 앤 리조트(Wyndham Hotels and Resorts), 라마다(Ramada), 데이스 인(Days Inn), 슈퍼 에이트(Super 8), 하워드 존슨(Howard Johnson), 윈게이트 바이 윈드햄(Wyngate by Wyndham), 마이크로텔 인 앤 스위트 윈드햄(Microtel Inns & Suites Wyndham), 트립 바이 윈드햄(TRYP by Wyndham), 돌체 호텔 및 리조트(Dolce Hotels and Resorts) 등 다수의 브랜드를 보유하고 있다. 윈드햄 호텔 그룹(Wyndham Hotel Group)은 전 세계에 8,035개의 호텔과 697,600개의 호텔 객실을 보유하고 있다. 윈드햄 데스티네이션 네트워크(Wyndham Destination Network) 부문은 호텔이 아닌 개인소유 주택이나 별장을 고객들에게 연결해 주고 있다. 윈드햄 베케이션 오너십(Wyndham Vacation Ownership) 부문은 휴가 시 시설을 이용하는 멤버십 리조트를 개발 및 소유하고 있다.

기준일 : 2018/ 01 /25
한글 회사명 : 윈드햄 월드와이드 코퍼레이션
영문 회사명 : Wyndham Worldwide Corporation
상장일 : 2006년 07월 19일 | 결산월 : 12월
시가총액 : 127 (억$) |
52주 최고 : $127.96 (-1.01%) / 52주 최저 : $77.74 (+62.92%)

주요 주주정보

보유자/ 보유 기관	보유율
The Vanguard Group, Inc.	9.73%
Fidelity Management & Research Co.	7.53%
Capital Research & Management Co.	6.53%

애널리스트 추천 및 최근 투자의견

윈드햄 월드와이드 코퍼레이션의 2018년 01월 25일 **현재 9개 기관의 평균적인 목표가는 115.13$**이며, 2018년 추정 주당순이익(EPS)은 7.54$로 2017년 추정 EPS 6.04$에 비해 **24.83% 증가할 것으로 예상**된다.

최근, 1개월, 3개월의 투자 의견 변화

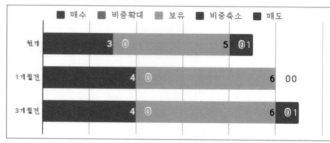

투자의견	금융사 및 투자	날짜
Upgrade	Goldman Sachs: Neutral to Buy	1/19/2018
Downgrade	Telsey Advisory Group: Outperform to Market Perform	8/4/2017
Initiated	Janney Capital: to Neutral	1/31/2017
Initiated	Janney Capital: to Neutral	1/30/2017
Initiated	Goldman Sachs: to Neutral	9/26/2016

내부자 거래

(3M 비중은 12개월 거래 중 최근 3개월의 비중)

구분	성격	3개월	12개월	3M 비중
매수	매수 건수 (장내 매매만 해당)	35	58	60.34%
매도	매도 건수 (장내 매매만 해당)	19	25	76.00%
매수	매수 수량 (장내 매매만 해당)	335,447	416,971	80.45%
매도	매도 수량 (장내 매매만 해당)	167,497	444,645	37.67%
	순매수량 (−인 경우 순매도량)	167,950	-27,674	

ETF 노출
(편입 ETF 수 : 81개 / 시가총액 대비 ETF의 보유비중 : 12.85%)

티커	ETF	보유 지분	비중
VO	Vanguard Mid-Cap ETF	$293,040,697	0.29%
VTI	Vanguard Total Stock Market ETF	$288,955,795	0.04%
VOO	Vanguard 500 Index Fund	$215,549,162	0.05%
SPY	SPDR S&P 500 ETF Trust	$162,121,472	0.05%
VUG	Vanguard Growth ETF	$80,658,917	0.10%

기간 수익률

1M : 12.76%	3M : 25.18%	6M : 23.21%	1Y : 62.39%	3Y : 49.38%

재무 지표

	2014	2015	2016	2017(E)
매출액 (백만$)	5,281	5,536	5,599	5,814
영업이익 (백만$)	1,008	1,057	1,120	1,117
순이익 (백만$)	529	612	611	627
자산총계 (백만$)	10,080	9,591	9,819	10,250
자본총계 (백만$)	1,257	953	718	
부채총계 (백만$)	8,823	8,638	9,101	

안정성 비율	2013	2014	2015	2016
유동비율 (%)	106.70	97.53	86.36	86.61
부채비율 (%)	522.03	701.91	906.40	1,267.55
이자보상배율 (배)	7.08	8.77	8.46	8.24

투자 지표

	2014	2015	2016	2017(E)
영업이익률(%)	19.09	19.09	20.00	19.20
매출액 증가율 (%)	5.43	4.83	1.14	3.85
EPS ($)	4.23	5.19	5.55	6.04
EPS 증가율 (%)	30.22	22.55	7.10	8.70
주당자산가치($)	10.37	8.35	6.76	5.56
잉여현금흐름 (백만$)	749	769	782	728

	2013	2014	2015	2016
배당성향(%)	36.25	33.61	32.68	36.33
배당수익률(%)	1.57	1.63	2.31	2.62
ROE (%)	24.32	36.76	55.51	73.44
ROA (%)	4.36	5.24	6.22	6.31
재고회전율	13.82	16.30	18.55	18.36
EBITDA (백만$)	1,136.00	1,241.00	1,291.00	1,372.00

매출비중

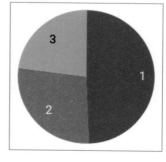

제품명	비중
1. 리조트 객실 판매	49.9%
2.리조트 객실 임대	28.06%
3. 호텔 부문	23.38%
4. 기타	-1.34%

SNA
스냅온 인코퍼레이티드
Snap-On Incorporated Inc.

섹터 자유소비재 (Consumer Discretionary)
세부섹터 가전제품 (Household Appliances)

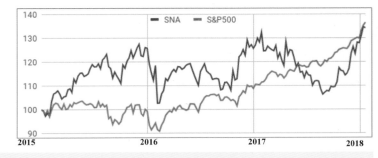

스냅온 인코퍼레이티드(Snap-on Incorporated)는 도구, 장비, 진단, 수리 정보 및 시스템 솔루션의 제조 및 마케팅 사업을 영위하는 업체이다. 회사는 1920년에 설립되었고 본사는 위스콘신주 키노샤에 있으며 12,100명의 직원이 근무하고 있다. 회사의 사업 부문은 상업 및 산업 그룹(Commercial & Industrial Group), 스냅 온 툴 그룹(Snap-On Tools Group), 수리 시스템 및 정보 그룹(Repair Systems & Information Group), 금융 서비스(Financial Services)로 나누어진다. 상업 및 산업 그룹(Commercial & Industrial Group)은 우주 항공, 천연자원, 정부, 발전, 운송 및 기술 교육 시장의 고객을 포함하여 다양한 산업 및 상업 고객에게 서비스를 제공하는 비즈니스 운영으로 구성되어 있다. 스냅온 툴 그룹(Snap-on Tools Group)은 주로 차량 서비스 및 수리 기술자를 지원하는 비즈니스 운영으로 구성되어 있다. 수리 시스템 및 정보 그룹(Repair Systems & Information Group)은 다른 전문 차량 수리 고객, 주로 독립 수리점 및 주문자 상표 부착 방식(Original Equipment Manufacturer, OEM) 대리점 서비스 및 수리점의 소유자 및 관리자에게 서비스를 제공하는 비즈니스 운영으로 구성되어 있다. 금융 서비스(Financial Services)는 자회사인 스냅-온 크레딧 엘엘씨(Snap-on Credit LLC) 통해 운영되고 있다.

기준일 : 2018/ 01 /25

한글 회사명 : 스냅온 인코퍼레이티드
영문 회사명 : Snap-On Incorporated Inc.
상장일 : 1972년 01월 21일 | 결산월 : 12월
시가총액 : 103 (억$) | 52주 최고 : $185.47 (-1.61%) / 52주 최저 : $140.83 (+29.56%)

주요 주주정보

보유자/ 보유 기관	보유율
The Vanguard Group, Inc.	10.03%
JPMorgan Investment Management, Inc.	5.05%
BlackRock Fund Advisors	5.04%

애널리스트 추천 및 최근 투자의견

스냅온 인코퍼레이티드의 2018년 01월 25일 **현재 10개 기관의 평균적인 목표가는 180.25$**이며, 2018년 추정 주당순이익(EPS)은 11.15$로 2017년 추정 EPS 10.08$에 비해 **10.61% 증가할 것으로 예상**된다.

최근, 1개월, 3개월의 투자 의견 변화

투자의견	금융사 및 투자	날짜
Upgrade	Barrington Research: Market Perform to Outperform	10/23/2017
Downgrade	Longbow Research: Buy to Neutral	8/21/2017
Initiated	Oppenheimer: to Outperform	4/11/2017
Initiated	CL King: to Buy	6/28/2016
Upgrade	Longbow Research: to Buy	10/5/2015

내부자 거래

(3M 비중은 12개월 거래 중 최근 3개월의 비중)

구분	성격	3개월	12개월	3M 비중
매수	매수 건수 (장내 매매만 해당)	10	20	47.62%
매도	매도 건수 (장내 매매만 해당)	23	29	53.85%
매수	매수 수량 (장내 매매만 해당)	7,044	20,771	33.91%
매도	매도 수량 (장내 매매만 해당)	163,504	250,096	65.38%
	순매수량 (-인 경우 순매도량)	-156,460	-229,325	

ETF 노출

(편입 ETF 수 : 77개 / 시가총액 대비 ETF의 보유비중 : 12.98%)

티커	ETF	보유 지분	비중
VO	Vanguard Mid-Cap ETF	$252,573,398	0.25%
VTI	Vanguard Total Stock Market ETF	$248,453,729	0.04%
VOO	Vanguard 500 Index Fund	$176,254,459	0.04%
SPY	SPDR S&P 500 ETF Trust	$128,964,520	0.04%
VUG	Vanguard Growth ETF	$69,859,692	0.09%

기간 수익률

1M : 8.67%	3M : 24.63%	6M : 21.86%	1Y : 4.54%	3Y : 37.89%

재무 지표

	2014	2015	2016	2017(E)
매출액 (백만$)	3,493	3,593	3,763	3,653
영업이익 (백만$)	688	760	906	700
순이익 (백만$)	422	479	546	592
자산총계 (백만$)	4,310	4,331	4,723	4,996
자본총계 (백만$)	2,225	2,431	2,635	
부채총계 (백만$)	2,085	1,900	2,088	

안정성 비율	2013	2014	2015	2016
유동비율 (%)	251.08	258.61	266.91	190.40
부채비율 (%)	92.92	93.69	78.18	79.24
이자보상배율 (배)	9.74	12.02	13.60	16.35

투자 지표

	2014	2015	2016	2017(E)
영업이익률 (%)	19.70	21.15	24.08	19.17
매출액 증가율 (%)	7.88	2.88	4.74	-2.94
EPS ($)	7.26	8.24	9.40	10.08
EPS 증가율 (%)	20.60	13.50	14.08	7.21
주당자산가치($)	37.99	41.54	45.16	53.57
잉여현금흐름 (백만$)	317	427	502	487

	2013	2014	2015	2016
배당성향(%)	26.64	25.91	27.16	27.61
배당수익률(%)	1.44	1.35	1.28	1.48
ROE (%)	17.89	19.53	20.72	21.73
ROA (%)	8.98	10.26	11.36	12.36
재고회전율	7.72	7.68	7.38	7.32
EBITDA (백만$)	665.90	767.10	842.60	991.40

매출비중

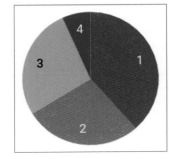

제품명	비중
1. 도구 및 장비	44.02%
2. 시스템 및 정보 복구	31.79%
3. 상업 및 산업 그룹	30.94%
4. 금융 서비스	7.58%
5. 공제	-14.32%

SWK
스탠리 블랙 앤 데커
Stanley Black & Decker

섹터 자유소비재 (Consumer Discretionary)
세부섹터 가전제품 (Household Appliances)

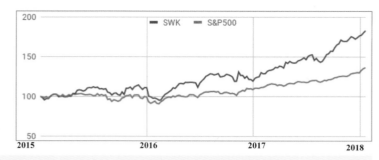

스탠리 블랙 앤 데커(Stanley Black & Decker, Inc)는 수동 공구, 전동 공구 및 관련 액세서리 , 자동문 및 상업용 잠금 시스템, 전자 보안 및 모니터링 시스템, 의료 솔루션, 엔지니어드 패스트닝 시스템 (engineered fastening systems) 및 제품과 관련 있는 액세서리 및 다양한 산업용 애플리케이션을 위한 서비스를 제공하는 업체이다. 회사는 1843년에 설립되었고 본사는 코네티컷주 뉴브리튼에 있으며 54,000명의 직원이 근무하고 있다. 회사는 도구 및 보관(Tools & Storage), 보안(Security) 및 산업(Industrial) 부문으로 나누어진다. 도구 및 보관(Tools & Storage) 부문은 전동 공구 및 수공구, 액세서리 및 스토리지 사업으로 구성되어 있다. 보안(Security) 부문은 컨버전스 보안솔루션 및 기계 액세스 솔루션 비즈니스로 구성되어 있다. 산업(Industrial) 부문은 공학적 패스트닝(Fastening) 및 인프라 사업으로 구성되어 있다. 회사의 브랜드는 시드크롬(SIDCHROME), 에어로스카우트(AeroScout), 디월트(DEWALT), 뉴엘 툴즈 앤 크래프트맨(Newell Tools and Craftsman), 어윈(Irwin), 레녹스(Lenox), 크래프트맨(Craftsman), 블랙 플러스 데커(BLACK + DECKER), 소니트롤(SONITROL), 워렌(Warren), 그립코(GRIPCO), 포터-케이블(Porter-Cable), 보스티치(BOSTITCH) 및 원더가드(WanderGuard) 등이 있다.

기준일 : 2018/ 01 /25

한글 회사명 : 스탠리 블랙 앤 데커
영문 회사명 : Stanley Black & Decker
상장일 : 1972년 01월 21일 | 결산월 : 12월
시가총액 : 259 (억$) |
52주 최고 : $176.62 (-2.44%) / 52주 최저 : $120.2 (+43.35%)

주요 주주정보

보유자/ 보유 기관	보유율
The Vanguard Group, Inc.	7.39%
JPMorgan Investment Management, Inc.	5.61%
SSgA Funds Management, Inc.	4.72%

애널리스트 추천 및 최근 투자의견

스탠리 블랙 앤 데커의 2018년 01월 25일 **현재 23개 기관의 평균적인 목표가는 190.16$**이며, 2018년 추정 주당순이익(EPS)은 9.43$로 2017년 추정 EPS 8.42$에 비해 **11.99% 증가할 것으로 예상**된다.

최근, 1개월, 3개월의 투자 의견 변화

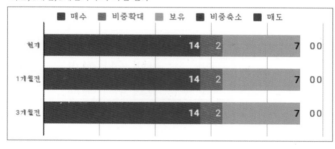

투자의견	금융사 및 투자	날짜
Maintains	Morgan Stanley: Overweight to Overweight	1/25/2018
Maintains	MKM Partners: Buy to Buy	1/25/2018
Maintains	JP Morgan: to Overweight	10/30/2017
Maintains	Baird: to Neutral	10/25/2017
Maintains	Nomura: to Buy	10/25/2017

내부자 거래

(3M 비중은 12개월 거래 중 최근 3개월의 비중)

구분	성격	3개월	12개월	3M 비중
매수	매수 건수 (장내 매매만 해당)	6	15	40.00%
매도	매도 건수 (장내 매매만 해당)	2	39	5.13%
매수	매수 수량 (장내 매매만 해당)	38,841	86,751	44.77%
매도	매도 수량 (장내 매매만 해당)	3,374	199,617	1.69%
	순매수량 (−인 경우 순매도량)	-35,467	-112,866	

ETF 노출
(편입 ETF 수 : 90개 / 시가총액 대비 ETF의 보유비중 : 10.79%)

티커	ETF	보유 지분	비중
VTI	Vanguard Total Stock Market ETF	$627,225,853	0.09%
VOO	Vanguard 500 Index Fund	$444,917,533	0.11%
SPY	SPDR S&P 500 ETF Trust	$322,694,068	0.11%
VIG	Vanguard Dividend Appreciation ETF	$224,733,211	0.63%
IVV	iShares S&P 500 Index (ETF)	$165,599,182	0.11%

기간 수익률

1M : 6.15%	3M : 18.82%	6M : 19.83%	1Y : 46.6%	3Y : 91.56%

재무 지표

	2014	2015	2016	2017(E)
매출액 (백만$)	11,339	11,172	11,407	12,599
영업이익 (백만$)	1,555	1,528	1,665	1,885
순이익 (백만$)	857	904	965	1,128
자산총계 (백만$)	15,849	15,128	15,635	19,025
자본총계 (백만$)	6,512	5,859	6,374	
부채총계 (백만$)	9,337	9,269	9,261	

안정성 비율	2013	2014	2015	2016
유동비율 (%)	123.21	139.44	130.67	170.56
부채비율 (%)	140.32	143.39	158.19	145.31
이자보상배율 (배)	7.33	7.93	8.63	9.45

투자 지표

	2014	2015	2016	2017(E)
영업이익률(%)	13.71	13.68	14.60	14.96
매출액 증가율 (%)	3.07	-1.47	2.10	10.45
EPS ($)	4.87	5.96	6.61	7.41
EPS 증가율 (%)	56.55	22.45	10.00	12.03
주당자산가치($)	40.92	37.75	41.73	53.84
잉여현금흐름 (백만$)	1,005	871	1,138	1,328

	2013	2014	2015	2016
배당성향(%)	64.70	42.90	37.00	34.70
배당수익률(%)	2.45	2.12	2.01	1.97
ROE (%)	7.70	12.96	14.77	15.85
ROA (%)	3.19	5.30	5.83	6.27
재고회전율	7.85	7.44	7.23	7.59
EBITDA (백만$)	1,845.60	1,999.10	1,942.20	2,073.00

매출비중

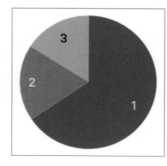

제품명	비중
1. 도구 및 보관	
	65.48%
2. 보안	
	18.39%
3. 산업	
	16.13%

WHR
월풀 코퍼레이션
Whirlpool Corp.

섹터 자유소비재 (Consumer Discretionary)
세부섹터 가전제품 (Household Appliances)

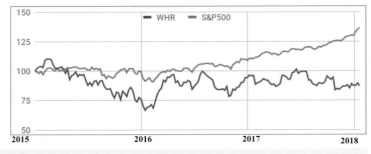

월풀 코퍼레이션(Whirlpool Corporation)은 가전제품 제조 및 마케팅 사업을 영위하는 업체이다. 회사는 1898년에 설립되었고 본사는 미시간주 벤튼하버에 있으며 93,000명의 직원이 근무하고 있다. 사업 부문은 북미, 유럽, 중동 및 아프리카(EMEA), 라틴 아메리카, 아시아 지역으로 나누어진다. 북미 지역에서는 가전제품 및 소형가전제품을 다양한 브랜드 이름으로 판매 및 유통하고 있다. 유럽 중동 및 아프리카(EMEA)에서는 월풀(Whirlpool), 바우크네크트(Bauknecht), 이그니스(Ignis), 메이태그(Maytag), 라덴(Laden), 인데시트(Indesit) 및 프리비레그(Privileg), 키친에이드(KitchenAid), 핫포인트(Hotpoint), 핫포인트-아리스톤(Hotpoint-Ariston) 등의 브랜드를 판매하고 있다. 라틴 아메리카에서는 주로 컨설(Consul), 브라스템프(Brastemp), 월풀(Whirlpool) 및 키친에이드(KitchenAid) 등의 브랜드를 판매하고 있다. 아시아에서는 월풀(Whirlpool), 메이태그(Maytag), 키친에이드(KitchenAid), 아마나(Amana), 바우크네크트(Bauknecht), 잰-에어(Jenn-Air), 디쿠어(Diqua) 및 로얄스타(Royalstar) 등의 브랜드를 판매 및 유통하고 있다.

기준일 : 2018/ 01 /25

한글 회사명 : 월풀 코퍼레이션
영문 회사명 : Whirlpool Corp.
상장일 : 1972년 01월 21일 | 결산월 : 12월
시가총액 : 132 (억$) |
52주 최고 : $202.99 (-11.94%) / 52주 최저 : $158.8 (+12.56%)

주요 주주정보

보유자/ 보유 기관	보유율
The Vanguard Group, Inc.	9.82%
BlackRock Fund Advisors	4.81%
SSgA Funds Management, Inc.	4.8%

애널리스트 추천 및 최근 투자의견

월풀 코퍼레이션의 2018년 01월 25일 **현재 11개 기관의 평균적인 목표가는 191.88$**이며, 2018년 추정 주당순이익(EPS)은 17.49$로 2017년 추정 EPS 15.48$에 비해 **12.98% 증가할 것으로 예상**된다.

최근, 1개월, 3개월의 투자 의견 변화

투자의견	금융사 및 투자	날짜
Upgrade	Raymond James: Market Perform to Outperform	1/26/2018
Downgrade	KeyBanc: Overweight to Sector Weight	1/26/2018
Downgrade	Bank of America: Buy to Neutral	10/24/2017
Maintains	Credit Suisse: to Neutral	10/24/2017
Downgrade	RBC Capital: Top Pick to Sector Perform	10/24/2017

내부자 거래

(3M 비중은 12개월 거래 중 최근 3개월의 비중)

구분	성격	3개월	12개월	3M 비중
매수	매수 건수 (장내 매매만 해당)	0	7	0.00%
매도	매도 건수 (장내 매매만 해당)	20	26	76.92%
매수	매수 수량 (장내 매매만 해당)	0	5,165	0.00%
매도	매도 수량 (장내 매매만 해당)	9,854	40,357	24.42%
	순매수량 (-인 경우 순매도량)	-9,854	-35,192	

ETF 노출   (편입 ETF 수 : 81개 / 시가총액 대비 ETF의 보유비중 : 13.48%)

티커	ETF	보유 지분	비중
VO	Vanguard Mid-Cap ETF	$327,706,973	0.33%
VTI	Vanguard Total Stock Market ETF	$322,541,971	0.05%
VOO	Vanguard 500 Index Fund	$228,717,280	0.06%
SPY	SPDR S&P 500 ETF Trust	$171,947,880	0.06%
VOE	Vanguard Mid-Cap Value ETF	$110,857,894	0.62%

기간 수익률

1M : 1.84%	3M : -2.51%	6M : -12.38%	1Y : -9.74%	3Y : -16.3%

재무 지표

	2014	2015	2016	2017(E)
매출액 (백만$)	19,872	20,891	20,718	21,364
영업이익 (백만$)	1,359	1,487	1,385	1,444
순이익 (백만$)	650	783	888	875
자산총계 (백만$)	20,002	19,010	19,153	19,650
자본총계 (백만$)	5,796	5,674	5,728	
부채총계 (백만$)	14,206	13,336	13,425	

안정성 비율	2013	2014	2015	2016
유동비율 (%)	103.36	96.37	94.59	95.78
부채비율 (%)	208.78	245.10	235.04	234.38
이자보상배율 (배)	8.28	8.29	9.07	8.66

투자 지표

	2014	2015	2016	2017(E)
영업이익률 (%)	6.84	7.12	6.69	6.76
매출액 증가율 (%)	5.88	5.13	-0.83	3.12
EPS ($)	8.30	9.95	11.67	13.66
EPS 증가율 (%)	-20.35	19.88	17.29	17.04
주당자산가치($)	62.63	61.60	64.50	60.82
잉여현금흐름 (백만$)	759	536	543	879

	2013	2014	2015	2016
배당성향(%)	23.19	35.19	35.12	33.91
배당수익률(%)	1.51	1.48	2.35	2.15
ROE (%)	18.01	13.25	16.27	18.66
ROA (%)	5.49	3.89	4.21	4.86
재고회전율	7.88	7.72	7.80	7.90
EBITDA (백만$)	2,006.00	1,919.00	2,155.00	2,040.00

매출비중

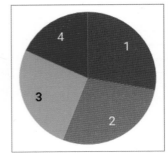

제품명	비중
1. 세탁 용품	28%
2.냉장고 및 냉동고	28%
3. 기타	26%
4. 요리기구	18%

NWL
뉴웰 브랜드
Newell Brands

섹터 자유소비재 (Consumer Discretionary)
세부섹터 가정 용품 및 특산품 (Housewares & Specialties)

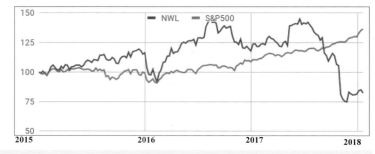

뉴웰 브랜드(Newell Brands Inc.)는 소비자를 위한 각종 용품 및 상업용 제품의 제조와 마케팅 사업을 영위하는 업체이다. 회사는 1903년에 설립되었고 본사는 뉴저지주호보큰에 있으며 53,400명의 직원이 근무하고 있다. 회사의 사업 부문에는 라이팅(Writing), 홈 솔루션, 상업 제품, 유아 및 육아, 브랜드 소모품, 소비자 솔루션, 실외 솔루션 및 공정 솔루션으로 나누어진다. 회사의 브랜드는 페이퍼 메이트(Paper Mate), 샤피(Sharpie), 다이모(Dymo), 엑스포(Expo), 파커(Parker), 엘머스(Elmer's), 콜맨(Coleman), 조스틴(Jostens), 마모트(Marmot), 로울링(Rawlings), 미스터 커피(Mr. Coffee), 러버메이드 커머셜 프로덕트(Rubbermaid Commercial Products), 그라코(Graco), 베이비 조거(Baby Jogger), 누크(NUK), 칼팔론(Calphalon), 러버메이드(Rubbermaid), 콘티고(Contigo), 퍼스트 알러트(First Alert), 와딩톤(Waddington) 및 양키 캔들(Yankee Candle) 등이 있다. 회사의 제품들은 현재 200개국에서 유통 및 판매되고 있다.

기준일 : 2018/ 01 /25
한글 회사명 : 뉴웰 브랜드
영문 회사명 : Newell Brands
상장일 : 1972년 05월 12일 | 결산월 : 12월
시가총액 : 122 (억$) |
52주 최고 : $55.08 (-42.99%) / 52주 최저 : $27.45 (+14.38%)

주요 주주정보

보유자/ 보유 기관	보유율
The Vanguard Group, Inc.	10.02%
Capital Research & Management Co.	8.21%
BlackRock Fund Advisors	4.61%

애널리스트 추천 및 최근 투자의견

뉴웰 브랜드의 **2018년 01월 25일 현재 17개 기관의 평균적인 목표가는 30.57$**이며, 2018년 추정 주당순이익(EPS)은 2.71$로 2017년 추정 EPS 2.76$에 비해 **-1.81% 감소**할 것으로 예상된다.

최근, 1개월, 3개월의 투자 의견 변화

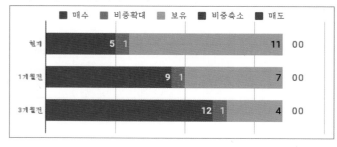

투자의견	금융사 및 투자	날짜
Downgrade	RBC Capital: Outperform to Sector Perform	1/26/2018
Downgrade	Morgan Stanley: Overweight to Equal-Weight	1/25/2018
Downgrade	Barclays: Overweight to Equal-Weight	1/25/2018
Initiated	Deutsche Bank: to Hold	12/14/2017
Maintains	BMO Capital: to Market Perform	11/7/2017

내부자 거래

(3M 비중은 12개월 거래 중 최근 3개월의 비중)

구분	성격	3개월	12개월	3M 비중
매수	매수 건수 (장내 매매만 해당)	0	7	0.00%
매도	매도 건수 (장내 매매만 해당)	8	22	36.36%
매수	매수 수량 (장내 매매만 해당)	0	45,780	0.00%
매도	매도 수량 (장내 매매만 해당)	125,052	6,006,752	2.08%
	순매수량 (−인 경우 순매도량)	-125,052	-5,960,972	

ETF 노출

(편입 ETF 수 : 75개 / 시가총액 대비 ETF의 보유비중 : 9.96%)

티커	ETF	보유 지분	비중
VO	Vanguard Mid-Cap ETF	$301,771,807	0.30%
VTI	Vanguard Total Stock Market ETF	$297,083,067	0.04%
VOO	Vanguard 500 Index Fund	$210,623,705	0.05%
SPY	SPDR S&P 500 ETF Trust	$151,583,577	0.05%
VOE	Vanguard Mid-Cap Value ETF	$102,148,662	0.57%

기간 수익률

1M : 2.05%	3M : -27.73%	6M : -40.98%	1Y : -32.24%	3Y : -18.18%

재무 지표

	2014	2015	2016	2017(E)
매출액 (백만$)	5,727	5,916	13,264	14,759
영업이익 (백만$)	672	729	1,239	2,196
순이익 (백만$)	373	259	529	1,362
자산총계 (백만$)	6,681	7,260	33,838	33,073
자본총계 (백만$)	1,855	1,826	11,384	
부채총계 (백만$)	4,826	5,433	22,453	

안정성 비율	2013	2014	2015	2016
유동비율 (%)	142.45	128.34	125.39	174.38
부채비율 (%)	192.52	260.19	297.48	197.23
이자보상배율 (배)	11.95	10.51	8.36	3.09

투자 지표

	2014	2015	2016	2017(E)
영업이익률(%)	11.73	12.32	9.34	14.88
매출액 증가율 (%)	0.61	3.30	124.22	11.27
EPS ($)	1.36	0.95	1.25	2.79
EPS 증가율 (%)	-5.86	-30.33	32.42	123.08
주당자산가치($)	6.88	6.82	23.52	26.16
잉여현금흐름 (백만$)	472	354	1,387	398

	2013	2014	2015	2016
배당성향(%)	42.11	49.15	81.08	61.00
배당수익률(%)	1.85	1.73	1.72	1.70
ROE (%)	20.66	19.02	14.12	8.03
ROA (%)	6.84	5.85	3.72	2.57
재고회전율	8.25	8.22	8.27	9.35
EBITDA (백만$)	894.80	825.70	901.00	1,676.20

매출비중

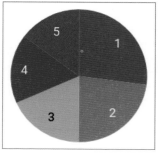

제품명	비중
1. 뉴웰 브랜드 소비용 제품	21.41%
2. 아웃 도어 용품	18.21%
3. 문구	14.64%
4. 일반 용품	13.32%
5. 가정용품	11.82%

AMZN
아마존닷컴
Amazon.com, Inc

섹터 자유소비재 (Consumer Discretionary)
세부섹터 인터넷 및 직접 마케팅 판매 (Internet & Direct Marketing Retail)

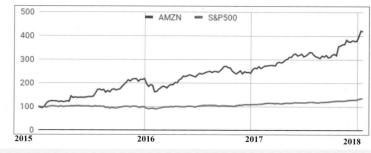

아마존닷컴(Amazon.com, Inc.)은 자사 웹사이트를 통해 다양한 제품과 서비스를 제공하는 전자상거래 업체이다. 회사는 1994년에 설립되었고 본사는 워싱턴주 시애틀에 있으며 341,400명의 직원이 근무하고 있다. 사업 부문은 북미, 인터내셔널, 아마존 웹서비스(Amazon Web Services - AWS)의 세 부문으로 나누어진다. 제품들은 공급업체로부터 판매를 위해 구입하는 상품 및 컨텐츠와 제3의 판매자가 판매하는 제품으로 나누어진다. 북미 사업 부문은 소비자에게 제품의 소매 판매 및 북미 중심 웹사이트를 통한 판매로 구성되어 있으며 2일 배송을 보장해주는 프라임 멤버십 구독 서비스를 운영하고 있다. 프라임 멤버십 서비스는 부수적으로 아마존 뮤직과 아마존 프라임 비디오 등을 통해 컨텐츠를 제공하고 있다. 아마존 웹서비스(AWS) 부문은 신생 기업, 정부 기관 및 교육 기관을 위한 컴퓨팅, 스토리지, 데이터베이스 및 기타 서비스 등의 클라우드 서비스를 하고 있다.

기준일 : 2018/ 01 /25
한글 회사명 : 아마존닷컴
영문 회사명 : Amazon.com, Inc
상장일 : 1997년 05월 15일 | 결산월 : 12월
시가총액 : 6640 (억$) |
52주 최고 : $1388.16 (-1.68%) / 52주 최저 : $803 (+69.96%)

주요 주주정보

보유자/ 보유 기관	보유율
BEZOS JEFFREY PRESTON	16.37%
The Vanguard Group, Inc.	5.54%
Fidelity Management & Research Co.	3.62%

애널리스트 추천 및 최근 투자의견

아마존닷컴 의 2018년 01월 25일 **현재 48개 기관의 평균적인 목표가는 1372$**이며, 2018년 추정 주당순이익(EPS)은 8.02$로 2017년 추정 EPS 4.29$에 비해 **86.94% 증가**할 것으로 예상된다.

최근, 1개월, 3개월의 투자 의견 변화

투자의견	금융사 및 투자	날짜
Maintains	Morgan Stanley: Overweight to Overweight	1/26/2018
Maintains	Loop Capital: Buy to Buy	1/23/2018
Maintains	Citigroup: Buy to Buy	1/5/2018
Initiated	Evercore ISI Group: to Outperform	12/6/2017
Initiated	Moffett Nathanson: to Buy	12/4/2017

내부자 거래

(3M 비중은 12개월 거래 중 최근 3개월의 비중)

구분	성격	3개월	12개월	3M 비중
매수	매수 건수 (장내 매매만 해당)	1	6	16.67%
매도	매도 건수 (장내 매매만 해당)	20	73	27.40%
매수	매수 수량 (장내 매매만 해당)	5,312	63,895	8.31%
매도	매도 수량 (장내 매매만 해당)	42,837	2,156,775	1.99%
	순매수량 (−인 경우 순매도량)	-37,525	-2,092,880	

ETF 노출　(편입 ETF 수 : 102개 / 시가총액 대비 ETF의 보유비중 : 8.02%)

티커	ETF	보유 지분	비중
VTI	Vanguard Total Stock Market ETF	$13,695,902,608	1.99%
VOO	Vanguard 500 Index Fund	$9,480,590,619	2.28%
SPY	SPDR S&P 500 ETF Trust	$6,933,195,200	2.31%
QQQ	PowerShares QQQ Trust, Series 1 (ETF)	$5,202,266,483	8.42%
VUG	Vanguard Growth ETF	$3,826,017,795	4.90%

기간 수익률

1M : 9.79%	3M : 31.19%	6M : 26.21%	1Y : 60.15%	3Y : 345.27%

재무 지표

	2014	2015	2016	2017(E)
매출액 (백만$)	88,988	107,006	135,987	177,149
영업이익 (백만$)	311	2,404	4,353	3,499
순이익 (백만$)	-241	596	2,371	2,090
자산총계 (백만$)	56,340	67,008	86,022	122,946
자본총계 (백만$)	10,741	13,384	19,285	
부채총계 (백만$)	45,599	53,624	66,737	

안정성 비율	2013	2014	2015	2016
유동비율 (%)	107.16	111.53	105.37	104.49
부채비율 (%)	324.76	424.53	400.66	346.06
이자보상배율 (배)	6.09	1.48	5.24	8.99

투자 지표

	2014	2015	2016	2017(E)
영업이익률 (%)	0.35	2.25	3.20	1.98
매출액 증가율 (%)	19.52	20.25	27.08	30.27
EPS ($)	-0.52	1.28	5.00	4.29
EPS 증가율 (%)	-186.67	346.15	290.79	-14.25
주당자산가치($)	23.10	28.42	40.43	52.77
잉여현금흐름 (백만$)	1,949	7,331	9,706	8,693

	2013	2014	2015	2016
배당성향(%)				
배당수익률(%)	0.00	0.00	0.00	0.00
ROE (%)	3.06	-2.35	4.94	14.52
ROA (%)	0.74	-0.49	0.97	3.10
재고회전율	11.08	11.33	11.54	12.53
EBITDA (백만$)	3,661.00	4,498.00	8,051.00	11,835.00

매출비중

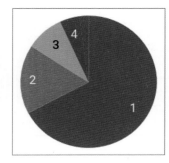

제품명	비중
1. 유통 판매	67.24%
2.타사 판매 서비스	16.91%
3. 아마존 웹 서비스	8.99%
4. 소매 구독 서비스	4.7%
5. 기타	2.17%

EXPE
익스피디아
Expedia Inc.

섹터 자유소비재 (Consumer Discretionary)
세부섹터 인터넷 및 직접 마케팅 판매(Internet & Direct Marketing Retail)

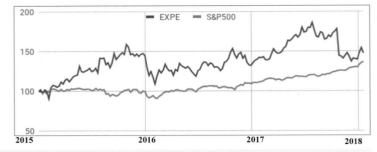

익스피디아(Expedia, Inc.)는 온라인 여행 사업을 영위하는 업체이다. 회사는 2005년에 설립되었으며 본사는 워싱턴주 벨루브에 있으며 20,000명의 직원이 근무하고 있다. 회사는 코어 온라인 여행사(코어 OTA), 트리바고(trivago), 이젠시아(Egencia), 홈어웨이(HomeAway) 등 4가지 부문으로 나누어진다. 회사의 코어 온라인 여행사 부문은 미국의 익스피디아닷컴(Expedia.com) 및 호텔스닷컴(Hotels. com)을 포함한 다양한 브랜드와 전 세계의 지역화된 익스피디아(Expedia) 및 호텔스닷컴(Hotels.com) 및 오비츠닷컴(Orbitz.com), 익스피디아 제휴 네트워크(Expedia Affiliate Network), 핫와이어닷컴(Hotwire.com), 트레블로시티(Travelocity), 워티프 그룹(Wotif Group), 카렌탈닷컴(CarRentals.com) 및 클래식 베케이션(Classic Vacations) 등의 웹사이트를 통해 전 세계 고객에게 다양한 여행 및 광고 서비스를 제공하고 있다. 트리바고(trivago) 부문은 웹사이트에서 온라인 여행 회사 및 여행 서비스 제공 업체로 추천 항목을 보내고 있다. 이젠시아(Egencia) 부문은 오르비츠 월드와이드 포 비즈니스(Orbitz Worldwide for Business)를 통해 전 세계 기업 고객에게 관리형 여행 서비스를 제공하고 있다. 홈어웨이(HomeAway) 부문은 휴가 임대 업계의 온라인 마켓 플레이스를 운영하고 있다.

기준일 : 2018/ 01 /25
한글 회사명 : 익스피디아
영문 회사명 : Expedia Inc.
상장일 : 2005년 07월 20일 | 결산월 : 12월
시가총액 : 183 (억$) |
52주 최고 : $161 (-18.53%) / 52주 최저 : $115.55 (+13.5%)

주요 주주정보

보유자/ 보유 기관	보유율
The Vanguard Group, Inc.	8.68%
Liberty Expedia Holdings, Inc.	7.74%
PAR Capital Management, Inc.	5.59%

애널리스트 추천 및 최근 투자의견

익스피디아의 2018년 01월 25일 **현재 33개 기관의 평균적인 목표가는 152.31$**이며, 2018년 추정 주당순이익(EPS)은 5.37$로 2017년 추정 EPS 4.6$에 비해 **16.73% 증가** **할 것으로 예상**된다.

최근, 1개월, 3개월의 투자 의견 변화

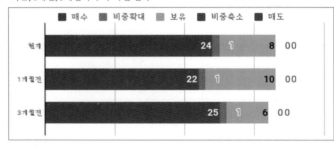

투자의견	금융사 및 투자	날짜
Upgrade	Morgan Stanley: Equal-Weight to Overweight	1/11/2018
Upgrade	Bank of America: Neutral to Buy	1/3/2018
Downgrade	MKM Partners: Buy to Neutral	12/7/2017
Downgrade	Argus: Buy to Hold	12/5/2017
Maintains	JP Morgan: to Neutral	10/30/2017

내부자 거래

(3M 비중은 12개월 거래 중 최근 3개월의 비중)

구분	성격	3개월	12개월	3M 비중
매수	매수 건수 (장내 매매만 해당)	0	0	-
매도	매도 건수 (장내 매매만 해당)	5	20	25.00%
매수	매수 수량 (장내 매매만 해당)	0	0	-
매도	매도 수량 (장내 매매만 해당)	32,919	581,530	5.66%
	순매수량 (-인 경우 순매도량)	-32,919	-581,530	

ETF 노출
(편입 ETF 수 : 73개 / 시가총액 대비 ETF의 보유비중 : 12.49%)

티커	ETF	보유 지분	비중
VO	Vanguard Mid-Cap ETF	$403,618,170	0.41%
VTI	Vanguard Total Stock Market ETF	$396,886,812	0.06%
VOO	Vanguard 500 Index Fund	$275,809,436	0.07%
SPY	SPDR S&P 500 ETF Trust	$201,685,728	0.07%
FDN	First Trust DJ Internet Index Fund (ETF)	$164,578,773	2.72%

기간 수익률

1M : 4.45%	3M : -11.15%	6M : -17.97%	1Y : 5.29%	3Y : 51.25%

재무 지표

	2014	2015	2016	2017(E)
매출액 (백만$)	5,763	6,672	8,774	10,113
영업이익 (백만$)	588	421	579	674
순이익 (백만$)	398	764	282	730
자산총계 (백만$)	9,021	15,486	15,778	18,048
자본총계 (백만$)	2,454	5,588	5,693	
부채총계 (백만$)	6,567	9,897	10,084	

안정성 비율	2013	2014	2015	2016
유동비율 (%)	67.37	69.85	50.22	56.31
부채비율 (%)	194.97	267.62	177.11	177.13
이자보상배율 (배)	5.88	5.99	3.34	3.34

투자 지표

	2014	2015	2016	2017(E)
영업이익률 (%)	10.20	6.31	6.60	6.67
매출액 증가율 (%)	20.80	15.77	31.49	15.27
EPS ($)	3.09	5.87	1.87	4.60
EPS 증가율 (%)	78.61	89.97	-68.14	146.16
주당자산가치($)	14.04	32.37	27.54	31.55
잉여현금흐름 (백만$)	1,039	581	815	969

	2013	2014	2015	2016
배당성향(%)	33.53	22.07	14.74	54.95
배당수익률(%)	0.80	0.77	0.68	0.88
ROE (%)	10.52	20.26	23.00	6.27
ROA (%)	2.92	4.45	5.90	1.67
재고회전율				
EBITDA (백만$)	793.93	930.37	914.20	1,373.20

매출비중

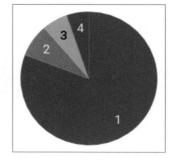

제품명	비중
1. 여행 예약/결제	80.74%
2.홈어웨이 브랜드	7.86%
3. 트리바고 브랜드	6.14%
4. 이젠시아 브랜드	5.27%

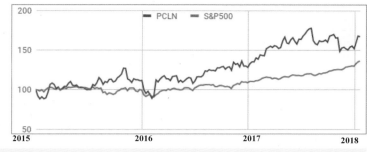

BKNG
부킹 홀딩즈
Booking Holdings Inc

섹터 자유소비재 (Consumer Discretionary)
세부섹터 인터넷 및 직접 마케팅 판매 (Internet & Direct Marketing Retail)

부킹 홀딩즈(Booking Holdings Inc)는 여행 및 레스토랑의 온라인 예약 및 관련 서비스 제공 사업을 영위하는 업체이다. 회사는 1997년에 설립되었고 본사는 코네티컷주 노워크에 있으며 18,500명의 직원이 근무하고 있다. 회사는 온라인 여행 회사(OTC)를 통해 전 세계 여행 서비스 제공 업체와 여행 예약을 하고자 하는 소비자를 연결하고 있다. 부킹닷컴(Booking.com), 프라이스라인닷컴(priceline. com) 및 아고다닷컴(agoda.com) 브랜드를 통해 소비자에게 다양한 숙박 예약(호텔, 침대 및 아침 식사, 호스텔, 아파트, 휴가 임대 및 기타 부동산 포함) 서비스를 제공하고 있다. 다른 브랜드는 카약(KAYAK), 렌탈카닷컴(Rentalcars.com) 및 오픈테이블(OpenTable, Inc. -OpenTable) 등이 있다. 부킹닷컴(Booking.com)은 다양한 웹사이트 및 220개가 넘는 국가와 지역에서 40개 이상의 언어로 1,155,000개 이상의 숙박 시설 예약 서비스를 제공하고 있으며 여기에는 568,000개가 넘는 휴가 임대 시설도 포함하고 있다. 2018년 2월 기존의 사명인 프라이스 라인 그룹에서 부킹 홀딩즈로 사명을 변경하였다.

기준일 : 2018/ 01 /25

한글 회사명 : 부킹 홀딩즈
영문 회사명 : Booking Holdings Inc
상장일 : 1999년 03월 30일 | 결산월 : 12월
시가총액 : 951 (억$) |
52주 최고 : $2067.99 (-5.18%) / 52주 최저 : $1552.13 (+26.32%)

주요 주주정보

보유자/ 보유 기관	보유율
T. Rowe Price Associates, Inc.	10.24%
The Vanguard Group, Inc.	6.65%
BlackRock Fund Advisors	4.25%

애널리스트 추천 및 최근 투자의견

부킹 홀딩즈의 2018년 01월 25일 **현재 32개 기관의 평균적인 목표가는 2032$**이며, 2018년 추정 주당순이익(EPS)은 83.08$로 2017년 추정 EPS 74.37$에 비해 **11.71% 증가**할 것으로 예상된다.

최근, 1개월, 3개월의 투자 의견 변화

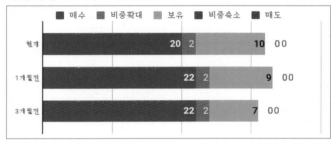

투자의견	금융사 및 투자	날짜
Downgrade	MKM Partners: Buy to Neutral	12/7/2017
Downgrade	Argus: Buy to Hold	12/1/2017
Maintains	Credit Suisse: to Outperform	11/7/2017
Maintains	UBS: to Neutral	11/7/2017
Maintains	Barclays: to Overweight	11/7/2017

내부자 거래

구분	성격	3개월	12개월	3M 비중
매수	매수 건수 (장내 매매만 해당)	4	4	100.00%
매도	매도 건수 (장내 매매만 해당)	6	6	100.00%
매수	매수 수량 (장내 매매만 해당)	23,872	23,872	100.00%
매도	매도 수량 (장내 매매만 해당)	14,447	14,447	100.00%
	순매수량 (-인 경우 순매도량)	9,425	9,425	

(3M 비중은 12개월 거래 중 최근 3개월의 비중)

ETF 노출

(편입 ETF 수 : 73개 / 시가총액 대비 ETF의 보유비중 : 4.2%)

티커	ETF	보유 지분	비중
SPY	SPDR S&P 500 ETF Trust	$1,195,535,711	0.40%
QQQ	PowerShares QQQ Trust, Series 1 (ETF)	$735,966,963	1.19%
IVV	iShares S&P 500 Index (ETF)	$603,542,191	0.39%
XLY	Consumer Discretionary SPDR (ETF)	$428,807,464	3.12%
IWF	iShares Russell 1000 Growth Index (ETF)	$293,682,140	0.69%

기간 수익률

1M : 8.53%	3M : 3.63%	6M : -4.24%	1Y : 23.63%	3Y : 89.46%

재무 지표

	2014	2015	2016	2017(E)
매출액 (백만$)	8,442	9,224	10,743	12,575
영업이익 (백만$)	3,073	3,259	3,847	4,372
순이익 (백만$)	2,422	2,551	2,135	3,551
자산총계 (백만$)	14,941	17,421	19,839	25,221
자본총계 (백만$)	8,567	8,795	9,820	
부채총계 (백만$)	6,374	8,625	10,019	

안정성 비율	2013	2014	2015	2016
유동비율 (%)	541.41	381.70	246.87	188.95
부채비율 (%)	51.16	74.40	98.06	102.02
이자보상배율 (배)	29.31	34.98	20.34	18.50

투자 지표

	2014	2015	2016	2017(E)
영업이익률 (%)	36.40	35.33	35.81	34.77
매출액 증가율 (%)	24.27	9.26	16.47	17.05
EPS ($)	46.30	50.09	43.14	74.36
EPS 증가율 (%)	24.56	8.19	-13.88	72.36
주당자산가치($)	164.96	177.29	199.64	267.87
잉여현금흐름 (백만$)	2,783	2,928	3,705	4,098

	2013	2014	2015	2016
배당성향(%)				
배당수익률(%)	0.00	0.00	0.00	0.00
ROE (%)	35.03	31.30	29.39	22.94
ROA (%)	22.25	19.08	15.77	11.46
재고회전율				
EBITDA (백만$)	2,559.39	3,281.13	3,531.40	4,156.15

매출비중

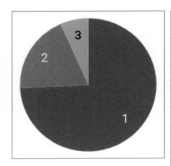

제품명	비중
1. 숙박 예약	74.3%
2.여행 상품 판매	19.06%
3. 광고 및 기타	6.64%

TRIP
트립 어드바이저
Trip Advisor

섹터 자유소비재 (Consumer Discretionary)
세부섹터 인터넷 및 직접 마케팅 판매 (Internet & Direct Marketing Retail)

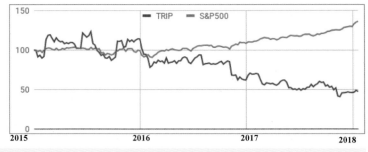

트립 어드바이저(Trip Advisor, Inc.)는 온라인 여행 브랜드 포트폴리오를 소유 및 운영 사업을 영위하는 업체이다. 회사는 2000년에 설립되었고 본사는 메사츄세추주 니드햄에 있으며 1,500명의 직원이 근무하고 있다. 트립 어드바이저(Trip Advisor)는 여행 정보 사이트이며, 호텔과 비 호텔의 두 부문으로 나누어진다. 회사의 호텔 부문에는 클릭 기반 광고 및 거래가 포함되고, 디스플레이 기반 광고 및 구독 기반 광고, 기타 호텔 운영이 있다. 비 호텔 부문에는 어트랙션, 레스토랑 및 휴가 렌탈 사업으로 이루어져 있다. 회사의 플랫폼을 통해 사용자는 실시간 가격 및 임대 여부를 비교 및 확인할 수 있으며 호텔, 항공편, 크루즈, 렌터카, 관광, 레저활동 및 관광명소 및 음식점을 웹사이트와 모바일을 통해 예약할 수 있다.

기준일 : 2018/ 01 /25
한글 회사명 : 트립 어드바이저
영문 회사명 : Trip Advisor
상장일 : 2011년 12월 07일 | 결산월 : 12월
시가총액 : 46 (억$) |
52주 최고 : $53.47 (-32.09%) / 52주 최저 : $29.5 (+23.08%)

주요 주주정보

보유자/ 보유 기관	보유율
Liberty TripAdvisor Holdings, Inc.	14.4%
The Vanguard Group, Inc.	8.29%
Jackson Square Partners LLC	8.15%

애널리스트 추천 및 최근 투자의견

트립 어드바이저의 **2018년 01월 25일 현재 26개 기관의 평균적인 목표가는 33.63$**이며, 2018년 추정 주당순이익(EPS)은 1.05$로 2017년 추정 EPS 1.11$에 비해 **-5.4% 감소할 것으로 예상**된다.

최근, 1개월, 3개월의 투자 의견 변화

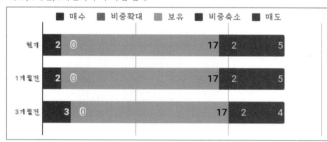

투자의견	금융사 및 투자의견	날짜
Maintains	Cowen & Co.: Market Perform	11/27/2017
Maintains	Stifel Nicolaus: to Hold	11/8/2017
Maintains	UBS: to Neutral	11/8/2017
Maintains	Barclays: to Equal-Weight	11/8/2017
Maintains	Deutsche Bank: to Hold	10/24/2017

내부자 거래

구분	성격	3개월	12개월	3M 비중
	(3M 비중은 12개월 거래 중 최근 3개월의 비중)			
매수	매수 건수 (장내 매매만 해당)	1	8	12.50%
매도	매도 건수 (장내 매매만 해당)	14	22	63.64%
매수	매수 수량 (장내 매매만 해당)	2,785	51,743	5.38%
매도	매도 수량 (장내 매매만 해당)	132,780	194,334	68.33%
	순매수량 (-인 경우 순매도량)	-129,995	-142,591	

ETF 노출
(편입 ETF 수 : 62개 / 시가총액 대비 ETF의 보유비중 : 11.25%)

티커	ETF	보유 지분	비중
VTI	Vanguard Total Stock Market ETF	$93,806,231	0.01%
FDN	First Trust DJ Internet Index Fund (ETF)	$89,026,383	1.47%
VOO	Vanguard 500 Index Fund	$67,155,635	0.02%
SPY	SPDR S&P 500 ETF Trust	$50,586,511	0.02%
VO	Vanguard Mid-Cap ETF	$47,622,598	0.05%

기간 수익률

1M : 1.19%	3M : -19.3%	6M : -5.56%	1Y : -31.62%	3Y : -48%

재무 지표

	2014	2015	2016	2017(E)
매출액 (백만$)	1,246	1,492	1,480	1,544
영업이익 (백만$)	344	233	167	117
순이익 (백만$)	226	198	120	65
자산총계 (백만$)	1,959	2,128	2,238	2,263
자본총계 (백만$)	1,125	1,412	1,502	
부채총계 (백만$)	834	716	736	

안정성 비율	2013	2014	2015	2016
유동비율 (%)	259.21	196.06	277.24	224.59
부채비율 (%)	70.39	74.13	50.71	49.00
이자보상배율 (배)	29.40	38.22	23.30	13.92

투자 지표

	2014	2015	2016	2017(E)
영업이익률(%)	27.61	15.62	11.28	7.58
매출액 증가율 (%)	31.90	19.74	-0.80	4.33
EPS ($)	1.58	1.38	0.83	1.11
EPS 증가율 (%)	11.11	-13.75	-42.03	33.62
주당자산가치($)	7.87	9.72	10.42	10.37
잉여현금흐름 (백만$)	306	273	249	208

	2013	2014	2015	2016
배당성향(%)				
배당수익률(%)	0.00	0.00	0.00	0.00
ROE (%)	25.82	22.72	15.61	8.24
ROA (%)	14.82	13.17	9.69	5.50
재고회전율				
EBITDA (백만$)	331.40	409.00	326.00	268.00

매출비중

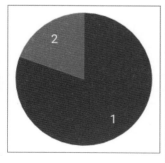

제품명	비중
1. 호텔	
	80.41%
2.비 호텔	
	19.59%

HAS
해즈브로
Hasbro, Inc.

섹터 자유소비재 (Consumer Discretionary)
세부섹터 레저 제품 (Leisure Products)

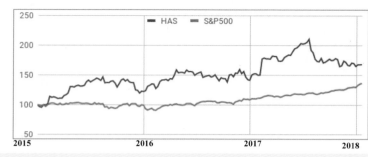

해즈브로(Hasbro, Inc.)는 아동용 완구류 및 컨텐츠 제작 사업을 영위하는 업체이다. 회사는 1923년에 설립되었고 본사는 로드 아일랜드주 포터켓에 있으며 5,400명의 직원이 근무하고 있다. 회사의 사업 부문은 미국과 캐나다, 인터내셔널, 엔터테인먼트 및 라이센스로 나누어진다. 장난감, 게임, 텔레비전 프로그램, 영화, 디지털 게임 및 소비자 제품 라이센스 프로그램을 비롯한 콘텐츠 개발에 이르기까지 전 세계 아이들과 가족을 위해 다양한 제품을 생산하고 있다. 회사의 미국 및 캐나다 부문은 미국 및 캐나다에서 자사 제품의 마케팅 및 판매에 집중하고 있다. 인터내셔널 부문은 유럽, 남미 및 아시아 태평양 지역의 대부분 국가에는 회사의 지사나 대리점 없이 해당 국가의 유통 업체를 통해 마케팅과 판매를 하고 있다. 엔터테인먼트 및 라이센스 부문은 회사 제품 라이센스 관리, 디지털 게임, 텔레비전 및 영화 엔터테인먼트 운영이 포함되어 있다.

기준일 : 2018/ 01 /25

한글 회사명 : 해즈브로
영문 회사명 : Hasbro, Inc.
상장일 : 1972년 01월 21일 | 결산월 : 12월
시가총액 : 119 (억$) | 52주 최고 : $116.2 (-17.9%) / 52주 최저 : $80.22 (+18.92%)

주요 주주정보

보유자/ 보유 기관	보유율
The Vanguard Group, Inc.	10.29%
HASSENFELD ALAN G	7.03%
BlackRock Fund Advisors	5.62%

애널리스트 추천 및 최근 투자의견

해즈브로의 2018년 01월 25일 **현재 17개 기관의 평균적인 목표가는 104.33$**이며, 2018년 추정 주당순이익(EPS)은 5.2$로 2017년 추정 EPS 4.95$에 비해 **5.05% 증가할 것으로 예상**된다.

최근, 1개월, 3개월의 투자 의견 변화

투자의견	금융사 및 투자	날짜
Initiated	B. Riley: to Buy	12/21/2017
Maintains	BMO Capital: to Market Perform	10/24/2017
Upgrade	Barclays: Equal-Weight to Overweight	10/24/2017
Maintains	Wells Fargo: to Market Perform	10/24/2017
Maintains	Stifel Nicolaus: to Hold	10/16/2017

내부자 거래

(3M 비중은 12개월 거래 중 최근 3개월의 비중)

구분	성격	3개월	12개월	3M 비중
매수	매수 건수 (장내 매매만 해당)	18	29	62.07%
매도	매도 건수 (장내 매매만 해당)	49	79	62.03%
매수	매수 수량 (장내 매매만 해당)	307,067	323,138	95.03%
매도	매도 수량 (장내 매매만 해당)	933,263	2,379,590	39.22%
	순매수량 (-인 경우 순매도량)	-626,196	-2,056,452	

ETF 노출

(편입 ETF 수 : 82개 / 시가총액 대비 ETF의 보유비중 : 13.22%)

티커	ETF	보유 지분	비중
VO	Vanguard Mid-Cap ETF	$261,379,683	0.26%
VTI	Vanguard Total Stock Market ETF	$257,012,601	0.04%
VOO	Vanguard 500 Index Fund	$184,208,825	0.04%
SPY	SPDR S&P 500 ETF Trust	$134,757,599	0.04%
VIG	Vanguard Dividend Appreciation ETF	$102,614,454	0.29%

기간 수익률

1M : -1.6%	3M : -2.4%	6M : -20.17%	1Y : 10.2%	3Y : 76.17%

재무 지표

	2014	2015	2016	2017(E)
매출액 (백만$)	4,281	4,457	5,071	5,332
영업이익 (백만$)	640	632	820	836
순이익 (백만$)	416	452	551	627
자산총계 (백만$)	4,518	4,721	5,091	5,440
자본총계 (백만$)	1,508	1,704	1,885	
부채총계 (백만$)	3,010	3,017	3,206	

안정성 비율	2013	2014	2015	2016
유동비율 (%)	181.95	246.67	269.16	199.50
부채비율 (%)	154.79	199.53	177.03	170.04
이자보상배율 (배)	6.11	6.88	6.51	8.42

투자 지표

	2014	2015	2016	2017(E)
영업이익률 (%)	14.95	14.18	16.17	15.68
매출액 증가율 (%)	4.96	4.11	13.78	5.14
EPS ($)	3.24	3.61	4.40	4.96
EPS 증가율 (%)	47.27	11.42	21.88	12.60
주당자산가치($)	11.77	13.33	14.96	17.61
잉여현금흐름 (백만$)	341	410	620	473

	2013	2014	2015	2016
배당성향(%)	73.73	53.75	51.54	47.00
배당수익률(%)	2.91	3.13	2.73	2.62
ROE (%)	17.95	26.43	28.88	31.27
ROA (%)	6.51	9.27	9.67	10.87
재고회전율	12.27	12.44	12.31	13.13
EBITDA (백만$)	781.51	845.22	830.06	1,010.23

매출비중

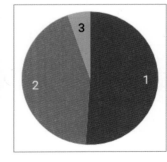

제품명	비중
1. 완구-미국 및 캐나다	
	51%
2.완구-전세계	
	43.72%
3. 엔터테인먼트 및 라이센스	
	5.28%
4. 기타	
	0%

MAT
마텔
Mattel, Inc.

섹터 자유소비재 (Consumer Discretionary)
세부섹터 레저 제품 (Leisure Products)

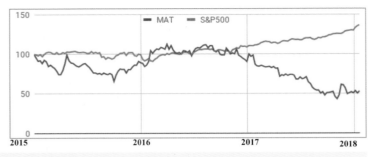

마텔(Mattel, Inc.)은 아동용 완구류 및 캐릭터 상품의 제조 및 판매사업을 영위하는 업체이다. 회사는 1945년에 설립되었고 본사는 캘리포니아주 엘 세군도에 있으며 32,000명의 직원이 근무하고 있다. 회사의 주요 브랜드는 마텔 걸 앤드 보이즈 브랜즈(Mattel Girls & Boys Brands), 피셔-프라이스 브랜즈(Fisher-Price Brands), 아메리칸걸 브랜즈(American Girl Brands), 컨스트럭션 앤드 아트 앤드 크래프트 브랜즈(Construction and Arts & Crafts Brands) 등이 있다. 회사의 사업 부문은 북미, 인터내셔널, 아메리칸 걸 등으로 나누어진다. 북미 지역은 마텔 걸즈 앤 보이즈 브랜즈(Mattel Girls and Boys Brands)를 통해 바비인형과 디즈니 제품들을 미국과 캐나다에서 판매하고 있다. 인터내셔널 부문에서 회사의 제품은 유럽, 중남미 및 아시아, 호주 및 뉴질랜드에서 해당 국가의 대리점 및 유통 업체를 통해 직접 판매되고 있다. 아메리칸 걸(American Girl) 부문은 각종 인형, 액세서리, 서적들을 소비자에게 직접 판매하고 있다.

기준일 : 2018/ 01 /25

한글 회사명 : 마텔

영문 회사명 : Mattel, Inc.

상장일 : 1972년 01월 21일 | 결산월 : 12월

시가총액 : 57 (억$) | 52주 최고 : $31.6 (-45.53%) / 52주 최저 : $12.71 (+35.4%)

주요 주주정보

보유자/ 보유 기관	보유율
PRIMECAP Management Co.	10.7%
Southeastern Asset Management, Inc.	10.22%
The Vanguard Group, Inc.	9.93%

애널리스트 추천 및 최근 투자의견

마텔의 2018년 01월 25일 현재 **17개 기관의 평균적인 목표가는 16.19$**이며, 2018년 추정 주당순이익(EPS)은 0.35$로 2017년 추정 EPS -0.13$에 비해 **+0.48$ 증가할 것으로 예상**된다.

최근, 1개월, 3개월의 투자 의견 변화

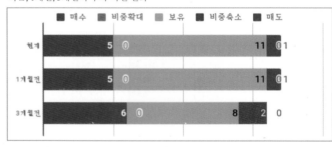

투자의견	금융사 및 투자	날짜
Initiated	B. Riley: to Neutral	12/21/2017
Upgrade	DA Davidson: Underperform to Neutral	11/3/2017
Maintains	UBS: to Buy	10/31/2017
Maintains	BMO Capital: to Outperform	10/30/2017
Maintains	Stifel Nicolaus: to Hold	10/30/2017

내부자 거래

(3M 비중은 12개월 거래 중 최근 3개월의 비중)

구분	성격	3개월	12개월	3M 비중
매수	매수 건수 (장내 매매만 해당)	0	2	0.00%
매도	매도 건수 (장내 매매만 해당)	4	29	13.79%
매수	매수 수량 (장내 매매만 해당)	0	59,660	0.00%
매도	매도 수량 (장내 매매만 해당)	48,490	297,400	16.30%
	순매수량 (−인 경우 순매도량)	-48,490	-237,740	

ETF 노출
(편입 ETF 수 : 68개 / 시가총액 대비 ETF의 보유비중 : 12.3%)

티커	ETF	보유 지분	비중
VO	Vanguard Mid-Cap ETF	$140,057,169	0.14%
VTI	Vanguard Total Stock Market ETF	$137,861,434	0.02%
VOO	Vanguard 500 Index Fund	$97,874,278	0.02%
SPY	SPDR S&P 500 ETF Trust	$69,609,071	0.02%
VOE	Vanguard Mid-Cap Value ETF	$47,463,056	0.26%

기간 수익률

1M : 4.26%	3M : 1.76%	6M : -25.38%	1Y : -46.23%	3Y : -41.98%

재무 지표

	2014	2015	2016	2017(E)
매출액 (백만$)	6,024	5,703	5,457	5,006
영업이익 (백만$)	825	725	684	120
순이익 (백만$)	495	366	317	-700
자산총계 (백만$)	6,722	6,535	6,494	6,276
자본총계 (백만$)	2,949	2,633	2,408	
부채총계 (백만$)	3,773	3,902	4,086	

안정성 비율	2013	2014	2015	2016
유동비율 (%)	322.50	292.68	182.38	195.28
부채비율 (%)	98.05	127.94	148.18	169.70
이자보상배율 (배)	15.48	10.40	8.50	7.20

투자 지표

	2014	2015	2016	2017(E)
영업이익률(%)	13.70	12.71	12.53	2.39
매출액 증가율 (%)	-7.11	-5.33	-4.31	-8.26
EPS ($)	1.46	1.08	0.93	-0.13
EPS 증가율 (%)	-44.06	-26.03	-13.89	-113.83000
주당자산가치($)	8.72	7.75	7.03	5.64
잉여현금흐름 (백만$)	628	480	332	-123

	2013	2014	2015	2016
배당성향(%)	55.81	104.83	140.74	165.22
배당수익률(%)	3.03	4.91	5.59	5.52
ROE (%)	28.35	15.96	13.12	12.56
ROA (%)	13.81	7.52	5.53	4.86
재고회전율	12.54	10.66	9.92	9.08
EBITDA (백만$)	1,411.29	1,073.40	990.58	946.74

매출비중

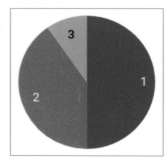

제품명	비중
1. 완구-북미	
	55.64%
2.완구-전세계	
	44.86%
3. 아메리칸 걸즈 브랜드	
	10.81%
4. 공제	
	-11.31%

HOG
할리 데이빗슨
Harley-Davidson

섹터 자유소비재 (Consumer Discretionary)
세부섹터 오토바이 제조업체 (Motorcycle Manufacturers)

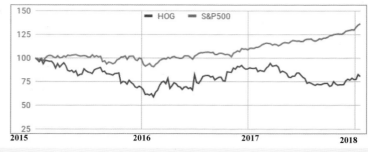

할리 데이빗슨(Harley-Davidson, Inc.)은 중형 모터사이클과 모터사이클 부품, 액세서리 및 관련 서비스를 영위하는 업체이다. 회사는 1903년에 설립되었고 본사는 위스콘신주 밀워키에 있으며 6,000명의 직원이 근무하고 있다. 할리 데이빗슨 모터 컴퍼니와 할리 데이빗슨 금융 서비스 두 부문으로 나누어진다. 할리 데이빗슨 모터 컴퍼니 부문은 모터사이클 부품, 액세서리, 잡화 및 관련 서비스와 할리 데이빗슨 모터사이클의 설계, 제조 및 판매하는 에이치디엠씨(Harley-Davidson Motor Company, HDMC)로 구성되어 있다. 금융 서비스 부문은 딜러 및 소매 고객에게 도매 및 소매 금융 및 보험 관련 프로그램을 제공하는 에이치디에프에스(Harley-Davidson Financial Services, HDFS)로 구성되어 있다.

기준일 : 2018/ 01 /25

한글 회사명 : 할리 데이빗슨

영문 회사명 : Harley-Davidson

상장일 : 1986년 07월 08일 | 결산월 : 12월

시가총액 : 92 (억$) | 52주 최고 : $63.4 (-12.38%) / 52주 최저 : $44.52 (+24.77%)

주요 주주정보

보유자/ 보유 기관	보유율
Capital Research & Management Co.	12.42%
The Vanguard Group, Inc.	10.18%
Dodge & Cox	5.18%

애널리스트 추천 및 최근 투자의견

할리 데이빗슨의 2018년 01월 25일 **현재 22개 기관의 평균적인 목표가는 52.31$이**며, 2018년 추정 주당순이익(EPS)은 3.89$로 2017년 추정 EPS 3.41$에 비해 **14.07% 증가** 할 것으로 예상된다.

최근, 1개월, 3개월의 투자 의견 변화

투자의견	금융사 및 투자	날짜
Upgrade	Wells Fargo: Market Perform to Outperform	1/22/2018
Downgrade	Longbow Research: Neutral to Underperform	1/3/2018
Upgrade	Argus: Hold to Buy	10/20/2017
Initiated	Aegis Capital: to Hold	8/28/2017
Maintains	Barclays: to Underperform	7/19/2017

내부자 거래

(3M 비중은 12개월 거래 중 최근 3개월의 비중)

구분	성격	3개월	12개월	3M 비중
매수	매수 건수 (장내 매매만 해당)	0	3	0.00%
매도	매도 건수 (장내 매매만 해당)	29	36	80.56%
매수	매수 수량 (장내 매매만 해당)	0	3,712	0.00%
매도	매도 수량 (장내 매매만 해당)	40,809	115,356	35.38%
	순매수량 (−인 경우 순매도량)	-40,809	-111,644	

ETF 노출   (편입 ETF 수 : 85개 / 시가총액 대비 ETF의 보유비중 : 12.77%)

티커	ETF	보유 지분	비중
VO	Vanguard Mid-Cap ETF	$225,171,073	0.23%
VTI	Vanguard Total Stock Market ETF	$221,877,805	0.03%
VOO	Vanguard 500 Index Fund	$157,253,201	0.04%
SPY	SPDR S&P 500 ETF Trust	$119,538,700	0.04%
VOE	Vanguard Mid-Cap Value ETF	$76,247,916	0.43%

기간 수익률

1M : 5.03%	3M : 10.39%	6M : 9.82%	1Y : -9.58%	3Y : -16.13%

재무 지표

	2014	2015	2016	2017(E)
매출액 (백만$)	6,229	5,995	5,996	4,874
영업이익 (백만$)	1,273	1,132	1,031	912
순이익 (백만$)	845	752	692	589
자산총계 (백만$)	9,528	9,973	9,890	10,025
자본총계 (백만$)	2,909	1,840	1,920	
부채총계 (백만$)	6,619	8,133	7,970	

안정성 비율	2013	2014	2015	2016
유동비율 (%)	158.94	165.24	144.79	134.63
부채비율 (%)	212.51	227.51	442.11	415.07
이자보상배율 (배)	25.56	305.86	94.58	35.17

투자 지표

	2014	2015	2016	2017(E)
영업이익률(%)	20.44	18.88	17.19	18.72
매출액 증가율 (%)	5.57	-3.74	0.02	-18.71
EPS ($)	3.90	3.71	3.85	3.41
EPS 증가율 (%)	18.18	-4.87	3.77	-11.45
주당자산가치($)	13.73	9.96	10.91	10.51
잉여현금흐름 (백만$)	914	840	918	830

	2013	2014	2015	2016
배당성향(%)	25.61	28.35	33.60	36.55
배당수익률(%)	1.21	1.67	2.73	2.40
ROE (%)	26.37	28.54	31.68	36.82
ROA (%)	7.90	8.92	7.72	6.97
재고회전율	14.42	14.26	11.59	11.04
EBITDA (백만$)	1,324.03	1,452.29	1,329.76	1,240.45

매출비중

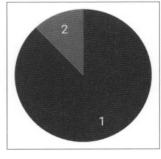

제품명	비중
1. 오토바이	
	87.91%
2.금융 서비스	
	12.09%

FOXA
21세기 폭스
Twenty-First Century Fox Class A

섹터 자유소비재 (Consumer Discretionary)
세부섹터 출판 (Publishing)

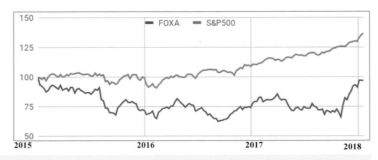

21세기 폭스(Twenty-First Century Fox Inc)는 미디어 및 엔터테인먼트 사업을 영위하는 업체이다. 회사는 1979년에 설립되었고 본사는 뉴욕주 뉴욕에 있으며 21,500명의 직원이 근무하고 있다. 회사의 사업 부문은 케이블 네트워크 프로그래밍, 텔레비전, 영화 오락, 그리고 기타로 나누어진다. 케이블 네트워크 프로그래밍 부문은 뉴스, 비즈니스 뉴스, 스포츠, 일반 엔터테인먼트 및 영화 프로그램을 제작 및 라이선스 하여 배포하고 있다. 텔레비전 부문은 폭스TV 방송국의 운영과 미국 내 네트워크 프로그래밍 등을 전담하고 있다. 영화 엔터테인먼트 부문은 엔터테인먼트 미디어의 배포 및 라이센스를 위한 실사 및 애니메이션 모션 픽처의 제작 및 수집, 전 세계 텔레비전 프로그램 제작 및 라이센스 사업을 담당하고 있다. 기타 부문은 주로 기업 간접비 및 기타 사업으로 구성되어 있다. 현재 디즈니와 컨텐츠 부문 인수합병 절차를 진행 중이다.

기준일 : 2018/ 01 /25

한글 회사명 : 21세기 폭스
영문 회사명 : Twenty-First Century Fox Class A
상장일 : 1994년 11월 03일 | 결산월 : 6월
시가총액 : 402 (억$) |
52주 최고 : $38.22 (-0.23%) / 52주 최저 : $24.81 (+53.68%)

주요 주주정보

보유자/ 보유 기관	보유율
Capital Research & Management Co.	9.37%
Dodge & Cox	6.73%
The Vanguard Group, Inc.	6.3%

애널리스트 추천 및 최근 투자의견

21세기 폭스의 2018년 01월 25일 **현재 26개 기관의 평균적인 목표가 는 40.38$**이며, 2018년 추정 주당순이익(EPS)은 2.32$로 2017년 추정 EPS 1.99$에 비해 **16.58% 증가할 것으로 예상**된다.

최근, 1개월, 3개월의 투자 의견 변화

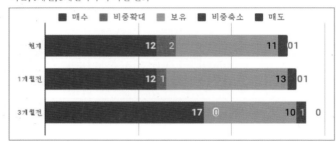

투자의견	금융사 및 투자	날짜
Upgrade	B. Riley: Neutral to Buy	1/16/2018
Downgrade	Pivotal Research: Buy to Hold	1/9/2018
Downgrade	Loop Capital: Hold to Sell	12/21/2017
Downgrade	BMO Capital: Outperform to Market Perform	12/18/2017
Downgrade	KeyBanc: Overweight to Sector Weight	12/15/2017

내부자 거래

(3M 비중은 12개월 거래 중 최근 3개월의 비중)

구분	성격	3개월	12개월	3M 비중
매수	매수 건수 (장내 매매만 해당)	0	0	-
매도	매도 건수 (장내 매매만 해당)	0	0	-
매수	매수 수량 (장내 매매만 해당)	0	0	-
매도	매도 수량 (장내 매매만 해당)	0	0	-
	순매수량 (−인 경우 순매도량)	0	0	

ETF 노출
(편입 ETF 수 : 65개 / 시가총액 대비 ETF의 보유비중 : 4.2%)

티커	ETF	보유 지분	비중
SPY	SPDR S&P 500 ETF Trust	$505,276,339	0.17%
QQQ	PowerShares QQQ Trust, Series 1 (ETF)	$314,586,278	0.51%
IVV	iShares S&P 500 Index (ETF)	$255,859,238	0.17%
XLY	Consumer Discretionary SPDR (ETF)	$182,063,731	1.33%
IWD	iShares Russell 1000 Value Index (ETF)	$115,398,034	0.28%

기간 수익률

1M : 4.74%	3M : 35.48%	6M : 31.64%	1Y : 21.96%	3Y : 4.89%

재무 지표

	2014	2015	2016	2017(E)
매출액 (백만$)	31,867	28,987	27,326	28,563
영업이익 (백만$)	5,474	5,906	5,992	6,563
순이익 (백만$)	3,785	8,373	2,763	3,547
자산총계 (백만$)	54,793	50,039	48,193	51,401
자본총계 (백만$)	21,442	18,807	15,433	
부채총계 (백만$)	33,351	31,232	32,760	

안정성 비율	2013	2014	2015	2016
유동비율 (%)	184.55	173.62	246.35	211.50
부채비율 (%)	146.77	155.54	166.07	212.27
이자보상배율 (배)	5.06	4.88	4.93	5.06

투자 지표

	2014	2015	2016	2017(E)
영업이익률(%)	17.18	20.37	21.93	22.98
매출액 증가율 (%)	15.15	-9.04	-5.73	4.53
EPS ($)	1.99	3.91	1.42	1.93
EPS 증가율 (%)	-34.44	96.48	-63.68	35.59
주당자산가치($)	7.89	8.45	7.31	8.42
잉여현금흐름 (백만$)	2,286	3,193	2,785	3,378

	2013	2014	2015	2016
배당성향(%)	5.61	12.56	7.05	21.13
배당수익률(%)	0.59	0.71	0.84	1.11
ROE (%)	32.72	22.00	48.35	17.89
ROA (%)	13.10	7.41	16.42	6.16
재고회전율	10.29	10.85	9.93	9.05
EBITDA (백만$)	6,172.00	6,616.00	6,642.00	6,522.00

매출비중

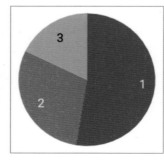

제품명	비중
1. 케이블 네트워크	55%
2.영화/엔터테인먼트	31.12%
3. 텔레비전	18.68%
4. 기타	-4.8%

NWSA
뉴스 코퍼레이션
News Corp. Class A

섹터 자유소비재 (Consumer Discretionary)
세부섹터 출판 (Publishing)

뉴스 코퍼레이션(News Corporation)은 전 세계의 소비자와 사업에 필요한 컨텐츠를 제작, 배포하는 사업을 영위하는 업체이다. 회사는 1979년에 설립되었고 본사는 뉴욕주 뉴욕에 있으며 47,600명의 직원이 근무하고 있다. 사업 부문은 뉴스 및 정보 서비스, 도서 출판, 디지털 부동산 서비스, 케이블 네트워크 프로그래밍, 그리고 기타로 나누어진다. 회사의 뉴스 및 정보 서비스 부문은 주로 다우 존스(Dow Jones), 뉴스 코프 오스트레일리아(뉴스 리미티드(News Limited) 및 그 자회사를 포함), 뉴스 유케이(News UK), 뉴욕 포스트(New York Post) 및 뉴스 아메리카 마케팅(News America Marketing)으로 구성되어 있다. 도서 출판 부문은 하퍼콜린 퍼블리셔(HarperCollins Publisher), 디지털 부동산 서비스 부문은 알이에이 그룹 리미티드(REA Group Limited)에 대한 지분과 무브(Move, Inc.)에 대한 지분으로 구성되어 있다. 케이블 네트워크 프로그래밍 부문은 호주 스포츠 프로그램을 담당하는 폭스 스포츠 오스트레일리아(FOX SPORTS Australia)로 구성되어 있다.

기준일 : 2018/ 01 /25
한글 회사명 : 뉴스 코퍼레이션
영문 회사명 : News Corp. Class A
상장일 : 2013년 06월 19일 | 결산월 : 6월
시가총액 : 65 (억$) |
52주 최고 : $17.29 (-1.27%) / 52주 최저 : $11.91 (+43.32%)

주요 주주정보

보유자/보유 기관	보유율
T. Rowe Price Associates, Inc.	15.29%
The Vanguard Group, Inc.	12.37%
Pzena Investment Management LLC	6.1%

애널리스트 추천 및 최근 투자의견

뉴스 코퍼레이션의 2018년 01월 25일 **현재 12개 기관의 평균적인 목표가는 16.19$**이며, 2018년 추정 주당순이익(EPS)은 0.56$로 2017년 추정 EPS 0.48$에 비해 **16.66%** **증가할 것으로 예상**된다.

최근, 1개월, 3개월의 투자 의견 변화

투자의견	금융사 및 투자	날짜
Initiated	Rosenblatt: to Buy	7/14/2017
Downgrade	CLSA: to Outperform	11/8/2016
Downgrade	CLSA: to Outperform	5/9/2016
Upgrade	CLSA: to Buy	2/5/2016
Downgrade	Wells Fargo: to Market Perform	11/9/2015

내부자 거래

(3M 비중은 12개월 거래 중 최근 3개월의 비중)

구분	성격	3개월	12개월	3M 비중
매수	매수 건수 (장내 매매만 해당)	0	0	-
매도	매도 건수 (장내 매매만 해당)	0	0	-
매수	매수 수량 (장내 매매만 해당)	0	0	-
매도	매도 수량 (장내 매매만 해당)	0	0	-
	순매수량 (−인 경우 순매도량)	0	0	

ETF 노출
(편입 ETF 수 : 62개 / 시가총액 대비 ETF의 보유비중 : 14.76%)

티커	ETF	보유 지분	비중
VO	Vanguard Mid-Cap ETF	$205,928,038	0.21%
VTI	Vanguard Total Stock Market ETF	$198,824,278	0.03%
VOO	Vanguard 500 Index Fund	$148,453,308	0.04%
SPY	SPDR S&P 500 ETF Trust	$80,075,247	0.03%
VOE	Vanguard Mid-Cap Value ETF	$65,084,596	0.36%

기간 수익률

1M : 7.49%	3M : 31.55%	6M : 23.61%	1Y : 43.85%	3Y : 14.34%

재무 지표

	2014	2015	2016	2017(E)
매출액 (백만$)	8,574	8,633	8,747	8,153
영업이익 (백만$)	264	411	426	418
순이익 (백만$)	239	-147	164	233
자산총계 (백만$)	16,489	15,093	15,483	15,145
자본총계 (백만$)	13,419	12,136	11,802	
부채총계 (백만$)	3,070	2,957	3,681	

안정성 비율	2013	2014	2015	2016
유동비율 (%)	212.39	231.23	182.88	159.26
부채비율 (%)	23.21	22.88	24.37	31.19
이자보상배율 (배)				

투자 지표

	2014	2015	2016	2017(E)
영업이익률(%)	3.08	4.76	4.87	5.13
매출액 증가율 (%)	-3.57	0.69	1.32	-6.79
EPS ($)	0.41	-0.26	0.30	0.38
EPS 증가율 (%)	-52.87	-163.42	215.39	25.63
주당자산가치($)	22.87	20.54	19.93	19.76
잉여현금흐름 (백만$)	475	453	696	210

	2013	2014	2015	2016
배당성향(%)				66.67
배당수익률(%)	0.00	0.00	0.69	1.76
ROE (%)	4.73	1.85	-1.17	1.39
ROA (%)	3.81	1.83	-0.49	1.54
재고회전율	32.51	28.07	27.45	32.58
EBITDA (백만$)	871.00	842.00	941.00	931.00

매출비중

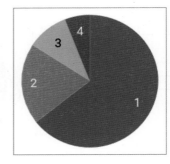

제품명	비중
1. 뉴스 및 정보 서비스	64.38%
2. 도서 출판	19.85%
3. 디지털 부동산 서비스	9.91%
4. 케이블 네트워크	5.84%
5. 기타	0.02%

CMG
치폴레 멕시칸 그릴
Chipotle Mexican Grill

섹터 자유소비재 (Consumer Discretionary)
세부섹터 레스토랑 (Restaurants))

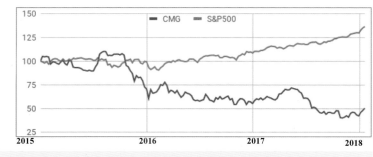

치폴레 멕시칸 그릴(Chipotle Mexican Grill, Inc.)은 치폴레 멕시칸 그릴(Chipotle Mexican Grill)이라는 브랜드로 멕시칸 음식을 판매하는 패스트 푸드 프랜차이즈 사업을 영위하는 업체이다. 회사는 1993년에 설립되었고 본사는 콜로라도주 덴버에 있으며 59,300명의 직원이 근무하고 있다. 회사는 미국인들의 식성에 맞는 부리토, 타코, 부리토 보울, 샐러드 등의 신선한 멕시칸 음식을 위주로 판매하고 있다. 미국 전역 11개 지역에 2,198곳의 음식점을 운영하고 있다. 23곳은 치폴레 멕시칸 그릴과는 다른 형태의 음식점으로 운영하고 있다. 현재 미국 이외의 지역에는 29곳의 음식점이 있으며 캐나다 17곳, 영국 6곳, 프랑스에 5곳, 프랑크푸르트에 1곳이 운영되고 있다.

기준일 : 2018/ 01 /25

한글 회사명 : 치폴레 멕시칸 그릴
영문 회사명 : Chipotle Mexican Grill
상장일 : 2006년 01월 26일 | 결산월 : 12월
시가총액 : 94 (억$) |
52주 최고 : $499 (-33.76%) / 52주 최저 : $263 (+25.66%)

주요 주주정보

보유자/ 보유 기관	보유율
Pershing Square Capital Management LP	10.21%
The Vanguard Group, Inc.	9.36%
Sands Capital Management LLC	7.48%

애널리스트 추천 및 최근 투자의견

치폴레 멕시칸 그릴의 2018년 01월 25일 **현재 36개 기관의 평균적인 목표가는 325.82$**이며, 2018년 추정 주당순이익(EPS)은 9.89$로 2017년 추정 EPS 6.64$에 비해 **48.94% 증가할 것으로 예상**된다.

최근, 1개월, 3개월의 투자 의견 변화

투자의견	금융사 및 투자	날짜
Upgrade	Raymond James: Market Perform	1/19/2018
Maintains	Stifel Nicolaus: to Hold	10/25/2017
Maintains	Baird: to Neutral	10/25/2017
Downgrade	Telsey Advisory Group: Market Perform	10/25/2017
Maintains	Maxim Group: to Buy	10/25/2017

내부자 거래

(3M 비중은 12개월 거래 중 최근 3개월의 비중)

구분	성격	3개월	12개월	3M 비중
매수	매수 건수 (장내 매매만 해당)	9	19	47.37%
매도	매도 건수 (장내 매매만 해당)	1	2	50.00%
매수	매수 수량 (장내 매매만 해당)	482,410	484,314	99.61%
매도	매도 수량 (장내 매매만 해당)	420,322	420,572	99.94%
	순매수량 (－인 경우 순매도량)	62,088	63,742	

ETF 노출 (편입 ETF 수 : 68개 / 시가총액 대비 ETF의 보유비중 : 11.53%)

티커	ETF	보유 지분	비중
VO	Vanguard Mid-Cap ETF	$228,822,358	0.23%
VTI	Vanguard Total Stock Market ETF	$225,485,994	0.03%
VOO	Vanguard 500 Index Fund	$140,646,478	0.03%
SPY	SPDR S&P 500 ETF Trust	$103,498,829	0.03%
VUG	Vanguard Growth ETF	$62,982,014	0.08%

기간 수익률

1M : 10.17%	3M : 9.83%	6M : -0.42%	1Y : -15.13%	3Y : -51.64%

재무 지표

	2014	2015	2016	2017(E)
매출액 (백만$)	4,108	4,501	3,904	4,483
영업이익 (백만$)	718	777	58	305
순이익 (백만$)	445	476	23	190
자산총계 (백만$)	2,686	2,725	2,026	2,168
자본총계 (백만$)	2,012	2,128	1,402	
부채총계 (백만$)	673	597	624	

안정성 비율	2013	2014	2015	2016
유동비율 (%)	334.44	357.53	291.01	185.38
부채비율 (%)	37.40	33.46	28.06	44.46
이자보상배율 (배)				

투자 지표

	2014	2015	2016	2017(E)
영업이익률 (%)	17.48	17.26	1.49	6.81
매출액 증가율 (%)	27.80	9.57	-13.26	14.82
EPS ($)	14.35	15.30	0.78	6.65
EPS 증가율 (%)	35.63	6.62	-94.90	752.62
주당자산가치($)	64.86	69.58	48.67	51.01
잉여현금흐름 (백만$)	429	426	90	245

	2013	2014	2015	2016
배당성향(%)				
배당수익률(%)	0.00	0.00	0.00	0.00
ROE (%)	23.52	25.09	22.97	1.30
ROA (%)	16.92	18.56	17.58	0.97
재고회전율	266.33	289.56	296.38	259.76
EBITDA (백만$)	634.80	828.07	907.72	204.23

매출비중

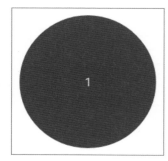

제품명	비중
1. 멕시코 음식 판매	100%

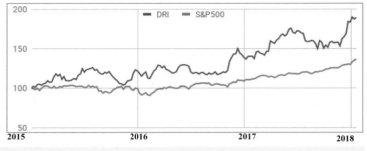

DRI
다든 레스토랑
Darden Restaurants

섹터 자유소비재 (Consumer Discretionary)
세부섹터 레스토랑 (Restaurants)

다든 레스토랑(Darden Restaurants, Inc.)은 풀 서비스 레스토랑 사업을 영위하는 업체이다. 회사는 1968년에 설립되었고 본사는 플로리다주 올랜도에 있으며 150,000명의 직원이 근무하고 있다. 미국과 캐나다의 자회사를 통해 1,536곳의 음식점을 소유 및 운영하고 있다. 사업 부문은 올리브 가든(Olive Garden), 롱혼 스테이크하우스(LongHorn Steakhouse), 파인 다이닝(Fine Dining) 및 기타 사업으로 나누어진다. 회사와 프랜차이즈 계약에 따라 제3자가 50곳의 레스토랑을 독립적으로 운영하고 있다. 올리브 가든(Olive Garden)은 신선한 재료와 다양한 이탈리아산 와인을 갖춘 정통 이탈리아 요리를 선보이며, 롱혼 스테이크하우스(LongHorn Steakhouse)는 스테이크와 닭고기, 연어, 새우, 갈비, 돼지볶음, 햄버거와 프라임 갈비 등의 다양한 메뉴를 제공하고 있다.

기준일 : 2018/ 01 /25
한글 회사명 : 다든 레스토랑
영문 회사명 : Darden Restaurants
상장일 : 1995년 05월 09일 | 결산월 : 5월
시가총액 : 121 (억$) |

52주 최고 : $100.11 (-2.55%) / 52주 최저 : $71.43 (+36.56%)

주요 주주정보

보유자/ 보유 기관	보유율
The Vanguard Group, Inc.	10.15%
BlackRock Fund Advisors	7.5%
SunAmerica Asset Management LLC	5%

애널리스트 추천 및 최근 투자의견

다든 레스토랑의 2018년 01월 25일 **현재 28개 기관의 평균적인 목표가는 102.52$**이며, 2018년 추정 주당순이익(EPS)은 5.36$로 2017년 추정 EPS 4.74$에 비해 **13.08% 증가할 것으로 예상**된다.

최근, 1개월, 3개월의 투자 의견 변화

투자의견	금융사 및 투자	날짜
Upgrade	Argus: Hold to Buy	12/21/2017
Maintains	BMO Capital: to Market Perform	10/19/2017
Downgrade	Argus: Buy to Hold	10/17/2017
Initiated	Longbow Research: to Neutral	10/13/2017
Initiated	Stifel Nicolaus: to Buy	10/3/2017

내부자 거래

(3M 비중은 12개월 거래 중 최근 3개월의 비중)

구분	성격	3개월	12개월	3M 비중
매수	매수 건수 (장내 매매만 해당)	0	0	-
매도	매도 건수 (장내 매매만 해당)	8	15	53.33%
매수	매수 수량 (장내 매매만 해당)	0	0	-
매도	매도 수량 (장내 매매만 해당)	79,085	392,985	20.12%
	순매수량 (−인 경우 순매도량)	-79,085	-392,985	

ETF 노출

(편입 ETF 수 : 92개 / 시가총액 대비 ETF의 보유비중 : 15.3%)

티커	ETF	보유 지분	비중
VO	Vanguard Mid-Cap ETF	$295,317,781	0.30%
VTI	Vanguard Total Stock Market ETF	$290,704,527	0.04%
DVY	iShares Select Dividend ETF	$247,231,630	1.37%
VOO	Vanguard 500 Index Fund	$206,105,191	0.05%
SPY	SPDR S&P 500 ETF Trust	$151,039,243	0.05%

기간 수익률

1M : 12.02%	3M : 18.1%	6M : 11.68%	1Y : 34.85%	3Y : 87.15%

재무 지표

	2014	2015	2016	2017(E)
매출액 (백만$)	6,764	6,934	7,170	8,092
영업이익 (백만$)	454	614	652	793
순이익 (백만$)	196	360	483	595
자산총계 (백만$)	5,995	4,583	5,504	5,582
자본총계 (백만$)	2,334	1,952	2,102	
부채총계 (백만$)	3,661	2,631	3,403	

안정성 비율	2013	2014	2015	2016
유동비율 (%)	122.11	88.28	69.10	62.04
부채비율 (%)	229.21	156.90	134.76	161.89
이자보상배율 (배)	2.60	8.13	19.73	16.22

투자 지표

	2014	2015	2016	2017(E)
영업이익률 (%)	6.71	8.85	9.09	9.79
매출액 증가율 (%)	7.61	2.51	3.41	12.85
EPS ($)	5.56	2.94	3.85	4.74
EPS 증가율 (%)	155.05	-47.12	30.95	23.05
주당자산가치($)	18.42	15.47	16.76	17.77
잉여현금흐름 (백만$)	578	592	625	541

	2013	2014	2015	2016
배당성향(%)	102.33	40.22	72.41	58.95
배당수익률(%)	4.90	3.75	3.10	2.52
ROE (%)	8.69	8.75	16.79	23.81
ROA (%)	2.61	3.00	6.80	9.57
재고회전율	22.70	37.50	40.87	40.48
EBITDA (백만$)	636.20	774.00	903.90	925.00

매출비중

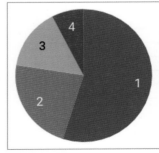

제품명	비중
1. 올리브 가든 브랜드	54.93%
2. 롱혼 스테이크 하우스 브랜드	22.62%
3. 기타 사업	14.98%
4. 고급 레스토랑	7.47%

MCD
맥도날드 코퍼레이션
McDonald's Corp.

섹터 자유소비재 (Consumer Discretionary)
세부섹터 레스토랑 (Restaurants)

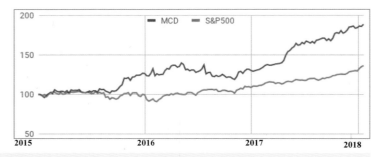

맥도날드 코퍼레이션(McDonald's Corporation(McDonald's))은 패스트 푸드와 프렌차이즈 운영 사업을 영위하는 업체이다. 회사는 1955년에 설립되었고 본사는 일리노이주 오크브룩에 있으며 375,000명의 직원이 근무하고 있다. 100개국 이상의 지역에서 다양한 가격대의 음식 및 음료 관련 메뉴를 판매하고 있다. 사업 부문은 미국, 인터내셔널 리드 마켓(International Lead Market), 고성장 시장(High Growth Market), 기초 시장(Foundation Markets) 및 기업(Corporation) 등으로 나누어진다. 미국 사업 부문은 기본적인 서비스 외에 고객이 맞춤 주문을 할 수 있게 재료를 선택할 수 있는 플랫폼을 제공하는데 중점을 두고 있다. 고성장 시장(High Growth Markets) 부문은 중국, 이탈리아, 한국, 폴란드, 러시아, 스페인, 스위스, 네덜란드 시장 및 관련 시장에서의 사업을 포함하고 있다. 국제 리드 시장(International Lead Market) 부문은 호주, 캐나다, 프랑스, 독일, 영국 및 관련 시장과 같은 다양한 시장에서의 회사 운영을 포함하고 있다. 기초 시장(Foundation Markets) 및 기업(Corportaion) 부문은 음식점 운영, 드라이브-스루(drive-thru) 및 배송 등의 고객 편의를 위한 사업에 집중하고 있다.

기준일 : 2018/ 01 /25

한글 회사명 : 맥도날드 코퍼레이션
영문 회사명 : McDonald's Corp.
상장일 : 1972년 01월 21일 | 결산월 : 12월
시가총액 : 1400 (억$) |
52주 최고 : $177.75 (-0.83%) / 52주 최저 : $120.52 (+46.24%)

주요 주주정보

보유자/ 보유 기관	보유율
The Vanguard Group, Inc.	7.09%
SSgA Funds Management, Inc.	5.05%
BlackRock Fund Advisors	5.03%

애널리스트 추천 및 최근 투자의견

맥도날드 코퍼레이션의 2018년 01월 25일 **현재 34개 기관의 평균적인 목표가는 186.15$**이며, 2018년 추정 주당순이익(EPS)은 7.31$로 2017년 추정 EPS 6.52$에 비해 **12.11% 증가할 것으로 예상**된다.

최근, 1개월, 3개월의 투자 의견 변화

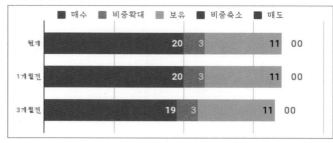

투자의견	금융사 및 투자	날짜
Upgrade	Jefferies: Hold to Buy	12/5/2017
Maintains	Baird: to Outperform	10/25/2017
Maintains	Nomura: to Buy	10/25/2017
Maintains	Credit Suisse: to Outperform	10/25/2017
Maintains	Barclays: to Overweight	10/18/2017

내부자 거래

(3M 비중은 12개월 거래 중 최근 3개월의 비중)

구분	성격	3개월	12개월	3M 비중
매수	매수 건수 (장내 매매만 해당)	0	0	0.00%
매도	매도 건수 (장내 매매만 해당)	3	15	20.00%
매수	매수 수량 (장내 매매만 해당)	0	1,600	0.00%
매도	매도 수량 (장내 매매만 해당)	37,575	306,960	12.24%
	순매수량 (−인 경우 순매도량)	-37,575	-305,360	

ETF 노출 (편입 ETF 수 : 109개 / 시가총액 대비 ETF의 보유비중 : 10.37%)

티커	ETF	보유 지분	비중
VTI	Vanguard Total Stock Market ETF	$3,371,879,265	0.49%
VOO	Vanguard 500 Index Fund	$2,390,938,530	0.58%
SPY	SPDR S&P 500 ETF Trust	$1,749,098,749	0.58%
DIA	SPDR Dow Jones Industrial Average ETF	$1,155,427,975	4.54%
VUG	Vanguard Growth ETF	$942,189,254	1.21%

기간 수익률

1M : 1.18%	3M : 12.23%	6M : 14.42%	1Y : 44.05%	3Y : 92.5%

재무 지표

	2014	2015	2016	2017(E)
매출액 (백만$)	27,441	25,413	24,622	22,706
영업이익 (백만$)	7,944	7,355	7,820	9,081
순이익 (백만$)	4,758	4,529	4,687	5,320
자산총계 (백만$)	34,281	37,939	31,024	30,511
자본총계 (백만$)	12,853	7,088	-2,204	
부채총계 (백만$)	21,428	30,851	33,228	

안정성 비율	2013	2014	2015	2016
유동비율 (%)	159.31	152.32	326.84	139.80
부채비율 (%)	128.78	166.71	435.26	-1,507.43
이자보상배율 (배)	16.29	13.94	11.53	8.84

투자 지표

	2014	2015	2016	2017(E)
영업이익률(%)	28.95	28.94	31.76	39.99
매출액 증가율 (%)	-2.36	-7.39	-3.11	-7.78
EPS ($)	4.85	4.82	5.49	6.52
EPS 증가율 (%)	-14.29	0.00	14.38	18.82
주당자산가치($)	13.35	7.82	-2.69	-4.82
잉여현금흐름 (백만$)	4,147	4,725	4,239	4,913

	2013	2014	2015	2016
배당성향(%)	56.22	68.05	71.70	66.36
배당수익률(%)	3.22	3.50	2.91	2.97
ROE (%)	35.69	32.97	45.43	
ROA (%)	15.51	13.42	12.54	13.59
재고회전율	229.06	234.84	241.91	309.71
EBITDA (백만$)	10,080.40	9,588.80	8,910.60	9,336.70

매출비중

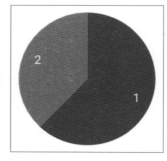

제품명	비중
1. 직영	
	62.12%
2. 프랜차이즈	
	37.88%

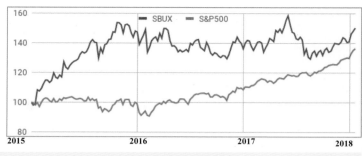

SBUX
스타벅스 코퍼레이션
Starbucks Corp.

섹터 자유소비재 (Consumer Discretionary)
세부섹터 레스토랑 (Restaurants)

스타벅스 코퍼레이션(Starbucks Corporation)은 커피의 로스팅, 마케팅 및 소매 사업을 영위하는 업체이다. 회사는 1985년에 설립되었고 본사는 워싱턴주 시애틀에 있으며 254,000명의 직원이 근무하고 있다. 현재 회사는 75개국에서 운영되고 있으며, 미국, 캐나다 및 라틴아메리카를 포함한 미주 지역, 중국/아시아 태평양(CAP), 유럽, 중동 및 아프리카(EMEA) 및 채널 개발(Channel Development) 등의 4가지 사업 부문으로 나누어진다. 회사의 미주, 중국/아시아 태평양(CAP), 유럽, 중동, 아프리카(EMEA) 부문에는 회사 운영 및 라이센스 매장이 포함되어 있다. 채널 개발(Channel Development) 부문에는 볶은 커피콩 및 빻은 커피, 프라푸치노(Frappuccino), 스타벅스 더블샷(Starbucks Doubleshot), 스타벅스 리프레셔(Starbucks Refreshers) 등의 음료 및 기타 브랜드 제품과 같은 바로 마실 수 있는 다양한 음료가 포함되어 있다. 회사의 제품들은 각종 유통업체와 판매망을 통해 미국 및 전 세계에서 판매되고 있다.

기준일 : 2018/ 01 /25
한글 회사명 : 스타벅스 코퍼레이션
영문 회사명 : Starbucks Corp.
상장일 : 1992년 06월 26일 | 결산월 : 9월
시가총액 : 862 (억$) |
52주 최고 : $64.87 (-5.7%) / 52주 최저 : $52.58 (+16.33%)

주요 주주정보

보유자/ 보유 기관	보유율
The Vanguard Group, Inc.	6.54%
BlackRock Fund Advisors	4.4%
SSgA Funds Management, Inc.	4.03%

애널리스트 추천 및 최근 투자의견

스타벅스 코퍼레이션의 2018년 01월 25일 **현재 34개 기관의 평균적인 목표가는 65.21$**이며, 2018년 추정 주당순이익(EPS)은 2.79$로 2017년 추정 EPS 2.44$에 비해 **14.34% 증가할 것으로 예상**된다.

최근, 1개월, 3개월의 투자 의견 변화

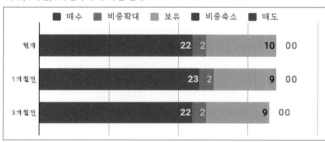

투자의견	금융사 및 투자	날짜
Reiterates	William Blair: Outperform to Outperform	1/26/2018
Maintains	Oppenheimer: Outperform to Outperform	1/26/2018
Maintains	Goldman Sachs: Buy to Buy	1/26/2018
Maintains	Morgan Stanley: to Overweight	11/10/2017
Maintains	Credit Suisse: to Neutral	11/3/2017

내부자 거래

(3M 비중은 12개월 거래 중 최근 3개월의 비중)

구분	성격	3개월	12개월	3M 비중
매수	매수 건수 (장내 매매만 해당)	1	16	6.25%
매도	매도 건수 (장내 매매만 해당)	3	33	9.09%
매수	매수 수량 (장내 매매만 해당)	4,954	254,545	1.95%
매도	매도 수량 (장내 매매만 해당)	188,808	1,908,206	9.89%
	순매수량 (–인 경우 순매도량)	-183,854	-1,653,661	

ETF 노출 (편입 ETF 수 : 90개 / 시가총액 대비 ETF의 보유비중 : 8.79%)

티커	ETF	보유 지분	비중
VTI	Vanguard Total Stock Market ETF	$1,882,319,679	0.27%
VOO	Vanguard 500 Index Fund	$1,404,510,768	0.34%
SPY	SPDR S&P 500 ETF Trust	$1,027,414,147	0.34%
QQQ	PowerShares QQQ Trust, Series 1 (ETF)	$639,557,343	1.04%
VUG	Vanguard Growth ETF	$525,795,966	0.67%

기간 수익률

1M : 5.09%	3M : 12.05%	6M : 5.65%	1Y : 6.24%	3Y : 51.97%

재무 지표

	2014	2015	2016	2017(E)
매출액 (백만$)	16,443	19,149	21,311	22,496
영업이익 (백만$)	2,831	3,367	3,909	4,481
순이익 (백만$)	2,068	2,757	2,818	3,016
자산총계 (백만$)	10,753	12,416	14,313	14,968
자본총계 (백만$)	5,274	5,820	5,891	
부채총계 (백만$)	5,479	6,597	8,422	

안정성 비율	2013	2014	2015	2016
유동비율 (%)	101.75	137.19	108.85	104.64
부채비율 (%)	156.94	103.90	113.35	142.97
이자보상배율 (배)	78.23	40.97	45.68	45.30

투자 지표

	2014	2015	2016	2017(E)
영업이익률(%)	17.22	17.58	18.34	19.92
매출액 증가율 (%)	10.41	16.46	11.29	5.56
EPS ($)	1.38	1.84	1.91	2.06
EPS 증가율 (%)		33.82	3.80	7.97
주당자산가치($)	3.52	3.92	4.03	4.31
잉여현금흐름 (백만$)	-553	2,445	3,135	2,491

	2013	2014	2015	2016
배당성향(%)	8,400.00	38.38	35.16	42.11
배당수익률(%)	1.09	1.38	1.13	1.48
ROE (%)	0.17	42.41	49.73	48.16
ROA (%)	0.09	18.57	23.82	21.09
재고회전율	12.66	14.93	15.98	15.87
EBITDA (백만$)	2,893.00	3,579.60	4,300.60	4,939.50

매출비중

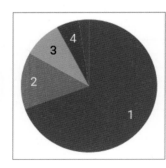

제품명	비중
1. 커피/음료판매-미국	69.41%
2.커피/음료판매-중국/태평양	13.79%
3. 채널 개발/유통	9.07%
4. 커피/음료판매-유럽,중동,아프리카	5.28%
5. 기타	2.46%

YUM
얌 브랜드
YUM! Brands Inc

섹터 자유소비재 (Consumer Discretionary)
세부섹터 레스토랑 (Restaurants)

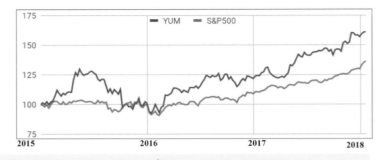

얌 브랜드(YUM! Brands, Inc.)는 케이에프씨, 피자헛, 타코벨의 3개 브랜드를 통해 프랜차이즈 운영 사업을 영위하는 업체이다. 회사는 1997년에 설립되었고 본사는 켄터키주 루이스빌에 있으며 90,000명의 직원이 근무하고 있다. 회사의 사업 부문은 케이에프씨그룹(The KFC Division), 피자헛 그룹(The Pizza Hut Division), 타코벨 그룹(The Taco Bell Division)으로 나뉘어 운영되고 있다. 전 세계의 케이에프씨(KFC)에서는 샌드위치, 치킨 스트립, 치킨 온더 본(chicken-on-the-bone) 및 기타 치킨 제품에는 튀긴 것과 및 튀기지 않은 치킨 제품을 판매하고 있다. 피자헛은 즉석으로 먹을 수 있는 피자와 이탈리안 음식을 판매하는 패스트 푸드 체인점이다. 타코벨(Taco Bell)은 타코, 부리토, 퀘사딜라, 샐러드, 나초 등의 멕시칸 음식을 전문으로 취급하고 있다. 현재 전 세계 135개 이상의 국가 및 지역에서 43,500곳 이상의 음식점을 운영하고 있다.

기준일 : 2018/ 01 /25
한글 회사명 : 얌 브랜드
영문 회사명 : YUM! Brands Inc
상장일 : 1997년 09월 17일 | 결산월 : 12월
시가총액 : 289 (억$) | 52주 최고 : $86.34 (-1.04%) / 52주 최저 : $62.85 (+35.94%)

주요 주주정보

보유자/ 보유 기관	보유율
T. Rowe Price Associates, Inc.	10.08%
The Vanguard Group, Inc.	6.73%
Magellan Asset Management Ltd.	4.58%

애널리스트 추천 및 최근 투자의견

얌 브랜드의 **2018년 01월 25일** 현재 **25개 기관의 평균적인 목표가는 84.81$**이며, 2018년 추정 주당순이익(EPS)은 3.25$로 2017년 추정 EPS 2.81$에 비해 **15.65% 증가**할 것으로 예상된다.

최근, 1개월, 3개월의 투자 의견 변화

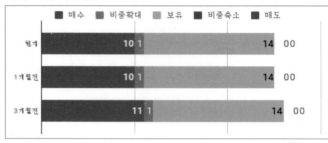

투자의견	금융사 및 투자	날짜
Upgrade	Edward Jones: Hold to Buy	1/26/2018
Maintains	Nomura: to Buy	11/3/2017
Maintains	Baird: to Neutral	11/3/2017
Maintains	Jefferies: to Hold	11/3/2017
Maintains	Morgan Stanley: to Equal-Weight	11/3/2017

내부자 거래

(3M 비중은 12개월 거래 중 최근 3개월의 비중)

구분	성격	3개월	12개월	3M 비중
매수	매수 건수 (장내 매매만 해당)	8	9	88.89%
매도	매도 건수 (장내 매매만 해당)	16	34	47.06%
매수	매수 수량 (장내 매매만 해당)	68,272	176,573	38.67%
매도	매도 수량 (장내 매매만 해당)	151,560	339,351	44.66%
	순매수량 (−인 경우 순매도량)	-83,288	-162,778	

ETF 노출   (편입 ETF 수 : 83개 / 시가총액 대비 ETF의 보유비중 : 8.82%)

티커	ETF	보유 지분	비중
VTI	Vanguard Total Stock Market ETF	$695,979,583	0.10%
VOO	Vanguard 500 Index Fund	$493,437,894	0.12%
SPY	SPDR S&P 500 ETF Trust	$361,034,347	0.12%
VUG	Vanguard Growth ETF	$194,504,522	0.25%
IVV	iShares S&P 500 Index (ETF)	$182,121,411	0.12%

기간 수익률

1M : 1.83%	3M : 11.37%	6M : 12.13%	1Y : 29.77%	3Y : 60.92%

재무 지표

	2014	2015	2016	2017(E)
매출액 (백만$)	13,279	6,440	6,366	5,900
영업이익 (백만$)	2,018	1,457	1,576	1,755
순이익 (백만$)	1,051	936	994	998
자산총계 (백만$)	8,345	8,061	5,478	5,598
자본총계 (백만$)	1,613	975	-5,656	
부채총계 (백만$)	6,732	7,086	11,134	

안정성 비율	2013	2014	2015	2016
유동비율 (%)	74.66	68.27	54.65	108.25
부채비율 (%)	283.38	417.36	726.77	-196.85
이자보상배율 (배)	13.29	13.28	9.52	4.73

투자 지표

	2014	2015	2016	2017(E)
영업이익률 (%)	15.20	22.62	24.76	29.75
매출액 증가율 (%)	1.49	-51.50	-1.15	-7.33
EPS ($)	2.37	2.97	4.11	2.81
EPS 증가율 (%)	-1.66	25.32	38.38	-31.69
주당자산가치($)	3.56	2.17	-15.93	-17.13
잉여현금흐름 (백만$)	1,016	752	782	966

	2013	2014	2015	2016
배당성향(%)	59.75	67.24	59.59	42.74
배당수익률(%)	2.59	2.98	3.31	2.73
ROE (%)	50.51	56.61	76.16	
ROA (%)	12.02	11.98	11.41	14.68
재고회전율	43.11	44.64	37.77	167.53
EBITDA (백만$)	2,741.00	2,757.00	1,774.00	1,885.00

매출비중

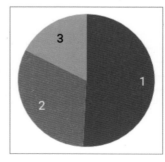

제품명	비중
1. KFC 브랜드	50.77%
2.타코 벨 브랜드	31.81%
3. 피자 헛 브랜드	17.45%
4. 기타	-0.03%

AZO
오토존
AutoZone, Inc

섹터 자유소비재 (Consumer Discretionary)
세부섹터 전문점 (Specialty Stores)

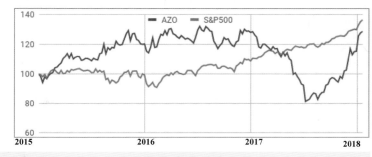

오토존(Autozone, Inc.)은 미국에서 각종 자동차의 교체 부품 및 액세서리를 판매하고 유통하는 사업을 영위하는 업체이다. 회사는 1979년에 설립되었고 본사는 테네시주 멤피스에 있으며 84,000명의 직원이 근무하고 있다. 자동차 부품 지역 부문은 회사의 매장을 통해 자동차 부품 및 액세서리의 판매와 유통을 하고 있으며 미국, 푸에르토리코, 멕시코 및 브라질에서 5,814곳의 지점을 운영하고 있다. 회사의 다른 운영 부문에는 자동차 수리에서 사용되는 진단 및 수리 정보 소프트웨어를 생산하고 판매 및 유지 관리하는 올데이터(ALLDATA), 고객에게 직접 부품을 판매하는 전자 상거래 오토존닷컴 (www.autozone.com), 오토애니씽닷컴(www.autoanything.com)이 있다.

기준일 : 2018/ 01 /25

한글 회사명 : 오토존
영문 회사명 : AutoZone, Inc
상장일 : 1991년 04월 02일 | 결산월 : 8월
시가총액 : 215 (억$) |
52주 최고 : $797.89 (-1.56%) / 52주 최저 : $491.13 (+59.91%)

주요 주주정보

보유자/ 보유 기관	보유율
The Vanguard Group, Inc.	8.47%
T. Rowe Price Associates, Inc.	5.72%
Fidelity Management & Research Co.	5.7%

애널리스트 추천 및 최근 투자의견

오토존의 2018년 01월 25일 **현재 25개 기관의 평균적인 목표가는 815.05$**이며, 2018년 추정 주당순이익(EPS)은 56.21$로 2017년 추정 EPS 50.18$에 비해 **12.01% 증가할 것으로 예상**된다.

최근, 1개월, 3개월의 투자 의견 변화

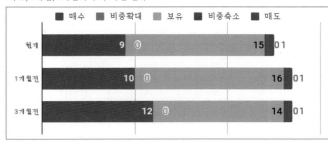

투자의견	금융사 및 투자	날짜
Downgrade	Guggenheim: Buy to Neutral	12/6/2017
Initiated	Moffett Nathanson: to Neutral	12/4/2017
Maintains	UBS: Buy to Buy	11/29/2017
Downgrade	Bank of America: to Neutral	7/7/2017
Downgrade	Morgan Stanley: to Equal-Weight	7/6/2017

내부자 거래

(3M 비중은 12개월 거래 중 최근 3개월의 비중)

구분	성격	3개월	12개월	3M 비중
매수	매수 건수 (장내 매매만 해당)	16	38	42.11%
매도	매도 건수 (장내 매매만 해당)	8	25	32.00%
매수	매수 수량 (장내 매매만 해당)	3,405	4,624	73.64%
매도	매도 수량 (장내 매매만 해당)	19,305	129,393	14.92%
	순매수량 (−인 경우 순매도량)	-15,900	-124,769	

ETF 노출
(편입 ETF 수 : 84개 / 시가총액 대비 ETF의 보유비중 : 10.94%)

티커	ETF	보유 지분	비중
VTI	Vanguard Total Stock Market ETF	$521,795,002	0.08%
VOO	Vanguard 500 Index Fund	$369,847,743	0.09%
SPY	SPDR S&P 500 ETF Trust	$270,526,508	0.09%
VO	Vanguard Mid-Cap ETF	$264,789,425	0.27%
VUG	Vanguard Growth ETF	$145,762,864	0.19%

기간 수익률

1M : 13.87%	3M : 39.29%	6M : 55.2%	1Y : 3.08%	3Y : 36.66%

재무 지표

	2014	2015	2016	2017(E)
매출액 (백만$)	9,475	10,187	10,636	10,868
영업이익 (백만$)	1,830	1,953	2,060	2,085
순이익 (백만$)	1,070	1,160	1,241	1,278
자산총계 (백만$)	7,518	8,102	8,600	9,040
자본총계 (백만$)	-1,622	-1,701	-1,788	
부채총계 (백만$)	9,140	9,804	10,387	

안정성 비율	2013	2014	2015	2016
유동비율 (%)	78.63	78.85	84.24	90.39
부채비율 (%)	-508.46	-563.53	-576.22	-581.10
이자보상배율 (배)	9.79	10.82	12.86	13.90

투자 지표

	2014	2015	2016	2017(E)
영업이익률(%)	19.31	19.17	19.37	19.19
매출액 증가율 (%)	3.58	7.52	4.40	2.18
EPS ($)	32.16	36.76	41.52	43.90
EPS 증가율 (%)	13.72	14.30	12.95	5.73
주당자산가치($)	-50.21	-55.49	-61.39	-53.31
잉여현금흐름 (백만$)	903	1,045	1,089	999

	2013	2014	2015	2016
배당성향(%)				
배당수익률(%)	0.00	0.00	0.00	0.00
ROE (%)				
ROA (%)	15.45	14.85	14.86	14.86
재고회전율	3.33	3.16	3.11	3.02
EBITDA (백만$)	2,048.33	2,088.65	2,222.99	2,357.85

매출비중

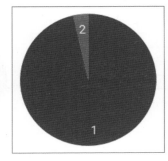

제품명	비중
1. 자동차 부품 판매	
	96.48%
2. 기타	
	3.52%

GPC
재뉴인 파츠 컴퍼니
Genuine Parts Company

섹터 자유소비재 (Consumer Discretionary)
세부섹터 전문점 (Specialty Stores)

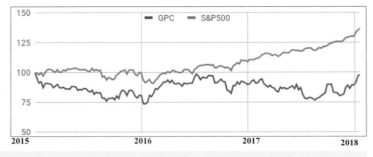

재뉴인 파츠 컴퍼니(Genuine Parts Company)는 자동차 교체 부품, 산업용 교체 부품, 사무용품 및 전기, 전자 자재의 유통 서비스 사업을 영위하는 업체이다. 회사는 1928년에 설립되었고 본사는 조지아주 애틀랜타에 있으며 40,000명의 직원이 근무하고 있다. 회사는 자동차, 산업, 사무용품 그룹, 전기, 전자 재료 및 기타 사업 부문으로 나누어진다. 자동차 부문은 자동차, 트럭 및 기타 차량의 모든 제조업체와 모델에 대한 교체 부품을 공급하고 있다. 산업 부문은 유압 및 공압 제품, 자재 취급 부품 및 관련 부품 및 소모품을 포함한 다양한 산업 베어링, 기계 및 유체 동력 전달 장비를 공급하고 있다. 사무용품 제품 부문은 다양한 사무용 제품, 컴퓨터용품, 사무용 가구 및 비즈니스 전자제품을 공급하고 있다. 전기, 전자 재료 부문은 전자 및 전기 장치에 사용하기 위한 절연 및 전도성 재료를 포함하여 다양한 전기, 전자 재료를 공급하고 있다.

기준일 : 2018/ 01 /25

한글 회사명 : 재뉴인 파츠 컴퍼니
영문 회사명 : Genuine Parts Company
상장일 : 1972년 01월 21일 | 결산월 : 12월
시가총액 : 156 (억$) |
52주 최고 : $105.99 (-0.4%) / 52주 최저 : $79.86 (+32.18%)

주요 주주정보

보유자/ 보유 기관	보유율
The Vanguard Group, Inc.	10.5%
BlackRock Fund Advisors	6.65%
SSgA Funds Management, Inc.	6.04%

애널리스트 추천 및 최근 투자의견

재뉴인 파츠 컴퍼니의 2018년 01월 25일 **현재 12개 기관의 평균적인 목표가는 98.89$**이며, 2018년 추정 주당순이익(EPS)은 5.67$로 2017년 추정 EPS 4.55$에 비해 **24.61% 증가할 것으로 예상**된다.

최근, 1개월, 3개월의 투자 의견 변화

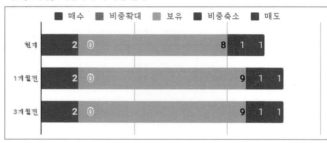

투자의견	금융사 및 투자	날짜
Initiated	Moffett Nathanson: to Sell	12/4/2017
Upgrade	Gabelli & Co.: Hold to Buy	7/21/2017
Upgrade	Goldman Sachs: to Neutral	1/19/2017
Initiated	Atlantic Equities: to Neutral	12/14/2016
Initiated	Susquehanna: to Neutral	8/25/2016

내부자 거래

(3M 비중은 12개월 거래 중 최근 3개월의 비중)

구분	성격	3개월	12개월	3M 비중
매수	매수 건수 (장내 매매만 해당)	0	0	-
매도	매도 건수 (장내 매매만 해당)	4	17	23.53%
매수	매수 수량 (장내 매매만 해당)	0	8	-
매도	매도 수량 (장내 매매만 해당)	14,787	32,897	44.95%
	순매수량 (-인 경우 순매도량)	-14,787	-32,897	

ETF 노출
(편입 ETF 수 : 95개 / 시가총액 대비 ETF의 보유비중 : 16.69%)

티커	ETF	보유 지분	비중
VO	Vanguard Mid-Cap ETF	$363,621,082	0.37%
VTI	Vanguard Total Stock Market ETF	$357,833,915	0.05%
VOO	Vanguard 500 Index Fund	$266,980,539	0.06%
DVY	iShares Select Dividend ETF	$262,795,715	1.45%
SDY	SPDR S&P Dividend (ETF)	$222,819,624	1.33%

기간 수익률

1M : 13.22%	3M : 20.18%	6M : 25.9%	1Y : 4.41%	3Y : 7.25%

재무 지표

	2014	2015	2016	2017(E)
매출액 (백만$)	15,342	15,280	15,340	16,029
영업이익 (백만$)	1,124	1,124	1,070	1,068
순이익 (백만$)	711	706	687	668
자산총계 (백만$)	8,246	8,145	8,859	10,495
자본총계 (백만$)	3,312	3,159	3,207	
부채총계 (백만$)	4,934	4,986	5,652	

안정성 비율	2013	2014	2015	2016
유동비율 (%)	164.04	156.04	140.97	140.16
부채비율 (%)	128.66	148.95	157.81	176.22
이자보상배율 (배)	36.46	44.81	51.91	50.74

투자 지표

	2014	2015	2016	2017(E)
영업이익률 (%)	7.33	7.36	6.98	6.67
매출액 증가율 (%)	8.98	-0.40	0.39	4.49
EPS ($)	4.64	4.65	4.61	4.55
EPS 증가율 (%)	4.74	0.22	-0.86	-1.24
주당자산가치($)	21.56	20.97	21.52	22.19
잉여현금흐름 (백만$)	682	1,050	785	-61

	2013	2014	2015	2016
배당성향(%)	48.86	49.89	53.13	57.30
배당수익률(%)	2.58	2.16	2.86	2.75
ROE (%)	21.58	21.39	21.89	21.68
ROA (%)	9.46	8.93	8.61	8.08
재고회전율	5.07	5.12	5.06	4.94
EBITDA (백만$)	1,117.19	1,272.54	1,266.09	1,217.26

매출비중

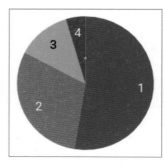

제품명	비중
1. 자동차 부품	52.88%
2.산업 자재 판매	30.21%
3. 오피스 제품 판매	12.84%
4. 전기 / 전자 자재 판매	4.67%
5. 기타 조정	-0.59%

KMX
카맥스
CarMax Inc

섹터 자유소비재 (Consumer Discretionary)
세부섹터 전문점 (Specialty Stores)

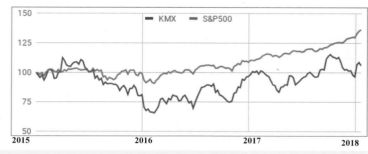

카맥스(CarMax, Inc.)는 각종 중고차 판매 사업을 영위하는 지주회사이다. 회사는 1993년에 설립되었고 본사는 버지니아주 리치몬드에 있으며 24,300명의 직원이 근무하고 있다. 회사는 카맥스 판매 운영(CarMax Sales Operations)과 카맥스 오토 파이낸스(CarMax Auto Finance, CAF) 두 부문으로 나누어진다. 회사의 카맥스 판매 운영부문은 중고차의 판매 및 서비스 운영을 포함하고 있다. 카맥스 오토 파이낸스 부문은 매장을 통해 판매하는 자동차의 융자 서비스를 제공하고 있다. 회사는 미국내 70개가 넘는 대도시에 약 160곳의 중고차 매장을 운영하고 있다. 회사의 제품 및 서비스에는 소매 판매, 도매 경매, 제품 보증 연장 플랜(Extended protection plan, EPP), 수리및 서비스, 고객 신용 등이 포함되어 있다.

기준일 : 2018/ 01 /25
한글 회사명 : 카맥스
영문 회사명 : CarMax Inc
상장일 : 1997년 02월 04일 | 결산월 : 2월
시가총액 : 129 (억$) | 52주 최고 : $77.64 (-8.71%) / 52주 최저 : $54.29 (+30.53%)

주요 주주정보

보유자/ 보유 기관	보유율
The Vanguard Group, Inc.	10.07%
PRIMECAP Management Co.	8.46%
Ruane, Cunniff & Goldfarb, Inc.	5.3%

애널리스트 추천 및 최근 투자의견

카맥스의 2018년 01월 25일 현재 18개 기관의 평균적인 목표가는 78.56$이며, 2018년 추정 주당순이익(EPS)은 4.44$로 2017년 추정 EPS 3.85$에 비해 **15.32% 증가할 것으로 예상**된다.

최근, 1개월, 3개월의 투자 의견 변화

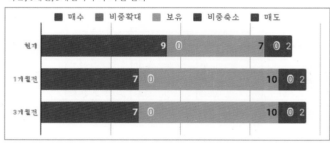

투자의견	금융사 및 투자	날짜
Upgrade	Oppenheimer: Perform to Outperform	1/18/2018
Upgrade	Berenberg: Hold to Buy	1/8/2018
Initiated	Moffett Nathanson: to Neutral	12/4/2017
Downgrade	Deutsche Bank: Buy to Hold	11/17/2017
Downgrade	Oppenheimer: Outperform to Perform	10/5/2017

내부자 거래

(3M 비중은 12개월 거래 중 최근 3개월의 비중)

구분	성격	3개월	12개월	3M 비중
매수	매수 건수 (장내 매매만 해당)	1	13	7.69%
매도	매도 건수 (장내 매매만 해당)	9	55	16.36%
매수	매수 수량 (장내 매매만 해당)	35	28,907	0.12%
매도	매도 수량 (장내 매매만 해당)	71,918	966,677	7.44%
	순매수량 (−인 경우 순매도량)	-71,883	-937,770	

ETF 노출 (편입 ETF 수 : 73개 / 시가총액 대비 ETF의 보유비중 : 12.33%)

티커	ETF	보유 지분	비중
VO	Vanguard Mid-Cap ETF	$320,595,831	0.32%
VTI	Vanguard Total Stock Market ETF	$315,515,981	0.05%
VOO	Vanguard 500 Index Fund	$223,766,926	0.05%
SPY	SPDR S&P 500 ETF Trust	$166,877,919	0.06%
VUG	Vanguard Growth ETF	$88,146,060	0.11%

기간 수익률

1M : 4.2%	3M : 3.67%	6M : 6.79%	1Y : 5.89%	3Y : 11.13%

재무 지표

	2014	2015	2016	2017(E)
매출액 (백만$)	14,269	15,150	15,875	17,290
영업이익 (백만$)	609	566	544	1,173
순이익 (백만$)	597	623	627	705
자산총계 (백만$)	13,198	14,521	16,364	17,596
자본총계 (백만$)	3,157	2,905	3,109	
부채총계 (백만$)	10,041	11,616	13,256	

안정성 비율	2013	2014	2015	2016
유동비율 (%)	301.91	260.64	245.90	259.87
부채비율 (%)	252.94	318.09	399.90	426.42
이자보상배율 (배)	16.00	24.88	15.56	9.65

투자 지표

	2014	2015	2016	2017(E)
영업이익률 (%)	4.27	3.74	3.43	6.78
매출액 증가율 (%)	13.48	6.17	4.79	8.91
EPS ($)	2.77	3.07	3.29	3.85
EPS 증가율 (%)	25.91	10.83	7.17	16.91
주당자산가치($)	15.11	14.92	16.66	17.73
잉여현금흐름 (백만$)	-1,278	-464	-886	544

	2013	2014	2015	2016
배당성향(%)				
배당수익률(%)	0.00	0.00	0.00	0.00
ROE (%)	15.55	18.46	20.57	20.85
ROA (%)	4.56	4.80	4.50	4.06
재고회전율	7.96	7.65	7.54	7.57
EBITDA (백만$)	595.40	724.08	702.99	713.07

매출비중

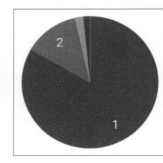

제품명	비중
1. 중고 자동차	83.59%
2. 도매 자동차	13.12%
3. 차량 검사/정비	1.92%
4. 기타	1.61%
5. 금융 서비스	-0.24%

ORLY
오레일리 오토모티브
O'Reilly Automotive

섹터 자유소비재 (Consumer Discretionary)
세부섹터 전문점 (Specialty Stores)

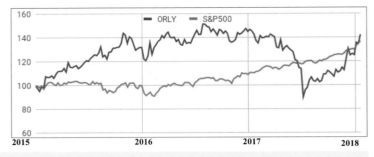

오레일리 오토모티브(O'Reilly Automotive, Inc)는 미국의 자동차 애프터 마켓 부품, 공구, 소모품, 장비 및 액세서리 등을 전문적으로 유통하는 사업을 영위하는 업체이다. 회사는 1957년에 설립되었고 본사는 미주리주 스프링필드에 있으며 74,700명의 직원이 근무하고 있다. 회사는 제품을 디아이와이(do-it-yourself, DIY) 및 전문 서비스 제공 업체 고객 모두에게 판매하고 있다. 제품에는 발전기, 시동기, 연료 펌프, 워터 펌프, 브레이크 시스템 부품, 배터리, 벨트, 호스, 온도 조절기, 문틀 부품, 동력 전달 장치부품 및 엔진 부품, 오일, 부동액, 유체, 필터, 와이퍼 블레이드, 조명, 엔진 첨가제 및 외관 제품과 같은 유지 보수 품목 및 플로어 매트, 시트 커버 및 트럭 액세서리와 같은 액세서리 제품 등 새로운 제품 혹은 재생산된 자동차 부품을 제공하고 있다. 회사의 매장에서는 고객에게 오일, 오일 필터 및 배터리 재활용, 배터리 진단 테스트, 전기 및 모듈 테스트, 체크 엔진 라이트 코드 추출, 장비 대출 프로그램, 주문 유압 호스 및 머신 샵과 같은 다양한 서비스 및 프로그램도 제공하고 있다.

기준일 : 2018/ 01 /25
한글 회사명 : 오레일리 오토모티브
영문 회사명 : O'Reilly Automotive
상장일 : 1993년 04월 23일 | 결산월 : 12월
시가총액 : 232 (억$) |

52주 최고 : $277.4 (-2.2%) / 52주 최저 : $169.43 (+60.1%)

주요 주주정보

보유자/ 보유 기관	보유율
The Vanguard Group, Inc.	6.87%
T. Rowe Price Associates, Inc.	5.23%
BlackRock Fund Advisors	5.03%

애널리스트 추천 및 최근 투자의견

오레일리 오토모티브의 2018년 01월 25일 **현재 26개 기관의 평균적인 목표가는 275.22$**이며, 2018년 추정 주당순이익(EPS)은 14.57$로 2017년 추정 EPS 11.87$에 비해 **22.74% 증가할 것으로 예상**된다.

최근, 1개월, 3개월의 투자 의견 변화

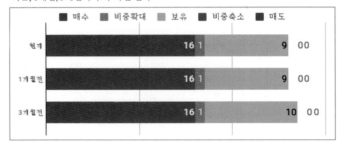

투자의견	금융사 및 투자	날짜
Upgrade	RBC Capital: Sector Perform to Outperform	12/13/2017
Initiated	Moffett Nathanson: to Buy	12/4/2017
Maintains	Citigroup: to Buy	10/27/2017
Maintains	Credit Suisse: to Neutral	10/26/2017
Maintains	UBS: to Buy	10/19/2017

내부자 거래

(3M 비중은 12개월 거래 중 최근 3개월의 비중)

구분	성격	3개월	12개월	3M 비중
매수	매수 건수 (장내 매매만 해당)	2	8	25.00%
매도	매도 건수 (장내 매매만 해당)	20	61	32.79%
매수	매수 수량 (장내 매매만 해당)	2,573	5,248	49.03%
매도	매도 수량 (장내 매매만 해당)	52,835	320,038	16.51%
	순매수량 (−인 경우 순매도량)	-50,262	-314,790	

ETF 노출   (편입 ETF 수 : 82개 / 시가총액 대비 ETF의 보유비중 : 10.06%)

티커	ETF	보유 지분	비중
VTI	Vanguard Total Stock Market ETF	$562,106,365	0.08%
VOO	Vanguard 500 Index Fund	$398,322,894	0.10%
SPY	SPDR S&P 500 ETF Trust	$291,681,878	0.10%
QQQ	PowerShares QQQ Trust, Series 1 (ETF)	$181,251,276	0.29%
VUG	Vanguard Growth ETF	$157,001,543	0.20%

기간 수익률

1M : 13.66%	3M : 30.09%	6M : 45.07%	1Y : -0.36%	3Y : 49.26%

재무 지표

	2014	2015	2016	2017(E)
매출액 (백만$)	7,216	7,967	8,593	8,972
영업이익 (백만$)	1,270	1,533	1,699	1,725
순이익 (백만$)	778	931	1,038	1,068
자산총계 (백만$)	6,633	6,862	7,390	7,562
자본총계 (백만$)	2,018	1,961	1,627	
부채총계 (백만$)	4,615	4,901	5,763	

안정성 비율	2013	2014	2015	2016
유동비율 (%)	116.95	108.30	98.77	95.81
부채비율 (%)	211.90	228.62	249.87	354.20
이자보상배율 (배)	22.49	23.84	26.83	23.96

투자 지표

	2014	2015	2016	2017(E)
영업이익률 (%)	17.60	19.24	19.77	19.23
매출액 증가율 (%)	8.53	10.40	7.86	4.41
EPS ($)	7.46	9.32	10.87	11.87
EPS 증가율 (%)	21.50	24.93	16.63	9.21
주당자산가치($)	19.87	20.07	17.52	9.66
잉여현금흐름 (백만$)	760	867	978	866

	2013	2014	2015	2016
배당성향(%)				
배당수익률(%)	0.00	0.00	0.00	0.00
ROE (%)	32.90	39.06	46.80	57.84
ROA (%)	11.28	12.19	13.80	14.56
재고회전율	2.86	2.93	3.07	3.18
EBITDA (백만$)	1,286.67	1,464.58	1,743.28	1,917.07

매출비중

제품명	비중
1. 자동차 용품	100%

SIG
시그넷 쥬얼리 리미티드
Signet Jewelers Limited

섹터 자유소비재 (Consumer Discretionary)
세부섹터 전문점 (Specialty Stores)

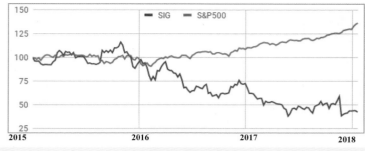

시그넷 쥬얼리 리미티드(Signet Jewelers Limited)는 다이아몬드 및 각종 보석 소매 사업을 영위하는 업체이다. 회사는 1949년에 설립되었고 본사는 버뮤다 해밀턴에 있으며 29,000명의 직원이 근무하고 있다. 회사의 사업 부문은 스털링 쥬얼러(Sterling Jewelers), 자일 쥬얼리(Zale Jewelry), 영국 쥬얼리 부문인 피어싱 파고다(Piercing Pagoda) 및 기타로 나누어진다. 스털링 주얼러스(Sterling Jewelers) 사업부는 주로 미국의 케이 주얼러스(Kay Jewelers), 케이 주얼러 아울렛(Kay Jewelers Outlet), 자레드 더 주얼리(Jared The Jewelry), 자레드 볼트(Jared Vault) 등의 상점을 운영하고 있다. 자일(Zale) 사업부는 주로 미국, 캐나다 및 푸에르토 리코 전역의 쇼핑몰에 위치한 보석 상점인 자일 주얼리(Zale Jewelry) 및 키오스크 피어싱 파고다(Piercing Pagoda)를 운영하고 있다. 자일 주얼리(Zale Jewelry)는 미국 매장 브랜드 자일즈(Zales)와 캐나다 상점 브랜드 피플스 주얼러(Peoples Jewelers)를 포함하고 있다. 기타 부문은 가공 전 다이아몬드의 원석 구매와 관련된 자회사의 운영을 포함하고 있다.

기준일 : 2018/ 01 /25
한글 회사명 : 시그넷 쥬얼리 리미티드
영문 회사명 : Signet Jewelers Limited
상장일 : 1988년 07월 13일 | 결산월 : 1월
시가총액 : 33 (억$) |
52주 최고 : $84.25 (-31.81%) / 52주 최저 : $46.09 (+24.64%)

주요 주주정보

보유자/ 보유 기관	보유율
Select Equity Group LP	18.78%
The Vanguard Group, Inc.	10.46%
Capital Research & Management Co.	10.22%

애널리스트 추천 및 최근 투자의견

시그넷 쥬얼리 리미티드는 2018년 01월 25일 **현재 15개 기관의 평균적인 목표가는 59.17$**이며, 2018년 추정 주당순이익(EPS)은 6.23$로 2017년 추정 EPS 6.52$에 비해 **-4.44% 감소할 것으로 예상**된다.

재무 지표

	2014	2015	2016	2017(E)
매출액 (백만$)	5,736	6,550	6,408	6,195
영업이익 (백만$)	441	534	506	598
순이익 (백만$)	381	468	543	441
자산총계 (백만$)	6,328	6,465	6,598	6,353
자본총계 (백만$)	2,810	3,061	3,102	
부채총계 (백만$)	3,517	3,404	3,496	

안정성 비율	2013	2014	2015	2016
유동비율 (%)	361.67	329.32	396.29	383.25
부채비율 (%)	57.20	125.15	111.22	112.69
이자보상배율 (배)	100.78	12.24	12.36	10.72

최근, 1개월, 3개월의 투자 의견 변화

범례: 매수 | 비중확대 | 보유 | 비중축소 | 매도

현재: 3 0 12
1개월전: 5 0 10
3개월전: 5 1 9

투자의견	금융사 및 투자	날짜
Downgrade	RBC Capital: Outperform to Sector Perform	1/12/2018
Maintains	Buckingham: to Neutral	11/14/2017
Initiated	Susquehanna: to Neutral	11/2/2017
Maintains	Needham: to Buy	9/20/2017
Maintains	Citigroup: to Neutral	8/28/2017

투자 지표

	2014	2015	2016	2017(E)
영업이익률 (%)	7.69	8.15	7.90	9.65
매출액 증가율 (%)	36.28	14.19	-2.17	-3.34
EPS ($)	4.77	5.89	7.13	6.52
EPS 증가율 (%)	3.92	23.48	21.05	-8.56
주당자산가치($)	35.00	38.55	36.46	37.56
잉여현금흐름 (백만$)	63	217	400	1,176

	2013	2014	2015	2016
배당성향(%)	13.16	15.16	14.99	14.69
배당수익률(%)	0.75	0.59	0.76	1.34
ROE (%)	15.04	14.19	15.94	17.63
ROA (%)	9.50	7.36	7.32	8.32
재고회전율	2.92	2.92	2.68	2.61
EBITDA (백만$)	512.60	589.40	708.50	693.60

내부자 거래

(3M 비중은 12개월 거래 중 최근 3개월의 비중)

구분	성격	3개월	12개월	3M 비중
매수	매수 건수 (장내 매매만 해당)	2	34	5.88%
매도	매도 건수 (장내 매매만 해당)	1	33	3.03%
매수	매수 수량 (장내 매매만 해당)	90,398	346,790	26.07%
매도	매도 수량 (장내 매매만 해당)	15,622	90,956	17.18%
	순매수량 (-인 경우 순매도량)	74,776	255,834	

매출비중

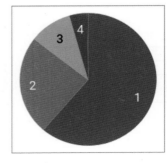

제품명	비중
1. 스털링 쥬어러스 브랜드	61.33%
2. Zale 쥬얼리 브랜드	24.18%
3. UK 쥬얼리 브랜드	10.1%
4. 피어싱 파갓 브랜드	4.11%
5. 기타	0.28%

ETF 노출

(편입 ETF 수 : 60개 / 시가총액 대비 ETF의 보유비중 : 13.34%)

티커	ETF	보유 지분	비중
VTI	Vanguard Total Stock Market ETF	$80,406,902	0.01%
VB	Vanguard Small-Cap Index Fund	$78,102,400	0.10%
VOO	Vanguard 500 Index Fund	$57,145,890	0.01%
VBR	Vanguard Small-Cap Value ETF	$50,048,600	0.27%
SPY	SPDR S&P 500 ETF Trust	$41,461,818	0.01%

기간 수익률

1M : 2.45%	3M : -21.04%	6M : -6.26%	1Y : -31.77%	3Y : -55.83%

TSCO
트랙터 서플라이 컴퍼니
Tractor Supply Company

섹터 자유소비재 (Consumer Discretionary)
세부섹터 전문점 (Specialty Stores)

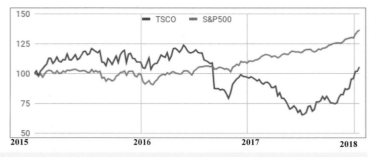

트랙터 서플라이 컴퍼니(Tractor Supply Company)는 미국 농촌 생활에 필요한 물품을 판매하는 소매점 운영 업체이다. 회사는 농민 및 목축업자, 기타 소매업자, 중소기업이 필요한 물품을 공급하고 있으며, 농촌 생활에 필요한 제품의 소매 판매도 하고 있다. 회사는 1938년에 설립되었고 본사는 테네시주 브렌트우드에 있으며 26,000명의 직원이 근무하고 있다. 회사는 트랙터 서플라이 컴퍼니(Tractor Supply Company), 델스 피드 앤 팜 서플라이(Del's Feed & Farm Supply) 및 펫센스(Petsense)브랜드로 소매점을 운영하고 있으며 트랙터서플라이닷컴(TractorSupply.com) 및 펫센스닷컴(Petsense.com)의 웹사이트를 운영하고 있다. 회사의 상품은 하드웨어, 트럭, 견인 및 공구 제품, 난방, 잔디 및 정원용품, 전력 장비, 선물 및 장난감을 포함한 계절 제품, 작업용과 레크리에이션용 의류 및 신발, 농업 및 농촌에서 사용하는 각종 제품, 말, 가축, 애완동물을 위한 제품을 포함한 다양한 제품군으로 구성되어 있다. 해당 브랜드에는 포헬스(4health), 잡스마트(JobSmart), 비트 앤 브리들(Bit & Bridle), 포스 앤 클로우(Paws & Claws), 블루 마운틴(Blue Mountain), 레드스톤(Redstone), 듀모어(Dumor), 이퀴스테이지(Equistages) 및 로얄 윙(Royal Wing) 등이 포함되어 있다.

기준일 : 2018/ 01 /25
한글 회사명 : 트랙터 서플라이 컴퍼니
영문 회사명 : Tractor Supply Company
상장일 : 1994년 02월 18일 | 결산월 : 12월
시가총액 : 98 (억$) |
52주 최고 : $82.68 (-2.62%) / 52주 최저 : $49.87 (+61.43%)

주요 주주정보

보유자/ 보유 기관	보유율
The Vanguard Group, Inc.	9.74%
BlackRock Fund Advisors	4.74%
SSgA Funds Management, Inc.	4.2%

애널리스트 추천 및 최근 투자의견

트랙터 서플라이 컴퍼니의 2018년 01월 25일 현재 27개 기관의 **평균적인 목표가는 76.34$**이며, 2018년 추정 주당순이익(EPS)은 3.95$로 2017년 추정 EPS 3.29$에 비해 **20.06% 증가할 것으로 예상**된다.

최근, 1개월, 3개월의 투자 의견 변화

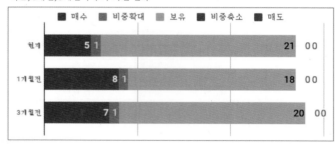

투자의견	금융사 및 투자	날짜
Downgrade	Telsey Advisory Group: Market Perform	1/25/2018
Downgrade	Wedbush: Outperform to Neutral	1/11/2018
Initiated	Moffett Nathanson: to Neutral	12/4/2017
Maintains	Morgan Stanley: to Equal-Weight	11/16/2017
Maintains	Deutsche Bank: to Hold	10/26/2017

내부자 거래

(3M 비중은 12개월 거래 중 최근 3개월의 비중)

구분	성격	3개월	12개월	3M 비중
매수	매수 건수 (장내 매매만 해당)	7	15	46.67%
매도	매도 건수 (장내 매매만 해당)	9	13	69.23%
매수	매수 수량 (장내 매매만 해당)	62,252	82,872	75.12%
매도	매도 수량 (장내 매매만 해당)	62,882	68,663	91.58%
	순매수량 (− 인 경우 순매도량)	-630	14,209	

ETF 노출 (편입 ETF 수 : 81개 / 시가총액 대비 ETF의 보유비중 : 13.7%)

티커	ETF	보유 지분	비중
VO	Vanguard Mid-Cap ETF	$241,834,790	0.24%
VTI	Vanguard Total Stock Market ETF	$238,180,513	0.03%
VOO	Vanguard 500 Index Fund	$168,816,222	0.04%
SPY	SPDR S&P 500 ETF Trust	$128,511,355	0.04%
ACWI	iShares MSCI ACWI Index Fund	$115,529,790	1.26%

기간 수익률

1M : 20.41%	3M : 30.44%	6M : 56.6%	1Y : 9.53%	3Y : 7.67%

재무 지표

	2014	2015	2016	2017(E)
매출액 (백만$)	5,712	6,227	6,780	7,230
영업이익 (백만$)	589	651	697	677
순이익 (백만$)	371	410	437	421
자산총계 (백만$)	2,035	2,436	2,760	2,849
자본총계 (백만$)	1,294	1,393	1,453	
부채총계 (백만$)	741	1,043	1,307	

안정성 비율	2013	2014	2015	2016
유동비율 (%)	227.24	211.24	214.43	195.29
부채비율 (%)	52.65	57.29	74.87	89.95
이자보상배율 (배)	923.97	312.72	225.01	109.85

투자 지표

	2014	2015	2016	2017(E)
영업이익률 (%)	10.31	10.45	10.28	9.37
매출액 증가율 (%)	10.59	9.01	8.88	6.64
EPS ($)	2.69	3.03	3.29	3.29
EPS 증가율 (%)	14.47	12.64	8.58	0.12
주당자산가치($)	9.48	10.38	11.11	11.00
잉여현금흐름 (백만$)	249	193	413	335

	2013	2014	2015	2016
배당성향(%)	21.12	22.93	25.33	28.13
배당수익률(%)	0.63	0.77	0.89	1.21
ROE (%)	28.90	29.20	30.55	30.71
ROA (%)	18.18	18.84	18.36	16.82
재고회전율	5.47	5.45	5.19	5.11
EBITDA (백만$)	614.68	704.11	774.08	839.84

매출비중

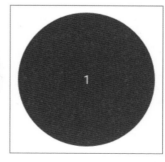

제품명	비중
1. 농장 및 목장 제품	
	100%

ULTA
울타 뷰티
Ulta Beauty, Inc

섹터 자유소비재 (Consumer Discretionary)
세부섹터 전문점 (Specialty Stores)

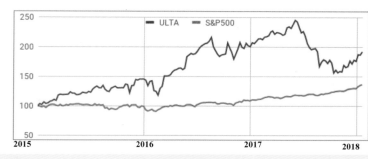

울타 뷰티(Ulta Beauty, Inc)는 화장품, 향수, 피부, 헤어 케어 제품 및 살롱 서비스를 제공하는 소매 사업을 영위하는 지주회사이다. 회사는 1990년에 설립되었고 본사는 일리노이주 볼링브룩에 있으며 31,800명의 직원이 근무하고 있다. 회사는 자사의 자체 상표를 포함하여 모든 카테고리에서 500개 이상의 미용 브랜드에서 약 2만 개의 제품을 판매하고 있다. 헤어, 스킨 서비스를 제공하는 모든 상점에서 풀 서비스 살롱을 제공하고 있다. 미국 내 48개 주와 워싱턴 D. C. 전역에 약 970개의 소매점을 운영하고 있으며 팁, 튜토리얼 및 소셜 콘텐츠 모음을 포함하는 웹사이트를 통해 자사 제품을 판매하고 있다. 파운데이션, 페이스 파우더, 컨실러, 컬러 코렉팅, 페이스 프라이머, 브러쉬, 브론저, 윤곽선, 하이라이터, 스프레이, 샴푸, 컨디셔너, 헤어 스타일링 제품, 헤어 스타일링 도구 및 향수 등의 제품을 판매하고 있다.

기준일 : 2018/ 01 /25

한글 회사명 : 울타 뷰티
영문 회사명 : Ulta Beauty, Inc
상장일 : 2007년 10월 25일 | 결산월 : 1월
시가총액 : 139 (억$) | 52주 최고 : $314.86 (-28.81%) / 52주 최저 : $187.96 (+19.24%)

주요 주주정보

보유자/ 보유 기관	보유율
Capital Research & Management Co.	9.32%
The Vanguard Group, Inc.	9.3%
BlackRock Fund Advisors	4.63%

애널리스트 추천 및 최근 투자의견

울타 뷰티의 2018년 01월 25일 **현재 23개 기관의 평균적인 목표가는 302.89$**이며, 2018년 추정 주당순이익(EPS)은 8.02$로 2017년 추정 EPS 6.42$에 비해 **24.92% 증가**할 것으로 예상된다.

최근, 1개월, 3개월의 투자 의견 변화

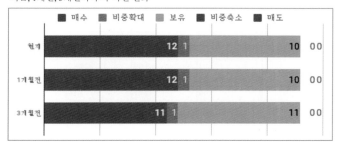

투자의견	금융사 및 투자	날짜
Upgrade	Morgan Stanley: Equal-Weight to Overweight	1/17/2018
Upgrade	Wells Fargo: Market Perform to Outperform	1/3/2018
Upgrade	Buckingham: Neutral to Buy	12/19/2017
Downgrade	PiperJaffray: Overweight to Neutral	10/18/2017
Maintains	Morgan Stanley: to Equal-Weight	8/28/2017

내부자 거래

구분	성격	3개월	12개월	3M 비중
매수	매수 건수 (장내 매매만 해당)	0	20	0.00%
매도	매도 건수 (장내 매매만 해당)	0	21	0.00%
매수	매수 수량 (장내 매매만 해당)	0	156,439	0.00%
매도	매도 수량 (장내 매매만 해당)	0	216,212	0.00%
	순매수량 (-인 경우 순매도량)	0	-59,773	

(3M 비중은 12개월 거래 중 최근 3개월의 비중)

ETF 노출

(편입 ETF 수 : 73개 / 시가총액 대비 ETF의 보유비중 : 12.46%)

티커	ETF	보유 지분	비중
VO	Vanguard Mid-Cap ETF	$320,597,955	0.32%
VTI	Vanguard Total Stock Market ETF	$315,478,032	0.05%
VOO	Vanguard 500 Index Fund	$223,617,661	0.05%
SPY	SPDR S&P 500 ETF Trust	$162,514,053	0.05%
QQQ	PowerShares QQQ Trust, Series 1 (ETF)	$111,128,252	0.18%

기간 수익률

1M : 11.85%	3M : 8.66%	6M : -3.65%	1Y : -8.29%	3Y : 88.19%

재무 지표

	2014	2015	2016	2017(E)
매출액 (백만$)	3,241	3,924	4,855	5,892
영업이익 (백만$)	410	506	655	803
순이익 (백만$)	257	320	410	518
자산총계 (백만$)	1,983	2,281	2,615	2,937
자본총계 (백만$)	1,248	1,443	1,550	
부채총계 (백만$)	736	838	1,065	

안정성 비율	2013	2014	2015	2016
유동비율 (%)	375.81	350.49	347.07	290.22
부채비율 (%)	59.78	58.97	58.06	68.72
이자보상배율 (배)				

투자 지표

	2014	2015	2016	2017(E)
영업이익률 (%)	12.65	12.90	13.49	13.62
매출액 증가율 (%)	21.37	21.06	23.72	21.37
EPS ($)	4.00	5.00	6.55	8.35
EPS 증가율 (%)	26.18	25.00	31.00	27.54
주당자산가치($)	19.44	22.71	24.95	28.10
잉여현금흐름 (백만$)	148	77	261	288

	2013	2014	2015	2016
배당성향(%)				
배당수익률(%)	0.00	0.00	0.00	0.00
ROE (%)	22.66	22.85	23.79	27.38
ROA (%)	14.10	14.34	15.01	16.74
재고회전율	6.52	6.24	5.84	5.69
EBITDA (백만$)	433.87	542.18	671.35	865.12

매출비중

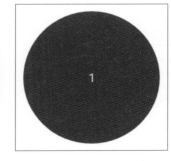

제품명	비중
1. 특화된 소매 상점	
	100%

GT
굿이어 타이어 앤 러버 컴퍼니
Goodyear Tire & Rubber

섹터 자유소비재 (Consumer Discretionary)
세부섹터 타이어 및 고무 (Tires & Rubber)

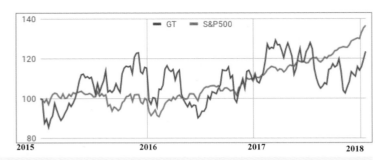

굿이어 타이어 앤 러버 컴퍼니(Goodyear Tire & Rubber Company)는 타이어 제조 및 판매 사업을 영위하는 업체이다. 회사는 1898년에 설립되었고 본사는 오하이오주 애크론에 있으며 66,000명의 직원이 근무하고 있다. 회사는 미주, 유럽, 중동 아프리카(EMEA), 아시아 퍼시픽 세 부문으로 운영되고 있다. 미주 지역은 북미, 중미 및 남미 지역의 타이어 및 관련 제품 및 서비스를 개발, 제조, 유통 및 판매하며, 자동차, 트럭, 버스, 토공사, 광산 및 산업 설비, 항공기 및 기타 여러 분야의 타이어를 제조 및 판매하는 것도 포함되어 있다. 유럽, 중동 및 아프리카(EMEA) 부문은 중동 및 아프리카 전역에서 굿이어(Goodyear), 던롭(Dunlop), 데비카(Debica), 사바 앤 풀다 브랜드(Sava and Fulda brands) 등을 통해 자동차, 트럭, 버스, 항공기, 오토바이 및 토공사, 광산 및 산업 장비용 타이어를 개발, 제조, 유통 및 판매하고 있다. 아시아 태평양 지역은 아시아 태평양 지역의 자동차, 트럭, 항공기, 농장 및 토공사, 광산 및 산업 장비용 타이어를 개발, 제조, 유통 및 판매하고 있다.

기준일 : 2018/ 01 /25

한글 회사명 : 굿이어 타이어 앤 러버 컴퍼니

영문 회사명 : Goodyear Tire & Rubber

상장일 : 1972년 01월 21일 | 결산월 : 12월

시가총액 : 87 (억$) |

52주 최고 : $37.2 (-4.65%) / 52주 최저 : $28.81 (+23.11%)

주요 주주정보

보유자/ 보유 기관	보유율
The Vanguard Group, Inc.	10.13%
BlackRock Fund Advisors	5.03%
SSgA Funds Management, Inc.	4.75%

애널리스트 추천 및 최근 투자의견

굿이어 타이어 앤 러버 컴퍼니의 **2018년 01월 25일 현재 13개 기관의 평균적인 목표가는 36.17$**이며, 2018년 추정 주당순이익(EPS)은 3.85$로 2017년 추정 EPS 2.92$에 비해 **31.84% 증가할 것으로 예상**된다.

최근, 1개월, 3개월의 투자 의견 변화

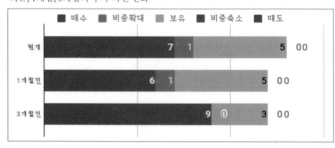

투자의견	금융사 및 투자	날짜
Downgrade	Guggenheim: Buy to Neutral	11/1/2017
Maintains	Citigroup: to Neutral	10/31/2017
Maintains	Citigroup: to Neutral	10/30/2017
Maintains	JP Morgan: to Overweight	10/30/2017
Downgrade	Citigroup: Buy to Neutral	10/30/2017

내부자 거래

구분	성격 (3M 비중은 12개월 거래 중 최근 3개월의 비중)	3개월	12개월	3M 비중
매수	매수 건수 (장내 매매만 해당)	0	2	0.00%
매도	매도 건수 (장내 매매만 해당)	13	31	41.94%
매수	매수 수량 (장내 매매만 해당)	0	1,828	0.00%
매도	매도 수량 (장내 매매만 해당)	83,825	171,174	48.97%
	순매수량 (−인 경우 순매도량)	-83,825	-169,346	

ETF 노출
(편입 ETF 수 : 70개 / 시가총액 대비 ETF의 보유비중 : 12.96%)

티커	ETF	보유 지분	비중
VTI	Vanguard Total Stock Market ETF	$212,011,851	0.03%
VOO	Vanguard 500 Index Fund	$150,356,092	0.04%
SPY	SPDR S&P 500 ETF Trust	$111,811,783	0.04%
VO	Vanguard Mid-Cap ETF	$107,697,223	0.11%
VB	Vanguard Small-Cap Index Fund	$103,994,309	0.14%

기간 수익률

1M : 11.22%	3M : 7.89%	6M : -1.15%	1Y : 14.64%	3Y : 40.91%

재무 지표

	2014	2015	2016	2017(E)
매출액 (백만$)	18,138	16,443	15,158	15,283
영업이익 (백만$)	1,519	1,651	1,793	1,412
순이익 (백만$)	2,452	307	1,264	732
자산총계 (백만$)	18,109	16,439	16,511	17,152
자본총계 (백만$)	4,427	4,142	4,725	
부채총계 (백만$)	13,682	12,297	11,786	

안정성 비율	2013	2014	2015	2016
유동비율 (%)	172.02	163.09	123.89	118.71
부채비율 (%)	616.85	309.06	296.89	249.44
이자보상배율 (배)	3.09	3.01	3.16	3.84

투자 지표

	2014	2015	2016	2017(E)
영업이익률 (%)	8.37	10.04	11.83	9.24
매출액 증가율 (%)	-7.18	-9.35	-7.82	0.83
EPS ($)	9.13	1.14	4.81	2.92
EPS 증가율 (%)	274.18	-87.51	321.93	-39.21
주당자산가치($)	13.40	14.68	17.91	19.38
잉여현금흐름 (백만$)	-583	704	508	555

	2013	2014	2015	2016
배당성향(%)	2.19	2.51	22.32	6.52
배당수익률(%)	0.21	0.77	0.77	1.00
ROE (%)	63.66	94.02	8.15	30.00
ROA (%)	3.91	14.15	2.18	7.79
재고회전율	6.44	6.61	6.40	5.95
EBITDA (백만$)	2,107.00	2,251.00	2,349.00	2,520.00

매출비중

제품명	비중
1. 타이어	
	100%

Consumer Staples

필수소비재

섹터 설명 및 전망

필수소비재(Consumer Staples) 섹터는 S&P500에서 약 8%를 차지하고 있으며 전체 섹터에서 많지 않은 비중을 차지하고 있다. 2017년 평균 주가수익비율(PER) 값은 23.79배로 2018년에는 작년보다 조금 증가한 24.01배로 전망되고 있다.

현재 실업률 하락으로 인한 미국인들의 임금 상승으로 인해 늘어나는 소비 및 소비자 심리 지수 향상으로 2018년에도 미국 소비자가 더 많은 소비를 할 것이라 예상된다. 많은 필수소비재 기업들은 대부분 다국적 기업으로 매출이 미국을 제외한 선진국과 개발 도상국에서 발생하고 있다. 필수소비재 섹터의 이익 증가 배경은 선진국에서 주 소비층으로 등장한 밀레니얼 세대들과 기존 소비자들의 변화하는 소비 습관 및 힘을 잃고 있는 달러의 가치와 개발도상국의 경제발전 상황이 있다. 선진국의 밀레니얼 세대 및 소비자들은 더 큰 비용을 지급하더라도 유기농 식품 등과 같은 안전한 식품을 선호하고 있으며, 외식을 즐기기보다 직접 조리하고 준비한 음식 소비를 선호하는 습관으로 변하고 있다. 이것은 필수소비재 섹터 기업들의 매출과 이익 증가로 연결될 가능성이 높다.

2015년과 2016년 강달러로 인해 다국적 기업들은 제품 가격을 인상해야 했으며 이것은 실질적인 소비 위축을 유발하였다. 그러나 2017년부터 개발 도상국들의 경제는 다시 성장세로 돌아서기 시작했으며 이로 인해 필수소비재 섹터 기업들의 실적도 나아지고 있다. 이런 추세는 2018년에도 이어갈 것이라 전망되고 있다.

필수소비재 섹터 둘러보기

대표 ETF	시가총액 (1억$)	S&P500내 비중	편입 종목수
XLP	21,822	8.20%	35

S&P500 VS Consumer Staples

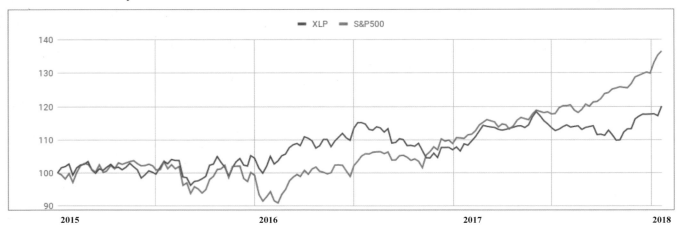

필수소비재 섹터는 2015년 1월 1일 이후 20.02% 상승했으며, 같은 기간 S&P500은 36.49% 상승했다. 필수소비재 섹터의 S&P500 대비 상대 수익률은 -16.47%p 이다.

S&P500내 필수소비재 섹터 비중 추이

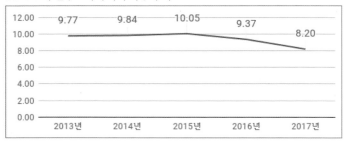

필수소비재 섹터 관련 주요 데이터

	필수소비재 섹터	S&P500 평균
PER (Trailing)	21.07	23.53
PER (Projected)	21.47	20.49
PBR	5.23	3.11
시가 배당률	2.67	1.87
P/Sales	1.4	2.09
P/Cash flow	21.07	21.71
변동성 3년	9.89	10.07
변동성 5년	10.38	9.49

필수소비재 섹터 대표 ETF 'XLP'의 최근 자금 유입 동향(100만$) 및 수익률(%)

자금동향

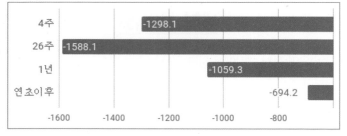

수익률

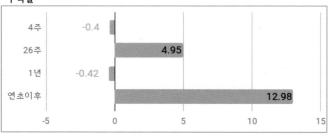

시가 총액 상위 종목

순위	티커	종목명/세부 섹터
1위	AAPL	Apple Inc. (애플)
		전자 장비
2위	WMT	Wal-Mart Stores (월마트 스토어)
		대형 마켓
3위	PG	Procter & Gamble (프록터 앤 겜블)
		개인 용품
4위	KO	Coca-Cola Company (코카콜라 컴퍼니)
		청량 음료
5위	PEP	PepsiCo Inc. (펩시코)
		청량 음료

섹터 내 상승/하락 상위 종목 (최근 1년)

상승률 상위 종목

순위	티커	상승률
1위	EL	66.21%
2위	WMT	46.91%
3위	BF.B	46.52%

하락률 상위 종목

순위	티커	하락률
1위	CPB	-24.40%
2위	TAP	-12.13%
3위	KHC	-11.21%

ADM
아처-다니엘-미드랜드 컴퍼니
Archer-Daniels-Midland Co

섹터 필수소비재 (Consumer Staples)
세부섹터 농산물 (Agricultural Products)

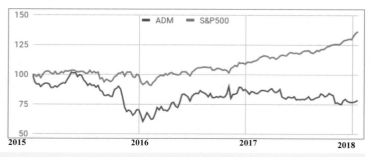

아처-다니엘-미드랜드 컴퍼니(Archer-Daniels-Midland Company)는 각종 농산물의 조달, 운송, 보관, 가공 및 상품화 사업을 영위하는 업체이다. 회사는 1902년에 설립되었고 본사는 일리노이주 시카고에 있으며 31,800명의 직원이 근무하고 있다. 회사는 단백질 식품, 식물성 기름, 옥수수 감미료, 밀가루, 바이오 디젤, 에탄올 및 기타 식품 및 사료를 제조 및 판매하고 있다. 회사의 사업 부문은 농산물 서비스, 옥수수 가공, 착유 가능한 씨앗 가공, 천연 향료 및 특수 성분 제품으로 나누어진다. 농산물 서비스는 곡물 저장 장치, 글로벌 운송 네트워크 및 항만 운영을 통해 농산물을 구매, 저장, 청소 및 운송하고 농산물을 재판매하고 있다. 옥수수 가공은 옥수수 습식 분쇄 및 건식 분쇄를 담당하고 있다. 착유 가능한 씨앗 가공은 종자의 판매, 분쇄 및 추가 가공과 관련된 글로벌 활동을 담당하고 있다. 천연 향료 및 특수 성분 제품은 향료, 감미료 및 건강 보조 식품의 제작을 포함하고 있다.

기준일 : 2018/ 01 /25
한글 회사명 : 아처-다니엘-미드랜드 컴퍼니
영문 회사명 : Archer-Daniels-Midland Co
상장일 : 1972년 01월 21일 | 결산월 : 12월
시가총액 : 240 (억$) |
52주 최고 : $47.44 (-10.24%) / 52주 최저 : $38.59 (+10.33%)

주요 주주정보

보유자/ 보유 기관	보유율
State Farm Investment Management Corp.	10.07%
The Vanguard Group, Inc.	7.8%
SSgA Funds Management, Inc.	5.84%

애널리스트 추천 및 최근 투자의견

아처-다니엘-미드랜드 컴퍼니의 2018년 01월 25일 현재 17개 기관의 **평균적인 목표가는 41.27$**이며, 2018년 추정 주당순이익(EPS)은 2.71$로 2017년 추정 EPS 2.31$에 비해 **17.31% 증가할 것으로 예상**된다.

최근, 1개월, 3개월의 투자 의견 변화

투자의견	금융사 및 투자	날짜
Maintains	Morgan Stanley: Overweight to Overweight	1/25/2018
Maintains	Morgan Stanley: Overweight to Overweight	1/23/2018
Downgrade	Atlantic Equities: Overweight to Neutral	1/22/2018
Downgrade	Longbow Research: Buy to Neutral	1/17/2018
Downgrade	Instinet: Buy to Neutral	12/19/2017

내부자 거래

구분	성격 (3M 비중은 12개월 거래 중 최근 3개월의 비중)	3개월	12개월	3M 비중
매수	매수 건수 (장내 매매만 해당)	10	10	100.00%
매도	매도 건수 (장내 매매만 해당)	13	13	100.00%
매수	매수 수량 (장내 매매만 해당)	447,915	447,915	100.00%
매도	매도 수량 (장내 매매만 해당)	133,759	133,759	100.00%
	순매수량 (-인 경우 순매도량)	314,156	314,156	

ETF 노출 (편입 ETF 수 : 106개 / 시가총액 대비 ETF의 보유비중 : 11.77%)

티커	ETF	보유 지분	비중
VTI	Vanguard Total Stock Market ETF	$578,900,419	0.08%
VOO	Vanguard 500 Index Fund	$410,374,960	0.10%
SPY	SPDR S&P 500 ETF Trust	$304,798,944	0.10%
VIG	Vanguard Dividend Appreciation ETF	$212,879,837	0.59%
SDY	SPDR S&P Dividend (ETF)	$194,426,970	1.16%

기간 수익률

1M : 0.98%	3M : -6.56%	6M : -0.72%	1Y : -8.42%	3Y : -14.09%

재무 지표

	2014	2015	2016	2017(E)
매출액 (백만$)	81,305	67,639	62,421	61,796
영업이익 (백만$)	3,225	1,347	1,894	1,531
순이익 (백만$)	2,248	1,849	1,279	1,323
자산총계 (백만$)	44,027	40,157	39,769	39,018
자본총계 (백만$)	19,630	17,915	17,205	
부채총계 (백만$)	24,397	22,242	22,564	

안정성 비율	2013	2014	2015	2016
유동비율 (%)	182.21	166.83	161.64	159.76
부채비율 (%)	116.66	124.28	124.15	131.15
이자보상배율 (배)	5.10	9.54	4.36	6.51

투자 지표

	2014	2015	2016	2017(E)
영업이익률 (%)	3.97	1.99	3.03	2.48
매출액 증가율 (%)	-9.35	-16.81	-7.71	-1.00
EPS ($)	3.44	2.99	2.18	2.31
EPS 증가율 (%)	69.46	-13.08	-27.09	6.01
주당자산가치($)	30.73	30.08	29.97	30.16
잉여현금흐름 (백만$)	4,068	1,356	593	1,556

	2013	2014	2015	2016
배당성향(%)	54.95	27.99	37.58	55.56
배당수익률(%)	2.56	1.85	3.05	2.63
ROE (%)	7.04	11.32	9.87	7.29
ROA (%)	3.17	5.13	4.39	3.22
재고회전율	7.59	7.81	7.68	7.31
EBITDA (백만$)	3,019.00	4,119.00	2,221.00	2,794.00

매출비중

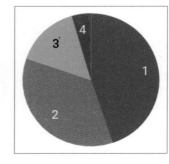

제품명	비중
1. 농업 서비스	44.74%
2. 종자유 가공	35.53%
3. 옥수수 가공	15.18%
4. 향료 및 재료	3.89%
5. 기타	0.65%

TAP
몰슨 쿨스 브류잉 컴퍼니
Molson Coors Brewing Company

섹터 필수소비재 (Consumer Staples)
세부섹터 양조(주류 제조) (Brewers)

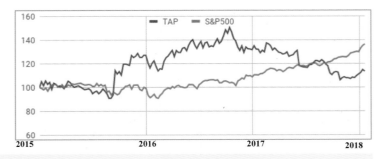

몰슨 쿨스 브류잉 컴퍼니(Molson Coors Brewing Company (MCBC))는 맥주를 전문적으로 생산하고 판매하는 지주회사이다. 회사는 1873년에 설립되었고 본사는 콜로라도주 덴버에 있으며 17,400명의 직원이 근무하고 있다. 사업 부문은 미국에서 운영되는 밀러쿨스(MillerCoors LLC), 캐나다에서 운영되는 몰슨 쿨스 캐나다(Molson Coors Canada), 유럽 국가에서 운영되는 몰슨 쿨스 인터내셔널(Molson Coors International)으로 나누어진다. 회사는 다양한 맥주 브랜드를 양조, 판매 및 유통하고 있으며 칼링 쿨스 라이트(Carling, Coors Light), 밀러 라이트(Miller Lite), 몰슨 캐나디언 앤 스타로프라멘(Molson Canadian and Staropramen), 블루 문 브류잉 컴퍼니(Blue Moon Brewing Company), 제이콥 레인엥커겔 브류잉 컴퍼니(Jacob Leinenkugel Brewing Company), 크리모어(Creemore) 등의 브랜드를 보유하고 있다.

기준일 : 2018/ 01 /25

한글 회사명 : 몰슨 쿨스 브류잉 컴퍼니
영문 회사명 : Molson Coors Brewing Company
상장일 : 1975년 06월 18일 | 결산월 : 12월
시가총액 : 164 (억$) | 52주 최고 : $102.14 (-18.4%) / 52주 최저 : $76.25 (+9.29%)

주요 주주정보

보유자/ 보유 기관	보유율
The Vanguard Group, Inc.	9.01%
Fidelity Management & Research Co.	6.54%
Lazard Asset Management LLC	6.07%

애널리스트 추천 및 최근 투자의견

몰슨 쿨스 브류잉 컴퍼니의 2018년 01월 25일 현재 19개 기관의 평균적인 목표가는 96.57$이며, 2018년 추정 주당순이익(EPS)은 5.1$로 2017년 추정 EPS 4.32$에 비해 18.05% 증가할 것으로 예상된다.

최근, 1개월, 3개월의 투자 의견 변화

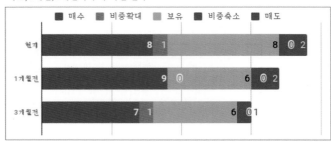

투자의견	금융사 및 투자	날짜
Maintains	Morgan Stanley: Overweight to Overweight	1/25/2018
Maintains	Morgan Stanley: Overweight to Overweight	1/23/2018
Downgrade	Atlantic Equities: Overweight to Neutral	1/22/2018
Downgrade	Longbow Research: Buy to Neutral	1/17/2018
Downgrade	Instinet: Buy to Neutral	12/19/2017

내부자 거래

(3M 비중은 12개월 거래 중 최근 3개월의 비중)

구분	성격	3개월	12개월	3M 비중
매수	매수 건수 (장내 매매만 해당)	21	55	38.18%
매도	매도 건수 (장내 매매만 해당)	9	20	45.00%
매수	매수 수량 (장내 매매만 해당)	77,406	102,838	75.27%
매도	매도 수량 (장내 매매만 해당)	67,408	92,294	73.04%
	순매수량 (−인 경우 순매도량)	9,998	10,544	

ETF 노출   (편입 ETF 수 : 73개 / 시가총액 대비 ETF의 보유비중 : 11.42%)

티커	ETF	보유지분	비중
VO	Vanguard Mid-Cap ETF	$360,538,606	0.36%
VTI	Vanguard Total Stock Market ETF	$354,602,801	0.05%
VOO	Vanguard 500 Index Fund	$264,569,170	0.06%
SPY	SPDR S&P 500 ETF Trust	$192,696,675	0.06%
VOE	Vanguard Mid-Cap Value ETF	$122,025,119	0.68%

기간 수익률

1M : 4.97%	3M : -3.98%	6M : -4.78%	1Y : -14.18%	3Y : 11.61%

재무 지표

	2014	2015	2016	2017(E)
매출액 (백만$)	4,146	3,568	4,885	11,040
영업이익 (백만$)	494	351	448	1,663
순이익 (백만$)	514	356	1,979	936
자산총계 (백만$)	13,996	12,276	29,342	30,732
자본총계 (백만$)	7,886	7,063	11,622	
부채총계 (백만$)	6,110	5,213	17,720	

안정성 비율	2013	2014	2015	2016
유동비율 (%)	71.79	67.90	103.42	68.71
부채비율 (%)	79.83	77.48	73.81	152.47
이자보상배율 (배)	2.70	3.20	2.64	2.06

투자 지표

	2014	2015	2016	2017(E)
영업이익률 (%)	11.92	9.84	9.17	15.06
매출액 증가율 (%)	-1.42	-13.96	36.93	126.00
EPS ($)	2.78	1.94	9.32	4.32
EPS 증가율 (%)	-10.32	-30.22	380.41	-53.67
주당자산가치($)	42.39	38.17	53.13	58.12
잉여현금흐름 (백만$)	1,013	421	785	1,176

	2013	2014	2015	2016
배당성향(%)	41.56	53.62	84.97	17.71
배당수익률(%)	2.28	1.99	1.75	1.69
ROE (%)	6.81	6.22	4.77	21.44
ROA (%)	3.59	3.50	2.73	9.54
재고회전율	20.07	20.35	18.70	12.66
EBITDA (백만$)	798.10	807.00	665.50	836.70

매출비중

제품명	비중
1. 맥주/기타 음료	
	100%

192

BF.B
브라운-포맨 코퍼레이션
Brown-Forman Corp.

섹터 필수소비재 (Consumer Staples))
세부섹터 증류 및 양조(Distillers & Vintners)

브라운-포맨 코퍼레이션(Brown-Forman Corporation)은 다양한 종류의 주류와 와인을 제조, 수입, 수출, 판매 , 유통을 영위하는 업체이다. 회사는 1870년에 설립되었고 본사는 켄터키주 루이빌에 있으며 4,600명의 직원이 근무하고 있다. 회사는 약 40가지의 알콜도수가 높은 주류, 샴페인, 와인, 칵테일 음료의 제품군을 보유하고 있다. 주요 브랜드에는 잭 다니엘(Jack Daniel), 핀란디아(Finlandia), 헤라두라(Herradura), 엘 히마도르(El Jimador), 뉴 믹스(New Mix), 캐나디언 미스트(Canadian Mist), 샴보드(Chambord), 우드포드 리저브(Woodford Reserve), 소노마 커트러(Sonoma Cutrer), 코벨(Korbel) 등이다. 회사는 전 세계 약 160개국에서 주류 제품을 판매하고 있다. 회사는 호주, 브라질, 캐나다, 중국, 체코, 프랑스, 독일, 홍콩, 한국, 멕시코, 폴란드, 태국, 터키 등 약 13개국에 유통 업체를 소유 및 운영하고 있다.

기준일 : 2018/ 01 /25
한글 회사명 : 브라운-포맨 코퍼레이션
영문 회사명 : Brown-Forman Corp.
상장일 : 1972년 01월 21일 | 결산월 : 4월
시가총액 : 148 (억$) | 52주 최고 : $69.41 (-0.33%) / 52주 최저 : $44.74 (+54.62%)

주요 주주정보

보유자/ 보유 기관	보유율
The Vanguard Group, Inc.	6.89%
SSgA Funds Management, Inc.	4.91%
BlackRock Fund Advisors	4.22%

애널리스트 추천 및 최근 투자의견

브라운-포맨 코퍼레이션의 2018년 01월 25일 현재 21개 기관의 **평균적인 목표가는 65.16$**이며, 2018년 추정 주당순이익(EPS)은 2.22$로 2017년 추정 EPS 1.99$에 비해 **11.55% 증가할 것으로 예상**된다.

재무 지표

	2014	2015	2016	2017(E)
매출액 (백만$)	3,067	3,028	2,952	3,239
영업이익 (백만$)	982	978	929	1,105
순이익 (백만$)	684	1,067	669	765
자산총계 (백만$)	4,193	4,183	4,625	4,732
자본총계 (백만$)	1,905	1,562	1,370	
부채총계 (백만$)	2,288	2,621	3,255	

안정성 비율	2013	2014	2015	2016
유동비율 (%)	388.06	235.28	282.30	242.37
부채비율 (%)	101.92	120.11	167.80	237.59
이자보상배율 (배)	36.73	36.37	21.26	15.75

최근, 1개월, 3개월의 투자 의견 변화

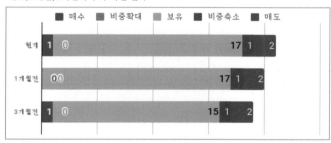

투자 지표

	2014	2015	2016	2017(E)
영업이익률 (%)	32.02	32.30	31.47	34.11
매출액 증가율 (%)	2.58	-1.27	-2.51	9.72
EPS ($)	1.62	2.63	1.73	1.99
EPS 증가율 (%)	4.62	62.85	-34.39	15.20
주당자산가치($)	4.56	3.95	3.57	4.20
잉여현금흐름 (백만$)	488	414	524	704

	2013	2014	2015	2016
배당성향(%)	35.62	37.69	25.10	41.23
배당수익률(%)	1.21	1.34	1.36	1.49
ROE (%)	36.01	34.75	61.55	45.63
ROA (%)	17.05	16.49	25.48	15.19
재고회전율	3.50	3.34	3.02	2.54
EBITDA (백만$)	1,005.00	1,033.00	1,034.00	987.00

투자의견	금융사 및 투자	날짜
Maintains	Morgan Stanley: Overweight to Overweight	1/25/2018
Maintains	Morgan Stanley: Overweight to Overweight	1/23/2018
Downgrade	Atlantic Equities: Overweight to Neutral	1/22/2018
Downgrade	Longbow Research: Buy to Neutral	1/17/2018
Downgrade	Instinet: Buy to Neutral	12/19/2017

내부자 거래

(3M 비중은 12개월 거래 중 최근 3개월의 비중)

구분	성격	3개월	12개월	3M 비중
매수	매수 건수 (장내 매매만 해당)	0	3	0.00%
매도	매도 건수 (장내 매매만 해당)	12	33	36.36%
매수	매수 수량 (장내 매매만 해당)	0	233,286	0.00%
매도	매도 수량 (장내 매매만 해당)	189,359	3,978,313	4.76%
	순매수량 (- 인 경우 순매도량)	-189,359	-3,745,027	

매출비중

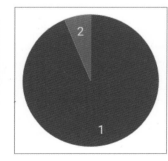

제품명	비중
1. 주정	
	93.69%
2.포도주	
	6.31%

ETF 노출

(편입 ETF 수 : 41개 / 시가총액 대비 ETF의 보유비중 : 7.95%)

티커	ETF	보유 지분	비중
VTI	Vanguard Total Stock Market ETF	$303,637,864	0.04%
VOO	Vanguard 500 Index Fund	$230,360,258	0.06%
SPY	SPDR S&P 500 ETF Trust	$168,191,806	0.06%
VIG	Vanguard Dividend Appreciation ETF	$128,866,683	0.36%
SDY	SPDR S&P Dividend (ETF)	$111,460,301	0.67%

기간 수익률

1M : 1.32%	3M : 25.2%	6M : 39.86%	1Y : 49.93%	3Y : 50.93%

STZ
콘스텔레이션 브랜드
Constellation Brands

섹터 필수소비재 (Consumer Staples)
세부섹터 증류 및 양조 (Distillers & Vintners))

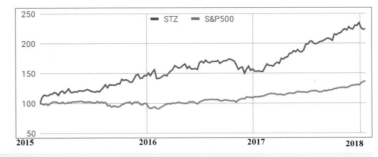

콘스텔레이션 브랜드(Constellation Brands, Inc.)는 전 세계에서 다양한 주류의 제조, 판매, 유통을 영위하는 업체이다. 회사는 1945년에 설립되었고 본사는 뉴욕주 빅터에 있으며 8,700명의 직원이 근무하고 있다. 회사는 미국, 캐나다, 멕시코, 뉴질랜드 및 이탈리아에서 맥주, 와인 및 증류주의 생산, 판매, 유통을 담당하고 있다. 사업 부문은 맥주, 와인, 법인 운영 및 기타로 나누어진다. 대표적인 맥주 브랜드는 코로나 엑스트라(Corona Extra), 코로나 라이트(Corona Light), 모델로 에스페셜(Modelo Especial), 밸러스트 포인트(Ballast Point) 등이 있으며 이외에도 수입 및 공예 맥주 카테고리에서 다수의 브랜드를 보유하고 있다. 맥주 외에도 테이블 와인, 스파클링 와인 및 디저트 와인을 포함한 다양한 카테고리의 와인 브랜드의 제품들을 판매하며 유명 브랜드, 프리미엄 브랜드 및 고급 브랜드 등 다양한 가격대의 제품을 판매하고 있다.

기준일 : 2018/ 01 /25

한글 회사명 : 콘스텔레이션 브랜드
영문 회사명 : Constellation Brands
상장일 : 1986년 07월 01일 | 결산월 : 2월
시가총액 : 379 (억$) |
52주 최고 : $229.5 (-3.34%) / 52주 최저 : $146.99 (+50.91%)

주요 주주정보

보유자/ 보유 기관	보유율
The Vanguard Group, Inc.	6.68%
BlackRock Fund Advisors	4.22%
Lone Pine Capital LLC	4.11%

애널리스트 추천 및 최근 투자의견

콘스텔레이션 브랜드의 2018년 01월 25일 현재 24개 기관의 **평균적인 목표가는 243.27$**이며, 2018년 추정 주당순이익(EPS)은 9.53$로 2017년 추정 EPS 8.53$에 비해 **11.72% 증가할 것으로 예상**된다.

최근, 1개월, 3개월의 투자 의견 변화

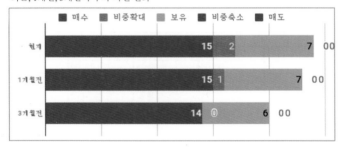

투자의견	금융사 및 투자	날짜
Maintains	Morgan Stanley: Overweight to Overweight	1/25/2018
Maintains	Morgan Stanley: Overweight to Overweight	1/23/2018
Downgrade	Atlantic Equities: Overweight to Neutral	1/22/2018
Downgrade	Longbow Research: Buy to Neutral	1/17/2018
Downgrade	Instinet: Buy to Neutral	12/19/2017

내부자 거래

(3M 비중은 12개월 거래 중 최근 3개월의 비중)

구분	성격	3개월	12개월	3M 비중
매수	매수 건수 (장내 매매만 해당)	0	20	0.00%
매도	매도 건수 (장내 매매만 해당)	6	32	18.75%
매수	매수 수량 (장내 매매만 해당)	0	181,626	0.00%
매도	매도 수량 (장내 매매만 해당)	13,117	303,860	4.32%
	순매수량 (−인 경우 순매도량)	-13,117	-122,234	

ETF 노출   (편입 ETF 수 : 90개 / 시가총액 대비 ETF의 보유비중 : 8.93%)

티커	ETF	보유 지분	비중
VTI	Vanguard Total Stock Market ETF	$876,592,894	0.13%
VOO	Vanguard 500 Index Fund	$654,213,766	0.16%
SPY	SPDR S&P 500 ETF Trust	$477,603,248	0.16%
VUG	Vanguard Growth ETF	$244,912,388	0.31%
IVV	iShares S&P 500 Index (ETF)	$242,100,703	0.16%

기간 수익률

1M : -2.74%	3M : 7.31%	6M : 9.95%	1Y : 45.44%	3Y : 95.59%

재무 지표

	2014	2015	2016	2017(E)
매출액 (백만$)	6,026	6,546	7,330	7,582
영업이익 (백만$)	1,553	1,905	2,249	2,460
순이익 (백만$)	839	1,055	1,535	1,716
자산총계 (백만$)	15,093	16,965	18,602	20,247
자본총계 (백만$)	5,881	6,692	6,885	
부채총계 (백만$)	9,212	10,273	11,718	

안정성 비율	2013	2014	2015	2016
유동비율 (%)	135.62	257.43	131.04	119.74
부채비율 (%)	187.12	156.63	153.52	170.20
이자보상배율 (배)	3.41	4.70	6.21	6.79

투자 지표

	2014	2015	2016	2017(E)
영업이익률 (%)	25.77	29.10	30.68	32.45
매출액 증가율 (%)	23.89	8.63	11.98	3.43
EPS ($)	4.41	5.43	7.79	8.53
EPS 증가율 (%)	-57.84	23.09	43.64	9.46
주당자산가치($)	30.03	33.28	35.84	40.71
잉여현금흐름 (백만$)	362	522	789	842

	2013	2014	2015	2016
배당성향(%)			26.43	23.46
배당수익률(%)	0.00	0.00	0.88	1.01
ROE (%)	49.56	15.61	17.11	22.83
ROA (%)	17.71	5.69	6.62	8.66
재고회전율	3.02	3.38	3.56	3.85
EBITDA (백만$)	1,311.50	1,754.70	2,125.60	2,542.50

매출비중

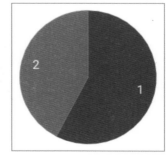

제품명	비중
1. 맥주	57.69%
2. 와인	42.31%

CVS
씨브이에스 헬스 코퍼레이션
CVS Health Corporation

섹터 필수소비재 (Consumer Staples)
세부섹터 약물 소매(Drug Retail)

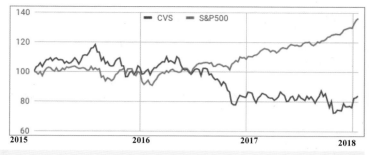

씨브이에스 헬스 코퍼레이션(CVS Health Corporation)은 종합 약국 의료 사업을 영위하는 업체이다. 회사는 1892년에 설립되었고 본사는 로드 아일랜드주 운소켓에 있으며 250,000명의 직원이 근무하고 있다. 회사는 옴니케어(Omnicare, Inc.) 및 옴니케어 장기 요양(Omnicare long-term care) 운영을 통해 노인 커뮤니티를 위한 의약품 제공(pharmacy care) 서비스를 하고 있다. 파마시 케어는 의약품 배포, 약국 관련 상담 및 만성 질환 치료 시설, 기타 보육 환경에 대한 기타 부수적인 서비스가 포함되어 있다. 사업 부문은 약국 서비스, 소매와 장기요양(LTC), 회사 운영의 세 가지 부문으로 나누어진다. 약국 서비스는 고객들에게 다양한 약국 혜택 관리(PBM) 솔루션을 제공하고 있다. 소매 부문에는 9,709곳 중 7,980곳은 직접 약국으로 운영하고 있으며 1,674곳은 타겟 코퍼레이션(Target Corporation) 매장 내에 있다. 온라인 소매 약국 웹사이트인 씨브이에스닷컴(CVS.com), 나바로닷컴(Navarro.com), 오노프레닷컴닷비알(Onofre.com.br)을 운영하고 있다.

기준일 : 2018/ 01 /25

한글 회사명 : 씨브이에스 헬스 코퍼레이션
영문 회사명 : CVS Health Corporation
상장일 : 1976년 04월 15일 | 결산월 : 12월
시가총액 : 826 (억$) |
52주 최고 : $84 (-4.11%) / 52주 최저 : $66.45 (+21.2%)

주요 주주정보

보유자/ 보유 기관	보유율
The Vanguard Group, Inc.	7.48%
BlackRock Fund Advisors	4.3%
SSgA Funds Management, Inc.	4.17%

애널리스트 추천 및 최근 투자의견

씨브이에스 헬스 코퍼레이션의 2018년 01월 25일 현재 26개 기관의 **평균적인 목표가는 89.32$이며**, 2018년 추정 주당순이익(EPS)은 6.51$로 2017년 추정 EPS 5.88$에 비해 10.71% **증가할 것으로 예상**된다.

최근, 1개월, 3개월의 투자 의견 변화

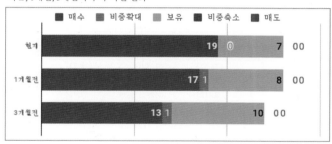

투자의견	금융사 및 투자	날짜
Maintains	Morgan Stanley: Overweight to Overweight	1/25/2018
Maintains	Morgan Stanley: Overweight to Overweight	1/23/2018
Downgrade	Atlantic Equities: Overweight to Neutral	1/22/2018
Downgrade	Longbow Research: Buy to Neutral	1/17/2018
Downgrade	Instinet: Buy to Neutral	12/19/2017

재무 지표

	2014	2015	2016	2017(E)
매출액 (백만$)	139,367	153,290	177,526	183,896
영업이익 (백만$)	8,793	9,674	10,631	9,879
순이익 (백만$)	4,627	5,202	5,291	5,239
자산총계 (백만$)	74,252	92,437	94,462	94,580
자본총계 (백만$)	37,963	37,242	36,834	
부채총계 (백만$)	36,289	55,195	57,628	

안정성 비율	2013	2014	2015	2016
유동비율 (%)	164.18	136.56	125.85	118.26
부채비율 (%)	88.53	95.59	148.21	156.45
이자보상배율 (배)	15.32	14.39	11.24	9.84

투자 지표

	2014	2015	2016	2017(E)
영업이익률 (%)	6.31	6.31	5.99	5.37
매출액 증가율 (%)	9.95	9.99	15.81	3.59
EPS ($)	3.99	4.66	4.93	5.88
EPS 증가율 (%)	5.44	16.93	5.79	19.31
주당자산가치($)	33.30	33.78	34.71	34.43
잉여현금흐름 (백만$)	6,001	6,045	7,845	7,004

	2013	2014	2015	2016
배당성향(%)	25.32	29.69	31.86	36.22
배당수익률(%)	1.33	1.22	1.51	2.25
ROE (%)	12.16	12.19	13.84	14.30
ROA (%)	6.69	6.35	6.24	5.66
재고회전율	11.63	12.13	11.82	12.34
EBITDA (백만$)	9,835.00	10,724.00	11,766.00	13,106.00

내부자 거래

(3M 비중은 12개월 거래 중 최근 3개월의 비중)

구분	성격	3개월	12개월	3M 비중
매수	매수 건수 (장내 매매만 해당)	7	29	24.14%
매도	매도 건수 (장내 매매만 해당)	9	39	23.08%
매수	매수 수량 (장내 매매만 해당)	38,266	218,500	17.51%
매도	매도 수량 (장내 매매만 해당)	110,723	1,212,924	9.13%
	순매수량 (−인 경우 순매도량)	-72,457	-994,424	

ETF 노출
(편입 ETF 수 : 112개 / 시가총액 대비 ETF의 보유비중 : 9.53%)

티커	ETF	보유 지분	비중
VTI	Vanguard Total Stock Market ETF	$1,986,275,968	0.29%
VOO	Vanguard 500 Index Fund	$1,407,548,282	0.34%
SPY	SPDR S&P 500 ETF Trust	$1,031,778,646	0.34%
VIG	Vanguard Dividend Appreciation ETF	$723,707,503	2.01%
IVV	iShares S&P 500 Index (ETF)	$521,587,293	0.34%

매출비중

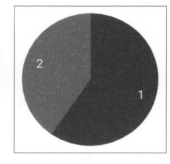

제품명	비중
1. 약국 서비스	
	67.57%
2. 소매/유통	
	45.68%
3. 공제	
	-13.26%

기간 수익률

1M : 9.27%	3M : -3.97%	6M : 3.67%	1Y : -2.08%	3Y : -19.12%

WBA
월그린 부츠 얼라이언스
Walgreens Boots Alliance

섹터 필수소비재 (Consumer Staples)
세부섹터 약물 소매 (Drug Retail)

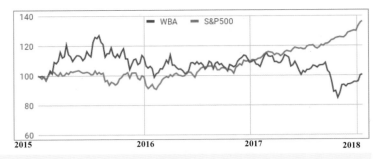

월그린 부츠 얼라이언스(Walgreens Boots Alliance, Inc.)는 미국 전역에서 약국 및 생필품 소매 사업을 영위하는 지주회사이다. 회사는 1901년에 설립되었고 본사는 일리노이주 디어필드에 있으며 248,000명의 직원이 근무하고 있다. 사업 부문은 소매 약국(미국), 소매 약국(국제) 및 의약품 도매 세 부문으로 나누어진다. 소매 약국(미국) 부문은 월그린(Walgreen Co.)이라는 브랜드로 소매 사업을 운영하고 있으며, 소매 약국, 간호 클리닉 및 특수 약국 서비스를 제공하고 있다. 소매 약국(인터내셔널) 부문은 약국을 중심으로 운영하는 건강 및 미용 상점 및 관련 제약 제조 및 판매로 구성되어 있다. 의약품 도매 부문은 얼라이언스 부츠(Alliance Boots)를 통해 의약품 도매 및 유통 사업을 하고 있다. 회사의 소매 및 비즈니스 브랜드 포트폴리오에는 월그린(Walgreens), 듀안 리드(Duane Reade), 부츠 앤 얼라이언스 헬스케어(Boots and Alliance Healthcare)뿐만 아니라 넘버 세븐(No7), 보타닉스(Botanics), 리즈 얼(Liz Earle) 및 소프 앤 글로리(Soap & Glory)와 같은 글로벌 건강 및 미용 제품 브랜드가 포함되어 있다.

기준일 : 2018/ 01 /25
한글 회사명 : 월그린 부츠 얼라이언스
영문 회사명 : Walgreens Boots Alliance
상장일 : 1972년 01월 21일 | 결산월 : 8월
시가총액 : 775 (억$) |
52주 최고 : $88 (-12.06%) / 52주 최저 : $63.82 (+21.24%)

주요 주주정보

보유자/ 보유 기관	보유율
PESSINA STEFANO	14.44%
The Vanguard Group, Inc.	7.16%
SSgA Funds Management, Inc.	3.87%

애널리스트 추천 및 최근 투자의견

월그린 부츠 얼라이언스의 2018년 01월 25일 현재 27개 기관의 **평균적인 목표가는 86.13$**이며, 2018년 추정 주당순이익(EPS)은 6.32$로 2017년 추정 EPS 5.73$에 비해 **10.29% 증가할 것으로 예상**된다.

최근, 1개월, 3개월의 투자 의견 변화

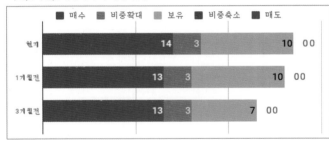

투자의견	금융사 및 투자	날짜
Maintains	Morgan Stanley: Overweight to Overweight	1/25/2018
Maintains	Morgan Stanley: Overweight to Overweight	1/23/2018
Downgrade	Atlantic Equities: Overweight to Neutral	1/22/2018
Downgrade	Longbow Research: Buy to Neutral	1/17/2018
Downgrade	Instinet: Buy to Neutral	12/19/2017

내부자 거래

(3M 비중은 12개월 거래 중 최근 3개월의 비중)

구분	성격	3개월	12개월	3M 비중
매수	매수 건수 (장내 매매만 해당)	1	8	12.50%
매도	매도 건수 (장내 매매만 해당)	2	8	25.00%
매수	매수 수량 (장내 매매만 해당)	98,858	222,019	44.53%
매도	매도 수량 (장내 매매만 해당)	126,903	143,262	88.58%
	순매수량 (−인 경우 순매도량)	-28,045	78,757	

ETF 노출
(편입 ETF 수 : 102개 / 시가총액 대비 ETF의 보유비중 : 9.64%)

티커	ETF	보유 지분	비중
VTI	Vanguard Total Stock Market ETF	$1,619,603,035	0.24%
VOO	Vanguard 500 Index Fund	$1,161,742,711	0.28%
SPY	SPDR S&P 500 ETF Trust	$847,115,684	0.28%
VIG	Vanguard Dividend Appreciation ETF	$733,409,721	2.04%
QQQ	PowerShares QQQ Trust, Series 1 (ETF)	$603,705,338	0.98%

기간 수익률

1M : 6.29%	3M : -7.3%	6M : -3.07%	1Y : -6.42%	3Y : 0.57%

재무 지표

	2014	2015	2016	2017(E)
매출액 (백만$)	76,392	103,444	117,351	118,093
영업이익 (백만$)	3,786	4,834	6,369	7,405
순이익 (백만$)	1,932	4,220	4,173	5,412
자산총계 (백만$)	37,187	68,784	72,689	73,345
자본총계 (백만$)	20,566	31,302	30,282	
부채총계 (백만$)	16,621	37,482	42,407	

안정성 비율	2013	2014	2015	2016
유동비율 (%)	133.67	137.63	118.72	152.14
부채비율 (%)	82.34	80.82	119.74	140.04
이자보상배율 (배)	23.12	24.27	7.95	10.69

투자 지표

	2014	2015	2016	2017(E)
영업이익률 (%)	4.96	4.67	5.43	6.27
매출액 증가율 (%)	5.78	.35.41	13.44	0.63
EPS ($)	2.03	4.05	3.85	5.00
EPS 증가율 (%)	-21.62	99.51	-4.94	29.98
주당자산가치($)	21.53	28.32	27.59	28.09
잉여현금흐름 (백만$)	2,787	4,413	6,522	5,890

	2013	2014	2015	2016
배당성향(%)	44.53	64.13	34.31	38.09
배당수익률(%)	2.37	2.12	1.59	1.80
ROE (%)	12.99	9.68	16.44	13.74
ROA (%)	7.10	5.59	8.08	5.93
재고회전율	10.40	11.82	14.02	13.31
EBITDA (백만$)	5,006.00	5,102.00	6,576.00	8,087.00

매출비중

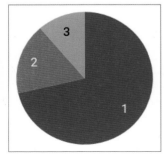

제품명	비중
1. 약국 소매	
	71.41%
2.약국 도매	
	17.29%
3. 약국 소매-전세계	
	11.3%

AAPL
애플
Apple Inc.

섹터 필수소비재 (Consumer Staples)
세부섹터 전자 장비 (Electronic Equipment & Instruments)

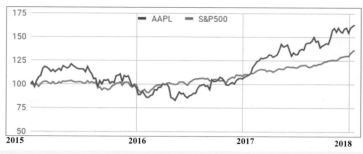

애플(Apple Inc.)은 소프트웨어 및 컴퓨터와 스마트폰 하드웨어를 생산하는 세계적인 업체이다. 회사는 1976년 설립되었고 본사는 캘리포니아주 쿠퍼티노에 있으며 116,000명의 직원이 근무하고 있다. 회사는 세계 최초의 개인용 컴퓨터를 만든 회사이며, 최초로 키보드와 모니터가 있는 애플 I을 출시했었다. 현재 개인용 컴퓨터인 매킨토시, MP3 플레이어인 아이팟, 고사양 스마트폰인 아이폰, 가정용 멀티미디어 기기 애플 TV, 태블릿 PC 아이패드 등의 제품을 판매하고 있다. 아이팟에서 재생할 수 있는 음원을 제공하는 아이튠스 스토어(iTunes Store), 앱스토어(App Store), 맥 앱스토어(Mac App Store), 티브이 앱 스토어(TV APP Store), 아이북 스토어(iBooks Store) 및 애플 뮤직(Apple Music)을 통해 디지털 콘텐츠 및 응용 프로그램을 판매하고 제공하고 있다. OS X, 아이폰 사용자의 편의를 위한 클라우드 서비스 아이클라우드(iCloud)를 제공하고 있으며 손목시계 제품인 애플워치가 있다. 전자 결제 서비스인 애플페이, 응용프로그램 소프트웨어에는 아이라이프(iLife), 아이워크(iWork) 및 파이널 컷 프로(Final Cut Pro), 로직 프로 엑스(Logic Pro X) 및 파일메이커 프로(FileMaker Pro)가 있다.

기준일 : 2018/ 01 /25
한글 회사명 : 애플
영문 회사명 : Apple Inc.
상장일 : 1980년 12월 12일 | 결산월 : 9월
시가총액 : 8704 (억$) |
52주 최고 : $180.1 (-2.64%) / 52주 최저 : $119.5 (+46.72%)

주요 주주정보

보유자/ 보유 기관	보유율
The Vanguard Group, Inc.	6.6%
BlackRock Fund Advisors	4.39%
SSgA Funds Management, Inc.	4.06%

애널리스트 추천 및 최근 투자의견

애플의 2018년 01월 25일 현재 37개 기관의 **평균적인 목표가는 193.5$이며**, 2018년 추정 주당순이익(EPS)은 12.25$로 2017년 추정 EPS 11.46$에 비해 **6.89% 증가할 것으로 예상**된다.

최근, 1개월, 3개월의 투자 의견 변화

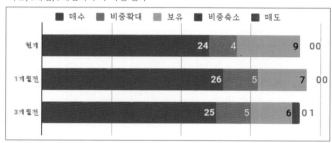

투자의견	금융사 및 투자	날짜
Maintains	Morgan Stanley: Overweight to Overweight	1/25/2018
Maintains	Morgan Stanley: Overweight to Overweight	1/23/2018
Downgrade	Atlantic Equities: Overweight to Neutral	1/22/2018
Downgrade	Longbow Research: Buy to Neutral	1/17/2018
Downgrade	Instinet: Buy to Neutral	12/19/2017

내부자 거래

(3M 비중은 12개월 거래 중 최근 3개월의 비중)

구분	성격	3개월	12개월	3M 비중
매수	매수 건수 (장내 매매만 해당)	0	4	0.00%
매도	매도 건수 (장내 매매만 해당)	3	71	4.23%
매수	매수 수량 (장내 매매만 해당)	0	215,201	0.00%
매도	매도 수량 (장내 매매만 해당)	17,695	2,652,209	0.67%
	순매수량 (−인 경우 순매도량)	-17,695	-2,437,008	

ETF 노출

(편입 ETF 수 : 129개 / 시가총액 대비 ETF의 보유비중 : 9.11%)

티커	ETF	보유 지분	비중
VTI	Vanguard Total Stock Market ETF	$19,119,361,566	2.78%
VOO	Vanguard 500 Index Fund	$15,059,259,785	3.63%
SPY	SPDR S&P 500 ETF Trust	$11,014,053,971	3.66%
QQQ	PowerShares QQQ Trust, Series 1 (ETF)	$6,940,830,055	11.24%
IVV	iShares S&P 500 Index (ETF)	$5,580,237,298	3.63%

기간 수익률

1M : 2.58%	3M : 11.62%	6M : 18.75%	1Y : 48.71%	3Y : 68.37%

재무 지표

	2014	2015	2016	2017(E)
매출액 (백만$)	183,244	231,283	214,226	227,462
영업이익 (백만$)	52,657	66,630	58,481	60,776
순이익 (백만$)	39,510	53,394	45,687	47,196
자산총계 (백만$)	231,839	290,479	321,686	354,115
자본총계 (백만$)	111,547	119,355	128,249	
부채총계 (백만$)	120,292	171,124	193,437	

안정성 비율	2013	2014	2015	2016
유동비율 (%)	167.86	108.01	110.88	135.27
부채비율 (%)	67.55	107.84	143.37	150.83
이자보상배율 (배)	355.32	137.13	90.90	40.17

투자 지표

	2014	2015	2016	2017(E)
영업이익률 (%)	28.74	28.81	27.30	26.72
매출액 증가율 (%)	7.24	26.22	-7.38	6.18
EPS ($)	6.49	9.28	8.35	8.99
EPS 증가율 (%)	13.49	42.99	-10.02	7.63
주당자산가치($)	19.02	21.39	24.03	25.63
잉여현금흐름 (백만$)	50,142	70,019	53,090	49,666

	2013	2014	2015	2016
배당성향(%)	28.68	28.08	21.48	26.23
배당수익률(%)	2.39	1.80	1.80	1.93
ROE (%)	30.64	33.61	46.25	36.90
ROA (%)	19.34	18.01	20.45	14.93
재고회전율	133.75	94.58	103.71	95.62
EBITDA (백만$)	55080.00	60603.00	77887.00	68986.00

매출비중

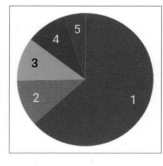

제품명	비중
1. 아이폰	63.39%
2.서비스	11.29%
3. 맥	10.59%
4. 아이 패드	9.57%
5. 기타 제품들	5.16%

SYY
시스코 코퍼레이션
Sysco Corp.

섹터 필수소비재 (Consumer Staples)
세부섹터 식품 도매 (Food Distributors)

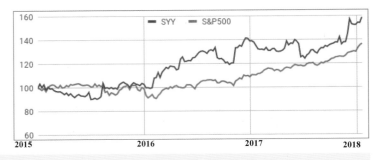

시스코 코퍼레이션(Sysco Corporation)은 식품 및 식품 관련 제품의 판매 및 유통사업을 영위하는 업체이다. 회사는 1969년에 설립되었고 본사는 텍사스주 휴스턴에 있으며 51,900명의 직원이 근무하고 있다. 사업 부문은 브로드라인(Broadline), 시그마(SYGMA) 및 기타 세 부문으로 나누어진다. 브로드라인(Broadline) 부문에는 바하마, 캐나다, 코스타리카, 아일랜드, 멕시코 및 미국에 소재한 브로드라인(Broadline) 사업이 포함되며 회사는 모든 종류의 식품과 조리용 물품을 체인점 고객 및 병원, 학교, 호텔 등의 시설에 공급하고 있다. 시그마(SYGMA) 부문은 특정 체인 레스토랑 고객에게 전체 식품과 각종 조리용 물품을 공급하고 있다. 기타 부문에는 회사 고객이 각종 필요한 요구를 지원하는 기술 솔루션 제품군인 시스코 벤쳐스(Sysco Ventures) 플랫폼이 포함되어 있다.

기준일 : 2018/ 01 /25

한글 회사명 : 시스코 코퍼레이션
영문 회사명 : Sysco Corp.
상장일 : 1972년 01월 21일 | 결산월 : 6월
시가총액 : 333 (억$) |
52주 최고 : $64.19 (-0.84%) / 52주 최저 : $48.85 (+30.29%)

주요 주주정보

보유자/ 보유 기관	보유율
Trian Fund Management LP	8.54%
The Vanguard Group, Inc.	7.29%
SSgA Funds Management, Inc.	5.02%

애널리스트 추천 및 최근 투자의견

시스코 코퍼레이션의 2018년 01월 25일 현재 17개 기관의 **평균적인 목표가는 64.27$**이며, 2018년 추정 주당순이익(EPS)은 3.24$로 2017년 추정 EPS 2.84$에 비해 **14.08% 증가**할 것으로 예상된다.

최근, 1개월, 3개월의 투자 의견 변화

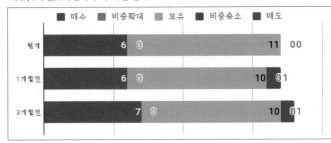

투자의견	금융사 및 투자	날짜
Maintains	Morgan Stanley: Overweight to Overweight	1/25/2018
Maintains	Morgan Stanley: Overweight to Overweight	1/23/2018
Downgrade	Atlantic Equities: Overweight to Neutral	1/22/2018
Downgrade	Longbow Research: Buy to Neutral	1/17/2018
Downgrade	Instinet: Buy to Neutral	12/19/2017

내부자 거래

(3M 비중은 12개월 거래 중 최근 3개월의 비중)

구분	성격	3개월	12개월	3M 비중
매수	매수 건수 (장내 매매만 해당)	14	73	19.18%
매도	매도 건수 (장내 매매만 해당)	14	78	17.95%
매수	매수 수량 (장내 매매만 해당)	43,434	1,882,676	2.31%
매도	매도 수량 (장내 매매만 해당)	178,889	2,715,331	6.59%
	순매수량 (−인 경우 순매도량)	-135,455	-832,655	

ETF 노출

(편입 ETF 수 : 98개 / 시가총액 대비 ETF의 보유비중 : 10.22%)

티커	ETF	보유 지분	비중
VTI	Vanguard Total Stock Market ETF	$721,113,536	0.10%
VOO	Vanguard 500 Index Fund	$522,476,574	0.13%
SPY	SPDR S&P 500 ETF Trust	$385,538,870	0.13%
VIG	Vanguard Dividend Appreciation ETF	$299,023,965	0.83%
IVV	iShares S&P 500 Index (ETF)	$193,005,144	0.13%

기간 수익률

1M : 3.7%	3M : 17.79%	6M : 23.74%	1Y : 17.46%	3Y : 57.94%

재무 지표

	2014	2015	2016	2017(E)
매출액 (백만$)	46,517	48,681	50,367	55,339
영업이익 (백만$)	1,587	1,784	2,009	2,341
순이익 (백만$)	932	687	950	1,357
자산총계 (백만$)	13,168	17,989	16,722	17,318
자본총계 (백만$)	5,267	5,302	3,555	
부채총계 (백만$)	7,901	12,688	13,167	

안정성 비율	2013	2014	2015	2016
유동비율 (%)	165.56	152.99	122.29	226.72
부채비율 (%)	143.92	150.02	239.32	370.38
이자보상배율 (배)	12.53	11.84	13.72	9.13

투자 지표

	2014	2015	2016	2017(E)
영업이익률 (%)	3.41	3.66	3.99	4.23
매출액 증가율 (%)	4.74	4.65	3.46	9.87
EPS ($)	1.59	1.16	1.66	2.47
EPS 증가율 (%)	-5.36	-27.04	43.10	48.78
주당자산가치($)	8.99	8.85	6.22	4.61
잉여현금흐름 (백만$)	970	1,013	1,406	455

	2013	2014	2015	2016
배당성향(%)	66.47	72.78	103.48	75.00
배당수익률(%)	3.25	3.07	3.30	2.42
ROE (%)	20.10	17.81	13.05	21.73
ROA (%)	8.02	7.21	4.41	5.47
재고회전율	19.41	18.61	18.39	18.90
EBITDA (백만$)	2,164.08	2,123.12	2,319.83	2,655.20

매출비중

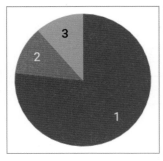

제품명	비중
1. 식품-북미	
	79.2%
2.식품-전세계	
	12.12%
3. 기타	
	11.75%
4. 공제	
	-3.07%

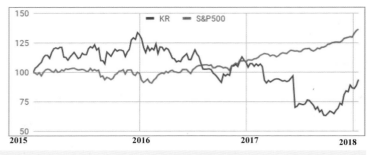

KR
크로거
Kroger Co.

섹터 필수소비재 (Consumer Staples)
세부섹터 식품 소매 (Food Retail)

크로거(Kroger Co.)는 미국 전역에 약 4,000개의 소유 또는 임대형 슈퍼마켓, 멀티 백화점, 보석 상점 및 편의점 운영 사업을 영위하는 업체이다. 회사는 1883년에 설립되었고 본사는 오하이오주 신시내티에 있으며 443,000명의 직원이 근무하고 있다. 회사는 슈퍼마켓에서 판매하는 식품을 제조, 유통, 판매하고 있다. 회사가 운영하는 2,376곳의 슈퍼마켓 중 2,255곳은 약국과 함께 운영하고 있으며 1,445곳은 주유소를 함께 운영하고 있다. 자사 브랜드는 피$$티(P$$T), 체크 디스 아웃(Check This Out), 해리타즈 팜(Heritage Farm), 심플 트루스(Simple Truth), 심플 트루스 올가닉(Simple Truth Organic) 등이 있다. 멀티 백화점은 의류, 가구, 전자제품, 자동차 부품, 장난감 등 다양한 일반 상품을 판매하고 있다. 마켓 플레이스 스토어는 멀티 백화점보다 규모는 작지만 식료품점과 약국뿐 아니라 야외 생활용품, 전자제품, 가정 용품, 장난감 등 각종 일반 상품을 판매하고 있다.

기준일 : 2018/ 01 /25
한글 회사명 : 크로거
영문 회사명 : Kroger Co.
상장일 : 1972년 01월 21일 | 결산월 : 1월
시가총액 : 267 (억$) | 　　　　　52주 최고 : $34.75 (-14.47%) / 52주 최저 : $19.69 (+50.93%)

주요 주주정보

보유자/ 보유 기관	보유율
The Vanguard Group, Inc.	7.62%
Fidelity Management & Research Co.	5.11%
BlackRock Fund Advisors	4.42%

애널리스트 추천 및 최근 투자의견

크로거의 2018년 01월 25일 현재 26개 기관의 **평균적인 목표가는 28.6$**이며, 2018년 추정 주당순이익(EPS)은 2.11$로 2017년 추정 EPS 2.04$에 비해 **3.43% 증가할 것으로 예상**된다.

최근, 1개월, 3개월의 투자 의견 변화

투자의견	금융사 및 투자	날짜
Maintains	Morgan Stanley: Overweight to Overweight	1/25/2018
Maintains	Morgan Stanley: Overweight to Overweight	1/23/2018
Downgrade	Atlantic Equities: Overweight to Neutral	1/22/2018
Downgrade	Longbow Research: Buy to Neutral	1/17/2018
Downgrade	Instinet: Buy to Neutral	12/19/2017

내부자 거래

(3M 비중은 12개월 거래 중 최근 3개월의 비중)

구분	성격	3개월	12개월	3M 비중
매수	매수 건수 (장내 매매만 해당)	0	28	0.00%
매도	매도 건수 (장내 매매만 해당)	11	80	13.75%
매수	매수 수량 (장내 매매만 해당)	0	916,856	0.00%
매도	매도 수량 (장내 매매만 해당)	201,166	478,085	42.08%
	순매수량 (-인 경우 순매도량)	-201,166	438,771	

ETF 노출　(편입 ETF 수 : 85개 / 시가총액 대비 ETF의 보유비중 : 9.93%)

티커	ETF	보유 지분	비중
VTI	Vanguard Total Stock Market ETF	$648,687,947	0.09%
VOO	Vanguard 500 Index Fund	$460,043,173	0.11%
SPY	SPDR S&P 500 ETF Trust	$337,946,615	0.11%
VIG	Vanguard Dividend Appreciation ETF	$246,307,867	0.69%
IVV	iShares S&P 500 Index (ETF)	$170,385,133	0.11%

기간 수익률

1M : 12.36%	3M : 37.78%	6M : 27.77%	1Y : -12.81%	3Y : -10.93%

재무 지표

	2014	2015	2016	2017(E)
매출액 (백만$)	108,465	109,830	115,337	122,164
영업이익 (백만$)	3,261	3,622	3,435	3,390
순이익 (백만$)	1,711	2,021	1,959	1,838
자산총계 (백만$)	30,556	34,900	37,525	37,800
자본총계 (백만$)	5,442	6,798	6,710	
부채총계 (백만$)	25,114	28,102	30,815	

안정성 비율	2013	2014	2015	2016
유동비율 (%)	82.49	78.15	76.26	80.40
부채비율 (%)	442.74	461.49	413.39	459.24
이자보상배율 (배)	6.68	6.68	7.53	6.61

투자 지표

	2014	2015	2016	2017(E)
영업이익률 (%)	3.01	3.30	2.98	2.78
매출액 증가율 (%)	10.26	1.26	5.01	5.92
EPS ($)	1.75	2.09	2.08	2.04
EPS 증가율 (%)	19.11	19.77	-0.48	-2.00
주당자산가치($)	5.56	7.05	7.25	7.54
잉여현금흐름 (백만$)	1,359	1,389	560	1,654

	2013	2014	2015	2016
배당성향(%)	21.72	20.35	19.78	22.74
배당수익률(%)	1.75	1.01	1.05	1.37
ROE (%)	31.43	31.70	33.04	28.98
ROA (%)	5.63	5.78	6.21	5.36
재고회전율	18.22	19.13	18.53	18.12
EBITDA (백만$)	4,512.00	5,209.00	5,711.00	5,775.00

매출비중

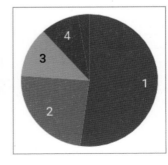

제품명	비중
1. 가공식품	52.21%
2.신선식품	23.99%
3. 정유부문	12.12%
4. 의약품	9.04%
5. 기타	2.64%

CHD
처치 앤 드와이트
Church & Dwight Co., Inc.

섹터 필수소비재 (Consumer Staples)
세부섹터 가정용품 (Household Products)

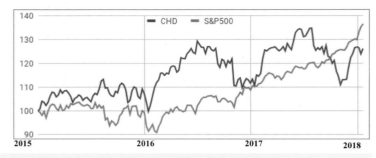

처치 앤 드와이트(Church & Dwight Co., Inc.)는 다양한 가정용품, 개인용품 및 특산품을 개발, 제조, 판매를 영위하는 업체이다. 회사는 1846년에 설립되었고 본사는 뉴저지주 윙에 있으며 4,500명의 직원이 근무하고 있다. 사업 부문은 국내 소비자, 국제 소비자, 특수 제품 부문(SPD)으로 나누어진다. 국내 소비자 부문은 다양한 브랜드 뿐만 아니라 카붐(KABOOM) 청소 제품, 클로즈-업(CLOSE-UP) 및 에임(AIM) 치약 및 심플리 셀린(SIMPLY SALINE) 비강 식염수 보습제와 같은 가정 및 개인 위생용품을 판매하고 있다. 국제 소비자 부문은 캐나다, 프랑스, 중국, 호주, 영국, 멕시코 및 브라질을 포함한 국제 시장에서 개인 위생용품, 가정용 일반 의약품을 판매하고 있다. 회사의 특수 제품(SPD) 부문은 탄산수소 나트륨을 생산하며 다른 특수 무기화학 물질을 산업, 기관, 의료 및 식품 분야의 기업에게 판매하고 있다.

기준일 : 2018/ 01 /25
한글 회사명 : 처치 앤 드와이트
영문 회사명 : Church & Dwight Co., Inc.
상장일 : 1976년 12월 31일 | 결산월 : 12월
시가총액 : 123 (억$) |
52주 최고 : $54.18 (-9.3%) / 52주 최저 : $43.21 (+13.72%)

주요 주주정보

보유자/ 보유 기관	보유율
The Vanguard Group, Inc.	10.98%
SSgA Funds Management, Inc.	5.84%
BlackRock Fund Advisors	5.74%

애널리스트 추천 및 최근 투자의견

처치 앤 드와이트의 2018년 01월 25일 현재 23개 기관의 **평균적인 목표가는 49.68$**이며, 2018년 추정 주당순이익(EPS)은 2.14$로 2017년 추정 EPS 1.92$에 비해 **11.45% 증가할 것으로 예상**된다.

최근, 1개월, 3개월의 투자 의견 변화

투자의견	금융사 및 투자	날짜
Maintains	Morgan Stanley: Overweight to Overweight	1/25/2018
Maintains	Morgan Stanley: Overweight to Overweight	1/23/2018
Downgrade	Atlantic Equities: Overweight to Neutral	1/22/2018
Downgrade	Longbow Research: Buy to Neutral	1/17/2018
Downgrade	Instinet: Buy to Neutral	12/19/2017

내부자 거래

(3M 비중은 12개월 거래 중 최근 3개월의 비중)

구분	성격	3개월	12개월	3M 비중
매수	매수 건수 (장내 매매만 해당)	1	11	9.09%
매도	매도 건수 (장내 매매만 해당)	5	15	33.33%
매수	매수 수량 (장내 매매만 해당)	115	18,720	0.61%
매도	매도 수량 (장내 매매만 해당)	520,000	742,671	70.02%
	순매수량 (-인 경우 순매도량)	-519,885	-723,951	

ETF 노출
(편입 ETF 수 : 82개 / 시가총액 대비 ETF의 보유비중 : 15.05%)

티커	ETF	보유 지분	비중
VO	Vanguard Mid-Cap ETF	$299,102,109	0.30%
VTI	Vanguard Total Stock Market ETF	$293,841,206	0.04%
VOO	Vanguard 500 Index Fund	$208,697,477	0.05%
SPY	SPDR S&P 500 ETF Trust	$155,267,943	0.05%
SDY	SPDR S&P Dividend (ETF)	$112,787,740	0.67%

기간 수익률

1M : 1.73%	3M : -1.03%	6M : -6.28%	1Y : 9.57%	3Y : 21.22%

재무 지표

	2014	2015	2016	2017(E)
매출액 (백만$)	3,298	3,395	3,493	3,747
영업이익 (백만$)	643	669	729	773
순이익 (백만$)	414	410	459	494
자산총계 (백만$)	4,381	4,257	4,354	5,792
자본총계 (백만$)	2,102	2,023	1,978	
부채총계 (백만$)	2,279	2,234	2,376	

안정성 비율	2013	2014	2015	2016
유동비율 (%)	171.35	114.05	103.82	75.54
부채비율 (%)	85.20	108.45	110.40	120.14
이자보상배율 (배)	22.27	23.46	21.94	26.32

투자 지표

	2014	2015	2016	2017(E)
영업이익률 (%)	19.50	19.71	20.87	20.63
매출액 증가율 (%)	3.23	2.95	2.90	7.26
EPS ($)	1.53	1.57	1.78	1.92
EPS 증가율 (%)	4.90	6.67	12.50	7.97
주당자산가치($)	7.88	7.78	7.79	7.86
잉여현금흐름 (백만$)	469	544	606	606

	2013	2014	2015	2016
배당성향(%)	40.14	41.20	43.60	40.60
배당수익률(%)	1.69	1.57	1.58	1.61
ROE (%)	18.09	18.81	19.90	22.94
ROA (%)	9.44	9.58	9.50	10.66
재고회전율	12.97	13.29	13.06	13.13
EBITDA (백만$)	707.50	734.10	770.10	836.60

매출비중

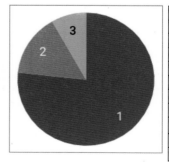

제품명	비중
1. 소비제품-국내	
	76.66%
2. 소비제품-전세계	
	15.04%
3. 특수 식품	
	8.3%

CL
콜게이트 팔모리브 컴퍼니
Colgate-Palmolive

섹터 필수소비재 (Consumer Staples)
세부섹터 가정용품 (Household Products)

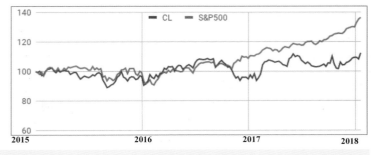

콜게이트 팔모리브 컴퍼니(Colgate-Palmolive Company)는 각종 위생용품과 생활용품을 제조, 유통, 판매를 영위하는 업체이다. 회사는 1806년에 설립되었고 본사는 뉴욕주 뉴욕에 있으며 36,700명의 직원이 근무하고 있다. 회사는 구강, 개인 및 홈케어 및 애완동물 영양, 두 부문으로 나누어진다. 구강, 개인 및 홈케어 제품 부문은 북미, 중남미, 유럽, 아시아 태평양 및 아프리카&유라시아를 포함한 5개의 지리적 부문으로 나누어진다. 대표적인 구강 관리 제품에는 콜게이트 토탈(Colgate Total), 콜게이트 민감성 프로 릴리프(Colgate Sensitive Pro-Relief), 콜게이트 맥시 프레시(Colgate Max Fresh) 및 콜게이트 옵틱 화이트(Colgate Optic White) 등이 있다. 대표적인 퍼스널 케어 제품으로는 팔모리브(Palmolive), 프로텍스(Protex), 소프트소프(Softsoap) 등이 있다. 식기 세척액, 가정용 세제 및 가정용 케어 시장을 위한 다양한 제품을 제조 및 판매하고 있으며 애완동물의 각종 식품 및 영양 제품을 제조하고 있다.

기준일 : 2018/ 01 /25

한글 회사명 : 콜게이트 팔모리브 컴퍼니
영문 회사명 : Colgate-Palmolive
상장일 : 1972년 01월 21일 | 결산월 : 12월
시가총액 : 679 (억$) |
52주 최고 : $77.91 (-1.34%) / 52주 최저 : $63.43 (+21.17%)

주요 주주정보

보유자 / 보유 기관	보유율
The Vanguard Group, Inc.	7.65%
SSgA Funds Management, Inc.	6.46%
BlackRock Fund Advisors	4.31%

애널리스트 추천 및 최근 투자의견

콜게이트 팔모리브 컴퍼니의 2018년 01월 25일 현재 24개 기관의 **평균적인 목표가는 78.19$**이며, 2018년 추정 주당순이익(EPS)은 3.36$로 2017년 추정 EPS 3.11$에 비해 **8.03% 증가할 것으로 예상**된다.

최근, 1개월, 3개월의 투자 의견 변화

투자의견	금융사 및 투자	날짜
Maintains	Morgan Stanley: Overweight to Overweight	1/25/2018
Maintains	Morgan Stanley: Overweight to Overweight	1/23/2018
Downgrade	Atlantic Equities: Overweight to Neutral	1/22/2018
Downgrade	Longbow Research: Buy to Neutral	1/17/2018
Downgrade	Instinet: Buy to Neutral	12/19/2017

내부자 거래

(3M 비중은 12개월 거래 중 최근 3개월의 비중)

구분	성격	3개월	12개월	3M 비중
매수	매수 건수 (장내 매매만 해당)	15	33	45.45%
매도	매도 건수 (장내 매매만 해당)	25	69	36.23%
매수	매수 수량 (장내 매매만 해당)	85,500	108,951	78.48%
매도	매도 수량 (장내 매매만 해당)	447,781	1,592,746	28.11%
	순매수량 (−인 경우 순매도량)	-362,281	-1,483,795	

ETF 노출

(편입 ETF 수 : 94개 / 시가총액 대비 ETF의 보유비중 : 9.33%)

티커	ETF	보유 지분	비중
VTI	Vanguard Total Stock Market ETF	$1,559,189,967	0.23%
VOO	Vanguard 500 Index Fund	$1,105,333,114	0.27%
SPY	SPDR S&P 500 ETF Trust	$810,035,686	0.27%
VIG	Vanguard Dividend Appreciation ETF	$564,299,676	1.57%
VUG	Vanguard Growth ETF	$435,565,035	0.56%

기간 수익률

1M : 4.65%	3M : 7.22%	6M : 5.77%	1Y : 14.05%	3Y : 12.04%

재무 지표

	2014	2015	2016	2017(E)
매출액 (백만$)	17,277	16,034	15,195	15,476
영업이익 (백만$)	4,185	3,970	3,960	3,942
순이익 (백만$)	2,180	1,384	2,441	2,548
자산총계 (백만$)	13,459	11,935	12,123	12,483
자본총계 (백만$)	1,385	-44	17	
부채총계 (백만$)	12,074	11,979	12,106	

안정성 비율	2013	2014	2015	2016
유동비율 (%)	107.88	123.24	116.75	131.26
부채비율 (%)	447.16	871.77	-27,225.00	71,211.77
이자보상배율 (배)	35.61	32.19	29.85	26.58

투자 지표

	2014	2015	2016	2017(E)
영업이익률 (%)	24.22	24.76	26.06	25.47
매출액 증가율 (%)	-0.82	-7.20	-5.23	1.85
EPS ($)	2.38	1.53	2.74	2.87
EPS 증가율 (%)	-1.25	-35.71	79.09	4.77
주당자산가치($)	1.26	-0.33	-0.28	-0.17
잉여현금흐름 (백만$)	2,541	2,258	2,548	2,470

	2013	2014	2015	2016
배당성향(%)	55.88	60.17	98.68	56.99
배당수익률(%)	2.04	2.05	2.25	2.37
ROE (%)	99.73	126.38		
ROA (%)	17.68	17.11	12.19	21.50
재고회전율	12.49	12.31	12.52	12.93
EBITDA (백만$)	4,570.00	4,627.00	4,419.00	4,403.00

매출비중

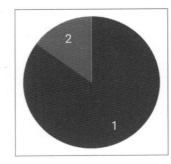

제품명	비중
1. 구강, 퍼스널 및 홈 케어	
	85.1%
2.애완동물 영양 사료	
	14.9%

CLX
클로락스 컴퍼니
The Clorox Company

섹터 필수소비재 (Consumer Staples)
세부섹터 가정용품 (Household Products)

클로락스 컴퍼니(The Clorox Company)는 각종 청소용품과 생활용품을 제조, 유통, 판매를 영위하는 업체이다. 회사는 1913년에 설립되었고 본사는 캘리포니아주 오크랜드에 있으며 8,000명의 직원이 근무하고 있다. 창고형 판매점, 전자상거래 채널, 도매 유통 업체 및 의료 공급 업체를 통해 회사 제품을 판매하고 있다. 청소용, 가정용 제품, 라이프 스타일 및 인터내셔널 네 부문으로 운영되고 있다. 청소 부문은 미국에서 판매되는 세탁물, 홈케어 제품들이 있다. 가정용 제품 부문은 미국에서 판매되는 숯, 비닐봉지, 포장 및 컨테이너 제품으로 이루어져 있다. 라이프 스타일 부문은 미국에서 판매되는 식품, 식수 여과 시스템 및 필터, 천연 퍼스널케어 제품으로 구성되어 있다. 인터내셔널 부문은 미국 이외 지역에서 판매되는 제품으로 구성되어 있다. 대표적인 제품은 표백제, 세척제이며 브랜드로는 파인-솔(Pine-Sol) 클리너, 리퀴드 플럼(Liquid-Plumr) 막힘 제거제, 킹스포드 차콜(Kingsford charcoal) 등이 있다.

기준일 : 2018/ 01 /25

한글 회사명 : 클로락스 컴퍼니
영문 회사명 : The Clorox Company
상장일 : 1972년 01월 21일 | 결산월 : 6월
시가총액 : 188 (억$) |
52주 최고 : $150.4 (-5.18%) / 52주 최저 : $118.87 (+19.96%)

주요 주주정보

보유자/ 보유 기관	보유율
The Vanguard Group, Inc.	11.27%
BlackRock Fund Advisors	5.86%
SSgA Funds Management, Inc.	5.63%

애널리스트 추천 및 최근 투자의견

클로락스 컴퍼니의 2018년 01월 25일 현재 18개 기관의 **평균적인 목표가는 141.4$**이며, 2018년 추정 주당순이익(EPS)은 6.16$로 2017년 추정 EPS 5.68$에 비해 **8.45% 증가할 것으로 예상**된다.

최근, 1개월, 3개월의 투자 의견 변화

투자의견	금융사 및 투자	날짜
Maintains	Morgan Stanley: Overweight to Overweight	1/25/2018
Maintains	Morgan Stanley: Overweight to Overweight	1/23/2018
Downgrade	Atlantic Equities: Overweight to Neutral	1/22/2018
Downgrade	Longbow Research: Buy to Neutral	1/17/2018
Downgrade	Instinet: Buy to Neutral	12/19/2017

내부자 거래

구분	성격	3개월	12개월	3M 비중
매수	매수 건수 (장내 매매만 해당)	0	17	0.00%
매도	매도 건수 (장내 매매만 해당)	1	25	4.00%
매수	매수 수량 (장내 매매만 해당)	0	84,501	0.00%
매도	매도 수량 (장내 매매만 해당)	220	72,091	0.31%
	순매수량 (- 인 경우 순매도량)	-220	12,410	

(3M 비중은 12개월 거래 중 최근 3개월의 비중)

ETF 노출

(편입 ETF 수 : 99개 / 시가총액 대비 ETF의 보유비중 : 16.22%)

티커	ETF	보유 지분	비중
VO	Vanguard Mid-Cap ETF	$452,975,097	0.46%
VTI	Vanguard Total Stock Market ETF	$446,120,151	0.06%
VOO	Vanguard 500 Index Fund	$316,110,837	0.08%
SPY	SPDR S&P 500 ETF Trust	$228,117,577	0.08%
SDY	SPDR S&P Dividend (ETF)	$192,140,414	1.15%

기간 수익률

1M : -2.55%	3M : 5.63%	6M : 8.78%	1Y : 18.48%	3Y : 31.88%

재무 지표

	2014	2015	2016	2017(E)
매출액 (백만$)	5,514	5,655	5,761	5,969
영업이익 (백만$)	965	1,002	1,068	1,119
순이익 (백만$)	579	606	648	697
자산총계 (백만$)	4,258	4,164	4,510	4,745
자본총계 (백만$)	154	118	297	
부채총계 (백만$)	4,104	4,046	4,213	

안정성 비율	2013	2014	2015	2016
유동비율 (%)	125.22	85.17	101.71	95.32
부채비율 (%)	2,852.74	2,664.94	3,428.81	1,418.52
이자보상배율 (배)	8.12	9.75	10.55	13.02

투자 지표

	2014	2015	2016	2017(E)
영업이익률 (%)	17.50	17.72	18.54	18.74
매출액 증가율 (%)	-1.94	2.56	1.87	3.61
EPS ($)	4.31	4.45	5.00	5.31
EPS 증가율 (%)	-1.37	3.25	12.47	6.16
주당자산가치($)	1.20	0.92	2.30	2.94
잉여현금흐름 (백만$)	630	749	606	710

	2013	2014	2015	2016
배당성향(%)	59.53	67.85	68.42	63.21
배당수익률(%)	3.08	3.14	2.87	2.25
ROE (%)	10,436.36	386.00	445.59	312.29
ROA (%)	13.25	13.51	14.39	14.94
재고회전율	14.46	14.14	14.67	13.92
EBITDA (백만$)	1,148.00	1,142.00	1,171.00	1,233.00

매출비중

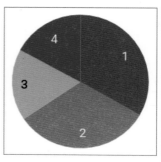

제품명	비중
1. 세탁	33.19%
2.가정용품	32.32%
3. 국제부문	17.31%
4. 라이프 스타일	17.18%

KMB
킴벌리-클라크 코퍼레이션
Kimberly-Clark Corporation

섹터 필수소비재 (Consumer Staples)
세부섹터 가정용품 (Household Products)

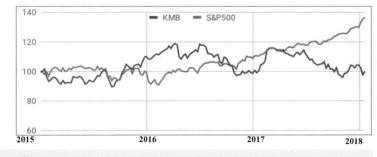

킴벌리-클라크 코퍼레이션(Kimberly-Clark Corporation)은 천연 또는 합성 섬유 소재로 다양한 개인 위생용품의 제조, 판매, 유통을 영위하는 업체이다. 회사는 1872년에 설립되었고 본사는 텍사스주 달라스에 있으며 42,000명의 직원이 근무하고 있다. 사업 부문은 퍼스널케어, 소비자 티슈, 케이-씨(K-C) 프로패셔널, 법인 & 기타로 나누어진다. 퍼스널케어 부문에서는 일회용 기저귀, 훈련 및 아동용 바지, 수영복, 아기용 물티슈, 여성 요실금 치료 제품 및 기타 관련 제품과 같은 다양한 솔루션과 제품을 생산하고 있다. 소비자 티슈 부문은 얼굴 및 욕실 티슈, 종이 타월, 냅킨 및 관련 제품들을 생산하고 있다. 케이-씨(K-C) 프로패셔널 부문은 와이퍼, 티슈, 수건, 의류, 비누 및 살균제와 같은 솔루션 및 지원 제품을 생산하고 있다. 북미 이외 지역 사업은 개발국 및 신흥시장(D&E)에 해당 제품을 판매 및 유통하고 있다.

기준일 : 2018/ 01 /25

한글 회사명 : 킴벌리-클라크 코퍼레이션
영문 회사명 : Kimberly-Clark Corporation
상장일 : 1972년 01월 21일 | 결산월 : 12월
시가총액 : 434 (억$) | 　　52주 최고 : $136.21 (-13.25%) / 52주 최저 : $109.67 (+7.73%)

주요 주주정보

보유자/ 보유 기관	보유율
The Vanguard Group, Inc.	6.99%
BlackRock Fund Advisors	5.32%
SSgA Funds Management, Inc.	4.82%

애널리스트 추천 및 최근 투자의견

킴벌리-클라크 코퍼레이션의 2018년 01월 25일 현재 17개 기관의 **평균적인 목표가**는 121.56$이며, 2018년 추정 주당순이익(EPS)은 7.4$로 2017년 추정 EPS 6.94$에 비해 6.62% **증가할 것으로 예상**된다.

최근, 1개월, 3개월의 투자 의견 변화

투자의견	금융사 및 투자	날짜
Maintains	Morgan Stanley: Overweight to Overweight	1/25/2018
Maintains	Morgan Stanley: Overweight to Overweight	1/23/2018
Downgrade	Atlantic Equities: Overweight to Neutral	1/22/2018
Downgrade	Longbow Research: Buy to Neutral	1/17/2018
Downgrade	Instinet: Buy to Neutral	12/19/2017

내부자 거래

(3M 비중은 12개월 거래 중 최근 3개월의 비중)

구분	성격	3개월	12개월	3M 비중
매수	매수 건수 (장내 매매만 해당)	7	12	58.33%
매도	매도 건수 (장내 매매만 해당)	8	16	50.00%
매수	매수 수량 (장내 매매만 해당)	149,985	166,083	90.31%
매도	매도 수량 (장내 매매만 해당)	107,247	150,122	71.44%
	순매수량 (-인 경우 순매도량)	42,738	15,961	

ETF 노출　(편입 ETF 수 : 107개 / 시가총액 대비 ETF의 보유비중 : 11.02%)

티커	ETF	보유 지분	비중
VTI	Vanguard Total Stock Market ETF	$1,033,887,475	0.15%
VOO	Vanguard 500 Index Fund	$732,888,976	0.18%
SPY	SPDR S&P 500 ETF Trust	$539,856,726	0.18%
DVY	iShares Select Dividend ETF	$304,089,795	1.68%
IVV	iShares S&P 500 Index (ETF)	$271,455,965	0.18%

기간 수익률

1M : -2.54%	3M : -4.63%	6M : -7.81%	1Y : -0.62%	3Y : -1.83%

재무 지표

	2014	2015	2016	2017(E)
매출액 (백만$)	19,724	18,591	18,202	18,288
영업이익 (백만$)	3,118	3,249	3,363	3,352
순이익 (백만$)	1,476	1,013	2,166	2,208
자산총계 (백만$)	15,526	14,842	14,602	14,944
자본총계 (백만$)	999	104	175	
부채총계 (백만$)	14,527	14,738	14,427	

안정성 비율	2013	2014	2015	2016
유동비율 (%)	112.00	89.29	85.46	87.50
부채비율 (%)	268.07	1,454.15	14,171.15	8,244.00
이자보상배율 (배)	11.62	10.98	11.01	10.54

투자 지표

	2014	2015	2016	2017(E)
영업이익률 (%)	15.81	17.48	18.48	18.33
매출액 증가율 (%)	-6.75	-5.74	-2.09	0.48
EPS ($)	4.07	2.78	6.03	6.21
EPS 증가율 (%)	-27.06	-31.70	116.91	2.91
주당자산가치($)	2.00	-0.48	-0.29	0.96
잉여현금흐름 (백만$)	1,806	1,250	2,461	2,360

	2013	2014	2015	2016
배당성향(%)	58.59	83.17	127.08	61.44
배당수익률(%)	3.24	2.91	2.77	3.22
ROE (%)	43.53	52.86		
ROA (%)	11.45	8.97	7.02	15.07
재고회전율	9.23	9.56	9.78	10.15
EBITDA (백만$)	4,151.00	3,980.00	3,995.00	4,068.00

매출비중

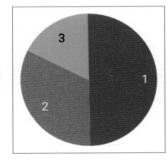

제품명	비중
1. 퍼스널 케어	49.7%
2.소비자용 티슈	32.78%
3. K-C Professional 브랜드	17.31%
4. 기타	0.21%

COST
코스트코 홀세일 코퍼레이션
Costco Wholesale Corp.

섹터 필수소비재 (Consumer Staples)
세부섹터 대형 마켓 (Hypermarkets & Super Centers)

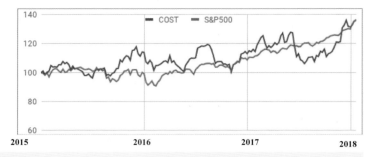

코스트코 홀세일 코퍼레이션(Costco Wholesale Corporation)은 미국 및 푸에르토 리코, 캐나다, 영국, 멕시코, 일본, 호주, 스페인, 대만, 한국의 자회사를 통해 회원제 창고형 마트 사업을 영위하는 업체이다. 회사는 1983년에 설립되었고 본사는 워싱턴주 아이자쿠아에 있으며 218,000명의 직원이 근무하고 있다. 2017년 기준으로 전 세계에 걸쳐 715개의 창고형 마트를 운영하고 있다. 회사는 다양한 범주의 상품을 취급하며 회원들에게 저렴한 가격의 묶음형 상품을 공급하는 개념으로 회원제 창고형 마트를 운영하고 있다. 회사는 식품(건조식품, 포장식품 및 식료품 포함), 잡화(스낵식품, 사탕, 알코올 및 비 알코올 음료, 청소용품 포함), 하드 라인(가전제품, 전자제품, 건강 및 미용 보조기구, 하드웨어, 정원 및 안뜰 제품 포함), 신선한 식품(육류, 농산물, 빵집 포함), 소프트 라인(의류 및 소형 가전 포함), 기타(주유소 및 약국 포함) 등의 다양한 범주의 상품을 제공하고 있다.

기준일 : 2018/ 01 /25

한글 회사명 : 코스트코 홀세일 코퍼레이션
영문 회사명 : Costco Wholesale Corp.
상장일 : 1985년 11월 27일 | 결산월 : 8월
시가총액 : 869 (억$) |
52주 최고 : $195.35 (-0.84%) / 52주 최저 : $150 (+29.13%)

주요 주주정보

보유자/ 보유 기관	보유율
The Vanguard Group, Inc.	7.66%
BlackRock Fund Advisors	4.43%
SSgA Funds Management, Inc.	4.02%

애널리스트 추천 및 최근 투자의견

코스트코 홀세일 코퍼레이션의 2018년 01월 25일 현재 30개 기관의 **평균적인 목표가는 207.11$**이며, 2018년 추정 주당순이익(EPS)은 7.51$로 2017년 추정 EPS 6.77$에 비해 **10.93% 증가**할 것으로 예상된다.

최근, 1개월, 3개월의 투자 의견 변화

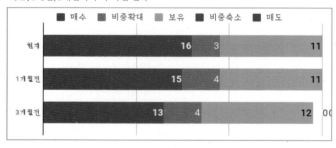

투자의견	금융사 및 투자	날짜
Maintains	Morgan Stanley: Overweight to Overweight	1/25/2018
Maintains	Morgan Stanley: Overweight to Overweight	1/23/2018
Downgrade	Atlantic Equities: Overweight to Neutral	1/22/2018
Downgrade	Longbow Research: Buy to Neutral	1/17/2018
Downgrade	Instinet: Buy to Neutral	12/19/2017

내부자 거래

(3M 비중은 12개월 거래 중 최근 3개월의 비중)

구분	성격	3개월	12개월	3M 비중
매수	매수 건수 (장내 매매만 해당)	0	50	0.00%
매도	매도 건수 (장내 매매만 해당)	17	67	25.37%
매수	매수 수량 (장내 매매만 해당)	0	287,052	0.00%
매도	매도 수량 (장내 매매만 해당)	152,442	459,084	33.21%
	순매수량 (−인 경우 순매도량)	-152,442	-172,032	

ETF 노출
(편입 ETF 수 : 92개 / 시가총액 대비 ETF의 보유비중 : 10.34%)

티커	ETF	보유 지분	비중
VTI	Vanguard Total Stock Market ETF	$2,082,111,013	0.30%
VOO	Vanguard 500 Index Fund	$1,476,066,816	0.36%
SPY	SPDR S&P 500 ETF Trust	$1,079,907,720	0.36%
VIG	Vanguard Dividend Appreciation ETF	$753,401,335	2.10%
QQQ	PowerShares QQQ Trust, Series 1 (ETF)	$671,220,811	1.09%

기간 수익률

1M : -0.22%	3M : 18.47%	6M : 27.81%	1Y : 17.07%	3Y : 37.62%

재무 지표

	2014	2015	2016	2017(E)
매출액 (백만$)	112,640	116,199	118,719	123,500
영업이익 (백만$)	3,220	3,624	3,672	4,029
순이익 (백만$)	2,058	2,377	2,350	2,616
자산총계 (백만$)	33,024	33,440	33,163	36,124
자본총계 (백만$)	12,515	10,843	12,332	
부채총계 (백만$)	20,509	22,597	20,831	

안정성 비율	2013	2014	2015	2016
유동비율 (%)	119.48	122.04	104.59	97.71
부채비율 (%)	175.00	163.88	208.40	168.92
이자보상배율 (배)	30.84	28.50	29.23	27.61

투자 지표

	2014	2015	2016	2017(E)
영업이익률 (%)	2.86	3.12	3.09	3.26
매출액 증가율 (%)	7.12	3.16	2.17	4.03
EPS ($)	4.69	5.41	5.36	5.77
EPS 증가율 (%)	0.21	15.35	-0.92	7.68
주당자산가치($)	28.11	24.24	27.61	25.60
잉여현금흐름 (백만$)	1,991	1,892	643	3,110

	2013	2014	2015	2016
배당성향(%)	25.27	28.60	28.12	31.89
배당수익률(%)	1.05	1.10	1.08	1.05
ROE (%)	17.58	17.79	20.74	20.71
ROA (%)	7.18	6.60	7.25	7.14
재고회전율	14.03	13.78	13.38	13.28
EBITDA (백만$)	3,999.00	4,249.00	4,751.00	4,927.00

매출비중

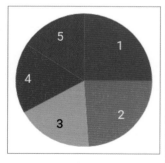

제품명	비중
1. 식품	22%
2. 잡화	21%
3. 가전 및 스포츠용품 등	16%
4. 여행사	15%
5. 신선 식품	14%

WMT
월마트 스토어
Wal-Mart Stores

섹터 필수소비재 (Consumer Staples)
세부섹터 대형 마켓 (Hypermarkets & Super Centers)

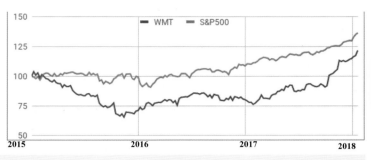

월마트 스토어(Wal-Mart Stores, Inc.)는 전 세계에서 다양한 형태의 소매, 도매 단위의 매장 운영 사업을 영위하는 업체이다. 회사는 1962년에 설립되었고 본사는 아칸사주 벤톤빌에 있으며 2,300,000명의 직원이 근무하고 있다. 사업 부문은 월마트-미국(Walmart), 월마트-인터내셔널(Walmart International), 샘스 클럽(Sam's Club)으로 나누어진다. 회사의 미국 사업 부문은 월마트 또는 월마트 브랜드로 운영되는 미국 내 대형마트와 온라인 사업을 포함하고 있다. 상점 내에서 금융 서비스 및 전신환, 선불카드, 은행 송금, 수표 환전 및 공과금 납부와 같은 업무도 제공하고 있다. 월마트 인터내셔널 부문은 다양한 회사 웹사이트를 포함한 미국 이외 지역의 회사 운영으로 구성되어 있다. 샘스클럽은 회원 전용 창고형 매장과 온라인 웹사이트인 샘스클럽닷컴(samsclubs.com)으로 구성되어 있다.

기준일 : 2018/ 01 /25
한글 회사명 : 월마트 스토어
영문 회사명 : Wal-Mart Stores
상장일 : 1972년 01월 21일 | 결산월 : 1월
시가총액 : 3158 (억$) |
52주 최고 : $106.44 (-0.53%) / 52주 최저 : $65.28 (+62.17%)

주요 주주정보

보유자/ 보유 기관	보유율
Walton Enterprises LLC	47.8%
The Vanguard Group, Inc.	3.49%
WALTON FAMILY	2.73%

애널리스트 추천 및 최근 투자의견

월마트 스토어의 2018년 01월 25일 현재 32개 기관의 **평균적인 목표가는 106$**이며, 2018년 추정 주당순이익(EPS)은 4.92$로 2017년 추정 EPS 4.44$에 비해 **10.81% 증가**할 것으로 예상된다.

최근, 1개월, 3개월의 투자 의견 변화

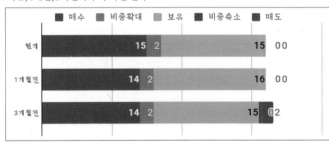

투자의견	금융사 및 투자	날짜
Maintains	Morgan Stanley: Overweight to Overweight	1/25/2018
Maintains	Morgan Stanley: Overweight to Overweight	1/23/2018
Downgrade	Atlantic Equities: Overweight to Neutral	1/22/2018
Downgrade	Longbow Research: Buy to Neutral	1/17/2018
Downgrade	Instinet: Buy to Neutral	12/19/2017

내부자 거래

(3M 비중은 12개월 거래 중 최근 3개월의 비중)

구분	성격	3개월	12개월	3M 비중
매수	매수 건수 (장내 매매만 해당)	15	49	30.61%
매도	매도 건수 (장내 매매만 해당)	17	177	9.60%
매수	매수 수량 (장내 매매만 해당)	100,781	7,455,141	1.35%
매도	매도 수량 (장내 매매만 해당)	1,534,297	167,490,929	0.92%
	순매수량 (−인 경우 순매도량)	-1,433,516	-160,035,788	

ETF 노출
(편입 ETF 수 : 114개 / 시가총액 대비 ETF의 보유비중 : 4.75%)

티커	ETF	보유 지분	비중
VTI	Vanguard Total Stock Market ETF	$3,850,472,722	0.56%
VOO	Vanguard 500 Index Fund	$2,674,978,642	0.64%
SPY	SPDR S&P 500 ETF Trust	$1,956,178,814	0.65%
IVV	iShares S&P 500 Index (ETF)	$991,203,830	0.64%
VTV	Vanguard Value ETF	$822,055,346	1.20%

기간 수익률

1M : 7.7%	3M : 30.11%	6M : 37.34%	1Y : 55.68%	3Y : 20.53%

재무 지표

	2014	2015	2016	2017(E)
매출액 (백만$)	485,651	482,130	485,144	498,810
영업이익 (백만$)	27,147	24,105	22,035	22,710
순이익 (백만$)	16,182	14,694	13,643	13,320
자산총계 (백만$)	203,706	199,581	198,825	202,357
자본총계 (백만$)	85,937	83,611	80,535	
부채총계 (백만$)	117,769	115,970	118,290	

안정성 비율	2013	2014	2015	2016
유동비율 (%)	88.23	96.95	93.22	86.20
부채비율 (%)	147.19	137.04	138.70	146.88
이자보상배율 (배)	11.44	10.92	9.40	9.14

투자 지표

	2014	2015	2016	2017(E)
영업이익률 (%)	5.59	5.00	4.54	4.55
매출액 증가율 (%)	1.97	-0.73	0.63	2.82
EPS ($)	5.07	4.58	4.40	4.44
EPS 증가율 (%)	3.47	-9.67	-3.93	0.91
주당자산가치($)	25.21	25.47	25.52	25.71
잉여현금흐름 (백만$)	16,390	15,912	20,911	13,925

	2013	2014	2015	2016
배당성향(%)	38.52	38.02	42.89	45.66
배당수익률(%)	2.52	2.26	2.95	3.00
ROE (%)	20.86	20.53	18.15	17.23
ROA (%)	8.12	8.23	7.48	7.18
재고회전율	10.74	10.79	10.76	11.09
EBITDA (백만$)	35,742.00	36,320.00	33,559.00	32,115.00

매출비중

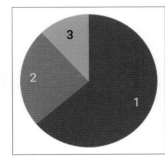

제품명	비중
1. 월마트 미국	63.96%
2. 월마트 국제	24.13%
3. 샘스클럽	11.92%

CAG
콘애그라 브랜드
Conagra Brands

섹터 필수소비재 (Consumer Staples)
세부섹터 포장 식품과 고기 (Packaged Foods & Meats)

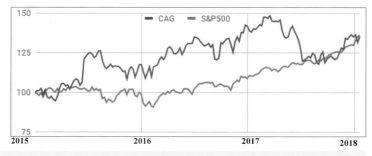

콘애그라 브랜드(Conagra Brands, Inc.,)는 가공 식품 및 포장 식품의 제조, 유통, 판매를 영위하는 업체이다. 회사는 1919년에 설립되었고 본사는 네브라스카주 오마하에 있으며 20,900명의 직원이 근무하고 있다. 사업 부문은 소비자 식품과 상업용 식품의 두 부문으로 운영되고 있다. 소비자 식품 부문은 주로 북미 지역의 다양한 소매 유통망에서 판매되는 브랜드 식품을 포함하고 있다. 상업용 식품 부문은 맞춤형 식품 및 상업용 브랜드 식품을 판매하며 다양한 레스토랑, 식품 서비스 운영업체 및 상업용 고객에게 채소, 향신료, 곡물, 냉동 제품 등을 공급하고 있다. 캐나다와 멕시코와 같은 미국 이외의 국가에서도 운영되며 회사의 브랜드에는 매리 콜랜더스(Marie Callender's), 헬시 초이스(Healthy Choice), 슬림 짐(Slim Jim), 히브류 내셔널(Hebrew National), 피터 팬(Peter Pan) 등이 있다.

기준일 : 2018/ 01 /25
한글 회사명 : 콘애그라 브랜드
영문 회사명 : Conagra Brands
상장일 : 1972년 01월 21일 | 결산월 : 5월
시가총액 : 152 (억$) | 52주 최고 : $41.68 (-9.59%) / 52주 최저 : $32.16 (+17.16%)

주요 주주정보

보유자/ 보유 기관	보유율
The Vanguard Group, Inc.	11.26%
BlackRock Fund Advisors	4.86%
SSgA Funds Management, Inc.	4.29%

애널리스트 추천 및 최근 투자의견

콘애그라 브랜드의 2018년 01월 25일 현재 16개 기관의 **평균적인 목표가는 41.33$**이며, 2018년 추정 주당순이익(EPS)은 2.11$로 2017년 추정 EPS 1.9$에 비해 **11.05% 증가할 것으로 예상**된다.

최근, 1개월, 3개월의 투자 의견 변화

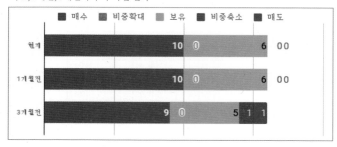

투자의견	금융사 및 투자	날짜
Maintains	Morgan Stanley: Overweight to Overweight	1/25/2018
Maintains	Morgan Stanley: Overweight to Overweight	1/23/2018
Downgrade	Atlantic Equities: Overweight to Neutral	1/22/2018
Downgrade	Longbow Research: Buy to Neutral	1/17/2018
Downgrade	Instinet: Buy to Neutral	12/19/2017

내부자 거래

(3M 비중은 12개월 거래 중 최근 3개월의 비중)

구분	성격	3개월	12개월	3M 비중
매수	매수 건수 (장내 매매만 해당)	4	20	20.00%
매도	매도 건수 (장내 매매만 해당)	2	16	12.50%
매수	매수 수량 (장내 매매만 해당)	2,370	173,626	1.37%
매도	매도 수량 (장내 매매만 해당)	28,420	427,102	6.65%
	순매수량 (-인 경우 순매도량)	-26,050	-253,476	

ETF 노출   (편입 ETF 수 : 81개 / 시가총액 대비 ETF의 보유비중 : 13.34%)

티커	ETF	보유 지분	비중
VO	Vanguard Mid-Cap ETF	$381,038,595	0.38%
VTI	Vanguard Total Stock Market ETF	$375,108,597	0.05%
VOO	Vanguard 500 Index Fund	$265,939,372	0.06%
SPY	SPDR S&P 500 ETF Trust	$196,110,911	0.07%
VOE	Vanguard Mid-Cap Value ETF	$128,971,662	0.72%

기간 수익률

1M : 0.02%	3M : 7.88%	6M : 11.48%	1Y : -3.47%	3Y : 33.98%

재무 지표

	2014	2015	2016	2017(E)
매출액 (백만$)	11,937	8,664	7,827	7,848
영업이익 (백만$)	1,402	741	1,123	1,236
순이익 (백만$)	747	113	537	781
자산총계 (백만$)	17,438	13,391	10,096	10,124
자본총계 (백만$)	4,610	3,795	4,078	
부채총계 (백만$)	12,828	9,596	6,019	

안정성 비율	2013	2014	2015	2016
유동비율 (%)	160.11	107.65	141.24	117.01
부채비율 (%)	260.76	278.26	252.87	147.59
이자보상배율 (배)	1.81	4.24	2.51	5.64

투자 지표

	2014	2015	2016	2017(E)
영업이익률 (%)	11.74	8.55	14.35	15.75
매출액 증가율 (%)	-24.66	-27.42	-9.66	0.26
EPS ($)	-0.60	-1.57	1.48	1.91
EPS 증가율 (%)	-183.33	-161.67	194.27	28.71
주당자산가치($)	10.57	8.48	9.58	9.04
잉여현금흐름 (백만$)	1,129	982	933	714

	2013	2014	2015	2016
배당성향(%)	141.84			61.64
배당수익률(%)	3.98	3.33	2.81	2.34
ROE (%)	3.04	15.27	2.73	13.93
ROA (%)	0.87	4.13	0.80	4.64
재고회전율	7.09	6.42	6.45	7.91
EBITDA (백만$)	1,270.20	1,782.50	1,019.50	1,391.00

매출비중

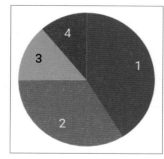

제품명	비중
1. 식료품 및 간식	
	41%
2.냉장 및 냉동 식품	
	33.89%
3. 푸드서비스	
	13.78%
4. 식품판매-전세계	
	10.43%
5. 상업용 식품	
	0.91%

CPB
캠벨 수프 컴퍼니
Campbell Soup Company

섹터 필수소비재 (Consumer Staples)
세부섹터 포장식품과 고기 (Packaged Foods & Meats)

필수소비재

캠벨 수프 컴퍼니(Campbell Soup Company)는 다양한 식품의 제조, 유통, 판매를 영위하는 업체이다. 회사는 1869년에 설립되었고 본사는 뉴저지주 캠든에 있으며 16,500명의 직원이 근무하고 있다. 사업 부문으로는 미주 지역 간편식 및 음료(Americas Simple Meals and Beverages), 글로벌 비스킷 앤 스낵(Global Biscuits and Snacks), 캠벨프레시(Campbell Fresh) 등으로 나누어진다. 미주 지역 간편식 및 음료 부문에는 소매 및 식품 서비스 채널 사업이 포함되며 캠벨(Campbell) 브랜드는 즉석 수프, 프레고파스타 소스, 페이스 멕시코 소스, 그레이비, 파스타, 콩 및 저녁 소스, 브이8(V8) 주스 및 음료, 캠벨 토마토 주스 등을 판매 및 유통하고 있다. 글로벌 비스킷 앤 스낵(Global Biscuits and Snacks) 부문에는 쿠키, 크래커, 베이커리 및 냉동 제품이 포함되어 있으며 대표 제품으로는 아노트 비스킷(Arnott's biscuits), 켈센 쿠키(Kelsen cookies) 등이 있다. 캠벨 프레쉬(Campbell Fresh) 부문은 당근, 냉장 음료 및 냉장 샐러드 드레싱을 제공하고 있다. 대표 제품으로 가든 프레쉬 고메 살사(Garden Fresh gourmet salsa), 후머스(hummus), 토틸라 칩과 소스(dips and tortilla chips) 등이 있다.

기준일 : 2018/ 01 /25
한글 회사명 : 캠벨 수프 컴퍼니
영문 회사명 : Campbell Soup Company
상장일 : 1972년 01월 21일 | 결산월 : 7월
시가총액 : 143 (억$) |
52주 최고 : $64.23 (-26.8%) / 52주 최저 : $44.99 (+4.48%)

주요 주주정보

보유자/ 보유 기관	보유율
MALONE MARY ALICE DORRANCE	17.72%
DORRANCE BENNETT	15.41%
Campbell Soup Co. Voting Trust	7.87%

애널리스트 추천 및 최근 투자의견

캠벨 수프 컴퍼니의 2018년 01월 25일 현재 17개 기관의 **평균적인 목표가는 49.86$**이며, 2018년 추정 주당순이익(EPS)은 3.16$로 2017년 추정 EPS 2.98$에 비해 **6.04% 증가할 것으로 예상**된다.

최근, 1개월, 3개월의 투자 의견 변화

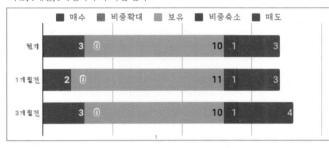

투자의견	금융사 및 투자	날짜
Maintains	Morgan Stanley: Overweight to Overweight	1/25/2018
Maintains	Morgan Stanley: Overweight to Overweight	1/23/2018
Downgrade	Atlantic Equities: Overweight to Neutral	1/22/2018
Downgrade	Longbow Research: Buy to Neutral	1/17/2018
Downgrade	Instinet: Buy to Neutral	12/19/2017

내부자 거래

구분	성격	3개월	12개월	3M 비중
	(3M 비중은 12개월 거래 중 최근 3개월의 비중)			
매수	매수 건수 (장내 매매만 해당)	6	22	27.27%
매도	매도 건수 (장내 매매만 해당)	4	19	21.05%
매수	매수 수량 (장내 매매만 해당)	22,132	1,093,386	2.02%
매도	매도 수량 (장내 매매만 해당)	15,287	2,037,714	0.75%
	순매수량 (－인 경우 순매도량)	6,845	-944,328	

ETF 노출
(편입 ETF 수 : 88개 / 시가총액 대비 ETF의 보유비중 : 7.61%)

티커	ETF	보유 지분	비중
VTI	Vanguard Total Stock Market ETF	$224,865,846	0.03%
VOO	Vanguard 500 Index Fund	$157,020,581	0.04%
SPY	SPDR S&P 500 ETF Trust	$114,822,402	0.04%
VO	Vanguard Mid-Cap ETF	$114,377,859	0.11%
IVV	iShares S&P 500 Index (ETF)	$58,050,513	0.04%

기간 수익률

1M : -4.43%	3M : -2.74%	6M : -8.86%	1Y : -24.58%	3Y : 1.8%

재무 지표

	2014	2015	2016	2017(E)
매출액 (백만$)	8,268	8,082	7,961	7,920
영업이익 (백만$)	1,271	1,175	1,138	1,489
순이익 (백만$)	737	691	563	944
자산총계 (백만$)	8,113	8,089	7,837	7,865
자본총계 (백만$)	1,603	1,376	1,533	
부채총계 (백만$)	6,510	6,713	6,304	

안정성 비율	2013	2014	2015	2016
유동비율 (%)	67.67	70.26	74.56	74.68
부채비율 (%)	587.85	406.11	487.86	411.22
이자보상배율 (배)	9.05	10.68	11.30	10.25

투자 지표

	2014	2015	2016	2017(E)
영업이익률 (%)	15.37	14.54	14.29	18.80
매출액 증가율 (%)	2.68	-2.25	-1.50	-0.52
EPS ($)	2.38	2.21	1.82	3.05
EPS 증가율 (%)	63.01	-7.14	-17.65	67.57
주당자산가치($)	5.16	4.45	4.95	5.08
잉여현금흐름 (백만$)	552	802	1,122	909

	2013	2014	2015	2016
배당성향(%)	80.56	52.90	56.47	68.95
배당수익률(%)	2.48	3.00	2.53	2.00
ROE (%)	65.15	52.05	46.14	38.76
ROA (%)	9.16	8.83	8.53	7.07
재고회전율	9.83	8.52	8.05	8.24
EBITDA (백만$)	1,593.00	1,576.00	1,478.00	1,446.00

매출비중

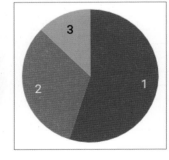

제품명	비중
1. 미국식 간단한 식사 및 음료	
	55.02%
2. 글로벌 비스킷과 스낵	
	32.21%
3. 캠벨 신선식품	
	12.77%

207

GIS
제너럴 밀스
General Mills

섹터 필수소비재 (Consumer Staples)
세부섹터 포장식품과 고기 (Packaged Foods & Meats)

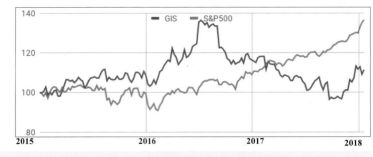

제너럴 밀스(General Mills, Inc.)는 소매점을 통해 판매되는 브랜드 소비자 식품의 제조 및 마케팅 사업을 영위하는 업체이다. 회사는 1866년에 설립되었고 본사는 미네소타주 미니아폴리스에 있으며 39,000명의 직원이 근무하고 있다. 회사는 북미의 식품업계 및 상업 제빵 업계의 브랜드 및 노 브랜드 식품을 공급하고 있다. 사업 부문은 미국 소매, 인터내셔널, 편의점 및 식품 서비스 등으로 나누어진다. 대표적인 제품은 애니스(Annie's)와 베티 크로커(Betty Crocker)가 있다. 미국 소매 부문에서는 미국 전역에서 영업하는 다양한 식료품점, 대형 마트, 창고형 할인매장, 유기농 식품점, 제약, 할인 체인 및 전자상거래 식료품 업체에 제품을 공급하고 있다. 인터내셔널 부문은 미국 이외 지역의 소매 및 식품 서비스 사업부로 구성되어 있다. 편의점 및 푸드 서비스 부문의 제품들은 간편식, 시리얼, 간식, 냉장 요구르트, 냉동식품, 굽지 않은 식품 및 완전히 구운 냉동 반죽 제품 및 제빵 믹스 등이 있다.

기준일 : 2018/ 01 /25

한글 회사명 : 제너럴 밀스
영문 회사명 : General Mills
상장일 : 1972년 01월 21일 | 결산월 : 5월
시가총액 : 342 (억$) |
52주 최고 : $63.73 (-6.16%) / 52주 최저 : $49.65 (+20.44%)

주요 주주정보

보유자/ 보유 기관	보유율
The Vanguard Group, Inc.	6.95%
SSgA Funds Management, Inc.	6.05%
BlackRock Fund Advisors	5.33%

애널리스트 추천 및 최근 투자의견

제너럴 밀스의 2018년 01월 25일 현재 22개 기관의 **평균적인 목표가는 58.95$**이며, 2018년 추정 주당순이익(EPS)은 3.3$로 2017년 추정 EPS 3.12$에 비해 **5.76% 증가할 것으로 예상**된다.

최근, 1개월, 3개월의 투자 의견 변화

투자의견	금융사 및 투자	날짜
Maintains	Morgan Stanley: Overweight to Overweight	1/25/2018
Maintains	Morgan Stanley: Overweight to Overweight	1/23/2018
Downgrade	Atlantic Equities: Overweight to Neutral	1/22/2018
Downgrade	Longbow Research: Buy to Neutral	1/17/2018
Downgrade	Instinet: Buy to Neutral	12/19/2017

내부자 거래

(3M 비중은 12개월 거래 중 최근 3개월의 비중)

구분	성격	3개월	12개월	3M 비중
매수	매수 건수 (장내 매매만 해당)	4	46	8.70%
매도	매도 건수 (장내 매매만 해당)	5	28	17.86%
매수	매수 수량 (장내 매매만 해당)	3,971	217,658	1.82%
매도	매도 수량 (장내 매매만 해당)	108,118	405,332	26.67%
	순매수량 (−인 경우 순매도량)	-104,147	-187,674	

ETF 노출 (편입 ETF 수 : 108개 / 시가총액 대비 ETF의 보유비중 : 10.1%)

티커	ETF	보유 지분	비중
VTI	Vanguard Total Stock Market ETF	$824,210,285	0.12%
VOO	Vanguard 500 Index Fund	$584,294,323	0.14%
SPY	SPDR S&P 500 ETF Trust	$427,468,740	0.14%
IVV	iShares S&P 500 Index (ETF)	$216,516,871	0.14%
VTV	Vanguard Value ETF	$176,419,583	0.26%

기간 수익률

1M : 3.9%	3M : 5.93%	6M : 8.75%	1Y : -5.3%	3Y : 10.67%

재무 지표

	2014	2015	2016	2017(E)
매출액 (백만$)	17,630	16,563	15,620	15,684
영업이익 (백만$)	2,839	2,766	2,789	2,781
순이익 (백만$)	1,221	1,697	1,658	1,817
자산총계 (백만$)	21,965	22,943	22,786	21,883
자본총계 (백만$)	6,172	6,153	5,596	
부채총계 (백만$)	15,793	16,791	17,190	

안정성 비율	2013	2014	2015	2016
유동비율 (%)	81.01	77.42	78.51	76.19
부채비율 (%)	189.70	255.90	272.90	307.16
이자보상배율 (배)	9.25	8.90	9.18	9.25

투자 지표

	2014	2015	2016	2017(E)
영업이익률 (%)	16.10	16.70	17.86	17.73
매출액 증가율 (%)	-1.56	-6.05	-5.70	0.41
EPS ($)	2.02	2.83	2.82	3.12
EPS 증가율 (%)	-30.35	38.61	-0.35	10.74
주당자산가치($)	8.35	8.26	7.50	8.18
잉여현금흐름 (백만$)	1,830	1,901	1,629	1,844

	2013	2014	2015	2016
배당성향(%)	54.77	84.80	64.26	69.31
배당수익률(%)	2.82	2.97	2.84	3.38
ROE (%)	27.63	21.18	34.20	35.81
ROA (%)	8.13	5.58	7.74	7.44
재고회전율	11.54	11.37	11.21	10.78
EBITDA (백만$)	3,426.30	3,427.60	3,373.80	3,392.60

매출비중

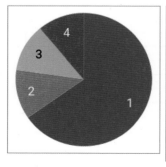

제품명	비중
1. 소매 부문 - 북미	65.28%
2.편의점 및 푸드서비스	11.97%
3. 유럽 및 호주	11.68%
4. 아시아 및 라틴 아메리카	11.07%

HRL
호멜 푸드 코퍼레이션
Hormel Foods Corp.

섹터 필수소비재 (Consumer Staples)
세부섹터 포장식품과 고기 (Packaged Foods & Meats)

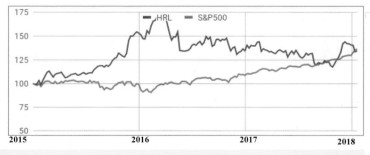

필수소비재

호멜 푸드 코퍼레이션(Hormel Foods Corporation)은 다양한 종류의 육류 및 식품 생산 사업을 영위하는 업체이다. 회사는 1891년에 설립되었고 본사는 미네소타주 오스틴에 있으며 21,100명의 직원이 근무하고 있다. 사업 부문은 식료품, 냉장 식품, 제니-오 칠면조 스토어(Jennie-O Turkey Store - JOTS), 인터내셔널 및 기타로 나누어진다. 식료품 부문은 가공, 마케팅, 소매 시장에 판매되는 선반용 제품, 머슬 밀크(Muscle Milk)와 같은 영양 보조 식품 등을 담당하고 있다. 냉장 제품 부문은 가공, 마케팅을 담당하며 브랜드 제품과 노 브랜드 돼지고기, 소고기, 닭고기, 칠면조 제품을 푸드서비스와 가공 제품을 고객에게 제공하고 있다. 제니-오 칠면조 스토어 부문은 가공, 마케팅, 브랜드와 노브랜드 칠면조 제품을 푸드 서비스와 제품을 원하는 고객에게 제공하고 있다. 인터내셔널 및 기타 부문은 회사의 생산되는 제품을 해외 고객 대상으로 유통 및 판매하고 있다.

기준일 : 2018/ 01 /25
한글 회사명 : 호멜 푸드 코퍼레이션
영문 회사명 : Hormel Foods Corp.
상장일 : 1972년 10월 02일 | 결산월 : 10월
시가총액 : 183 (억$) |
52주 최고 : $38 (-8.92%) / 52주 최저 : $29.75 (+16.33%)

주요 주주정보

보유자/ 보유 기관	보유율
The Hormel Foundation	48.42%
The Vanguard Group, Inc.	5.83%
SSgA Funds Management, Inc.	5.62%

애널리스트 추천 및 최근 투자의견

호멜 푸드 코퍼레이션의 2018년 01월 25일 현재 16개 기관의 **평균적인 목표가는 35.57$**이며, 2018년 추정 주당순이익(EPS)은 1.81$로 2017년 추정 EPS 1.69$에 비해 **7.1% 증가**할 것으로 **예상**된다.

재무 지표

	2014	2015	2016	2017(E)
매출액 (백만$)	9,316	9,264	9,523	9,109
영업이익 (백만$)	957	1,105	1,296	1,265
순이익 (백만$)	603	686	890	843
자산총계 (백만$)	5,456	6,140	6,737	6,395
자본총계 (백만$)	3,612	4,001	4,451	
부채총계 (백만$)	1,844	2,138	2,286	

안정성 비율	2013	2014	2015	2016
유동비율 (%)	261.15	223.40	169.93	192.74
부채비율 (%)	48.22	51.04	53.44	51.35
이자보상배율 (배)	63.05	75.36	84.28	100.71

최근, 1개월, 3개월의 투자 의견 변화

투자 지표

	2014	2015	2016	2017(E)
영업이익률 (%)	10.27	11.93	13.61	13.88
매출액 증가율 (%)	6.45	-0.56	2.80	-4.35
EPS ($)	1.14	1.30	1.68	1.56
EPS 증가율 (%)	14.57	14.04	29.23	-6.91
주당자산가치($)	6.84	7.57	8.42	8.75
잉여현금흐름 (백만$)	588	848	737	559

투자의견	금융사 및 투자	날짜
Maintains	Morgan Stanley: Overweight to Overweight	1/25/2018
Maintains	Morgan Stanley: Overweight to Overweight	1/23/2018
Downgrade	Atlantic Equities: Overweight to Neutral	1/22/2018
Downgrade	Longbow Research: Buy to Neutral	1/17/2018
Downgrade	Instinet: Buy to Neutral	12/19/2017

	2013	2014	2015	2016
배당성향(%)	34.87	35.87	39.37	35.37
배당수익률(%)	1.56	1.48	1.48	1.51
ROE (%)	17.17	17.43	18.05	21.08
ROA (%)	11.18	11.69	11.85	13.83
재고회전율	9.12	9.21	9.05	9.62
EBITDA (백만$)	910.03	1087.48	1238.42	1428.22

내부자 거래

(3M 비중은 12개월 거래 중 최근 3개월의 비중)

구분	성격	3개월	12개월	3M 비중
매수	매수 건수 (장내 매매만 해당)	13	22	59.09%
매도	매도 건수 (장내 매매만 해당)	4	32	12.50%
매수	매수 수량 (장내 매매만 해당)	51,717	91,459	56.55%
매도	매도 수량 (장내 매매만 해당)	32,621	560,991	5.81%
	순매수량 (−인 경우 순매도량)	19,096	-469,532	

매출비중

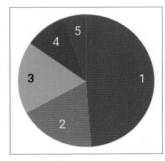

제품명	비중
1. 냉장 식품	
	48.8%
2.제니-O 터키 스토어	
	18.28%
3. 식료품	
	17.69%
4. 특수 식품	
	9.86%
5. 국제 및 기타	
	5.37%

ETF 노출
(편입 ETF 수 : 87개 / 시가총액 대비 ETF의 보유비중 : 8.52%)

티커	ETF	보유 지분	비중
VO	Vanguard Mid-Cap ETF	$223,273,441	0.22%
VTI	Vanguard Total Stock Market ETF	$219,711,768	0.03%
SDY	SPDR S&P Dividend (ETF)	$159,283,413	0.95%
VOO	Vanguard 500 Index Fund	$158,833,878	0.04%
VIG	Vanguard Dividend Appreciation ETF	$158,474,312	0.44%

기간 수익률

1M : -5.51%	3M : 10.77%	6M : 4.6%	1Y : -4.16%	3Y : 34.99%

HSY
허쉬
The Hershey Company

섹터 필수소비재 (Consumer Staples)
세부섹터 포장식품과 고기 (Packaged Foods & Meats)

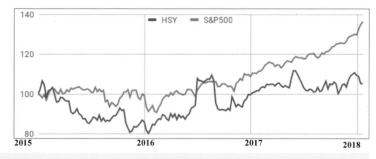

허쉬(The Hershey Company)는 초콜릿 및 설탕이 함유된 과자류를 제조 및 판매하는 사업을 영위하는 업체이다. 회사는 1894년에 설립되었고 본사는 팬실베니아주 허쉬에 있으며 17,980명의 직원이 근무하고 있다. 사업 부문은 북미와 인터내셔널 및 기타로 나누어진다. 회사의 제품 포트폴리오에는 허쉬스(Hershey's), 리시스(Reese's) 및 키세스(Kisses)라는 유명 브랜드가 있다. 북미 사업 부문은 초콜릿 및 비 초콜릿 제과 사업뿐만 아니라 식료품과 스낵 사업도 포함되어 있다. 주요 제품에는 초콜릿 및 비 초콜릿 제과 제품(껌 및 민트 다과 제품, 빵 재료 및 음료와 같은 식품 품목, 육류 스낵, 바와 같은 스낵 품목)이 있다. 인터내셔널 사업 부문은 전 세계 약 70개 국가에서 80개 이상의 브랜드 이름으로 제품을 판매 및 유통하고 있다. 기타 부문은 중국, 멕시코, 브라질, 인도의 업체에게 라이센스를 제공하여 스낵, 식품, 음료 제품을 제조 및 판매하고 있다.

기준일 : 2018/ 01 /25

한글 회사명 : 허쉬
영문 회사명 : The Hershey Company
상장일 : 1972년 01월 21일 | 결산월 : 12월
시가총액 : 167 (억$) |
52주 최고 : $116.49 (-5.65%) / 52주 최저 : $101.61 (+8.15%)

주요 주주정보

보유자/ 보유 기관	보유율
The Vanguard Group, Inc.	6.56%
Hershey Trust Co.	5.5%
BlackRock Fund Advisors	5.04%

애널리스트 추천 및 최근 투자의견

허쉬의 2018년 01월 25일 현재 20개 기관의 **평균적인 목표가는 113.39$**이며, 2018년 추정 주당순이익(EPS)은 5.29$로 2017년 추정 EPS 4.81$에 비해 **9.97% 증가할 것으로 예상**된다.

최근, 1개월, 3개월의 투자 의견 변화

투자의견	금융사 및 투자	날짜
Maintains	Morgan Stanley: Overweight to Overweight	1/25/2018
Maintains	Morgan Stanley: Overweight to Overweight	1/23/2018
Downgrade	Atlantic Equities: Overweight to Neutral	1/22/2018
Downgrade	Longbow Research: Buy to Neutral	1/17/2018
Downgrade	Instinet: Buy to Neutral	12/19/2017

내부자 거래

(3M 비중은 12개월 거래 중 최근 3개월의 비중)

구분	성격	3개월	12개월	3M 비중
매수	매수 건수 (장내 매매만 해당)	22	64	34.38%
매도	매도 건수 (장내 매매만 해당)	12	53	22.64%
매수	매수 수량 (장내 매매만 해당)	45,609	104,610	43.60%
매도	매도 수량 (장내 매매만 해당)	3,112	9,201,016	0.03%
	순매수량 (−인 경우 순매도량)	42,497	-9,096,406	

ETF 노출 (편입 ETF 수 : 89개 / 시가총액 대비 ETF의 보유비중 : 9.86%)

티커	ETF	보유 지분	비중
VTI	Vanguard Total Stock Market ETF	$383,094,069	0.06%
VOO	Vanguard 500 Index Fund	$269,155,936	0.06%
SPY	SPDR S&P 500 ETF Trust	$195,510,959	0.07%
VUG	Vanguard Growth ETF	$107,165,443	0.14%
IVV	iShares S&P 500 Index (ETF)	$99,535,794	0.06%

기간 수익률

1M : -4.17%	3M : -1.02%	6M : 2.8%	1Y : 3.59%	3Y : -1.16%

재무 지표

	2014	2015	2016	2017(E)
매출액 (백만$)	7,422	7,387	7,440	7,537
영업이익 (백만$)	1,357	1,420	1,468	1,567
순이익 (백만$)	847	513	720	1,027
자산총계 (백만$)	5,630	5,344	5,524	5,486
자본총계 (백만$)	1,520	1,047	828	
부채총계 (백만$)	4,110	4,297	4,697	

안정성 비율	2013	2014	2015	2016
유동비율 (%)	176.65	116.09	83.35	95.15
부채비율 (%)	231.52	270.48	410.22	567.44
이자보상배율 (배)	15.52	16.33	18.67	17.63

투자 지표

	2014	2015	2016	2017(E)
영업이익률(%)	18.28	19.22	19.73	20.78
매출액 증가율 (%)	3.86	-0.47	0.73	1.30
EPS ($)	3.91	2.40	3.45	4.81
EPS 증가율 (%)	6.80	-38.56	43.69	39.30
주당자산가치($)	6.76	4.72	3.80	4.08
잉여현금흐름 (백만$)	492	885	714	777

	2013	2014	2015	2016
배당성향(%)	50.14	54.11	96.38	71.92
배당수익률(%)	1.86	1.96	2.50	2.32
ROE (%)	62.12	55.36	41.82	80.73
ROA (%)	16.23	15.42	9.35	13.25
재고회전율	11.06	10.16	9.52	9.94
EBITDA (백만$)	1,565.55	1,568.66	1,664.94	1,770.31

매출비중

제품명	비중
1. 초콜릿 및 제과 제품	
	100%

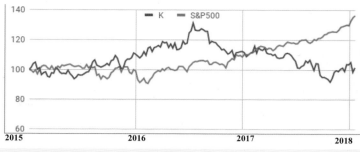

K
켈로그
Kellogg Co.

섹터 필수소비재 (Consumer Staples)
세부섹터 포장식품과 고기 (Packaged Foods & Meats)

켈로그(Kellogg Company)는 즉석 시리얼 및 간편식의 제조, 유통, 판매를 영위하는 업체이다. 회사는 1906년에 설립되었고 본사는 미시간주 배틀 크릭에 있으며 33,600명의 직원이 근무하고 있다. 주요 제품은 즉석 곡물 및 쿠키, 크래커, 맛이 첨가된 스낵, 시리얼 바, 과일 맛 스낵, 냉동 와플 및 채소 등이 있다. 사업 부문은 유에스 모닝 푸드(U.S. Morning Foods), 유에스 스낵(U.S. Snacks), 유에스 스페셜티(U.S Specialty), 기타 북미, 유럽, 라틴 아메리카, 아시아로 나누어진다. 유에스 모닝 푸드 부문은 시리얼, 건강 및 영양 바, 음료 등을 담당하고, 유에스 스낵 부문에는 쿠키, 크래커, 시리얼 바, 짭짤한 스낵 및 과일 맛 스낵을 포함한 미국 스낵이 포함되어 있다. 유에스 스페셜티 부문은 편의점, 자동판매기, 식품 제조 등을 담당하고 있다. 기타 부문은 북미, 유럽, 라틴 아메리카, 아시아 태평양 부문으로 나누어진다.

기준일 : 2018/ 01 /25

한글 회사명 : 켈로그
영문 회사명 : Kellogg Co.
상장일 : 1972년 01월 21일 | 결산월 : 12월
시가총액 : 235 (억$) | 52주 최고 : $76.69 (-12.42%) / 52주 최저 : $58.76 (+14.29%)

주요 주주정보

보유자/ 보유 기관	보유율
Bank of New York Mellon Trust Co., NA (Invest	19.57%
KeyBank, NA (Investment Management)	7.47%
Capital Research & Management Co. (Global Inv	7.38%

애널리스트 추천 및 최근 투자의견

켈로그의 2018년 01월 25일 현재 22개 기관의 **평균적인 목표가는 70.68$**이며, 2018년 추정 주당순이익(EPS)은 4.3$로 2017년 추정 EPS 4.03$에 비해 **6.69% 증가할 것으로 예상**된다.

최근, 1개월, 3개월의 투자 의견 변화

투자의견	금융사 및 투자	날짜
Maintains	Morgan Stanley: Overweight to Overweight	1/25/2018
Maintains	Morgan Stanley: Overweight to Overweight	1/23/2018
Downgrade	Atlantic Equities: Overweight to Neutral	1/22/2018
Downgrade	Longbow Research: Buy to Neutral	1/17/2018
Downgrade	Instinet: Buy to Neutral	12/19/2017

내부자 거래

(3M 비중은 12개월 거래 중 최근 3개월의 비중)

구분	성격	3개월	12개월	3M 비중
매수	매수 건수 (장내 매매만 해당)	7	19	36.84%
매도	매도 건수 (장내 매매만 해당)	20	31	64.52%
매수	매수 수량 (장내 매매만 해당)	78,293	119,432	65.55%
매도	매도 수량 (장내 매매만 해당)	940,810	1,464,148	64.26%
	순매수량 (− 인 경우 순매도량)	-862,517	-1,344,716	

ETF 노출   (편입 ETF 수 : 100개 / 시가총액 대비 ETF의 보유비중 : 9.02%)

티커	ETF	보유 지분	비중
VTI	Vanguard Total Stock Market ETF	$452,278,503	0.07%
VOO	Vanguard 500 Index Fund	$288,619,072	0.07%
SPY	SPDR S&P 500 ETF Trust	$210,755,700	0.07%
VIG	Vanguard Dividend Appreciation ETF	$206,906,205	0.58%
IVV	iShares S&P 500 Index (ETF)	$106,942,173	0.07%

기간 수익률

1M : 2.5%	3M : -2.48%	6M : -0.89%	1Y : -7.74%	3Y : -2.2%

재무 지표

	2014	2015	2016	2017(E)
매출액 (백만$)	14,583	13,529	13,014	12,749
영업이익 (백만$)	1,442	1,440	1,707	2,146
순이익 (백만$)	632	614	694	1,409
자산총계 (백만$)	15,153	15,251	15,111	15,229
자본총계 (백만$)	2,851	2,138	1,926	
부채총계 (백만$)	12,302	13,113	13,185	

안정성 비율	2013	2014	2015	2016
유동비율 (%)	85.19	76.54	56.39	65.71
부채비율 (%)	329.00	431.50	613.33	684.58
이자보상배율 (배)	13.62	6.24	5.90	4.15

투자 지표

	2014	2015	2016	2017(E)
영업이익률 (%)	9.89	10.64	13.12	16.84
매출액 증가율 (%)	-1.45	-7.23	-3.81	-2.03
EPS ($)	1.77	1.73	1.98	4.03
EPS 증가율 (%)	-64.55	-1.75	14.15	103.68
주당자산가치($)	7.83	6.08	5.44	5.56
잉여현금흐름 (백만$)	1,211	1,138	1,121	1,089

	2013	2014	2015	2016
배당성향(%)	36.36	108.23	115.12	104.08
배당수익률(%)	2.95	2.90	2.74	2.77
ROE (%)	60.60	19.96	24.98	34.37
ROA (%)	11.80	4.13	4.04	4.58
재고회전율	11.33	11.54	10.70	10.46
EBITDA (백만$)	3,720.00	1,945.00	1,956.00	2,174.00

매출비중

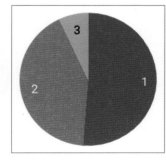

제품명	비중
1. 간식	51.18%
2.시리얼	41.8%
3. 냉동식품	7.02%

211

KHC
크래프트 하인즈
Kraft Heinz Co

섹터 필수소비재 (Consumer Staples)
세부섹터 포장식품과 고기 (Packaged Foods & Meats)

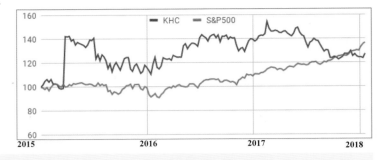

크래프트 하인즈(Kraft Heinz Company)는 조미료 및 소스, 치즈, 유제품, 식사, 육류, 음료수, 커피, 기타 식료품을 포함한 식품 및 음료 제품의 제조, 유통, 판매를 영위하는 업체이다. 회사는 크래프트 (1923년 설립)와 하인즈(1869년 설립)가 2015년에 합병하였고 본사는 일리노이주 시카고에 있으며 41,000명의 직원이 근무하고 있다. 사업 부문은 미국, 캐나다, 유럽 그 외의 지역으로 나누어진다. 이 외 지역은 라틴 아메리카와 아시아, 중동 및 아프리카로 나누어진다. 대표적인 브랜드는 하인즈(Heinz), 크래프트(Kraft), 오스카 메이어(Oscar Mayer), 필라델피아(Philadelphia), 플랜터(Planters), 런처블(Lunchables), 맥스웰 하우스(Maxwell House), 카프리 썬(Capri Sun) 등이 있다. 회사의 각종 제품은 자체 영업 조직망과 도매상 및 유통 업체를 통해 체인점, 도매점, 협동조합, 독립 식료품 매장, 편의점, 약국, 각종 상점, 제과점, 약국에 판매되고 있다.

기준일 : 2018/ 01 /25

한글 회사명 : 크래프트 하인즈
영문 회사명 : Kraft Heinz Co
상장일 : 2012년 09월 17일 | 결산월 : 12월
시가총액 : 971 (억$) |
52주 최고 : $97.77 (-18.32%) / 52주 최저 : $75.21 (+6.16%)

주요 주주정보

보유자/ 보유 기관	보유율
Berkshire Hathaway, Inc. (Investment Manageme	26.72%
3G Capital Partners Ltd. (Private Equity)	23.86%
The Vanguard Group, Inc.	3.47%

애널리스트 추천 및 최근 투자의견

크래프트 하인즈의 2018년 01월 25일 현재 22개 기관의 평균적인 목표가는 89.05$이며, 2018년 추정 주당순이익(EPS)은 3.95$로 2017년 추정 EPS 3.59$에 비해 10.02% 증가할 것으로 예상된다.

최근, 1개월, 3개월의 투자 의견 변화

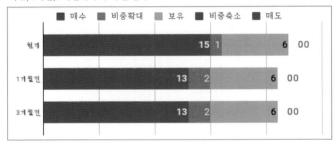

투자의견	금융사 및 투자	날짜
Maintains	Morgan Stanley: Overweight to Overweight	1/25/2018
Maintains	Morgan Stanley: Overweight to Overweight	1/23/2018
Downgrade	Atlantic Equities: Overweight to Neutral	1/22/2018
Downgrade	Longbow Research: Buy to Neutral	1/17/2018
Downgrade	Instinet: Buy to Neutral	12/19/2017

내부자 거래

(3M 비중은 12개월 거래 중 최근 3개월의 비중)

구분	성격	3개월	12개월	3M 비중
매수	매수 건수 (장내 매매만 해당)	9	19	47.37%
매도	매도 건수 (장내 매매만 해당)	1	1	100.00%
매수	매수 수량 (장내 매매만 해당)	397,891	412,933	96.36%
매도	매도 수량 (장내 매매만 해당)	196	196	100.00%
	순매수량 (-인 경우 순매도량)	397,695	412,737	

ETF 노출
(편입 ETF 수 : 75개 / 시가총액 대비 ETF의 보유비중 : 2.61%)

티커	ETF	보유 지분	비중
QQQ	PowerShares QQQ Trust, Series 1 (ETF)	$758,850,216	1.23%
SPY	SPDR S&P 500 ETF Trust	$592,593,199	0.20%
IVV	iShares S&P 500 Index (ETF)	$301,298,153	0.20%
XLP	Consumer Staples Select Sect. SPDR (ETF)	$220,192,460	2.62%
IWD	iShares Russell 1000 Value Index (ETF)	$148,964,967	0.36%

기간 수익률

1M : 0.15%	3M : -2.17%	6M : -7.54%	1Y : -10.44%	3Y : 21.13%

재무 지표

	2014	2015	2016	2017(E)
매출액 (백만$)	10,923	18,340	26,481	26,297
영업이익 (백만$)	2,347	3,734	7,098	7,375
순이익 (백만$)	657	634	3,632	4,403
자산총계 (백만$)	36,571	122,973	120,480	120,180
자본총계 (백만$)	15,685	66,236	57,574	
부채총계 (백만$)	20,886	56,737	62,906	

안정성 비율	2013	2014	2015	2016
유동비율 (%)	143.93	158.96	141.09	92.13
부채비율 (%)	346.27	133.16	85.66	109.26
이자보상배율 (배)	10.34	3.42	3.45	6.28

투자 지표

	2014	2015	2016	2017(E)
영업이익률 (%)	21.49	20.36	26.80	28.04
매출액 증가율 (%)	-40.04	67.90	44.39	-0.70
EPS ($)	-0.17	-0.34	2.84	3.59
EPS 증가율 (%)	-103.74	-100.00	935.29	26.40
주당자산가치($)	18.88	47.52	47.15	47.79
잉여현금흐름 (백만$)	1,741	1,819	3,991	3,273

	2013	2014	2015	2016
배당성향(%)	45.45			83.46
배당수익률(%)	3.80	3.43	3.09	2.69
ROE (%)	61.72	6.37	1.56	5.89
ROA (%)	11.67	2.25	0.81	2.99
재고회전율	10.28	7.80	9.65	9.99
EBITDA (백만$)	5,263.00	2,877.00	4,474.00	8,435.00

매출비중

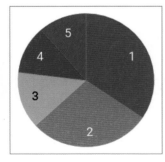

제품명	비중
1. 조미료 및 소스	25.6%
2.치즈 및 유제품	21.37%
3. 고기와 해산물	10.23%
4. 가공 식품	8.62%
5. 냉동 및 냉장 식품	8.5%

MDLZ
몬델레즈
Mondelez International

섹터 필수소비재 (Consumer Staples)
세부섹터 포장식품과 고기 (Packaged Foods & Meats)

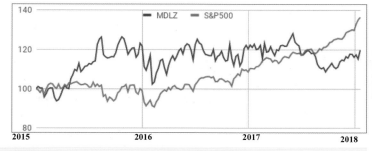

몬델레즈(Mondelez International, Inc.)는 각종 스낵 제품과 음료 제품의 제조, 유통, 판매를 영위하는 업체이다. 회사는 크래프트(1923년 설립)로부터 2012년 분사하였고 본사는 일리노이주 디어필드에 있으며 107,000명의 직원이 근무하고 있다. 사업 부문은 라틴 아메리카, 아시아, 중동 및 아프리카, 유럽 및 북미 6개 지역으로 나누어진다. 생산 제품은 비스킷류, 쿠키, 크래커, 소금이 함유된 스낵, 초콜릿, 껌과 사탕, 음료, 커피, 분말, 치즈 등이 있다. 회사는 슈퍼마켓 체인, 도매업자, 슈퍼 센터, 회원제 창고형 매장, 대형 마트, 유통 업체, 편의점, 주유소, 약국 등의 소매 식품 매장을 통해 제품을 판매하고 있으며 전 세계 165개국의 소비자에게 제품을 판매하고 있다.

기준일 : 2018/ 01 /25

한글 회사명 : 몬델레즈
영문 회사명 : Mondelez International
상장일 : 2001년 06월 13일 | 결산월 : 12월
시가총액 : 665 (억$) | 52주 최고 : $47.23 (-5.73%) / 52주 최저 : $39.19 (+13.6%)

주요 주주정보

보유자/ 보유 기관	보유율
The Vanguard Group, Inc.	6.49%
BlackRock Fund Advisors	4.1%
SSgA Funds Management, Inc.	4.1%

애널리스트 추천 및 최근 투자의견

몬델레즈의 2018년 01월 25일 현재 23개 기관의 **평균적인 목표가는 48.74$**이며, 2018년 추정 주당순이익(EPS)은 2.36$로 2017년 추정 EPS 2.13$에 비해 **10.79% 증가할 것으로 예상**된다.

최근, 1개월, 3개월의 투자 의견 변화

투자의견	금융사 및 투자	날짜
Maintains	Morgan Stanley: Overweight to Overweight	1/25/2018
Maintains	Morgan Stanley: Overweight to Overweight	1/23/2018
Downgrade	Atlantic Equities: Overweight to Neutral	1/22/2018
Downgrade	Longbow Research: Buy to Neutral	1/17/2018
Downgrade	Instinet: Buy to Neutral	12/19/2017

내부자 거래

구분	성격	(3M 비중은 12개월 거래 중 최근 3개월의 비중) 3개월	12개월	3M 비중
매수	매수 건수 (장내 매매만 해당)	15	33	45.45%
매도	매도 건수 (장내 매매만 해당)	17	28	60.71%
매수	매수 수량 (장내 매매만 해당)	1,575,229	2,329,661	67.62%
매도	매도 수량 (장내 매매만 해당)	26,300,657	28,534,115	92.17%
	순매수량 (−인 경우 순매도량)	-24,725,428	-26,204,454	

ETF 노출   (편입 ETF 수 : 85개 / 시가총액 대비 ETF의 보유비중 : 8.97%)

티커	ETF	보유 지분	비중
VTI	Vanguard Total Stock Market ETF	$1,518,138,940	0.22%
VOO	Vanguard 500 Index Fund	$1,132,890,247	0.27%
SPY	SPDR S&P 500 ETF Trust	$832,657,359	0.28%
QQQ	PowerShares QQQ Trust, Series 1 (ETF)	$513,046,450	0.83%
IVV	iShares S&P 500 Index (ETF)	$419,831,602	0.27%

기간 수익률

1M : 1.75%	3M : 8.02%	6M : 0.24%	1Y : -2.34%	3Y : 19.49%

재무 지표

	2014	2015	2016	2017(E)
매출액 (백만$)	34,244	29,636	25,923	25,758
영업이익 (백만$)	4,232	4,186	3,793	4,234
순이익 (백만$)	2,184	7,267	1,616	3,273
자산총계 (백만$)	66,815	62,843	61,538	62,336
자본총계 (백만$)	27,853	28,100	25,215	
부채총계 (백만$)	38,962	34,743	36,323	

안정성 비율	2013	2014	2015	2016
유동비율 (%)	91.80	83.89	82.02	58.82
부채비율 (%)	123.03	139.88	123.64	144.05
이자보상배율 (배)	3.71	5.44	6.87	7.37

투자 지표

	2014	2015	2016	2017(E)
영업이익률 (%)	12.36	14.12	14.63	16.44
매출액 증가율 (%)	-2.99	-13.46	-12.53	-0.64
EPS ($)	1.29	4.49	1.04	2.13
EPS 증가율 (%)	-41.63	248.06	-76.87	105.50
주당자산가치($)	16.68	17.73	16.46	16.38
잉여현금흐름 (백만$)	1,920	2,214	1,614	2,230

	2013	2014	2015	2016
배당성향(%)	24.66	45.31	14.41	70.09
배당수익률(%)	1.53	1.60	1.43	1.62
ROE (%)	7.16	7.27	26.06	6.08
ROA (%)	3.15	3.16	11.25	2.62
재고회전율	9.43	9.48	9.73	10.21
EBITDA (백만$)	4,969.00	5,291.00	5,080.00	4,616.00

매출비중

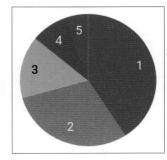

제품명	비중
1. 비스킷	40.85%
2.초콜릿	29.85%
3. 껌 & 캔디	15.23%
4. 치즈 및 식료품	8.49%
5. 음료	5.57%

MKC
맥코믹 앤 컴퍼니
McCormick & Co.

섹터 필수소비재 (Consumer Staples)
세부섹터 포장식품과 고기 (Packaged Foods & Meats)

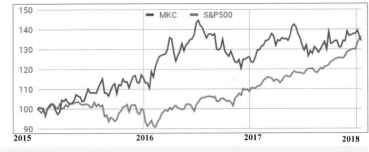

맥코믹 앤 컴퍼니(McCormick & Company, Incorporated)는 향신료, 조미료 혼합물, 조미료 제품을 제조하여 소매업자, 식품 제조업체 및 식품 서비스 업체를 포함 식품 업계에 유통, 판매하는 업체이다. 회사는 1889년에 설립되었고 본사는 메릴랜드주 스파크에 있으며 10,500명의 직원이 근무하고 있다. 사업 부문은 소비자 부문과 산업 부문으로 나누어진다. 소비자 부문은 약 150개 국가의 소비자를 대상으로 브랜드를 제공하고 있다. 북미지역 회사 브랜드에는 고메 가든(Gourmet Garden), 올드 베이(OLD BAY), 맥코믹(McCormick), 클럽 하우스(Club House) 등이 있다. 산업 부문은 회사의 제품을 다양한 유통 업체를 통해 식품 제조업체와 식품 서비스업체에게 판매하고 있다. 회사의 유통, 판매, 생산 시설은 북미, 유럽 및 중국에 있으며, 스텁스(Stubb's), 타이 키친(Thai Kitchen), 심플리 아시아 (Simply Asia)의 브랜드로 해당 지역에서 판매하고 있다.

기준일 : 2018/ 01 /25
한글 회사명 : 맥코믹 앤 컴퍼니
영문 회사명 : McCormick & Co.
상장일 : 1973년 02월 02일 | 결산월 : 11월
시가총액 : 126 (억$) |
52주 최고 : $106.5 (-6.27%) / 52주 최저 : $90.25 (+10.6%)

주요 주주정보

보유자/ 보유 기관	보유율
The Vanguard Group, Inc.	10.66%
State Farm Investment Management Corp.	7.88%
SSgA Funds Management, Inc.	5.99%

애널리스트 추천 및 최근 투자의견

맥코믹 앤 컴퍼니의 2018년 01월 25일 현재 15개 기관의 **평균적인 목표가는 106.71$**이며, 2018년 추정 주당순이익(EPS)은 5.24$로 2017년 추정 EPS 4.81$에 비해 **8.93% 증가할 것으로 예상**된다.

최근, 1개월, 3개월의 투자 의견 변화

투자의견	금융사 및 투자	날짜
Maintains	Morgan Stanley: Overweight to Overweight	1/25/2018
Maintains	Morgan Stanley: Overweight to Overweight	1/23/2018
Downgrade	Atlantic Equities: Overweight to Neutral	1/22/2018
Downgrade	Longbow Research: Buy to Neutral	1/17/2018
Downgrade	Instinet: Buy to Neutral	12/19/2017

내부자 거래

(3M 비중은 12개월 거래 중 최근 3개월의 비중)

구분	성격	3개월	12개월	3M 비중
매수	매수 건수 (장내 매매만 해당)	10	21	47.62%
매도	매도 건수 (장내 매매만 해당)	14	26	53.85%
매수	매수 수량 (장내 매매만 해당)	32,936	46,195	71.30%
매도	매도 수량 (장내 매매만 해당)	28,150	280,306	10.04%
	순매수량 (-인 경우 순매도량)	4,786	-234,111	

ETF 노출

(편입 ETF 수 : 92개 / 시가총액 대비 ETF의 보유비중 : 16.28%)

티커	ETF	보유 지분	비중
VO	Vanguard Mid-Cap ETF	$307,740,153	0.31%
VTI	Vanguard Total Stock Market ETF	$303,047,202	0.04%
VOO	Vanguard 500 Index Fund	$215,038,363	0.05%
SPY	SPDR S&P 500 ETF Trust	$155,794,539	0.05%
SDY	SPDR S&P Dividend (ETF)	$130,360,139	0.78%

기간 수익률

1M : -2.2%	3M : 0.25%	6M : 5.89%	1Y : 6.3%	3Y : 33.39%

재무 지표

	2014	2015	2016	2017(E)
매출액 (백만$)	4,243	4,296	4,412	4,829
영업이익 (백만$)	609	610	659	795
순이익 (백만$)	438	402	472	539
자산총계 (백만$)	4,414	4,473	4,636	10,860
자본총계 (백만$)	1,809	1,687	1,638	
부채총계 (백만$)	2,605	2,786	2,998	

안정성 비율	2013	2014	2015	2016
유동비율 (%)	128.89	126.22	109.59	99.94
부채비율 (%)	128.46	143.97	165.14	183.01
이자보상배율 (배)	10.44	11.18	10.49	11.50

투자 지표

	2014	2015	2016	2017(E)
영업이익률 (%)	14.35	14.20	14.94	16.46
매출액 증가율 (%)	2.91	1.25	2.68	9.46
EPS ($)	3.37	3.14	3.73	4.22
EPS 증가율 (%)	14.63	-6.83	18.79	13.17
주당자산가치($)	13.96	13.12	12.98	25.32
잉여현금흐름 (백만$)	371	462	504	460

	2013	2014	2015	2016
배당성향(%)	46.74	44.31	51.45	46.61
배당수익률(%)	1.97	1.99	1.86	1.89
ROE (%)	21.52	23.51	23.20	28.65
ROA (%)	9.03	9.88	9.04	10.37
재고회전율	6.38	6.10	6.03	6.01
EBITDA (백만$)	700.80	712.00	716.30	767.50

매출비중

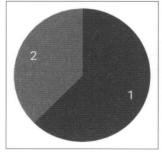

제품명	비중
1. 소비제품	
	62.41%
2.산업제품	
	37.59%

SJM
제이엠 스머커
JM Smucker

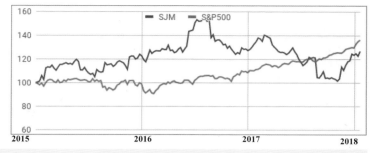

섹터 필수소비재 (Consumer Staples)
세부섹터 포장식품과 고기 (Packaged Foods & Meats)

제이엠 스머커(J. M. Smucker Company)는 북미에서 브랜드화 된 식품 및 음료 제품과 애완동물 사료 및 간식의 제조, 유통, 판매를 영위하는 업체이다. 회사는 1897년에 설립되었고 본사는 오하이오 주 올빌에 있으며 6,900명의 직원이 근무하고 있다. 사업 부문은 미국 소매 커피, 미국 소매 소비자 식품, 미국 소매 애완동물 식품, 인터내셔널 식품 공급으로 나누어진다. 미국 소매 시장 부문은 북미 지역의 소매점을 통해 소비자에게 각종 브랜드 식료품을 판매하고 있다. 미국의 소매 시장 분야에서 회사의 제품은 식품 소매업체, 식품 도매업체, 대형마트, 할인점 및 할인매장, 군부대, 유기농식품 매장, 유통업체, 애완동물 전문 매장에서 판매되고 있다. 인터네셔널 식품 공급 부문은 소매 채널 및 식품 서비스 유통업체 및 식당, 숙박시설, 학교 및 대학, 의료 운영 업체 등의 사업자를 통해 미국 및 해외에 판매되고 있다.

기준일 : 2018/ 01 /25

한글 회사명 : 제이엠 스머커
영문 회사명 : JM Smucker
상장일 : 1972년 01월 21일 | 결산월 : 4월
시가총액 : 147 (억$) | 52주 최고 : $143.68 (-11.64%) / 52주 최저 : $99.57 (+27.49%)

주요 주주정보

보유자/ 보유 기관	보유율
The Vanguard Group, Inc.	10.43%
Fidelity Management & Research Co.	5.56%
BlackRock Fund Advisors	4.97%

애널리스트 추천 및 최근 투자의견

제이엠 스머커의 2018년 01월 25일 현재 19개 기관의 **평균적인 목표가는 128.56$**이 며, 2018년 추정 주당순이익(EPS)은 8.43$로 2017년 추정 EPS 7.87$에 비해 **7.11% 증 가할 것으로 예상**된다.

최근, 1개월, 3개월의 투자 의견 변화

투자의견	금융사 및 투자	날짜
Maintains	Morgan Stanley: Overweight to Overweight	1/25/2018
Maintains	Morgan Stanley: Overweight to Overweight	1/23/2018
Downgrade	Atlantic Equities: Overweight to Neutral	1/22/2018
Downgrade	Longbow Research: Buy to Neutral	1/17/2018
Downgrade	Instinet: Buy to Neutral	12/19/2017

내부자 거래

(3M 비중은 12개월 거래 중 최근 3개월의 비중)

구분	성격	3개월	12개월	3M 비중
매수	매수 건수 (장내 매매만 해당)	0	10	0.00%
매도	매도 건수 (장내 매매만 해당)	2	14	14.29%
매수	매수 수량 (장내 매매만 해당)	0	83,285	0.00%
매도	매도 수량 (장내 매매만 해당)	2,805	39,421	7.12%
	순매수량 (−인 경우 순매도량)	-2,805	43,864	

ETF 노출   (편입 ETF 수 : 92개 / 시가총액 대비 ETF의 보유비중 : 13.71%)

티커	ETF	보유 지분	비중
VO	Vanguard Mid-Cap ETF	$343,802,682	0.35%
VTI	Vanguard Total Stock Market ETF	$338,124,684	0.05%
VOO	Vanguard 500 Index Fund	$252,520,545	0.06%
SPY	SPDR S&P 500 ETF Trust	$183,889,124	0.06%
VIG	Vanguard Dividend Appreciation ETF	$131,454,349	0.37%

기간 수익률

1M : 6.77%	3M : 15.7%	6M : 7.63%	1Y : -4.52%	3Y : 25.2%

재무 지표

	2014	2015	2016	2017(E)
매출액 (백만$)	5,693	7,811	7,392	7,383
영업이익 (백만$)	860	1,291	1,278	1,472
순이익 (백만$)	343	686	590	891
자산총계 (백만$)	17,076	16,237	15,867	16,010
자본총계 (백만$)	7,087	7,009	6,850	
부채총계 (백만$)	9,989	9,229	9,017	

안정성 비율	2013	2014	2015	2016
유동비율 (%)	172.74	194.01	129.71	89.59
부채비율 (%)	80.37	140.96	131.68	131.63
이자보상배율 (배)	12.21	3.40	7.57	7.87

투자 지표

	2014	2015	2016	2017(E)
영업이익률 (%)	15.11	16.53	17.29	19.94
매출액 증가율 (%)	1.46	37.21	-5.36	-0.12
EPS ($)	3.33	5.77	5.11	7.87
EPS 증가율 (%)	-38.56	73.27	-11.44	54.10
주당자산가치($)	59.27	60.26	60.39	62.78
잉여현금흐름 (백만$)	486	1,257	867	760

	2013	2014	2015	2016
배당성향(%)	42.80	76.88	46.53	58.82
배당수익률(%)	2.40	2.21	2.11	2.37
ROE (%)	11.02	5.66	9.73	8.51
ROA (%)	6.19	2.62	4.12	3.67
재고회전율	5.98	5.44	7.57	8.19
EBITDA (백만$)	1,218.80	1,128.00	1,721.00	1,697.40

매출비중

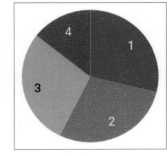

제품명	비중
1. 미국 소매 애완동물 식품	
	28.89%
2. 미국 소매 커피	
	28.52%
3. 미국 소매 소비 식품	
	28.21%
4. 국제 및 푸드서비스	
	14.37%

TSN
타이슨 푸드
Tyson Foods

섹터 필수소비재 (Consumer Staples)
세부섹터 포장식품과 고기 (Packaged Foods & Meats)

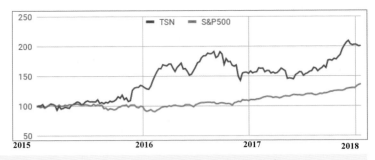

타이슨 푸드(Tyson Foods, Inc.)는 닭고기, 쇠고기, 돼지고기와 조리된 음식의 제조, 유통, 판매를 영위하는 업체이다. 회사는 1935년에 설립되었고 본사는 아칸사주 스프링데일에 있으며 114,000명의 직원이 근무하고 있다. 대표 브랜드는 타이슨(Tyson), 지미 딘(Jimmy Dean), 힐셔팜(Hillshire Farm), 사라리(Sara Lee), 볼파크(Ball Park) 스테이트 페어(State Fair) 등이 있다. 사업 부문은 닭고기, 쇠고기, 돼지고기, 가공 식품의 네 부문으로 나누어진다. 닭고기, 육류, 애완동물 사료 원료를 포함한 관련 제품의 육종, 사료 생산, 가공, 추가 가공, 마케팅 및 운송으로 구성된 수직 통합된 생산 프로세스를 운영하고 있다. 자회사인 콥-벤트레스(Cobb-Vantress, Inc.)를 통해 전 세계적으로 닭고기 가공 제품을 공급하고 있다. 신선 식품, 냉동 및 냉장 식품을 생산하고 있으며 식료품 소매 업체, 식료품 도매상, 육류 유통 업체, 군부대에 판매하고 있다. 가공식품 부문은 냉동 및 냉장 제품을 가공 및 제조하여 공급망을 통해 판매하고 있다.

기준일 : 2018/ 01 /25

한글 회사명 : 타이슨 푸드
영문 회사명 : Tyson Foods
상장일 : 1972년 01월 21일 | 결산월 : 9월
시가총액 : 237 (억$) |
52주 최고 : $84.65 (-4.84%) / 52주 최저 : $57.2 (+40.82%)

주요 주주정보

보유자/ 보유 기관	보유율
T. Rowe Price Associates, Inc.	12.85%
The Vanguard Group, Inc.	8.01%
BlackRock Fund Advisors	4.65%

애널리스트 추천 및 최근 투자의견

타이슨 푸드의 2018년 01월 25일 현재 17개 기관의 **평균적인 목표가는 84.13$**이며, 2018년 추정 주당순이익(EPS)은 6.19$로 2017년 추정 EPS 5.94$에 비해 **4.2% 증가할 것으로 예상**된다.

최근, 1개월, 3개월의 투자 의견 변화

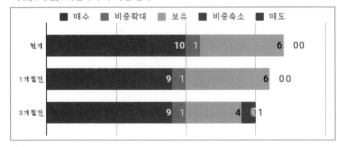

투자의견	금융사 및 투자	날짜
Maintains	Morgan Stanley: Overweight to Overweight	1/25/2018
Maintains	Morgan Stanley: Overweight to Overweight	1/23/2018
Downgrade	Atlantic Equities: Overweight to Neutral	1/22/2018
Downgrade	Longbow Research: Buy to Neutral	1/17/2018
Downgrade	Instinet: Buy to Neutral	12/19/2017

내부자 거래

(3M 비중은 12개월 거래 중 최근 3개월의 비중)

구분	성격	3개월	12개월	3M 비중
매수	매수 건수 (장내 매매만 해당)	18	62	29.03%
매도	매도 건수 (장내 매매만 해당)	5	27	18.52%
매수	매수 수량 (장내 매매만 해당)	47,012	153,131	30.70%
매도	매도 수량 (장내 매매만 해당)	125,698	839,360	14.98%
	순매수량 (−인 경우 순매도량)	-78,686	-686,229	

ETF 노출   (편입 ETF 수 : 98개 / 시가총액 대비 ETF의 보유비중 : 11.17%)

티커	ETF	보유 지분	비중
VTI	Vanguard Total Stock Market ETF	$569,986,369	0.08%
VOO	Vanguard 500 Index Fund	$404,186,161	0.10%
SPY	SPDR S&P 500 ETF Trust	$295,384,400	0.10%
VO	Vanguard Mid-Cap ETF	$289,608,906	0.29%
IVV	iShares S&P 500 Index (ETF)	$150,489,498	0.10%

기간 수익률

1M : -1.34%	3M : 19.91%	6M : 29.58%	1Y : 28.16%	3Y : 98.68%

재무 지표

	2014	2015	2016	2017(E)
매출액 (백만$)	37,505	41,435	36,954	38,034
영업이익 (백만$)	1,589	2,338	2,888	3,218
순이익 (백만$)	864	1,220	1,768	1,942
자산총계 (백만$)	23,956	23,004	22,373	26,147
자본총계 (백만$)	8,904	9,706	9,624	
부채총계 (백만$)	15,052	13,298	12,749	

안정성 비율	2013	2014	2015	2016
유동비율 (%)	186.18	163.84	152.22	176.97
부채비율 (%)	95.36	169.05	137.01	132.47
이자보상배율 (배)	9.75	12.04	7.98	11.60

투자 지표

	2014	2015	2016	2017(E)
영업이익률 (%)	4.24	5.64	7.82	8.46
매출액 증가율 (%)	9.08	10.48	-10.82	2.92
EPS ($)	2.49	3.07	4.68	5.22
EPS 증가율 (%)	10.41	23.11	52.59	11.56
주당자산가치($)	24.09	26.77	27.14	28.28
잉여현금흐름 (백만$)	546	1,716	2,021	689

	2013	2014	2015	2016
배당성향(%)	10.41	13.43	14.98	14.62
배당수익률(%)	0.80	0.83	1.04	0.90
ROE (%)	13.89	11.45	13.13	18.32
ROA (%)	7.05	4.74	5.21	7.81
재고회전율	12.22	12.31	13.47	13.17
EBITDA (백만$)	1,933.00	2,119.00	3,049.00	3,585.00

매출비중

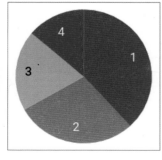

제품명	비중
1. 소고기	39.35%
2.닭고기	29.63%
3. 조리식품	19.92%
4. 돼지고기	13.31%
5. 기타	1.03%

COTY
코티
Coty, Inc

섹터 필수소비재 (Consumer Staples)
세부섹터 개인 용품 (Personal Products)

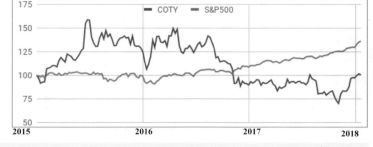

코티(Coty, Inc.)는 미용 제품, 향수, 색조 화장품 및 피부미용 제품의 제조, 유통, 판매를 영위하는 업체이다. 회사는 1904년에 설립되었고 본사는 뉴욕주 뉴욕에 있으며 10,000명의 직원이 근무하고 있다. 사업 부문은 향수, 색조 화장품, 스킨 & 바디 케어 및 브라질 에쿼지션(Brazil Acquisition)으로 나누어진다. 향수 부문은 남성용 제품과 여성용 제품이 포함되며, 브랜드에는 캘빈 클라인(Calvin Klein), 마크 제이콥스(Marc Jacobs), 다비도프(Davidoff), 클로이(Chloe), 발렌시아가(Balenciaga), 비욘세(Beyonce), 보테가 베네타(Bottega Veneta), 미우미우(Miu Miu), 로베르토 카발리(Roberto Cavalli) 등이 있다. 색조 화장품 부문은 입술, 눈, 손톱, 얼굴 색조 제품들로 구성되어 있으며 브랜드로는 림멜(Rimmel), 샐리 한슨(Sally Hansen) 등이 있다. 스킨 및 바디 케어 제품에는 샤워젤, 탈취제, 스킨 케어 제품이 있으며, 브랜드로는 아디다스(Adidas), 랜케스터(Lancaster), 필로소피(Philosophy), 플레이보이(Playboy) 등이 있다. 브라질 에쿼지션(Brazil Acquisition) 부문은 피부미용, 손톱미용, 탈취제, 머리미용 제품으로 구성되어 있다.

기준일 : 2018/ 01 /25
한글 회사명 : 코티
영문 회사명 : Coty, Inc
상장일 : 2013년 06월 13일 | 결산월 : 6월
시가총액 : 152 (억$) |
52주 최고 : $21.17 (-2.12%) / 52주 최저 : $14.24 (+45.5%)

주요 주주정보

보유자/ 보유 기관	보유율
JAB Cosmetics BV	38.16%
Massachusetts Financial Services Co.	14.38%
Fidelity Management & Research Co.	7.32%

애널리스트 추천 및 최근 투자의견

코티의 2018년 01월 25일 현재 19개 기관의 **평균적인 목표가는 19.39$**이며, 2018년 추정 주당순이익(EPS)은 0.96$로 2017년 추정 EPS 0.69$에 비해 **39.13% 증가할 것으로 예상**된다.

최근, 1개월, 3개월의 투자 의견 변화

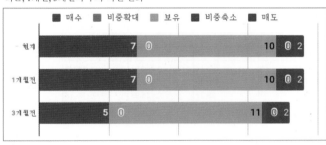

투자의견	금융사 및 투자	날짜
Maintains	Morgan Stanley: Overweight to Overweight	1/25/2018
Maintains	Morgan Stanley: Overweight to Overweight	1/23/2018
Downgrade	Atlantic Equities: Overweight to Neutral	1/22/2018
Downgrade	Longbow Research: Buy to Neutral	1/17/2018
Downgrade	Instinet: Buy to Neutral	12/19/2017

내부자 거래

(3M 비중은 12개월 거래 중 최근 3개월의 비중)

구분	성격	3개월	12개월	3M 비중
매수	매수 건수 (장내 매매만 해당)	3	36	8.33%
매도	매도 건수 (장내 매매만 해당)	0	2	0.00%
매수	매수 수량 (장내 매매만 해당)	4,100,000	15,672,101	-26.16%
매도	매도 수량 (장내 매매만 해당)	0	35,236	0.00%
	순매수량 (-인 경우 순매도량)	4,100,000	15,636,865	

ETF 노출

(편입 ETF 수 : 68개 / 시가총액 대비 ETF의 보유비중 : 8.04%)

티커	ETF	보유 지분	비중
VO	Vanguard Mid-Cap ETF	$222,590,201	0.22%
VTI	Vanguard Total Stock Market ETF	$218,961,545	0.03%
VOO	Vanguard 500 Index Fund	$162,939,586	0.04%
SPY	SPDR S&P 500 ETF Trust	$118,370,427	0.04%
VOE	Vanguard Mid-Cap Value ETF	$75,241,581	0.42%

기간 수익률

1M : 3.79%	3M : 21,76%	6M : 8.5%	1Y : 7.93%	3Y : 9.72%

재무 지표

	2014	2015	2016	2017(E)
매출액 (백만$)	4,567	4,387	4,344	7,587
영업이익 (백만$)	444	505	750	828
순이익 (백만$)	-97	233	157	479
자산총계 (백만$)	6,593	6,019	7,036	22,062
자본총계 (백만$)	961	1,071	440	
부채총계 (백만$)	5,632	4,948	6,590	

안정성 비율	2013	2014	2015	2016
유동비율 (%)	165.18	174.34	121.64	104.49
부채비율 (%)	300.50	586.29	461.99	1,496.37
이자보상배율 (배)	5.86	6.36	7.07	6.64

투자 지표

	2014	2015	2016	2017(E)
영업이익률 (%)	9.72	11.51	17.27	10.92
매출액 증가율 (%)	-1.77	-3.94	-0.99	74.68
EPS ($)	-0.26	0.66	0.45	0.75
EPS 증가율 (%)	-168.18	333.33	-35.71	66.68
주당자산가치($)	2.38	2.69	1.07	14.73
잉여현금흐름 (백만$)	335	355	351	141

	2013	2014	2015	2016
배당성향(%)			31.25	56.80
배당수익률(%)	0.00	1.17	0.63	0.96
ROE (%)	14.29	-8.33	25.64	23.59
ROA (%)	3.19	-0.98	4.11	2.75
재고회전율	7.40	7.45	7.47	7.73
EBITDA (백만$)	715.40	694.30	735.90	982.00

매출비중

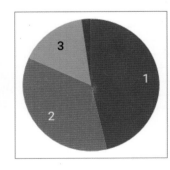

제품명	비중
1. 향수	
	46.28%
2.색조 화장품	
	35.58%
3. 스킨 & 바디 케어	
	15.94%
4. Brazil Acquisition 브랜드	
	2.2%

EL
에스티 로더 컴퍼니스
Estee Lauder Companies Inc.

섹터 필수소비재 (Consumer Staples)
세부섹터 개인 용품 (Personal Products)

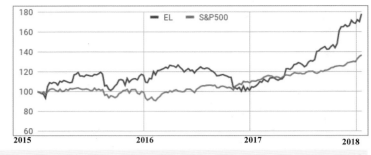

에스티 로더 컴퍼니스(Estee Lauder Companies Inc.)는 피부미용, 기초화장, 향수, 머리미용 제품의 제조, 유통, 판매를 영위하는 업체이다. 회사는 1946년에 설립되었고 본사는 뉴욕주 뉴욕에 있으며 46,000명의 직원이 근무하고 있다. 회사의 브랜드는 에스티 로더(Estee Lauder), 아라미스(Aramis), 클리니크(Clinique), 랩 시리즈(Lab Series), 오리진(Origins), 토미 힐피거(Tommy Hilfiger), 맥(MAC), 키튼(Kiton), 바비 브라운(Bobbi Brown), 도나 카란 뉴욕(Donna Karan New York), 디케이엔와이(DKNY) 아베다(Aveda), 조 말론 런던(Jo Malone London), 마이클 코어스(Michael Kors), 톰 포드(Tom Ford), 토리버치(Tory Burch), 르라보(Le Labo), 팔섬 프레데릭 말(Parsums Frederic Malle) 등이 있다. 피부미용 제품에는 보습제, 세럼, 클렌저, 토너, 바디 케어, 엑스 폴리 에이팅, 여드름 및 오일 보정기, 페이셜 마스크, 클렌징 장치 및 썬 케어 제품이 있다. 2016년 6월 기준으로 전 세계 약 1,260개 매장을 운영하고 있으며 400여 개의 매장은 제3자가 회사의 승인을 받아 운영하고 있다.

기준일 : 2018/ 01 /25
한글 회사명 : 에스티 로더 컴퍼니스
영문 회사명 : Estee Lauder Companies Inc.
상장일 : 1995년 11월 17일 | 결산월 : 6월
시가총액 : 308 (억$) |
52주 최고 : $137.6 (-0.55%) / 52주 최저 : $79.35 (+72.45%)

주요 주주정보

보유자/ 보유 기관	보유율
Fidelity Management & Research Co.	8.06%
The Vanguard Group, Inc.	6.78%
BlackRock Fund Advisors	4.53%

애널리스트 추천 및 최근 투자의견

에스티 로더 컴퍼니스의 2018년 01월 25일 현재 27개 기관의 **평균적인 목표가**는 136.96$이며, 2018년 추정 주당순이익(EPS)은 4.68$로 2017년 추정 EPS 4.19$에 비해 **11.69% 증가할 것으로 예상된다.**

최근, 1개월, 3개월의 투자 의견 변화

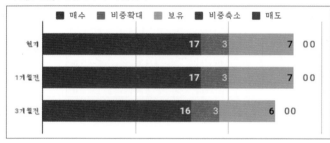

투자의견	금융사 및 투자	날짜
Maintains	Morgan Stanley: Overweight to Overweight	1/25/2018
Maintains	Morgan Stanley: Overweight to Overweight	1/23/2018
Downgrade	Atlantic Equities: Overweight to Neutral	1/22/2018
Downgrade	Longbow Research: Buy to Neutral	1/17/2018
Downgrade	Instinet: Buy to Neutral	12/19/2017

내부자 거래

(3M 비중은 12개월 거래 중 최근 3개월의 비중)

구분	성격	3개월	12개월	3M 비중
매수	매수 건수 (장내 매매만 해당)	2	19	10.53%
매도	매도 건수 (장내 매매만 해당)	15	89	16.85%
매수	매수 수량 (장내 매매만 해당)	58,447	273,115	21.40%
매도	매도 수량 (장내 매매만 해당)	417,855	2,822,379	14.81%
	순매수량 (−인 경우 순매도량)	-359,408	-2,549,264	

ETF 노출
(편입 ETF 수 : 90개 / 시가총액 대비 ETF의 보유비중 : 9.05%)

티커	ETF	보유 지분	비중
VTI	Vanguard Total Stock Market ETF	$739,146,042	0.11%
VOO	Vanguard 500 Index Fund	$521,818,858	0.13%
SPY	SPDR S&P 500 ETF Trust	$380,440,806	0.13%
VUG	Vanguard Growth ETF	$206,564,162	0.26%
IVV	iShares S&P 500 Index (ETF)	$192,718,957	0.13%

기간 수익률

1M : 3.72%	3M : 22.57%	6M : 37.26%	1Y : 68.84%	3Y : 81.15%

재무 지표

	2014	2015	2016	2017(E)
매출액 (백만$)	10,969	10,780	11,262	11,779
영업이익 (백만$)	1,854	1,576	1,822	1,840
순이익 (백만$)	1,204	1,089	1,115	1,264
자산총계 (백만$)	7,869	8,239	9,223	10,581
자본총계 (백만$)	3,869	3,654	3,587	
부채총계 (백만$)	3,999	4,585	5,636	

안정성 비율	2013	2014	2015	2016
유동비율 (%)	222.12	234.61	209.24	157.62
부채비율 (%)	116.40	103.36	125.47	157.11
이자보상배율 (배)	28.37	36.28	26.18	20.45

투자 지표

	2014	2015	2016	2017(E)
영업이익률 (%)	16.90	14.62	16.18	15.62
매출액 증가율 (%)	7.71	-1.72	4.47	4.59
EPS ($)	3.12	2.87	3.01	3.40
EPS 증가율 (%)	18.63	-8.01	4.88	12.94
주당자산가치($)	10.07	9.72	9.71	9.64
잉여현금흐름 (백만$)	1,025	1,470	1,263	1,339

	2013	2014	2015	2016
배당성향(%)	41.86	25.49	32.62	38.51
배당수익률(%)	1.64	1.05	1.06	1.25
ROE (%)	33.88	33.72	29.05	30.90
ROA (%)	14.90	16.11	13.58	12.84
재고회전율	9.71	9.11	8.59	9.09
EBITDA (백만$)	1,891.70	2,238.60	1,985.10	2,236.70

매출비중

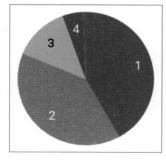

제품명	비중
1. 메이크업	41.76%
2. 스킨케어	39.48%
3. 향수	13.2%
4. 헤어제품	4.92%
5. 기타	0.66%

PG
프록터 앤 갬블
Procter & Gamble

섹터 필수소비재 (Consumer Staples)
세부섹터 개인 용품 (Personal Products)

프록터 앤 갬블(Procter & Gamble)은 전 세계의 소비자에게 소비자용 포장상품을 제공하는데 중점을 두고 있다. 회사는 1837년에 설립되었고 본사는 오하이오주 신시내티에 있으며 105,000명의 직원이 근무하고 있다. 사업 부문은 미용, 청결관리, 건강관리, 집안관리, 아기, 여성 및 가족 관리의 다섯 부문으로 나누어진다. 회사는 주로 대형 판매점, 식료품점, 회원제 할인매장, 약국, 백화점, 유통업체, 베이비 스토어, 전문 미용실, 전자 상거래를 통해 약 180개 국가 및 지역에서 제품을 판매하고 있다. 대표적인 브랜드는 올드 스파이스(Old Spice), 세이프가드(Safeguard), 헤드 앤 솔더(Head & Shoulders), 팬틴(Pantene), 리조이스(Rejoice), 마하쓰리(Mach3), 비너스(Venus), 페브리즈(Febreze), 미스터 클린(Mr. Clean), 바운티(Bounty), 차밍(Charmin) 등이 있다.

기준일 : 2018/ 01 /25
한글 회사명 : 프록터 앤 갬블
영문 회사명 : Procter & Gamble
상장일 : 1972년 01월 21일 | 결산월 : 6월
시가총액 : 2241 (억$) |
52주 최고 : $94.67 (-6.76%) / 52주 최저 : $85.42 (+3.33%)

주요 주주정보

보유자/ 보유 기관	보유율
The Vanguard Group, Inc.	7.04%
BlackRock Fund Advisors	4.42%
SSgA Funds Management, Inc.	4.42%

애널리스트 추천 및 최근 투자의견

프록터 앤 갬블의 2018년 01월 25일 현재 24개 기관의 **평균적인 목표가는 94.67$**이며, 2018년 추정 주당순이익(EPS)은 4.53$로 2017년 추정 EPS 4.2$에 비해 **7.85% 증가할 것으로 예상**된다.

최근, 1개월, 3개월의 투자 의견 변화

투자의견	금융사 및 투자	날짜
Maintains	Morgan Stanley: Overweight to Overweight	1/25/2018
Maintains	Morgan Stanley: Overweight to Overweight	1/23/2018
Downgrade	Atlantic Equities: Overweight to Neutral	1/22/2018
Downgrade	Longbow Research: Buy to Neutral	1/17/2018
Downgrade	Instinet: Buy to Neutral	12/19/2017

재무 지표

	2014	2015	2016	2017(E)
매출액 (백만$)	80,510	70,749	65,299	65,002
영업이익 (백만$)	15,336	14,864	14,587	14,093
순이익 (백만$)	11,197	8,189	9,931	10,562
자산총계 (백만$)	144,266	129,495	127,136	125,376
자본총계 (백만$)	69,976	63,050	57,983	
부채총계 (백만$)	74,290	66,445	69,153	

안정성 비율	2013	2014	2015	2016
유동비율 (%)	79.87	93.75	99.52	109.79
부채비율 (%)	102.69	106.17	105.39	119.26
이자보상배율 (배)	22.82	21.45	23.56	25.15

투자 지표

	2014	2015	2016	2017(E)
영업이익률 (%)	19.05	21.01	22.34	21.68
매출액 증가율 (%)	-2.51	-12.12	-7.70	-0.46
EPS ($)	4.19	2.48	3.64	3.85
EPS 증가율 (%)	3.71	-40.82	46.90	6.87
주당자산가치($)	25.12	22.60	21.10	22.56
잉여현금흐름 (백만$)	10,110	10,872	12,121	12,283

	2013	2014	2015	2016
배당성향(%)	59.26	61.05	107.11	74.97
배당수익률(%)	2.97	3.12	3.32	3.14
ROE (%)	17.05	16.31	12.44	16.59
ROA (%)	8.33	7.98	6.05	7.81
재고회전율	12.12	11.78	12.05	13.47
EBITDA (백만$)	18,384.00	18,477.00	17,873.00	17,559.00

내부자 거래

(3M 비중은 12개월 거래 중 최근 3개월의 비중)

구분	성격	3개월	12개월	3M 비중
매수	매수 건수 (장내 매매만 해당)	26	65	40.00%
매도	매도 건수 (장내 매매만 해당)	14	79	17.72%
매수	매수 수량 (장내 매매만 해당)	136,895	253,375	54.03%
매도	매도 수량 (장내 매매만 해당)	153,891	497,058	30.96%
	순매수수량 (–인 경우 순매도량)	-16,996	-243,683	

ETF 노출

(편입 ETF 수 : 129개 / 시가총액 대비 ETF의 보유비중 : 9.37%)

티커	ETF	보유 지분	비중
VTI	Vanguard Total Stock Market ETF	$5,371,730,646	0.78%
VOO	Vanguard 500 Index Fund	$3,825,783,475	0.92%
SPY	SPDR S&P 500 ETF Trust	$2,798,150,170	0.93%
IVV	iShares S&P 500 Index (ETF)	$1,417,854,250	0.92%
VTV	Vanguard Value ETF	$1,147,345,813	1.67%

매출비중

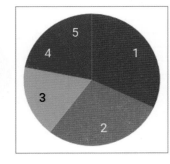

제품명	비중
1. 원단 및 홈 케어	31.75%
2.유아, 여성 및 가족 케어	28.34%
3. 뷰티제품	17.58%
4. 헬스케어	11.26%
5. 그루밍	10.44%

기간 수익률

1M : -0.89%	3M : -2.35%	6M : 2.77%	1Y : 4.13%	3Y : -0.19%

DPS
닥터 페퍼 스내플
Dr Pepper Snapple Group

섹터 필수소비재 (Consumer Staples)
세부섹터 청량 음료 (Soft Drinks)

닥터 페퍼 스내플(Dr Pepper Snapple Group, Inc.)은 미국, 멕시코 및 캐나다의 무알코올 음료의 통합 브랜드를 소유한 제조, 유통, 판매 업체이다. 회사는 2008년에 설립되었고 본사는 텍사스주 플래노에 있으며 20,000명의 직원이 근무하고 있다. 사업 부문은 음료 농축액(Beverage Concentrates), 포장된 음료(Packaged Beverage), 라틴 아메리카 음료로 나누어진다. 즉석 차, 주스, 물, 탄산 청량음료(CSD) 및 비탄산 음료(NCB)를 판매하고 있다. 대표적인 탄산 브랜드로는 닥터 페퍼(Dr.Pepper), 캐나다 드라이(Canada Dry), 페나필(Penafiel), 스쿼트(Squirt), 세븐업(7UP), 크러쉬(Crush), 선키스트(Sunkist) 등이 있으며, 스내플(Snapple), 하와이안 펀치(Hawaiian Punch), 피지 미네랄 워터(FIJI mineral water), 유후(Yoo-Hoo) 등의 비 탄산음료가 있다.

기준일 : 2018/ 01 /25

한글 회사명 : 닥터 페퍼 스내플
영문 회사명 : Dr Pepper Snapple Group
상장일 : 2008년 04월 28일 | 결산월 : 12월
시가총액 : 173 (억$) |
52주 최고 : $99.47 (-3.56%) / 52주 최저 : $83.23 (+15.24%)

주요 주주정보

보유자/ 보유 기관	보유율
The Vanguard Group, Inc.	10%
BlackRock Fund Advisors	6.1%
Cedar Rock Capital Ltd.	5.58%

애널리스트 추천 및 최근 투자의견

닥터 페퍼 스내플의 2018년 01월 25일 현재 23개 기관의 **평균적인 목표가는 102.15$**이며, 2018년 추정 주당순이익(EPS)은 5.17$로 2017년 추정 EPS 4.51$에 비해 **14.63% 증가할 것으로 예상**된다.

최근, 1개월, 3개월의 투자 의견 변화

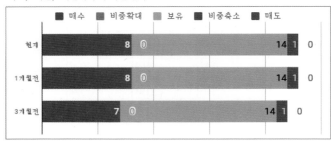

투자의견	금융사 및 투자	날짜
Maintains	Morgan Stanley: Overweight to Overweight	1/25/2018
Maintains	Morgan Stanley: Overweight to Overweight	1/23/2018
Downgrade	Atlantic Equities: Overweight to Neutral	1/22/2018
Downgrade	Longbow Research: Buy to Neutral	1/17/2018
Downgrade	Instinet: Buy to Neutral	12/19/2017

내부자 거래

(3M 비중은 12개월 거래 중 최근 3개월의 비중)

구분	성격	3개월	12개월	3M 비중
매수	매수 건수 (장내 매매만 해당)	37	39	94.87%
매도	매도 건수 (장내 매매만 해당)	30	34	88.24%
매수	매수 수량 (장내 매매만 해당)	103,145	103,243	99.91%
매도	매도 수량 (장내 매매만 해당)	64,087	83,619	76.64%
	순매수량 (−인 경우 순매도량)	39,058	19,624	

ETF 노출
(편입 ETF 수 : 89개 / 시가총액 대비 ETF의 보유비중 : 13.61%)

티커	ETF	보유 지분	비중
VO	Vanguard Mid-Cap ETF	$423,143,514	0.43%
VTI	Vanguard Total Stock Market ETF	$416,616,727	0.06%
VOO	Vanguard 500 Index Fund	$295,306,583	0.07%
SPY	SPDR S&P 500 ETF Trust	$219,167,912	0.07%
VOE	Vanguard Mid-Cap Value ETF	$143,241,880	0.80%

기간 수익률

1M : 2.58%	3M : 5.25%	6M : 5.43%	1Y : 6.22%	3Y : 26.01%

재무 지표

	2014	2015	2016	2017(E)
매출액 (백만$)	6,121	6,282	6,519	6,710
영업이익 (백만$)	1,194	1,346	1,429	1,392
순이익 (백만$)	703	764	847	823
자산총계 (백만$)	8,273	8,869	9,791	9,867
자본총계 (백만$)	2,294	2,183	2,134	
부채총계 (백만$)	5,979	6,686	7,657	

안정성 비율	2013	2014	2015	2016
유동비율 (%)	108.64	114.93	114.78	260.32
부채비율 (%)	260.17	260.64	306.28	358.81
이자보상배율 (배)	8.62	10.21	10.68	10.21

투자 지표

	2014	2015	2016	2017(E)
영업이익률 (%)	19.51	21.43	21.92	20.75
매출액 증가율 (%)	2.07	2.63	3.77	2.93
EPS ($)	3.59	4.00	4.57	4.51
EPS 증가율 (%)	16.56	11.42	14.25	-1.26
주당자산가치($)	11.89	11.62	11.65	11.57
잉여현금흐름 (백만$)	852	812	759	823

	2013	2014	2015	2016
배당성향(%)	49.84	46.07	48.36	46.70
배당수익률(%)	3.12	2.29	2.06	2.34
ROE (%)	27.39	30.76	34.13	39.24
ROA (%)	7.29	8.54	8.91	9.08
재고회전율	30.21	30.30	30.42	31.72
EBITDA (백만$)	1,311.00	1,429.00	1,573.00	1,653.00

매출비중

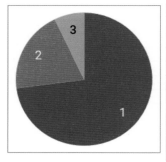

제품명	비중
1. 포장 음료	72.92%
2.음료류	19.94%
3. 라틴 아메리카 음료	7.14%

KO
코카콜라 컴퍼니
The Coca-Cola Company

섹터 필수소비재 (Consumer Staples)
세부섹터 청량 음료 (Soft Drinks)

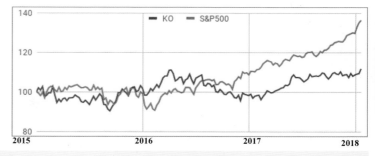

코카콜라 컴퍼니(The Coca-Cola Company)는 탄산음료 및 정제수, 맛이 첨가된 물, 주스 음료, 바로 마실 수 있는 차 및 커피, 유제품 및 에너지 음료, 스포츠 음료 및 기타 음료와 같은 다양한 종류의 음료를 소유하거나 라이센스하며 제조, 유통, 판매를 영위하는 업체이다. 회사는 1892년에 설립되었고 본사는 조지아주 애틀란타에 있으며 100,300명의 직원이 근무하고 있다. 회사의 사업 부문은 유럽, 중동 및 아프리카, 라틴 아메리카, 북미, 아시아, 보틀링 인베스트먼트, 운영으로 나누어진다. 대표적인 비 알코올성 탄산음료 브랜드로는 코카콜라, 다이어트 콜라, 판타, 스프라이트 등이 있다. 500여 가지가 넘는 무알코올 음료 브랜드를 소유 또는 라이센스하고 판매하고 있으며 음료수 농축액과 시럽도 제조 및 판매하고 있다.

기준일 : 2018/ 01 /25
한글 회사명 : 코카콜라 컴퍼니
영문 회사명 : The Coca-Cola Company
상장일 : 1972년 01월 21일 | 결산월 : 12월
시가총액 : 2038 (억$) | 52주 최고 : $47.78 (-0.1%) / 52주 최저 : $40.22 (+18.67%)

주요 주주정보

보유자/ 보유 기관	보유율
Berkshire Hathaway, Inc. (Investment Manageme	9.39%
The Vanguard Group, Inc.	6.41%
BlackRock Fund Advisors	4.07%

애널리스트 추천 및 최근 투자의견

코카콜라 컴퍼니의 2018년 01월 25일 현재 27개 기관의 **평균적인 목표가는 49.72$**이며, 2018년 추정 주당순이익(EPS)은 2.01$로 2017년 추정 EPS 1.91$에 비해 **5.23% 증가할 것으로 예상**된다.

최근, 1개월, 3개월의 투자 의견 변화

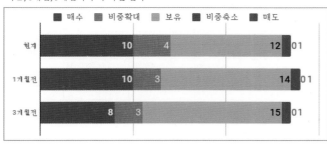

투자의견	금융사 및 투자	날짜
Maintains	Morgan Stanley: Overweight to Overweight	1/25/2018
Maintains	Morgan Stanley: Overweight to Overweight	1/23/2018
Downgrade	Atlantic Equities: Overweight to Neutral	1/22/2018
Downgrade	Longbow Research: Buy to Neutral	1/17/2018
Downgrade	Instinet: Buy to Neutral	12/19/2017

내부자 거래

(3M 비중은 12개월 거래 중 최근 3개월의 비중)

구분	성격	3개월	12개월	3M 비중
매수	매수 건수 (장내 매매만 해당)	15	16	93.75%
매도	매도 건수 (장내 매매만 해당)	26	47	55.32%
매수	매수 수량 (장내 매매만 해당)	461,547	461,598	99.99%
매도	매도 수량 (장내 매매만 해당)	1,887,390	3,846,264	49.07%
	순매수량 (-인 경우 순매도량)	-1,425,843	-3,384,666	

ETF 노출   (편입 ETF 수 : 121개 / 시가총액 대비 ETF의 보유비중 : 8.72%)

티커	ETF	보유 지분	비중
VTI	Vanguard Total Stock Market ETF	$4,440,524,750	0.65%
VOO	Vanguard 500 Index Fund	$3,148,523,301	0.76%
SPY	SPDR S&P 500 ETF Trust	$2,301,840,909	0.77%
VUG	Vanguard Growth ETF	$1,240,918,716	1.59%
IVV	iShares S&P 500 Index (ETF)	$1,166,878,105	0.76%

기간 수익률

1M : 2.1%	3M : 2.12%	6M : 4.73%	1Y : 14.13%	3Y : 10.88%

재무 지표

	2014	2015	2016	2017(E)
매출액 (백만$)	46,003	43,700	41,379	35,252
영업이익 (백만$)	10,544	9,800	9,364	9,720
순이익 (백만$)	7,098	7,351	6,527	8,230
자산총계 (백만$)	92,023	89,996	87,270	85,556
자본총계 (백만$)	30,561	25,764	23,220	
부채총계 (백만$)	61,462	64,232	64,050	

안정성 비율	2013	2014	2015	2016
유동비율 (%)	112.56	101.89	124.01	128.19
부채비율 (%)	169.30	201.11	249.31	275.84
이자보상배율 (배)	25.04	20.59	18.77	13.69

투자 지표

	2014	2015	2016	2017(E)
영업이익률 (%)	22.92	22.43	22.63	27.57
매출액 증가율 (%)	-1.63	-5.01	-5.31	-14.81
EPS ($)	1.62	1.69	1.51	1.91
EPS 증가율 (%)	-16.50	4.32	-10.65	26.28
주당자산가치($)	6.94	5.91	5.38	4.74
잉여현금흐름 (백만$)	8,209	7,975	6,534	6,354

	2013	2014	2015	2016
배당성향(%)	58.95	76.25	79.04	93.96
배당수익률(%)	2.71	2.89	3.07	3.38
ROE (%)	26.03	22.36	26.31	26.85
ROA (%)	9.79	7.83	8.09	7.39
재고회전율	14.30	14.43	14.56	14.84
EBITDA (백만$)	12,968.00	12,520.00	11,770.00	11,151.00

매출비중

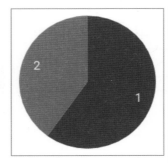

제품명	비중
1. 완제품	
	60%
2.음료류	
	40%

MNST
몬스터 베버리지 코퍼레이션
Monster Beverage Corporation

섹터 필수소비재 (Consumer Staples)
세부섹터 청량 음료 (Soft Drinks)

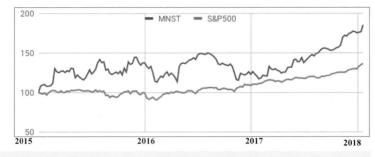

몬스터 베버리지 코퍼레이션(Monster Beverage Corporation)은 에너지 음료, 음료수 및 농축액 개발, 제품의 제조, 유통, 판매를 영위하는 업체이다. 회사는 1985년에 설립되었고 본사는 캘리포니아주 코로나에 있으며 2,600명의 직원이 근무하고 있다. 사업 부문은 다음과 같은 세 부문으로 나누어진다. 첫째, 뮤턴트 슈퍼 소다(Mutant Super Soda) 등과 같은 에너지 음료를 관리하는 몬스터 에너지 드링크(Monster Energy Drinks)가 있다. 둘째, 코카콜라 컴퍼니(TCCC)를 통해 회사가 소유하고 있는 다양한 에너지 음료를 유통하는 전략적 브랜드(Strategic Brands)가 있다. 셋째, 아메리칸 프루츠 앤드 플래이버(American Fruits & Flavors)와 같은 타사 제품을 포함한 기타 부문이 있다. 대표적인 브랜드는 몬스터 에너지(Monster Energy), 몬스터 리햅(Monster Rehab), 몬스터 에너지 엑스트라 스트랭스 나이트로스 테크놀로지(Monster Energy Extra Strength Nitrous Technology), 자바 몬스터(Java Monster), 머슬 몬스터(Muscle Monster) 등이 있다.

기준일 : 2018/ 01 /25

한글 회사명 : 몬스터 베버리지 코퍼레이션
영문 회사명 : Monster Beverage Corporation
상장일 : 1985년 12월 06일 | 결산월 : 12월
시가총액 : 382 (억$) |

52주 최고 : $68.77 (-0.36%) / 52주 최저 : $41.02 (+67.04%)

주요 주주정보

보유자/ 보유 기관	보유율
The Coca-Cola Co.	18.11%
Fidelity Management & Research Co.	7.03%
Brandon L.P., No. 2	5.21%

애널리스트 추천 및 최근 투자의견

몬스터 베버리지 코퍼레이션의 2018년 01월 25일 현재 20개 기관의 **평균적인 목표가는 71.83$**이며, 2018년 추정 주당순이익(EPS)은 1.86$로 2017년 추정 EPS 1.48$에 비해 **25.67% 증가할 것으로 예상**된다.

최근, 1개월, 3개월의 투자 의견 변화

투자의견	금융사 및 투자	날짜
Maintains	Morgan Stanley: Overweight to Overweight	1/25/2018
Maintains	Morgan Stanley: Overweight to Overweight	1/23/2018
Downgrade	Atlantic Equities: Overweight to Neutral	1/22/2018
Downgrade	Longbow Research: Buy to Neutral	1/17/2018
Downgrade	Instinet: Buy to Neutral	12/19/2017

내부자 거래

(3M 비중은 12개월 거래 중 최근 3개월의 비중)

구분	성격	3개월	12개월	3M 비중
매수	매수 건수 (장내 매매만 해당)	2	10	20.00%
매도	매도 건수 (장내 매매만 해당)	25	33	75.76%
매수	매수 수량 (장내 매매만 해당)	15,740	1,770,122	0.89%
매도	매도 수량 (장내 매매만 해당)	597,020	1,020,146	58.52%
	순매수량 (−인 경우 순매도량)	-581,280	749,976	

ETF 노출

(편입 ETF 수 : 74개 / 시가총액 대비 ETF의 보유비중 : 7.3%)

티커	ETF	보유 지분	비중
VTI	Vanguard Total Stock Market ETF	$693,111,295	0.10%
VOO	Vanguard 500 Index Fund	$478,215,430	0.12%
SPY	SPDR S&P 500 ETF Trust	$351,075,151	0.12%
QQQ	PowerShares QQQ Trust, Series 1 (ETF)	$295,864,870	0.48%
VUG	Vanguard Growth ETF	$193,674,212	0.25%

기간 수익률

1M : 4.45%	3M : 19.01%	6M : 27.15%	1Y : 53.66%	3Y : 68.71%

재무 지표

	2014	2015	2016	2017(E)
매출액 (백만$)	2,465	2,683	3,044	3,401
영업이익 (백만$)	752	932	1,164	1,286
순이익 (백만$)	483	547	713	852
자산총계 (백만$)	1,939	5,746	4,324	4,636
자본총계 (백만$)	1,515	4,809	3,330	
부채총계 (백만$)	424	936	994	

안정성 비율	2013	2014	2015	2016
유동비율 (%)	374.36	476.06	877.34	304.36
부채비율 (%)	43.16	27.97	19.47	29.86
이자보상배율 (배)				

투자 지표

	2014	2015	2016	2017(E)
영업이익률 (%)	30.51	34.74	38.24	37.80
매출액 증가율 (%)	9.72	8.84	13.45	11.73
EPS ($)	0.96	0.97	1.21	1.48
EPS 증가율 (%)	42.35	0.20	25.36	22.34
주당자산가치($)	3.01	7.90	5.88	6.74
잉여현금흐름 (백만$)	558	487	602	807

	2013	2014	2015	2016
배당성향(%)				
배당수익률(%)	0.00	0.00	0.00	0.00
ROE (%)	41.38	38.54	17.29	17.51
ROA (%)	27.49	28.77	14.23	14.16
재고회전율	10.58	12.45	16.23	19.14
EBITDA (백만$)	622.38	777.76	962.78	1204.70

매출비중

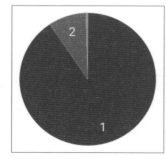

제품명	비중
1. 몬스터 에너지 드링크	90.51%
2.기타 전략 브랜드들	8.94%
3. 기타	0.56%

PEP
펩시코
PepsiCo Inc.

섹터 필수소비재 (Consumer Staples)
세부섹터 청량 음료 (Soft Drinks)

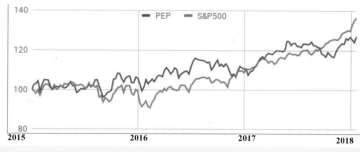

펩시코(PepsiCo, Inc.)는 전 세계에서 음료, 스낵, 음식 등을 제조, 유통, 판매를 영위하는 업체이다. 회사는 1965년에 설립되었고 본사는 뉴욕주 퍼처스에 있으며 264,000명의 직원이 근무하고 있다. 회사의 대표적인 브랜드로는 프리토-레이(Frito-Lay), 게토레이(Gatorade), 펩시콜라(Pepsi-Cola), 퀘커(Quaker), 트로피카나(Tropicana)가 있다. 사업 부문은 프리토-레이 북미(Frito-Lay North America), 퀘커 푸드 북미(Quaker Foods North America), 북미 음료(North Ameria Beverages), 라틴 아메리카, 유럽과 아프리카 일부(ESSA) 및 아시아, 중동 및 북아프리카(AMENA) 등의 여섯 부문으로 나누어진다. 프리토-레이 북미 부문은 미국 및 캐나다에서의 식품 및 스낵 비즈니스, 퀘커 푸드 북미 부문에는 미국, 캐나다의 시리얼, 쌀, 파스타 및 기타 브랜드 식품 사업, 북미 음료 부문은 미국과 캐나다의 음료를 유통, 판매하고 있다. 라틴 아메리카 부문에는 라틴 아메리카의 음료, 음식 및 스낵 비즈니스, 에싸(ESSA) 부문에는 유럽 및 사하라 사막 이남의 아프리카 지역의 음료, 음식 및 스낵 비즈니스, 아메나(AMENA) 부문은 아시아, 중동 및 북아프리카의 음료, 음식 및 스낵을 유통, 판매하고 있다.

기준일 : 2018/ 01 /25

한글 회사명 : 펩시코
영문 회사명 : PepsiCo Inc.
상장일 : 1972년 01월 21일 | 결산월 : 12월
시가총액 : 1719 (억$) | 52주 최고 : $122.51 (-1.32%) / 52주 최저 : $102.98 (+17.39%)

주요 주주정보

보유자/ 보유 기관	보유율
The Vanguard Group, Inc.	7.83%
BlackRock Fund Advisors	4.49%
SSgA Funds Management, Inc.	4.44%

애널리스트 추천 및 최근 투자의견

펩시코의 2018년 01월 25일 현재 27개 기관의 **평균적인 목표가는 124.76$**이며, 2018년 추정 주당순이익(EPS)은 5.67$로 2017년 추정 EPS 5.22$에 비해 **8.62% 증가할 것으로 예상**된다.

최근, 1개월, 3개월의 투자 의견 변화

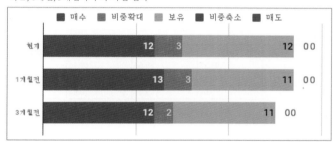

투자의견	금융사 및 투자	날짜
Maintains	Morgan Stanley: Overweight to Overweight	1/25/2018
Maintains	Morgan Stanley: Overweight to Overweight	1/23/2018
Downgrade	Atlantic Equities: Overweight to Neutral	1/22/2018
Downgrade	Longbow Research: Buy to Neutral	1/17/2018
Downgrade	Instinet: Buy to Neutral	12/19/2017

내부자 거래

(3M 비중은 12개월 거래 중 최근 3개월의 비중)

구분	성격	3개월	12개월	3M 비중
매수	매수 건수 (장내 매매만 해당)	14	46	30.43%
매도	매도 건수 (장내 매매만 해당)	14	21	66.67%
매수	매수 수량 (장내 매매만 해당)	432,239	476,885	90.64%
매도	매도 수량 (장내 매매만 해당)	172,172	771,010	22.33%
	순매수량 (-인 경우 순매도량)	260,067	-294,125	

ETF 노출

(편입 ETF 수 : 114개 / 시가총액 대비 ETF의 보유비중 : 9.95%)

티커	ETF	보유 지분	비중
VTI	Vanguard Total Stock Market ETF	$4,166,709,659	0.61%
VOO	Vanguard 500 Index Fund	$2,954,022,816	0.71%
SPY	SPDR S&P 500 ETF Trust	$2,163,316,495	0.72%
VIG	Vanguard Dividend Appreciation ETF	$1,329,523,654	3.70%
IVV	iShares S&P 500 Index (ETF)	$1,094,886,784	0.71%

기간 수익률

1M : 0.79%	3M : 4.63%	6M : 3.03%	1Y : 16.39%	3Y : 23.51%

재무 지표

	2014	2015	2016	2017(E)
매출액 (백만$)	66,683	63,053	62,801	63,421
영업이익 (백만$)	10,152	10,081	10,315	10,789
순이익 (백만$)	6,513	5,452	6,329	7,493
자산총계 (백만$)	70,509	69,667	74,129	77,085
자본총계 (백만$)	17,548	12,030	11,199	
부채총계 (백만$)	52,961	57,637	62,930	

안정성 비율	2013	2014	2015	2016
유동비율 (%)	124.08	113.98	130.79	128.02
부채비율 (%)	217.68	301.81	479.11	561.93
이자보상배율 (배)	12.35	15.50	12.94	12.63

투자 지표

	2014	2015	2016	2017(E)
영업이익률 (%)	15.22	15.99	16.42	17.01
매출액 증가율 (%)	0.40	-5.44	-0.40	0.99
EPS ($)	4.31	3.71	4.39	5.22
EPS 증가율 (%)	-1.37	-13.92	18.33	19.01
주당자산가치($)	11.81	8.33	7.88	9.42
잉여현금흐름 (백만$)	7,647	7,822	7,364	6,947

	2013	2014	2015	2016
배당성향(%)	51.85	59.31	75.27	67.89
배당수익률(%)	2.70	2.68	2.76	2.83
ROE (%)	28.94	31.23	37.14	54.99
ROA (%)	8.92	8.86	7.85	8.87
재고회전율	19.00	20.36	21.51	23.08
EBITDA (백만$)	12,654.00	12,777.00	12,497.00	12,683.00

매출비중

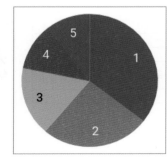

제품명	비중
1. 음료 북미	
	33.94%
2. Frito-Lay 북미	
	24.76%
3. 유럽 사하라 사막 이남 아프리카	
	16.27%
4. 라틴 아메리카	
	10.86%
5. 아시아, 중동 및 북아프리카	
	10.09%

223

MO
알트리아 그룹
Altria Group Inc

섹터 필수소비재 (Consumer Staples)
세부섹터 담배 (Tobacco)

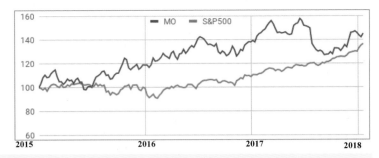

알트리아 그룹(Altria Group, Inc.)은 담배와 와인 제품의 제조, 유통, 판매를 영위하는 지주 회사이다. 회사는 1985년에 설립되었고 본사는 버지니아주 리치몬드에 있으며 8,300명의 직원이 근무하고 있다. 사업 부문은 흡연 가능 제품, 무연 제품 및 와인 세 부문으로 나누어진다. 자회사는 미국의 담배 제조 및 판매에 종사하는 필립 모리스 미국(Philip Morris USA Inc. - PM USA), 다른 미국 담배 회사인 존 미들턴(John Middleton Co. - Middleton), 시가와 파이프 담배의 제조와 판매를 담당하는 유에스티(UST), 무연 담배와 와인을 담당하는 미셸 와인 이스테이트(Michelle Wine Estates), 재무를 담당하는 필립 모리스 캐피탈(Philip Morris Capital Corporation - PMCC)이 있다. 2017년 현재 미국 전역에 수십 곳의 담배제조시설을 보유하고 있으며 와인은 워싱턴주 7곳, 캘리포니아주 4곳, 오리건주 1곳을 포함한 12곳의 와인 양조장을 보유하고 있다.

기준일 : 2018/ 01 /25
한글 회사명 : 알트리아 그룹
영문 회사명 : Altria Group Inc
상장일 : 1972년 01월 21일 | 결산월 : 12월
시가총액 : 1334 (억$) |
52주 최고 : $77.79 (-8.38%) / 52주 최저 : $60.01 (+18.76%)

주요 주주정보

보유자/ 보유 기관	보유율
The Vanguard Group, Inc.	7.06%
BlackRock Fund Advisors	4.9%
SSgA Funds Management, Inc.	3.8%

애널리스트 추천 및 최근 투자의견

알트리아 그룹의 2018년 01월 25일 현재 16개 기관의 **평균적인 목표가는 75.85$**이며, 2018년 추정 주당순이익(EPS)은 3.84$로 2017년 추정 EPS 3.28$에 비해 **17.07% 증가**할 것으로 **예상**된다.

최근, 1개월, 3개월의 투자 의견 변화

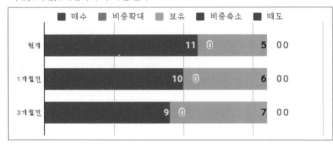

투자의견	금융사 및 투자	날짜
Maintains	Morgan Stanley: Overweight to Overweight	1/25/2018
Maintains	Morgan Stanley: Overweight to Overweight	1/23/2018
Downgrade	Atlantic Equities: Overweight to Neutral	1/22/2018
Downgrade	Longbow Research: Buy to Neutral	1/17/2018
Downgrade	Instinet: Buy to Neutral	12/19/2017

내부자 거래

(3M 비중은 12개월 거래 중 최근 3개월의 비중)

구분	성격	3개월	12개월	3M 비중
매수	매수 건수 (장내 매매만 해당)	13	23	56.52%
매도	매도 건수 (장내 매매만 해당)	17	29	58.62%
매수	매수 수량 (장내 매매만 해당)	155,922	180,732	86.27%
매도	매도 수량 (장내 매매만 해당)	121,565	301,691	40.29%
	순매수량 (−인 경우 순매도량)	34,357	-120,959	

ETF 노출
(편입 ETF 수 : 109개 / 시가총액 대비 ETF의 보유비중 : 9.13%)

티커	ETF	보유 지분	비중
VTI	Vanguard Total Stock Market ETF	$3,248,614,207	0.47%
VOO	Vanguard 500 Index Fund	$2,302,660,155	0.55%
SPY	SPDR S&P 500 ETF Trust	$1,686,798,812	0.56%
IVV	iShares S&P 500 Index (ETF)	$853,233,241	0.55%
VUG	Vanguard Growth ETF	$453,695,506	0.58%

기간 수익률

1M : -0.76%	3M : 13.99%	6M : -3.13%	1Y : 1.58%	3Y : 34.06%

재무 지표

	2014	2015	2016	2017(E)
매출액 (백만$)	17,945	18,854	19,337	19,595
영업이익 (백만$)	7,618	8,395	9,041	9,862
순이익 (백만$)	5,058	5,231	14,215	6,317
자산총계 (백만$)	34,475	31,459	45,932	45,782
자본총계 (백만$)	3,045	2,910	12,811	
부채총계 (백만$)	31,430	28,549	33,121	

안정성 비율	2013	2014	2015	2016
유동비율 (%)	93.37	89.64	69.46	98.44
부채비율 (%)	739.37	1,032.18	981.07	258.54
이자보상배율 (배)	7.08	8.45	10.87	12.37

투자 지표

	2014	2015	2016	2017(E)
영업이익률 (%)	42.45	44.53	46.75	50.33
매출액 증가율 (%)	1.60	5.07	2.56	1.34
EPS ($)	2.56	2.67	7.28	3.28
EPS 증가율 (%)	13.27	4.30	172.66	-54.90
주당자산가치($)	1.53	1.47	6.57	
잉여현금흐름 (백만$)	4,500	5,581	3,602	6,339

	2013	2014	2015	2016
배당성향(%)	81.42	78.13	81.27	32.28
배당수익률(%)	4.79	4.06	3.73	3.48
ROE (%)	124.14	141.82	177.50	181.66
ROA (%)	12.89	14.59	15.87	36.75
재고회전율	9.75	9.16	9.26	9.47
EBITDA (백만$)	7,662.00	7,826.00	8,620.00	9,245.00

매출비중

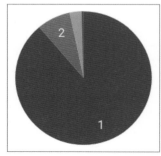

제품명	비중
1. 흡연 제품	
	88.76%
2. 무연 제품	
	7.97%
3. 와인	
	2.9%
4. 기타	
	0.37%

PM
필립 모리스 인터내셔널
Philip Morris International

섹터 필수소비재 (Consumer Staples)
세부섹터 담배 (Tobacco)

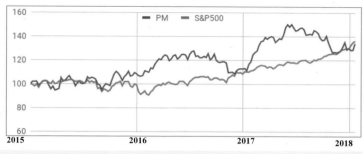

필립 모리스 인터내셔널(Philip Morris International)은 미국을 제외한 전 세계에서 담배와 관련된 제품의 제조, 유통, 판매를 영위하는 지주 회사이다. 회사는 1847년에 설립되었고 본사는 뉴욕주 뉴욕에 있으며 79,500명의 직원이 근무하고 있다. 사업 부문은 동유럽, 중동 및 아프리카를(EEMA) 포함한, 유럽(EU), 아시아, 라틴 아메리카 및 캐나다 다섯 개 지역으로 나누어진다. 대표적인 브랜드로는 말보로(Marlboro), 본드 스트리트(Bond Street), 체스터필드(Chesterfield), 넥스트(Next), 레드 앤 화이트(Red & White)가 있다. 세계 각국의 대표적인 브랜드는 독일의 데리카도스(Delicados), 캐나다의 캐나디안 클래식(Canadian Classics)과 넘버 세븐(Number 7)이 있으며 인도네시아, 필리핀, 러시아 등 각 나라의 지역 브랜드로 제조, 유통, 판매하고 있다.

기준일 : 2018/ 01 /25

한글 회사명 : 필립 모리스 인터내셔널
영문 회사명 : Philip Morris International
상장일 : 2008년 03월 17일 | 결산월 : 12월
시가총액 : 1670 (억$) | 52주 최고 : $123.55 (-10.92%) / 52주 최저 : $94.88 (+15.98%)

주요 주주정보

보유자/ 보유 기관	보유율
The Vanguard Group, Inc.	7.17%
BlackRock Fund Advisors	4.45%
Capital Research & Management Co. (World Inve	4.15%

애널리스트 추천 및 최근 투자의견

필립 모리스 인터내셔널의 2018년 01월 25일 현재 20개 기관의 **평균적인 목표가는 121.18S**이며, 2018년 추정 주당순이익(EPS)은 5.34$로 2017년 추정 EPS 4.74$에 비해 **12.65% 증가할 것으로 예상**된다.

최근, 1개월, 3개월의 투자 의견 변화

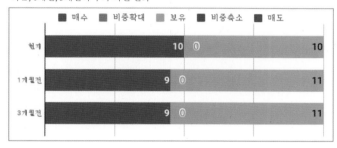

투자의견	금융사 및 투자	날짜
Maintains	Morgan Stanley: Overweight to Overweight	1/25/2018
Maintains	Morgan Stanley: Overweight to Overweight	1/23/2018
Downgrade	Atlantic Equities: Overweight to Neutral	1/22/2018
Downgrade	Longbow Research: Buy to Neutral	1/17/2018
Downgrade	Instinet: Buy to Neutral	12/19/2017

내부자 거래

(3M 비중은 12개월 거래 중 최근 3개월의 비중)

구분	성격	3개월	12개월	3M 비중
매수	매수 건수 (장내 매매만 해당)	21	32	65.63%
매도	매도 건수 (장내 매매만 해당)	23	25	92.00%
매수	매수 수량 (장내 매매만 해당)	151,607	178,789	84.80%
매도	매도 수량 (장내 매매만 해당)	116,551	239,530	48.66%
	순매수량 (－인 경우 순매도량)	35,056	-60,741	

ETF 노출
(편입 ETF 수 : 109개 / 시가총액 대비 ETF의 보유비중 : 9.13%)

티커	ETF	보유 지분	비중
VTI	Vanguard Total Stock Market ETF	$4,059,756,912	0.59%
VOO	Vanguard 500 Index Fund	$2,877,837,420	0.69%
SPY	SPDR S&P 500 ETF Trust	$2,105,140,636	0.70%
VUG	Vanguard Growth ETF	$1,134,429,807	1.45%
IVV	iShares S&P 500 Index (ETF)	$1,066,711,010	0.69%

기간 수익률

1M : -0.69%	3M : -5.93%	6M : -8.91%	1Y : 15.17%	3Y : 31.7%

재무 지표

	2014	2015	2016	2017(E)
매출액 (백만$)	29,652	26,645	26,723	28,493
영업이익 (백만$)	12,395	10,725	11,124	11,482
순이익 (백만$)	7,459	6,849	6,948	7,374
자산총계 (백만$)	35,187	33,956	36,851	39,553
자본총계 (백만$)	-11,203	-11,476	-10,900	
부채총계 (백만$)	46,390	45,432	47,751	

안정성 비율	2013	2014	2015	2016
유동비율 (%)	98.75	102.46	102.72	106.93
부채비율 (%)	-708.35	-414.09	-395.89	-438.08
이자보상배율 (배)	13.04	11.00	9.74	10.71

투자 지표

	2014	2015	2016	2017(E)
영업이익률 (%)	41.80	40.25	41.63	40.30
매출액 증가율 (%)	-4.03	-10.14	0.29	6.62
EPS ($)	4.76	4.42	4.48	4.74
EPS 증가율 (%)	-9.51	-7.14	1.36	5.89
주당자산가치($)	-8.16	-8.55	-8.18	-7.77
잉여현금흐름 (백만$)	6,586	6,905	6,905	6,410

	2013	2014	2015	2016
배당성향(%)	68.06	81.51	91.40	91.96
배당수익률(%)	4.11	4.76	4.60	4.50
ROE (%)				
ROA (%)	23.22	20.79	20.27	20.43
재고회전율	3.29	3.22	3.12	3.06
EBITDA (백만$)	14,583.00	13,284.00	11,479.00	11,867.00

매출비중

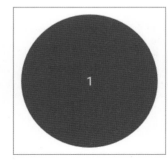

제품명	비중
1. 담배 및 기타 제품	
	100%

Industrials

산업재

섹터 설명 및 전망

산업재(Industrials) 섹터는 S&P500에서 약 10% 비중에 해당하는 섹터이다. 산업재 섹터는 이익 증가로 평균 주가수익비율(PER) 값은 2017년 24.26배에서 2018년 19.53배로 낮아질 전망이다.

산업재 섹터의 이익 증가 배경은 지속해서 진화하고 있는 인공지능(AI) 기술의 발전에 기인하고 있다. 인공지능과 기계학습 알고리즘은 소프트웨어 회사가 주로 개발을 하는 것이지만 실제로 활용되는 곳은 산업재 섹터의 각종 업체이기 때문이다. 제조 환경에서 자동화 과정이 있는 제조사들은 진화하는 인공지능 기술들을 통해 성능이 개선될 것이 예상됨에 따라 혜택을 받을 것으로 전망된다.

예를 들어, 산업용 로봇은 제조, 농업, 건설 분야에서 인간이 할 수 없는 무거운 물품을 운반하는 작업 용도와 함께 산업용 로봇의 활용도가 광범위해지고 있다. 유틸리티 전력 산업 분야에서도 하드웨어 제조사들은 센서와 인터넷 커뮤니케이션을 활용한 스마트 솔루션 서비스 제공을 통해 도시의 에너지 효율을 높임으로써 비용을 절감하고 실시간 모니터링이 가능하도록 하고 있다. 집과 사무실의 실내 환경 조절 장비를 제조하는 기업들도 건물 이용자들과 관련된 데이터와 패턴을 분석하여 이용자들이 선호하는 실내 환경을 자동으로 조절하는 스마트홈 솔루션의 개발에 집중하고 있다.

2018년 가전제품박람회(CES)의 기조도 '스마트시티의 구현'이며 로봇 자동화, 에너지 효율 개선, 스마트 홈, 사물인터넷, 전기차 분야에서 뛰어난 기술력과 시장 점유율을 보유한 업체들을 주목할 필요가 있다.

산업재 섹터 둘러보기

대표 ETF	시가총액(1억$)	S&P500내 비중	편입 종목수
XLI	25,442	10.27%	67

S&P500 VS Industrials

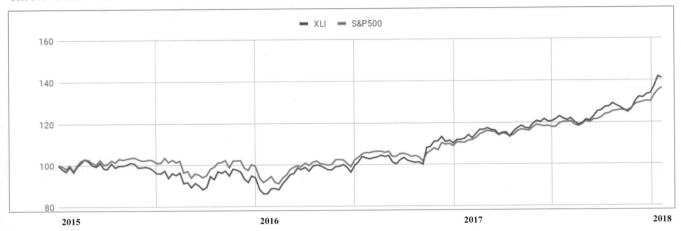

산업재 섹터는 2015년 1월 1일 이후 41.01% 상승했으며, 같은 기간 S&P500은 36.49% 상승했다. 산업재 섹터의 S&P500 대비 상대 수익률은 4.52%p 이다.

S&P500내 산업재 섹터 비중 추이

	2013년	2014년	2015년	2016년	2017년
	10.97	10.46	10.05	10.27	10.27

산업재 섹터 관련 주요 데이터

	산업재 섹터	S&P500 평균
PER (Trailing)	22.56	23.53
PER (Projected)	21.27	20.49
PBR	4.52	3.11
시가 배당률	1.85	1.87
P/Sales	1.82	2.09
P/Cash flow	25.18	21.71
변동성 3년	11.69	10.07
변동성 5년	11.27	9.49

산업재 섹터 대표 ETF 'XLI'의 최근 자금 유입 동향(100만$) 및 수익률(%)

자금동향

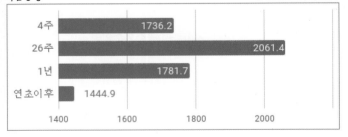

수익률

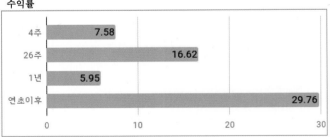

시가 총액 상위 종목

순위	티커	종목명/세부 섹터
1위	**BA**	Boeing Company (더 보잉 컴퍼니)
		항공 우주 및 방위
2위	**GE**	General Electric (제너럴 일렉트릭 컴퍼니)
		복합 기업
3위	**MMM**	3M Company (쓰리엠 컴퍼니)
		복합 기업
4위	**HON**	Honeywell Int'l Inc. (하니웰 인터내셔널)
		복합 기업
5위	**UPS**	United Parcel Service (유나이티드 파르셀 서비스)
		항공화물 운송과 물류

섹터 내 상승/하락 상위 종목 (최근 1년)

상승률 상위 종목

순위	티커	상승률
1위	JEC	139.20%
2위	BA	114.19%
3위	CAT	81.19%

하락률 상위 종목

순위	티커	하락률
1위	GE	-46.80%
2위	ALK	-32.70%
3위	AYI	-20.56%

ARNC
알코닉
Arconic Inc

섹터 산업재 (Industrials)
세부섹터 항공 우주 및 방위 (Aerospace & Defense)

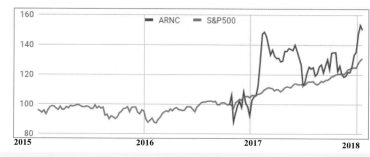

알코닉(Arconic Inc.)은 비철금속을 이용한 경량 금속 엔지니어링 및 제조 전문 업체이다. 회사는 2016년에 설립되었고 본사는 뉴욕주 뉴욕에 있으며 41,500명의 직원이 근무하고 있다. 회사는 알코아 (ALCOA)로부터 2016년 분할된 회사이며 알루미늄, 티타늄 및 니켈로 만들어진 제품은 우주 항공, 자동차, 상업용 운송, 포장, 건축 및 건설, 석유 및 가스, 방위, 가전제품 및 산업 응용 분야에서 전 세계적으로 사용되고 있다. 회사의 사업 부문은 글로벌 롤드 제품, 엔지니어링 제품 앤드 솔루션, 트랜스폴테이션 앤드 컨스트럭션 솔루션의 세 가지 부문으로 나누어진다. 글로벌 롤드 제품 부분은 다양한 알루미늄 시트 및 플레이트를 생산하고 있다. 엔지니어링 제품 앤드 솔루션은 항공 우주, 상업용 운송 및 발전 산업에서 사용되는 제품들을 생산하고 있다. 트랜스폴테이션 앤드 컨스트럭션 솔루션은 주로 비주거용 건물, 건설 및 상업용 운송 등에서 사용되는 제품을 생산하고 있다.

기준일 : 2018/ 01 /25

한글 회사명 : 알코닉
영문 회사명 : Arconic Inc
상장일 : 2016년 10월 18일 | 결산월 : 12월
시가총액 : 147 (억$) |
52주 최고 : $31.17 (-2.34%) / 52주 최저 : $21.42 (+42.11%)

주요 주주정보

보유자/ 보유 기관	보유율
Elliott Management Corp.	10.62%
The Vanguard Group, Inc.	8.55%
Orbis Investment Management Ltd.	5.6%

애널리스트 추천 및 최근 투자의견

알코닉의 2018년 01월 25일 현재 9개 기관의 **평균적인 목표가는 24.14$**이며, 2018년 추정 주당순이익(EPS)은 1.36$로 2017년 추정 EPS 1.07$에 비해 **27.1% 증가할 것으로 예상**된다.

최근,1개월,3개월의 투자 의견 변화

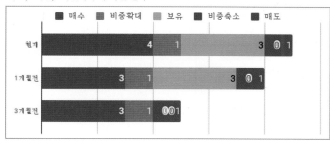

투자의견	금융사 및 투자	날짜
Initiated	Wells Fargo: to Outperform	1/4/2018
Upgrade	Longbow Research: Neutral to Buy	8/22/2017
Upgrade	Seaport Global: to Buy	7/13/2017
Upgrade	JP Morgan: to Overweight	7/10/2017
Initiated	JP Morgan: to Neutral	4/18/2017

내부자 거래

	(3M 비중은 12개월 거래 중 최근 3개월의 비중)			
구분	성격	3개월	12개월	3M 비중
매수	매수 건수 (장내 매매만 해당)	13	48	27.08%
매도	매도 건수 (장내 매매만 해당)	4	4	100.00%
매수	매수 수량 (장내 매매만 해당)	213,382	457,465	46.64%
매도	매도 수량 (장내 매매만 해당)	15,922	15,922	100.00%
	순매수량 (-인 경우 순매도량)	197,460	441,543	

ETF 노출   (편입 ETF 수 : 66개 / 시가총액 대비 ETF의 보유비중 : 13.28%)

티커	ETF	보유 지분	비중
VO	Vanguard Mid-Cap ETF	$358,282,058	0.36%
VTI	Vanguard Total Stock Market ETF	$352,523,690	0.05%
VOO	Vanguard 500 Index Fund	$219,975,890	0.05%
ITA	Itacare Capital Investments	$177,348,523	3.23%
SPY	SPDR S&P 500 ETF Trust	$160,007,147	0.05%

기간 수익률

1M : 19.44%	3M : 19.25%	6M : 19.87%	1Y : 41.94%	#DIV/0!

재무 지표

	2014	2015	2016	2017(E)
매출액 (백만$)		12,392	12,393	12,764
영업이익 (백만$)		862	1,214	1,212
순이익 (백만$)		-157	-1,062	635
자산총계 (백만$)		36,477	20,038	19,510
자본총계 (백만$)		14,128	5,138	
부채총계 (백만$)		22,349	14,900	

안정성 비율	2013	2014	2015	2016
유동비율 (%)			152.62	214.33
부채비율 (%)			158.19	290.00
이자보상배율 (배)			1.82	2.39

투자 지표

	2014	2015	2016	2017(E)
영업이익률 (%)		6.96	9.80	9.50
매출액 증가율 (%)		0.01	2.99	
EPS ($)		-0.93	-2.31	1.15
EPS 증가율 (%)			-148.39	149.60
주당자산가치($)		27.45	11.53	13.22
잉여현금흐름 (백만$)		402	-357	461

	2013	2014	2015	2016
배당성향(%)				
배당수익률(%)				0.49
ROE (%)			-2.61	-12.38
ROA (%)				-3.76
재고회전율			10.85	5.46
EBITDA (백만$)			2,142.00	2,346.00

매출비중

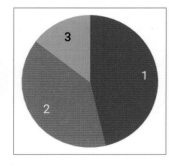

제품명	비중
1. 엔지니어링 제품 및 솔루션	46.22%
2.글로벌 압연 제품	39.24%
3. 건설 솔루션	14.54%

BA
더 보잉 컴퍼니
The Boeing Company

섹터 산업재 (Industrials)

세부섹터 항공 우주 및 방위 (Aerospace & Defense)

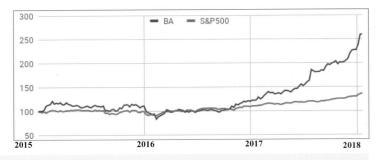

더 보잉 컴퍼니(The Boeing Company)는 전 세계적으로 상업용 항공기, 항공기, 로켓 및 인공위성을 설계, 제조, 판매하는 업체이다. 회사는 1916년 설립되었고 일리노이주 시카고에 본사가 있으며 168,000명의 직원이 근무하고 있다. 회사는 워싱턴주 시애틀 근처 에버릿에 대규모 공장이 있고 미국과 65개국에 생산된 항공기를 판매하고 있다. 회사는 항공우주 리더십 및 혁신 창출에 오랜 역사를 보유하고 있으며 고객들의 요구를 충족하기 위해 제품과 서비스를 지속해서 개발하고 있다. 더욱 효율적인 새로운 상용기 시리즈의 개발, 군용 플랫폼과 방위시스템, 네트워크 중심의 운영을 통한 전투기 통합, 첨단 기술 솔루션 개발, 항공기를 포함한 이동 플랫폼에서의 광대역 접속망 제공, 혁신적인 고객 재무 솔루션 등의 광범위한 서비스를 제공하고 있다. 회사의 주요 사업 부문은 보잉 상업용 비행기(BCA), 보잉 방위산업체(BDS), 보잉 캐피탈 회사(BCC)의 세 부문으로 구성되어 있으며, 이를 지원하는 세어드 서비스 그룹(SSG), 보잉 엔지니어링 오퍼레이션과 테크놀러지(EO&T)가 있다. 세어드 서비스 그룹은 전 세계 각 지역의 보잉 사무소에 다양한 서비스를 제공하고, 보잉 엔지니어링 오페레이션과 테크놀러지는 보잉의 혁신적인 기술 및 프로세스를 개발, 습득, 적용하고 보호하는 역할을 하고 있다.

기준일 : 2018/ 01 /25

한글 회사명 : 더 보잉 컴퍼니

영문 회사명 : The Boeing Company

상장일 : 1972년 01월 21일 | 결산월 : 12월

시가총액 : 2043 (억$) |

52주 최고 : $352.23 (-4.49%) / 52주 최저 : $157.84 (+113.13%)

주요 주주정보

보유자/ 보유 기관	보유율
The Vanguard Group, Inc.	6.62%
Evercore Trust Company, NA	5.66%
Capital Research & Management Co.	5.12%

애널리스트 추천 및 최근 투자의견

더 보잉 컴퍼니의 2018년 01월 25일 현재 25개 기관의 **평균적인 목표가는 352.14$**이며, 2018년 추정 주당순이익(EPS)은 11.86$로 2017년 추정 EPS 10.15$에 비해 **16.84% 증가할 것으로 예상**된다.

최근, 1개월, 3개월의 투자 의견 변화

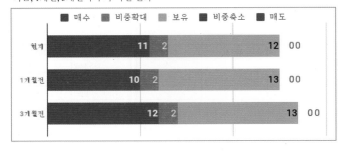

투자의견	금융사 및 투자	날짜
Maintains	Bernstein: to Outperform	10/30/2017
Maintains	Canaccord Genuity: to Hold	10/26/2017
Maintains	Morgan Stanley: to Equal-Weight	10/24/2017
Maintains	Canaccord Genuity: to Hold	10/18/2017
Maintains	Jefferies: to Buy	9/22/2017

내부자 거래

(3M 비중은 12개월 거래 중 최근 3개월의 비중)

구분	성격	3개월	12개월	3M 비중
매수	매수 건수 (장내 매매만 해당)	15	18	83.33%
매도	매도 건수 (장내 매매만 해당)	43	60	71.67%
매수	매수 수량 (장내 매매만 해당)	142,808	207,300	68.89%
매도	매도 수량 (장내 매매만 해당)	119,406	316,628	37.71%
	순매수량 (−인 경우 순매도량)	23,402	-109,328	

ETF 노출

(편입 ETF 수 : 114개 / 시가총액 대비 ETF의 보유비중 : 10.3%)

티커	ETF	보유 지분	비중
VTI	Vanguard Total Stock Market ETF	$4,659,048,064	0.68%
VOO	Vanguard 500 Index Fund	$3,267,776,700	0.79%
SPY	SPDR S&P 500 ETF Trust	$2,389,407,456	0.79%
DIA	SPDR Dow Jones Industrial Average ETF	$2,248,845,174	8.83%
IVV	iShares S&P 500 Index (ETF)	$1,211,008,738	0.79%

기간 수익률

1M : 14.89%	3M : 35.63%	6M : 59.2%	1Y : 111.7%	3Y : 158.24%

재무 지표

	2014	2015	2016	2017(E)
매출액 (백만$)	90,762	96,114	94,571	92,520
영업이익 (백만$)	7,196	7,170	5,538	10,030
순이익 (백만$)	5,440	5,172	4,892	6,977
자산총계 (백만$)	99,198	94,408	89,997	88,231
자본총계 (백만$)	8,790	6,397	877	
부채총계 (백만$)	90,408	88,011	89,120	

안정성 비율	2013	2014	2015	2016
유동비율 (%)	126.39	119.51	135.35	124.64
부채비율 (%)	517.88	1,028.53	1,375.82	10,161.92
이자보상배율 (배)	16.39	21.61	26.07	18.10

투자 지표

	2014	2015	2016	2017(E)
영업이익률 (%)	7.93	7.46	5.86	10.84
매출액 증가율 (%)	4.78	5.90	-1.61	-2.17
EPS ($)	7.48	7.53	7.70	10.16
EPS 증가율 (%)	23.91	0.71	2.26	31.88
주당자산가치($)	12.26	9.50	1.32	0.25
잉여현금흐름 (백만$)	6,622	6,913	7,886	10,908

	2013	2014	2015	2016
배당성향(%)	32.52	39.54	48.91	57.29
배당수익률(%)	1.42	2.25	2.52	2.80
ROE (%)	44.15	46.22	68.96	136.80
ROA (%)	5.04	5.67	5.34	5.31
재고회전율	2.15	2.02	2.04	2.09
EBITDA (백만$)	8,172.00	9,102.00	9,003.00	7,448.00

매출비중

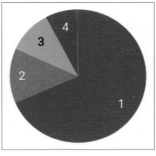

제품명	비중
1. 상업 항공기	68.8%
2.군용기	13.23%
3. 글로벌 서비스 및 지원	10.51%
4. 네트워크 및 우주 시스템	7.45%
5. 금융	0.32%

COL
로크웰 콜린스
Rockwell Collins

섹터 산업재 (Industrials)
세부섹터 항공 우주 및 방위 (Aerospace & Defense)

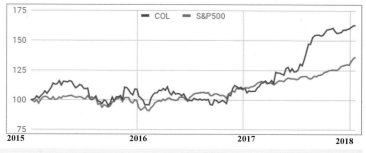

로크웰 콜린스(Rockwell Collins, Inc.)는 정부 기관 및 항공기 제조업체에 항공 전자 및 정보 기술 시스템과 서비스를 제공하는 업체이다. 회사는 2001년에 설립되었고 본사는 아이오와주 시더래피즈에 있으며 29,000명의 직원이 근무하고 있다. 회사는 상업 부문, 정부 시스템 및 정보 관리 서비스의 세 가지 부문으로 나누어진다. 상업 부문은 항공 전자 시스템, 제품 및 서비스를 공급하며 각종 항공기 운영 업체에 주문자 상표 부착방식(OEM)으로 제품을 공급하고 있다. 정부 시스템 부문은 미국 국방성과 정부 기관 및 방위 산업체에 다양한 전자제품, 시스템 및 서비스를 제공하고 있다. 정보 관리 서비스 부문은 항공, 공항, 철도 및 원자력 보안 시장에서 고객에게 통신 서비스, 시스템 통합 및 보안 솔루션을 제공하고 있다.

기준일 : 2018/ 01 /25

한글 회사명 : 로크웰 콜린스
영문 회사명 : Rockwell Collins
상장일 : 2001년 06월 15일 | 결산월 : 9월
시가총액 : 227 (억$) |
52주 최고 : $138.43 (-0.13%) / 52주 최저 : $89.81 (+53.93%)

주요 주주정보

보유자/ 보유 기관	보유율
The Vanguard Group, Inc.	9.68%
BlackRock Fund Advisors	5.47%
T. Rowe Price Associates, Inc.	4.89%

애널리스트 추천 및 최근 투자의견

로크웰 콜린스의 2018년 01월 25일 현재 17개 기관의 **평균적인 목표가는 136.08$**이며, 2018년 추정 주당순이익(EPS)은 7.96$로 2017년 추정 EPS 7.13$에 비해 **11.64% 증가할 것으로 예상**된다.

최근, 1개월, 3개월의 투자 의견 변화

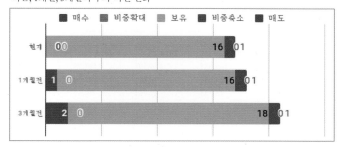

투자의견	금융사 및 투자	날짜
Downgrade	Wells Fargo: Outperform to Market Perform	1/16/2018
Downgrade	Credit Suisse: Outperform to Neutral	11/8/2017
Downgrade	Baird: Outperform to Neutral	9/13/2017
Downgrade	Bernstein: Outperform to Market Perform	9/11/2017
Downgrade	Wolfe Research: Outperform to Peer Perform	9/7/2017

내부자 거래

(3M 비중은 12개월 거래 중 최근 3개월의 비중)

구분	성격	3개월	12개월	3M 비중
매수	매수 건수 (장내 매매만 해당)	13	51	25.49%
매도	매도 건수 (장내 매매만 해당)	4	46	8.70%
매수	매수 수량 (장내 매매만 해당)	11,469	174,972	6.55%
매도	매도 수량 (장내 매매만 해당)	41,838	797,569	5.25%
	순매수량 (-인 경우 순매도량)	-30,369	-622,597	

ETF 노출 (편입 ETF 수 : 80개 / 시가총액 대비 ETF의 보유비중 : 14.09%)

티커	ETF	보유 지분	비중
VO	Vanguard Mid-Cap ETF	$553,316,348	0.56%
VTI	Vanguard Total Stock Market ETF	$544,496,808	0.08%
VOO	Vanguard 500 Index Fund	$385,735,791	0.09%
SPY	SPDR S&P 500 ETF Trust	$280,415,960	0.09%
ITA	Itacare Capital Investments	$212,003,556	3.86%

기간 수익률

1M : 2.33%	3M : 5.01%	6M : 25.94%	1Y : 50.62%	3Y : 61.62%

재무 지표

	2014	2015	2016	2017(E)
매출액 (백만$)	4,979	5,244	5,259	6,856
영업이익 (백만$)	940	1,022	1,031	1,412
순이익 (백만$)	618	694	727	725
자산총계 (백만$)	7,063	7,304	7,699	17,450
자본총계 (백만$)	1,889	1,880	2,084	
부채총계 (백만$)	5,174	5,424	5,615	

안정성 비율	2013	2014	2015	2016
유동비율 (%)	156.18	145.77	156.51	148.76
부채비율 (%)	232.72	273.90	288.51	269.43
이자보상배율 (배)	23.11	14.69	14.19	13.93

투자 지표

	2014	2015	2016	2017(E)
영업이익률 (%)	18.88	19.49	19.60	20.59
매출액 증가율 (%)	8.00	5.32	0.29	30.38
EPS ($)	4.47	5.19	5.58	6.09
EPS 증가율 (%)	-3.46	16.11	7.51	9.04
주당자산가치($)	14.06	14.22	15.96	38.58
잉여현금흐름 (백만$)	481	525	530	712

	2013	2014	2015	2016
배당성향(%)	26.20	27.15	24.56	23.96
배당수익률(%)	1.77	1.53	1.54	1.57
ROE (%)	43.94	35.29	36.93	36.78
ROA (%)	11.80	9.92	9.66	9.69
재고회전율	3.24	3.09	2.97	2.80
EBITDA (백만$)	1,058.00	1,165.00	1,227.00	1,235.00

매출비중

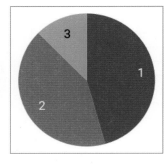

제품명	비중
1. 상업용 시스템	
	45.54%
2.정부 시스템	
	41.95%
3. 정보 관리 서비스	
	12.51%

GD
제너럴 다이내믹스
General Dynamics

섹터 산업재 (Industrials)
세부섹터 항공 우주 및 우주 방위 (Aerospace & Defense)

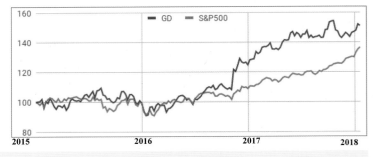

제너럴 다이내믹스(General Dynamics)는 상업용 제트 항공기와 군사지원 시스템 및 군수품을 생산하는 업체이다. 회사는 1952년에 설립되었고 본사는 버지니아주 폴스 처치에 있으며 98,800명의 직원이 근무하고 있다. 회사의 사업 부문은 해양 시스템, 전투 시스템, 정보 시스템 기술, 항공 우주의 네 부문으로 나누어진다. 회사의 해양시스템 사업은 원자력 잠수함, 미사일 잠수함, 각종 전투용 선박의 건조 및 조립 작업은 물론 유지 보수 및 지속해서 성능을 향상한 제품을 제공하고 있다. 전투시스템 사업은 전 세계의 미국 정부 및 동맹국을 대상으로 전투 차량, 무기 시스템 및 군수품을 제공하고 있다. 정보시스템 기술 사업은 군대 및 다양한 고객을 대상으로 네트워크 관리 프로그램을 지원하는 기술, 제품 및 서비스를 제공하고 있다. 항공우주 사업에서는 상업용 제트 항공기의 설계, 개발, 제조, 서비스가 포함되며, 다양한 가격 및 성능 옵션을 바탕으로 하는 상업용 항공기를 생산하고 있다.

기준일 : 2018/ 01 /25
한글 회사명 : 제너럴 다이내믹스
영문 회사명 : General Dynamics
상장일 : 1972년 01월 21일 | 결산월 : 12월
시가총액 : 676 (억$) | 52주 최고 : $215.23 (-1.04%) / 52주 최저 : $172.43 (+23.51%)

주요 주주정보

보유자/ 보유 기관	보유율
Longview Asset Management LLC	11.02%
Evercore Trust Company, NA	7.27%
The Vanguard Group, Inc.	6.62%

애널리스트 추천 및 최근 투자의견

제너럴 다이내믹스의 2018년 01월 25일 현재 21개 기관의 **평균적인 목표가는 240.85$**이며, 2018년 추정 주당순이익(EPS)은 12.31$로 2017년 추정 EPS 11.15$에 비해 **10.4% 증가할 것으로 예상**된다.

최근, 1개월, 3개월의 투자 의견 변화

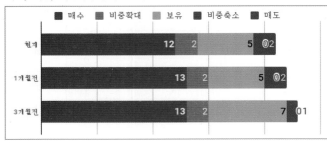

투자의견	금융사 및 투자	날짜
Maintains	Bank of America: Buy to Buy	1/25/2018
Maintains	Credit Suisse: Outperform to Outperform	1/25/2018
Maintains	Wells Fargo: to Outperform	1/25/2018
Maintains	Citigroup: Neutral to Neutral	1/25/2018
Downgrade	JP Morgan: Neutral to Underweight	12/12/2017

내부자 거래

(3M 비중은 12개월 거래 중 최근 3개월의 비중)

구분	성격	3개월	12개월	3M 비중
매수	매수 건수 (장내 매매만 해당)	44	97	45.36%
매도	매도 건수 (장내 매매만 해당)	41	54	75.93%
매수	매수 수량 (장내 매매만 해당)	150,435	153,321	98.12%
매도	매도 수량 (장내 매매만 해당)	229,062	921,045	24.87%
	순매수량 (−인 경우 순매도량)	-78,627	-767,724	

ETF 노출   (편입 ETF 수 : 101개 / 시가총액 대비 ETF의 보유비중 : 9.72%)

티커	ETF	보유 지분	비중
VTI	Vanguard Total Stock Market ETF	$1,356,791,047	0.20%
VOO	Vanguard 500 Index Fund	$1,052,304,627	0.25%
SPY	SPDR S&P 500 ETF Trust	$768,822,992	0.26%
VIG	Vanguard Dividend Appreciation ETF	$582,572,591	1.62%
XLI	Industrial Select Sector SPDR Fund	$399,171,842	2.56%

기간 수익률

1M : 5.15%	3M : 5.46%	6M : 2.22%	1Y : 17.28%	3Y : 50.35%

재무 지표

	2014	2015	2016	2017(E)
매출액 (백만$)	30,852	31,469	31,353	31,113
영업이익 (백만$)	3,889	4,178	4,309	4,200
순이익 (백만$)	2,673	2,965	3,062	2,994
자산총계 (백만$)	35,355	31,997	32,872	34,132
자본총계 (백만$)	11,829	10,738	10,976	
부채총계 (백만$)	23,526	21,259	21,896	

안정성 비율	2013	2014	2015	2016
유동비율 (%)	146.68	126.59	117.08	120.25
부채비율 (%)	144.45	198.88	197.98	199.49
이자보상배율 (배)	36.84	37.76	42.63	43.53

투자 지표

	2014	2015	2016	2017(E)
영업이익률 (%)	12.61	13.28	13.74	13.50
매출액 증가율 (%)	-1.17	2.00	-0.37	-0.77
EPS ($)	7.56	9.23	9.74	9.84
EPS 증가율 (%)	12.50	22.09	5.53	0.98
주당자산가치($)	35.61	34.31	36.29	37.41
잉여현금흐름 (백만$)	3,207	1,930	1,806	2,877

	2013	2014	2015	2016
배당성향(%)	33.58	33.42	30.40	31.79
배당수익률(%)	2.34	1.80	2.01	1.76
ROE (%)	19.20	20.30	26.28	28.20
ROA (%)	7.13	7.55	8.80	9.44
재고회전율	10.87	9.97	9.55	9.10
EBITDA (백만$)	4,351.00	4,385.00	4,660.00	4,763.00

매출비중

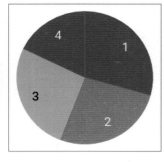

제품명	비중
1. 정보 시스템 및 기술	29.3%
2.항공 우주	26.67%
3. 해양 시스템	26.16%
4. 전투 시스템	17.87%

HII
헌팅턴 잉갈스
Huntington Ingalls Industries, Inc.

섹터 산업재 (Industrials)
세부섹터 항공 우주 및 방위 (Aerospace & Defense)

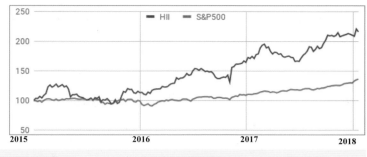

헌팅턴 잉갈스(Huntington Ingalls Industries)는 정부와 업계의 파트너들에게 전문 서비스를 제공하는 미국 최대의 군용 조선 업체이다. 회사는 2010년 설립되었고 본사는 버지니아주 뉴포트 뉴스에 있으며 37,000명의 직원이 근무하고 있다. 잉갈스 부문, 뉴 포트 뉴스 부문, 기타 부문으로 나누어진다. 잉갈스 부문은 각종 군용, 상업용 선박을 개발 및 건조하고 있다. 뉴 포트 뉴스 부문은 항공기, 잠수함, 핵 추진 선박을 설계, 제작 및 유지 관리하고 있다. 기타 부문은 오일, 가스와 같은 비조선업 분야에서 광범위한 서비스를 제공하고 있다. 뉴 포트 뉴스, 버지니아, 미시피의 잉갈스 조선소는 다른 미국 해군 조선소보다 더 많은 배를 건조해 오고 있다.

기준일 : 2018/ 01 /25
한글 회사명 : 헌팅턴 잉갈스
영문 회사명 : Huntington Ingalls Industries, Inc.
상장일 : 2011년 03월 22일 | 결산월 : 12월
시가총액 : 110 (억$) | 52주 최고 : $253.44 (-4.18%) / 52주 최저 : $183.42 (+32.39%)

주요 주주정보

보유자 / 보유 기관	보유율
The Vanguard Group, Inc.	9.33%
BlackRock Fund Advisors	8.95%
Fidelity Management & Research Co.	6.83%

애널리스트 추천 및 최근 투자의견

헌팅턴 잉갈스의 2018년 01월 25일 현재 10개 기관의 **평균적인 목표가는 256.91$**이며, 2018년 추정 주당순이익(EPS)은 13.12$로 2017년 추정 EPS 11.96$에 비해 **9.69% 증가할 것으로 예상**된다.

최근, 1개월, 3개월의 투자 의견 변화

투자의견	금융사 및 투자	날짜
Maintains	Credit Suisse: to Neutral	11/9/2017
Maintains	Citigroup: to Neutral	10/9/2017
Downgrade	Citigroup: to Neutral	3/1/2017
Upgrade	Bank of America: to Buy	1/12/2017
Maintains	Deutsche Bank: to Buy	12/5/2016

내부자 거래

(3M 비중은 12개월 거래 중 최근 3개월의 비중)

구분	성격	3개월	12개월	3M 비중
매수	매수 건수 (장내 매매만 해당)	44	96	45.83%
매도	매도 건수 (장내 매매만 해당)	30	44	68.18%
매수	매수 수량 (장내 매매만 해당)	113,402	123,294	91.98%
매도	매도 수량 (장내 매매만 해당)	59,641	140,711	42.39%
	순매수량 (- 인 경우 순매도량)	53,761	-17,417	

ETF 노출 (편입 ETF 수 : 95개 / 시가총액 대비 ETF의 보유비중 : 14.86%)

티커	ETF	보유 지분	비중
VTI	Vanguard Total Stock Market ETF	$261,993,360	0.04%
ITA	Itacare Capital Investments	$147,270,960	2.68%
VXF	Vanguard Extended Market ETF	$138,983,040	0.84%
SPY	SPDR S&P 500 ETF Trust	$136,314,000	0.05%
VO	Vanguard Mid-Cap ETF	$132,847,920	0.13%

기간 수익률

1M : 1.37%	3M : 13.98%	6M : 20.24%	1Y : 23.71%	3Y : 109.35%

재무 지표

	2014	2015	2016	2017(E)
매출액 (백만$)	6,957	7,020	7,068	7,392
영업이익 (백만$)	748	907	837	857
순이익 (백만$)	338	404	573	548
자산총계 (백만$)	6,269	6,024	6,947	6,236
자본총계 (백만$)	1,365	1,490	1,653	
부채총계 (백만$)	4,904	4,534	5,279	

안정성 비율	2013	2014	2015	2016
유동비율 (%)	192.24	194.06	179.28	159.49
부채비율 (%)	309.27	359.27	304.30	319.36
이자보상배율 (배)	4.23	6.68	9.75	11.31

투자 지표

	2014	2015	2016	2017(E)
영업이익률 (%)	10.75	12.92	11.84	11.59
매출액 증가율 (%)	2.01	0.91	0.68	4.58
EPS ($)	6.93	8.43	12.24	11.96
EPS 증가율 (%)	32.00	21.65	45.20	-2.29
주당자산가치($)	28.26	31.77	35.78	38.49
잉여현금흐름 (백만$)	551	640	537	449

	2013	2014	2015	2016
배당성향(%)	9.65	14.58	20.33	17.30
배당수익률(%)	0.56	0.89	1.34	1.14
ROE (%)	23.86	23.42	28.30	36.46
ROA (%)	4.14	5.41	6.57	8.84
재고회전율	22.77	21.41	22.50	28.56
EBITDA (백만$)	724.60	942.00	1,088.00	1,024.00

매출비중

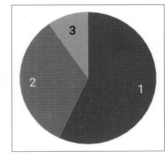

제품명	비중
1. 뉴 포트 뉴스 부문	57.85%
2. 잉걸스 부문	33.8%
3. 기술 솔루션	9.78%
4. 공제	-1.43%

LLL
엘쓰리 테크놀러지스 홀딩스
L-3 Technologies Holdings

섹터 산업재 (Industrials)
세부섹터 항공 우주 및 방위 (Aerospace & Defense)

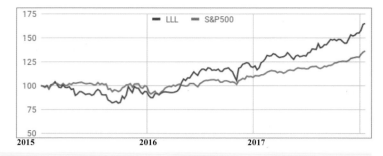

엘쓰리 테크놀러지스 홀딩스(L3 Technologies Holdings, Inc.)는 군용 및 상업용 플랫폼에서 사용되는 광범위한 통신/전자 시스템 및 제품을 생산하는 업체이다. 회사는 1997년에 설립되었고 본사는 뉴욕주 뉴욕에 있으며 38,000명의 직원이 근무하고 있다. 회사의 사업 부문은 전자 시스템, 항공 우주 시스템, 통신 시스템, 센서 시스템 네 가지 부문으로 나누어진다. 전자 시스템 부문은 정밀 교전 및 훈련, 동력 및 추진 장치, 항공 제품, 보안 및 탐지 시스템을 제공하고 있다. 항공 우주 시스템 부문은 글로벌 정보, 감시 및 정찰(ISR) 시스템 시장에 통합 솔루션을 제공하고, 다양한 항공기 및 지상 시스템에 대한 공학, 현대화, 품질개발, 유지 및 보수 관리 및 물류 지원을 제공하고 있다. 통신 시스템 부문은 전략적 및 전술적 공간, 영공, 육상 및 해상 통신 시스템을 전문으로 세계시장에 제품과 서비스를 제공하고 있다. 센서 시스템 부문은 군용 및 상업용 고객에게 육상, 해상, 항공 우주 및 사이버 분야에서 다양한 센서 기술을 제공하고 있다.

기준일 : 2018/ 01 /25

한글 회사명 : 엘쓰리 테크놀러지스 홀딩스
영문 회사명 : L-3 Technologies Holdings
상장일 : 1998년 05월 19일 | 결산월 : 12월
시가총액 : 163 (억$) |
52주 최고 : $213.85 (-1.8%) / 52주 최저 : $147.82 (+42.06%)

주요 주주정보

보유자/ 보유 기관	보유율
The Vanguard Group, Inc.	10.94%
ClearBridge Investments LLC	7.46%
BlackRock Fund Advisors	5.81%

애널리스트 추천 및 최근 투자의견

엘쓰리 테크놀러지스 홀딩스의 2018년 01월 25일 현재 17개 기관의 **평균적인 목표가는 237.13$**이며, 2018년 추정 주당순이익(EPS)은 10.7$로 2017년 추정 EPS 9.37$에 비해 **14.19% 증가할 것으로 예상**된다.

최근, 1개월, 3개월의 투자 의견 변화

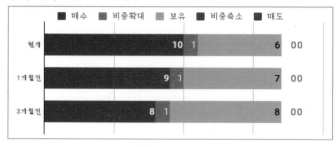

투자의견	금융사 및 투자	날짜
Upgrade	Bank of America: Neutral to Buy	1/17/2018
Upgrade	RBC Capital: Sector Perform to Outperform	12/6/2017
Maintains	Stifel Nicolaus: to Hold	10/27/2017
Maintains	Stifel Nicolaus: to Hold	10/16/2017
Maintains	Bank of America: to Neutral	10/10/2017

내부자 거래

(3M 비중은 12개월 거래 중 최근 3개월의 비중)

구분	성격	3개월	12개월	3M 비중
매수	매수 건수 (장내 매매만 해당)	20	62	32.26%
매도	매도 건수 (장내 매매만 해당)	28	46	60.87%
매수	매수 수량 (장내 매매만 해당)	98,037	107,533	91.17%
매도	매도 수량 (장내 매매만 해당)	468,001	759,446	61.62%
	순매수량 (−인 경우 순매도량)	-369,964	-651,913	

ETF 노출
(편입 ETF 수 : 76개 / 시가총액 대비 ETF의 보유비중 : 5.86%)

티커	ETF	보유 지분	비중
SPY	SPDR S&P 500 ETF Trust	$203,678,395	0.07%
ITA	Itacare Capital Investments	$184,212,991	3.35%
IVV	iShares S&P 500 Index (ETF)	$103,432,281	0.07%
XLI	Industrial Select Sector SPDR Fund	$97,520,505	0.63%
IWD	iShares Russell 1000 Value Index (ETF)	$50,364,134	0.12%

기간 수익률

1M : 8.03%	3M : 13.5%	6M : 19.31%	1Y : 39.17%	3Y : 67.68%

재무 지표

	2014	2015	2016	2017(E)
매출액 (백만$)	10,986	10,466	10,511	9,643
영업이익 (백만$)	1,012	924	1,038	1,067
순이익 (백만$)	632	282	647	569
자산총계 (백만$)	13,715	12,069	11,865	12,562
자본총계 (백만$)	5,360	4,429	4,624	
부채총계 (백만$)	8,355	7,640	7,241	

안정성 비율	2013	2014	2015	2016
유동비율 (%)	184.27	215.07	147.00	173.16
부채비율 (%)	129.73	155.88	172.50	156.60
이자보상배율 (배)	7.28	6.41	5.47	6.14

투자 지표

	2014	2015	2016	2017(E)
영업이익률(%)	9.21	8.83	9.88	11.06
매출액 증가율 (%)	-13.01	-4.73	0.43	-8.26
EPS ($)	7.78	-2.97	9.17	8.58
EPS 증가율 (%)	-10.58	-138.18	408.75	-6.43
주당자산가치($)	64.42	55.74	58.95	63.34
잉여현금흐름 (백만$)	897	872	881	725

	2013	2014	2015	2016
배당성향(%)	25.76	31.75		31.08
배당수익률(%)	2.06	1.90	2.18	1.84
ROE (%)	13.54	11.18	5.85	14.53
ROA (%)	5.66	4.65	2.30	5.52
재고회전율	9.35	8.63	8.87	8.84
EBITDA (백만$)	1,502.00	1,226.00	1,134.00	1,244.00

매출비중

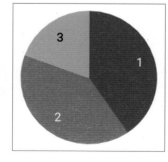

제품명	비중
1. 항공 우주 시스템	40.34%
2.전자 시스템	40.14%
3. 통신 시스템	19.52%

LMT
록히드 마틴
Lockheed Martin Corp.

섹터 산업재 (Industrials)
세부섹터 항공 우주 및 방위 (Aerospace & Defense)

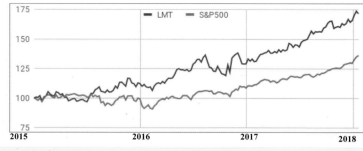

록히드 마틴사(Lockheed Martin Corp)는 군수 기술 시스템, 제품 및 서비스의 연구, 설계, 개발, 제조, 통합 및 유지를 지원하는 업체이다. 회사는 1995년에 설립되었고 본사는 메릴랜드주 베데스다에 있으며 97,000명의 직원이 근무하고 있다. 회사의 사업 부문은 항공 공학, 미사일 및 무기 제어, 로터리 및 미션 시스템, 우주 시스템 네 가지 부문으로 나누어진다. 항공공학 부문은 전투기 및 수송기, 무인 항공기 및 관련 기술을 포함한 고급 군용 항공기의 연구, 설계, 개발, 제조, 통합, 유지, 지원 및 성능향상 업무를 영위하고 있다. 미사일 및 무기 제어 부문은 영공 및 미사일 방어 시스템을 제공하고 있다. 로터리 및 미션 시스템 부문은 다양한 군용 및 상업용 헬리콥터에 대한 설계, 제조, 서비스 및 지원사업을 영위하고 있다. 우주 시스템 부문은 인공위성, 전략 및 방어용 미사일 시스템, 우주 수송 시스템의 연구 개발, 설계, 공학, 생산을 하고 있다.

기준일 : 2018/ 01 /25

한글 회사명 : 록히드 마틴
영문 회사명 : Lockheed Martin Corp.
상장일 : 1972년 01월 21일 | 결산월 : 12월
시가총액 : 960 (억$) |
52주 최고 : $336.67 (-1.73%) / 52주 최저 : $248 (+33.4%)

주요 주주정보

보유자/ 보유 기관	보유율
SSgA Funds Management, Inc.	16.45%
Capital Research & Management Co.	8.01%
The Vanguard Group, Inc.	6.91%

애널리스트 추천 및 최근 투자의견

록히드 마틴의 2018년 01월 25일 현재 22개 기관의 **평균적인 목표가는 338.9$**이며, 2018년 추정 주당순이익(EPS)은 14$로 2017년 추정 EPS 13.1$에 비해 **6.87% 증가할 것으로 예상**된다.

재무 지표

	2014	2015	2016	2017(E)
매출액 (백만$)	45,600	40,536	47,248	50,611
영업이익 (백만$)	5,309	4,585	5,076	5,123
순이익 (백만$)	3,614	3,126	3,753	3,810
자산총계 (백만$)	37,073	49,304	47,806	47,761
자본총계 (백만$)	3,400	3,097	1,606	
부채총계 (백만$)	33,673	46,207	46,200	

최근, 1개월, 3개월의 투자 의견 변화

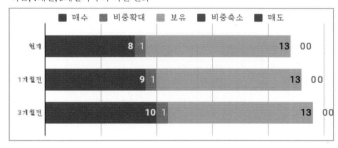

	매수	비중확대	보유	비중축소	매도
현재	8	1	13		00
1개월전	9	1	13		00
3개월전	10	1	13		00

안정성 비율	2013	2014	2015	2016
유동비율 (%)	119.87	110.95	104.71	120.46
부채비율 (%)	635.83	990.38	1,491.99	2,876.71
이자보상배율 (배)	12.91	15.61	10.35	7.66

투자 지표

	2014	2015	2016	2017(E)
영업이익률 (%)	11.64	11.31	10.74	10.12
매출액 증가율 (%)	0.53	-11.11	16.56	7.12
EPS ($)	11.41	11.62	13.57	13.10
EPS 증가율 (%)	22.82	1.84	16.74	-3.45
주당자산가치($)	10.76	10.15	5.21	6.88
잉여현금흐름 (백만$)	3,021	4,162	4,126	5,257

투자의견	금융사 및 투자	날짜
Downgrade	Wells Fargo: Outperform to Market Perform	1/16/2018
Maintains	Credit Suisse: to Neutral	10/25/2017
Maintains	Stifel Nicolaus: to Buy	10/25/2017
Maintains	Buckingham: to Buy	10/5/2017
Initiated	Morgan Stanley: to Overweight	8/8/2017

	2013	2014	2015	2016
배당성향(%)	52.35	48.97	53.66	50.54
배당수익률(%)	3.22	2.85	2.83	2.71
ROE (%)	119.02	86.90	96.23	162.89
ROA (%)	7.88	9.87	7.24	7.73
재고회전율	15.34	15.57	10.53	9.96
EBITDA (백만$)	5,509.00	6,303.00	5,530.00	6,243.00

내부자 거래

(3M 비중은 12개월 거래 중 최근 3개월의 비중)

구분	성격	3개월	12개월	3M 비중
매수	매수 건수 (장내 매매만 해당)	9	10	90.00%
매도	매도 건수 (장내 매매만 해당)	19	32	59.38%
매수	매수 수량 (장내 매매만 해당)	99,887	102,387	97.56%
매도	매도 수량 (장내 매매만 해당)	93,305	205,180	45.47%
	순매수량 (−인 경우 순매도량)	6,582	-102,793	

매출비중

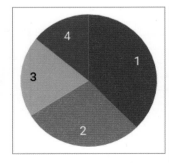

제품명	비중
1. 항공	37.61%
2.국방 및 미션 시스템	28.49%
3. 우주 시스템	19.91%
4. 미사일 및 사격 통제	13.99%

ETF 노출

(편입 ETF 수 : 113개 / 시가총액 대비 ETF의 보유비중 : 10.33%)

티커	ETF	보유 지분	비중
VTI	Vanguard Total Stock Market ETF	$1,969,333,521	0.29%
VOO	Vanguard 500 Index Fund	$1,428,996,371	0.34%
SPY	SPDR S&P 500 ETF Trust	$1,042,174,333	0.35%
VIG	Vanguard Dividend Appreciation ETF	$844,412,234	2.35%
DVY	iShares Select Dividend ETF	$775,167,741	4.29%

기간 수익률

1M : 2.84%	3M : 9.82%	6M : 14.83%	1Y : 28.81%	3Y : 70.5%

NOC
노스럽 그루먼 코퍼레이션
Northrop Grumman Corp.

섹터 산업재 (Industrials)
세부섹터 항공 우주 및 방위 (Aerospace & Defense)

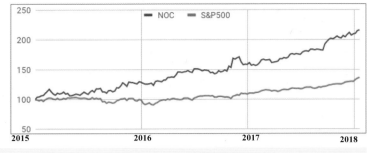

노스럽 그루먼 코퍼레이션(Northrop Grumman Corp)은 보안 제품 및 솔루션 개발 및 공급 사업을 영위하는 업체이다. 회사는 1939년에 설립되었고 본사는 버지니아주 포스처치에 있으며 67,000명의 직원이 근무하고 있다. 회사의 사업 부문은 항공 우주 시스템, 미션 시스템즈, 기술 서비스 세 가지 부문으로 나누어진다. 항공 우주 시스템부문은 유인 및 무인 항공기, 우주선, 레이저 시스템 및 극소 전자공학의 개발 및 제조를 하고 있다. 미션 시스템 부문은 전자시스템과 정보시스템으로 나누어진다. 전자시스템은 국방 전자, 항공 화재 통제 레이더, 인식 시스템, 조기 경보 시스템, 전자전, 방공 레이더, 해상 동력 및 추진 시스템, 내비게이션 및 통신 시스템을 제공하고 있다. 정보 시스템은 명령 및 통제, 사이버 보안 위협, 악성 소프트웨어 탐지, 전투 관리, 전투 지원 시스템, 군사 임무, 신호 및 지형 정보, 감시 시스템, 민간 정보 기술 솔루션, 공공 안전 및 보건에 관련된 제품 및 서비스를 제공하고 있다. 기술 서비스 부문은 공학 서비스, 우주 및 미사일 방어, 핵 보안, 교육 및 모의실험을 제공하고 있다.

기준일 : 2018/ 01 /25

한글 회사명 : 노스럽 그루먼 코퍼레이션
영문 회사명 : Northrop Grumman Corp.
상장일 : 1972년 01월 21일 | 결산월 : 12월
시가총액 : 566 (억$) |
52주 최고 : $318.7 (-1.61%) / 52주 최저 : $223.88 (+40.05%)

주요 주주정보

보유자/ 보유 기관	보유율
SSgA Funds Management, Inc.	11.01%
The Vanguard Group, Inc.	7.35%
BlackRock Fund Advisors	4.99%

애널리스트 추천 및 최근 투자의견

노스럽 그루먼 코퍼레이션의 2018년 01월 25일 현재 19개 기관의 **평균적인 목표가는 342.11$**이며, 2018년 추정 주당순이익(EPS)은 17.1$로 2017년 추정 EPS 14.6$에 비해 **17.12% 증가할 것으로 예상**된다.

최근, 1개월, 3개월의 투자 의견 변화

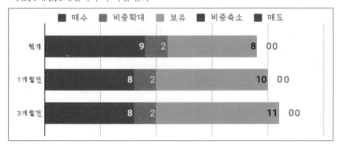

투자의견	금융사 및 투자	날짜
Upgrade	Wells Fargo: Market Perform to Outperform	1/16/2018
Upgrade	JP Morgan: Neutral to Overweight	12/12/2017
Maintains	Morgan Stanley: to Equal-Weight	11/13/2017
Maintains	Stifel Nicolaus: to Hold	10/27/2017
Maintains	Cowen & Co.: to Market Perform	10/26/2017

내부자 거래

(3M 비중은 12개월 거래 중 최근 3개월의 비중)

구분	성격	3개월	12개월	3M 비중
매수	매수 건수 (장내 매매만 해당)	2	21	9.52%
매도	매도 건수 (장내 매매만 해당)	38	53	71.70%
매수	매수 수량 (장내 매매만 해당)	308	8,703	3.54%
매도	매도 수량 (장내 매매만 해당)	135,269	238,909	56.62%
	순매수량 (−인 경우 순매도량)	-134,961	-230,206	

ETF 노출

(편입 ETF 수 : 107개 / 시가총액 대비 ETF의 보유비중 : 11.31%)

티커	ETF	보유 지분	비중
VTI	Vanguard Total Stock Market ETF	$1,361,510,407	0.20%
VOO	Vanguard 500 Index Fund	$965,075,604	0.23%
SPY	SPDR S&P 500 ETF Trust	$704,823,020	0.23%
VIG	Vanguard Dividend Appreciation ETF	$491,481,615	1.37%
XLI	Industrial Select Sector SPDR Fund	$363,374,507	2.33%

기간 수익률

1M : 1.9%	3M : 18.47%	6M : 19.24%	1Y : 36.3%	3Y : 106.33%

재무 지표

	2014	2015	2016	2017(E)
매출액 (백만$)	23,979	23,526	24,508	25,527
영업이익 (백만$)	3,196	3,076	3,193	3,339
순이익 (백만$)	2,069	1,990	2,200	2,310
자산총계 (백만$)	26,572	26,564	28,010	28,873
자본총계 (백만$)	7,235	5,522	5,259	
부채총계 (백만$)	19,337	21,042	22,751	

안정성 비율	2013	2014	2015	2016
유동비율 (%)	163.16	138.90	116.07	121.78
부채비율 (%)	148.41	267.27	381.06	432.61
이자보상배율 (배)	12.15	11.33	10.22	10.61

투자 지표

	2014	2015	2016	2017(E)
영업이익률 (%)	13.33	13.07	13.03	13.08
매출액 증가율 (%)	-2.77	-1.89	4.17	4.16
EPS ($)	9.91	10.51	12.30	13.18
EPS 증가율 (%)	16.59	6.05	17.03	7.12
주당자산가치($)	36.37	30.46	30.04	36.87
잉여현금흐름 (백만$)	2,032	1,691	1,893	1,989

	2013	2014	2015	2016
배당성향(%)	28.50	27.79	29.84	28.71
배당수익률(%)	2.08	1.84	1.64	1.50
ROE (%)	19.39	23.18	31.20	40.81
ROA (%)	7.38	7.81	7.49	8.06
재고회전율	32.97	33.30	30.38	30.20
EBITDA (백만$)	3,618.00	3,658.00	3,543.00	3,649.00

매출비중

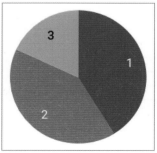

제품명	비중
1. 미션 시스템	44.59%
2.항공 우주 시스템	44.18%
3. 기술 서비스	19.69%
4. 공제	-8.46%

RTN
레이시온 컴퍼니
Raytheon Co.

섹터 산업재 (Industrials)
세부섹터 항공 우주 및 방위 (Aerospace & Defense)

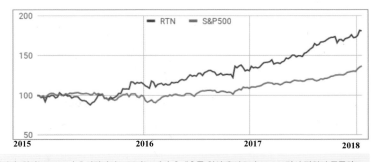

레이시온 컴퍼니(Raytheon Co.)는 방위산업 및 보안 솔루션의 개발 및 제조 사업을 영위하는 업체이다. 회사는 1922년에 설립되었고 본사는 매사 추세추주 월섬에 있으며 63,000명의 직원이 근무하고 있다. 회사는 통합방위시스템, 지능형, 정보 및 서비스, 미사일 시스템, 우주 및 공수 시스템, 포스 포인트의 다섯 가지 부문으로 나누어진다. 통합 방위 시스템 부문은 항공 및 미사일 방어체계, 육상 및 해상 레이더 기술, 통신, 컴퓨터, 사이버 보안, 해군 전투 전자 시스템을 생산 및 제공하고 있다. 지능형, 정보 및 서비스에는 감시 및 정찰, 항법, 우주 및 날씨 예보, 사이버 보안, 분석, 자동화 및 항공 교통 관리를 위한 제품을 제공하고 있다. 미사일 시스템 부문은 미사일 및 전투 시스템을 개발, 통합 및 생산하고 있다. 우주 및 공수 시스템 부문은 감시, 정밀 교전 및 항공 운용에 사용되는 센서 및 통신 시스템을 설계 및 제조하고 있다. 포스 포인트 부문은 내부자 위협 대처, 데이터 손실 방지, 방화벽 기술, 클라우드 및 전자 메일 보안, 도메인 간 전송과 같은 사이버 보안 제품을 제공하고 있다.

기준일 : 2018/ 01 /25

한글 회사명 : 레이시온 컴퍼니
영문 회사명 : Raytheon Co.
상장일 : 1972년 01월 21일 | 결산월 : 12월
시가총액 : 586 (억$) | 52주 최고 : $199.75 (-0.97%) / 52주 최저 : $141.28 (+40.01%)

주요 주주정보

보유자/ 보유 기관	보유율
The Vanguard Group, Inc.	7.64%
BlackRock Fund Advisors	5.05%
SSgA Funds Management, Inc.	4.21%

애널리스트 추천 및 최근 투자의견

레이시온 컴퍼니의 2018년 01월 25일 현재 20개 기관의 **평균적인 목표가는 223.89$**이며, 2018년 추정 주당순이익(EPS)은 10.91$로 2017년 추정 EPS 9.39$에 비해 **16.18% 증가**할 것으로 예상된다.

최근, 1개월, 3개월의 투자 의견 변화

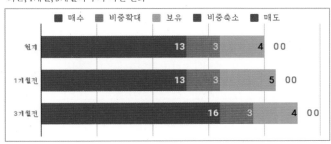

투자의견	금융사 및 투자	날짜
Downgrade	JP Morgan: Overweight to Neutral	12/12/2017
Maintains	Buckingham: to Buy	10/31/2017
Maintains	Bernstein: to Outperform	10/30/2017
Maintains	JP Morgan: to Overweight	10/30/2017
Maintains	Stifel Nicolaus: to Hold	10/27/2017

내부자 거래

(3M 비중은 12개월 거래 중 최근 3개월의 비중)

구분	성격	3개월	12개월	3M 비중
매수	매수 건수 (장내 매매만 해당)	12	30	40.00%
매도	매도 건수 (장내 매매만 해당)	24	64	37.50%
매수	매수 수량 (장내 매매만 해당)	233,534	296,495	78.76%
매도	매도 수량 (장내 매매만 해당)	209,672	292,530	71.68%
	순매수량 (−인 경우 순매도량)	23,862	3,965	

ETF 노출   (편입 ETF 수 : 101개 / 시가총액 대비 ETF의 보유비중 : 11.33%)

티커	ETF	보유 지분	비중
VTI	Vanguard Total Stock Market ETF	$1,431,516,736	0.21%
VOO	Vanguard 500 Index Fund	$1,014,761,563	0.24%
SPY	SPDR S&P 500 ETF Trust	$747,737,967	0.25%
VIG	Vanguard Dividend Appreciation ETF	$522,012,984	1.45%
XLI	Industrial Select Sector SPDR Fund	$386,998,143	2.49%

기간 수익률

1M : 2.76%	3M : 7.76%	6M : 16.12%	1Y : 33.87%	3Y : 86.02%

재무 지표

	2014	2015	2016	2017(E)
매출액 (백만$)	22,826	23,247	24,069	25,364
영업이익 (백만$)	3,224	2,867	3,082	3,358
순이익 (백만$)	2,179	2,061	2,210	2,194
자산총계 (백만$)	27,900	29,281	30,052	30,107
자본총계 (백만$)	9,721	10,685	10,515	
부채총계 (백만$)	18,179	18,596	19,537	

안정성 비율	2013	2014	2015	2016
유동비율 (%)	168.95	173.56	160.17	166.14
부채비율 (%)	131.91	187.01	174.04	185.80
이자보상배율 (배)	14.13	15.14	12.30	13.28

투자 지표

	2014	2015	2016	2017(E)
영업이익률 (%)	14.12	12.33	12.80	13.24
매출액 증가율 (%)	-3.71	1.84	3.54	5.38
EPS ($)	7.19	6.80	7.46	7.62
EPS 증가율 (%)	16.53	-5.36	9.59	2.20
주당자산가치($)	31.03	33.87	34.38	37.45
잉여현금흐름 (백만$)	1,858	1,953	2,291	2,312

	2013	2014	2015	2016
배당성향(%)	35.71	33.70	39.41	39.33
배당수익률(%)	2.43	2.24	2.15	2.06
ROE (%)	20.27	21.20	20.97	21.89
ROA (%)	7.40	8.14	7.18	7.33
재고회전율	63.73	58.75	44.32	37.20
EBITDA (백만$)	3,413.00	3,663.00	3,356.00	3,597.00

매출비중

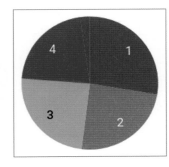

제품명	비중
1. 미사일 시스템	29.38%
2.우주/항공 시스템	25.76%
3. 정보 및 서비스	25.73%
4. 통합 방위 시스템	22.75%
5. 포스포인트 브랜드	2.35%

TDG
트랜스딤 그룹 인코퍼레이티드
TransDigm Group Incorporated

섹터 산업재 (Industrials)

세부섹터 항공 우주 및 방위 (Aerospace & Defense)

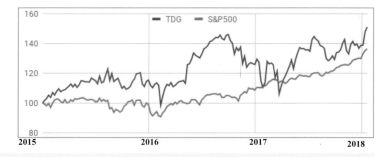

트랜스딤 그룹 인코퍼레이티드(TransDigm Group Incorporated)는 상업용 및 군수용 항공기부품을 디자인, 제작하여 생산, 공급하는 업체이다. 회사는 2003년에 설립되었고 본사는 오하이오주 클리블랜드에 있으며 9,300명의 직원이 근무하고 있다. 회사는 전력 및 제어, 항공기 기체, 비 항공 세 부문으로 나누어진다. 전력 및 제어(Power & Control) 부문에는 주로 전자, 유제품, 전력 및 기계적 제어기술을 이용하여 항공기의 동력을 제어하는 부품과 기술을 개발, 생산 및 판매하고 있다. 항공기 기체 부문은 기체 및 기체 구조 기술을 활용하여 항공기 기체를 개발, 생산 및 판매하고 있다. 비 항공 부문에서는 안전띠, 지상 교통안전 장치, 중장비 시스템의 연료 보급 시스템 등의 제품을 개발, 생산, 판매 사업을 하고 있다.

기준일 : 2018/ 01 /25

한글 회사명 : 트랜스딤 그룹 인코퍼레이티드

영문 회사명 : TransDigm Group Incorporated

상장일 : 2006년 03월 15일 | 결산월 : 9월

시가총액 : 159 (억$) |

52주 최고 : $305.98 (-0.65%) / 52주 최저 : $203.72 (+49.2%)

주요 주주정보

보유자/ 보유 기관	보유율
Capital Research & Management Co.	10.42%
The Vanguard Group, Inc.	9.16%
Tiger Global Management LLC	6.27%

애널리스트 추천 및 최근 투자의견

트랜스딤 그룹 인코퍼레이티드의 2018년 01월 25일 현재 19개 기관의 **평균적인 목표가는 313.65$**이며, 2018년 추정 주당순이익(EPS)은 15.22$로 2017년 추정 EPS 13.62$에 비해 **11.74% 증가할 것으로 예상**된다.

최근, 1개월, 3개월의 투자 의견 변화

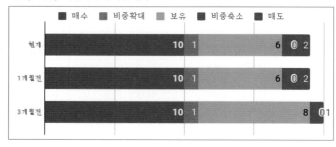

투자의견	금융사 및 투자	날짜
Downgrade	JP Morgan: Neutral to Underweight	12/12/2017
Maintains	Credit Suisse: to Outperform	11/10/2017
Maintains	Canaccord Genuity: to Buy	11/10/2017
Downgrade	Jefferies: Buy to Hold	9/20/2017
Maintains	Canaccord Genuity: to Buy	8/9/2017

내부자 거래

(3M 비중은 12개월 거래 중 최근 3개월의 비중)

구분	성격	3개월	12개월	3M 비중
매수	매수 건수 (장내 매매만 해당)	8	14	57.14%
매도	매도 건수 (장내 매매만 해당)	11	27	40.74%
매수	매수 수량 (장내 매매만 해당)	94,082	100,972	93.18%
매도	매도 수량 (장내 매매만 해당)	170,893	345,978	49.39%
	순매수량 (-인 경우 순매도량)	-76,811	-245,006	

ETF 노출

(편입 ETF 수 : 71개 / 시가총액 대비 ETF의 보유비중 : 13.55%)

티커	ETF	보유 지분	비중
VO	Vanguard Mid-Cap ETF	$351,055,542	0.35%
VTI	Vanguard Total Stock Market ETF	$345,231,092	0.05%
VOO	Vanguard 500 Index Fund	$253,151,136	0.06%
SPY	SPDR S&P 500 ETF Trust	$189,260,291	0.06%
ITA	Itacare Capital Investments	$178,794,981	3.26%

기간 수익률

1M : 8.17%	3M : 16.79%	6M : 4.42%	1Y : 31.85%	3Y : 46.65%

재무 지표

	2014	2015	2016	2017(E)
매출액 (백만$)	2,373	2,707	3,171	3,553
영업이익 (백만$)	949	1,099	1,302	1,471
순이익 (백만$)	180	444	583	546
자산총계 (백만$)	6,757	8,427	10,726	10,214
자본총계 (백만$)	-1,556	-1,038	-651	
부채총계 (백만$)	8,313	9,465	11,378	

안정성 비율	2013	2014	2015	2016
유동비율 (%)	409.46	288.37	278.32	389.41
부채비율 (%)	-1,927.95	-534.22	-911.62	-1,746.42
이자보상배율 (배)	2.84	2.73	2.57	2.61

투자 지표

	2014	2015	2016	2017(E)
영업이익률 (%)	39.99	40.60	41.06	41.40
매출액 증가율 (%)	23.31	14.08	17.15	12.04
EPS ($)	3.16	7.84	10.39	12.29
EPS 증가율 (%)	32.22	146.84	33.21	18.31
주당자산가치($)	-29.69	-19.34	-12.22	-43.86
잉여현금흐름 (백만$)	507	466	625	781

	2013	2014	2015	2016
배당성향(%)				
배당수익률(%)	0.00	0.00	0.00	0.00
ROE (%)				
ROA (%)	2.27	2.79	5.85	6.09
재고회전율	5.24	5.44	5.15	4.82
EBITDA (백만$)	841.97	1,045.31	1,192.47	1,423.73

매출비중

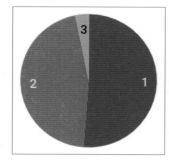

제품명	비중
1. 전력 제어	
	51.14%
2.기체	
	45.65%
3. 비 항공	
	3.21%

TXT
텍스트론
Textron Inc.

섹터 산업재 (Industrials)
세부섹터 항공 우주 및 방위 (Aerospace & Defense)

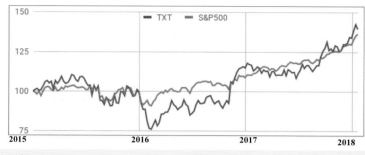

텍스트론(Textron Inc.)은 항공기, 방위 산업 및 금융 비즈니스의 글로벌 네트워크를 활용하여 관련 기술과 서비스를 제공하는 기업이다. 회사는 1923년에 설립되었고 본사는 로드아일랜드주 프로비던스에 있으며 36,000명의 직원이 근무하고 있다. 회사는 항공, 벨, 시스템즈, 산업, 금융 다섯 부문으로 나누어진다. 항공 부문은 일반적인 항공기를 제조, 판매 및 서비스하고 있으며 호커(Hawker) 제품의 상업용 제트기를 생산하고 있다. 벨 부문은 전 세계 군용 및 상업용 헬리콥터, 수직 이착륙 무인기인 틸트 로터의 관련 부품과 서비스를 제공하고 있다. 시스템즈 부문은 무인 항공기 시스템, 해양 및 육상 시스템, 무기 및 센서, 시뮬레이션, 교육 및 기타 국방 및 항공 임무 지원 제품 및 서비스를 제공하고 있다. 산업 부문은 연료시스템, 특수차량, 테스트 장비 세 가지 주요 제품에서 다양한 설계 및 제조를 담당하고 있다. 금융 부문은 신제품 및 중고 자사 항공기와 헬리콥터 구매자에게 대출업무를 하고 있다.

기준일 : 2018/ 01 /25
한글 회사명 : 텍스트론
영문 회사명 : Textron Inc.
상장일 : 1972년 01월 21일 | 결산월 : 12월
시가총액 : 159 (억$) |
52주 최고 : $60.54 (-0.8%) / 52주 최저 : $43.66 (+37.54%)

주요 주주정보

보유자/ 보유 기관	보유율
T. Rowe Price Associates, Inc.	12.74%
The Vanguard Group, Inc.	9.22%
Capital Research & Management Co.	7.07%

애널리스트 추천 및 최근 투자의견

텍스트론   2018년 01월 25일 현재 15개 기관의 **평균적인 목표가는 62$**이며, 2018년 추정 주당순이익(EPS)은 3.01$로 2017년 추정 EPS 2.45$에 비해 **22.85% 증가할 것으로 예상**된다.

최근, 1개월, 3개월의 투자 의견 변화

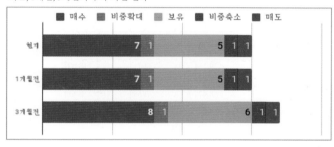

투자의견	금융사 및 투자	날짜
Maintains	Credit Suisse: to Outperform	10/20/2017
Maintains	Wells Fargo: to Outperform	10/20/2017
Maintains	Citigroup: to Buy	10/20/2017
Upgrade	Drexel Hamilton: Hold to Buy	9/11/2017
Maintains	Morgan Stanley: to Underweight	8/17/2017

내부자 거래

(3M 비중은 12개월 거래 중 최근 3개월의 비중)

구분	성격	3개월	12개월	3M 비중
매수	매수 건수 (장내 매매만 해당)	5	6	83.33%
매도	매도 건수 (장내 매매만 해당)	5	9	55.56%
매수	매수 수량 (장내 매매만 해당)	80,728	82,728	97.58%
매도	매도 수량 (장내 매매만 해당)	42,597	45,394	93.84%
	순매수량 (−인 경우 순매도량)	38,131	37,334	

ETF 노출
(편입 ETF 수 : 78개 / 시가총액 대비 ETF의 보유비중 : 13.68%)

티커	ETF	보유 지분	비중
VO	Vanguard Mid-Cap ETF	$349,631,522	0.35%
VTI	Vanguard Total Stock Market ETF	$343,869,245	0.05%
VOO	Vanguard 500 Index Fund	$271,021,587	0.07%
SPY	SPDR S&P 500 ETF Trust	$199,721,507	0.07%
ITA	Itacare Capital Investments	$184,697,848	3.36%

기간 수익률

1M : 6.66%	3M : 14.12%	6M : 21.46%	1Y : 19.35%	3Y : 37.39%

재무 지표

	2014	2015	2016	2017(E)
매출액 (백만$)	13,878	13,423	13,788	14,293
영업이익 (백만$)	1,096	1,140	1,173	1,067
순이익 (백만$)	605	698	843	611
자산총계 (백만$)	14,605	14,708	15,358	15,554
자본총계 (백만$)	4,272	4,964	5,574	
부채총계 (백만$)	10,333	9,744	9,784	

안정성 비율	2013	2014	2015	2016
유동비율 (%)	187.15	174.93	172.39	185.31
부채비율 (%)	195.26	241.88	196.29	175.53
이자보상배율 (배)	5.06	5.74	6.75	6.74

투자 지표

	2014	2015	2016	2017(E)
영업이익률 (%)	7.90	8.49	8.51	7.47
매출액 증가율 (%)	14.66	-3.28	2.72	3.66
EPS ($)	2.15	2.52	3.55	2.45
EPS 증가율 (%)	20.79	17.21	40.87	-30.96
주당자산가치($)	15.44	18.10	20.62	22.37
잉여현금흐름 (백만$)	779	670	566	577

	2013	2014	2015	2016
배당성향(%)	4.57	3.76	3.20	2.27
배당수익률(%)	0.22	0.19	0.19	0.16
ROE (%)	13.51	13.98	15.12	16.00
ROA (%)	3.83	4.39	4.76	5.61
재고회전율	4.27	4.03	3.33	3.20
EBITDA (백만$)	1,264.00	1,555.00	1,601.00	1,622.00

매출비중

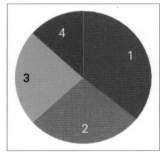

제품명	비중
1. 텍스트론 항공	35.69%
2.산업용 제품	27.52%
3. 벨 헬리콥터	23.49%
4. 텍스트론 시스템	12.74%
5. 금융	0.57%

UTX
유나이티드 테크놀러지 코퍼레이션
United Technologies Coporation

섹터 산업재 (Industrials)
세부섹터 항공 우주 및 방위 (Aerospace & Defense)

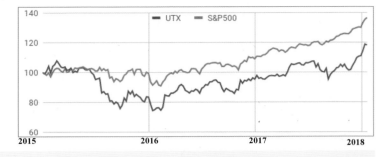

유나이티드 테크놀러지 코퍼레이션(United Technologies Corporation)은 전 세계의 빌딩 시스템 및 우주 항공 산업에 첨단 기술 제품 및 서비스를 제공하는 사업을 영위하는 업체이다. 회사는 1934년에 설립되었고 본사는 코네티컷주 파밍턴에 있으며 202,000명의 직원이 근무하고 있다. 회사는 오티스, 기후, 제어 및 보안, 프래트 앤 휘트니, 항공 우주 시스템 부문 네 부문으로 나누어진다. 오티스 부문은 건물 내 엘리베이터 및 에스컬레이터 제조, 설치 및 서비스를 제공하는 사업을 하고 있다. 기후, 제어 및 보안 부문은 가정용, 상업용, 산업 및 운송용 응용프로그램에 대한 제어를 포함하여 난방, 환기, 공조(HVAC) 및 냉장 기술을 제공하고 있다. 프래트 앤 휘트니 부문은 상업용, 군수용, 업무용 제트기 및 일반 항공기 시장에 엔진을 공급하고 있다. 항공 우주 시스템 부문은 항공기 제조업체, 항공기 및 기타 항공기 운영 업체, 미국 및 외국 정부, 유지 보수, 수리 및 정밀 검사 제공 업체 및 대리점에 항공 우주 제품을 판매하고 있다.

기준일 : 2018/ 01 /25

한글 회사명 : 유나이티드 테크놀러지 코퍼레이션
영문 회사명 : United Technologies Corporation
상장일 : 1975년 05월 01일 | 결산월 : 12월
시가총액 : 1100 (억$) |
52주 최고 : $138.38 (-1.04%) / 52주 최저 : $106.85 (+28.16%)

주요 주주정보

보유자/ 보유 기관	보유율
SSgA Funds Management, Inc.	11.48%
The Vanguard Group, Inc.	6.78%
BlackRock Fund Advisors	4.2%

애널리스트 추천 및 최근 투자의견

유나이티드 테크놀러지 코퍼레이션의 2018년 01월 25일 현재 20개 기관의 **평균적인 목표가는 149$**이며, 2018년 추정 주당순이익(EPS)은 7.91$로 2017년 추정 EPS 7.05$에 비해 **12.19% 증가할 것으로 예상**된다.

최근, 1개월, 3개월의 투자 의견 변화

투자의견	금융사 및 투자	날짜
Upgrade	Goldman Sachs: Neutral to Buy	1/8/2018
Upgrade	Baird: Neutral to Outperform	1/5/2018
Upgrade	Atlantic Equities: Neutral to Overweight	12/5/2017
Maintains	Stifel Nicolaus: to Hold	10/25/2017
Downgrade	Cowen & Co.: Outperform to Market Perform	9/6/2017

내부자 거래

(3M 비중은 12개월 거래 중 최근 3개월의 비중)

구분	성격	3개월	12개월	3M 비중
매수	매수 건수 (장내 매매만 해당)	9	9	100.00%
매도	매도 건수 (장내 매매만 해당)	14	35	40.00%
매수	매수 수량 (장내 매매만 해당)	31,296	31,296	100.00%
매도	매도 수량 (장내 매매만 해당)	33,638	105,235	31.96%
	순매수량 (−인 경우 순매도량)	-2,342	-73,939	

ETF 노출 (편입 ETF 수 : 106개 / 시가총액 대비 ETF의 보유비중 : 10.62%)

티커	ETF	보유 지분	비중
VTI	Vanguard Total Stock Market ETF	$2,515,944,271	0.37%
VOO	Vanguard 500 Index Fund	$1,746,669,768	0.42%
SPY	SPDR S&P 500 ETF Trust	$1,277,354,531	0.42%
VIG	Vanguard Dividend Appreciation ETF	$962,393,332	2.68%
DIA	SPDR Dow Jones Industrial Average ETF	$906,068,291	3.56%

기간 수익률

1M : 7.71%	3M : 20.18%	6M : 10.04%	1Y : 22.66%	3Y : 17%

재무 지표

	2014	2015	2016	2017(E)
매출액 (백만$)	57,996	56,332	57,415	59,699
영업이익 (백만$)	8,451	8,132	7,823	8,809
순이익 (백만$)	6,066	3,996	5,065	5,330
자산총계 (백만$)	91,206	87,484	89,706	93,553
자본총계 (백만$)	32,704	28,966	29,465	
부채총계 (백만$)	58,502	58,518	60,241	

안정성 비율	2013	2014	2015	2016
유동비율 (%)	129.13	134.11	118.07	130.33
부채비율 (%)	171.81	178.88	202.02	204.45
이자보상배율 (배)	8.47	7.69	8.61	6.74

투자 지표

	2014	2015	2016	2017(E)
영업이익률 (%)	14.57	14.44	13.63	14.76
매출액 증가율 (%)	-7.43	-2.87	1.92	3.98
EPS ($)	6.92	1.79	6.16	6.62
EPS 증가율 (%)	9.13	-74.09	243.42	7.43
주당자산가치($)	34.32	32.63	34.10	38.16
잉여현금흐름 (백만$)	5,400	5,046	4,713	3,271

	2013	2014	2015	2016
배당성향(%)	35.13	34.59	144.38	42.93
배당수익률(%)	1.93	2.05	2.66	2.39
ROE (%)	19.68	19.23	13.65	18.44
ROA (%)	6.75	7.12	4.88	6.14
재고회전율	6.31	6.45	7.14	6.82
EBITDA (백만$)	10,384.00	10,271.00	9,995.00	9,785.00

매출비중

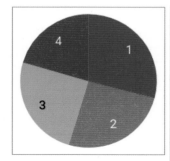

제품명	비중
1. 기후, 제어 및 보안	29.44%
2.프랫 & 휘트니 브랜드	26.02%
3. UTC 항공 우주 시스템	25.27%
4. 오티스 브랜드	20.78%
5. 공제	-1.5%

DE
디어 앤 컴퍼니
Deere & Co.

섹터 산업재 (Industrials)
세부섹터 농업 및 농업 기계 (Agricultural & Farm Machinery)

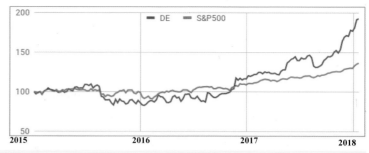

디어 앤 컴퍼니(Deere & Company)는 농기계, 건설 및 임업 기계, 디젤 엔진, 중장비에 사용되는 구동 장치 및 잔디 관리 장비의 제조, 판매 사업을 영위하는 업체이다. 회사는 1837년에 설립되었고 본사는 일로노이주 몰린에 있으며 56,800명의 직원이 근무하고 있다. 회사는 농업 및 잔디, 건설 및 임업, 금융 서비스 세 부문으로 나누어진다. 농업 및 잔디 부문은 주로 대형 및 중형 및 트랙터를 포함한 장비 및 관련 서비스 부품들의 제조 및 유통을 하고 있다. 건설 및 임업 부문은 주로 건설, 토공사, 자재 취급 및 목재 벌목에 사용되는 각종 기계 및 서비스 부품의 제조 및 유통을 하고 있다. 금융 서비스 부문은 장비를 판매하는 도매업자에게 대출 제공 및 소비자에게 할부금융을 제공하고 있다. 회사의 제품을 구매한 소비자에게 장비의 보증 및 고객 사후 서비스 상품을 판매하고 있다.

기준일 : 2018/ 01 /25

한글 회사명 : 디어 앤 컴퍼니
영문 회사명 : Deere & Co.
상장일 : 1972년 01월 21일 | 결산월 : 10월
시가총액 : 547 (억$) |

52주 최고 : $170.73 (-0.8%) / 52주 최저 : $105.64 (+60.31%)

주요 주주정보

보유자/ 보유 기관	보유율
Cascade Investment LLC	9.74%
The Vanguard Group, Inc.	7.01%
BlackRock Fund Advisors	4.12%

애널리스트 추천 및 최근 투자의견

디어 앤 컴퍼니의 2018년 01월 25일 현재 24개 기관의 **평균적인 목표가는 173$**이며, 2018년 추정 주당순이익(EPS)은 9.96$로 2017년 추정 EPS 8.3$에 비해 **20% 증가할 것으로 예상**된다.

최근, 1개월, 3개월의 투자 의견 변화

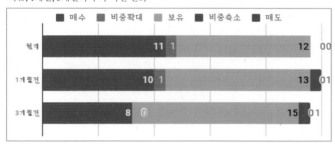

투자의견	금융사 및 투자	날짜
Maintains	Barclays: Overweight to Overweight	1/24/2018
Upgrade	RBC Capital: Sector Perform to Outperform	1/10/2018
Initiated	Barclays: to Overweight	12/13/2017
Maintains	BMO Capital: Outperform to Outperform	11/28/2017
Upgrade	Deutsche Bank: Hold to Buy	11/24/2017

내부자 거래

(3M 비중은 12개월 거래 중 최근 3개월의 비중)

구분	성격	3개월	12개월	3M 비중
매수	매수 건수 (장내 매매만 해당)	12	31	38.71%
매도	매도 건수 (장내 매매만 해당)	8	49	16.33%
매수	매수 수량 (장내 매매만 해당)	10,382	136,083	7.63%
매도	매도 수량 (장내 매매만 해당)	380,255	883,094	43.06%
	순매수량 (-인 경우 순매도량)	-369,873	-747,011	

ETF 노출 (편입 ETF 수 : 87개 / 시가총액 대비 ETF의 보유비중 : 8.82%)

티커	ETF	보유 지분	비중
VTI	Vanguard Total Stock Market ETF	$1,313,801,062	0.19%
VOO	Vanguard 500 Index Fund	$927,264,854	0.22%
SPY	SPDR S&P 500 ETF Trust	$676,911,504	0.23%
XLI	Industrial Select Sector SPDR Fund	$360,843,237	2.32%
IVV	iShares S&P 500 Index (ETF)	$343,611,210	0.22%

기간 수익률

1M : 12.89%	3M : 43.11%	6M : 35.44%	1Y : 59.56%	3Y : 95.09%

재무 지표

	2014	2015	2016	2017(E)
매출액 (백만$)	36,067	28,807	26,624	25,703
영업이익 (백만$)	5,459	2,999	2,908	2,351
순이익 (백만$)	3,161	1,939	1,523	2,106
자산총계 (백만$)	61,336	57,948	57,919	29,499
자본총계 (백만$)	9,066	6,758	6,545	
부채총계 (백만$)	52,271	51,190	51,374	

안정성 비율	2013	2014	2015	2016
유동비율 (%)	69.69	66.03	61.21	63.32
부채비율 (%)	479.70	576.59	757.52	784.95
이자보상배율 (배)	9.90	6.75	2.90	3.18

투자 지표

	2014	2015	2016	2017(E)
영업이익률 (%)	15.14	10.41	10.92	9.14
매출액 증가율 (%)	-4.57	-20.13	-7.58	-3.19
EPS ($)	8.71	5.81	4.83	6.54
EPS 증가율 (%)	-5.12	-33.30	-16.87	35.37
주당자산가치($)	26.23	21.29	20.71	27.02
잉여현금흐름 (백만$)	867	914	815	2,190

	2013	2014	2015	2016
배당성향(%)	21.89	25.72	41.59	49.90
배당수익률(%)	2.43	2.60	3.08	2.72
ROE (%)	41.34	32.71	24.54	22.97
ROA (%)	6.11	5.23	3.25	2.63
재고회전율	7.48	7.89	7.18	7.44
EBITDA (백만$)	7,318.00	6,765.90	4,381.50	4,467.50

매출비중

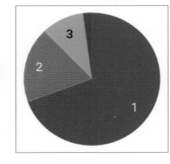

제품명	비중
1. 농업 및 잔디	69.39%
2.건설 및 임업	18.39%
3. 금융 서비스	10.11%
4. 기타	2.11%

CHRW
씨에이치 로빈슨
C. H. Robinson Worldwide

섹터 산업재 (Industrials)
세부섹터 항공화물 운송과 물류 (Air Freight & Logistics)

씨에이치 로빈슨(C.H. Robinson worldwide)은 다중 운송 서비스와 제3자 물류(third-party logistics, 3PL) 사업을 영위하는 업체이다. 회사는 1905년에 설립되었고 본사는 미네소타주 에덴 프레리에 있으며 14,125명의 직원이 근무하고 있다. 회사는 화물 운송, 운송 관리, 중개 및 창고 보관 서비스를 제공하고 있으며 트럭 적재량, 항공화물 운송, 복합 운송 및 해상 운송을 제공하고 있으며, 북미, 유럽, 아시아 및 남미 지역에 280개 이상의 지사를 운영하고 있다. 모터 캐리어, 철도, 항공화물 및 해상 운송 업체를 포함한 66,000개 이상의 운송 회사와 계약 관계를 맺고 있으며 공급망 분석, 화물 통합, 핵심 캐리어 프로그램 관리 및 정보 보고를 포함한 서비스를 제공하고 있다. 로빈슨 프레쉬(Robinson Fresh)라는 브랜드를 통해 신선한 농산물과 제품을 구매, 유통, 판매하고 있다.

기준일 : 2018/ 01 /25

한글 회사명 : 씨에이치 로빈슨
영문 회사명 : C. H. Robinson Worldwide
상장일 : 1997년 10월 15일 | 결산월 : 12월
시가총액 : 135 (억$) | 52주 최고 : $95.67 (-1.02%) / 52주 최저 : $63.41 (+49.32%)

주요 주주정보

보유자/ 보유 기관	보유율
The Vanguard Group, Inc.	11.01%
Capital Research & Management Co.	6.56%
T. Rowe Price Associates, Inc.	6.15%

애널리스트 추천 및 최근 투자의견

씨에이치 로빈슨의 2018년 01월 25일 현재 22개 기관의 **평균적인 목표가는 90.22$**이며, 2018년 추정 주당순이익(EPS)은 4.19$로 2017년 추정 EPS 3.3$에 비해 **26.96% 증가할 것으로 예상**된다.

재무 지표

	2014	2015	2016	2017(E)
매출액 (백만$)	13,470	13,476	13,144	14,656
영업이익 (백만$)	748	858	838	758
순이익 (백만$)	450	510	513	469
자산총계 (백만$)	3,214	3,184	3,688	3,933
자본총계 (백만$)	1,047	1,150	1,258	
부채총계 (백만$)	2,167	2,034	2,430	

안정성 비율	2013	2014	2015	2016
유동비율 (%)	131.06	133.61	119.47	108.80
부채비율 (%)	198.26	207.00	176.79	193.18
이자보상배율 (배)	61.50	29.95	30.30	32.74

최근, 1개월, 3개월의 투자 의견 변화

투자의견	금융사 및 투자	날짜
Maintains	KeyBanc: Overweight to Overweight	1/25/2018
Initiated	Goldman Sachs: to Neutral	11/13/2017
Maintains	Barclays: to Equal-Weight	11/2/2017
Maintains	Credit Suisse: to Underperform	11/2/2017
Upgrade	Cowen & Co.: Market Perform to Outperform	10/16/2017

투자 지표

	2014	2015	2016	2017(E)
영업이익률 (%)	5.55	6.37	6.38	5.17
매출액 증가율 (%)	5.63	0.05	-2.46	11.50
EPS ($)	3.06	3.52	3.60	3.30
EPS 증가율 (%)	15.47	14.38	2.86	-8.23
주당자산가치($)	7.15	8.02	8.90	9.46
잉여현금흐름 (백만$)	491	690	456	454

	2013	2014	2015	2016
배당성향(%)	52.83	46.89	44.70	48.47
배당수익률(%)	2.40	1.91	2.53	2.38
ROE (%)	34.03	45.27	46.39	42.64
ROA (%)	14.84	14.95	15.93	14.94
재고회전율				
EBITDA (백만$)	739.53	805.43	924.72	912.20

내부자 거래

(3M 비중은 12개월 거래 중 최근 3개월의 비중)

구분	성격	3개월	12개월	3M 비중
매수	매수 건수 (장내 매매만 해당)	13	19	68.42%
매도	매도 건수 (장내 매매만 해당)	16	24	66.67%
매수	매수 수량 (장내 매매만 해당)	34,519	42,979	80.32%
매도	매도 수량 (장내 매매만 해당)	70,870	117,459	60.34%
	순매수량 (−인 경우 순매도량)	-36,351	-74,480	

ETF 노출   (편입 ETF 수 : 83개 / 시가총액 대비 ETF의 보유비중 : 15.93%)

티커	ETF	보유 지분	비중
VO	Vanguard Mid-Cap ETF	$341,552,952	0.34%
VTI	Vanguard Total Stock Market ETF	$336,028,800	0.05%
VOO	Vanguard 500 Index Fund	$238,280,926	0.06%
SPY	SPDR S&P 500 ETF Trust	$175,385,137	0.06%
VIG	Vanguard Dividend Appreciation ETF	$122,858,685	0.34%

매출비중

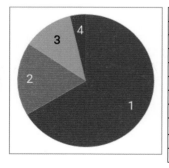

제품명	비중
1. 육상 운송	66.47%
2. 로빈슨 프레시 브랜드	17.83%
3. 글로벌 물류 서비스	11.98%
4. 기타	3.71%

기간 수익률

1M : 10.38%	3M : 33.18%	6M : 45.14%	1Y : 29.29%	3Y : 29.55%

EXPD
익스피다이터스
Expeditors International

섹터 산업재 (Industrials)
세부섹터 항공화물 운송과 물류 (Air Freight & Logistics)

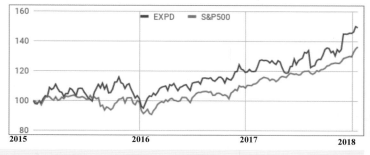

익스피다이터스(Expeditors International)는 전 세계 107개의 국가, 329개의 지사를 통해 글로벌 물류 및 화물 운송 사업을 영위하는 업체이다. 회사는 1979년에 설립되었고 본사는 워싱턴주 시애틀에 있으며 16,000명의 직원이 근무하고 있다. 주요 사업으로 공급망 솔루션, 운송, 통관 및 내부통제, 창고 및 유통 사업을 하고 있다. 섹터별 매출은 항공 운송, 해상 운송, 커스텀스/분배/트랜스콘/기타에서 발생하고 있다. 회사의 핵심 서비스는 일련의 산업 및 고객이 제시하는 고유한 물류 문제에 대한 지원사업이다. 도매 글로벌 물류부터 특정 공급망 개선에 이르기까지 모든 서비스는 단일 글로벌 운영 플랫폼에서 작동하는 정보 기술 시스템에 의해 지원되고 있다. 회사의 시스템을 이용하면 물류 및 비즈니스 목표에 맞게 사용자에게 적합한 계획을 설계하고 공급망의 모든 지점에서 회사의 전문가가 물류 서비스를 지원하고 있다.

기준일 : 2018/ 01 /25
한글 회사명 : 익스피다이터스
영문 회사명 : Expeditors International
상장일 : 1984년 09월 26일 | 결산월 : 12월
시가총액 : 119 (억$) | 52주 최고 : $67.54 (-0.45%) / 52주 최저 : $51.57 (+30.36%)

주요 주주정보

보유자/ 보유 기관	보유율
The Vanguard Group, Inc.	11.06%
Loomis, Sayles & Co. LP	8.64%
BlackRock Fund Advisors	6.28%

애널리스트 추천 및 최근 투자의견

익스피다이터스의 2018년 01월 25일 현재 16개 기관의 **평균적인 목표가는 62.46$**이며, 2018년 추정 주당순이익(EPS)은 2.81$로 2017년 추정 EPS 2.4$에 비해 **17.08% 증가할 것으로 예상**된다.

최근, 1개월, 3개월의 투자 의견 변화

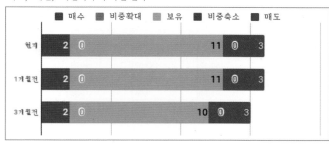

투자의견	금융사 및 투자	날짜
Initiated	Goldman Sachs: to Neutral	11/13/2017
Maintains	Morgan Stanley: to Equal-Weight	11/13/2017
Maintains	UBS: to Sell	11/8/2017
Maintains	Credit Suisse: to Underperform	11/8/2017
Maintains	Barclays: to Overweight	10/2/2017

내부자 거래

(3M 비중은 12개월 거래 중 최근 3개월의 비중)

구분	성격	3개월	12개월	3M 비중
매수	매수 건수 (장내 매매만 해당)	0	12	0.00%
매도	매도 건수 (장내 매매만 해당)	7	11	63.64%
매수	매수 수량 (장내 매매만 해당)	0	45,492	0.00%
매도	매도 수량 (장내 매매만 해당)	37,920	56,096	67.60%
	순매수량 (−인 경우 순매도량)	-37,920	-10,604	

ETF 노출   (편입 ETF 수 : 95개 / 시가총액 대비 ETF의 보유비중 : 16.34%)

티커	ETF	보유 지분	비중
VO	Vanguard Mid-Cap ETF	$291,242,233	0.29%
VTI	Vanguard Total Stock Market ETF	$286,540,585	0.04%
VOO	Vanguard 500 Index Fund	$203,188,947	0.05%
SPY	SPDR S&P 500 ETF Trust	$149,429,783	0.05%
SDY	SPDR S&P Dividend (ETF)	$106,508,881	0.64%

기간 수익률

1M : 3.04%	3M : 16.69%	6M : 12.52%	1Y : 24.64%	3Y : 53.1%

재무 지표

	2014	2015	2016	2017(E)
매출액 (백만$)	6,565	6,617	6,098	6,819
영업이익 (백만$)	595	721	670	679
순이익 (백만$)	377	457	431	436
자산총계 (백만$)	2,891	2,566	2,791	2,975
자본총계 (백만$)	1,872	1,695	1,847	
부채총계 (백만$)	1,019	871	944	

안정성 비율	2013	2014	2015	2016
유동비율 (%)	277.55	232.70	229.46	238.58
부채비율 (%)	45.70	54.46	51.39	51.09
이자보상배율 (배)				

투자 지표

	2014	2015	2016	2017(E)
영업이익률 (%)	9.06	10.90	10.99	9.96
매출액 증가율 (%)	7.97	0.79	-7.84	11.82
EPS ($)	1.92	2.42	2.38	2.40
EPS 증가율 (%)	11.77	27.37	-1.65	0.85
주당자산가치($)	9.75	9.29	10.26	10.55
잉여현금흐름 (백만$)	357	520	470	425

	2013	2014	2015	2016
배당성향(%)	35.70	33.33	30.00	33.90
배당수익률(%)	1.36	1.43	1.60	1.51
ROE (%)	16.95	19.07	25.68	24.36
ROA (%)	11.64	12.80	16.84	16.15
재고회전율				
EBITDA (백만$)	600.14	643.94	767.50	716.96

매출비중

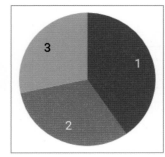

제품명	비중
1. 항공화물 서비스	40.23%
2.해양 화물 및 해양 서비스	31.44%
3. 세관 통관 및 기타 서비스	28.32%

FDX
페덱스 코퍼레이션
FedEx Corporation

섹터 산업재 (Industrials)
세부섹터 항공화물 운송과 물류 (Air Freight & Logistics)

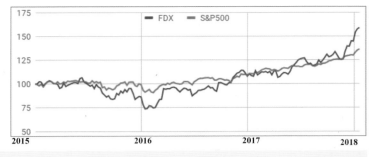

페덱스 코퍼레이션(FedEx Corporation)은 미국을 포함한 64개국에서 물류 운송과 택배 사업을 영위하는 업체이다. 회사는 1998년에 설립되었고 본사는 테네시주 멤피스에 있으며 168,000명의 직원이 근무하고 있다. 회사는 야간 운송 서비스로 유명하지만, 패키지를 추적하고 패키지 위치를 실시간으로 업데이트할 수 있는 시스템을 개척한 기업으로 유명하다. 주요 서비스로는 영업 유닛별로 항공 운송인 페덱스 익스프레스(FedEx Express), 육상 운송인 페덱스 그라운드(FedEx Ground), 페덱스 프라이트(FedEx Freight), 고가의 상품 및 위험물 운송 서비스인 페덱스 커스텀 크리티컬(FedEx Custom Critical) 등이 있다. 미국 전역에 위치한 8,000개의 월그린스에서 택배 접수 및 수령을 할 수 있는 편의점 택배 서비스도 제공하고 있다.

기준일 : 2018/ 01 /25
한글 회사명 : 페덱스 코퍼레이션
영문 회사명 : FedEx Corporation
상장일 : 1978년 04월 12일 | 결산월 : 5월
시가총액 : 718 (억$) |
52주 최고 : $274.66 (-1.13%) / 52주 최저 : $182.89 (+48.47%)

주요 주주정보

보유자/ 보유 기관	보유율
The Vanguard Group, Inc.	6.88%
PRIMECAP Management Co.	5.82%
SMITH FREDERICK WALLACE	5.69%

애널리스트 추천 및 최근 투자의견

페덱스 코퍼레이션의 2018년 01월 25일 현재 28개 기관의 **평균적인 목표가는 285.76$**이며, 2018년 추정 주당순이익(EPS)은 16.8$로 2017년 추정 EPS 13.47$에 비해 **24.72% 증가할 것으로 예상**된다.

최근, 1개월, 3개월의 투자 의견 변화

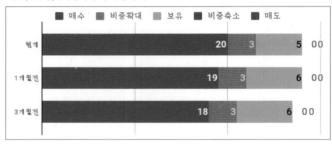

투자의견	금융사 및 투자	날짜
Maintains	Barclays: Overweight to Overweight	11/30/2017
Initiated	Goldman Sachs: to Buy	11/13/2017
Maintains	JP Morgan: to Overweight	10/12/2017
Maintains	Wells Fargo: to Outperform	9/21/2017
Maintains	Loop Capital: to Buy	9/20/2017

내부자 거래

(3M 비중은 12개월 거래 중 최근 3개월의 비중)

구분	성격	3개월	12개월	3M 비중
매수	매수 건수 (장내 매매만 해당)	1	12	8.33%
매도	매도 건수 (장내 매매만 해당)	10	35	28.57%
매수	매수 수량 (장내 매매만 해당)	80	31,265	0.26%
매도	매도 수량 (장내 매매만 해당)	232,253	563,006	41.25%
	순매수량 (−인 경우 순매도량)	-232,173	-531,741	

ETF 노출
(편입 ETF 수 : 94개 / 시가총액 대비 ETF의 보유비중 : 8.84%)

티커	ETF	보유 지분	비중
VTI	Vanguard Total Stock Market ETF	$1,557,516,708	0.23%
VOO	Vanguard 500 Index Fund	$1,128,728,280	0.27%
SPY	SPDR S&P 500 ETF Trust	$825,454,428	0.27%
VIG	Vanguard Dividend Appreciation ETF	$619,107,222	1.72%
XLI	Industrial Select Sector SPDR Fund	$421,833,500	2.71%

기간 수익률

1M : 14.27%	3M : 27.69%	6M : 29.08%	1Y : 47.69%	3Y : 55.19%

재무 지표

	2014	2015	2016	2017(E)
매출액 (백만$)	47,453	50,365	60,319	64,581
영업이익 (백만$)	2,340	3,515	5,425	5,787
순이익 (백만$)	1,048	1,818	2,993	3,659
자산총계 (백만$)	37,069	45,959	48,552	52,293
자본총계 (백만$)	14,993	13,784	16,073	
부채총계 (백만$)	22,076	32,175	32,479	

안정성 비율	2013	2014	2015	2016
유동비율 (%)	182.29	183.67	149.71	159.49
부채비율 (%)	116.47	147.24	233.42	202.07
이자보상배율 (배)	21.54	9.96	10.46	10.60

투자 지표

	2014	2015	2016	2017(E)
영업이익률 (%)				
매출액 증가율 (%)	4.14	6.14	19.76	7.07
EPS ($)	3.70	6.59	11.25	13.47
EPS 증가율 (%)	-45.75	78.11	70.74	19.68
주당자산가치($)	47.15		59.92	68.75
잉여현금흐름 (백만$)	1,019	880	-186	325

	2013	2014	2015	2016
배당성향(%)	8.89	21.92	15.35	14.43
배당수익률(%)	0.42	0.46	0.61	0.83
ROE (%)	12.81	6.92	12.64	20.05
ROA (%)	6.28	2.99	4.38	6.33
재고회전율	99.06	98.76	101.34	119.44
EBITDA (백만$)	6,033.00	4,951.00	6,146.00	8,420.00

매출비중

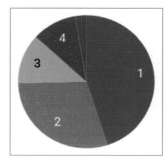

제품명	비중
1. 페덱스 익스프레스 세그먼트	45.36%
2.페덱스 그라운드 세그먼트	29.97%
3. TNT 익스프레스 세그먼트	12.27%
4. 페덱스화물 세그먼트	10.68%
5. 페덱스 서비스 세그먼트	2.69%

UPS
유나이티드 파르셀 서비스
United Parcel Service

섹터 산업재 (Industrials)
세부섹터 항공화물 운송과 물류 (Air Freight & Logistics)

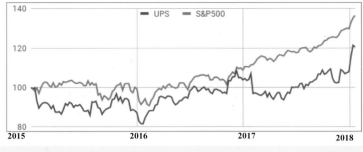

유나이티드 파르셀 서비스(United Parcel Service (UPS))는 물류 운송과 택배 사업을 영위하는 업체이다. 회사는 1907년에 설립되었고 본사는 조지아주 샌디 스프링스에 있으며 362,000명의 직원이 근무하고 있다. 회사는 미국 내수 패키지 운영, 국제 패키지 운영 및 공급망과 화물 운영 세 부문으로 나누어진다. 회사는 전 세계적으로 패키지와 문서를 배송하고 있다. 회사의 서비스 포트폴리오에 트럭 탑재(less than truckload, LTL) 운송 및 공급망 서비스가 포함되어 있다. 회사는 화물 운송을 위한 복합 운송 수단을 제공하기 위해 미국의 여러 철도 회사와 계약을 맺고 있다. 미국에서 주요 경쟁 업체는 미국 우편 서비스(USPS) 및 페덱스(FedEx) 등이 있다.

기준일 : 2018/ 01 /25
한글 회사명 : 유나이티드 파르셀 서비스
영문 회사명 : United Parcel Service
상장일 : 1999년 11월 10일 | 결산월 : 12월
시가총액 : 902 (억$) |
52주 최고 : $135.53 (-2.76%) / 52주 최저 : $102.12 (+29.04%)

주요 주주정보

보유자/ 보유 기관	보유율
The Vanguard Group, Inc.	6.99%
BlackRock Fund Advisors	4.53%
Wellington Management Co. LLP	4.27%

애널리스트 추천 및 최근 투자의견

유나이티드 파르셀서비스의 2018년 01월 25일 현재 25개기관의 **평균적인 목표가는 132.4$이며,** 2018년 추정 주당순이익(EPS)은 7.22$로 2017년 추정 EPS 6.01$에 비해 20.13% 증가할 것으로 예상된다.

최근, 1개월, 3개월의 투자 의견 변화

투자의견	금융사 및 투자	날짜
Upgrade	Deutsche Bank: Hold to Buy	12/4/2017
Initiated	Goldman Sachs: to Buy	11/13/2017
Maintains	Stifel Nicolaus: to Hold	10/27/2017
Maintains	BMO Capital: to Market Perform	10/27/2017
Maintains	Loop Capital: to Hold	10/27/2017

내부자 거래

(3M 비중은 12개월 거래 중 최근 3개월의 비중)

구분	성격	3개월	12개월	3M 비중
매수	매수 건수 (장내 매매만 해당)	1	2	50.00%
매도	매도 건수 (장내 매매만 해당)	24	33	72.73%
매수	매수 수량 (장내 매매만 해당)	4,500	6,500	69.23%
매도	매도 수량 (장내 매매만 해당)	96,915	176,133	55.02%
	순매수량 (-인 경우 순매도량)	-92,415	-169,633	

ETF 노출

(편입 ETF 수 : 100개 / 시가총액 대비 ETF의 보유비중 : 9.34%)

티커	ETF	보유 지분	비중
VTI	Vanguard Total Stock Market ETF	$2,179,482,173	0.32%
VOO	Vanguard 500 Index Fund	$1,544,753,937	0.37%
SPY	SPDR S&P 500 ETF Trust	$1,129,671,669	0.38%
VUG	Vanguard Growth ETF	$608,738,422	0.78%
IVV	iShares S&P 500 Index (ETF)	$572,400,632	0.37%

기간 수익률

1M : 12.77%	3M : 12.87%	6M : 18.1%	1Y : 15.76%	3Y : 20.65%

재무 지표

	2014	2015	2016	2017(E)
매출액 (백만$)	58,256	58,050	60,502	65,186
영업이익 (백만$)	6,068	7,345	5,071	8,365
순이익 (백만$)	3,032	4,844	3,431	5,252
자산총계 (백만$)	35,471	38,311	40,377	42,818
자본총계 (백만$)	2,158	2,491	429	
부채총계 (백만$)	33,313	35,820	39,948	

안정성 비율	2013	2014	2015	2016
유동비율 (%)	187.73	136.68	123.49	118.07
부채비율 (%)	458.14	1,543.70	1,437.98	9,311.89
이자보상배율 (배)	18.89	21.91	27.10	14.61

투자 지표

	2014	2015	2016	2017(E)
영업이익률 (%)	10.42	12.65	8.38	12.83
매출액 증가율 (%)	4.98	-0.35	4.22	7.74
EPS ($)	3.31	5.38	3.89	6.01
EPS 증가율 (%)	-28.82	62.54	-27.70	54.42
주당자산가치($)	2.37	2.79	0.47	1.92
잉여현금흐름 (백만$)	3,398	5,051	3,508	2,772

	2013	2014	2015	2016
배당성향(%)	53.80	81.71	54.58	80.62
배당수익률(%)	2.36	2.41	3.03	2.72
ROE (%)	78.58	70.39	210.11	238.68
ROA (%)	11.65	8.46	13.13	8.72
재고회전율	139.42	155.97	178.07	186.16
EBITDA (백만$)	8,893.00	7,991.00	9,429.00	7,295.00

매출비중

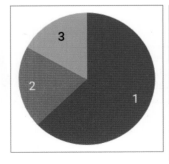

제품명	비중
1. 운송-미국	
	62.89%
2 운송-전세계	
	20.28%
3. 공급망 및 화물	
	16.84%

AAL
아메리칸 에어라인 그룹
American Airlines Group

섹터	산업재 (Industrials)
세부섹터	항공 (Airlines)

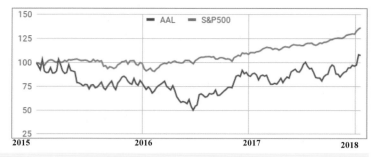

아메리칸 에어라인 그룹(American Airlines Group Inc)은 전 세계에서 승객과 화물의 정기적인 항공편을 제공하는 항공 지주회사이다. 회사는 2013년에 설립되었고 본사는 텍사스주 포트워스에 있으며 122,300명의 직원이 근무하고 있다. 회사는 승객과 화물 부문 두 부문으로 나누어진다. 회사는 아메리칸 이글(American Eagle)로 운영되는 지역 항공 자회사 및 타사 지역 항공사와 함께 50개국 350개 도시에서 6,700편의 항공편을 운영하고 있다. 회사의 승객 부문에서 2017년 현재 930대의 항공기를 운영하고 있으며 606대의 지역 항공사 자회사 및 타사 지역 항공사의 비행기도 운영하고 있다. 화물 부문은 전 세계에 걸쳐 이용할 수 있는 시설 및 항공편 연결을 통해 다양한 화물 및 우편 서비스를 제공하고 있다. 회사의 자회사에는 아메리칸 에어라인(American Airlines, Inc. 미국), 엔보이 어베이션 그룹(Envoy Aviation Group Inc.Envoy), 피에스에이 에어라인(PSA Airlines), 피에스에이(PSA) 및 피에드몬트 에어라인(Piedmont Airlines, Inc. Piedmont)이 포함되어 있다.

기준일 : 2018/ 01 /25

한글 회사명 : 아메리칸 에어라인 그룹
영문 회사명 : American Airlines Group
상장일 : 2013년 12월 09일 | 결산월 : 12월
시가총액 : 254 (억$) |
52주 최고 : $59.08 (-8.7%) / 52주 최저 : $39.21 (+37.56%)

주요 주주정보

보유자/ 보유 기관	보유율
T. Rowe Price Associates, Inc.	14.87%
PRIMECAP Management Co.	10.67%
Berkshire Hathaway, Inc.	9.82%

애널리스트 추천 및 최근 투자의견

아메리칸 에어라인 그룹의 2018년 01월 25일 현재 20개 기관의 **평균적인 목표가는 63.16$**이며, 2018년 추정 주당순이익(EPS)은 6.31$로 2017년 추정 EPS 5.48$에 비해 **15.14% 증가**할 것으로 예상된다.

최근, 1개월, 3개월의 투자 의견 변화

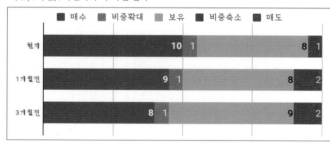

투자의견	금융사 및 투자	날짜
Maintains	Morgan Stanley: Equal-Weight to Equal-Weight	1/26/2018
Maintains	Buckingham: Buy to Buy	1/26/2018
Upgrade	Bank of America: Underperform to Buy	1/9/2018
Maintains	Morgan Stanley: to Equal-Weight	11/13/2017
Upgrade	JP Morgan: Neutral to Overweight	11/1/2017

내부자 거래

(3M 비중은 12개월 거래 중 최근 3개월의 비중)

구분	성격	3개월	12개월	3M 비중
매수	매수 건수 (장내 매매만 해당)	6	25	24.00%
매도	매도 건수 (장내 매매만 해당)	5	39	12.82%
매수	매수 수량 (장내 매매만 해당)	536,467	1,153,858	46.49%
매도	매도 수량 (장내 매매만 해당)	515,200	1,171,110	43.99%
	순매수량 (-인 경우 순매도량)	21,267	-17,252	

ETF 노출   (편입 ETF 수 : 78개 / 시가총액 대비 ETF의 보유비중 : 8.84%)

티커	ETF	보유 지분	비중
VTI	Vanguard Total Stock Market ETF	$551,039,103	0.08%
VOO	Vanguard 500 Index Fund	$386,107,842	0.09%
SPY	SPDR S&P 500 ETF Trust	$285,535,133	0.09%
QQQ	PowerShares QQQ Trust, Series 1 (ETF)	$210,533,146	0.34%
IVV	iShares S&P 500 Index (ETF)	$143,773,162	0.09%

기간 수익률

1M : 13.7%	3M : 26.21%	6M : 11.84%	1Y : 20.95%	3Y : 16.56%

재무 지표

	2014	2015	2016	2017(E)
매출액 (백만$)	42,650	40,990	40,180	42,188
영업이익 (백만$)	5,077	7,293	6,007	4,705
순이익 (백만$)	2,882	7,610	2,676	2,418
자산총계 (백만$)	43,225	48,415	51,274	56,842
자본총계 (백만$)	2,021	5,635	3,785	
부채총계 (백만$)	41,204	42,780	47,489	

안정성 비율	2013	2014	2015	2016
유동비율 (%)	103.75	87.66	73.39	74.42
부채비율 (%)	-1,648.08	2,038.79	759.18	1,254.66
이자보상배율 (배)	2.26	5.72	8.29	6.06

투자 지표

	2014	2015	2016	2017(E)
영업이익률 (%)	11.90	17.79	14.95	11.15
매출액 증가율 (%)	59.48	-3.89	-1.98	5.00
EPS ($)	4.02	11.39	4.85	4.84
EPS 증가율 (%)	135.73	183.33	-57.42	-0.19
주당자산가치($)	2.90	9.02	7.46	9.41
잉여현금흐름 (백만$)	-2,231	98	793	2,712

	2013	2014	2015	2016
배당성향(%)		5.09	3.61	8.32
배당수익률(%)	0.00	0.37	0.94	0.86
ROE (%)			198.80	56.82
ROA (%)	-5.58	6.74	16.61	5.37
재고회전율	33.60	42.31	43.91	41.06
EBITDA (백만$)	2,953.00	6,589.00	8,900.00	7,833.00

매출비중

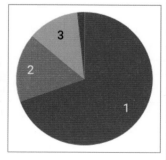

제품명	비중
1. 주요 여객	69.46%
2.지역 여객	16.6%
3. 기타	12.2%
4. 화물	1.74%

ALK
알래스카 에어 그룹
Alaska Air Group Inc

섹터 산업재 (Industrials)
세부섹터 항공 (Airlines)

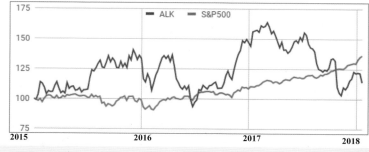

알래스카 에어 그룹(Alaska Air Group Inc.)은 미국에서 승객과 화물의 정기적인 항공편을 제공하는 항공 지주회사이다. 회사는 1985년에 설립되었고 본사는 워싱턴주 시애틀에 있으며 19,222명의 직원이 근무하고 있다. 알래스카 항공(Alaska Airlines), 호라이즌 항공(Horizon Air), 버진 아메리카(Virgin America) 등 미국 내 3곳의 인증된 항공사를 소유하고 있다. 회사는 알래스카 항공이 전액 출자한 항공기 지상 취급 회사인 맥기 에어 서비스(McGee Air Services)도 운영하고 있다. 2017년 기준으로 회사는 총 278대의 항공기를 보유하고 있다. 알래스카 에어 그룹은 151대의 제트 항공기로 보유하고 있다. 호라이즌 항공은 52대의 터보프롭 및 10대의 제트 항공기를 보유하고 있다. 2016년 합병한 버진 아메리카는 65대의 제트 항공기를 보유하고 있다.

기준일 : 2018/ 01 /25

한글 회사명 : 알래스카 에어 그룹

영문 회사명 : Alaska Air Group Inc

상장일 : 1984년 08월 14일 | 결산월 : 12월

시가총액 : 76 (억$) |

52주 최고 : $101.43 (-35.96%) / 52주 최저 : $61.1 (+6.3%)

주요 주주정보

보유자/ 보유 기관	보유율
The Vanguard Group, Inc.	9.6%
T. Rowe Price Associates, Inc.	9%
PRIMECAP Management Co.	4.91%

애널리스트 추천 및 최근 투자의견

알래스카 에어 그룹의 2018년 01월 25일 현재 15개 기관의 **평균적인 목표가는 80.5$**이며, 2018년 추정 주당순이익(EPS)은 7.19$로 2017년 추정 EPS 6.02$에 비해 **19.43% 증가할 것으로 예상**된다.

최근, 1개월, 3개월의 투자 의견 변화

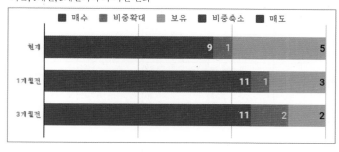

투자의견	금융사 및 투자	날짜
Maintains	Buckingham: Buy to Buy	1/26/2018
Maintains	Morgan Stanley: Overweight to Overweight	1/26/2018
Downgrade	Barclays: Overweight to Equal-Weight	1/10/2018
Downgrade	Bank of America: Buy to Neutral	1/9/2018
Initiated	Standpoint Research: to Buy	12/18/2017

내부자 거래

(3M 비중은 12개월 거래 중 최근 3개월의 비중)

구분	성격	3개월	12개월	3M 비중
매수	매수 건수 (장내 매매만 해당)	14	27	51.85%
매도	매도 건수 (장내 매매만 해당)	29	46	63.04%
매수	매수 수량 (장내 매매만 해당)	72,114	81,223	88.79%
매도	매도 수량 (장내 매매만 해당)	49,931	121,423	41.12%
	순매수량 (−인 경우 순매도량)	22,183	-40,200	

ETF 노출
(편입 ETF 수 : 74개 / 시가총액 대비 ETF의 보유비중 : 13.04%)

티커	ETF	보유 지분	비중
VO	Vanguard Mid-Cap ETF	$187,609,199	0.19%
VTI	Vanguard Total Stock Market ETF	$184,565,841	0.03%
VOO	Vanguard 500 Index Fund	$130,873,984	0.03%
SPY	SPDR S&P 500 ETF Trust	$94,513,493	0.03%
VUG	Vanguard Growth ETF	$51,586,305	0.07%

기간 수익률

1M : -2.75%	3M : -8.5%	6M : -21.94%	1Y : -27.27%	3Y : 10.47%

재무 지표

	2014	2015	2016	2017(E)
매출액 (백만$)	5,368	5,598	5,931	7,932
영업이익 (백만$)	974	1,355	1,475	1,357
순이익 (백만$)	605	848	814	826
자산총계 (백만$)	6,181	6,530	9,962	11,374
자본총계 (백만$)	2,127	2,411	2,931	
부채총계 (백만$)	4,054	4,119	7,031	

안정성 비율	2013	2014	2015	2016
유동비율 (%)	111.52	105.09	92.13	80.87
부채비율 (%)	187.73	190.60	170.84	239.88
이자보상배율 (배)	19.89	34.79	169.38	49.17

투자 지표

	2014	2015	2016	2017(E)
영업이익률 (%)	18.14	24.21	24.87	17.11
매출액 증가율 (%)	8.14	4.29	5.95	33.74
EPS ($)	4.47	6.61	6.59	6.62
EPS 증가율 (%)	23.14	47.88	-0.30	0.49
주당자산가치($)	16.18	19.26	23.77	28.60
잉여현금흐름 (백만$)	336	753	708	455

	2013	2014	2015	2016
배당성향(%)	5.59	11.31	12.20	16.82
배당수익률(%)	0.55	0.84	0.99	1.24
ROE (%)	29.45	29.12	37.37	30.48
ROA (%)	8.96	10.07	13.34	9.87
재고회전율	84.14	90.98	102.72	121.04
EBITDA (백만$)	966.00	1,268.00	1,675.00	1,838.00

매출비중

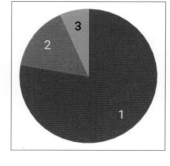

제품명	비중
1. 주요 여객	83.29%
2. 지역 여객	16.64%
3. 호라이즌 브랜드	7.22%
4. 기타	-7.15%

DAL
델타 항공
Delta Air Lines Inc.

섹터 산업재 (Industrials)
세부섹터 항공 (Airlines)

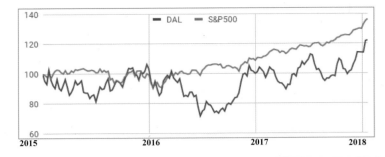

델타 항공(Delta Air Lines, Inc.)은 미국에서 현재 운영되고 있는 항공사 중 가장 오래된 항공사이며 승객과 화물의 정기적인 항공편을 제공하는 항공 지주회사이다. 회사는 1924년에 설립되었고 본사는 조지아주 애틀랜타에 있으며 19,222명의 직원이 근무하고 있다. 회사의 사업 부문은 승객과 화물, 정제 두 가지 부문으로 나누어진다. 회사의 자회사 및 지역 계열사와 함께 매일 5,400편을 운항하며 6개 대륙 54개국 319개 목적지로 구성된 광범위한 국내 및 국제 네트워크를 운영하고 있다. 회사는 스카이팀 에어라인 창립 멤버 4개 기업 중 하나이다. 버진 애틀랜틱, 버진 오스트레일리아와 조인트 벤처를 운영하고 있다. 회사의 지역 항공 서비스는 델타 커넥션(Delta Connection)이라는 브랜드 이름으로 운영하고 있다. 회사의 정제 부문은 제트 연료 및 비 제트 연료 제품으로 구성되어 있다.

기준일 : 2018/ 01 /25

한글 회사명 : 델타 항공
영문 회사명 : Delta Air Lines Inc.
상장일 : 2007년 04월 26일 | 결산월 : 12월
시가총액 : 391 (억$) |

52주 최고 : $60.79 (-7.38%) / 52주 최저 : $43.81 (+28.5%)

주요 주주정보

보유자/ 보유 기관	보유율
Berkshire Hathaway, Inc.	7.45%
The Vanguard Group, Inc.	5.94%
PRIMECAP Management Co.	3.94%

애널리스트 추천 및 최근 투자의견

델타 항공의 2018년 01월 25일 현재 20개 기관의 **평균적인 목표가는 70.89$**이며, 2018년 추정 주당순이익(EPS)은 7.06$로 2017년 추정 EPS 6.18$에 비해 **14.23% 증가할 것으로 예상**된다.

최근, 1개월, 3개월의 투자 의견 변화

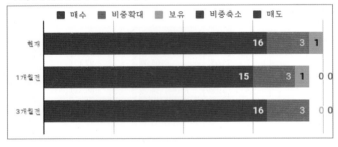

투자의견	금융사 및 투자의견	날짜
Maintains	Morgan Stanley: to Overweight	11/13/2017
Maintains	JP Morgan: to Overweight	1/11/2017
Upgrade	Imperial Capital: In-Line to Outperform	12/10/2017
Maintains	Cowen & Co.: to Outperform	9/28/2017
Initiated	Macquarie: to Outperform	9/26/2017

내부자 거래

(3M 비중은 12개월 거래 중 최근 3개월의 비중)

구분	성격	3개월	12개월	3M비중
매수	매수 건수 (장내 매매만 해당)	14	27	51.85%
매도	매도 건수 (장내 매매만 해당)	28	45	62.22%
매수	매수 수량 (장내 매매만 해당)	602,808	649,583	92.80%
매도	매도 수량 (장내 매매만 해당)	557,999	1,015,826	54.93%
	순매수량 (-인 경우 순매도량)	44,809	-366,243	

ETF 노출   (편입 ETF 수 : 84개 / 시가총액 대비 ETF의 보유비중 : 7.79%)

티커	ETF	보유 지분	비중
VTI	Vanguard Total Stock Market ETF	$854,291,565	0.12%
VOO	Vanguard 500 Index Fund	$619,051,751	0.15%
SPY	SPDR S&P 500 ETF Trust	$456,938,998	0.15%
IVV	iShares S&P 500 Index (ETF)	$228,972,147	0.15%
XLI	Industrial Select Sector SPDR Fund	$215,750,638	1.39%

기간 수익률

1M : 6.96%	3M : 24.37%	6M : 14.82%	1Y : 18.83%	3Y : 30.91%

재무 지표

	2014	2015	2016	2017(E)
매출액 (백만$)	40,204	40,506	39,602	41,082
영업이익 (백만$)	4,764	8,380	7,281	5,866
순이익 (백만$)	659	4,526	4,373	3,524
자산총계 (백만$)	54,121	60,634	58,899	53,593
자본총계 (백만$)	8,813	10,850	12,287	
부채총계 (백만$)	45,308	49,784	46,612	

안정성 비율	2013	2014	2015	2016
유동비율 (%)	68.20	73.85	51.67	48.89
부채비율 (%)	410.13	514.10	458.84	379.36
이자보상배율 (배)	3.73	7.70	17.42	18.77

투자 지표

	2014	2015	2016	2017(E)
영업이익률 (%)	11.85	20.69	18.39	14.28
매출액 증가율 (%)	6.82	0.75	-2.23	3.74
EPS ($)	0.79	5.68	5.82	4.88
EPS 증가율 (%)	-93.63	618.99	2.47	-16.19
주당자산가치($)	10.68	13.93	16.81	20.85
잉여현금흐름 (백만$)	2,636	4,975	3,825	3,821

	2013	2014	2015	2016
배당성향(%)	0.98	38.46	7.99	11.66
배당수익률(%)	0.44	0.61	0.89	1.37
ROE (%)	221.62	6.44	46.04	37.80
ROA (%)	20.28	1.16	7.89	7.32
재고회전율	36.09	41.99	52.30	49.88
EBITDA (백만$)	4,832	6,535	10,215	9,183

매출비중

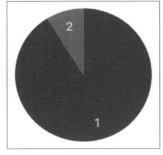

제품명	비중
1. 여객	
	99.41%
2. 정유	
	9.7%
3. 기타	
	-9.11%

LUV
사우스웨스트 항공
Southwest Airlines

섹터 산업재 (Industrials)
세부섹터 항공 (Airlines)

사우스웨스트 항공(Southwest Airlines)은 승객과 화물의 정기적인 항공편을 제공하는 세계 최대의 미국 국적의 저가 항공사이다. 회사는 1967년에 설립되었고 본사는 텍사스주 댈러스에 있으며 55,000명의 직원이 근무하고 있다. 2016년 기준으로 사우스웨스트는 보잉 737(Boeing 737) 서비스의 최대 운영 업체로써 700대 이상의 서비스를 제공하며 매일 평균 6회 운항하고 있다. 회사의 비즈니스 모델은 다른 저비용 항공 사업자에게 사업의 기반이 되어 전 세계에서 많은 저가 항공사들이 벤치마킹 하고 있다. 경쟁 전략은 게이트에서 항공기 회전 시간을 줄임으로써 낮은 단가를 유지하는 것과 업무수행 능력이 높은 직원을 육성하는 것이다. 유럽의 이 지젯(EasyJet)과 라이언에어(Ryanair)는 사우스웨스트의 사업 전략을 따른 대표적인 사례이다.

기준일 : 2018/ 01 /25

한글 회사명 : 사우스웨스트항공
영문 회사명 : Southwest Airlines
상장일 : 1972년 01월 21일 | 결산월 : 12월
시가총액 : 357 (억$) |
52주 최고 : $66.99 (-6.91%) / 52주 최저 : $48.71 (+28.02%)

주요 주주정보

보유자 / 보유 기관	보유율
PRIMECAP Management Co.	11.95%
Berkshire Hathaway, Inc.	8.03%
The Vanguard Group, Inc.	6.04%

애널리스트 추천 및 최근 투자의견

사우스웨스트 항공의 2018년 01월 25일 현재 20개 기관의 **평균적인 목표가는 73.42$**이며, 2018년 추정 주당순이익(EPS)은 5.48$로 2017년 추정 EPS 4.89$에 비해 **12.06% 증가할 것으로 예상**된다.

최근, 1개월, 3개월의 투자 의견 변화

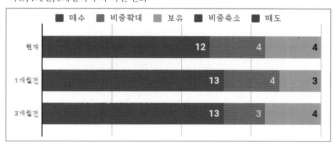

투자의견	금융사 및 투자의견	날짜
Downgrade	Bank of America: Buy to Neutral	9/1/2018
Upgrade	Atlantic Equities: Neutral to Overweight	12/14/2017
Maintains	Morgan Stanley: to Overweight	11/13/2017
Maintains	JP Morgan: to Overweight	1/11/2017
Maintains	Buckingham: to Neutral	10/27/2017

재무 지표

	2014	2015	2016	2017(E)
매출액 (백만$)	18,605	19,820	20,425	21,153
영업이익 (백만$)	2,339	4,570	4,733	3,453
순이익 (백만$)	1,140	2,185	2,246	2,104
자산총계 (백만$)	20,200	23,313	24,772	24,264
자본총계 (백만$)	6,775	7,358	8,441	
부채총계 (백만$)	13,425	15,955	16,331	

안정성 비율	2013	2014	2015	2016
유동비율 (%)	78.51	74.35	54.33	65.72
부채비율 (%)	163.70	198.16	216.84	193.47
이자보상배율 (배)	8.88	17.99	65.29	78.88

투자 지표

	2014	2015	2016	2017(E)
영업이익률 (%)	12.57	23.06	23.17	16.33
매출액 증가율 (%)	5.12	6.53	3.05	3.56
EPS ($)	1.66	3.31	3.58	3.49
EPS 증가율 (%)	57.39	99.21	8.30	-2.44
주당자산가치($)	10.03	11.36	13.03	15.91
잉여현금흐름 (백만$)	1,074	1,095	2,146	1,396

	2013	2014	2015	2016
배당성향(%)	12.38	13.41	8.72	10.56
배당수익률(%)	0.69	0.52	0.66	0.75
ROE (%)	10.57	16.16	30.92	28.43
ROA (%)	3.99	5.77	10.04	9.34
재고회전율	37.82	46.00	60.70	63.04
EBITDA (백만$)	2,066	3,277	5,585	5,954

내부자 거래

(3M 비중은 12개월 거래 중 최근 3개월의 비중)

구분	성격	3개월	12개월	3M비중
매수	매수 건수 (장내 매매만 해당)	10	21	47.62%
매도	매도 건수 (장내 매매만 해당)	19	41	46.34%
매수	매수 수량 (장내 매매만 해당)	273,828	304,628	89.89%
매도	매도 수량 (장내 매매만 해당)	254,972	504,876	50.50%
	순매수량 (-인 경우 순매도량)	18,856	-200,248	

ETF 노출
(편입 ETF 수 : 95개 / 시가총액 대비 ETF의 보유비중 : 7.95%)

티커	ETF	보유 지분	비중
VTI	Vanguard Total Stock Market ETF	$778,345,193	0.11%
VOO	Vanguard 500 Index Fund	$563,912,842	0.14%
SPY	SPDR S&P 500 ETF Trust	$413,667,511	0.14%
VUG	Vanguard Growth ETF	$217,381,102	0.28%
XLI	Industrial Select Sector SPDR Fund	$215,492,704	1.38%

매출비중

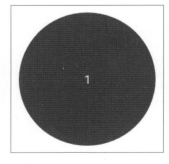

제품명	비중
1. 항공/운송	
	100%

기간 수익률

1M : 0.54%	3M : 18.87%	6M : 7.91%	1Y : 27.32%	3Y : 64.76%

UAL
유나이티드 콘티넨털 홀딩스
United Continental Holdings

섹터 산업재 (Industrials)
세부섹터 항공 (Airlines)

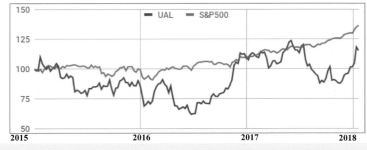

유나이티드 콘티넨털 홀딩스(United Continental Holdings, Inc.)는 승객과 화물의 정기적인 항공편을 제공하는 항공 지주 회사이다. 회사는 1968년에 설립되었고 본사는 일리노이주 시카고에 있으며 88,000명의 직원이 근무하고 있다. 회사는 자회사인 유나이티드 항공을 소유 및 운영하고 있다. 회사의 사업 부문은 미국과 캐나다, 태평양, 대서양 및 라틴 아메리카 네 가지 부문으로 나누어진다. 회사는 다양한 지역 항공사와 계약 관계를 맺고 미국 내에서 유나이티드 익스프레스(United Express)라는 브랜드의 제트기와 터보프롭 서비스를 제공하고 있다. 회사는 스타 얼라이언스 회원사와의 다양한 제휴, 상용 고객 우대, 상용 항공 마일리지 교환, 공항 라운지 이용 등을 스타 얼라이언스 회원사와 협약을 맺고 제공하고 있다.

기준일 : 2018/ 01 /25

한글 회사명 : 유나이티드 콘티넨털 홀딩스
영문 회사명 : United Continental Holdings
상장일 : 2006년 01월 26일 | 결산월 : 12월
시가총액 : 196 (억$) |
52주 최고 : $83.04 (-17.23%) / 52주 최저 : $56.51 (+21.62%)

주요 주주정보

보유자/ 보유 기관	보유율
Berkshire Hathaway, Inc.	9.52%
PRIMECAP Management Co.	7.52%
The Vanguard Group, Inc.	7.26%

애널리스트 추천 및 최근 투자의견

유나이티드 콘티넨털 홀딩스의 2018년 01월 25일 현재 20개 기관의 **평균적인 목표가는 80.65$**이며, 2018년 추정 주당순이익(EPS)은 8.77$로 2017년 추정 EPS 7.22$에 비해 **21.46% 증가할 것으로 예상**된다.

최근, 1개월, 3개월의 투자 의견 변화

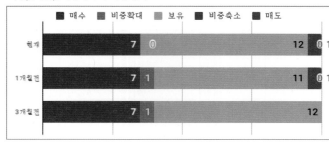

투자의견	금융사 및 투자의견	날짜
Downgrade	Evercore ISI Group: Outperform to In-Line	1/24/2018
Maintains	Morgan Stanley: Equal-Weight to Equal-Weight	1/24/2018
Maintains	Buckingham: Buy to Buy	1/24/2018
Maintains	Bank of America: Buy to Buy	1/24/2018
Upgrade	Citigroup: Neutral to Buy	10/1/2018

내부자 거래

(3M 비중은 12개월 거래 중 최근 3개월의 비중)

구분	성격	3개월	12개월	3M비중
매수	매수 건수 (장내 매매만 해당)	0	3	0.00%
매도	매도 건수 (장내 매매만 해당)	13	29	44.83%
매수	매수 수량 (장내 매매만 해당)	0	26,000	0.00%
매도	매도 수량 (장내 매매만 해당)	75,057	102,452	73.26%
	순매수수량 (-인 경우 순매도량)	-75,057	-76,452	

ETF 노출
(편입 ETF 수 : 95개 / 시가총액 대비 ETF의 보유비중 : 7.95%)

티커	ETF	보유 지분	비중
VTI	Vanguard Total Stock Market ETF	$778,345,193	0.11%
VOO	Vanguard 500 Index Fund	$563,912,842	0.14%
SPY	SPDR S&P 500 ETF Trust	$413,667,511	0.14%
VUG	Vanguard Growth ETF	$217,381,102	0.28%
XLI	Industrial Select Sector SPDR Fund	$215,492,704	1.38%

기간 수익률

1M : 19.98%	3M : 27.92%	6M : 6.88%	1Y : 1.67%	3Y : 16.34%

재무 지표

	2014	2015	2016	2017(E)
매출액 (백만$)	38,901	37,864	36,556	37,743
영업이익 (백만$)	2,706	5,989	5,156	3,650
순이익 (백만$)	1,132	7,340	2,263	2,040
자산총계 (백만$)	37,353	46,293	45,427	42,910
자본총계 (백만$)	2,396	8,966	8,659	
부채총계 (백만$)	34,957	37,327	36,768	

안정성 비율	2013	2014	2015	2016
유동비율 (%)	71.88	65.06	63.06	59.49
부채비율 (%)	1,133.65	1,458.97	416.32	424.62
이자보상배율 (배)	2.41	3.96	9.66	9.51

투자 지표

	2014	2015	2016	2017(E)
영업이익률 (%)	6.96	15.82	14.10	9.67
매출액 증가율 (%)	1.63	-2.67	-3.45	3.25
EPS ($)	3.05	19.52	6.86	6.69
EPS 증가율 (%)	85.98	540.00	-64.86	-2.50
주당자산가치($)	6.40	24.59	27.52	30.40
잉여현금흐름 (백만$)	629	3,245	2,319	920

	2013	2014	2015	2016
배당성향(%)				
배당수익률(%)		0.00	0.00	0.00
ROE (%)	32.84	42.08	129.20	25.68
ROA (%)	1.53	3.05	17.55	4.94
재고회전율	56.21	58.37	53.94	45.38
EBITDA (백만$)	3,371	4,385	7,808	7,133

매출비중

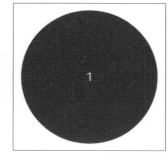

제품명	비중
1. 항공 운영	
	100%

ALLE
알레지온
Allegion PLC

섹터 산업재 (Industrials)
세부섹터 건축 제품 (Building Products)

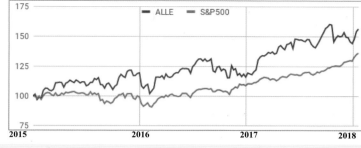

알레지온(Allegion PLC)은 주택 및 비즈니스 고객을 위한 보안 제품 및 솔루션 사업을 영위하는 업체이다. 회사는 1908년에 설립되었고 본사는 아일랜드 더블린에 있으며 8,000명의 직원이 근무하고 있다. 회사는 에이엑스에이(AXA), 씨아이에스에이(CISA), 덱스터(DEXTER), 인터플렉스(Interflex), 엘씨엔(LCN), 슈라게(Schlage) 및 본 더프린(Von Duprin)을 포함한 25개의 글로벌 브랜드를 보유하고 있으며 120개국 이상에서 제품을 판매하고 있다. 회사의 주요 제품은 도어 클로저 및 컨트롤, 도어 및 도어프레임(철제), 전자 보안 제품, 전자 및 생체 인식 액세스 제어 시스템, 출구 장치, 자물쇠, 휴대용 자물쇠 및 키 시스템, 출퇴근 기록 및 노동력 생산성 시스템 등이 있다.

기준일 : 2018/ 01 /25

한글 회사명 : 알레지온
영문 회사명 : Allegion PLC
상장일 : 2013년 11월 18일 | 결산월 : 12월
시가총액 : 81 (억$) |
52주 최고 : $89.81 (-4.76%) / 52주 최저 : $64.74 (+32.11%)

주요 주주정보

보유자/ 보유 기관	보유율
The Vanguard Group, Inc.	10.18%
T. Rowe Price Associates, Inc.	6.77%
BlackRock Fund Advisors	4.77%

애널리스트 추천 및 최근 투자의견

알레지온의 2018년 01월 25일 현재 11개 기관의 평균적인 **목표가는 92$**이며, 2018년 추정 주당순이익(EPS)은 4.22$로 2017년 추정 EPS 3.78$에 비해 **11.64% 증가할 것으로 예상**된다.

최근, 1개월, 3개월의 투자 의견 변화

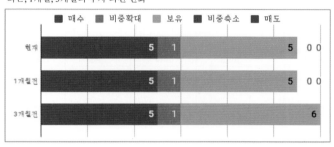

투자의견	금융사 및 투자의견	날짜
Maintains	Bank of America: to Buy	7/20/2017
Initiated	Wolfe Research: to Peer Perform	11/7/2017
Downgrade	Baird: to Neutral	4/28/2017
Upgrade	Imperial Capital: to Outperform	1/11/2016
Upgrade	CLSA: to Outperform	10/17/2016

내부자 거래

(3M 비중은 12개월 거래 중 최근 3개월의 비중)

구분	성격	3개월	12개월	3M비중
매수	매수 건수 (장내 매매만 해당)	21	28	75.00%
매도	매도 건수 (장내 매매만 해당)	51	62	82.26%
매수	매수 수량 (장내 매매만 해당)	113,436	120,756	93.94%
매도	매도 수량 (장내 매매만 해당)	114,286	144,821	78.92%
	순매수량 (-인 경우 순매도량)	-850	-24,065	

ETF 노출   (편입 ETF 수 : 57개 / 시가총액 대비 ETF의 보유비중 : 4.79%)

티커	ETF	보유 지분	비중
SPY	SPDR S&P 500 ETF Trust	$101,135,065	0.03%
IVV	iShares S&P 500 Index (ETF)	$51,588,200	0.03%
XLI	Industrial Select Sector SPDR Fund	$48,701,637	0.31%
XHB	SPDR S&P Homebuilders (ETF)	$38,897,416	3.21%
RSP	Guggenheim S&P 500 Equal Weight ETF	$30,893,316	0.20%

기간 수익률

1M : 4.8%	3M : 4.18%	6M : 7.23%	1Y : 32.33%	3Y : 61.57%

재무 지표

	2014	2015	2016	2017(E)
매출액 (백만$)	2,118	2,068	2,238	2,391
영업이익 (백만$)	360	385	423	498
순이익 (백만$)	186	154	229	363
자산총계 (백만$)	2,016	2,285	2,247	2,554
자본총계 (백만$)	19	30	116	
부채총계 (백만$)	1,997	2,256	2,131	

안정성 비율	2013	2014	2015	2016
유동비율 (%)	188.22	183.29	164.42	193.04
부채비율 (%)	-3,654.58	10,796.76	7,594.61	1,830.76
이자보상배율 (배)	37.30	6.68	7.28	6.58

투자 지표

	2014	2015	2016	2017(E)
영업이익률 (%)	17.00	18.62	18.90	20.83
매출액 증가율 (%)	1.19	-2.37	8.22	6.83
EPS ($)	1.82	1.60	2.39	3.78
EPS 증가율 (%)	451.52	-12.09	49.38	58.23
주당자산가치($)	-0.05	0.27	1.19	4.15
잉여현금흐름 (백만$)	204	222	335	311

	2013	2014	2015	2016
배당성향(%)		16.60	25.00	20.08
배당수익률(%)	0.00	0.54	0.61	0.75
ROE (%)			1,483.65	329.88
ROA (%)	2.24	9.20	7.19	10.20
재고회전율	13.00	12.64	10.78	10.54
EBITDA (백만$)	426.6	408.3	438.3	490.1

매출비중

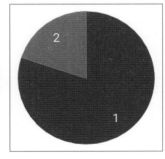

제품명	비중
1. 전자/보안제품 솔루션	
	80.12%
2. 기타	
	19.88%

AOS
에이 오 스미스 코퍼레이션
A. O. Smith Corporation

섹터 산업재 (Industrials)
세부섹터 건축 제품 (Building Products)

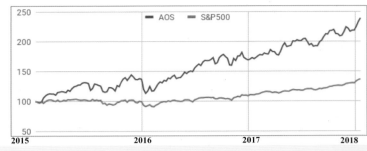

에이 오 스미스 코퍼레이션(A. O. Smith Corporation)은 주거용/상업용 물 가열 장비 및 보일러의 생산과 주거용/조명용 상업용 수처리 제품 제조사업을 영위하는 업체이다. 회사는 1908년에 설립되었고 본사는 위스콘신주 밀워키에 있으며 15,500명의 직원이 근무하고 있다. 회사의 사업 부문은 북미와 기타 두 부문으로 나누어진다. 회사의 북미 부분은 전 세계적으로 상업용 전문 용수 가열 장치, 응축 및 비 응축 보일러 및 수도 시스템 탱크를 제조 및 판매하고 있다. 회사의 상업용 보일러는 병원, 학교, 호텔 및 기타 대형 상업용 건물의 난방 장치에 사용되고 있다. 미국에서 수처리 제품을 조립 및 판매하고 있으며 확장 탱크, 상업용 태양열 온수 난방 시스템, 수영장 및 스파 보일러, 관련 제품 및 부품을 생산하고 있다. 회사의 기타 부문은 중국을 포함한 아시아 지역을 중심으로 수처리 제품 및 공기 정화 제품을 제조 및 판매하고 있다.

기준일 : 2018/ 01 /25
한글 회사명 : 에이 오 스미스 코퍼레이션
영문 회사명 : A.O. Smith Corporation
상장일 : 1983년 10월 03일 | 결산월 : 12월
시가총액 : 98 (억$) |
52주 최고 : $67.65 (-0.66%) / 52주 최저 : $46.44 (+44.7%)

주요 주주정보

보유자/ 보유 기관	보유율
The Vanguard Group, Inc.	10.31%
Henderson Global Investors Ltd.	5.2%
SSgA Funds Management, Inc.	5.16%

애널리스트 추천 및 최근 투자의견

에이 오 스미스 코퍼레이션의 2018년 01월 25일 현재 13개 기관의 **평균적인 목표가는 67.5$**이며, 2018년 추정 주당순이익(EPS)은 2.45$로 2017년 추정 EPS 2.13$에 비해 **15.02% 증가할 것으로 예상**된다.

최근, 1개월, 3개월의 투자 의견 변화

자료 없음

투자의견	금융사 및 투자의견	날짜
Downgrade	Boenning & Scattergood: Outperform to Neutral	10/25/2017
Downgrade	KeyBanc: to Sector Weight	4/28/2017
Maintains	Jefferies: to Buy	9/23/2016
Maintains	SunTrust Robinson Humphrey: to Buy	7/14/2016
Initiated	Longbow Research: to Neutral	6/17/2016

내부자 거래

구분	성격	3개월	12개월	3M비중
매수	매수 건수 (장내 매매만 해당)	1	6	16.67%
매도	매도 건수 (장내 매매만 해당)	24	63	38.10%
매수	매수 수량 (장내 매매만 해당)	17,856	30,401	58.73%
매도	매도 수량 (장내 매매만 해당)	205,656	762,145	26.98%
	순매수량 (-인 경우 순매도량)	-187,800	-731,744	

(3M 비중은 12개월 거래 중 최근 3개월의 비중)

ETF 노출

(편입 ETF 수 : 82개 / 시가총액 대비 ETF의 보유비중 : 15.43%)

티커	ETF	보유 지분	비중
VTI	Vanguard Total Stock Market ETF	$238,779,735	0.03%
VB	Vanguard Small-Cap Index Fund	$232,988,734	0.31%
VOO	Vanguard 500 Index Fund	$169,010,009	0.04%
VBK	Vanguard Small-Cap Growth ETF	$131,298,158	0.59%
SPY	SPDR S&P 500 ETF Trust	$123,495,327	0.04%

기간 수익률

1M : 10.39%	3M : 15.14%	6M : 19.84%	1Y : 39.98%	3Y : 145.29%

재무 지표

	2014	2015	2016	2017(E)
매출액 (백만$)	2,356	2,537	2,686	2,995
영업이익 (백만$)	284	393	461	521
순이익 (백만$)	208	283	327	372
자산총계 (백만$)	2,515	2,629	2,891	3,132
자본총계 (백만$)	1,381	1,442	1,515	
부채총계 (백만$)	1,134	1,187	1,376	

안정성 비율	2013	2014	2015	2016
유동비율 (%)	204.03	217.94	214.84	204.02
부채비율 (%)	79.99	82.10	82.29	90.79
이자보상배율 (배)	43.30	49.79	53.16	63.21

투자 지표

	2014	2015	2016	2017(E)
영업이익률 (%)	12.05	15.49	17.16	17.41
매출액 증가율 (%)	9.39	7.66	5.89	11.53
EPS ($)	1.15	1.59	1.87	2.13
EPS 증가율 (%)	25.00	38.50	17.41	13.90
주당자산가치($)	7.73	8.20	8.74	9.94
잉여현금흐름 (백만$)	178	279	366	208

	2013	2014	2015	2016
배당성향(%)	25.14	26.32	24.05	25.95
배당수익률(%)	0.85	1.06	0.99	1.01
ROE (%)	13.45	15.34	20.04	22.08
ROA (%)	7.29	8.47	11.00	11.83
재고회전율	12.07	11.73	11.76	11.33
EBITDA (백만$)	306.5	343.6	456.4	526.5

매출비중

제품명	비중
1. 물 난방 장비	100%

FAST
파스테날 컴퍼니
Fastenal Company

섹터 산업재 (Industrials)
세부섹터 건축 제품 (Building Products)

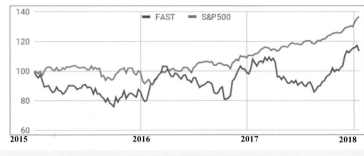

파스테날 컴퍼니(Fastenal Company)는 산업 현장과 건축 현장에 사용되는 각종 자재의 도매업과 유통사업을 영위하는 업체이다. 회사는 1967년에 설립되었고 본사는 미네소타주 위노나에 있으며 15,500명의 직원이 근무하고 있다. 회사는 미국, 캐나다, 멕시코 및 유럽 전역 등 21개 국가 2,500곳 이상의 대리점과 401곳의 현지 고객 서비스센터가 있다. 회사는 산업, 안전 및 건설 자재를 재판매하고 재고 관리, 제조 및 공구 수리를 포함한 각종 서비스를 제공하고 있다. 2016년 12월 현재 총 36,954,377개의 주문 건수를 기록하고 있다. 2016년 기준으로 고객들의 요청에 의한 62,800개의 산업용 벤딩 머신을 현장에 설치하였다.

기준일 : 2018/ 01 /25

한글 회사명 : 파스테날 컴퍼니
영문 회사명 : Fastenal Company
상장일 : 1987년 08월 20일 | 결산월 : 12월
시가총액 : 164 (억$) |
52주 최고 : $56.73 (-1%) / 52주 최저 : $39.79 (+41.14%)

주요 주주정보

보유자/ 보유 기관	보유율
The Vanguard Group, Inc.	10.9%
BlackRock Fund Advisors	4.8%
Walter Scott & Partners Ltd.	4.55%

애널리스트 추천 및 최근 투자의견

파스테날 콤퍼니의 2018년 01월 25일 현재 17개 기관의 **평균적인 목표가는 57.27$**이며, 2018년 추정 주당순이익(EPS)은 2.71$로 2017년 추정 EPS 2.48$에 비해 **9.27% 증가할 것으로 예상**된다.

최근, 1개월, 3개월의 투자 의견 변화

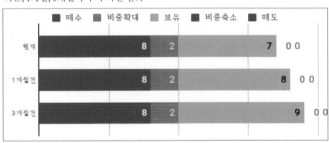

투자의견	금융사 및 투자의견	날짜
Maintains	Morgan Stanley: to Equal-Weight	2/10/2017
Initiated	Northcoast Research: to Buy	7/25/2017
Upgrade	Raymond James: to Strong Buy	7/13/2017
Upgrade	Baird: to Outperform	12/7/2017
Maintains	Morgan Stanley: to Equal-Weight	10/7/2017

내부자 거래

(3M 비중은 12개월 거래 중 최근 3개월의 비중)

구분	성격	3개월	12개월	3M비중
매수	매수 건수 (장내 매매만 해당)	0	14	0.00%
매도	매도 건수 (장내 매매만 해당)	3	18	16.67%
매수	매수 수량 (장내 매매만 해당)	0	18,284	0.00%
매도	매도 수량 (장내 매매만 해당)	33,992	175,658	19.35%
	순매수량 (-인 경우 순매도량)	-33,992	-157,374	

ETF 노출
(편입 ETF 수 : 90개 / 시가총액 대비 ETF의 보유비중 : 14.75%)

티커	ETF	보유 지분	비중
VO	Vanguard Mid-Cap ETF	$402,275,878	0.40%
VTI	Vanguard Total Stock Market ETF	$396,086,190	0.06%
VOO	Vanguard 500 Index Fund	$280,637,247	0.07%
SPY	SPDR S&P 500 ETF Trust	$203,553,441	0.07%
VIG	Vanguard Dividend Appreciation ETF	$143,435,813	0.40%

기간 수익률

1M : 0.88%	3M : 22.35%	6M : 26.73%	1Y : 4.89%	3Y : 18.78%

재무 지표

	2014	2015	2016	2017(E)
매출액 (백만$)	3,734	3,869	3,962	4,385
영업이익 (백만$)	787	827	795	886
순이익 (백만$)	494	516	499	556
자산총계 (백만$)	2,359	2,532	2,669	2,896
자본총계 (백만$)	1,915	1,801	1,933	
부채총계 (백만$)	444	731	736	

안정성 비율	2013	2014	2015	2016
유동비율 (%)	587.27	421.81	446.12	624.27
부채비율 (%)	17.10	23.18	40.59	38.06
이자보상배율 (배)	6,301.01	859.70	266.20	122.28

투자 지표

	2014	2015	2016	2017(E)
영업이익률 (%)	21.08	21.38	20.07	20.21
매출액 증가율 (%)	12.25	3.63	2.40	10.68
EPS ($)	1.67	1.77	1.73	1.93
EPS 증가율 (%)	10.60	5.99	-2.26	11.58
주당자산가치($)	6.47	6.22	6.69	7.14
잉여현금흐름 (백만$)	310	392	325	451

	2013	2014	2015	2016
배당성향(%)	52.98	60.24	63.28	69.36
배당수익률(%)	1.68	2.10	2.74	2.55
ROE (%)	26.92	26.80	27.79	26.75
ROA (%)	23.06	22.29	21.11	19.21
재고회전율	4.44	4.52	4.34	4.16
EBITDA (백만$)	776.21	859.3	913.94	899.36

매출비중

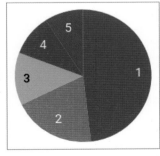

제품명	비중
1. 패스널 브랜드	36.6%
2. 안전 용품	14.9%
3. 장비 및 도구	9.9%
4. 청소 용품	7.6%
5. 유압 및 공압 제품	6.9%

FBHS
포춘 브랜드스 홈 앤 시큐리티
Fortune Brands Home & Security

섹터 산업재 (Industrials)
세부섹터 건축 제품 (Building Products)

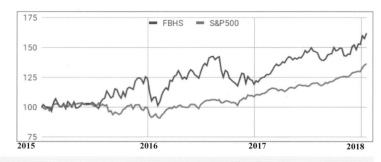

포춘 브랜드스 홈 앤 시큐리티(Fortune Brands Home & Security, Inc.)는 가정용 비품 및 하드웨어 제조 사업을 영위하는 지주회사이다. 회사는 1988년에 설립되었고 본사는 일리노이주 디어필드에 있으며 22,700명의 직원이 근무하고 있다. 회사는 캐비닛, 배관, 문, 보안 네 부문으로 나누어진다. 회사 제품군은 마스터 락(Master Lock), 샌트리 세이프(Sentry Safe), 마스터 브랜드 캐비닛(MasterBrand Cabinet), 모엔(Moen) 수도꼭지, 써마-트루(Therma-Tru) 입구 도어 시스템 제품이 있다. 마스터 브랜드 캐비닛은 북미에서 유명한 부엌과 욕실의 장식장 브랜드이다. 모엔은 북미에서 유명한 수도꼭지 브랜드이다. 사업 부문별 매출 비중은 캐비닛 48%, 배관 31%, 문 9%, 보안 12%이다. 회사 매출은 미국의 집수리, 리모델링, 주택건설 경기의 영향을 받고 있다.

기준일 : 2018/ 01 /25

한글 회사명 : 포춘 브랜드스홈 앤 시큐리티
영문 회사명 : Fortune Brands Home & Security
상장일 : 2011년 09월 16일 | 결산월 : 12월
시가총액 : 112 (억$) |
52주 최고 : $73.62 (-0.62%) / 52주 최저 : $54.62 (+33.94%)

주요 주주정보

보유자/ 보유 기관	보유율
The Vanguard Group, Inc.	10%
T. Rowe Price Associates, Inc.	7.82%
BlackRock Fund Advisors	5.05%

애널리스트 추천 및 최근 투자의견

포춘 브랜드스 홈 앤 시큐리티의 2018년 01월 25일 현재 22개 기관의 **평균적인 목표가는 73.41$**이며, 2018년 추정 주당순이익(EPS)은 3.52$로 2017년 추정 EPS 3.08$에 비해 **14.28% 증가할 것으로 예상**된다.

최근, 1개월, 3개월의 투자 의견 변화

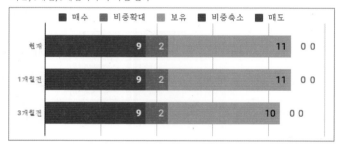

투자의견	금융사 및 투자의견	날짜
Maintains	JP Morgan: to Overweight	10/30/2017
Maintains	Citigroup: to Neutral	10/27/2017
Maintains	Credit Suisse: to Outperform	10/26/2017
Initiated	Credit Suisse: to Outperform	6/23/2017
Downgrade	Evercore ISI Group: to In-Line	4/27/2017

내부자 거래

(3M 비중은 12개월 거래 중 최근 3개월의 비중)

구분	성격	3개월	12개월	3M비중
매수	매수 건수 (장내 매매만 해당)	22	33	66.67%
매도	매도 건수 (장내 매매만 해당)	23	46	50.00%
매수	매수 수량 (장내 매매만 해당)	186,082	211,432	88.01%
매도	매도 수량 (장내 매매만 해당)	95,490	685,239	13.94%
	순매수량 (-인 경우 순매도량)	90,592	-473,807	

ETF 노출
(편입 ETF 수 : 78개 / 시가총액 대비 ETF의 보유비중 : 13.26%)

티커	ETF	보유 지분	비중
VO	Vanguard Mid-Cap ETF	$269,375,901	0.27%
VTI	Vanguard Total Stock Market ETF	$265,418,951	0.04%
VOO	Vanguard 500 Index Fund	$190,712,330	0.05%
SPY	SPDR S&P 500 ETF Trust	$136,528,508	0.05%
VUG	Vanguard Growth ETF	$73,907,265	0.09%

기간 수익률

1M : 9.36%	3M : 12.2%	6M : 10.26%	1Y : 31.09%	3Y : 61.74%

재무 지표

	2014	2015	2016	2017(E)
매출액 (백만$)	4,014	4,579	4,985	5,290
영업이익 (백만$)	411	515	656	737
순이익 (백만$)	272	306	412	480
자산총계 (백만$)	4,053	4,876	5,129	5,410
자본총계 (백만$)	2,263	2,454	2,363	
부채총계 (백만$)	1,790	2,422	2,766	

안정성 비율	2013	2014	2015	2016
유동비율 (%)	179.69	185.69	187.10	171.48
부채비율 (%)	57.48	79.09	98.70	117.03
이자보상배율 (배)	52.97	39.49	16.15	13.35

투자 지표

	2014	2015	2016	2017(E)
영업이익률 (%)	10.24	11.25	13.16	13.94
매출액 증가율 (%)	-3.46	14.10	8.86	6.13
EPS ($)	1.66	1.97	2.68	3.08
EPS 증가율 (%)	19.74	18.36	36.04	14.86
주당자산가치($)	14.29	15.33	15.39	16.73
잉여현금흐름 (백만$)	126	301	501	458

	2013	2014	2015	2016
배당성향(%)	22.39	29.64	29.02	24.43
배당수익률(%)	0.66	1.06	1.01	1.20
ROE (%)	9.13	11.10	12.99	17.14
ROA (%)	5.74	6.65	6.87	8.25
재고회전율	10.03	8.60	9.00	9.17
EBITDA (백만$)	471.8	506.7	630.3	778.2

매출비중

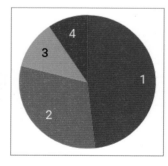

제품명	비중
1. 캐비닛	48.1%
2. 주방/싱크대/배관	30.78%
3. 보안	11.63%
4. 문	9.49%

JCI
존슨 컨트롤스
Johnson Controls International

섹터 산업재 (Industrials)
세부섹터 건축 제품 (Building Products)

존슨 컨트롤스(Johnson Controls, International)는 전 세계 150개국에서 효율적인 건물관리 서비스와 자동차 부품 및 배터리 사업을 영위하는 업체이다. 회사는 1985년 설립되었고 본사는 위스콘신주 밀워키에 있으며 154,000명의 직원이 근무하고 있다. 회사의 사업 부문은 건물 효율(Building Efficiency), 자동차 경험(Automotive Experience), 파워 솔루션(Power Solutions) 세 부문으로 나누어진다. 건물 효율 사업 부문은 비주거 및 주거용 건물의 안락함, 안전 및 에너지 효율을 향상하기 위해 설계된 통합 제어시스템, 기계 장비, 제품 및 서비스를 53개국에 제공하고 있다. 매출은 기술 서비스와 기존 건물 시장의 환기 및 공조(HVAC) 제어, 기계 장비 교체 및 업그레이드와 신축 건물 건설 사업의 제어 장치 및 장비 설치로부터 발생하고 있다. 자동차 경험 사업 부문은 승용차 및 밴, 픽업트럭 및 스포츠/크로스 오버 유틸리티 차량과 같은 경량 트럭용 내장 제품 및 시스템을 설계 및 제조하고 있다. 파워 솔루션 사업 부문은 자동차의 주문자 상표 부착(Original Equipment Manufacturer, OEM) 및 배터리 사후 관리, 시스템 엔지니어링, 마케팅 및 서비스 전문 기술과 결합한 에너지 저장 기술 서비스를 제공하고 있으며 세계에서 가장 많은 납 축전지를 생산하고 있다.

기준일 : 2018/ 01 /25

한글 회사명 : 존슨 컨트롤스
영문 회사명 : Johnson Controls International
상장일 : 1972년 01월 21일 | 결산월 : 9월
시가총액 : 378 (억$) | 52주 최고 : $44.7 (-10.17%) / 52주 최저 : $34.51 (+16.34%)

주요 주주정보

보유자/ 보유 기관	보유율
Dodge & Cox	7.03%
The Vanguard Group, Inc.	6.76%
T. Rowe Price Associates, Inc.	6.01%

애널리스트 추천 및 최근 투자의견

존슨 컨트롤스의 2018년 01월 25일 현재 19개 기관의 **평균적인 목표가는 43.67$**이며, 2018년 추정 주당순이익(EPS)은 3.08$로 2017년 추정 EPS 2.77$에 비해 **11.19% 증가**할 것으로 예상된다.

최근, 1개월, 3개월의 투자 의견 변화

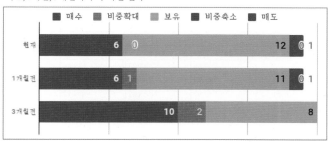

투자의견	금융사 및 투자의견	날짜
Initiated	UBS: to Buy	1/23/2018
Downgrade	Cowen & Co.: Outperform to Market Perform	1/18/2018
Downgrade	Baird: Outperform to Neutral	5/1/2018
Downgrade	Goldman Sachs: Neutral to Sell	8/12/2017
Downgrade	Susquehanna: Positive to Neutral	11/15/2017

내부자 거래

(3M 비중은 12개월 거래 중 최근 3개월의 비중)

구분	성격	3개월	12개월	3M비중
매수	매수 건수 (장내 매매만 해당)	10	25	40.00%
매도	매도 건수 (장내 매매만 해당)	14	44	31.82%
매수	매수 수량 (장내 매매만 해당)	41,190	387,851	10.62%
매도	매도 수량 (장내 매매만 해당)	60,254	381,263	15.80%
	순매수량 (-인 경우 순매도량)	-19,064	6,588	

ETF 노출   (편입 ETF 수 : 69개 / 시가총액 대비 ETF의 보유비중 : 3.78%)

티커	ETF	보유 지분	비중
SPY	SPDR S&P 500 ETF Trust	$478,653,239	0.16%
IVV	iShares S&P 500 Index (ETF)	$241,710,335	0.16%
XLI	Industrial Select Sector SPDR Fund	$226,757,295	1.46%
IWD	iShares Russell 1000 Value Index (ETF)	$116,614,149	0.28%
XHB	SPDR S&P Homebuilders (ETF)	$54,994,489	4.54%

기간 수익률

1M : 4.4%	3M : -2.28%	6M : -11.97%	1Y : -9.32%	3Y : -2.33%

재무 지표

	2014	2015	2016	2017(E)
매출액 (백만$)	10,332	37,179	37,674	30,100
영업이익 (백만$)	1,195	2,467	2,038	3,636
순이익 (백만$)	797	1,439	-868	2,462
자산총계 (백만$)	11,809	29,622	63,253	54,229
자본총계 (백만$)	4,683	10,710	25,324	
부채총계 (백만$)	7,126	18,912	37,929	

안정성 비율	2013	2014	2015	2016
유동비율 (%)	145.03	137.65	100.22	105.01
부채비율 (%)	137.21	152.17	176.58	149.78
이자보상배율 (배)	9.72	12.32	7.91	5.92

투자 지표

	2014	2015	2016	2017(E)
영업이익률 (%)	11.57	6.64	5.41	12.08
매출액 증가율 (%)	2.57	259.84	1.33	-20.10
EPS ($)	1.56	2.50	-1.30	2.61
EPS 증가율 (%)	29.27	60.39	-151.95	300.46
주당자산가치($)	11.40	16.72	25.77	22.19
잉여현금흐름 (백만$)	624	465	646	301

	2013	2014	2015	2016
배당성향(%)	55.48	47.80	33.69	
배당수익률(%)	2.01	1.75	2.65	2.12
ROE (%)	8.78	16.36	19.21	-5.04
ROA (%)	3.59	6.65	7.49	-1.40
재고회전율	15.75	16.27	24.77	12.69
EBITDA (백만$)	1,354	1,553	3,327	2,991

매출비중

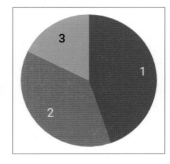

제품명	비중
1. 자동차 부품	44.69%
2. 건물	37.65%
3. 전력 솔루션	17.66%

MAS
마스코 코퍼레이션
Masco Corp.

섹터 산업재 (Industrials)
세부섹터 건축 제품 (Building Products)

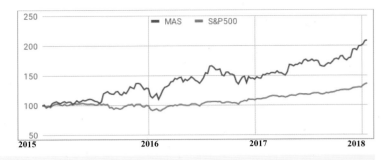

마스코 코퍼레이션(Masco Corp.)은 주택 개량 및 건축물 제품의 설계, 제조, 유통 사업을 영위하는 업체이다. 회사는 1988년에 설립되었고 본사는 미시간주 테일러에 있으며 26,000명의 직원이 근무하고 있다. 회사 브랜드는 비이에이치알(BEHR) 페인트, 델타(DELTA) 및 한스그로(HANSGROHE) 수도꼭지, 욕조 및 샤워 시설, 크래프트메이드(KRAFTMAID) 및 메릴랏(MERILLAT) 캐비닛, 밀가드(MILGARD) 창문 및 문, 그리고 핫 스프링(HOT SPRING) 스파가 포함되어 있다. 사업 부문은 배관 제품(Plumbing Products), 장식용 건축 제품(Decorative Architectural Products), 캐비닛 제품(Cabinetry Products), 창문 및 기타 특수 제품(Windows and Other Specialty Products) 등 네 부문으로 나누어진다.

기준일 : 2018/ 01 /25

한글 회사명 : 마스코 코퍼레이션
영문 회사명 : Masco Corp.
상장일 : 1972년 09월 11일 | 결산월 : 12월
시가총액 : 143 (억$) |
52주 최고 : $46.44 (-1.22%) / 52주 최저 : $31.29 (+46.59%)

주요 주주정보

보유자/ 보유 기관	보유율
The Vanguard Group, Inc.	10.14%
Fidelity Management & Research Co.	6.96%
BlackRock Fund Advisors	5.98%

애널리스트 추천 및 최근 투자의견

마스코 코퍼레이션의 2018년 01월 25일 현재 25개 기관의 **평균적인 목표가는 47.11$**이며, 2018년 추정 주당순이익(EPS)은 2.33$로 2017년 추정 EPS 1.94$에 비해 **20.1% 증가**할 것으로 예상된다.

최근, 1개월, 3개월의 투자 의견 변화

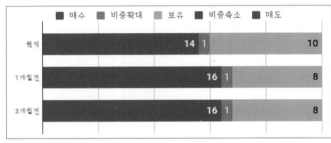

투자의견	금융사 및 투자의견	날짜
Downgrade	JP Morgan: Overweight to Neutral	5/1/2018
Downgrade	Evercore ISI Group: Outperform to In-Line	3/1/2018
Maintains	Argus: to Buy	10/26/2017
Downgrade	Raymond James: Outperform to Market Perform	10/25/2017
Downgrade	Wells Fargo: Outperform to Market Perform	10/25/2017

내부자 거래

(3M 비중은 12개월 거래 중 최근 3개월의 비중)

구분	성격	3개월	12개월	3M비중
매수	매수 건수 (장내 매매만 해당)	10	20	50.00%
매도	매도 건수 (장내 매매만 해당)	18	55	32.73%
매수	매수 수량 (장내 매매만 해당)	116,970	151,290	77.32%
매도	매도 수량 (장내 매매만 해당)	363,576	1,215,739	29.91%
	순매수량 (-인 경우 순매도량)	-246,606	-1,064,449	

ETF 노출

(편입 ETF 수 : 76개 / 시가총액 대비 ETF의 보유비중 : 12.91%)

티커	ETF	보유 지분	비중
VO	Vanguard Mid-Cap ETF	$350,308,184	0.35%
VTI	Vanguard Total Stock Market ETF	$344,956,634	0.05%
VOO	Vanguard 500 Index Fund	$244,749,474	0.06%
SPY	SPDR S&P 500 ETF Trust	$181,284,752	0.06%
VUG	Vanguard Growth ETF	$96,335,242	0.12%

기간 수익률

1M : 8.48%	3M : 23.02%	6M : 19.84%	1Y : 43.52%	3Y : 116%

재무 지표

	2014	2015	2016	2017(E)
매출액 (백만$)	7,006	7,142	7,357	7,616
영업이익 (백만$)	808	927	1,078	1,171
순이익 (백만$)	805	352	485	584
자산총계 (백만$)	7,208	5,664	5,137	5,251
자본총계 (백만$)	1,128	58	-103	
부채총계 (백만$)	6,080	5,606	5,240	

안정성 비율	2013	2014	2015	2016
유동비율 (%)	205.69	163.73	138.49	200.96
부채비율 (%)	783.99	539.01	9,665.52	-5,087.38
이자보상배율 (배)	2.97	3.62	4.12	4.71

투자 지표

	2014	2015	2016	2017(E)
영업이익률 (%)	11.53	12.98	14.65	15.37
매출액 증가율 (%)	-14.28	1.94	3.01	3.52
EPS ($)	2.42	1.04	1.49	1.94
EPS 증가율 (%)	191.22	-57.11	43.26	30.50
주당자산가치($)	2.68	-0.41	-0.94	-0.03
잉여현금흐름 (백만$)	474	541	546	684

	2013	2014	2015	2016
배당성향(%)	36.29	14.37	35.95	26.54
배당수익률(%)	1.50	1.56	1.31	1.23
ROE (%)	66.06	108.56		
ROA (%)	4.80	12.03	6.08	9.78
재고회전율	10.96	9.49	10.21	10.52
EBITDA (백만$)	885	964	1,080	1,237

매출비중

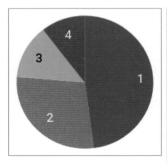

제품명	비중
1. 배관 제품	47.93%
2. 건축 장식 제품	28.44%
3. 캐비닛 제품	13.18%
4. 창문 및 기타 특수 제품	10.45%

FLR
플루어 코퍼레이션
Fluor Corp.

섹터 산업재 (Industrials)
세부섹터 건설 및 엔지니어링 (Construction & Engineering)

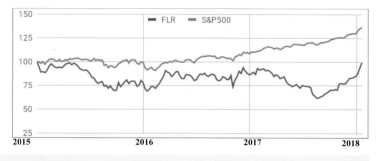

플루어 코퍼레이션(Flour Corp.)은 엔지니어링, 조달, 건설 제조 및 프로젝트 관리 서비스 사업을 영위하는 지주회사이다. 회사는 1912년에 설립되었고 본사는 텍사스주 어빙에 있으며 60,000명의 직원이 근무하고 있다. 회사는 에너지부터 각종 인프라 및 정부 주도의 사회간접자본(SOC)사업과 다양한 부문에 걸친 프로젝트 관리를 제공하고 있다. 산업 인프라 및 전력 사업 부문에서는 운송, 수도 및 전력 분야에 대한 설계, 엔지니어링, 건설 등의 프로젝트 관리 서비스를 제공하고 있다. 엠엠아이(MMI)사업 부문은 석유 및 가스, 화학과 같은 제조 설비 시동 및 관리 서비스를 주로 제공하고 있다. 또한 방위 분야에 대한 서비스를 제공하고 있다.

기준일 : 2018/ 01 /25
한글 회사명 : 플루어 코퍼레이션
영문 회사명 : Fluor Corp.
상장일 : 2000년 12월 01일 | 결산월 : 12월
시가총액 : 86 (억$) |
52주 최고 : $62.09 (-0.74%) / 52주 최저 : $37.04 (+66.38%)

주요 주주정보

보유자/ 보유 기관	보유율
The Vanguard Group, Inc.	9.69%
ClearBridge Investments LLC	9.19%
BlackRock Fund Advisors	5.04%

애널리스트 추천 및 최근 투자의견

플루어 코퍼레이션의 2018년 01월 25일 현재 17개 기관의 **평균적인 목표가는 54.31$**이며, 2018년 추정 주당순이익(EPS)은 2.55$로 2017년 추정 EPS 1.56$에 비해 **63.46% 증가할 것으로 예상**된다.

최근, 1개월, 3개월의 투자 의견 변화

투자의견	금융사 및 투자의견	날짜
Maintains	Barclays: Equal-Weight to Equal-Weight	1/24/2018
Upgrade	Credit Suisse: Neutral to Outperform	1/18/2018
Upgrade	Baird: Neutral to Outperform	1/3/2018
Initiated	Barclays: to Equal-Weight	12/13/2017
Maintains	Credit Suisse: to Neutral	11/3/2017

내부자 거래

(3M 비중은 12개월 거래 중 최근 3개월의 비중)

구분	성격	3개월	12개월	3M비중
매수	매수 건수 (장내 매매만 해당)	12	24	50.00%
매도	매도 건수 (장내 매매만 해당)	23	27	85.19%
매수	매수 수량 (장내 매매만 해당)	206,598	246,330	83.87%
매도	매도 수량 (장내 매매만 해당)	152,190	198,122	76.82%
	순매수량 (-인 경우 순매도량)	54,408	48,208	

ETF 노출 (편입 ETF 수 : 72개 / 시가총액 대비 ETF의 보유비중 : 13.27%)

티커	ETF	보유 지분	비중
VO	Vanguard Mid-Cap ETF	$209,585,330	0.21%
VTI	Vanguard Total Stock Market ETF	$206,397,146	0.03%
VOO	Vanguard 500 Index Fund	$146,373,193	0.04%
SPY	SPDR S&P 500 ETF Trust	$104,418,580	0.03%
XLI	Industrial Select Sector SPDR Fund	$74,174,634	0.48%

기간 수익률

1M : 19.78%	3M : 49.46%	6M : 34.25%	1Y : 14.47%	3Y : 11.84%

재무 지표

	2014	2015	2016	2017(E)
매출액 (백만$)	21,532	18,114	19,037	19,376
영업이익 (백만$)	1,219	937	633	422
순이익 (백만$)	715	418	281	219
자산총계 (백만$)	8,194	7,815	9,495	9,260
자본총계 (백만$)	3,224	3,114	3,243	
부채총계 (백만$)	4,971	4,701	6,252	

안정성 비율	2013	2014	2015	2016
유동비율 (%)	176.21	172.87	173.93	147.02
부채비율 (%)	114.49	154.18	151.00	192.80
이자보상배율 (배)	47.26	45.23	21.74	9.31

투자 지표

	2014	2015	2016	2017(E)
영업이익률 (%)	5.66	5.17	3.33	2.18
매출액 증가율 (%)	-21.28	-15.87	5.09	1.79
EPS ($)	3.24	2.85	2.02	1.56
EPS 증가율 (%)	-21.17	-12.04	-29.12	-22.90
주당자산가치($)	20.93	21.56	22.44	24.50
잉여현금흐름 (백만$)	318	609	470	444

	2013	2014	2015	2016
배당성향(%)	15.76	26.25	29.89	42.00
배당수익률(%)	0.80	1.39	1.78	1.60
ROE (%)	18.81	20.84	13.69	9.19
ROA (%)	9.92	10.32	6.01	3.78
재고회전율				
EBITDA (백만$)	1,398.56	1,411.63	1,126.63	859.26

매출비중

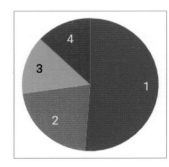

제품명	비중
1. 에너지, 화학 및 광업	
	51.24%
2. 산업, 인프라 및 전력	
	21.51%
3. 정부	
	14.29%
4. 유지 관리	
	12.96%

JEC
제이콥스 엔지니어링 그룹
Jacobs Engineering Group

섹터 산업재 (Industrials)
세부섹터 건설 및 엔지니어링 (Construction & Engineering)

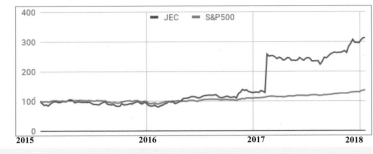

제이콥스 엔지니어링 그룹(acobs Engineering Group)은 엔지니어링, 건축, 인테리어 관련 서비스를 영위하는 업체이다. 회사는 1983년 설립되었고 본사는 텍사스주 댈러스에 있으며 45,000여 명의 직원이 근무하고 있다. 프로젝트의 실현 가능성을 판단할 때 가격 책정, 시장 분석 및 재정적 영역의 종합 컨설팅 서비스를 제공하고 있다. 시스템 통합 및 통신, 정보 기술 및 데이터 보안 솔루션을 제공할 뿐만 아니라 공장 프로세스 유지 관리, 석유 및 가스 탐사, 항공 우주 및 방위, 제약 및 생명공학 분야까지 다양한 분야에 걸친 관리 서비스를 제공하고 있다. 북미, 남미, 유럽, 중동, 호주, 아프리카 및 아시아에 위치한 200여 개의 자회사를 통해 서비스를 제공하고 있다.

기준일 : 2018/ 01 /25
한글 회사명 : 제이콥스 엔지니어링 그룹
영문 회사명 : Jacobs Engineering Group
상장일 : 1974년 10월 03일 | 결산월 : 9월
시가총액 : 99 (억$) |
52주 최고 : $70.9 (-0.26%) / 52주 최저 : $49.31 (+43.39%)

주요 주주정보

보유자/ 보유 기관	보유율
SSgA Funds Management, Inc.	11.3%
The Vanguard Group, Inc.	10.01%
PRIMECAP Management Co.	6.89%

애널리스트 추천 및 최근 투자의견

제이콥스 엔지니어링 그룹의 2018년 01월 25일 현재 18개 기관의 **평균적인 목표가는 67.91$**이며, 2018년 추정 주당순이익(EPS)은 4.44$로 2017년 추정 EPS 3.75$에 비해 **18.4% 증가할 것으로 예상**된다.

재무 지표

	2014	2015	2016	2017(E)
매출액 (백만$)	12,695	12,115	10,964	9,979
영업이익 (백만$)	631	603	527	546
순이익 (백만$)	328	303	210	365
자산총계 (백만$)	8,454	7,786	7,360	7,483
자본총계 (백만$)	4,506	4,356	4,330	
부채총계 (백만$)	3,948	3,429	3,030	

안정성 비율	2013	2014	2015	2016
유동비율 (%)	214.00	165.63	165.71	160.68
부채비율 (%)	71.22	87.62	78.72	69.97
이자보상배율 (배)	51.83	55.14	30.90	34.50

최근, 1개월, 3개월의 투자 의견 변화

	매수	비중확대	보유	비중축소	매도
현재	5	1	10	0	2
1개월전	4	1	10	0	2
3개월전	3	1	11	0	2

투자의견	금융사 및 투자의견	날짜
Maintains	Barclays: Overweight to Overweight	1/24/2018
Initiated	Barclays: to Overweight	12/13/2017
Maintains	Citigroup: to Neutral	10/30/2017
Maintains	Citigroup: to Neutral	10/27/2017
Downgrade	Citigroup: Buy to Neutral	3/8/2017

투자 지표

	2014	2015	2016	2017(E)
영업이익률 (%)	4.97	4.98	4.81	5.47
매출액 증가율 (%)	7.42	-4.57	-9.50	-8.99
EPS ($)	2.51	2.42	1.75	3.07
EPS 증가율 (%)	-23.24	-3.59	-27.69	75.65
주당자산가치($)	33.92	34.85	35.26	35.68
잉여현금흐름 (백만$)	590	396	612	418

	2013	2014	2015	2016
배당성향(%)				
배당수익률(%)	0.00	0.00	0.00	0.00
ROE (%)	10.66	7.56	6.92	4.92
ROA (%)	6.24	4.48	4.05	2.83
재고회전율				
EBITDA (백만$)	767.85	776.01	752.01	656.48

내부자 거래

(3M 비중은 12개월 거래 중 최근 3개월의 비중)

구분	성격	3개월	12개월	3M비중
매수	매수 건수 (장내 매매만 해당)	10	18	55.56%
매도	매도 건수 (장내 매매만 해당)	6	30	20.00%
매수	매수 수량 (장내 매매만 해당)	21,620	155,355	13.92%
매도	매도 수량 (장내 매매만 해당)	17,986	52,524	34.24%
	순매수량 (-인 경우 순매도량)	3,634	102,831	

ETF 노출　(편입 ETF 수 : 79개 / 시가총액 대비 ETF의 보유비중 : 13%)

티커	ETF	보유 지분	비중
VO	Vanguard Mid-Cap ETF	$205,673,029	0.21%
VTI	Vanguard Total Stock Market ETF	$202,594,151	0.03%
VOO	Vanguard 500 Index Fund	$143,639,954	0.03%
SPY	SPDR S&P 500 ETF Trust	$104,828,921	0.03%
VOE	Vanguard Mid-Cap Value ETF	$69,665,426	0.39%

매출비중

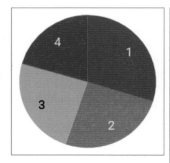

제품명	비중
1. 석유 및 화학	29.73%
2. 산업재	25.48%
3. 항공 우주 및 기술	24.24%
4. 빌딩 및 인프라	20.55%

기간 수익률

1M : 5.68%	3M : 25.02%	6M : 33.74%	1Y : 143.81%	3Y : 259.08%

PWR
퀀타 서비스
Quanta Services Inc.

섹터 산업재 (Industrials)
세부섹터 건설 및 엔지니어링 (Construction & Engineering)

퀀타 서비스(Quanta Services Inc)는 미국, 캐나다, 호주를 포함한 전 세계 전기 및 석유 가스 업체를 대상으로 통합된 유지 보수 시스템 서비스를 제공하는 업체이다. 회사는 1997년 설립되었고 본사는 텍사스주 휴스턴에 있으며 28,000명의 직원이 근무하고 있다. 전력 인프라 서비스 사업 부문은 인프라, 변전소 시설 및 기타 엔지니어링 기술 서비스의 설계, 설치, 업그레이드 및 수리 유지 보수로 구성된 종합 솔루션을 제공하고 있다. 태양열, 풍력 및 다양한 유형의 천연가스 등의 신재생 에너지 발전 설비를 설계, 설치 및 유지 보수하는 서비스를 제공하고 있다. 또한, 각종 산업의 파이프라인을 설계, 설치 수리 및 유지 보수하며 해양 및 수자원 시장을 위한 인프라 서비스를 제공하고 있다.

기준일 : 2018/ 01 /25
한글 회사명 : 퀀타 서비스
영문 회사명 : Quanta Services Inc.
상장일 : 1998년 02월 12일 | 결산월 : 12월
시가총액 : 60 (억$) |
52주 최고 : $40.1 (-2.41%) / 52주 최저 : $30.23 (+29.44%)

주요 주주정보

보유자/ 보유 기관	보유율
The Vanguard Group, Inc.	9.35%
BlackRock Fund Advisors	4.54%
Victory Capital Management, Inc.	3.87%

애널리스트 추천 및 최근 투자의견

퀀타 서비스의 2018년 01월 25일 현재 16개 기관의 **평균적인 목표가는 44.82$**이며, 2018년 추정 주당순이익(EPS)은 2.52$로 2017년 추정 EPS 1.96$에 비해 **28.57% 증가**할 것으로 **예상**된다.

최근, 1개월, 3개월의 투자 의견 변화

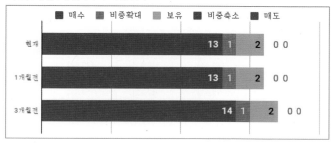

투자의견	금융사 및 투자의견	날짜
Maintains	B. Riley: to Buy	7/11/2017
Maintains	Baird: to Neutral	3/11/2017
Maintains	Citigroup: to Buy	10/30/2017
Maintains	Citigroup: to Buy	10/27/2017
Upgrade	Citigroup: Neutral to Buy	8/18/2017

내부자 거래

(3M 비중은 12개월 거래 중 최근 3개월의 비중)

구분	성격	3개월	12개월	3M비중
매수	매수 건수 (장내 매매만 해당)	9	12	75.00%
매도	매도 건수 (장내 매매만 해당)	9	16	56.25%
매수	매수 수량 (장내 매매만 해당)	315,197	328,542	95.94%
매도	매도 수량 (장내 매매만 해당)	18,195	43,860	41.48%
	순매수량 (-인 경우 순매도량)	297,002	284,682	

ETF 노출 (편입 ETF 수 : 66개 / 시가총액 대비 ETF의 보유비중 : 13.54%)

티커	ETF	보유 지분	비중
VTI	Vanguard Total Stock Market ETF	$144,878,855	0.02%
VB	Vanguard Small-Cap Index Fund	$141,305,589	0.19%
VOO	Vanguard 500 Index Fund	$102,782,857	0.02%
VBR	Vanguard Small-Cap Value ETF	$90,242,502	0.49%
SPY	SPDR S&P 500 ETF Trust	$72,557,934	0.02%

기간 수익률

1M : 3.36%	3M : 7.41%	6M : 17.97%	1Y : 12.49%	3Y : 47.85%

재무 지표

	2014	2015	2016	2017(E)
매출액 (백만$)	7,851	7,572	7,651	9,326
영업이익 (백만$)	514	300	329	430
순이익 (백만$)	297	120	199	258
자산총계 (백만$)	6,312	5,214	5,354	6,527
자본총계 (백만$)	4,526	3,088	3,343	
부채총계 (백만$)	1,786	2,126	2,011	

안정성 비율	2013	2014	2015	2016
유동비율 (%)	221.68	224.56	189.20	189.90
부채비율 (%)	38.64	39.48	68.84	60.17
이자보상배율 (배)	197.50	107.95	37.33	22.10

투자 지표

	2014	2015	2016	2017(E)
영업이익률 (%)	6.55	3.96	4.30	4.61
매출액 증가율 (%)	20.37	-3.55	1.04	21.89
EPS ($)	1.35	0.20	1.26	1.96
EPS 증가율 (%)	-28.95	-85.19	530.00	55.16
주당자산가치($)	20.69	19.31	22.08	24.10
잉여현금흐름 (백만$)	9	408	169	136

	2013	2014	2015	2016
배당성향(%)				
배당수익률(%)	0.00	0.00	0.00	0.00
ROE (%)	10.05	6.80	3.17	6.19
ROA (%)	7.58	5.18	2.28	3.79
재고회전율	186.00	221.79	132.61	93.40
EBITDA (백만$)	688.55	708.39	497.25	531

매출비중

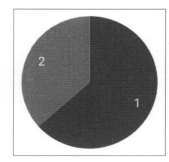

제품명	비중
1. 전력 인프라	
	63.39%
2. 석유 및 가스 인프라	
	36.61%

CAT
캐터필러
Caterpillar Inc.

섹터 산업재 (Industrials)
세부섹터 건설 기계 중 트럭 (Construction Machinery & Heavy Trucks)

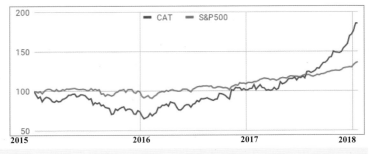

캐터필러(Caterpillar Inc)는 건설 및 광산 장비, 디젤 및 천연가스 엔진, 산업용 가스 터빈의 제조 및 판매 사업을 영위하는 업체이다. 회사는 1925년 설립되었고 본사는 일리노이주 피오리아에 있으며 95,000명의 직원이 근무하고 있다. 건설 사업 부문은 중소형 휠 및 스키드 스티어 로더 등의 장비를 제공하고 있다. 산업 현장에서 쓰이는 각종 트랙터, 굴착기, 포장 기계, 도로 개조 장치와 같은 장비를 판매하고 있다. 에너지 및 운송 사업 부문은 엔진 구동 발전기 및 터빈, 원심 가스 압축기, 전기 자동차용 디젤부품, 기타 철도 관련 제품 및 서비스를 제공하고 있다. 금융 사업 부문은 자사의 장비 및 기계, 엔진뿐 아니라 딜러를 위한 보험, 채권 매입 등의 금융 서비스를 제공하고 있으며 부품 유통 사업도 영위하고 있다.

기준일 : 2018/ 01 /25
한글 회사명 : 캐터필러
영문 회사명 : Caterpillar Inc.
상장일 : 1972년 01월 21일 | 결산월 : 12월
시가총액 : 1008 (억$) |
52주 최고 : $173.24 (-1.64%) / 52주 최저 : $90.34 (+88.6%)

주요 주주정보

보유자/ 보유 기관	보유율
SSgA Funds Management, Inc.	8.28%
The Vanguard Group, Inc.	6.93%
BlackRock Fund Advisors	4.52%

애널리스트 추천 및 최근 투자의견

캐터필러의 2018년 01월 25일 현재 26개 기관의 **평균적인 목표가는 177.33$**이며, 2018년 추정 주당순이익(EPS)은 10.29$로 2017년 추정 EPS 8.59$에 비해 **19.79% 증가**할 것으로 예상된다.

최근, 1개월, 3개월의 투자 의견 변화

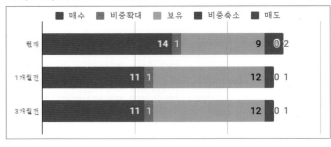

투자의견	금융사 및 투자의견	날짜
Maintains	UBS: Buy to Buy	1/26/2018
Maintains	Barclays: Overweight to Overweight	1/24/2018
Initiated	Berenberg: to Buy	1/18/2018
Upgrade	JP Morgan: Neutral to Overweight	8/1/2018
Initiated	Barclays: to Overweight	12/13/2017

내부자 거래

(3M 비중은 12개월 거래 중 최근 3개월의 비중)

구분	성격	3개월	12개월	3M비중
매수	매수 건수 (장내 매매만 해당)	15	19	78.95%
매도	매도 건수 (장내 매매만 해당)	9	28	32.14%
매수	매수 수량 (장내 매매만 해당)	70,472	90,226	78.11%
매도	매도 수량 (장내 매매만 해당)	121,577	489,661	24.83%
	순매수량 (-인 경우 순매도량)	-51,105	-399,435	

ETF 노출

(편입 ETF 수 : 104개 / 시가총액 대비 ETF의 보유비중 : 10.57%)

티커	ETF	보유 지분	비중
VTI	Vanguard Total Stock Market ETF	$2,396,138,972	0.35%
VOO	Vanguard 500 Index Fund	$1,698,699,499	0.41%
SPY	SPDR S&P 500 ETF Trust	$1,242,168,764	0.41%
DIA	SPDR Dow Jones Industrial Average ETF	$1,100,000,084	4.32%
XLI	Industrial Select Sector SPDR Fund	$631,374,483	4.06%

기간 수익률

1M : 16.17%	3M : 40.4%	6M : 59.87%	1Y : 80.17%	3Y : 103.2%

재무 지표

	2014	2015	2016	2017(E)
매출액 (백만$)	55,184	47,011	38,537	44,499
영업이익 (백만$)	5,806	4,689	2,115	5,220
순이익 (백만$)	3,695	2,512	-67	3,840
자산총계 (백만$)	84,681	78,342	74,704	50,741
자본총계 (백만$)	16,826	14,885	13,213	
부채총계 (백만$)	67,855	63,457	61,491	

안정성 비율	2013	2014	2015	2016
유동비율 (%)	140.44	139.42	127.69	122.33
부채비율 (%)	306.63	403.28	426.32	465.38
이자보상배율 (배)	12.66	12.12	9.36	4.24

투자 지표

	2014	2015	2016	2017(E)
영업이익률 (%)	10.52	9.97	5.49	11.73
매출액 증가율 (%)	-0.85	-14.81	-18.03	15.47
EPS ($)	5.99	4.23	-0.11	6.45
EPS 증가율 (%)	2.04	-29.38	-102.60	5,967.17
주당자산가치($)	27.63	25.43	22.40	25.96
잉여현금흐름 (백만$)	4,678	3,414	2,680	4,177

	2013	2014	2015	2016
배당성향(%)	38.96	44.22	70.33	
배당수익률(%)	2.47	2.84	4.33	3.32
ROE (%)	19.76	19.68	15.92	-0.48
ROA (%)	4.38	4.38	3.10	-0.08
재고회전율	3.95	4.44	4.29	4.21
EBITDA (백만$)	8,975	8,969	7,735	5,149

매출비중

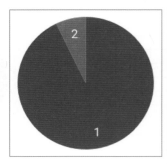

제품명	비중
1. 기계, 에너지 및 운송	
	92.83%
2. 금융	
	7.17%

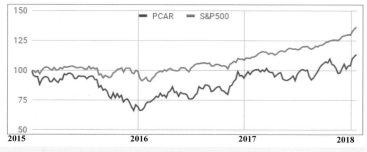

PCAR
파카르
PACCAR Inc.

섹터 산업재 (Industrials)
세부섹터 건설 기계 중 트럭 (Construction Machinery & Heavy Trucks)

파카르(PACCAR Inc)는 경량, 중형 및 대형 트럭을 설계, 제조, 유통 사업을 영위하는 업체이다. 회사는 1905년 설립되었고 본사는 워싱턴주 벨뷰에 있으며 23,000명의 직원이 근무하고 있다. 회사는 트럭, 부품 및 금융 서비스 세 부문으로 나누어진다. 트럭 부문은 각종 운송에 이용되는 트럭을 설계, 제조, 판매하고 있으며 트럭 관련 상용차용 애프터마켓 부품을 판매하고 있다. 금융 서비스 사업 부문은 프랜차이즈 사업자에게 각종 할부 금융 및 행정 지원 서비스를 제공하고 있다. 중소기업 및 대형 상용 트럭 운송 회사를 위한 소매 대출 및 리스 등의 서비스를 제공하고 있다. 고객에게 직접 대출 및 리스도 제공하며 독립된 딜러에게 제품을 제공하여 판매하고 있다.

기준일 : 2018/ 01 /25

한글 회사명 : 파카르
영문 회사명 : PACCAR Inc.
상장일 : 1972년 02월 08일 | 결산월 : 12월
시가총액 : 272 (억$) |
52주 최고 : $78.33 (-0.47%) / 52주 최저 : $61.93 (+25.88%)

주요 주주정보

보유자/ 보유 기관	보유율
The Vanguard Group, Inc.	6.76%
BlackRock Fund Advisors	5.56%
SSgA Funds Management, Inc.	4.08%

애널리스트 추천 및 최근 투자의견

파카르의 2018년 01월 25일 현재 25개 기관의 **평균적인 목표가는 77.43$**이며, 2018년 추정 주당순이익(EPS)은 4.86$로 2017년 추정 EPS 4.2$에 비해 **15.71% 증가할 것으로 예상**된다.

재무 지표

	2014	2015	2016	2017(E)
매출액 (백만$)	18,997	19,115	17,005	17,899
영업이익 (백만$)	1,981	2,291	1,946	1,832
순이익 (백만$)	1,359	1,604	522	1,483
자산총계 (백만$)	20,619	21,110	20,639	22,388
자본총계 (백만$)	6,753	6,940	6,778	
부채총계 (백만$)	13,866	14,169	13,861	

안정성 비율	2013	2014	2015	2016
유동비율 (%)	73.59	73.59	75.24	71.83
부채비율 (%)	212.40	205.32	204.16	204.52
이자보상배율 (배)	242.52	521.32	170.98	

최근, 1개월, 3개월의 투자 의견 변화

투자 지표

	2014	2015	2016	2017(E)
영업이익률 (%)	10.43	11.99	11.44	10.24
매출액 증가율 (%)	10.94	0.62	-11.04	5.26
EPS ($)	3.83	4.52	1.49	4.20
EPS 증가율 (%)	15.71	18.02	-67.04	181.85
주당자산가치($)	19.05	19.76	19.33	21.55
잉여현금흐름 (백만$)	586	831	336	1,383

투자의견	금융사 및 투자의견	날짜
Upgrade	Bank of America: Neutral to Buy	2/1/2018
Downgrade	JP Morgan: Overweight to Neutral	11/12/2017
Downgrade	Citigroup: Buy to Neutral	11/29/2017
Initiated	Susquehanna: to Neutral	11/29/2017
Upgrade	Argus: Hold to Buy	6/11/2017

	2013	2014	2015	2016
배당성향(%)	24.24	23.04	20.84	64.86
배당수익률(%)	1.35	1.29	1.98	1.50
ROE (%)	18.77	20.30	23.43	7.61
ROA (%)	5.95	6.57	7.69	2.50
재고회전율	21.46	21.84	22.20	22.31
EBITDA (백만$)	2,435.60	2,898.70	3,198.20	2,939.20

내부자 거래

(3M 비중은 12개월 거래 중 최근 3개월의 비중)

구분	성격	3개월	12개월	3M비중
매수	매수 건수 (장내 매매만 해당)	46	87	52.87%
매도	매도 건수 (장내 매매만 해당)	15	21	71.43%
매수	매수 수량 (장내 매매만 해당)	223,165	232,861	95.84%
매도	매도 수량 (장내 매매만 해당)	135,618	268,934	50.43%
	순매수량 (-인 경우 순매도량)	87,547	-36,073	

ETF 노출

(편입 ETF 수 : 74개 / 시가총액 대비 ETF의 보유비중 : 10.57%)

티커	ETF	보유 지분	비중
VTI	Vanguard Total Stock Market ETF	$656,807,890	0.10%
VOO	Vanguard 500 Index Fund	$465,846,517	0.11%
SPY	SPDR S&P 500 ETF Trust	$338,649,531	0.11%
QQQ	PowerShares QQQ Trust, Series 1 (ETF)	$210,134,782	0.34%
XLI	Industrial Select Sector SPDR Fund	$188,834,146	1.21%

매출비중

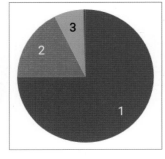

제품명	비중
1. 트럭	74.95%
2. 부품	17.65%
3. 금융	6.97%
4. 기타	0.43%

기간 수익률

1M : 12.07%	3M : 10.85%	6M : 12.54%	1Y : 17.43%	3Y : 20.17%

CTAS
신타스 코퍼레이션
Cintas Corporation

섹터 산업재 (Industrials)
세부섹터 다양한 지원 서비스 (Diversified Support Services)

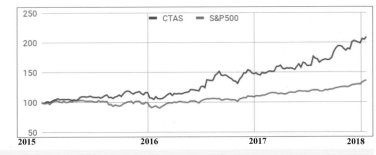

신타스 코퍼레이션(Cintas Corporation)은 북미, 중남미, 유럽 및 아시아에서 기업 유니폼 및 관련 비즈니스 서비스를 영위하는 업체이다. 회사는 1929년 설립되었고 본사는 오하이오주 신시내티에 있으며 42,000명의 직원이 근무하고 있다.각종 제품 렌탈 및 시설 서비스를 제공하고 있다. 방염 의류, 매트, 걸레 및 수건, 기타 보조용품 및 의류를 대여하고 있다. 화장실 청소 서비스 및 카펫, 타일 청소와 같은 서비스를 제공할뿐만 아니라 이에 필요한 각종 의류, 유니폼 등을 제작하여 판매하고 있다. 응급처치 관련 각종 안전 서비스 및 소방 제품 등의 관련 용품도 다양하게 제공 중이다. 소규모 서비스 및 제조 회사는 물론 주요 기업에 각종 유통 네트워크를 활용하여 서비스를 제공하고 있다.

기준일 : 2018/ 01 /25

한글 회사명 : 신타스 코퍼레이션
영문 회사명 : Cintas Corporation
상장일 : 1983년 08월 19일 | 결산월 : 5월
시가총액 : 177 (억$) |
52주 최고 : $165.81 (-0.49%) / 52주 최저 : $113.75 (+45.04%)

주요 주주정보

보유자/ 보유 기관	보유율
FARMER SCOTT D	14.11%
The Vanguard Group, Inc.	8.63%
BlackRock Fund Advisors	4.57%

애널리스트 추천 및 최근 투자의견

신타스 코퍼레이션의 2018년 01월 25일 현재 16개 기관의 **평균적인 목표가는 161.09$**이며, 2018년 추정 주당순이익(EPS)은 6.45$로 2017년 추정 EPS 5.47$에 비해 **17.91% 증가**할 것으로 **예상**된다.

최근, 1개월, 3개월의 투자 의견 변화

투자의견	금융사 및 투자의견	날짜
Maintains	Baird: to Outperform	9/28/2017
Maintains	Barclays: to Overweight	9/27/2017
Maintains	Morgan Stanley: to Underweight	9/27/2017
Maintains	Morgan Stanley: to Underweight	7/25/2017
Maintains	Deutsche Bank: to Hold	7/21/2017

내부자 거래

(3M 비중은 12개월 거래 중 최근 3개월의 비중)

구분	성격	3개월	12개월	3M비중
매수	매수 건수 (장내 매매만 해당)	0	14	0.00%
매도	매도 건수 (장내 매매만 해당)	4	17	23.53%
매수	매수 수량 (장내 매매만 해당)	0	513,275	0.00%
매도	매도 수량 (장내 매매만 해당)	20,235	470,183	4.30%
	순매수량 (-인 경우 순매도량)	-20,235	43,092	

ETF 노출
(편입 ETF 수 : 82개 / 시가총액 대비 ETF의 보유비중 : 12.69%)

티커	ETF	보유 지분	비중
VO	Vanguard Mid-Cap ETF	$346,919,380	0.35%
VTI	Vanguard Total Stock Market ETF	$340,748,784	0.05%
VOO	Vanguard 500 Index Fund	$244,923,118	0.06%
SPY	SPDR S&P 500 ETF Trust	$177,252,275	0.06%
VIG	Vanguard Dividend Appreciation ETF	$151,730,865	0.42%

기간 수익률

1M : 3.83%	3M : 22.29%	6M : 18.51%	1Y : 44.06%	3Y : 107.85%

재무 지표

	2014	2015	2016	2017(E)
매출액 (백만$)	4,477	4,796	5,323	6,415
영업이익 (백만$)	696	769	853	1,002
순이익 (백만$)	404	441	449	623
자산총계 (백만$)	4,192	4,229	7,041	7,023
자본총계 (백만$)	1,932	1,843	2,303	
부채총계 (백만$)	2,260	2,387	4,738	

안정성 비율	2013	2014	2015	2016
유동비율 (%)	206.17	193.51	129.03	116.62
부채비율 (%)	103.50	116.95	129.53	205.76
이자보상배율 (배)	9.29	10.69	11.92	9.86

투자 지표

	2014	2015	2016	2017(E)
영업이익률 (%)	15.55	16.03	16.02	15.62
매출액 증가율 (%)	-1.65	7.12	11.00	20.51
EPS ($)	3.48	2.92	4.24	5.90
EPS 증가율 (%)	13.10	-16.03	44.84	39.36
주당자산가치($)	17.30	17.48	22.10	24.72
잉여현금흐름 (백만$)	481	190	491	538

	2013	2014	2015	2016
배당성향(%)	25.25	24.75	36.47	32.24
배당수익률(%)	1.24	0.99	1.11	1.06
ROE (%)	16.89	19.60	23.39	21.67
ROA (%)	8.42	9.34	10.48	7.97
재고회전율	18.52	18.75	20.17	20.18
EBITDA (백만$)	802.45	850.73	932.83	1,047

매출비중

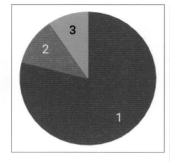

제품명	비중
1. 임대 및 시설 서비스	78.94%
2. 기타	11.51%
3. 응급 처치 및 안전 서비스	9.55%

AME
아메텍
AMETEK Inc

섹터 산업재 (Industrials)
세부섹터 전기 장비 (Electrical Components & Equipment)

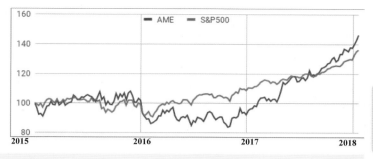

아메텍(AMETEK, Inc)은 전자 장비 및 전자 기계 장치를 제조하는 업체이다. 회사는 1930년 설립되었고 본사는 펜실베이니아주 버원에 있으며 15,000명의 직원이 근무하고 있다. 석유 화학, 가스 등의 각종 산업 자동화 시장을 위한 분석 장비, 실험 장비 및 측정 시스템을 제공하고 있다. 전력 품질 모니터링 및 측정 장치, 산업용 배터리 충전기, 무정전 전원 공급 장치, 가스 터빈 센서, 대형 트럭 및 기타 차량용 대시 보드 계기판뿐만 아니라 식품 서비스 산업을 위한 각종 제어 컴퓨터가 포함되어 있다. 데이터저장, 의료기기, 비즈니스 장비, 자동화 및 기타 애플리케이션을 위한 정밀 모션 제어 제품 등의 민감한 전자 장치를 보호하기 위해 엔지니어링된 제품을 제공하고 있다. 병원, 의료 시스템 및 교육 시설을 위한 커뮤니케이션 지원시스템을 제공하고 있다.

기준일 : 2018/ 01 /25
한글 회사명 : 아메텍
영문 회사명 : AMETEK Inc
상장일 : 1972년 01월 21일 | 결산월 : 12월
시가총액 : 178 (억$) |
52주 최고 : $77.38 (-0.9%) / 52주 최저 : $50.44 (+52.02%)

주요 주주정보

보유자/ 보유 기관	보유율
The Vanguard Group, Inc.	10%
Fidelity Management & Research Co.	6%
BlackRock Fund Advisors	4.68%

애널리스트 추천 및 최근 투자의견

아메텍의 2018년 01월 25일 현재 16개 기관의 **평균적인 목표가는 77.8$**이며, 2018년 추정 주당순이익(EPS)은 2.89$로 2017년 추정 EPS 2.58$에 비해 **12.01% 증가할 것으로 예상**된다.

최근, 1개월, 3개월의 투자 의견 변화

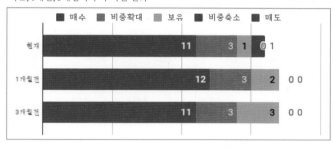

투자의견	금융사 및 투자의견	날짜
Maintains	BMO Capital: to Outperform	3/11/2017
Maintains	Morgan Stanley: to Equal-Weight	3/11/2017
Maintains	Baird: to Outperform	3/11/2017
Maintains	Jefferies: to Buy	10/13/2017
Maintains	BMO Capital: to Outperform	3/8/2017

내부자 거래

(3M 비중은 12개월 거래 중 최근 3개월의 비중)

구분	성격	3개월	12개월	3M비중
매수	매수 건수 (장내 매매만 해당)	24	44	54.55%
매도	매도 건수 (장내 매매만 해당)	12	47	25.53%
매수	매수 수량 (장내 매매만 해당)	14,678	127,013	11.56%
매도	매도 수량 (장내 매매만 해당)	86,125	441,296	19.52%
	순매수량 (-인 경우 순매도량)	-71,447	-314,283	

ETF 노출 (편입 ETF 수 : 84개 / 시가총액 대비 ETF의 보유비중 : 13%)

티커	ETF	보유 지분	비중
VO	Vanguard Mid-Cap ETF	$435,107,588	0.44%
VTI	Vanguard Total Stock Market ETF	$427,715,191	0.06%
VOO	Vanguard 500 Index Fund	$303,548,379	0.07%
SPY	SPDR S&P 500 ETF Trust	$221,506,810	0.07%
VUG	Vanguard Growth ETF	$119,518,186	0.15%

기간 수익률

1M : 8.08%	3M : 17.83%	6M : 26.38%	1Y : 51.5%	3Y : 58.52%

재무 지표

	2014	2015	2016	2017(E)
매출액 (백만$)	4,022	3,974	3,840	4,250
영업이익 (백만$)	899	944	828	927
순이익 (백만$)	584	591	512	598
자산총계 (백만$)	6,421	6,660	7,101	7,618
자본총계 (백만$)	3,240	3,255	3,257	
부채총계 (백만$)	3,181	3,406	3,844	

안정성 비율	2013	2014	2015	2016
유동비율 (%)	156.55	168.63	158.09	208.58
부채비율 (%)	87.43	98.21	104.65	118.05
이자보상배율 (배)	11.08	11.24	10.29	8.77

투자 지표

	2014	2015	2016	2017(E)
영업이익률 (%)	22.35	23.75	21.56	21.80
매출액 증가율 (%)	11.90	-1.19	-3.38	10.68
EPS ($)	2.39	2.46	2.20	2.58
EPS 증가율 (%)	12.74	2.93	-10.57	17.27
주당자산가치($)	13.42	13.82	14.20	17.00
잉여현금흐름 (백만$)	655	603	694	579

	2013	2014	2015	2016
배당성향(%)	11.43	13.92	14.69	16.44
배당수익률(%)	0.46	0.63	0.67	0.74
ROE (%)	18.23	18.33	18.20	15.73
ROA (%)	9.34	9.50	9.03	7.44
재고회전율	8.15	8.48	7.87	7.63
EBITDA (백만$)	933.74	1,037	1,094	1,007

매출비중

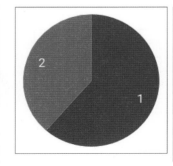

제품명	비중
1. 전자기기	61.46%
2. 전자 계기판	38.54%

AYI
에쿼티 브랜즈
Acuity Brands Inc

섹터 산업재 (Industrials)
세부섹터 전기 장비 (Electrical Components & Equipment)

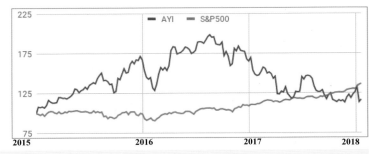

에쿼티 브랜즈(Acuity Brands Inc)는 산업, 인프라 및 주거 목적으로 쓰이는 다양한 조명 솔루션과 서비스의 설계, 생산, 배포 사업을 영위하는 업체이다. 회사는 2001년 설립되었고 본사는 조지아주 애틀랜타에 있으며 3,200명의 직원이 근무하고 있다. 회사는 보행자, 장식, 조경, 건축용 조광 등 각종 산업에서 쓰이는 제품을 판매하고 있다. 조명 제어 센서, 사진 컨트롤, 릴레이 패널, 통합 조명 제어 시스템, 모듈형 배선 제품, 발광 다이오드 드라이버, 유리 제품 및 인버터까지도 광범위하게 다루고 있다. 네트워크 기술 및 제어 시스템을 이용해 조명 시스템을 모니터링하고 제어하는 것과 관련된 애플리케이션 전반의 서비스를 제공하고 있다. 회사는 독립적인 판매 대리점, 전기도매 업체 및 소매점을 통해 판매하며, 유통 센터, 지역 창고 및 상업 창고의 네트워크를 통해 제공하고 있다.

기준일 : 2018/ 01 /25

한글 회사명 : 에쿼티 브랜즈
영문 회사명 : Acuity Brands Inc
상장일 : 2001년 11월 14일 | 결산월 : 8월
시가총액 : 70 (억$) |
52주 최고 : $225.36 (-25.65%) / 52주 최저 : $153.28 (+9.3%)

주요 주주정보

보유자/ 보유 기관	보유율
T. Rowe Price Associates, Inc.	16.68%
The Vanguard Group, Inc.	9.68%
Generation Investment Management LLP	7.95%

애널리스트 추천 및 최근 투자의견

에쿼티 브랜즈의 2018년 01월 25일 현재 17개 기관의 **평균적인 목표가는 185.08$**이며, 2018년 추정 주당순이익(EPS)은 10.19$로 2017년 추정 EPS 9.38$에 비해 **8.63% 증가할 것으로 예상**된다.

최근, 1개월, 3개월의 투자 의견 변화

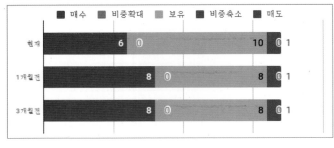

투자의견	금융사 및 투자의견	날짜
Downgrade	Seaport Global: Buy to Neutral	11/1/2018
Downgrade	Williams Capital: Buy to Hold	10/1/2018
Initiated	KeyBanc: to Sector Weight	10/13/2017
Upgrade	JMP Securities: Market Perform	3/10/2017
Downgrade	Baird: Outperform to Neutral	9/19/2017

내부자 거래

구분	성격 (3M 비중은 12개월 거래 중 최근 3개월의 비중)	3개월	12개월	3M비중
매수	매수 건수 (장내 매매만 해당)	4	20	20.00%
매도	매도 건수 (장내 매매만 해당)	0	16	0.00%
매수	매수 수량 (장내 매매만 해당)	768	27,843	2.76%
매도	매도 수량 (장내 매매만 해당)	0	33,722	0.00%
	순매수량 (-인 경우 순매도량)	768	-5,879	

ETF 노출 (편입 ETF 수 : 78개 / 시가총액 대비 ETF의 보유비중 : 12.8%)

티커	ETF	보유 지분	비중
VO	Vanguard Mid-Cap ETF	$173,350,941	0.17%
VTI	Vanguard Total Stock Market ETF	$170,772,667	0.02%
VOO	Vanguard 500 Index Fund	$121,123,374	0.03%
SPY	SPDR S&P 500 ETF Trust	$89,805,967	0.03%
VUG	Vanguard Growth ETF	$47,748,416	0.06%

기간 수익률

1M : -1.61%	3M : -4.31%	6M : -20.51%	1Y : -21.5%	3Y : 8.3%

재무 지표

	2014	2015	2016	2017(E)
매출액 (백만$)	2,394	2,707	3,291	3,523
영업이익 (백만$)	293	389	495	566
순이익 (백만$)	174	221	290	322
자산총계 (백만$)	2,168	2,430	2,948	2,659
자본총계 (백만$)	1,164	1,360	1,660	
부채총계 (백만$)	1,005	1,070	1,288	

안정성 비율	2013	2014	2015	2016
유동비율 (%)	236.54	252.22	275.77	196.71
부채비율 (%)	91.63	86.34	78.65	77.61
이자보상배율 (배)	7.73	8.99	11.92	14.87

투자 지표

	2014	2015	2016	2017(E)
영업이익률 (%)	12.24	14.37	15.04	16.08
매출액 증가율 (%)	14.57	13.09	21.60	7.03
EPS ($)	4.07	5.13	6.68	8.27
EPS 증가율 (%)	37.04	26.04	30.14	23.89
주당자산가치($)	27.14	31.41	37.91	39.40
잉여현금흐름 (백만$)	198	232	262	250

	2013	2014	2015	2016
배당성향(%)	17.63	12.84	10.22	7.84
배당수익률(%)	0.61	0.42	0.27	0.19
ROE (%)	13.72	16.15	17.52	19.23
ROA (%)	6.89	8.56	9.62	10.80
재고회전율	10.52	11.53	12.39	12.66
EBITDA (백만$)	287.3	336.5	434.5	557.9

매출비중

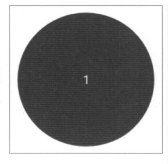

제품명	비중
1. 조명 및 건물 관리	
	100%

EMR
에머슨 일렉트릭
Emerson Electric Co.

섹터 산업재 (Industrials)
세부섹터 전기 장비 (Electrical Components & Equipment)

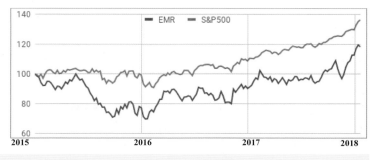

에머슨 일렉트릭(Emerson Electric Co.)은 기술 및 엔지니어링 분야에서 전 세계 산업, 상업, 소비자들에게 솔루션을 제공하는 사업을 영위하는 업체이다. 회사는 1890년 설립되었고 본사는 미주리주 세인트루이스에 있으며 103,500명의 직원이 근무하고 있다. 회사의 사업은 프로세스 매니지먼트, 산업 자동화, 네트워크 파워, 기후 기술 및 상업용과 주거용 솔루션 다섯 부문으로 나누어진다. 전자기기 조립 및 금속 프레스, 성형, 주조, 기계 가공, 용접, 도금, 열처리, 도장, 조립 등을 하고 있다. 회사는 화학, 석유 및 가스, 정유, 펄프 및 제지, 발전, 수처리, 금속 광업, 식음료, 생명과학 등 다양한 산업의 생산, 가공 및 유통의 자동화를 지원하는 기업으로, 우수한 제품 및 솔루션, 산업별 엔지니어링, 컨설팅, 프로젝트 관리 및 유지관리 서비스를 제공하고 있다.

기준일 : 2018/ 01 /25
한글 회사명 : 에머슨 일렉트릭
영문 회사명 : Emerson Electric Co.
상장일 : 1972년 01월 21일 | 결산월 : 9월
시가총액 : 464 (억$) |
52주 최고 : $74.45 (-1.58%) / 52주 최저 : $56.77 (+29.06%)

주요 주주정보

보유자/ 보유 기관	보유율
The Vanguard Group, Inc.	6.76%
BlackRock Fund Advisors	4.74%
SSgA Funds Management, Inc.	4.69%

애널리스트 추천 및 최근 투자의견

에머슨 일렉트릭의 2018년 01월 25일 현재 22개 기관의 **평균적인 목표가는 75.29$**이며, 2018년 추정 주당순이익(EPS)은 3.34$로 2017년 추정 EPS 2.97$에 비해 **12.45% 증가할 것으로 예상**된다.

최근, 1개월, 3개월의 투자 의견 변화

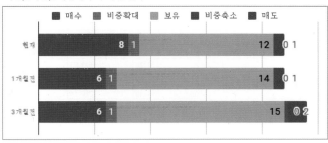

투자의견	금융사 및 투자의견	날짜
Initiated	UBS: to Buy	1/23/2018
Upgrade	Cowen & Co.: Market Perform to Outperform	11/28/2017
Upgrade	Bank of America: Neutral to Buy	10/17/2017
Upgrade	Cowen & Co.: Market Perform to Outperform	10/17/2017
Maintains	Citigroup: to Sell	10/10/2017

내부자 거래

(3M 비중은 12개월 거래 중 최근 3개월의 비중)

구분	성격	3개월	12개월	3M비중
매수	매수 건수 (장내 매매만 해당)	7	8	87.50%
매도	매도 건수 (장내 매매만 해당)	3	41	7.32%
매수	매수 수량 (장내 매매만 해당)	14,266	16,076	88.74%
매도	매도 수량 (장내 매매만 해당)	13,820	491,409	2.81%
	순매수량 (-인 경우 순매도량)	446	-475,333	

ETF 노출   (편입 ETF 수 : 100개 / 시가총액 대비 ETF의 보유비중 : 10.2%)

티커	ETF	보유 지분	비중
VTI	Vanguard Total Stock Market ETF	$1,125,071,956	0.16%
VOO	Vanguard 500 Index Fund	$797,710,884	0.19%
SPY	SPDR S&P 500 Trust ETF	$583,808,410	0.19%
IVV	Ishares S&P 500	$295,418,616	0.19%
XLI	Industrial Select Sector SPDR Fund	$294,433,817	1.89%

기간 수익률

1M : 8.74%	3M : 17.3%	6M : 21.81%	1Y : 24.32%	3Y : 21.19%

재무 지표

	2014	2015	2016	2017(E)
매출액 (백만$)	24,527	16,249	14,522	15,268
영업이익 (백만$)	4,220	3,215	2,790	2,887
순이익 (백만$)	2,147	2,517	1,590	1,666
자산총계 (백만$)	24,177	22,088	21,732	
자본총계 (백만$)	10,167	8,128	7,618	
부채총계 (백만$)	14,010	13,960	14,114	

안정성 비율	2013	2014	2015	2016
유동비율 (%)	144.25	128.54	128.83	124.38
부채비율 (%)	130.56	137.80	171.75	185.27
이자보상배율 (배)	17.41	19.36	16.24	12.98

투자 지표

	2014	2015	2016	2017(E)
영업이익률 (%)	17.21	19.79	19.21	18.91
매출액 증가율 (%)	-0.48	-33.75	-10.63	5.14
EPS ($)	3.07	4.02	2.54	2.60
EPS 증가율 (%)	9.82	31.26	-36.92	2.31
주당자산가치($)	14.53	12.34	11.77	12.49
잉여현금흐름 (백만$)	2,925	1,941	2,434	2,089

	2013	2014	2015	2016
배당성향(%)	59.16	56.41	46.93	75.16
배당수익률(%)	2.53	2.75	4.26	3.49
ROE (%)	19.20	20.74	27.66	20.32
ROA (%)	8.51	8.94	10.98	7.39
재고회전율	12.26	12.41	9.78	11.74
EBITDA (백만$)	4,894	5,051	3,788	3,358

매출비중

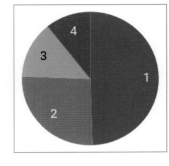

제품명	비중
1. 공정 관리	51.54%
2 기후 관리	27.19%
3. 공업 자동화	14.27%
4. 상업 및 거주 솔루션	11.09%
5. 공제	-4.09%

ETN
이튼 코퍼레이션
Eaton Corporation PLC

섹터 산업재 (Industrials)
세부섹터 전기 장비 (Electrical Components & Equipment)

이튼 코퍼레이션(Eaton Corporation PLC)은 글로벌 전력 관리 사업을 영위하는 업체이다. 회사는 1916년 설립되었고 본사는 아일랜드 더블린에 있으며 95,000명의 직원이 근무하고 있다. 전기 및 산업 부품, 주거용 제품, 비상 조명 및 화재 감지 제품, 배선 장치 등의 조명 제품을 제공하고 있다. 또 전기 시스템, 유틸리티 전력 분배 등의 각종 전력측정장비 서비스를 제공하고 있다. 항공 우주 분야에서 각종 실린더, 군사용 유압 발전 시스템, 제어 및 감지 제품 등을 제공하고 있다. 차량 분야에서는 트랜스미션, 클러치, 엔진 밸브 및 밸브 작동 시스템 등 중요 구성 요소를 취급하고 있다. 트럭 및 버스, 공작 기계, 발전 산업, 중장비 트럭 및 농기구 등의 애프터 마켓 업체를 대상으로 하고 있다.

기준일 : 2018/ 01 /25

한글 회사명 : 이튼 코퍼레이션
영문 회사명 : Eaton corporation PLC
상장일 : 1972년 01월 21일 | 결산월 : 12월
시가총액 : 375 (억$) |
52주 최고 : $85.61 (-0.46%) / 52주 최저 : $67.75 (+25.77%)

주요 주주정보

보유자/ 보유 기관	보유율
Wellington Management Co. LLP	6.96%
The Vanguard Group, Inc.	6.8%
BlackRock Fund Advisors	4.98%

애널리스트 추천 및 최근 투자의견

이튼 코퍼레이션의 2018년 01월 25일 현재 25개 기관의 **평균적인 목표가는 84.21$**이 며, 2018년 추정 주당순이익(EPS)은 5.06$로 2017년 추정 EPS 4.57$에 비해 **10.72% 증가할 것으로 예상**된다.

최근, 1개월, 3개월의 투자 의견 변화

투자의견	금융사 및 투자의견	날짜
Initiated	UBS: to Neutral	1/23/2018
Maintains	Citigroup: to Buy	11/2/2017
Maintains	Jefferies: to Hold	11/1/2017
Downgrade	Bank of America: Neutral to Underperform	10/17/2017
Initiated	Buckingham: to Neutral	10/17/2017

내부자 거래

(3M 비중은 12개월 거래 중 최근 3개월의 비중)

구분		성격	3개월	12개월	3M비중
매수	매수 건수 (장내 매매만 해당)		13	13	100.00%
매도	매도 건수 (장내 매매만 해당)		31	48	64.58%
매수	매수 수량 (장내 매매만 해당)		12,318	12,318	100.00%
매도	매도 수량 (장내 매매만 해당)		83,984	193,655	43.37%
	순매수량 (-인 경우 순매도량)		-71,666	-181,337	

ETF 노출

(편입 ETF 수 : 89개 / 시가총액 대비 ETF의 보유비중 : 10.06%)

티커	ETF	보유 지분	비중
VTI	Vanguard Total Stock Market ETF	$906,871,337	0.13%
VOO	Vanguard 500 Index Fund	$642,987,918	0.15%
SPY	SPDR S&P 500 ETF Trust	$470,300,941	0.16%
XLI	Industrial Select Sector SPDR Fund	$274,002,284	1.76%
DVY	iShares Select Dividend ETF	$242,814,053	1.34%

기간 수익률

1M : 8.61%	3M : 9.15%	6M : 6.3%	1Y : 23.58%	3Y : 29.97%

재무 지표

	2014	2015	2016	2017(E)
매출액 (백만$)	22,552	20,855	19,747	20,293
영업이익 (백만$)	2,597	2,502	2,476	2,502
순이익 (백만$)	1,793	1,979	1,922	2,101
자산총계 (백만$)	33,529	30,996	30,419	31,529
자본총계 (백만$)	15,839	15,231	14,941	
부채총계 (백만$)	17,690	15,765	15,478	

안정성 비율	2013	2014	2015	2016
유동비율 (%)	177.68	151.26	143.05	126.55
부채비율 (%)	110.47	111.69	103.51	103.59
이자보상배율 (배)	8.55	11.49	10.78	10.63

투자 지표

	2014	2015	2016	2017(E)
영업이익률 (%)	11.52	12.00	12.54	12.33
매출액 증가율 (%)	2.30	-7.53	-5.31	2.77
EPS ($)	3.78	4.25	4.22	4.57
EPS 증가율 (%)	-3.82	12.43	-0.71	8.30
주당자산가치($)	33.74	33.10	33.15	37.29
잉여현금흐름 (백만$)	1,246	1,865	2,055	2,371

	2013	2014	2015	2016
배당성향(%)	43.08	52.13	51.93	54.16
배당수익률(%)	2.21	2.88	4.23	3.40
ROE (%)	11.68	11.01	12.78	12.78
ROA (%)	5.25	5.23	6.14	6.27
재고회전율	9.32	9.38	8.78	8.63
EBITDA (백만$)	3,306	3,580	3,427	3,405

매출비중

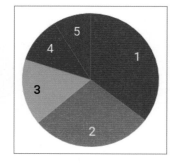

제품명	비중
1. 전기 제품	
	35.23%
2. 전기 시스템 및 서비스	
	28.67%
3. 차량	
	15.97%
4. 수력 에너지	
	11.25%
5. 항공 우주	
	8.88%

ROK
로크웰 오토메이션
Rockwell Automation Inc.

섹터 산업재 (Industrials)
세부섹터 전기 장비 (Electrical Components & Equipment)

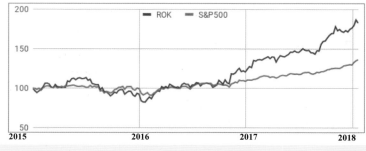

로크웰 오토메이션(Rockwell Automation Inc)은 전 세계 산업 자동화 및 정보 솔루션을 제공하는 업체이다. 회사는 1903년 설립되었고 본사는 위스콘신주 밀워키에 있으며 22,000명의 직원이 근무하고 있다. 회사는 각종 컨트롤러, 인터페이스 장치, 전자 입출력 장치, 통신 및 네트워킹 제품 등의 여러 제어 분야 및 애플리케이션 모니터링을 수행하는 산업용 컴퓨터를 포함한 제어 플랫폼을 제공하고 있다. 프로세스 제어 소프트웨어 및 소프트웨어를 운영 및 감독하는데 사용되는 구성 및 시각화 소프트웨어를 제공하고 있다. 자동화 및 정보 솔루션에 구성된 드라이브 및 모터 제어 센터와 같은 다양한 패키지 솔루션을 제공하고 있다. 회사는 미국, 캐나다, 유럽, 중동, 아프리카 및 기타 지역에서 독립적인 유통 업체 및 직영점을 통해 제품을 판매하고 있다.

기준일 : 2018/ 01 /25
한글 회사명 : 로크웰 오토메이션
영문 회사명 : Rockwell Automation Inc.
상장일 : 1973년 02월 21일 | 결산월 : 9월
시가총액 : 256 (억$) | 52주 최고 : $210.72 (-4.44%) / 52주 최저 : $139.72 (+44.11%)

주요 주주정보

보유자/ 보유 기관	보유율
The Vanguard Group, Inc.	6.77%
BlackRock Fund Advisors	5.37%
SSgA Funds Management, Inc.	4.21%

애널리스트 추천 및 최근 투자의견

로크웰 오토메이션의 2018년 01월 25일 현재 22개 기관의 **평균적인 목표가는 205.06$**이며, 2018년 추정 주당순이익(EPS)은 8.75$로 2017년 추정 EPS 7.77$에 비해 **12.61% 증가할 것으로 예상**된다.

재무 지표

	2014	2015	2016	2017(E)
매출액 (백만$)	6,626	6,316	5,885	6,292
영업이익 (백만$)	1,185	1,161	988	1,181
순이익 (백만$)	826	827	729	818
자산총계 (백만$)	6,230	6,405	7,228	7,074
자본총계 (백만$)	2,658	2,257	1,990	
부채총계 (백만$)	3,571	4,148	5,238	

안정성 비율	2013	2014	2015	2016
유동비율 (%)	238.23	232.50	304.89	211.80
부채비율 (%)	126.05	134.36	183.80	263.21
이자보상배율 (배)	16.91	19.99	16.79	11.57

최근, 1개월, 3개월의 투자 의견 변화

투자의견	금융사 및 투자의견	날짜
Maintains	JP Morgan: Neutral to Neutral	1/25/2018
Maintains	Morgan Stanley: Equal-Weight to Equal-Weight	1/25/2018
Maintains	Wells Fargo: Market Perform to Market Perform	1/25/2018
Maintains	Citigroup: Neutral to Neutral	1/25/2018
Initiated	UBS: to Buy	1/23/2018

투자 지표

	2014	2015	2016	2017(E)
영업이익률 (%)	17.88	18.38	16.79	18.77
매출액 증가율 (%)	4.34	-4.67	-6.83	6.91
EPS ($)	5.98	6.15	5.60	6.78
EPS 증가율 (%)	10.13	2.84	-8.94	21.13
주당자산가치($)	19.44	17.05	15.49	16.56
잉여현금흐름 (백만$)	892	1,065	830	817

	2013	2014	2015	2016
배당성향(%)	36.94	39.26	42.69	52.16
배당수익률(%)	1.85	2.11	2.56	2.37
ROE (%)	34.04	31.49	33.65	34.33
ROA (%)	13.16	13.68	13.09	10.70
재고회전율	10.29	11.01	11.24	11.08
EBITDA (백만$)	1,175	1,338	1,323	1,160

내부자 거래

(3M 비중은 12개월 거래 중 최근 3개월의 비중)

구분	성격	3개월	12개월	3M비중
매수	매수 건수 (장내 매매만 해당)	10	35	28.57%
매도	매도 건수 (장내 매매만 해당)	19	70	27.14%
매수	매수 수량 (장내 매매만 해당)	2,268	18,666	12.15%
매도	매도 수량 (장내 매매만 해당)	158,001	407,390	38.78%
	순매수량 (-인 경우 순매도량)	-155,733	-388,724	

매출비중

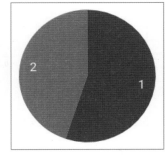

제품명	비중
1. 제어 제품 및 솔루션	
	55.18%
2. 아키텍처 및 소프트웨어	
	44.82%

ETF 노출
(편입 ETF 수 : 89개 / 시가총액 대비 ETF의 보유비중 : 9.64%)

티커	ETF	보유 지분	비중
VTI	Vanguard Total Stock Market ETF	$619,241,161	0.09%
VOO	Vanguard 500 Index Fund	$439,268,162	0.11%
SPY	SPDR S&P 500 ETF Trust	$321,753,087	0.11%
XLI	Industrial Select Sector SPDR Fund	$198,061,903	1.27%
VUG	Vanguard Growth ETF	$173,268,663	0.22%

기간 수익률

1M : 6.58%	3M : 17.14%	6M : 23.27%	1Y : 44.78%	3Y : 94.39%

RSG
리퍼블릭 서비스
Republic Services Inc

섹터 산업재 (Industrials)

세부섹터 환경 및 시설 서비스 (Environmental & Facilities Services)

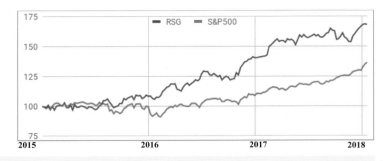

리퍼블릭 서비스(Republic Services Inc)는 미국 내의 위험하지 않은 고형 폐기물을 수집, 이전, 처리, 재활용하고 있으며 에너지 업체의 각종 부산물을 처리하는 업체이다. 회사는 1996년 설립되었고 본사는 애리조나주 피닉스에 있으며 33,000명의 직원이 근무하고 있다. 회사의 사업 부문은 그룹 1, 그룹 2, 법인 세 부문으로 나누어진다. 그룹 1은 미국 서부와 중서부에서 폐기물 수거 사업을 영위하고, 그룹 2는 텍사스, 미국 남동부, 미국 중서부, 미국 동부 해안에서 폐기물 수거 사업을 영위하고 있다. 법인은 그룹 1과 2의 모든 행정적인 부문을 지원하고 있다. 회사는 주거지용, 상업용 소형 컨테이너, 산업용 대형 컨테이너를 이용해 고형 폐기물 수집 서비스를 제공하고 있다. 다양한 고객의 요구사항에 맞는 재활용 수거 서비스도 제공하고 있으며, 회사의 폐기물 수거 작업은 압축 스테이션, 쓰레기 처리장, 재활용 센터로 이동하기 위해 운송용 컨테이너에 폐기물을 보관하여 이동, 처리하고 있다.

기준일 : 2018/ 01 /25

한글 회사명 : 리퍼블릭 서비스

영문 회사명 : Republic Services Inc

상장일 : 1998년 07월 01일 | 결산월 : 12월

시가총액 : 229 (억$) | 52주 최고 : $69.12 (-1.22%) / 52주 최저 : $56.83 (+20.13%)

주요 주주정보

보유자/ 보유 기관	보유율
Cascade Investment LLC	32.55%
The Vanguard Group, Inc.	5.71%
BlackRock Fund Advisors	4.56%

애널리스트 추천 및 최근 투자의견

리퍼블릭 서비스의 2018년 01월 25일 현재 14개 기관의 **평균적인 목표가는 68.22$**이며, 2018년 추정 주당순이익(EPS)은 2.7$로 2017년 추정 EPS 2.39$에 비해 **12.97% 증가할 것으로 예상**된다.

최근, 1개월, 3개월의 투자 의견 변화

투자의견	금융사 및 투자의견	날짜
Upgrade	Stifel Nicolaus: Hold to Buy	4/1/2018
Maintains	BMO Capital: to Outperform	6/11/2017
Maintains	Credit Suisse: to Neutral	6/11/2017
Maintains	Bank of America: to Buy	5/10/2017
Downgrade	Stifel Nicolaus: Buy to Hold	4/10/2017

내부자 거래

(3M 비중은 12개월 거래 중 최근 3개월의 비중)

구분	성격	3개월	12개월	3M비중
매수	매수 건수 (장내 매매만 해당)	2	5	40.00%
매도	매도 건수 (장내 매매만 해당)	23	33	69.70%
매수	매수 수량 (장내 매매만 해당)	57,433	57,451	99.97%
매도	매도 수량 (장내 매매만 해당)	84,152	321,655	26.16%
	순매수량 (- 인 경우 순매도량)	-26,719	-264,204	

ETF 노출

(편입 ETF 수 : 96개 / 시가총액 대비 ETF의 보유비중 : 8.79%)

티커	ETF	보유 지분	비중
VTI	Vanguard Total Stock Market ETF	$359,242,376	0.05%
VOO	Vanguard 500 Index Fund	$266,253,958	0.06%
VIG	Vanguard Dividend Appreciation ETF	$201,762,941	0.56%
SPY	SPDR S&P 500 ETF Trust	$196,427,831	0.07%
USMV	OSSIAM LUX OSSIAM US MIN VAR NR ETF - USD	$185,713,398	1.19%

기간 수익률

1M : 3.19%	3M : 1.95%	6M : 5.08%	1Y : 18.89%	3Y : 69.77%

재무 지표

	2014	2015	2016	2017(E)
매출액 (백만$)	8,788	9,115	9,388	9,974
영업이익 (백만$)	1,241	1,587	1,612	1,665
순이익 (백만$)	548	750	613	811
자산총계 (백만$)	20,094	20,536	20,630	20,929
자본총계 (백만$)	7,748	7,777	7,694	
부채총계 (백만$)	12,346	12,759	12,936	

안정성 비율	2013	2014	2015	2016
유동비율 (%)	82.81	76.18	67.05	70.89
부채비율 (%)	152.33	159.35	164.07	168.14
이자보상배율 (배)	3.40	3.73	4.29	4.16

투자 지표

	2014	2015	2016	2017(E)
영업이익률 (%)	14.12	17.41	17.17	16.69
매출액 증가율 (%)	4.41	3.72	2.99	6.24
EPS ($)	1.54	2.14	1.79	2.39
EPS 증가율 (%)	-5.52	38.96	-16.36	33.45
주당자산가치($)	21.96	22.49	22.66	22.72
잉여현금흐름 (백만$)	667	734	920	904

	2013	2014	2015	2016
배당성향(%)	61.11	70.59	54.46	69.66
배당수익률(%)	2.98	2.68	2.64	2.17
ROE (%)	7.55	7.00	9.66	7.92
ROA (%)	2.98	2.74	3.69	2.98
재고회전율	232.84	238.49	244.04	226.76
EBITDA (백만$)	2,168	2,239	2,637	2,682

매출비중

제품명	비중
1. 쓰레기 처리 관리 서비스	100%

SRCL
스테리사이클
Stericycle Inc

섹터 산업재 (Industrials)
세부섹터 환경 및 시설 서비스 (Environmental & Facilities Services)

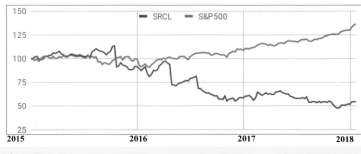

스테리사이클(Stericycle Inc)은 각종 소매 및 상업 비즈니스에 관련된 솔루션을 제공하는 업체이다. 회사는 1989년 설립되었고 본사는 일리노이주 레이크 포레스트에 있으며 25,000명의 직원이 근무하고 있다. 회사는 각종 컨설팅 솔루션을 제공할뿐만 아니라 기밀 정보 및 개인 정보 파기 서비스를 제공하고 있다. 해당 제품 및 서비스에는 의료 폐기물 관리, 제약 폐기물 및 유해 폐기물 관리 서비스도 포함되어 있다. 폐기물들의 재고나 현황을 관리하는 솔루션 프로그램 및 미사용 재고품들에 대한 재활용 서비스, 파기 컨설팅 등 각종 관리 프로그램을 제공하고 있다. 병원, 장기 요양 시설, 외래 환자 클리닉 등의 기관에 의료 서비스를 제공하고 있으며 금융, 소매 및 제조업체까지 많은 고객사를 두고 있다.

기준일 : 2018/ 01 /25

한글 회사명 : 스테리사이클
영문 회사명 : Stericycle Inc
상장일 : 1996년 08월 23일 | 결산월 : 12월
시가총액 : 60 (억$) |
52주 최고 : $88 (-19.84%) / 52주 최저 : $61.25 (+15.16%)

주요 주주정보

보유자/보유 기관	보유율
T. Rowe Price Associates, Inc.	10.23%
The Vanguard Group, Inc.	10%
BlackRock Fund Advisors	4.49%

애널리스트 추천 및 최근 투자의견

스테리사이클의 2018년 01월 25일 현재 14사의 기관의 **평균적인 목표가는 80.22$**이며, 2018년 추정 주당순이익(EPS)은 4.61$로 2017년 추정 EPS 4.48$에 비해 **2.9% 증가할 것으로 예상**된다.

최근, 1개월, 3개월의 투자 의견 변화

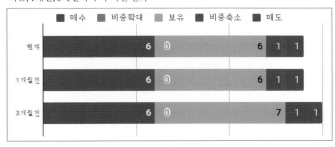

투자의견	금융사 및 투자의견	날짜
Maintains	BMO Capital: to Market Perform	10/11/2017
Initiated	BMO Capital: to Market Perform	6/30/2017
Downgrade	Baird: to Underperform	5/5/2017
Initiated	Barclays: to Overweight	4/13/2017
Upgrade	Goldman Sachs: to Neutral	7/3/2017

내부자 거래

(3M 비중은 12개월 거래 중 최근 3개월의 비중)

구분	성격	3개월	12개월	3M비중
매수	매수 건수 (장내 매매만 해당)	1	1	100.00%
매도	매도 건수 (장내 매매만 해당)	14	19	73.68%
매수	매수 수량 (장내 매매만 해당)	10,000	10,000	100.00%
매도	매도 수량 (장내 매매만 해당)	4,033	83,102	4.85%
	순매수량 (-인 경우 순매도량)	5,967	-73,102	

ETF 노출
(편입 ETF 수 : 53개 / 시가총액 대비 ETF의 보유비중 : 12.39%)

티커	ETF	보유 지분	비중
VO	Vanguard Mid-Cap ETF	$148,255,664	0.15%
VTI	Vanguard Total Stock Market ETF	$145,892,838	0.02%
VOO	Vanguard 500 Index Fund	$103,589,466	0.02%
SPY	SPDR S&P 500 ETF Trust	$74,124,887	0.02%
IVV	iShares S&P 500 Index (ETF)	$37,648,467	0.02%

기간 수익률

1M : 7.65%	3M : -0.16%	6M : -7.14%	1Y : -10.39%	3Y : -46.32%

재무 지표

	2014	2015	2016	2017(E)
매출액 (백만$)	2,556	2,986	3,562	3,576
영업이익 (백만$)	625	662	600	716
순이익 (백만$)	326	267	206	405
자산총계 (백만$)	4,402	7,065	6,980	7,042
자본총계 (백만$)	1,917	2,748	2,816	
부채총계 (백만$)	2,485	4,317	4,164	

안정성 비율	2013	2014	2015	2016
유동비율 (%)	130.19	125.72	129.71	142.51
부채비율 (%)	119.67	129.59	157.12	147.84
이자보상배율 (배)	10.07	9.45	8.54	6.14

투자 지표

	2014	2015	2016	2017(E)
영업이익률 (%)	24.45	22.17	16.84	20.02
매출액 증가율 (%)	19.26	16.84	19.31	0.40
EPS ($)	3.84	3.02	1.97	4.48
EPS 증가율 (%)	5.56	-21.23	-35.02	128.01
주당자산가치($)	22.32	32.17	32.95	31.55
잉여현금흐름 (백만$)	362	276	411	416

	2013	2014	2015	2016
배당성향(%)				
배당수익률(%)	0.00	0.00	0.00	0.00
ROE (%)	18.92	17.91	11.55	7.46
ROA (%)	8.43	7.92	4.68	2.96
재고회전율				
EBITDA (백만$)	644.67	729.84	789.39	852.47

매출비중

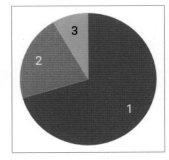

제품명	비중
1. 국내 폐기물 처리	
	70.43%
2. 국제 폐기물 처리	
	21.1%
3. 기타	
	8.47%

WM
웨이스트 매니지먼트
Waste Management Inc.

섹터 산업재 (Industrials)
세부섹터 환경 및 시설 서비스 (Environmental & Facilities Services)

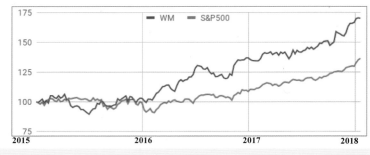

웨이스트 매니지먼트(Waste Management Inc.)는 북미 지역의 폐기물 관리 및 처리와 환경 서비스 업무를 영위하는 업체이다. 회사는 1971년 설립되었고 본사는 텍사스주 휴스턴에 있으며 41,200명의 직원이 근무하고 있다. 회사의 네트워크는 367개의 수거 작업, 346개의 이송 스테이션, 293개의 활성 매립지 처리장, 16개의 폐기물의 에너지화 발전소, 146개의 재활용 설비, 111개의 매립지 가스 프로젝트 및 6곳의 독립적인 발전소를 포함하고 있다. 회사는 미국, 캐나다 및 포르토 리코에 거주하는 약 2천7백만 명, 산업체, 지방자치단체 및 상업에 종사하는 고객에게 환경 서비스를 제공하고 있다. 26,000대의 수거 및 운송 차량으로 폐기물 업계에서 가장 많은 수의 트럭을 보유하고 있다. 경쟁사인 리버플릭 서비스(Republic Services, Inc.)와 함께 미국에서 각종 폐기물의 50% 이상을 담당하고 있다.

기준일 : 2018/ 01 /25
한글 회사명 : 웨이스트 매니지먼트
영문 회사명 : Waste Management Inc.
상장일 : 1988년 06월 22일 | 결산월 : 12월
시가총액 : 385 (억$) |
52주 최고 : $89.13 (-0.62%) / 52주 최저 : $69 (+28.36%)

주요 주주정보

보유자/ 보유 기관	보유율
The Vanguard Group, Inc.	7.92%
BlackRock Fund Advisors	5.46%
SSgA Funds Management, Inc.	4.71%

애널리스트 추천 및 최근 투자의견

웨이스트 매니지먼트의 2018년 01월 25일 현재 14개 기관의 **평균적인 목표가는 90.6$**이며, 2018년 추정 주당순이익(EPS)은 3.57$로 2017년 추정 EPS 3.2$에 비해 **11.56% 증가할 것으로 예상**된다.

최근, 1개월, 3개월의 투자 의견 변화

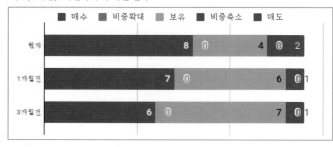

투자의견	금융사 및 투자의견	날짜
Upgrade	Macquarie: Neutral to Outperform	3/1/2018
Upgrade	Stifel Nicolaus: Hold to Buy	11/12/2017
Maintains	Oppenheimer: to Outperform	10/27/2017
Maintains	BMO Capital: to Outperform	10/27/2017
Maintains	KeyBanc: to Overweight	10/13/2017

내부자 거래

(3M 비중은 12개월 거래 중 최근 3개월의 비중)

구분		성격	3개월	12개월	3M비중
매수	매수 건수 (장내 매매만 해당)		17	27	62.96%
매도	매도 건수 (장내 매매만 해당)		31	46	67.39%
매수	매수 수량 (장내 매매만 해당)		235,915	249,586	94.52%
매도	매도 수량 (장내 매매만 해당)		189,691	265,814	71.36%
	순매수량 (-인 경우 순매도량)		46,224	-16,228	

ETF 노출 (편입 ETF 수 : 97개 / 시가총액 대비 ETF의 보유비중 : 10.91%)

티커	ETF	보유 지분	비중
VTI	Vanguard Total Stock Market ETF	$928,718,566	0.14%
VOO	Vanguard 500 Index Fund	$605,491,744	0.15%
SPY	SPDR S&P 500 ETF Trust	$446,319,764	0.15%
VIG	Vanguard Dividend Appreciation ETF	$338,482,503	0.94%
XLI	Industrial Select Sector SPDR Fund	$230,305,629	1.48%

기간 수익률

1M : 2.55%	3M : 12.89%	6M : 16.83%	1Y : 26.41%	3Y : 68.56%

재무 지표

	2014	2015	2016	2017(E)
매출액 (백만$)	14,004	12,961	13,609	14,390
영업이익 (백만$)	2,260	2,142	2,412	2,625
순이익 (백만$)	1,298	753	1,182	1,412
자산총계 (백만$)	21,412	20,867	21,323	21,122
자본총계 (백만$)	5,889	5,367	5,320	
부채총계 (백만$)	15,523	15,500	16,003	

안정성 비율	2013	2014	2015	2016
유동비율 (%)	82.91	104.48	93.43	85.04
부채비율 (%)	276.59	263.59	288.80	300.81
이자보상배율 (배)	4.40	4.97	5.80	6.61

투자 지표

	2014	2015	2016	2017(E)
영업이익률 (%)	16.14	16.53	17.72	18.24
매출액 증가율 (%)	0.09	-7.45	5.00	5.74
EPS ($)	2.81	1.66	2.67	3.21
EPS 증가율 (%)	1,236.14	-40.84	60.55	20.24
주당자산가치($)	12.79	11.95	12.06	12.35
잉여현금흐름 (백만$)	1,180	1,265	1,621	1,738

	2013	2014	2015	2016
배당성향(%)	695.24	53.76	93.33	61.89
배당수익률(%)	3.25	2.92	2.89	2.31
ROE (%)	1.63	22.43	13.43	22.21
ROA (%)	0.57	6.08	3.56	5.59
재고회전율	79.50	98.62	130.92	149.55
EBITDA (백만$)	3,489	3,654	3,477	3,804

매출비중

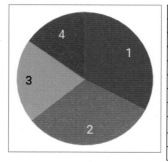

제품명	비중
1. 고형폐기물(3등급)	
	32.44%
2. 고형 폐기물(1등급)	
	31.82%
3. 고형 폐기물(2등급)	
	20.36%
4. 기타	
	15.38%

RHI
로버트 하프 인터네셔널
Robert Half International

섹터 산업재 (Industrials)
세부섹터 인적 자원 및 고용 서비스(Human Resource & Employment Services)

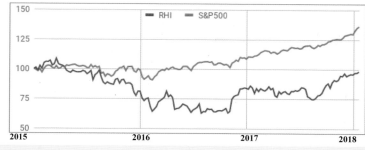

로버트 하프 인터네셔널(Robert Half International)은 북미, 남미, 유럽, 아시아 및 호주에서 인력 관련 컨설팅 서비스를 영위하는 업체이다. 회사는 1948년 설립되었으며 본사는 캘리포니아주 멜로파크에 있으며 16,200명의 직원이 근무하고 있다. 회사는 각종 계약직, 컨설팅 인력 배치 및 파견, 위험 컨설팅 및 내부 감사 등의 서비스를 주로 제공하고 있다. 비즈니스 프로세스 리엔지니어링 및 비즈니스 시스템 성능 향상, 인수합병 직후 전문가 배치 등의 서비스를 제공하고 있다. 금융직종, 변호사를 포함한 각종 법률 직군뿐 아니라 그래픽 디자이너, 웹 콘텐츠 개발자, 브랜드 관리자 및 홍보 전문가까지 다양한 범위의 인력 제공 서비스를 영위하고 있다.

기준일 : 2018/ 01 /25

한글 회사명 : 로버트 하프 인터네셔널
영문 회사명 : Robert Half International
상장일 : 1984년 11월 05일 | 결산월 : 12월
시가총액 : 72 (억$) | 52주 최고 : $57.67 (-0.46%) / 52주 최저 : $42.92 (+33.73%)

주요 주주정보

보유자/ 보유 기관	보유율
The Vanguard Group, Inc.	10.54%
BlackRock Fund Advisors	5.14%
Boston Partners Global Investors, Inc.	4.99%

애널리스트 추천 및 최근 투자의견

로버트 하프 인터네셔널의 2018년 01월 25일 현재 13개 기관의 **평균적인 목표가는 56.73$**이며, 2018년 추정 주당순이익(EPS)은 3.13$로 2017년 추정 EPS 2.46$에 비해 **27.23% 증가할 것으로 예상**된다.

최근, 1개월, 3개월의 투자 의견 변화

투자의견	금융사 및 투자의견	날짜
Maintains	BMO Capital: to Market Perform	10/25/2017
Maintains	Credit Suisse: to Underperform	10/25/2017
Maintains	Nomura: to Buy	10/25/2017
Maintains	Baird: to Outperform	10/25/2017
Downgrade	SunTrust Robinson Humphrey: Buy to Hold	11/10/2017

내부자 거래

(3M 비중은 12개월 거래 중 최근 3개월의 비중)

구분	성격	3개월	12개월	3M비중
매수	매수 건수 (장내 매매만 해당)	0	9	0.00%
매도	매도 건수 (장내 매매만 해당)	10	18	55.56%
매수	매수 수량 (장내 매매만 해당)	0	341,575	0.00%
매도	매도 수량 (장내 매매만 해당)	450,725	773,061	58.30%
	순매수량 (-인 경우 순매도량)	-450,725	-431,486	

ETF 노출
(편입 ETF 수 : 83개 / 시가총액 대비 ETF의 보유비중 : 13.97%)

티커	ETF	보유 지분	비중
VO	Vanguard Mid-Cap ETF	$168,880,317	0.17%
VTI	Vanguard Total Stock Market ETF	$166,233,646	0.02%
VOO	Vanguard 500 Index Fund	$124,209,974	0.03%
SPY	SPDR S&P 500 ETF Trust	$92,822,211	0.03%
VIG	Vanguard Dividend Appreciation ETF	$64,467,092	0.18%

기간 수익률

1M : 3.18%	3M : 22.7%	6M : 17.76%	1Y : 16.6%	3Y : -0.24%

재무 지표

	2014	2015	2016	2017(E)
매출액 (백만$)	4,695	5,095	5,250	5,235
영업이익 (백만$)	497	580	553	513
순이익 (백만$)	306	358	343	311
자산총계 (백만$)	1,647	1,671	1,778	1,876
자본총계 (백만$)	980	1,004	1,087	
부채총계 (백만$)	667	667	691	

안정성 비율	2013	2014	2015	2016
유동비율 (%)	218.82	212.28	182.75	188.89
부채비율 (%)	62.05	68.11	66.48	63.63
이자보상배율 (배)				

투자 지표

	2014	2015	2016	2017(E)
영업이익률 (%)	10.59	11.38	10.53	9.81
매출액 증가율 (%)	10.58	8.52	3.05	-0.30
EPS ($)	2.28	2.72	2.68	2.49
EPS 증가율 (%)	23.24	19.30	-1.47	-7.20
주당자산가치($)	7.25	7.65	8.50	9.07
잉여현금흐름 (백만$)	278	363	359	380

	2013	2014	2015	2016
배당성향(%)	34.97	31.86	29.74	32.96
배당수익률(%)	1.52	1.23	1.70	1.80
ROE (%)	28.63	32.21	36.08	32.85
ROA (%)	17.57	19.50	21.57	19.91
재고회전율				
EBITDA (백만$)	445.35	546.31	633.95	617.54

매출비중

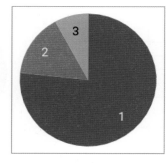

제품명	비중
1. 임시 인력 배치	
	76.69%
2. 컨설팅 및 내부 감사 리스크	
	15.32%
3. 정규직 배치	
	7.99%

GE
제너럴 일렉트릭 컴퍼니
General Electric Company

섹터 산업재 (Industrials)
세부섹터 복합 기업 (Industrial Conglomerates)

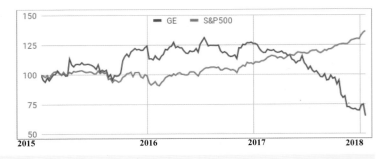

제너럴 일렉트릭 컴퍼니(General Electric Company)는 항공, 의료기구, 에너지, 전력, 운송 등 전반적인 산업에 관련된 제품의 설계, 제조, 판매 사업을 영위하는 업체이다. 회사는 1892년 설립되었고 본사는 메사추세츠주 보스턴에 있으며 290,000명의 직원이 근무하고 있다. 회사의 사업 부문은 전력, 재생 에너지, 석유 및 가스, 항공, 건강 관리, 운송, 에너지 및 자본으로 나누어진다. 석유 가스 부문은 표면 및 해저 시추 및 생산 플랫폼을 위한 장비를 제공하고 있다. 항공 부문은 상업 및 군용 항공기엔진, 통합 디지털 부품 및 전력 기계 항공기 시스템을 설계 및 생산하고 있다. 판매된 제품들은 회사 시스템을 통해 애프터 마켓 서비스를 제공하고 있다. 건강관리 부문에서도 화상 진찰 및 임상 체계 솔루션, 각종 의료 기술, 클라우드 구현 서비스를 제공하고 있다. 화물 및 여객 기관차, 철도 운송도 담당하고 있다.

기준일 : 2018/ 01 /25
한글 회사명 : 제너럴 일렉트릭 컴퍼니
영문 회사명 : General Electric Company
상장일 : 1972년 01월 21일 | 결산월 : 12월
시가총액 : 1403 (억$) |
52주 최고 : $30.59 (-46.09%) / 52주 최저 : $15.8 (+4.36%)

주요 주주정보

보유자/ 보유 기관	보유율
The Vanguard Group, Inc.	6.83%
BlackRock Fund Advisors	4.14%
SSgA Funds Management, Inc.	3.85%

애널리스트 추천 및 최근 투자의견

제너럴 일렉트릭 컴퍼니의 2018년 01월 25일 현재 20개 기관의 **평균적인 목표가는 18.8$**이며, 2018년 추정 주당순이익(EPS)은 1.1$로 2017년 추정 EPS 1$에 비해 **10% 증가할 것으로 예상**된다.

최근, 1개월, 3개월의 투자 의견 변화

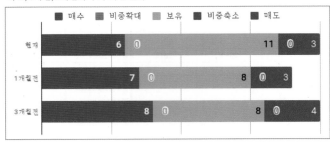

투자의견	금융사 및 투자의견	날짜
Downgrade	DZ Bank: Buy to Hold	1/26/2018
Maintains	Citigroup: Buy to Buy	1/25/2018
Downgrade	Bank of America: Buy to Neutral	1/22/2018
Maintains	Bank of America: to Buy	11/14/2017
Downgrade	RBC Capital: Outperform to Sector Perform	11/14/2017

내부자 거래

(3M 비중은 12개월 거래 중 최근 3개월의 비중)

구분	성격	3개월	12개월	3M비중
매수	매수 건수 (장내 매매만 해당)	2	16	12.50%
매도	매도 건수 (장내 매매만 해당)	2	24	8.33%
매수	매수 수량 (장내 매매만 해당)	2,689	3,506,442	0.08%
매도	매도 수량 (장내 매매만 해당)	77,822	310,809	25.04%
	순매수량 (-인 경우 순매도량)	-75,133	3,195,633	

ETF 노출 (편입 ETF 수 : 106개 / 시가총액 대비 ETF의 보유비중 : 8.56%)

티커	ETF	보유 지분	비중
VTI	Vanguard Total Stock Market ETF	$3,344,491,088	0.49%
VOO	Vanguard 500 Index Fund	$2,370,884,336	0.57%
SPY	SPDR S&P 500 ETF Trust	$1,733,777,600	0.58%
IVV	iShares S&P 500 Index (ETF)	$878,553,712	0.57%
VTV	Vanguard Value ETF	$714,356,832	1.04%

기간 수익률

1M : -8.75%	3M : -32.05%	6M : -37.24%	1Y : -46.74%	3Y : -31.07%

재무 지표

	2014	2015	2016	2017(E)
매출액 (백만$)	117,244	115,916	119,869	123,976
영업이익 (백만$)	13,491	12,145	13,939	11,012
순이익 (백만$)	9,521	1,678	9,769	9,013
자산총계 (백만$)	654,954	493,071	365,183	330,514
자본총계 (백만$)	136,931	103,110	80,516	
부채총계 (백만$)	518,023	389,961	284,667	

안정성 비율	2013	2014	2015	2016
유동비율 (%)	286.38	117.00	132.14	138.20
부채비율 (%)	380.00	378.31	378.20	353.55
이자보상배율 (배)	2.61	5.55	3.93	3.26

투자 지표

	2014	2015	2016	2017(E)
영업이익률 (%)	11.51	10.48	11.63	8.88
매출액 증가율 (%)	-18.73	-1.13	3.41	3.43
EPS ($)	1.51	0.15	1.04	1.06
EPS 증가율 (%)	4.35	-90.32	612.57	1.41
주당자산가치($)	12.74	10.48	8.67	8.58
잉여현금흐름 (백만$)	20,575	12,582	-7,443	5,473

	2013	2014	2015	2016
배당성향(%)	54.89	59.28	632.74	90.24
배당수익률(%)	2.82	3.52	2.95	2.94
ROE (%)	11.95	7.36	1.48	11.22
ROA (%)	2.25	1.45	0.30	2.21
재고회전율	8.82	6.70	5.77	5.34
EBITDA (백만$)	36,805	19,912	18,644	20,775

매출비중

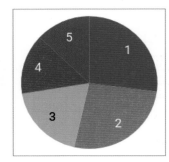

제품명	비중
1. 발전	
	21.17%
2. 항공	
	20.64%
3. 건강 관리	
	14.78%
4. 에너지 연결 및 조명	
	11.38%
5. 오일/가스	
	10.12%

HON
하니웰 인터내셔널
Honeywell Int'l Inc.

섹터 산업재 (Industrials)
세부섹터 복합 기업 (Industrial Conglomerates)

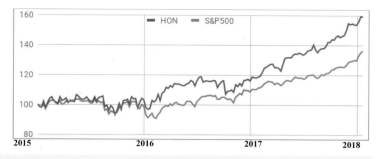

하니웰 인터내셔널(Honeywell International Inc)은 기기 자동화 및 제어, 전자통신, 교통시스템 등 각종 무인 자동화 기술을 개발하는 업체이다. 회사는 1920년 설립되었고 본사는 뉴저지주 모리스 프레임스에 있으며 130,000명의 직원이 근무하고 있다. 회사의 사업 부문은 항공 우주, 주택 및 건축 기술, 성능 소재 및 기술, 안전 및 생산성솔루션 네 부문으로 나누어진다. 항공기, 차량 및 항공기, 항공기 운영 업체, 방위 사업자 등 다양한 장비 제조업체에 제품 및 서비스를 제공하고 있다. 자동차 트럭 제조업체, 주택 부문의 주택 소유자, 상업용 건물 소유주, 전기 및 가스 수도 공급업체에 도움이 되는 제품, 소프트웨어, 솔루션 및 기술을 제공하고 있다. 첨단 소재, 공정 기술 및 자동화 솔루션을 개발 제조하며 작업장에서의 안전 및 성능을 향상하는 종합 솔루션 제품을 제공하고 있다.

기준일 : 2018/ 01 /25
한글 회사명 : 하니웰 인터내셔널
영문 회사명 : Honeywell Int'l Inc.
상장일 : 1972년 01월 21일 | 결산월 : 12월
시가총액 : 1225 (억$) | 52주 최고 : $160.62 (-0.32%) / 52주 최저 : $117.12 (+36.68%)

주요 주주정보

보유자/보유 기관	보유율
The Vanguard Group, Inc.	6.54%
BlackRock Fund Advisors	4.14%
Massachusetts Financial Services Co.	3.97%

애널리스트 추천 및 최근 투자의견

하니웰 인터내셔널의 2018년 01월 25일 현재 21개 기관의 **평균적인 목표가는 168.58$**이며, 2018년 추정 주당순이익(EPS)은 8.56$로 2017년 추정 EPS 7.84$에 비해 **9.18% 증가할 것으로 예상**된다.

최근, 1개월, 3개월의 투자 의견 변화

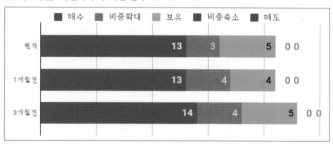

투자의견	금융사 및 투자의견	날짜
Initiated	UBS: to Buy	1/23/2018
Maintains	Credit Suisse: to Neutral	10/23/2017
Maintains	Citigroup: to Buy	10/10/2017
Maintains	Citigroup: to Buy	9/10/2017
Maintains	Morgan Stanley: to Overweight	9/22/2017

내부자 거래

(3M 비중은 12개월 거래 중 최근 3개월의 비중)

구분	성격	3개월	12개월	3M비중
매수	매수 건수 (장내 매매만 해당)	1	1	100.00%
매도	매도 건수 (장내 매매만 해당)	9	38	23.68%
매수	매수 수량 (장내 매매만 해당)	17,071	17,071	100.00%
매도	매도 수량 (장내 매매만 해당)	429,923	2,929,603	14.68%
	순매수량 (-인 경우 순매도량)	-412,852	-2,912,532	

ETF 노출   (편입 ETF 수 : 103개 / 시가총액 대비 ETF의 보유비중 : 8.69%)

티커	ETF	보유 지분	비중
VTI	Vanguard Total Stock Market ETF	$2,970,271,950	0.43%
VOO	Vanguard 500 Index Fund	$2,106,628,485	0.51%
SPY	SPDR S&P 500 ETF Trust	$1,540,682,357	0.51%
IVV	iShares S&P 500 Index (ETF)	$780,654,531	0.51%
XLI	Industrial Select Sector SPDR Fund	$774,692,544	4.98%

기간 수익률

1M : 2.87%	3M : 14.2%	6M : 16.38%	1Y : 34.68%	3Y : 62.49%

재무 지표

	2014	2015	2016	2017(E)
매출액 (백만$)	40,301	38,564	39,305	40,405
영업이익 (백만$)	6,429	7,265	7,348	7,466
순이익 (백만$)	4,239	4,768	4,809	5,449
자산총계 (백만$)	45,451	49,316	54,146	55,675
자본총계 (백만$)	18,003	18,708	19,550	
부채총계 (백만$)	27,448	30,608	34,596	

안정성 비율	2013	2014	2015	2016
유동비율 (%)	149.24	150.21	109.16	141.19
부채비율 (%)	156.03	152.46	163.61	176.96
이자보상배율 (배)	26.22	18.06	23.29	27.52

투자 지표

	2014	2015	2016	2017(E)
영업이익률 (%)	15.95	18.84	18.69	18.48
매출액 증가율 (%)	3.17	-4.31	1.92	2.80
EPS ($)	5.40	6.11	6.29	7.10
EPS 증가율 (%)	8.22	13.15	2.95	12.83
주당자산가치($)	22.57	23.73	25.46	27.76
잉여현금흐름 (백만$)	3,930	4,381	4,403	4,134

	2013	2014	2015	2016
배당성향(%)	34.15	35.04	35.55	39.52
배당수익률(%)	1.85	1.88	2.09	2.11
ROE (%)	25.78	24.14	26.53	25.54
ROA (%)	9.08	9.53	10.23	9.37
재고회전율	9.16	9.27	8.74	8.95
EBITDA (백만$)	7,176	7,353	8,148	8,378

매출비중

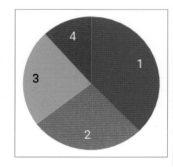

제품명	비중
1. 항공 우주	37.53%
2. 가정 및 빌딩 기술	27.11%
3. 기능성 원료	23.59%
4. 안전 및 생산성 솔루션	11.77%

MMM
쓰리엠 컴퍼니
3M Company

섹터 산업재 (Industrials)
세부섹터 복합 기업 (Industrial Conglomerates)

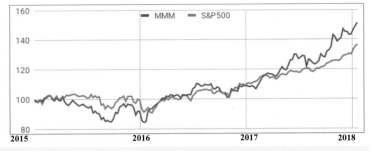

쓰리엠 컴퍼니(3M Company)는 각종 소비재와 산업재 생산을 영위하는 세계적인 업체이다. 회사는 1902년 설립되었고 본사는 미네소타주 폴에 있으며 95,000명의 직원이 근무하고 있다. 회사의 사업 부문은 산업 부문, 안전, 그래픽, 건강 관리, 소비자 다섯 부문으로 나누어진다. 회사는 각종 코팅 부직포 및 접착제, 밀봉재, 특수 재료, 개인 위생품, 음향 시스템 제품, 자동차 부품, 내마모성 필름, 페인트 등 광범위한 제품들을 생산하고 있다. 건강관리 부문에서는 의료 및 수술용품, 피부 건강 및 감염예방 제품, 치과 및 치열 교정 제품, 건강 정보 시스템 및 식품 안전 제품을 취급하고 있다. 소비자 부문에서는 스펀지, 고성능 천, 색인 시스템, 사무용 테이프 및 접착제를 생산하고 있다. 각종 광범위한 제품을 도, 소매 시장 및 유통 업체를 통해 판매하고 있다.

기준일 : 2018/ 01 /25

한글 회사명 : 쓰리엠 컴퍼니
영문 회사명 : 3M Company
상장일 : 1972년 01월 21일 | 결산월 : 12월
시가총액 : 1503 (억$) | 52주 최고 : $249 (-0.32%) / 52주 최저 : $173.55 (+43%)

주요 주주정보

보유자/ 보유 기관	보유율
The Vanguard Group, Inc.	7.87%
SSgA Funds Management, Inc.	7.43%
BlackRock Fund Advisors	4.4%

애널리스트 추천 및 최근 투자의견

쓰리엠 컴퍼니의 2018년 01월 25일 현재 17개 기관의 **평균적인 목표가는 251$**이며, 2018년 추정 주당순이익(EPS)은 11.37$로 2017년 추정 EPS 10.4$에 비해 **9.32% 증가**할 것으로 예상된다.

최근, 1개월, 3개월의 투자 의견 변화

투자의견	금융사 및 투자의견	날짜
Maintains	UBS: Neutral to Neutral	1/26/2018
Upgrade	Hilliard Lyons: Neutral to Buy	1/24/2018
Initiated	UBS: to Neutral	1/23/2018
Maintains	Argus: to Buy	10/25/2017
Maintains	Stifel Nicolaus: to Hold	10/25/2017

내부자 거래

(3M 비중은 12개월 거래 중 최근 3개월의 비중)

구분	성격	3개월	12개월	3M비중
매수	매수 건수 (장내 매매만 해당)	24	48	50.00%
매도	매도 건수 (장내 매매만 해당)	41	66	62.12%
매수	매수 수량 (장내 매매만 해당)	113,281	125,620	90.18%
매도	매도 수량 (장내 매매만 해당)	183,288	282,567	64.87%
	순매수량 (-인 경우 순매도량)	-70,007	-156,947	

ETF 노출

(편입 ETF 수 : 108개 / 시가총액 대비 ETF의 보유비중 : 11.75%)

티커	ETF	보유 지분	비중
VTI	Vanguard Total Stock Market ETF	$3,657,094,459	0.53%
VOO	Vanguard 500 Index Fund	$2,598,239,935	0.63%
SPY	SPDR S&P 500 ETF Trust	$1,896,690,942	0.63%
DIA	SPDR Dow Jones Industrial Average ETF	$1,677,319,098	6.59%
VIG	Vanguard Dividend Appreciation ETF	$1,318,014,152	3.67%

기간 수익률

1M : 4.27%	3M : 16.32%	6M : 17.53%	1Y : 39.04%	3Y : 53.19%

재무 지표

	2014	2015	2016	2017(E)
매출액 (백만$)	31,821	30,274	30,109	31,497
영업이익 (백만$)	7,122	6,871	7,019	7,763
순이익 (백만$)	4,956	4,833	5,050	5,525
자산총계 (백만$)	31,269	32,883	32,906	35,825
자본총계 (백만$)	13,142	11,468	10,343	
부채총계 (백만$)	18,127	21,415	22,563	

안정성 비율	2013	2014	2015	2016
유동비율 (%)	169.82	196.15	154.34	188.55
부채비율 (%)	86.93	137.93	186.74	218.15
이자보상배율 (배)		70.51	30.00	33.91

투자 지표

	2014	2015	2016	2017(E)
영업이익률 (%)	22.38	22.70	23.31	24.65
매출액 증가율 (%)	3.08	-4.86	-0.55	4.61
EPS ($)	7.63	7.73	8.35	9.05
EPS 증가율 (%)	11.71	1.25	8.09	8.42
주당자산가치($)	20.64	18.76	17.26	19.64
잉여현금흐름 (백만$)	5,133	4,959	5,242	4,932

	2013	2014	2015	2016
배당성향(%)	37.80	45.66	54.09	54.41
배당수익률(%)	1.81	2.08	2.72	2.49
ROE (%)	26.56	32.38	39.39	46.49
ROA (%)	14.00	15.42	15.09	15.38
재고회전율	8.02	8.41	8.38	8.72
EBITDA (백만$)	8,031	8,530	8,306	8,493

매출비중

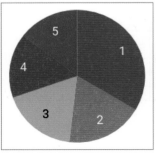

제품명	비중
1. 산업재	34.25%
2. 안전 및 그래픽 제품	18.8%
3. 건강 관리 제품	18.36%
4. 전자 및 에너지 제품	16.03%
5. 소비자 제품	14.89%

ROP
로퍼 테크놀로지
Roper Technologies

섹터 산업재 (Industrials)
세부섹터 복합 기업 (Industrial Conglomerates)

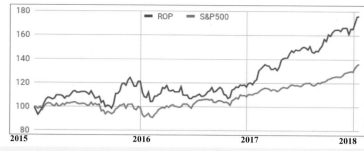

로퍼 테크놀로지(Roper Technologies, Inc.)는 소프트웨어/엔지니어링 제품 및 솔루션을 설계 및 개발하는 업체이다. 회사는 1981년 설립되었고 본사는 플로리다주 새러소타에 있으며 14,000명의 직원이 근무하고 있다. 회사의 사업 부문은 의료 및 과학 이미징, RF기술, 산업 기술 및 에너지 시스템 및 제어 다섯 부문으로 나누어진다. 회사는 진단 및 실험실 소프트웨어 솔루션을 제공하고 있으며 무선 주파수 식별 통신 기술과 교통 시스템에 사용되는 소프트웨어 솔루션을 제공하고 있다. 보안 및 액세스 제어, 학교 카드시스템, 카드 판독기, 사스(SaaS), 미터링 및 원격 모니터링 애플리케이션이 있다. 회사는 유체 처리 제어 시스템, 유체 특성 테스트 장비, 산업용 밸브 및 컨트롤, 진동 센서 및 컨트롤, 비파괴 검사 및 측정 제품 및 솔루션을 제공하고 있다. 회사는 정부 계약자, 전문 서비스 회사 및 기타 프로젝트 기반 비즈니스를 위한 기업용 소프트웨어 및 정보 솔루션을 제공하고 있다.

기준일 : 2018/ 01 /25
한글 회사명 : 로퍼 테크놀로지
영문 회사명 : Roper Technologies
상장일 : 1992년 02월 13일 | 결산월 : 12월
시가총액 : 286 (억$) |
52주 최고 : $277.41 (-0.5%) / 52주 최저 : $186.01 (+48.38%)

주요 주주정보

보유자/ 보유 기관	보유율
T. Rowe Price Associates, Inc.	14.36%
The Vanguard Group, Inc.	10.55%
BlackRock Fund Advisors	4.69%

애널리스트 추천 및 최근 투자의견

로퍼 테크놀로지의 2018년 01월 25일 현재 16개 기관의 **평균적인 목표가는 281.85$**이며, 2018년 추정 주당순이익(EPS)은 10.26$로 2017년 추정 EPS 9.32$에 비해 **10.08% 증가할 것으로 예상**된다.

최근, 1개월, 3개월의 투자 의견 변화

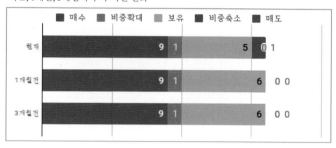

투자의견	금융사 및 투자의견	날짜
Upgrade	JP Morgan: Neutral to Overweight	9/20/2017
Upgrade	Argus Research: to Buy	2/23/2017
Upgrade	JP Morgan: to Overweight	1/13/2017
Upgrade	Oppenheimer: to Outperform	6/1/2017
Initiated	Argus Research: to Hold	10/19/2016

내부자 거래

(3M 비중은 12개월 거래 중 최근 3개월의 비중)

구분	성격	3개월	12개월	3M비중
매수	매수 건수 (장내 매매만 해당)	6	17	35.29%
매도	매도 건수 (장내 매매만 해당)	15	33	45.45%
매수	매수 수량 (장내 매매만 해당)	182,500	228,500	79.87%
매도	매도 수량 (장내 매매만 해당)	379,494	486,446	78.01%
	순매수량 (- 인 경우 순매도량)	-196,994	-257,946	

ETF 노출
(편입 ETF 수 : 96개 / 시가총액 대비 ETF의 보유비중 : 14.24%)

티커	ETF	보유 지분	비중
VO	Vanguard Mid-Cap ETF	$700,482,103	0.70%
VTI	Vanguard Total Stock Market ETF	$688,644,219	0.10%
VOO	Vanguard 500 Index Fund	$488,950,161	0.12%
SPY	SPDR S&P 500 ETF Trust	$354,630,572	0.12%
VIG	Vanguard Dividend Appreciation ETF	$247,082,210	0.69%

기간 수익률

1M : 9.13%	3M : 15.91%	6M : 17.42%	1Y : 48.04%	3Y : 89.15%

재무 지표

	2014	2015	2016	2017(E)
매출액 (백만$)	3,549	3,582	3,790	4,666
영업이익 (백만$)	1,002	1,034	1,063	1,252
순이익 (백만$)	646	696	659	755
자산총계 (백만$)	8,413	10,168	14,325	14,278
자본총계 (백만$)	4,755	5,299	5,789	
부채총계 (백만$)	3,658	4,869	8,536	

안정성 비율	2013	2014	2015	2016
유동비율 (%)	213.55	240.80	224.69	122.92
부채비율 (%)	94.28	76.92	91.89	147.46
이자보상배율 (배)	9.61	12.75	12.27	9.53

투자 지표

	2014	2015	2016	2017(E)
영업이익률 (%)	28.23	28.87	28.05	26.83
매출액 증가율 (%)	9.62	0.93	5.79	23.11
EPS ($)	6.47	6.92	6.50	9.32
EPS 증가율 (%)	19.15	6.96	-6.07	43.40
주당자산가치($)	47.49	52.53	56.94	62.65
잉여현금흐름 (백만$)	803	893	926	1,121

	2013	2014	2015	2016
배당성향(%)	12.94	13.28	15.33	19.44
배당수익률(%)	0.50	0.54	0.55	0.68
ROE (%)	13.63	14.41	13.85	11.88
ROA (%)	7.06	7.79	7.49	5.38
재고회전율	16.36	17.81	18.68	20.39
EBITDA (백만$)	1,035	1,200	1,238	1,304

매출비중

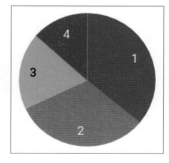

제품명	비중
1. 의료 및 과학 이미징	35.96%
2. 무선 주파수 기술	31.93%
3. 산업 기술	18.64%
4. 에너지 시스템 및 제어	13.46%

275

CMI
커민스
Cummins Inc.

섹터 산업재 (Industrials)
세부섹터 산업 기계 (Industrial Machinery)

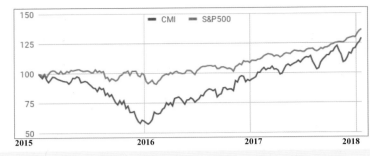

커민스(Cummins Inc.)는 전 세계에서 디젤 및 천연가스 엔진 및 엔진 관련 부품 제품을 설계, 제조, 유통 및 서비스하는 업체이다. 회사는 1919년 설립되었고 본사는 인디애나주 콜럼버스에 있으며 55,000명의 직원이 근무하고 있다. 회사는 엔진, 유통, 구성 요소 및 발전기 네 부문으로 나누어진다. 엔진 부문은 중장비 트럭, 버스, 레크리에이션 차량, 경량 자동차, 건설, 광업, 해양, 철도 기업 고객에 다양한 디젤 및 천연가스 동력 엔진을 제조 및 판매하고 있다. 유통 부문은 부품, 엔진 및 발전 제품을 공급하고 있다. 유지 보수 계약, 엔지니어링 서비스 및 통합 제품과 같은 서비스 솔루션을 제공하고 있으며 구성 요소 부문은 맞춤 엔지니어링 시스템 및 통합 제어, 산화 촉매, 미립자 필터, 선택적 촉매 환원 시스템 및 엔지니어링 구성 요소를 포함한 배출 솔루션을 제공하고 있다. 발전기 부문은 스탬포드(Stamford), 에이브케이(AVK) 및 마크론(Markon) 브랜드의 교류 발전기, 백업 발전기, 제어 장치, 병렬 시스템 및 전송 스위치를 제공하고 있다.

기준일 : 2018/ 01 /25
한글 회사명 : 커민스
영문 회사명 : Cummins Inc.
상장일 : 1972년 01월 21일 | 결산월 : 12월
시가총액 : 314 (억$) |
52주 최고 : $191.02 (-0.56%) / 52주 최저 : $141.9 (+33.85%)

주요 주주정보

보유자/ 보유 기관	보유율
SSgA Funds Management, Inc.	7.07%
The Vanguard Group, Inc.	6.53%
BlackRock Fund Advisors	4.74%

애널리스트 추천 및 최근 투자의견

커민스의 2018년 01월 25일 현재 27개 기관의 **평균적인 목표가는 186.77$**이며, 2018년 추정 주당순이익(EPS)은 11.85$로 2017년 추정 EPS 10.25$에 비해 **15.6% 증가할 것으로 예상**된다.

최근, 1개월, 3개월의 투자 의견 변화

투자의견	금융사 및 투자의견	날짜
Maintains	Barclays: Equal-Weight to Equal-Weight	1/24/2018
Upgrade	Bank of America: Neutral to Buy	1/19/2018
Initiated	Barclays: to Equal-Weight	12/13/2017
Initiated	Oppenheimer: to Outperform	7/12/2017
Downgrade	Goldman Sachs: Buy to Neutral	1/12/2017

내부자 거래

(3M 비중은 12개월 거래 중 최근 3개월의 비중)

구분	성격	3개월	12개월	3M비중
매수	매수 건수 (장내 매매만 해당)	19	39	48.72%
매도	매도 건수 (장내 매매만 해당)	19	43	44.19%
매수	매수 수량 (장내 매매만 해당)	36,810	114,625	32.11%
매도	매도 수량 (장내 매매만 해당)	12,396	177,917	6.97%
	순매수량 (-인 경우 순매도량)	24,414	-63,292	

ETF 노출

(편입 ETF 수 : 103개 / 시가총액 대비 ETF의 보유비중 : 10.02%)

티커	ETF	보유 지분	비중
VTI	Vanguard Total Stock Market ETF	$720,423,231	0.10%
VOO	Vanguard 500 Index Fund	$505,455,092	0.12%
SPY	SPDR S&P 500 ETF Trust	$372,011,792	0.12%
XLI	Industrial Select Sector SPDR Fund	$324,410,862	2.08%
IVV	iShares S&P 500 Index (ETF)	$187,274,727	0.12%

기간 수익률

1M : 11.46%	3M : 14.43%	6M : 14.44%	1Y : 33.54%	3Y : 34.23%

재무 지표

	2014	2015	2016	2017(E)
매출액 (백만$)	19,216	19,099	17,536	20,154
영업이익 (백만$)	1,986	2,091	1,788	2,435
순이익 (백만$)	1,651	1,399	1,394	1,716
자산총계 (백만$)	15,776	15,134	15,011	17,455
자본총계 (백만$)	8,093	7,750	7,174	
부채총계 (백만$)	7,683	7,384	7,837	

안정성 비율	2013	2014	2015	2016
유동비율 (%)	256.50	225.19	208.97	178.20
부채비율 (%)	87.14	94.93	95.28	109.24
이자보상배율 (배)	42.46	24.83	26.81	22.92

투자 지표

	2014	2015	2016	2017(E)
영업이익률 (%)	10.34	10.95	10.20	12.08
매출액 증가율 (%)	11.06	-0.61	-8.18	14.93
EPS ($)	9.04	7.86	8.25	10.25
EPS 증가율 (%)	14.00	-13.05	4.96	24.28
주당자산가치($)	42.53	42.27	40.87	47.90
잉여현금흐름 (백만$)	1,523	1,315	1,404	1,732

	2013	2014	2015	2016
배당성향(%)	28.45	31.15	44.77	48.60
배당수익률(%)	1.60	1.95	3.99	2.93
ROE (%)	21.02	21.64	18.46	19.52
ROA (%)	11.64	11.38	9.51	9.66
재고회전율	7.52	7.32	6.85	6.52
EBITDA (백만$)	2,148	2,438	2,602	2,315

매출비중

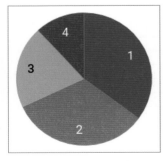

제품명	비중
1. 분포	35.16%
2. 엔진	32.98%
3. 구성 요소들	20.07%
4. 전력 시스템	11.79%

DOV
도버 코퍼레이션
Dover Corp.

섹터 산업재 (Industrials)
세부섹터 산업 기계 (Industrial Machinery)

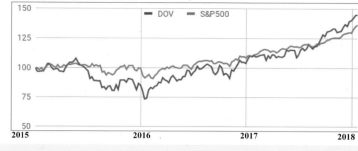

도버 코퍼레이션(Dover Corporation)은 전 세계적으로 다양한 장비, 소프트웨어 및 디지털 솔루션을 제조 및 판매하고 지원 서비스를 제공하는 업체이다. 회사는 1947년에 설립되었고 본사는 일리노이 주 다우너즈 그로브에 있으며 29,000명의 직원이 근무하고 있다. 회사는 에너지, 엔지니어링 시스템, 유체 및 냉동 및 식품 장비 네 부문으로 나누어진다. 에너지 부문은 드릴링 및 생산, 베어링 및 압축 및 자동화 최종 시장에 연료를 생산/가공하는 솔루션과 서비스를 제공하고 있다. 엔지니어링 시스템 부문은 정밀 마킹 및 코딩, 디지털 섬유 인쇄, 납땜 및 분배 장비 및 관련 소모품 및 서비스를 제공하고 있다. 유체 부문은 소매 연료, 화학, 위생, 오일 및 가스 및 산업 시장 전반에 걸친 중요 유체의 안전한 취급에 중점을 두고 있으며 다양한 바이오 프로세싱 애플리케이션에 사용되는 컨테이너를 제조하고 있다. 냉동 및 식품 설비 부문은 냉동시스템, 냉동 디스플레이 케이스, 특수 유리, 상업용 유리 냉장고 및 냉동실 도어 및 브레이징된 열 교환기를 제조하고 있다. 전기 배전 제품, 주문 식품 저장 및 준비 제품, 주방 환기 시스템, 컨베이어 시스템 및 음료수 캔 제조 기계를 포함한 다양한 산업 분야에 사용되고 있다.

기준일 : 2018/ 01 /25
한글 회사명 : 도버 코퍼레이션
영문 회사명 : Dover Corp.
상장일 : 1972년 01월 21일 | 결산월 : 12월
시가총액 : 163 (억$) |
52주 최고 : $106.41 (-1.29%) / 52주 최저 : $75.51 (+39.09%)

주요 주주정보

보유자/ 보유 기관	보유율
The Vanguard Group, Inc.	10.56%
SSgA Funds Management, Inc.	5.49%
BlackRock Fund Advisors	4.65%

애널리스트 추천 및 최근 투자의견

도버 코퍼레이션의 2018년 01월 25일 현재 21개 기관의 **평균적인 목표가는 104.89$**이며, 2018년 추정 주당순이익(EPS)은 4.69$로 2017년 추정 EPS 4.31$에 비해 **8.81% 증가**할 것으로 예상된다.

최근, 1개월, 3개월의 투자 의견 변화

투자의견	금융사 및 투자의견	날짜
Initiated	UBS: to Neutral	1/23/2018
Maintains	Citigroup: to Neutral	10/10/2017
Maintains	Citigroup: to Neutral	9/10/2017
Maintains	Morgan Stanley: to Overweight	2/10/2017
Upgrade	JP Morgan: Neutral to Overweight	9/20/2017

내부자 거래

(3M 비중은 12개월 거래 중 최근 3개월의 비중)

구분	성격	3개월	12개월	3M비중
매수	매수 건수 (장내 매매만 해당)	17	28	60.71%
매도	매도 건수 (장내 매매만 해당)	26	50	52.00%
매수	매수 수량 (장내 매매만 해당)	38,000	53,543	70.97%
매도	매도 수량 (장내 매매만 해당)	166,098	448,545	37.03%
	순매수량 (-인 경우 순매도량)	-128,098	-395,002	

ETF 노출   (편입 ETF 수 : 84개 / 시가총액 대비 ETF의 보유비중 : 14.56%)

티커	ETF	보유 지분	비중
VO	Vanguard Mid-Cap ETF	$398,164,860	0.40%
VTI	Vanguard Total Stock Market ETF	$391,544,029	0.06%
VOO	Vanguard 500 Index Fund	$277,878,873	0.07%
SPY	SPDR S&P 500 ETF Trust	$202,476,932	0.07%
SDY	SPDR S&P Dividend (ETF)	$150,245,291	0.90%

기간 수익률

1M : 7.1%	3M : 16.25%	6M : 25.99%	1Y : 32.13%	3Y : 50.07%

재무 지표

	2014	2015	2016	2017(E)
매출액 (백만$)	7,753	6,956	6,794	7,812
영업이익 (백만$)	1,264	976	755	1,061
순이익 (백만$)	778	596	509	680
자산총계 (백만$)	9,090	8,606	10,116	10,401
자본총계 (백만$)	3,701	3,645	3,800	
부채총계 (백만$)	5,390	4,962	6,316	

안정성 비율	2013	2014	2015	2016
유동비율 (%)	202.49	142.05	176.93	133.44
부채비율 (%)	101.87	145.64	136.13	166.23
이자보상배율 (배)	9.40	9.60	7.41	5.53

투자 지표

	2014	2015	2016	2017(E)
영업이익률 (%)	16.30	14.03	11.11	13.59
매출액 증가율 (%)	8.35	-10.27	-2.33	14.97
EPS ($)	4.67	3.83	3.28	4.31
EPS 증가율 (%)	-22.94	-17.96	-14.49	31.39
주당자산가치($)	22.70	23.51	24.45	27.70
잉여현금흐름 (백만$)	784	795	697	714

	2013	2014	2015	2016
배당성향(%)	24.23	33.60	43.20	52.94
배당수익률(%)	1.81	2.16	2.67	2.30
ROE (%)	15.49	17.14	16.23	13.67
ROA (%)	7.49	7.80	6.73	5.44
재고회전율	9.01	9.82	8.35	8.12
EBITDA (백만$)	1,449	1,571	1,303	1,115

매출비중

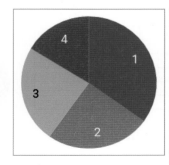

제품명	비중
1. 엔지니어링 시스템	34.83%
2. 유체	25.03%
3. 냉동 식품 장비	23.85%
4. 에너지	16.31%
5. 공제	-0.02%

FLS
플로서브 코퍼레이션
Flowserve Corporation

섹터 산업재 (Industrials)
세부섹터 산업 기계 (Industrial Machinery)

플로서브 코퍼레이션(Flowserve Corporation)은 산업용 유량 관리 장비를 설계, 제조, 유통, 서비스하는 업체이다. 회사는 1912년에 설립되었고 본사는 텍사스주 어빙에 있으며 17,000명의 직원이 근무하고 있다. 회사 사업 부문은 북미, 유럽, 아시아 태평양, 중동 및 아프리카, 라틴 아메리카로 나누어진다. 회사는 맞춤형 엔지니어링 펌프 및 펌프 시스템, 보조 시스템, 교체 부품 및 관련 서비스를 제공할 뿐만 아니라 고속 압축기에 사용되는 가스 윤활 기계식 씰을 제조하고 있다. 또한 고객사에 절연 미제어 밸브, 구동 및 관련 장비로 구성된 산업용 자동화 솔루션을 제공하고 있다. 액체 및 가스의 흐름을 제어, 지시 및 관리하는 통합 솔루션을 공급하고 있으며 설치, 고급 진단, 수리 및 개조로 구성되는 애프터 마켓 장비도 제공하고 있다. 일반 산업뿐 아니라 석유 및 가스, 화학, 발전 및 수자원 관리 시장 전반에 걸쳐 제품을 제공하고 있다.

기준일 : 2018/ 01 /25

한글 회사명 : 플로서브 코퍼레이션
영문 회사명 : Flowserve Corporation
상장일 : 1972년 01월 21일 | 결산월 : 12월
시가총액 : 59 (억$) | 52주 최고 : $52.1 (-13.12%) / 52주 최저 : $37.51 (+20.66%)

주요 주주정보

보유자/ 보유 기관	보유율
EdgePoint Investment Group, Inc.	10.39%
The Vanguard Group, Inc.	10.04%
First Eagle Investment Management LLC	10%

애널리스트 추천 및 최근 투자의견

플로서브 코퍼레이션의 2018년 01월 25일 현재 20개 기관의 **평균적인 목표가는 44.71$**이며, 2018년 추정 주당순이익(EPS)은 1.84$로 2017년 추정 EPS 1.37$에 비해 **34.3% 증가할 것으로 예상**된다.

최근, 1개월, 3개월의 투자 의견 변화

투자의견	금융사 및 투자의견	날짜
Downgrade	Stifel Nicolaus: Buy to Hold	11/12/2017
Downgrade	Goldman Sachs: Neutral to Sell	8/12/2017
Downgrade	Seaport Global: Buy to Neutral	3/11/2017
Downgrade	BMO Capital: Outperform to Market Perform	3/11/2017
Maintains	Citigroup: to Neutral	10/10/2017

내부자 거래

(3M 비중은 12개월 거래 중 최근 3개월의 비중)

구분	성격	3개월	12개월	3M비중
매수	매수 건수 (장내 매매만 해당)	2	6	33.33%
매도	매도 건수 (장내 매매만 해당)	17	27	62.96%
매수	매수 수량 (장내 매매만 해당)	5,201	15,497	33.56%
매도	매도 수량 (장내 매매만 해당)	34,880	68,491	50.93%
	순매수량 (-인 경우 순매도량)	-29,679	-52,994	

ETF 노출   (편입 ETF 수 : 64개 / 시가총액 대비 ETF의 보유비중 : 10.99%)

티커	ETF	보유 지분	비중
VTI	Vanguard Total Stock Market ETF	$142,320,944	0.02%
VOO	Vanguard 500 Index Fund	$101,053,771	0.02%
SPY	SPDR S&P 500 ETF Trust	$72,316,031	0.02%
VO	Vanguard Mid-Cap ETF	$72,278,535	0.07%
IVV	iShares S&P 500 Index (ETF)	$36,985,883	0.02%

기간 수익률

1M : 6.22%	3M : 5.6%	6M : -5.45%	1Y : -13.03%	3Y : -21.49%

재무 지표

	2014	2015	2016	2017(E)
매출액 (백만$)	4,878	4,566	3,992	3,651
영업이익 (백만$)	766	620	425	328
순이익 (백만$)	519	258	132	179
자산총계 (백만$)	4,968	4,963	4,709	4,824
자본총계 (백만$)	1,942	1,664	1,637	
부채총계 (백만$)	3,026	3,299	3,072	

안정성 비율	2013	2014	2015	2016
유동비율 (%)	182.75	189.84	181.97	194.98
부채비율 (%)	168.32	155.84	198.20	187.59
이자보상배율 (배)	13.63	12.70	9.50	7.07

투자 지표

	2014	2015	2016	2017(E)
영업이익률 (%)	15.70	13.58	10.65	9.00
매출액 증가율 (%)	-1.55	-6.40	-12.57	-8.54
EPS ($)	3.79	1.94	1.02	1.37
EPS 증가율 (%)	10.50	-48.81	-47.42	34.29
주당자산가치($)	14.38	12.76	12.45	13.54
잉여현금흐름 (백만$)	438	259	151	125

	2013	2014	2015	2016
배당성향(%)	16.42	17.02	37.31	75.25
배당수익률(%)	0.71	1.07	1.71	1.58
ROE (%)	25.82	27.29	14.44	8.12
ROA (%)	9.92	10.49	5.32	2.80
재고회전율	4.61	4.74	4.63	4.26
EBITDA (백만$)	827.66	876.37	746.97	541.76

매출비중

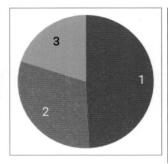

제품명	비중
1. 엔지니어링 제품 부문	49.19%
2. 흐름 제어 부문	30.76%
3. 산업 제품 부문	20.05%

FTV
포티브 코퍼레이션
Fortive Corporation

섹터 산업재 (Industrials)
세부섹터 산업 기계 (Industrial Machinery)

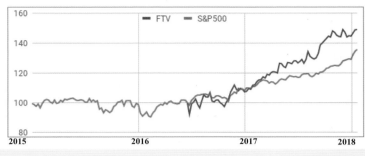

포티브 코퍼레이션(Fortive Corporation)은 다양한 산업에 고객사가 원하는 각종 솔루션을 제공하는 업체이다. 회사는 2015년에 설립되었고 본사는 워싱턴주 에버렛에 있으며 24,000여 명의 직원이 근무하고 있다. 다양한 시장을 대상으로 전문적이고 고도화된 제품, 소프트웨어 및 서비스를 설계, 개발, 제조 및 판매하고 있다. 전류, 무선 주파수 신호, 거리, 압력 및 온도를 포함한 산업 애플리케이션의 다양한 물리적 매개 변수를 측정하고 모니터링함으로써 실용적인 정보를 만드는데 필요한 필수 소프트웨어를 제공하고 있다. 이를 통해 전 세계의 제조, 수리 및 운송 시장을 위한 기술 장비, 소프트웨어 통합 솔루션을 제공하고 있다.

기준일 : 2018/ 01 /25

한글 회사명 : 포티브 코퍼레이션
영문 회사명 : Fortive Corporation
상장일 : 2016년 06월 13일 | 결산월 : 12월
시가총액 : 260 (억$) |
52주 최고 : $76.68 (-0.61%) / 52주 최저 : $54.09 (+40.89%)

주요 주주정보

보유자/ 보유 기관	보유율
T. Rowe Price Associates, Inc.	9.36%
RALES STEPHEN M	6.19%
The Vanguard Group, Inc.	5.92%

애널리스트 추천 및 최근 투자의견

포티브 코퍼레이션의 2018년 01월 25일 현재 20개 기관의 **평균적인 목표가는 78.69$**이며, 2018년 추정 주당순이익(EPS)은 3.27$로 2017년 추정 EPS 2.86$에 비해 **14.33% 증가할 것으로 예상**된다.

최근, 1개월, 3개월의 투자 의견 변화

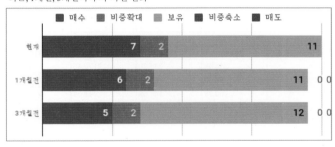

투자의견	금융사 및 투자의견	날짜
Initiated	UBS: to Buy	1/23/2018
Upgrade	Argus: Hold to Buy	1/12/2017
Initiated	BMO Capital: to Outperform	11/15/2017
Maintains	Citigroup: to Neutral	10/30/2017
Maintains	Citigroup: to Neutral	10/27/2017

내부자 거래

(3M 비중은 12개월 거래 중 최근 3개월의 비중)

구분	성격	3개월	12개월	3M비중
매수	매수 건수 (장내 매매만 해당)	12	20	60.00%
매도	매도 건수 (장내 매매만 해당)	17	50	34.00%
매수	매수 수량 (장내 매매만 해당)	247,924	292,168	84.86%
매도	매도 수량 (장내 매매만 해당)	50,957	369,031	13.81%
	순매수량 (-인 경우 순매도량)	196,967	-76,863	

ETF 노출

(편입 ETF 수 : 85개 / 시가총액 대비 ETF의 보유비중 : 8.53%)

티커	ETF	보유 지분	비중
VTI	Vanguard Total Stock Market ETF	$562,589,989	0.08%
VOO	Vanguard 500 Index Fund	$390,097,436	0.09%
SPY	SPDR S&P 500 ETF Trust	$285,406,735	0.09%
VUG	Vanguard Growth ETF	$157,189,609	0.20%
XLI	Industrial Select Sector SPDR Fund	$152,736,813	0.98%

기간 수익률

1M : 3.46%	3M : 7.49%	6M : 17.88%	1Y : 36.75%

재무 지표

	2014	2015	2016	2017(E)
매출액 (백만$)	6,337	6,179	6,224	6,621
영업이익 (백만$)	1,273	1,294	1,268	1,385
순이익 (백만$)	883	864	872	998
자산총계 (백만$)	7,356	7,211	8,190	9,522
자본총계 (백만$)	5,233	5,183	2,691	
부채총계 (백만$)	2,123	2,028	5,499	

안정성 비율	2013	2014	2015	2016
유동비율 (%)	129.61	131.00	120.45	169.70
부채비율 (%)	41.27	40.58	39.13	204.34
이자보상배율 (배)				25.88

투자 지표

	2014	2015	2016	2017(E)
영업이익률 (%)	20.09	20.94	20.37	20.92
매출액 증가율 (%)	6.30	-2.50	0.74	6.38
EPS ($)	2.57	2.51	2.52	2.86
EPS 증가율 (%)	7.88	-3.85	0.00	13.32
주당자산가치($)	15.19	15.04	7.77	10.29
잉여현금흐름 (백만$)	844	889	1,007	1,001

	2013	2014	2015	2016
배당성향(%)				5.60
배당수익률(%)				0.26
ROE (%)	32.44	17.07	16.60	22.18
ROA (%)	11.48	12.11	11.86	11.33
재고회전율	24.11	12.60	11.95	11.66
EBITDA (백만$)	1,331	1,451	1,471	1,445

매출비중

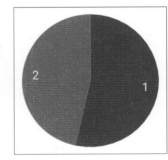

제품명	비중
1. 산업 기술	53.54%
2. 전문 계측	46.46%

GWW
더블유더블유 그레인져
WW Grainger, Inc.

섹터 산업재 (Industrials)
세부섹터 산업 기계 (Industrial Machinery)

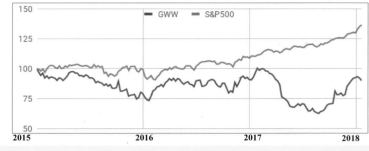

더블유더블유 그레인져(WW Grainger, Inc.)는 유지 보수, 수리 및 운영(MRO) 용품을 제조하는 업체이다. 회사는 1927년에 설립되었고 본사는 일리노이주 포레스트에 있으며 24,000명의 직원이 근무하고 있다. 캐나다, 유럽, 아시아 및 중남미의 기업 및 기관에서 사용하는 기타 관련 제품 및 서비스를 제공하고 있다. 미국과 캐나다 두 부문에서 주력 사업을 영위하고 있다. 회사는 자재 운반 장비, 안전 및 보안 용품, 조명 및 전기 제품, 전력 및 수공구, 펌프 및 배관 용품, 청소 및 유지 보수 용품, 건물 및 가정 검사 용품, 차량 및 차량 부품 및 기타 다양한 제품을 제공하고 있으며 재고 관리 솔루션 및 안전 및 산업용품을 다루고 있다. 회사는 중소기업, 대기업, 정부 기관 및 기타 기관에 서비스를 제공하고 있다. 다양한 지점, 판매 및 서비스 담당자, 정보 센터, 유통센터, 자료 및 카탈로그뿐만 아니라 웹사이트를 통해 제품을 판매하고 있다.

기준일 : 2018/ 01 /25

한글 회사명 : 더블유더블유그레인져
영문 회사명 : WW Grainger, Inc.
상장일 : 1972년 01월 21일 | 결산월 : 12월
시가총액 : 163 (억$) |
52주 최고 : $269.33 (-2.59%) / 52주 최저 : $155 (+69.24%)

주요 주주정보

보유자/ 보유 기관	보유율
The Vanguard Group, Inc.	10.18%
Longview Partners LLP	8.78%
SLAVIK JAMES D	6.72%

애널리스트 추천 및 최근 투자의견

더블유더블유 그레인져의 2018년 01월 25일 현재 22개 기관의 **평균적인 목표가는 250.47$**이며, 2018년 추정 주당순이익(EPS)은 15.47$로 2017년 추정 EPS 13.49$에 비해 **14.67% 증가할 것으로 예상**된다.

최근, 1개월, 3개월의 투자 의견 변화

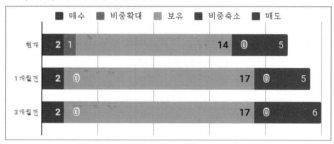

투자의견	금융사 및 투자의견	날짜
Maintains	BMO Capital: Market Perform to Market Perform	1/25/2018
Maintains	Wells Fargo: to Market Perform	1/25/2018
Maintains	Credit Suisse: Underperform to Underperform	1/25/2018
Maintains	Oppenheimer: Outperform to Outperform	1/25/2018
Downgrade	UBS: Neutral to Sell	10/19/2017

재무 지표

	2014	2015	2016	2017(E)
매출액 (백만$)	9,965	9,973	10,137	10,357
영업이익 (백만$)	1,424	1,377	1,206	1,113
순이익 (백만$)	792	761	601	628
자산총계 (백만$)	5,284	5,858	5,694	5,802
자본총계 (백만$)	3,284	2,353	1,906	
부채총계 (백만$)	2,000	3,505	3,789	

안정성 비율	2013	2014	2015	2016
유동비율 (%)	254.58	235.20	170.46	185.41
부채비율 (%)	58.30	60.90	148.98	198.79
이자보상배율 (배)	100.78	141.08	41.03	18.18

투자 지표

	2014	2015	2016	2017(E)
영업이익률 (%)	14.29	13.81	11.90	10.74
매출액 증가율 (%)	5.59	0.09	1.64	2.17
EPS ($)	11.59	11.69	9.94	10.73
EPS 증가율 (%)	2.56	0.86	-15.39	7.89
주당자산가치($)	47.60	36.54	30.57	31.55
잉여현금흐름 (백만$)	572	616	719	630

	2013	2014	2015	2016
배당성향(%)	32.26	36.42	39.60	48.90
배당수익률(%)	1.41	1.64	2.27	2.08
ROE (%)	25.04	24.53	27.81	29.55
ROA (%)	15.49	15.22	13.96	10.86
재고회전율	7.24	7.49	7.20	7.19
EBITDA (백만$)	1,513	1,632	1,605	1,455

내부자 거래

(3M 비중은 12개월 거래 중 최근 3개월의 비중)

구분	성격	3개월	12개월	3M비중
매수	매수 건수 (장내 매매만 해당)	1	1	100.00%
매도	매도 건수 (장내 매매만 해당)	2	10	20.00%
매수	매수 수량 (장내 매매만 해당)	195	195	100.00%
매도	매도 수량 (장내 매매만 해당)	9,258	57,696	16.05%
	순매수량 (-인 경우 순매도량)	-9,063	-57,501	

ETF 노출

(편입 ETF 수 : 92개 / 시가총액 대비 ETF의 보유비중 : 15.63%)

티커	ETF	보유 지분	비중
VO	Vanguard Mid-Cap ETF	$377,711,018	0.38%
VTI	Vanguard Total Stock Market ETF	$371,656,324	0.05%
SDY	SPDR S&P Dividend (ETF)	$271,309,700	1.62%
VOO	Vanguard 500 Index Fund	$252,513,708	0.06%
SPY	SPDR S&P 500 ETF Trust	$184,627,166	0.06%

매출비중

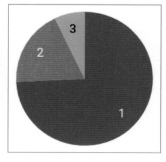

제품명	비중
1. 공구-미국	
	74.21%
2. 기타 사업	
	18.55%
3. 공구-캐나다	
	7.24%

기간 수익률

1M : 0.03%	3M : 36.16%	6M : 39.47%	1Y : -6.66%	3Y : -4.65%

IR
인저솔 랜드
Ingersoll-Rand PLC

섹터 산업재 (Industrials)
세부섹터 산업 기계 (Industrial Machinery)

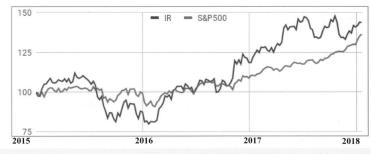

인저솔 랜드(Ingersoll-Rand plc)는 산업 및 상업 제품을 설계, 제조, 판매, 서비스하는 업체이다. 회사는 1872년 설립되었고 본사는 아일랜드 스위즈에 있으며 45,000명의 직원이 근무하고 있다. 회사의 사업 부문은 기후 및 산업 부문으로 나누어진다. 기후 부문은 건물 관리, 버스, 제어, 컨테이너 및 극저온 냉동, 패키지 가열 및 냉각, 철도 및 자가 동력 트럭 냉동, 임시 난방 및 냉각, 트레일러 냉동 관련 제품들을 다루고 있으며 애프터 마켓 및 OEM 부품도 생산하고 있다. 기후 부문은 에어컨, 공기 교환기 및 터미널 장치, 가습기, 실내 공기 향상 관련 제품 등을 제공하며 설치 계약, 임대, 수리 및 유지 보수 서비스를 제공하고 있다. 미국 내 다양한 영업 사무소 및 딜러를 통한 판매를 지원하고 있다.

기준일 : 2018/ 01 /25

한글 회사명 : 인저솔 랜드
영문 회사명 : Ingersoll-Rand PLC
상장일 : 1972년 01월 21일 | 결산월 : 12월
시가총액 : 229 (억$) |

52주 최고 : $96.23 (-3.99%) / 52주 최저 : $77 (+19.98%)

주요 주주정보

보유자/ 보유 기관	보유율
The Vanguard Group, Inc.	6.53%
BlackRock Fund Advisors	5.45%
SSgA Funds Management, Inc.	4.6%

애널리스트 추천 및 최근 투자의견

인저솔 랜드의 2018년 01월 25일 현재 21개 기관의 **평균적인 목표가는 100.5$**이며, 2018년 추정 주당순이익(EPS)은 5.18$로 2017년 추정 EPS 4.5$에 비해 **15.11% 증가**할 것으로 예상된다.

최근, 1개월, 3개월의 투자 의견 변화

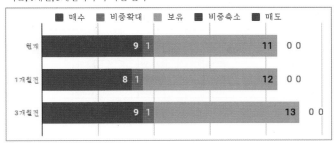

투자의견	금융사 및 투자의견	날짜
Initiated	UBS: to Buy	1/23/2018
Upgrade	Goldman Sachs: Neutral to Buy	8/12/2017
Downgrade	Morgan Stanley: Overweight to Equal-Weight	10/27/2017
Maintains	Stifel Nicolaus: to Buy	10/26/2017
Downgrade	Bank of America: Buy to Neutral	10/17/2017

내부자 거래

(3M 비중은 12개월 거래 중 최근 3개월의 비중)

구분	성격	3개월	12개월	3M비중
매수	매수 건수 (장내 매매만 해당)	16	26	61.54%
매도	매도 건수 (장내 매매만 해당)	38	60	63.33%
매수	매수 수량 (장내 매매만 해당)	228,071	253,789	89.87%
매도	매도 수량 (장내 매매만 해당)	383,650	491,491	78.06%
	순매수량 (-인 경우 순매도량)	-155,579	-237,702	

ETF 노출 (편입 ETF 수 : 80개 / 시가총액 대비 ETF의 보유비중 : 8.95%)

티커	ETF	보유 지분	비중
VTI	Vanguard Total Stock Market ETF	$552,894,877	0.08%
VOO	Vanguard 500 Index Fund	$391,836,083	0.09%
SPY	SPDR S&P 500 ETF Trust	$289,807,721	0.10%
IVV	iShares S&P 500 Index (ETF)	$145,239,931	0.09%
XLI	Industrial Select Sector SPDR Fund	$136,640,456	0.88%

기간 수익률

1M : 4.81%	3M : 1.66%	6M : -0.8%	1Y : 15.62%	3Y : 47.56%

재무 지표

	2014	2015	2016	2017(E)
매출액 (백만$)	12,891	13,301	13,509	14,080
영업이익 (백만$)	1,421	1,494	1,603	1,738
순이익 (백만$)	897	689	1,443	1,156
자산총계 (백만$)	17,299	16,718	17,397	17,210
자본총계 (백만$)	6,045	5,879	6,718	
부채총계 (백만$)	11,253	10,838	10,679	

안정성 비율	2013	2014	2015	2016
유동비율 (%)	167.71	155.69	126.34	155.40
부채비율 (%)	147.61	186.14	184.35	158.96
이자보상배율 (배)	4.80	6.37	6.72	7.25

투자 지표

	2014	2015	2016	2017(E)
영업이익률 (%)	11.02	11.23	11.87	12.34
매출액 증가율 (%)	4.38	3.18	1.57	4.23
EPS ($)	3.44	3.09	5.70	4.51
EPS 증가율 (%)	63.03	-10.27	84.67	-20.97
주당자산가치($)	22.77	22.26	25.65	25.60
잉여현금흐름 (백만$)	789	602	1,318	1,101

	2013	2014	2015	2016
배당성향(%)	39.81	29.07	37.58	23.86
배당수익률(%)	1.36	1.58	2.10	1.81
ROE (%)	8.54	13.74	11.67	23.17
ROA (%)	3.54	5.24	4.16	8.56
재고회전율	9.98	10.21	9.60	9.66
EBITDA (백만$)	1,660	1,753	1,854	1,952

매출비중

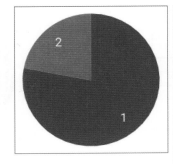

제품명	비중
1. 기후관리 장비	
	78.06%
2. 산업 장비	
	21.94%

ITW
일리노이 툴 웍스
Illinois Tool Works

섹터 산업재 (Industrials)
세부섹터 산업 기계 (Industrial Machinery)

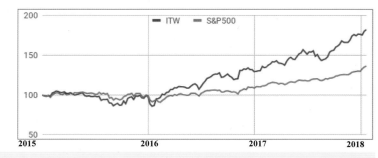

일리노이 툴 웍스(Illinois Tool Works Inc.)는 전 세계에 산업 제품 및 장비를 제조 및 판매하는 업체이다. 회사는 1912년에 설립되었고 본사는 일리노이주 글랜비에 있으며 50,000명의 직원이 근무하고 있다. 회사의 사업 부문은 다음과 같이 다섯 부문으로 나누어진다. 자동차 주문자 상표 부착방식 부문은 자동차 관련 응용 분야를 위한 플라스틱 및 금속 부품, 패스너 및 어셈블리를 생산하고 있다. 테스트 및 측정 및 전자제품 부문은 재료 및 구조의 테스트 및 측정을 위한 장비, 소모품 및 관련 소프트웨어를 제공하고 있으며 전자 서브 어셈블리 및 마이크로일렉트로닉스 생산에 사용되는 장비 및 소모품도 제공하고 있다. 식품 장비 부문은 상업적 식품 가공, 세제, 조리 및 냉동 장비를 제공하고 있다. 배기, 환기, 오염 제어 시스템 및 관련 서비스를 제공하고 있다. 폴리머 및 유체 부문은 접착제, 실런트, 윤활 및 절삭유, 자동차 애프터 마켓 유지 보수 및 외관을 위한 유체 및 폴리머를 생산하고 있다. 음료 포장 장비 및 소모품, 제품 코딩 및 마킹 장비 소모품 등의 장치를 판매하고 있다.

기준일 : 2018/ 01 /25
한글 회사명 : 일리노이 툴 웍스
영문 회사명 : Illinois Tool Works Inc.
상장일 : 1972년 10월 26일 | 결산월 : 12월
시가총액 : 599 (억$) |
52주 최고 : $177.65 (-0.41%) / 52주 최저 : $123.86 (+42.83%)

주요 주주정보

보유자/ 보유 기관	보유율
Briar Hall Management LLC	7.57%
State Farm Investment Management Corp.	6.76%
The Vanguard Group, Inc.	6.67%

애널리스트 추천 및 최근 투자의견

일리노이 툴 웍스의 2018년 01월 25일 현재 20개 기관의 **평균적인 목표가는 182.17$**이며, 2018년 추정 주당순이익(EPS)은 8.35$로 2017년 추정 EPS 7.65$에 비해 **9.15% 증가**할 것으로 예상된다.

최근, 1개월, 3개월의 투자 의견 변화

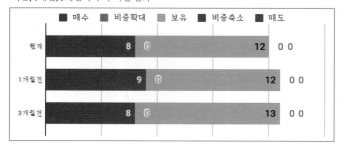

투자의견	금융사 및 투자의견	날짜
Maintains	Citigroup: Buy to Buy	1/25/2018
Maintains	BMO Capital: Market Perform	1/25/2018
Maintains	Wells Fargo: to Outperform	1/25/2018
Maintains	Credit Suisse: Neutral to Neutral	1/25/2018
Maintains	JP Morgan: Neutral to Neutral	1/25/2018

내부자 거래

구분	성격	3개월	12개월	3M비중
매수	매수 건수 (장내 매매만 해당)	6	31	19.35%
매도	매도 건수 (장내 매매만 해당)	13	30	43.33%
매수	매수 수량 (장내 매매만 해당)	851	19,000	4.48%
매도	매도 수량 (장내 매매만 해당)	45,366	496,626	9.13%
	순매수량 (-인 경우 순매도량)	-44,515	-477,626	

(3M 비중은 12개월 거래 중 최근 3개월의 비중)

ETF 노출
(편입 ETF 수 : 94개 / 시가총액 대비 ETF의 보유비중 : 9.13%)

티커	ETF	보유 지분	비중
VTI	Vanguard Total Stock Market ETF	$1,229,131,106	0.18%
VOO	Vanguard 500 Index Fund	$922,222,191	0.22%
SPY	SPDR S&P 500 ETF Trust	$678,924,786	0.23%
VIG	Vanguard Dividend Appreciation ETF	$526,388,221	1.46%
IVV	iShares S&P 500 Index (ETF)	$341,789,336	0.22%

기간 수익률

1M : 4.38%	3M : 18.38%	6M : 17.06%	1Y : 39.34%	3Y : 84.82%

재무 지표

	2014	2015	2016	2017(E)
매출액 (백만$)	14,484	13,405	13,599	14,229
영업이익 (백만$)	2,891	2,869	3,064	3,438
순이익 (백만$)	1,890	1,899	2,035	2,308
자산총계 (백만$)	17,678	15,729	15,201	16,133
자본총계 (백만$)	6,824	5,228	4,259	
부채총계 (백만$)	10,854	10,501	10,942	

안정성 비율	2013	2014	2015	2016
유동비율 (%)	162.68	228.59	283.78	221.85
부채비율 (%)	105.64	159.06	200.86	256.92
이자보상배율 (배)	10.53	11.56	12.69	12.93

투자 지표

	2014	2015	2016	2017(E)
영업이익률 (%)	19.96	21.40	22.53	24.16
매출액 증가율 (%)	2.47	-7.45	1.45	4.63
EPS ($)	7.33	5.16	5.73	6.67
EPS 증가율 (%)	94.95	-29.60	11.05	16.46
주당자산가치($)	17.81	14.36	12.26	14.69
잉여현금흐름 (백만$)	1,255	2,015	2,196	2,253

	2013	2014	2015	2016
배당성향(%)	42.78	24.86	40.35	42.11
배당수익률(%)	1.90	1.91	2.23	1.96
ROE (%)	16.09	22.88	31.54	42.94
ROA (%)	8.30	10.04	11.37	13.16
재고회전율	9.70	11.65	11.57	12.34
EBITDA (백만$)	3,036	3,395	3,344	3,534

매출비중

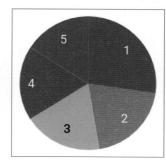

제품명	비중
1. 자동차 OEM	21.06%
2. 식품 장비	15.52%
3. 테스트 및 측정 전자	14.52%
4. 특산품	13.86%
5. 폴리머 및 유체	12.43%

PH
파커 하니핀 코퍼레이션
Parker-Hannifin Corporation

섹터 산업재 (Industrials)
세부섹터 산업 기계 (Industrial Machinery)

산
업
재

파커 하니핀 코퍼레이션(Parker-Hannifin Corporation)은 모바일, 산업, 항공우주 시장에서 모션, 제어 기술과 시스템을 제조 및 판매하는 업체이다. 회사는 1918년에 설립되었고 본사는 오하이오주 클리블랜드에 있으며 56,000명의 직원이 근무하고 있다. 회사의 사업 부문은 다각화된 산업 부문 및 항공 우주 시스템 두 부문으로 나누어진다. 다각화된 산업 부문은 정적 및 동적 밀봉 장치를 제공하고 있다. 공기, 오일, 물 및 기타 액체 및 가스로부터 오염 물질을 모니터링 및 제거하는 필터, 시스템 및 진단솔루션 등이 있다. 제조, 포장, 가공, 운송, 모바일 건설, 냉동 및 공조, 농업 및 군사 기계 및 장비 산업에서 제조업체 및 교체 시장에 제품을 판매하고 있다. 항공 우주 시스템 부문은 제어 작동 시스템 및 구성 요소, 엔진 시스템 및 구성 요소, 유체 전달 시스템 및 구성 요소, 연료 시스템 및 구성 요소, 연료 탱크 삽입 시스템, 유압 시스템 및 구성 요소를 비롯한 상업용 및 군사용 기체 엔진 프로그램용 제품을 제공하고 있다.

기준일 : 2018/ 01 /25

한글 회사명 : 파커 하니핀 코퍼레이션
영문 회사명 : Parker-Hannifin Corporation
상장일 : 1972년 01월 21일 | 결산월 : 6월
시가총액 : 276 (억$) |

52주 최고 : $212.8 (-1.1%) / 52주 최저 : $142.73 (+47.44%)

주요 주주정보

보유자/ 보유 기관	보유율
The Vanguard Group, Inc.	6.5%
BlackRock Fund Advisors	4.8%
Capital Research & Management Co.	4.34%

애널리스트 추천 및 최근 투자의견

파커 하니핀 코퍼레이션'의 2018년 01월 25일 현재 20개 기관의 **평균적인 목표가는 213.11$**이며, 2018년 추정 주당순이익(EPS)은 11.03$로 2017년 추정 EPS 9.86$에 비해 **11.86% 증가할 것으로 예상**된다.

최근, 1개월, 3개월의 투자 의견 변화

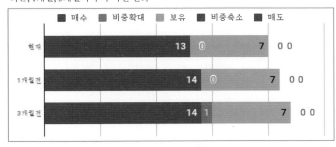

투자의견	금융사 및 투자의견	날짜
Initiated	Goldman: to Buy	3/13/2017
Upgrade	JP Morgan: Neutral to Overweight	2/22/2017
Upgrade	BofA/Merrill: Neutral to Buy	2/15/2017
Upgrade	Argus: Hold to Buy	7/2/2017
Upgrade	BMO Capital Markets: Outperform	1/13/2017

내부자 거래

(3M 비중은 12개월 거래 중 최근 3개월의 비중)

구분	성격	3개월	12개월	3M비중
매수	매수 건수 (장내 매매만 해당)	0	30	0.00%
매도	매도 건수 (장내 매매만 해당)	6	63	9.52%
매수	매수 수량 (장내 매매만 해당)	0	124,239	0.00%
매도	매도 수량 (장내 매매만 해당)	52,259	276,858	18.88%
	순매수량 (-인 경우 순매도량)	-52,259	-152,619	

ETF 노출
(편입 ETF 수 : 84개 / 시가총액 대비 ETF의 보유비중 : 9.16%)

티커	ETF	보유 지분	비중
VTI	Vanguard Total Stock Market ETF	$663,997,704	0.10%
VOO	Vanguard 500 Index Fund	$470,979,284	0.11%
SPY	SPDR S&P 500 ETF Trust	$341,962,089	0.11%
XLI	Industrial Select Sector SPDR Fund	$207,070,536	1.33%
IVV	iShares S&P 500 Index (ETF)	$174,767,259	0.11%

기간 수익률

1M : 8.58%	3M : 24.3%	6M : 28.19%	1Y : 48%	3Y : 75.78%

재무 지표

	2014	2015	2016	2017(E)
매출액 (백만$)	13,216	12,712	11,361	12,046
영업이익 (백만$)	1,489	1,546	1,275	1,613
순이익 (백만$)	1,041	1,012	807	1,076
자산총계 (백만$)	13,274	12,295	12,057	15,120
자본총계 (백만$)	6,663	5,108	4,579	
부채총계 (백만$)	6,612	7,187	7,478	

안정성 비율	2013	2014	2015	2016
유동비율 (%)	157.13	186.66	237.57	220.12
부채비율 (%)	118.43	99.23	140.72	163.32
이자보상배율 (배)	15.16	18.10	13.09	9.34

투자 지표

	2014	2015	2016	2017(E)
영업이익률 (%)	11.27	12.16	11.22	13.39
매출액 증가율 (%)	1.54	-3.82	-10.63	6.03
EPS ($)	6.98	7.08	5.96	7.92
EPS 증가율 (%)	9.75	1.43	-15.82	32.91
주당자산가치($)	44.72	36.84	34.14	36.09
잉여현금흐름 (백만$)	1,172	1,086	1,020	1,005

	2013	2014	2015	2016
배당성향(%)	27.16	27.07	34.00	42.78
배당수익률(%)	1.78	1.48	2.04	2.33
ROE (%)	17.84	16.79	17.21	16.67
ROA (%)	8.00	8.07	7.92	6.63
재고회전율	9.37	9.61	9.51	9.18
EBITDA (백만$)	1,723	1,826	1,863	1,582

매출비중

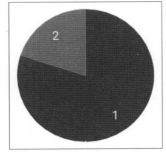

제품명	비중
1. 산업 장비	
	80.1%
2. 항공 우주 시스템	
	19.9%

PNR
펜타이어
Pentair PLC

섹터 산업재 (Industrials)
세부섹터 산업 기계 (Industrial Machinery)

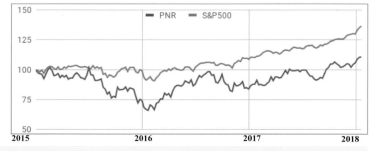

펜타이어(Pentair plc)는 미국, 유럽 및 국제적으로 다양한 산업 제품을 생산하는 업체이다. 회사는 1966년에 설립되었고 본사는 미네소타주 아덴 힐스에 있으며 30,000명의 직원이 근무하고 있다. 회사의 사업 부문은 물, 전기, 기타 세 부문으로 나누어진다. 물 부분은 농업, 수산 양식, 식품 서비스, 식음료 가공, 수영장, 물 공급 및 처리 및 다양한 산업 응용 분야의 여과, 분리, 흐름 및 수질 관리 문제를 해결할 수 있는 제품 및 솔루션을 설계, 제조, 서비스하고 있다. 전기 부분은 민감한 장비를 보호하는 제품은 물론 온도에 민감한 유체 애플리케이션에 열 보호 기능을 제공하도록 설계된 열 관리 솔루션과 전기, 기계 및 민간 분야의 전기 및 고정 제품을 설계, 제조, 서비스를 하고 있다. 기타 부문은 보험 자회사 및 중개 금융 회사로 구성되어 있다.

기준일 : 2018/ 01 /25

한글 회사명 : 펜타이어
영문 회사명 : Pentair PLC
상장일 : 1972년 02월 14일 | 결산월 : 12월
시가총액 : 133 (억$) |
52주 최고 : $74.84 (-1.77%) / 52주 최저 : $57.44 (+27.97%)

주요 주주정보

보유자/ 보유 기관	보유율
The Vanguard Group, Inc.	8.77%
Trian Fund Management LP	8.49%
SSgA Funds Management, Inc.	5.39%

애널리스트 추천 및 최근 투자의견

펜타이어의 2018년 01월 25일 현재 19개 기관의 **평균적인 목표가는 73.71$**이며, 2018년 추정 주당순이익(EPS)은 3.93$로 2017년 추정 EPS 3.53$에 비해 **11.33% 증가할 것으로 예상**된다.

최근, 1개월, 3개월의 투자 의견 변화

투자의견	금융사 및 투자의견	날짜
Initiated	UBS: to Sell	1/23/2018
Maintains	BMO Capital: to Market Perform	10/25/2017
Maintains	Baird: to Neutral	10/25/2017
Maintains	Stifel Nicolaus: to Hold	10/25/2017
Maintains	Morgan Stanley: to Overweight	2/10/2017

내부자 거래

(3M 비중은 12개월 거래 중 최근 3개월의 비중)

구분	성격	3개월	12개월	3M비중
매수	매수 건수 (장내 매매만 해당)	0	7	0.00%
매도	매도 건수 (장내 매매만 해당)	32	49	65.31%
매수	매수 수량 (장내 매매만 해당)	0	1,265,088	0.00%
매도	매도 수량 (장내 매매만 해당)	51,191	649,406	7.88%
	순매수량 (-인 경우 순매도량)	-51,191	615,682	

ETF 노출 (편입 ETF 수 : 65개 / 시가총액 대비 ETF의 보유비중 : 12.86%)

티커	ETF	보유 지분	비중
VO	Vanguard Mid-Cap ETF	$293,713,444	0.30%
VTI	Vanguard Total Stock Market ETF	$288,951,118	0.04%
VOO	Vanguard 500 Index Fund	$207,349,238	0.05%
SPY	SPDR S&P 500 ETF Trust	$152,226,828	0.05%
SDY	SPDR S&P Dividend (ETF)	$141,571,253	0.84%

기간 수익률

1M : 8.52%	3M : 14.52%	6M : 14.21%	1Y : 25.81%	3Y : 14.73%

재무 지표

	2014	2015	2016	2017(E)
매출액 (백만$)	7,039	4,616	4,890	4,909
영업이익 (백만$)	940	657	739	898
순이익 (백만$)	607	397	452	649
자산총계 (백만$)	10,655	11,834	11,535	9,061
자본총계 (백만$)	4,664	4,009	4,254	
부채총계 (백만$)	5,991	7,825	7,280	

안정성 비율	2013	2014	2015	2016
유동비율 (%)	200.73	176.52	186.86	181.62
부채비율 (%)	88.87	128.47	195.19	171.13
이자보상배율 (배)	11.38	13.00	6.17	4.98

투자 지표

	2014	2015	2016	2017(E)
영업이익률 (%)	13.35	14.23	15.11	18.29
매출액 증가율 (%)	0.56	-34.42	5.93	0.39
EPS ($)	3.15	-0.39	2.88	3.53
EPS 증가율 (%)	17.87	-112.27	844.18	22.83
주당자산가치($)	25.56	22.21	23.41	27.93
잉여현금흐름 (백만$)	879	648	744	577

	2013	2014	2015	2016
배당성향(%)	36.54	35.48		47.04
배당수익률(%)	1.24	1.66	2.58	2.39
ROE (%)	16.79	11.28	9.16	10.93
ROA (%)		5.42	3.53	3.87
재고회전율	11.71	6.05	5.45	8.98
EBITDA (백만$)	1,132	1,193	806.7	919.5

매출비중

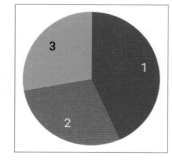

제품명	비중
1. 기술 솔루션	
	43.27%
2. 수질 관리 시스템	
	29.21%
3. 흐름 및 여과 솔루션	
	27.88%
4. 기타	
	-0.35%

XYL
자일렘
Xylem Inc.

섹터 산업재 (Industrials)
세부섹터 산업 기계 (Industrial Machinery)

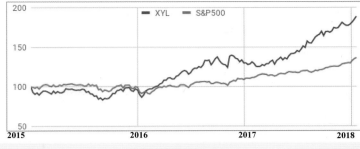

산
업
재

자일렘(Xylem Inc.)은 공공, 주거, 상업, 농업 및 산업 환경에서 물을 운송, 취급, 테스트하고 효율적으로 사용할 수 있도록 하는 미국의 대형 수처리 기술 업체이다. 회사는 2011년에 설립되었고 본사는 뉴욕주 라이브룩에 있으며 16,000명의 직원이 근무하고 있다. 회사는 아이티티 코퍼레이션(ITT Corporation)의 수자원 관련 사업을 회사분할을 통하여 설립되었다. 회사는 깨끗한 물 공급, 폐수 운송 및 처리, 탈수 및 분석 장비를 제공하는 사업으로 구성된 수처리 인프라 부문, 주거용 및 상업용 건물, 산업용 및 농업용으로 펌프, 밸브, 열 교환 컨트롤, 분배 시스템의 응용 수처리 부문, 스마트 미터기, 네트워크 커뮤니케이션 소프트웨어, 데이터 분석 사업인 센서스 부문 등 세 부문에 집중하고 있다.

기준일 : 2018/ 01 /25

한글 회사명 : 자일렘
영문 회사명 : Xylem Inc.
상장일 : 2011년 10월 13일 | 결산월 : 12월
시가총액 : 132 (억$) |
52주 최고 : $75.16 (-3.44%) / 52주 최저 : $46.67 (+55.49%)

주요 주주정보

보유자/ 보유 기관	보유율
The Vanguard Group, Inc.	9.85%
T. Rowe Price Associates, Inc.	5.81%
BlackRock Fund Advisors	4.82%

애널리스트 추천 및 최근 투자의견

자일렘의 2018년 01월 25일 현재 19개 기관의 **평균적인 목표가는 73.18$**이며, 2018년 추정 주당순이익(EPS)은 2.82$로 2017년 추정 EPS 2.4$에 비해 **17.5% 증가할 것으로 예상**된다.

최근, 1개월, 3개월의 투자 의견 변화

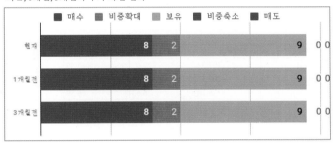

투자의견	금융사 및 투자의견	날짜
Maintains	Oppenheimer: to Outperform	11/1/2017
Maintains	BMO Capital: to Outperform	11/1/2017
Maintains	BMO Capital: to Outperform	8/2/2017
Maintains	Oppenheimer: to Outperform	7/12/2017
Initiated	BMO Capital: to Outperform	6/21/2017

내부자 거래

(3M 비중은 12개월 거래 중 최근 3개월의 비중)

구분	성격	3개월	12개월	3M비중
매수	매수 건수 (장내 매매만 해당)	10	20	50.00%
매도	매도 건수 (장내 매매만 해당)	24	38	63.16%
매수	매수 수량 (장내 매매만 해당)	42,564	68,792	61.87%
매도	매도 수량 (장내 매매만 해당)	135,961	327,586	41.50%
	순매수량 (-인 경우 순매도량)	-93,397	-258,794	

ETF 노출   (편입 ETF 수 : 86개 / 시가총액 대비 ETF의 보유비중 : 13.64%)

티커	ETF	보유 지분	비중
VO	Vanguard Mid-Cap ETF	$322,820,613	0.32%
VTI	Vanguard Total Stock Market ETF	$317,518,344	0.05%
VOO	Vanguard 500 Index Fund	$225,318,329	0.05%
SPY	SPDR S&P 500 ETF Trust	$164,312,579	0.05%
VUG	Vanguard Growth ETF	$88,697,734	0.11%

기간 수익률

1M : 6.42%	3M : 13.6%	6M : 24.8%	1Y : 46.57%	3Y : 108.61%

재무 지표

	2014	2015	2016	2017(E)
매출액 (백만$)	3,921	3,672	3,769	4,703
영업이익 (백만$)	495	473	462	633
순이익 (백만$)	337	340	260	435
자산총계 (백만$)	4,864	4,657	6,474	6,761
자본총계 (백만$)	2,127	2,084	2,207	
부채총계 (백만$)	2,737	2,573	4,267	

안정성 비율	2013	2014	2015	2016
유동비율 (%)	235.52	231.50	243.62	148.55
부채비율 (%)	118.47	128.68	123.46	193.34
이자보상배율 (배)	8.27	9.17	8.60	6.60

투자 지표

	2014	2015	2016	2017(E)
영업이익률 (%)	12.62	12.88	12.26	13.47
매출액 증가율 (%)	2.24	-6.35	2.64	24.78
EPS ($)	1.84	1.88	1.45	2.40
EPS 증가율 (%)	46.34	5.56	-23.68	65.31
주당자산가치($)	11.67	11.68	12.21	
잉여현금흐름 (백만$)	297	347	373	443

	2013	2014	2015	2016
배당성향(%)	38.00	28.00	30.12	42.90
배당수익률(%)	1.35	1.34	1.54	1.25
ROE (%)	10.57	15.43	16.15	12.17
ROA (%)	4.76	6.91	7.14	4.67
재고회전율	8.36	8.16	7.99	7.89
EBITDA (백만$)	605.00	637.00	606.00	613.00

매출비중

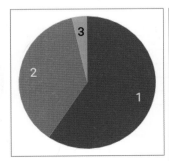

제품명	비중
1. 수자원 인프라	
	59.56%
2. 수자원 활용	
	36.94%
3. 센서스 브랜드	
	3.5%

CSX
씨에스엑스
CSX Corporation

섹터 산업재 (Industrials)
세부섹터 철도 (Railroads)

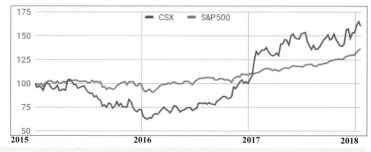

씨에스엑스(CSX Corporation)는 미국과 캐나다에서 철도 기반 운송 서비스를 제공하는 업체이다. 회사는 1978년에 설립되었고 본사는 플로리다주 잭슨빌에 있으며 27,000명의 직원이 근무하고 있다. 회사는 철도 운송 서비스뿐만 아니라 복합 운송 컨테이너 및 트레일러 운송도 제공하고 있다. 농업, 식품, 비료, 화학제품, 금속 및 장비, 광물 등을 운송하고 있으며 석탄, 코크스 및 철광석을 전기 발전소, 철강 제조업체 및 산업 플랜트에 공급하고 있다. 회사는 화물적재가 어려운 심해항만 등의 시설로 석탄을 운반하고 있다. 미국 동부의 컨테이너에서 약 50개의 터미널을 통해 운송 서비스를 제공하고 있다. 회사는 플라스틱 및 에탄올을 포함하는 철도에서 트럭으로 제품을 인도하는 서비스를 하여 고객들을 연결하고 있다. 각종 부동산의 취득, 개발, 판매, 리스, 관리 사업도 영위하고 있다.

기준일 : 2018/ 01 /25
한글 회사명 : 씨에스엑스
영문 회사명 : CSX Corp.
상장일 : 1979년 09월 17일 | 결산월 : 12월
시가총액 : 502 (억$) |
52주 최고 : $60.04 (-5.56%) / 52주 최저 : $45.41 (+24.86%)

주요 주주정보

보유자/ 보유 기관	보유율
Capital Research & Management Co.	10.93%
The Vanguard Group, Inc.	7.48%
Mantle Ridge LP	4.78%

애널리스트 추천 및 최근 투자의견

씨에스엑스의 2018년 01월 25일 현재 27개 기관의 **평균적인 목표가는 63.02$**이며, 2018년 추정 주당순이익(EPS)은 3.61$로 2017년 추정 EPS 3.08$에 비해 **17.2% 증가할 것으로 예상**된다.

최근, 1개월, 3개월의 투자 의견 변화

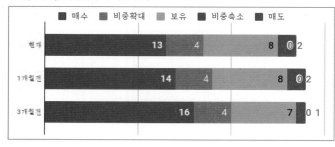

투자의견	금융사 및 투자의견	날짜
Downgrade	Scotiabank: to Sector Perform	1/12/2018
Initiated	Goldman Sachs: to Sell	11/13/2017
Maintains	Credit Suisse: to Outperform	10/18/2017
Maintains	Barclays: to Overweight	10/18/2017
Downgrade	Wells Fargo: Outperform to Market Perform	10/16/2017

내부자 거래

(3M 비중은 12개월 거래 중 최근 3개월의 비중)

구분	성격	3개월	12개월	3M비중
매수	매수 건수 (장내 매매만 해당)	18	29	62.07%
매도	매도 건수 (장내 매매만 해당)	7	13	53.85%
매수	매수 수량 (장내 매매만 해당)	46,409	1,707,874	2.72%
매도	매도 수량 (장내 매매만 해당)	4,837	22,106	21.88%
	순매수량 (-인 경우 순매도량)	41,572	1,685,768	

ETF 노출 (편입 ETF 수 : 89개 / 시가총액 대비 ETF의 보유비중 : 10%)

티커	ETF	보유 지분	비중
VTI	Vanguard Total Stock Market ETF	$1,152,606,243	0.17%
VOO	Vanguard 500 Index Fund	$860,164,027	0.21%
SPY	SPDR S&P 500 ETF Trust	$629,333,757	0.21%
VIG	Vanguard Dividend Appreciation ETF	$452,747,954	1.26%
QQQ	PowerShares QQQ Trust, Series 1 (ETF)	$391,657,577	0.63%

기간 수익률

1M : 8.61%	3M : 9.54%	6M : 11.24%	1Y : 29.68%	3Y : 64.91%

재무 지표

	2014	2015	2016	2017(E)
매출액 (백만$)	12,669	11,811	11,069	11,408
영업이익 (백만$)	3,613	3,584	3,504	3,667
순이익 (백만$)	1,926	1,967	1,713	5,471
자산총계 (백만$)	33,053	35,471	36,036	36,349
자본총계 (백만$)	11,176	11,668	11,694	
부채총계 (백만$)	21,877	23,803	24,342	

안정성 비율	2013	2014	2015	2016
유동비율 (%)	107.34	122.07	145.49	121.91
부채비율 (%)	202.57	195.75	204.00	208.16
이자보상배율 (배)	6.10	6.63	6.59	6.05

투자 지표

	2014	2015	2016	2017(E)
영업이익률 (%)	28.52	30.34	31.66	32.10
매출액 증가율 (%)	5.35	-6.77	-6.28	3.06
EPS ($)	1.93	2.00	1.81	5.99
EPS 증가율 (%)	5.46	3.63	-9.50	230.94
주당자산가치($)	11.25	12.07	12.58	13.15
잉여현금흐름 (백만$)	894	808	643	1,432

	2013	2014	2015	2016
배당성향(%)	32.24	32.81	35.00	39.78
배당수익률(%)	2.05	1.74	2.70	2.00
ROE (%)	19.16	17.80	17.25	14.68
ROA (%)	5.98	5.94	5.74	4.79
재고회전율	45.73	48.26	37.92	29.24
EBITDA (백만$)	4,534	4,764	4,792	4,805

매출비중

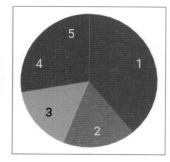

제품명	비중
1. 철도/산업	37.55%
2. 석탄 판매/운송	16.56%
3. 농산물 판매/운송	15.8%
4. 복합 운송	15.59%
5. 주택 건설	11.18%

KSU
캔사스 시티 싸우던
Kansas City Southern

섹터 산업재 (Industrials)
세부섹터 철도 (Railroads)

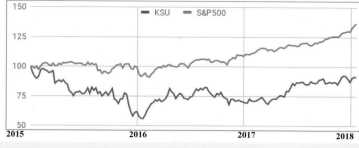

캔사스 시티 싸우던(Kansas City Southern)은 각종 화물의 철도 운송 서비스를 제공하는 업체이다. 회사는 1887년에 설립되었고 본사는 미주리주 캔자스 시티에 있으며 6,800명의 직원이 근무하고 있다. 회사는 미주리주 캔자스 시티와 앨라배마, 루이지애나, 미시시피 및 텍사스의 멕시코만을 연결하는 여러 항구 사이의 북과 남을 연결하는 철도노선을 운영하고 있다. 텍사스의 라레도(Laredo)와 멕시코 시티(Mexico City) 사이의 직행 철도 통로를 운영하고 있으며 멕시코의 산업 도시와 항구 세 곳에서 서비스를 제공하고 있다. 텍사스주 라레도(Laredo)와 코퍼스 크리스티(Corpus Christi) 항구 도시를 잇는 261km의 철도 노선을 소유하고 있다. 텍사스주 라레도(Laredo)에 있는 철도 교량의 북쪽 절반도 소유하고 있다.

기준일 : 2018/ 01 /25

한글 회사명 : 캔사스 시티 싸우던
영문 회사명 : Kansas City Southern
상장일 : 1972년 01월 21일 | 결산월 : 12월
시가총액 : 115 (억$) |
52주 최고 : $114.85 (-2.28%) / 52주 최저 : $81.54 (+37.62%)

주요 주주정보

보유자/ 보유 기관	보유율
The Vanguard Group, Inc.	10.18%
Massachusetts Financial Services Co.	6.44%
BlackRock Fund Advisors	5.28%

애널리스트 추천 및 최근 투자의견

캔사스 시티 싸우던의 2018년 01월 25일 현재 20개 기관의 **평균적인 목표가는 119.33$**이며, 2018년 추정 주당순이익(EPS)은 7.09$로 2017년 추정 EPS 6.26$에 비해 **13.25% 증가할 것으로 예상**된다.

최근, 1개월, 3개월의 투자 의견 변화

투자의견	금융사 및 투자의견	날짜
Initiated	Goldman Sachs: to Neutral	11/13/2017
Maintains	Morgan Stanley: to Equal-Weight	10/23/2017
Maintains	Credit Suisse: to Outperform	10/23/2017
Maintains	Loop Capital: to Buy	10/23/2017
Maintains	Barclays: to Equal-Weight	10/23/2017

내부자 거래

(3M 비중은 12개월 거래 중 최근 3개월의 비중)

구분	성격	3개월	12개월	3M비중
매수	매수 건수 (장내 매매만 해당)	29	43	67.44%
매도	매도 건수 (장내 매매만 해당)	35	51	68.63%
매수	매수 수량 (장내 매매만 해당)	28,149	51,483	54.68%
매도	매도 수량 (장내 매매만 해당)	24,132	66,687	36.19%
	순매수량 (-인 경우 순매도량)	4,017	-15,204	

ETF 노출
(편입 ETF 수 : 79개 / 시가총액 대비 ETF의 보유비중 : 13.03%)

티커	ETF	보유 지분	비중
VO	Vanguard Mid-Cap ETF	$282,580,078	0.28%
VTI	Vanguard Total Stock Market ETF	$278,395,235	0.04%
VOO	Vanguard 500 Index Fund	$197,460,795	0.05%
SPY	SPDR S&P 500 ETF Trust	$148,018,891	0.05%
VUG	Vanguard Growth ETF	$77,770,370	0.10%

기간 수익률

1M : -0.86%	3M : 2.55%	6M : 4.51%	1Y : 25.12%	3Y : 0.01%

재무 지표

	2014	2015	2016	2017(E)
매출액 (백만$)	2,577	2,419	2,397	2,583
영업이익 (백만$)	847	813	816	920
순이익 (백만$)	503	484	478	548
자산총계 (백만$)	8,091	8,341	8,998	9,158
자본총계 (백만$)	4,064	4,225	4,405	
부채총계 (백만$)	4,027	4,116	4,593	

안정성 비율	2013	2014	2015	2016
유동비율 (%)	128.99	91.04	70.88	87.05
부채비율 (%)	102.24	99.09	97.43	104.29
이자보상배율 (배)	9.23	11.66	9.93	8.35

투자 지표

	2014	2015	2016	2017(E)
영업이익률 (%)	32.87	33.61	34.04	35.62
매출액 증가율 (%)	8.77	-6.14	-0.90	7.76
EPS ($)	4.56	4.41	4.44	5.22
EPS 증가율 (%)	42.95	-3.29	0.68	17.51
주당자산가치($)	33.96	36.03	38.31	39.57
잉여현금흐름 (백만$)	-64	77	323	373

	2013	2014	2015	2016
배당성향(%)	27.04	24.62	30.00	29.80
배당수익률(%)	0.69	0.92	1.77	1.56
ROE (%)	10.87	14.11	12.61	11.95
ROA (%)	5.11	6.50	5.91	5.54
재고회전율	19.19	22.19	19.44	16.50
EBITDA (백만$)	961.9	1,106	1,098	1,121

매출비중

제품명	비중
1. 화물 철도 운송	
	100%

NSC
노퍽 서던 코퍼레이션
Norfolk Southern Corporation

섹터 산업재 (Industrials)
세부섹터 철도 (Railroads)

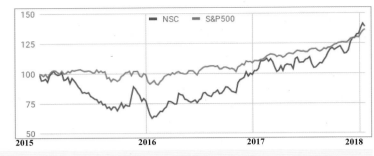

노퍽 서던 코퍼레이션(Norfolk Southern Corporation)은 미국 내 원자재, 중간재, 완성품의 철도 운송사업을 영위하는 업체이다. 회사는 1883년에 설립되었고 본사는 버지니아주 노퍽에 있으며 28,000명의 직원이 근무하고 있다. 회사는 남동부, 동부 및 중서부 지역의 원자재, 중간재 및 완제품의 철도 운송 및 철도 운송 업체와 상호 교환을 통해 미국 내외를 연결하고 있다. 대서양 및 걸프만 주변의 다양한 항구를 통해 해외 화물의 운송을 담당하고 있다. 회사는 정기 여객 열차의 운행사업도 관여하고 있다. 철도 용지 및 장비의 임대 또는 판매, 석탄, 석유, 가스 및 미네랄의 취득, 임대 및 관리는 물론 자동차 및 산업 제품의 운송을 포함하고 있다.

기준일 : 2018/ 01 /25

한글 회사명 : 노퍽 서던 코퍼레이션
영문 회사명 : Norfolk Southern Corporation
상장일 : 1972년 01월 21일 | 결산월 : 12월
시가총액 : 424 (억$) |

52주 최고 : $157.15 (-5%) / 52주 최저 : $109.27 (+36.61%)

주요 주주정보

보유자/ 보유 기관	보유율
The Vanguard Group, Inc.	6.95%
BlackRock Fund Advisors	4.62%
SSgA Funds Management, Inc.	4.23%

애널리스트 추천 및 최근 투자의견

노퍽 서던 코퍼레이션의 2018년 01월 25일 현재 27개 기관의 **평균적인 목표가는 157.91$**이며, 2018년 추정 주당순이익(EPS)은 9.44$로 2017년 추정 EPS 8.44$에 비해 **11.84% 증가**할 것으로 예상된다.

최근, 1개월, 3개월의 투자 의견 변화

투자의견	금융사 및 투자의견	날짜
Maintains	Credit Suisse: Outperform to Outperform	1/25/2018
Maintains	Morgan Stanley: Underweight to Underweight	1/25/2018
Maintains	JP Morgan: Neutral to Neutral	1/25/2018
Upgrade	RBC Capital: Underperform to Sector Perform	1/24/2018
Upgrade	Scotiabank: to Sector Outperform	12/1/2018

내부자 거래

(3M 비중은 12개월 거래 중 최근 3개월의 비중)

구분	성격	3개월	12개월	3M비중
매수	매수 건수 (장내 매매만 해당)	6	6	100.00%
매도	매도 건수 (장내 매매만 해당)	17	44	38.64%
매수	매수 수량 (장내 매매만 해당)	18,364	18,364	100.00%
매도	매도 수량 (장내 매매만 해당)	23,545	84,629	27.82%
	순매수량 (-인 경우 순매도량)	-5,181	-66,265	

ETF 노출
(편입 ETF 수 : 88개 / 시가총액 대비 ETF의 보유비중 : 9.1%)

티커	ETF	보유 지분	비중
VTI	Vanguard Total Stock Market ETF	$1,025,766,344	0.15%
VOO	Vanguard 500 Index Fund	$727,282,430	0.18%
SPY	SPDR S&P 500 ETF Trust	$537,231,092	0.18%
XLI	Industrial Select Sector SPDR Fund	$297,580,139	1.91%
IVV	iShares S&P 500 Index (ETF)	$270,047,440	0.18%

기간 수익률

1M : 7.29%	3M : 18.24%	6M : 28.46%	1Y : 33.28%	3Y : 46.16%

재무 지표

	2014	2015	2016	2017(E)
매출액 (백만$)	11,624	10,511	9,888	10,534
영업이익 (백만$)	3,570	2,879	3,070	3,396
순이익 (백만$)	1,994	1,550	1,663	1,885
자산총계 (백만$)	33,647	34,139	35,481	35,442
자본총계 (백만$)	12,408	12,188	12,409	
부채총계 (백만$)	21,239	21,951	23,072	

안정성 비율	2013	2014	2015	2016
유동비율 (%)	133.41	156.07	112.60	97.95
부채비율 (%)	191.44	171.17	180.10	185.93
이자보상배율 (배)	6.05	6.41	5.24	5.40

투자 지표

	2014	2015	2016	2017(E)
영업이익률 (%)	30.71	27.39	31.05	32.24
매출액 증가율 (%)	3.37	-9.58	-5.93	6.53
EPS ($)	6.44	5.13	5.66	6.50
EPS 증가율 (%)	5.57	-20.34	10.33	14.79
주당자산가치($)	40.25	40.93	42.73	43.76
잉여현금흐름 (백만$)	734	523	1,147	1,301

	2013	2014	2015	2016
배당성향(%)	33.77	34.74	46.27	41.99
배당수익률(%)	2.20	2.03	2.79	2.18
ROE (%)	18.08	16.83	12.60	13.52
ROA (%)	5.94	5.99	4.57	4.78
재고회전율	51.23	50.65	41.46	37.45
EBITDA (백만$)	4,173	4,526	3,978	4,131

매출비중

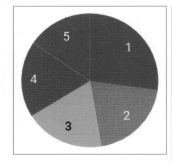

제품명	비중
1. 복합 운송	22.43%
2. 화학 제품	16.67%
3. 농업 / 소비자 제품	15.66%
4. 석탄	15.05%
5. 금속 / 건설	12.81%

UNP
유니언 퍼시픽 코퍼레이션
Union Pacific Corporation

섹터 산업재 (Industrials)
세부섹터 철도 (Railroads)

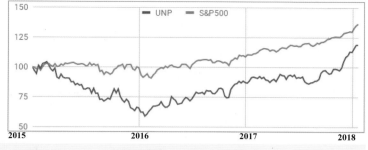

유니언 퍼시픽 코퍼레이션(Union Pacific Corporation)은 자회사인 유니언 퍼시픽 레일로드 컴퍼니(Union Pacific Railroad Company)를 통해 미국에서 철도사업을 영위하는 지주회사이다. 회사는 1862년에 설립되었고 본사는 네브라스카주 오마하에 있으며 42,000명의 직원이 근무하고 있다. 회사는 곡물과 생산된 농산물, 식품 및 음료 제품을 포함한 농산물 운송 서비스를 제공하고 있다. 벌크 운송은 주로 석탄, 곡물, 에탄올, 암석 및 원유로 구성되며 멕시코뿐만 아니라 태평양 북서부 및 걸프만 주변의 항구 터미널을 통해 수출하고 있다. 중서부, 서부, 남부 및 로키 마운틴주에 있는 곡물 가공 업체, 에탄올 생산 업체를 포함한 미국 시장 전역에도 서비스를 제공하고 있다. 회사는 또한 석탄, 석유 코크스 및 바이오매스에 대한 운송 서비스를 제공하고 있다.

기준일 : 2018/ 01 /25
한글 회사명 : 유니언 퍼시픽 코퍼레이션
영문 회사명 : Union Pacific Corporation
상장일 : 1972년 01월 21일 | 결산월 : 12월
시가총액 : 1052 (억$) | 52주 최고 : $143.05 (-0.45%) / 52주 최저 : $101.06 (+40.9%)

주요 주주정보

보유자/ 보유 기관	보유율
The Vanguard Group, Inc.	7.69%
BlackRock Fund Advisors	4.43%
SSgA Funds Management, Inc.	4.13%

애널리스트 추천 및 최근 투자의견

유니언 퍼시픽 코퍼레이션의 2018년 01월 25일 현재 27개 기관의 **평균적인 목표가는 144.42$**이며, 2018년 추정 주당순이익(EPS)은 8.34$로 2017년 추정 EPS 7.46$에 비해 **11.79% 증가할 것으로 예상**된다.

최근, 1개월, 3개월의 투자 의견 변화

투자의견	금융사 및 투자의견	날짜
Downgrade	Seaport Global: Buy to Neutral	1/26/2018
Maintains	UBS: Buy to Buy	1/26/2018
Maintains	Morgan Stanley: Equal-Weight to Equal-Weight	1/26/2018
Upgrade	Daiwa Capital: Neutral to Outperform	11/1/2018
Initiated	Goldman Sachs: to Sell	11/13/2017

내부자 거래

(3M 비중은 12개월 거래 중 최근 3개월의 비중)

구분	성격	3개월	12개월	3M비중
매수	매수 건수 (장내 매매만 해당)	10	11	90.91%
매도	매도 건수 (장내 매매만 해당)	11	19	57.89%
매수	매수 수량 (장내 매매만 해당)	171,181	175,181	97.72%
매도	매도 수량 (장내 매매만 해당)	118,045	338,852	34.84%
	순매수량 (-인 경우 순매도량)	53,136	-163,671	

ETF 노출
(편입 ETF 수 : 107개 / 시가총액 대비 ETF의 보유비중 : 9.16%)

티커	ETF	보유 지분	비중
VTI	Vanguard Total Stock Market ETF	$2,548,962,995	0.37%
VOO	Vanguard 500 Index Fund	$1,806,985,711	0.44%
SPY	SPDR S&P 500 ETF Trust	$1,321,937,036	0.44%
VIG	Vanguard Dividend Appreciation ETF	$948,508,510	2.64%
VUG	Vanguard Growth ETF	$712,040,556	0.91%

기간 수익률

1M : 8.15%	3M : 24.55%	6M : 34.71%	1Y : 30.06%	3Y : 26.22%

재무 지표

	2014	2015	2016	2017(E)
매출액 (백만$)	23,988	21,813	19,941	21,225
영업이익 (백만$)	8,753	8,052	7,272	7,914
순이익 (백만$)	5,180	4,772	4,233	4,654
자산총계 (백만$)	52,716	54,600	56,755	57,368
자본총계 (백만$)	21,189	20,702	19,932	
부채총계 (백만$)	31,527	33,898	36,823	

안정성 비율	2013	2014	2015	2016
유동비율 (%)	105.25	124.28	128.82	98.79
부채비율 (%)	134.30	148.79	163.74	184.74
이자보상배율 (배)	14.40	15.60	12.95	10.42

투자 지표

	2014	2015	2016	2017(E)
영업이익률 (%)	36.49	36.91	36.47	37.28
매출액 증가율 (%)	9.22	-9.07	-8.58	6.44
EPS ($)	5.77	5.51	5.09	5.80
EPS 증가율 (%)	21.86	-4.51	-7.62	14.02
주당자산가치($)	23.99	24.38	24.43	23.86
잉여현금흐름 (백만$)	3,039	2,694	4,020	4,327

	2013	2014	2015	2016
배당성향(%)	31.42	33.22	40.07	44.48
배당수익률(%)	1.76	1.60	2.81	2.17
ROE (%)	21.35	24.43	22.78	20.84
ROA (%)	9.06	10.11	8.89	7.60
재고회전율	33.45	35.15	30.13	27.45
EBITDA (백만$)	9,223	10,657	10,064	9,310

매출비중

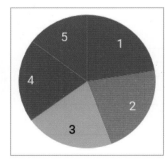

제품명	비중
1. 복합 운송	18.62%
2. 농산물	18.18%
3. 화학 제품	17.42%
4. 산업용 제품	16.79%
5. 석탄	12.24%

EFX
에퀴팍스
Equifax Inc.

섹터 산업재 (Industrials)
세부섹터 연구 및 컨설팅 서비스 (Research & Consulting Services)

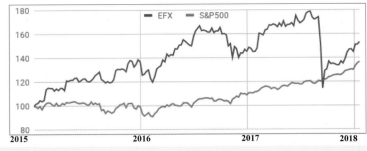

에퀴팍스(Equifax Inc)는 기업, 정부 및 소비자를 대상으로 정보 솔루션 및 인적 자원 비즈니스 프로세스 아웃소싱 서비스를 제공하는 업체이다. 회사는 1899년에 설립되었고 본사는 조지아주 애틀란타에 있으며 9,500명의 직원이 근무하고 있다. 회사는 미국 정보 솔루션(USIS), 국제, 인력 솔루션 및 글로벌 소비자 솔루션 네 부문으로 나누어진다. 미국 정보 솔루션 부문은 신용 정보 및 신용 점수, 신용 모델링 및 포트폴리오 분석, 위치 파악, 사기 탐지 및 방지, 신원 확인 및 기타 컨설팅과 같은 소비자 및 상업 정보 서비스를 제공하고 있다. 국제 부문은 신용 및 재무 정보, 신용 점수 및 모델링과 같은 소비자 및 상업 서비스를 포함하는 정보 서비스 제품을 제공하고 있다. 인력 솔루션 부문에서는 고용, 소득 및 사회 보장 번호 확인 서비스를 제공하고 있다. 글로벌 소비자 솔루션 부문은 신용 정보, 신용 모니터링 및 신원 도용 방지 제품을 인터넷 및 하드카피 형식을 통해 소비자에게 제공하고 있다. 주정부 및 연방 정부뿐만 아니라 금융 서비스, 모기지, 인적 자원, 소비자, 상업, 통신, 소매, 자동차, 유틸리티, 중개업, 건강 관리 및 보험 업계의 고객에게 서비스를 제공하고 있다.

기준일 : 2018/ 01 /25

한글 회사명 : 에퀴팍스
영문 회사명 : Equifax Inc.
상장일 : 1976년 01월 02일 | 결산월 : 12월
시가총액 : 152 (억$) |
52주 최고 : $147.02 (-14.51%) / 52주 최저 : $89.59 (+40.28%)

주요 주주정보

보유자/ 보유 기관	보유율
T. Rowe Price Associates, Inc.	12.19%
The Vanguard Group, Inc.	10.03%
Massachusetts Financial Services Co.	4.86%

애널리스트 추천 및 최근 투자의견

에퀴팍스의 2018년 01월 25일 현재 18개 기관의 **평균적인 목표가는 125.07$**이며, 2018년 추정 주당순이익(EPS)은 5.97$로 2017년 추정 EPS 5.92$에 비해 **0.84% 증가**할 것으로 예상된다.

최근, 1개월, 3개월의 투자 의견 변화

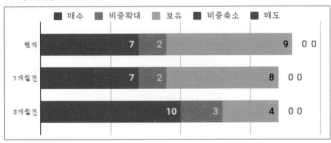

투자의견	금융사 및 투자의견	날짜
Downgrade	Barclays: Overweight to Equal-Weight	12/14/2017
Maintains	Baird: to Outperform	11/13/2017
Maintains	Morgan Stanley: to Equal-Weight	11/13/2017
Downgrade	Stifel Nicolaus: Buy to Hold	11/13/2017
Initiated	Goldman Sachs: to Neutral	8/11/2017

내부자 거래

(3M 비중은 12개월 거래 중 최근 3개월의 비중)

구분	성격	3개월	12개월	3M비중
매수	매수 건수 (장내 매매만 해당)	19	35	54.29%
매도	매도 건수 (장내 매매만 해당)	8	15	53.33%
매수	매수 수량 (장내 매매만 해당)	111,886	160,522	69.70%
매도	매도 수량 (장내 매매만 해당)	43,286	118,042	36.67%
	순매수량 (-인 경우 순매도량)	68,600	42,480	

ETF 노출

(편입 ETF 수 : 74개 / 시가총액 대비 ETF의 보유비중 : 12.49%)

티커	ETF	보유 지분	비중
VO	Vanguard Mid-Cap ETF	$372,579,483	0.37%
VTI	Vanguard Total Stock Market ETF	$366,633,527	0.05%
VOO	Vanguard 500 Index Fund	$260,027,412	0.06%
SPY	SPDR S&P 500 ETF Trust	$189,152,156	0.06%
XLI	Industrial Select Sector SPDR Fund	$123,342,532	0.79%

기간 수익률

1M : 4.2%	3M : 33.93%	6M : -13.45%	1Y : 5.46%	3Y : 49.45%

재무 지표

	2014	2015	2016	2017(E)
매출액 (백만$)	2,436	2,664	3,145	3,349
영업이익 (백만$)	648	715	854	892
순이익 (백만$)	367	429	489	516
자산총계 (백만$)	4,674	4,502	6,664	7,192
자본총계 (백만$)	2,235	2,350	2,721	
부채총계 (백만$)	2,440	2,151	3,943	

안정성 비율	2013	2014	2015	2016
유동비율 (%)	97.87	73.52	93.01	53.42
부채비율 (%)	93.93	109.17	91.52	144.88
이자보상배율 (배)	8.84	9.44	11.20	9.34

투자 지표

	2014	2015	2016	2017(E)
영업이익률 (%)	26.60	26.84	27.15	26.64
매출액 증가율 (%)	5.75	9.33	18.07	6.49
EPS ($)	3.03	3.61	4.10	5.92
EPS 증가율 (%)	10.20	19.09	13.57	44.45
주당자산가치($)	18.43	19.47	22.21	26.60
잉여현금흐름 (백만$)	530	596	622	529

	2013	2014	2015	2016
배당성향(%)	32.65	33.61	32.68	32.67
배당수익률(%)	1.27	1.24	1.04	1.12
ROE (%)	15.75	16.33	19.03	19.66
ROA (%)	7.55	8.12	9.48	8.87
재고회전율				
EBITDA (백만$)	810.1	849.3	912.6	1,119

매출비중

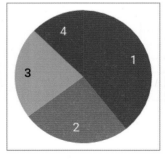

제품명	비중
1. 소비자 신용평가 솔루션-미국	39.32%
2. 소비자 신용평가 솔루션-전세계	25.55%
3. 인력 관리 솔루션	22.33%
4. 전세계 소비자 분석 솔루션	12.8%

INFO
아이에이치에스 마킷
IHS Markit Ltd.

섹터 산업재 (Industrials)
세부섹터 연구 및 컨설팅 서비스 (Research & Consulting Services)

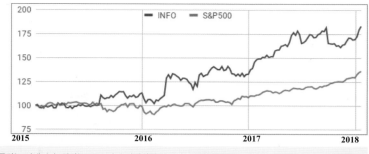

아이에이치에스 마킷(IHS Markit Ltd.)은 다양한 산업과 시장에 중요한 정보, 분석 및 솔루션을 제공하는 업체이다. 회사는 1959년에 설립되었고 본사는 영국 런던에 있으며 12,500명의 직원이 근무하고 있다. 회사는 자원, 교통, 통합 시장 및 솔루션, 금융 서비스의 네 부문으로 나누어진다. 자원 부문은 상류, 중류, 하류 및 전력, 가스, 석탄, 재생 에너지 서비스를 제공하고 있다. 교통 부문은 경차, 중형 및 대형 상용차, 전동장치, 부품 및 기술 시스템의 판매 및 생산에 대한 권위 있는 분석과 예측을 제공하고 있다. 통합 시장 및 솔루션 부문은 엔지니어링 및 기술 표준, 코드, 사양, 핸드북, 참조 서적, 저널, 기타 과학 및 기술 문서뿐만 아니라 소프트웨어 기반 엔지니어링 의사 결정 엔진에 대한 콘텐츠 및 분석을 제공하고 있다. 금융 서비스 부문은 가격 및 참조 데이터, 지수, 포트폴리오 관리자, 리스크 관리자, 리서치 전문가 및 기타 금융시장 참가자뿐만 아니라 운영, 컴플라이언스 및 엔터프라이즈 데이터 관리자에 대한 평가 및 트레이딩 서비스, 거래 처리, 엔터프라이즈 소프트웨어 및 관리 서비스를 제공하고 있다.

기준일 : 2018/ 01 /25

한글 회사명 : 아이에이치에스마킷
영문 회사명 : IHS Markit Ltd.
상장일 : 2014년 06월 19일 | 결산월 : 11월
시가총액 : 193 (억$) |
52주 최고 : $49.1 (-0.85%) / 52주 최저 : $37.82 (+28.71%)

주요 주주정보

보유자/ 보유 기관	보유율
Artisan Partners LP	9.23%
The Vanguard Group, Inc.	8.44%
Wellington Management Co. LLP	5.59%

애널리스트 추천 및 최근 투자의견

아이에이치에스 마킷의 2018년 01월 25일 현재 21개 기관의 **평균적인 목표가는 51.67$**이며, 2018년 추정 주당순이익(EPS)은 2.57$로 2017년 추정 EPS 2.27$에 비해 **13.21% 증가할 것으로 예상**된다.

최근, 1개월, 3개월의 투자 의견 변화

투자의견	금융사 및 투자의견	날짜
Upgrade	SunTrust Robinson Humphrey: Hold to Buy	11/28/2017
Maintains	UBS: to Neutral	11/17/2017
Downgrade	William Blair: Outperform to Market Perform	11/15/2017
Initiated	Goldman Sachs: to Buy	8/11/2017
Maintains	Morgan Stanley: to Underweight	9/27/2017

내부자 거래

(3M 비중은 12개월 거래 중 최근 3개월의 비중)

구분	성격	3개월	12개월	3M비중
매수	매수 건수 (장내 매매만 해당)	15	47	31.91%
매도	매도 건수 (장내 매매만 해당)	14	36	38.89%
매수	매수 수량 (장내 매매만 해당)	108,948	249,683	43.63%
매도	매도 수량 (장내 매매만 해당)	537,990	4,543,957	11.84%
	순매수량 (-인 경우 순매도량)	-429,042	-4,294,274	

ETF 노출
(편입 ETF 수 : 56개 / 시가총액 대비 ETF의 보유비중 : 10.91%)

티커	ETF	보유 지분	비중
VO	Vanguard Mid-Cap ETF	$401,516,241	0.40%
VTI	Vanguard Total Stock Market ETF	$395,125,338	0.06%
VOO	Vanguard 500 Index Fund	$300,113,623	0.07%
SPY	SPDR S&P 500 ETF Trust	$219,229,054	0.07%
IVV	iShares S&P 500 Index (ETF)	$111,263,842	0.07%

기간 수익률

1M : 7.33%	3M : 3.1%	6M : 7.05%	1Y : 25.98%	3Y : 88.03%

재무 지표

	2014	2015	2016	2017(E)
매출액 (백만$)	2,080	2,184	2,735	3,599
영업이익 (백만$)	288	350	444	655
순이익 (백만$)	195	240	153	416
자산총계 (백만$)	3,300	3,568		
자본총계 (백만$)	2,271	2,113		
부채총계 (백만$)	1,029	1,456		

안정성 비율	2013	2014	2015	2016
유동비율 (%)	81.00	99.00	66.00	53.00
부채비율 (%)	84.00	95.00	41.00	45.00
이자보상배율 (배)	5.50	4.35	2.19	3.41

투자 지표

	2014	2015	2016	2017(E)
영업이익률 (%)	13.90	16.00	16.20	18.20
매출액 증가율 (%)	21.20	-2.08	25.20	31.63
EPS ($)	0.79	0.97	0.48	1.00
EPS 증가율 (%)	44.10	23.49	-50.80	108.33
주당자산가치($)	8.68	9.12	20.32	19.29
잉여현금흐름 (백만$)	513	490	490	701

	2013	2014	2015	2016
배당성향(%)				
배당수익률(%)	0.00	0.00	0.00	0.00
ROE (%)	9.57	11.02	2.97	5.18
ROA (%)	3.63	4.39	1.56	2.93
재고회전율				
EBITDA (백만$)	424.7	479.9	462.2	

매출비중

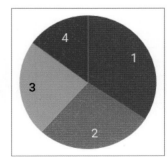

제품명	비중
1. 금융 정보	34.25%
2. 운송 정보	27.55%
3. 자원 정보	23.32%
4. 통합 솔루션	14.89%

NLSN
닐슨 홀딩스
Nielsen Holdings

섹터 산업재 (Industrials)
세부섹터 연구 및 컨설팅 서비스 (Research & Consulting Services)

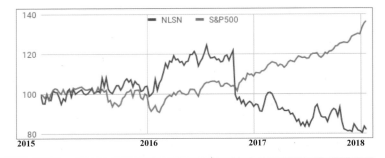

닐슨 홀딩스(Nielsen Holdings)는 세계적인 정보 분석 및 측정 업체이다. 회사는 1923년에 설립되었고 본사는 영국 옥스퍼드에 있으며 43,000명의 직원이 근무하고 있다. 회사의 사업 부문은 구매 및 시청 두 부문으로 나누어진다. 구매 부문은 주로 소비재 산업을 영위하는 업체에게 소매 거래 측정 데이터, 소비자 행동 정보 및 분석을 제공하고 있다. 또 시장 점유율 및 경쟁력 있는 제품 판매량의 소매 측정 서비스에 대한 데이터를 제공하고 있다. 시청 부문은 TV시청률, 라디오 청취 데이터 및 분석을 주로 TV, 라디오, 인쇄물, 온라인, 모바일 시청 및 청취 플랫폼을 위한 미디어 및 광고 업계에 제공하고 있다. 또한, TV시청률을 조사하여 원하는 업체에게 제공하고 있으며 TV시청률 측정 서비스 및 광고 솔루션을 제공하고 있다.

기준일 : 2018/ 01 /25
한글 회사명 : 닐슨홀딩스
영문 회사명 : Nielsen Holdings
상장일 : 2011년 01월 26일 | 결산월 : 12월
시가총액 : 132 (억$) |

52주 최고 : $45.73 (-17.42%) / 52주 최저 : $34.22 (+10.34%)

주요 주주정보

보유자/보유 기관	보유율
Capital Research & Management Co.	11.69%
The Vanguard Group, Inc.	9.85%
GIC Pte Ltd. (Investment Management)	4.72%

애널리스트 추천 및 최근 투자의견

닐슨 홀딩스의 2018년 01월 25일 현재 19개 기관의 **평균적인 목표가는 42.18$**이며, 2018년 추정 주당순이익(EPS)은 1.52$로 2017년 추정 EPS 1.43$에 비해 **6.29% 증가**할 것으로 예상된다.

최근, 1개월, 3개월의 투자 의견 변화

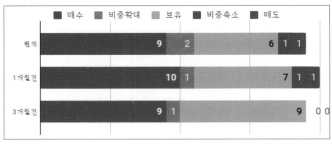

투자의견	금융사 및 투자의견	날짜
Upgrade	Baird: Neutral to Outperform	8/1/2018
Downgrade	Macquarie: Outperform to Neutral	2/1/2018
Downgrade	Barclays: Equal-Weight to Underweight	12/14/2017
Maintains	BMO Capital: to Market Perform	10/11/2017
Maintains	Morgan Stanley: to Overweight	10/11/2017

내부자 거래

(3M 비중은 12개월 거래 중 최근 3개월의 비중)

구분	성격	3개월	12개월	3M비중
매수	매수 건수 (장내 매매만 해당)	9	85	10.59%
매도	매도 건수 (장내 매매만 해당)	13	40	32.50%
매수	매수 수량 (장내 매매만 해당)	65,925	378,956	17.40%
매도	매도 수량 (장내 매매만 해당)	194,874	367,738	52.99%
	순매수량 (-인 경우 순매도량)	-128,949	11,218	

ETF 노출 (편입 ETF 수 : 61개 / 시가총액 대비 ETF의 보유비중 : 12.3%)

티커	ETF	보유 지분	비중
VO	Vanguard Mid-Cap ETF	$324,855,173	0.33%
VTI	Vanguard Total Stock Market ETF	$319,759,908	0.05%
VOO	Vanguard 500 Index Fund	$213,134,699	0.05%
SPY	SPDR S&P 500 ETF Trust	$154,755,396	0.05%
VOE	Vanguard Mid-Cap Value ETF	$110,009,290	0.61%

기간 수익률

1M : -1.37%	3M : -7.87%	6M : -6.87%	1Y : -10.35%	3Y : -14.02%

재무 지표

	2014	2015	2016	2017(E)
매출액 (백만$)	6,288	6,172	6,309	6,568
영업이익 (백만$)	1,178	1,144	1,248	1,221
순이익 (백만$)	384	570	502	961
자산총계 (백만$)	15,376	15,303	15,730	16,696
자본총계 (백만$)	5,133	4,627	4,293	
부채총계 (백만$)	10,243	10,676	11,437	

안정성 비율	2013	2014	2015	2016
유동비율 (%)	139.02	112.29	113.10	139.40
부채비율 (%)	167.44	199.55	230.73	266.41
이자보상배율 (배)	3.34	4.13	3.83	3.83

투자 지표

	2014	2015	2016	2017(E)
영업이익률 (%)	18.73	18.54	19.78	18.59
매출액 증가율 (%)	10.26	-1.85	2.22	4.10
EPS ($)	1.01	1.55	1.40	1.43
EPS 증가율 (%)	-15.46	53.43	-9.86	1.86
주당자산가치($)	13.56	12.23	11.48	11.92
잉여현금흐름 (백만$)	930	1,045	1,187	801

	2013	2014	2015	2016
배당성향(%)	60.95	95.10	70.94	87.05
배당수익률(%)	1.57	2.12	2.34	2.88
ROE (%)	8.16	7.12	12.01	11.76
ROA (%)	2.86	2.47	3.75	3.27
재고회전율				
EBITDA (백만$)	1,490	1,751	1,718	1,851

매출비중

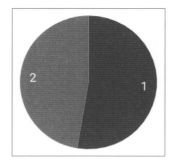

제품명	비중
1. 소비자 제품 구매 분석	
	52.65%
2. 소비자 유통 채널 분석	
	47.35%

VRSK
베리스크 애널리틱스
Verisk Analytics

섹터 산업재 (Industrials)
세부섹터 연구 및 컨설팅 서비스 (Research & Consulting Services)

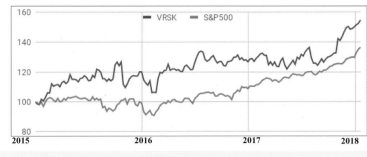

베리스크 애널리틱스(Verisk Analytics)는 미국 및 국제적으로 보험, 천연자원, 건강 관리, 금융 서비스 및 위험 관리 시장의 고객을 대상으로 데이터 분석 솔루션을 제공하는 업체이다. 회사는 1971년에 설립되었고 본사는 뉴저지주 저지시티에 있으며 6,000명의 직원이 근무하고 있다. 회사의 위험 평가 부문은 손해보험(P&C) 보험고객에 대한 솔루션을 제공하고 손실 예측, 위험 선택 및 가격 결정에 중점을 두고 있으며, 보험 및 보상 정책을 정의하고 보험 증권을 발행하는데 도움이 되는 산업표준보험 프로그램을 포함하고 있으며, 또, 고객이 위험을 분석하고 가격을 책정할 수 있도록 보험 통계 서비스를 제공하고 있다. 독립적인 보험 프로그램 개발, 보험 인수 경험 분석, 분류 시스템 및 등급 계획 개발 및 기타 비즈니스 결정을 지원하는 맞춤 서비스를 제공하고 있다. 의사 결정 분석 부문은 시나리오 예측을 위한 예측 모델을 개발하고 손실 예측, 가격 결정 위험 분석, 손실 이벤트 전후의 사기 탐지 및 손실 수량화를 위한 표준 및 사용자 정의 분석을 제공하고 있다.

기준일 : 2018/ 01 /25
한글 회사명 : 베리스크 애널리틱스
영문 회사명 : Verisk Analytics
상장일 : 2009년 10월 07일 | 결산월 : 12월
시가총액 : 163 (억$) |
52주 최고 : $99.92 (-0.78%) / 52주 최저 : $75.6 (+31.13%)

주요 주주정보

보유자/ 보유 기관	보유율
The Vanguard Group, Inc.	9.23%
GreatBanc Trust Co.	5.29%
BlackRock Fund Advisors	4.44%

애널리스트 추천 및 최근 투자의견

베리스크 애널리틱스의 2018년 01월 25일 현재 20개 기관의 **평균적인 목표가는 100.71$**이며, 2018년 추정 주당순이익(EPS)은 3.6$로 2017년 추정 EPS 3.18$에 비해 **13.2% 증가할 것으로 예상**된다.

최근, 1개월, 3개월의 투자 의견 변화

투자의견	금융사 및 투자의견	날짜
Initiated	Goldman Sachs: to Neutral	11/8/2017
Maintains	Credit Suisse: to Neutral	11/2/2017
Maintains	Barclays: to Overweight	11/2/2017
Maintains	Morgan Stanley: to Equal-Weight	11/2/2017
Maintains	BMO Capital: to Market Perform	11/2/2017

내부자 거래

(3M 비중은 12개월 거래 중 최근 3개월의 비중)

구분	성격	3개월	12개월	3M비중
매수	매수 건수 (장내 매매만 해당)	4	26	15.38%
매도	매도 건수 (장내 매매만 해당)	14	48	29.17%
매수	매수 수량 (장내 매매만 해당)	1,531	130,709	1.17%
매도	매도 수량 (장내 매매만 해당)	235,928	599,477	39.36%
	순매수량 (-인 경우 순매도량)	-234,397	-468,768	

ETF 노출
(편입 ETF 수 : 72개 / 시가총액 대비 ETF의 보유비중 : 12.97%)

티커	ETF	보유 지분	비중
VO	Vanguard Mid-Cap ETF	$377,451,288	0.38%
VTI	Vanguard Total Stock Market ETF	$371,353,899	0.05%
VOO	Vanguard 500 Index Fund	$261,561,994	0.06%
SPY	SPDR S&P 500 ETF Trust	$191,262,440	0.06%
QQQ	PowerShares QQQ Trust, Series 1 (ETF)	$129,431,378	0.21%

기간 수익률

1M : 4.1%	3M : 22.05%	6M : 14.32%	1Y : 21.55%	3Y : 57.23%

재무 지표

	2014	2015	2016	2017(E)
매출액 (백만$)	1,747	1,761	1,995	2,131
영업이익 (백만$)	665	731	769	794
순이익 (백만$)	371	488	452	459
자산총계 (백만$)	2,345	5,594	4,631	5,654
자본총계 (백만$)	211	1,372	1,332	
부채총계 (백만$)	2,134	4,222	3,299	

안정성 비율	2013	2014	2015	2016
유동비율 (%)	110.13	49.85	40.87	80.58
부채비율 (%)	357.36	1,011.30	307.70	247.58
이자보상배율 (배)	8.07	9.51	6.02	6.41

투자 지표

	2014	2015	2016	2017(E)
영업이익률 (%)	38.07	41.51	38.55	37.28
매출액 증가율 (%)	9.46	0.80	13.32	6.80
EPS ($)	2.18	3.07	2.60	3.18
EPS 증가율 (%)	5.37	40.96	-15.50	22.30
주당자산가치($)	1.34	8.10	7.98	10.46
잉여현금흐름 (백만$)	343	458	390	456

	2013	2014	2015	2016
배당성향(%)				
배당수익률(%)	0.00	0.00	0.00	0.00
ROE (%)	85.24	97.77	61.59	33.39
ROA (%)	14.07	15.29	12.28	8.83
재고회전율				
EBITDA (백만$)	744.20	807.72	898.00	980.80

매출비중

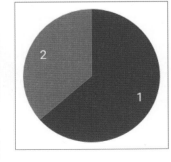

제품명	비중
1. 의사결정 분석	
	63.7%
2. 위험 평가	
	36.3%

URI
유나이티드 렌탈
United Rentals, Inc.

섹터 산업재 (Industrials)

세부섹터 무역 회사와 판매 업체 (Trading Companies & Distributors)

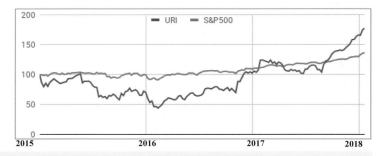

유나이티드 렌탈(United Rentals, Inc.)은 글로벌 건설 중장비 대여 업체이다. 회사는 1997년에 설립되었고 본사는 코네티컷주 스탬퍼드에 있으며 12,500명의 직원이 근무하고 있다. 회사의 사업 부문은 일반대여와 트렌치, 파워 및 펌프 두 부문으로 나누어진다. 회사의 일반대여 부문은 일반 건설 및 산업용 장비(예: 백호, 스키드 로더, 지게차, 땅 이동 장비 및 자재 취급 장비)를 대여하고 있다. 건설 및 산업 회사, 제조업체, 공공시설, 지자체 및 주택 소유자를 대상으로 하고 있다. 트렌치, 파워 및 펌프 부문은 트렌치 쉴드, 알루미늄 유압 쇼링 시스템, 슬라이드 레일 등과 같은 트렌치 안전 장비를 포함한 전문 건설 제품의 임대 서비스를 제공하고 있다. 공중 리프트, 리프트 지게차, 텔레 핸들러, 압축기, 발전기 등의 장비를 판매하고 있다.

기준일 : 2018/ 01 /25

한글 회사명 : 유나이티드 렌탈
영문 회사명 : United Rentals, Inc.
상장일 : 1997년 12월 18일 | 결산월 : 12월
시가총액 : 154 (억$) | 52주 최고 : $188.73 (-1.51%) / 52주 최저 : $100.62 (+84.73%)

주요 주주정보

보유자/ 보유 기관	보유율
The Vanguard Group, Inc.	11.08%
SSgA Funds Management, Inc.	6.75%
BlackRock Fund Advisors	5.37%

애널리스트 추천 및 최근 투자의견

유나이티드 렌탈의 2018년 01월 25일 현재 21개 기관의 **평균적인 목표가는 193.79$**이며, 2018년 추정 주당순이익(EPS)은 16.04$로 2017년 추정 EPS 14.34$에 비해 **11.85% 증가할 것으로 예상**된다.

최근, 1개월, 3개월의 투자 의견 변화

투자의견	금융사 및 투자의견	날짜
Maintains	Buckingham: Neutral to Neutral	1/26/2018
Maintains	UBS: Neutral to Neutral	1/26/2018
Initiated	Barclays: to Underweight	12/13/2017
Initiated	Buckingham: to Neutral	11/21/2017
Maintains	Citigroup: to Buy	10/20/2017

내부자 거래

(3M 비중은 12개월 거래 중 최근 3개월의 비중)

구분	성격	3개월	12개월	3M비중
매수	매수 건수 (장내 매매만 해당)	16	31	51.61%
매도	매도 건수 (장내 매매만 해당)	40	61	65.57%
매수	매수 수량 (장내 매매만 해당)	251,204	273,682	91.79%
매도	매도 수량 (장내 매매만 해당)	230,665	391,505	58.92%
	순매수량 (-인 경우 순매도량)	20,539	-117,823	

ETF 노출   (편입 ETF 수 : 77개 / 시가총액 대비 ETF의 보유비중 : 12.84%)

티커	ETF	보유 지분	비중
VO	Vanguard Mid-Cap ETF	$376,184,798	0.38%
VTI	Vanguard Total Stock Market ETF	$370,195,104	0.05%
VOO	Vanguard 500 Index Fund	$262,349,920	0.06%
SPY	SPDR S&P 500 ETF Trust	$189,937,883	0.06%
IVV	iShares S&P 500 Index (ETF)	$97,939,446	0.06%

기간 수익률

1M : 11.79%	3M : 43.38%	6M : 53.94%	1Y : 65.18%	3Y : 123.14%

재무 지표

	2014	2015	2016	2017(E)
매출액 (백만$)	5,685	5,817	5,762	6,596
영업이익 (백만$)	1,442	1,534	1,458	1,703
순이익 (백만$)	540	585	566	716
자산총계 (백만$)	12,467	12,083	11,988	14,889
자본총계 (백만$)	1,796	1,476	1,648	
부채총계 (백만$)	10,669	10,607	10,340	

안정성 비율	2013	2014	2015	2016
유동비율 (%)	105.91	104.60	104.95	114.95
부채비율 (%)	513.29	594.04	718.63	627.43
이자보상배율 (배)	2.39	3.04	3.45	2.85

투자 지표

	2014	2015	2016	2017(E)
영업이익률 (%)	25.36	26.37	25.30	25.83
매출액 증가율 (%)	14.73	2.32	-0.95	14.48
EPS ($)	5.54	6.15	6.49	10.61
EPS 증가율 (%)	33.82	10.96	5.58	63.41
주당자산가치($)	18.35	16.08	19.57	27.74
잉여현금흐름 (백만$)	-20	359	614	845

	2013	2014	2015	2016
배당성향(%)				
배당수익률(%)	0.00	0.00	0.00	0.00
ROE (%)	22.96	29.80	35.76	36.24
ROA (%)	3.48	4.56	4.77	4.70
재고회전율	71.81	76.82	79.14	84.12
EBITDA (백만$)	2,235	2,635	2,778	2,703

매출비중

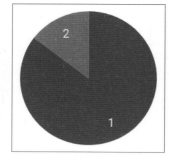

제품명	비중
1. 일반 대여	
	85.18%
2. 참호, 전력, 난방장치, 펌프	
	14.82%

JBHT
제이비 헌트 트랜스포트 서비스
J. B. Hunt Transport Services

섹터 산업재 (Industrials)
세부섹터 운송 (Trucking)

제이비 헌트 트랜스포트 서비스(J.B. Hunt Transport Services, Inc.)는 미국, 캐나다, 멕시코 대륙에서 지상 운송 및 배달 서비스를 제공하는 업체이다. 회사는 1961년에 설립되었고 본사는 아칸사스주 로웰에 있으며 22,000명의 직원이 근무하고 있다. 회사의 사업 부문은 복합(JBI), 전용계약 서비스(DCS), 통합용량 솔루션(ICS), 트럭(JBT) 네 부문으로 나누어진다. 복합(JBI) 부문은 출발지 및 목적지 픽업 및 배달 서비스와 같은 복합 운송 솔루션을 제공하고 있다. 전용계약 서비스(DCS) 부문은 다양한 운송 네트워크를 지원하는 공급망 솔루션을 설계, 개발, 실행하고 있다. 통합용량 솔루션(ICS) 부문은 전통적인 화물 중개 및 운송 물류 솔루션을 제공하고 있다. 트럭(JBT) 부문은 도로 및 고속도로를 운행하는 트랙터를 활용하여 드라이 밴화물 서비스를 제공하고 있다. 회사는 일반 상품을 포함한 화물 운송을 운송하거나 준비하며, 식품, 음료, 건축 자재, 비누 및 화장품, 자동차 부품, 농산물, 전자제품 및 화학 물질과 같은 다양한 산업 분야에 적용하고 있다.

기준일 : 2018/ 01 /25

한글 회사명 : 제이비 헌트 트랜스포트 서비스
영문 회사명 : J. B. Hunt Transport Services
상장일 : 1983년 11월 22일 | 결산월 : 12월
시가총액 : 136 (억$) | 52주 최고 : $126.49 (-0.34%) / 52주 최저 : $83.35 (+51.22%)

주요 주주정보

보유자/ 보유 기관	보유율
HUNT JOHNELLE D	16.7%
The Vanguard Group, Inc.	8.61%
BlackRock Fund Advisors	4.15%

애널리스트 추천 및 최근 투자의견

제이비 헌트 트랜스포트 서비스의 2018년 01월 25일 현재 22개 기관의 **평균적인 목표 가는 128.75$**이며, 2018년 추정 주당순이익(EPS)은 6.18$로 2017년 추정 EPS 5.25$에 비해 **17.71% 증가할 것으로 예상**된다.

최근, 1개월, 3개월의 투자 의견 변화

투자의견	금융사 및 투자의견	날짜
Downgrade	JP Morgan: Overweight to Neutral	43405
Upgrade	UBS: Neutral to Buy	10/23/2017
Initiated	Buckingham: to Buy	10/20/2017
Downgrade	Cowen & Co.: Outperform to Market Perform	10/16/2017
Maintains	Stifel Nicolaus: to Buy	10/16/2017

내부자 거래

(3M 비중은 12개월 거래 중 최근 3개월의 비중)

구분	성격	3개월	12개월	3M비중
매수	매수 건수 (장내 매매만 해당)	0	10	0.00%
매도	매도 건수 (장내 매매만 해당)	3	50	6.00%
매수	매수 수량 (장내 매매만 해당)	0	12,345	0.00%
매도	매도 수량 (장내 매매만 해당)	26,762	2,366,378	1.13%
	순매수량 (-인 경우 순매도량)	-26,762	-2,354,033	

ETF 노출   (편입 ETF 수 : 81개 / 시가총액 대비 ETF의 보유비중 : 12.52%)

티커	ETF	보유 지분	비중
VO	Vanguard Mid-Cap ETF	$268,075,903	0.27%
VTI	Vanguard Total Stock Market ETF	$263,162,801	0.04%
VOO	Vanguard 500 Index Fund	$182,169,935	0.04%
SPY	SPDR S&P 500 ETF Trust	$135,700,489	0.05%
VIG	Vanguard Dividend Appreciation ETF	$120,296,565	0.33%

기간 수익률

1M : 10%	3M : 21.69%	6M : 35%	1Y : 30.77%	3Y : 54.86%

재무 지표

	2014	2015	2016	2017(E)
매출액 (백만$)	6,165	6,188	6,555	7,124
영업이익 (백만$)	626	714	727	655
순이익 (백만$)	375	427	432	412
자산총계 (백만$)	3,397	3,720	3,921	4,109
자본총계 (백만$)	1,205	1,300	1,414	
부채총계 (백만$)	2,193	2,420	2,507	

안정성 비율	2013	2014	2015	2016
유동비율 (%)	95.49	114.14	161.14	165.00
부채비율 (%)	178.47	182.03	186.10	177.26
이자보상배율 (배)	24.63	23.14	27.93	28.72

투자 지표

	2014	2015	2016	2017(E)
영업이익률 (%)	10.15	11.54	11.09	9.19
매출액 증가율 (%)	10.40	0.36	5.94	8.68
EPS ($)	3.20	3.69	3.84	3.67
EPS 증가율 (%)	9.59	15.31	4.07	-4.49
주당자산가치($)	10.33	11.41	12.70	13.51
잉여현금흐름 (백만$)	-162	148	216	366

	2013	2014	2015	2016
배당성향(%)	20.91	25.32	22.95	23.10
배당수익률(%)	0.78	0.95	1.15	0.91
ROE (%)	37.95	33.81	34.11	31.84
ROA (%)	12.96	12.06	12.01	11.31
재고회전율	226.49	228.40	242.98	313.90
EBITDA (백만$)	825.09	920.04	1,054.03	1,088.02

매출비중

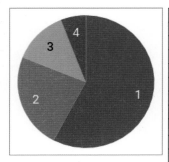

제품명	비중
1. 복합 운송	57.91%
2. 전용 계약 서비스	23.39%
3. 통합 용량 솔루션	13%
4. 트럭	5.92%
5. 공제	-0.21%

Information Technology

정보기술

섹터 설명 및 전망

정보기술(IT) 섹터는 S&P500에서 중 약 24%를 차지할 정도의 가장 큰 섹터로 2017년 평균 PER값 30.61으로 다소 고평가되어 있다. 그러나 지속적인 이익 성장으로 높은 PER값이 정당화되고 있으며, 2018년 PER 27.96으로 낮춰질 것이라고 전망되고 있다.

현재 정보기술 기업들의 발전에 기여하고 있는 가장 큰 요소는 빅데이터라고 할 수 있다. 많은 기업들이 그동안 축적해 놓은, 또는 지속적으로 모으고 있는 데이터들을 분석함으로써 그 안에서 유의미한 내용을 도출하기 위해서 노력하고 있다.

직접적으로 기존의 비즈니스 모델과 관련이 없는 기업들도 데이터 분석 비지니스 모델에 투자를 하려고 하고 있을 정도로 정보기술의 수요는 증가 중이다.

이러한 수요는 인공지능과 머신러닝 등을 하기 위해서 필요한 하드웨어 장비 및 관련 소프트웨어의 라이센스 구매로 꾸준히 이어지고 있다. 미국 기업들이 선도하고 있는 트렌드 중에는 인공지능, 자율주행차, 3D 감지 기술, 드론 등이 있다.

자율주행차는 테스트를 통해 데이터를 축적하고 있으며, 드론의 공식 명칭은 무인 항공기 시스템(UAS)으로 등록제도가 마련되어 있고 날로 활용 분야가 확대되고 있다. 이 과정에서 주변 환경을 스캔해야 되는 3D 감지 기술이 발전 중이다. 그러므로 인공지능 플랫폼을 개발하는 기업들과 3D 감지 기술과 관련된 카메라 렌즈, 센서, 스피커, 조명기, 마이크 등을 제조하는 기업들에 주목할 필요가 있다.

정보기술 섹터 둘러보기

대표 ETF	시가총액 (1억$)	S&P500내 비중	편입 종목수
XLK	69,711	23.78%	69

S&P500 VS Information Technology

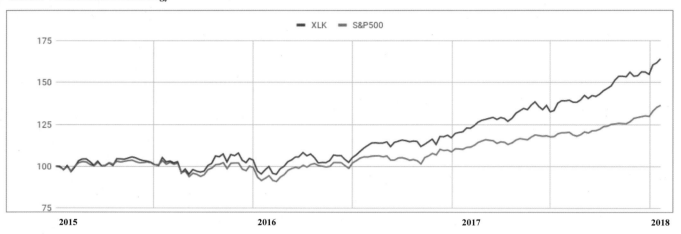

정보기술 섹터는 2015년 1월 1일 이후 64.28% 상승했으며, 같은 기간 S&P500은 36.49% 상승했다. 정보기술 섹터의 S&P500 대비 상대 수익률은 27.79%p 이다.

S&P500내 정보기술 섹터 비중 추이

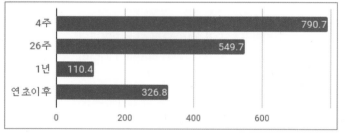

정보기술 섹터 관련 주요 데이터

	정보기술 섹터	S&P500 평균
PER (Trailing)	23.47	23.53
PER (Projected)	20.69	20.49
PBR	5.08	3.11
시가 배당률	1.28	1.87
P/Sales	4.23	2.09
P/Cash flow	23.96	21.71
변동성 3년	14.7	10.07
변동성 5년	12.53	9.49

정보기술 섹터 대표 ETF 'XLK'의 최근 자금 유입 동향(100만$) 및 수익률(%)

자금동향

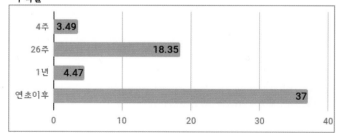

수익률

시가 총액 상위 종목

순위	티커	종목명/세부 섹터
1위	GOOGL	Alphabet Inc Class A (알파벳)
		인터넷 S/W, 서비스
2위	MSFT	Microsoft Corp. (마이크로소프트코퍼레이션)
		시스템 소프트웨어
3위	FB	Facebook, Inc. (페이스북)
		인터넷 S/W, 서비스
4위	V	Visa Inc. (비자)
		인터넷 S/W, 서비스
5위	ORCL	Oracle Corp. (오라클 코퍼레이션)
		응용 소프트웨어

섹터 내 상승/하락 상위 종목 (최근 1년)

상승률 상위 종목

순위	티커	상승률
1위	NVDA	118.37%
2위	PYPL	100.10%
3위	CTXS	99.82%

하락률 상위 종목

순위	티커	하락률
1위	IBM	-6.34%
2위	AKAM	-0.24%
3위		

(2018년 1월 13일 기준)

ADBE
어도비 시스템스 인코퍼레이티드
Adobe Systems Inc

섹터 정보기술 (Information Technology)
세부섹터 응용 소프트웨어 (Application Software)

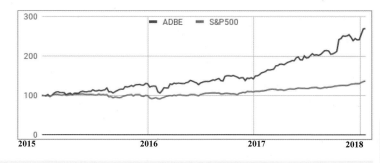

어도비 시스템스 인코퍼레이티드(Adobe Systems Inc)는 미국의 다국적 컴퓨터 소프트웨어 개발 업체이다. 회사는 1982년에 설립되었고 본사는 캘리포니아주 로웰에 있으며 15,706명의 직원이 근무하고 있다. 회사는 역사적으로 멀티미디어 및 독창성이 있는 소프트웨어 제품을 개발하는 데 주력해 왔으며 최근에는 인터넷 응용프로그램 소프트웨어 개발에 집중하고 있다. 회사는 이미지 편집 소프트웨어인 포토샵(Photoshop), 아크로뱃 리더(Acrobat Reader), 피디에프(PDF) 및 어도비 크리에티크 스위트(Adobe Creative Suite)뿐만 아니라 어도비 크리에티크 클라우드(Adobe Creative Cloud) 등의 제품으로 유명하다. 회사는 포트폴리오의 다양한 제품들을 판매하면서 전략적으로는 디지털 미디어와 디지털 마케팅 분야의 집중적인 투자를 하고 있다.

기준일 : 2018/ 01 /25

한글 회사명 : 어도비 시스템스 인코퍼레이티드

영문 회사명 : Adobe Systems Inc

상장일 : 1986년 08월 13일 | 결산월 : 11월

시가총액 : 971 (억$) |

52주 최고 : $204.45 (-2.47%) / 52주 최저 : $111.34 (+79.09%)

주요 주주정보

보유자/ 보유 기관	보유율
Fidelity Management & Research Co.	7.12%
The Vanguard Group, Inc.	6.83%
PRIMECAP Management Co.	4.86%

애널리스트 추천 및 최근 투자의견

어도비 시스템스 인코퍼레이티드의 2018년 01월 25일 현재 32개 기관의 **평균적인 목표가는 215.48$**이며, 2018년 추정 주당순이익(EPS)은 7.08$로 2017년 추정 EPS 6.23$에 비해 **13.64% 증가**할 것으로 예상된다.

최근, 1개월, 3개월의 투자 의견 변화

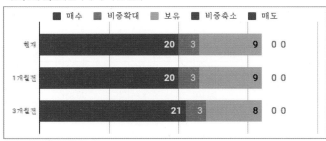

투자의견	금융사 및 투자의견	날짜
Maintains	Morgan Stanley: to Equal-Weight	12/13/2017
Downgrade	JP Morgan: Overweight to Neutral	12/12/2017
Maintains	KeyBanc: Overweight to Overweight	11/22/2017
Initiated	UBS: to Buy	9/11/2017
Maintains	Argus: to Buy	10/25/2017

내부자 거래

(3M 비중은 12개월 거래 중 최근 3개월의 비중)

구분	성격	3개월	12개월	3M비중
매수	매수 건수 (장내 매매만 해당)	1	3	33.33%
매도	매도 건수 (장내 매매만 해당)	23	47	48.94%
매수	매수 수량 (장내 매매만 해당)	1,125	28,926	3.89%
매도	매도 수량 (장내 매매만 해당)	864,686	1,134,661	76.21%
	순매수량 (-인 경우 순매도량)	-863,561	-1,105,735	

ETF 노출

(편입 ETF 수 : 96개 / 시가총액 대비 ETF의 보유비중 : 9.85%)

티커	ETF	보유 지분	비중
VTI	Vanguard Total Stock Market ETF	$2,360,015,790	0.34%
VOO	Vanguard 500 Index Fund	$1,673,073,202	0.40%
SPY	SPDR S&P 500 ETF Trust	$1,223,214,985	0.41%
QQQ	PowerShares QQQ Trust, Series 1 (ETF)	$763,894,829	1.24%
VUG	Vanguard Growth ETF	$659,247,607	0.84%

기간 수익률

1M : 10.26%	3M : 26.69%	6M : 30.9%	1Y : 76.79%	3Y : 172.87%

재무 지표

	2014	2015	2016	2017(E)
매출액 (백만$)	4,128	4,739	5,836	7,248
영업이익 (백만$)	424	848	1,475	2,712
순이익 (백만$)	268	630	1,169	2,109
자산총계 (백만$)	10,786	11,989	12,972	14,493
자본총계 (백만$)	6,776	7,002	7,425	
부채총계 (백만$)	4,015	4,987	5,547	

안정성 비율	2013	2014	2015	2016
유동비율 (%)	265.19	184.50	217.84	207.70
부채비율 (%)	54.36	59.26	71.23	74.71
이자보상배율 (배)	6.12	7.10	13.22	20.94

투자 지표

	2014	2015	2016	2017(E)
영업이익률 (%)	10.27	17.89	25.27	37.42
매출액 증가율 (%)	2.71	14.80	23.14	24.21
EPS ($)	0.54	1.26	2.35	4.22
EPS 증가율 (%)	-6.90	133.33	86.51	79.43
주당자산가치($)	13.62	14.06	15.02	17.41
잉여현금흐름 (백만$)	1,139	1,285	1,996	2,619

	2013	2014	2015	2016
배당성향(%)				
배당수익률(%)	0.00	0.00	0.00	0.00
ROE (%)	4.33	3.98	9.14	16.20
ROA (%)	2.85	2.54	5.53	9.37
재고회전율				
EBITDA (백만$)	734.53	737.45	1,187.79	1,806.31

매출비중

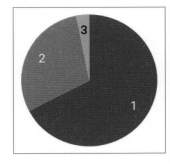

제품명	비중
1. 디지털 미디어	67.32%
2. 디지털 마케팅	29.66%
3. 인쇄 및 출판	3.02%

ADSK
오토데스크
Autodesk, Inc

섹터 정보기술 (Information Technology)
세부섹터 응용 소프트웨어 (Application Software)

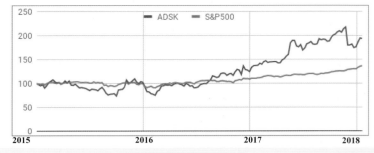

오토데스크(Autodesk, Inc)는 효과적인 기술 제품 및 서비스를 통해 고객에게 생산적인 업무 방식을 제공하는 설계 소프트웨어 및 서비스를 영위하는 업체이다. 회사는 1982년에 설립되었고 본사는 캘리포니아주 산 라파엘에 있으며 9,000명의 직원이 근무하고 있다. 주로 건축, 엔지니어링 및 건설(AEC), 제조(MFG), 디지털 미디어, 소비자 및 엔터테인먼트 산업을 영위하는 업체에게 제품을 제공하고 있다. 회사의 부문별 매출은 건축, 엔지니어링 및 건설(AEC) 38%, 제조(MFG) 29%, 플랫폼 솔루션 및 신흥 비즈니스(PSEB)&미디어와 엔터테인먼트(M&E) 33%가량이다. 에이이씨(AEC) 관련 제품은 오토데스크 빌딩 디자인 스위트, 오토데스크 인프라스트럭쳐 디자인 스위트, 오토데스크 레빗이 있다. 엠에프지(MFG) 관련 제품으로는 오토데스크 프로덕트 디자인 스위트, 오토캐드 메카니컬, 오토데스크 델캠이 있다. 피에스이비(PSEB) 제품은 오토캐드가 있으며, 엠앤이(M&E) 제품은 오토데스크 마야와 오토데스크 3DS 맥스가 있다.

기준일 : 2018/ 01 /25

한글 회사명 : 오토데스크
영문 회사명 : Autodesk, Inc
상장일 : 1985년 06월 28일 | 결산월 : 1월
시가총액 : 257 (억$) |
52주 최고 : $131.1 (-9.93%) / 52주 최저 : $79.15 (+49.17%)

주요 주주정보

보유자/ 보유 기관	보유율
Fidelity Management & Research Co.	11.91%
The Vanguard Group, Inc.	9.84%
ClearBridge Investments LLC	4.95%

애널리스트 추천 및 최근 투자의견

오토데스크의 2018년 01월 25일 현재 26개 기관의 **평균적인 목표가는 130.17$**이며, 2018년 추정 주당순이익(EPS)은 1.17$로 2017년 추정 EPS -0.5$에 비해 **-334% 감소**할 것으로 **예상**된다.

최근, 1개월, 3개월의 투자 의견 변화

투자의견	금융사 및 투자의견	날짜
Downgrade	Wedbush: Outperform to Neutral	11/29/2017
Maintains	Credit Suisse: to Outperform	11/17/2017
Maintains	KeyBanc: to Overweight	11/16/2017
Maintains	Canaccord Genuity: to Buy	11/16/2017
Upgrade	Guggenheim: Neutral to Buy	11/13/2017

내부자 거래

(3M 비중은 12개월 거래 중 최근 3개월의 비중)

구분	성격	3개월	12개월	3M비중
매수	매수 건수 (장내 매매만 해당)	1	20	5.00%
매도	매도 건수 (장내 매매만 해당)	14	58	24.14%
매수	매수 수량 (장내 매매만 해당)	12,473	238,277	5.23%
매도	매도 수량 (장내 매매만 해당)	34,495	682,238	5.06%
	순매수량 (-인 경우 순매도량)	-22,022	-443,961	

ETF 노출 (편입 ETF 수 : 74개 / 시가총액 대비 ETF의 보유비중 : 13.5%)

티커	ETF	보유 지분	비중
VO	Vanguard Mid-Cap ETF	$634,958,892	0.64%
VTI	Vanguard Total Stock Market ETF	$624,996,817	0.09%
VOO	Vanguard 500 Index Fund	$443,261,862	0.11%
SPY	SPDR S&P 500 ETF Trust	$323,711,170	0.11%
QQQ	PowerShares QQQ Trust, Series 1 (ETF)	$204,424,540	0.33%

기간 수익률

1M : 6.35%	3M : 1.01%	6M : 5.04%	1Y : 41.16%	3Y : 102.79%

재무 지표

	2014	2015	2016	2017(E)
매출액 (백만$)	2,502	2,464	2,022	2,048
영업이익 (백만$)	117	-28	-427	-113
순이익 (백만$)	82	-331	-582	-111
자산총계 (백만$)	4,914	5,515	4,798	4,084
자본총계 (백만$)	2,219	1,620	734	
부채총계 (백만$)	2,695	3,896	4,065	

안정성 비율	2013	2014	2015	2016
유동비율 (%)	264.58	190.79	188.13	112.59
부채비율 (%)	103.18	121.42	240.54	554.05
이자보상배율 (배)	29.19	8.85	-0.83	-14.36

투자 지표

	2014	2015	2016	2017(E)
영업이익률 (%)	4.68	-1.14	-21.12	-5.53
매출액 증가율 (%)	10.66	-1.50	-17.96	1.29
EPS ($)	0.36	-1.46	-2.61	-0.50
EPS 증가율 (%)	-64.71	-505.56	-78.77	80.78
주당자산가치($)	9.78	7.22	3.33	0.19
잉여현금흐름 (백만$)	633	342	94	-115

	2013	2014	2015	2016
배당성향(%)				
배당수익률(%)	0.00	0.00	0.00	0.00
ROE (%)	10.63	3.65	-17.22	-49.47
ROA (%)	5.14	1.72	-6.34	-11.29
재고회전율				
EBITDA (백만$)	415	262.7	117.8	-287.3

매출비중

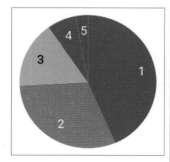

제품명	비중
1. 건축 소프트웨어	43.37%
2. 제조,설계 소프트웨어	30.81%
3. 오토캐드	16.09%
4. 미디어 및 엔터테인먼트	6.84%
5. 기타	2.89%

ANSS
앤시스
ANSYS, Inc.

섹터 정보기술 (Information Technology)
세부섹터 응용 소프트웨어 (Application Software)

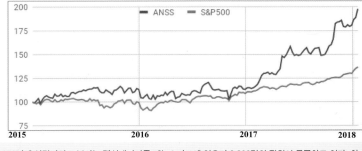

앤시스(ANSYS, Inc.)는 엔지니어링 시뮬레이션 분야의 글로벌 소프트웨어 개발 업체이다. 회사는 1970년에 설립되었고 본사는 펜실베니아주 캐논스버그에 있으며 2,800명의 직원이 근무하고 있다. 회사는 유한 요소 분석, 구조 분석, 전산 유체 역학, 열전달을 포함한 다양한 분야에 엔지니어링 분석 소프트웨어 등을 개발하고 있다. 회사는 설계 개념부터 최종 단계 테스트 및 검증에 이르기까지 빠르고 효율적이며 비용에 민감한 제품 개발을 위한 공통 플랫폼을 제공하여 사용자가 데스크톱에서 직접 설계를 분석할 수 있는 개방적이고 유연한 솔루션 개발에 중점을 두고 있다. 회사 제품은 자동차, 산업설비, 전자, 생물 의학, 에너지, 재료, 화학공정, 반도체를 포함한 광범위한 산업 및 학계에서 엔지니어, 디자이너, 연구원, 학생들이 널리 사용하고 있다. 회사의 주요 제품은 시뮬레이션 플랫폼인 앤시스 워크벤치, 구조 분석 툴인 스트럭처스, 유체 흐름 모델링 툴인 플루이드, 파워 분석 및 최적화 소프트웨어인 세미컨덕터스가 있다.

기준일 : 2018/ 01 /25
한글 회사명 : 앤시스
영문 회사명 : ANSYS, Inc.
상장일 : 1996년 06월 20일 | 결산월 : 12월
시가총액 : 136 (억$) |
52주 최고 : $163.22 (-0.54%) / 52주 최저 : $92.33 (+75.81%)

주요 주주정보

보유자/ 보유 기관	보유율
The Vanguard Group, Inc.	9.86%
Fidelity Management & Research Co.	7.4%
BlackRock Fund Advisors	6.25%

애널리스트 추천 및 최근 투자의견

앤시스의 2018년 01월 25일 현재 19개 기관의 **평균적인 목표가는 135.55$**이며, 2018년 추정 주당순이익(EPS)은 4.31$로 2017년 추정 EPS 3.96$에 비해 **8.83% 증가할 것으로 예상**된다.

최근, 1개월, 3개월의 투자 의견 변화

투자의견	금융사 및 투자의견	날짜
Maintains	Citigroup: to Neutral	3/11/2017
Maintains	Baird: to Outperform	3/11/2017
Initiated	Citigroup: to Neutral	9/22/2017
Maintains	Barclays: to Underweight	9/15/2017
Initiated	Berenberg: to Hold	8/23/2017

내부자 거래

(3M 비중은 12개월 거래 중 최근 3개월의 비중)

구분	성격	3개월	12개월	3M비중
매수	매수 건수 (장내 매매만 해당)	8	20	40.00%
매도	매도 건수 (장내 매매만 해당)	24	48	50.00%
매수	매수 수량 (장내 매매만 해당)	67,401	91,744	73.47%
매도	매도 수량 (장내 매매만 해당)	118,660	239,970	49.45%
	순매수량 (-인 경우 순매도량)	-51,259	-148,226	

ETF 노출 (편입 ETF 수 : 79개 / 시가총액 대비 ETF의 보유비중 : 14.34%)

티커	ETF	보유 지분	비중
VO	Vanguard Mid-Cap ETF	$334,107,701	0.34%
VTI	Vanguard Total Stock Market ETF	$328,523,234	0.05%
VOO	Vanguard 500 Index Fund	$233,326,999	0.06%
SPY	SPDR S&P 500 ETF Trust	$170,354,223	0.06%
USMV	OSSIAM LUX OSSIAM US MIN VAR NR ETF	$95,684,828	0.61%

기간 수익률

1M : 9.12%	3M : 32.6%	6M : 27.52%	1Y : 73.14%	3Y : 95.35%

재무 지표

	2014	2015	2016	2017(E)
매출액 (백만$)	936	943	988	1,085
영업이익 (백만$)	347	354	380	509
순이익 (백만$)	255	253	266	344
자산총계 (백만$)	2,774	2,730	2,801	2,889
자본총계 (백만$)	2,218	2,194	2,208	
부채총계 (백만$)	557	535	592	

안정성 비율	2013	2014	2015	2016
유동비율 (%)	242.40	238.77	222.34	216.92
부채비율 (%)	27.44	25.10	24.40	26.81
이자보상배율 (배)	275.85	446.02	1,088.24	1,717.84

투자 지표

	2014	2015	2016	2017(E)
영업이익률 (%)	37.07	37.54	38.46	46.90
매출액 증가율 (%)	8.68	0.72	4.85	9.73
EPS ($)	2.77	2.82	3.05	3.96
EPS 증가율 (%)	4.53	1.81	8.93	29.96
주당자산가치($)	24.43	24.90	25.77	27.02
잉여현금흐름 (백만$)	359	351	344	389

	2013	2014	2015	2016
배당성향(%)				
배당수익률(%)	0.00	0.00	0.00	0.00
ROE (%)	12.04	11.70	11.45	12.07
ROA (%)	9.21	9.27	9.18	9.61
재고회전율				
EBITDA (백만$)	403.16	429.37	431.35	449.23

매출비중

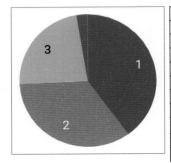

제품명	비중
1. 유지/보수	
	39.94%
2. 소프트웨어 - 임대 라이센스	
	34.43%
3. 소프트웨어 - 영구 라이센스	
	23.05%
4. 서비스	
	2.58%

CDNS
카덴스 디자인 시스템즈
Cadence Design Systems.

섹터 정보기술 (Information Technology)
세부섹터 응용 소프트웨어 (Application Software)

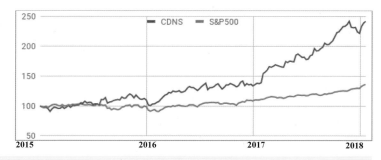

카덴스 디자인 시스템즈(Cadence Design Systems, Inc.)는 에스디에이 시스템즈(SDA Systems)와 이씨에이디(ECAD, Inc.)의 합병으로 설립된 전자 설계 자동화(EDA) 소프트웨어와 엔지니어링 서비스 업체이다. 회사는 1988년에 설립되었고 본사는 캘리포니아주 산 호세에 있으며 7,100명의 직원이 근무하고 있다. 카덴스 디자인 시스템즈는 고객이 작고 복잡한 전자 시스템 집적 회로(IC) 및 전자 장치를 설계하는데 사용하는 시스템 디자인 인에이블먼트(SDE) 솔루션을 개발하고 있다. 회사의 솔루션은 고객이 전자 시스템, 집적회로(IC) 또는 전자 장치의 출시 시간을 줄이고 설계, 개발 및 제조 비용을 절감할 수 있도록 지원하고 있다. 카덴스 디자인 시스템즈의 제품 카테고리에는 기능 검증, 디지털 집적회로 설계, 사인오프, 맞춤형 집적회로 설계 및 검증, 시스템 상호 연결 및 분석, 아이피(IP) 등이 있다.

기준일 : 2018/ 01 /25
한글 회사명 : 카덴스 디자인 시스템즈
영문 회사명 : Cadence Design Systems
상장일 : 1987년 06월 15일 | 결산월 : 12월
시가총액 : 127 (억$) | 52주 최고 : $46 (-0.67%) / 52주 최저 : $25.67 (+77.98%)

주요 주주정보

보유자/ 보유 기관	보유율
The Vanguard Group, Inc.	9.99%
Massachusetts Financial Services Co.	8.62%
Henderson Global Investors Ltd.	6.38%

애널리스트 추천 및 최근 투자의견

카덴스 디자인 시스템즈의 2018년 01월 25일 현재 9개 기관의 **평균적인 목표가는 41$**이며, 2018년 추정 주당순이익(EPS)은 1.52$로 2017년 추정 EPS 1.4$에 비해 **8.57% 증가**할 것으로 예상된다.

최근, 1개월, 3개월의 투자 의견 변화

투자의견	금융사 및 투자의견	날짜
Maintains	Bank of America: to Buy	7/25/2017
Downgrade	DA Davidson: to Neutral	4/25/2017
Downgrade	JP Morgan: to Underweight	12/12/2016
Initiated	Credit Suisse: to Neutral	10/19/2016
Upgrade	DA Davidson: to Buy	10/10/2016

내부자 거래

(3M 비중은 12개월 거래 중 최근 3개월의 비중)

구분	성격	3개월	12개월	3M비중
매수	매수 건수 (장내 매매만 해당)	18	26	69.23%
매도	매도 건수 (장내 매매만 해당)	23	71	32.39%
매수	매수 수량 (장내 매매만 해당)	280,753	458,826	61.19%
매도	매도 수량 (장내 매매만 해당)	204,221	1,503,527	13.58%
	순매수량 (-인 경우 순매도량)	76,532	-1,044,701	

ETF 노출
(편입 ETF 수 : 85개 / 시가총액 대비 ETF의 보유비중 : 15.21%)

티커	ETF	보유 지분	비중
VO	Vanguard Mid-Cap ETF	$312,352,576	0.31%
VTI	Vanguard Total Stock Market ETF	$307,049,573	0.04%
VOO	Vanguard 500 Index Fund	$217,848,840	0.05%
SPY	SPDR S&P 500 ETF Trust	$160,543,693	0.05%
QQQ	PowerShares QQQ Trust, Series 1 (ETF)	$98,152,849	0.16%

기간 수익률

1M : 4.39%	3M : 19.15%	6M : 30.36%	1Y : 75.79%	3Y : 148.77%

재무 지표

	2014	2015	2016	2017(E)
매출액 (백만$)	1,581	1,702	1,816	1,938
영업이익 (백만$)	219	291	287	532
순이익 (백만$)	159	252	203	391
자산총계 (백만$)	3,210	2,351	2,097	2,404
자본총계 (백만$)	1,334	1,376	742	
부채총계 (백만$)	1,876	975	1,355	

안정성 비율	2013	2014	2015	2016
유동비율 (%)	106.35	132.92	179.89	119.89
부채비율 (%)	110.07	140.67	70.84	182.69
이자보상배율 (배)	5.74	6.41	10.27	12.12

투자 지표

	2014	2015	2016	2017(E)
영업이익률 (%)	13.85	17.10	15.80	27.43
매출액 증가율 (%)	8.27	7.66	6.70	6.69
EPS ($)	0.56	0.88	0.71	1.40
EPS 증가율 (%)	-5.09	57.14	-19.32	96.83
주당자산가치($)	4.57	4.45	2.67	3.94
잉여현금흐름 (백만$)	277	333	391	417

	2013	2014	2015	2016
배당성향(%)				
배당수익률(%)	0.00	0.00		
ROE (%)	15.86	12.77	18.63	19.18
ROA (%)	6.97	5.64	9.08	9.13
재고회전율	33.81	29.66	30.08	37.74
EBITDA (백만$)	314.01	334.47	408.81	406.54

매출비중

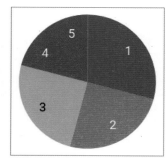

제품명	비중
1. 디지털 집적 회로 설계	
	29%
2. 사용자정의 집적 회로 설계	
	25%
3. 기능 검증	
	25%
4. 인터넷 프로토콜	
	11%
5. 시스템 상호 연결 및 분석	
	10%

ORCL
오라클 코퍼레이션
Oracle Corp.

섹터 정보기술 (Information Technology)
세부섹터 응용 소프트웨어 (Application Software)

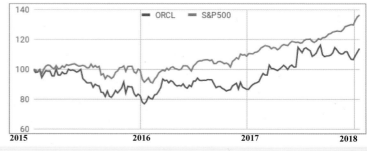

오라클 코퍼레이션(Oracle Corporation)은 엔터프라이즈 소프트웨어, 컴퓨터 하드웨어 제품, 클라우드 서비스를 제공하는 업체이다. 회사는 1977년에 설립되었고 본사는 캘리포니아주 레드우드쇼에 있으며 7,100명의 직원이 근무하고 있다. 회사 사업 부문은 소프트웨어 및 클라우드, 하드웨어 시스템, 서비스 세 부문으로 나누어진다. 회사는 주로 데이터베이스 소프트웨어 및 기술, 클라우드 엔지니어링 시스템 및 엔터프라이즈 소프트웨어 제품(특히 자체 브랜드의 데이터베이스 관리시스템) 개발 및 마케팅을 전문으로 하고 있다. 회사는 마이크로소프트에 이어 두 번째로 큰 소프트웨어 개발업체이다. 회사는 미들-티어 소프트웨어, 전사적 자원 관리(ERP) 소프트웨어, 고객 관계 관리(CRM) 소프트웨어, 공급체인 관리 소프트웨어를 개발 및 판매하고 있다.

기준일 : 2018/ 01 /25

한글 회사명 : 오라클 코퍼레이션
영문 회사명 : Oracle Corp.
상장일 : 1986년 03월 13일 | 결산월 : 5월
시가총액 : 2136 (억$) |
52주 최고 : $53.14 (-2.72%) / 52주 최저 : $39.67 (+30.29%)

주요 주주정보

보유자/ 보유 기관	보유율
ELLISON LAWRENCE JOSEPH	27.33%
The Vanguard Group, Inc.	4.97%
BlackRock Fund Advisors	3.15%

애널리스트 추천 및 최근 투자의견

오라클 코퍼레이션의 2018년 01월 25일 현재 34개 기관의 **평균적인 목표가**는 **55.47$**이며, 2018년 추정 주당순이익(EPS)은 3.18$로 2017년 추정 EPS 2.94$에 비해 **8.16% 증가할 것으로 예상**된다.

최근, 1개월, 3개월의 투자 의견 변화

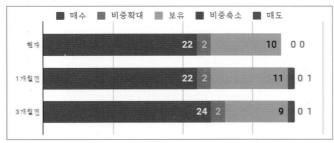

투자의견	금융사 및 투자의견	날짜
Initiated	Nomura: to Buy	1/24/2018
Upgrade	Morgan Stanley: Equal-Weight to Overweight	1/3/2018
Downgrade	RBC Capital: Outperform to Sector Perform	12/15/2017
Initiated	PiperJaffray: to Overweight	10/4/2017
Maintains	Barclays: to Overweight	9/15/2017

내부자 거래

(3M 비중은 12개월 거래 중 최근 3개월의 비중)

구분	성격	3개월	12개월	3M비중
매수	매수 건수 (장내 매매만 해당)	0	1	0.00%
매도	매도 건수 (장내 매매만 해당)	10	56	17.86%
매수	매수 수량 (장내 매매만 해당)	0	286	0.00%
매도	매도 수량 (장내 매매만 해당)	6,963,050	15,301,558	45.51%
	순매수량 (-인 경우 순매도량)	-6,963,050	-15,301,272	

ETF 노출
(편입 ETF 수 : 106개 / 시가총액 대비 ETF의 보유비중 : 6.42%)

티커	ETF	보유 지분	비중
VTI	Vanguard Total Stock Market ETF	$3,928,189,386	0.57%
VOO	Vanguard 500 Index Fund	$2,710,717,337	0.65%
SPY	SPDR S&P 500 ETF Trust	$1,981,973,943	0.66%
IVV	iShares S&P 500 Index (ETF)	$1,004,464,770	0.65%
VTV	Vanguard Value ETF	$838,829,371	1.22%

기간 수익률

1M : 4.72%	3M : 3.77%	6M : -0.43%	1Y : 26.86%	3Y : 16.24%

재무 지표

	2014	2015	2016	2017(E)
매출액 (백만$)	38,226	37,047	37,728	39,831
영업이익 (백만$)	14,289	13,104	13,276	17,552
순이익 (백만$)	9,938	8,901	9,335	12,543
자산총계 (백만$)	110,903	112,180	134,991	141,532
자본총계 (백만$)	49,098	47,790	54,246	
부채총계 (백만$)	61,805	64,390	80,745	

안정성 비율	2013	2014	2015	2016
유동비율 (%)	334.55	413.20	373.74	308.19
부채비율 (%)	90.41	125.88	134.74	148.85
이자보상배율 (배)	16.39	12.50	8.93	7.38

투자 지표

	2014	2015	2016	2017(E)
영업이익률 (%)	37.38	35.37	35.19	44.07
매출액 증가율 (%)	-0.13	-3.08	1.84	5.57
EPS ($)	2.26	2.11	2.27	2.94
EPS 증가율 (%)	-6.61	-6.64	7.58	29.51
주당자산가치($)	11.20	11.45	13.02	13.70
잉여현금흐름 (백만$)	12,945	12,372	12,105	13,159

	2013	2014	2015	2016
배당성향(%)	20.17	23.08	29.00	28.96
배당수익률(%)	1.14	1.17	1.49	1.41
ROE (%)	23.94	20.80	18.55	18.46
ROA (%)	12.84	9.99	8.08	7.65
재고회전율	178.44	151.99	140.86	147.38
EBITDA (백만$)	17,891	17,150	15,613	15,727

매출비중

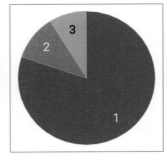

제품명	비중
1. 클라우드 및 소프트웨어	80.55%
2. 하드웨어	11.01%
3. 서비스	8.9%
4. 기타	-0.45%

SNPS
시놉시스
Synopsys Inc.

섹터 정보기술 (Information Technology)
세부섹터 응용 소프트웨어 (Application Software)

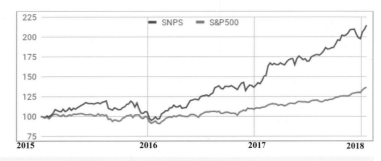

시놉시스(Synopsys, Inc.)는 세계에서 15번째로 큰 소프트웨어 업체이며 전자 설계 자동화(EDA), 반도체 IP 분야, 소프트웨어 보안, 품질 솔루션을 영위하는 업체이다. 회사는 1986년에 설립되었고 본사는 캘리포니아주 마운틴뷰에 있으며 11,680명의 직원이 근무하고 있다. 회사는 보안 및 품질이 요구되는 반도체 제작 응용 프로그램을 작성하는 소프트웨어에 필요한 솔루션을 제공하고 있다. 회사 대표제품은 로직 합성 툴인 디자인 컴파일러(Design Compiler)이다. 회사는 특정 용도의 집적 회로 설계에 사용되는 광범위한 제품을 제공하고 있으며 로직 합성, 동작 합성, 배치 및 경로, 정적 타이밍 분석, 형식 검증, 하드웨어 설명 언어(SystemC, SystemVerilog / Verilog, VHDL) 시뮬레이터와 트랜지스터-레벨 회로 시뮬레이션이 있다. 시뮬레이터에는 칩 및 컴퓨터 시스템에 대한 로직 설계를 지원하는 개발 및 디버깅 환경이 포함되어 있다.

기준일 : 2018/ 01 /25
한글 회사명 : 시놉시스
영문 회사명 : Synopsys Inc.
상장일 : 1992년 02월 26일 | 결산월 : 10월
시가총액 : 137 (억$) |
52주 최고 : $94.8 (-1.49%) / 52주 최저 : $61.1 (+52.83%)

주요 주주정보

보유자/ 보유 기관	보유율
The Vanguard Group, Inc.	10.32%
BlackRock Fund Advisors	6.04%
SSgA Funds Management, Inc.	4.56%

애널리스트 추천 및 최근 투자의견

시놉시스의 2018년 01월 25일 현재 9개 기관의 **평균적인 목표가는 103.29$**이며, 2018년 추정 주당순이익(EPS)은 3.92$로 2017년 추정 EPS 3.5$에 비해 **12% 증가할 것으로 예상**된다.

최근, 1개월, 3개월의 투자 의견 변화

투자의견	금융사 및 투자의견	날짜
Downgrade	JP Morgan: Neutral to Underweight	12/12/2017
Maintains	KeyBanc: Overweight to Overweight	11/30/2017
Upgrade	RBC Capital: Outperform to Top Pick	10/25/2017
Maintains	Credit Suisse: to Outperform	8/15/2017
Maintains	: to Buy	10/10/2016

내부자 거래

(3M 비중은 12개월 거래 중 최근 3개월의 비중)

구분	성격	3개월	12개월	3M비중
매수	매수 건수 (장내 매매만 해당)	5	18	27.78%
매도	매도 건수 (장내 매매만 해당)	11	32	34.38%
매수	매수 수량 (장내 매매만 해당)	625	21,126	2.96%
매도	매도 수량 (장내 매매만 해당)	62,263	459,095	13.56%
	순매수량 (-인 경우 순매도량)	-61,638	-437,969	

ETF 노출
(편입 ETF 수 : 81개 / 시가총액 대비 ETF의 보유비중 : 15.33%)

티커	ETF	보유 지분	비중
VO	Vanguard Mid-Cap ETF	$339,852,291	0.34%
VTI	Vanguard Total Stock Market ETF	$334,007,262	0.05%
VOO	Vanguard 500 Index Fund	$237,065,775	0.06%
SPY	SPDR S&P 500 ETF Trust	$172,232,291	0.06%
VOE	Vanguard Mid-Cap Value ETF	$114,894,322	0.64%

기간 수익률

1M : 5.4%	3M : 16.05%	6M : 21.99%	1Y : 52.39%	3Y : 118.36%

재무 지표

	2014	2015	2016	2017(E)
매출액 (백만$)	2,055	2,233	2,431	2,679
영업이익 (백만$)	245	287	352	625
순이익 (백만$)	259	226	267	511
자산총계 (백만$)	4,776	5,046	5,240	5,659
자본총계 (백만$)	3,056	3,134	3,195	
부채총계 (백만$)	1,719	1,912	2,045	

안정성 비율	2013	2014	2015	2016
유동비율 (%)	118.40	108.51	99.08	100.12
부채비율 (%)	56.33	56.26	61.00	64.01
이자보상배율 (배)	141.47	129.20	102.06	93.33

투자 지표

	2014	2015	2016	2017(E)
영업이익률 (%)	11.92	12.85	14.48	23.34
매출액 증가율 (%)	5.14	8.65	8.88	10.19
EPS ($)	1.67	1.46	1.76	3.31
EPS 증가율 (%)	3.09	-12.58	20.55	88.01
주당자산가치($)	19.60	20.20	21.10	21.81
잉여현금흐름 (백만$)	448	408	520	517

	2013	2014	2015	2016
배당성향(%)				
배당수익률(%)	0.00	0.00	0.00	0.00
ROE (%)	9.37	8.87	7.30	8.43
ROA (%)	5.83	5.67	4.60	5.19
재고회전율				
EBITDA (백만$)	427.33	437.66	499.01	558.97

매출비중

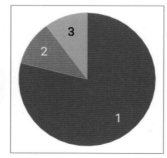

제품명	비중
1. 일반 제품	
	78.88%
2. 유지 보수 및 서비스	
	10.88%
3. 선행 제품	
	10.24%

SYMC
시만텍
Symantec Corp.

섹터 정보기술 (Information Technology)
세부섹터 응용 소프트웨어(Application Software)

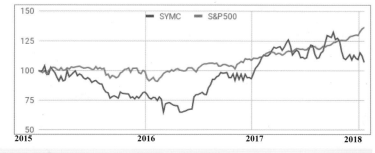

시만텍(Symantec Corp.)은 보안, 스토리지, 시스템 관리 솔루션을 제공하는 사이버 보안 분야의 글로벌 업체이다. 회사는 1982년에 설립되었고 본사는 캘리포니아주 마운틴뷰에 있으며 11,000명의 직원이 근무하고 있다. 회사의 사업은 소비자 보안 부문과 기업 보안 부문 두 가지로 나누어진다. 소비자 보안 부문에서 전 세계 5천만 이상의 사용자가 시만텍 노턴(Norton) 제품과 라이프록(LifeLock) 제품을 이용해 가정과 다양한 기기에서 사이버 위협을 막아내고 있다. 기업 보안 부문은 기업을 안전하게 보호할 수 있도록 보안 제품을 제공하고 있다. 회사는 세계에서 가장 큰 민간 사이버 정보 네트워크 중 하나를 운영하고 있으며 가장 최근의 사이버 위협을 관찰하고 정보 보호를 가능하게 한다. 모든 산업에서 정보 보안이 중요하지만, 공격 경로, 규정 및 기술의 차이로 인하여 조직의 사이버 보안 위험에 대한 차별화된 대응이 요구되고 있다. 회사는 엔드포인트, 클라우드, 인프라 전반을 정교한 공격으로부터 방어할 수 있는 전략적인 통합 솔루션을 전 세계 기업과 기관에 제공하고 있다.

기준일 : 2018/ 01 /25
한글 회사명 : 시만텍
영문 회사명 : Symantec Corp.
상장일 : 1989년 06월 23일 | 결산월 : 3월
시가총액 : 168 (억$) |
52주 최고 : $34.2 (-21.22%) / 52주 최저 : $25.65 (+5.02%)

주요 주주정보

보유자/ 보유 기관	보유율
Capital Research & Management Co. (World Inv	12.23%
T. Rowe Price Associates, Inc.	11.21%
The Vanguard Group, Inc.	9.85%

애널리스트 추천 및 최근 투자의견

시만텍의 2018년 01월 25일 현재 30개 기관의 **평균적인 목표가는 31.12$**이며, 2018년 추정 주당순이익(EPS)은 1.9$로 2017년 추정 EPS 1.68$에 비해 **13.09% 증가할 것으로 예상**된다.

재무 지표

	2014	2015	2016	2017(E)
매출액 (백만$)	3,956	3,771	4,019	5,048
영업이익 (백만$)	318	764	293	1,790
순이익 (백만$)	109	-821	-236	1,126
자산총계 (백만$)	13,233	11,767	18,174	16,119
자본총계 (백만$)	5,935	3,676	3,487	
부채총계 (백만$)	7,298	8,091	14,687	

안정성 비율	2013	2014	2015	2016
유동비율 (%)	128.59	121.76	172.55	113.52
부채비율 (%)	133.55	122.97	220.10	421.19
이자보상배율 (배)	17.30	4.08	10.19	1.41

최근, 1개월, 3개월의 투자 의견 변화

	매수	비중확대	보유	비중축소	매도
현재	9	1	17	1	2
1개월전	10	1	17	1	1
3개월전	10	1	15	1	1

투자의견	금융사 및 투자의견	날짜
Downgrade	Credit Suisse: Outperform to Neutral	1/22/2018
Downgrade	Jefferies: Hold to Underperform	1/18/2018
Initiated	Deutsche Bank: to Hold	12/19/2017
Maintains	Morgan Stanley: to Equal-Weight	3/11/2017
Maintains	Oppenheimer: to Outperform	2/11/2017

투자 지표

	2014	2015	2016	2017(E)
영업이익률 (%)	8.04	20.26	7.29	35.46
매출액 증가율 (%)	-40.74	-4.68	6.58	25.61
EPS ($)	1.27	3.71	-0.22	1.68
EPS 증가율 (%)	-1.55	192.13	-105.98	856.72
주당자산가치($)	8.68	6.01	5.74	6.13
잉여현금흐름 (백만$)	1,009	524	-290	736

	2013	2014	2015	2016
배당성향(%)	46.88	47.62	16.17	
배당수익률(%)	3.00	2.57	3.26	0.98
ROE (%)	16.01	1.86	-17.09	-6.59
ROA (%)	6.43	0.81	-6.57	-1.58
재고회전율	351.37	565.14		
EBITDA (백만$)	1,944	669	1,063	823

내부자 거래

(3M 비중은 12개월 거래 중 최근 3개월의 비중)

구분	성격	3개월	12개월	3M비중
매수	매수 건수 (장내 매매만 해당)	0	18	0.00%
매도	매도 건수 (장내 매매만 해당)	5	64	7.81%
매수	매수 수량 (장내 매매만 해당)	0	658,948	0.00%
매도	매도 수량 (장내 매매만 해당)	69,003	3,145,086	2.19%
	순매수량 (-인 경우 순매도량)	-69,003	-2,486,138	

매출비중

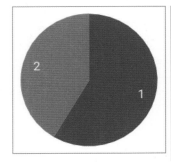

제품명	비중
1. 기업 보안	
	58.6%
2. 소비자 디지털 보안	
	41.4%

ETF 노출

(편입 ETF 수 : 75개 / 시가총액 대비 ETF의 보유비중 : 13.97%)

티커	ETF	보유 지분	비중
VO	Vanguard Mid-Cap ETF	$412,522,409	0.41%
VTI	Vanguard Total Stock Market ETF	$405,874,508	0.06%
VOO	Vanguard 500 Index Fund	$287,778,581	0.07%
SPY	SPDR S&P 500 ETF Trust	$210,182,066	0.07%
VOE	Vanguard Mid-Cap Value ETF	$139,604,079	0.78%

기간 수익률

1M : -5.24%	3M : -17.38%	6M : -11.93%	1Y : 3.03%	3Y : 7.14%

CSCO
시스코 시스템즈
Cisco Systems

섹터 정보기술 (Information Technology)
세부섹터 통신 장비 (Communications Equipment)

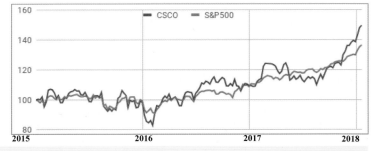

시스코 시스템즈(Cisco Systems, Inc.)는 통신 및 정보 기술 산업과 관련된 인터넷 프로토콜 기반 네트워킹 제품 및 서비스를 설계, 제조, 판매하는 업체이다. 회사는 1984년에 설립되었고 본사는 캘리포니아주 산 호세에 있으며 73,700명의 직원이 근무하고 있다. 회사는 클라우드, 데이터 센터, 사물인터넷 솔루션 등을 제공하고 있으며 인터넷을 바탕으로 광범위한 기술을 설계, 판매하고 있다. 네트워킹, 보안, 협업, 클라우드 전반에 걸쳐 진화하는 회사의 인텐트(intent) 기반 기술은 고객에게 디지털비즈니스를 위한 안전하고 지능적인 플랫폼을 제공하고 있다. 회사의 사업지역은 미국과 유럽, 중동 및 아프리카(EMEA), 아시아 태평양, 일본 및 중국(APJC) 등 세 부문으로 나누어진다.

기준일 : 2018/ 01 /25
한글 회사명 : 시스코 시스템즈
영문 회사명 : Cisco Systems
상장일 : 1990년 02월 16일 | 결산월 : 7월
시가총액 : 2071 (억$) |
52주 최고 : $42.69 (-0.46%) / 52주 최저 : $30.29 (+40.27%)

주요 주주정보

보유자/ 보유 기관	보유율
The Vanguard Group, Inc.	7.07%
BlackRock Fund Advisors	4.61%
SSgA Funds Management, Inc.	4.16%

애널리스트 추천 및 최근 투자의견

시스코 시스템즈의 2018년 01월 25일 현재 28개 기관의 **평균적인 목표가는 40.28$**이며, 2018년 추정 주당순이익(EPS)은 2.6$로 2017년 추정 EPS 2.46$에 비해 **5.69% 증가할 것으로 예상**된다.

최근, 1개월, 3개월의 투자 의견 변화

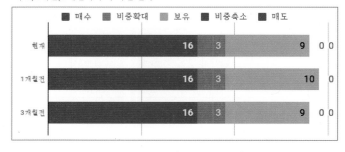

투자의견	금융사 및 투자의견	날짜
Upgrade	Bank of America: Neutral to Buy	5/1/2018
Maintains	Argus: to Buy	11/17/2017
Maintains	KeyBanc: to Overweight	11/16/2017
Maintains	Nomura: to Neutral	11/16/2017
Maintains	Deutsche Bank: to Buy	11/16/2017

내부자 거래

(3M 비중은 12개월 거래 중 최근 3개월의 비중)

구분	성격	3개월	12개월	3M비중
매수	매수 건수 (장내 매매만 해당)	1	30	3.33%
매도	매도 건수 (장내 매매만 해당)	7	42	16.67%
매수	매수 수량 (장내 매매만 해당)	23,530	1,616,36	1.46%
매도	매도 수량 (장내 매매만 해당)	143,569	2,352,07	6.10%
	순매수량 (-인 경우 순매도량)	-120,039	-735,712	

ETF 노출
(편입 ETF 수 : 131개 / 시가총액 대비 ETF의 보유비중 : 10.07%)

티커	ETF	보유 지분	비중
VTI	Vanguard Total Stock Market ETF	$5,018,466,855	0.73%
VOO	Vanguard 500 Index Fund	$3,558,601,441	0.86%
SPY	SPDR S&P 500 ETF Trust	$2,603,026,768	0.87%
QQQ	PowerShares QQQ Trust, Series 1 (ETF)	$1,607,778,927	2.60%
IVV	iShares S&P 500 Index (ETF)	$1,318,648,839	0.86%

기간 수익률

1M : 8.11%	3M : 27.28%	6M : 29.67%	1Y : 37.17%	3Y : 49.16%

재무 지표

	2014	2015	2016	2017(E)
매출액 (백만$)	47,142	49,161	49,247	47,928
영업이익 (백만$)	9,655	11,767	13,047	15,112
순이익 (백만$)	7,853	8,981	10,739	12,010
자산총계 (백만$)	105,134	113,481	121,652	127,550
자본총계 (백만$)	56,661	59,707	63,585	
부채총계 (백만$)	48,473	53,774	58,067	

안정성 비율	2013	2014	2015	2016
유동비율 (%)	295.25	338.81	322.92	316.00
부채비율 (%)	71.14	85.55	90.06	91.32
이자보상배율 (배)	19.62	17.18	20.90	19.13

투자 지표

	2014	2015	2016	2017(E)
영업이익률 (%)	20.48	23.94	26.49	31.53
매출액 증가율 (%)	-3.01	4.28	0.18	-2.68
EPS ($)	1.50	1.76	2.13	2.38
EPS 증가율 (%)	-19.79	17.33	18.33	11.82
주당자산가치($)	11.09	11.74	12.64	13.22
잉여현금흐름 (백만$)	11,057	11,325	12,424	11,913

	2013	2014	2015	2016
배당성향(%)	33.33	48.32	45.71	44.50
배당수익률(%)	2.42	2.85	2.81	3.08
ROE (%)	18.08	13.57	15.44	17.42
ROA (%)	10.35	7.61	8.22	9.13
재고회전율	30.97	30.74	30.55	34.63
EBITDA (백만$)	13,642	11,872	13,865	15,123

매출비중

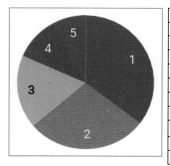

제품명	비중
1. 스위치 장비	29.94%
2. 서비스	24.35%
3. 차세대 네트워크 라우팅	15.04%
4. 협업 제품	8.84%
5. 데이터 센터	6.83%

FFIV
에프파이브 네트워크스
F5 Networks

섹터 정보기술 (Information Technology)
세부섹터 통신 장비 (Communications Equipment)

에프파이브 네트워크스(F5 Networks)는 인터넷 프로토콜 트래픽 및 파일 스토리지 인프라를 관리하는 제품의 판매와 서비스를 영위하는 업체이다. 회사는 1996년에 설립되었고 본사는 워싱턴주 시애틀에 있으며 4,395명의 직원이 근무하고 있다. 회사는 모든 사용자가 인터넷 프로토콜(IP) 네트워크를 통해 제공되는 응용 프로그램을 언제든지 빠르게 사용할 수 있도록 설계된 소프트웨어 서비스를 제공하고 있다. 회사는 트래픽 매니지먼트 오퍼레이팅 시스템(TMOS)이라는 소프트웨어 플랫폼을 가지고 있다. 회사는 정부, 기술, 통신, 금융 서비스, 운송, 교육, 제조, 의료 분야 등 다양한 기업과 단체에게 서비스를 제공하고 있다. 회사의 지역별 매출은 미국 56%, 미국 외에서 44% 발생하고 있으며, 유통업체들인 웨스트콘 그룹(Westcon Group, Inc.), 인그램 마이크로(Ingram Micro, Inc.), 애프넷 테크놀로지 솔루션(Avnet Technology Solutions), 애로우 이씨에스(Arrow ECS)가 회사 매출 상당수를 차지하고 있다.

기준일 : 2018/ 01 /25

한글 회사명 : 에프파이브 네트워크스
영문 회사명 : F5 Networks
상장일 : 1999년 06월 04일 | 결산월 : 9월
시가총액 : 84 (억$) |
52주 최고 : $149.5 (-5.07%) / 52주 최저 : $114.63 (+23.8%)

주요 주주정보

보유자/ 보유 기관	보유율
The Vanguard Group, Inc.	10.02%
BlackRock Fund Advisors	5.08%
SSgA Funds Management, Inc.	4.94%

애널리스트 추천 및 최근 투자의견

에프파이브 네트워크스의 2018년 01월 25일 현재 23개 기관의 **평균적인 목표가는 144.25$**이며, 2018년 추정 주당순이익(EPS)은 10.26$로 2017년 추정 EPS 9.44$에 비해 **8.68% 증가할 것으로 예상**된다.

최근, 1개월, 3개월의 투자 의견 변화

투자의견	금융사 및 투자의견	날짜
Maintains	BMO Capital: Outperform to Outperform	1/25/2018
Maintains	MKM Partners: Neutral to Neutral	1/25/2018
Maintains	Bank of America: Buy to Buy	1/25/2018
Maintains	Morgan Stanley: Equal-Weight to Equal-Weight	1/24/2018
Upgrade	Bank of America: Neutral to Buy	5/1/2018

내부자 거래

(3M 비중은 12개월 거래 중 최근 3개월의 비중)

구분	성격	3개월	12개월	3M비중
매수	매수 건수 (장내 매매만 해당)	5	22	22.73%
매도	매도 건수 (장내 매매만 해당)	10	41	24.39%
매수	매수 수량 (장내 매매만 해당)	5,947	32,976	18.03%
매도	매도 수량 (장내 매매만 해당)	61,147	162,068	37.73%
	순매수량 (-인 경우 순매도량)	-55,200	-129,092	

ETF 노출   (편입 ETF 수 : 83개 / 시가총액 대비 ETF의 보유비중 : 14.26%)

티커	ETF	보유 지분	비중
VO	Vanguard Mid-Cap ETF	$211,786,751	0.21%
VTI	Vanguard Total Stock Market ETF	$208,591,955	0.03%
VOO	Vanguard 500 Index Fund	$147,849,344	0.04%
SPY	SPDR S&P 500 ETF Trust	$111,198,911	0.04%
SKYY	First Trust Exchange-Traded Fund II	$63,333,648	4.28%

기간 수익률

1M : 5.87%	3M : 18.98%	6M : 9.34%	1Y : -2.35%	3Y : 9.87%

재무 지표

	2014	2015	2016	2017(E)
매출액 (백만$)	1,732	1,920	1,995	2,087
영업이익 (백만$)	494	553	556	761
순이익 (백만$)	311	365	366	529
자산총계 (백만$)	2,185	2,312	2,306	2,425
자본총계 (백만$)	1,369	1,317	1,185	
부채총계 (백만$)	816	996	1,121	

안정성 비율	2013	2014	2015	2016
유동비율 (%)	148.07	156.81	157.34	152.66
부채비율 (%)	44.96	59.57	75.61	94.58
이자보상배율 (배)				

투자 지표

	2014	2015	2016	2017(E)
영업이익률 (%)	28.52	28.80	27.87	36.48
매출액 증가율 (%)	16.93	10.84	3.92	4.61
EPS ($)	4.13	5.07	5.43	8.17
EPS 증가율 (%)	18.00	22.76	7.10	50.50
주당자산가치($)	18.66	18.77	18.15	19.21
잉여현금흐름 (백만$)	526	624	648	644

	2013	2014	2015	2016
배당성향(%)				
배당수익률(%)	0.00	0.00	0.00	0.00
ROE (%)	19.34	21.40	27.18	29.25
ROA (%)	13.39	14.10	16.23	15.84
재고회전율	81.31	79.64	65.99	58.88
EBITDA (백만$)	473.92	539.98	605.48	613.2

매출비중

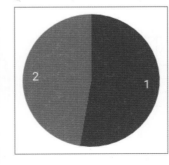

제품명	비중
1. 어플리케이션 개발 서비스	
	52.66%
2. 어플리케이션 제품	
	47.34%

HRS
해리스 코퍼레이션
Harris Corporation

섹터 정보기술 (Information Technology)
세부섹터 통신 장비 (Communications Equipment)

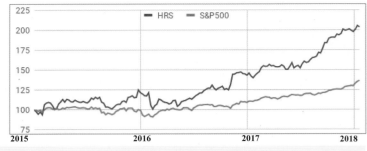

해리스 코퍼레이션(Harris Corporation)은 정부 기관, 방위 산업, 상업 분야에서 사용하는 무선 장비, 전술 무전기, 전자 시스템, 야간 투시 장비, 지상파 및 우주선 안테나를 생산하고 판매하는 업체이다. 회사는 1895년에 설립되었고 본사는 플로리다주 멜버른에 있으며 17,000명의 직원이 근무하고 있다. 회사의 사업 부문은 통신 시스템, 전자 시스템, 우주 및 지능 시스템 세 부문으로 나누어진다. 통신 시스템은 전략적 통신, 군수품(지상 및 항공 무선 통신 솔루션과 야간 투시 기술), 공공 안전 네트워크 시장에 제품을 제공하고 있다. 전자 시스템은 민간 항공 산업을 위한 방위 산업 및 에이티엠(ATM) 솔루션을 위한 전자전, 항공 전자 공학, 명령, 제어, 통신, 컴퓨터, 인텔리전스, 감시 및 정찰 솔루션 등을 포함하고 있다. 우주 및 지능 시스템은 첨단 센서, 안테나 및 탑재 장치, 그리고 지상 처리 및 정보 분석 기술을 사용하여 국가 보안, 방위, 민간 및 상업 고객을 대상으로 지능형, 공간 보호, 지형 공간, 완벽한 지구 관측, 우주 탐사, 위치 확인, 탐색 및 타이밍, 환경 솔루션을 제공하고 있다.

기준일 : 2018/ 01 /25

한글 회사명 : 해리스 코퍼레이션
영문 회사명 : Harris Corporation
상장일 : 1974년 05월 17일 | 결산월 : 6월
시가총액 : 172 (억$) |
52주 최고 : $148.73 (-3.55%) / 52주 최저 : $100.58 (+42.62%)

주요 주주정보

보유자/ 보유 기관	보유율
T. Rowe Price Associates, Inc.	11.98%
The Vanguard Group, Inc.	10.98%
BlackRock Fund Advisors	4.92%

애널리스트 추천 및 최근 투자의견

해리스 코퍼레이션의 2018년 01월 25일 현재 11개 기관의 **평균적인 목표가는 164.7$**이며, 2018년 추정 주당순이익(EPS)은 7.17$로 2017년 추정 EPS 6.24$에 비해 **14.9% 증가할 것으로 예상**된다.

최근, 1개월, 3개월의 투자 의견 변화

투자의견	금융사 및 투자의견	날짜
Maintains	Jefferies: to Buy	1/11/2017
Maintains	JP Morgan: to Overweight	1/11/2017
Initiated	Credit Suisse: to Outperform	8/28/2017
Downgrade	Barclays: to Equal-Weight	1/5/2017
Initiated	Seaport Global: to Buy	7/11/2016

내부자 거래

(3M 비중은 12개월 거래 중 최근 3개월의 비중)

구분	성격	3개월	12개월	3M비중
매수	매수 건수 (장내 매매만 해당)	0	7	0.00%
매도	매도 건수 (장내 매매만 해당)	3	18	16.67%
매수	매수 수량 (장내 매매만 해당)	0	7,816	0.00%
매도	매도 수량 (장내 매매만 해당)	79,882	218,903	36.49%
	순매수량 (-인 경우 순매도량)	-79,882	-211,087	

ETF 노출

(편입 ETF 수 : 99개 / 시가총액 대비 ETF의 보유비중 : 14.93%)

티커	ETF	보유 지분	비중
VO	Vanguard Mid-Cap ETF	$418,704,468	0.42%
VTI	Vanguard Total Stock Market ETF	$412,286,417	0.06%
VOO	Vanguard 500 Index Fund	$292,149,974	0.07%
SPY	SPDR S&P 500 ETF Trust	$213,974,317	0.07%
VIG	Vanguard Dividend Appreciation ETF	$154,941,196	0.43%

기간 수익률

1M : 1.24%	3M : 14.99%	6M : 28.04%	1Y : 45.61%	3Y : 115.68%

재무 지표

	2014	2015	2016	2017(E)
매출액 (백만$)	5,012	5,083	5,992	5,863
영업이익 (백만$)	882	883	1,229	1,157
순이익 (백만$)	536	333	609	680
자산총계 (백만$)	4,931	13,129	12,009	11,167
자본총계 (백만$)	1,825	3,402	3,057	
부채총계 (백만$)	3,106	9,727	8,952	

안정성 비율	2013	2014	2015	2016
유동비율 (%)	150.15	178.66	154.49	132.46
부채비율 (%)	211.20	170.14	285.92	292.84
이자보상배율 (배)	7.85	9.42	6.79	6.72

투자 지표

	2014	2015	2016	2017(E)
영업이익률 (%)	17.60	17.37	20.51	19.74
매출액 증가율 (%)	-1.95	1.42	17.88	-21.48
EPS ($)	5.05	3.15	2.77	5.54
EPS 증가율 (%)	293.93	-37.65	-12.04	99.42
주당자산가치($)	17.31	27.47	24.52	23.55
잉여현금흐름 (백만$)	640	706	772	598

	2013	2014	2015	2016
배당성향(%)	116.14	33.63	60.30	72.89
배당수익률(%)	3.01	2.22	2.44	2.40
ROE (%)	26.45	31.65	12.75	18.88
ROA (%)	8.77	10.94	3.69	4.85
재고회전율	7.95	7.79	6.22	6.37
EBITDA (백만$)	1,077.10	1,083.30	1,106	1,518

매출비중

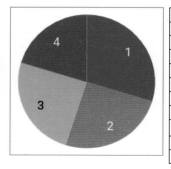

제품명	비중
1. 필수 네트워크	29.9%
2. 공간/인지 시스템	25.43%
3. 의사 소통 시스템	24.96%
4. 전자 시스템	20.49%
5. 공제	-0.79%

JNPR
주니퍼 네트웍스
Juniper Networks

섹터 정보기술 (Information Technology)
세부섹터 통신 장비 (Communications Equipment)

주니퍼 네트웍스(Juniper Networks)는 네트워킹 산업에서 소프트웨어와 하드웨어 제품을 개발 및 판매하는 업체이다. 회사는 1996년에 설립되었고 본사는 캘리포니아주 서니베일에 있으며 9,832명의 직원이 근무하고 있다. 회사의 제품에는 라우터, 스위치, 네트워크 관리 소프트웨어, 네트워크 보안 제품 및 소프트웨어 정의 네트워킹 기술이 포함되어 있다. 회사의 제품은 미국(Americas), 유럽, 중동 및 아프리카(EMEA) 아시아 태평양(APAC) 3개 지역 100개국 이상에서 판매되고 있다. 회사제품들은 글로벌 서비스 제공 업체, 클라우드 제공 업체, 국가 정부, 연구 및 공공 부문 조직들이며 네트워크망이 가장 중요하게 적용되는 기업들을 위한 고성능 네트워크 요구 사항들을 맞춤형으로 솔루션을 제공하고 있다. 사업은 클라우드 제공 업체, 통신 업체, 전략적 기업들이 요구하는 클라우드(공공 및 민간 데이터 센터)와 네트워크 자동화에 집중하고 있다.

기준일 : 2018/ 01 /25

한글 회사명 : 주니퍼 네트웍스
영문 회사명 : Juniper Networks
상장일 : 1999년 06월 25일 | 결산월 : 12월
시가총액 : 104 (억$) | 52주 최고 : $30.96 (-9.1%) / 52주 최저 : $23.87 (+17.88%)

주요 주주정보

보유자/ 보유 기관	보유율
The Vanguard Group, Inc.	10.22%
Dodge & Cox	5.32%
BlackRock Fund Advisors	5.24%

애널리스트 추천 및 최근 투자의견

주니퍼 네트웍스의 2018년 01월 25일 현재 27개 기관의 **평균적인 목표가는 27.09$**이며, 2018년 추정 주당순이익(EPS)은 2.12$로 2017년 추정 EPS 2.1$에 비해 **0.95% 증가할 것으로 예상**된다.

재무 지표

	2014	2015	2016	2017(E)
매출액 (백만$)	4,627	4,858	4,990	5,022
영업이익 (백만$)	638	916	905	1,147
순이익 (백만$)	-334	634	593	807
자산총계 (백만$)	8,403	8,608	9,657	9,844
자본총계 (백만$)	4,919	4,574	4,963	
부채총계 (백만$)	3,484	4,034	4,694	

안정성 비율	2013	2014	2015	2016
유동비율 (%)	256.97	194.53	161.63	228.81
부채비율 (%)	41.41	70.83	88.18	94.59
이자보상배율 (배)	10.49	9.54	10.99	9.26

최근, 1개월, 3개월의 투자 의견 변화

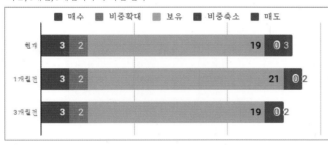

투자의견	금융사 및 투자의견	날짜
Upgrade	Oppenheimer: Perform to Outperform	1/22/2018
Downgrade	Barclays: Equal-Weight to Underweight	1/17/2018
Maintains	UBS: to Neutral	10/25/2017
Maintains	Baird: to Neutral	10/25/2017
Maintains	Nomura: to Neutral	10/25/2017

투자 지표

	2014	2015	2016	2017(E)
영업이익률 (%)	13.79	18.86	18.14	22.83
매출액 증가율 (%)	-0.90	4.99	2.72	0.64
EPS ($)	-0.73	1.62	1.55	2.10
EPS 증가율 (%)	-182.96	321.92	-4.32	35.25
주당자산가치($)	11.82	11.91	13.02	13.77
잉여현금흐름 (백만$)	571	682	891	964

	2013	2014	2015	2016
배당성향(%)			25.16	26.14
배당수익률(%)	0.00	0.90	1.45	1.42
ROE (%)	6.15	-5.47	13.35	12.43
ROA (%)	4.36	-3.57	7.45	6.49
재고회전율	81.06	80.33	75.26	63.17
EBITDA (백만$)	802.70	824	1,092.20	1,111.50

내부자 거래

(3M 비중은 12개월 거래 중 최근 3개월의 비중)

구분	성격	3개월	12개월	3M비중
매수	매수 건수 (장내 매매만 해당)	3	10	30.00%
매도	매도 건수 (장내 매매만 해당)	21	57	36.84%
매수	매수 수량 (장내 매매만 해당)	76,621	1,591,258	4.82%
매도	매도 수량 (장내 매매만 해당)	217,816	3,178,330	6.85%
	순매수량 (-인 경우 순매도량)	-141,195	-1,587,072	

매출비중

제품명	비중
1. 네트워크 제품 및 서비스	
	100%

ETF 노출

(편입 ETF 수 : 89개 / 시가총액 대비 ETF의 보유비중 : 15.52%)

티커	ETF	보유 지분	비중
VO	Vanguard Mid-Cap ETF	$256,014,401	0.26%
VTI	Vanguard Total Stock Market ETF	$251,855,932	0.04%
VOO	Vanguard 500 Index Fund	$178,674,863	0.04%
SPY	SPDR S&P 500 ETF Trust	$131,257,897	0.04%
FDN	First Trust DJ Internet Index Fund (ETF)	$128,631,071	2.13%

기간 수익률

1M : -1.93%	3M : 0.17%	6M : -5.36%	1Y : 1.53%	3Y : 28.75%

MSI
모토롤라 솔루션스
Motorola Solutions Inc.

섹터 정보기술 (Information Technology)
세부섹터 통신 장비 (Communications Equipment)

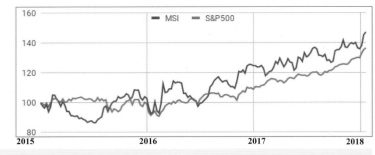

모토롤라 솔루션스(Motorola Solutions, Inc.)는 통신 인프라, 장치, 액세서리, 소프트웨어 및 서비스를 제공하는 업체이다. 회사는 1928년에 설립되었고 본사는 일리노이주 시카고에 있으며 14,000명의 직원이 근무하고 있다. 회사의 사업 부문은 제품 및 서비스 두 부문으로 나누어진다. 회사는 상업과 산업 분야 고객과 각 정부 기관 및 부서 독립 기관 등의 글로벌 고객에게 제품을 제공하고 있다. 회사의 제품 부문은 통신 인프라, 장치, 액세서리 및 소프트웨어를 제공하고 있다. 회사의 서비스 부문은 정부, 공공 안전, 상업 통신망을 위한 다양한 서비스를 제공하고 있다. 서비스 부문 제품들은 통합 서비스, 관리 및 지원 서비스, 아이디이엔(iDEN)이라고 불리는 휴대전화와 데이터 서비스 기능, 광역 무전 기능이 부가된 한 차원 높은 통합 이동통신 시스템 서비스가 포함되어 있다. 회사는 2011년 모토롤라가 2개의 독립적인 상장사로 나누어지면서 생긴 업체이다.

기준일 : 2018/ 01 /25
한글 회사명 : 모토롤라 솔루션스
영문 회사명 : Motorola Solutions Inc.
상장일 : 1972년 01월 21일 | 결산월 : 12월
시가총액 : 158 (억$) |　　　　52주 최고 : $98.27 (-1.59%) / 52주 최저 : $76.92 (+25.71%)

주요 주주정보

보유자/ 보유 기관	보유율
The Vanguard Group, Inc.	9.91%
Lazard Asset Management LLC	5.97%
BlackRock Fund Advisors	5.67%

애널리스트 추천 및 최근 투자의견

모토롤라 솔루션스의 2018년 01월 25일 현재 16개 기관의 **평균적인 목표가는 94.85$**이며, 2018년 추정 주당순이익(EPS)은 5.91$로 2017년 추정 EPS 5.4$에 비해 **9.44% 증가할 것으로 예상**된다.

최근, 1개월, 3개월의 투자 의견 변화

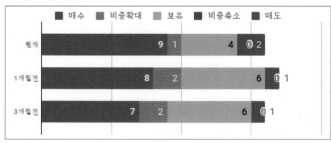

투자의견	금융사 및 투자의견	날짜
Maintains	Citigroup: Buy to Buy	1/24/2018
Upgrade	Deutsche Bank: Hold to Buy	12/1/2018
Maintains	Jefferies: to Buy	3/11/2017
Maintains	Deutsche Bank: to Hold	7/8/2017
Upgrade	Raymond James: to Outperform	5/22/2017

내부자 거래

(3M 비중은 12개월 거래 중 최근 3개월의 비중)

구분	성격	3개월	12개월	3M비중
매수	매수 건수 (장내 매매만 해당)	5	24	20.83%
매도	매도 건수 (장내 매매만 해당)	23	40	57.50%
매수	매수 수량 (장내 매매만 해당)	19,991	64,846	30.83%
매도	매도 수량 (장내 매매만 해당)	510,700	1,103,605	46.28%
	순매수량 (-인 경우 순매도량)	-490,709	-1,038,759	

ETF 노출　(편입 ETF 수 : 99개 / 시가총액 대비 ETF의 보유비중 : 14.08%)

티커	ETF	보유 지분	비중
VO	Vanguard Mid-Cap ETF	$390,622,657	0.39%
VTI	Vanguard Total Stock Market ETF	$384,484,283	0.06%
VOO	Vanguard 500 Index Fund	$272,594,556	0.07%
SPY	SPDR S&P 500 ETF Trust	$199,145,695	0.07%
VOE	Vanguard Mid-Cap Value ETF	$132,252,364	0.74%

기간 수익률

1M : 4.99%	3M : 14.41%	6M : 8.04%	1Y : 18.74%	3Y : 52.69%

재무 지표

	2014	2015	2016	2017(E)
매출액 (백만$)	5,881	5,695	6,038	6,361
영업이익 (백만$)	-945	1,111	1,246	1,547
순이익 (백만$)	-697	640	560	916
자산총계 (백만$)	10,423	8,346	8,463	8,822
자본총계 (백만$)	2,766	-96	-952	
부채총계 (백만$)	7,657	8,442	9,415	

안정성 비율	2013	2014	2015	2016
유동비율 (%)	214.75	305.73	210.63	129.99
부채비율 (%)	221.25	276.83	-8,793.75	-988.97
이자보상배율 (배)	10.20	-6.43	5.97	5.54

투자 지표

	2014	2015	2016	2017(E)
영업이익률 (%)	-16.07	19.51	20.64	24.32
매출액 증가율 (%)	-32.37	-3.16	6.02	5.34
EPS ($)	5.29	3.21	3.30	5.40
EPS 증가율 (%)	28.09	-39.39	2.92	63.63
주당자산가치($)	12.44	-0.61	-5.85	-4.20
잉여현금흐름 (백만$)	-866	846	894	993

	2013	2014	2015	2016
배당성향(%)	28.08	24.57	45.09	52.47
배당수익률(%)	1.69	1.94	2.09	2.05
ROE (%)	31.75	-21.80		
ROA (%)	9.01	-6.25	6.85	6.69
재고회전율	16.80	13.57	17.77	21.22
EBITDA (백만$)	1,575	-772	1,261	1,541

매출비중

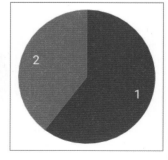

제품명	비중
1. 통신/인프라 제품	
	60.43%
2. 서비스	
	39.57%

ADS
얼라이언스 데이터 시스템즈 코퍼레이션
Alliance Data Systems Corporation

섹터 정보기술 (Information Technology)
세부섹터 데이터 처리/아웃소싱 서비스 (Data Processing & Outsourced Services)

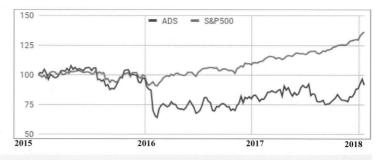

얼라이언스 데이터 시스템즈 코퍼레이션(Alliance Data Systems Corporation)은 다양한 업계에서 소비자 기반 비즈니스를 지원하는 데이터 기반 마케팅과 솔루션공급 업체이다. 회사는 1996년에 설립되었고 본사는 텍사스주 플라노에 있으며 17,000명의 직원이 근무하고 있다. 회사는 고객 충성도 프로그램, 데이터베이스 마케팅 서비스, 엔드-투-엔드 마케팅 서비스, 분석 서비스, 다이렉트 마케팅 서비스 및 개인 라벨 및 공동 브랜드 소매 신용카드 프로그램을 포함하는 포괄적인 외주마케팅 솔루션을 제공하고 있다. 회사는 소비자에게 다양한 마케팅 채널을 통해 회사의 고객 및 고객 간의 상호작용을 촉진하고 관리하는 업무를 하고 있다. 회사는 대규모 소비자 기반 비즈니스와 관련된 1,800개 이상의 회사들을 고객으로 두고 있으며 여기에는 힐튼, 뱅크 오브 아메리카, 제너럴 모터스, 페덱스, 월그린스, 빅토리아 시크릿 등이 포함되어 있다. 각종 식료품점 및 약국 체인, 석유 소매점, 자동차, 호텔 및 여행, 통신, 보험, 건강 관리와 같은 분야에 서비스를 제공하고 있다.

기준일 : 2018/ 01 /25

한글 회사명 : 얼라이언스 데이터 시스템즈 코퍼레이션
영문 회사명 : Alliance Data Systems
상장일 : 2001년 06월 08일 | 결산월 : 12월
시가총액 : 140 (억$) |
52주 최고 : $278.33 (-6.43%) / 52주 최저 : $209 (+24.59%)

주요 주주정보

보유자/보유 기관	보유율
ValueAct Capital Management LP	10.64%
The Vanguard Group, Inc.	8.52%
Edgewood Management LLC	5.25%

애널리스트 추천 및 최근 투자의견

얼라이언스 데이터 시스템즈 코퍼레이션의 2018년 01월 25일 현재 28개 기관의 **평균적인 목표가는 285.5$**이며, 2018년 추정 주당순이익(EPS)은 25.87$로 2017년 추정 EPS 22.68$에 비해 **14.06% 증가**할 것으로 예상된다.

최근, 1개월, 3개월의 투자 의견 변화

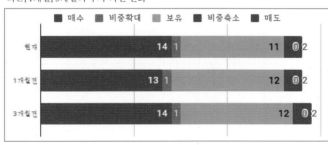

투자의견	금융사 및 투자의견	날짜
Maintains	Oppenheimer: Underperform to Underperform	1/26/2018
Upgrade	Edward Jones: Hold to Buy	1/26/2018
Upgrade	Barclays: Equal-Weight to Overweight	3/1/2018
Downgrade	Barclays: Overweight to Equal-Weight	7/21/2017
Initiated	Argus: to Buy	7/13/2017

내부자 거래

(3M 비중은 12개월 거래 중 최근 3개월의 비중)

구분	성격	3개월	12개월	3M비중
매수	매수 건수 (장내 매매만 해당)	7	16	43.75%
매도	매도 건수 (장내 매매만 해당)	22	24	91.67%
매수	매수 수량 (장내 매매만 해당)	77,429	84,566	91.56%
매도	매도 수량 (장내 매매만 해당)	52,781	55,059	95.86%
	순매수량 (- 인 경우 순매도량)	24,648	29,507	

ETF 노출
(편입 ETF 수 : 84개 / 시가총액 대비 ETF의 보유비중 : 11%)

티커	ETF	보유 지분	비중
VO	Vanguard Mid-Cap ETF	$292,744,209	0.29%
VTI	Vanguard Total Stock Market ETF	$288,079,071	0.04%
VOO	Vanguard 500 Index Fund	$209,117,152	0.05%
SPY	SPDR S&P 500 ETF Trust	$152,568,870	0.05%
VUG	Vanguard Growth ETF	$80,519,256	0.10%

기간 수익률

1M : 9.17%	3M : 21.21%	6M : 10.68%	1Y : 13.56%	3Y : -9.57%

재무 지표

	2014	2015	2016	2017(E)
매출액 (백만$)	5,303	6,440	7,138	7,757
영업이익 (백만$)	1,216	1,341	1,266	1,650
순이익 (백만$)	492	552	432	728
자산총계 (백만$)	20,264	22,350	25,514	28,827
자본총계 (백만$)	2,632	2,177	1,658	
부채총계 (백만$)	17,632	20,173	23,856	

안정성 비율	2013	2014	2015	2016
유동비율 (%)	230.04	218.58	253.79	212.25
부채비율 (%)	1,447.66	669.92	926.45	1,438.66
이자보상배율 (배)	3.48	4.65	4.05	2.95

투자 지표

	2014	2015	2016	2017(E)
영업이익률 (%)	22.93	20.82	17.74	21.27
매출액 증가율 (%)	22.78	21.44	10.85	8.68
EPS ($)	8.72	8.91	7.38	18.09
EPS 증가율 (%)	-13.58	2.18	-17.20	145.27
주당자산가치($)	37.55	33.06	28.89	33.19
잉여현금흐름 (백만$)	1,185	1,514	1,881	2,275

	2013	2014	2015	2016
배당성향(%)				7.08
배당수익률(%)	0.00	0.00	0.00	0.23
ROE (%)	71.69	30.23	25.03	23.57
ROA (%)	3.93	2.99	2.63	1.81
재고회전율		48.10	28.72	28.59
EBITDA (백만$)	1,315.03	1,529.53	1,833.50	1,778.30

매출비중

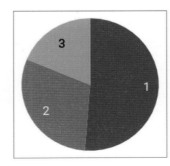

제품명	비중
1. 카드 서비스	
	51.48%
2. 엡실론 브랜드	
	30.19%
3. 로얄티원 브랜드	
	18.74%
4. 기타	
	0%
5. 공제	
	-0.42%

GPN
글로벌 페이먼트
Global Payments Inc

섹터 정보기술 (Information Technology)
세부섹터 데이터 처리/아웃소싱 서비스 (Data Processing & Outsourced Services)

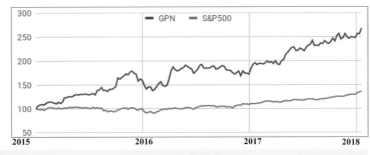

글로벌 페이먼트(Global Payments Inc.)는 전 세계적으로 고객에게 결제 기술 서비스 솔루션을 제공하는 업체이다. 회사는 2001년에 설립되었고 본사는 조지아주 애틀랜타에 있으며 10,000명의 직원이 근무하고 있다. 회사는 2016년 미국 최대 결제 서비스 회사 중 하나인 하트랜드 페이먼트 시스템즈와 합병했다. 회사의 사업 부문은 북미, 유럽, 아시아-태평양 세 부문으로 나누어진다. 북미 지역은 레스토랑, 호텔, 소매점, 편의점, 자동차, 숙박 서비스에 결제기술을 제공하고 있다. 유럽 부문은 각 나라에 전자 상거래 및 옴니 채널 솔루션을 제공하고 있다. 아시아-태평양 지역은 각 국가 및 지역에서 영업 활동을 통해 수익을 창출하고 있다. 회사는 북미, 유럽, 아시아 태평양 지역, 브라질 지역 등 30개국에 있는 고객 및 파트너에게 다양한 채널을 통해 서비스를 제공하고 있다. 회사의 지역별 매출은 북미 70.8%, 유럽 21.8%, 아시아-태평양 7.4%가량이다.

기준일 : 2018/ 01 /25

한글 회사명 : 글로벌 페이먼트
영문 회사명 : Global Payments Inc
상장일 : 2001년 01월 12일 | 결산월 : 12월
시가총액 : 179 (억$) |
52주 최고 : $111.55 (-0.28%) / 52주 최저 : $75.88 (+46.58%)

주요 주주정보

보유자/ 보유 기관	보유율
Wellington Management Co. LLP	9.94%
The Vanguard Group, Inc.	9.51%
T. Rowe Price Associates, Inc.	8.78%

애널리스트 추천 및 최근 투자의견

글로벌 페이먼트의 2018년 01월 25일 현재 35개 기관의 **평균적인 목표가는 114.36$**이며, 2018년 추정 주당순이익(EPS)은 4.8$로 2017년 추정 EPS 4$에 비해 **20% 증가할 것**으로 예상된다.

최근, 1개월, 3개월의 투자 의견 변화

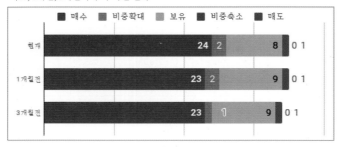

투자의견	금융사 및 투자의견	날짜
Upgrade	Stephens & Co.: Equal-Weight to Overweight	09/01/2018
Maintains	Citigroup: to Buy	10/11/2017
Maintains	Morgan Stanley: Equal-Weight to Equal-Weight	09/11/2017
Maintains	Nomura: to Reduce	09/11/2017
Maintains	Credit Suisse: to Outperform	09/11/2017

내부자 거래

(3M 비중은 12개월 거래 중 최근 3개월의 비중)

구분	성격	3개월	12개월	3M비중
매수	매수 건수 (장내 매매만 해당)	7	26	26.92%
매도	매도 건수 (장내 매매만 해당)	25	95	26.32%
매수	매수 수량 (장내 매매만 해당)	133,136	785,682	16.95%
매도	매도 수량 (장내 매매만 해당)	74,890	748,700	10.00%
	순매수량 (-인 경우 순매도량)	58,246	36,982	

ETF 노출
(편입 ETF 수 : 67개 / 시가총액 대비 ETF의 보유비중 : 12.37%)

티커	ETF	보유 지분	비중
VO	Vanguard Mid-Cap ETF	$436,930,905	0.44%
VTI	Vanguard Total Stock Market ETF	$430,047,474	0.06%
VOO	Vanguard 500 Index Fund	$304,936,299	0.07%
SPY	SPDR S&P 500 ETF Trust	$222,832,293	0.07%
VUG	Vanguard Growth ETF	$120,160,650	0.15%

기간 수익률

1M : 7.12%	3M : 10.71%	6M : 15.17%	1Y : 36.58%	3Y : 146.54%

재무 지표

	2014	2015	2016	2017(E)
매출액 (백만$)	2,774	2,898	3,776	3.975
영업이익 (백만$)	461	425	565	559
순이익 (백만$)	278	272	214	468
자산총계 (백만$)	5,794	10,510	10,664	
자본총계 (백만$)	864	2,877	2,631	
부채총계 (백만$)	4,930	7,633	8,033	

안정성 비율	2013	2014	2015	2016
유동비율 (%)	135.64	109.50	117.30	113.00
부채비율 (%)	254.75	570.90	265.26	
이자보상배율 (배)	10.25	12.83	6.13	3.15

투자 지표

	2014	2015	2016	2017(E)
영업이익률 (%)	16.62	14.67	14.96	14.10
매출액 증가율 (%)	8.59	4.49	30.30	11.94
EPS ($)	2.08	2.08	1.40	3.01
EPS 증가율 (%)	22.06	22.06	0.00	115.00
주당자산가치($)	5.81	17.79	17.29	23.79
잉여현금흐름 (백만$)	332	493		

	2013	2014	2015	2016
배당성향(%)	2.37	1.94	2.40	
배당수익률(%)	0.12	0.08	0.10	
ROE (%)	22.89	31.68	7.97	12.34
ROA (%)	7.56	6.30	3.56	4.43
재고회전율	288.73	467.59	1,108.70	
EBITDA (백만$)	529.27	598.7	612.83	989.35

매출비중

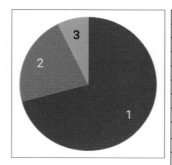

제품명	비중
1. 결제솔루션-북미	
	70.83%
2. 결제솔루션-유럽	
	21.8%
3. 결제솔루션-아시아	
	7.37%

312

PYPL
페이팔 홀딩스
PayPal holdings, Inc

섹터 정보기술 (Information Technology)
세부섹터 데이터 처리/아웃소싱 서비스 (Data Processing & Outsourced Services)

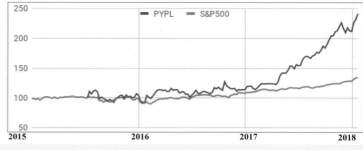

정보기술

페이팔 홀딩스(PayPal Holdings, Inc.)는 수표(check) 및 머니 오더(money orders)와 같은 전통적인 결제 수단에 대한 대안으로 사용되는 전자 온라인 송금과 결제 시스템을 영위하는 업체이다. 회사는 2015년에 설립되었고 본사는 캘리포니아주 산호세에 있으며 18,100명의 직원이 근무하고 있다. 회사는 2015년 이베이(eBay)로부터 분리되었으며 세계 최대 인터넷 결제 회사 중 하나이다. 회사는 온라인 공급 업체, 경매 사이트, 기타 상업용 사용자를 위한 결제 프로세서로 운영하고 수수료를 청구하고 있다. 2017년 기준으로 회사는 202개국에서 영업을 하고 있으며, 2억 1,000만 개의 활성 계정을 보유하고 있다. 페이팔이라는 결제수단을 쓰면 전 세계 25개 통화로 송금, 입금, 보유할 수 있다. 페이팔(PayPal), 페이팔 크레딧(PayPal Credit), 브레인트리(Braintree), 벤모(Venmo), 줌(Xoom) 및 페이디언트(Paydiant)가 회사의 결제 시스템 플랫폼에 포함되어 있다.

기준일 : 2018/ 01 /25
한글 회사명 : 페이팔 홀딩스
영문 회사명 : PayPal holdings, Inc
상장일 : 2015년 07월 06일 | 결산월 : 12월
시가총액 : 1014 (억$) | 52주 최고 : $85.29 (-1.03%) / 52주 최저 : $39.02 (+116.32%)

주요 주주정보

보유자/ 보유 기관	보유율
Fidelity Management & Research Co.	6.86%
The Vanguard Group, Inc.	6.45%
T. Rowe Price Associates, Inc.	6.13%

애널리스트 추천 및 최근 투자의견

페이팔 홀딩스의 2018년 01월 25일 현재 46개 기관의 **평균적인 목표가는 83$**이며, 2018년 추정 주당순이익(EPS)은 2.26$로 2017년 추정 EPS 1.87$에 비해 **20.85% 증가**할 것으로 예상된다.

최근, 1개월, 3개월의 투자 의견 변화

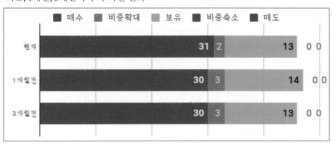

투자의견	금융사 및 투자의견	날짜
Upgrade	Cowen & Co.: Market Perform to Outperform	09/01/2018
Maintains	BMO Capital: to Outperform	12/13/2017
Maintains	Nomura: to Buy	12/13/2017
Maintains	KeyBanc: to Overweight	11/17/2017
Maintains	Argus: to Buy	11/17/2017

내부자 거래

(3M 비중은 12개월 거래 중 최근 3개월의 비중)

구분	성격	3개월	12개월	3M비중
매수	매수 건수 (장내 매매만 해당)	14	25	56.00%
매도	매도 건수 (장내 매매만 해당)	31	67	46.27%
매수	매수 수량 (장내 매매만 해당)	209,230	265,459	78.82%
매도	매도 수량 (장내 매매만 해당)	662,342	1,389,481	47.67%
	순매수량 (-인 경우 순매도량)	-453,112	-1,124,022	

ETF 노출 (편입 ETF 수 : 129개 / 시가총액 대비 ETF의 보유비중 : 9.11%)

티커	ETF	보유 지분	비중
VTI	Vanguard Total Stock Market ETF	$19,119,361,566	2.78%
VOO	Vanguard 500 Index Fund	$15,059,259,785	3.63%
SPY	SPDR S&P 500 ETF Trust	$11,014,053,971	3.66%
QQQ	PowerShares QQQ Trust, Series 1 (ETF)	$6,940,830,055	11.24%
IVV	iShares S&P 500 Index (ETF)	$5,580,237,298	3.63%

기간 수익률

1M : 10.82%	3M : 34.14%	6M : 42.9%	1Y : 101.1%	3Y : -

재무 지표

	2014	2015	2016	2017(E)
매출액 (백만$)	8,061	9,066	10,723	12,980
영업이익 (백만$)	1,304	1,327	1,467	2,721
순이익 (백만$)	419	1,228	1,401	2,280
자산총계 (백만$)	21,917	28,881	33,103	39,081
자본총계 (백만$)	8,248	13,759	14,712	
부채총계 (백만$)	13,669	15,122	18,391	

안정성 비율	2013	2014	2015	2016
유동비율 (%)	129.83	132.24	151.63	152.47
부채비율 (%)	159.27	165.73	109.91	125.01
이자보상배율 (배)		652.00		

투자 지표

	2014	2015	2016	2017(E)
영업이익률 (%)	16.18	14.64	13.68	20.96
매출액 증가율 (%)	19.76	12.47	18.28	21.05
EPS ($)	0.34	1.00	1.16	1.87
EPS 증가율 (%)	-56.13	190.70	16.00	61.44
주당자산가치($)	6.77	11.24	12.19	13.39
잉여현금흐름 (백만$)	1,728	1,824	2,489	2,661

	2013	2014	2015	2016
배당성향(%)				
배당수익률(%)			0.00	0.00
ROE (%)	25.85	5.36	11.16	9.84
ROA (%)		2.04	4.84	4.52
재고회전율				
EBITDA (백만$)	1,548	1,820	1,935	2,191

매출비중

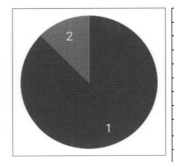

제품명	비중
1. 거래	
	87.53%
2. 기타 부가가치 서비스	
	12.47%

APH
암페놀 코퍼레이션
Amphenol Corporation

섹터 정보기술 (Information Technology)
세부섹터 전자 부품 (Electronic Components)

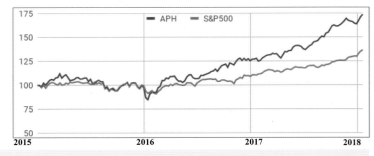

암페놀 코퍼레이션(Amphenol Corporation)은 전자 및 광섬유 커넥터, 상호 연결 시스템, 안테나, 센서 및 센서 기반 제품 및 동축 및 고속 특수 케이블을 설계, 제조, 판매하는 업체이다. 회사는 1932년에 설립되었고 본사는 코네티컷주 월링포드에 있으며 62,000명의 직원이 근무하고 있다. 회사의 사업 부문은 상호 연결 제품 및 어셈블리 및 케이블 제품 및 솔루션 두 가지 부문으로 나누어진다. 회사의 상호 연결 제품 및 어셈블리 부문은 다양한 최종 시장에서 광범위한 응용 분야에 사용되는 안테나 및 센서를 포함한 광범위한 커넥터 및 커넥터 시스템, 부가가치 제품 및 기타 제품을 주로 설계, 제조, 판매하고 있다. 회사의 케이블 제품 및 솔루션 부문은 주로 광대역 통신 및 정보 기술 시장은 물론 특정 응용 분야에서 주로 사용되는 케이블, 부가가치 제품 및 구성 요소를 설계, 제조, 판매하고 있다. 회사는 자동차, 광대역 통신, 항공 우주, 정보 기술 및 데이터 통신, 군사, 모바일 장치 및 모바일 네트워크를 포함한 고성장 시장에서 입지를 확보하고 있다.

기준일 : 2018/ 01 /25

한글 회사명 : 암페놀 코퍼레이션
영문 회사명 : Amphenol Corp
상장일 : 1991년 11월 08일 | 결산월 : 12월
시가총액 : 278 (억$) |
52주 최고 : $93.62 (-1.55%) / 52주 최저 : $66 (+39.63%)

주요 주주정보

보유자/ 보유 기관	보유율
Fidelity Management & Research Co.	12.69%
The Vanguard Group, Inc.	9.9%
Capital Research & Management Co. (World Inve	8.65%

애널리스트 추천 및 최근 투자의견

암페놀 코퍼레이션의 2018년 01월 25일 현재 15개 기관의 **평균적인 목표가는 96.08$**이며, 2018년 추정 주당순이익(EPS)은 3.77$로 2017년 추정 EPS 3.47$에 비해 **8.64% 증가**할 것으로 예상된다.

최근, 1개월, 3개월의 투자 의견 변화

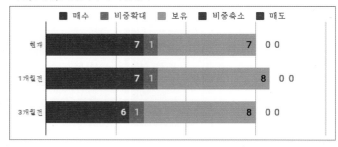

투자의견	금융사 및 투자의견	날짜
Maintains	Morgan Stanley: Equal-Weight to Equal-Weight	1/25/2018
Maintains	Morgan Stanley: to Equal-Weight	12/13/2017
Initiated	Wells Fargo: to Outperform	10/11/2017
Maintains	Stifel Nicolaus: to Hold	10/26/2017
Maintains	Morgan Stanley: to Equal-Weight	10/26/2017

내부자 거래

(3M 비중은 12개월 거래 중 최근 3개월의 비중)

구분	성격	3개월	12개월	3M비중
매수	매수 건수 (장내 매매만 해당)	0	7	0.00%
매도	매도 건수 (장내 매매만 해당)	1	21	4.76%
매수	매수 수량 (장내 매매만 해당)	0	12,905	0.00%
매도	매도 수량 (장내 매매만 해당)	10,000	2,185,200	0.46%
	순매수량 (-인 경우 순매도량)	-10,000	-2,172,295	

ETF 노출

(편입 ETF 수 : 95개 / 시가총액 대비 ETF의 보유비중 : 13.33%)

티커	ETF	보유 지분	비중
VO	Vanguard Mid-Cap ETF	$681,870,627	0.69%
VTI	Vanguard Total Stock Market ETF	$671,714,174	0.10%
VOO	Vanguard 500 Index Fund	$476,053,923	0.11%
SPY	SPDR S&P 500 ETF Trust	$349,055,650	0.12%
VUG	Vanguard Growth ETF	$187,642,868	0.24%

기간 수익률

1M : 4.48%	3M : 12.77%	6M : 23.23%	1Y : 35.75%	3Y : 77.66%

재무 지표

	2014	2015	2016	2017(E)
매출액 (백만$)	5,346	5,569	6,286	6,866
영업이익 (백만$)	1,050	1,111	1,242	1,402
순이익 (백만$)	709	764	823	1,018
자산총계 (백만$)	7,027	7,458	8,499	9,554
자본총계 (백만$)	2,938	3,278	3,723	
부채총계 (백만$)	4,089	4,180	4,776	

안정성 비율	2013	2014	2015	2016
유동비율 (%)	196.14	335.13	381.79	219.62
부채비율 (%)	114.16	139.18	127.50	128.27
이자보상배율 (배)	14.21	13.06	16.26	17.10

투자 지표

	2014	2015	2016	2017(E)
영업이익률 (%)	19.64	19.95	19.76	20.42
매출액 증가율 (%)	15.84	4.18	12.89	9.22
EPS ($)	2.26	2.47	2.67	3.22
EPS 증가율 (%)	13.00	9.29	8.10	20.47
주당자산가치($)	9.38	10.51	11.92	13.11
잉여현금흐름 (백만$)	672	858	887	777

	2013	2014	2015	2016
배당성향(%)	15.56	20.36	21.99	22.22
배당수익률(%)	0.68	0.84	1.01	0.86
ROE (%)	24.04	24.59	24.85	23.81
ROA (%)	11.22	10.84	10.66	10.44
재고회전율	6.05	6.45	6.49	7.06
EBITDA (백만$)	1,039.28	1,218.00	1,282.40	1,458.80

매출비중

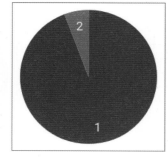

제품명	비중
1. 상호 연결 제품 및 어셈블리	
	94.21%
2. 케이블 제품 및 솔루션	
	5.79%

GLW
코닝 인코퍼레이티드
Corning Inc.

섹터 정보기술 (Information Technology)
세부섹터 전자 부품 (Electronic Components)

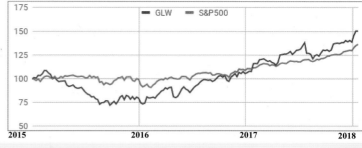

코닝 인코퍼레이티드(Corning Inc.)는 특수 유리, 세라믹, 각종 전자제품의 디스플레이용 유리제품을 생산, 판매하는 업체이다. 회사는 1851년에 설립되었고 본사는 뉴욕주 코닝에 있으며 40,700명의 직원이 근무하고 있다. 회사의 사업 부문은 디스플레이 기술, 광통신, 환경 기술, 특수 재료, 생명 과학의 다섯 가지 부문으로 나누어진다. 회사는 통신산업을 위한 광섬유 및 케이블 및 하드웨어 및 장비 제품, 자동차 및 대형 트럭 시장의 휘발유 및 경유 엔진용 세라믹 기판, 과학 실험실에서 사용하는 제품 및 생명 공학 연구를 위한 특수 폴리머 제품, 반도체 산업 및 첨단 광학 재료, 첨단 디스플레이용 정밀유리, 스마트폰 및 태블릿용 등의 충격에 강한 커버글라스(Corning Gorilla Glass)를 생산, 판매하고 있다. 회사는 7,520개의 특허를 보유하고 있고 전 세계 17개국에 98곳의 공장에서 제품을 생산 및 판매하고 있다.

기준일 : 2018/ 01 /25

한글 회사명 : 코닝 인코퍼레이티드
영문 회사명 : Corning Inc.
상장일 : 1972년 01월 21일 | 결산월 : 12월
시가총액 : 294 (억$) | 52주 최고 : $35.1 (-1.88%) / 52주 최저 : $24.65 (+39.71%)

주요 주주정보

보유자/ 보유 기관	보유율
The Vanguard Group, Inc.	6.92%
BlackRock Fund Advisors	4.61%
SSgA Funds Management, Inc.	4.53%

애널리스트 추천 및 최근 투자의견

코닝 인코퍼레이티드의 2018년 01월 25일 현재 16개 기관의 **평균적인 목표가는 33.35$**이며, 2018년 추정 주당순이익(EPS)은 1.78$로 2017년 추정 EPS 1.7$에 비해 **4.7% 증가할 것으로 예상**된다.

최근, 1개월, 3개월의 투자 의견 변화

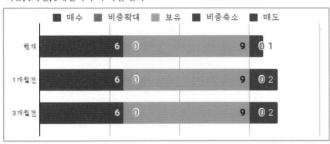

투자의견	금융사 및 투자의견	날짜
Maintains	Citigroup: Neutral to Neutral	1/25/2018
Maintains	Citigroup: to Neutral	10/25/2017
Maintains	Deutsche Bank: to Buy	10/25/2017
Downgrade	Goldman Sachs: Neutral to Sell	8/15/2017
Downgrade	Citigroup: to Neutral	3/31/2017

내부자 거래

(3M 비중은 12개월 거래 중 최근 3개월의 비중)

구분	성격	3개월	12개월	3M비중
매수	매수 건수 (장내 매매만 해당)	1	2	50.00%
매도	매도 건수 (장내 매매만 해당)	10	48	20.83%
매수	매수 수량 (장내 매매만 해당)	30,000	34,000	88.24%
매도	매도 수량 (장내 매매만 해당)	63,608	1,284,139	4.95%
	순매수량 (-인 경우 순매도량)	-33,608	-1,250,139	

ETF 노출

(편입 ETF 수 : 101개 / 시가총액 대비 ETF의 보유비중 : 9.12%)

티커	ETF	보유 지분	비중
VTI	Vanguard Total Stock Market ETF	$711,166,185	0.10%
VOO	Vanguard 500 Index Fund	$504,210,528	0.12%
SPY	SPDR S&P 500 ETF Trust	$369,073,872	0.12%
IVV	iShares S&P 500 Index (ETF)	$186,108,849	0.12%
VTV	Vanguard Value ETF	$152,175,275	0.22%

기간 수익률

1M : 8.14%	3M : 18.09%	6M : 8.82%	1Y : 39.81%	3Y : 49.58%

재무 지표

	2014	2015	2016	2017(E)
매출액 (백만$)	9,712	9,091	9,386	10,422
영업이익 (백만$)	1,827	1,307	1,444	2,084
순이익 (백만$)	2,472	1,339	3,695	1,730
자산총계 (백만$)	30,063	28,527	27,899	28,320
자본총계 (백만$)	21,652	18,863	17,960	
부채총계 (백만$)	8,411	9,664	9,939	

안정성 비율	2013	2014	2015	2016
유동비율 (%)	509.22	440.53	293.85	328.90
부채비율 (%)	34.26	38.85	51.23	55.34
이자보상배율 (배)	12.03	14.85	9.34	9.08

투자 지표

	2014	2015	2016	2017(E)
영업이익률 (%)	18.81	14.38	15.38	20.00
매출액 증가율 (%)	24.21	-6.39	3.25	11.04
EPS ($)	1.82	1.02	3.53	1.70
EPS 증가율 (%)	34.82	-43.96	246.08	-51.72
주당자산가치($)	15.13	14.59	16.84	16.87
잉여현금흐름 (백만$)	3,633	1,559	1,391	792

	2013	2014	2015	2016
배당성향(%)	29.10	23.12	48.00	16.72
배당수익률(%)	2.19	1.74	2.63	2.22
ROE (%)	9.20	11.57	6.63	20.15
ROA (%)	6.78	8.45	4.57	13.10
재고회전율	6.74	7.49	6.72	6.57
EBITDA (백만$)	2,445	3,027	2,491	2,639

매출비중

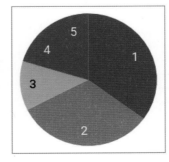

제품명	비중
1. 디스플레이 기술	34.48%
2. 광통신	32%
3. 전문 자료	11.97%
4. 환경 기술	10.99%
5. 생명 과학	8.94%

FLIR
플러 시스템즈
FLIR Systems, Inc.

섹터 정보기술 (Information Technology)
세부섹터 전자 장비 (Electronic Equipment & Instruments)

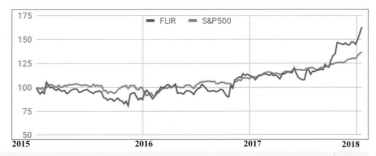

플러 시스템즈(FLIR Systems, Inc.)는 열화상 카메라, 부품 및 이미지 처리 센서의 설계, 생산, 판매를 영위하는 세계 최대 업체이다. 회사는 1978년에 설립되었고 본사는 오리건주 윌슨빌에 있으며 2,800명의 직원이 근무하고 있다. 회사는 다양한 상용 및 정부 응용 프로그램용 열화상 카메라 및 구성 부품을 제조하고 있다. 회사는 인간의 감각으로 감지되지 않을 수도 있는 사람, 사물, 물질을 탐지하고 사람들이 주변 세계와 상호 작용하는 방식을 개선하는 솔루션을 설계, 개발, 마케팅, 배포하고 있다. 회사는 열 화상 시스템, 가시광 이미지 처리 시스템, 위치 감지기 등의 혁신적인 기술을 제공하고 있다. 회사는 소비자용 열화상 카메라 스마트폰 액세서리부터 군용, 수색, 구조용 애플리케이션을 위한 고급 항공기 탑재 이미지 처리 시스템에 이르기까지 다양한 제품을 통해 열화상 솔루션을 제공하고 있다. 현재 열화상 기술의 비용이 감소함에 따라, 열 기술의 채택을 늘리고 새로운 기술 시장을 창출할 기회가 확대되고 있다.

기준일 : 2018/ 01 /25
한글 회사명 : 플러 시스템즈
영문 회사명 : FLIR Systems
상장일 : 1993년 06월 22일 | 결산월 : 12월
시가총액 : 72 (억$) | 52주 최고 : $52.44 (-1.41%) / 52주 최저 : $33.75 (+53.18%)

주요 주주정보

보유자/ 보유 기관	보유율
The Vanguard Group, Inc.	9.81%
BlackRock Fund Advisors	4.94%
SSgA Funds Management, Inc.	3.77%

애널리스트 추천 및 최근 투자의견

플러 시스템즈의 2018년 01월 25일 현재 10개 기관의 **평균적인 목표가는 53.63$**이며, 2018년 추정 주당순이익(EPS)은 2.16$로 2017년 추정 EPS 1.86$에 비해 **16.12% 증가**할 것으로 예상된다.

최근, 1개월, 3개월의 투자 의견 변화

투자의견	금융사 및 투자의견	날짜
Upgrade	SunTrust Robinson Humphrey: Hold to Buy	8/1/2018
Maintains	SunTrust Robinson Humphrey: to Hold	10/26/2017
Downgrade	Imperial Capital: to In-Line	2/23/2017
Initiated	SunTrust Robinson Humphrey: to Hold	1/19/2017
Initiated	Baird: to Neutral	6/10/2016

내부자 거래

(3M 비중은 12개월 거래 중 최근 3개월의 비중)

구분	성격	3개월	12개월	3M비중
매수	매수 건수 (장내 매매만 해당)	0	21	0.00%
매도	매도 건수 (장내 매매만 해당)	1	40	2.50%
매수	매수 수량 (장내 매매만 해당)	0	256,390	0.00%
매도	매도 수량 (장내 매매만 해당)	7,943	890,421	0.89%
	순매수량 (-인 경우 순매도량)	-7,943	-634,031	

ETF 노출
(편입 ETF 수 : 85개 / 시가총액 대비 ETF의 보유비중 : 14.31%)

티커	ETF	보유 지분	비중
VTI	Vanguard Total Stock Market ETF	$174,140,124	0.03%
VOO	Vanguard 500 Index Fund	$123,558,384	0.03%
VO	Vanguard Mid-Cap ETF	$88,418,110	0.09%
SPY	SPDR S&P 500 ETF Trust	$88,056,502	0.03%
VB	Vanguard Small-Cap Index Fund	$86,070,633	0.11%

기간 수익률

1M : 10.59%	3M : 31.52%	6M : 37.46%	1Y : 51.05%	3Y : 74.6%

재무 지표

	2014	2015	2016	2017(E)
매출액 (백만$)	1,531	1,557	1,662	1,806
영업이익 (백만$)	276	307	297	314
순이익 (백만$)	200	242	167	228
자산총계 (백만$)	2,354	2,406	2,620	2,820
자본총계 (백만$)	1,610	1,650	1,678	
부채총계 (백만$)	744	757	941	

안정성 비율	2013	2014	2015	2016
유동비율 (%)	473.66	432.62	219.96	321.99
부채비율 (%)	45.25	46.23	45.89	56.09
이자보상배율 (배)	19.04	18.93	21.80	17.72

투자 지표

	2014	2015	2016	2017(E)
영업이익률 (%)	18.03	19.72	17.87	17.39
매출액 증가율 (%)	2.29	1.73	6.75	8.67
EPS ($)	1.42	1.73	1.22	1.86
EPS 증가율 (%)	14.52	19.72	-28.24	52.28
주당자산가치($)	11.53	12.01	12.31	13.93
잉여현금흐름 (백만$)	165	208	276	269

	2013	2014	2015	2016
배당성향(%)	29.50	28.80	25.60	40.00
배당수익률(%)	1.20	1.24	1.57	1.33
ROE (%)	11.02	12.43	14.83	10.01
ROA (%)	7.83	8.53	10.15	6.63
재고회전율	4.12	4.60	4.36	4.35
EBITDA (백만$)	331.06	333.46	356.66	354.66

매출비중

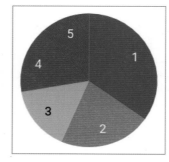

제품명	비중
1. 감시	32.04%
2. 기계	20.22%
3. OEM 및 신흥 시장	14.66%
4. 보안	14.44%
5. 해양	11.17%

TEL
티이 커넥티비티
TE Connectivity Ltd.

섹터 정보기술 (Information Technology)
세부섹터 전자 제조 서비스 (Electronic Manufacturing Services)

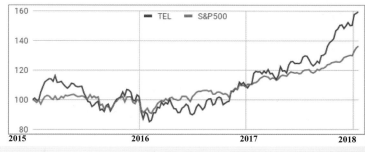

티이 커넥티비티(TE Connectivity Ltd.)는 자동차, 산업 장비, 데이터 통신 시스템, 우주 항공, 국방, 의료, 기름, 가스, 가전제품, 에너지 및 해저와 같은 혹독한 환경에서 다양한 산업 분야에 사용 가능한 연결(connectivity) 및 센서 제품을 설계, 제조, 판매를 영위하는 업체이다. 회사는 2007년에 설립되었고 본사는 스위스 샤프하우젠에 있으며 75,000명의 직원이 근무하고 있다. 회사의 사업 부문은 운송 솔루션, 산업 솔루션, 커뮤니케이션 솔루션 세 가지 부문으로 나누어진다. 운송 솔루션 부문에서 판매되는 주요 제품에는 터미널 및 커넥터 시스템과 구성 요소, 센서, 릴레이, 애플리케이션 툴링, 선 및 열 수축 튜브 등이 있다. 산업 솔루션 부문에서 판매하는 주요 제품은 터미널 및 커넥터 시스템 및 구성 요소, 열 수축 튜빙, 릴레이, 선 및 케이블 등이다. 커뮤니케이션 솔루션 부문에서 판매하는 주요 제품은 터미널 및 커넥터 시스템 및 구성 요소, 해저 통신 시스템, 릴레이, 열 수축 튜빙, 안테나 등이 포함되어 있다. 회사는 14,000개의 특허를 보유하고 있으며 약 150개국의 고객에게 서비스를 제공하고 있다. 회사의 지역별 매출은 미국 34%, 유럽-중동-아프리카 34%, 아시아-태평양 32%로 구성되어 있다. 회사의 부문별 매출은 운송 솔루션 53%, 산업 솔루션 26%, 커뮤니케이션 솔루션 21%가량이다.

기준일 : 2018/ 01 /25

한글 회사명 : 티이 커넥티비티
영문 회사명 : TE Connectivity Ltd.
상장일 : 2007년 06월 14일 | 결산월 : 9월
시가총액 : 361 (억$) | 　　　　52주 최고 : $108.23 (-2.97%) / 52주 최저 : $70.58 (+48.78%)

주요 주주정보

보유자/ 보유 기관	보유율
Dodge & Cox	7.71%
Harris Associates LP	7.51%
The Vanguard Group, Inc.	6.56%

애널리스트 추천 및 최근 투자의견

티이 커넥티비티의 2018년 01월 25일 현재 15개 기관의 **평균적인 목표가는 112.69$**이며, 2018년 추정 주당순이익(EPS)은 5.91$로 2017년 추정 EPS 5.49$에 비해 **7.65% 증가할 것으로 예상**된다.

최근, 1개월, 3개월의 투자 의견 변화

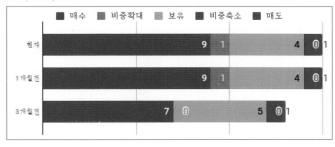

투자의견	금융사 및 투자의견	날짜
Maintains	Morgan Stanley: Overweight to Overweight	1/25/2018
Maintains	Wells Fargo: Outperform to Outperform	1/25/2018
Maintains	Citigroup: Buy to Buy	1/25/2018
Maintains	Morgan Stanley: to Overweight	12/13/2017
Initiated	Wells Fargo: to Outperform	10/11/2017

내부자 거래

(3M 비중은 12개월 거래 중 최근 3개월의 비중)

구분	성격	3개월	12개월	3M비중
매수	매수 건수 (장내 매매만 해당)	0	10	0.00%
매도	매도 건수 (장내 매매만 해당)	9	92	9.78%
매수	매수 수량 (장내 매매만 해당)	0	20,480	0.00%
매도	매도 수량 (장내 매매만 해당)	429,282	2,674,330	16.05%
	순매수량 (-인 경우 순매도량)	-429,282	-2,653,850	

ETF 노출　(편입 ETF 수 : 76개 / 시가총액 대비 ETF의 보유비중 : 8.52%)

티커	ETF	보유 지분	비중
VTI	Vanguard Total Stock Market ETF	$876,024,031	0.13%
VOO	Vanguard 500 Index Fund	$620,845,949	0.15%
SPY	SPDR S&P 500 ETF Trust	$454,636,373	0.15%
IVV	iShares S&P 500 Index (ETF)	$229,834,567	0.15%
VTV	Vanguard Value ETF	$187,262,827	0.27%

기간 수익률

1M : 4.68%	3M : 22.61%	6M : 22.79%	1Y : 44.06%	3Y : 59.76%

재무 지표

	2014	2015	2016	2017(E)
매출액 (백만$)	11,973	12,233	12,238	12,936
영업이익 (백만$)	1,855	1,956	1,926	2,197
순이익 (백만$)	1,614	1,238	1,941	1,712
자산총계 (백만$)	20,152	20,608	17,608	18,851
자본총계 (백만$)	9,013	9,585	8,485	
부채총계 (백만$)	11,139	11,023	9,123	

안정성 비율	2013	2014	2015	2016
유동비율 (%)	160.78	222.36	220.49	155.74
부채비율 (%)	120.14	123.59	115.00	107.52
이자보상배율 (배)	11.66	14.61	14.38	15.17

투자 지표

	2014	2015	2016	2017(E)
영업이익률 (%)	15.49	15.99	15.74	16.99
매출액 증가율 (%)	5.12	2.17	0.04	5.70
EPS ($)	4.34	3.25	5.41	4.75
EPS 증가율 (%)	41.73	-25.19	66.61	-12.27
주당자산가치($)	22.09	24.33	23.88	26.04
잉여현금흐름 (백만$)	1,448	1,313	1,294	1,913

	2013	2014	2015	2016
배당성향(%)	30.40	25.29	38.76	26.09
배당수익률(%)	1.78	1.95	2.07	2.17
ROE (%)	14.12	18.57	13.32	21.48
ROA (%)	6.12	8.36	6.08	10.16
재고회전율	6.38	7.32	7.83	7.62
EBITDA (백만$)	2,157	2,406	2,572	2,511

매출비중

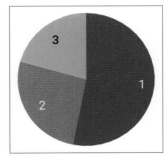

제품명	비중
1. 운송 솔루션	
	53.14%
2. 산업 솔루션	
	26.27%
3. 통신 솔루션	
	20.59%

ATVI
액티비전 블리자드
Activision Blizzard

섹터 정보기술 (Information Technology)
세부섹터 홈 엔터테인먼트 SW (Home Entertainment Software)

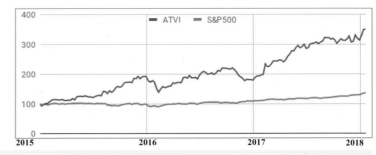

액티비전 블리자드(Activision Blizzard, Inc.)는 인터랙티브 엔터테인먼트 콘텐츠 및 서비스의 개발 및 퍼블리싱을 영위하는 지주회사이다. 회사는 1979년에 설립되었고 본사는 캘리포니아주 산타모니카에 있으며 9,600명의 직원이 근무하고 있다. 회사는 2008년 비벤디 게임즈(Vivendi Games)와 액티비전(Activision)이 합병하였다. 회사는 액티비전, 블리자드 엔터테인먼트, 메이저 리그 게임, 액티비전 블리자드 스튜디오, 킹 디지털 엔터테인먼트 다섯 가지 부문으로 나누어진다. 회사는 비디오 게임콘솔, 개인용 컴퓨터(PC) 및 모바일 장치를 포함한 모든 주요 게임 플랫폼에서 콘텐츠 및 서비스를 개발, 판매하고 있다. 회사의 매출은 플랫폼인 배틀넷에서 직접 발생하고 있으며 다른 플랫폼 제공업체들인 소니, 마이크로소프트, 애플 또는 소매 업체인 월마트, 게임스탑을 통해서도 매출이 발생하고 있다. 회사의 주요 매출 발생 게임인 콜 오브 듀티, 캔디크러쉬, 월드오브워크래프트, 오버워치에서 매출의 상당 부분이 발생하고 있다.

기준일 : 2018/ 01 /25

한글 회사명 : 액티비전 블리자드
영문 회사명 : Activision Blizzard
상장일 : 1983년 06월 09일 | 결산월 : 12월
시가총액 : 535 (억$) | 52주 최고 : $72.37 (-1.63%) / 52주 최저 : $38.38 (+85.48%)

주요 주주정보

보유자/ 보유 기관	보유율
Fidelity Management & Research Co.	12.92%
The Vanguard Group, Inc.	6.6%
Tencent Holdings Ltd.	4.9%

애널리스트 추천 및 최근 투자의견

액티비전 블리자드의 2018년 01월 25일 현재 30개 기관의 **평균적인 목표가는 73.04$**이며, 2018년 추정 주당순이익(EPS)은 2.56$로 2017년 추정 EPS 2.26$에 비해 **13.27% 증가할 것으로 예상**된다.

최근, 1개월, 3개월의 투자 의견 변화

투자의견	금융사 및 투자의견	날짜
Initiated	Bernstein: to Market Perform	1/18/2018
Initiated	BTIG Research: to Buy	12/18/2017
Upgrade	Goldman Sachs: Neutral to Buy	12/12/2017
Upgrade	Hilliard Lyons: Underperform to Neutral	8/11/2017
Maintains	Morgan Stanley: to Overweight	3/11/2017

내부자 거래

(3M 비중은 12개월 거래 중 최근 3개월의 비중)

구분	성격	3개월	12개월	3M비중
매수	매수 건수 (장내 매매만 해당)	1	25	4.00%
매도	매도 건수 (장내 매매만 해당)	14	38	36.84%
매수	매수 수량 (장내 매매만 해당)	1,830	4,735,588	0.04%
매도	매도 수량 (장내 매매만 해당)	2,255,390	10,651,001	21.18%
	순매수량 (-인 경우 순매도량)	-2,253,560	-5,915,413	

ETF 노출 (편입 ETF 수 : 88개 / 시가총액 대비 ETF의 보유비중 : 9.63%)

티커	ETF	보유 지분	비중
VTI	Vanguard Total Stock Market ETF	$1,226,352,894	0.18%
VOO	Vanguard 500 Index Fund	$915,220,284	0.22%
SPY	SPDR S&P 500 ETF Trust	$667,141,438	0.22%
QQQ	PowerShares QQQ Trust, Series 1 (ETF)	$423,317,880	0.69%
VUG	Vanguard Growth ETF	$342,644,650	0.44%

기간 수익률

1M : 5.75%	3M : 8.56%	6M : 15.82%	1Y : 81.08%	3Y : 248.49%

재무 지표

	2014	2015	2016	2017(E)
매출액 (백만$)	4,408	4,664	6,608	7,025
영업이익 (백만$)	1,175	1,305	1,446	2,392
순이익 (백만$)	817	881	962	1,719
자산총계 (백만$)	14,642	15,246	17,452	18,440
자본총계 (백만$)	7,233	8,068	9,119	
부채총계 (백만$)	7,409	7,178	8,333	

안정성 비율	2013	2014	2015	2016
유동비율 (%)	249.52	231.54	121.45	174.85
부채비율 (%)	111.60	102.43	88.97	91.38
이자보상배율 (배)	24.16	5.68	6.53	6.66

투자 지표

	2014	2015	2016	2017(E)
영업이익률 (%)	26.66	27.98	21.88	34.04
매출액 증가율 (%)	-3.82	5.81	41.68	6.32
EPS ($)	1.14	1.21	1.30	2.26
EPS 증가율 (%)	18.75	6.14	7.44	73.81
주당자산가치($)	10.02	10.98	12.23	13.66
잉여현금흐름 (백만$)	1,185	1,148	2,019	2,032

	2013	2014	2015	2016
배당성향(%)	20.00	17.70	19.33	20.31
배당수익률(%)	1.07	0.99	0.59	0.72
ROE (%)	11.00	11.79	11.52	11.20
ROA (%)	7.00	5.70	5.90	5.88
재고회전율	24.12	29.99	37.16	74.67
EBITDA (백만$)	1,704	1,521	1,799	2,596

매출비중

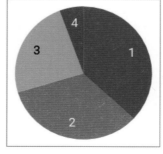

제품명	비중
1. Blizzard	36.74%
2. Activision	33.6%
3. King	24%
4. 기타	5.52%

EA
일렉트로닉스 아츠
Electronic Arts

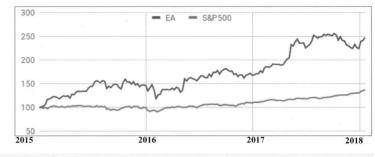

섹터 정보기술 (Information Technology)
세부섹터 홈 엔터테인먼트 SW (Home Entertainment Software)

일렉트로닉스 아츠(Electronic Arts Inc.)는 인터랙티브 엔터테인먼트 소프트웨어를 개발 및 퍼블리싱하는 세계적인 업체이다. 회사는 1982년에 설립되었고 본사는 캘리포니아주 레드우드 시티에 있으며 3,300명의 직원이 근무하고 있다. 회사는 게임 콘솔, 개인 컴퓨터, 휴대 전화, 태블릿을 포함한 다양한 플랫폼에서 게임, 콘텐츠, 서비스를 개발, 홍보, 게시, 판매하고 있다. 회사는 2017년 기준 미국 및 유럽에서 매출과 시가총액 기준으로 액티비전 블리자드 다음으로 큰 게임 업체이다. 회사는 이에이(EA)스포츠 타이틀 축구게임 피파, 미식축구 마덴 엔에프엘, 아이스하키 엔에이치엘, 엔씨에이에이 풋볼, 엔비에이 라이브, 에스에스엑스를 비롯한 여러 게임을 개발, 판매하고 있다. 다른 회사의 게임들은 배틀 필드, 니드 포 스피드, 심즈, 메달 오브 아너, 커맨드 앤 컨커와 같은 프랜차이즈를 제작하고 있다. 회사는 2017년 기준으로 소니 플레이스테이션 4와 마이크로 소프트 엑스박스 원 콘솔에서 최고의 퍼블리셔이며 2016년 기준으로 피파 17이 세계에서 가장 잘 팔리고 있는 콘솔 게임이다.

기준일 : 2018/ 01 /25

한글 회사명 : 일렉트로닉스아츠
영문 회사명 : Electronic Arts
상장일 : 1989년 09월 20일 | 결산월 : 3월
시가총액 : 353 (억$) |
52주 최고 : $122.79 (-4.56%) / 52주 최저 : $79.41 (+47.56%)

주요 주주정보

보유자/보유 기관	보유율
Fidelity Management & Research Co.	10.11%
T. Rowe Price Associates, Inc.	7.88%
The Vanguard Group, Inc.	6.84%

애널리스트 추천 및 최근 투자의견

일렉트로닉스 아츠의 2018년 01월 25일 현재 30개 기관의 **평균적인 목표가는 129.15$**이며, 2018년 추정 주당순이익(EPS)은 4.92$로 2017년 추정 EPS 4.21$에 비해 **16.86% 증가할 것으로 예상**된다.

최근, 1개월, 3개월의 투자 의견 변화

투자의견	금융사 및 투자의견	날짜
Initiated	Bernstein: to Outperform	1/18/2018
Downgrade	Morgan Stanley: Overweight to Equal-Weight	12/1/2018
Upgrade	BMO Capital: Market Perform to Outperform	8/1/2018
Maintains	BMO Capital: to Market Perform	2/11/2017
Maintains	Jefferies: to Buy	1/11/2017

내부자 거래

(3M 비중은 12개월 거래 중 최근 3개월의 비중)

구분	성격	3개월	12개월	3M비중
매수	매수 건수 (장내 매매만 해당)	1	2	50.00%
매도	매도 건수 (장내 매매만 해당)	27	112	24.11%
매수	매수 수량 (장내 매매만 해당)	254,504	586,693	43.38%
매도	매도 수량 (장내 매매만 해당)	1,174,937	3,658,104	32.12%
	순매수량 (-인 경우 순매도량)	-920,433	-3,071,411	

ETF 노출   (편입 ETF 수 : 61개 / 시가총액 대비 ETF의 보유비중 : 4.3%)

티커	ETF	보유 지분	비중
SPY	SPDR S&P 500 ETF Trust	$436,290,417	0.15%
QQQ	PowerShares QQQ Trust, Series 1 (ETF)	$271,585,200	0.44%
IVV	iShares S&P 500 Index (ETF)	$221,493,508	0.14%
XLK	Technology Select Sector SPDR Fund	$122,177,500	0.57%
IWF	iShares Russell 1000 Growth Index (ETF)	$104,343,429	0.25%

기간 수익률

1M : 6.31%	3M : -2.71%	6M : 3.52%	1Y : 45%	3Y : 141.58%

재무 지표

	2014	2015	2016	2017(E)
매출액 (백만$)	4,517	4,373	4,808	5,148
영업이익 (백만$)	1,086	864	1,245	1,665
순이익 (백만$)	875	1,156	967	1,320
자산총계 (백만$)	6,147	7,050	7,718	8,162
자본총계 (백만$)	3,036	3,396	4,060	
부채총계 (백만$)	3,111	3,654	3,658	

안정성 비율	2013	2014	2015	2016
유동비율 (%)	131.30	135.42	180.07	215.28
부채비율 (%)	136.00	102.47	107.60	90.10
이자보상배율 (배)	1.47	35.03	30.86	26.49

투자 지표

	2014	2015	2016	2017(E)
영업이익률 (%)	24.04	19.76	25.89	32.34
매출액 증가율 (%)	26.35	-3.19	9.95	7.07
EPS ($)	2.81	3.73	3.19	4.23
EPS 증가율 (%)	9,233.33	32.14	-14.48	32.48
주당자산가치($)	9.79	11.30	13.17	15.30
잉여현금흐름 (백만$)	972	1,130	1,260	1,448

	2013	2014	2015	2016
배당성향(%)				
배당수익률(%)	0.00	0.00	0.00	0.00
ROE (%)	0.34	32.06	35.95	25.94
ROA (%)	0.15	14.75	17.52	13.10
재고회전율	72.96	98.20	126.75	291.39
EBITDA (백만$)	271	1,278	1,061	1,417

매출비중

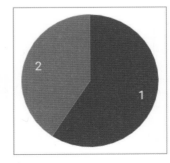

제품명	비중
1. 디지털	
	59.32%
2. 패키지 상품 및 기타	
	40.68%

ADP
오토매틱 데이터 프로세싱
Automatic Data Processing

섹터 정보기술 (Information Technology)
세부섹터 인터넷 S/W, 서비스 (Internet Software & Services)

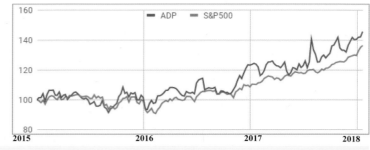

오토매틱 데이터 프로세싱(Automatic Data Processing, Inc.)은 인적 자원 관리 소프트웨어를 개발하여 고용주들에게 플랫폼 서비스를 제공하는 업체이다. 회사는 1949년에 설립되었고 본사는 뉴저지주 로즈랜드에 있으며 57,000명의 직원이 근무하고 있다. 회사의 사업 부문은 고용주 서비스와 전문 고용주 조직 서비스 두 가지 부문으로 나누어진다. 회사는 비즈니스 프로세스 위탁의 선두 기업으로 인적 자원 관리 솔루션을 기업에 제공하고 있으며 110개 이상의 국가 및 지역에서 약 70만 명의 고객에게 서비스를 제공하고 있다. 고용주 서비스 부문은 포괄적인 인적 자원 비즈니스 프로세스 위탁 및 기술 기반 인적자원 관리 솔루션을 제공하고 있다. 급여 서비스, 혜택관리, 인재 관리, 인사 관리, 시간 및 출석 관리, 보험 서비스, 은퇴 서비스, 세금 및 규정 준수 서비스 등이 포함되어 있다. 전문 고용주 조직 부문은 에이디피 토탈소스로 일하는 직원들이 회사와 고객에 의해 공동 고용되는 관계를 통해 포괄적인 고용 관리 및 위탁하는 솔루션으로써 10,700명의 고객에게 서비스를 제공하고 있다. 토탈소스는 미국에서 가장 큰 전문 고용주 조직 서비스 플랫폼이다.

기준일 : 2018/ 01 /25

한글 회사명 : 오토매틱 데이터 프로세싱
영문 회사명 : Automatic Data Processing
상장일 : 1972년 01월 21일 | 결산월 : 6월
시가총액 : 535 (억$) |
52주 최고 : $122.9 (-1.22%) / 52주 최저 : $94.11 (+28.99%)

주요 주주정보

보유자/ 보유 기관	보유율
The Vanguard Group, Inc.	7.79%
BlackRock Fund Advisors	4.89%
SSgA Funds Management, Inc.	4.34%

애널리스트 추천 및 최근 투자의견

오토매틱 데이터 프로세싱의 2018년 01월 25일 현재 19개 기관의 **평균적인 목표가는 115.15$**이며, 2018년 추정 주당순이익(EPS)은 4.46$로 2017년 추정 EPS 3.98$에 비해 **12.06% 증가할 것으로 예상**된다.

최근, 1개월, 3개월의 투자 의견 변화

투자의견	금융사 및 투자의견	날짜
Upgrade	Goldman Sachs: Neutral to Buy	11/12/2017
Upgrade	Bank of America: Neutral to Buy	5/12/2017
Maintains	BMO Capital: to Outperform	3/11/2017
Maintains	Bernstein: to Outperform	10/31/2017
Maintains	Barclays: to Equal-Weight	10/26/2017

내부자 거래

(3M 비중은 12개월 거래 중 최근 3개월의 비중)

구분	성격	3개월	12개월	3M비중
매수	매수 건수 (장내 매매만 해당)	5	33	15.15%
매도	매도 건수 (장내 매매만 해당)	33	64	51.56%
매수	매수 수량 (장내 매매만 해당)	529	166,912	0.32%
매도	매도 수량 (장내 매매만 해당)	375,936	560,928	67.02%
	순매수량 (-인 경우 순매도량)	-375,407	-394,016	

ETF 노출 (편입 ETF 수 : 94개 / 시가총액 대비 ETF의 보유비중 : 11.16%)

티커	ETF	보유 지분	비중
VTI	Vanguard Total Stock Market ETF	$1,232,125,677	0.18%
VOO	Vanguard 500 Index Fund	$919,359,563	0.22%
SPY	SPDR S&P 500 ETF Trust	$676,784,712	0.23%
VIG	Vanguard Dividend Appreciation ETF	$472,529,996	1.31%
QQQ	PowerShares QQQ Trust, Series 1 (ETF)	$419,729,227	0.68%

기간 수익률

1M : 2.74%	3M : 13.72%	6M : 16.12%	1Y : 17.62%	3Y : 43.59%

재무 지표

	2014	2015	2016	2017(E)
매출액 (백만$)	12,207	10,939	11,668	12,359
영업이익 (백만$)	2,223	2,014	2,248	2,460
순이익 (백만$)	1,503	1,377	1,493	1,672
자산총계 (백만$)	32,052	33,111	43,670	42,128
자본총계 (백만$)	6,670	4,809	4,482	
부채총계 (백만$)	25,382	28,302	39,188	

안정성 비율	2013	2014	2015	2016
유동비율 (%)	105.94	108.05	106.25	110.19
부채비율 (%)	421.30	380.52	588.58	874.43
이자보상배율 (배)	224.16	364.38	309.85	40.00

투자 지표

	2014	2015	2016	2017(E)
영업이익률 (%)	18.21	18.41	19.27	19.90
매출액 증가율 (%)	7.93	-10.39	6.67	5.93
EPS ($)	3.14	2.91	3.26	3.71
EPS 증가율 (%)	10.83	-7.51	12.26	13.81
주당자산가치($)	13.89	10.31	9.83	9.56
잉여현금흐름 (백만$)	1,605	2,572	1,691	1,993

	2013	2014	2015	2016
배당성향(%)	60.48	60.17	67.52	64.02
배당수익률(%)	2.81	2.70	2.43	2.26
ROE (%)	22.17	23.37	23.98	32.15
ROA (%)	4.33	4.67	4.23	3.89
재고회전율				
EBITDA (백만$)	2,356.90	2,558.90	2,291.90	2,536.70

매출비중

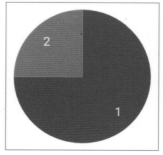

제품명	비중
1. 고용주 서비스	78.95%
2. 조직 서비스	26.34%
3. 기타	0.02%

AKAM
에카마이 테크놀로지
Akamai Technologies, Inc

섹터 정보기술 (Information Technology)
세부섹터 인터넷 S/W, 서비스 (Internet Software & Services)

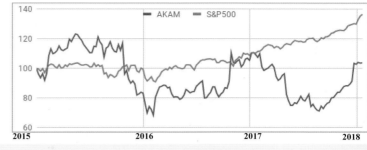

에카마이 테크놀로지(Akamai Technologies, Inc.)는 콘텐츠 전송 네트워크 및 보안을 위한 클라우드 서비스 공급을 영위하는 업체이다. 회사는 1998년에 설립되었고 본사는 매사추세츠주 케임브리지에 있으며 6,490명의 직원이 근무하고 있다. 회사의 솔루션은 웹사이트의 기존 콘텐츠 전달에서부터 클라우드 기반 응용 프로그램의 제공 및 운영을 지원하는 도구, 보안 솔루션 및 라이브 및 주문형 스트리밍 비디오 기능에 이르기까지 고객이 사람들과 상호 작용할 수 있도록 지원하고 있다. 회사의 콘텐츠 전송 네트워크는 모든 웹 트래픽의 15~30%를 담당하는 세계 최대의 분산형 컴퓨팅 플랫폼 중 하나이다. 에카마이 인텔리전트 플랫폼은 세계에서 가장 큰 분산 컴퓨팅 플랫폼으로 100개 이상의 국가에서 1,300개 이상의 네트워크와 170,000개 이상의 서버에 설치되어 사용되고 있다. 회사의 플랫폼은 보안 위협을 식별 및 차단, 장치 수준의 검색 및 최적화, 네트워크 상태에 대한 포괄적인 지식을 기반으로 라우팅 및 전송 결정, 고객에게 온라인 운영에 대한 비즈니스 및 기술적 통찰력 기능을 제공하고 있다.

기준일 : 2018/ 01 /25

한글 회사명 : 에카마이 테크놀로지
영문 회사명 : Akamai Technologies Inc
상장일 : 1999년 10월 29일 | 결산월 : 12월
시가총액 : 113 (억$) |
52주 최고 : $71.34 (-7.21%) / 52주 최저 : $44.65 (+48.24%)

주요 주주정보

보유자/ 보유 기관	보유율
The Vanguard Group, Inc.	9.64%
Fidelity Management & Research Co.	6.67%
ClearBridge Investments LLC	5.1%

애널리스트 추천 및 최근 투자의견

에카마이 테크놀로지의 2018년 01월 25일 현재 24개 기관의 **평균적인 목표가는 64.67$**이며, 2018년 추정 주당순이익(EPS)은 2.65$로 2017년 추정 EPS 2.56$에 비해 **3.51% 증가**할 것으로 예상된다.

최근, 1개월, 3개월의 투자 의견 변화

투자의견	금융사 및 투자의견	날짜
Downgrade	KeyBanc: Sector Weight to Underweight	11/1/2018
Upgrade	Credit Suisse: Neutral to Outperform	12/18/2017
Maintains	Wells Fargo: to Market Perform	10/25/2017
Maintains	Nomura: to Neutral	10/25/2017
Maintains	Credit Suisse: to Neutral	10/25/2017

내부자 거래

		(3M 비중은 12개월 거래 중 최근 3개월의 비중)		
구분	성격	3개월	12개월	3M비중
매수	매수 건수 (장내 매매만 해당)	1	10	10.00%
매도	매도 건수 (장내 매매만 해당)	5	19	26.32%
매수	매수 수량 (장내 매매만 해당)	8,466	173,461	4.88%
매도	매도 수량 (장내 매매만 해당)	47,398	243,572	19.46%
	순매수량 (-인 경우 순매도량)	-38,932	-70,111	

재무 지표

	2014	2015	2016	2017(E)
매출액 (백만$)	1,964	2,197	2,340	2,489
영업이익 (백만$)	495	469	471	381
순이익 (백만$)	334	321	316	265
자산총계 (백만$)	4,002	4,182	4,373	4,553
자본총계 (백만$)	2,945	3,121	3,224	
부채총계 (백만$)	1,056	1,061	1,149	

안정성 비율	2013	2014	2015	2016
유동비율 (%)	391.28	378.00	376.97	349.70
부채비율 (%)	12.48	35.86	33.99	35.63
이자보상배율 (배)		32.01	25.30	25.27

투자 지표

	2014	2015	2016	2017(E)
영업이익률 (%)	25.20	21.35	20.13	15.33
매출액 증가율 (%)	24.46	11.89	6.49	6.36
EPS ($)	1.87	1.80	1.81	2.56
EPS 증가율 (%)	13.33	-3.74	0.56	41.34
주당자산가치($)	16.52	17.61	18.61	19.26
잉여현금흐름 (백만$)	339	319	550	408

	2013	2014	2015	2016
배당성향(%)				
배당수익률(%)	0.00	0.00	0.00	0.00
ROE (%)	11.80	11.98	10.60	9.96
ROA (%)	10.56	9.60	7.86	7.39
재고회전율				
EBITDA (백만$)	593.04	742.31	768.34	805.23

ETF 노출
(편입 ETF 수 : 68개 / 시가총액 대비 ETF의 보유비중 : 14.98%)

티커	ETF	보유 지분	비중
VO	Vanguard Mid-Cap ETF	$264,270,653	0.27%
VTI	Vanguard Total Stock Market ETF	$260,185,699	0.04%
VOO	Vanguard 500 Index Fund	$194,311,152	0.05%
FDN	First Trust DJ Internet Index Fund (ETF)	$148,907,539	2.47%
SPY	SPDR S&P 500 ETF Trust	$144,769,296	0.05%

매출비중

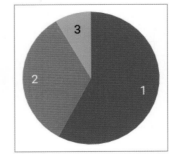

제품명	비중
1. 성능 및 보안 솔루션	
	57.91%
2. 미디어 전송 솔루션	
	33.64%
3. 서비스 및 지원 솔루션	
	8.45%

기간 수익률

1M : 13.62%	3M : 38.63%	6M : 25.89%	1Y : -5.09%	3Y : 10.82%

CRM
세일즈포스닷컴
salesforce.com

섹터 정보기술 (Information Technology)
세부섹터 인터넷 S/W, 서비스 (Internet Software & Services)

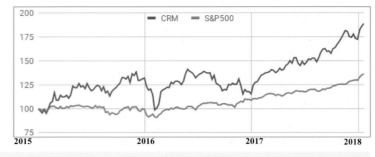

세일즈포스닷컴(salesforce.com)은 기업용 클라우드 컴퓨팅 솔루션을 제공하는 업체이다. 회사는 1999년에 설립되었고 본사는 캘리포니아주 샌프란시스코에 있으며 25,000명의 직원이 근무하고 있다. 회사는 2000년 2월에 첫 번째 고객 관계 관리 솔루션을 도입했으며 이후 새로운 버전, 솔루션, 기능 및 플랫폼 기능으로 서비스를 확장했다. 고객 관계 관리 제품에서 매출이 발생하고 있으며 회사 인수를 통해 소셜 네트워킹의 상업적인 애플리케이션에서 매출이 발생하고 있다. 회사의 서비스 오퍼링(한 가지 제품으로 고객을 만나는 것이 아니라 사람, 프로세스, 기술이라는 관점에서 여러 제품을 고객에게 먼저 제시하는 형태)은 기업이 판매를 더 빠르게 성장시킬 수 있도록 지원하며 고객, 파트너, 직원을 위한 브랜드 커뮤니티 구축, 비즈니스 사용자 대상 분석 제공, 사물인터넷으로부터 생성된 데이터를 의미 있는 행동으로 변환, 최신 모바일 및 데스크톱 응용 프로그램을 쉽고 빠르게 개발할 수 있도록 하고 있다. 회사의 서비스 오퍼링들은 하나의 플랫폼에서 제공되고 있다.

기준일 : 2018/ 01 /25

한글 회사명 : 세일즈포스닷컴
영문 회사명 : Salesforce.com
상장일 : 2004년 06월 23일 | 결산월 : 1월
시가총액 : 809 (억$) | 52주 최고 : $113.84 (-0.47%) / 52주 최저 : $75.95 (+49.17%)

주요 주주정보

보유자/ 보유 기관	보유율
Fidelity Management & Research Co.	11.45%
T. Rowe Price Associates, Inc.	6.54%
The Vanguard Group, Inc.	6.4%

애널리스트 추천 및 최근 투자의견

세일즈포스닷컴의 2018년 01월 25일 현재 45개 기관의 **평균적인 목표가는 122.49$**이며, 2018년 추정 주당순이익(EPS)은 1.73$로 2017년 추정 EPS 1.34$에 비해 **29.1% 증가할 것으로 예상**된다.

최근, 1개월, 3개월의 투자 의견 변화

투자의견	금융사 및 투자의견	날짜
Downgrade	Roth Capital: Buy to Neutral	11/22/2017
Maintains	Credit Suisse: to Outperform	11/17/2017
Maintains	Morgan Stanley: to Overweight	11/16/2017
Initiated	UBS: to Buy	9/11/2017
Maintains	Stifel Nicolaus: to Buy	8/11/2017

내부자 거래

(3M 비중은 12개월 거래 중 최근 3개월의 비중)

구분	성격	3개월	12개월	3M비중
매수	매수 건수 (장내 매매만 해당)	13	45	28.89%
매도	매도 건수 (장내 매매만 해당)	111	441	25.17%
매수	매수 수량 (장내 매매만 해당)	29,700	73,815	40.24%
매도	매도 수량 (장내 매매만 해당)	383,207	4,274,180	8.97%
	순매수량 (-인 경우 순매도량)	-353,507	-4,200,365	

ETF 노출   (편입 ETF 수 : 87개 / 시가총액 대비 ETF의 보유비중 : 8.85%)

티커	ETF	보유 지분	비중
VTI	Vanguard Total Stock Market ETF	$1,865,030,693	0.27%
VOO	Vanguard 500 Index Fund	$1,322,234,045	0.32%
SPY	SPDR S&P 500 ETF Trust	$966,963,889	0.32%
VUG	Vanguard Growth ETF	$521,005,909	0.67%
IVV	iShares S&P 500 Index (ETF)	$490,022,516	0.32%

기간 수익률

1M : 6.11%	3M : 18.28%	6M : 24.79%	1Y : 47.21%	3Y : 97.61%

재무 지표

	2014	2015	2016	2017(E)
매출액 (백만$)	5,374	6,667	8,392	10,442
영업이익 (백만$)	-146	75	77	1,524
순이익 (백만$)	-263	-47	180	981
자산총계 (백만$)	10,693	12,763	17,585	20,461
자본총계 (백만$)	3,975	5,003	7,500	
부채총계 (백만$)	6,718	7,760	10,085	

안정성 비율	2013	2014	2015	2016
유동비율 (%)	63.03	75.73	97.42	78.32
부채비율 (%)	201.23	168.99	155.11	134.46
이자보상배율 (배)	-3.71	-1.99	1.03	0.87

투자 지표

	2014	2015	2016	2017(E)
영업이익률 (%)	-2.72	1.12	0.92	14.59
매출액 증가율 (%)	32.00	24.07	25.87	24.42
EPS ($)	-0.42	-0.07	0.26	1.34
EPS 증가율 (%)	-7.69	83.33	471.43	413.72
주당자산가치($)	6.11	7.46	10.60	12.77
잉여현금흐름 (백만$)	757	962	1,698	2,056

	2013	2014	2015	2016
배당성향(%)				
배당수익률(%)	0.00	0.00	0.00	0.00
ROE (%)	-8.67	-7.49	-1.06	2.87
ROA (%)	-3.16	-2.65	-0.40	1.18
재고회전율				
EBITDA (백만$)	83.35	302.66	600.42	709.48

매출비중

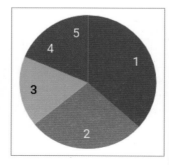

제품명	비중
1. 영업 클라우드	36.47%
2. 서비스 클라우드	27.65%
3. 영업 인력 플랫폼 및 기타	17.18%
4. 마케팅 클라우드	11.12%
5. 전문 서비스 및 기타	7.58%

CTXS
시트릭스 시스템즈
Citrix Systems, Inc

섹터 정보기술 (Information Technology)
세부섹터 인터넷 S/W, 서비스 (Internet Software & Services)

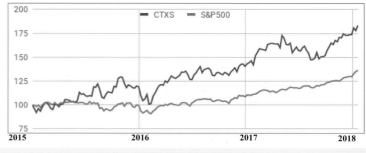

시트릭스 시스템즈(Citrix Systems, Inc.)는 서버, 응용 프로그램 및 데스크톱 가상화, 네트워킹, 서비스로의 소프트웨어, 클라우드 컴퓨팅 기술을 제공하는 소프트웨어 업체이다. 회사는 1989년에 설립되었고 본사는 플로리다주 포트 라우더데일에 있으며 9,500명의 직원이 근무하고 있다. 회사는 공공, 사설 또는 하이브리드 클라우드 또는 네트워크에서 애플리케이션 및 데이터를 안전하고 안정적으로 제공할 수 있는 제품 및 서비스를 개발, 판매하고 있다. 회사는 웹 및 시스템 통합 업체를 통해서 제품을 직접 판매 및 라이센스하기도 하고, 간접적으로는 부가 가치 재판매, 부가가치 유통, 주문자 상표부착 생산방식을 서비스 제공자들을 통해 판매하고 라이센스 하고 있다. 회사는 엔터프라이즈 및 서비스 제공과 모빌리티 앱스 두 부서가 제품에 대한 연구 개발, 마케팅, 제품 관리를 하고 있다. 엔터프라이즈 및 서비스 제공 사업 부문은 워크스페이스 서비스 및 딜리버리 네트워킹 제품으로 구성되며 회사 매출의 78%, 모빌리티 앱스 사업 부문은 커뮤니케이션 클라우드 및 워크플로우 클라우드 제품을 포함하며 회사 총 매출의 22%를 차지하고 있다.

기준일 : 2018/ 01 /25
한글 회사명 : 시트릭스 시스템즈
영문 회사명 : Citrix Systems
상장일 : 1995년 12월 08일 | 결산월 : 12월
시가총액 : 142 (억$) |
52주 최고 : $94.7 (-0.71%) / 52주 최저 : $70.24 (+33.85%)

주요 주주정보

보유자/ 보유 기관	보유율
The Vanguard Group, Inc.	9.5%
Fidelity Management & Research Co.	5.88%
ClearBridge Investments LLC	5.08%

애널리스트 추천 및 최근 투자의견

시트릭스 시스템즈의 2018년 01월 25일 현재 23개 기관의 **평균적인 목표가는 88$**이며, 2018년 추정 주당순이익(EPS)은 4.83$로 2017년 추정 EPS 4.8$에 비해 **0.62% 증가할 것으로 예상**된다.

최근, 1개월, 3개월의 투자 의견 변화

투자의견	금융사 및 투자의견	날짜
Downgrade	Cowen & Co.: Outperform to Market Perform	11/1/2018
Downgrade	Barclays: Overweight to Equal-Weight	8/1/2018
Upgrade	Goldman Sachs: Neutral to Buy	3/11/2017
Maintains	Citigroup: to Buy	10/27/2017
Maintains	Stifel Nicolaus: to Hold	10/26/2017

내부자 거래

(3M 비중은 12개월 거래 중 최근 3개월의 비중)

구분	성격	3개월	12개월	3M비중
매수	매수 건수 (장내 매매만 해당)	7	27	25.93%
매도	매도 건수 (장내 매매만 해당)	10	46	21.74%
매수	매수 수량 (장내 매매만 해당)	179,304	434,737	41.24%
매도	매도 수량 (장내 매매만 해당)	108,785	296,086	36.74%
	순매수량 (-인 경우 순매도량)	70,519	138,651	

ETF 노출
(편입 ETF 수 : 78개 / 시가총액 대비 ETF의 보유비중 : 14.71%)

티커	ETF	보유 지분	비중
VO	Vanguard Mid-Cap ETF	$330,331,611	0.33%
VTI	Vanguard Total Stock Market ETF	$325,730,600	0.05%
VOO	Vanguard 500 Index Fund	$230,438,822	0.06%
SPY	SPDR S&P 500 ETF Trust	$168,730,757	0.06%
FDN	First Trust DJ Internet Index Fund (ETF)	$150,729,608	2.50%

기간 수익률

1M : 5.92%	3M : 21.64%	6M : 13.26%	1Y : 25.21%	3Y : 99.44%

재무 지표

	2014	2015	2016	2017(E)
매출액 (백만$)	3,143	3,276	3,418	2,825
영업이익 (백만$)	403	581	778	876
순이익 (백만$)	252	319	536	737
자산총계 (백만$)	5,512	5,468	6,390	5,856
자본총계 (백만$)	2,174	1,973	2,609	
부채총계 (백만$)	3,338	3,494	3,782	

안정성 비율	2013	2014	2015	2016
유동비율 (%)	106.76	106.18	100.18	82.67
부채비율 (%)	57.01	153.58	177.05	144.96
이자보상배율 (배)		14.24	13.16	17.32

투자 지표

	2014	2015	2016	2017(E)
영업이익률 (%)	12.82	17.74	22.76	31.00
매출액 증가율 (%)	7.69	4.22	4.36	-17.35
EPS ($)	1.48	2.01	3.46	4.80
EPS 증가율 (%)	-18.68	35.81	72.14	38.78
주당자산가치($)	13.52	12.83	16.69	13.22
잉여현금흐름 (백만$)	681	874	982	958

	2013	2014	2015	2016
배당성향(%)				
배당수익률(%)	0.00	0.00	0.00	0.00
ROE (%)	10.54	9.16	15.40	23.40
ROA (%)	6.79	4.69	5.82	9.04
재고회전율	235.07	235.21	283.14	296.69
EBITDA (백만$)	648.72	674.3	850.33	1,026.34

매출비중

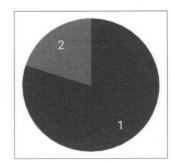

제품명	비중
1. 기업 및 서비스 제공 업체	
	80.04%
2. GoTo 비즈니스	
	19.96%

EBAY
이베이
eBay Inc.

섹터 정보기술 (Information Technology)
세부섹터 인터넷 S/W, 서비스 (Internet Software & Services)

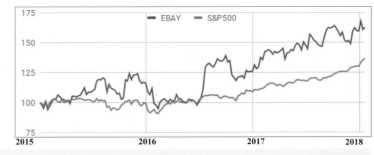

이베이(eBay Inc.)는 온라인이나 모바일 장치용 플랫폼에서 구매자와 판매자의 상거래를 활성화할 수 있도록 플랫폼을 제공하는 업체이다. 회사는 1992년에 설립되었고 본사는 캘리포니아주 산호세에 있으며 11,600명의 직원이 근무하고 있다. 회사는 온라인 경매 및 쇼핑 웹사이트인 이베이닷컴(eBay.com)을 소유하고 있다. 회사는 마켓플레이스(Marketplace), 스텁헙(StubHub), 클래시파이즈(Classifieds) 플랫폼을 포함한 글로벌 상거래에 특화된 업체이다. 마켓 플레이스 플랫폼에는 이베이닷컴에 위치한 자사의 온라인 마켓 플레이스, 현지화된 제품 및 이베이 모바일 앱이 포함되어 있다. 스텁헙 플랫폼에는 스텁헙닷컴(www.stubhub.com)에 있는 온라인 티켓 플랫폼과 스텁헙 모바일 앱이 포함되어 있다. 클래시파이즈 플랫폼에는 모바일닷디이(Mobile.de), 기지지(Kijiji), 검트리(Gumtree), 마켓플래츠(Marktplaats), 이베이 클래시파이즈(eBay Classifieds) 등의 브랜드가 포함되어 있다. 회사가 소유하고 있는 플랫폼에는 전 세계에서 약 8억 2천만 명이 넘는 판매자가 8억 가지 이상의 물품을 판매하고 있다.

기준일 : 2018/ 01 /25
한글 회사명 : 이베이
영문 회사명 : eBay Inc.
상장일 : 1998년 09월 24일 | 결산월 : 12월
시가총액 : 418 (억$) | 　52주 최고 : $40.71 (-1.05%) / 52주 최저 : $29.69 (+35.66%)

주요 주주정보

보유자/ 보유 기관	보유율
The Vanguard Group, Inc.	6.38%
OMIDYAR PIERRE M	5.6%
Wellington Management Co. LLP	4.35%

애널리스트 추천 및 최근 투자의견

이베이의 2018년 01월 25일 현재 39개 기관의 **평균적인 목표가는 41.13$**이며, 2018년 추정 주당순이익(EPS)은 2.23$로 2017년 추정 EPS 2.01$에 비해 **10.94% 증가할 것으로 예상**된다.

최근, 1개월, 3개월의 투자 의견 변화

투자의견	금융사 및 투자의견	날짜
Maintains	Credit Suisse: Outperform to Outperform	1/24/2018
Upgrade	SunTrust Robinson Humphrey: Hold to Buy	12/1/2018
Initiated	Evercore ISI Group: to In-Line	6/12/2017
Upgrade	BMO Capital: Market Perform to Outperform	4/12/2017
Initiated	Guggenheim: to Neutral	10/20/2017

내부자 거래

(3M 비중은 12개월 거래 중 최근 3개월의 비중)

구분	성격	3개월	12개월	3M비중
매수	매수 건수 (장내 매매만 해당)	4	16	25.00%
매도	매도 건수 (장내 매매만 해당)	16	77	20.78%
매수	매수 수량 (장내 매매만 해당)	2,665	13,187	20.21%
매도	매도 수량 (장내 매매만 해당)	719,104	13,499,392	5.33%
	순매수량 (-인 경우 순매도량)	-716,439	-13,486,205	

ETF 노출 (편입 ETF 수 : 87개 / 시가총액 대비 ETF의 보유비중 : 9.69%)

티커	ETF	보유 지분	비중
VTI	Vanguard Total Stock Market ETF	$957,776,206	0.14%
VOO	Vanguard 500 Index Fund	$664,789,710	0.16%
SPY	SPDR S&P 500 ETF Trust	$486,403,445	0.16%
QQQ	PowerShares QQQ Trust, Series 1 (ETF)	$320,762,613	0.52%
IVV	iShares S&P 500 Index (ETF)	$245,926,224	0.16%

기간 수익률

1M : 0.15%	3M : 0.07%	6M : 4.97%	1Y : 25.42%	3Y : 70.19%

재무 지표

	2014	2015	2016	2017(E)
매출액 (백만$)	8,790	8,592	8,979	9,567
영업이익 (백만$)	2,476	2,117	2,318	2,821
순이익 (백만$)	-865	1,947	7,285	2,172
자산총계 (백만$)	45,132	17,785	23,847	26,364
자본총계 (백만$)	19,906	6,576	10,539	
부채총계 (백만$)	25,226	11,209	13,308	

안정성 비율	2013	2014	2015	2016
유동비율 (%)	184.22	151.34	349.27	230.70
부채비율 (%)	75.45	126.73	170.45	126.27
이자보상배율 (배)	33.87	22.72	14.70	10.30

투자 지표

	2014	2015	2016	2017(E)
영업이익률 (%)	28.17	24.64	25.82	29.49
매출액 증가율 (%)	-45.24	-2.25	4.50	6.55
EPS ($)	0.04	1.43	6.41	2.01
EPS 증가율 (%)	-98.19	3,475.00	348.25	-68.72
주당자산가치($)	16.26	5.55	9.70	9.87
잉여현금흐름 (백만$)	5,055	3,365	2,200	2,367

	2013	2014	2015	2016
배당성향(%)				
배당수익률(%)	0.00	0.00	0.00	0.00
ROE (%)	12.83	-3.97	14.70	85.13
ROA (%)	7.27	-2.00	6.19	35.00
재고회전율				
EBITDA (백만$)	4,787	3,158	2,804	3,000

매출비중

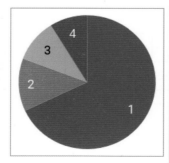

제품명	비중
1. 인터넷 거래 - Marketplace	68.01%
2. 마케팅 서비스 및 기타	12.66%
3. 인터넷 거래 - StubHub	10.44%
4. 마케팅 서비스 - 광고	8.81%
5. 마케팅 서비스 - 기업	0.08%

FB
페이스북
Facebook, Inc.

섹터 정보기술 (Information Technology)
세부섹터 인터넷 S/W, 서비스 (Internet Software & Services)

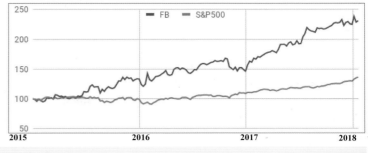

페이스북(Facebook, Inc.)은 미국의 온라인 소셜 미디어 및 소셜 네트워킹 서비스 업체이다. 회사는 2004년에 설립되었고 본사는 캘리포니아주 멘로파크에 있으며 12,691명의 직원이 근무하고 있다. 페이스북은 인터넷 및 모바일 네트워크를 통해 데스크톱, 랩톱, 태블릿 컴퓨터 및 스마트폰을 통해 접속할 수 있다. 회사 사이트를 사용하기 위해 등록한 후 사용자는 이름, 직업, 학교 등을 나타내는 사용자 프로필을 만들 수 있다. 사용자는 '친구'로 다른 사용자를 추가하고, 메시지를 교환하고, 상태 업데이트 및 디지털 사진을 게시하고, 디지털 비디오 및 링크를 공유하고, 다양한 소프트웨어 응용 프로그램을 사용하고, 다른 사람들이 자신의 프로필을 업데이트하거나 게시할 때 알림을 수신할 수 있다. 매일 10억 명 넘게 페이스북에 접속하고 있으며 회사의 제품에는 페이스북(Facebook), 인스타그램(Instagram), 메신저(Messenger), 왓츠앱(Whatsapp), 오큘러스(Oculus) 등이 포함되어 있다. 회사는 마케팅 담당자에게 광고 게재 위치를 판매함으로써 실질적인 수익을 창출하고 있다. 광고를 통해 마케팅 담당자는 연령, 성별, 위치, 관심사, 행동 등 다양한 요인을 바탕으로 광고를 게재할 수 있다. 마케팅 담당자는 페이스북, 인스타그램, 타사 응용 프로그램, 웹사이트를 비롯한 여러 장소에 게재될 수 있는 광고를 구매할 수 있다.

기준일 : 2018/ 01 /25

한글 회사명 : 페이스북
영문 회사명 : Facebook, Inc.
상장일 : 2012년 05월 18일 | 결산월 : 12월
시가총액 : 4471 (억$) | 　52주 최고 : $190.66 (-1.15%) / 52주 최저 : $128.38 (+46.79%)

주요 주주정보

보유자/ 보유 기관	보유율
The Vanguard Group, Inc.	6.79%
Fidelity Management & Research Co.	5.31%
BlackRock Fund Advisors	4.19%

애널리스트 추천 및 최근 투자의견

페이스북의 2018년 01월 25일 현재 46개 기관의 **평균적인 목표가는 211.5$**이며, 2018년 추정 주당순이익(EPS)은 6.69$로 2017년 추정 EPS 5.89$에 비해 **13.58% 증가할 것으로 예상**된다.

재무 지표

	2014	2015	2016	2017(E)
매출액 (백만$)	12,466	17,928	27,638	40,259
영업이익 (백만$)	4,982	6,294	12,493	19,361
순이익 (백만$)	2,925	3,669	10,188	17,397
자산총계 (백만$)	40,184	49,407	64,961	85,778
자본총계 (백만$)	36,096	44,218	59,194	
부채총계 (백만$)	4,088	5,189	5,767	

안정성 비율	2013	2014	2015	2016
유동비율 (%)	1,188.18	959.97	1,124.78	1,196.56
부채비율 (%)	15.68	11.33	11.74	9.74
이자보상배율 (배)	52.16	216.61	273.65	1,249.30

최근, 1개월, 3개월의 투자 의견 변화

■ 매수　■ 비중확대　■ 보유　■ 비중축소　■ 매도

현재 : 38 3 3 0 2
1개월전 : 39 3 2 0 2
3개월전 : 37 3 3 0 1

투자의견	금융사 및 투자의견	날짜
Initiated	Evercore ISI Group: to Outperform	6/12/2017
Maintains	Morgan Stanley: to Overweight	2/11/2017
Maintains	Citigroup: to Buy	2/11/2017
Maintains	KeyBanc: to Overweight	2/11/2017
Maintains	Barclays: to Overweight	2/11/2017

투자 지표

	2014	2015	2016	2017(E)
영업이익률 (%)	39.96	35.11	45.20	48.09
매출액 증가율 (%)	58.36	43.82	54.16	45.67
EPS ($)	1.12	1.31	3.56	5.89
EPS 증가율 (%)	80.65	16.96	171.76	65.39
주당자산가치($)	12.90	15.54	20.47	26.02
잉여현금흐름 (백만$)	3,626	6,076	11,617	16,151

	2013	2014	2015	2016
배당성향(%)		.		
배당수익률(%)	0.00	0.00	0.00	0.00
ROE (%)	10.95	11.35	9.14	19.70
ROA (%)	9.04	10.07	8.19	17.82
재고회전율				
EBITDA (백만$)	3,932	6,225	8,239	14,835

내부자 거래

(3M 비중은 12개월 거래 중 최근 3개월의 비중)

구분	성격	3개월	12개월	3M비중
매수	매수 건수 (장내 매매만 해당)	34	124	27.42%
매도	매도 건수 (장내 매매만 해당)	46	233	19.74%
매수	매수 수량 (장내 매매만 해당)	5,222,825	40,336,847	12.95%
매도	매도 수량 (장내 매매만 해당)	10,096,536	56,815,904	17.77%
	순매수량 (- 인 경우 순매도량)	-4,873,711	-16,479,057	

ETF 노출　(편입 ETF 수 : 109개 / 시가총액 대비 ETF의 보유비중 : 9.5%)

티커	ETF	보유 지분	비중
VTI	Vanguard Total Stock Market ETF	$10,785,817,826	1.57%
VOO	Vanguard 500 Index Fund	$7,646,189,671	1.84%
SPY	SPDR S&P 500 ETF Trust	$5,590,817,868	1.86%
QQQ	PowerShares QQQ Trust, Series 1 (ETF)	$3,511,821,692	5.69%
VUG	Vanguard Growth ETF	$3,013,082,796	3.86%

매출비중

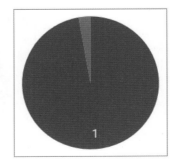

제품명	비중
1. 광고	
	97.28%
2. 결제 및 기타 수수료	
	2.72%

기간 수익률

1M : 0.61%	3M : 5.62%	6M : 10.25%	1Y : 42.7%	3Y : 141.14%

FIS
피델리티 내셔널 인포메이션 서비스
Fidelity National Information Services

섹터 정보기술 (Information Technology)
세부섹터 인터넷 S/W, 서비스 (Internet Software & Services)

피델리티 내셔널 인포메이션 서비스(Fidelity National Information Services, Inc.)는 에프아이에스(FIS)라는 이름으로 잘 알려져 있으며 금융 서비스 기술 및 위탁 서비스를 제공하는 업체이다. 회사는 1968년에 설립되었고 본사는 플로리다주 잭슨빌에 있으며 55,000명의 직원이 근무하고 있다. 회사는 소매 및 기관 금융, 지급, 자산 및 자산관리, 위험 및 규정 준수, 컨설팅 및 위탁 솔루션에 중점을 둔 금융 서비스 기술 분야의 세계적인 선두업체로 130개국에서 20,000곳 이상의 고객을 보유하고 있다. 회사는 2015년 선가드(SunGard)를 인수 및 조직 개편을 완료하고 통합 재무 솔루션(IFS), 세계 금융 솔루션(GFS), 기업 및 기타 세 가지 부문으로 나누었다. 통합 재무 솔루션부문은 주로 거래 및 계정 처리, 지급 솔루션, 채널 솔루션, 대출 및 자산 관리 솔루션, 디지털 채널, 위험 및 규정 준수 솔루션 및 서비스를 북미 지역, 커뮤니티 은행, 저축기관 시장에 서비스를 제공하고 있다. 세계 금융 솔루션 부문은 자본 시장, 자산 관리 및 보험 솔루션은 물론 은행 및 지급 솔루션, 컨설팅 및 변환 서비스 등의 광범위한 솔루션들을 세계 최대 금융 기관 또는 국제 금융 기관에 서비스를 제공하고 있다. 부문별 매출은 통합 재무 솔루션(IFS) 49%, 세계 금융 솔루션(GFS) 46%, 기업 및 기타 5%가량이다.

기준일 : 2018/ 01 /25

한글 회사명 : 피델리티 내셔널 인포메이션 서비스
영문 회사명 : Fidelity National Information Services
상장일 : 2001년 06월 20일 | 결산월 : 12월
시가총액 : 339 (억$) |

52주 최고 : $100.46 (-0.32%) / 52주 최저 : $75.52 (+32.58%)

주요 주주정보

보유자/ 보유 기관	보유율
T. Rowe Price Associates, Inc.	7.89%
The Vanguard Group, Inc.	6.79%
Massachusetts Financial Services Co.	5.85%

애널리스트 추천 및 최근 투자의견

피델리티 내셔널 인포메이션 서비스의 2018년 01월 25일 현재 25개 기관의 **평균적인 목표가는 103.88$**이며, 2018년 추정 주당순이익(EPS)은 4.9$로 2017년 추정 EPS 4.41$에 비해 **11.11% 증가할 것으로 예상**된다.

최근, 1개월, 3개월의 투자 의견 변화

투자의견	금융사 및 투자의견	날짜
Maintains	Baird: Outperform to Outperform	1/24/2018
Downgrade	JP Morgan: Overweight to Neutral	12/12/2017
Downgrade	KeyBanc: Overweight to Sector Weight	11/13/2017
Maintains	Oppenheimer: to Overweight	1/11/2017
Maintains	JP Morgan: to Overweight	1/11/2017

내부자 거래

(3M 비중은 12개월 거래 중 최근 3개월의 비중)

구분	성격	3개월	12개월	3M비중
매수	매수 건수 (장내 매매만 해당)	2	28	7.14%
매도	매도 건수 (장내 매매만 해당)	21	64	32.81%
매수	매수 수량 (장내 매매만 해당)	195,522	1,348,020	14.50%
매도	매도 수량 (장내 매매만 해당)	1,390,865	4,489,737	30.98%
	순매수량 (- 인 경우 순매도량)	-1,195,343	-3,141,717	

ETF 노출
(편입 ETF 수 : 89개 / 시가총액 대비 ETF의 보유비중 : 9.8%)

티커	ETF	보유 지분	비중
VTI	Vanguard Total Stock Market ETF	$817,965,303	0.12%
VOO	Vanguard 500 Index Fund	$580,692,305	0.14%
SPY	SPDR S&P 500 ETF Trust	$424,598,052	0.14%
VUG	Vanguard Growth ETF	$228,779,031	0.29%
IVV	iShares S&P 500 Index (ETF)	$214,624,011	0.14%

기간 수익률

1M : 3.83%	3M : 7.02%	6M : 9.41%	1Y : 23.41%	3Y : 55.58%

재무 지표

	2014	2015	2016	2017(E)
매출액 (백만$)	6,414	6,596	9,241	9,168
영업이익 (백만$)	1,292	1,270	1,579	2,424
순이익 (백만$)	691	639	567	1,476
자산총계 (백만$)	14,521	26,200	26,031	24,472
자본총계 (백만$)	6,692	9,407	9,845	
부채총계 (백만$)	7,829	16,793	16,186	

안정성 비율	2013	2014	2015	2016
유동비율 (%)	140.61	154.68	148.44	135.89
부채비율 (%)	107.21	117.00	178.52	164.41
이자보상배율 (배)	6.23	7.76	6.51	4.01

투자 지표

	2014	2015	2016	2017(E)
영업이익률 (%)	20.14	19.25	17.09	26.44
매출액 증가율 (%)	5.65	2.84	40.10	-0.79
EPS ($)	2.38	2.22	1.74	4.41
EPS 증가율 (%)	40.00	-6.72	-21.62	153.25
주당자산가치($)	23.01	28.77	29.70	30.74
잉여현금흐름 (백만$)	1,016	998	1,780	1,753

	2013	2014	2015	2016
배당성향(%)	52.38	40.85	47.49	60.47
배당수익률(%)	1.64	1.54	1.72	1.37
ROE (%)	7.43	10.51	8.05	5.95
ROA (%)	3.75	5.04	3.23	2.26
재고회전율				
EBITDA (백만$)	1,817.20	1,918.40	1,939	2,753

매출비중

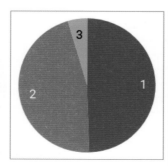

제품명	비중
1. 통합 금융 솔루션	49.41%
2. 글로벌 금융 솔루션	45.99%
3. 기업 및 기타	4.6%

FISV
피서브
Fiserv, Inc

섹터 정보기술 (Information Technology)
세부섹터 인터넷 S/W, 서비스 (Internet Software & Services)

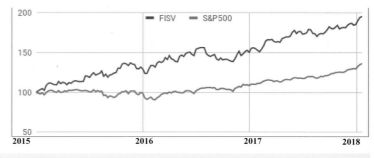

피서브(Fiserv, Inc.)는 금융 서비스 기술 제공 업체이다. 회사는 1984년에 설립되었고 본사는 위스콘신주 브룩필드에 있으며 21,000명의 직원이 근무하고 있다. 회사는 은행, 저축, 신용 조합, 투자 관리 회사, 임대 및 금융 회사, 소매 업체, 상인, 정부 기관을 포함하여 전 세계에서 많은 고객에게 서비스를 제공하고 있다. 회사의 사업 부문은 결제와 산업 제품인 페이먼트와 금융 기관 서비스인 파이낸셜의 두 가지 부문으로 나누어진다. 회사는 회계 처리 시스템, 전자 결제 처리 제품, 카드 기반 거래 처리 및 네트워크 서비스, 에이씨에이치(ACH) 거래 처리, 계좌 간 계좌 이체 상품, 개인 대 개인 지급과 같은 전자 지급 처리 제품과 서비스, 인터넷 및 모바일 뱅킹 시스템, 수표 처리, 이미지 처리, 소스 캡처 시스템, 대출, 리스크 관리 제품을 포함한 각종 서비스를 제공하고 있다. 회사가 제공하는 서비스는 고객이 비즈니스를 운영할 때 필요한 솔루션들이며, 데이터 및 거래 처리 센터를 운영하고 기술 지원을 제공하며 있다. 또한 소프트웨어 및 지급 솔루션을 개발하고 컨설팅 서비스를 제공하고 있다.

기준일 : 2018/ 01 /25

한글 회사명 : 피서브
영문 회사명 : Fiserv, Inc
상장일 : 1986년 09월 25일 | 결산월 : 12월
시가총액 : 293 (억$) |
52주 최고 : $141.28 (-0.68%) / 52주 최저 : $104.51 (+34.25%)

주요 주주정보

보유자/ 보유 기관	보유율
T. Rowe Price Associates, Inc.	13.77%
The Vanguard Group, Inc.	10.03%
BlackRock Fund Advisors	5.48%

애널리스트 추천 및 최근 투자의견

피서브의 2018년 01월 25일 현재 25개 기관의 **평균적인 목표가는 136.43$**이며, 2018년 추정 주당순이익(EPS)은 **5.84$**로 2017년 추정 EPS 5.08$에 비해 **14.96% 증가할 것으로 예상**된다.

최근, 1개월, 3개월의 투자 의견 변화

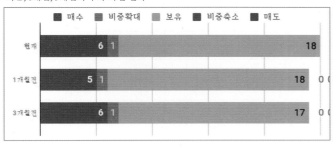

투자의견	금융사 및 투자의견	날짜
Maintains	Baird: Outperform to Outperform	1/24/2018
Maintains	Baird: to Outperform	10/10/2017
Maintains	Barclays: to Equal-Weight	2/8/2017
Maintains	Credit Suisse: to Neutral	2/8/2017
Maintains	BMO Capital: to Market Perform	1/8/2017

내부자 거래

(3M 비중은 12개월 거래 중 최근 3개월의 비중)

구분	성격	3개월	12개월	3M비중
매수	매수 건수 (장내 매매만 해당)	6	15	40.00%
매도	매도 건수 (장내 매매만 해당)	15	36	41.67%
매수	매수 수량 (장내 매매만 해당)	40,570	106,178	38.21%
매도	매도 수량 (장내 매매만 해당)	269,482	633,235	42.56%
	순매수량 (-인 경우 순매도량)	-228,912	-527,057	

ETF 노출
(편입 ETF 수 : 84개 / 시가총액 대비 ETF의 보유비중 : 14.22%)

티커	ETF	보유 지분	비중
VO	Vanguard Mid-Cap ETF	$719,559,382	0.72%
VTI	Vanguard Total Stock Market ETF	$708,394,471	0.10%
VOO	Vanguard 500 Index Fund	$502,110,703	0.12%
SPY	SPDR S&P 500 ETF Trust	$369,337,994	0.12%
QQQ	PowerShares QQQ Trust, Series 1 (ETF)	$230,664,427	0.37%

기간 수익률

1M : 4.66%	3M : 11.33%	6M : 8.99%	1Y : 26.04%	3Y : 89.08%

재무 지표

	2014	2015	2016	2017(E)
매출액 (백만$)	5,066	5,254	5,505	5,693
영업이익 (백만$)	1,210	1,311	1,455	1,524
순이익 (백만$)	754	712	930	1,094
자산총계 (백만$)	9,337	9,340	9,743	10,160
자본총계 (백만$)	3,295	2,660	2,541	
부채총계 (백만$)	6,042	6,680	7,202	

안정성 비율	2013	2014	2015	2016
유동비율 (%)	118.02	100.00	100.27	94.95
부채비율 (%)	165.36	183.37	251.13	283.43
이자보상배율 (배)	7.26	7.76	8.25	9.33

투자 지표

	2014	2015	2016	2017(E)
영업이익률 (%)	23.88	24.95	26.43	26.78
매출액 증가율 (%)	5.24	3.71	4.78	3.41
EPS ($)	3.03	3.04	4.22	5.08
EPS 증가율 (%)	21.94	0.33	38.82	20.41
주당자산가치($)	13.71	11.81	11.79	27.11
잉여현금흐름 (백만$)	1,015	987	1,141	1,203

	2013	2014	2015	2016
배당성향(%)				
배당수익률(%)	0.00	0.00	0.00	0.00
ROE (%)	18.57	21.92	23.91	35.76
ROA (%)	7.22	8.00	7.62	9.75
재고회전율				
EBITDA (백만$)	1,529	1,614	1,728	1,866

매출비중

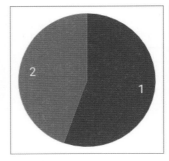

제품명	비중
1. 결제	
	56.13%
2. 금융	
	45%
3. 기업 및 기타	
	-1.13%

GOOGL
알파벳
Alphabet, Inc.

섹터 정보기술 (Information Technology)
세부섹터 인터넷 S/W, 서비스 (Internet Software & Services)

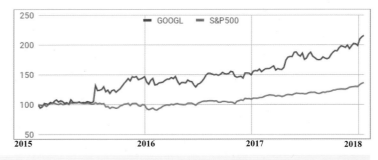

알파벳(Alphabet Inc.)은 2015년 10월 구글의 구조 조정을 통해 탄생한 구글과 계열사들의 지주회사이다. 회사는 1998년에 설립되었고 본사는 캘리포니아주 마운틴뷰에 있으며 75,606명의 직원이 근무하고 있다. 회사의 포트폴리오는 기술, 생명 과학, 투자 자본, 연구 등 여러 산업을 포괄하고 있다. 회사의 자회사는 구글(Google), 칼리코(Calico), 지뷔(GV), 구글 캐피털(Google Capital), 배릴리 (Verily), 엑스(X), 네스트(Nest), 구글 파이버(Google Fiber) 등이 포함되어 있다. 회사는 주로 소비자들과 관련성이 있는 광고주들에게 비용면에서 효과적인 온라인 광고 서비스를 제공함으로써 수익을 창출하고 있다. 회사의 매출 중 90%는 광고로부터 발생하고 있다. 회사는 검색, 안드로이드(Android), 지도, 크롬(Chrome), 유튜브(YouTube), 구글 플레이(Google Play), 지메일(Gmail)과 같은 핵심 제품들은 매월 10억 명이 넘는 활성 사용자들이 있다. 회사의 사업 부문은 구글과 기타 투자 두 가지 부문으로 나누어진다. 구글 부문에는 인터넷 제품인 검색, 광고, 상거래, 지도, 유튜브, 앱스, 클라우드, 안드로이드, 크롬, 구글 플레이 등과 하드웨어 제품들인 크롬캐스트, 크롬북스, 넥서스, 가상현실(VR) 등이 포함되어 있다. 기타 투자에는 액세스, 구글 파이버, 칼리코, 네스트, 배릴리, 지뷔, 구글 캐피탈, 엑스 등이 포함되어 있다.

기준일 : 2018/ 01 /25
한글 회사명 : 알파벳
영문 회사명 : Alphabet, Inc
상장일 : 2004년 08월 19일 | 결산월 : 12월
시가총액 : 3526 (억$) |
52주 최고 : $1187.05 (-0.93%) / 52주 최저 : $812.05 (+44.81%)

주요 주주정보

보유자/ 보유 기관	보유율
The Vanguard Group, Inc.	6.82%
Fidelity Management & Research Co.	5.56%
BlackRock Fund Advisors	4.31%

애널리스트 추천 및 최근 투자의견

알파벳의 2018년 01월 25일 현재 43개 기관의 **평균적인 목표가는 1217$**이며, 2018년 추정 주당순이익(EPS)은 41.64$로 2017년 추정 EPS 32.29$에 비해 **28.95% 증가할 것으로 예상**된다.

최근, 1개월, 3개월의 투자 의견 변화

투자의견	금융사 및 투자의견	날짜
Maintains	Morgan Stanley: Overweight to Overweight	1/26/2018
Initiated	Evercore ISI Group: to Outperform	6/12/2017
Maintains	Citigroup: to Buy	10/30/2017
Maintains	Canaccord Genuity: to Hold	10/27/2017
Maintains	BMO Capital: to Market Perform	10/27/2017

내부자 거래

(3M 비중은 12개월 거래 중 최근 3개월의 비중)

구분	성격	3개월	12개월	3M비중
매수	매수 건수 (장내 매매만 해당)	0	0	-
매도	매도 건수 (장내 매매만 해당)	0	0	-
매수	매수 수량 (장내 매매만 해당)	0	0	-
매도	매도 수량 (장내 매매만 해당)	0	0	-
	순매수량 (-인 경우 순매도량)	0	0	

ETF 노출
(편입 ETF 수 : 87개 / 시가총액 대비 ETF의 보유비중 : 4.13%)

티커	ETF	보유 지분	비중
SPY	SPDR S&P 500 ETF Trust	$4,386,760,280	1.46%
QQQ	PowerShares QQQ Trust, Series 1 (ETF)	$2,730,645,189	4.42%
IVV	iShares S&P 500 Index (ETF)	$2,222,974,280	1.45%
XLK	Technology Select Sector SPDR Fund	$1,191,703,952	5.56%
IWF	iShares Russell 1000 Growth Index (ETF)	$1,074,289,792	2.54%

기간 수익률

1M : 6.66%	3M : 22.26%	6M : 15.05%	1Y : 38.07%	3Y : 124.01%

재무 지표

	2014	2015	2016	2017(E)
매출액 (백만$)	65,830	73,590	89,733	88,897
영업이익 (백만$)	16,325	17,961	23,177	26,964
순이익 (백만$)	13,620	15,826	19,478	22,974
자산총계 (백만$)	129,187	147,461	167,497	197,694
자본총계 (백만$)	103,860	120,331	139,036	
부채총계 (백만$)	25,327	27,130	28,461	

안정성 비율	2013	2014	2015	2016
유동비율 (%)	458.17	468.78	466.67	629.08
부채비율 (%)	27.04	24.39	22.55	20.47
이자보상배율 (배)	168.60	161.63	172.70	186.91

투자 지표

	2014	2015	2016	2017(E)
영업이익률 (%)	24.80	24.41	25.83	30.33
매출액 증가율 (%)	10.21	11.79	21.94	-0.93
EPS ($)	19.82	23.12	28.32	32.29
EPS 증가율 (%)	8.36	16.64	22.51	14.02
주당자산가치($)	152.70	175.07	201.12	221.07
잉여현금흐름 (백만$)	11,417	16,109	25,824	24,825

	2013	2014	2015	2016
배당성향(%)				
배당수익률(%)	0.00	0.00	0.00	0.00
ROE (%)	15.36	14.25	14.12	15.02
ROA (%)	11.93	11.35	11.44	12.37
재고회전율	128.31	309.06		669.65
EBITDA (백만$)	17,933	21,304	23,024	29,321

매출비중

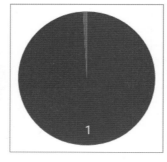

제품명	비중
1. 구글	
	99.1%
2. 기타	
	0.9%

INTU
인튜이트
Intuit, Inc.

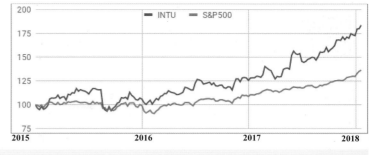

섹터 정보기술 (Information Technology)
세부섹터 인터넷 S/W, 서비스 (Internet Software & Services)

인튜이트(Intuit, Inc.)는 중소기업, 회계사, 개인을 위해 재무, 회계, 세금 준비 소프트웨어와 관련 서비스를 개발, 판매하는 금융 소프트웨어 업체이다. 회사는 1984년에 설립되었고 본사는 캘리포니아 주 마운틴뷰에 있으며 8,200명의 직원이 근무하고 있다. 회사의 사업 부문은 스몰 비즈니스, 소비자 세금, 프로커넥트 세 가지 부문으로 나누어진다. 회사는 소비자, 중소기업, 자영업자들을 위해 재무 관리, 규정 준수 제품, 서비스를 제공하고 있다. 중소기업 고객에게 도움이 되는 핵심 파트너인 회계 전문가들에게 특별히 세금 소프트웨어를 제공하고 있다. 회사의 퀵북스(QuickBooks)와 터보텍스 (TurboTax)는 4,200만이 넘는 고객들이 중소기업을 운영하면서 회계 관리 시스템으로 사용하고 있다. 회사의 프로시리즈(ProSeries) 및 라크레테(Lacerte)는 전문 회계사를 위한 세금 준비 솔루션이다.

기준일 : 2018/ 01 /25

한글 회사명 : 인튜이트
영문 회사명 : Intuit, Inc.
상장일 : 1993년 03월 12일 | 결산월 : 7월
시가총액 : 429 (억$) |
52주 최고 : $169.79 (-1.35%) / 52주 최저 : $111.9 (+49.67%)

주요 주주정보

보유자/ 보유 기관	보유율
T. Rowe Price Associates, Inc.	9.48%
The Vanguard Group, Inc.	6.56%
Capital Research & Management Co. (World Inve	5.81%

애널리스트 추천 및 최근 투자의견

인튜이트의 2018년 01월 25일 현재 23개 기관의 **평균적인 목표가는 160.94$**이며, 2018년 추정 주당순이익(EPS)은 5.79$로 2017년 추정 EPS 5.12$에 비해 **13.08% 증가** 할 것으로 예상된다.

최근, 1개월, 3개월의 투자 의견 변화

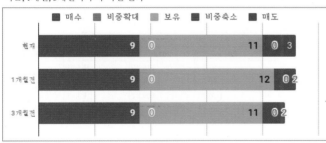

투자의견	금융사 및 투자의견	날짜
Maintains	Morgan Stanley: Underweight to Underweight	11/21/2017
Maintains	Barclays: to Equal-Weight	11/15/2017
Initiated	UBS: to Neutral	9/11/2017
Maintains	Oppenheimer: to Outperform	10/27/2017
Downgrade	Raymond James: Market Perform to Underperform	9/27/2017

내부자 거래

(3M 비중은 12개월 거래 중 최근 3개월의 비중)

구분	성격	3개월	12개월	3M비중
매수	매수 건수 (장내 매매만 해당)	0	0	-
매도	매도 건수 (장내 매매만 해당)	14	66	21.21%
매수	매수 수량 (장내 매매만 해당)	0	0	-
매도	매도 수량 (장내 매매만 해당)	1,082,977	2,991,940	36.20%
	순매수량 (-인 경우 순매도량)	-1,082,977	-2,991,940	

ETF 노출   (편입 ETF 수 : 102개 / 시가총액 대비 ETF의 보유비중 : 9.77%)

티커	ETF	보유 지분	비중
VTI	Vanguard Total Stock Market ETF	$986,377,025	0.14%
VOO	Vanguard 500 Index Fund	$699,123,039	0.17%
SPY	SPDR S&P 500 ETF Trust	$509,789,378	0.17%
QQQ	PowerShares QQQ Trust, Series 1 (ETF)	$335,774,188	0.54%
VUG	Vanguard Growth ETF	$275,412,566	0.35%

기간 수익률

1M : 5.06%	3M : 18.01%	6M : 24.39%	1Y : 43.24%	3Y : 94.09%

재무 지표

	2014	2015	2016	2017(E)
매출액 (백만$)	4,243	4,192	4,694	5,144
영업이익 (백만$)	1,300	886	1,242	1,722
순이익 (백만$)	853	413	806	1,142
자산총계 (백만$)	5,201	4,968	4,250	4,460
자본총계 (백만$)	3,078	2,332	1,161	
부채총계 (백만$)	2,123	2,636	3,089	

안정성 비율	2013	2014	2015	2016
유동비율 (%)	187.19	184.45	146.79	71.70
부채비율 (%)	55.37	68.97	113.04	266.06
이자보상배율 (배)	41.10	41.94	32.81	35.49

투자 지표

	2014	2015	2016	2017(E)
영업이익률 (%)	30.64	21.14	26.46	33.47
매출액 증가율 (%)	1.73	-1.20	11.98	9.58
EPS ($)	3.02	1.30	3.08	4.39
EPS 증가율 (%)	4.53	-57.00	136.84	42.57
주당자산가치($)	10.80	8.40	4.50	6.23
잉여현금흐름 (백만$)	1,260	1,243	879	1,399

	2013	2014	2015	2016
배당성향(%)	24.03	25.69	78.36	39.45
배당수익률(%)	1.06	0.93	0.95	1.08
ROE (%)	26.23	25.81	15.27	46.15
ROA (%)	16.19	15.96	8.12	17.49
재고회전율				
EBITDA (백만$)	1,465	1,497	1,117	1,480

매출비중

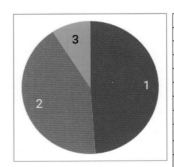

제품명	비중
1. 소기업	
	48.85%
2. 소비자 세금	
	42.03%
3. ProConnect	
	9.12%

MA
마스터카드 인코퍼레이티드
Mastercard, Inc.

섹터 정보기술 (Information Technology)
세부섹터 인터넷 S/W, 서비스 (Internet Software & Services)

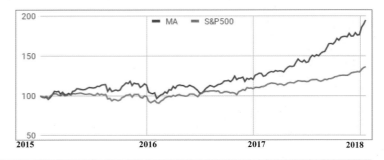

마스터카드 인코퍼레이티드(Mastercard, Inc.)는 금융기관, 상인, 정부, 비즈니스를 연결하는 세계적인 결제 시스템을 제공하는 기술 업체이다. 회사는 2001년에 설립되었고 본사는 뉴욕주 퍼체스에 있으며 11,900명의 직원이 근무하고 있다. 전 세계적으로 은행과 상인 및 카드 발행 은행 또는 '마스터카드' 브랜드의 직불 및 신용카드를 사용하는 구매자의 신용 조합 간의 결제를 처리하는 사업을 영위하고 있다. 마스터카드, 마에스트로, 사이러스의 유명한 브랜드를 통해서 쉽고 효율적으로 비용을 결제하는 서비스를 제공하고 있다. 안전 및 보안 제품, 정보 서비스 및 컨설팅, 발행자, 취득자 처리 및 충성도 및 보상 프로그램과 같은 부가 가치 서비스도 제공하고 있다. 회사는 발행자, 인수자 및 기타 이해 관계자에게 거래 처리 및 기타 지급 관련 제품 및 서비스 제공에 대한 수수료를 부과하는 것과 회사의 브랜드 카드를 보유하고 있는 고객들 카드의 총 달러 액수(GDV)를 평가함으로써 수익을 창출하고 있다. 회사의 매출은 국내 평가 수수료, 국가 간 거래 수수료, 거래 처리 수수료, 기타 매출, 리베이트 및 인센티브 다섯 가지 부문으로 나누어진다. 사업 운영 부문에 '페이먼트 솔루션(Payment Solutions)'이 있다. 지역별 매출은 미국 69%, 다른 지역에서 31%가 발생하고 있다.

기준일 : 2018/ 01 /25
한글 회사명 : 마스터카드 인코퍼레이티드
영문 회사명 : Mastercard Inc.
상장일 : 2006년 05월 25일 | 결산월 : 12월
시가총액 : 1759 (억$) |
52주 최고 : $168.95 (-1.19%) / 52주 최저 : $104.01 (+60.49%)

주요 주주정보

보유자/ 보유 기관	보유율
The MasterCard Foundation	10.75%
The Vanguard Group, Inc.	6.17%
BlackRock Fund Advisors	4.09%

애널리스트 추천 및 최근 투자의견

마스터카드 인코퍼레이티드의 2018년 01월 25일 현재 38개 기관의 **평균적인 목표가는 173.24$**이며, 2018년 추정 주당순이익(EPS)은 5.51$로 2017년 추정 EPS 4.56$에 비해 **20.83% 증가할 것으로 예상**된다.

최근, 1개월, 3개월의 투자 의견 변화

투자의견	금융사 및 투자의견	날짜
Maintains	Morgan Stanley: Overweight to Overweight	1/25/2018
Maintains	Oppenheimer: Outperform to Outperform	1/25/2018
Downgrade	RBC Capital: Top Pick to Outperform	4/1/2018
Maintains	Bank of America: to Buy	6/11/2017
Maintains	KeyBanc: to Overweight	1/11/2017

내부자 거래

(3M 비중은 12개월 거래 중 최근 3개월의 비중)

구분	성격	3개월	12개월	3M비중
매수	매수 건수 (장내 매매만 해당)	0	0	-
매도	매도 건수 (장내 매매만 해당)	14	66	21.21%
매수	매수 수량 (장내 매매만 해당)	85,550	107,387	79.67%
매도	매도 수량 (장내 매매만 해당)	26,952	1,020,943	2.64%
	순매수량 (-인 경우 순매도량)	58,598	-913,556	

ETF 노출

(편입 ETF 수 : 107개 / 시가총액 대비 ETF의 보유비중 : 8.2%)

티커	ETF	보유 지분	비중
VTI	Vanguard Total Stock Market ETF	$3,829,082,272	0.56%
VOO	Vanguard 500 Index Fund	$2,684,643,990	0.65%
SPY	SPDR S&P 500 ETF Trust	$1,966,503,038	0.65%
VUG	Vanguard Growth ETF	$1,069,828,667	1.37%
IVV	iShares S&P 500 Index (ETF)	$994,777,389	0.65%

기간 수익률

1M : 8.75%	3M : 17.83%	6M : 29.05%	1Y : 51.71%	3Y : 99.08%

재무 지표

	2014	2015	2016	2017(E)
매출액 (백만$)	9,473	9,667	10,776	12,439
영업이익 (백만$)	5,271	5,088	5,884	6,786
순이익 (백만$)	3,617	3,808	4,059	4,875
자산총계 (백만$)	15,329	16,250	18,675	20,808
자본총계 (백만$)	6,824	6,062	5,684	
부채총계 (백만$)	8,505	10,188	12,991	

안정성 비율	2013	2014	2015	2016
유동비율 (%)	181.53	176.46	175.21	183.57
부채비율 (%)	90.02	124.63	168.06	228.55
이자보상배율 (배)	326.43	109.81	83.41	61.94

투자 지표

	2014	2015	2016	2017(E)
영업이익률 (%)	55.64	52.63	54.60	54.55
매출액 증가율 (%)	13.56	2.05	11.47	15.43
EPS ($)	3.10	3.36	3.70	4.56
EPS 증가율 (%)	20.81	8.22	10.12	23.34
주당자산가치($)	5.89	5.40	5.23	6.22
잉여현금흐름 (백만$)	3,232	3,867	4,269	-5,029

	2013	2014	2015	2016
배당성향(%)	11.33	15.81	20.00	21.41
배당수익률(%)	0.35	0.57	0.69	0.77
ROE (%)	43.28	50.68	59.42	69.48
ROA (%)	23.34	24.46	24.12	23.24
재고회전율				
EBITDA (백만$)	4,828	5,592	5,454	6,257

매출비중

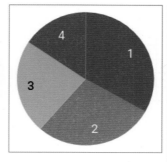

제품명	비중
1. 거래 프로세스	47.73%
2. 국내 수수료	40.93%
3. 환율 수수료	33.11%
4. 기타 수익	22.56%
5. 리베이트와 인센티브	-44.33%

NFLX
넷플릭스
Netflix, Inc.

섹터 정보기술 (Information Technology)
세부섹터 인터넷 S/W, 서비스 (Internet Software & Services)

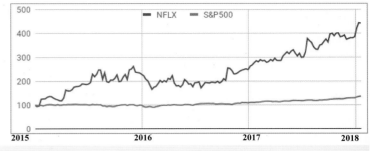

넷플릭스(Netflix, Inc.)는 전 세계를 대상으로 스트리밍 미디어 및 브이오디(Video-On-Demand, VOD) 온라인 서비스를 제공하는 업체이다. 회사는 1997년에 설립되었고 본사는 캘리포니아주 로스 가토스에 있으며 4,700명의 직원이 근무하고 있다. 회사는 인터넷 TV 네트워크의 선두 기업이며 190개국 9천 3백만 명 회원들이 매일 1억 2,500만 시간 이상의 TV 프로그램, 독창적인 시리즈, 다큐멘터리, 단편 및 장편 영화를 시청하고 있다. 회사의 사업 부문은 국내 스트리밍, 국제 스트리밍, 국내 디브이디 세 부문으로 나누어진다. 국내 스트리밍 부문은 미국 내 회원에게 스트리밍 콘텐츠로만 구성된 서비스에 대한 월 멤버십에서 매출이 발생하고 있다. 국제 스트리밍 부문은 미국 이외 지역 회원에게 스트리밍 콘텐츠로만 구성된 서비스에 대한 월 멤버십에서 매출이 발생하고 있다. 국내 DVD 부문은 DVD 우편 서비스만으로 구성되어 있으며 월 멤버십에서 매출이 발생하고 있다. 회사의 매출은 멤버십에 가입하는 회원 수 증가가 매출로 직결되고 있다.

기준일 : 2018/ 01 /25
한글 회사명 : 넷플릭스
영문 회사명 : Netflix, Inc.
상장일 : 2002년 05월 23일 | 결산월 : 12월
시가총액 : 1167 (억$) |
52주 최고 : $258.94 (-1.48%) / 52주 최저 : $137.03 (+86.15%)

주요 주주정보

보유자/ 보유 기관	보유율
Capital Research & Management Co. (Global Inv	10.84%
The Vanguard Group, Inc.	6.41%
Fidelity Management & Research Co.	5.5%

애널리스트 추천 및 최근 투자의견

넷플릭스의 2018년 01월 25일 현재 43개 기관의 **평균적인 목표가는 258.86$**이며, 2018년 추정 주당순이익(EPS)은 4.2$로 2017년 추정 EPS 2.66$에 비해 **57.89% 증가**할 것으로 예상된다.

최근, 1개월, 3개월의 투자 의견 변화

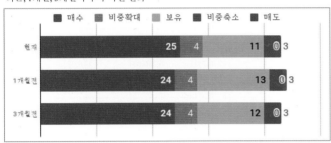

투자의견	금융사 및 투자의견	날짜
Maintains	Baird: Neutral to Neutral	1/24/2018
Initiated	Barclays: to Overweight	11/1/2018
Upgrade	Macquarie: Neutral to Outperform	2/1/2018
Initiated	Evercore ISI Group: to In-Line	6/12/2017
Initiated	Monness Crespi Hardt: to Buy	4/12/2017

내부자 거래

(3M 비중은 12개월 거래 중 최근 3개월의 비중)

구분	성격	3개월	12개월	3M비중
매수	매수 건수 (장내 매매만 해당)	1	3	33.33%
매도	매도 건수 (장내 매매만 해당)	39	125	31.20%
매수	매수 수량 (장내 매매만 해당)	299,108	447,483	66.84%
매도	매도 수량 (장내 매매만 해당)	2,041,613	3,945,959	51.74%
	순매수량 (-인 경우 순매도량)	-1,742,505	-3,498,476	

ETF 노출
(편입 ETF 수 : 87개 / 시가총액 대비 ETF의 보유비중 : 9.79%)

티커	ETF	보유 지분	비중
VTI	Vanguard Total Stock Market ETF	$2,672,213,222	0.39%
VOO	Vanguard 500 Index Fund	$1,994,242,171	0.48%
SPY	SPDR S&P 500 ETF Trust	$1,458,335,864	0.49%
QQQ	PowerShares QQQ Trust, Series 1 (ETF)	$910,365,068	1.47%
VUG	Vanguard Growth ETF	$746,546,591	0.96%

기간 수익률

1M : 15.95%	3M : 20.89%	6M : 16.93%	1Y : 59.06%	3Y : 357.48%

재무 지표

	2014	2015	2016	2017(E)
매출액 (백만$)	5,505	6,780	8,831	11,681
영업이익 (백만$)	403	306	380	834
순이익 (백만$)	267	123	187	564
자산총계 (백만$)	7,057	10,203	13,587	17,975
자본총계 (백만$)	1,858	2,223	2,680	
부채총계 (백만$)	5,199	7,979	10,907	

안정성 비율	2013	2014	2015	2016
유동비율 (%)	141.99	147.96	153.89	124.72
부채비율 (%)	305.87	279.86	358.88	407.00
이자보상배율 (배)	7.84	8.02	2.30	2.53

투자 지표

	2014	2015	2016	2017(E)
영업이익률 (%)	7.32	4.51	4.30	7.14
매출액 증가율 (%)	25.83	23.16	30.26	32.27
EPS ($)	0.63	0.29	0.44	1.26
EPS 증가율 (%)	130.07	-54.28	51.72	186.53
주당자산가치($)	4.39	5.20	6.23	7.98
잉여현금흐름 (백만$)	-53	-841	-1,582	-2,168

	2013	2014	2015	2016
배당성향(%)				
배당수익률(%)	0.00	0.00	0.00	0.00
ROE (%)	10.82	16.72	6.01	7.61
ROA (%)	2.40	4.28	1.42	1.57
재고회전율				
EBITDA (백만$)	2,470.03	3,184.45	3,852.87	5,304.77

매출비중

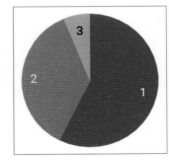

제품명	비중
1. 국내 스트리밍	
	57.5%
2. 국제 스트리밍	
	36.36%
3. 국내 DVD	
	6.14%

NTAP
넷앱
NetApp

섹터 정보기술 (Information Technology)
세부섹터 인터넷 S/W, 서비스 (Internet Software & Services)

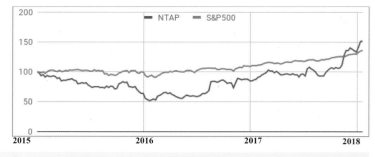

넷앱(NetApp)은 고객 데이터의 관리 및 저장을 위한 소프트웨어, 시스템, 서비스를 제공하는 업체이다. 회사는 1992년에 설립되었고 본사는 캘리포니아주 서니베일에 있으며 12,030명의 직원이 근무하고 있다. 회사는 다른 세계적인 업체들이 개인 및 공용 클라우드에서 데이터를 관리하고 공유할 수 있도록 하는 서비스를 제공하고 있다. 회사 제품에는 하이브리드, 엔터프라이즈 전체 플래시, 클라우드 스토리지가 포함되어 있고 세계 최초로 네트워크 스토리지 장비를 제작했다. 회사는 파트너와 함께 모든 종류의 엔터프라이즈급 솔루션을 제공하고 있으며 고객들은 솔루션을 활용하여 데이터 관리, 기업의 비즈니스 생산성, 성과, 수익성을 관리하고 있다. 회사는 데이터패브릭 플랫폼을 개발하여 인프라 전문가, 클라우드 설계자, 개발자들이 다양한 환경에서 데이터를 쉽고 안전하게 통합하고 관리할 수 있게 하고 있다.

기준일 : 2018/ 01 /25
한글 회사명 : 넷앱
영문 회사명 : NetApp
상장일 : 1995년 11월 21일 | 결산월 : 4월
시가총액 : 167 (억$) |
52주 최고 : $64.06 (-1.32%) / 52주 최저 : $36.24 (+74.42%)

주요 주주정보

보유자/ 보유 기관	보유율
PRIMECAP Management Co.	15.09%
The Vanguard Group, Inc.	10.05%
BlackRock Fund Advisors	5.44%

애널리스트 추천 및 최근 투자의견

넷앱의 2018년 01월 25일 현재 30개 기관의 **평균적인 목표가는 58.36$**이며, 2018년 추정 주당순이익(EPS)은 3.65$로 2017년 추정 EPS 3.32$에 비해 **9.93% 증가할 것으로 예상**된다.

최근, 1개월, 3개월의 투자 의견 변화

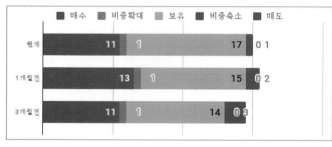

투자의견	금융사 및 투자의견	날짜
Maintains	UBS: Buy to Buy	1/26/2018
Upgrade	Morgan Stanley: Underweight to Equal-Weight	1/23/2018
Downgrade	DA Davidson: Buy to Neutral	1/23/2018
Maintains	Argus: to Buy	11/17/2017
Upgrade	BMO Capital: Market Perform to Outperform	11/16/2017

내부자 거래

(3M 비중은 12개월 거래 중 최근 3개월의 비중)

구분	성격	3개월	12개월	3M비중
매수	매수 건수 (장내 매매만 해당)	0	8	0.00%
매도	매도 건수 (장내 매매만 해당)	7	51	13.73%
매수	매수 수량 (장내 매매만 해당)	0	137,885	0.00%
매도	매도 수량 (장내 매매만 해당)	63,027	687,081	9.17%
	순매수량 (-인 경우 순매도량)	-63,027	-549,196	

ETF 노출
(편입 ETF 수 : 86개 / 시가총액 대비 ETF의 보유비중 : 13.73%)

티커	ETF	보유 지분	비중
VO	Vanguard Mid-Cap ETF	$415,574,576	0.42%
VTI	Vanguard Total Stock Market ETF	$408,897,427	0.06%
VOO	Vanguard 500 Index Fund	$289,925,033	0.07%
SPY	SPDR S&P 500 ETF Trust	$212,034,705	0.07%
VOE	Vanguard Mid-Cap Value ETF	$140,614,397	0.78%

기간 수익률

1M : 10.16%	3M : 53.76%	6M : 40.95%	1Y : 73.46%	3Y : 62.81%

재무 지표

	2014	2015	2016	2017(E)
매출액 (백만$)	6,108	5,547	5,513	5,810
영업이익 (백만$)	702	425	701	1,117
순이익 (백만$)	560	229	509	910
자산총계 (백만$)	9,401	10,084	9,493	10,144
자본총계 (백만$)	3,414	2,881	2,780	
부채총계 (백만$)	5,987	7,203	6,713	

안정성 비율	2013	2014	2015	2016
유동비율 (%)	240.16	250.03	176.08	150.36
부채비율 (%)	143.48	175.36	250.02	241.48
이자보상배율 (배)	22.84	16.72	8.67	13.48

투자 지표

	2014	2015	2016	2017(E)
영업이익률 (%)	11.49	7.66	12.72	19.23
매출액 증가율 (%)	-3.46	-9.19	-0.61	5.39
EPS ($)	1.77	0.78	1.85	3.32
EPS 증가율 (%)	-5.26	-55.56	137.18	79.51
주당자산가치($)	11.15	10.25	10.33	10.79
잉여현금흐름 (백만$)	1,093	814	811	1,132

	2013	2014	2015	2016
배당성향(%)	32.80	37.70	93.50	41.99
배당수익률(%)	1.68	1.82	3.05	1.91
ROE (%)	14.99	15.55	7.28	17.98
ROA (%)	6.23	6.01	2.35	5.20
재고회전율	48.32	45.43	45.37	42.25
EBITDA (백만$)	1,158.70	1,009.30	693.00	927.00

매출비중

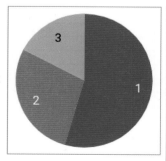

제품명	비중
1. 데이터 저장 제품	54.47%
2. 하드웨어 보수 및 서비스	28.05%
3. 소프트웨어 유지 보수	17.49%

PAYX
페이첵스
Paychex, Inc.

섹터 정보기술 (Information Technology)
세부섹터 인터넷 S/W, 서비스 (Internet Software & Services)

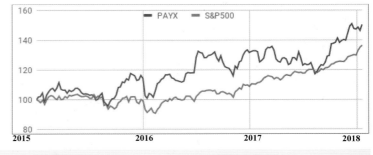

페이첵스(Paychex, Inc.)는 중소규모 기업들의 급여, 인적 자원, 은퇴계획을 외주 서비스로 제공하는 통합 인적 자본 관리(HCM) 솔루션 업체이다. 회사는 1992년에 설립되었고 본사는 뉴욕주 로체스터에 있으며 13,500명의 직원이 근무하고 있다. 2016년 기준으로 605,000곳의 기업 고객에게 서비스를 제공하고 있다. 회사는 고객의 다양한 급여 및 인적 자원 요구를 충족할 수 있도록 인적 자본 관리(HCM) 서비스 및 제품의 포괄적인 포트폴리오를 제공하고 있다. 회사의 고객들은 하나의 서비스나 다양한 제품 묶음 서비스를 선택하고 있다. 회사의 급여 관련 보조 서비스 및 인적 자원 서비스(HRS)는 기본 급여 처리 서비스에서 수집된 정보를 활용하여 인적 자본 관리를 포괄하는 외주 서비스를 제공하고 있다. 회사는 고용주가 합리적인 비용으로 직원 복리 후생을 확대할 수 있게 해주는 페이첵스 인슈런스 에이전시(PIA)를 통해 전문 고용주 조직(PEO) 서비스와 보험 서비스를 제공하고 있다. 회사는 주로 제공하는 서비스에 대한 반복적인 수수료를 통해 매출이 발생하고 있다.

기준일 : 2018/ 01 /25

한글 회사명 : 페이첵스
영문 회사명 : Paychex, Inc.
상장일 : 1983년 08월 26일 | 결산월 : 5월
시가총액 : 247 (억$) |
52주 최고 : $73.1 (-6.16%) / 52주 최저 : $54.2 (+26.54%)

주요 주주정보

보유자/ 보유 기관	보유율
GOLISANO BLASE THOMAS	10.56%
The Vanguard Group, Inc.	6.37%
BlackRock Fund Advisors	5.26%

애널리스트 추천 및 최근 투자의견

페이첵스의 2018년 01월 25일 현재 19개 기관의 **평균적인 목표가는 67.82$**이며, 2018년 추정 주당순이익(EPS)은 2.8$로 2017년 추정 EPS 2.46$에 비해 **13.82% 증가할 것으로 예상**된다.

최근, 1개월, 3개월의 투자 의견 변화

투자의견	금융사 및 투자의견	날짜
Downgrade	Bank of America: Buy to Neutral	9/1/2018
Maintains	Bank of America: Buy to Buy	5/12/2017
Upgrade	Citigroup: Sell to Neutral	4/12/2017
Maintains	Wells Fargo: to Market Perform	4/10/2017
Maintains	Bank of America: to Buy	4/10/2017

내부자 거래

(3M 비중은 12개월 거래 중 최근 3개월의 비중)

구분	성격	3개월	12개월	3M비중
매수	매수 건수 (장내 매매만 해당)	0	16	0.00%
매도	매도 건수 (장내 매매만 해당)	3	34	8.82%
매수	매수 수량 (장내 매매만 해당)	0	132,250	0.00%
매도	매도 수량 (장내 매매만 해당)	44,951	310,906	14.46%
	순매수량 (-인 경우 순매도량)	-44,951	-178,656	

ETF 노출
(편입 ETF 수 : 102개 / 시가총액 대비 ETF의 보유비중 : 11.03%)

티커	ETF	보유 지분	비중
VTI	Vanguard Total Stock Market ETF	$536,145,926	0.08%
VOO	Vanguard 500 Index Fund	$375,932,966	0.09%
SPY	SPDR S&P 500 ETF Trust	$274,906,720	0.09%
QQQ	PowerShares QQQ Trust, Series 1 (ETF)	$197,010,188	0.32%
VUG	Vanguard Growth ETF	$149,702,563	0.19%

기간 수익률

1M : -0.4%	3M : 20.12%	6M : 21.48%	1Y : 13.04%	3Y : 46.91%

재무 지표

	2014	2015	2016	2017(E)
매출액 (백만$)	2,740	2,952	3,151	3,354
영업이익 (백만$)	1,054	1,147	1,240	1,328
순이익 (백만$)	675	757	817	881
자산총계 (백만$)	6,594	6,567	6,948	7,166
자본총계 (백만$)	1,786	1,912	1,955	
부채총계 (백만$)	4,808	4,655	4,993	

안정성 비율	2013	2014	2015	2016
유동비율 (%)	112.90	111.27	111.40	111.57
부채비율 (%)	258.48	269.30	243.50	255.36
이자보상배율 (배)				495.84

투자 지표

	2014	2015	2016	2017(E)
영업이익률 (%)	38.47	38.86	39.35	39.58
매출액 증가율 (%)	8.76	7.75	6.76	6.44
EPS ($)	1.86	2.10	2.27	2.46
EPS 증가율 (%)	8.14	12.90	8.10	8.42
주당자산가치($)	4.94	5.30	5.44	5.68
잉여현금흐름 (백만$)	792	921	866	830

	2013	2014	2015	2016
배당성향(%)	81.87	82.16	80.38	81.78
배당수익률(%)	3.41	3.08	3.10	3.11
ROE (%)	35.35	37.89	40.94	42.27
ROA (%)	10.01	10.41	11.50	12.10
재고회전율				
EBITDA (백만$)	1,087.70	1,160.20	1,261.70	1,366.50

매출비중

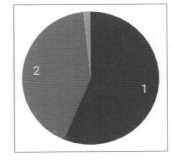

제품명	비중
1. 급여 서비스	
	56.46%
2. HR 서비스	
	41.93%
3. 고객 펀드 이자	
	1.61%

TSS
토탈 시스템 서비스
Total System Services, Inc.

섹터 정보기술 (Information Technology)
세부섹터 인터넷 S/W, 서비스 (Internet Software & Services)

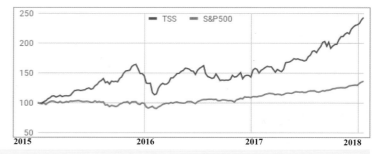

토탈 시스템 서비스(Total System Services, Inc.)는 은행 및 기타 금융 기관에 전자 지급 처리 서비스와 신용카드 발급 서비스를 제공하는 업체이다. 회사는 1992년에 설립되었고 본사는 조지아주 콜럼버스에 있으며 11,500명의 직원이 근무하고 있다. 회사는 미국, 유럽, 캐나다, 멕시코, 국제 금융 기관, 비금융 기관에 지급 처리, 가맹점 및 관련 지급 서비스를 제공하고 있다. 회사 사업 부문은 북미 서비스, 국제 서비스, 가맹점 서비스, 넷스팬드의 네 가지 부문으로 나누어진다. 북미서비스와 가맹점 서비스 부문은 미국에 기반을 둔 고객에게 판매자 서비스와 관련 서비스를 제공하고 있다. 국제 서비스 부문은 미국을 제외한 각 국가의 고객에게 판매자 서비스와 관련 서비스를 제공하고 있다. 넷스팬드 부문은 선불, 직불, 급여 카드와 미국 내 은행 및 기타 소비자에게 대안 금융 서비스 솔루션을 제공하고 있다.

기준일 : 2018/ 01 /25

한글 회사명 : 토탈 시스템 서비스
영문 회사명 : Total System Services, Inc
상장일 : 1983년 08월 10일 | 결산월 : 12월
시가총액 : 162 (억$) |
52주 최고 : $87.12 (-0.51%) / 52주 최저 : $49.98 (+73.4%)

주요 주주정보

보유자/ 보유 기관	보유율
The Vanguard Group, Inc.	9.25%
Synovus Trust Co., NA	7.43%
BlackRock Fund Advisors	4.43%

애널리스트 추천 및 최근 투자의견

토탈 시스템 서비스의 2018년 01월 25일 현재 29개 기관의 **평균적인 목표가는 92.08$**이며, 2018년 추정 주당순이익(EPS)은 4.71$로 2017년 추정 EPS 4.16$에 비해 **13.22% 증가할 것으로 예상**된다.

최근, 1개월, 3개월의 투자 의견 변화

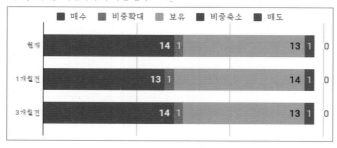

투자의견	금융사 및 투자의견	날짜
Maintains	Citigroup: Buy to Buy	1/24/2018
Maintains	Morgan Stanley: Equal-Weight to Equal-Weight	1/24/2018
Maintains	Baird: Outperform to Outperform	1/24/2018
Maintains	KeyBanc: Overweight to Overweight	1/24/2018
Maintains	Nomura: Buy to Buy	1/24/2018

내부자 거래

(3M 비중은 12개월 거래 중 최근 3개월의 비중)

구분	성격	3개월	12개월	3M비중
매수	매수 건수 (장내 매매만 해당)	7	25	28.00%
매도	매도 건수 (장내 매매만 해당)	18	33	54.55%
매수	매수 수량 (장내 매매만 해당)	264,185	475,975	55.50%
매도	매도 수량 (장내 매매만 해당)	907,746	1,414,142	64.19%
	순매수량 (-인 경우 순매도량)	-643,561	-938,167	

ETF 노출

(편입 ETF 수 : 80개 / 시가총액 대비 ETF의 보유비중 : 12.09%)

티커	ETF	보유 지분	비중
VO	Vanguard Mid-Cap ETF	$357,878,358	0.36%
VTI	Vanguard Total Stock Market ETF	$352,472,739	0.05%
VOO	Vanguard 500 Index Fund	$252,541,123	0.06%
SPY	SPDR S&P 500 ETF Trust	$183,696,809	0.06%
VUG	Vanguard Growth ETF	$98,395,557	0.13%

기간 수익률

1M : 6.99%	3M : 24.81%	6M : 35.21%	1Y : 55.81%	3Y : 143.92%

재무 지표

	2014	2015	2016	2017(E)
매출액 (백만$)	2,447	2,780	4,170	3,380
영업이익 (백만$)	435	534	606	737
순이익 (백만$)	271	359	318	619
자산총계 (백만$)	3,734	3,908	6,366	6,257
자본총계 (백만$)	1,722	1,872	2,124	
부채총계 (백만$)	2,011	2,036	4,242	

안정성 비율	2013	2014	2015	2016
유동비율 (%)	220.02	232.89	260.28	243.29
부채비율 (%)	124.51	116.80	108.77	199.72
이자보상배율 (배)	12.25	10.61	13.12	5.25

투자 지표

	2014	2015	2016	2017(E)
영업이익률 (%)	17.78	19.21	14.53	21.81
매출액 증가율 (%)	14.75	13.60	50.03	-18.94
EPS ($)	1.47	1.97	1.74	3.34
EPS 증가율 (%)	13.09	34.01	-11.68	92.03
주당자산가치($)	9.15	10.08	11.45	13.31
잉여현금흐름 (백만$)	484	546	667	651

	2013	2014	2015	2016
배당성향(%)	31.01	27.42	20.43	23.12
배당수익률(%)	1.20	1.18	0.80	0.82
ROE (%)	16.18	16.55	20.33	16.13
ROA (%)	8.93	7.48	9.54	6.32
재고회전율	195.56	179.48	188.74	258.86
EBITDA (백만$)	605.82	682.88	792.37	979.23

매출비중

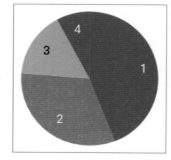

제품명	비중
1. 가맹점 서비스	43.85%
2. 북미 서비스	32.37%
3. NetSpend	15.85%
4. 국제 서비스	7.94%

V
비자
Visa, Inc.

섹터 정보기술 (Information Technology)
세부섹터 인터넷 S/W, 서비스 (Internet Software & Services)

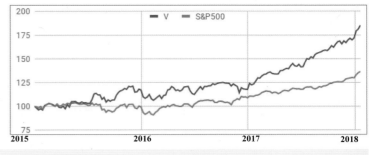

비자(Visa, Inc.)는 금융기관, 상인, 정부, 비즈니스를 연결하는 세계적인 결제 시스템을 제공하는 기술 업체이다. 회사는 1970년에 설립되었고 본사는 캘리포니아주 포스터 시티에 있으며 11,300명의 직원이 근무하고 있다. 회사의 사업 부문은 결제 서비스 부문으로 운영되고 있으며 고객에게 카드 발급, 신용 연장, 요금 설정 등의 업무는 하지 않고 있다. 회사는 금융 기관에 비자 브랜드의 지급 제품을 제공하여 신용, 직불, 선급, 현금 액세스 프로그램을 고객에게 제공하고 있다. 회사는 결제 금액, 거래 횟수 및 유통되는 카드 수 기준으로 세계 최대의 소매 전자 지급 네트워크 중 하나이다. 회사의 결제시스템 네트워크는 전 세계적으로 16,800개의 금융 기관들을 고객으로 두고 있고 4,400만 개의 가맹점이 있으며, 초당 65,000개 이상의 비자넷 결제 건수가 발생하고 있다. 전 세계에서 약 31억 개의 비자카드가 사용되고 있으며 회사의 매출은 주로 서비스 수익, 데이터 처리 수익, 국제 거래 수익, 기타 수익으로 구성되어 있다.

기준일 : 2018/ 01 /25

한글 회사명 : 비자
영문 회사명 : Visa, Inc.
상장일 : 2008년 03월 19일 | 결산월 : 9월
시가총액 : 2268 (억$) |
52주 최고 : $125.51 (-0.58%) / 52주 최저 : $81.57 (+52.97%)

주요 주주정보

보유자/ 보유 기관	보유율
The Vanguard Group, Inc.	6.89%
T. Rowe Price Associates, Inc.	4.6%
Fidelity Management & Research Co.	4.55%

애널리스트 추천 및 최근 투자의견

비자의 2018년 01월 25일 현재 39개 기관의 **평균적인 목표가는 132.41$**이며, 2018년 추정 주당순이익(EPS)은 4.89$로 2017년 추정 EPS 4.18$에 비해 **16.98% 증가할 것으로 예상**된다.

최근, 1개월, 3개월의 투자 의견 변화

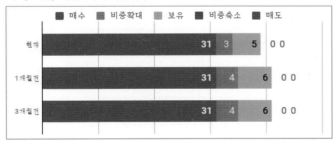

투자의견	금융사 및 투자의견	날짜
Maintains	Morgan Stanley: Overweight to Overweight	1/25/2018
Maintains	Oppenheimer: Outperform to Outperform	1/25/2018
Downgrade	DZ Bank: Buy to Hold	1/24/2018
Maintains	Jefferies: to Buy	10/30/2017
Maintains	Morgan Stanley: to Overweight	10/26/2017

내부자 거래

(3M 비중은 12개월 거래 중 최근 3개월의 비중)

구분	성격	3개월	12개월	3M비중
매수	매수 건수 (장내 매매만 해당)	0	7	0.00%
매도	매도 건수 (장내 매매만 해당)	4	27	14.81%
매수	매수 수량 (장내 매매만 해당)	0	13,803	0.00%
매도	매도 수량 (장내 매매만 해당)	19,119	327,745	5.83%
	순매수량 (-인 경우 순매도량)	-19,119	-313,942	

ETF 노출

(편입 ETF 수 : 112개 / 시가총액 대비 ETF의 보유비중 : 9.33%)

티커	ETF	보유 지분	비중
VTI	Vanguard Total Stock Market ETF	$5,488,319,442	0.80%
VOO	Vanguard 500 Index Fund	$3,890,484,266	0.94%
SPY	SPDR S&P 500 ETF Trust	$2,845,575,684	0.95%
VUG	Vanguard Growth ETF	$1,533,107,246	1.96%
IVV	iShares S&P 500 Index (ETF)	$1,441,617,705	0.94%

기간 수익률

1M : 7.8%	3M : 16.52%	6M : 23.19%	1Y : 49.92%	3Y : 92.5%

재무 지표

	2014	2015	2016	2017(E)
매출액 (백만$)	12,702	13,880	15,082	18,131
영업이익 (백만$)	8,150	9,078	10,024	12,057
순이익 (백만$)	5,421	6,313	5,929	8,200
자산총계 (백만$)	38,569	40,236	64,035	59,601
자본총계 (백만$)	27,413	29,842	32,912	
부채총계 (백만$)	11,156	10,394	31,123	

안정성 비율	2013	2014	2015	2016
유동비율 (%)	180.44	159.21	202.68	177.89
부채비율 (%)	33.82	40.70	34.83	94.56
이자보상배율 (배)				23.48

투자 지표

	2014	2015	2016	2017(E)
영업이익률 (%)	64.16	65.40	66.46	66.50
매출액 증가율 (%)	7.85	9.27	8.66	20.21
EPS ($)	2.17	2.58	2.49	3.43
EPS 증가율 (%)	13.83	19.03	-3.72	37.84
주당자산가치($)	11.09	12.26	11.61	14.21
잉여현금흐름 (백만$)	6,652	6,170	5,051	8,473

	2013	2014	2015	2016
배당성향(%)	17.45	18.62	18.68	22.80
배당수익률(%)	0.69	0.75	0.69	0.68
ROE (%)	18.21	19.97	22.05	18.90
ROA (%)	13.06	14.55	16.02	11.37
재고회전율				
EBITDA (백만$)	7,639	8,585	9,572	10,526

매출비중

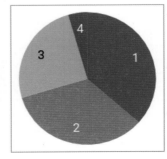

제품명	비중
1. 서비스 수익	
	44.74%
2. 데이터 처리	
	41.59%
3. 국제 거래	
	30.82%
4. 기타 수익	
	5.46%
5. 클라이언트 인센티브	
	-22.6%

VRSN
베리사인
Verisign, Inc.

섹터 정보기술 (Information Technology)
세부섹터 인터넷 S/W, 서비스 (Internet Software & Services)

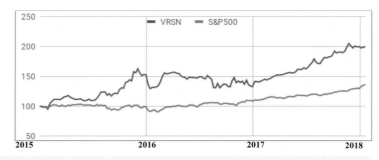

베리사인(Verisign, Inc.)은 도메인 이름 등록 서비스 및 인터넷 보안을 영위하는 업체이다. 회사는 1995년에 설립되었고 본사는 버지니아주 레스톤에 있으며 990명의 직원이 근무하고 있다. 회사는 레지스트리 서비스와 보안 서비스로 구성된 하나의 부문을 운영하고 있다. 회사는 세계에서 인터넷 도메인 이름에 대한 검색을 제공하고 있으며 전 세계 웹사이트 및 기업에 대한 보호 서비스를 제공하는 도메인 이름 등록 서비스 및 인터넷 보안의 세계적인 공급업체이다. 회사의 등록 서비스는 주요 인터넷 인프라, 서비스의 보안, 안정성, 탄력성을 보장하고 있다. 네트워크 인프라에는 인터넷의 13개 루트 네임 서버 중 2개, 권위적인 레지스트리의 닷컴(.com), 닷넷(.net), 일반적인 탑-레벨 도메인인 닷네임(.name), 국가코드 탑-레벨인 닷씨씨(.cc), 닷티비(.TV), 닷잡스(.jobs), 닷거브(.gov), 닷에듀(.edu) 탑-레벨 도메인을 위한 백엔드 시스템이 포함되어 있다. 회사는 디도스(DDoS) 보호 서비스, 베리사인 아이디펜스 시큐리티 인텔리전스 서비스(iDefense), 도메인 네임 시스템(Managed DNS) 서비스, 사이버 위협 보고를 포함한 다양한 보안 서비스를 제공하고 있다.

기준일 : 2018/ 01 /25
한글 회사명 : 베리사인
영문 회사명 : Verisign, Inc.
상장일 : 1998년 01월 30일 | 결산월 : 12월
시가총액 : 114 (억$) |
52주 최고 : $118.28 (-2%) / 52주 최저 : $79.21 (+46.33%)

주요 주주정보

보유자/ 보유 기관	보유율
Berkshire Hathaway, Inc. (Investment Manageme	13.14%
Capital Research & Management Co. (World Inve	13.02%
The Vanguard Group, Inc.	8.58%

애널리스트 추천 및 최근 투자의견

베리사인의 2018년 01월 25일 현재 6개 기관의 **평균적인 목표가는 102.6$**이며, 2018년 추정 주당순이익(EPS)은 4.3$로 2017년 추정 EPS 4$에 비해 **7.5% 증가할 것으로 예상**된다.

최근, 1개월, 3개월의 투자 의견 변화

투자의견	금융사 및 투자의견	날짜
Maintains	Citigroup: to Neutral	10/27/2017
Upgrade	Citigroup: to Neutral	4/12/2017
Maintains	JP Morgan: to Underweight	7/29/2016
Downgrade	Citigroup: to Sell	1/5/2016
Maintains	Cowen & Co.: to Hold	10/2/2015

내부자 거래

(3M 비중은 12개월 거래 중 최근 3개월의 비중)

구분		성격	3개월	12개월	3M비중
매수	매수 건수 (장내 매매만 해당)		8	14	57.14%
매도	매도 건수 (장내 매매만 해당)		25	56	44.64%
매수	매수 수량 (장내 매매만 해당)		243,857	258,707	94.26%
매도	매도 수량 (장내 매매만 해당)		111,866	136,987	81.66%
	순매수량 (-인 경우 순매도량)		131,991	121,720	

ETF 노출

(편입 ETF 수 : 77개 / 시가총액 대비 ETF의 보유비중 : 13.93%)

티커	ETF	보유 지분	비중
VO	Vanguard Mid-Cap ETF	$238,437,876	0.24%
VTI	Vanguard Total Stock Market ETF	$235,088,608	0.03%
VOO	Vanguard 500 Index Fund	$168,490,255	0.04%
SPY	SPDR S&P 500 ETF Trust	$128,346,947	0.04%
FDN	First Trust DJ Internet Index Fund (ETF)	$128,145,417	2.12%

기간 수익률

1M : -0.47%	3M : 9.66%	6M : 15.69%	1Y : 42.35%	3Y : 102.04%

재무 지표

	2014	2015	2016	2017(E)
매출액 (백만$)	1,010	1,059	1,142	1,165
영업이익 (백만$)	564	606	687	762
순이익 (백만$)	355	375	441	466
자산총계 (백만$)	2,155	2,358	2,335	2,617
자본총계 (백만$)	-883	-1,070	-1,201	
부채총계 (백만$)	3,038	3,428	3,535	

안정성 비율	2013	2014	2015	2016
유동비율 (%)	88.34	77.06	130.94	121.05
부채비율 (%)	-728.19	-343.91	-320.26	-294.45
이자보상배율 (배)	7.07	6.56	5.63	5.94

투자 지표

	2014	2015	2016	2017(E)
영업이익률 (%)	55.84	57.22	60.16	65.44
매출액 증가율 (%)	4.67	4.88	7.82	1.96
EPS ($)	2.80	3.29	4.12	4.00
EPS 증가율 (%)	-25.73	17.50	25.23	-2.98
주당자산가치($)	-7.46	-9.72	-11.65	-12.58
잉여현금흐름 (백만$)	562	611	641	652

	2013	2014	2015	2016
배당성향(%)				
배당수익률(%)	0.00	0.00	0.00	0.00
ROE (%)				
ROA (%)	23.05	14.75	16.63	18.78
재고회전율				
EBITDA (백만$)	588.89	628.12	667.44	744.74

매출비중

제품명	비중
1. 인증 및 네트워크 서비스	
	100%

WU
더 웨스턴 유니온 컴퍼니
The Western Union Company

섹터 정보기술 (Information Technology)
세부섹터 인터넷 S/W, 서비스 (Internet Software & Services)

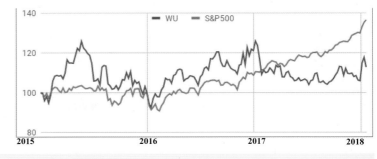

더 웨스턴 유니온 컴퍼니(The Western Union Company)는 각국 간의 자금 이동 및 지급서비스를 제공하는 업체이자 지주회사이다. 회사는 1851년에 설립되었고 본사는 콜로라도주 잉글우드에 있으며 10,700명의 직원이 근무하고 있다. 회사의 사업 부문은 소비자와 소비자, 소비자와 비즈니스, 비즈니스 솔루션, 기타 네 가지 부문으로 나누어진다. 회사의 웨스턴 유니온 브랜드는 속도, 신뢰, 편의에서 세계적으로 인정받고 있고 이용자들은 전 세계적으로 회사의 서비스를 이용하여 자금을 이체 및 송금하고 있다. 2016년 기준으로 200개 이상의 국가에 55만 개 이상 대리점이 있으며 세계적인 네트워크를 통해 서비스 이용이 가능하다. 비즈니스 솔루션 부문은 중소규모 기업 및 기타 조직과 개인을 대상으로 주로 국경 간 통화 거래, 지급 및 외환 솔루션을 제공하고 있다. 회사 사업의 대부분은 현물 환율의 통화 교환과 관련되어 있으며, 고객이 국가 간 다른 통화를 통해 지급하는 서비스를 제공하고 있다. 일부 국가에서 차후 외화 결제를 쉽게 하기 위해 고객에게 외화 포워드 및 옵션 계약을 체결하고 있다.

기준일 : 2018/ 01 /25

한글 회사명 : 더 웨스턴 유니온 컴퍼니
영문 회사명 : The Western Union Company
상장일 : 2006년 09월 20일 | 결산월 : 12월
시가총액 : 96 (억$) |
52주 최고 : $22.21 (-6.3%) / 52주 최저 : $18.39 (+13.15%)

주요 주주정보

보유자/ 보유 기관	보유율
Capital Research & Management Co. (Global Inv	13.82%
The Vanguard Group, Inc.	10.71%
Fidelity Management & Research Co.	9.01%

애널리스트 추천 및 최근 투자의견

더 웨스턴 유니온 컴퍼니의 2018년 01월 25일 현재 23개 기관의 **평균적인 목표가는 20.4$**이며, 2018년 추정 주당순이익(EPS)은 1.84$로 2017년 추정 EPS 1.83$에 비해 **0.54% 증가**할 것으로 예상된다.

재무 지표

	2014	2015	2016	2017(E)
매출액 (백만$)	5,604	5,480	5,419	5,481
영업이익 (백만$)	911	989	957	955
순이익 (백만$)	852	838	253	750
자산총계 (백만$)	10,019	9,449	9,420	10,015
자본총계 (백만$)	1,300	1,405	902	
부채총계 (백만$)	8,719	8,044	8,517	

안정성 비율	2013	2014	2015	2016
유동비율 (%)				
부채비율 (%)	826.62	670.46	572.59	944.07
이자보상배율 (배)				

최근, 1개월, 3개월의 투자 의견 변화

	매수	비중확대	보유	비중축소	매도
현재	3	0	13	2	5
1개월 전	3	0	12	2	6
3개월 전	4	0	12	2	6

투자의견	금융사 및 투자의견	날짜
Upgrade	Susquehanna: Negative to Neutral	8/1/2018
Maintains	Citigroup: to Sell	3/11/2017
Maintains	Morgan Stanley: to Underweight	3/11/2017
Initiated	Mizuho: to Underperform	6/28/2017
Downgrade	Compass Point: to Sell	1/20/2017

투자 지표

	2014	2015	2016	2017(E)
영업이익률 (%)	16.26	18.05	17.66	17.42
매출액 증가율 (%)	1.18	-2.20	-1.11	1.13
EPS ($)	1.60	1.63	0.52	1.83
EPS 증가율 (%)	11.89	1.88	-68.10	251.89
주당자산가치($)	2.49	2.80	1.87	1.84
잉여현금흐름 (백만$)	978	977	973	708

	2013	2014	2015	2016
배당성향(%)	34.97	31.45	38.27	125.49
배당수익률(%)	2.90	2.79	3.46	2.95
ROE (%)	78.07	70.88	61.94	21.95
ROA (%)	8.05	8.42	8.61	2.68
재고회전율				
EBITDA (백만$)	1,452.30	1,419.00	1,437.30	1,378.50

내부자 거래

(3M 비중은 12개월 거래 중 최근 3개월의 비중)

구분	성격	3개월	12개월	3M비중
매수	매수 건수 (장내 매매만 해당)	22	25	88.00%
매도	매도 건수 (장내 매매만 해당)	11	18	61.11%
매수	매수 수량 (장내 매매만 해당)	606,967	647,978	93.67%
매도	매도 수량 (장내 매매만 해당)	192,134	243,980	78.75%
	순매수량 (-인 경우 순매도량)	414,833	403,998	

매출비중

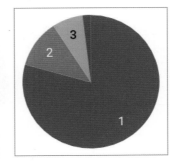

제품명	비중
1. C2C 서비스	79.38%
2. C2B 서비스	11.46%
3. 비즈니스 솔루션	7.3%
4. 기타	1.86%

ETF 노출
(편입 ETF 수 : 89개 / 시가총액 대비 ETF의 보유비중 : 14.98%)

티커	ETF	보유 지분	비중
VO	Vanguard Mid-Cap ETF	$234,460,196	0.24%
VTI	Vanguard Total Stock Market ETF	$230,974,113	0.03%
VOO	Vanguard 500 Index Fund	$163,726,340	0.04%
SPY	SPDR S&P 500 ETF Trust	$120,498,121	0.04%
VOE	Vanguard Mid-Cap Value ETF	$79,375,497	0.44%

기간 수익률

1M : 3.9%	3M : 7.03%	6M : 6.02%	1Y : -3.52%	3Y : 17.53%

ACN
액센츄어
Accenture plc

섹터 정보기술 (Information Technology)
세부섹터 IT 컨설팅, 기타 서비스 (IT Consulting & Other Services)

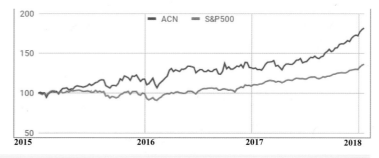

액센츄어(Accenture plc)는 전략, 컨설팅, 디지털, 기술, 운영 서비스를 제공하는 세계적인 경영 컨설팅 및 전문 서비스 업체이다. 회사는 1989년에 설립되었고 본사는 아일랜드 더블린에 있으며 425,000명의 직원이 근무하고 있다. 회사의 사업 부문은 커뮤니케이션, 미디어와 기술, 금융 서비스, 보건과 공공 서비스, 제품과 리소스 등 다섯 부문으로 나누어진다. 회사는 북미, 유럽, 개발도상국 시장(아시아 태평양, 중남미, 아프리카, 중동, 러시아, 터키) 3개 지역의 광범위한 산업 분야에서 전문적인 서비스를 제공하는 세계적인 업체 중 하나이다. 산업별로 전략, 컨설팅, 디지털, 응용 서비스를 포함한 기술, 운영 등으로 조직된 5개의 운영 그룹은 고객에게 엔드-투-엔드(end-to-end) 서비스 및 솔루션을 제공하고 있다. 회사는 더 뉴(The New)라고 불리는 디지털, 클라우드, 보안 관련 서비스를 제공하고 있다.

기준일 : 2018/ 01 /25

한글 회사명 : 액센츄어
영문 회사명 : Accenture plc
상장일 : 2001년 07월 19일 | 결산월 : 8월
시가총액 : 1033 (억$) |

52주 최고 : $162.5 (-0.75%) / 52주 최저 : $112.31 (+43.6%)

주요 주주정보

보유자/ 보유 기관	보유율
The Vanguard Group, Inc.	7.46%
Massachusetts Financial Services Co.	6.52%
BlackRock Fund Advisors	4.57%

애널리스트 추천 및 최근 투자의견

액센츄어의 2018년 01월 25일 현재 30개 기관의 **평균적인 목표가는 162.26$**이며, 2018년 추정 주당순이익(EPS)은 7.24$로 2017년 추정 EPS 6.67$에 비해 **8.54% 증가**할 것으로 예상된다.

최근, 1개월, 3개월의 투자 의견 변화

투자의견	금융사 및 투자의견	날짜
Maintains	KeyBanc: to Overweight	11/20/2017
Initiated	Pivotal Research: to Buy	8/11/2017
Downgrade	Susquehanna: Positive to Neutral	3/10/2017
Maintains	Wells Fargo: to Outperform	9/29/2017
Maintains	Baird: to Neutral	9/29/2017

내부자 거래

(3M 비중은 12개월 거래 중 최근 3개월의 비중)

구분	성격	3개월	12개월	3M비중
매수	매수 건수 (장내 매매만 해당)	51	183	27.87%
매도	매도 건수 (장내 매매만 해당)	62	151	41.06%
매수	매수 수량 (장내 매매만 해당)	335,019	664,751	50.40%
매도	매도 수량 (장내 매매만 해당)	384,210	789,094	48.69%
	순매수량 (-인 경우 순매도량)	-49,191	-124,343	

ETF 노출
(편입 ETF 수 : 105개 / 시가총액 대비 ETF의 보유비중 : 9.58%)

티커	ETF	보유 지분	비중
VTI	Vanguard Total Stock Market ETF	$2,381,191,323	0.35%
VOO	Vanguard 500 Index Fund	$1,696,933,174	0.41%
SPY	SPDR S&P 500 ETF Trust	$1,241,230,835	0.41%
VIG	Vanguard Dividend Appreciation ETF	$919,137,720	2.56%
VUG	Vanguard Growth ETF	$665,300,367	0.85%

기간 수익률

1M : 5.95%	3M : 19.5%	6M : 25.53%	1Y : 40.56%	3Y : 81.96%

재무 지표

	2014	2015	2016	2017(E)
매출액 (백만$)	31,875	32,914	34,798	34,706
영업이익 (백만$)	4,384	4,421	4,787	5,137
순이익 (백만$)	2,942	3,054	4,112	3,894
자산총계 (백만$)	17,930	18,203	20,609	21,908
자본총계 (백만$)	6,285	6,648	8,189	
부채총계 (백만$)	11,645	11,555	12,420	

안정성 비율	2013	2014	2015	2016
유동비율 (%)	145.13	145.92	126.02	134.88
부채비율 (%)	210.75	185.27	173.82	151.66
이자보상배율 (배)	293.31	248.77	303.24	294.47

투자 지표

	2014	2015	2016	2017(E)
영업이익률 (%)	13.75	13.43	13.76	14.80
매출액 증가율 (%)	4.87	3.26	5.72	-0.26
EPS ($)	4.64	4.87	6.58	5.90
EPS 증가율 (%)	-8.66	4.96	35.11	-10.31
주당자산가치($)	9.12	9.79	12.17	13.49
잉여현금흐름 (백만$)	3,164	3,697	4,079	4,027

	2013	2014	2015	2016
배당성향(%)	32.86	41.15	42.86	34.11
배당수익률(%)	2.24	2.29	2.16	1.91
ROE (%)	72.08	55.02	51.47	60.08
ROA (%)	21.20	18.25	18.12	22.41
재고회전율				
EBITDA (백만$)	4,709.62	5,004.27	5,066.59	5,516.49

매출비중

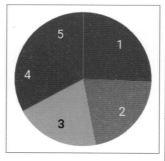

제품명	비중
1. 제품	25.53%
2. 금융 서비스	21.38%
3. 통신, 미디어 및 기술	20.12%
4. 보건 및 공공 서비스	18.21%
5. 자원	14.72%

CSRA
씨에스알에이
CSRA Inc.

섹터 정보기술 (Information Technology)
세부섹터 IT 컨설팅, 기타 서비스 (IT Consulting & Other Services)

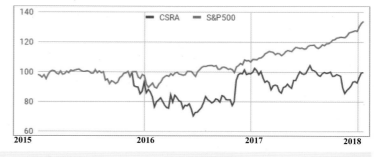

씨에스알에이(CSRA Inc.)는 국가 안보, 행정부서, 건강 관리, 공중 보건 분야에서 미국 정부에 속한 기관들에 정보 기술 서비스를 제공하는 업체이다. 회사는 2015년에 설립되었고 본사는 버지니아주 폴스철츠에 있으며 18,500명의 직원이 근무하고 있다. 회사 사업은 미국 연방 정부 기관 및 주 정부와 지방 정부를 포괄하는 디펜스 앤드 인텔리전스 부문과 시빌 부문으로 나누어진다. 회사의 정부 고객 중 가장 큰 규모인 국가 안보에는 국방부, 국토 안보부, 미 육군, 미 공군, 국가정보기관 등이 포함되어 있다. 회사는 현재 1,000개가 넘는 과제를 수행 중이며 애플리케이션 및 IT 인프라 솔루션의 전문 기술과 공공 서비스 분야의 깊은 지식과 경험을 결합하여 차별화된 서비스를 제공하고 있다. 회사는 고객들의 고급 인력들과 협력하여 조직의 변화와 발전을 지원하고 있다. 회사 매출액의 대부분이 미국 정부와 미국정부와 계약을 맺은 하청 계약자로부터 발생하고 있다.

기준일 : 2018/ 01 /25

한글 회사명 : 씨에스알에이
영문 회사명 : CSRA Inc.
상장일 : 2015년 11월 16일 | 결산월 : 3월
시가총액 : 54 (억$) |

52주 최고 : $33.67 (-3.05%) / 52주 최저 : $27.38 (+19.21%)

주요 주주정보

보유자/ 보유 기관	보유율
T. Rowe Price Associates, Inc.	15.38%
The Vanguard Group, Inc.	12.14%
Fidelity Management & Research Co.	8.32%

애널리스트 추천 및 최근 투자의견

씨에스알에이의 2018년 01월 25일 현재 13개 기관의 **평균적인 목표가는 36.92$**이며, 2018년 추정 주당순이익(EPS)은 2.27$로 2017년 추정 EPS 1.99$에 비해 **14.07% 증가할 것으로 예상**된다.

최근, 1개월, 3개월의 투자 의견 변화

투자의견	금융사 및 투자의견	날짜
Maintains	Wells Fargo: to Outperform	10/25/2017
Downgrade	Vertical Research: Hold to Sell	3/10/2017
Upgrade	SunTrust Robinson Humphrey: to Buy	9/15/2017
Initiated	Evercore ISI Group: to Outperform	5/4/2017
Initiated	Vertical Research: to Hold	3/17/2017

내부자 거래

(3M 비중은 12개월 거래 중 최근 3개월의 비중)

구분	성격	3개월	12개월	3M비중
매수	매수 건수 (장내 매매만 해당)	10	22	45.45%
매도	매도 건수 (장내 매매만 해당)	1	11	9.09%
매수	매수 수량 (장내 매매만 해당)	40,500	161,800	25.03%
매도	매도 수량 (장내 매매만 해당)	5,962	75,799	7.87%
	순매수량 (-인 경우 순매도량)	34,538	86,001	

ETF 노출   (편입 ETF 수 : 59개 / 시가총액 대비 ETF의 보유비중 : 0%)

티커	ETF	보유 지분	비중
VTI	Vanguard Total Stock Market ETF	$128,915,116	0.02%
VB	Vanguard Small-Cap Index Fund	$125,858,556	0.17%
VOO	Vanguard 500 Index Fund	$91,564,719	0.02%
VBR	Vanguard Small-Cap Value ETF	$80,314,041	0.43%
SPY	SPDR S&P 500 ETF Trust	$66,683,115	0.02%

기간 수익률

1M : 6.73%	3M : 0.56%	6M : -4.45%	1Y : -1.16%	#DIV/0!

재무 지표

	2014	2015	2016	2017(E)
매출액 (백만$)	4,070	4,260	4,996	5,150
영업이익 (백만$)	462	304	712	594
순이익 (백만$)	254	87	304	329
자산총계 (백만$)	2,161	5,211	5,120	5,112
자본총계 (백만$)	1,095	90	359	
부채총계 (백만$)	1,066	5,121	4,761	

안정성 비율	2013	2014	2015	2016
유동비율 (%)	105.01	93.38	90.26	100.81
부채비율 (%)	91.25	97.37	5,674.81	1,326.18
이자보상배율 (배)	21.44	21.12	5.69	8.48

투자 지표

	2014	2015	2016	2017(E)
영업이익률 (%)	11.35	7.14	14.25	11.53
매출액 증가율 (%)	-0.80	4.67	17.28	3.09
EPS ($)	1.54	0.54	1.86	1.99
EPS 증가율 (%)	-15.06	-65.01	246.18	6.79
주당자산가치($)	6.51	0.40	2.02	
잉여현금흐름 (백만$)	417	414	359	390

	2013	2014	2015	2016
배당성향(%)		6.51	37.54	21.74
배당수익률(%)		0.74	1.37	
ROE (%)	41.10	23.11	15.40	154.10
ROA (%)		12.23	2.79	6.12
재고회전율				
EBITDA (백만$)	579.98	598.74	495.87	955.5

매출비중

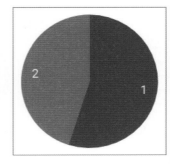

제품명	비중
1. 민간 단체	
	54.94%
2. 국방 및 인텔리전스	
	45.06%

CTSH
코그니전트 테크놀로지 솔루션 코퍼레이션
Cognizant Technology Solutions Corporation

섹터 정보기술 (Information Technology)
세부섹터 IT 컨설팅, 기타 서비스 (IT Consulting & Other Services)

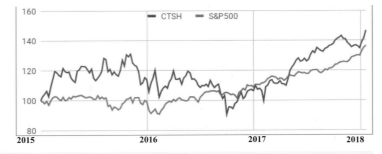

코그니전트 테크놀로지 솔루션 코퍼레이션(Cognizant Technology Solutions Corporation)은 디지털, 기술, 컨설팅, 운영 서비스를 포함한 정보기술 서비스를 제공하는 업체이다. 회사는 1994년에 설립되었고 본사는 뉴저지주 티넥에 있으며 260,200명의 직원이 근무하고 있다. 회사의 사업 부문은 금융 서비스, 헬스케어, 제조와 소매와 물류, 기타 등 네 가지 부문으로 나누어진다. 회사는 고객의 요구에 부응하기 위해 네 가지 산업 중심 비즈니스 부문에서 세 가지 실무 영역에 따라 디지털 서비스를 제공하고 있다. 회사의 세 가지 실무영역은 다음과 같다. 디지털 비즈니스 실무는 고객과 협력하여 제품 및 비즈니스 모델을 재구성하고 조직이 고객, 직원, 파트너와 상호 작용하는 방식에 영향을 주고 있다. 디지털 오퍼레이션 실무는 고객이 가장 중요한 비즈니스 프로세스를 재설계, 디지털화, 관리, 운영하여 운영 비용을 낮추고 사용자 경험을 향상해 나은 성과와 성장을 달성할 수 있도록 지원하고 있다. 디지털 시스템과 테크놀로지 실무는 고객과 협력하여 자동화, 분석, 개발을 활용하여 정보기술 인프라 및 응용 프로그램을 단순화, 현대화, 보안화하는 것을 지원하고 있다.

기준일 : 2018/ 01 /25

한글 회사명 : 코그니전트 테크놀로지 솔루션 코퍼레이션
영문 회사명 : Cognizant Technology Solutions Corporation
상장일 : 1998년 06월 19일 | 결산월 : 12월
시가총액 : 460 (억$) |
52주 최고 : $78.95 (-0.5%) / 52주 최저 : $51.52 (+52.46%)

주요 주주정보

보유자/ 보유 기관	보유율
The Vanguard Group, Inc.	6.85%
Fidelity Management & Research Co.	4.36%
Massachusetts Financial Services Co.	4.29%

애널리스트 추천 및 최근 투자의견

코그니전트 테크놀로지 솔루션 코퍼레이션의 2018년 01월 25일 현재 32개 기관의 **평균적인 목표가는 83.73$**이며, 2018년 추정 주당순이익(EPS)은 4.35$로 2017년 추정 EPS 3.72$에 비해 **16.93% 증가할 것으로 예상**된다.

최근, 1개월, 3개월의 투자 의견 변화

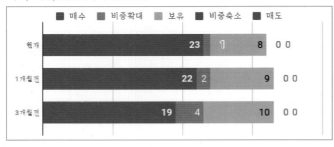

투자의견	금융사 및 투자의견	날짜
Upgrade	Citigroup: Neutral to Buy	1/18/2018
Initiated	Pivotal Research: to Buy	8/11/2017
Maintains	Citigroup: to Neutral	2/11/2017
Maintains	BMO Capital: to Outperform	2/11/2017
Maintains	Morgan Stanley: to Equal-Weight	2/11/2017

내부자 거래

(3M 비중은 12개월 거래 중 최근 3개월의 비중)

구분	성격	3개월	12개월	3M비중
매수	매수 건수 (장내 매매만 해당)	0	1	0.00%
매도	매도 건수 (장내 매매만 해당)	72	251	28.69%
매수	매수 수량 (장내 매매만 해당)	0	1,239	0.00%
매도	매도 수량 (장내 매매만 해당)	782,492	2,176,630	35.95%
	순매수량 (-인 경우 순매도량)	-782,492	-2,175,391	

ETF 노출
(편입 ETF 수 : 90개 / 시가총액 대비 ETF의 보유비중 : 9.73%)

티커	ETF	보유 지분	비중
VTI	Vanguard Total Stock Market ETF	$1,108,988,032	0.16%
VOO	Vanguard 500 Index Fund	$786,165,749	0.19%
SPY	SPDR S&P 500 ETF Trust	$572,747,145	0.19%
QQQ	PowerShares QQQ Trust, Series 1 (ETF)	$357,839,650	0.58%
VUG	Vanguard Growth ETF	$309,800,870	0.40%

기간 수익률

1M : 7.22%	3M : 7.61%	6M : 10.44%	1Y : 35.95%	3Y : 40.42%

재무 지표

	2014	2015	2016	2017(E)
매출액 (백만$)	10,263	12,416	13,487	14,805
영업이익 (백만$)	2,022	2,213	2,272	2,478
순이익 (백만$)	1,439	1,624	1,553	2,023
자산총계 (백만$)	11,479	13,061	14,262	14,947
자본총계 (백만$)	7,740	9,278	10,728	
부채총계 (백만$)	3,739	3,783	3,534	

안정성 비율	2013	2014	2015	2016
유동비율 (%)	346.46	247.70	291.42	355.67
부채비율 (%)	32.58	48.30	40.77	32.94
이자보상배율 (배)		808.60	122.94	119.58

투자 지표

	2014	2015	2016	2017(E)
영업이익률 (%)	19.70	17.82	16.85	16.74
매출액 증가율 (%)	16.05	20.98	8.63	9.77
EPS ($)	2.37	2.67	2.56	3.72
EPS 증가율 (%)	16.75	13.92	-4.12	45.18
주당자산가치($)	12.70	15.23	17.64	18.87
잉여현금흐름 (백만$)	1,261	1,880	1,321	1,983

	2013	2014	2015	2016
배당성향(%)				
배당수익률(%)	0.00	0.00	0.00	0.00
ROE (%)	22.36	20.75	19.09	15.53
ROA (%)	16.77	14.68	13.24	11.37
재고회전율				
EBITDA (백만$)	2,020.83	2,229.60	2,543	2,651

매출비중

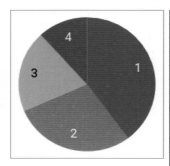

제품명	비중
1. 금융 서비스	39.79%
2. 건강 관리	28.7%
3. 제조 / 유통 / 물류	19.72%
4. 기타	11.79%

DXC
디엑스씨 테크놀러지 컴퍼니
DXC Technology Company

섹터 정보기술 (Information Technology)
세부섹터 IT 컨설팅, 기타 서비스 (IT Consulting & Other Services)

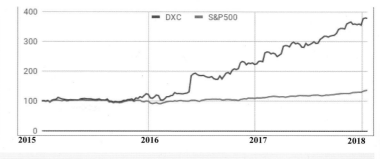

디엑스씨 테크놀러지 컴퍼니(DXC Technology Company)는 디지털 정보 기술(IT) 서비스와 솔루션을 제공하는 업체이다. 회사는 2016년에 설립되었고 본사는 버지니아주 타이슨스에 있으며 59,000명의 직원이 근무하고 있다. 회사의 주요 서비스는 데이터 분석, 애플리케이션, 비즈니스 프로세스, 클라우드, 워크로드, 컨설팅, 보안, 저장 서비스 등이 있다. 회사는 전자 상거래, 금융 및 관리와 관련된 제품 및 서비스를 제공하고 있다. 데이터 분석 서비스는 고객 분석 서비스, 건강 관리 분석, 보험 분석, 항공 분석, 운영 분석이 포함되어 있다. 클라우드 서비스 및 솔루션 부문에서는 중개 및 통합 솔루션, 클라우드 솔루션, 컨설팅 서비스 등을 제공하며, 디지털 산업 및 분석, 디지털 비즈니스 플랫폼 등이 포함되어 있다. 회사의 제품을 통해 은행 및 자본 시장, 보험, 의료 및 생명 과학, 제조, 공공 부문, 에너지 및 여행 및 운송과 같은 다양한 산업분야에 서비스를 제공하고 있다.

기준일 : 2018/ 01 /25

한글 회사명 : 디엑스씨 테크놀러지 컴퍼니
영문 회사명 : DXC Technology Company
상장일 : 1972년 01월 21일 | 결산월 : 3월
시가총액 : 291 (억$) |
52주 최고 : $102.95 (-0.87%) / 52주 최저 : $64.06 (+59.3%)

주요 주주정보

보유자/ 보유 기관	보유율
The Vanguard Group, Inc.	7.1%
BlackRock Fund Advisors	4.82%
Boston Partners Global Investors, Inc.	4.45%

애널리스트 추천 및 최근 투자의견

디엑스씨 테크놀러지 컴퍼니의 2018년 01월 25일 현재 21개 기관의 **평균적인 목표가는 106.53$**이며, 2018년 추정 주당순이익(EPS)은 8.73$로 2017년 추정 EPS 7.54$에 비해 **15.78% 증가할 것으로 예상**된다.

최근, 1개월, 3개월의 투자 의견 변화

투자의견	금융사 및 투자의견	날짜
Maintains	Jefferies: to Buy	11/13/2017
Maintains	Barclays: to Overweight	8/11/2017
Maintains	BMO Capital: to Outperform	8/11/2017
Maintains	Stifel Nicolaus: to Hold	8/11/2017
Maintains	KeyBanc: to Overweight	8/11/2017

내부자 거래

(3M 비중은 12개월 거래 중 최근 3개월의 비중)

구분	성격	3개월	12개월	3M비중
매수	매수 건수 (장내 매매만 해당)	0	22	0.00%
매도	매도 건수 (장내 매매만 해당)	1	21	4.76%
매수	매수 수량 (장내 매매만 해당)	0	142,885,335	0.00%
매도	매도 수량 (장내 매매만 해당)	39,448	143,099,768	0.03%
	순매수량 (- 인 경우 순매도량)	-39,448	-214,433	

ETF 노출

(편입 ETF 수 : 83개 / 시가총액 대비 ETF의 보유비중 : 4.29%)

티커	ETF	보유 지분	비중
SPY	SPDR S&P 500 ETF Trust	$360,228,235	0.12%
IVV	iShares S&P 500 Index (ETF)	$183,340,656	0.12%
XLK	Technology Select Sector SPDR Fund	$98,548,029	0.46%
IWF	iShares Russell 1000 Growth Index (ETF)	$88,333,189	0.21%
IWP	iShares Russell Midcap Growth Idx. (ETF)	$76,851,352	0.87%

기간 수익률

1M : 6.01%	3M : 18.7%	6M : 26.31%	1Y : 61.59%	3Y : 281.05%

재무 지표

	2014	2015	2016	2017(E)
매출액 (백만$)	8,117	7,106	7,607	24,309
영업이익 (백만$)	-163	203	458	1,696
순이익 (백만$)	-207	71	-123	2,188
자산총계 (백만$)	10,221	7,736	8,663	33,395
자본총계 (백만$)	2,965	2,032	2,166	
부채총계 (백만$)	7,256	5,704	6,497	

안정성 비율	2013	2014	2015	2016
유동비율 (%)	162.57	136.25	130.83	110.07
부채비율 (%)	188.77	244.72	280.71	299.95
이자보상배율 (배)	7.75	-1.29	1.65	3.91

투자 지표

	2014	2015	2016	2017(E)
영업이익률 (%)	-2.01	2.86	6.02	6.97
매출액 증가율 (%)	-37.55	-12.46	7.05	219.56
EPS ($)	0.01	1.82	-0.88	7.54
EPS 증가율 (%)	-99.75	18,100.00	-148.35	956.90
주당자산가치($)	21.16	14.63	13.36	45.42
잉여현금흐름 (백만$)	1,092	446	732	1,729

	2013	2014	2015	2016
배당성향(%)	20.10	9,200.00	41.57	
배당수익률(%)	3.12	3.35	2.15	0.81
ROE (%)	17.17	-6.04	2.86	-6.29
ROA (%)	5.49	-1.92	0.80	-1.22
재고회전율				
EBITDA (백만$)	2,157	677	861	1,105

매출비중

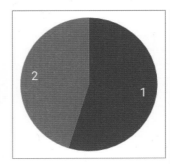

제품명	비중
1. 글로벌 비즈니스 서비스	
	54.86%
2. 글로벌 인프라 서비스	
	45.14%

IBM
아이비엠
International Business Machines Corporation

섹터 정보기술 (Information Technology)
세부섹터 IT 컨설팅, 기타 서비스 (IT Consulting & Other Services)

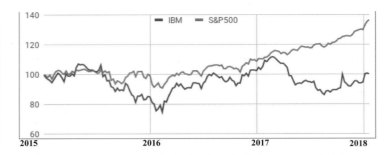

아이비엠(International Business Machines Corporation)은 정보 기술 및 비즈니스 프로세스에 대한 지식을 활용하는 통합 솔루션을 제공하는 업체이다. 회사는 1911년에 설립되었고 본사는 뉴욕주 아몽크에 있으며 380,000명의 직원이 근무하고 있다. 회사는 사업 부문은 인지 기반 솔루션 부문, 글로벌 비즈니스 서비스(GBS) 부문, 기술 서비스, 클라우드 플랫폼 등 다섯 가지 부문으로 나누어진다. 인지 솔루션 부문은 사람과 컴퓨터 간 상호작용을 가능하게 하는 기술을 연구, 개발하는 분야로써 대표적인 제품으로는 왓슨(Watson)이 있다. 글로벌 비즈니스 서비스 부문은 IBM 솔루션 및 서비스를 전 세계적으로 공급하고 사후 서비스를 제공하고 있다. 기술 서비스와 클라우드플랫폼 부문을 통해서는 정보 기술(IT) 인프라 서비스를 제공하고 있으며 각종 서버, 클라우드 서비스 등이 포함되어 있다.

기준일 : 2018/ 01 /25

한글 회사명 : 아이비엠
영문 회사명 : International Business Machines Corporation
상장일 : 1972년 01월 21일 | 결산월 : 12월
시가총액 : 1532 (억$) |
52주 최고 : $182.79 (-9.16%) / 52주 최저 : $139.13 (+19.33%)

주요 주주정보

보유자/ 보유 기관	보유율
The Vanguard Group, Inc.	6.68%
SSgA Funds Management, Inc.	5.46%
BlackRock Fund Advisors	4.36%

애널리스트 추천 및 최근 투자의견

아이비엠의 2018년 01월 25일 현재 25개 기관의 **평균적인 목표가는 170.32$**이며, 2018년 추정 주당순이익(EPS)은 14.18$로 2017년 추정 EPS 13.83$에 비해 **2.53% 증가할 것으로 예상**된다.

최근, 1개월, 3개월의 투자 의견 변화

투자의견	금융사 및 투자의견	날짜
Upgrade	Barclays: Underweight to Overweight	1/17/2018
Upgrade	RBC Capital: Sector Perform to Outperform	3/1/2018
Initiated	Pivotal Research: to Buy	10/27/2017
Maintains	UBS: to Neutral	10/18/2017
Maintains	Citigroup: to Neutral	10/18/2017

내부자 거래

(3M 비중은 12개월 거래 중 최근 3개월의 비중)

구분	성격	3개월	12개월	3M비중
매수	매수 건수 (장내 매매만 해당)	10	12	83.33%
매도	매도 건수 (장내 매매만 해당)	16	32	50.00%
매수	매수 수량 (장내 매매만 해당)	167,371	169,093	98.98%
매도	매도 수량 (장내 매매만 해당)	118,766	136,134	87.24%
	순매수수량 (-인 경우 순매도량)	48,605	32,959	

ETF 노출

(편입 ETF 수 : 132개 / 시가총액 대비 ETF의 보유비중 : 9.68%)

티커	ETF	보유 지분	비중
VTI	Vanguard Total Stock Market ETF	$3,525,197,150	0.51%
VOO	Vanguard 500 Index Fund	$2,445,941,872	0.59%
SPY	SPDR S&P 500 ETF Trust	$1,794,619,912	0.60%
DIA	SPDR Dow Jones Industrial Average ETF	$1,094,589,610	4.30%
IVV	iShares S&P 500 Index (ETF)	$906,490,170	0.59%

기간 수익률

1M : 6.47%	3M : 12.11%	6M : 10.39%	1Y : -4.79%	3Y : 3.32%

재무 지표

	2014	2015	2016	2017(E)
매출액 (백만$)	92,793	81,741	79,919	78,642
영업이익 (백만$)	19,105	15,173	12,323	14,601
순이익 (백만$)	15,751	13,364	11,881	12,931
자산총계 (백만$)	117,271	110,495	117,470	123,352
자본총계 (백만$)	12,014	14,424	18,392	
부채총계 (백만$)	105,257	96,071	99,078	

안정성 비율	2013	2014	2015	2016
유동비율 (%)	127.88	119.70	124.03	120.99
부채비율 (%)	450.50	876.12	666.05	538.70
이자보상배율 (배)	43.20	33.11	26.43	15.86

투자 지표

	2014	2015	2016	2017(E)
영업이익률 (%)	20.59	18.56	15.42	18.57
매출액 증가율 (%)	-5.67	-11.91	-2.23	-1.60
EPS ($)	16.68	13.60	12.43	13.81
EPS 증가율 (%)	10.74	-18.48	-8.60	11.15
주당자산가치($)	11.98	14.77	19.29	22.24
잉여현금흐름 (백만$)	13,128	13,429	13,391	9,017

	2013	2014	2015	2016
배당성향(%)	24.76	25.63	36.93	44.42
배당수익률(%)	1.97	2.65	3.63	3.31
ROE (%)	81.06	90.89	102.29	73.10
ROA (%)	13.76	12.94	11.74	10.44
재고회전율	42.80	42.05	44.74	51.49
EBITDA (백만$)	24,937	23,597	19,028	16,704

매출비중

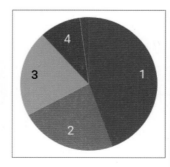

제품명	비중
1. 기술 서비스 및 클라우드	44.22%
2. 인지 솔루션	22.76%
3. 글로벌 비즈니스 서비스	20.9%
4. 시스템	9.65%
5. 글로벌 금융	2.12%

IT
가트너
Gartner Inc

섹터 정보기술 (Information Technology)
세부섹터 IT 컨설팅, 기타 서비스 (IT Consulting & Other Services)

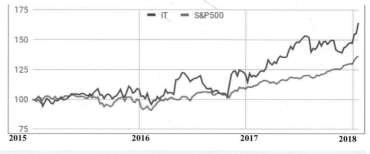

가트너(Gartner Inc.)는 정보 기술 연구 및 자문 회사로 고객과 협력하여 정보 기술, 각종 공급망 및 마케팅 비즈니스를 연구, 분석, 해석하는 사업을 영위하는 업체이다. 회사는 1979년에 설립되었고 본 사는 코네티컷주 스탬퍼드에 있으며 15,000명의 직원이 근무하고 있다. 회사의 사업 부문은 연구 부문, 컨설팅, 이벤트 세 가지 부문으로 나누어진다. 연구 부문은 각종 연구와 조사의 시행 및 분석, 고객 사의 최고 정보 책임자(CIO), IT 전문가 간 네트워킹 서비스 등을 제공하고 있다. 컨설팅 부문은 일반적인 형태의 지원과 함께 정보기술 성능을 측정하고 관리하는 도구를 통해 맞춤형 솔루션을 제공하고 있다. 이벤트 부문은 다양한 심포지엄, 회의 및 전시회의 개최 등이 포함되며 대표적인 이벤트로는 가트너 서밋(Gartner Summit)이 있다.

기준일 : 2018/ 01 /25
한글 회사명 : 가트너
영문 회사명 : Gartner Inc
상장일 : 1993년 10월 05일 | 결산월 : 12월
시가총액 : 127 (억$) |
52주 최고 : $141.73 (-0.45%) / 52주 최저 : $95.4 (+47.88%)

주요 주주정보

보유자/ 보유 기관	보유율
The Vanguard Group, Inc.	9.54%
BAMCO, Inc.	7.79%
BlackRock Fund Advisors	5.6%

애널리스트 추천 및 최근 투자의견

가트너의 2018년 01월 25일 현재 12개 기관의 **평균적인 목표가는 135.91$**이며, 2018년 추정 주당순이익(EPS)은 4.08$로 2017년 추정 EPS 3.45$에 비해 **18.26% 증가할 것으로 예상**된다.

재무 지표

	2014	2015	2016	2017(E)
매출액 (백만$)	2,021	2,163	2,445	3,498
영업이익 (백만$)	308	314	348	24
순이익 (백만$)	184	176	194	318
자산총계 (백만$)	1,904	2,169	2,367	7,079
자본총계 (백만$)	161	-132	61	
부채총계 (백만$)	1,743	2,301	2,306	

안정성 비율	2013	2014	2015	2016
유동비율 (%)	84.37	80.75	76.78	82.30
부채비율 (%)	393.64	1,081.57	-1,737.85	3,788.65
이자보상배율 (배)	43.18	20.88	34.79	22.59

최근, 1개월, 3개월의 투자 의견 변화

투자의견	금융사 및 투자의견	날짜
Upgrade	RBC Capital Mkts: Outperform to Top Pick	3/13/2017
Upgrade	Barclays: Equal Weight to Overweight	1/9/2017
Upgrade	BMO Capital Markets: Market Perform to Outperfo	1/6/2017
Downgrade	Macquarie: Outperform to Neutral	1/6/2017
Upgrade	RBC Capital Mkts: Sector Perform to Outperform	1/6/2017

투자 지표

	2014	2015	2016	2017(E)
영업이익률 (%)	15.24	14.52	14.23	0.68
매출액 증가율 (%)	13.30	7.01	13.01	43.10
EPS ($)	2.06	2.09	2.34	3.45
EPS 증가율 (%)	3.00	1.46	11.96	47.55
주당자산가치($)	1.84	-1.61	0.74	10.05
잉여현금흐름 (백만$)	308	299	316	295

	2013	2014	2015	2016
배당성향(%)				
배당수익률(%)	0.00	0.00	0.00	0.00
ROE (%)	54.73	70.34		
ROA (%)	10.74	9.97	8.63	8.54
재고회전율				
EBITDA (백만$)	310.27	347.44	361.30	409.71

내부자 거래

(3M 비중은 12개월 거래 중 최근 3개월의 비중)

구분	성격	3개월	12개월	3M비중
매수	매수 건수 (장내 매매만 해당)	10	41	24.39%
매도	매도 건수 (장내 매매만 해당)	42	70	60.00%
매수	매수 수량 (장내 매매만 해당)	1,218	4,953	24.59%
매도	매도 수량 (장내 매매만 해당)	193,777	393,825	49.20%
	순매수량 (-인 경우 순매도량)	-192,559	-388,872	

매출비중

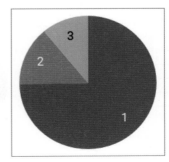

제품명	비중
1. 연구	
	74.85%
2. 컨설팅	
	14.16%
3. 이벤트	
	10.99%

ETF 노출
(편입 ETF 수 : 69개 / 시가총액 대비 ETF의 보유비중 : 13.32%)

티커	ETF	보유 지분	비중
VO	Vanguard Mid-Cap ETF	$295,955,695	0.30%
VTI	Vanguard Total Stock Market ETF	$290,931,552	0.04%
VOO	Vanguard 500 Index Fund	$217,394,008	0.05%
SPY	SPDR S&P 500 ETF Trust	$160,267,917	0.05%
VUG	Vanguard Growth ETF	$81,339,065	0.10%

기간 수익률

1M : 12.11%	3M : 13.26%	6M : 7.08%	1Y : 38.12%	3Y : 63.66%

AMAT
어플라이드 머티리얼즈
Applied Materials, Inc.

섹터 정보기술 (Information Technology)
세부섹터 반도체 장비 (Semiconductor Equipment)

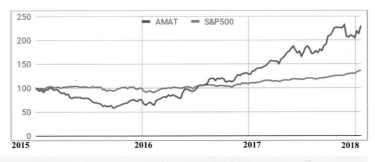

어플라이드 머티리얼즈(Applied Materials, Inc.)는 전 세계 반도체와 디스플레이 관련 생산자들에게 제조 장비, 서비스, 소프트웨어를 제공하는 업체이다. 회사는 1967년에 설립되었고 본사는 캘리포니아주 산타클라라에 있으며 18,400명의 직원이 근무하고 있다. 회사의 사업 부문은 반도체 시스템, 글로벌 서비스, 디스플레이 세 부문으로 나누어진다. 반도체 시스템 부문은 반도체 칩과 집적 회로 제조에 사용되는 다양한 제조 장비를 개발, 제조, 판매하며, 각종 열처리, 증착, 평탄화, 패키징 장비 등이 포함되어 있다. 디스플레이 부문은 액정 디스플레이, 유기 발광 다이오드, TV, 개인용 컴퓨터, 태블릿, 스마트폰 등에 들어가는 디스플레이와 기판용 장비를 제조하는 제품을 제공하고 있다. 글로벌 서비스 부문을 통해서 장비 및 솔루션을 제공하고 있다. 회사는 세계 반도체 장비 1위이며 식각 장비 1위 업체이다.

기준일 : 2018/ 01 /25
한글 회사명 : 어플라이드 머티리얼즈
영문 회사명 : Applied Materials, Inc
상장일 : 1972년 10월 23일 | 결산월 : 10월
시가총액 : 589 (억$) |
52주 최고 : $60.89 (-6.61%) / 52주 최저 : $33.77 (+68.37%)

주요 주주정보

보유자/ 보유 기관	보유율
The Vanguard Group, Inc.	6.99%
BlackRock Fund Advisors	4.63%
SSgA Funds Management, Inc.	4.51%

애널리스트 추천 및 최근 투자의견

어플라이드 머티리얼즈의 2018년 01월 25일 현재 22개 기관의 **평균적인 목표가는 67.7$**이며, 2018년 추정 주당순이익(EPS)은 4.36$로 2017년 추정 EPS 3.99$에 비해 **9.27% 증가**할 것으로 예상된다.

최근, 1개월, 3개월의 투자 의견 변화

투자의견	금융사 및 투자의견	날짜
Upgrade	Susquehanna: Neutral to Positive	1/16/2018
Upgrade	Needham: Buy to Strong Buy	8/1/2018
Initiated	Wells Fargo: to Outperform	6/12/2017
Maintains	Citigroup: to Buy	11/20/2017
Maintains	KeyBanc: to Overweight	11/17/2017

내부자 거래

(3M 비중은 12개월 거래 중 최근 3개월의 비중)

구분	성격	3개월	12개월	3M비중
매수	매수 건수 (장내 매매만 해당)	13	25	52.00%
매도	매도 건수 (장내 매매만 해당)	16	25	64.00%
매수	매수 수량 (장내 매매만 해당)	35,138	1,356,277	2.59%
매도	매도 수량 (장내 매매만 해당)	733,851	829,678	88.45%
	순매수량 (-인 경우 순매도량)	-698,713	526,599	

ETF 노출

(편입 ETF 수 : 100개 / 시가총액 대비 ETF의 보유비중 : 10.3%)

티커	ETF	보유 지분	비중
VTI	Vanguard Total Stock Market ETF	$1,446,604,756	0.21%
VOO	Vanguard 500 Index Fund	$1,025,542,769	0.25%
SPY	SPDR S&P 500 ETF Trust	$747,423,109	0.25%
QQQ	PowerShares QQQ Trust, Series 1 (ETF)	$474,653,345	0.77%
VUG	Vanguard Growth ETF	$404,117,022	0.52%

기간 수익률

1M : 9.25%	3M : 21.76%	6M : 22.62%	1Y : 69.62%	3Y : 144.56%

재무 지표

	2014	2015	2016	2017(E)
매출액 (백만$)	9,072	9,659	10,825	14,511
영업이익 (백만$)	1,469	1,629	2,282	4,008
순이익 (백만$)	1,072	1,377	1,721	3,471
자산총계 (백만$)	13,174	15,308	14,571	19,685
자본총계 (백만$)	7,868	7,613	7,217	
부채총계 (백만$)	5,306	7,695	7,354	

안정성 비율	2013	2014	2015	2016
유동비율 (%)	230.95	246.79	243.84	229.98
부채비율 (%)	69.91	67.44	101.08	101.90
이자보상배율 (배)	7.60	15.46	17.33	14.92

투자 지표

	2014	2015	2016	2017(E)
영업이익률 (%)	16.19	16.87	21.08	27.62
매출액 증가율 (%)	20.82	6.47	12.07	34.05
EPS ($)	0.88	1.13	1.55	3.21
EPS 증가율 (%)	319.05	28.41	37.58	106.69
주당자산가치($)	6.44	6.56	6.69	8.21
잉여현금흐름 (백만$)	1,559	948	2,213	3,256

	2013	2014	2015	2016
배당성향(%)	185.71	45.98	35.71	25.97
배당수익률(%)	2.18	1.81	2.39	1.38
ROE (%)	3.58	14.34	17.79	23.21
ROA (%)	2.12	8.50	9.67	11.52
재고회전율	5.59	6.09	5.68	5.58
EBITDA (백만$)	1,132	1,844	2,000	2,671

매출비중

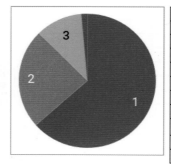

제품명	비중
1. 반도체 시스템	63.49%
2. 응용 글로벌 서비스	23.92%
3. 디스플레이 및 관련 시장	11.14%
4. 기업 및 기타	1.45%

KLAC
케이엘에이 텐커 코퍼레이션
KLA-Tencor Corporation

섹터 정보기술 (Information Technology)
세부섹터 반도체 장비 (Semiconductor Equipment)

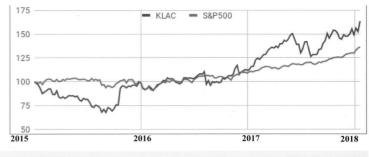

케이엘에이 텐커 코퍼레이션(KLA-Tencor Corporation)은 반도체 및 관련 나노 전자 산업을 위한 공정 제어 및 수율 관리 솔루션 공급과 유기발광다이오드(LED) 및 데이터 저장 산업을 비롯한 여러 첨단 기술 산업에서 서비스를 제공하고 있는 업체이다. 회사는 1975년에 설립되었고 본사는 캘리포니아주 밀피타스에 있으며 5,580명의 직원이 근무하고 있다. 회사의 검사 및 계측 제품 및 관련 제품은 칩 제조, 웨이퍼 제조, 레티클 제조, LED, 전력 장치 및 화합물 반도체 제조, 데이터 저장 매체/헤드 제조, 마이크로 일렉트로메커니컬 시스템즈(MEMS) 제조 등이 있다. 회사 제품의 주요 활용 분야는 인라인 웨이퍼 및 반도체 집적회로(IC)결함 모니터링, 레티클 결함 검사 및 계측, 패키징 웨이퍼 측정, 반도체 제작 공정 수율 및 데이터 관리와 분석 등이 있다.

기준일 : 2018/ 01 /25

한글 회사명 : 케이엘에이 텐커 코퍼레이션
영문 회사명 : KLA-Tencor Corporation
상장일 : 1980년 10월 08일 | 결산월 : 6월
시가총액 : 177 (억$) |
52주 최고 : $116.62 (-0.86%) / 52주 최저 : $81.88 (+41.19%)

주요 주주정보

보유자/보유 기관	보유율
The Vanguard Group, Inc.	10.82%
PRIMECAP Management Co.	8.15%
BlackRock Fund Advisors	5.51%

애널리스트 추천 및 최근 투자의견

케이엘에이 텐커 코퍼레이션의 2018년 01월 25일 현재 16개 기관의 **평균적인 목표가는 124.71$**이며, 2018년 추정 주당순이익(EPS)은 8.25$로 2017년 추정 EPS 7.56$에 비해 **9.12% 증가할 것으로 예상**된다.

최근, 1개월, 3개월의 투자 의견 변화

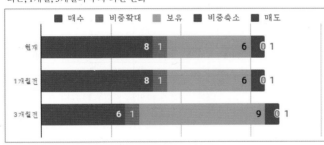

투자의견	금융사 및 투자의견	날짜
Maintains	KeyBanc: Overweight to Overweight	1/26/2018
Maintains	Stifel Nicolaus: Buy to Buy	1/24/2018
Downgrade	Needham: Strong Buy to Buy	8/1/2018
Upgrade	KeyBanc: Sector Weight to Overweight	12/18/2017
Initiated	Argus Research: to Buy	11/29/2017

내부자 거래

(3M 비중은 12개월 거래 중 최근 3개월의 비중)

구분	성격	3개월	12개월	3M비중
매수	매수 건수 (장내 매매만 해당)	1	36	2.78%
매도	매도 건수 (장내 매매만 해당)	11	92	11.96%
매수	매수 수량 (장내 매매만 해당)	47	218,253	0.02%
매도	매도 수량 (장내 매매만 해당)	28,337	318,114	8.91%
	순매수량 (-인 경우 순매도량)	-28,290	-99,861	

ETF 노출
(편입 ETF 수 : 88개 / 시가총액 대비 ETF의 보유비중 : 14.67%)

티커	ETF	보유 지분	비중
VO	Vanguard Mid-Cap ETF	$429,938,432	0.43%
VTI	Vanguard Total Stock Market ETF	$423,084,256	0.06%
VOO	Vanguard 500 Index Fund	$299,831,728	0.07%
SPY	SPDR S&P 500 ETF Trust	$218,556,800	0.07%
QQQ	PowerShares QQQ Trust, Series 1 (ETF)	$138,487,104	0.22%

기간 수익률

1M : 8.88%	3M : 16.6%	6M : 15.14%	1Y : 41.02%	3Y : 69.54%

재무지표

	2014	2015	2016	2017(E)
매출액 (백만$)	2,926	2,806	2,987	3,465
영업이익 (백만$)	775	689	992	1,289
순이익 (백만$)	583	366	704	932
자산총계 (백만$)	5,539	4,826	4,962	5,408
자본총계 (백만$)	3,669	421	689	
부채총계 (백만$)	1,869	4,405	4,273	

안정성 비율	2013	2014	2015	2016
유동비율 (%)	505.09	512.15	389.77	385.87
부채비율 (%)	51.84	50.94	1,045.13	620.12
이자보상배율 (배)	13.55	14.40	6.46	8.02

투자 지표

	2014	2015	2016	2017(E)
영업이익률 (%)	26.49	24.55	33.21	37.22
매출액 증가율 (%)	2.99	-4.07	6.45	15.97
EPS	3.51	2.26	4.52	5.89
EPS 증가율 (%)	7.34	-35.61	100.00	30.81
주당자산가치($)	22.18	2.67	4.42	8.44
잉여현금흐름 (백만$)	711	560	728	747

	2013	2014	2015	2016
배당성향(%)	49.84	51.87	89.29	46.33
배당수익률(%)	2.87	2.48	3.56	2.84
ROE (%)	15.98	16.30	17.90	126.86
ROA (%)	10.46	10.77	7.07	14.39
재고회전율	4.42	4.53	4.40	4.54
EBITDA (백만$)	821.74	858	769.06	1,058.95

매출비중

제품명	비중
1. 제어 및 수율 관리를 처리	
	100%

LRCX
램 리서치 코퍼레이션
Lam Research Corporation

섹터 정보기술 (Information Technology)
세부섹터 반도체 장비 (Semiconductor Equipment)

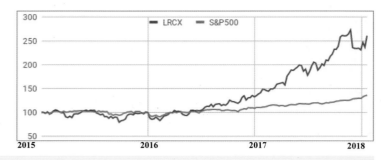

램 리서치 코퍼레이션(Lam Research Corporation)은 반도체 제조 장비 및 서비스를 반도체 업계에 공급하고 있으며 집적회로(IC) 제조에 사용되는 반도체 처리 시스템을 설계, 제조, 서비스하는 업체이다. 회사는 1980년에 설립되었고 본사는 캘리포니아주 프리몬트에 있으며 7,500명의 직원이 근무하고 있다. 회사는 반도체 식각 장비 1위 업체이자 반도체 장비 회사 중 매출 기준 세계 4위 업체이다. 회사의 사업 부문은 웨이퍼 공정 반도체 제조 장비 부문의 제조와 서비스 부문으로 나누어진다. 회사는 원자층 필름 증착을 위한 알투스(ALTUS)시스템, 소라(SOLA) 자외선 열처리, 플라스마 에칭 제품 등을 제공하고 있다. 회사의 주요 고객층은 디램(DRAM), 낸드(NAND) 메모리를 제조하는 반도체 메모리, 파운드리 및 인터그레이티드 디바이스 매뉴팩쳐(IDM)를 포함하고 있다.

기준일 : 2018/ 01 /25
한글 회사명 : 램 리서치 코퍼레이션
영문 회사명 : Lam Research Corporation
상장일 : 1984년 05월 04일 | 결산월 : 6월
시가총액 : 323 (억$) |
52주 최고 : $219.7 (-3.86%) / 52주 최저 : $112.86 (+87.14%)

주요 주주정보

보유자/ 보유 기관	보유율
The Vanguard Group, Inc.	10%
BlackRock Fund Advisors	5.14%
Fidelity Management & Research Co.	4.8%

애널리스트 추천 및 최근 투자의견

램 리서치 코퍼레이션의 2018년 01월 25일 현재 19개 기관의 **평균적인 목표가는 246$**이며, 2018년 추정 주당순이익(EPS)은 15.96$로 2017년 추정 EPS 16.43$에 비해 **-2.86% 감소할 것으로 예상**된다.

최근, 1개월, 3개월의 투자 의견 변화

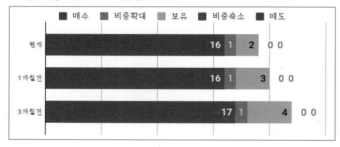

투자의견	금융사 및 투자의견	날짜
Maintains	KeyBanc: Overweight to Overweight	1/25/2018
Maintains	Morgan Stanley: Overweight to Overweight	1/25/2018
Maintains	JP Morgan: Overweight to Overweight	1/25/2018
Upgrade	Susquehanna: Neutral to Positive	1/16/2018
Upgrade	Instinet: Neutral to Buy	7/12/2017

내부자 거래

(3M 비중은 12개월 거래 중 최근 3개월의 비중)

구분	성격	3개월	12개월	3M비중
매수	매수 건수 (장내 매매만 해당)	9	19	47.37%
매도	매도 건수 (장내 매매만 해당)	21	51	41.18%
매수	매수 수량 (장내 매매만 해당)	56,213	83,680	67.18%
매도	매도 수량 (장내 매매만 해당)	189,432	447,440	42.34%
	순매수량 (-인 경우 순매도량)	-133,219	-363,760	

ETF 노출
(편입 ETF 수 : 100개 / 시가총액 대비 ETF의 보유비중 : 12.47%)

티커	ETF	보유 지분	비중
VTI	Vanguard Total Stock Market ETF	$795,740,469	0.12%
VOO	Vanguard 500 Index Fund	$564,155,453	0.14%
SPY	SPDR S&P 500 ETF Trust	$412,096,821	0.14%
VO	Vanguard Mid-Cap ETF	$404,054,422	0.41%
QQQ	PowerShares QQQ Trust, Series 1 (ETF)	$261,865,210	0.42%

기간 수익률

1M : 11.38%	3M : 19.96%	6M : 26.9%	1Y : 84.71%	3Y : 167.5%

재무 지표

	2014	2015	2016	2017(E)
매출액 (백만$)	4,598	5,248	5,888	7,988
영업이익 (백만$)	673	863	1,115	2,066
순이익 (백만$)	632	656	914	1,689
자산총계 (백만$)	7,993	9,365	12,272	12,146
자본총계 (백만$)	5,030	5,103	5,895	
부채총계 (백만$)	2,964	4,262	6,377	

안정성 비율	2013	2014	2015	2016
유동비율 (%)	270.12	302.38	238.31	380.81
부채비율 (%)	61.52	58.92	83.51	108.19
이자보상배율 (배)	1.85	10.91	11.71	8.27

투자 지표

	2014	2015	2016	2017(E)
영업이익률 (%)	14.64	16.44	18.94	25.86
매출액 증가율 (%)	28.12	14.13	12.20	35.67
EPS ($)	3.84	4.11	5.75	9.88
EPS 증가율 (%)	473.13	7.03	39.90	70.41
주당자산가치($)	30.98	32.19	36.79	39.62
잉여현금흐름 (백만$)	572	587	1,175	1,327

	2013	2014	2015	2016
배당성향(%)		4.97	22.70	22.99
배당수익률(%)	0.00	0.27	1.03	1.43
ROE (%)	2.37	13.29	12.94	16.62
ROA (%)	1.49	8.30	7.55	8.45
재고회전율	6.02	7.07	6.23	6.15
EBITDA (백만$)	415.61	965.21	1,140.85	1,405.66

매출비중

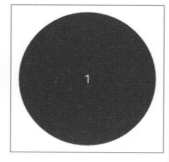

제품명	비중
1. 웨이퍼 제조 장비	
	100%

ADI
아날로그 디바이스
Analog Devices, Inc.

섹터 정보기술 (Information Technology)
세부섹터 반도체 (Semiconductors)

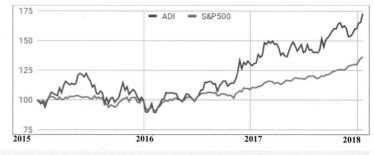

아날로그 디바이스(Analog Devices, Inc.)는 반도체 집적 회로(IC)를 포함한 고성능 아날로그, 디지털 신호 처리(DSP) 기술 등을 제공하는 솔루션 업체이다. 회사는 1965년에 설립되었고 본사는 매사추세츠추 노우드에 있으며 10,000명의 직원이 근무하고 있다. 회사는 알고리즘 및 소프트웨어, 컨버터, 앰프 등의 아날로그 제품을 제공하고 있다. 회사는 디지털 신호 처리 제품(DSP)도 제공하고 있으며 미국, 남미, 유럽, 일본, 중국이 주요 사업 지역이다. 회사 제품은 자동차, 소비재 및 통신과 같은 다양한 시장에서 활용되고 있으며, 산업 및 계측, 방산 및 우주 항공, 에너지 관리 및 의료 부문도 포함되어 있다. 방산 및 항공 부문 제품에는 내비게이션 시스템, 레이더 시스템이 있다. 헬스케어 부문 제품에는 초음파, 주입 펌프, 맥박 산소 측정기가 있다.

기준일 : 2018/ 01 /25
한글 회사명 : 아날로그 디바이스
영문 회사명 : Analog Devices, Inc.
상장일 : 1972년 01월 21일 | 결산월 : 10월
시가총액 : 339 (억$) |
52주 최고 : $98.38 (-2.14%) / 52주 최저 : $72.56 (+32.67%)

주요 주주정보

보유자/ 보유 기관	보유율
The Vanguard Group, Inc.	7.87%
Capital Research & Management Co. (World Inve	5.51%
BlackRock Fund Advisors	4.82%

애널리스트 추천 및 최근 투자의견

아날로그 디바이스의 2018년 01월 25일 현재 27개 기관의 **평균적인 목표가는 99.79$**이며, 2018년 추정 주당순이익(EPS)은 5.58$로 2017년 추정 EPS 5.18$에 비해 **7.72% 증가**할 것으로 예상된다.

최근, 1개월, 3개월의 투자 의견 변화

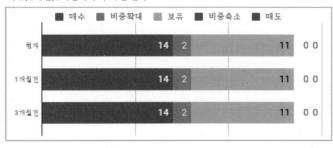

투자의견	금융사 및 투자의견	날짜
Initiated	PiperJaffray: to Neutral	12/19/2017
Maintains	Morgan Stanley: to Overweight	12/13/2017
Maintains	Stifel Nicolaus: to Buy	11/16/2017
Downgrade	Nomura: to Reduce	6/2/2017
Upgrade	Stephens & Co.: to Overweight	4/24/2017

내부자 거래

(3M 비중은 12개월 거래 중 최근 3개월의 비중)

구분	성격	3개월	12개월	3M비중
매수	매수 건수 (장내 매매만 해당)	1	4	25.00%
매도	매도 건수 (장내 매매만 해당)	24	78	30.77%
매수	매수 수량 (장내 매매만 해당)	133	39,306	0.34%
매도	매도 수량 (장내 매매만 해당)	131,884	706,063	18.68%
	순매수량 (-인 경우 순매도량)	-131,751	-666,757	

ETF 노출
(편입 ETF 수 : 89개 / 시가총액 대비 ETF의 보유비중 : 11.55%)

티커	ETF	보유 지분	비중
VTI	Vanguard Total Stock Market ETF	$824,884,692	0.12%
VOO	Vanguard 500 Index Fund	$584,858,900	0.14%
SPY	SPDR S&P 500 ETF Trust	$424,612,706	0.14%
VIG	Vanguard Dividend Appreciation ETF	$294,053,907	0.82%
QQQ	PowerShares QQQ Trust, Series 1 (ETF)	$270,937,414	0.44%

기간 수익률

1M : 10.9%	3M : 14.67%	6M : 21.75%	1Y : 31.91%	3Y : 79.06%

재무 지표

	2014	2015	2016	2017(E)
매출액 (백만$)	2,865	3,435	3,421	5,123
영업이익 (백만$)	830	826	1,051	2,012
순이익 (백만$)	629	697	862	1,652
자산총계 (백만$)	6,860	7,062	7,970	21,535
자본총계 (백만$)	4,758	5,073	5,166	
부채총계 (백만$)	2,102	1,989	2,805	

안정성 비율	2013	2014	2015	2016
유동비율 (%)	959.21	537.60	366.26	635.41
부채비율 (%)	34.65	44.18	39.21	54.30
이자보상배율 (배)	24.31	24.62	31.86	11.58

투자 지표

	2014	2015	2016	2017(E)
영업이익률 (%)	28.97	24.05	30.72	39.26
매출액 증가율 (%)	8.77	19.91	-0.40	49.75
EPS ($)	2.01	2.23	2.79	4.62
EPS 증가율 (%)	-8.15	10.95	25.11	65.44
주당자산가치($)	15.29	16.26	16.76	28.62
잉여현금흐름 (백만$)	694	754	1,154	989

	2013	2014	2015	2016
배당성향(%)	61.55	73.23	71.36	60.14
배당수익률(%)	2.68	2.92	2.61	2.59
ROE (%)	15.13	13.25	14.18	16.83
ROA (%)	11.22	9.51	10.01	11.46
재고회전율	8.82	8.80	8.81	8.67
EBITDA (백만$)	893.34	971.59	1,048.52	1,260.38

매출비중

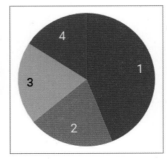

제품명	비중
1. 산업용	
	43.9%
2. 통신	
	20.17%
3. 소비자	
	20.12%
4. 자동차 관련	
	15.81%

AMD
어드밴스드 마이크로 디바이시스
Advanced Micro Devices, Inc.

섹터 정보기술 (Information Technology)
세부섹터 반도체 (Semiconductors)

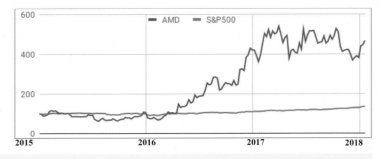

어드밴스드 마이크로 디바이시스(Advanced Micro Devices, Inc.)는 독립형 장치 또는 가속 처리 장치(APU), 칩셋, 그래픽 처리 장치(GPU) 및 전문 그래픽, 서버 및 내장형 프로세서 및 준 주문형 시스템 온칩에 통합된 x86 마이크로 프로세서를 제조하는 세계적인 업체이다. 회사는 1969년에 설립되었고 본사는 캘리포니아주 서니베일에 있으며 8,200명의 직원이 근무하고 있다. 회사 사업 부문은 컴퓨팅 및 그래픽, 엔터프라이즈, 임베디드, 세미 커스텀 네 가지 부문으로 나누어진다. 컴퓨팅 및 그래픽 부문에는 주로 데스크톱 및 노트북 프로세서와 칩셋, 개별 GPU 및 전문 그래픽이 포함되어 있다. 엔터프라이즈, 임베디드 및 세미 커스텀 부문은 주로 서버 및 임베디드 프로세서, 준 맞춤 에스오씨 칩(SoC) 제품, 개발 서비스, 게임 콘솔용 기술 제공이 포함되어 있다.

기준일 : 2018/ 01 /25
한글 회사명 : 어드밴스드 마이크로 디바이시스
영문 회사명 : Advanced Micro Devices, Inc
상장일 : 1972년 10월 23일 | 결산월 : 12월
시가총액 : 120 (억$) | 　52주 최고 : $15.65 (-17.69%) / 52주 최저 : $9.7 (+32.78%)

주요 주주정보

보유자/보유 기관	보유율
The Vanguard Group, Inc.	10.57%
Mubadala Development Co. PJSC (Private Equity	5.9%
Wellington Management Co. LLP	4.63%

애널리스트 추천 및 최근 투자의견

어드밴스드 마이크로 디바이시스의 2018년 01월 25일 현재 28개 기관의 **평균적인 목표가는 14.17$**이며, 2018년 추정 주당순이익(EPS)은 0.35$로 2017년 추정 EPS 0.13$에 비해 **169.23% 증가**할 것으로 **예상**된다.

재무 지표

	2014	2015	2016	2017(E)
매출액 (백만$)	5,506	3,991	4,272	5,258
영업이익 (백만$)	169	-331	-469	279
순이익 (백만$)	-403	-660	-497	146
자산총계 (백만$)	3,767	3,084	3,321	3,534
자본총계 (백만$)	187	-412	416	
부채총계 (백만$)	3,580	3,496	2,905	

안정성 비율	2013	2014	2015	2016
유동비율 (%)	178.25	190.00	165.36	187.96
부채비율 (%)	697.24	1,914.44	-848.54	698.32
이자보상배율 (배)	0.50	0.95	-2.07	-3.01

최근, 1개월, 3개월의 투자 의견 변화

투자의견	금융사 및 투자의견	날짜
Upgrade	Macquarie: Underperform to Neutral	12/18/2017
Downgrade	Morgan Stanley: Equal-Weight to Underweight	10/30/2017
Maintains	Loop Capital: to Hold	10/25/2017
Maintains	Credit Suisse: to Neutral	10/25/2017
Maintains	Barclays: to Underweight	4/10/2017

투자 지표

	2014	2015	2016	2017(E)
영업이익률 (%)	3.07	-8.29	-10.98	5.30
매출액 증가율 (%)	3.91	-27.52	7.04	23.08
EPS ($)	-0.52	-0.84	-0.60	0.13
EPS 증가율 (%)	-420.00	-61.54	28.57	122.36
주당자산가치($)	0.24	-0.52	0.44	0.53
잉여현금흐름 (백만$)	-193	-322	13	-176

내부자 거래

(3M 비중은 12개월 거래 중 최근 3개월의 비중)

구분	성격	3개월	12개월	3M비중
매수	매수 건수 (장내 매매만 해당)	1	1	100.00%
매도	매도 건수 (장내 매매만 해당)	20	82	24.39%
매수	매수 수량 (장내 매매만 해당)	127,282	127,282	100.00%
매도	매도 수량 (장내 매매만 해당)	1,478,842	45,863,727	3.22%
	순매수량 (-인 경우 순매도량)	-1,351,560	-45,736,445	

	2013	2014	2015	2016
배당성향(%)				
배당수익률(%)	0.00	0.00	0.00	0.00
ROE (%)	-15.34	-110.26		-24,850.00
ROA (%)	-1.99	-9.95	-19.27	-15.52
재고회전율	7.33	7.02	5.86	5.98
EBITDA (백만$)	324	372	-164	-336

ETF 노출　(편입 ETF 수 : 60개 / 시가총액 대비 ETF의 보유비중 : 12.35%)

티커	ETF	보유 지분	비중
VO	Vanguard Mid-Cap ETF	$284,561,514	0.29%
VTI	Vanguard Total Stock Market ETF	$279,867,976	0.04%
VOO	Vanguard 500 Index Fund	$177,495,786	0.04%
SPY	SPDR S&P 500 ETF Trust	$127,212,429	0.04%
VOE	Vanguard Mid-Cap Value ETF	$96,297,068	0.54%

매출비중

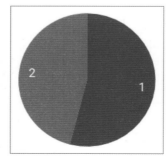

제품명	비중
1. 기업, 임베디드 & 사용자 정의 장치	
	53.96%
2. 컴퓨팅 및 그래픽	
	46.04%

기간 수익률

1M : 22.35%	3M : 0.55%	6M : -9.29%	1Y : 29.12%	3Y : 426.77%

AVGO
브로드컴
Broadcom Limited

섹터 정보기술 (Information Technology)
세부섹터 반도체 (Semiconductors)

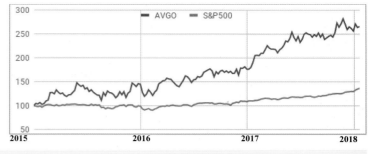

브로드컴(Broadcom Limited)은 CMOS(Complementary Metal Oxide Semiconductor)의 기반 장치 및 아날로그 III-V 기반 제품에 초점을 맞춘 다양한 반도체 장치의 설계, 개발, 공급 업체이다. 회사는 1991년에 설립되었고 본사는 싱가포르에 있으며 15,700명의 직원이 근무하고 있다. 회사는 유선 인프라 부문, 무선 통신 부문, 엔터프라이즈 스토리지 부문, 산업 및 기타 부문의 네 가지 부문으로 나누어진다. 엔터프라이즈 및 데이터센터 네트워킹, 홈 연결성, 셋톱 박스(STB), 광대역 액세스, 원격 커뮤니케이션 장비, 스마트 폰, 데이터센터 서버 및 스토리지 시스템, 공장 자동화와 같은 최종 제품에 사용되는 다양한 제품을 제공하고 있다. 제품 포트폴리오는 개별 장치에서부터 여러 장치 유형을 포함하는 복잡한 하위 시스템에 이르기까지 다양하며 아날로그 및 디지털 시스템 간의 인터페이스를 위한 펌웨어도 포함되어 있다. 1991년 최초 설립된 이후 다양한 인수·합병 활동을 진행해왔고, 2016년 아바고 테크놀로지(Avago Technologies)에 인수되어 현재 브로드컴(Broadcom Limited)으로 사업을 영위하고 있다.

기준일 : 2018/ 01 /25

한글 회사명 : 브로드컴
영문 회사명 : Broadcom Limited
상장일 : 2009년 08월 06일 | 결산월 : 10월
시가총액 : 1012 (억$) |
52주 최고 : $285.68 (-8.59%) / 52주 최저 : $192.28 (+35.8%)

주요 주주정보

보유자/ 보유 기관	보유율
Capital Research & Management Co. (World Inve	10.4%
The Vanguard Group, Inc.	6.76%
Capital Research & Management Co. (Global Inv	6.51%

애널리스트 추천 및 최근 투자의견

브로드컴의 2018년 01월 25일 현재 28개 기관의 **평균적인 목표가는 317.42$**이며, 2018년 추정 주당순이익(EPS)은 20.58$로 2017년 추정 EPS 19.54$에 비해 **5.32% 증가할 것으로 예상**된다.

최근, 1개월, 3개월의 투자 의견 변화

투자의견	금융사 및 투자의견	날짜
Maintains	Canaccord Genuity: Buy to Buy	11/29/2017
Maintains	BMO Capital: to Outperform	11/20/2017
Maintains	Nomura: to Buy	6/11/2017
Maintains	Barclays: to Overweight	10/18/2017
Maintains	KeyBanc: to Overweight	8/25/2017

내부자 거래

(3M 비중은 12개월 거래 중 최근 3개월의 비중)

구분	성격	3개월	12개월	3M비중
매수	매수 건수 (장내 매매만 해당)	0	14	0.00%
매도	매도 건수 (장내 매매만 해당)	10	44	22.73%
매수	매수 수량 (장내 매매만 해당)	36,500	76,586	47.66%
매도	매도 수량 (장내 매매만 해당)	65,268	340,958	19.14%
	순매수량 (-인 경우 순매도량)	-28,768	-264,372	

ETF 노출
(편입 ETF 수 : 79개 / 시가총액 대비 ETF의 보유비중 : 9.31%)

티커	ETF	보유 지분	비중
VTI	Vanguard Total Stock Market ETF	$2,426,829,455	0.35%
VOO	Vanguard 500 Index Fund	$1,714,619,428	0.41%
SPY	SPDR S&P 500 ETF Trust	$1,253,962,695	0.42%
QQQ	PowerShares QQQ Trust, Series 1 (ETF)	$795,885,410	1.29%
VUG	Vanguard Growth ETF	$677,964,953	0.87%

기간 수익률

1M : 0.24%	3M : 6.32%	6M : 5.24%	1Y : 39.41%	3Y : 156.58%

재무 지표

	2014	2015	2016	2017(E)
매출액 (백만$)	4,269	6,824	13,240	17,650
영업이익 (백만$)	709	1,850	783	7,974
순이익 (백만$)	309	1,391	-1,633	7,231
자산총계 (백만$)	10,491	10,592	49,966	51,515
자본총계 (백만$)	3,243	4,714	21,876	
부채총계 (백만$)	7,248	5,878	28,090	

안정성 비율	2013	2014	2015	2016
유동비율 (%)	429.79	377.46	337.36	231.48
부채비율 (%)	18.33	223.50	124.69	128.41
이자보상배율 (배)	279.00	6.45	9.69	1.34

투자 지표

	2014	2015	2016	2017(E)
영업이익률 (%)	16.61	27.11	5.91	45.18
매출액 증가율 (%)	69.41	59.85	94.02	33.31
EPS ($)	1.05	5.22	-4.87	15.95
EPS 증가율 (%)	-52.92	397.14	-193.30	427.41
주당자산가치($)	12.75	17.06	47.43	49.62
잉여현금흐름 (백만$)	766	1,725	2,688	5,732

	2013	2014	2015	2016
배당성향(%)	35.87	117.14	29.69	
배당수익률(%)	1.76	1.43	1.26	1.14
ROE (%)	20.81	10.08	34.96	-13.84
ROA (%)	17.59	4.44	13.20	-5.78
재고회전율	10.52	10.62	13.09	13.76
EBITDA (백만$)	745	1,319	2,812	3,825

매출비중

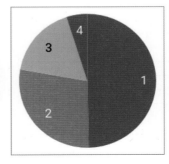

제품명	비중
1. 유선 인프라	
	49.71%
2. 무선 통신	
	28.13%
3. 데이터 센터 관련	
	17.3%
4. 산업 및 기타	
	4.86%

INTC
인텔
Intel Corporation

섹터 정보기술 (Information Technology)
세부섹터 반도체 (Semiconductors)

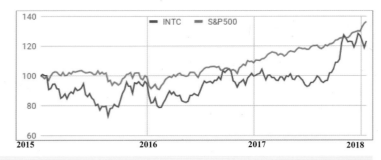

인텔(Intel Corporation)은 세계적으로 컴퓨터, 네트워킹 및 통신 플랫폼을 설계, 제조, 판매하고 있으며 클라우드 제품 및 기술을 설계, 제조, 판매하는 사업을 영위하는 업체이다. 회사는 1968년에 설립되었고 본사는 캘리포니아주 샌타클래라에 있으며 106,000명의 직원이 근무하고 있다. 회사의 사업 부문은 고객 컴퓨팅 부문(CCG), 데이터센터 부문(DCG), 사물인터넷 부문(IOTG), 비휘발성 메모리 솔루션 부문(NSG) 다섯 가지 부문으로 나누어진다. 회사는 주문자 상표 부착 방식(OEM), 생산자 개발 방식(ODM), 클라우드 및 통신 서비스 제공 업체는 물론 산업, 통신 및 자동차 장비 제조업체 등의 고객군에 컴퓨터, 네트워킹 및 통신 플랫폼을 제공하고 있다. 회사는 현재 이스라엘 자율주행 기술기업 모빌아이(Mobileye)를 인수하여 자율주행차 사업에 주력하고 있다. 회사는 현재 인텔 제온 프로세서, 7세대 인텔 코어 프로세서를 출시하였으며, 다양한 플랫폼을 제공하고 있다.

기준일 : 2018/ 01 /25
한글 회사명 : 인텔
영문 회사명 : Intel Corporation
상장일 : 1972년 01월 21일 | 결산월 : 12월
시가총액 : 2120 (억$) |
52주 최고 : $47.64 (-3.82%) / 52주 최저 : $33.23 (+37.88%)

주요 주주정보

보유자/ 보유 기관	보유율
The Vanguard Group, Inc.	7.07%
BlackRock Fund Advisors	4.62%
Capital Research & Management Co. (World Inve	4.61%

애널리스트 추천 및 최근 투자의견

인텔의 2018년 01월 25일 현재 37개 기관의 **평균적인 목표가는 51.1$**이며, 2018년 추정 주당순이익(EPS)은 3.75$로 2017년 추정 EPS 3.46$에 비해 **8.38% 증가할 것으로 예상**된다.

최근, 1개월, 3개월의 투자 의견 변화

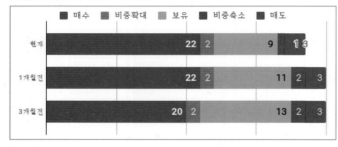

투자의견	금융사 및 투자의견	날짜
Upgrade	Credit Suisse: Neutral to Outperform	1/26/2018
Maintains	KeyBanc: Overweight to Overweight	1/26/2018
Maintains	Morgan Stanley: Equal-Weight to Equal-Weight	1/26/2018
Maintains	Canaccord Genuity: to Hold	11/17/2017
Maintains	Barclays: to Overweight	11/13/2017

내부자 거래
(3M 비중은 12개월 거래 중 최근 3개월의 비중)

구분	성격	3개월	12개월	3M비중
매수	매수 건수 (장내 매매만 해당)	0	1	0.00%
매도	매도 건수 (장내 매매만 해당)	36	111	32.43%
매수	매수 수량 (장내 매매만 해당)	0	13,888	0.00%
매도	매도 수량 (장내 매매만 해당)	289,125	2,299,598	12.57%
	순매수량 (-인 경우 순매도량)	-289,125	-2,285,710	

ETF 노출 (편입 ETF 수 : 130개 / 시가총액 대비 ETF의 보유비중 : 10.86%)

티커	ETF	보유 지분	비중
VTI	Vanguard Total Stock Market ETF	$5,502,835,605	0.80%
VOO	Vanguard 500 Index Fund	$3,900,916,308	0.94%
SPY	SPDR S&P 500 ETF Trust	$2,852,948,543	0.95%
QQQ	PowerShares QQQ Trust, Series 1 (ETF)	$1,787,526,368	2.89%
IVV	iShares S&P 500 Index (ETF)	$1,445,477,643	0.94%

기간 수익률

1M : 0.58%	3M : 21.13%	6M : 29.05%	1Y : 21.33%	3Y : 22.96%

재무 지표

	2014	2015	2016	2017(E)
매출액 (백만$)	55,870	55,355	59,387	62,049
영업이익 (백만$)	15,655	14,869	14,813	18,840
순이익 (백만$)	11,704	11,420	10,316	15,717
자산총계 (백만$)	91,956	101,459	113,327	127,144
자본총계 (백만$)	56,777	61,982	67,108	
부채총계 (백만$)	35,179	39,477	46,219	

안정성 비율	2013	2014	2015	2016
유동비율 (%)	236.47	173.11	244.92	174.90
부채비율 (%)	58.54	61.96	63.69	68.87
이자보상배율 (배)	51.48	81.54	44.12	20.21

투자 지표

	2014	2015	2016	2017(E)
영업이익률 (%)	28.02	26.86	24.94	30.36
매출액 증가율 (%)	6.00	-0.92	7.28	4.48
EPS ($)	2.39	2.41	2.18	3.25
EPS 증가율 (%)	23.20	0.84	-9.54	49.19
주당자산가치($)	11.77	12.93	14.00	15.12
잉여현금흐름 (백만$)	10,313	11,691	12,183	10,454

	2013	2014	2015	2016
배당성향(%)	47.62	38.96	41.20	49.06
배당수익률(%)	3.47	2.48	2.79	2.87
ROE (%)	17.58	20.35	19.23	15.98
ROA (%)	10.89	12.70	11.81	9.61
재고회전율	11.84	13.23	11.73	11.08
EBITDA (백만$)	20,593	24,204	23,580	22,603

매출비중

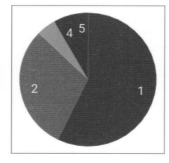

제품명	비중
1. 클라이언트 컴퓨팅 그룹	
	55.41%
2. 데이터 센터 그룹	
	29.02%
3. IoT	
	4.44%
4. 비휘발성 메모리 솔루션	
	4.34%
5. 인텔 보안 그룹	
	3.64%

MCHP
마이크로 칩 테크놀로지 인코퍼레이티드
Microchip Technology Incorporated

섹터 정보기술 (Information Technology)
세부섹터 반도체 (Semiconductors)

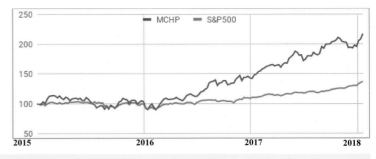

마이크로 칩 테크놀로지 인코퍼레이티드(Microchip Technology Incorporated)는 다양한 특수 반도체 제품을 개발, 제조, 판매하는 업체이다. 회사는 1989년에 설립되었고 본사는 애리조나주 챈들러에 있으며 2,622명의 직원이 근무하고 있다. 회사의 사업 부문은 반도체 제품과 기술 라이센싱 두 부문으로 나누어진다. 반도체 제품 부문에서는 마이크로 컨트롤러, 개발 도구 및 아날로그, 인터페이스 관련 제품을 설계, 개발, 제조, 판매하고 있다. 제품 포트폴리오는 범용 및 특수 8bit/16bit/32bit 마이크로 컨트롤러, 무선 주파수(RF), 직렬 플래시 메모리, 병렬 플래시 메모리 및 유/무선 연결 장치 등이 있다. 기술 라이선스 부문에서는 슈퍼플래시 임베디드 플래시 및 스마트비츠(Smartbits) 일회용 프로그램 가능 비휘발성 메모리(NVM) 기술과 관련된 라이센스 수수료 수취를 통해 수익을 창출하고 있다.

기준일 : 2018/ 01 /25

한글 회사명 : 마이크로 칩 테크놀로지 인코퍼레이티드
영문 회사명 : Microchip Technology Incorporated
상장일 : 1993년 03월 19일 | 결산월 : 3월
시가총액 : 216 (억$) |
52주 최고 : $99.17 (-2.2%) / 52주 최저 : $66.85 (+45.07%)

주요 주주정보

보유자/ 보유 기관	보유율
The Vanguard Group, Inc.	10.56%
T. Rowe Price Associates, Inc.	8.9%
BlackRock Fund Advisors	4.94%

애널리스트 추천 및 최근 투자의견

마이크로 칩 테크놀로지 인코퍼레이티드의 2018년 01월 25일 현재 20개 기관의 **평균적인 목표가는 107.06$**이며, 2018년 추정 주당순이익(EPS)은 5.82$로 2017년 추정 EPS 5.44$에 비해 **6.98% 증가**할 것으로 예상된다.

최근, 1개월, 3개월의 투자 의견 변화

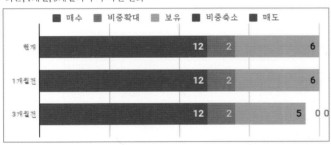

투자의견	금융사 및 투자의견	날짜
Initiated	PiperJaffray: to Overweight	12/19/2017
Maintains	Morgan Stanley: to Equal-Weight	12/13/2017
Maintains	B. Riley: to Buy	7/11/2017
Maintains	Credit Suisse: to Outperform	7/11/2017
Maintains	Jefferies: to Buy	7/11/2017

내부자 거래

(3M 비중은 12개월 거래 중 최근 3개월의 비중)

구분	성격	3개월	12개월	3M비중
매수	매수 건수 (장내 매매만 해당)	7	10	70.00%
매도	매도 건수 (장내 매매만 해당)	13	45	28.89%
매수	매수 수량 (장내 매매만 해당)	8,905	9,412	94.61%
매도	매도 수량 (장내 매매만 해당)	64,365	160,828	40.02%
	순매수량 (-인 경우 순매도량)	-55,460	-151,416	

ETF 노출 (편입 ETF 수 : 89개 / 시가총액 대비 ETF의 보유비중 : 15.11%)

티커	ETF	보유 지분	비중
VO	Vanguard Mid-Cap ETF	$539,695,984	0.54%
VTI	Vanguard Total Stock Market ETF	$530,860,397	0.08%
VOO	Vanguard 500 Index Fund	$376,594,131	0.09%
SPY	SPDR S&P 500 ETF Trust	$275,290,149	0.09%
VIG	Vanguard Dividend Appreciation ETF	$176,893,435	0.49%

기간 수익률

1M : 12.33%	3M : 8.73%	6M : 20.48%	1Y : 45.59%	3Y : 117.32%

재무 지표

	2014	2015	2016	2017(E)
매출액 (백만$)	2,147	2,173	3,408	3,982
영업이익 (백만$)	428	356	374	1,519
순이익 (백만$)	369	324	171	1,337
자산총계 (백만$)	4,781	5,538	7,687	8,306
자본총계 (백만$)	2,061	2,151	3,271	
부채총계 (백만$)	2,720	3,387	4,416	

안정성 비율	2013	2014	2015	2016
유동비율 (%)	585.99	752.78	810.64	327.21
부채비율 (%)	90.48	131.96	157.47	135.02
이자보상배율 (배)	9.48	3.80	3.43	2.56

투자 지표

	2014	2015	2016	2017(E)
영업이익률 (%)	19.93	16.38	10.97	38.14
매출액 증가율 (%)	11.18	1.23	56.80	16.86
EPS ($)	1.84	1.59	0.76	5.44
EPS 증가율 (%)	-10.00	-11.11	-50.00	620.73
주당자산가치($)	10.12	10.54	14.28	15.79
잉여현금흐름 (백만$)	572	647	984	1,268

	2013	2014	2015	2016
배당성향(%)	77.90	86.36	96.11	206.33
배당수익률(%)	2.97	2.91	2.97	1.95
ROE (%)	19.43	17.66	15.45	6.29
ROA (%)	9.98	8.26	6.28	2.58
재고회전율	7.65	7.92	7.41	9.41
EBITDA (백만$)	651.03	706.76	639.47	843.63

매출비중

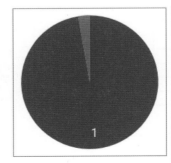

제품명	비중
1. 반도체	
	97.33%
2. 기술 특허	
	2.67%

351

MU
마이크론 테크놀로지
Micron Technology, Inc.

섹터 정보기술 (Information Technology)
세부섹터 반도체 (Semiconductors)

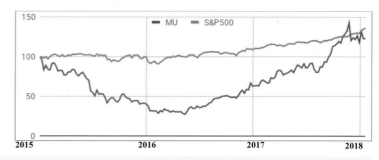

마이크론 테크놀로지(Micron Technology, Inc.)는 낸드 플래시 메모리 카드 제품을 설계 및 판매를 하는 업체이다. 회사는 1978년에 설립되었고 본사는 아이다호주 보이스에 있으며 31,400명의 직원이 근무하고 있다. 회사는 디램과 낸드 플래시 메모리 부분에서 삼성전자, SK하이닉스 다음으로 큰 반도체 제조 업체이다. 회사의 제품은 다이내믹 랜덤 액세스 메모리(DRAM), 네거티브 앤드(NAND) 플래시, 엔도 알(NOR) 플래시, 솔리드 스테이트 드라이브(SSD), 모듈, 멀티 칩 패키지 및 기타 시스템 등이 있다. 회사의 사업 부문은 컴퓨팅, 네트워킹, 그래픽 및 클라우드 서버 시장으로 판매되는 메모리 제품을 포함하는 컴퓨팅 및 네트워킹 비즈니스 유닛(CNBU), 스마트폰, 태블릿 및 기타 모바일 장치 시장에 판매되는 메모리 제품을 포함하는 모바일 비즈니스 유닛(MBU), 클라이언트, 클라우드 및 이동식 스토리지 시장에 판매되는 메모리 제품을 포함하는 스토로지 비즈니스 유닛(Storage Business Unit)이 있고, 인텔 마이크론 플래시 테크놀러지(IMFT)와 합작 투자를 하고 있다. 임베디드 비즈니스 유닛(Embedded Business Unit)에는 자동차, 산업, 가정 및 소비자 가전 시장에 판매되는 메모리 제품이 포함되어 있다.

기준일 : 2018/ 01 /25
한글 회사명 : 마이크론 테크놀로지
영문 회사명 : Micron Technology, Inc.
상장일 : 1984년 06월 01일 | 결산월 : 8월
시가총액 : 497 (억$) |

52주 최고 : $49.89 (-13.06%) / 52주 최저 : $22.26 (+94.83%)

주요 주주정보

보유자/ 보유 기관	보유율
The Vanguard Group, Inc.	6.42%
PRIMECAP Management Co.	5.07%
BlackRock Fund Advisors	4.22%

애널리스트 추천 및 최근 투자의견

마이크론 테크놀로지의 2018년 01월 25일 현재 32개 기관의 **평균적인 목표가는 58.89$**이며, 2018년 추정 주당순이익(EPS)은 8.54$로 2017년 추정 EPS 9.73$에 비해 **-12.23% 감소**할 것으로 예상된다.

최근, 1개월, 3개월의 투자 의견 변화

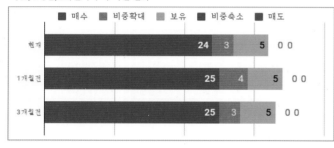

투자의견	금융사 및 투자의견	날짜
Downgrade	Standpoint Research: Outperform to Hold	11/28/2017
Maintains	UBS: to Buy	10/19/2017
Maintains	Nomura: to Buy	10/16/2017
Maintains	Loop Capital: to Buy	10/13/2017
Maintains	Barclays: to Overweight	12/10/2017

내부자 거래

(3M 비중은 12개월 거래 중 최근 3개월의 비중)

구분	성격	3개월	12개월	3M비중
매수	매수 건수 (장내 매매만 해당)	1	19	5.26%
매도	매도 건수 (장내 매매만 해당)	11	65	16.92%
매수	매수 수량 (장내 매매만 해당)	48,066	780,502	6.16%
매도	매도 수량 (장내 매매만 해당)	165,462	943,320	17.54%
	순매수량 (-인 경우 순매도량)	-117,396	-162,818	

ETF 노출   (편입 ETF 수 : 95개 / 시가총액 대비 ETF의 보유비중 : 10.09%)

티커	ETF	보유 지분	비중
VTI	Vanguard Total Stock Market ETF	$1,151,500,913	0.17%
VOO	Vanguard 500 Index Fund	$859,295,392	0.21%
SPY	SPDR S&P 500 ETF Trust	$627,930,445	0.21%
QQQ	PowerShares QQQ Trust, Series 1 (ETF)	$398,331,108	0.65%
VUG	Vanguard Growth ETF	$321,685,553	0.41%

기간 수익률

1M : 0.82%	3M : 23.37%	6M : 33.55%	1Y : 94.67%	3Y : 47.46%

재무 지표

	2014	2015	2016	2017(E)
매출액 (백만$)	16,358	16,192	12,399	20,126
영업이익 (백만$)	3,359	2,956	229	5,939
순이익 (백만$)	3,045	2,899	-276	4,787
자산총계 (백만$)	22,498	24,143	27,540	35,296
자본총계 (백만$)	11,573	13,239	12,928	
부채총계 (백만$)	10,925	10,904	14,612	

안정성 비율	2013	2014	2015	2016
유동비율 (%)	216.02	212.95	220.13	196.38
부채비율 (%)	91.07	94.40	82.36	113.03
이자보상배율 (배)	1.75	9.54	7.97	0.52

투자 지표

	2014	2015	2016	2017(E)
영업이익률 (%)	20.53	18.26	1.85	29.51
매출액 증가율 (%)	80.29	-1.02	-23.43	62.32
EPS ($)	2.87	2.71	-0.27	4.67
EPS 증가율 (%)	147.41	-5.58	-109.96	1,828.88
주당자산가치($)	10.04	11.84	11.62	15.77
잉여현금흐름 (백만$)	3,041	1,187	-2,649	2,923

	2013	2014	2015	2016
배당성향(%)				
배당수익률(%)	0.00	0.00	0.00	0.00
ROE (%)	14.13	30.58	25.13	-2.26
ROA (%)	7.14	14.80	12.43	-1.06
재고회전율	4.07	6.41	6.75	4.74
EBITDA (백만$)	2,208	5,462	5,623	3,209

매출비중

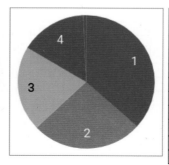

제품명	비중
1. 컴퓨팅 및 네트워킹 사업부	
	36.53%
2. 저장매체 사업부	
	26.31%
3. 모바일 사업 부문	
	20.72%
4. 내장형 사업부	
	15.64%
5. 기타	
	0.81%

NVDA
엔비디아 코퍼레이션
Nvidia Corporation

섹터 정보기술 (Information Technology)
세부섹터 반도체 (Semiconductors)

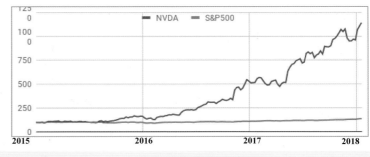

엔비디아 코퍼레이션(NVIDIA Corporation)은 컴퓨터용 그래픽 처리 장치(GPU)와 멀티미디어 장치를 개발, 제조하는 업체이다. 회사는 1993년 설립되었고 본사는 캘리포니아주의 샌타클래라에 있으며 10,299명의 직원이 근무하고 있다. 소니의 엑스박스와 마이크로 소프트의 플레이스테이션과 같은 비디오 게임기에 그래픽 카드 칩셋을 공급하고 있다. 회사의 사업 부문은 인공지능과 딥 러닝, 데이터 센터, GPU 클라우드, 디자인과 프로 비주얼라이제이션, 인텔리전트 머신(AI), 자율주행 자동차 컴퓨터 개발, 지포스(GEFORCE) 게이밍의 일곱 가지 부문으로 나누어진다. 주요 제품들은 지포스(GeForce) 시리즈 브랜드로 유명한 그래픽 카드 칩셋과 엔포스(nForce) 브랜드로 알려진 메인보드 칩셋이 있다. 컴퓨터 그래픽 전문가를 위해 만든 그래픽 카드 칩셋 쿼드로(Quadro) 시리즈와 차량용 고성능 컴퓨팅용 카드인 테슬라(Tesla) 시리즈도 있다. 현재 독일업체 보쉬와 협력하여 인공지능 자율주행 시스템 엔비디아 드라이브 PX2를 공동 개발하고 있다. 현재 여기에는 독일 폭스바겐, 아우디, 다임러 벤츠, 도요타 등이 참여하고 있다.

기준일 : 2018/ 01 /25

한글 회사명 : 엔비디아 코퍼레이션

영문 회사명 : Nvidia Corporation

상장일 : 1999년 01월 22일 | 결산월 : 1월

시가총액 : 1432 (억$) |

52주 최고 : $240.49 (-0.92%) / 52주 최저 : $95.17 (+150.35%)

주요 주주정보

보유자/ 보유 기관	보유율
Fidelity Management & Research Co.	8.36%
The Vanguard Group, Inc.	6.44%
BlackRock Fund Advisors	4.35%

애널리스트 추천 및 최근 투자의견

엔비디아 코퍼레이션의 2018년 01월 25일 현재 33개 기관의 **평균적인 목표가는 216.32$**이며, 2018년 추정 주당순이익(EPS)은 4.71$로 2017년 추정 EPS 4.19$에 비해 **12.41% 증가할 것으로 예상**된다.

최근, 1개월, 3개월의 투자 의견 변화

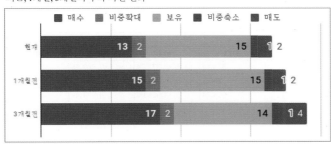

투자의견	금융사 및 투자의견	날짜
Maintains	Canaccord Genuity: to Buy	11/17/2017
Upgrade	BMO Capital: Underperform to Market Perform	11/13/2017
Upgrade	Nomura: Reduce to Neutral	10/11/2017
Maintains	Morgan Stanley: to Equal-Weight	10/11/2017
Maintains	Loop Capital: to Buy	10/11/2017

내부자 거래

(3M 비중은 12개월 거래 중 최근 3개월의 비중)

구분	성격	3개월	12개월	3M비중
매수	매수 건수 (장내 매매만 해당)	6	23	26.09%
매도	매도 건수 (장내 매매만 해당)	6	50	12.00%
매수	매수 수량 (장내 매매만 해당)	152,925	262,866	58.18%
매도	매도 수량 (장내 매매만 해당)	85,105	2,078,968	4.09%
	순매수량 (-인 경우 순매도량)	67,820	-1,816,102	

ETF 노출   (편입 ETF 수 : 101개 / 시가총액 대비 ETF의 보유비중 : 9.65%)

티커	ETF	보유 지분	비중
VTI	Vanguard Total Stock Market ETF	$3,133,702,657	0.46%
VOO	Vanguard 500 Index Fund	$2,468,296,510	0.59%
SPY	SPDR S&P 500 ETF Trust	$1,804,595,150	0.60%
QQQ	PowerShares QQQ Trust, Series 1 (ETF)	$1,134,386,663	1.84%
IVV	iShares S&P 500 Index (ETF)	$914,642,498	0.59%

기간 수익률

1M : 20.12%	3M : 27.76%	6M : 36.88%	1Y : 121.23%	3Y : 1052.85%

재무 지표

	2014	2015	2016	2017(E)
매출액 (백만$)	4,682	5,010	6,910	9,475
영업이익 (백만$)	796	948	1,969	3,409
순이익 (백만$)	631	614	1,666	2,665
자산총계 (백만$)	7,201	7,370	9,841	10,620
자본총계 (백만$)	4,418	4,469	5,762	
부채총계 (백만$)	2,783	2,901	4,079	

안정성 비율	2013	2014	2015	2016
유동비율 (%)	593.07	637.62	257.47	477.41
부채비율 (%)	62.71	63.00	64.91	70.79
이자보상배율 (배)	47.52	17.26	20.17	33.95

투자 지표

	2014	2015	2016	2017(E)
영업이익률 (%)	17.00	18.92	28.49	35.97
매출액 증가율 (%)	13.35	7.02	37.92	37.12
EPS ($)	1.14	1.13	3.08	4.19
EPS 증가율 (%)	52.00	-0.88	172.57	36.00
주당자산가치($)	8.11	8.29	9.85	11.36
잉여현금흐름 (백만$)	783	1,089	1,496	2,700

	2013	2014	2015	2016
배당성향(%)	41.89	30.36	36.60	18.90
배당수익률(%)	1.97	1.77	1.35	0.44
ROE (%)	9.48	14.21	13.82	32.57
ROA (%)	6.44	8.73	8.43	19.36
재고회전율	10.23	10.75	11.12	11.40
EBITDA (백만$)	735.38	1,016.47	1,145	2,156

매출비중

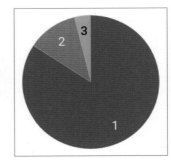

제품명	비중
1. GPU(그래픽 처리 장치)	
	84.25%
2. Tegra 프로세서	
	11.92%
3. 기타	
	3.82%

QCOM
퀄컴 인코퍼레이티드
QUALCOMM Incorporated.

섹터 정보기술 (Information Technology)
세부섹터 반도체 (Semiconductors)

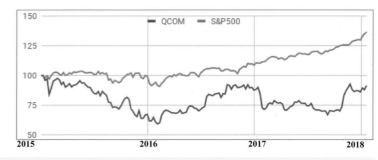

퀄컴 인코퍼레이티드(QUALCOMM Incorporated)는 무선 통신 제품 및 서비스를 설계, 판매하는 반도체 및 통신 장비 업체이다. 회사는 1993년 설립되었고 본사는 캘리포니아주의 샌디에이고에 있으며 30,500명의 직원이 근무하고 있다. 회사의 사업 부문은 큐시티(QCT), 큐티엘(QTL), 큐에스아이(QSI)의 세 가지 부문으로 나누어진다. 회사는 코드 분할 다중 접속(CDMA)의 디지털 통신 기술 상용화를 주도하고 있으며, 직교 주파수 분할 다중 접속(OFDMA) 제품군의 개발 및 상용화 분야의 선두 주자이다. 셀룰러 무선 통신 애플리케이션을 위한 직교 주파수 분할 다중 접속(OFDMA) 및 단일 반송파 주파수 분할 다중 접속(FDMA)를 사용하는 직교 주파수 분할 다중화(OFDM) 기반 표준인 엘티이(LTE)가 포함되어 있다. 회사는 특허, 특허 출원 및 영업 비밀을 포함하여 코드 분할 다중 접속(CDMA) 및 직교 주파수 분할 다중 접속(OFDMA)의 모든 버전을 구현하는 제품에 적용할 수 있는 중요한 지적 재산권을 보유하고 있다. 회사는 칩 생산과 특허 라이센싱 사업으로 매출 대부분을 창출하고 있다.

기준일 : 2018/ 01 /25

한글 회사명 : 퀄컴 인코퍼레이티드
영문 회사명 : QUALCOMM Incorporated.
상장일 : 1991년 12월 13일 | 결산월 : 9월
시가총액 : 998 (억$) |
52주 최고 : $69.28 (-2.2%) / 52주 최저 : $48.92 (+38.49%)

주요 주주정보

보유자/ 보유 기관	보유율
The Vanguard Group, Inc.	6.93%
BlackRock Fund Advisors	4.38%
SSgA Funds Management, Inc.	4.03%

애널리스트 추천 및 최근 투자의견

퀄컴 인코퍼레이티드의 2018년 01월 25일 현재 22개 기관의 **평균적인 목표가는 69.08$**이며, 2018년 추정 주당순이익(EPS)은 3.81$로 2017년 추정 EPS 3.48$에 비해 **9.48% 증가할 것으로 예상**된다.

최근, 1개월, 3개월의 투자 의견 변화

투자의견	금융사 및 투자의견	날짜
Upgrade	Nomura: Neutral to Buy	1/16/2018
Downgrade	Stifel Nicolaus: Buy to Hold	11/29/2017
Maintains	Canaccord Genuity: to Buy	11/13/2017
Upgrade	RBC Capital: Sector Perform to Outperform	8/11/2017
Upgrade	Raymond James: Market Perform to Outperform	8/11/2017

내부자 거래

(3M 비중은 12개월 거래 중 최근 3개월의 비중)

구분	성격	3개월	12개월	3M비중
매수	매수 건수 (장내 매매만 해당)	2	17	11.76%
매도	매도 건수 (장내 매매만 해당)	6	44	13.64%
매수	매수 수량 (장내 매매만 해당)	574	48,723	1.18%
매도	매도 수량 (장내 매매만 해당)	197,039	556,835	35.39%
	순매수량 (-인 경우 순매도량)	-196,465	-508,112	

ETF 노출
(편입 ETF 수 : 103개 / 시가총액 대비 ETF의 보유비중 : 9.96%)

티커	ETF	보유 지분	비중
VTI	Vanguard Total Stock Market ETF	$2,413,412,703	0.35%
VOO	Vanguard 500 Index Fund	$1,710,883,609	0.41%
SPY	SPDR S&P 500 ETF Trust	$1,248,724,686	0.42%
QQQ	PowerShares QQQ Trust, Series 1 (ETF)	$784,671,813	1.27%
IVV	iShares S&P 500 Index (ETF)	$633,972,344	0.41%

기간 수익률

1M : 5.06%	3M : 30.36%	6M : 26.37%	1Y : 8.2%	3Y : -4.55%

재무 지표

	2014	2015	2016	2017(E)
매출액 (백만$)	26,487	25,281	23,554	23,039
영업이익 (백만$)	8,340	7,427	6,812	6,736
순이익 (백만$)	7,537	5,271	5,705	6,150
자산총계 (백만$)	48,574	50,796	52,359	64,775
자본총계 (백만$)	39,166	31,414	31,768	
부채총계 (백만$)	9,408	19,382	20,591	

안정성 비율	2013	2014	2015	2016
유동비율 (%)	375.12	372.74	362.28	314.34
부채비율 (%)	26.13	24.02	61.70	64.82
이자보상배율 (배)	328.74	1,668.00	71.41	22.94

투자 지표

	2014	2015	2016	2017(E)
영업이익률 (%)	31.49	29.38	28.92	29.24
매출액 증가율 (%)	6.52	-4.55	-6.83	-2.19
EPS ($)	4.48	3.26	3.84	4.16
EPS 증가율 (%)	12.07	-27.26	18.01	8.24
주당자산가치($)	23.47	20.62	21.53	20.70
잉여현금흐름 (백만$)	7,702	4,512	6,861	3,613

	2013	2014	2015	2016
배당성향(%)	30.69	35.02	55.97	53.04
배당수익률(%)	1.78	2.06	3.35	2.95
ROE (%)	19.69	20.03	14.93	18.05
ROA (%)	15.46	16.01	10.60	11.06
재고회전율	21.33	19.19	17.14	15.46
EBITDA (백만$)	8,578	9,490	8,641	8,240

매출비중

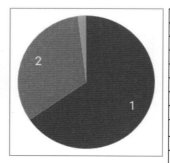

제품명	비중
1. CDMA 기술	65.42%
2. 기술 특허	32.54%
3. 조정 항목	1.84%
4. 전략 기획	0.2%

QRVO
콜보
Qorvo, Inc.

섹터 정보기술 (Information Technology)
세부섹터 반도체 (Semiconductors)

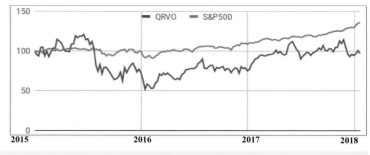

콜보(Qorvo, Inc.)는 모바일, 인프라, 국방, 항공 우주 애플리케이션을 위한 기술 및 무선 주파수 (RF) 솔루션 제공 업체이다. 회사는 2013년 설립되었고 본사는 노스캐롤 라이나주의 그린즈버러에 있으며 8,600명의 직원이 근무하고 있다. 회사의 사업 부문은 모바일 제품(MP), 인프라 및 방위 제품(IDP) 두 가지로 부문으로 나누어진다. 모바일 제품(MP) 부문은 셀룰러 무선 주파수(RF) 및 와이파이(WiFi) 솔루션을 스마트폰, 노트북 컴퓨터, 웨어러블, 태블릿 및 사물인터넷(IoT)용 셀룰러 기반 애플리케이션 등 다양한 모바일 장치에 제품을 공급하고 있다. 인프라 및 방위 제품(IDP) 부문은 통신, 네트워크 인프라 및 방위 애플리케이션 등 '연결 및 보호'를 하는 다양한 솔루션 포트폴리오를 갖춘 무선 주파수(RF) 솔루션을 공급하고 있다. 회사의 제품은 초고압 유선 및 무선 인프라 솔루션에서부터 초저전력 스마트 홈 솔루션에 이르기까지 광범위한 첨단 애플리케이션을 구현하고 있다.

기준일 : 2018/ 01 /25

한글 회사명 : 콜보
영문 회사명 : Qorvo, Inc.
상장일 : 1997년 06월 03일 | 결산월 : 3월
시가총액 : 84 (억$) |
52주 최고 : $81.2 (-17.53%) / 52주 최저 : $61.12 (+9.55%)

주요 주주정보

보유자/ 보유 기관	보유율
Capital Research & Management Co. (Global Investor	14.06%
The Vanguard Group, Inc.	10.05%
Fidelity Management & Research Co.	7.27%

애널리스트 추천 및 최근 투자의견

콜보의 2018년 01월 25일 현재 25개 기관의 **평균적인 목표가는 75.62$**이며, 2018년 추정 주당순이익(EPS)은 6.3$로 2017년 추정 EPS 5.4$에 비해 **16.66% 증가할 것으로 예상**된다.

최근, 1개월, 3개월의 투자 의견 변화

투자의견	금융사 및 투자의견	날짜
Maintains	Morgan Stanley: to Equal-Weight	12/13/2017
Maintains	Citigroup: to Neutral	3/11/2017
Maintains	Canaccord Genuity: to Buy	2/11/2017
Maintains	Morgan Stanley: to Equal-Weight	2/11/2017
Downgrade	Northland Securities: Outperform to Market Perform	2/11/2017

내부자 거래

(3M 비중은 12개월 거래 중 최근 3개월의 비중)

구분	성격	3개월	12개월	3M비중
매수	매수 건수 (장내 매매만 해당)	0	20	0.00%
매도	매도 건수 (장내 매매만 해당)	7	85	8.24%
매수	매수 수량 (장내 매매만 해당)	0	171,810	0.00%
매도	매도 수량 (장내 매매만 해당)	45,974	380,920	12.07%
	순매수량 (-인 경우 순매도량)	-45,974	-209,110	

ETF 노출   (편입 ETF 수 : 71개 / 시가총액 대비 ETF의 보유비중 : 13.95%)

티커	ETF	보유 지분	비중
VO	Vanguard Mid-Cap ETF	$206,051,013	0.21%
VTI	Vanguard Total Stock Market ETF	$202,867,553	0.03%
VOO	Vanguard 500 Index Fund	$143,962,810	0.03%
SPY	SPDR S&P 500 ETF Trust	$104,415,630	0.03%
VUG	Vanguard Growth ETF	$56,726,966	0.07%

기간 수익률

1M : 4.37%	3M : -9.39%	6M : -1.28%	1Y : 12.09%	3Y : 3.93%

재무 지표

	2014	2015	2016	2017(E)
매출액 (백만$)	1,711	2,611	3,033	3,090
영업이익 (백만$)	177	49	107	822
순이익 (백만$)	196	-29	-17	710
자산총계 (백만$)	6,892	6,597	6,522	6,579
자본총계 (백만$)	6,173	5,000	4,897	
부채총계 (백만$)	719	1,597	1,626	

안정성 비율	2013	2014	2015	2016
유동비율 (%)	244.31	461.13	403.75	348.98
부채비율 (%)	36.07	11.65	31.95	33.20
이자보상배율 (배)	9.17	124.47	2.09	1.82

투자 지표

	2014	2015	2016	2017(E)
영업이익률 (%)	10.34	1.88	3.53	26.62
매출액 증가율 (%)	49.01	52.59	16.16	1.88
EPS ($)	2.17	-0.20	-0.13	5.42
EPS 증가율 (%)	1,256.25	-109.22	35.00	4,266.02
주당자산가치($)	41.41	39.25	38.72	38.36
잉여현금흐름 (백만$)	136	372	224	510

	2013	2014	2015	2016
배당성향(%)				
배당수익률(%)	0.00	0.00	0.00	0.00
ROE (%)	1.92	5.73	-0.52	-0.34
ROA (%)	1.37	5.03	-0.43	-0.25
재고회전율	8.00	7.24	6.74	7.07
EBITDA (백만$)	129.18	393.85	723.62	811.64

매출비중

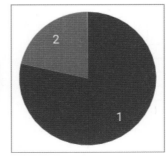

제품명	비중
1. 모바일 제품	
	78.61%
2. 인프라 및 방위 제품	
	21.26%
3. 기타	
	0.13%

SWKS
스카이웍스 솔루션즈
Skyworks Solutions, Inc.

섹터 정보기술 (Information Technology)
세부섹터 반도체 (Semiconductors)

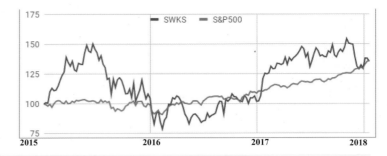

스카이웍스 솔루션즈(Skyworks Solutions, Inc.)는 지적 재산권을 포함한 독점적인 반도체 제품을 설계, 개발, 제조, 판매하는 업체이다. 회사는 1962년 설립되었고 본사는 매사추세츠주 워번에 있으며 8,400명의 직원이 근무하고 있다. 회사의 아날로그 반도체는 자동차, 광대역, 셀룰러 인프라, 커넥티드 홈, 산업, 의료, 군대, 스마트폰, 태블릿, 웨어러블 시장에서 수많은 응용 프로그램을 통해 사람, 장소, 사물을 연결하고 있다. 회사의 제품에는 앰프, 감쇠기, 순환기, 복조기, 검출기, 다이오드, 방향성 결합기, 프런트 엔드 모듈, 하이브리드, 아이솔레이터, 조명 및 디스플레이 솔루션, 믹서, 모듈레이터, 옵토 커플러, 옵소 커플러, 페이즈 쉬프터, 신시사이저, 파워 디바이더 및 컴바이너, 전원 관리 장치, 수신기, 스위치 및 기술 세라믹을 포함하고 있다. 회사는 엘티이(LTE), 와이파이(Wi-Fi), 블루투스(Bluetooth), 지그비(Zigbee) 및 5세대 이동통신(5G) 표준과 같은 일련의 무선 프로토콜을 지원하는 솔루션을 제공하고 있다.

기준일 : 2018/ 01 /25
한글 회사명 : 스카이웍스솔루션즈
영문 회사명 : Skyworks Solutions, Inc.
상장일 : 1972년 01월 21일 | 결산월 : 9월
시가총액 : 175 (억$) |
52주 최고 : $117.65 (-15.4%) / 52주 최저 : $90.06 (+10.51%)

주요 주주정보

보유자/ 보유 기관	보유율
Capital Research & Management Co. (Global Inv	12.54%
The Vanguard Group, Inc.	9.87%
BlackRock Fund Advisors	5.02%

애널리스트 추천 및 최근 투자의견

스카이웍스 솔루션즈의 2018년 01월 25일 현재 28개 기관의 **평균적인 목표가는 117.73$**이며, 2018년 추정 주당순이익(EPS)은 7.88$로 2017년 추정 EPS 7.17$에 비해 **9.9% 증가할 것으로 예상**된다.

최근, 1개월, 3개월의 투자 의견 변화

투자의견	금융사 및 투자의견	날짜
Initiated	PiperJaffray: to Overweight	12/21/2017
Maintains	Morgan Stanley: to Underweight	12/13/2017
Maintains	KeyBanc: to Overweight	7/11/2017
Maintains	Barclays: to Overweight	10/18/2017
Initiated	Instinet: to Buy	6/9/2017

내부자 거래

(3M 비중은 12개월 거래 중 최근 3개월의 비중)

구분	성격	3개월	12개월	3M비중
매수	매수 건수 (장내 매매만 해당)	0	13	0.00%
매도	매도 건수 (장내 매매만 해당)	5	46	10.87%
매수	매수 수량 (장내 매매만 해당)	0	184,046	0.00%
매도	매도 수량 (장내 매매만 해당)	88,383	475,804	18.58%
	순매수량 (-인 경우 순매도량)	-88,383	-291,758	

ETF 노출
(편입 ETF 수 : 86개 / 시가총액 대비 ETF의 보유비중 : 14.26%)

티커	ETF	보유 지분	비중
VO	Vanguard Mid-Cap ETF	$429,424,189	0.43%
VTI	Vanguard Total Stock Market ETF	$422,850,625	0.06%
VOO	Vanguard 500 Index Fund	$300,388,730	0.07%
SPY	SPDR S&P 500 ETF Trust	$220,112,198	0.07%
QQQ	PowerShares QQQ Trust, Series 1 (ETF)	$138,508,225	0.22%

기간 수익률

1M : 4.82%	3M : -9.44%	6M : -7.69%	1Y : 11.87%	3Y : 34.32%

재무 지표

	2014	2015	2016	2017(E)
매출액 (백만$)	2,292	3,258	3,289	3,648
영업이익 (백만$)	573	1,027	1,124	1,375
순이익 (백만$)	458	798	995	1,013
자산총계 (백만$)	2,974	3,719	3,855	4,564
자본총계 (백만$)	2,532	3,159	3,541	
부채총계 (백만$)	441	560	314	

안정성 비율	2013	2014	2015	2016
유동비율 (%)	597.27	480.24	412.74	952.47
부채비율 (%)	11.87	17.43	17.73	8.87
이자보상배율 (배)				

투자 지표

	2014	2015	2016	2017(E)
영업이익률 (%)	25.00	31.52	34.17	37.69
매출액 증가율 (%)	27.87	42.20	0.94	10.92
EPS ($)	2.44	4.21	5.27	6.38
EPS 증가율 (%)	64.87	72.54	25.18	21.14
주당자산가치($)	13.38	16.60	19.15	21.91
잉여현금흐름 (백만$)	564	563	906	1,118

	2013	2014	2015	2016
배당성향(%)		9.24	15.85	20.46
배당수익률(%)	0.00	0.38	0.77	1.39
ROE (%)	13.88	19.76	28.05	29.71
ROA (%)	12.40	17.19	23.85	26.28
재고회전율	7.75	9.16	12.10	9.51
EBITDA (백만$)	454.90	695.50	1,222.30	1,371.30

매출비중

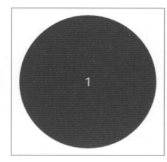

제품명	비중
1. 반도체	
	100%

TXN
텍사스 인스트루먼트 인코퍼레이티드
Texas Instruments Incorporated

섹터 정보기술 (Information Technology)
세부섹터 반도체 (Semiconductors)

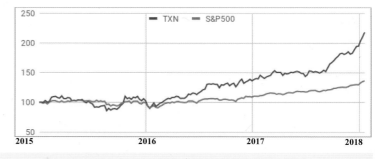

텍사스 인스트루먼트 인코퍼레이티드(Texas Instruments Incorporated)는 전 세계의 전자제품 설계 및 제조업체에 반도체의 설계, 제조 및 판매 사업을 영위하는 업체이다. 회사는 1930년 창립되었고 본사는 텍사스주 댈러스에 있으며 29,865명의 직원이 근무하고 있다. 회사는 아날로그 및 임베디드 프로세서 두 부문으로 운영되는데 현재 30개국에서 설계, 제조 또는 판매를 하고 있다. 회사의 아날로그 반도체 부문은 빛, 소리, 온도, 압력 동작, 또는 이미지와 같은 실제 신호를 해석하고 증폭하여 전력관리, 입출력관리, 센서로부터 신호 감지 및 해석하는 반도체를 제조하고 있다. 임베디드 프로세서는 기계나 전자제품의 제어가 필요한 시스템에 대해, 제어를 위한 특정 기능을 수행하는 반도체 프로세서이며 통신장비, 자동차, 블루투스, 와이파이 (Wi-Fi), 위치추적장치(GPS), 디지털 신호 장치 등 다양한 제품군에 쓰이는 반도체를 제조하고 있다. 회사는 인텔과 삼성 다음으로 세계에서 세 번째로 큰 반도체 제조기업이고, 휴대전화용 칩, 디지털 신호 처리기(DSP)와 아날로그 반도체 부분에서 특화된 회사이다. 집중하는 사업으로는 광대역 모뎀, PC 주변기기, 디지털 가전용 소자, 전기통신 시설, 라디오 주파수 식별장치(RFID)가 있다.

기준일 : 2018/ 01 /25

한글 회사명 : 텍사스 인스투루먼트 인코퍼레이티드
영문 회사명 : Texas Instruments Incorporated
상장일 : 1972년 01월 21일 | 결산월 : 12월
시가총액 : 1086 (억$) | 52주 최고 : $120.75 (-6.17%) / 52주 최저 : $74.52 (+52.02%)

주요 주주정보

보유자/ 보유 기관	보유율
The Vanguard Group, Inc.	8.16%
BlackRock Fund Advisors	4.78%
Capital Research & Management Co. (Global Inv	4.6%

애널리스트 추천 및 최근 투자의견

텍사스 인스트루먼트 인코퍼레이티드의 2018년 01월 25일 현재 31개 기관의 **평균적인 목표가는 119.7$**이며, 2018년 추정 주당순이익(EPS)은 5.63$로 2017년 추정 EPS 4.97$에 비해 **13.27% 증가할 것으로 예상**된다.

최근, 1개월, 3개월의 투자 의견 변화

투자의견	금융사 및 투자의견	날짜
Maintains	Citigroup: Buy to Buy	1/24/2018
Maintains	Morgan Stanley: Equal-Weight to Equal-Weight	1/24/2018
Maintains	Baird: Neutral to Neutral	1/24/2018
Maintains	JP Morgan: Overweight to Overweight	1/24/2018
Maintains	Nomura: Neutral to Neutral	1/24/2018

내부자 거래

(3M 비중은 12개월 거래 중 최근 3개월의 비중)

구분	성격	3개월	12개월	3M비중
매수	매수 건수 (장내 매매만 해당)	24	26	92.31%
매도	매도 건수 (장내 매매만 해당)	26	65	40.00%
매수	매수 수량 (장내 매매만 해당)	239,672	298,562	80.28%
매도	매도 수량 (장내 매매만 해당)	909,943	3,261,400	27.90%
	순매수량 (- 인 경우 순매도량)	-670,271	-2,962,838	

ETF 노출 (편입 ETF 수 : 121개 / 시가총액 대비 ETF의 보유비중 : 11.41%)

티커	ETF	보유 지분	비중
VTI	Vanguard Total Stock Market ETF	$2,609,697,552	0.38%
VOO	Vanguard 500 Index Fund	$1,849,909,372	0.45%
SPY	SPDR S&P 500 ETF Trust	$1,354,044,714	0.45%
VIG	Vanguard Dividend Appreciation ETF	$952,778,812	2.65%
QQQ	PowerShares QQQ Trust, Series 1 (ETF)	$890,042,598	1.44%

기간 수익률

1M : 15.42%	3M : 37.7%	6M : 42.99%	1Y : 56.29%	3Y : 119.23%

재무 지표

	2014	2015	2016	2017(E)
매출액 (백만$)	13,045	13,000	13,370	14,949
영업이익 (백만$)	3,907	4,213	4,784	6,073
순이익 (백만$)	2,777	2,943	3,550	4,428
자산총계 (백만$)	17,722	16,230	16,431	16,823
자본총계 (백만$)	10,390	9,946	10,473	
부채총계 (백만$)	7,332	6,284	5,958	

안정성 비율	2013	2014	2015	2016
유동비율 (%)	291.92	291.81	276.87	329.37
부채비율 (%)	75.24	70.57	63.18	56.89
이자보상배율 (배)	27.43	41.56	46.81	59.80

투자 지표

	2014	2015	2016	2017(E)
영업이익률 (%)	29.95	32.41	35.78	40.62
매출액 증가율 (%)	6.88	-0.35	2.85	11.81
EPS ($)	2.61	2.86	3.54	4.35
EPS 증가율 (%)	34.54	9.58	23.78	23.00
주당자산가치($)	9.93	9.84	10.52	10.94
잉여현금흐름 (백만$)	3,507	3,717	4,083	4,514

	2013	2014	2015	2016
배당성향(%)	56.02	48.25	49.65	47.13
배당수익률(%)	2.44	2.32	2.55	2.25
ROE (%)	19.52	26.20	28.94	34.77
ROA (%)	10.91	15.15	17.34	21.74
재고회전율	7.00	7.42	7.48	7.68
EBITDA (백만$)	3,958	5,137	5,346	5,739

매출비중

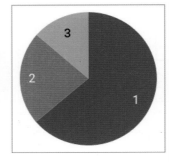

제품명	비중
1. 아날로그 제품	
	63.84%
2. 임베디드 프로세싱	
	22.61%
3. 기타	
	13.55%

XLNX
자일링스
Xilinx, Inc.

섹터 정보기술 (Information Technology)
세부섹터 반도체 (Semiconductors)

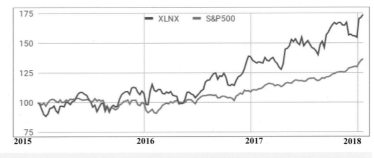

자일링스(Xilinx, Inc.)는 프로그래밍 가능한 장치 및 관련 기술을 설계, 개발, 판매를 영위하는 업체이다. 회사는 1984년 창립되었고 본사는 캘리포니아주 산호세에 있으며 3,458명의 직원이 근무하고 있다. 회사는 프로그램 가능한 플랫폼을 제공하고 설계 서비스, 고객의 교육, 현장 엔지니어링 및 기술 지원을 제공하고 있다. 회사는 필드 프로그래머블 게이트 어레이(FPGA)를 발명하고 팹리스 제조 모델을 갖춘 최초의 반도체 업체이다. 회사의 제품들은 유선 및 무선 통신, 산업, 과학 및 의료, 항공 우주 및 방위, 오디오, 비디오 및 방송, 소비자, 자동차 등과 같은 최종 시장의 전자 장비 제조업체들에 높은 성과와 빠른 제품 출시를 할 수 있도록 설계되었다. 회사는 독립적인 국내 및 해외 유통 업체를 통해서, 주문자 상표 부착 방식(OEM) 및 전자 제조 서비스 제공 업체(EMS)에 대한 직접 판매를 통해 제품 및 서비스를 판매하고 있다. 판매는 독립적인 판매 대리점, 독립 판매 대리인 또는 직접 판매 조직에 의해 이루어지고 있다.

기준일 : 2018/ 01 /25

한글 회사명 : 자일링스
영문 회사명 : Xilinx Inc
상장일 : 1990년 06월 12일 | 결산월 : 3월
시가총액 : 175 (억$) |

52주 최고 : $77.26 (-3.9%) / 52주 최저 : $54.99 (+35%)

주요 주주정보

보유자/ 보유 기관	보유율
T. Rowe Price Associates, Inc.	13.66%
The Vanguard Group, Inc.	11%
BlackRock Fund Advisors	5.06%

애널리스트 추천 및 최근 투자의견

자일링스의 2018년 01월 25일 현재 26개 기관의 **평균적인 목표가는 75.48$**이며, 2018년 추정 주당순이익(EPS)은 2.87$로 2017년 추정 EPS 2.03$에 비해 **41.37% 증가할 것으로 예상**된다.

최근, 1개월, 3개월의 투자 의견 변화

투자의견	금융사 및 투자의견	날짜
Maintains	Wells Fargo: Market Perform to Market Perform	1/25/2018
Maintains	Credit Suisse: Outperform to Outperform	1/25/2018
Maintains	JP Morgan: Neutral to Neutral	1/25/2018
Maintains	Bank of America: Underperform to Underperform	1/25/2018
Upgrade	Goldman Sachs: Neutral to Buy	5/1/2018

내부자 거래

(3M 비중은 12개월 거래 중 최근 3개월의 비중)

구분	성격	3개월	12개월	3M비중
매수	매수 건수 (장내 매매만 해당)	0	1	0.00%
매도	매도 건수 (장내 매매만 해당)	3	39	7.69%
매수	매수 수량 (장내 매매만 해당)	0	3,872	0.00%
매도	매도 수량 (장내 매매만 해당)	43,987	529,667	8.30%
	순매수량 (-인 경우 순매도량)	-43,987	-525,795	

ETF 노출

(편입 ETF 수 : 91개 / 시가총액 대비 ETF의 보유비중 : 15.36%)

티커	ETF	보유 지분	비중
VO	Vanguard Mid-Cap ETF	$435,666,046	0.44%
VTI	Vanguard Total Stock Market ETF	$428,697,479	0.06%
VOO	Vanguard 500 Index Fund	$303,876,382	0.07%
SPY	SPDR S&P 500 ETF Trust	$221,713,207	0.07%
VIG	Vanguard Dividend Appreciation ETF	$153,101,509	0.43%

기간 수익률

1M : 11.37%	3M : 10.8%	6M : 16.69%	1Y : 30.46%	3Y : 83.67%

재무 지표

	2014	2015	2016	2017(E)
매출액 (백만$)	2,377	2,214	2,349	2,516
영업이익 (백만$)	780	670	699	728
순이익 (백만$)	648	551	623	532
자산총계 (백만$)	4,898	4,819	4,741	5,068
자본총계 (백만$)	2,612	2,590	2,508	
부채총계 (백만$)	2,286	2,229	2,233	

안정성 비율	2013	2014	2015	2016
유동비율 (%)	310.01	408.54	414.73	432.47
부채비율 (%)	83.00	87.55	86.08	89.04
이자보상배율 (배)	13.76	14.06	12.08	12.96

투자 지표

	2014	2015	2016	2017(E)
영업이익률 (%)	32.81	30.26	29.76	28.94
매출액 증가율 (%)	-0.22	-6.88	6.12	7.11
EPS ($)	2.44	2.14	2.47	2.03
EPS 증가율 (%)	2.95	-12.30	15.42	-17.71
주당자산가치($)	10.11	10.21	10.11	9.28
잉여현금흐름 (백만$)	761	712	862	738

	2013	2014	2015	2016
배당성향(%)	45.66	49.36	60.49	56.90
배당수익률(%)	1.84	2.74	2.61	2.28
ROE (%)	22.06	24.17	21.18	24.42
ROA (%)	12.91	13.05	11.34	13.02
재고회전율	10.95	10.22	10.80	11.58
EBITDA (백만$)	833.61	854.48	738.32	762.02

매출비중

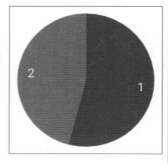

제품명	비중
1. 코어 제품	
	54%
2. 고급 제품	
	46%

CA
씨에이
CA, Inc.

섹터 정보기술 (Information Technology)
세부섹터 시스템 소프트웨어 (Systems Software)

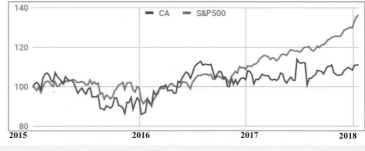

씨에이(CA, Inc.)는 클라우드, 모바일 및 메인 프레임 플랫폼 전반에서 애플리케이션 및 기업의 환경을 계획, 개발, 관리하는 보안 소프트웨어 솔루션을 제공하는 업체이다. 회사는 1974년 설립되었고 본사는 뉴욕주 뉴욕에 있으며 11,800명의 직원이 근무하고 있다. 회사의 사업 부문은 메인 프레임 솔루션, 엔터프라이즈 솔루션, 서비스의 세 가지 부문으로 나누어진다. 메인프레임 솔루션은 처리량을 늘리고 트랜잭션당 비용을 낮추고, 데브옵스(DevOps) 툴링 및 프로세스를 통해 비즈니스 민첩성을 높이고, 기계 지능 및 자동화 솔루션을 통해 안정성 및 가용성을 높이며 보안 및 컴플라이언스로 기업 데이터를 보호함으로써 고객의 경제성을 향상하고 있다. 엔터프라이즈 솔루션 부문에는 분산 및 클라우드 컴퓨팅 환경을 위해 설계된 업계 표준 서버에서 실행되는 제품이 포함되어 있다. 서비스 부문은 메인 프레임 및 엔터프라이즈 솔루션의 신속한 구현 및 채택을 가능하게 하여 고객의 정보기술 및 비즈니스 목표를 달성할 수 있도록 지원하고 있다.

기준일 : 2018/ 01 /25

한글 회사명 : 씨에이
영문 회사명 : CA, Inc.
상장일 : 1981년 12월 11일 | 결산월 : 3월
시가총액 : 147 (억$) |
52주 최고 : $36.54 (-4.29%) / 52주 최저 : $30.45 (+14.84%)

주요 주주정보

보유자/ 보유 기관	보유율
Careal Holding AG	24.8%
The Vanguard Group, Inc.	7.67%
Newton Investment Management Ltd.	6.41%

애널리스트 추천 및 최근 투자의견

씨에이의 2018년 01월 25일 현재 16개 기관의 **평균적인 목표가는 33.25$**이며, 2018년 추정 주당순이익(EPS)은 2.56$로 2017년 추정 EPS 2.45$에 비해 **4.48% 증가할 것으로 예상**된다.

최근, 1개월, 3개월의 투자 의견 변화

투자의견	금융사 및 투자의견	날짜
Maintains	Barclays: to Equal-Weight	10/26/2017
Maintains	Barclays: to Equal-Weight	3/8/2017
Initiated	Wells Fargo: to Underperform	11/1/2017
Maintains	Citigroup: to Neutral	7/28/2016
Maintains	Jefferies: to Buy	7/28/2016

내부자 거래

(3M 비중은 12개월 거래 중 최근 3개월의 비중)

구분	성격	3개월	12개월	3M비중
매수	매수 건수 (장내 매매만 해당)	1	10	10.00%
매도	매도 건수 (장내 매매만 해당)	4	43	9.30%
매수	매수 수량 (장내 매매만 해당)	30,056	489,701	6.14%
매도	매도 수량 (장내 매매만 해당)	88,652	672,336	13.19%
	순매수량 (-인 경우 순매도량)	-58,596	-182,635	

ETF 노출

(편입 ETF 수 : 99개 / 시가총액 대비 ETF의 보유비중 : 12.19%)

티커	ETF	보유 지분	비중
VO	Vanguard Mid-Cap ETF	$270,916,290	0.27%
VTI	Vanguard Total Stock Market ETF	$266,440,497	0.04%
VOO	Vanguard 500 Index Fund	$189,015,491	0.05%
SPY	SPDR S&P 500 ETF Trust	$137,499,549	0.05%
QQQ	PowerShares QQQ Trust, Series 1 (ETF)	$112,632,433	0.18%

기간 수익률

1M : 1.06%	3M : 2.93%	6M : -1.01%	1Y : 4.6%	3Y : 8.64%

재무 지표

	2014	2015	2016	2017(E)
매출액 (백만$)	4,262	4,025	4,036	4,222
영업이익 (백만$)	1,244	1,167	1,164	1,531
순이익 (백만$)	802	761	766	1,022
자산총계 (백만$)	10,979	11,204	12,610	12,790
자본총계 (백만$)	5,625	5,378	5,689	
부채총계 (백만$)	5,354	5,826	6,921	

안정성 비율	2013	2014	2015	2016
유동비율 (%)	116.24	135.71	123.05	124.19
부채비율 (%)	115.73	95.18	108.33	121.66
이자보상배율 (배)	14.94	14.64	22.88	12.93

투자 지표

	2014	2015	2016	2017(E)
영업이익률 (%)	29.19	28.99	28.84	36.26
매출액 증가율 (%)	-5.60	-5.56	0.27	4.61
EPS ($)	1.86	1.81	1.85	2.45
EPS 증가율 (%)	-6.84	-2.61	1.95	32.61
주당자산가치($)	12.92	13.03	13.76	14.86
잉여현금흐름 (백만$)	929	986	992	1,010

	2013	2014	2015	2016
배당성향(%)	50.25	53.91	55.24	55.14
배당수익률(%)	3.23	3.07	3.25	3.22
ROE (%)	16.15	14.33	13.83	13.84
ROA (%)	7.47	6.98	6.86	6.43
재고회전율				
EBITDA (백만$)	1,726	1,625	1,529	1,484

매출비중

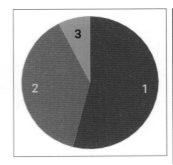

제품명	비중
1. 메인 프레임 솔루션	
	54.06%
2. 엔터프라이즈 솔루션	
	38.48%
3. 서비스	
	7.46%

MSFT
마이크로소프트 코퍼레이션
Microsoft Corporation

섹터 정보기술 (Information Technology)
세부섹터 시스템 소프트웨어 (Systems Software)

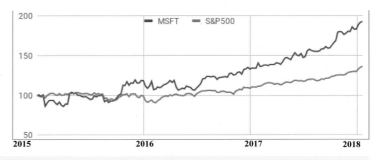

마이크로소프트 코퍼레이션(Microsoft Corporation)은 소프트웨어 및 하드웨어 서비스의 개발 및 마케팅을 제공하는 업체이다. 회사는 1975년 설립되었고 본사는 워싱턴주 레드몬드에 있으며 114,000명의 직원이 근무하고 있다. 회사의 사업 부문은 프로덕티비티 앤드 비즈니스 프로세스, 인텔리전트 클라우드, 모어 퍼스널 컴퓨팅 등 세 가지 부문으로 나누어진다. 회사의 제품에는 운영 체제, 교차 장치 생산성 응용 프로그램, 서버 응용 프로그램, 비즈니스 솔루션 응용 프로그램, 데스크톱 및 서버 관리 도구, 소프트웨어 개발 도구, 비디오 게임, 컴퓨터 시스템 통합자와 개발자의 교육 및 인증 등을 포함하고 있다. 클라우드 기반 제품과 통합되는 개인 컴퓨터, 태블릿, 게임및 엔터테인먼트 콘솔, 기타 지능형 장치 및 관련 액세서리를 포함한 장치를 설계, 제조, 판매하고 있다. 회사는 소프트웨어, 서비스, 플랫폼 및 콘텐츠를 제공하는 클라우드 기반 솔루션을 비롯한 다양한 서비스 제공하고 있다.

기준일 : 2018/ 01 /25

한글 회사명 : 마이크로소프트 코퍼레이션
영문 회사명 : Microsoft Corporation
상장일 : 1986년 03월 13일 | 결산월 : 6월
시가총액 : 7123 (억$) |
52주 최고 : $93.43 (-0.7%) / 52주 최저 : $62.75 (+47.84%)

주요 주주정보

보유자/ 보유 기관	보유율
The Vanguard Group, Inc.	7.25%
BlackRock Fund Advisors	4.33%
Capital Research & Management (World)	4.17%

애널리스트 추천 및 최근 투자의견

마이크로소프트 코퍼레이션의 2018년 01월 25일 현재 35개 기관의 **평균적인 목표가는 98.45$**이며, 2018년 추정 주당순이익(EPS)은 3.82$로 2017년 추정 EPS 3.4$에 비해 **12.35% 증가**할 것으로 예상된다.

최근, 1개월, 3개월의 투자 의견 변화

투자의견	금융사 및 투자의견	날짜
Maintains	JP Morgan: Neutral to Neutral	1/25/2018
Maintains	Barclays: Overweight to Overweight	1/25/2018
Initiated	Nomura: to Buy	1/24/2018
Maintains	UBS: to Buy	9/11/2017
Upgrade	Argus: Hold to Buy	10/31/2017

내부자 거래

(3M 비중은 12개월 거래 중 최근 3개월의 비중)

구분	성격	3개월	12개월	3M비중
매수	매수 건수 (장내 매매만 해당)	6	31	19.35%
매도	매도 건수 (장내 매매만 해당)	13	71	18.31%
매수	매수 수량 (장내 매매만 해당)	3,156	434,682	0.73%
매도	매도 수량 (장내 매매만 해당)	68,147	22,705,691	0.30%
	순매수량 (- 인 경우 순매도량)	-64,991	-22,271,009	

ETF 노출   (편입 ETF 수 : 125개 / 시가총액 대비 ETF의 보유비중 : 9.92%)

티커	ETF	보유 지분	비중
VTI	Vanguard Total Stock Market ETF	$17,215,260,583	2.50%
VOO	Vanguard 500 Index Fund	$12,208,122,010	2.94%
SPY	SPDR S&P 500 ETF Trust	$8,927,355,805	2.97%
QQQ	PowerShares QQQ Trust, Series 1 (ETF)	$5,518,329,288	8.94%
IVV	iShares S&P 500 Index (ETF)	$4,523,713,909	2.94%

기간 수익률

1M : 3.62%	3M : 19.5%	6M : 21.96%	1Y : 43.44%	3Y : 94.63%

재무 지표

	2014	2015	2016	2017(E)
매출액 (백만$)	86,729	92,972	84,695	96,255
영업이익 (백만$)	27,782	27,564	20,667	29,193
순이익 (백만$)	22,074	12,193	16,798	23,733
자산총계 (백만$)	172,384	174,472	193,468	230,980
자본총계 (백만$)	89,784	80,083	71,997	
부채총계 (백만$)	82,600	94,389	121,471	

안정성 비율	2013	2014	2015	2016
유동비율 (%)	271.18	250.40	247.34	235.29
부채비율 (%)	80.42	92.00	117.86	168.72
이자보상배율 (배)	61.93	46.54	35.29	16.63

투자 지표

	2014	2015	2016	2017(E)
영업이익률 (%)	32.03	29.65	24.40	30.33
매출액 증가율 (%)	11.69	7.20	-8.90	13.65
EPS ($)	2.66	1.49	2.12	3.03
EPS 증가율 (%)	1.92	-43.99	42.28	43.09
주당자산가치($)	10.90	9.98	9.22	8.99
잉여현금흐름 (백만$)	26,746	23,724	24,982	27,768

	2013	2014	2015	2016
배당성향(%)	35.66	42.59	83.78	68.57
배당수익률(%)	2.66	2.69	2.81	2.81
ROE (%)	30.09	26.17	14.36	22.09
ROA (%)	16.58	14.02	7.03	9.13
재고회전율	50.51	37.72	33.43	32.87
EBITDA (백만$)	30,324	32,994	33,521	27,289

매출비중

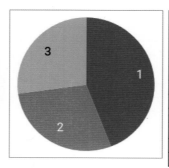

제품명	비중
1. PC(Personal Computing)	
	47.42%
2. 생산성 및 비즈니스 프로세스	
	31.04%
3. 인텔리전스 클라우드	
	29.35%
4. 기타	
	-7.82%

RHT
레드햇
Red Hat, Inc.

섹터 정보기술 (Information Technology)
세부섹터 시스템 소프트웨어 (Systems Software)

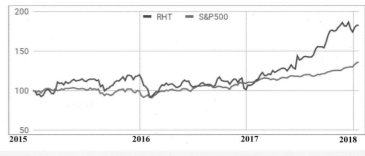

레드햇(Red Hat, Inc.)은 커뮤니티 기반 접근 방식을 사용하여 운영 체제, 가상화, 관리, 미들웨어, 클라우드, 모바일, 스토리지 기술을 개발하고 제공하는 오픈 소스 소프트웨어 솔루션 제공 업체이다. 회사는 1993년 설립되었고 본사는 노스캐롤라이나주 롤리에 있으며 10,500명의 직원이 근무하고 있다. 회사의 사업 부문은 북미(미국, 캐나다, 라틴 아메리카), 유럽, 중동 및 아프리카(EMEA) 및 아시아 태평양 세 가지 부문으로 나누어진다. 회사의 제품 및 서비스에는 인프라 관련 제품, 응용 프로그램 개발, 기타 기술 제품, 컨설팅, 지원 및 교육 서비스가 포함되어 있다. 회사의 주요 제품군은 레드햇 엔터프라이즈 리눅스(Red Hat Enterprise Linux), 레드 햇 스토리지 서버(Red Hat Storage Server), 레드 햇 새틀라이트(Red Hat Satellite), 레드 햇 오픈 시프트 엔터프라이즈(Red Hat Open Shift Enterprise), 레드 햇 오픈스택 플랫폼(Red Hat Open Stack Platform), 레드햇 클라우드 인프라스트럭쳐(Red Hat Cloud Infrastructure)가 있다.

기준일 : 2018/ 01 /25
한글 회사명 : 레드햇
영문 회사명 : Red Hat, Inc.
상장일 : 1999년 08월 11일 | 결산월 : 2월
시가총액 : 232 (억$) |
52주 최고 : $130.93 (-1.2%) / 52주 최저 : $73.76 (+75.36%)

주요 주주정보

보유자/ 보유 기관	보유율
T. Rowe Price Associates, Inc.	11.16%
The Vanguard Group, Inc.	9.9%
Fidelity Management & Research Co.	7.23%

애널리스트 추천 및 최근 투자의견

레드햇의 2018년 01월 25일 현재 32개 기관의 **평균적인 목표가는 134.67$**이며, 2018년 추정 주당순이익(EPS)은 3.33$로 2017년 추정 EPS 2.87$에 비해 **16.02% 증가할 것으로 예상**된다.

최근, 1개월, 3개월의 투자 의견 변화

투자의견	금융사 및 투자의견	날짜
Initiated	Nomura: to Buy	1/24/2018
Downgrade	Bank of America: Neutral to Underperform	10/24/2017
Maintains	JP Morgan: to Overweight	9/26/2017
Maintains	BMO Capital: to Market Perform	9/26/2017
Maintains	Credit Suisse: to Neutral	9/26/2017

내부자 거래

(3M 비중은 12개월 거래 중 최근 3개월의 비중)

구분	성격	3개월	12개월	3M비중
매수	매수 건수 (장내 매매만 해당)	0	28	0.00%
매도	매도 건수 (장내 매매만 해당)	9	74	12.16%
매수	매수 수량 (장내 매매만 해당)	0	454,105	0.00%
매도	매도 수량 (장내 매매만 해당)	21,768	666,182	3.27%
	순매수량 (-인 경우 순매도량)	-21,768	-212,077	

ETF 노출   (편입 ETF 수 : 80개 / 시가총액 대비 ETF의 보유비중 : 13.51%)

티커	ETF	보유 지분	비중
VO	Vanguard Mid-Cap ETF	$572,916,813	0.58%
VTI	Vanguard Total Stock Market ETF	$564,490,716	0.08%
VOO	Vanguard 500 Index Fund	$399,782,663	0.10%
SPY	SPDR S&P 500 ETF Trust	$295,969,133	0.10%
VUG	Vanguard Growth ETF	$157,547,742	0.20%

기간 수익률

1M : -2.2%	3M : 17.37%	6M : 27.28%	1Y : 69.73%	3Y : 93.18%

재무 지표

	2014	2015	2016	2017(E)
매출액 (백만$)	1,789	2,052	2,412	2,910
영업이익 (백만$)	250	292	334	696
순이익 (백만$)	180	199	254	520
자산총계 (백만$)	3,785	4,155	4,535	5,251
자본총계 (백만$)	1,288	1,334	1,247	
부채총계 (백만$)	2,496	2,821	3,288	

안정성 비율	2013	2014	2015	2016
유동비율 (%)	129.80	133.14	113.53	114.64
부채비율 (%)	100.28	193.76	211.38	263.59
이자보상배율 (배)		26.61	12.63	14.02

투자 지표

	2014	2015	2016	2017(E)
영업이익률 (%)	13.97	14.23	13.85	23.90
매출액 증가율 (%)	16.61	14.68	17.52	20.64
EPS ($)	0.97	1.09	1.41	2.87
EPS 증가율 (%)	3.19	12.37	29.36	103.76
주당자산가치($)	7.02	7.36	7.05	8.46
잉여현금흐름 (백만$)	571	661	703	802

	2013	2014	2015	2016
배당성향(%)				
배당수익률(%)	0.00	0.00	0.00	0.00
ROE (%)	11.61	12.69	15.20	19.65
ROA (%)	6.02	5.23	5.02	5.84
재고회전율				
EBITDA (백만$)	308.87	326.26	368.04	419.35

매출비중

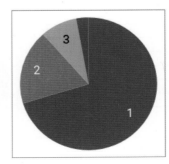

제품명	비중
1. 인프라 관련 오퍼링	70.34%
2. 응용 프로그램 개발	18.22%
3. 상담 서비스	8.62%
4. 트레이닝	2.82%

HPE
휴렛 팩커드 엔터프라이즈 컴퍼니
Hewlett Packard Enterprise Company

섹터 정보기술 (Information Technology)
세부섹터 H/W, 저장장치, 주변기기
(Technology Hardware, Storage & Peripherals)

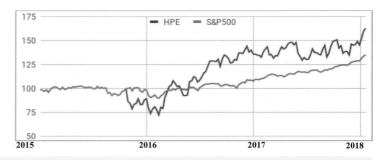

휴렛 팩커드 엔터프라이즈 컴퍼니(Hewlett Packard Enterprise Company)는 휴렛-팩커드 컴퍼니의 회사 분할로 설립된 정보 기술 업체이다. 회사는 2015년 설립되었고 본사는 캘리포니아주 팔로알토에 있으며 195,000명의 직원이 근무하고 있다. 회사의 사업 부문은 엔터프라이즈 그룹, 소프트웨어, 엔터프라이즈 서비스, 파이낸셜 서비스, 코퍼레이트 인베스트먼트 등 다섯 가지 부문으로 나누어진다. 엔터프라이즈 그룹 부문은 고객에게 안전한 정보기술 인프라를 최적화하고 안전한 클라우드 기반 모바일 환경을 구축하는데 필요한 기술을 제공하고 있다. 소프트웨어 부문은 고객에게 정보기술 운영을 자동화하여 비즈니스 프로세스를 단순화, 가속 및 보완하고 데이터를 실행 가능한 지식으로 전환해 주는 솔루션을 제공하고 있다. 엔터프라이즈 서비스 부문은 컨설팅 및 지원 전문가를 통해 모든 솔루션을 하나로 통합하여 고객에게 최상의 결과를 제공하고 있다. 파이낸셜 서비스 부문은 유연한 정보기술 소비 모델, 금융 아키텍처 및 고객을 위한 맞춤형 투자 솔루션을 제공하고 있다. 코퍼레이트 인베스트먼트는 휴렛 팩커드 랩스 및 특정 클라우드 관련 비즈니스 인큐베이션 프로젝트가 포함되어 있다.

기준일 : 2018/ 01 /25

한글 회사명 : 휴렛 팩커드 엔터프라이즈 컴퍼니
영문 회사명 : Hewlett Packard Enterprise Company
상장일 : 2015년 10월 19일 | 결산월 : 10월
시가총액 : 263 (억$) |
52주 최고 : $19.16 (-12.63%) / 52주 최저 : $12.81 (+30.67%)

주요 주주정보

보유자/ 보유 기관	보유율
Dodge & Cox	14.92%
The Vanguard Group, Inc.	6.82%
PRIMECAP Management Co.	5.67%

애널리스트 추천 및 최근 투자의견

휴렛 팩커드 엔터프라이즈 컴퍼니의 2018년 01월 25일 현재 27개 기관의 **평균적인 목표가는 15.25$**이며, 2018년 추정 주당순이익(EPS)은 1.29$로 2017년 추정 EPS 1.18$에 비해 **9.32% 증가할 것으로 예상**된다.

최근, 1개월, 3개월의 투자 의견 변화

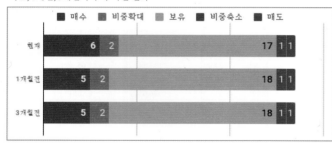

투자의견	금융사 및 투자의견	날짜
Upgrade	Morgan Stanley: Equal-Weight to Overweight	1/23/2018
Downgrade	UBS: Buy to Neutral	10/20/2017
Initiated	Pivotal Research: to Hold	10/17/2017
Downgrade	Citigroup: Buy to Neutral	10/13/2017
Downgrade	Bank of America: Neutral to Underperform	6/9/2017

내부자 거래

(3M 비중은 12개월 거래 중 최근 3개월의 비중)

구분	성격	3개월	12개월	3M비중
매수	매수 건수 (장내 매매만 해당)	1	28	47.37%
매도	매도 건수 (장내 매매만 해당)	15	99	100.00%
매수	매수 수량 (장내 매매만 해당)	444,593	1,740,618	25.54%
매도	매도 수량 (장내 매매만 해당)	2,404,578	9,584,083	25.09%
	순매수량 (-인 경우 순매도량)	-1,959,985	-7,843,465	

ETF 노출   (편입 ETF 수 : 93개 / 시가총액 대비 ETF의 보유비중 : 9.21%)

티커	ETF	보유 지분	비중
VTI	Vanguard Total Stock Market ETF	$643,747,591	0.09%
VOO	Vanguard 500 Index Fund	$456,668,131	0.11%
SPY	SPDR S&P 500 ETF Trust	$334,065,182	0.11%
IVV	iShares S&P 500 Index (ETF)	$169,917,494	0.11%
VTV	Vanguard Value ETF	$137,193,170	0.20%

기간 수익률

1M : 11.58%	3M : 18.93%	6M : 15.1%	1Y : 20.9%

재무 지표

	2014	2015	2016	2017(E)
매출액 (백만$)	55,127	51,831	30,328	35,120
영업이익 (백만$)	3,827	3,221	2,455	2,910
순이익 (백만$)	1,648	2,461	3,237	2,174
자산총계 (백만$)	65,071	81,270	79,629	71,607
자본총계 (백만$)	37,172	33,918	31,518	
부채총계 (백만$)	27,899	47,352	48,111	

안정성 비율	2013	2014	2015	2016
유동비율 (%)	116.58	111.49	140.73	128.36
부채비율 (%)	79.22	75.05	139.61	152.65
이자보상배율 (배)	97.83	85.04	111.07	8.24

투자 지표

	2014	2015	2016	2017(E)
영업이익률 (%)	6.94	6.21	8.09	8.29
매출액 증가율 (%)	-3.83	-5.98	-41.49	-29.91
EPS ($)	0.91	1.36	1.84	1.36
EPS 증가율 (%)	-21.05	48.96	35.29	-26.27
주당자산가치($)	17.90	19.25	18.88	18.55
잉여현금흐름 (백만$)	3,291	317	1,678	-1,685

	2013	2014	2015	2016
배당성향(%)				12.09
배당수익률(%)			0.00	1.68
ROE (%)	10.80	4.41	7.00	9.96
ROA (%)		2.46	3.36	4.02
재고회전율	55.17	27.83	25.39	15.48
EBITDA (백만$)	8,309	7,971	7,168	6,230

매출비중

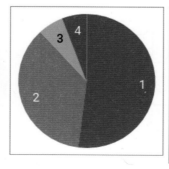

제품명	비중
1. 기업 그룹	51.91%
2. 기업 서비스	36.1%
3. 금융 서비스	6.18%
4. 소프트웨어	5.81%
5. 기업 투자	0.01%

HPQ
에이치피
HP Inc.

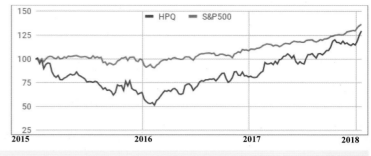

섹터 정보기술 (Information Technology)
세부섹터 H/W, 저장장치, 주변기기
(Technology Hardware, Storage & Peripherals)

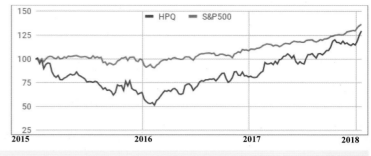

에이치피(HP Inc.)는 개인 소비자, 중소기업, 대기업, 정부, 보건 및 교육 분야를 포함한 고객들에게 제품, 기술, 소프트웨어, 솔루션, 서비스를 제공하는 세계적인 업체이다. 회사는 1939년에 설립되었고 본사는 캘리포니아주 팔로알토에 있으며 49,900명의 직원이 근무하고 있다. 회사는 2015년 분할로 휴렛 팩커드 컴퍼니(Hewlett-Packard Company)에서 에이치피(HP Inc. HP)로 회사명을 변경하였다. 회사의 사업 부문은 퍼스널 시스템, 프린팅, 코퍼레이트 인베스트먼트 세 가지 부문으로 나누어진다. 퍼스널 시스템 부문은 상업 및 소비자 시장을 위한 상업용 개인용 컴퓨터, 소비자 컴퓨터, 워크 스테이션 컴퓨터, 씬 클라이언트, 상업용 태블릿 및 이동성 장치, 소매 포인트-오브-세일(POS) 시스템, 디스플레이, 기타 관련 액세서리, 소프트웨어, 지원, 서비스를 제공하고 있다. 프린팅 부문은 소비재 및 상업용 프린터 하드웨어, 소모품, 용지, 솔루션, 서비스, 스캐너를 제공하고 있다. 코퍼레이트 인베스트먼트는 에이치피(HP) 연구소 및 특정 비즈니스 인큐베이션 프로젝트가 포함되어 있다.

기준일 : 2018/ 01 /25
한글 회사명 : 에이치피
영문 회사명 : HP Inc.
상장일 : 1972년 01월 21일 | 결산월 : 10월
시가총액 : 384 (억$) |
52주 최고 : $24 (-0.87%) / 52주 최저 : $14.57 (+63.28%)

주요 주주정보

보유자/ 보유 기관	보유율
The Vanguard Group, Inc.	7.46%
Dodge & Cox	7.01%
BlackRock Fund Advisors	4.74%

애널리스트 추천 및 최근 투자의견

에이치피의 2018년 01월 25일 현재 20개 기관의 **평균적인 목표가는 24.06$**이며, 2018년 추정 주당순이익(EPS)은 1.89$로 2017년 추정 EPS 1.81$에 비해 **4.41% 증가할 것으로 예상**된다.

최근, 1개월, 3개월의 투자 의견 변화

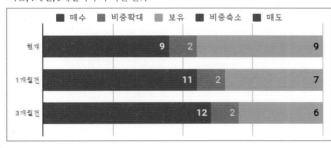

투자의견	금융사 및 투자의견	날짜
Downgrade	Morgan Stanley: Overweight to Equal-Weight	1/23/2018
Downgrade	Barclays: Overweight to Equal-Weight	1/17/2018
Maintains	Loop Capital: to Buy	10/13/2017
Maintains	Morgan Stanley: to Overweight	10/13/2017
Maintains	Bank of America: to Buy	10/13/2017

내부자 거래

(3M 비중은 12개월 거래 중 최근 3개월의 비중)

구분	성격	3개월	12개월	3M비중
매수	매수 건수 (장내 매매만 해당)	0	0	-
매도	매도 건수 (장내 매매만 해당)	11	84	13.10%
매수	매수 수량 (장내 매매만 해당)	0	0	-
매도	매도 수량 (장내 매매만 해당)	983,020	7,786,240	12.63%
	순매수량 (-인 경우 순매도량)	-983,020	-7,786,240	

ETF 노출

(편입 ETF 수 : 93개 / 시가총액 대비 ETF의 보유비중 : 9.21%)

티커	ETF	보유 지분	비중
VTI	Vanguard Total Stock Market ETF	$643,747,591	0.09%
VOO	Vanguard 500 Index Fund	$456,668,131	0.11%
SPY	SPDR S&P 500 ETF Trust	$334,065,182	0.11%
IVV	iShares S&P 500 Index (ETF)	$169,917,494	0.11%
VTV	Vanguard Value ETF	$137,193,170	0.20%

기간 수익률

1M : 13.28%	3M : 21.72%	6M : 23.75%	1Y : 60.89%	3Y : 36.12%

재무 지표

	2014	2015	2016	2017(E)
매출액 (백만$)	111,475	50,468	48,218	51,391
영업이익 (백만$)	8,916	3,141	3,423	3,880
순이익 (백만$)	5,013	3,718	2,666	2,814
자산총계 (백만$)	103,206	106,882	28,987	31,286
자본총계 (백만$)	27,127	28,151	-3,889	
부채총계 (백만$)	76,079	78,731	32,876	

안정성 비율	2013	2014	2015	2016
유동비율 (%)	110.64	114.66	122.74	98.19
부채비율 (%)	282.11	280.46	279.67	-845.36
이자보상배율 (배)	19.39	25.92	18.81	12.54

투자 지표

	2014	2015	2016	2017(E)
영업이익률 (%)	8.00	6.22	7.10	7.55
매출액 증가율 (%)	-0.69	-54.73	-4.46	6.58
EPS ($)	2.66	2.51	1.44	1.65
EPS 증가율 (%)	0.76	-5.64	-42.63	14.77
주당자산가치($)	14.54	15.39	-2.27	-2.88
잉여현금흐름 (백만$)	8,480	2,887	2,819	3,098

	2013	2014	2015	2016
배당성향(%)	21.16	23.30	27.10	34.69
배당수익률(%)	5.01	3.75	5.49	3.42
ROE (%)	20.57	18.57	13.64	
ROA (%)	4.77	4.80	3.54	3.92
재고회전율	18.16	17.89	9.43	10.99
EBITDA (백만$)	12,870	13,250	7,202	3,755

매출비중

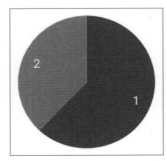

제품명	비중
1. 개인 시스템	
	62.16%
2. 인쇄	
	37.85%
3. 기업 투자	
	0.01%
4. 공제 및 기타	
	-0.03%

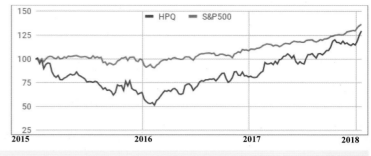

정보기술

363

STX
시게이트 테크놀로지
Seagate Technology

섹터 정보기술 (Information Technology)
세부섹터 H/W, 저장장치, 주변기기(Technology Hardware, Storage & Peripherals)

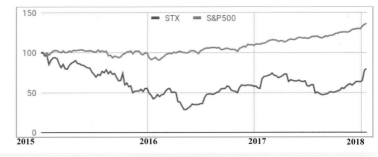

시게이트 테크놀로지(Seagate Technology)는 전자 데이터 저장 기술 및 하드 디스크 드라이브를 제조, 판매하는 업체이다. 회사는 1978년에 설립되었고 본사는 아일랜드 더블린에 있으며 45,500명의 직원이 근무하고 있다. 회사의 제품 및 서비스에는 네트워크 연결 스토리지, 고성능 컴퓨팅, 데이터 보호 어플라이언스, 내부 하드 드라이브, 백업 및 복구 서비스, 플래시 스토리지 및 관련 솔루션이 있다. 대용량 데이터 저장 및 서버 환경을 위해 설계된 엔터프라이즈 스토리지 제품에는 엔터프라이즈 성능 하드 디스크 드라이브(HDD), 엔터프라이즈 용량 및 아카이브 하드 드라이브 디스크(HDD), 엔터프라이즈 솔리드 스테이트 디스크(SSD)가 있다. 회사의 클라이언트 컴퓨팅 제품에는 데스크톱 하드 디스크 드라이브(HDD), 솔리드 스테이트 하이브리드 드라이브(SSHD), 모바일 하드 디스크 드라이브(HDD), 솔리드 스테이트 하이브리드 드라이브(SSHD)가 있다. 회사의 비 컴퓨팅 제품에는 비디오 하드 디스크 드라이브(HDD), 감시 하드 드라이브 디스크(HDD), 네트워크 어태치 스토로지(Network Attached Storage) 하드 디스크 드라이브(HDD) 및 브랜드 솔루션이 있다.

기준일 : 2018/ 01 /25
한글 회사명 : 시게이트 테크놀로지
영문 회사명 : Seagate Technology
상장일 : 2002년 12월 11일 | 결산월 : 6월
시가총액 : 154 (억$) |
52주 최고 : $54.12 (-2.12%) / 52주 최저 : $30.6 (+73.1%)

주요 주주정보

보유자 / 보유 기관	보유율
Fidelity Management & Research Co.	11.03%
The Vanguard Group, Inc.	10.86%
ClearBridge Investments LLC	10.14%

애널리스트 추천 및 최근 투자의견

시게이트 테크놀로지의 2018년 01월 25일 현재 28개 기관의 **평균적인 목표가는 43.81$**이며, 2018년 추정 주당순이익(EPS)은 4.41$로 2017년 추정 EPS 4.35$에 비해 **1.37% 증가**할 것으로 예상된다.

재무 지표

	2014	2015	2016	2017(E)
매출액 (백만$)	13,724	13,739	11,160	10,923
영업이익 (백만$)	1,810	1,483	676	1,573
순이익 (백만$)	1,570	1,742	248	1,332
자산총계 (백만$)	9,492	9,845	8,213	9,422
자본총계 (백만$)	2,832	3,018	1,593	
부채총계 (백만$)	6,660	6,827	6,620	

안정성 비율	2013	2014	2015	2016
유동비율 (%)	207.28	240.91	237.64	157.09
부채비율 (%)	163.63	235.17	226.21	415.57
이자보상배율 (배)	9.80	9.28	7.16	3.50

최근, 1개월, 3개월의 투자 의견 변화

투자의견	금융사 및 투자의견	날짜
Maintains	Citigroup: to Neutral	10/24/2017
Maintains	Morgan Stanley: to Equal-Weight	10/24/2017
Maintains	Barclays: to Underweight	10/24/2017
Upgrade	Craig-Hallum: Hold to Buy	2/10/2017
Downgrade	Jefferies: Buy to Hold	11/9/2017

투자 지표

	2014	2015	2016	2017(E)
영업이익률 (%)	13.19	10.79	6.06	14.40
매출액 증가율 (%)	-4.37	0.11	-18.77	-2.12
EPS ($)	4.66	5.38	0.83	4.45
EPS 증가율 (%)	-6.00	14.47	-85.13	455.88
주당자산가치($)	8.67	9.57	5.34	5.71
잉여현금흐름 (백만$)	1,895	1,903	1,093	1,599

	2013	2014	2015	2016
배당성향(%)	29.11	36.90	39.00	296.34
배당수익률(%)	3.12	2.94	4.32	9.98
ROE (%)	52.57	49.63	59.56	10.76
ROA (%)	19.00	16.76	18.02	2.75
재고회전율	16.28	14.93	13.89	11.99
EBITDA (백만$)	2,971	2,689	2,324	1,491

내부자 거래

(3M 비중은 12개월 거래 중 최근 3개월의 비중)

구분	성격	3개월	12개월	3M비중
매수	매수 건수 (장내 매매만 해당)	0	11	0.00%
매도	매도 건수 (장내 매매만 해당)	15	51	29.41%
매수	매수 수량 (장내 매매만 해당)	444,593	1,740,618	25.54%
매도	매도 수량 (장내 매매만 해당)	3,165,691	10,345,196	30.60%
	순매수량 (-인 경우 순매도량)	-2,721,098	-8,604,578	

매출비중

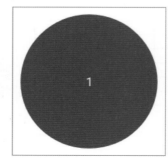

제품명	비중
1. 전자 스토리지 솔루션	
	100%

ETF 노출

(편입 ETF 수 : 64개 / 시가총액 대비 ETF의 보유비중 : 15.67%)

티커	ETF	보유 지분	비중
VO	Vanguard Mid-Cap ETF	$381,967,847	0.38%
VTI	Vanguard Total Stock Market ETF	$375,702,757	0.05%
VOO	Vanguard 500 Index Fund	$266,476,296	0.06%
DVY	iShares Select Dividend ETF	$240,230,303	1.33%
SPY	SPDR S&P 500 ETF Trust	$195,557,487	0.07%

기간 수익률

1M : 25.22%	3M : 56.84%	6M : 32.94%	1Y : 44.28%	3Y : -17.01%

WDC
웨스턴 디지털 코퍼레이션
Western Digital Corporation

섹터 정보기술 (Information Technology)
세부섹터 H/W, 저장장치, 주변기기
(Technology Hardware, Storage & Peripherals)

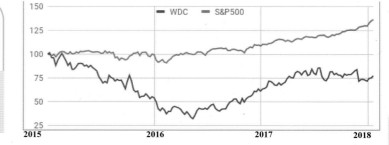

웨스턴 디지털 코퍼레이션(Western Digital Corporation)은 하드 디스크 드라이브(HDD), 솔리드 스테이트 드라이브(SSD), 직접 연결된 스토리지 솔루션, 공용 및 개인 클라우드 데이터 센터 스토리지와 관련하여 세계에서 가장 큰 데이터 스토리지 솔루션 공급업체이다. 회사는 1970년에 설립되었고 본사는 캘리포니아주 어바인에 있으며 72,878명의 직원이 근무하고 있다. 회사의 데이터 중심 제품들은 에이치지에스티(HGST), 샌디스크(SanDisk), 더블유디(WD) 브랜드 등을 통해서 마케팅되고 있다. 현재 데이터 센터 스토리지에 대한 지속적인 수요와 샌디스크 인수를 통해서 웨스턴 디지털은 성장하고 있는 데이터 스토리지 산업에서의 주요 기업으로 자리를 잡아가고 있다. 회사의 플랫폼과 헬륨 하드 디스크 드라이브 (Helium HDD), 비아이씨에스쓰리(BiCS3, 64-layer 3D-NAND 기술), 2018년 상용화 예정인 차세대 96-레이어 3D 낸드(96-layer 3D-NAND) 기술인 비아이씨에스포(BiCS4) 등을 개발하고 있다. 회사는 미국, 중국, 일본, 말레이시아, 필리핀, 태국에 생산 시설이 있으며 미주, 아시아 태평양, 유럽, 중동의 영업점을 통해 사업을 영위하고 있다.

기준일 : 2018/ 01 /25

한글 회사명 : 웨스턴 디지털 코퍼레이션
영문 회사명 : Western Digital Corporation
상장일 : 1973년 01월 29일 | 결산월 : 6월
시가총액 : 260 (억$) |
52주 최고 : $95.77 (-8.75%) / 52주 최저 : $71.38 (+22.42%)

주요 주주정보

보유자/ 보유 기관	보유율
The Vanguard Group, Inc.	10.37%
BlackRock Fund Advisors	4.76%
Capital Research & Management (World)	4.25%

애널리스트 추천 및 최근 투자의견

웨스턴 디지털 코퍼레이션의 2018년 01월 25일 현재 30개 기관의 **평균적인 목표가는 111$**이며, 2018년 추정 주당순이익(EPS)은 12.16$로 2017년 추정 EPS 13.64$에 비해 **-10.85% 감소**할 것으로 **예상**된다.

최근, 1개월, 3개월의 투자 의견 변화

투자의견	금융사 및 투자의견	날짜
Downgrade	Summit Redstone Partners: Buy to Hold	1/26/2018
Maintains	UBS: Neutral to Neutral	1/26/2018
Downgrade	BMO Capital: Outperform to Market Perform	4/1/2018
Upgrade	Summit Redstone Partners: Hold to Buy	12/13/2017
Maintains	Morgan Stanley: to Equal-Weight	12/13/2017

내부자 거래

(3M 비중은 12개월 거래 중 최근 3개월의 비중)

구분	성격	3개월	12개월	3M비중
매수	매수 건수 (장내 매매만 해당)	4	25	16.00%
매도	매도 건수 (장내 매매만 해당)	23	85	27.06%
매수	매수 수량 (장내 매매만 해당)	455,826	788,129	57.84%
매도	매도 수량 (장내 매매만 해당)	360,686	840,133	42.93%
	순매수량 (-인 경우 순매도량)	95,140	-52,004	

ETF 노출

(편입 ETF 수 : 93개 / 시가총액 대비 ETF의 보유비중 : 14.36%)

티커	ETF	보유 지분	비중
VO	Vanguard Mid-Cap ETF	$632,131,859	0.64%
VTI	Vanguard Total Stock Market ETF	$622,165,879	0.09%
VOO	Vanguard 500 Index Fund	$441,258,092	0.11%
SPY	SPDR S&P 500 ETF Trust	$322,612,889	0.11%
VOE	Vanguard Mid-Cap Value ETF	$213,951,908	1.19%

기간 수익률

1M : 4.87%	3M : -3.29%	6M : -9.72%	1Y : 17.85%	3Y : -19.52%

재무 지표

	2014	2015	2016	2017(E)
매출액 (백만$)	15,130	14,572	12,994	19,066
영업이익 (백만$)	1,911	1,809	910	3,889
순이익 (백만$)	1,617	1,465	242	2,669
자산총계 (백만$)	15,788	15,316	32,862	29,547
자본총계 (백만$)	8,842	9,219	11,145	
부채총계 (백만$)	6,946	6,097	21,717	

안정성 비율	2013	2014	2015	2016
유동비율 (%)	191.24	226.79	262.71	181.09
부채비율 (%)	81.49	78.56	66.14	194.86
이자보상배율 (배)	37.13	34.13	36.92	3.42

투자 지표

	2014	2015	2016	2017(E)
영업이익률 (%)	12.63	12.41	7.00	20.40
매출액 증가율 (%)	-1.44	-3.69	-10.83	46.73
EPS ($)	6.88	6.31	1.01	9.02
EPS 증가율 (%)	69.53	-8.55	-83.99	792.66
주당자산가치($)	37.79	40.08	39.24	38.65
잉여현금흐름 (백만$)	2,188	1,630	1,399	2,636

	2013	2014	2015	2016
배당성향(%)	25.13	18.70	29.13	200.00
배당수익률(%)	1.61	1.35	2.30	4.23
ROE (%)	12.60	19.33	16.22	2.38
ROA (%)	6.82	10.74	9.42	1.01
재고회전율	12.80	12.54	11.24	7.43
EBITDA (백만$)	3,275	3,155	2,923	2,064

매출비중

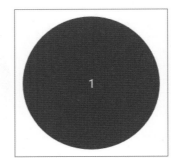

제품명	비중
1. 데이터 저장 장치 및 솔루션	
	100%

365

XRX
제록스 코퍼레이션
Xerox Corporation

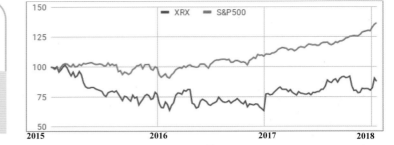

섹터 정보기술 (Information Technology)
세부섹터 H/W, 저장장치, 주변기기
(Technology Hardware, Storage & Peripherals)

제록스 코퍼레이션(Xerox Corporation)은 디지털 인쇄 기술, 문서관리 기술, 사무용 인쇄 장비와 소모품을 생산하는 업체이다. 회사는 1906년 설립되었고 본사는 코네티컷 주 스탬퍼드에 있으며 37,600명의 직원이 근무하고 있다. 회사 사업 부문은 서비스, 문서 기술 및 기타의 세 가지 부문으로 나누어진다. 회사는 모든 크기의 그래픽 인쇄 및 사무용 인쇄 환경을 위한 문서, 서비스, 소프트웨어 및 소모품을 제공하고 있다. 회사는 이미지 처리 및 인쇄, 데이터 분석 및 안전하고 자동화된 솔루션의 개발을 통해 고객이 생산성을 향상할 수 있도록 지원하고 있다. 회사의 주요 제품은 서류관리 서비스, 작업장 솔루션 및 그래픽 커뮤니케이션으로 인쇄 및 통신 인프라를 제공하여 고객들의 작업 효율성을 높이는 제품 등이 있다. 회사는 흑백과 컬러 프린터와 디지털 인쇄기 및 관련 소모품을 제조, 판매하고 있다.

기준일 : 2018/ 01 /25

한글 회사명 : 제록스 코퍼레이션
영문 회사명 : Xerox Corporation
상장일 : 1972년 01월 21일 | 결산월 : 12월
시가총액 : 82 (억$) |
52주 최고 : $34.13 (-5.06%) / 52주 최저 : $26.48 (+22.35%)

주요 주주정보

보유자/ 보유 기관	보유율
Icahn Associates Holding LLC	9.74%
The Vanguard Group, Inc.	8.7%
BlackRock Fund Advisors	4.35%

애널리스트 추천 및 최근 투자의견

제록스 코퍼레이션의 2018년 01월 25일 현재 10개 기관의 **평균적인 목표가는 36.83$**이며, 2018년 추정 주당순이익(EPS)은 3.52$로 2017년 추정 EPS 3.38$에 비해 **4.14% 증가할 것으로 예상**된다.

최근, 1개월, 3개월의 투자 의견 변화

투자의견	금융사 및 투자의견	날짜
Maintains	UBS: to Neutral	10/27/2017
Initiated	UBS: to Neutral	3/10/2017
Maintains	Credit Suisse: to Outperform	2/8/2017
Initiated	Loop Capital: to Buy	7/24/2017
Upgrade	Barclays: Underweight to Equal-Weight	7/24/2017

내부자 거래

(3M 비중은 12개월 거래 중 최근 3개월의 비중)

구분	성격	3개월	12개월	3M비중
매수	매수 건수 (장내 매매만 해당)	9	31	29.03%
매도	매도 건수 (장내 매매만 해당)	4	13	30.77%
매수	매수 수량 (장내 매매만 해당)	25,137	243,137	10.34%
매도	매도 수량 (장내 매매만 해당)	1,301,415	1,320,252	98.57%
	순매수량 (-인 경우 순매도량)	-1,276,278	-1,077,115	

ETF 노출   (편입 ETF 수 : 84개 / 시가총액 대비 ETF의 보유비중 : 13.35%)

티커	ETF	보유 지분	비중
VO	Vanguard Mid-Cap ETF	$192,615,029	0.19%
VTI	Vanguard Total Stock Market ETF	$189,437,824	0.03%
VOO	Vanguard 500 Index Fund	$118,817,724	0.03%
SPY	SPDR S&P 500 ETF Trust	$86,082,975	0.03%
VOE	Vanguard Mid-Cap Value ETF	$65,254,375	0.36%

기간 수익률

1M : 7.25%	3M : -2.57%	6M : 7.97%	1Y : 14.55%	3Y : -11.24%

재무 지표

	2014	2015	2016	2017(E)
매출액 (백만$)	19,540	11,465	10,771	10,163
영업이익 (백만$)	1,626	1,181	995	1,160
순이익 (백만$)	1,128	848	616	890
자산총계 (백만$)	27,658	25,541	18,145	16,448
자본총계 (백만$)	11,102	9,466	5,055	
부채총계 (백만$)	16,556	16,075	13,090	

안정성 비율	2013	2014	2015	2016
유동비율 (%)	149.68	146.05	127.24	150.24
부채비율 (%)	127.41	149.13	169.82	258.95
이자보상배율 (배)	7.04	6.86	5.47	5.50

투자 지표

	2014	2015	2016	2017(E)
영업이익률 (%)	8.32	10.30	9.24	11.42
매출액 증가율 (%)	-8.84	-41.33	-6.05	-5.64
EPS ($)	4.14	1.31	-1.98	3.38
EPS 증가율 (%)	11.31	-68.33	-250.77	271.17
주당자산가치($)	38.25	35.84	18.94	21.51
잉여현금흐름 (백만$)	1,695	1,527	1,002	587

	2013	2014	2015	2016
배당성향(%)	25.27	25.07	86.35	
배당수익률(%)	2.87	2.74	4.00	5.39
ROE (%)	9.67	9.53	8.29	8.53
ROA (%)	4.08	4.06	3.26	2.87
재고회전율	21.34	20.23	12.50	12.37
EBITDA (백만$)	3068	2891	1771	1558

매출비중

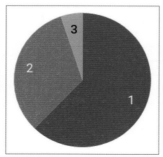

제품명	비중
1. 문서 기술	62.29%
2 서비스	32.54%
3. 기타	5.17%

Energy

에너지

섹터 설명 및 전망

에너지(Energy) 섹터는 S&P500에서 약 6%를 차지하고 있으며 전체에서 낮은 비중을 차지하고 있다. 에너지 섹터는 2008년 전체 섹터 내 16.2%의 비중을 정점으로 지속해서 하향하고 있다. 2017년 평균 주가수익비율(PER) 값은 37.59배로 2018년 은 조금 감소한 33.18배로 전망되고 있다.

전 세계 경기 호황 확장 국면으로 인해 유가를 비롯한 에너지 수요는 공급 대비 우위의 지속이 이어질 것으로 보여진다. 2018년 현재 약 달러 기조, 미 연준의 금리 인상, 인플레이션의 조짐과 같은 거시 경제 상황도 에너지 섹터 기업들에 우호적인 환경으로 바뀌고 있다. 현재 서부 텍사스산 중질유(WTI)는 2016년 $26를 저점으로 2018년 1월 현재 $64에 도달하며 지속해서 상승하고 있다. 많은 애널리스트들의 유가 박스 예상 범위도 기존 $40~55선에서 $50~70선으로 높아졌을 만큼 긍정적인 업황 개선으로 이어질 것이다.

미국의 경기회복을 선두로 유럽, 신흥국의 경기회복으로 인해 에너지 수요와 원자재 수요가 급증하고 있는 추세와 함께 2018년 사우디아라비아의 아람코 상장이 예정되어 있고, 미국 오일 메이져 업체와 이해 당사자들도 유가의 상승을 원하고 있으므로 에너지 섹터에 긍정적인 전망으로 작용하리라 본다.

에너지 섹터 둘러보기

대표 ETF	시가총액 (1억$)	S&P500내 비중	편입 종목수
XLE	15,070	6.08%	32

S&P500 VS Energy

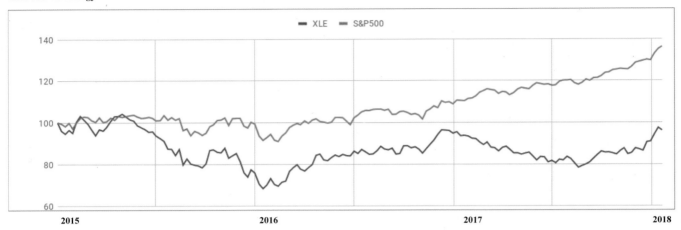

에너지 섹터는 2015년 1월 1일 이후 -3.96% 하락했으며, 같은 기간 S&P500은 36.49% 상승했다. 에너지 섹터의 S&P500 대비 상대 수익률은 -40.45%p 이다.

S&P500내 에너지 섹터 비중 추이

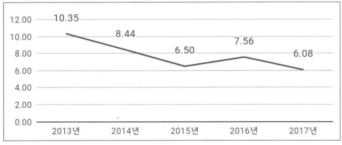

에너지 섹터 관련 주요 데이터

	에너지 섹터	S&P500 평균
PER (Trailing)	85.24	23.53
PER (Projected)	35.74	20.49
PBR	1.92	3.11
시가 배당률	2.72	1.87
P/Sales	1.6	2.09
P/Cash flow	37.26	21.71
변동성 3년	18.06	10.07
변동성 5년	16.61	9.49

에너지 섹터 대표 ETF 'XLE'의 최근 자금 유입 동향(100만$) 및 수익률(%)

자금동향

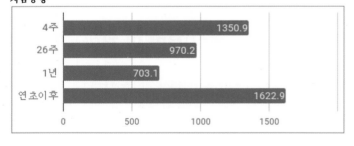

수익률

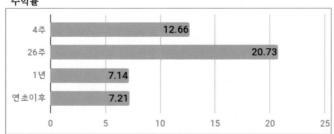

시가 총액 상위 종목

순위	티커	종목명/세부 섹터
1위	XOM	Exxon Mobil Corp. (엑슨 모빌 코퍼레이션)
		종합 석유 및 가스
2위	CVX	Chevron Corp. (쉐브론 코퍼레이션)
		종합 석유 및 가스
3위	SLB	Schlumberger Ltd. (슐럼버거 리미티드)
		석유/가스 장비 및 서비스
4위	COP	ConocoPhillips (코노코 필립스)
		석유/가스 탐사 및 생산
5위	EOG	EOG Resources (EOG 리소스)
		석유/가스 탐사 및 생산

(2018년 1월 13일 기준)

섹터 내 상승/하락 상위 종목 (최근 1년)

상승률 상위 종목

순위	티커	상승률
1위	VLO	37.39%
2위	MPC	34.93%
3위	ANDV	34.19%

하락률 상위 종목

순위	티커	하락률
1위	RRC	-55.57%
2위	CHK	-43.82%
3위	BHGE	-25.52%

CVX
쉐브론 코퍼레이션
Chevron Corporation

섹터 에너지 (Energy)
세부섹터 종합 석유 및 가스 (Integrated Oil & Gas)

쉐브론 코퍼레이션(Chevron Corporation)은 전 세계적으로 자회사를 통해 원유 및 천연가스의 시추개발 부문(Upstream)과 제품생산/공급 부문(Downstream) 두 부문에서 에너지, 화학 및 석유 사업을 영위하는 업체이다. 회사는 1879년에 설립되었고 본사는 캘리포니아주 샌라몬에 있으며 55,200명의 직원이 근무하고 있다. 시추개발 부문(Upstream)은 미국, 원유 및 천연가스의 탐사, 개발 및 생산을 담당하고 있으며, 원유와 천연가스를 가공, 액화, 수송 및 파이프라인을 통한 수송 등을 영위하고 있다. 주요 생산지로는 멕시코만 및 유티카 쉐일(Utica Shale) 지대가 있다. 제품생산 및 공급 부문(Downstream)은 원유를 석유제품으로 정제하는 분야이며, 쉐브론(Chevron), 텍사코(Texaco), 칼텍스(Caltex)의 브랜드로 석유 화학제품의 제조 및 판매, 연료 및 윤활 첨가제, 산업용 플라스틱을 생산하고 있다.

기준일 : 2018/ 01 /25
한글 회사명 : 쉐브론 코퍼레이션
영문 회사명 : Chevron Corporation
상장일 : 1972년 01월 21일 | 결산월 : 12월
시가총액 : 2482 (억$) | 52주 최고 : $133.88 (-1.24%) / 52주 최저 : $102.55 (+28.92%)

주요 주주정보

보유자/ 보유 기관	보유율
The Vanguard Group, Inc.	7.29%
SSgA Funds Management, Inc.	6.15%
BlackRock Fund Advisors	4.69%

애널리스트 추천 및 최근 투자의견

쉐브론 코퍼레이션의 2018년 01월 25일 현재 27개 기관의 **평균적인 목표가는 133.87$**이며, 2018년 추정 주당순이익(EPS)은 6.07$로 2017년 추정 EPS 4.2$에 비해 **44.52% 증가할 것으로 예상**된다.

최근, 1개월, 3개월의 투자 의견 변화

투자의견	금융사 및 투자의견	날짜
Maintains	Morgan Stanley: Overweight to Overweight	1/24/2018
Downgrade	HSBC: Buy to Hold	1/18/2018
Upgrade	BMO Capital: Market Perform to Outperform	11/01/2018
Downgrade	Bank of America: Buy to Neutral	04/01/2018
Initiated	Credit Suisse: to Neutral	12/12/2017

내부자 거래

(3M 비중은 12개월 거래 중 최근 3개월의 비중)

구분	성격	3개월	12개월	3M비중
매수	매수 건수 (장내 매매만 해당)	1	12	8.33%
매도	매도 건수 (장내 매매만 해당)	5	20	25.00%
매수	매수 수량 (장내 매매만 해당)	496	23,236	2.13%
매도	매도 수량 (장내 매매만 해당)	50,560	467,882	10.81%
	순매수량 (-인 경우 순매도량)	-50,064	-444,646	

ETF 노출
(편입 ETF 수 : 122개 / 시가총액 대비 ETF의 보유비중 : 10.8%)

티커	ETF	보유 지분	비중
VTI	Vanguard Total Stock Market ETF	$6,006,728,084	0.87%
VOO	Vanguard 500 Index Fund	$4,260,823,943	1.03%
XLE	Energy Select Sector SPDR Fund	$3,478,054,077	16.61%
SPY	SPDR S&P 500 Trust ETF	$3,115,709,199	1.04%
IVV	Ishares S&P 500	$1,578,821,066	1.03%

기간 수익률

1M : 9.66%	3M : 14.54%	6M : 27.16%	1Y : 13.58%	3Y : 24.9%

재무 지표

	2014	2015	2016	2017(E)
매출액 (백만$)	199,941	129,648	110,484	139,821
영업이익 (백만$)	19,190	-4,017	-5,916	10,972
순이익 (백만$)	19,241	4,587	-497	8,459
자산총계 (백만$)	266,026	264,540	260,078	254,870
자본총계 (백만$)	156,191	153,886	146,722	
부채총계 (백만$)	109,835	110,654	113,356	

안정성 비율	2013	2014	2015	2016
유동비율 (%)	152.19	132.28	135.20	93.19
부채비율 (%)	68.69	70.32	71.91	77.26
이자보상배율 (배)				

투자 지표

	2014	2015	2016	2017(E)
영업이익률 (%)	9.60	-3.10	-5.35	7.85
매출액 증가율 (%)	-9.23	-35.16	-14.78	26.55
EPS ($)	10.21	2.46	-0.27	4.20
EPS 증가율 (%)	-8.68	-75.91	-110.98	1,655.39
주당자산가치($)	82.48	81.11	76.95	77.37
잉여현금흐름 (백만$)	-3,422	-9,493	-5,209	9,387

	2013	2014	2015	2016
배당성향(%)	35.17	41.52	174.69	
배당수익률(%)	3.12	3.75	4.76	3.64
ROE (%)	15.00	12.65	2.98	-0.33
ROA (%)	8.87	7.43	1.78	-0.16
재고회전율	35.17	31.03	20.20	18.80
EBITDA (백만$)	42,267	36,858	19,329	14,030

매출비중

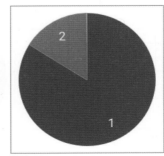

제품명	비중
1. 원유 정제 및 상품화	
	83.97%
2. 원유 개발 및 시추	
	15.88%
3. 기타	
	0.14%

HES
헤스 코퍼레이션
Hess Corporation

섹터 에너지 (Energy)
세부섹터 종합 석유 및 가스(Integrated Oil & Gas)

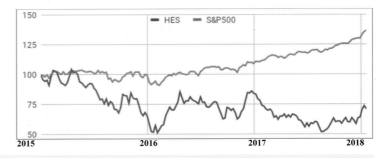

헤스 코퍼레이션(Hess Corporation)은 원유, 천연가스를 개발, 생산, 구매, 운송 및 판매 사업을 영위하는 업체이다. 회사는 1920년에 설립되었고 본사는 뉴욕주 뉴욕에 있으며 2,770명의 직원이 근무하고 있다. 회사는 탐사 및 생산과 운송 두 부문으로 운영되며, 원유 및 천연가스 채취, 천연가스의 처리, 철도를 이용한 원유 수송, 터미널 운영, 원유 및 천연가스 액체의 적재, 프로판 저장 등의 사업을 하고 있다. 주요 사업 지역은 미국 내 노스다코타, 유티카 분지, 페름기 분지, 덴마크, 적도 기니, 말레이시아, 노르웨이 등에 위치하고 있다. 2016년 12월 31일 현재 보유하고 있는 석유 매장량은 총 1.1억 배럴 수준이며, 총 550대 이상의 원유 철도 차량 및 파이프를 통해 원유를 운송하고 있다.

기준일 : 2018/ 01 /25

한글 회사명 : 헤스 코퍼레이션
영문 회사명 : Hess Corporation
상장일 : 1972년 01월 21일 | 결산월 : 12월
시가총액 : 170 (억$) |
52주 최고 : $58.5 (-7.69%) / 52주 최저 : $37.25 (+44.96%)

주요 주주정보

보유자/ 보유 기관	보유율
HESS JOHN B	10.91%
The Vanguard Group, Inc.	7.73%
T. Rowe Price Associates, Inc.	7%

애널리스트 추천 및 최근 투자의견

헤스 코퍼레이션의 2018년 01월 25일 현재 24개 기관의 평균적인 **목표가는 54.93$**이며, 2018년 추정 주당순이익(EPS)은 -2.63$로 2017년 추정 EPS -4.48$에 비해 **+1.85$ 증가**할 것으로 예상된다.

최근, 1개월, 3개월의 투자 의견 변화

투자의견	금융사 및 투자의견	날짜
Maintains	Morgan Stanley: Equal-Weight to Equal-Weight	1/24/2018
Downgrade	JP Morgan: Neutral to Underweight	12/15/2017
Initiated	Credit Suisse: to Underperform	12/12/2017
Maintains	Morgan Stanley: to Equal-Weight	10/18/2017
Downgrade	JP Morgan: Overweight to Neutral	9/14/2017

내부자 거래

(3M 비중은 12개월 거래 중 최근 3개월의 비중)

구분	성격	3개월	12개월	3M비중
매수	매수 건수 (장내 매매만 해당)	28	28	100.00%
매도	매도 건수 (장내 매매만 해당)	22	27	81.48%
매수	매수 수량 (장내 매매만 해당)	93,650	93,650	100.00%
매도	매도 수량 (장내 매매만 해당)	188,331	223,260	84.36%
	순매수량 (-인 경우 순매도량)	-94,681	-129,610	

ETF 노출
(편입 ETF 수 : 76개 / 시가총액 대비 ETF의 보유비중 : 12.6%)

티커	ETF	보유 지분	비중
VO	Vanguard Mid Cap Index Fund	$397,171,537	0.40%
VTI	Vanguard Total Stock Market ETF	$390,633,991	0.06%
VOO	Vanguard 500 Index Fund	$247,867,762	0.06%
XLE	Energy Select Sector SPDR Fund	$221,141,003	1.06%
SPY	SPDR S&P 500 Trust ETF	$177,999,551	0.06%

기간 수익률

1M : 21.22%	3M : 24.75%	6M : 21.05%	1Y : -9.26%	3Y : -24.86%

재무 지표

	2014	2015	2016	2017(E)
매출액 (백만$)	10,544	6,510	4,762	5,240
영업이익 (백만$)	2,212	-2,142	-3,183	-2,357
순이익 (백만$)	1,635	-3,008	-6,132	-1,423
자산총계 (백만$)	38,407	34,157	28,621	26,097
자본총계 (백만$)	22,320	20,401	15,591	
부채총계 (백만$)	16,087	13,756	13,030	

안정성 비율	2013	2014	2015	2016
유동비율 (%)	131.12	130.14	167.58	189.96
부채비율 (%)	72.51	72.07	67.43	83.57
이자보상배율 (배)	8.06	6.87	-6.36	-9.59

투자 지표

	2014	2015	2016	2017(E)
영업이익률 (%)	20.98	-32.90	-66.84	-44.99
매출액 증가율 (%)	-11.14	-38.26	-26.85	10.03
EPS ($)	7.63	-10.78	-19.92	-4.47
EPS 증가율 (%)	-49.17	-241.28	-84.79	77.54
주당자산가치($)	77.68	67.77	45.91	42.43
잉여현금흐름 (백만$)	-757	-2,340	-1,456	-916

	2013	2014	2015	2016
배당성향(%)	4.72	13.28		
배당수익률(%)	0.84	1.35	2.06	1.61
ROE (%)	16.88	6.97	-14.47	-36.16
ROA (%)	9.37	4.17	-8.16	-19.36
재고회전율	10.72	14.24	14.06	13.19
EBITDA (백만$)	6,569	5,737	2,223	1,125

매출비중

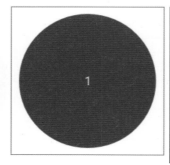

제품명	비중
1. 탐사 및 생산	
	100%

XOM
엑슨 모빌 코퍼레이션
Exxon Mobil Corporation

섹터 에너지 (Energy)
세부섹터 종합 석유 및 가스 (Integrated Oil & Gas)

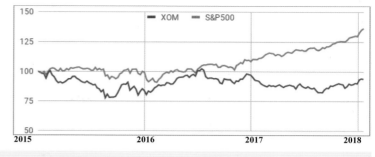

엑슨 모빌 코퍼레이션(Exxon Mobil Corporation)은 전 세계에서 가장 큰 다국적 석유 가스 회사로 미국 38개주, 캐나다, 남미, 유럽, 아프리카, 아시아 및 호주 등에서 원유 및 천연가스를 탐사 및 생산하는 업체이다. 회사는 1870년에 설립되었고 본사는 텍사스주 어빙에 있으며 72,700명의 직원이 근무하고 있다. 회사는 시추 및 개발(Upstream), 정제 및 제품생산(Downstream) 및 케미칼 부문을 운영하고 있으며, 석유 제품의 제조도 수행하고 있다. 회사는 35,047개의 유정을 보유하고 있으며, 이글 LNG 파트너스(Eagle LNG Partners LLC) 및 크롤리 마리타입 코퍼레이션(Crowley Maritime Corporation)과 함께 액화천연가스(LNG)를 개발하고 있다. 주요 생산품으로는 올레핀, 폴리에틸렌, 폴리 프로필렌 등 석유 기반 제품과 다양한 특수 제품이 있으며, 원유, 천연가스, 석유 제품 운송과 판매를 하고 있다. 엑슨(Exxon)과 모빌(Mobil) 두 석유 회사가 1999년 합병하면서 현재의 이름을 가지게 되었다.

기준일 : 2018/ 01 /25

한글 회사명 : 엑슨 모빌 코퍼레이션
영문 회사명 : Exxon Mobil Corporation
상장일 : 1972년 11월 01일 | 결산월 : 12월
시가총액 : 3744 (억$) |
52주 최고 : $88.92 (-0.34%) / 52주 최저 : $76.05 (+16.51%)

주요 주주정보

보유자/ 보유 기관	보유율
The Vanguard Group, Inc.	7.23%
SSgA Funds Management, Inc.	4.93%
BlackRock Fund Advisors	4.53%

애널리스트 추천 및 최근 투자의견

엑슨 모빌 코퍼레이션의 2018년 01월 25일 현재 27개 기관의 **평균적인 목표가는 87.36$**이며, 2018년 추정 주당순이익(EPS)은 4.55$로 2017년 추정 EPS 3.67$에 비해 **23.97% 증가할 것으로 예상**된다.

최근, 1개월, 3개월의 투자 의견 변화

투자의견	금융사 및 투자의견	날짜
Maintains	Morgan Stanley: Underperform to Underweight	1/24/2018
Initiated	Credit Suisse: to Neutral	12/12/2017
Initiated	Imperial Capital: to Outperform	11/15/2017
Downgrade	HSBC: Hold to Reduce	07/11/2017
Maintains	Morgan Stanley: to Underperform	10/18/2017

내부자 거래

(3M 비중은 12개월 거래 중 최근 3개월의 비중)

구분	성격	3개월	12개월	3M비중
매수	매수 건수 (장내 매매만 해당)	11	33	33.33%
매도	매도 건수 (장내 매매만 해당)	4	51	7.84%
매수	매수 수량 (장내 매매만 해당)	38,047	1,180,844	3.22%
매도	매도 수량 (장내 매매만 해당)	8,385	315,322	2.66%
	순매수량 (-인 경우 순매도량)	29,662	865,522	

ETF 노출 (편입 ETF 수 : 125개 / 시가총액 대비 ETF의 보유비중 : 10.18%)

티커	ETF	보유 지분	비중
VTI	Vanguard Total Stock Market ETF	$9,054,030,045	1.32%
VOO	Vanguard 500 Index Fund	$6,421,623,042	1.55%
SPY	SPDR S&P 500 Trust ETF	$4,695,954,218	1.56%
XLE	Energy Select Sector SPDR Fund	$4,690,948,909	22.40%
IVV	Ishares S&P 500	$2,379,499,929	1.55%

기간 수익률

1M : 4.96%	3M : 8.84%	6M : 8.77%	1Y : 1.46%	3Y : -4.35%

재무 지표

	2014	2015	2016	2017(E)
매출액 (백만$)	364,763	236,810	197,518	271,626
영업이익 (백만$)	34,082	12,883	4,236	22,249
순이익 (백만$)	32,520	16,150	7,840	15,642
자산총계 (백만$)	349,493	336,758	330,314	347,581
자본총계 (백만$)	181,064	176,810	173,830	
부채총계 (백만$)	168,429	159,948	156,484	

안정성 비율	2013	2014	2015	2016
유동비율 (%)	82.69	81.86	78.97	86.94
부채비율 (%)	92.14	93.02	90.46	90.02
이자보상배율 (배)	305.31	119.17	41.42	9.35

투자 지표

	2014	2015	2016	2017(E)
영업이익률 (%)	9.34	5.44	2.14	8.19
매출액 증가율 (%)	-6.53	-35.08	-16.59	37.52
EPS ($)	7.59	3.85	1.88	3.67
EPS 증가율 (%)	3.05	-49.31	-51.17	95.32
주당자산가치($)	41.51	41.10	40.34	42.80
잉여현금흐름 (백만$)	12,164	3,854	5,919	10,650

	2013	2014	2015	2016
배당성향(%)	33.38	35.55	74.81	158.51
배당수익률(%)	2.43	2.92	3.69	3.30
ROE (%)	19.17	18.67	9.36	4.64
ROA (%)	9.83	9.66	4.82	2.51
재고회전율	25.44	22.23	14.39	12.61
EBITDA (백만$)	57,483	51,379	30,931	23,244

매출비중

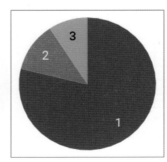

제품명	비중
1. 원유 정제 및 상품화	
	78.84%
2. 화학	
	11.92%
3. 원유 개발 및 시추	
	9.23%
4. 기업 및 금융	
	0.01%

HP
헬머리치 & 패인
Helmerich & Payne

섹터 에너지 (Energy)
세부섹터 석유 및 가스 시추 (Oil & Gas Drilling)

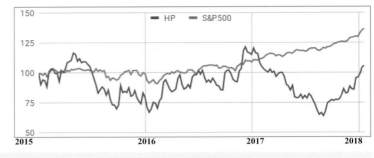

헬머리치 & 패인(Helmerich & Payne)은 원유 및 가스 유정의 계약 시추 사업을 영위하는 업체이다. 회사는 1920년에 설립되었고 본사는 오클라호마주 툴사에 있으며 10,352명의 직원이 근무하고 있다. 주요 사업 부문에는 미국 육상 부문, 해상 부문, 해외 부문이 있으며, 상업용 부동산을 소유하고 육상 및 해상에서 원유나 천연가스를 탐사하고, 이를 채굴하기 위한 유정을 설치하는 전 과정을 수행하는 등 시추 기술 개발 및 운용을 하고 있다. 미국 육상 부문은 주로 오클라호마, 캘리포니아, 텍사스, 와이오밍, 콜로라도, 루이지애나, 미시시피, 펜실베이니아, 오하이오, 뉴멕시코를 포함하며, 해상 부문에서는 멕시코 및 적도 기니에서 시추 작업을 수행하고 있다. 해외에서는 에콰도르, 콜롬비아, 아르헨티나, 바레인 및 아랍 에미리트에서 시추 작업을 수행한다. 2016년 9월 기준 미국 내륙에서 348대의 육상 채굴 장치를 운영하고 있으며 38개의 국제 육상 채굴 장치를 보유하고 있다.

기준일 : 2018/ 01 /25

한글 회사명 : 헬머리치 & 패인
영문 회사명 : Helmerich & Payne
상장일 : 1972년 01월 21일 | 결산월 : 9월
시가총액 : 80 (억$) |
52주 최고 : $81.2 (-12.74%) / 52주 최저 : $42.16 (+68.05%)

주요 주주정보

보유자/ 보유 기관	보유율
The Vanguard Group, Inc.	10%
BlackRock Fund Advisors	8.36%
State Farm Investment Management Corp.	7.6%

애널리스트 추천 및 최근 투자의견

헬머리치 & 패인의 2018년 01월 25일 현재 32개 기관의 **평균적인 목표가는 59.74$**이며, 2018년 추정 주당순이익(EPS)은 0.62$로 2017년 추정 EPS -0.14$에 비해 **+0.76$ 증가할 것으로 예상**된다.

최근, 1개월, 3개월의 투자 의견 변화

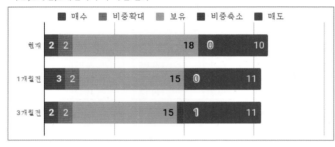

투자의견	금융사 및 투자의견	날짜
Initiated	Stephens & Co.: to Equal-Weight	10/01/2018
Initiated	Deutsche Bank: to Hold	10/10/2017
Maintains	JP Morgan: to Underweight	12/09/2017
Initiated	Societe Generale: to Hold	8/31/2017
Downgrade	Citigroup: Neutral to Sell	7/28/2017

내부자 거래

(3M 비중은 12개월 거래 중 최근 3개월의 비중)

구분	성격	3개월	12개월	3M비중
매수	매수 건수 (장내 매매만 해당)	0	18	0.00%
매도	매도 건수 (장내 매매만 해당)	3	39	7.69%
매수	매수 수량 (장내 매매만 해당)	0	109,319	0.00%
매도	매도 수량 (장내 매매만 해당)	7,622	146,086	5.22%
	순매수량 (-인 경우 순매도량)	-7,622	-36,767	

ETF 노출 (편입 ETF 수 : 82개 / 시가총액 대비 ETF의 보유비중 : 19.87%)

티커	ETF	보유 지분	비중
DVY	iShares Select Dividend ETF	$262,848,248	1.45%
VTI	Vanguard Total Stock Market ETF	$172,597,156	0.03%
VOO	Vanguard 500 Index Fund	$136,176,528	0.03%
XLE	Energy Select Sector SPDR Fund	$130,657,936	0.62%
SPY	SPDR S&P 500 Trust ETF	$97,320,324	0.03%

기간 수익률

1M : 23.1%	3M : 41.72%	6M : 31.4%	1Y : -8.79%	3Y : 12.06%

재무 지표

	2014	2015	2016	2017(E)
매출액 (백만$)	3,720	3,165	1,624	1,747
영업이익 (백만$)	1,035	747	-30	-187
순이익 (백만$)	705	420	-55	-129
자산총계 (백만$)	6,722	7,152	6,832	6,413
자본총계 (백만$)	4,891	4,897	4,561	
부채총계 (백만$)	1,831	2,255	2,271	

안정성 비율	2013	2014	2015	2016
유동비율 (%)	275.68	247.72	406.32	473.40
부채비율 (%)	40.98	37.43	46.04	49.80
이자보상배율 (배)	153.00	222.43	49.67	-1.29

투자 지표

	2014	2015	2016	2017(E)
영업이익률 (%)	27.82	23.60	-1.85	-10.70
매출액 증가율 (%)	9.80	-14.90	-48.69	7.54
EPS ($)	6.54	3.90	-0.54	-1.26
EPS 증가율 (%)	-5.08	-40.37	-113.85	-133.98
주당자산가치($)	45.19	45.44	42.20	38.05
잉여현금흐름 (백만$)	166	285	496	-30

	2013	2014	2015	2016
배당성향(%)	19.15	40.63	71.06	
배당수익률(%)	1.89	2.68	5.82	4.12
ROE (%)	17.34	15.10	8.58	-1.16
ROA (%)	11.97	10.85	6.06	-0.78
재고회전율	40.41	38.13	26.94	12.84
EBITDA (백만$)	1,393.36	1,558.75	1,310.27	568.98

매출비중

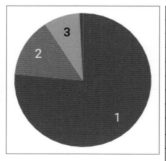

제품명	비중
1. 미국 내 개발	76.5%
2. 국제 개발	14.15%
3. 원해 서비스	8.53%
4. 기타	0.82%

BHGE
베이커 휴스
Baker Hughes

섹터 에너지 (Energy)
세부섹터 석유/가스 장비 및 서비스 (Oil & Gas Equipment & Services)

베이커 휴스(Baker Hughes)는 제너럴 일렉트릭(General Electric)의 자회사로, 석유 및 천연가스의 시추 및 개발(Upstream), 운송 및 관리(Midstream), 정제 및 제품생산(Downstream) 전 분야에서 사업을 영위하며 서비스 및 디지털 솔루션을 제공하고 있는 업체이다. 회사는 1907년에 설립되었고 본사는 텍사스주 휴스턴에 있으며 33,000명의 직원이 근무하고 있다. 회사의 업스트림 부문에는 채산성의 평가, 시추, 개발 및 생산 효율성 증대를 위한 솔루션이 포함되며 미드스트림 분야는 액화천연가스(LNG) 및 파이프라인의 구축 및 관리를 담당하고 있다. 다운스트림 분야는 정제 및 석유 화학 제품 및 비료 등의 생산 솔루션 서비스를 제공한다. 또한 화학 처리, 수처리, 기계, 시추 과정의 모니터링, 공정 서비스 및 흐름 및 공정 기술 등을 제공하고 있다. 회사의 산업용 솔루션은 산업 시설을 발전시키는 첨단 제어 시스템 및 모니터링 서비스를 제공한다. 매주 금요일 오전에 시추공 개수를 발표하고 있으며 2017년 제너럴 일렉트릭(GE)의 자회사가 되었다.

기준일 : 2018/ 01 /25

한글 회사명 : 베이커 휴스
영문 회사명 : Baker Hughes
상장일 : 1987년 04월 03일 | 결산월 : 12월
시가총액 : 138 (억$) |
52주 최고 : $40.82 (-15.72%) / 52주 최저 : $29.62 (+16.13%)

주요 주주정보

보유자/ 보유 기관	보유율
The Vanguard Group, Inc.	10.33%
Capital Research & Management Co.	6.91%
Dodge & Cox	5.56%

애널리스트 추천 및 최근 투자의견

베이커 휴스의 2018년 01월 25일 현재 32개 기관의 **평균적인 목표가는 59.74$**이며, 2018년 추정 주당순이익(EPS)은 0.62$로 2017년 추정 EPS -0.14$에 비해 **+0.76$ 증가할 것으로 예상**된다.

최근, 1개월, 3개월의 투자 의견 변화

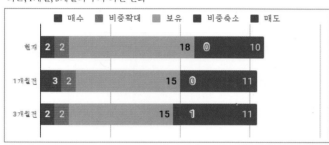

매수 / 비중확대 / 보유 / 비중축소 / 매도

현재: 2 2 18 0 10
1개월전: 3 2 15 0 11
3개월전: 2 2 15 1 11

투자의견	금융사 및 투자의견	날짜
Maintains	Bank of America: Underperform	1/25/2018
Maintains	JP Morgan: to Neutral	1/25/2018
Maintains	Morgan Stanley: Overweight to Overweight	1/25/2018
Maintains	Wells Fargo: to Outperform	1/25/2018
Maintains	BMO Capital: to Market Perform	1/25/2018

내부자 거래

(3M 비중은 12개월 거래 중 최근 3개월의 비중)

구분	성격	3개월	12개월	3M비중
매수	매수 건수 (장내 매매만 해당)	3	7	42.86%
매도	매도 건수 (장내 매매만 해당)	7	11	63.64%
매수	매수 수량 (장내 매매만 해당)	4,498	19,899	22.60%
매도	매도 수량 (장내 매매만 해당)	10,134,397	10,377,026	97.66%
	순매수량 (-인 경우 순매도량)	-10,129,899	-10,357,127	

ETF 노출
(편입 ETF 수 : 79개 / 시가총액 대비 ETF의 보유비중 : 14.13%)

티커	ETF	보유 지분	비중
VO	Vanguard Mid Cap Index Fund	$339,506,858	0.34%
VTI	Vanguard Total Stock Market ETF	$333,978,038	0.05%
VOO	Vanguard 500 Index Fund	$236,936,246	0.06%
XLE	Energy Select Sector SPDR Fund	$209,616,334	1.00%
SPY	SPDR S&P 500 Trust ETF	$171,737,109	0.06%

기간 수익률

1M : 14.8%	3M : -5.85%	6M : 1.81%	

재무 지표

	2014	2015	2016	2017(E)
매출액 (백만$)	24,551	15,742	9,841	20,658
영업이익 (백만$)	3,090	-115	-1,332	1,026
순이익 (백만$)	1,719	-1,967	-2,738	459
자산총계 (백만$)	28,827	24,080	19,034	54,659
자본총계 (백만$)	18,730	16,382	12,737	
부채총계 (백만$)	10,097	7,698	6,297	

안정성 비율	2013	2014	2015	2016
유동비율 (%)	246.72	259.76	333.98	397.87
부채비율 (%)	55.95	53.91	46.99	49.44
이자보상배율 (배)	8.42	13.32	-0.49	-6.31

투자 지표

	2014	2015	2016	2017(E)
영업이익률 (%)	12.59	-0.73	-13.54	4.97
매출액 증가율 (%)	9.78	-35.88	-37.49	109.92
EPS ($)			-6.31	0.37
EPS 증가율 (%)				105.87
주당자산가치($)	42.91	37.30	29.85	34.92
잉여현금흐름 (백만$)	1,162	831	3,897	-406

	2013	2014	2015	2016
배당성향(%)				
배당수익률(%)				
ROE (%)	6.30	9.46	-11.27	-18.91
ROA (%)	4.04	6.10	-7.46	-12.69
재고회전율	5.84	6.17	4.50	4.16
EBITDA (백만$)	3,668	4,904	1,627	-166

매출비중

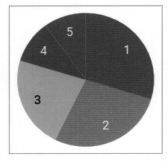

제품명	비중
1. 북아메리카	
	29.83%
2. 중동 / 아시아 태평양	
	27.49%
3. 유럽 / 아프리카 / 러시아 카스피	
	22.37%
4. 산업 서비스 및 기타	
	10.35%
5. 라틴 아메리카	
	9.96%

FTI
테크닙에프엠씨
TechnipFMC

섹터 에너지 (Energy)
세부섹터 석유/가스 장비 및 서비스 (Oil & Gas Equipment & Services)

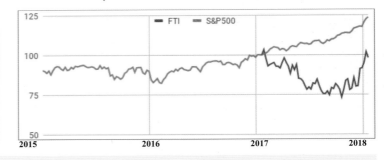

테크닙에프엠씨(TechnipFMC)는 석유 및 가스 프로젝트 과정에서 타당성 조사, 엔지니어링 서비스, 조달, 건설, 유지 보수 및 해체의 전 과정과 관련된 서비스를 제공하며 심해 부문, 원/근해 부문, 육상 부문의 세 부문으로 운영되고 있다. 회사는 2017년에 설립되었고 본사는 영국 런던에 있으며 44,000명의 직원이 근무하고 있다. 해저 분야는 해저에서 석유와 가스를 시추하기 위한 드릴링, 설치, 현장 서비스, 조작 시스템 등의 각종 기술, 장비의 운용, 시추된 석유와 가스를 지상으로 보내기 위한 운송라인 등의 제품을 생산하고 있다. 원근해 부문은 고정식, 부유식 및 시설과 프로젝트 관리 서비스를 제공하고 있다. 공기흡입장치, 밸브, 굴착 작업에 필요한 장비를 제공하고 있다. 육상 부문은 각종 제어장치 및 펌프, 계측 시스템, 하역 장비 등을 제공하고 있다. 1958년 설립된 테크닙(Technip)과 2001년 설립된 에프엠씨 테크놀로지(FMC Technologies)가 2017년에 합병하여 만들어진 테크닙에프엠씨는 전 세계 48개국에서 서비스를 제공하고 있다.

기준일 : 2018/ 01 /25
한글 회사명 : 테크닙에프엠씨
영문 회사명 : TechnipFMC
상장일 : 2017년 01월 17일 | 결산월 : 12월
시가총액 : 159 (억$) |
52주 최고 : $35.73 (-2.4%) / 52주 최저 : $24.53 (+42.15%)

주요 주주정보

보유자/ 보유 기관	보유율
First Eagle Investment Management LLC	7.28%
The Vanguard Group, Inc.	5.53%
Bpifrance Participations SA /PRIVATE EQUITY	5.29%

애널리스트 추천 및 최근 투자의견

테크닙에프엠씨의 2018년 01월 25일 현재 37개 기관의 **평균적인 목표가는 33.34$**이며, 2018년 추정 주당순이익(EPS)은 1.32$로 2017년 추정 EPS 1.43$에 비해 **-7.69% 감소할 것으로 예상**된다.

최근, 1개월, 3개월의 투자 의견 변화

자료 없음

투자의견	금융사 및 투자의견	날짜
Downgrade	HSBC: Hold to Reduce	11/15/2017
Downgrade	Goldman Sachs: Buy to Neutral	11/13/2017
Maintains	Barclays: to Equal-Weight	10/27/2017
Upgrade	Gabelli & Co.: Hold to Buy	10/20/2017
Upgrade	Citigroup: Neutral to Buy	02/10/2017

내부자 거래

(3M 비중은 12개월 거래 중 최근 3개월의 비중)

구분	성격	3개월	12개월	3M비중
매수	매수 건수 (장내 매매만 해당)	16	23	69.57%
매도	매도 건수 (장내 매매만 해당)	4	9	44.44%
매수	매수 수량 (장내 매매만 해당)	233,288	413,853	56.37%
매도	매도 수량 (장내 매매만 해당)	48,550	107,050	45.35%
	순매수량 (-인 경우 순매도량)	184,738	306,803	

ETF 노출   (편입 ETF 수 : 52개 / 시가총액 대비 ETF의 보유비중 : 8.8%)

티커	ETF	보유 지분	비중
VOO	Vanguard 500 Index Fund	$255,884,584	0.06%
XLE	Energy Select Sector SPDR Fund	$227,109,896	1.08%
VXUS	Vanguard Total Intl Stock Idx Fund	$207,239,548	0.06%
SPY	SPDR S&P 500 Trust ETF	$186,573,368	0.06%
OIH	VanEck Vectors Oil Services ETF	$100,304,116	5.03%

기간 수익률

1M : 22.12%	3M : 23.79%	6M : 20.11%	1Y : -1.87%	3Y : -

재무 지표

* FTI는 2017년 1월 상장으로 기존 데이터 부재

	2014	2015	2016	2017(E)
매출액 (백만$)	-	-	-	15,184
영업이익 (백만$)	-	-	-	1,334
순이익 (백만$)	-	-	-	686
자산총계 (백만$)	-	-	-	29,865
자본총계 (백만$)	-	-	-	-
부채총계 (백만$)	-	-	-	-

# 안정성 비율	2013	2014	2015	2016
유동비율 (%)	-	-	-	-
부채비율 (%)	-	-	-	-
이자보상배율 (배)	-	-	-	-

투자 지표

* FTI는 2017년 1월 상장으로 기존 데이터 부재

	2014	2015	2016	2017(E)
영업이익률 (%)	-	-	-	8.79
매출액 증가율 (%)	-	-	-	2.14
EPS ($)	-	-	-	1.44
EPS 증가율 (%)	-	-	-	-43.37
주당자산가치($)	-	-	-	29.84
잉여현금흐름 (백만$)	-	-	-	634

	2013	2014	2015	2016
배당성향(%)	-	-	-	-
배당수익률(%)	-	-	-	-
ROE (%)	-	-	-	-16.06
ROA (%)	-	-	-	-16.06
재고회전율	-	-	-	-
EBITDA (백만$)	-	-	-	-

매출비중

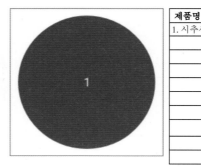

제품명	비중
1. 시추서비스	
	100%

HAL
할리버튼
Halliburton Co.

섹터 에너지 (Energy)
세부섹터 석유/가스 장비 및 서비스 (Oil & Gas Equipment & Services)

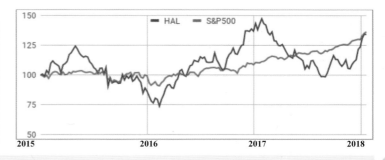

할리버튼(Halliburton Co.)은 전 세계에 걸쳐 원유 및 천연가스의 탐사 및 시추(Upstream)와 관련된 다양한 서비스 및 제품을 제공하는 업체이다. 회사는 1919년에 설립되었고 본사는 텍사스주 휴스턴에 있으며 50,000명의 직원이 근무하고 있다. 생산 부문은 유정을 개발하고 원유 추출 장비 설치 사업을 수행하고 있으며, 지능형 준공, 모래 제어 시스템 등 각종 솔루션을 제공한다. 원유를 채굴하는 과정에 필요한 코일 튜빙(coiled tubing), 유압 작업 유닛(hydraulic workover unit) 및 하향 굴삭 장치(downhole tool)를 포함하는 압력 제어 서비스 및 해저 파이프라인, 재래식 파이프라인 및 프로세스 서비스와 같은 파이프라인 및 프로세스 서비스를 제공하고 있다. 회사의 시추 및 평가 부문은 시추 유체 시스템, 성능 첨가제, 특수 시험 장비 및 폐기물 관리 서비스를 제공한다. 또한 탐사, 시추 및 생산과 관련된 통합 소프트웨어 및 서비스를 제공하고 있다.

기준일 : 2018/ 01 /25

한글 회사명 : 할리버튼
영문 회사명 : Halliburton Co.
상장일 : 1972년 01월 21일 | 결산월 : 12월
시가총액 : 482 (억$) |
52주 최고 : $58.78 (-4.83%) / 52주 최저 : $38.18 (+46.51%)

주요 주주정보

보유자/ 보유 기관	보유율
The Vanguard Group, Inc.	6.85%
Capital Research & Management (World)	5.69%
Capital Research & Management (Global)	5.09%

애널리스트 추천 및 최근 투자의견

할리버튼의 2018년 01월 25일 현재 37개 기관의 **평균적인 목표가는 61.89$**이며, 2018년 추정 주당순이익(EPS)은 3.41$로 2017년 추정 EPS 2.51$에 비해 **35.85% 증가할 것으로 예상**된다.

최근, 1개월, 3개월의 투자 의견 변화

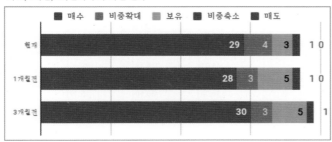

투자의견	금융사 및 투자의견	날짜
Upgrade	Guggenheim: Neutral to Buy	1/22/2018
Maintains	Citigroup: to Buy	10/25/2017
Maintains	Loop Capital: to Buy	10/24/2017
Initiated	Deutsche Bank: to Buy	10/10/2017
Maintains	Citigroup: to Buy	5/10/2017

내부자 거래

(3M 비중은 12개월 거래 중 최근 3개월의 비중)

구분	성격	3개월	12개월	3M비중
매수	매수 건수 (장내 매매만 해당)	1	20	5.00%
매도	매도 건수 (장내 매매만 해당)	26	65	40.00%
매수	매수 수량 (장내 매매만 해당)	44,378	738,376	6.01%
매도	매도 수량 (장내 매매만 해당)	232,134	490,111	47.36%
	순매수량 (-인 경우 순매도량)	-187,756	248,265	

ETF 노출
(편입 ETF 수 : 87개 / 시가총액 대비 ETF의 보유비중 : 10.21%)

티커	ETF	보유 지분	비중
VTI	Vanguard Total Stock Market ETF	$1,107,783,940	0.16%
VOO	Vanguard 500 Index Fund	$826,828,405	0.20%
XLE	Energy Select Sector SPDR Fund	$691,784,580	3.30%
SPY	SPDR S&P 500 Trust ETF	$604,636,178	0.20%
OIH	VanEck Vectors Oil Services ETF	$310,738,054	15.57%

기간 수익률

1M : 18.82%	3M : 25.28%	6M : 19.44%	1Y : -6.09%	3Y : 35.47%

재무 지표

	2014	2015	2016	2017(E)
매출액 (백만$)	32,870	23,633	15,887	20,318
영업이익 (백만$)	5,048	1,836	470	1,986
순이익 (백만$)	3,436	-666	-5,761	1,022
자산총계 (백만$)	32,240	36,942	27,000	27,039
자본총계 (백만$)	16,298	15,495	9,448	
부채총계 (백만$)	15,942	21,447	17,552	

안정성 비율	2013	2014	2015	2016
유동비율 (%)	272.66	256.13	403.23	290.26
부채비율 (%)	114.64	97.82	138.41	185.78
이자보상배율 (배)	12.48	12.75	3.97	0.67

투자 지표

	2014	2015	2016	2017(E)
영업이익률 (%)	15.36	7.77	2.96	9.78
매출액 증가율 (%)	11.80	-28.10	-32.78	27.89
EPS ($)	4.13	-0.79	-6.69	1.17
EPS 증가율 (%)	74.26	-119.13	-746.84	117.48
주당자산가치($)	19.18	18.06	10.86	10.87
잉여현금흐름 (백만$)	779	722	-2,501	1,106

	2013	2014	2015	2016
배당성향(%)	22.25	15.33		
배당수익률(%)	1.03	1.60	2.12	1.33
ROE (%)	14.35	23.02	-4.20	-46.33
ROA (%)	7.47	11.18	-1.91	-18.04
재고회전율	9.06	9.56	7.89	6.77
EBITDA (백만$)	6,130	7,174	3,671	1,973

매출비중

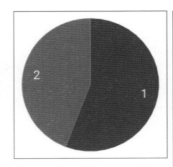

제품명	비중
1. 완료 및 생산	
	55.91%
2. 드릴링 및 평가	
	44.09%

NOV
내셔널 오일웰 발코
National Oilwell Varco Inc.

섹터 에너지 (Energy)
세부섹터 석유/가스 장비 및 서비스 (Oil & Gas Equipment & Services)

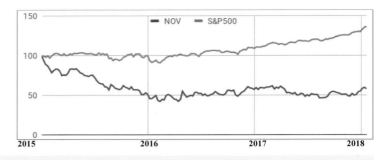

내셔널 오일웰 발코(National Oilwell Varco)는 업스트림과 관련된 석유 및 가스 시추, 시추 시설의 완성 및 생산 작업에 사용되는 장비 및 부품을 설계, 제조 및 판매 사업을 영위하는 업체이다. 회사는 1862년에 설립되었고 본사는 텍사스주 휴스턴에 있으며 36,627명의 직원이 근무하고 있다. 회사는 조작 시스템(Rig Systems), 리그(Rig) 유지 보수, 유정 기술, 설비 구축 및 생산 네 부분으로 운영된다. 조작 시스템(Rig Systems) 부문은 육상 시추장비를 제공하며, 근해 드릴링 장비 등을 포함하고 있다. 또한 크레인, 파이프 리프팅, 회전 및 조립 시스템 등 시추 기술과 진흙 펌프와 압력 제어 장비, 동력 전달 시스템, 계측 및 제어 시스템 등과 같은 기술을 보유하고 있다. 리그(Rig) 유지 보수 부문에서는 수리 및 렌탈 서비스, 기술 지원, 시추 지원, 현장 엔지니어링 및 고객 교육 서비스를 제공하고 있다.

기준일 : 2018/ 01 /25
한글 회사명 : 내셔널 오일웰 발코
영문 회사명 : National Oilwell Varco Inc.
상장일 : 1996년 10월 29일 | 결산월 : 12월
시가총액 : 143 (억$) |
52주 최고 : $41.9 (-8.61%) / 52주 최저 : $29.9 (+28.06%)

주요 주주정보

보유자/ 보유 기관	보유율
The Vanguard Group, Inc.	10.08%
Dodge & Cox	8.21%
First Eagle Investment Management LLC	7.12%

애널리스트 추천 및 최근 투자의견

내셔널 오일웰 발코의 2018년 01월 25일 현재 35개 기관의 **평균적인 목표가는 35.53$**이며, 2018년 추정 주당순이익(EPS)은 0.33$로 2017년 추정 EPS -0.41$에 비해 **+0.74$ 증가할 것으로 예상**된다.

최근, 1개월, 3개월의 투자 의견 변화

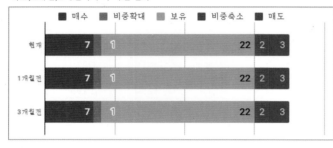

투자의견	금융사 및 투자의견	날짜
Upgrade	SunTrust Robinson Humphrey: Sell to Hold	11/29/2017
Maintains	Citigroup: to Neutral	10/31/2017
Maintains	JP Morgan: to Neutral	10/30/2017
Maintains	Barclays: to Equal-Weight	10/30/2017
Initiated	Deutsche Bank: to Hold	10/10/2017

내부자 거래

(3M 비중은 12개월 거래 중 최근 3개월의 비중)

구분	성격	3개월	12개월	3M비중
매수	매수 건수 (장내 매매만 해당)	6	15	40.00%
매도	매도 건수 (장내 매매만 해당)	16	17	94.12%
매수	매수 수량 (장내 매매만 해당)	223,167	261,397	85.37%
매도	매도 수량 (장내 매매만 해당)	77,316	82,445	93.78%
	순매수량 (-인 경우 순매도량)	145,851	178,952	

ETF 노출

(편입 ETF 수 : 76개 / 시가총액 대비 ETF의 보유비중 : 14.28%)

티커	ETF	보유 지분	비중
VO	Vanguard Mid Cap Index Fund	$350,728,252	0.35%
VTI	Vanguard Total Stock Market ETF	$345,024,549	0.05%
VOO	Vanguard 500 Indes Fund	$244,805,935	0.06%
XLE	Energy Select Sector SPDR Fund	$219,175,642	1.05%
SPY	SPDR S&P 500 Trust ETF	$177,750,148	0.06%

기간 수익률

1M : 14.88%	3M : 10.24%	6M : 13.54%	1Y : -2.81%	3Y : -34.83%

재무 지표

	2014	2015	2016	2017(E)
매출액 (백만$)	21,414	14,738	7,246	7,278
영업이익 (백만$)	3,832	1,575	-1,253	-101
순이익 (백만$)	2,450	-769	-2,412	-157
자산총계 (백만$)	33,562	25,970	21,140	20,741
자본총계 (백만$)	20,772	16,460	14,003	
부채총계 (백만$)	12,790	9,510	7,137	

안정성 비율	2013	2014	2015	2016
유동비율 (%)	245.93	219.18	288.66	258.48
부채비율 (%)	55.90	61.57	57.78	50.97
이자보상배율 (배)	30.75	36.50	15.29	-11.93

투자 지표

	2014	2015	2016	2017(E)
영업이익률 (%)	17.89	10.69	-17.29	-1.39
매출액 증가율 (%)	-6.30	-31.18	-50.84	0.45
EPS ($)	5.85	-1.99	-6.41	-0.42
EPS 증가율 (%)	7.14	-134.02	-222.11	93.53
주당자산가치($)	49.39	43.60	36.82	37.37
잉여현금흐름 (백만$)	1,915	879	676	446

	2013	2014	2015	2016
배당성향(%)	16.73	28.18		
배당수익률(%)	1.27	2.50	5.49	1.63
ROE (%)	10.96	11.42	-4.15	-15.91
ROA (%)	7.02	7.18	-2.58	-10.26
재고회전율	3.98	3.93	2.96	1.81
EBITDA (백만$)	4168	4610	2322	-550

매출비중

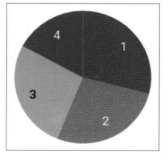

제품명	비중
1. 채굴 시스템	32.91%
2. 생산 솔루션	30.91%
3. 유정 기술	30.33%
4. 유지보수 솔루션	19.53%
5. 공제	-13.67%

SLB
슐럼버거 리미티드
Schlumberger Ltd.

섹터 에너지 (Energy)
세부섹터 석유/가스 장비 및 서비스 (Oil & Gas Equipment & Services)

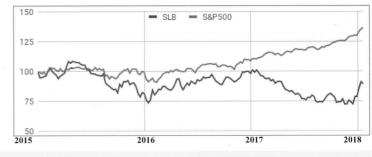

슐럼버거 리미티드(Schlumberger Limited)는 전 세계 석유 및 가스 탐사/생산 업체에 각종 제품 및 서비스 사업을 영위하는 업체이다. 회사는 1926년에 설립되었고 본사는 텍사스주 슈거랜드에 있으며 100,000명의 직원이 근무하고 있다. 유정 부문은 유정을 발굴, 모니터링하고 개발하는 서비스를 제공한다. 유정 개발과 관련된 각종 탐사 및 유속 측정, 개발과 관련된 각종 컨설팅, 정보기술(IT) 인프라와 같은 소프트웨어 등 채굴 과정 전반에 대한 통합 솔루션을 제공한다. 또한 굴착 부문은 롤러, 절단 드릴 등과 같은 채굴 장비를 운영하고 유지하는 소프트웨어 서비스를 제공한다. 마지막으로 실제 채굴과정에서 필요한 각종 채굴 및 시추공 확대 기술, 파이프라인 설치 및 각종 밸브를 설치하고 운영하며, 이를 유지하는 서비스를 제공한다.

기준일 : 2018/ 01 /25
한글 회사명 : 슐럼버거 리미티드
영문 회사명 : Schlumberger Ltd.
상장일 : 1972년 01월 21일 | 결산월 : 12월
시가총액 : 1070 (억$) | 52주 최고 : $86.05 (-9.07%) / 52주 최저 : $61.02 (+28.22%)

주요 주주정보

보유자/보유 기관	보유율
The Vanguard Group, Inc.	7.03%
Capital Research & Management (World)	5.95%
SSgA Funds Management, Inc.	5.07%

애널리스트 추천 및 최근 투자의견

슐럼버거 리미티드의 2018년 01월 25일 현재 39개 기관의 **평균적인 목표가는 83.03$**이며, 2018년 추정 주당순이익(EPS)은 3.19$로 2017년 추정 EPS 2.23$에 비해 **43.04% 증가할 것으로 예상**된다.

최근, 1개월, 3개월의 투자 의견 변화

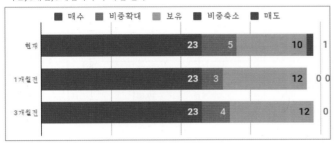

투자의견	금융사 및 투자의견	날짜
Upgrade	Atlantic Equities: Neutral to Overweight	1/22/2018
Maintains	Loop Capital: to Buy	10/26/2017
Maintains	Barclays: to Equal-Weight	10/25/2017
Maintains	Citigroup: to Buy	10/25/2017
Maintains	Morgan Stanley: to Overweight	10/23/2017

내부자 거래

(3M 비중은 12개월 거래 중 최근 3개월의 비중)

구분	성격	3개월	12개월	3M비중
매수	매수 건수 (장내 매매만 해당)	0	14	0.00%
매도	매도 건수 (장내 매매만 해당)	2	7	28.57%
매수	매수 수량 (장내 매매만 해당)	223,167	261,397	85.37%
매도	매도 수량 (장내 매매만 해당)	77,316	82,445	93.78%
	순매수량 (-인 경우 순매도량)	145,851	178,952	

ETF 노출   (편입 ETF 수 : 93개 / 시가총액 대비 ETF의 보유비중 : 10.25%)

티커	ETF	보유 지분	비중
VTI	Vanguard Total Stock Market ETF	$2,588,495,118	0.38%
VOO	Vanguard 500 Index Fund	$1,835,149,210	0.44%
XLE	Energy Select Sector SPDR (ETF)	$1,508,707,905	7.20%
SPY	SPDR S&P 500 ETF Trust	$1,344,962,529	0.45%
VUG	Vanguard Growth ETF	$723,175,573	0.93%

기간 수익률

1M : 23.07%	3M : 13.65%	6M : 14.86%	1Y : -11.64%	3Y : -6.03%

재무 지표

	2014	2015	2016	2017(E)
매출액 (백만$)	48,580	35,475	27,810	30,377
영업이익 (백만$)	9,585	5,720	2,531	2,900
순이익 (백만$)	5,643	2,072	-1,687	2,022
자산총계 (백만$)	66,904	68,005	77,956	74,118
자본총계 (백만$)	38,049	35,905	41,529	
부채총계 (백만$)	28,855	32,100	36,427	

안정성 비율	2013	2014	2015	2016
유동비율 (%)	193.90	174.20	190.58	158.89
부채비율 (%)	69.30	75.84	89.40	87.72
이자보상배율 (배)	20.44	33.40	20.28	4.70

투자 지표

	2014	2015	2016	2017(E)
영업이익률 (%)	19.73	16.12	9.10	9.55
매출액 증가율 (%)	7.32	-26.98	-21.61	9.23
EPS ($)	4.20	1.64	-1.24	1.46
EPS 증가율 (%)	-17.49	-61.06	-175.82	217.52
주당자산가치($)	29.68	28.36	29.52	28.46
잉여현금흐름 (백만$)	7,219	6,395	4,206	1,816

	2013	2014	2015	2016
배당성향(%)	24.75	38.46	122.70	
배당수익률(%)	1.39	1.87	2.87	2.38
ROE (%)	18.33	14.60	5.64	-4.40
ROA (%)	10.64	8.52	3.17	-2.23
재고회전율	9.64	10.53	8.46	6.97
EBITDA (백만$)	11,963	13,679	9,798	6,625

매출비중

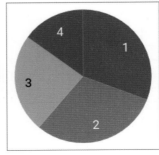

제품명	비중
1. 생산	31.32%
2. 시추	30.78%
3. 저장 서비스	24.25%
4. 카메론	15.14%
5. 공제 및 기타	-1.49%

APA
아파치 코퍼레이션
Apache Corporation

섹터 에너지 (Energy)
세부섹터 석유/가스 탐사 및 생산 (Oil & Gas Exploration & Production)

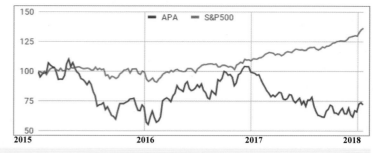

아파치 코퍼레이션(Apache Corporation)은 원유, 천연가스, 액화 천연가스를 탐사, 개발, 생산하는 업체이다. 회사는 1954년에 설립되었고 본사는 텍사스주 휴스턴에 있으며 3,727명의 직원이 근무하고 있다. 주로 미국, 이집트, 영국 북해에서 사업을 진행하고 있다. 북미에서는 주로 페르미안(Permian) 지대, 중부 내륙/걸프만 지역, 서부 텍사스가 주요 지역이며, 미국 근해에서 원유와 천연가스를 탐사 및 개발하고 있다. 이외에도 이집트, 영국 북해에서도 유사한 사업을 영위하고 있다. 2016년 12월 기준 6억 2천만 배럴의 원유, 2조 9천억 세제곱피트(ft³)의 천연가스를 보유하고 있는 것으로 추정되고 있으며, 총자산 규모는 225억 달러가량으로 창립 이래 활발한 인수합병을 진행 중이다.

기준일 : 2018/ 01 /25
한글 회사명 : 아파치 코퍼레이션
영문 회사명 : Apache Corporation
상장일 : 1972년 01월 21일 | 결산월 : 12월
시가총액 : 181 (억$) | 52주 최고 : $62.75 (-22.8%) / 52주 최저 : $38.14 (+27%)

주요 주주정보

보유자/ 보유 기관	보유율
Dodge & Cox	7.86%
The Vanguard Group, Inc.	6.84%
Davis Selected Advisers LP	5.51%

애널리스트 추천 및 최근 투자의견

아파치 코퍼레이션의 2018년 01월 25일 현재 32개 기관의 **평균적인 목표가는 48.47$**이며, 2018년 추정 주당순이익(EPS)은 1.22$로 2017년 추정 EPS 0.12$에 비해 **916.66% 증가할 것으로 예상**된다.

최근, 1개월, 3개월의 투자 의견 변화

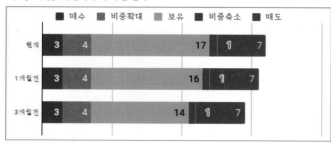

투자의견	금융사 및 투자의견	날짜
Maintains	Morgan Stanley: Equal-Weight to Equal-Weight	1/24/2018
Initiated	Credit Suisse: to Neutral	12/12/2017
Maintains	Barclays: to Underweight	11/20/2017
Maintains	Bank of America: to Underperform	6/11/2017
Maintains	Morgan Stanley: to Equal-Weight	10/18/2017

내부자 거래

(3M 비중은 12개월 거래 중 최근 3개월의 비중)

구분	성격	3개월	12개월	3M비중
매수	매수 건수 (장내 매매만 해당)	5	19	26.32%
매도	매도 건수 (장내 매매만 해당)	27	59	45.76%
매수	매수 수량 (장내 매매만 해당)	25,013	107,777	23.21%
매도	매도 수량 (장내 매매만 해당)	102,108	163,447	62.47%
	순매수량 (-인 경우 순매도량)	-77,095	-55,670	

ETF 노출 (편입 ETF 수 : 87개 / 시가총액 대비 ETF의 보유비중 : 10.69%)

티커	ETF	보유 지분	비중
VTI	Vanguard Total Stock Market ETF	$439,153,632	0.06%
VOO	Vanguard 500 Index Fund	$311,297,920	0.07%
XLE	Energy Select Sector SPDR Fund	$271,875,047	1.30%
SPY	SPDR S&P 500 Trust ETF	$225,441,348	0.07%
IVV	Ishares S&P 500	$114,714,037	0.07%

기간 수익률

1M : 16.67%	3M : 8.3%	6M : -4.87%	1Y : -25.49%	3Y : -26.02%

재무 지표

	2014	2015	2016	2017(E)
매출액 (백만$)	12,691	6,510	5,367	5,834
영업이익 (백만$)	4,279	-2,488	-165	1,158
순이익 (백만$)	-3,815	-10,844	-1,372	32
자산총계 (백만$)	55,952	25,500	22,519	22,095
자본총계 (백만$)	28,137	9,490	7,679	
부채총계 (백만$)	27,815	16,010	14,840	

안정성 비율	2013	2014	2015	2016
유동비율 (%)	135.45	175.08	203.80	175.86
부채비율 (%)	74.15	98.86	168.70	193.25
이자보상배율 (배)	29.29	19.63	-5.16	-0.39

투자 지표

	2014	2015	2016	2017(E)
영업이익률 (%)	33.72	-38.22	-3.07	19.85
매출액 증가율 (%)	-20.32	-48.70	-17.56	8.69
EPS ($)	-14.07	-27.39	-3.71	0.12
EPS 증가율 (%)	-356.36	-94.33	86.46	103.30
주당자산가치($)	68.89	20.87	16.50	17.96
잉여현금흐름 (백만$)	-2,917	-2,141	481	-81

	2013	2014	2015	2016
배당성향(%)	14.50			
배당수익률(%)	0.93	1.60	2.25	1.58
ROE (%)	7.49	-12.86	-64.12	-19.43
ROA (%)	4.05	-5.91	-27.40	-5.17
재고회전율	17.71	15.87	10.19	10.26
EBITDA (백만$)	11508	9152	3552	2962

매출비중

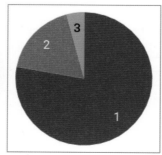

제품명	비중
1. 기름	77.73%
2. 천연가스	18.02%
3. 액화 천연가스	4.25%

APC
아나다코 페트롤레움 코퍼레이션
Anadarko Petroleum Corporation

섹터 에너지 (Energy)
세부섹터 석유 및 가스 시추 (Oil & Gas Drilling)

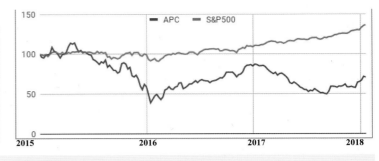

아나다코 페트롤레움 코퍼레이션(Anadarko Petroleum Corporation)은 석유와 가스의 탐사, 개발, 생산 및 마케팅을 영위하는 업체이다. 회사는 1959년에 설립되었고 본사는 텍사스주 우드랜드에 있으며 4,500명의 직원이 근무하고 있다. 사업 영역은 석유/가스 탐사 및 생산, 운송 및 저장(Midstream), 마케팅 세 부문으로 나누어진다. 석유/가스 탐사 및 생산 부문에서는 원유, 천연가스, 액화천연가스를 탐사 및 개발하여 생산하고 있으며, 2016년 12월 매장량은 약 17억 배럴로 추정되고 있다. 운송 및 저장(Midstream) 부문은 이 회사 및 타사의 원생산품을 수집 및 처리하여 운송하고 있으며, 마케팅 부문은 미국 내에서 원유, 천연가스, 액화 천연가스를 판매하고 있다. 이 회사는 국제적으로 미국, 모잠비크, 멕시코만, 알래스카에서 탐사 및 개발 활동을 진행하고 있다.

기준일 : 2018/ 01 /25

한글 회사명 : 아나다코 페트롤레움 코퍼레이션
영문 회사명 : Anadarko Petroleum Corporation
상장일 : 1986년 09월 08일 | 결산월 : 12월
시가총액 : 336 (억$) |
52주 최고 : $71.97 (-14.64%) / 52주 최저 : $39.96 (+53.72%)

주요 주주정보

보유자/보유 기관	보유율
Dodge & Cox	8.45%
The Vanguard Group, Inc.	7.2%
ClearBridge Investments LLC	5.25%

애널리스트 추천 및 최근 투자의견

아나다코 페트롤레움 코퍼레이션의 2018년 01월 25일 현재 36개 기관의 **평균적인 목표가는 66.71$**이며, 2018년 추정 주당순이익(EPS)은 0.24$로 2017년 추정 EPS -2.18$에 비해 **+2.42$ 증가할 것으로 예상**된다.

최근, 1개월, 3개월의 투자 의견 변화

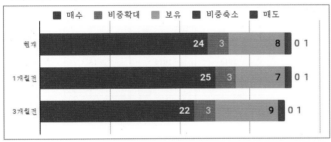

투자의견	금융사 및 투자의견	날짜
Maintains	Morgan Stanley: Equal-Weight to Equal-Weight	1/24/2018
Downgrade	Citigroup: Buy to Neutral	3/1/2018
Upgrade	Seaport Global: Neutral to Buy	12/19/2017
Initiated	Credit Suisse: to Outperform	12/12/2017
Maintains	Barclays: to Underweight	11/20/2017

내부자 거래

(3M 비중은 12개월 거래 중 최근 3개월의 비중)

구분	성격	3개월	12개월	3M비중
매수	매수 건수 (장내 매매만 해당)	5	36	13.89%
매도	매도 건수 (장내 매매만 해당)	0	23	0.00%
매수	매수 수량 (장내 매매만 해당)	3,079	114,023	2.70%
매도	매도 수량 (장내 매매만 해당)	0	57,162	0.00%
	순매수량 (-인 경우 순매도량)	3,079	56,861	

ETF 노출
(편입 ETF 수 : 77개 / 시가총액 대비 ETF의 보유비중 : 10.16%)

티커	ETF	보유 지분	비중
VTI	Vanguard Total Stock Market ETF	$820,302,121	0.12%
VOO	Vanguard 500 Index Fund	$581,563,718	0.14%
XLE	Energy Select Sector SPDR Fund	$492,898,178	2.35%
SPY	SPDR S&P 500 Trust ETF	$431,031,196	0.14%
VUG	Vanguard Growth ETF	$229,188,589	0.29%

기간 수익률

1M : 22.47%	3M : 33.63%	6M : 32.09%	1Y : -16.89%	3Y : -25.81%

재무 지표

	2014	2015	2016	2017(E)
매출액 (백만$)	16,385	9,485	8,453	11,873
영업이익 (백만$)	4,734	-1,732	-1,183	-508
순이익 (백만$)	-1,754	-6,695	-3,078	-1,232
자산총계 (백만$)	61,689	46,331	45,564	42,530
자본총계 (백만$)	22,318	15,457	15,497	
부채총계 (백만$)	39,371	30,874	30,067	

안정성 비율	2013	2014	2015	2016
유동비율 (%)	124.64	109.64	95.24	158.23
부채비율 (%)	135.86	176.41	199.74	194.02
이자보상배율 (배)	6.60	5.86	-2.01	-1.26

투자 지표

	2014	2015	2016	2017(E)
영업이익률 (%)	28.89	-18.26	-14.00	-4.28
매출액 증가율 (%)	10.17	-42.11	-10.88	40.46
EPS ($)	-3.47	-13.18	-5.90	-2.18
EPS 증가율 (%)	-319.62	-279.83	55.24	63.11
주당자산가치($)	38.94	25.22	22.16	21.57
잉여현금흐름 (백만$)	-1,042	-7,944	-505	-597

	2013	2014	2015	2016
배당성향(%)	34.30			
배당수익률(%)	0.68	1.20	2.22	0.29
ROE (%)	3.74	-8.44	-41.14	-24.59
ROA (%)	1.73	-2.67	-12.62	-6.11
재고회전율	77.06	72.34	41.33	31.96
EBITDA (백만$)	9,258	10,046	3,923	3,515

매출비중

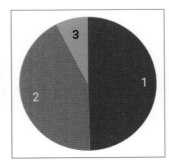

제품명	비중
1. 석유 및 가스 탐사 및 생산	49.62%
2. 마케팅	42.87%
3. Midstream	7.52%

CHK
체서피크 에너지 코퍼레이션
Chesapeake Energy Corporation

섹터 에너지 (Energy)
세부섹터 석유/가스 탐사 및 생산 (Oil & Gas Exploration & Production)

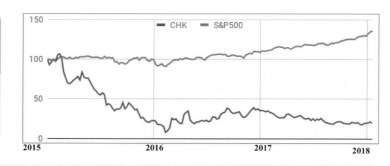

체서피크 에너지 코퍼레이션(Chesapeake Energy Corporation)은 유정에서 석유, 천연가스 및 액화 천연가스(NGL)를 생산하기 위한 자산의 인수, 개발을 영위하는 업체이다. 회사는 1989년에 설립되었고 본사는 오클라호마주 오클라호마시티에 있으며 3,300명의 직원이 근무하고 있다. 사업영역은 크게 탐사 및 생산 두 부문으로 운영되고 있으며, 마케팅 및 정보 수집 부문도 함께 운영되고 있다. 회사는 약 22,700개의 석유 및 천연가스 유정을 보유하고 있으며, 2016년 12월 기준 약 17억 8천만 배럴 상당의 석유 매장량을 보유하고 있다. 또한 다른 생산자를 위한 마케팅, 석유 및 천연가스의 생산/처리에 사용되는 천연가스 압축 장치, 장비 등을 제작, 설치 및 판매하고 있다.

기준일 : 2018/ 01 /25
한글 회사명 : 체서피크 에너지 코퍼레이션
영문 회사명 : Chesapeake Energy Corporation
상장일 : 1993년 02월 05일 | 결산월 : 12월
시가총액 : 36 (억$) |
52주 최고 : $7.29 (-43.34%) / 52주 최저 : $3.41 (+21.11%)

주요 주주정보

보유자/ 보유 기관	보유율
The Vanguard Group, Inc.	12.49%
Harris Associates LP	7.52%
SSgA Funds Management, Inc.	5.68%

애널리스트 추천 및 최근 투자의견

체서피크 에너지 코퍼레이션의 2018년 01월 25일 현재 31개 기관의 **평균적인 목표가는 4.36$**이며, 2018년 추정 주당순이익(EPS)은 0.83$로 2017년 추정 EPS 0.73$에 비해 **13.69% 증가할 것으로 예상**된다.

최근, 1개월, 3개월의 투자 의견 변화

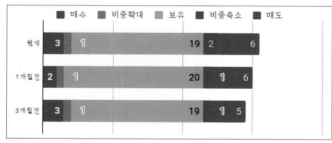

투자의견	금융사 및 투자의견	날짜
Downgrade	Mizuho: Neutral to Underperform	1/16/2018
Initiated	Credit Suisse: to Underperform	12/12/2017
Maintains	Barclays: to Underweight	11/10/2017
Initiated	Imperial Capital: to In-Line	9/19/2017
Maintains	PiperJaffray: to Neutral	9/18/2017

내부자 거래

(3M 비중은 12개월 거래 중 최근 3개월의 비중)

구분	성격	3개월	12개월	3M비중
매수	매수 건수 (장내 매매만 해당)	7	23	30.43%
매도	매도 건수 (장내 매매만 해당)	9	14	64.29%
매수	매수 수량 (장내 매매만 해당)	375,321	2,428,486	15.45%
매도	매도 수량 (장내 매매만 해당)	258,441	547,541	47.20%
	순매수량 (-인 경우 순매도량)	116,880	1,880,945	

ETF 노출
(편입 ETF 수 : 53개 / 시가총액 대비 ETF의 보유비중 : 15.82%)

티커	ETF	보유 지분	비중
VTI	Vanguard Total Stock Market ETF	$83,113,529	0.01%
VB	Vanguard Small Cap Index Fund	$79,796,063	0.11%
XLE	Energy Select Sector SPDR Fund	$68,033,179	0.32%
VOO	Vanguard 500 Index Fund	$62,024,747	0.01%
XOP	SPDR S&P Oil & Gas Explore & Prod. (ETF)	$52,674,408	1.84%

기간 수익률

1M : 12.53%	3M : -1.24%	6M : -15.77%	1Y : -40.95%	3Y : -79.24%

재무 지표

	2014	2015	2016	2017(E)
매출액 (백만$)	22,144	11,783	8,629	4,552
영업이익 (백만$)	2,626	-1,075	-135	1,127
순이익 (백만$)	1,444	-14,685	-4,401	685
자산총계 (백만$)	40,751	17,314	13,028	12,521
자본총계 (백만$)	18,205	2,397	-1,203	
부채총계 (백만$)	22,546	14,917	14,231	

# 안정성 비율	2013	2014	2015	2016
유동비율 (%)	66.29	132.04	67.30	58.72
부채비율 (%)	130.33	123.85	622.32	-1,182.96
이자보상배율 (배)	20.59	15.18	-3.27	-0.47

투자 지표

	2014	2015	2016	2017(E)
영업이익률 (%)	11.86	-9.12	-1.56	24.76
매출액 증가율 (%)	28.52	-46.79	-26.77	-47.25
EPS ($)	1.93	-22.44	-6.45	0.73
EPS 증가율 (%)	164.38	-1,262.75	71.26	111.24
주당자산가치($)	20.87	-1.39	-3.61	-0.71
잉여현금흐름 (백만$)	2,597	558	-1,029	-951

	2013	2014	2015	2016
배당성향(%)	47.95	18.72		
배당수익률(%)	1.36	1.79	1.94	0.00
ROE (%)	4.59	8.78	-154.25	
ROA (%)	2.14	3.84	-50.41	-29.00
재고회전율				
EBITDA (백만$)	5188	5541	1154	972

매출비중

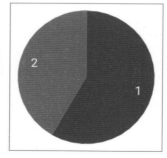

제품명	비중
1. 마케팅, 수집 및 압축	58.23%
2. 탐사 및 생산	41.77%
	*

COG
캐봇 오일&가스 코퍼레이션
Cabot Oil & Gas Corporation

섹터 에너지 (Energy)
세부섹터 석유/가스 탐사 및 생산 (Oil & Gas Exploration & Production)

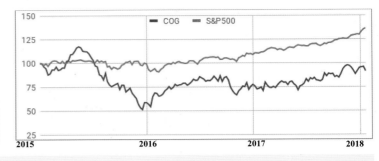

캐봇 오일&가스 코퍼레이션(Cabot Oil&Gas Corporation)은 원유 및 천연가스 자산의 개발 및 탐사를 영위하는 업체이다. 회사는 1989년에 설립되었고 본사는 텍사스주 휴스턴에 있으며 684명의 직원이 근무하고 있다. 주로 미국의 펜실베니아 북동부의 마르셀루스 셰일(Marcellus Shale)과 텍사스 남부의 이글퍼드 셰일(Eagle Ford Shale) 두 곳에서 집중적으로 사업을 진행하고 있다. 주요 사업 부문으로는 석유 및 천연가스 개발 부문, 탐사 및 생산 부문이 있다. 펜실베니아주 마르셀루스 셰일 지대에서 회사는 현재 724㎢의 토지를 보유하고 있으며 이곳에서 탐사 및 생산을 진행하고 있다. 이글퍼드 셰일 지역에서는 19개의 유정을 보유하고 있으며, 원유 및 천연가스를 개발 중이다. 2016년 현재 확인된 천연가스 매장량은 8조 5760억 세제곱피트(ft³)에 달하며, 중심지역 외에 웨스트 버지니아 등에서 파이프라인을 운영하고 있다.

기준일 : 2018/ 01 /25
한글 회사명 : 캐봇 오일&가스 코퍼레이션
영문 회사명 : Cabot Oil & Gas Corporation
상장일 : 1990년 02월 08일 | 결산월 : 12월
시가총액 : 128 (억$) | 52주 최고 : $29.57 (-3.99%) / 52주 최저 : $20.55 (+38.15%)

주요 주주정보

보유자/ 보유 기관	보유율
The Vanguard Group, Inc.	10.23%
Capital Research & Management (World)	8.05%
Fidelity Management & Research Co.	6.59%

애널리스트 추천 및 최근 투자의견

캐봇 오일&가스 코퍼레이션의 2018년 01월 25일 현재 29개 기관의 **평균적인 목표가는 32.06$**이며, 2018년 추정 주당순이익(EPS)은 0.98$로 2017년 추정 EPS 0.51$에 비해 **92.15% 증가**할 것으로 **예상**된다.

최근, 1개월, 3개월의 투자 의견 변화

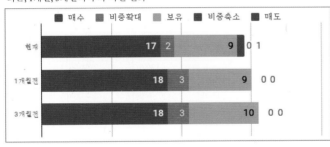

투자의견	금융사 및 투자의견	날짜
Downgrade	Susquehanna: Positive to Neutral	1/17/2018
Upgrade	Citigroup: Neutral to Buy	3/1/2018
Downgrade	Raymond James: Outperform to Underperform	2/1/2018
Initiated	Credit Suisse: to Neutral	12/12/2017
Maintains	Barclays: to Overweight	11/20/2017

재무 지표

	2014	2015	2016	2017(E)
매출액 (백만$)	2,098	1,300	1,195	1,773
영업이익 (백만$)	782	-42	-88	430
순이익 (백만$)	104	-114	-417	205
자산총계 (백만$)	5,438	5,751	5,753	5,198
자본총계 (백만$)	2,143	2,009	2,568	
부채총계 (백만$)	3,295	3,742	3,186	

안정성 비율	2013	2014	2015	2016
유동비율 (%)	92.89	82.85	61.47	277.68
부채비율 (%)	125.94	153.78	186.23	124.07
이자보상배율 (배)	7.27	10.60	-0.44	-0.99

투자 지표

	2014	2015	2016	2017(E)
영업이익률 (%)	37.27	-3.23	-7.36	24.23
매출액 증가율 (%)	24.19	-38.01	-8.14	48.39
EPS ($)	0.25	-0.28	-0.91	0.51
EPS 증가율 (%)	-64.29	-212.00	-225.00	155.55
주당자산가치($)	5.19	4.85	5.52	5.85
잉여현금흐름 (백만$)	-243	-215	17	101

	2013	2014	2015	2016
배당성향(%)	7.60	32.00		
배당수익률(%)	0.13	0.27	0.45	0.34
ROE (%)	12.91	4.81	-5.49	-18.23
ROA (%)	5.83	2.01	-2.04	-7.25
재고회전율	106.78	133.23	83.70	78.72
EBITDA (백만$)	1,123.18	1,414.67	583.21	512.60

내부자 거래

(3M 비중은 12개월 거래 중 최근 3개월의 비중)

구분	성격	3개월	12개월	3M비중
매수	매수 건수 (장내 매매만 해당)	20	33	60.61%
매도	매도 건수 (장내 매매만 해당)	21	33	63.64%
매수	매수 수량 (장내 매매만 해당)	305,086	324,978	93.88%
매도	매도 수량 (장내 매매만 해당)	223,059	584,502	38.16%
	순매수량 (-인 경우 순매도량)	82,027	-259,524	

매출비중

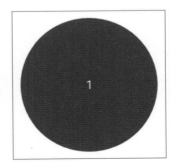

제품명	비중
1. 석유 가스	
	100%

ETF 노출

(편입 ETF 수 : 80개 / 시가총액 대비 ETF의 보유비중 : 14%)

티커	ETF	보유 지분	비중
VO	Vanguard Mid Cap Index Fund	$316,652,844	0.32%
VTI	Vanguard Total Stock Market ETF	$311,612,299	0.05%
VOO	Vanguard 500 Index Fund	$220,996,567	0.05%
XLE	Energy Select Sector SPDR Fund	$197,156,305	0.94%
SPY	SPDR S&P 500 Trust ETF	$165,010,525	0.05%

기간 수익률

1M : 3.26%	3M : 2.61%	6M : 10.12%	1Y : 24.31%	3Y : -5.26%

COP
코노코 필립스
ConocoPhillips

섹터 에너지 (Energy)
세부섹터 석유/가스 탐사 및 생산 (Oil & Gas Exploration & Production)

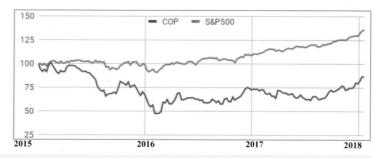

코노코 필립스(ConocoPhillips)는 전 세계에서 원유 및 천연가스를 탐사하고 개발/생산하는 세계 최대의 탐사&생산(E&P) 회사로써 원유, 천연가스, 액화천연가스, 역청(bitumen), 아스팔트) 등을 주요 대상으로 하고 있다. 회사는 1917년에 설립되었고 본사는 텍사스주 휴스턴에 있으며 13,300명의 직원이 근무하고 있다. 주요 사업 부문으로는 알래스카, 로우어 48(Lower 48), 캐나다, 유럽 및 북아프리카, 아시아 태평양 및 중동 및 기타 국제선의 여섯 가지 부문이 있다. 2016년 기준 확인된 원유 매장량은 64억 배럴이며, 평균적으로 하루에 156만 배럴을 생산했다. 1875년 콘티넨털 오일 앤 트랜스포테이션(Continental Oil and Transportation Co)으로 설립되었으며, 2002년 코노코(Conoco Inc.)와 필립스 페트롤륨(Phillips Petroleum Co.)의 합병을 통해 현재의 회사명 코노코 필립스가 되었다.

기준일 : 2018/ 01 /25
한글 회사명 : 코노코 필립스
영문 회사명 : ConocoPhillips
상장일 : 1972년 01월 21일 | 결산월 : 12월
시가총액 : 711 (억$) |
52주 최고 : $61.31 (-0.63%) / 52주 최저 : $42.26 (+44.15%)

주요 주주정보

보유자/ 보유 기관	보유율
The Vanguard Group, Inc.	7.37%
SSgA Funds Management, Inc.	5.12%
BlackRock Fund Advisors	4.78%

애널리스트 추천 및 최근 투자의견

코노코 필립스의 2018년 01월 25일 현재 25개 기관의 **평균적인 목표가는 63.55$**이며, 2018년 추정 주당순이익(EPS)은 2.17$로 2017년 추정 EPS 0.63$에 비해 **244.44% 증가할 것으로 예상**된다.

최근, 1개월, 3개월의 투자 의견 변화

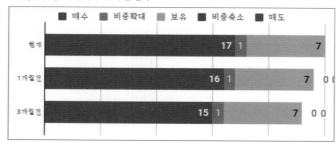

투자의견	금융사 및 투자의견	날짜
Maintains	Morgan Stanley: Equal-Weight to Equal-Weight	1/24/2018
Upgrade	Goldman Sachs: Neutral to Buy	12/14/2017
Initiated	Credit Suisse: to Neutral	12/12/2017
Maintains	Barclays: to Overweight	10/27/2017
Maintains	Wells Fargo: to Outperform	10/27/2017

내부자 거래

(3M 비중은 12개월 거래 중 최근 3개월의 비중)

구분	성격	3개월	12개월	3M비중
매수	매수 건수 (장내 매매만 해당)	0	1	0.00%
매도	매도 건수 (장내 매매만 해당)	15	24	62.50%
매수	매수 수량 (장내 매매만 해당)	0	2,000	0.00%
매도	매도 수량 (장내 매매만 해당)	203,447	266,048	76.47%
	순매수량 (- 인 경우 순매도량)	-203,447	-264,048	

ETF 노출
(편입 ETF 수 : 92개 / 시가총액 대비 ETF의 보유비중 : 9.99%)

티커	ETF	보유 지분	비중
VTI	Vanguard Total Stock Market ETF	$1,730,293,431	0.25%
VOO	Vanguard 500 Index Fund	$1,226,766,074	0.30%
XLE	Energy Select Sector SPDR Fund	$958,829,760	4.58%
SPY	SPDR S&P 500 Trust ETF	$897,403,894	0.30%
IVV	Ishares S&P 500	$454,563,668	0.30%

기간 수익률

1M : 14.52%	3M : 28.46%	6M : 40.09%	1Y : 17.78%	3Y : -5.27%

재무 지표

	2014	2015	2016	2017(E)
매출액 (백만$)	52,001	29,333	23,891	30,367
영업이익 (백만$)	9,103	-5,067	-4,370	1,338
순이익 (백만$)	5,738	-4,428	-3,615	728
자산총계 (백만$)	116,539	97,484	89,772	75,976
자본총계 (백만$)	52,273	40,082	35,226	
부채총계 (백만$)	64,266	57,402	54,546	

안정성 비율	2013	2014	2015	2016
유동비율 (%)	125.74	130.61	94.96	124.61
부채비율 (%)	124.91	122.94	143.21	154.85
이자보상배율 (배)	11.61	8.04	-3.61	-2.62

투자 지표

	2014	2015	2016	2017(E)
영업이익률 (%)	17.51	-17.27	-18.29	4.41
매출액 증가율 (%)	-4.71	-43.59	-18.55	27.11
EPS ($)	5.55	-3.57	-2.90	0.63
EPS 증가율 (%)	-25.36	-164.22	18.59	121.58
주당자산가치($)	42.16	32.17	28.27	24.88
잉여현금흐름 (백만$)	-350	-2,478	-466	2,115

	2013	2014	2015	2016
배당성향(%)	36.56	51.54		
배당수익률(%)	3.82	4.11	6.30	1.99
ROE (%)	15.94	11.04	-9.66	-9.67
ROA (%)	6.83	4.95	-4.09	-3.80
재고회전율	50.55	41.19	23.90	22.31
EBITDA (백만$)	20,026	18,598	7,111	5,876

매출비중

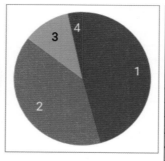

제품명	비중
1. 원유	
	45.59%
2. 천연가스	
	39.68%
3. 기타	
	11.2%
4. 액화 천연가스	
	3.53%

CXO
콘초 리소스
Concho Resources

섹터 에너지 (Energy)
세부섹터 석유/가스 탐사 및 생산(Oil & Gas Exploration & Production)

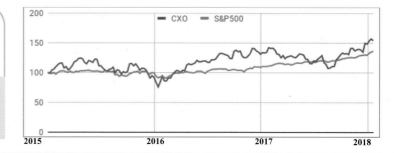

콘초 리소스(Concho Resources Inc.)는 원유 및 천연가스 회사로 관련 자산의 인수, 개발 및 탐사를 진행하며, 북부 델라웨어 분지, 남부 델라웨어 분지, 미들랜드 분지 및 뉴멕시코 일대에서 사업을 영위하고 있다. 회사는 2006년에 설립되었고 본사는 텍사스주 미드랜드에 있으며 1,085명의 직원이 근무하고 있다. 2016년 12월 현재 80여 개 유정에서 5,510만 배럴의 원유 및 천연가스를 생산했으며, 총추정 매장량은 7억 2천만 배럴에 달한다. 2004년 콘초 홀딩스(Concho Equity Holdings Corporation)로 설립되었으며, 2006년 체이스 오일(Chase Oil)을 인수한 후 2007년 상장했다. 이후 헨리 페트롤레움(Henry Petroleum), 릴라이언스 에너지(Reliance Energy)를 각각 5억 8천만 달러, 16억 2,500만 달러에 인수하면서 사업영역을 확대했다.

기준일 : 2018/ 01 /25
한글 회사명 : 콘초 리소스
영문 회사명 : Concho Resources
상장일 : 2007년 08월 03일 | 결산월 : 12월
시가총액 : 238 (억$) |
52주 최고 : $161.96 (-1.13%) / 52주 최저 : $106.73 (+50.02%)

주요 주주정보

보유자/ 보유 기관	보유율
The Vanguard Group, Inc.	10.1%
Capital Research & Management (Global)	9.66%
Capital Research & Management (World)	7.92%

애널리스트 추천 및 최근 투자의견

콘초 리소스의 2018년 01월 25일 현재 33개 기관의 **평균적인 목표가는 173.71$**이며, 2018년 추정 주당순이익(EPS)은 2.95$로 2017년 추정 EPS 1.9$에 비해 **55.26% 증가할 것으로 예상**된다.

최근, 1개월, 3개월의 투자 의견 변화

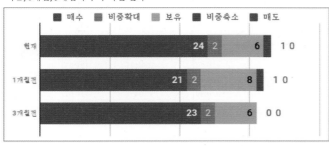

투자의견	금융사 및 투자의견	날짜
Maintains	Morgan Stanley: Overweight to Overweight	1/24/2018
Upgrade	Bank of America: Neutral to Buy	4/1/2018
Downgrade	KLR Group: Buy to Hold	12/21/2017
Maintains	Barclays: to Overweight	11/20/2017
Maintains	Morgan Stanley: to Overweight	10/18/2017

내부자 거래

(3M 비중은 12개월 거래 중 최근 3개월의 비중)

구분	성격	3개월	12개월	3M비중
매수	매수 건수 (장내 매매만 해당)	18	24	75.00%
매도	매도 건수 (장내 매매만 해당)	25	35	71.43%
매수	매수 수량 (장내 매매만 해당)	519,559	531,969	97.67%
매도	매도 수량 (장내 매매만 해당)	362,056	409,139	88.49%
	순매수량 (-인 경우 순매도량)	157,503	122,830	

ETF 노출
(편입 ETF 수 : 76개 / 시가총액 대비 ETF의 보유비중 : 13.7%)

티커	ETF	보유 지분	비중
VO	Vanguard Mid Cap Index Fund	$585,085,165	0.59%
VTI	Vanguard Total Stock Market ETF	$575,885,482	0.08%
VOO	Vanguard 500 Indes Fund	$408,216,578	0.10%
XLE	Energy Select Sector SPDR Fund	$350,614,900	1.67%
SPY	SPDR S&P 500 Trust ETF	$296,689,463	0.10%

기간 수익률

1M : 14.5%	3M : 27.14%	6M : 22.79%	1Y : 14.71%	3Y : 48.75%

재무 지표

	2014	2015	2016	2017(E)
매출액 (백만$)	2,660	1,804	1,635	2,520
영업이익 (백만$)	646	-258	-294	536
순이익 (백만$)	532	65	-1,462	748
자산총계 (백만$)	11,800	12,753	12,471	13,638
자본총계 (백만$)	5,281	6,943	7,623	
부채총계 (백만$)	6,519	5,810	4,849	

안정성 비율	2013	2014	2015	2016
유동비율 (%)	68.82	83.27	220.41	72.56
부채비율 (%)	155.22	123.45	83.69	63.61
이자보상배율 (배)	3.69	2.98	-1.20	-1.44

투자 지표

	2014	2015	2016	2017(E)
영업이익률 (%)	24.29	-14.30	-17.98	21.27
매출액 증가율 (%)	14.67	-32.20	-9.35	54.16
EPS ($)	4.89	0.54	-10.85	1.90
EPS 증가율 (%)	114.68	-88.96	-2,109.26	117.54
주당자산가치($)	46.73	53.76	52.19	58.70
잉여현금흐름 (백만$)	-915	-1,614	-1,073	-250

	2013	2014	2015	2016
배당성향(%)				
배당수익률(%)	0.00	0.00	0.00	0.00
ROE (%)	6.54	11.78	1.07	-20.08
ROA (%)	2.60	4.98	0.53	-11.60
재고회전율				
EBITDA (백만$)	1,664.39	1,894.30	1,016.37	947.29

매출비중

제품명	비중
1. 석유 및 가스	100%

DVN
데본 에너지 코퍼레이션
Devon Energy Corporation

섹터 에너지 (Energy)
세부섹터 석유/가스 탐사 및 생산 (Oil & Gas Exploration & Production)

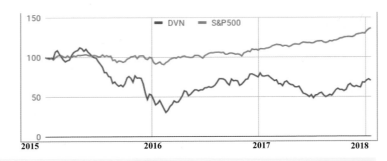

데본 에너지 코퍼레이션(Devon Energy Corporation)은 원유 및 천연가스를 탐사 개발 사업을 영위하는 업체이다. 회사는 1971년에 설립되었고 본사는 오클라호마주 오클라호 마시에 있으며 5,000명의 직원이 근무하고 있다. 회사의 주요사업 부문은 미국/캐나다 부문 및 엔링크(EnLink)가 있다. 미국/캐나다 부문은 주로 원유 및 천연가스 탐사 및 생산 활동에 종사하고 있으며 북미 내륙지역에서 하루에 약 25만 배럴의 원유 및 10만 배럴의 천연가스를 생산하고 있다. 2016년 기준 총생산의 44%가 원유, 천연가스가 38%, 액화 천연가스가 18%를 차지하고 있다. 엔링크 미드스트림 파트너스(EnLink Midstream Partners, L.P.)는 생산성 향상을 위해 원유/천연가스를 수집하고 처리하여 운송하는 역할을 하고 있으며, 기타 천연가스 생산자와 공급원으로부터 천연가스를 구매하고 판매하고 있다.

기준일 : 2018/ 01 /25
한글 회사명 : 데본 에너지 코퍼레이션
영문 회사명 : Devon Energy Corporation
상장일 : 1985년 07월 30일 | 결산월 : 12월
시가총액 : 231 (억$) |
52주 최고 : $47.82 (-7.04%) / 52주 최저 : $28.79 (+54.39%)

주요 주주정보

보유자/ 보유 기관	보유율
The Vanguard Group, Inc.	8.34%
BlackRock Fund Advisors	5.17%
SSgA Funds Management, Inc.	5.09%

애널리스트 추천 및 최근 투자의견

데본 에너지 코퍼레이션의 2018년 01월 25일 현재 33개 기관의 **평균적인 목표가는 49.22$**이며, 2018년 추정 주당순이익(EPS)은 2.86$로 2017년 추정 EPS 1.84$에 비해 **55.43% 증가할 것으로 예상**된다.

최근, 1개월, 3개월의 투자 의견 변화

투자의견	금융사 및 투자의견	날짜
Maintains	Morgan Stanley: Overweight to Overweight	1/24/2018
Downgrade	Capital One Financial: to Equal-Weight	10/1/2018
Upgrade	Seaport Global: Neutral to Buy	12/19/2017
Initiated	Credit Suisse: to Outperform	12/12/2017
Maintains	Barclays: to Overweight	11/20/2017

내부자 거래

(3M 비중은 12개월 거래 중 최근 3개월의 비중)

구분		성격	3개월	12개월	3M비중
매수	매수 건수 (장내 매매만 해당)		13	21	61.90%
매도	매도 건수 (장내 매매만 해당)		15	21	71.43%
매수	매수 수량 (장내 매매만 해당)		585,240	641,720	91.20%
매도	매도 수량 (장내 매매만 해당)		139,341	166,417	83.73%
	순매수량 (-인 경우 순매도량)		445,899	475,303	

ETF 노출
(편입 ETF 수 : 86개 / 시가총액 대비 ETF의 보유비중 : 11.9%)

티커	ETF	보유 지분	비중
VTI	Vanguard Total Stock Market ETF	$531,627,262	0.08%
VOO	Vanguard 500 Index Fund	$396,562,375	0.10%
XLE	Energy Select Sector SPDR Fund	$341,001,121	1.63%
SPY	SPDR S&P 500 Trust ETF	$289,335,483	0.10%
VO	Vanguard Mid Cap Index Fund	$269,735,468	0.27%

기간 수익률

1M : 13.72%	3M : 27.34%	6M : 34.07%	1Y : -7.37%	3Y : -29.4%

재무 지표

	2014	2015	2016	2017(E)
매출액 (백만$)	17,555	7,801	10,518	13,328
영업이익 (백만$)	3,636	-5,173	668	1,963
순이익 (백만$)	1,590	-14,459	-3,304	960
자산총계 (백만$)	50,637	29,451	25,913	27,740
자본총계 (백만$)	26,341	10,989	10,375	
부채총계 (백만$)	24,296	18,462	15,538	

안정성 비율	2013	2014	2015	2016
유동비율 (%)	120.29	109.49	122.03	144.19
부채비율 (%)	109.17	92.24	168.00	149.76
이자보상배율 (배)	6.39	7.45	-10.01	0.74

투자 지표

	2014	2015	2016	2017(E)
영업이익률 (%)	20.71	-66.31	6.35	14.73
매출액 증가율 (%)	65.80	-55.56	34.83	26.72
EPS ($)	3.93	-35.53	-6.52	1.84
EPS 증가율 (%)	7,284.64	-1,003.96	81.65	128.21
주당자산가치($)	52.66	16.86	11.33	13.87
잉여현금흐름 (백만$)	-7,469	-1,042	-2,225	183

	2013	2014	2015	2016
배당성향(%)		24.04		
배당수익률(%)	1.39	1.54	3.00	0.92
ROE (%)	-0.11	7.57	-101.15	-50.93
ROA (%)		3.58	-37.98	-13.39
재고회전율	192.51			
EBITDA (백만$)	5,689	6,955	-2,044	2,460

매출비중

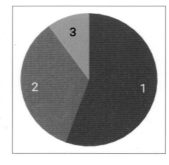

제품명	비중
1. 석유 및 가스 생산 : 미국	
	55.53%
2. EnLink	
	34.46%
3. 석유 및 가스 생산 : 캐나다	
	10.01%

EOG
이오지 리소스
EOG Resources

섹터 에너지 (Energy)
세부섹터 석유/가스 탐사 및 생산 (Oil & Gas Exploration & Production)

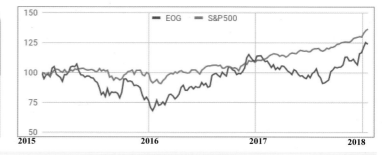

이오지 리소스(EOG Resources)는 자회사를 통해 원유 및 천연가스를 탐사하고 개발하여 생산, 판매하는 사업을 영위하는 업체이다. 회사는 1985년에 설립되었고 본사는 텍사스주 휴스턴에 있으며 2,650명의 직원이 근무하고 있다. 회사의 주요 생산지는 미국 내 뉴멕시코, 노스다코타, 텍사스, 유타 및 와이오밍에 있으며, 해외에서는 캐나다, 영국, 중국 등에서 생산을 하고 있다. 미국 내 이글퍼드 (Eagle Ford) 지역에서 236개 유정을, 페르미안 분지(Permian Basin)에서 92개 유정을 보유하고 있다. 2016년 12월 현재 총 17억 8천만 배럴의 원유 및 3조 3,180억 세제곱피트(ft³)의 천연가스 매장량을 보유하고 있는 것으로 추정되며 일간 생산량은 56만 배럴이다. 이 회사는 1999년 엔론 컴퍼니(Enron Oil&Gas Company)에서 독립하여 현재의 사명으로 변경하였다.

기준일 : 2018/ 01 /25
한글 회사명 : 이오지 리소스
영문 회사명 : EOG Resources
상장일 : 1989년 10월 04일 | 결산월 : 12월
시가총액 : 679 (억$) |
52주 최고 : $118.88 (-0.83%) / 52주 최저 : $81.99 (+43.78%)

주요 주주정보

보유자/ 보유 기관	보유율
Capital Research & Management (Global)	7.84%
The Vanguard Group, Inc.	7.03%
SSgA Funds Management, Inc.	4.96%

애널리스트 추천 및 최근 투자의견

이오지 리소스의 2018년 01월 25일 현재 38개 기관의 **평균적인 목표가는 122.61$**이며, 2018년 추정 주당순이익(EPS)은 2.88$로 2017년 추정 EPS 0.93$에 비해 **209.67% 증가할 것으로 예상**된다.

최근, 1개월, 3개월의 투자 의견 변화

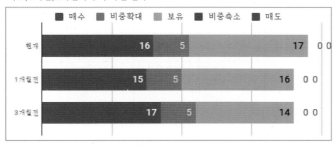

투자의견	금융사 및 투자의견	날짜
Maintains	Morgan Stanley: Overweight to Overweight	1/24/2018
Downgrade	Bank of America: Buy to Neutral	4/1/2018
Upgrade	Citigroup: Neutral to Buy	3/1/2018
Initiated	Credit Suisse: to Neutral	12/12/2017
Maintains	Barclays: to Overweight	11/20/2017

내부자 거래

(3M 비중은 12개월 거래 중 최근 3개월의 비중)

구분	성격	3개월	12개월	3M비중
매수	매수 건수 (장내 매매만 해당)	41	114	35.96%
매도	매도 건수 (장내 매매만 해당)	14	41	34.15%
매수	매수 수량 (장내 매매만 해당)	152,905	266,370	57.40%
매도	매도 수량 (장내 매매만 해당)	107,660	446,369	24.12%
	순매수량 (-인 경우 순매도량)	45,245	-179,999	

ETF 노출   (편입 ETF 수 : 84개 / 시가총액 대비 ETF의 보유비중 : 9.72%)

티커	ETF	보유 지분	비중
VTI	Vanguard Total Stock Market ETF	$1,640,924,360	0.24%
VOO	Vanguard 500 Index Fund	$1,164,078,961	0.28%
XLE	Energy Select Sector SPDR Fund	$964,692,369	4.61%
SPY	SPDR S&P 500 Trust ETF	$847,366,686	0.28%
VUG	Vanguard Growth ETF	$458,636,333	0.59%

기간 수익률

1M : 16.05%	3M : 22.68%	6M : 23.09%	1Y : 8.43%	3Y : 26.64%

재무 지표

	2014	2015	2016	2017(E)
매출액 (백만$)	16,693	8,704	7,544	7,758
영업이익 (백만$)	4,644	-126	-706	931
순이익 (백만$)	2,915	-4,525	-1,097	385
자산총계 (백만$)	34,763	26,970	29,459	29,094
자본총계 (백만$)	17,713	12,943	13,982	
부채총계 (백만$)	17,050	14,027	15,478	

안정성 비율	2013	2014	2015	2016
유동비율 (%)	142.29	160.03	142.49	175.34
부채비율 (%)	98.30	96.26	108.38	110.70
이자보상배율 (배)	16.69	23.04	-0.53	-2.51

투자 지표

	2014	2015	2016	2017(E)
영업이익률 (%)	27.82	-1.45	-9.36	12.01
매출액 증가율 (%)	15.48	-47.86	-13.33	2.83
EPS ($)	5.36	-8.29	-1.98	0.93
EPS 증가율 (%)	31.86	-254.66	76.12	147.12
주당자산가치($)	32.30	23.54	24.24	24.47
잉여현금흐름 (백만$)	402	-1,418	-224	385

	2013	2014	2015	2016
배당성향(%)	9.33	11.00		
배당수익률(%)	0.45	0.64	0.95	0.66
ROE (%)	15.31	17.60	-29.52	-8.15
ROA (%)	7.59	8.92	-14.66	-3.89
재고회전율	23.20	26.29	13.33	15.90
EBITDA (백만$)	7,606.57	8,689.07	3,202.73	2,857.83

매출비중

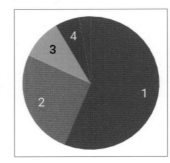

제품명	비중
1. 원유 및 응축수	
	56.43%
2. 수집, 가공 및 마케팅	
	25.7%
3. 천연가스	
	9.7%
4. 액화 천연가스	
	5.72%
5. 자산 처분 수익	
	2.69%

EQT
이큐티 코퍼레이션
EQT Corporation

섹터 에너지 (Energy)
세부섹터 석유/가스 탐사 및 생산 (Oil & Gas Exploration & Production)

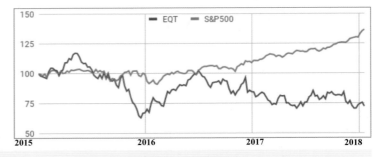

이큐티 코퍼레이션(EQT Corporation)은 천연가스 사업을 영위하는 업체이다. 회사는 1888년에 설립되었고 본사는 펜실베이니아주 피츠버그에 있으며 1,809명의 직원이 근무하고 있다. 회사의 사업 부문은 EQT 생산, EQT 수집, EQT 운송 세 가지 부문으로 나누어진다. EQT 생산 부문은 주로 애팔래치아 분지에서 천연 가스 및 원유의 탐사, 개발 및 생산을 수행하며, 2016년 12월 현재 천연가스 검증 매장량은 13.5조 세제곱피트(ft³)에 달한다. EQT 수집 부문은 천연가스 수집을 수행하며, 약 482km에 걸친 고압 집하설비 및 총 18억 세제곱피트(ft³)에 달하는 저장소를 운영하고 있다. EQT 운송 부문은 천연가스 운송 및 저장 활동에 종사하고 있다. 현재 이 회사는 6개의 메인 파이프라인을 중심으로 약 1,500km에 걸쳐 있는 파이프라인을 운영하고 있다.

기준일 : 2018/ 01 /25

한글 회사명 : 이큐티 코퍼레이션
영문 회사명 : EQT Corporation
상장일 : 1984년 08월 14일 | 결산월 : 12월
시가총액 : 151 (억$) |
52주 최고 : $67.84 (-12.69%) / 52주 최저 : $49.63 (+19.34%)

주요 주주정보

보유자/ 보유 기관	보유율
The Vanguard Group, Inc.	6.79%
JPMorgan Investment Management, Inc.	5.26%
SSgA Funds Management, Inc.	3.89%

애널리스트 추천 및 최근 투자의견

이큐티 코퍼레이션의 2018년 01월 25일 현재 21개 기관의 **평균적인 목표가는 75.15$**이며, 2018년 추정 주당순이익(EPS)은 2.2$로 2017년 추정 EPS 0.97$에 비해 **126.8% 증가할 것으로 예상**된다.

최근, 1개월, 3개월의 투자 의견 변화

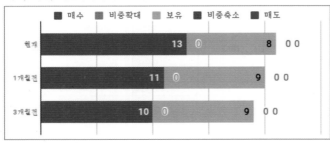

투자의견	금융사 및 투자의견	날짜
Maintains	Morgan Stanley: Equal-Weight to Equal-Weight	1/24/2018
Maintains	Morgan Stanley: to Equal-Weight	12/14/2017
Initiated	Credit Suisse: to Outperform	12/12/2017
Maintains	Morgan Stanley: to Equal-Weight	10/18/2017
Maintains	JP Morgan: to Overweight	12/10/2017

내부자 거래

(3M 비중은 12개월 거래 중 최근 3개월의 비중)

구분	성격	3개월	12개월	3M비중
매수	매수 건수 (장내 매매만 해당)	17	30	56.67%
매도	매도 건수 (장내 매매만 해당)	13	16	81.25%
매수	매수 수량 (장내 매매만 해당)	300,100	864,685	34.71%
매도	매도 수량 (장내 매매만 해당)	282,392	342,612	82.42%
	순매수량 (-인 경우 순매도량)	17,708	522,073	

ETF 노출 (편입 ETF 수 : 81개 / 시가총액 대비 ETF의 보유비중 : 20.38%)

티커	ETF	보유 지분	비중
VO	Vanguard Mid Cap Index Fund	$372,397,727	0.37%
VTI	Vanguard Total Stock Market ETF	$366,471,410	0.05%
VOO	Vanguard 500 Index Fund	$246,932,716	0.06%
XLE	Energy Select Sector SPDR Fund	$219,522,411	1.05%
SPY	SPDR S&P 500 Trust ETF	$180,490,419	0.06%

기간 수익률

1M : 2.41%	3M : -13.61%	6M : -10.97%	1Y : -10.86%	3Y : -25.87%

재무 지표

	2014	2015	2016	2017(E)
매출액 (백만$)	2,380	1,802	1,802	3,071
영업이익 (백만$)	997	128	-33	910
순이익 (백만$)	386	85	-453	163
자산총계 (백만$)	12,065	13,976	15,473	22,077
자본총계 (백만$)	6,373	8,028	9,119	
부채총계 (백만$)	5,692	5,948	6,354	

안정성 비율	2013	2014	2015	2016
유동비율 (%)	239.86	228.48	282.86	227.21
부채비율 (%)	101.31	89.31	74.09	69.67
이자보상배율 (배)	3.92	7.31	0.87	-0.22

투자 지표

	2014	2015	2016	2017(E)
영업이익률 (%)	41.89	7.10	-1.83	29.64
매출액 증가율 (%)	34.31	-24.30	0.03	70.41
EPS ($)	2.53	0.56	-2.71	0.97
EPS 증가율 (%)	10.04	-77.90	-583.93	135.84
주당자산가치($)	30.23	33.29	33.91	60.28
잉여현금흐름 (백만$)	-1,037	-1,217	-1,526	-194

	2013	2014	2015	2016
배당성향(%)	5.25	4.77	21.43	
배당수익률(%)	0.13	0.16	0.23	0.18
ROE (%)	7.82	8.95	1.76	-8.28
ROA (%)	3.71	4.66	2.47	-0.89
재고회전율				
EBITDA (백만$)	1,212.28	1,676.12	1,004.10	910.82

매출비중

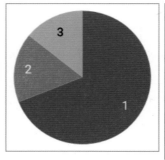

제품명	비중
1. EQT 생산	88.09%
2. EQT 수집	21.4%
3. EQT 전송	18.2%
4. 부문간 공제	-27.69%

386

MRO
마라톤 오일 코퍼레이션
Marathon Oil Corporation

섹터 에너지 (Energy)
세부섹터 석유/가스 탐사 및 생산 (Oil & Gas Exploration & Production)

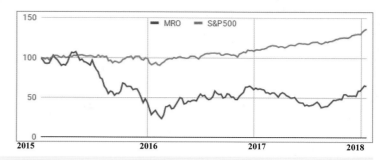

에너지

마라톤 오일 코퍼레이션(Marathon Oil Corporation)은 액체 탄화수소 및 천연 가스의 탐사, 생산 및 판매를 영위하는 업체이다. 회사는 1887년에 설립되었고 본사는 텍사스주 휴스턴에 있으며 2,117명의 직원이 근무하고 있다. 회사의 사업 부문은 북미 E&P, 국제 E&P, 오일 샌드 광업 세 부문으로 운영되고 있다. 북미 E&P 부문은 북미 지역의 원유 및 응축수, 천연가스 등을 탐사 개발, 생산 및 판매를 수행하고 있으며, 국제 E&P 부문은 적도 기니, 가봉, 쿠르드, 이라크, 리비아 및 영국에서 탐사 개발, 생산 및 판매를 수행하고 있다. 오일 샌드 광업 부문은 캐나다 앨버타의 오일 샌드 매장지에서 각종 광물 및 역청을 채굴하고 이를 운송한다. 회사는 2016년 12월 현재 약 125㎢에 달하는 개발 지역 및 개발권을 보유하고 있다. 이 회사는 전신인 유에스엑스 코퍼레이션(USX Corporation)으로 1887년에 설립되었고 2001년 7월에 마라톤 오일 코퍼레이션(Marathon Oil Corporation)으로 사명을 변경하였다.

기준일 : 2018/ 01 /25
한글 회사명 : 마라톤 오일 코퍼레이션
영문 회사명 : Marathon Oil Corporation
상장일 : 1991년 04월 12일 | 결산월 : 12월
시가총액 : 159 (억$) | 　　52주 최고 : $19.52 (-1.79%) / 52주 최저 : $10.55 (+81.7%)

주요 주주정보

보유자/ 보유 기관	보유율
The Vanguard Group, Inc.	10.12%
Macquarie Investment Management	6.4%
SSgA Funds Management, Inc.	5.5%

애널리스트 추천 및 최근 투자의견

마라톤 오일 코퍼레이션의 2018년 01월 25일 현재 30개 기관의 **평균적인 목표가는 20.3$**이며, 2018년 추정 주당순이익(EPS)은 0.15$로 2017년 추정 EPS -0.36$에 비해 **+0.51$ 증가**할 것으로 **예상**된다.

최근, 1개월, 3개월의 투자 의견 변화

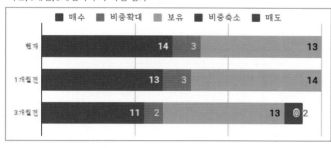

투자의견	금융사 및 투자의견	날짜
Maintains	Morgan Stanley: Equal-Weight to Equal-Weight	1/24/2018
Upgrade	Bank of America: Neutral to Buy	4/1/2018
Upgrade	Seaport Global: Sell to Buy	12/19/2017
Upgrade	JP Morgan: Underweight to Neutral	12/15/2017
Initiated	Credit Suisse: to Outperform	12/12/2017

내부자 거래

(3M 비중은 12개월 거래 중 최근 3개월의 비중)

구분	성격	3개월	12개월	3M비중
매수	매수 건수 (장내 매매만 해당)	14	15	93.33%
매도	매도 건수 (장내 매매만 해당)	13	17	76.47%
매수	매수 수량 (장내 매매만 해당)	515,391	553,805	93.06%
매도	매도 수량 (장내 매매만 해당)	48,157	56,072	85.88%
	순매수량 (-인 경우 순매도량)	467,234	497,733	

ETF 노출   (편입 ETF 수 : 73개 / 시가총액 대비 ETF의 보유비중 : 13.83%)

티커	ETF	보유 지분	비중
VO	Vanguard Mid Cap Index Fund	$392,287,633	0.39%
VTI	Vanguard Total Stock Market ETF	$385,917,539	0.06%
VOO	Vanguard 500 Index Fund	$273,682,415	0.07%
XLE	Energy Select Sector SPDR Fund	$242,004,274	1.16%
SPY	SPDR S&P 500 Trust ETF	$197,044,686	0.07%

기간 수익률

1M : 23.78%	3M : 54.83%	6M : 56.79%	1Y : 5.5%	3Y : -30.15%

재무 지표

	2014	2015	2016	2017(E)
매출액 (백만$)	10,846	5,394	4,097	4,638
영업이익 (백만$)	1,319	-2,406	-1,273	-205
순이익 (백만$)	969	-2,204	-2,140	-320
자산총계 (백만$)	36,011	32,311	31,094	22,254
자본총계 (백만$)	21,020	18,553	17,541	
부채총계 (백만$)	14,991	13,758	13,553	

안정성 비율	2013	2014	2015	2016
유동비율 (%)	68.66	104.89	149.80	163.62
부채비율 (%)	84.14	71.32	74.16	77.27
이자보상배율 (배)	17.16	4.76	-7.25	-3.36

투자 지표

	2014	2015	2016	2017(E)
영업이익률 (%)	12.16	-44.61	-31.07	-4.41
매출액 증가율 (%)	-25.55	-50.27	-24.05	13.20
EPS ($)	2.26	-3.26	-2.61	-0.36
EPS 증가율 (%)	-9.17	-244.13	19.94	86.04
주당자산가치($)	31.14	27.40	20.71	13.82
잉여현금흐름 (백만$)	327	-1,911	-172	-6,494

	2013	2014	2015	2016
배당성향(%)	29.15	35.53		
배당수익률(%)	2.04	2.83	5.40	1.16
ROE (%)	8.47	4.80	-11.14	-11.86
ROA (%)	4.49	2.71	-6.45	-6.75
재고회전율	40.19	30.09	16.10	15.17
EBITDA (백만$)	8,497	4,803	1,765	1,349

매출비중

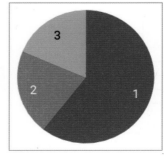

제품명	비중
1. NA 탐사 및 생산	62.27%
2. 오일 샌드 광산	21.36%
3. INTL 탐사 및 생산	19.1%
4. 기타	-2.73%

NBL
노블 에너지
Noble Energy

섹터 에너지 (Energy)
세부섹터 석유/가스 탐사 및 생산 (Oil & Gas Exploration & Production)

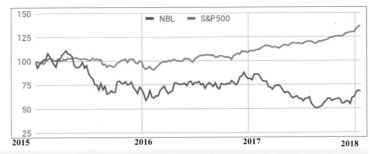

노블 에너지(Noble Energy)는 전 세계적으로 원유, 천연가스 및 액화 천연가스를 개발, 생산, 판매하는 사업을 영위하는 업체이다. 회사는 1932년에 설립되었고 본사는 텍사스주 휴스턴에 있으며 2,274명의 직원이 근무하고 있다. 회사가 진행하고 있는 주요 프로젝트는 육상의 DJ 분지, 이글퍼드 쉐일지대(Eagle Ford), 페르미안 분지(Permian) 등에 있다. 멕시코 만, 동부 지중해, 이스라엘 및 키프로스 근해를 포함하여 아프리카, 근해 적도 기니 등에서 사업을 진행 중이다. 2016년 12월 현재, 회사는 약 14억 3천 7백만 배럴의 원유를 보유하고 있다. 1932년에 노블 어필리에이트(Noble Affiliates)로 설립되었으며 2002년 5월 노블 에너지(Noble Energy)로 사명을 바꾸었다.

기준일 : 2018/ 01 /25
한글 회사명 : 노블 에너지
영문 회사명 : Noble Energy
상장일 : 1972년 10월 24일 | 결산월 : 12월
시가총액 : 159 (억$) |
52주 최고 : $40.6 (-18.59%) / 52주 최저 : $22.99 (+43.75%)

주요 주주정보

보유자/ 보유 기관	보유율
Capital Research & Management (World)	11.3%
The Vanguard Group, Inc.	10.19%
Capital Research & Management (Global)	7.5%

애널리스트 추천 및 최근 투자의견

노블 에너지의 2018년 01월 25일 현재 33개 기관의 **평균적인 목표가는 37.97$**이며, 2018년 추정 주당순이익(EPS)은 0.41$로 2017년 추정 EPS 0.0081$에 비해 **4961.72% 증가할 것으로 예상**된다.

최근, 1개월, 3개월의 투자 의견 변화

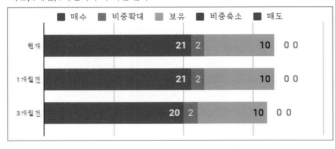

투자의견	금융사 및 투자의견	날짜
Maintains	Morgan Stanley: Overweight to Overweight	1/24/2018
Upgrade	Capital One Financial: Equal-Weight to Overweight	10/1/2018
Upgrade	Jefferies: Hold to Buy	12/20/2017
Upgrade	Seaport Global: Neutral to Buy	12/19/2017
Downgrade	JP Morgan: Overweight to Neutral	12/15/2017

내부자 거래

(3M 비중은 12개월 거래 중 최근 3개월의 비중)

구분	성격	3개월	12개월	3M비중
매수	매수 건수 (장내 매매만 해당)	20	23	86.96%
매도	매도 건수 (장내 매매만 해당)	22	29	75.86%
매수	매수 수량 (장내 매매만 해당)	302,839	345,003	87.78%
매도	매도 수량 (장내 매매만 해당)	227,291	902,631	25.18%
	순매수량 (-인 경우 순매도량)	75,548	-557,628	

ETF 노출

(편입 ETF 수 : 72개 / 시가총액 대비 ETF의 보유비중 : 14.15%)

티커	ETF	보유 지분	비중
VO	Vanguard Mid Cap Index Fund	$391,308,322	0.39%
VTI	Vanguard Total Stock Market ETF	$384,909,108	0.06%
VOO	Vanguard 500 Index Fund	$273,033,762	0.07%
XLE	Energy Select Sector SPDR Fund	$241,749,756	1.15%
SPY	SPDR S&P 500 Trust ETF	$199,195,333	0.07%

기간 수익률

1M : 23.49%	3M : 21.65%	6M : 11.66%	1Y : -21.18%	3Y : -30.33%

재무 지표

	2014	2015	2016	2017(E)
매출액 (백만$)	4,931	3,043	3,389	4,230
영업이익 (백만$)	1,197	-1,081	-1,530	-2,117
순이익 (백만$)	1,214	-2,441	-998	6
자산총계 (백만$)	22,553	24,690	21,442	21,330
자본총계 (백만$)	10,325	10,370	9,600	
부채총계 (백만$)	12,228	14,320	11,842	

안정성 비율	2013	2014	2015	2016
유동비율 (%)	111.49	121.93	126.09	132.27
부채비율 (%)	113.87	118.43	138.09	123.35
이자보상배율 (배)	9.77	5.70	-4.11	-4.66

투자 지표

	2014	2015	2016	2017(E)
영업이익률 (%)	24.27	-35.52	-45.15	-50.06
매출액 증가율 (%)	2.54	-38.29	11.37	24.81
EPS ($)	3.36	-6.07	-2.32	0.01
EPS 증가율 (%)	32.12	-280.66	61.78	100.35
주당자산가치($)	28.51	24.18	21.43	20.80
잉여현금흐름 (백만$)	-1,209	-917	-120	-467

	2013	2014	2015	2016
배당성향(%)	21.67	20.85		
배당수익률(%)	0.80	1.43	2.19	1.05
ROE (%)	10.40	12.45	-23.59	-10.15
ROA (%)	4.88	5.75	-10.33	-4.27
재고회전율	45.58	43.64	27.66	33.23
EBITDA (백만$)	3,260	3,182	1,316	1,503

매출비중

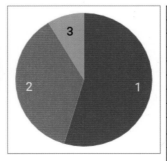

제품명	비중
1. 원유 및 응축수	54.71%
2. 천연가스	36.56%
3. 액화 천연가스	8.73%

NFX
뉴필드 익스플로레이션 컴퍼니
Newfield Exploration Company

섹터 에너지 (Energy)
세부섹터 석유/가스 탐사 및 생산 (Oil & Gas Exploration & Production)

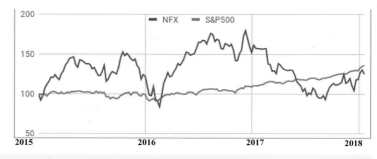

뉴필드 익스플로레이션 컴퍼니(Newfield Exploration Company)는 미국에서 원유, 천연가스 및 액화 천연가스의 탐사, 개발 및 생산을 영위하는 업체이다. 회사는 1989년에 설립되었고 본사는 텍사스주 우드랜드에 있으며 3,030명의 직원이 근무하고 있다. 회사의 주요 사업 영역에는 오클라호마주의 아나타고(Anadarko) 및 아르코마(Arkoma) 분지, 다코다 북부의 윌리스턴(Williston) 분지 등이 포함된다. 또한 회사는 중국에서 석유의 생산과 관련된 자산을 보유하고 있다. 2016년 12월 현재 추정 매장량은 5억 1,300만 배럴이며, 아나다코 분지 및 아르코마 분지 등에서 하루 13만 5천 배럴가량을 생산하고 있다.

기준일 : 2018/ 01 /25

한글 회사명 : 뉴필드 익스플로레이션컴퍼니
영문 회사명 : Newfield Exploration Company
상장일 : 1993년 11월 12일 | 결산월 : 12월
시가총액 : 67 (억$) | 52주 최고 : $43.74 (-22.13%) / 52주 최저 : $24.41 (+39.53%)

주요 주주정보

보유자/ 보유 기관	보유율
Wellington Management Co. LLP	13.61%
The Vanguard Group, Inc.	11.24%
SSgA Funds Management, Inc.	5.8%

애널리스트 추천 및 최근 투자의견

뉴필드 익스플로레이션 컴퍼니의 2018년 01월 25일 현재 33개 기관의 **평균적인 목표가는 39.05$**이며, 2018년 추정 주당순이익(EPS)은 2.98$로 2017년 추정 EPS 2.13$에 비해 **39.9% 증가**할 것으로 **예상**된다.

최근, 1개월, 3개월의 투자 의견 변화

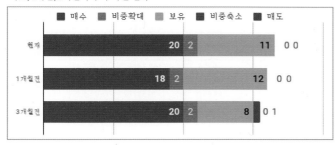

투자의견	금융사 및 투자의견	날짜
Maintains	Morgan Stanley: Equal-Weight to Equal-Weight	1/24/2018
Upgrade	Seaport Global: Sell to Neutral	12/19/2017
Downgrade	JP Morgan: Overweight to Neutral	12/15/2017
Initiated	Credit Suisse: to Neutral	12/12/2017
Maintains	Barclays: to Equal-Weight	11/20/2017

내부자 거래

(3M 비중은 12개월 거래 중 최근 3개월의 비중)

구분	성격	3개월	12개월	3M비중
매수	매수 건수 (장내 매매만 해당)	11	22	50.00%
매도	매도 건수 (장내 매매만 해당)	11	39	28.21%
매수	매수 수량 (장내 매매만 해당)	134,589	199,223	67.56%
매도	매도 수량 (장내 매매만 해당)	98,259	582,987	16.85%
	순매수량 (-인 경우 순매도량)	36,330	-383,764	

ETF 노출

(편입 ETF 수 : 67개 / 시가총액 대비 ETF의 보유비중 : 14.86%)

티커	ETF	보유 지분	비중
VTI	Vanguard Total Stock Market ETF	$163,406,932	0.02%
VB	Vanguard Small Cap Index Fund	$158,412,110	0.21%
VOO	Vanguard 500 Index Fund	$115,488,506	0.03%
XLE	Energy Select Sector SPDR Fund	$112,946,632	0.54%
VBK	Vanguard Small Cap Growth Index Fund	$90,208,541	0.40%

기간 수익률

1M : 19.81%	3M : 22.9%	6M : 25.78%	1Y : -20.32%	3Y : 28.74%

재무 지표

	2014	2015	2016	2017(E)
매출액 (백만$)	2,288	1,557	1,472	1,770
영업이익 (백만$)	575	-130	137	506
순이익 (백만$)	650	-3,362	-1,230	429
자산총계 (백만$)	9,598	4,933	4,312	4,848
자본총계 (백만$)	3,893	1,379	938	
부채총계 (백만$)	5,705	3,554	3,374	

안정성 비율	2013	2014	2015	2016
유동비율 (%)	69.85	85.38	96.60	138.74
부채비율 (%)	215.33	146.55	257.72	359.70
이자보상배율 (배)	2.82	3.91	-0.99	1.33

투자 지표

	2014	2015	2016	2017(E)
영업이익률 (%)	25.13	-8.35	9.31	28.58
매출액 증가율 (%)	27.89	-31.95	-5.46	20.25
EPS ($)	3.85	-21.14	-6.37	2.13
EPS 증가율 (%)	309.22	-649.68	69.86	133.43
주당자산가치($)	28.35	8.43	4.71	7.08
잉여현금흐름 (백만$)	-741	-536	-545	-152

	2013	2014	2015	2016
배당성향(%)				
배당수익률(%)	0.00	0.00	0.00	0.00
ROE (%)	3.07	18.98	-127.54	-106.17
ROA (%)	1.02	6.87	-46.27	-26.61
재고회전율	12.13	23.35	46.48	58.88
EBITDA (백만$)	1358	1478	786	709

매출비중

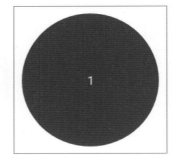

제품명	비중
1. 석유 및 가스	
	100%

OXY
옥시덴탈 페트롤레움 코퍼레이션
Occidental Petroleum Corporation

섹터 에너지 (Energy)
세부섹터 석유/가스 탐사 및 생산 (Oil & Gas Exploration & Production)

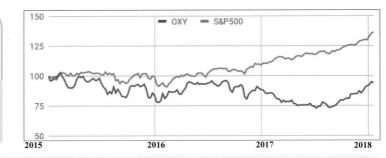

옥시덴탈 페트롤레움 코퍼레이션(Occidental Petroleum Corporation)은 미국을 포함한 전 세계에서 석유 및 천연가스의 탐사, 개발 사업을 영위하는 업체이다. 회사는 1920년에 설립되었고 본사는 텍사스주 휴스턴에 있으며 11,000명의 직원이 근무하고 있다. 회사의 주요 부문에는 석유 및 천연가스 부문, 화학 부문 및 운송/저장(Midstream)/마케팅 부문이 있다. 석유 및 천연가스 부문에서는 원유 및 액화 천연가스를 탐사, 개발, 생산한다. 화학 부문은 염소, 수산화나트륨, 염소화 유기물, 칼륨 화학 물질 및 염화 칼슘을 포함한 기본 화학 물질을 제조 및 판매한다. 마지막으로 운송/저장(Midstream) 및 마케팅 부문은 원유, 천연가스 등을 수집하고 처리, 운송, 판매하고 있다.

기준일 : 2018/ 01 /25

한글 회사명 : 옥시덴탈 페트롤레움 코퍼레이션
영문 회사명 : Occidental Petroleum Corporation
상장일 : 1972년 01월 21일 | 결산월 : 12월
시가총액 : 587 (억$) |
52주 최고 : $78.09 (-0.48%) / 52주 최저 : $57.2 (+35.85%)

주요 주주정보

보유자/ 보유 기관	보유율
The Vanguard Group, Inc.	7.22%
BlackRock Fund Advisors	4.99%
SSgA Funds Management, Inc.	4.98%

애널리스트 추천 및 최근 투자의견

옥시덴탈 페트롤레움 코퍼레이션의 2018년 01월 25일 현재 27개 기관의 **평균적인 목표가는 76.02$**이며, 2018년 추정 주당순이익(EPS)은 2.19$로 2017년 추정 EPS 0.87$에 비해 **151.72% 증가**할 것으로 예상된다.

최근, 1개월, 3개월의 투자 의견 변화

투자의견	금융사 및 투자의견	날짜
Maintains	Morgan Stanley: Equal-Weight to Equal-Weight	1/24/2018
Upgrade	Citigroup: Sell to Neutral	1/22/2018
Downgrade	Bank of America: Buy to Neutral	4/1/2018
Initiated	Credit Suisse: to Neutral	12/12/2017
Maintains	Barclays: to Underweight	11/20/2017

내부자 거래

(3M 비중은 12개월 거래 중 최근 3개월의 비중)

구분	성격	3개월	12개월	3M비중
매수	매수 건수 (장내 매매만 해당)	7	27	25.93%
매도	매도 건수 (장내 매매만 해당)	6	40	15.00%
매수	매수 수량 (장내 매매만 해당)	267,835	431,842	62.02%
매도	매도 수량 (장내 매매만 해당)	25,325	100,755	25.14%
	순매수량 (-인 경우 순매도량)	242,510	331,087	

ETF 노출   (편입 ETF 수 : 103개 / 시가총액 대비 ETF의 보유비중 : 10.9%)

티커	ETF	보유 지분	비중
VTI	Vanguard Total Stock Market ETF	$1,420,282,492	0.21%
VOO	Vanguard 500 Index Fund	$1,006,948,028	0.24%
XLE	Energy Select Sector SPDR Fund	$836,539,068	3.99%
SPY	SPDR S&P 500 Trust ETF	$736,385,022	0.24%
VUG	Vanguard Growth ETF	$396,792,947	0.51%

기간 수익률

1M : 6.98%	3M : 23.14%	6M : 25.85%	1Y : 10.14%	3Y : -3.17%

재무 지표

	2014	2015	2016	2017(E)
매출액 (백만$)	19,391	12,478	10,094	12,657
영업이익 (백만$)	6,124	481	-1,032	1,597
순이익 (백만$)	-144	-8,146	-1,002	647
자산총계 (백만$)	56,259	43,409	43,109	41,216
자본총계 (백만$)	34,959	24,350	21,497	
부채총계 (백만$)	21,300	19,059	21,612	

안정성 비율	2013	2014	2015	2016
유동비율 (%)	134.25	168.28	137.42	132.47
부채비율 (%)	60.11	60.93	78.27	100.54
이자보상배율 (배)	73.94	79.53	3.27	-3.53

투자 지표

	2014	2015	2016	2017(E)
영업이익률 (%)	31.58	3.85	-10.22	12.62
매출액 증가율 (%)	-20.66	-35.65	-19.11	25.39
EPS ($)	0.79	-10.23	-0.75	0.86
EPS 증가율 (%)	-89.22	-1,394.94	92.67	215.08
주당자산가치($)	45.37	31.89	28.13	26.17
잉여현금흐름 (백만$)	2,138	-1,921	666	-505

	2013	2014	2015	2016
배당성향(%)	34.97	364.56		
배당수익률(%)	2.81	3.57	4.39	4.24
ROE (%)	14.21	-0.37	-27.47	-4.37
ROA (%)	8.84	-0.21	-16.35	-2.32
재고회전율	19.21	17.22	12.25	10.90
EBITDA (백만$)	14,072	10,385	5,035	3,269

매출비중

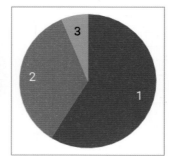

제품명	비중
1. 석유 및 가스	63.2%
2. 화학	37.23%
3. 중류 및 마케팅	6.78%
4. 부문간 공제	-7.21%

PXD
파이오니어 내츄럴 리소스 컴퍼니
Pioneer Natural Resources Company

섹터 에너지 (Energy)
세부섹터 석유/가스 탐사 및 생산 (Oil & Gas Exploration & Production)

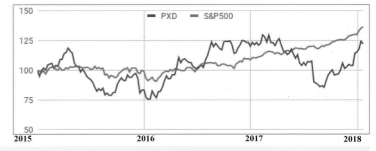

에

너

지

파이오니어 내츄럴 리소스 컴퍼니(Pioneer Natural Resources Company)는 미국에서 원유 및 가스 탐사/생산 사업을 영위하는 업체이다. 회사는 1997년에 설립되었고 본사는 텍사스주 어빙에 있으며 3,604명의 직원이 근무하고 있다. 주 사업 지역으로는 서부 텍사스 페르미안 분지(Permian Basin), 남부 텍사스 이글퍼드(Eagle Ford) 셰일 지대, 콜로라도 남동부 등이 있다. 2016년 12월 현재 회사는 약 7억 2,500만 배럴의 원유 및 1,360억 세제곱피트(ft³)의 천연가스 매장량을 보유하고 있으며, 8개의 천연가스 처리 시설 등을 통해 하루 23만 배럴의 석유를 생산하고 있다. 1997년 파커&파슬리 페트롤레움 컴퍼니(Parker & Parsley Petroleum Company)와 메사(MESA Inc.)가 합병을 하였다.

기준일 : 2018/ 01 /25

한글 회사명 : 파이오니어 내츄럴 리소스 컴퍼니

영문 회사명 : Pioneer Natural Resources Company

상장일 : 1987년 12월 22일 | 결산월 : 12월

시가총액 : 321 (억$) |

52주 최고 : $199.83 (-5.92%) / 52주 최저 : $125.46 (+49.84%)

주요 주주정보

보유자/ 보유 기관	보유율
The Vanguard Group, Inc.	7.04%
SSgA Funds Management, Inc.	5.39%
Capital Research & Management (World)	4.94%

애널리스트 추천 및 최근 투자의견

파이오니어 내츄럴 리소스 컴퍼니의 2018년 01월 25일 현재 41개 기관의 **평균적인 목표주가는 205.27$**이며, 2018년 추정 주당순이익(EPS)은 4.43$로 2017년 추정 EPS 1.74$에 비해 **154.59% 증가할 것으로 예상**된다.

최근, 1개월, 3개월의 투자 의견 변화

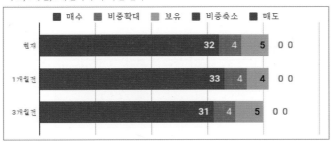

투자의견	금융사 및 투자의견	날짜
Maintains	Morgan Stanley: Overweight to Overweight	1/24/2018
Downgrade	Susquehanna: Positive to Neutral	1/17/2018
Upgrade	Seaport Global: Neutral to Buy	12/19/2017
Initiated	Credit Suisse: to Outperform	12/12/2017
Maintains	Barclays: to Overweight	11/20/2017

내부자 거래

			(3M 비중은 12개월 거래 중 최근 3개월의 비중)	
구분	성격	3개월	12개월	3M비중
매수	매수 건수 (장내 매매만 해당)	24	39	61.54%
매도	매도 건수 (장내 매매만 해당)	41	58	70.69%
매수	매수 수량 (장내 매매만 해당)	168,553	184,138	91.54%
매도	매도 수량 (장내 매매만 해당)	110,234	159,310	69.19%
	순매수량 (-인 경우 순매도량)	58,319	24,828	

ETF 노출
(편입 ETF 수 : 81개 / 시가총액 대비 ETF의 보유비중 : 9.95%)

티커	ETF	보유 지분	비중
VTI	Vanguard Total Stock Market ETF	$772,334,362	0.11%
VOO	Vanguard 500 Index Fund	$547,616,558	0.13%
XLE	Energy Select Sector SPDR Fund	$464,181,848	2.22%
SPY	SPDR S&P 500 Trust ETF	$398,056,925	0.13%
VUG	Vanguard Growth ETF	$215,797,366	0.28%

기간 수익률

1M : 17.54%	3M : 33.76%	6M : 14.33%	1Y : -0.97%	3Y : 22.13%

재무 지표

	2014	2015	2016	2017(E)
매출액 (백만$)	4,325	3,142	3,951	3,743
영업이익 (백만$)	1,190	-539	-273	799
순이익 (백만$)	1,031	-266	-556	278
자산총계 (백만$)	14,926	15,154	16,459	16,673
자본총계 (백만$)	8,589	8,375	10,411	
부채총계 (백만$)	6,337	6,779	6,048	

안정성 비율	2013	2014	2015	2016
유동비율 (%)	138.26	149.30	218.47	210.60
부채비율 (%)	85.84	73.78	80.94	58.09
이자보상배율 (배)	5.58	6.47	-2.88	-1.32

투자 지표

	2014	2015	2016	2017(E)
영업이익률 (%)	27.51	-17.15	-6.91	21.36
매출액 증가율 (%)	23.94	-27.35	25.75	-5.27
EPS ($)			-3.35	1.74
EPS 증가율 (%)				152.03
주당자산가치($)	57.59	56.02	61.30	64.31
잉여현금흐름 (백만$)	-1,210	-1,145	-540	-707

	2013	2014	2015	2016
배당성향(%)		1.25		
배당수익률(%)	0.04	0.05	0.06	0.04
ROE (%)	-6.33	13.58	-3.14	-5.92
ROA (%)	-2.76	7.58	-1.77	-3.52
재고회전율	16.73	18.76	15.87	23.52
EBITDA (백만$)	1,949.48	2,276.00	875.00	1,226.00

매출비중

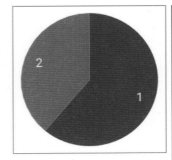

제품명	비중
1. 석유 및 가스	61.2%
2. 구매 석유 및 가스 판매	38.8%

RRC
레인지 리소스 코퍼레이션
Range Resources Corporation

섹터 에너지 (Energy)
세부섹터 석유/가스 탐사 및 생산 (Oil & Gas Exploration & Production)

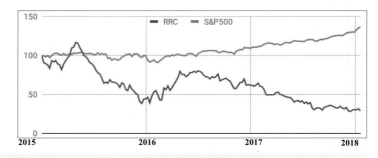

레인지 리소스 코퍼레이션(Range Resources Corporation)은 원유, 천연가스, 액화 천연가스의 탐사, 개발 사업을 영위하는 업체이다. 회사는 1975년에 설립되었고 본사는 텍사스주 포트워스에 있으며 3,604명의 직원이 근무하고 있다. 회사는 미국의 애팔래치아와 북부 루이지애나 지역을 중심으로 미개발 원유 및 천연가스 지대에 대한 지분을 보유하고 있다. 애팔래치아 지역에서는 4,526개의 생산 유정과 약 3,700㎢의 지대를 보유하고 있으며, 북부 루이지애나 지역에서는 392개의 유정과 약 750㎢의 지대를 보유하고 있다. 또한 텍사스, 서부 오클라호마, 캔자스 등에서 337개의 유정과 약 845㎢ 의 지대를 보유하고 있다. 회사는 유틸리티, 마케팅, 운송 및 저장(Midstream) 업체 등에 천연가스를 판매하고 있다. 2016년 12월 현재 약 12조 입방피트(Tcfe)의 매장량을 보유하고 있다.

기준일 : 2018/ 01 /25
한글 회사명 : 레인지 리소스 코퍼레이션
영문 회사명 : Range Resources Corporation
상장일 : 1980년 06월 19일 | 결산월 : 12월
시가총액 : 38 (억$) |
52주 최고 : $36.4 (-52.99%) / 52주 최저 : $15.33 (+11.61%)

주요 주주정보

보유자/ 보유 기관	보유율
SailingStone Capital Partners LLC	13.38%
The Vanguard Group, Inc.	10%
Sanders Capital LLC	6.24%

애널리스트 추천 및 최근 투자의견

레인지 리소스 코퍼레이션의 2018년 01월 25일 현재 34개 기관의 **평균적인 목표가는 24.69$**이며, 2018년 추정 주당순이익(EPS)은 0.78$로 2017년 추정 EPS 0.52$에 비해 **50% 증가할 것으로 예상**된다.

최근, 1개월, 3개월의 투자 의견 변화

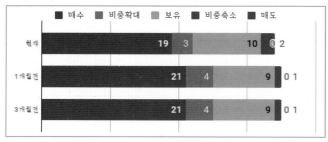

투자의견	금융사 및 투자의견	날짜
Maintains	Morgan Stanley: Underweight to Underweight	1/26/2018
Maintains	Credit Suisse: Outperform to Outperform	1/25/2018
Downgrade	Capital One Financial: to Equal-Weight	1/25/2018
Maintains	Bank of America: Neutral to Neutral	1/25/2018
Downgrade	Morgan Stanley: Equal-Weight to Underweight	1/24/2018

내부자 거래

(3M 비중은 12개월 거래 중 최근 3개월의 비중)

구분	성격	3개월	12개월	3M비중
매수	매수 건수 (장내 매매만 해당)	10	46	21.73%
매도	매도 건수 (장내 매매만 해당)	4	20	20.00%
매수	매수 수량 (장내 매매만 해당)	443,696	1,037,681	42.76%
매도	매도 수량 (장내 매매만 해당)	46,976	178,210	26.36%
	순매수량 (-인 경우 순매도량)	396,720	859,471	

ETF 노출
(편입 ETF 수 : 68개 / 시가총액 대비 ETF의 보유비중 : 14.45%)

티커	ETF	보유 지분	비중
VTI	Vanguard Total Stock Market ETF	$93,125,976	0.01%
VB	Vanguard Small Cap Index Fund	$90,296,251	0.12%
XLE	Energy Select Sector SPDR Fund	$65,215,792	0.31%
VOO	Vanguard 500 Index Fund	$60,016,776	0.01%
VBR	Vanguard Small Cap Value Index Fund	$58,010,219	0.31%

기간 수익률

1M : 2.87%	3M : -13.26%	6M : -23.46%	1Y : -53.44%	3Y : -67.56%

재무 지표

	2014	2015	2016	2017(E)
매출액 (백만$)	2,033	1,182	1,361	2,299
영업이익 (백만$)	554	-275	-290	468
순이익 (백만$)	624	-714	-522	130
자산총계 (백만$)	8,747	6,900	11,282	11,825
자본총계 (백만$)	3,457	2,760	5,408	
부채총계 (백만$)	5,289	4,140	5,874	

안정성 비율	2013	2014	2015	2016
유동비율 (%)	50.11	75.51	124.84	40.12
부채비율 (%)	202.31	152.99	150.03	108.61
이자보상배율 (배)	1.90	3.28	-1.65	-1.72

투자 지표

	2014	2015	2016	2017(E)
영업이익률 (%)	27.25	-23.27	-21.31	20.36
매출액 증가율 (%)	18.74	-41.86	15.20	68.87
EPS ($)	3.81	-4.29	-2.75	0.52
EPS 증가율 (%)	442.86	-213.16	36.05	118.89
주당자산가치($)	20.50	16.30	21.88	22.70
잉여현금흐름 (백만$)	-470	-426	-126	-274

	2013	2014	2015	2016
배당성향(%)	22.90	4.22		
배당수익률(%)	0.19	0.30	0.65	0.23
ROE (%)	4.77	21.24	-22.97	-12.77
ROA (%)	1.62	7.77	-9.13	-5.74
재고회전율	98.48	154.86	59.98	62.88
EBITDA (백만$)	827.08	1,114.48	354.36	264.41

매출비중

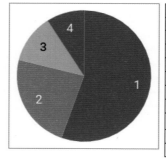

제품명	비중
1. 가스	55.38%
2. 액화 천연가스	23.39%
3. 천연가스 중개	12.06%
4. 석유 및 응축수	9.17%

XEC
시마렉스 에너지
Cimarex Energy

섹터 에너지 (Energy)
세부섹터 석유/가스 탐사 및 생산 (Oil & Gas Exploration & Production)

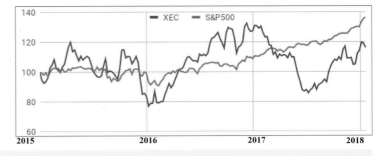

시마렉스 에너지(Cimarex Energy)는 석유와 천연가스를 탐사 및 생산하는 E&P(Exploration and Production) 사업을 영위하는 업체이다. 회사는 2002년에 설립되었고 본사는 콜로라도주 덴버에 있으며 991명의 직원이 근무하고 있다. 주요 생산지역은 페르미안 분지(Permian basin), 오클라호마, 텍사스, 뉴멕시코에 자리 잡고 있다. 2016년 12월 기준 중부 대륙(오클라호마, 텍사스)의 생산량은 하루 평균 4억 5,700만 세제곱피트(ft³)로 전체 생산량의 47%를 차지하고 있다. 또한 10,297개의 원유 및 천연가스 유정을 보유하고 있으며, 천연가스 1조 4,700만 세제곱피트(ft³), 원유 6천400억 세제곱피트 (ft³) 등 총 2.89조 입방피트(Tcfe)의 석유 및 가스 매장량을 보유하고 있다.

기준일 : 2018/ 01 /25
한글 회사명 : 시마렉스 에너지
영문 회사명 : Cimarex Energy
상장일 : 2002년 09월 25일 | 결산월 : 12월
시가총액 : 115 (억$) |
52주 최고 : $142.88 (-12.58%) / 52주 최저 : $89.49 (+39.56%)

주요 주주정보

보유자/보유 기관	보유율
The Vanguard Group, Inc.	10.35%
SSgA Funds Management, Inc.	5.67%
BlackRock Fund Advisors	4.85%

애널리스트 추천 및 최근 투자의견

시마렉스 에너지의 2018년 01월 25일 현재 32개 기관의 평균적인 목표가는 142.65$이며, 2018년 추정 주당순이익(EPS)은 6.94$로 2017년 추정 EPS 4.57$에 비해 51.85% 증가할 것으로 예상된다.

최근, 1개월, 3개월의 투자 의견 변화

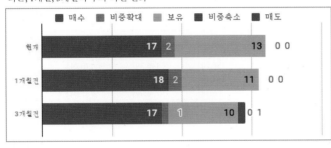

투자의견	금융사 및 투자의견	날짜
Initiated	Baird: to Outperform	12/19/2017
Upgrade	Seaport Global: Neutral to Buy	12/19/2017
Initiated	Credit Suisse: to Outperform	12/12/2017
Maintains	Barclays: to Overweight	11/20/2017
Downgrade	Susquehanna: Positive to Neutral	11/13/2017

내부자 거래

(3M 비중은 12개월 거래 중 최근 3개월의 비중)

구분	성격	3개월	12개월	3M비중
매수	매수 건수 (장내 매매만 해당)	0	21	0.00%
매도	매도 건수 (장내 매매만 해당)	3	40	7.50%
매수	매수 수량 (장내 매매만 해당)	0	407,787	0.00%
매도	매도 수량 (장내 매매만 해당)	6,400	299,402	2.14%
	순매수량 (-인 경우 순매도량)	-6,400	108,385	

ETF 노출
(편입 ETF 수 : 83개 / 시가총액 대비 ETF의 보유비중 : 13.84%)

티커	ETF	보유 지분	비중
VO	Vanguard Mid Cap Index Fund	$282,916,128	0.28%
VTI	Vanguard Total Stock Market ETF	$278,686,948	0.04%
VOO	Vanguard 500 Index Fund	$197,712,436	0.05%
XLE	Energy Select Sector SPDR Fund	$178,294,099	0.85%
SPY	SPDR S&P 500 Trust ETF	$141,548,886	0.05%

기간 수익률

1M : 10.42%	3M : 16.22%	6M : 30.54%	1Y : -10.1%	3Y : 25.35%

재무 지표

	2014	2015	2016	2017(E)
매출액 (백만$)	2,424	1,453	1,257	1,893
영업이익 (백만$)	810	13	242	764
순이익 (백만$)	497	-2,580	-409	446
자산총계 (백만$)	8,958	5,052	4,646	4,981
자본총계 (백만$)	4,501	2,458	2,043	
부채총계 (백만$)	4,457	2,594	2,603	

안정성 비율	2013	2014	2015	2016
유동비율 (%)	68.67	120.03	262.87	185.57
부채비율 (%)	80.33	99.03	105.50	127.42
이자보상배율 (배)	32.55	21.94	0.24	3.91

투자 지표

	2014	2015	2016	2017(E)
영업이익률 (%)	33.42	0.89	19.25	40.35
매출액 증가율 (%)	21.33	-40.08	-13.44	50.54
EPS ($)	5.80	-27.74	-4.38	4.56
EPS 증가율 (%)	-10.58	-577.93	84.21	204.13
주당자산가치($)	51.38	25.93	21.48	26.56
잉여현금흐름 (백만$)	-580	-358	-123	-103

	2013	2014	2015	2016
배당성향(%)	8.64	11.04		
배당수익률(%)	0.53	0.60	0.72	0.24
ROE (%)	14.77	11.67	-74.14	-18.16
ROA (%)	8.17	6.14	-36.83	-8.43
재고회전율	27.04	30.97	20.13	28.60
EBITDA (백만$)	1,387.38	1,626.39	753.73	642.46

매출비중

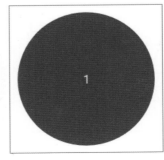

제품명	비중
1. 석유 및 가스	
	100%

ANDV
앤디버
Andeavor

섹터 에너지 (Energy)
세부섹터 석유/가스 정제 및 마케팅 (Oil & Gas Refining & Marketing)

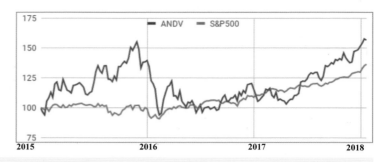

앤디버(Andeavor)는 원유의 정제, 운송 및 마케팅 사업을 영위하는 업체이다. 회사는 1968년에 설립되었고 본사는 텍사스주 샌안토니오에 있으며 13,000명의 직원이 근무하고 있다. 사업 부문은 정유 영업 부문, 수집/처리(TLLP) 부문, 마케팅 부문의 세 부문으로 운영되고 있다. 정유 영업 분야는 캘리포니아, 태평양 북서부 대륙, 태평양 중부 대륙의 3개 사업 지역에서 하루 평균 89만 배럴을 공급하고 있으며, 수집/처리(TLLP) 부문은 원유를 수집하여 처리하고, 이를 운송하는 역할을 수행하고 있다. 이 부문은 원유, 정제 제품과 천연가스의 파이프라인, 철도시설, 각종 터미널 등을 운영하고 있으며, 북부 다코다 윌리스턴 분지, 그린리버 분지 등에서 원유를 모으고 운송하고 있다. 마케팅 부문에서는 딜러, 소매점과 계약하여 590여 개의 자체 브랜드(Tesoro) 주유소 및 2,500개 이상의 셸(Shell), 엑손모빌(ExxonMobil) 산하 주유소를 통해 제품을 판매하고 있다.

기준일 : 2018/ 01 /25
한글 회사명 : 앤디버
영문 회사명 : Andeavor
상장일 : 1972년 01월 21일 | 결산월 : 12월
시가총액 : 180 (억$) |
52주 최고 : $121.71 (-3.76%) / 52주 최저 : $75.11 (+55.94%)

주요 주주정보

보유자/ 보유 기관	보유율
The Vanguard Group, Inc.	9.88%
FOSTER PAUL L	5.3%
SSgA Funds Management, Inc.	5.13%

애널리스트 추천 및 최근 투자의견

앤디버의 2018년 01월 25일 현재 23개 기관의 평균적인 **목표가는 137.9$**이며, 2018년 추정 주당순이익(EPS)은 10.13$로 2017년 추정 EPS 6.66$에 비해 **52.1% 증가할 것으로 예상**된다.

최근, 1개월, 3개월의 투자 의견 변화

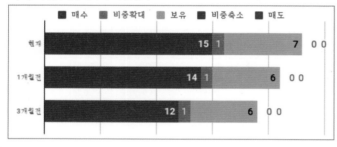

투자의견	금융사 및 투자의견	날짜
Initiated	Credit Suisse: to Neutral	5/1/2018
Initiated	Credit Suisse: to Outperform	3/1/2018
Maintains	Jefferies: to Hold	11/20/2017
Maintains	UBS: to Buy	11/15/2017
Maintains	Barclays: to Overweight	11/14/2017

내부자 거래

(3M 비중은 12개월 거래 중 최근 3개월의 비중)

구분	성격	3개월	12개월	3M비중
매수	매수 건수 (장내 매매만 해당)	6	6	100.00%
매도	매도 건수 (장내 매매만 해당)	28	43	65.12%
매수	매수 수량 (장내 매매만 해당)	66,382	66,382	100.00%
매도	매도 수량 (장내 매매만 해당)	363,644	594,057	61.21%
	순매수량 (-인 경우 순매도량)	-297,262	-527,675	

ETF 노출
(편입 ETF 수 : 82개 / 시가총액 대비 ETF의 보유비중 : 5.37%)

티커	ETF	보유 지분	비중
XLE	Energy Select Sector SPDR Fund	$246,041,030	1.17%
SPY	SPDR S&P 500 Trust ETF	$205,858,515	0.07%
IVV	Ishares S&P 500	$104,870,173	0.07%
IWD	iShares Russell 1000	$56,616,280	0.14%
XOP	SPDR S&P Oil & Gas Explore & Prod. (ETF)	$50,069,467	1.75%

기간 수익률

1M : 6.09%	3M : 15.55%	6M : 22.02%	1Y : 47.05%	3Y : 66.61%

재무 지표

	2014	2015	2016	2017(E)
매출액 (백만$)	40,607	28,644	24,586	33,628
영업이익 (백만$)	1,173	2,592	1,557	1,969
순이익 (백만$)	872	1,544	724	976
자산총계 (백만$)	16,584	16,332	20,398	26,209
자본총계 (백만$)	6,976	7,740	8,127	
부채총계 (백만$)	9,608	8,592	12,271	

안정성 비율	2013	2014	2015	2016
유동비율 (%)	156.28	146.39	170.24	208.61
부채비율 (%)	144.10	137.73	111.01	150.99
이자보상배율 (배)	6.38	4.99	11.94	5.68

투자 지표

	2014	2015	2016	2017(E)
영업이익률 (%)	2.89	9.05	6.33	5.85
매출액 증가율 (%)	7.96	-29.46	-14.17	36.78
EPS ($)	6.56	12.50	6.19	6.66
EPS 증가율 (%)	167.57	90.54	-50.48	7.57
주당자산가치($)	35.64	43.66	46.75	62.90
잉여현금흐름 (백만$)	679	1,101	410	106

	2013	2014	2015	2016
배당성향(%)	37.33	17.07	14.97	34.31
배당수익률(%)	1.54	1.48	1.76	2.40
ROE (%)	9.17	19.92	31.94	13.56
ROA (%)	3.60	6.12	10.29	4.63
재고회전율	18.16	16.23	12.08	9.95
EBITDA (백만$)	1,453	1,735	3,348	2,408

매출비중

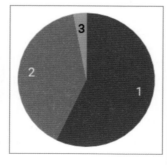

제품명	비중
1. 정제	
	90.54%
2. 마케팅	
	63.01%
3. Tesoro Logistics LP	
	4.96%
4. 매출 조정	
	-58.51%

MPC
마라톤 페트롤레움
Marathon Petroleum

섹터 에너지 (Energy)
세부섹터 석유/가스 정제 및 마케팅 (Oil & Gas Refining & Marketing)

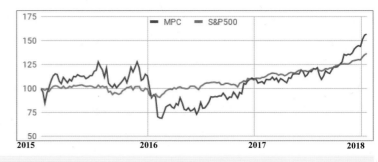

마라톤 페트롤레움(Marathon Petroleum)은 미국을 중심으로 석유 제품의 정제, 마케팅, 소매 및 운송을 영위하는 업체이다. 회사는 1887년에 설립되었고 본사는 오하이오주 핀들레이에 있으며 44,460명의 직원이 근무하고 있다. 회사는 정유 및 마케팅, 스피드웨이(Speedway) 및 운송 및 저장(Midstream) 세 가지 부문으로 운영되며, 미국의 걸프 연안 및 중서부 지역의 7개 정제소에서 원유 및 기타 제품을 정제하고 있다. 이 회사가 판매하는 제품에는 가솔린, 증류액, 프로판, 석유 화학 제품, 중유 및 아스팔트가 있으며, 이들 제품을 리셀러, 도매 업체 및 스피드웨이(Speedway) 브랜드 편의점, 항공사, 운송 회사 및 유틸리티 업체 등을 통해 판매하고 있다. 2017년 2월 현재 약 13,400km에 걸친 원유 및 경질 제품 파이프라인과 9,000km 이상의 가스 수집 및 천연가스 파이프라인을 소유, 임대하고 있으며, 19개 주에서 약 5,500개의 직영 소매점 및 21개 주에서 2,730개의 편의점을 소유, 운영 중이다.

기준일 : 2018/ 01 /25

한글 회사명 : 마라톤 페트롤레움
영문 회사명 : Marathon Petroleum
상장일 : 2011년 06월 23일 | 결산월 : 12월
시가총액 : 347 (억$) |
52주 최고 : $73.53 (-1.34%) / 52주 최저 : $46.88 (+54.73%)

주요 주주정보

보유자/ 보유 기관	보유율
The Vanguard Group, Inc.	7.58%
BlackRock Fund Advisors	5.51%
SSgA Funds Management, Inc.	5.38%

애널리스트 추천 및 최근 투자의견

마라톤 페트롤레움의 2018년 01월 25일 현재 20개 기관의 **평균적인 목표가는 78.16$**이며, 2018년 추정 주당순이익(EPS)은 5.25$로 2017년 추정 EPS 3.84$에 비해 **36.71% 증가할 것으로 예상**된다.

최근, 1개월, 3개월의 투자 의견 변화

투자의견	금융사 및 투자의견	날짜
Initiated	Credit Suisse: to Outperform	3/1/2018
Downgrade	UBS: Buy to Neutral	11/15/2017
Maintains	Barclays: to Overweight	11/14/2017
Maintains	Citigroup: to Buy	10/18/2017
Maintains	Barclays: to Overweight	10/10/2017

내부자 거래

(3M 비중은 12개월 거래 중 최근 3개월의 비중)

구분	성격	3개월	12개월	3M비중
매수	매수 건수 (장내 매매만 해당)	29	60	48.33%
매도	매도 건수 (장내 매매만 해당)	14	32	43.75%
매수	매수 수량 (장내 매매만 해당)	103,532	122,885	84.25%
매도	매도 수량 (장내 매매만 해당)	110,909	423,809	26.17%
	순매수량 (-인 경우 순매도량)	-7,377	-300,924	

ETF 노출
(편입 ETF 수 : 109개 / 시가총액 대비 ETF의 보유비중 : 11.01%)

티커	ETF	보유 지분	비중
VTI	Vanguard Total Stock Market ETF	$842,797,156	0.12%
VOO	Vanguard 500 Index Fund	$597,577,681	0.14%
XLE	Energy Select Sector SPDR Fund	$504,499,686	2.41%
SPY	SPDR S&P 500 Trust ETF	$437,315,831	0.15%
IVV	Ishares S&P 500	$220,809,961	0.14%

기간 수익률

1M : 9.33%	3M : 35.74%	6M : 29.9%	1Y : 47.43%	3Y : 85.37%

재무 지표

	2014	2015	2016	2017(E)
매출액 (백만$)	91,217	64,452	56,024	71,571
영업이익 (백만$)	3,442	4,407	2,796	3,924
순이익 (백만$)	2,520	2,848	1,173	1,967
자산총계 (백만$)	30,460	43,115	44,413	46,035
자본총계 (백만$)	11,390	19,675	21,203	
부채총계 (백만$)	19,070	23,440	23,210	

안정성 비율	2013	2014	2015	2016
유동비율 (%)	129.65	132.17	149.27	145.55
부채비율 (%)	150.49	167.43	119.14	109.47
이자보상배율 (배)	19.10	15.43	13.82	4.98

투자 지표

	2014	2015	2016	2017(E)
영업이익률 (%)	3.77	6.84	4.99	5.48
매출액 증가율 (%)	-2.90	-29.34	-13.08	27.75
EPS ($)	4.42	5.29	2.22	3.84
EPS 증가율 (%)	32.14	19.68	-58.03	73.17
주당자산가치($)	19.62	24.93	25.68	27.92
잉여현금흐름 (백만$)	1,630	2,063	1,094	1,061

	2013	2014	2015	2016
배당성향(%)	23.16	20.96	21.70	61.54
배당수익률(%)	1.68	2.04	2.20	2.70
ROE (%)	18.64	23.26	23.75	8.76
ROA (%)	7.66	8.67	7.79	2.77
재고회전율	23.09	17.66	11.86	10.30
EBITDA (백만$)	4,803	4,768	5,909	4,797

매출비중

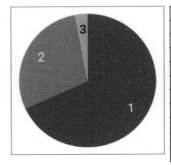

제품명	비중
1. 정제 및 마케팅	
	68.25%
2. 고속 도로 판매 부문	
	28.87%
3. Midstream	
	2.89%

PSX
필립스66
Phillips 66

섹터 에너지 (Energy)
세부섹터 석유/가스 정제 및 마케팅 (Oil & Gas Refining & Marketing)

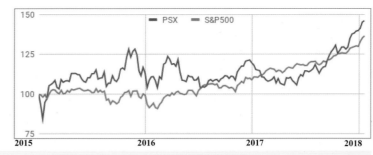

필립스66(Phillips 66) 에너지 생산 및 물류 사업을 영위하는 업체이다. 회사는 1917년에 설립되었고 본사는 텍사스주 휴스턴에 있으며 14,800명의 직원이 근무하고 있다. 회사는 운송 및 저장 (Midstream), 화학, 정제 및 특수 제품 네 가지 부문을 통해 사업을 하고 있다. 미드스트림 부문은 천연가스 및 액화 천연가스를 수집하여 처리하고 수송, 판매하고 있으며 아시아와 유럽이 주 사업지역이다. 화학 부문은 에틸렌 및 기타 올레핀 제품을 제조, 판매하고 있으며, 벤젠, 스타이렌을 포함한 다양한 특수 화학제품을 생산하고 있다. 정제 부문은 주로 미국과 유럽의 13개 정유, 가솔린, 항공유를 포함한 석유 제품을 판매하고 있다. 한편 이 회사는 전기를 생산하고 이를 텍사스 시장에 제공하고 있다.

기준일 : 2018/ 01 /25
한글 회사명 : 필립스66
영문 회사명 : Phillips 66
상장일 : 2012년 04월 12일 | 결산월 : 12월
시가총액 : 533 (억$) | 52주 최고 : $107.47 (-1.5%) / 52주 최저 : $75.14 (+40.87%)

주요 주주정보

보유자/ 보유 기관	보유율
Berkshire Hathaway, Inc. (Investment Manageme	15.77%
The Vanguard Group, Inc.	6.07%
SSgA Funds Management, Inc.	4.37%

애널리스트 추천 및 최근 투자의견

필립스66의 2018년 01월 25일 현재 22개 기관의 평균적인 **목표가는 105.89$**이며, 2018년 추정 주당순이익(EPS)은 6.95$로 2017년 추정 EPS 4.29$에 비해 **62% 증가할 것으로 예상**된다.

최근, 1개월, 3개월의 투자 의견 변화

투자의견	금융사 및 투자의견	날짜
Maintains	Citigroup: Neutral to Neutral	1/24/2018
Downgrade	Morgan Stanley: Overweight to Equal-Weight	11/1/2018
Initiated	Credit Suisse: to Neutral	3/1/2018
Maintains	UBS: to Neutral	11/15/2017
Downgrade	Barclays: Equal-Weight to Underweight	11/14/2017

내부자 거래

(3M 비중은 12개월 거래 중 최근 3개월의 비중)

구분	성격	3개월	12개월	3M비중
매수	매수 건수 (장내 매매만 해당)	14	14	100.00%
매도	매도 건수 (장내 매매만 해당)	13	20	65.00%
매수	매수 수량 (장내 매매만 해당)	75,201	75,201	100.00%
매도	매도 수량 (장내 매매만 해당)	35,063,214	35,104,821	99.88%
	순매수량 (-인 경우 순매도량)	-34,988,013	-35,029,620	

ETF 노출
(편입 ETF 수 : 107개 / 시가총액 대비 ETF의 보유비중 : 8.95%)

티커	ETF	보유 지분	비중
VTI	Vanguard Total Stock Market ETF	$1,090,539,072	0.16%
VOO	Vanguard 500 Index Fund	$771,247,161	0.19%
XLE	Energy Select Sector SPDR Fund	$644,728,302	3.08%
SPY	SPDR S&P 500 Trust ETF	$561,958,672	0.19%
IVV	Ishares S&P 500	$285,590,086	0.19%

기간 수익률

1M : 5.71%	3M : 20.48%	6M : 27.49%	1Y : 27.2%	3Y : 73.64%

재무 지표

	2014	2015	2016	2017(E)
매출액 (백만$)	145,856	85,033	71,349	99,047
영업이익 (백만$)	2,513	4,153	1,534	3,647
순이익 (백만$)	4,049	4,221	1,549	2,234
자산총계 (백만$)	48,741	48,580	51,653	52,523
자본총계 (백만$)	22,037	23,938	23,725	
부채총계 (백만$)	26,704	24,642	27,928	

안정성 비율	2013	2014	2015	2016
유동비율 (%)	148.77	150.50	162.74	134.00
부채비율 (%)	122.39	121.18	102.94	117.72
이자보상배율 (배)	8.96	9.41	13.40	4.54

투자 지표

	2014	2015	2016	2017(E)
영업이익률 (%)	1.72	4.88	2.15	3.68
매출액 증가율 (%)	-7.52	-41.70	-16.09	38.82
EPS ($)	8.40	7.78	2.94	4.29
EPS 증가율 (%)	38.39	-7.38	-62.21	45.81
주당자산가치($)	39.51	43.63	43.16	43.58
잉여현금흐름 (백만$)	-244	-51	119	1,400

	2013	2014	2015	2016
배당성향(%)	22.05	22.69	28.20	83.90
배당수익률(%)	1.72	2.64	2.67	2.84
ROE (%)	17.13	18.60	18.89	6.81
ROA (%)	7.51	8.29	8.78	3.27
재고회전율	46.50	43.21	24.74	21.53
EBITDA (백만$)	3,436	3,532	5,252	2,723

매출비중

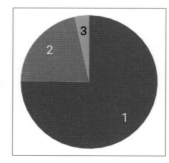

제품명	비중
1. 마케팅 및 특산품	
	75.19%
2. 정제	
	21.3%
3. Midstream	
	3.47%
4. 기업 및 기타	
	0.04%
5. 화학	
	0.01%

VLO
발레로
Valero Energy Corporation

섹터 에너지 (Energy)
세부섹터 석유/가스 정제 및 마케팅 (Oil & Gas Refining & Marketing)

발레로(Valero Energy Corporation)는 미국, 캐나다, 영국, 아일랜드에서 원유 정제 및 에탄올 생산 사업을 영위하는 업체이다. 회사는 1980년에 설립되었고 본사는 텍사스주 샌안토니오에 있으며 9,996명의 직원이 근무하고 있다. 회사는 정제 부문과 에탄올 부문의 두 가지 부문으로 나누어진다. 회사의 주요 생산 제품으로는 기존의 프리미엄 가솔린, 디젤 연료, 저유황 디젤 연료, 제트 연료, 아스팔트, 석유 화학 제품, 윤활유 등이 있다. 2016년 12월 현재 회사는 15개의 정유 공장을 소유하고 있으며, 처리 능력은 약 310만 배럴/일이다. 주요 브랜드로는 발레로(Valero), 샴록(Shamrock), 비컨(Beacon), 텍사코(Texaco) 등이 있으며, 약 7,400개 점포를 운영하고 있다. 또한, 곡물에서 추출한 에탄올 및 옥수수기름을 주로 정제업자 및 동물 사료 업체들에 제조, 판매하고 있다. 이를 위해 연간 약 14억 갤런의 에탄올 생산 능력을 가진 11개의 에탄올 공장을 소유하고 운영하고 있다.

에너지

기준일 : 2018/ 01 /25
한글 회사명 : 발레로
영문 회사명 : Valero Energy
상장일 : 1980년 01월 03일 | 결산월 : 12월
시가총액 : 425 (억$) |
52주 최고 : $99.95 (-1.37%) / 52주 최저 : $60.69 (+62.43%)

주요 주주정보

보유자/ 보유 기관	보유율
The Vanguard Group, Inc.	7.65%
BlackRock Fund Advisors	5.99%
SSgA Funds Management, Inc.	5.42%

애널리스트 추천 및 최근 투자의견

발레로의 2018년 01월 25일 현재 25개 기관의 **평균적인 목표가는 97.33$**이며, 2018년 추정 주당순이익(EPS)은 7.17$로 2017년 추정 EPS 4.89$에 비해 **46.62% 증가할 것으로 예상**된다.

최근, 1개월, 3개월의 투자 의견 변화

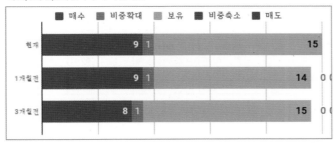

투자의견	금융사 및 투자의견	날짜
Maintains	Citigroup: Neutral to Neutral	1/24/2018
Maintains	Bank of America: Buy to Buy	1/24/2018
Initiated	Credit Suisse: to Neutral	3/1/2018
Downgrade	Standpoint Research: Buy to Hold	11/16/2017
Maintains	UBS: to Neutral	11/15/2017

내부자 거래

(3M 비중은 12개월 거래 중 최근 3개월의 비중)

구분	성격	3개월	12개월	3M비중
매수	매수 건수 (장내 매매만 해당)	0	15	0.00%
매도	매도 건수 (장내 매매만 해당)	9	40	22.50%
매수	매수 수량 (장내 매매만 해당)	0	184,251	0.00%
매도	매도 수량 (장내 매매만 해당)	453,758	635,773	71.37%
	순매수량 (-인 경우 순매도량)	-453,758	-451,522	

ETF 노출
(편입 ETF 수 : 120개 / 시가총액 대비 ETF의 보유비중 : 11.58%)

티커	ETF	보유 지분	비중
VTI	Vanguard Total Stock Market ETF	$1,031,351,954	0.15%
VOO	Vanguard 500 Index Fund	$731,295,784	0.18%
XLE	Energy Select Sector SPDR Fund	$612,806,096	2.93%
SPY	SPDR S&P 500 Trust ETF	$537,631,539	0.18%
DVY	iShares Select Dividend ETF	$348,392,255	1.93%

기간 수익률

1M : 10.28%	3M : 36.73%	6M : 43.49%	1Y : 46.82%	3Y : 114.22%

재무 지표

	2014	2015	2016	2017(E)
매출액 (백만$)	130,844	87,804	75,659	87,266
영업이익 (백만$)	5,136	5,887	3,698	3,564
순이익 (백만$)	3,694	3,990	2,289	2,170
자산총계 (백만$)	45,550	44,870	46,844	47,110
자본총계 (백만$)	21,244	21,354	20,854	
부채총계 (백만$)	24,306	23,516	25,990	

안정성 비율	2013	2014	2015	2016
유동비율 (%)	146.90	166.47	213.01	201.73
부채비율 (%)	136.94	114.41	110.13	124.63
이자보상배율 (배)	10.36	12.94	13.60	8.29

투자 지표

	2014	2015	2016	2017(E)
영업이익률 (%)	3.93	6.70	4.89	4.08
매출액 증가율 (%)	-5.24	-32.89	-13.83	15.34
EPS ($)	6.90	8.03	4.97	4.89
EPS 증가율 (%)	37.52	16.33	-38.15	-1.53
주당자산가치($)	40.20	43.39	44.35	45.53
잉여현금흐름 (백만$)	2,088	3,993	3,542	2,470

	2013	2014	2015	2016
배당성향(%)	17.13	15.33	21.30	48.65
배당수익률(%)	1.69	2.12	2.40	3.51
ROE (%)	14.51	18.41	19.37	11.29
ROA (%)	5.95	8.14	9.07	5.27
재고회전율	23.54	21.14	14.03	13.04
EBITDA (백만$)	5,503	6,827	7,729	5,592

매출비중

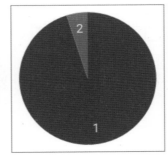

제품명	비중
1. 정제	
	95.12%
2. 에탄올	
	4.88%

KMI
킨더 모간
Kinder Morgan

섹터 에너지 (Energy)
세부섹터 석유/가스 저장 및 수송 (Oil & Gas Storage & Transportation)

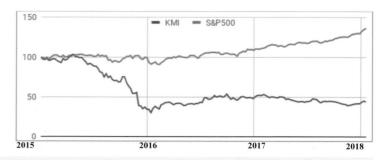

킨더 모간(Kinder Morgan)은 북미 지역의 에너지 인프라 사업을 영위하는 업체이다. 회사는 2006년에 설립되었고 본사는 텍사스주 휴스턴에 있으며 11,121명의 직원이 근무하고 있다. 회사의 사업 부문은 천연가스 파이프라인, 터미널, 제품 운송 파이프라인 및 킨더 모간 캐나다(Kinder Morgan Canada) 로 운영된다. 천연가스 파이프라인 부문은 천연가스 파이프라인 및 저장 시스템을 소유/운영하고 있으며, 터미널 부문은 정제된 석유 제품, 원유, 화학 물질 및 에탄올뿐만 아니라 석탄, 석유 코크스, 비료 및 철강 및 광석 제품을 포함한 벌크 제품을 운송하고 저장하는 각종 터미널을 소유하고 운영한다. 킨더 모건 캐나다(Kinder Morgan Canada)는 에드먼턴, 앨버타 및 캐나다의 원유 및 정제 석유 제품을 브리티시 컬럼비아, 캐나다 및 워싱턴의 마케팅 터미널 및 정유 공장으로 운송하는 트랜스 마운틴 파이프라인 시스템을 소유하고 운영하고 있다. 회사는 약 13만 5천km의 파이프라인과 155개의 터미널을 소유/운영하고 있다.

기준일 : 2018/ 01 /25
한글 회사명 : 킨더 모간
영문 회사명 : Kinder Morgan
상장일 : 2011년 02월 11일 | 결산월 : 12월
시가총액 : 420 (억$) |
52주 최고 : $23.01 (-16.03%) / 52주 최저 : $16.68 (+15.82%)

주요 주주정보

보유자/ 보유 기관	보유율
KINDER RICHARD D	11.01%
The Vanguard Group, Inc.	6.13%
SSgA Funds Management, Inc.	4.31%

애널리스트 추천 및 최근 투자의견

킨더 모간의 2018년 01월 25일 현재 24개 기관의 **평균적인 목표가는 22.14$**이며, 2018년 추정 주당순이익(EPS)은 0.88$로 2017년 추정 EPS 0.79$에 비해 **11.39% 증가할 것으로 예상**된다.

최근, 1개월, 3개월의 투자 의견 변화

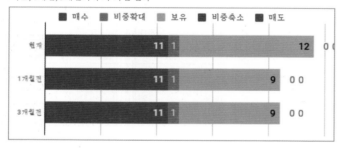

투자의견	금융사 및 투자의견	날짜
Downgrade	Wells Fargo: Outperform to Market Perform	11/1/2018
Initiated	Credit Suisse: to Outperform	5/1/2018
Maintains	Morgan Stanley: to Overweight	11/17/2017
Maintains	Citigroup: to Neutral	10/17/2017
Downgrade	Goldman Sachs: Buy to Neutral	10/17/2017

내부자 거래

(3M 비중은 12개월 거래 중 최근 3개월의 비중)

구분	성격	3개월	12개월	3M비중
매수	매수 건수 (장내 매매만 해당)	4	10	40.00%
매도	매도 건수 (장내 매매만 해당)	1	2	50.00%
매수	매수 수량 (장내 매매만 해당)	31,300	541,803	5.78%
매도	매도 수량 (장내 매매만 해당)	3,152	4,098	76.92%
	순매수량 (-인 경우 순매도량)	28,148	537,705	

ETF 노출
(편입 ETF 수 : 81개 / 시가총액 대비 ETF의 보유비중 : 4.23%)

티커	ETF	보유 지분	비중
XLE	Energy Select Sector SPDR Fund	$522,799,096	2.50%
SPY	SPDR S&P 500 Trust ETF	$452,420,297	0.15%
IVV	Ishares S&P 500	$230,088,815	0.15%
IWD	iShares Russell 1000	$115,675,494	0.28%
EMLP	First Trust North American Energy Infrastructure Fund	$77,816,694	3.26%

기간 수익률

1M : 6.02%	3M : -1.8%	6M : -8.11%	1Y : -15.47%	3Y : -54.22%

재무 지표

	2014	2015	2016	2017(E)
매출액 (백만$)	16,177	13,918	12,943	13,702
영업이익 (백만$)	4,670	4,045	3,857	3,815
순이익 (백만$)	1,015	240	704	1,487
자산총계 (백만$)	83,198	84,104	80,305	80,715
자본총계 (백만$)	34,426	35,403	34,802	
부채총계 (백만$)	48,772	48,701	45,503	

안정성 비율	2013	2014	2015	2016
유동비율 (%)	63.67	58.98	69.47	54.51
부채비율 (%)	165.81	141.67	137.56	130.75
이자보상배율 (배)	2.31	2.63	1.99	2.04

투자 지표

	2014	2015	2016	2017(E)
영업이익률 (%)	28.87	29.06	29.80	27.85
매출액 증가율 (%)	14.79	-13.96	-7.01	5.87
EPS ($)	0.89	0.10	0.25	0.65
EPS 증가율 (%)	-22.35	-89.03	155.36	158.72
주당자산가치($)	16.03	15.75	15.44	16.11
잉여현금흐름 (백만$)	1,032	1,635	2,136	3,501

	2013	2014	2015	2016
배당성향(%)	139.18	194.91	1,977.46	200.00
배당수익률(%)	4.44	4.11	12.94	2.41
ROE (%)	8.84	4.30	0.69	2.02
ROA (%)	3.75	3.07	0.23	0.87
재고회전율	35.06	36.39	32.14	33.88
EBITDA (백만$)	5,720	6,710	6,354	6,066

매출비중

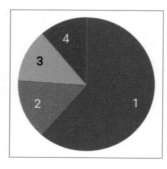

제품명	비중
1. 천연가스 파이프 라인	
	61.3%
2. 터미널	
	14.72%
3. 제품 파이프 라인	
	12.63%
4. CO2	
	9.35%
5. 킨더 모건 캐나다	
	1.94%

OKE
원옥
ONEOK, Inc.

섹터 에너지 (Energy)
세부섹터 석유/가스 저장 및 수송 (Oil & Gas Storage & Transportation)

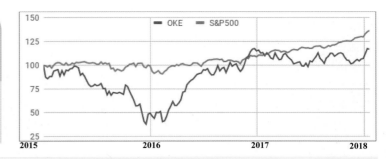

원옥(ONEOK, Inc)은 미국 내에서 천연가스의 수집, 가공, 저장 및 운송에 종사하는 미드스트림(Midstream) 사업을 영위하는 업체이다. 회사는 1906년에 설립되었고 본사는 오클라호마주 툴사에 있으며 2,384명의 직원이 근무하고 있다. 주요 사업 부문으로는 천연가스 채굴 및 가공 부문, 액화 천연가스 부문, 파이프라인 부문이 있다. 천연가스 채굴 및 가공 부문은 주로 노스다코타와 몬태나, 와이오밍에서 천연가스를 채굴하고 공급한다. 액화 천연가스 부문은 오클라호마, 뉴멕시코, 텍사스 등지에서 액화 천연가스를 수집하고 이를 파이프라인, 철도 및 기타 운송 수단을 통해 터미널 및 저장 시설로 운반한다. 파이프라인 부문은 미드스턴 가스 운송(Midwestern Gas Transmission), 바이킹 가스 운송(Viking Gas Transmission) 및 옥텍스 파이프라인(OkTex Pipeline) 등을 통해 최종 소비자에게 천연가스를 제공하고 있다.

기준일 : 2018/ 01 /25

한글 회사명 : 원옥
영문 회사명 : ONEOK, Inc.
상장일 : 1979년 09월 17일 | 결산월 : 12월
시가총액 : 249 (억$) |
52주 최고 : $61.36 (-0.42%) / 52주 최저 : $47.14 (+29.61%)

주요 주주정보

보유자/ 보유 기관	보유율
The Vanguard Group, Inc.	10.3%
BlackRock Fund Advisors	5.9%
SSgA Funds Management, Inc.	4.96%

애널리스트 추천 및 최근 투자의견

원옥의 2018년 01월 25일 현재 20개 기관의 **평균적인 목표가는 61.89$**이며, 2018년 추정 주당순이익(EPS)은 2.26$로 2017년 추정 EPS 1.72$에 비해 **31.39% 증가할 것으로 예상**된다.

최근, 1개월, 3개월의 투자 의견 변화

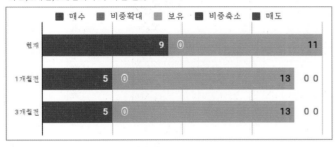

투자의견	금융사 및 투자의견	날짜
Upgrade	Barclays: Equal-Weight to Overweight	1/17/2018
Upgrade	RBC Capital: Sector Perform to Outperform	1/16/2018
Upgrade	Wells Fargo: Market Perform to Outperform	11/1/2018
Initiated	Credit Suisse: to Outperform	8/1/2018
Upgrade	U.S. Capital Advisors: Overweight to Buy	4/1/2018

내부자 거래

(3M 비중은 12개월 거래 중 최근 3개월의 비중)

구분	성격	3개월	12개월	3M비중
매수	매수 건수 (장내 매매만 해당)	0	12	0.00%
매도	매도 건수 (장내 매매만 해당)	10	11	90.91%
매수	매수 수량 (장내 매매만 해당)	0	156,631	0.00%
매도	매도 수량 (장내 매매만 해당)	117,070	119,070	98.32%
	순매수량 (-인 경우 순매도량)	-117,070	37,561	

ETF 노출   (편입 ETF 수 : 86개 / 시가총액 대비 ETF의 보유비중 : 15.57%)

티커	ETF	보유 지분	비중
VO	Vanguard Mid Cap Index Fund	$562,977,438	0.57%
VTI	Vanguard Total Stock Market ETF	$554,293,234	0.08%
VOO	Vanguard 500 Index Fund	$392,854,245	0.09%
XLE	Energy Select Sector SPDR Fund	$362,742,546	1.73%
SPY	SPDR S&P 500 Trust ETF	$307,444,344	0.10%

기간 수익률

1M : 11.8%	3M : 3.77%	6M : 7.1%	1Y : 3.05%	3Y : 35.97%

재무 지표

	2014	2015	2016	2017(E)
매출액 (백만$)	12,216	7,682	8,895	11,782
영업이익 (백만$)	1,158	993	1,250	1,440
순이익 (백만$)	320	251	354	551
자산총계 (백만$)	15,305	15,446	16,139	16,925
자본총계 (백만$)	4,006	3,766	3,429	
부채총계 (백만$)	11,299	11,680	12,710	

안정성 비율	2013	2014	2015	2016
유동비율 (%)	87.92	54.64	59.53	50.40
부채비율 (%)	265.47	282.05	310.11	370.67
이자보상배율 (배)	4.26	3.47	2.49	2.77

투자 지표

	2014	2015	2016	2017(E)
영업이익률 (%)	9.48	12.93	14.05	12.22
매출액 증가율 (%)	-16.23	-37.12	15.79	32.45
EPS ($)	1.50	1.17	1.67	1.72
EPS 증가율 (%)	16.29	-22.01	42.74	3.07
주당자산가치($)	2.84	1.60	0.90	17.14
잉여현금흐름 (백만$)	-494	-181	779	354

	2013	2014	2015	2016
배당성향(%)	116.54	142.36	209.48	148.19
배당수익률(%)	2.72	4.27	9.85	4.28
ROE (%)	11.93	21.82	54.11	135.01
ROA (%)	3.44	4.05	2.51	4.72
재고회전율	31.22	44.32	45.33	43.85
EBITDA (백만$)	1,745.97	1,452.71	1,347.73	1,641.52

매출비중

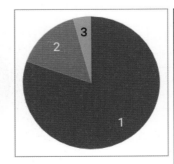

제품명	비중
1. 액화 천연가스	
	80.36%
2. 천연가스 수집 및 가공	
	15.42%
3. 천연가스 파이프 라인	
	4.19%
4. 기타 및 공제	
	0.03%

WMB
윌리엄스
Williams Companies, Inc.

섹터 에너지 (Energy)
세부섹터 석유/가스 저장 및 수송 (Oil & Gas Storage & Transportation)

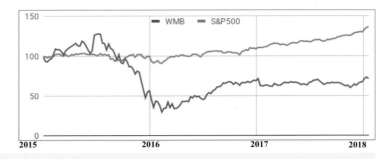

윌리엄스(The Williams Companies, Inc)는 미국을 중심으로 에너지 인프라 사업을 영위하는 업체이다. 회사는 1908년에 설립되었고 본사는 오클라호마주 툴사에 있으며 5,604명의 직원이 근무하고 있다. 회사의 사업 부문은 윌리엄 파트너스(Williams Partners), 액화 천연가스 사업을 담당하고 있는 윌리암스 엔지엘 앤 페트켐 서비스(Williams NGL & Petchem Services) 및 기타 부문으로 나누어진다. 회사는 미국 내의 텍사스, 루이지애나, 미시시피, 앨라배마, 조지아, 사우스캐롤라이나 및 해외에서 뉴멕시코 북서부의 산 후안 분지에서 시작해 콜로라도 남서부 수마스(Sumas) 근처 캐나다 국경에 이르는 천연가스 파이프라인 시스템을 소유, 운영하고 있다. 또한, 걸프 스트림 천연가스 파이프라인 및 테네시 가스 파이프 라인 시스템을 연결하는 파이프라인을 운영하고 있다. 2016년 12월 31일 현재 약 21,900km의 파이프라인을 소유/운영하고 있다.

기준일 : 2018/ 01 /25
한글 회사명 : 윌리엄스
영문 회사명 : Williams Companies, Inc.
상장일 : 1972년 01월 21일 | 결산월 : 12월
시가총액 : 268 (억$) |
52주 최고 : $33.67 (-0.56%) / 52주 최저 : $26.82 (+24.83%)

주요 주주정보

보유자/ 보유 기관	보유율
The Vanguard Group, Inc.	7.69%
Fidelity Management & Research Co.	7.49%
BlackRock Fund Advisors	5.27%

애널리스트 추천 및 최근 투자의견

윌리엄스의 2018년 01월 25일 현재 21개 기관의 **평균적인 목표가는 35.11$**이며, 2018년 추정 주당순이익(EPS)은 0.96$로 2017년 추정 EPS 0.72$에 비해 **33.33% 증가할 것으로 예상**된다.

최근, 1개월, 3개월의 투자 의견 변화

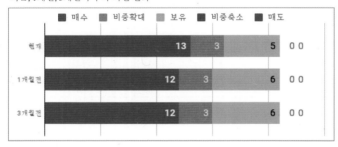

투자의견	금융사 및 투자의견	날짜
Downgrade	Barclays: Overweight to Equal-Weight	1/17/2018
Initiated	Credit Suisse: to Outperform	5/1/2018
Maintains	Morgan Stanley: to Overweight	11/17/2017
Upgrade	Barclays: to Overweight	7/18/2017
Upgrade	Wells Fargo: to Outperform	8/5/2017

내부자 거래

(3M 비중은 12개월 거래 중 최근 3개월의 비중)

구분	성격	3개월	12개월	3M비중
매수	매수 건수 (장내 매매만 해당)	10	19	52.63%
매도	매도 건수 (장내 매매만 해당)	9	17	52.94%
매수	매수 수량 (장내 매매만 해당)	225,439	283,101	79.63%
매도	매도 수량 (장내 매매만 해당)	48,662	428,078	11.37%
	순매수량 (-인 경우 순매도량)	176,777	-144,977	

ETF 노출

(편입 ETF 수 : 94개 / 시가총액 대비 ETF의 보유비중 : 11.29%)

티커	ETF	보유 지분	비중
VTI	Vanguard Total Stock Market ETF	$651,537,792	0.09%
VOO	Vanguard 500 Index Fund	$462,119,197	0.11%
XLE	Energy Select Sector SPDR Fund	$394,989,372	1.89%
SPY	SPDR S&P 500 Trust ETF	$336,302,244	0.11%
IVV	Ishares S&P 500	$172,029,935	0.11%

기간 수익률

1M : 8.64%	3M : 6.6%	6M : 2.7%	1Y : 14.49%	3Y : -23.09%

재무 지표

	2014	2015	2016	2017(E)
매출액 (백만$)	7,637	7,357	7,499	7,890
영업이익 (백만$)	1,326	1,520	1,717	2,076
순이익 (백만$)	2,106	-571	-424	619
자산총계 (백만$)	50,563	49,020	47,926	45,635
자본총계 (백만$)	20,172	16,225	14,046	
부채총계 (백만$)	30,391	32,795	33,880	

안정성 비율	2013	2014	2015	2016
유동비율 (%)	84.87	73.63	61.15	49.58
부채비율 (%)	204.25	150.66	202.13	241.21
이자보상배율 (배)	2.71	1.80	1.46	1.46

투자 지표

	2014	2015	2016	2017(E)
영업이익률 (%)	17.36	20.66	22.90	26.31
매출액 증가율 (%)	11.31	-3.67	1.93	5.21
EPS ($)	2.94	-0.76	-0.56	0.72
EPS 증가율 (%)	366.67	-125.85	25.68	226.68
주당자산가치($)	11.75	8.21	6.19	14.20
잉여현금흐름 (백만$)	-1,916	-489	2,085	2,564

	2013	2014	2015	2016
배당성향(%)	228.17	67.04		
배당수익률(%)	3.73	4.36	9.53	5.39
ROE (%)	9.21	30.88	-7.65	-7.86
ROA (%)	2.65	6.00	-2.64	-0.72
재고회전율	37.19	35.94	41.10	56.60
EBITDA (백만$)	2,225	2,535	3,291	3,513

매출비중

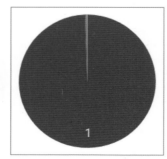

제품명	비중
1. 윌리엄스 파트너	
	99.45%
2. 기타	
	0.39%
3. 윌리엄스 NGL 및 Petchem 서비스	
	0.16%

Financials

금융

섹터 설명 및 전망

금융(Financial) 섹터는 S&P500에서 약 15%를 차지하고 있으며 정보 기술 섹터 다음으로 많은 비중을 차지하고 있다.

2017년 평균 주가수익비율(PER) 값은 17.13배로 다른 섹터에 비교해 저평가되어 있으며, 2018년은 작년보다 더욱 감소한 16.23배로 전망되고 있다.

2008년 비우량 주택담보대출로 인한 금융위기 이후 금융 섹터를 억누르고 있는 도드 프랭크 법과 같은 금융 규제법안들이 완화되면서 각 금융기관의 자기자본비율 하향과 미국 세제 개편안의 영향으로 금융섹터 기업들의 수익이 크게 개선될 것이라 예상되고 있다. 미국 대형 은행을 결정하는 기준인 500억 달러 규모의 자산 보유는 규정이 완화될 경우 대형 은행의 범주에 들지 않았던 중소규모의 지역 은행들의 활발한 인수합병으로 이어질 가능성이 있다.

미연방 준비제도이사회의 금리 인상도 금융섹터 기업들의 이자 수익을 늘려 주게 되며, 각종 금융 규제 완화와 세제개편 안을 통해 대출의 규모도 늘릴 수 있어 금융섹터 기업들의 실적은 더 좋아질 것으로 예상된다. 다만 현재 경기확장국면에서 가파른 속도의 금리 인상은 소비자의 대출 수요를 위축시킬 수 있으므로 미연방 준비제도 이사회의 금리 인상 속도를 잘 지켜봐야 할 것이다.

금융 섹터 둘러보기

대표 ETF	시가총액 (1억$)	S&P500내 비중	편입 종목수
XLF	38,155	14.79%	68

S&P500 VS Financials

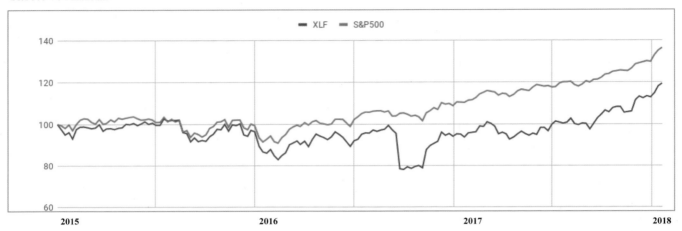

금융 섹터는 2015년 1월 1일 이후 19.45% 상승했으며, 같은 기간 S&P500은 36.49% 상승했다. 금융 섹터의 S&P500 대비 상대 수익률은 -17.04%p 이다.

S&P500내 금융 섹터 비중 추이

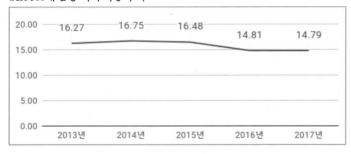

금융 섹터 관련 주요 데이터

	금융 섹터	S&P500 평균
PER (Trailing)	17.24	23.53
PER (Projected)	17.32	20.49
PBR	1.45	3.11
시가 배당률	1.7	1.87
P/Sales	2.26	2.09
P/Cash flow	16.22	21.71
변동성 3년	15.46	10.07
변동성 5년	13.5	9.49

금융 섹터 대표 ETF 'XLF'의 최근 자금 유입 동향(100만$) 및 수익률(%)

자금동향

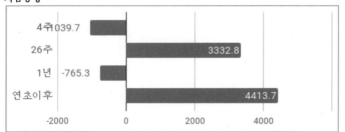

수익률

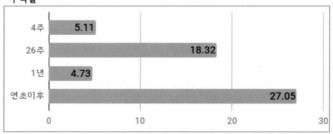

시가 총액 상위 종목

순위	티커	종목명/세부 섹터
1위	BRK.B	Berkshire Hathaway (버크셔 해서웨이)
		종합 지주회사
2위	JPM	JPMorgan Chase & Co. (제이피모건 체이스&컴퍼니)
		종합 금융
3위	BAC	Bank of America Corp (뱅크 오브 아메리카)
		종합 금융
4위	WFC	Wells Fargo (웰스파고&컴퍼니)
		종합 금융
5위	C	Citigroup Inc. (씨티 그룹)
		종합 금융

섹터 내 상승/하락 상위 종목 (최근 1년)

상승률 상위 종목

순위	티커	상승률
1위	CBOE	80.13%
2위	MCO	64.71%
3위	SPGI	63.89%

하락률 상위 종목

순위	티커	하락률
1위	NAVI	-4.91%
2위	AIZ	-3.43%
3위	XL	-3.42%

(2018년 1월 13일 기준)

AMG
어필리에잇 매니저스 그룹
Affiliated Managers Group Inc

섹터 금융 (Financials)
세부섹터 자산관리, 유가증권 보관 (Asset Management & Custody Banks)

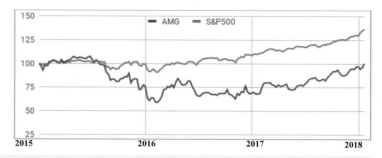

어필리에잇 매니저스 그룹(Affiliated Managers Group Inc)은 개인과 기관의 자산 관리 사업을 영위하는 업체이다. 회사는 1993년에 설립되었고 본사는 플로리다주 웨스트 팜비치에 있으며 4,100명의 직원이 근무하고 있다. 사업 부문은 기관 부문, 뮤추얼 펀드 부문 및 하이넷 워스(High Net Worth) 부문 세 가지로 운영되고 있으며, 미국의 뮤추얼 펀드, 기관 투자자에 투자 관리 서비스를 제공하고 있다. 회사는 독립적인 투자 자문 회사, 은퇴 관련 서비스 제공업자 등에게 펀드 서비스를 제공하고, 사이즈, 스타일, 국가별 등 다양한 유형의 투자 상품을 기관에 제공하고 있다. 또한, 퇴직 상품 및 관리 서비스를 기업 및 지방 자치 단체에 제공하고 있으며, 투자 관리 및 맞춤형 투자 상담, 신탁 서비스를 제공한다. 회사는 50개국 이상에 고객이 있으며, 550개 이상의 투자 상품에 투자하고 있다.

금융

기준일 : 2018/ 01 /25

한글 회사명 : 어필리에잇 매니저스 그룹
영문 회사명 : Affiliated Managers Group Inc
상장일 : 1997년 11월 21일 | 결산월 : 12월
시가총액 : 117 (억$) |
52주 최고 : $214.53 (-0.57%) / 52주 최저 : $142.2 (+50%)

주요 주주정보

보유자/ 보유 기관	보유율
The Vanguard Group, Inc.	9.96%
Manulife Asset Management (US) LLC	5.98%
SSgA Funds Management, Inc.	4.83%

애널리스트 추천 및 최근 투자의견

어필리에잇 매니저스 그룹의 2018년 01월 25일 현재 11개 기관의 **평균적인 목표가는 228.33$**이며, 2018년 추정 주당순이익(EPS)은 17.39$로 2017년 추정 EPS 14.49$에 비해 **20.01% 증가할 것으로 예상**된다.

재무 지표

	2014	2015	2016	2017(E)
매출액 (백만$)	2,534	2,500	2,228	2,307
영업이익 (백만$)	723	802	646	816
순이익 (백만$)	452	510	473	558
자산총계 (백만$)	7,698	7,769	8,749	8,958
자본총계 (백만$)	4,289	4,382	5,100	
부채총계 (백만$)	3,409	3,388	3,649	

최근, 1개월, 3개월의 투자 의견 변화

투자의견	금융사 및 투자의견	날짜
Downgrade	Goldman Sachs: Buy to Neutral	9/1/2018
Downgrade	Credit Suisse: Outperform to Neutral	3/1/2018
Maintains	Credit Suisse: to Outperform	11/8/2017
Downgrade	Deutsche Bank: to Hold	4/11/2016
Maintains	Jefferies: to Buy	11/10/2016

안정성 비율	2013	2014	2015	2016
유동비율 (%)	2.03	1.42	1.58	1.28
부채비율 (%)	66.88	79.50	77.32	71.55
이자보상배율 (배)	8.25	10.50	23.44	11.45

투자 지표

	2014	2015	2016	2017(E)
영업이익률 (%)	28.53	32.08	28.99	35.36
매출액 증가율 (%)	13.66	-1.36	-10.86	3.54
EPS ($)	8.22	9.38	8.72	14.49
EPS 증가율 (%)	21.06	14.15	-7.03	66.12
주당자산가치($)	48.11	50.84	61.87	32.61
잉여현금흐름 (백만$)	1,373	1,170	1,007	128

내부자 거래

(3M 비중은 12개월 거래 중 최근 3개월의 비중)

구분	성격	3개월	12개월	3M비중
매수	매수 건수 (장내 매매만 해당)	5	5	100.00%
매도	매도 건수 (장내 매매만 해당)	9	24	37.50%
매수	매수 수량 (장내 매매만 해당)	36,191	36,191	100.00%
매도	매도 수량 (장내 매매만 해당)	67,928	376,671	18.03%
	순매수량 (-인 경우 순매도량)	-31,737	-340,480	

	2013	2014	2015	2016
배당성향(%)				
배당수익률(%)	0.00	0.00	0.00	0.00
ROE (%)	17.09	18.99	18.65	14.65
ROA (%)	10.71	11.21	10.70	8.95
재고회전율				
EBITDA (백만$)	708.4	861.8	935.9	775.5

ETF 노출

(편입 ETF 수 : 74개 / 시가총액 대비 ETF의 보유비중 : 12.96%)

티커	ETF	보유 지분	비중
VO	Vanguard Mid Cap Index Fund	$288,206,129	0.29%
VTI	Vanguard Total Stock Market ETF	$283,880,261	0.04%
VOO	Vanguard 500 Index Fund	$201,425,054	0.05%
SPY	SPDR S&P 500 Trust ETF	$149,404,404	0.05%
XLF	Financial Select Sector SPDR Fund	$111,133,426	0.32%

매출비중

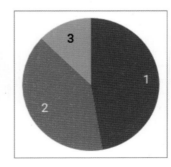

제품명	비중
1. 뮤추얼 펀드	
	47.21%
2. 기관	
	40.03%
3. 고액 순자산	
	12.76%

기간 수익률

1M : 6.72%	3M : 17.86%	6M : 18.86%	1Y : 47.74%	3Y : 8.5%

AMP
아메리프라이즈 파이낸셜
Ameriprise Financial, Inc.

섹터 금융 (Financials)
세부섹터 자산관리, 유가증권 보관 (Asset Management & Custody Banks)

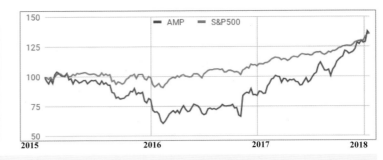

아메리프라이즈 파이낸셜(Ameriprise Financial, Inc)은 개인 및 기관 고객에게 다양한 금융 솔루션을 제공하는 금융 서비스 회사이다. 회사는 1983년에 설립되었고 본사는 미네소타주 미니아폴리스에 있으며 9,700명의 직원이 근무하고 있다. 회사는 어드바이저리, 자산관리, 연금 등 다섯 가지 분야로 구성되어 있으며, 리버 소스 라이프(RiverSource Life)를 통해 연금 서비스를, 콜롬비아 스레드 니들 인베스트먼트(Columbia Threadneedle Investments) 브랜드를 통해 자산 관리 솔루션을 제공하고 있다. 2016년 12월 31일 현재 이 회사는 컬럼비아 관리 펀드 외에도 약 260여 개의 뮤추얼 펀드를 제공하고 있으며, 한국의 서울보증보험과 유사하게 소비자 보증금 및 신용 상품도 제공하고 있다.

기준일 : 2018/ 01 /25

한글 회사명 : 아메리프라이즈 파이낸셜
영문 회사명 : Ameriprise Financial
상장일 : 2005년 09월 15일 | 결산월 : 12월
시가총액 : 256 (억$) |
52주 최고 : $183.9 (-2.26%) / 52주 최저 : $110.97 (+61.96%)

주요 주주정보

보유자/ 보유 기관	보유율
The Vanguard Group, Inc.	8.47%
BlackRock Fund Advisors	5.09%
Norges Bank Investment Management	5.03%

애널리스트 추천 및 최근 투자의견

아메리프라이즈 파이낸셜의 2018년 01월 25일 현재 13개 기관의 **평균적인 목표가는 181.1$**이며, 2018년 추정 주당순이익(EPS)은 15.83$로 2017년 추정 EPS 14.41$에 비해 **9.85% 증가**할 것으로 **예상**된다.

최근, 1개월, 3개월의 투자 의견 변화

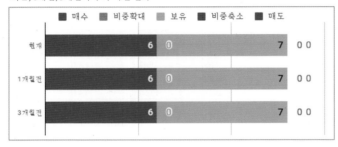

투자의견	금융사 및 투자의견	날짜
Maintains	Morgan Stanley: Overweight to Overweight	1/25/2018
Maintains	Morgan Stanley: to Overweight	11/13/2017
Maintains	SunTrust Robinson Humphrey: to Hold	10/26/2017
Maintains	Morgan Stanley: to Overweight	5/10/2017
Maintains	Barclays: to Equal-Weight	11/8/2017

내부자 거래

(3M 비중은 12개월 거래 중 최근 3개월의 비중)

구분	성격	3개월	12개월	3M비중
매수	매수 건수 (장내 매매만 해당)	25	25	100.00%
매도	매도 건수 (장내 매매만 해당)	49	103	47.57%
매수	매수 수량 (장내 매매만 해당)	157,819	157,819	100.00%
매도	매도 수량 (장내 매매만 해당)	153,322	991,654	15.46%
	순매수량 (-인 경우 순매도량)	4,497	-833,835	

ETF 노출
(편입 ETF 수 : 95개 / 시가총액 대비 ETF의 보유비중 : 11.48%)

티커	ETF	보유 지분	비중
VTI	Vanguard Total Stock Market ETF	$619,027,805	0.09%
VOO	Vanguard 500 Index Fund	$439,053,326	0.11%
SPY	SPDR S&P 500 Trust ETF	$323,801,802	0.11%
XLF	Financial Select Sector SPDR Fund	$242,305,337	0.70%
VIG	Vanguard Dividend Appreciation ETF	$232,106,578	0.65%

기간 수익률

1M : 6.47%	3M : 27.84%	6M : 31.15%	1Y : 58.16%	3Y : 43.43%

재무 지표

	2014	2015	2016	2017(E)
매출액 (백만$)	11,947	11,608	11,201	11,925
영업이익 (백만$)	2,553	2,168	1,637	2,298
순이익 (백만$)	1,621	1,562	1,314	1,581
자산총계 (백만$)	148,810	145,339	139,821	57,433
자본총계 (백만$)	9,305	8,379	6,292	
부채총계 (백만$)	139,505	136,960	133,529	

안정성 비율	2013	2014	2015	2016
유동비율 (%)				
부채비율 (%)	1,466.03	1,499.25	1,634.56	2,122.20
이자보상배율 (배)				

투자 지표

	2014	2015	2016	2017(E)
영업이익률 (%)	21.37	18.68	14.61	19.27
매출액 증가율 (%)	6.52	-2.84	-3.51	6.46
EPS ($)	8.45	8.60	7.90	9.91
EPS 증가율 (%)	28.81	1.78	-8.14	25.46
주당자산가치($)	44.37	42.04	40.66	39.56
잉여현금흐름 (백만$)	2,789	2,484	1,892	1,539

	2013	2014	2015	2016
배당성향(%)	31.21	27.23	30.54	37.39
배당수익률(%)	1.75	1.71	2.43	2.63
ROE (%)	15.47	19.87	20.40	19.49
ROA (%)	1.06	1.37	1.15	0.92
재고회전율				
EBITDA (백만$)	2,812	3,539	3,162	2,547

매출비중

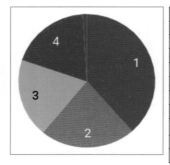

제품명	비중
1. 조언 및 자산 관리	43.06%
2. 자산 관리	25.34%
3. 관리 서비스	21.43%
4. 연금	21.06%
5. 투자 수익 인식	1.09%

BEN
프랭클린 리소시즈
Franklin Resources, Inc.

섹터 금융 (Financials)
세부섹터 자산관리, 유가증권 보관 (Asset Management & Custody Banks)

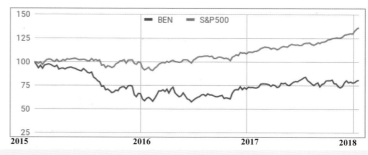

프랭클린 리소시즈(Franklin Resources, Inc)는 개인과 기관의 자산을 관리하는 금융 지주회사이며 프랭클린 템플턴 인베스트먼트(Franklin Templeton Investments)라는 브랜드로 사업을 영위하는 업체이다. 회사는 1947년에 설립되었고 본사는 캘리포니아주 샌마테오에 있으며 9,100명의 직원이 근무하고 있다. 회사는 전 세계적으로 개인, 기관 및 고액 자산 고객에게 투자 관리 및 관련 서비스를 제공하는 글로벌 투자 관리 업무를 하고 있다. 대표 브랜드로는 프랭클린(Franklin), 템플턴(Templeton), 프랭클린 뮤추얼 시리즈(Franklin Mutual Series), K2 등이 있다. 회사의 주요 서비스는 개인, 기관 투자자들로부터 자금을 수탁하고 전통적, 대체 투자 수단을 발굴하여 투자하는 것이 있으며, 채권 및 기타 금융상품, 금리, 통화 및 신용 시장의 파생상품에 대한 사모펀드도 운영하고 있다.

기준일 : 2018/ 01 /25

한글 회사명 : 프랭클린 리소시즈
영문 회사명 : Franklin Resources, Inc.
상장일 : 1983년 09월 23일 | 결산월 : 9월
시가총액 : 250 (억$) |
52주 최고 : $47.65 (-4.15%) / 52주 최저 : $39.38 (+15.97%)

주요 주주정보

보유자/ 보유 기관	보유율
JOHNSON CHARLES BARTLETT	19.3%
JOHNSON RUPERT HARRIS JR	19.12%
The Vanguard Group, Inc.	4.8%

애널리스트 추천 및 최근 투자의견

프랭클린 리소시즈의 2018년 01월 25일 현재 15개 기관의 **평균적인 목표가는 44.79$**이며, 2018년 추정 주당순이익(EPS)은 3.35$로 2017년 추정 EPS 3.12$에 비해 **7.37% 증가할 것으로 예상**된다.

최근, 1개월, 3개월의 투자 의견 변화

투자의견	금융사 및 투자의견	날짜
Maintains	Citigroup: to Neutral	10/27/2017
Maintains	Wells Fargo: to Market Perform	10/27/2017
Maintains	UBS: to Neutral	10/27/2017
Initiated	Barclays: to Underweight	8/9/2017
Maintains	UBS: to Neutral	7/31/2017

내부자 거래

(3M 비중은 12개월 거래 중 최근 3개월의 비중)

구분	성격	3개월	12개월	3M비중
매수	매수 건수 (장내 매매만 해당)	3	13	23.08%
매도	매도 건수 (장내 매매만 해당)	2	15	13.33%
매수	매수 수량 (장내 매매만 해당)	10,929	167,861	6.51%
매도	매도 수량 (장내 매매만 해당)	57,778	580,506	9.95%
	순매수량 (-인 경우 순매도량)	-46,849	-412,645	

ETF 노출   (편입 ETF 수 : 91개 / 시가총액 대비 ETF의 보유비중 : 7.14%)

티커	ETF	보유 지분	비중
VTI	Vanguard Total Stock Market ETF	$362,212,766	0.05%
VOO	Vanguard 500 Index Fund	$252,710,164	0.06%
VIG	Vanguard Dividend Appreciation ETF	$221,942,517	0.62%
SPY	SPDR S&P 500 Trust ETF	$185,250,152	0.06%
XLF	Financial Select Sector SPDR Fund	$139,473,532	0.40%

기간 수익률

1M : 3.29%	3M : 5.67%	6M : -3.81%	1Y : 10.53%	3Y : -13.33%

재무 지표

	2014	2015	2016	2017(E)
매출액 (백만$)	8,593	7,969	6,684	6,407
영업이익 (백만$)	3,289	3,029	2,388	2,269
순이익 (백만$)	2,370	2,023	1,716	1,673
자산총계 (백만$)	16,357	16,336	16,099	17,129
자본총계 (백만$)	12,447	12,555	12,589	
부채총계 (백만$)	3,910	3,780	3,510	

안정성 비율	2013	2014	2015	2016
유동비율 (%)	6.35	10.19	16.68	18.29
부채비율 (%)	42.41	31.41	30.11	27.88
이자보상배율 (배)	65.53	72.93	77.47	51.10

투자 지표

	2014	2015	2016	2017(E)
영업이익률 (%)	38.28	38.01	35.73	35.41
매출액 증가율 (%)	6.26	-7.26	-16.13	-4.13
EPS ($)	3.79	3.29	2.94	2.96
EPS 증가율 (%)	12.76	-13.42	-11.85	0.77
주당자산가치($)	18.60	19.62	20.93	22.66
잉여현금흐름 (백만$)	2,648	2,341	1,752	1,148

	2013	2014	2015	2016
배당성향(%)	11.60	12.70	18.24	24.49
배당수익률(%)	0.77	0.88	1.61	2.02
ROE (%)	22.17	21.89	17.28	14.43
ROA (%)	14.31	15.10	12.80	10.77
재고회전율				
EBITDA (백만$)	3,111.00	3,558.50	3,165.40	2,524.50

매출비중

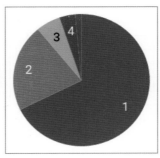

제품명	비중
1. 투자 관리	67.57%
2. 자산 - 기반	21.31%
3. 판매 - 기반	5.84%
4. 주주 서비스	3.68%
5. 기타	1.46%

BK
뉴욕 멜론 코퍼레이션 은행
The Bank of New York Mellon Corporation

섹터 금융 (Financials)
세부섹터 자산관리, 유가증권 보관 (Asset Management & Custody Banks)

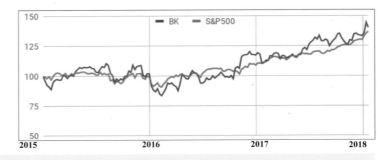

뉴욕 멜론 코퍼레이션 은행(Bank of New York Mellon Corporation)은 글로벌 금융 서비스를 영위하는 지주회사이다. 회사는 2007년에 설립되었고 본사는 뉴욕주 뉴욕에 있으며 52,000명의 직원이 근무하고 있다. 회사의 사업 부문은 투자 관리, 투자 서비스 두 부문으로 운영된다. 기타 부문은 리스, 파생상품 거래, 신재생 에너지 투자 등을 수행하고 있으며 2016년 12월 31일 현재 이 회사는 약 31.5조 달러 규모의 자산을 보유하고 있다. 이 회사의 주요 은행 계열사로는 뉴욕 멜론 은행(The Bank of New York Mellon)과 BNY Mellon이 있으며, 뉴욕 멜론 은행을 통해서는 자산관리, 발행, 재무 서비스 등 자산 관리 및 투자 사업을 진행하고 있다. BNY Mellon은 국립은행으로 자산 관리 사업을 진행하고 있다.

기준일 : 2018/ 01 /25
한글 회사명 : 뉴욕 멜론 코퍼레이션 은행
영문 회사명 : The Bank of New York Mellon Corporation
상장일 : 1972년 01월 21일 | 결산월 : 12월
시가총액 : 576 (억$) |
52주 최고 : $58.99 (-1.86%) / 52주 최저 : $43.89 (+31.89%)

주요 주주정보

보유자/ 보유 기관	보유율
The Vanguard Group, Inc.	6.49%
Berkshire Hathaway, Inc.	4.91%
SSgA Funds Management, Inc.	4.68%

애널리스트 추천 및 최근 투자의견

뉴욕 멜론 코퍼레이션 은행의 2018년 01월 25일 현재 22개 기관의 **평균적인 목표가는 59.67$**이며, 2018년 추정 주당순이익(EPS)은 4.43$로 2017년 추정 EPS 4.01$에 비해 **10.47% 증가할 것으로 예상**된다.

최근, 1개월, 3개월의 투자 의견 변화

투자의견	금융사 및 투자의견	날짜
Downgrade	JP Morgan: Neutral to Underweight	1/19/2018
Upgrade	Morgan Stanley: Equal-Weight to Overweight	1/19/2018
Upgrade	Citigroup: Neutral to Buy	10/1/2018
Maintains	Morgan Stanley: to Equal-Weight	10/20/2017
Maintains	Citigroup: to Neutral	10/10/2017

내부자 거래

(3M 비중은 12개월 거래 중 최근 3개월의 비중)

구분	성격	3개월	12개월	3M비중
매수	매수 건수 (장내 매매만 해당)	18	39	46.15%
매도	매도 건수 (장내 매매만 해당)	30	50	60.00%
매수	매수 수량 (장내 매매만 해당)	641,505	1,012,765	63.34%
매도	매도 수량 (장내 매매만 해당)	172,864	17,944,010	0.96%
	순매수량 (-인 경우 순매도량)	468,641	-16,931,245	

ETF 노출

(편입 ETF 수 : 99개 / 시가총액 대비 ETF의 보유비중 : 8.73%)

티커	ETF	보유 지분	비중
VTI	Vanguard Total Stock Market ETF	$1,334,017,123	0.19%
VOO	Vanguard 500 Index Fund	$995,787,790	0.24%
SPY	SPDR S&P 500 Trust ETF	$728,340,554	0.24%
XLF	Financial Select Sector SPDR Fund	$549,610,032	1.59%
IVV	Ishares S&P 500	$368,992,830	0.24%

기간 수익률

1M : 4.44%	3M : 9.79%	6M : 6.09%	1Y : 27.04%	3Y : 51.12%

재무 지표

	2014	2015	2016	2017(E)
매출액 (백만$)	15,121	15,431	15,617	15,824
영업이익 (백만$)	3,784	4,257	4,717	5,232
순이익 (백만$)	2,524	3,115	3,495	3,712
자산총계 (백만$)	385,303	393,780	333,469	352,352
자본총계 (백만$)	38,703	38,975	39,580	
부채총계 (백만$)	346,600	354,805	293,889	

안정성 비율	2013	2014	2015	2016
유동비율 (%)				
부채비율 (%)	871.38	895.54	910.34	742.52
이자보상배율 (배)				

투자 지표

	2014	2015	2016	2017(E)
영업이익률 (%)	25.02	27.59	30.20	33.06
매출액 증가율 (%)	-0.74	2.05	1.21	1.32
EPS ($)	2.17	2.73	3.16	3.54
EPS 증가율 (%)	24.00	25.81	15.75	12.14
주당자산가치($)	32.09	32.69	33.67	37.85
잉여현금흐름 (백만$)	1,057	4,321	3,418	3,444

	2013	2014	2015	2016
배당성향(%)	33.33	30.70	25.09	22.86
배당수익률(%)	1.66	1.63	1.65	1.52
ROE (%)	5.61	6.73	8.25	9.10
ROA (%)	0.59	0.69	0.82	0.96
재고회전율				
EBITDA (백만$)	5,166	4,855	5,692	6,227

매출비중

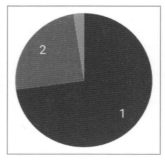

제품명	비중
1. 투자 서비스	
	72.87%
2. 투자 관리	
	24.63%
3. 기타	
	2.5%

BLK
블랙록
BlackRock, Inc.

섹터 금융 (Financials)
세부섹터 자산관리, 유가증권 보관 (Asset Management & Custody Banks)

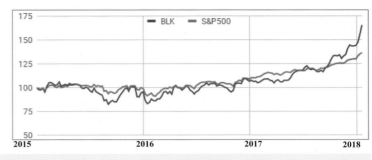

블랙록(BlackRock, Inc)은 전 세계 기관 및 소매 고객에게 다양한 투자 및 리스크 관리 서비스를 제공하는 투자 관리 회사이다. 회사는 1988년에 설립되었고 본사는 뉴욕 주 뉴욕에 있으며 13,000명의 직원이 근무하고 있다. 회사가 제공하는 서비스에는 주식, 채권, 대안 투자 및 단기 금융 상품 등에 투자하는 포트폴리오가 포함되며, 주요 상품에는 개방형 및 폐쇄형 뮤추얼 펀드, 아이쉐어즈(iShares) ETF 시리즈 및 각종 투자기금이 있다. 블랙록 솔루션(BlackRock Solution : BRS)을 통해 투자 시스템, 리스크 관리, 아웃소싱, 자문 및 기술 서비스를 기관 투자가 및 자산관리중개기관에 제공한다. 2016년 12월 31일 현재 5.1조 달러의 관리자산을 보유하고 운용 중이다.

금융

기준일 : 2018/ 01 /25
한글 회사명 : 블랙록
영문 회사명 : BlackRock, Inc.
상장일 : 1999년 10월 01일 | 결산월 : 12월
시가총액 : 927 (억$) |
52주 최고 : $594.52 (-0.71%) / 52주 최저 : $365.83 (+61.35%)

주요 주주정보

보유자/ 보유 기관	보유율
PNC Bank, NA (Investment Management)	21.18%
The Vanguard Group, Inc.	5.15%
Norges Bank Investment Management	5.04%

애널리스트 추천 및 최근 투자의견

블랙록의 2018년 01월 25일 현재 17개 기관의 평균적인 목표가는 615.86$이며, 2018년 추정 주당순이익(EPS)은 31.95$로 2017년 추정 EPS 28.6$에 비해 11.71% 증가할 것으로 예상된다.

최근, 1개월, 3개월의 투자 의견 변화

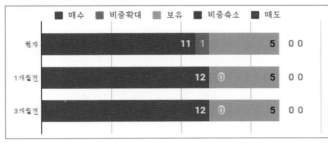

투자의견	금융사 및 투자의견	날짜
Downgrade	Citigroup: Buy to Neutral	1/25/2018
Maintains	UBS: to Buy	12/10/2017
Maintains	JP Morgan: to Overweight	12/10/2017
Maintains	Credit Suisse: to Outperform	12/10/2017
Maintains	Barclays: to Overweight	12/10/2017

내부자 거래

(3M 비중은 12개월 거래 중 최근 3개월의 비중)

구분	성격	3개월	12개월	3M비중
매수	매수 건수 (장내 매매만 해당)	35	79	44.30%
매도	매도 건수 (장내 매매만 해당)	25	56	44.64%
매수	매수 수량 (장내 매매만 해당)	143,248	152,647	93.84%
매도	매도 수량 (장내 매매만 해당)	637,622	713,724	89.34%
	순매수량 (-인 경우 순매도량)	-494,374	-561,077	

ETF 노출

(편입 ETF 수 : 88개 / 시가총액 대비 ETF의 보유비중 : 7.22%)

티커	ETF	보유 지분	비중
VTI	Vanguard Total Stock Market ETF	$1,565,709,219	0.23%
VOO	Vanguard 500 Index Fund	$1,221,443,346	0.29%
SPY	SPDR S&P 500 Trust ETF	$893,752,506	0.30%
XLF	Financial Select Sector SPDR Fund	$674,154,018	1.94%
IVV	Ishares S&P 500	$452,513,976	0.29%

기간 수익률

1M : 15.31%	3M : 37.67%	6M : 37.7%	1Y : 54.76%	3Y : 69.58%

재무 지표

	2014	2015	2016	2017(E)
매출액 (백만$)	11,205	11,517	11,210	12,261
영업이익 (백만$)	4,366	4,568	4,490	5,226
순이익 (백만$)	3,294	3,345	3,172	3,648
자산총계 (백만$)	239,808	225,261	220,177	222,412
자본총계 (백만$)	27,520	29,044	29,344	
부채총계 (백만$)	212,288	196,217	190,833	

안정성 비율	2013	2014	2015	2016
유동비율 (%)	2.40	2.80	2.79	2.87
부채비율 (%)	724.42	771.40	675.59	650.33
이자보상배율 (배)	19.83	19.94	23.56	22.76

투자 지표

	2014	2015	2016	2017(E)
영업이익률 (%)	38.96	39.66	40.05	42.62
매출액 증가율 (%)	7.13	2.78	-2.67	9.38
EPS ($)	19.58	20.10	19.29	22.37
EPS 증가율 (%)	13.64	2.66	-4.03	15.98
주당자산가치($)	166.07	174.37	180.13	187.82
잉여현금흐름 (백만$)	3,574	3,433	2,518	3,757

	2013	2014	2015	2016
배당성향(%)	39.83	40.10	44.06	48.11
배당수익률(%)	2.12	2.16	2.56	2.41
ROE (%)	11.31	12.24	11.97	11.01
ROA (%)	1.40	1.42	1.44	1.42
재고회전율				
EBITDA (백만$)	4,577	4,876	5,019	4,924

매출비중

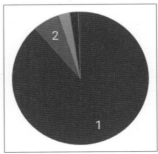

제품명	비중
1. 투자 자문	88.57%
2. 블랙록 솔루션 및 자문	6.4%
3. 성과 보수	2.64%
4. 기타 수익	2.02%
5. 유통 비용	0.37%

IVZ
인베스코
Invesco Ltd.

섹터 금융 (Financials)
세부섹터 자산관리, 유가증권 보관 (Asset Management & Custody Banks)

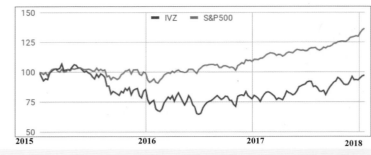

인베스코(Invesco Ltd)는 다양한 투자 수단을 고객에게 제공하여 투자 목적을 달성하도록 돕는 투자 관리 회사이다. 회사는 1935년에 설립되었고 본사는 조지아주 애틀란타에 있으며 6,790명의 직원이 근무하고 있다. 회사의 주된 사업 영역은 소매 및 기관 부문으로, 소매 영역에서는 미국, 영국, 캐나다, 유럽 대륙 및 아시아를 포함한 시장의 고객에게 다양한 자산군에 대한 투자 솔루션을 제공한다. 인베스코사가 제공하는 투자 솔루션은 딜러, 보험 회사, 북미 지역의 금융 플래너, 유럽의 브로커, 은행 및 슈퍼마켓 플랫폼을 포함한 제3자 중개 기관을 통해 제공된다. 한편 기관 부문은 북미, 유럽, 중동 및 아프리카(EMEA) 및 아태 지역에서 비영리 단체, 기업, 공공기관, 재단, 연금, 국부펀드 등 다양한 형태의 기관 투자가에게 투자 솔루션을 제공하며, 주식, 단기 채권, 부동산, 사모 펀드, 재무 구조 및 절대 수익 전략 등을 제공한다.

기준일 : 2018/ 01 /25
한글 회사명 : 인베스코
영문 회사명 : Invesco Ltd.
상장일 : 1993년 09월 08일 | 결산월 : 12월
시가총액 : 153 (억$) | 52주 최고 : $38.42 (-1.24%) / 52주 최저 : $28.75 (+31.96%)

주요 주주정보

보유자/ 보유 기관	보유율
The Vanguard Group, Inc.	10.06%
BlackRock Fund Advisors	4.87%
UBS Financial Services, Inc.	4.7%

애널리스트 추천 및 최근 투자의견

인베스코의 2018년 01월 25일 현재 18개 기관의 **평균적인 목표가는 42.07$**이며, 2018년 추정 주당순이익(EPS)은 3.08$로 2017년 추정 EPS 2.66$에 비해 **15.78% 증가할 것으로 예상**된다.

최근, 1개월, 3개월의 투자 의견 변화

자료 없음

투자의견	금융사 및 투자의견	날짜
Downgrade	Bank of America: Buy to Neutral	8/1/2018
Downgrade	Morgan Stanley: Overweight to Equal-Weight	3/1/2018
Maintains	Jefferies: to Buy	3/11/2017
Maintains	Citigroup: to Buy	10/27/2017
Maintains	Wells Fargo: to Outperform	11/10/2017

내부자 거래

(3M 비중은 12개월 거래 중 최근 3개월의 비중)

구분	성격	3개월	12개월	3M비중
매수	매수 건수 (장내 매매만 해당)	17	50	34.00%
매도	매도 건수 (장내 매매만 해당)	12	23	52.17%
매수	매수 수량 (장내 매매만 해당)	546,302	999,610	54.65%
매도	매도 수량 (장내 매매만 해당)	230,454	769,507	29.95%
	순매수량 (-인 경우 순매도량)	315,848	230,103	

ETF 노출   (편입 ETF 수 : 85개 / 시가총액 대비 ETF의 보유비중 : 13.79%)

티커	ETF	보유 지분	비중
VO	Vanguard Mid Cap Index Fund	$375,209,089	0.38%
VTI	Vanguard Total Stock Market ETF	$368,684,765	0.05%
VOO	Vanguard 500 Index Fund	$261,599,473	0.06%
SPY	SPDR S&P 500 Trust ETF	$191,858,840	0.06%
XLF	Financial Select Sector SPDR Fund	$144,435,143	0.42%

기간 수익률

1M : 4.29%	3M : 15.26%	6M : 5.76%	1Y : 24.93%	3Y : 4.92%

재무 지표

	2014	2015	2016	2017(E)
매출액 (백만$)	5,209	5,056	4,756	3,727
영업이익 (백만$)	1,130	1,026	1,131	1,478
순이익 (백만$)	992	944	829	1,083
자산총계 (백만$)	20,463	25,073	25,734	28,231
자본총계 (백만$)	9,285	8,863	7,896	
부채총계 (백만$)	11,177	16,210	17,839	

안정성 비율	2013	2014	2015	2016
유동비율 (%)	1.19	0.70	0.57	1.21
부채비율 (%)	114.66	120.38	182.90	225.94
이자보상배율 (배)	8.48	7.74	6.03	13.92

투자 지표

	2014	2015	2016	2017(E)
영업이익률 (%)	21.69	20.29	23.78	39.67
매출액 증가율 (%)	10.52	-2.94	-5.94	-21.65
EPS ($)	2.27	2.26	2.06	2.66
EPS 증가율 (%)	8.10	-0.44	-8.85	29.30
주당자산가치($)	19.37	18.89	18.58	23.56
잉여현금흐름 (백만$)	1,067	929	-18	1,259

	2013	2014	2015	2016
배당성향(%)	40.36	42.95	46.90	53.88
배당수익률(%)	2.33	2.47	3.17	3.66
ROE (%)	10.48	11.86	11.64	10.78
ROA (%)	5.00	5.06	4.13	3.32
재고회전율				
EBITDA (백만$)	1,289.60	1,426.80	1,390.00	1,325.10

매출비중

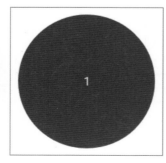

제품명	비중
1. 투자 관리	
	100%

NTRS
노던 트러스트 코퍼레이션
Northern Trust Corpration

섹터 금융 (Financials)
세부섹터 자산관리, 유가증권 보관 (Asset Management & Custody Banks)

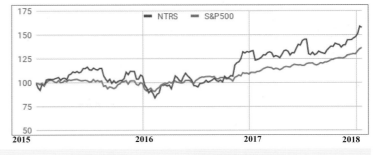

노던 트러스트 코퍼레이션(Northern Trust Corporation)은 전 세계의 기업, 기관 및 개인을 대상으로 자산 서비스, 기금 관리, 자산 관리, 신탁 및 금융 솔루션을 제공하는 금융 지주회사이다. 회사는 1971년에 설립되었고 본사는 일리노이주 시카고에 있으며 17,100명의 직원이 근무하고 있다. 사업 부문은 기업 및 기관 서비스(C&IS), 자산 관리 및 재무 및 기타 부문으로 나뉘어 있으며, 노던 트러스트 컴퍼니 은행(Northern Trust Company) 등의 자회사를 통해 사업을 수행한다. 2016년 12월 현재, 회사는 미국 워싱턴 등 19개 주와 캐나다, 유럽, 중동 및 아시아 태평양 지역의 22개 국제 지사 네트워크를 운영하고 있으며 주요 서비스로는 투자 솔루션을 제공(공사모 펀드, 단기 자금 관리, 헤지펀드, 어드바이저리 서비스 등)하고, 미국 외에서는 주로 자산관리, 외환/현금 관리 및 상업은행 관련 업무를 하고 있다. 고액 자산가들을 대상으로 하는 웰스 매니지먼트는 미국 내에서 전문 자문 서비스를 수행하고 있다.

기준일 : 2018/ 01 /25

한글 회사명 : 노던 트러스트 코퍼레이션
영문 회사명 : Northern Trust Corpration
상장일 : 1978년 03월 15일 | 결산월 : 12월
시가총액 : 240 (억$) |
52주 최고 : $108.91 (-1.03%) / 52주 최저 : $81.92 (+31.56%)

주요 주주정보

보유자/ 보유 기관	보유율
The Vanguard Group, Inc.	6.16%
Northern Trust Investments, Inc.	5.61%
Wellington Management Co. LLP	5.33%

애널리스트 추천 및 최근 투자의견

노던 트러스트 코퍼레이션의 2018년 01월 25일 현재 21개 기관의 **평균적인 목표가는 109.5$**이며, 2018년 추정 주당순이익(EPS)은 6.61$로 2017년 추정 EPS 6.04$에 비해 **9.43% 증가할 것으로 예상**된다.

최근, 1개월, 3개월의 투자 의견 변화

투자의견	금융사 및 투자의견	날짜
Maintains	Credit Suisse: Neutral to Neutral	1/25/2018
Maintains	Morgan Stanley: Underweight to Underweight	1/25/2018
Maintains	Bank of America: Buy to Buy	1/25/2018
Maintains	UBS: to Buy	10/19/2017
Maintains	Buckingham: to Neutral	10/19/2017

내부자 거래

(3M 비중은 12개월 거래 중 최근 3개월의 비중)

구분	성격	3개월	12개월	3M비중
매수	매수 건수 (장내 매매만 해당)	34	47	72.34%
매도	매도 건수 (장내 매매만 해당)	70	141	49.65%
매수	매수 수량 (장내 매매만 해당)	387,327	408,804	94.75%
매도	매도 수량 (장내 매매만 해당)	358,548	1,382,859	25.93%
	순매수량 (-인 경우 순매도량)	28,779	-974,055	

ETF 노출 (편입 ETF 수 : 76개 / 시가총액 대비 ETF의 보유비중 : 9.26%)

티커	ETF	보유 지분	비중
VTI	Vanguard Total Stock Market ETF	$547,995,625	0.08%
VOO	Vanguard 500 Index Fund	$386,090,936	0.09%
SPY	SPDR S&P 500 Trust ETF	$281,668,546	0.09%
XLF	Financial Select Sector SPDR Fund	$213,154,990	0.61%
IVV	Ishares S&P 500	$143,200,805	0.09%

기간 수익률

1M : 8.82%	3M : 21.06%	6M : 21.23%	1Y : 27.74%	3Y : 70.93%

재무 지표

	2014	2015	2016	2017(E)
매출액 (백만$)	4,558	4,862	5,153	5,382
영업이익 (백만$)	1,194	1,465	1,567	1,681
순이익 (백만$)	799	958	1,014	1,094
자산총계 (백만$)	109,947	116,750	123,927	131,127
자본총계 (백만$)	8,449	8,706	9,770	
부채총계 (백만$)	101,498	108,044	114,157	

안정성 비율	2013	2014	2015	2016
유동비율 (%)	8.36	7.82	4.69	3.14
부채비율 (%)	1,201.15	1,201.31	1,241.04	1,168.39
이자보상배율 (배)				

투자 지표

	2014	2015	2016	2017(E)
영업이익률 (%)	26.20	30.13	30.41	31.23
매출액 증가율 (%)	13.87	6.68	5.99	4.44
EPS ($)	3.35	4.03	4.35	4.73
EPS 증가율 (%)	11.15	20.46	7.94	8.71
주당자산가치($)	34.54	36.27	38.88	41.45
잉여현금흐름 (백만$)	854	1,736	1,399	1,247

	2013	2014	2015	2016
배당성향(%)	41.14	39.16	35.34	34.26
배당수익률(%)	1.99	1.93	1.96	1.66
ROE (%)	9.32	9.76	11.17	10.97
ROA (%)	0.72	0.75	0.85	0.84
재고회전율				
EBITDA (백만$)				

매출비중

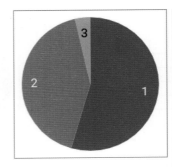

제품명	비중
1. 기업 및 기관 서비스	
	54.63%
2. 자산 관리	
	41.83%
3. 재무 및 기타	
	3.54%

STT
스테이트 스트리트 코퍼레이션
State Street Corpration

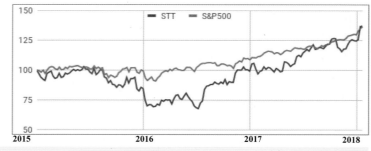

섹터 금융 (Financials)
세부섹터 자산관리, 유가증권 보관 (Asset Management & Custody Banks)

스테이트 스트리트 코퍼레이션(State Street Corporation)은 투자 서비스 및 투자 관리를 영위하는 금융 지주 회사이다. 회사는 1792년에 설립되었고 본사는 매사추세츠주 보스턴에 있으며 33,783명의 직원이 근무하고 있다. 회사는 자회사인 스테이트 스트릿 은행(State Street Bank) 및 트러스트 컴퍼니(Trust Company)를 통해 뮤추얼 펀드, 기업/공공 퇴직플랜, 보험회사, 재단 등 전 세계 기관 투자가에게 다양한 금융 상품 및 서비스를 제공하고 있다. 회사가 제공하는 주요 서비스로는 현금 및 자사 관리, 부동산 자산에 대한 평가 및 관리, 외환(FX) 서비스, 자문 서비스, 대출 및 리스 파이낸싱 및 자산에 대한 일간 단위의 가격 평가 등이 있다. 헤지 펀드, 사모 펀드 및 부동산 펀드 서비스를 제공하는 전 세계의 대체 자산 서비스 제공 업체이기도 하다. 해외에서는 독일, 이탈리아, 프랑스 및 룩셈부르크에서 연금 플랜 및 기관 고객을 대상으로 한 각종 서비스 및 소매 서비스를 제공하고 있다. 2016년 12월 현재, 약 1조 3천억 달러의 자산을 관리하고 있다.

기준일 : 2018/ 01 /25
한글 회사명 : 스테이트 스트리트 코퍼레이션
영문 회사명 : State Street Corpration
상장일 : 1972년 01월 21일 | 결산월 : 12월
시가총액 : 409 (억$) | 52주 최고 : $114.27 (-1.05%) / 52주 최저 : $74.45 (+51.86%)

주요 주주정보

보유자/ 보유 기관	보유율
T. Rowe Price Associates, Inc.	8.55%
Massachusetts Financial Services Co.	7.51%
The Vanguard Group, Inc.	6.55%

애널리스트 추천 및 최근 투자의견

스테이트 스트리트 코퍼레이션의 2018년 01월 25일 현재 22개 기관의 **평균적인 목표 가는 116.66$**이며, 2018년 추정 주당순이익(EPS)은 8.28$로 2017년 추정 EPS 7.49$에 비해 **10.54% 증가**할 것으로 예상된다.

최근, 1개월, 3개월의 투자 의견 변화

투자의견	금융사 및 투자의견	날짜
Maintains	Morgan Stanley: Equal-Weight to Equal-Weight	1/25/2018
Maintains	Buckingham: Buy to Buy	1/24/2018
Maintains	Bank of America: Neutral to Neutral	1/24/2018
Upgrade	Citigroup: Neutral to Buy	10/1/2018
Upgrade	Keefe Bruyette & Woods: to Outperform	12/13/2017

재무 지표

	2014	2015	2016	2017(E)
매출액 (백만$)	10,056	10,064	9,980	11,614
영업이익 (백만$)	2,796	2,746	2,382	3,522
순이익 (백만$)	2,034	1,978	2,141	2,261
자산총계 (백만$)	274,119	245,192	242,698	233,602
자본총계 (백만$)	21,473	21,135	21,219	
부채총계 (백만$)	252,646	224,057	221,479	

안정성 비율	2013	2014	2015	2016
유동비율 (%)				
부채비율 (%)	1,093.89	1,176.58	1,060.12	1,043.78
이자보상배율 (배)				

투자 지표

	2014	2015	2016	2017(E)
영업이익률 (%)	27.80	27.29	23.87	30.32
매출액 증가율 (%)	3.22	0.08	-0.84	16.38
EPS ($)	4.65	4.53	5.03	6.23
EPS 증가율 (%)	-1.27	-2.58	11.04	23.77
주당자산가치($)	46.99	46.04	47.19	53.16
잉여현금흐름 (백만$)	-907	-2,181	1,852	6,296

	2013	2014	2015	2016
배당성향(%)	22.51	25.38	29.53	28.97
배당수익률(%)	1.42	1.48	1.99	1.85
ROE (%)	10.32	9.72	9.29	10.12
ROA (%)	0.91	0.79	0.76	0.88
재고회전율				
EBITDA (백만$)	3,341	3,136	3,099	3,049

내부자 거래

(3M 비중은 12개월 거래 중 최근 3개월의 비중)

구분		성격	3개월	12개월	3M비중
매수	매수 건수 (장내 매매만 해당)		17	26	65.38%
매도	매도 건수 (장내 매매만 해당)		28	78	35.90%
매수	매수 수량 (장내 매매만 해당)		310,695	327,615	94.84%
매도	매도 수량 (장내 매매만 해당)		210,468	601,122	35.01%
	순매수량 (-인 경우 순매도량)		100,227	-273,507	

ETF 노출
(편입 ETF 수 : 87개 / 시가총액 대비 ETF의 보유비중 : 9.34%)

티커	ETF	보유 지분	비중
VTI	Vanguard Total Stock Market ETF	$931,868,814	0.14%
VOO	Vanguard 500 Index Fund	$695,555,519	0.17%
SPY	SPDR S&P 500 Trust ETF	$511,611,955	0.17%
XLF	Financial Select Sector SPDR Fund	$383,937,809	1.11%
PFF	iShares S&P US Pref Stock Idx Fnd (ETF)	$354,613,741	2.03%

매출비중

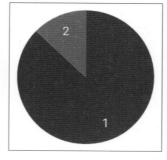

제품명	비중
1. 투자 보수	
	87%
2. 투자 관리	
	13%

기간 수익률

1M : 9.21%	3M : 14.43%	6M : 18.26%	1Y : 36.19%	3Y : 46.09%

TROW
티 로위 프라이스 그룹
T. Rowe Price Group, Inc.

섹터 금융 (Financials)
세부섹터 자산관리, 유가증권 보관 (Asset Management & Custody Banks)

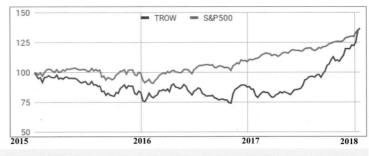

티 로위 프라이스 그룹(T. Rowe Price Group, Inc.)은 자회사를 통해 전 세계 투자자에게 글로벌 투자 관리 서비스를 제공하는 금융 서비스 지주회사이다. 회사는 1937년에 설립되었고 본사는 메릴랜드 주 볼티모어에 있으며 6,329명의 직원이 근무하고 있다. 개인, 기관, 금융 중개인 및 퇴직 계획 스폰서에게 미국 뮤추얼 펀드, 자문 서비스 등을 제공한다. 이 회사는 북미, 유럽 중동 및 아프리카(EMEA) 및 아시아 태평양(APAC)의 3개 지역 45개 국가에서 금융 중개 기관 및 개인에게 주로 서비스를 제공하고 있다. 주된 서비스는 섹터, 스타일 및 글로벌 주식, 이자/배당 수익 및 자산 배분과 관련된 다양한 투자 서비스 등이 있으며, 벤처 캐피털 투자 펀드의 지분 매각과 관련된 전문 자문 서비스를 제공한다. 주된 자회사로는 티 로위 프라이스 매니지먼트(T. Rowe Price (Luxembourg) Management Sarl) 및 티 로위 프라이스 인터내셔널(T. Rowe Price International) 등이 있으며 가격 산정 및 자문 관련 행정 서비스를 제공하고 있다.

기준일 : 2018/ 01 /25

한글 회사명 : 티 로위 프라이스 그룹
영문 회사명 : T. Rowe Price Group, Inc.
상장일 : 1986년 04월 02일 | 결산월 : 12월
시가총액 : 284 (억$) |
52주 최고 : $119.12 (-0.78%) / 52주 최저 : $65.33 (+80.91%)

주요 주주정보

보유자/ 보유 기관	보유율
The Vanguard Group, Inc.	7.06%
SSgA Funds Management, Inc.	5.61%
BlackRock Fund Advisors	5.01%

애널리스트 추천 및 최근 투자의견

티 로위 프라이스 그룹의 2018년 01월 25일 현재 18개 기관의 **평균적인 목표가는 115.86$**이며, 2018년 추정 주당순이익(EPS)은 7.06$로 2017년 추정 EPS 6.09$에 비해 **15.92% 증가할 것으로 예상**된다.

최근,1개월,3개월의 투자 의견 변화

투자의견	금융사 및 투자의견	날짜
Upgrade	UBS: Sell to Neutral	9/1/2018
Upgrade	Bank of America: Neutral to Buy	8/1/2018
Maintains	Citigroup: to Neutral	10/30/2017
Maintains	Citigroup: to Neutral	10/27/2017
Maintains	Barclays: to Underweight	10/27/2017

내부자 거래

(3M 비중은 12개월 거래 중 최근 3개월의 비중)

구분	성격	3개월	12개월	3M비중
매수	매수 건수 (장내 매매만 해당)	12	76	15.79%
매도	매도 건수 (장내 매매만 해당)	9	57	15.79%
매수	매수 수량 (장내 매매만 해당)	596	85,871	0.69%
매도	매도 수량 (장내 매매만 해당)	213,328	1,069,579	19.95%
	순매수량 (-인 경우 순매도량)	-212,732	-983,708	

ETF 노출
(편입 ETF 수 : 94개 / 시가총액 대비 ETF의 보유비중 : 11.46%)

티커	ETF	보유 지분	비중
VTI	Vanguard Total Stock Market ETF	$651,612,453	0.09%
VOO	Vanguard 500 Index Fund	$486,514,872	0.12%
SPY	SPDR S&P 500 Trust ETF	$355,719,337	0.12%
XLF	Financial Select Sector SPDR Fund	$268,450,494	0.77%
SDY	SPDR S&P Dividend (ETF)	$204,927,295	1.22%

기간 수익률

1M : 14.4%	3M : 38.51%	6M : 45.18%	1Y : 59.22%	3Y : 43.98%

재무 지표

	2014	2015	2016	2017(E)
매출액 (백만$)	4,031	4,255	4,297	4,779
영업이익 (백만$)	1,940	1,953	1,873	2,121
순이익 (백만$)	1,215	1,207	1,190	1,488
자산총계 (백만$)	5,811	5,243	6,368	6,928
자본총계 (백만$)	5,395	4,762	5,696	
부채총계 (백만$)	415	481	673	

안정성 비율	2013	2014	2015	2016
유동비율 (%)	8.36	7.82	4.69	3.14
부채비율 (%)	8.41	7.70	10.11	11.81
이자보상배율 (배)				

투자 지표

	2014	2015	2016	2017(E)
영업이익률 (%)	48.13	45.90	43.59	44.38
매출액 증가율 (%)	15.16	5.55	0.98	11.23
EPS ($)	4.68	4.74	4.85	6.09
EPS 증가율 (%)	16.42	1.28	2.32	25.53
주당자산가치($)	20.66	19.01	20.46	23.13
잉여현금흐름 (백만$)	1,255	1,370	1,320	1,514

	2013	2014	2015	2016
배당성향(%)	38.97	38.68	44.92	45.47
배당수익률(%)	1.81	2.05	2.91	2.87
ROE (%)	23.97	23.80	23.76	24.35
ROA (%)	21.72	22.03	21.84	21.16
재고회전율				
EBITDA (백만$)	1,743.40	2,051.90	2,079.70	2,006.80

매출비중

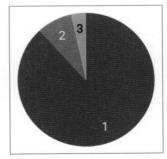

제품명	비중
1. 투자 자문 사업	
	88.3%
2. 관리 비용	
	8.35%
3. 유통 및 서비스 요금	
	3.36%

AXP
아메리칸 익스프레스 컴퍼니
American Express Company

섹터 금융 (Financials)
세부섹터 소비자 금융 (Consumer Finance)

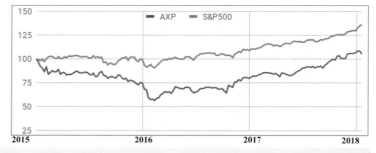

아메리칸 익스프레스 컴퍼니(American Express Company)는 자회사를 통해 신용카드 서비스 및 전 세계 소비자/기업에 제공되는 여행 관련 서비스를 제공하는 금융회사이다. 회사는 1850년에 설립되었고 본사는 뉴욕주 뉴욕에 있으며 56,400명의 직원이 근무하고 있다. 주로 결제, 포스(POS) 마케팅, 판매자를 위한 보안, 판매 서비스 등을 제공하며, 주요 부문으로는 미국 소비자 서비스(USCS), 국제 소비자 및 네트워크 서비스(ICNS), 글로벌 상업 서비스(GCS) 및 글로벌 판매자 서비스(GMS)가 포함된다. 대표적인 브랜드로는 아메리칸 익스프레스(American Express) 카드가 있다. USCS, ICNS, GCS 부문은 미국 내외에서 개인/기업/판매자에 대해 각각 서비스를 진행하며, GMS 부문은 결제 네트워크를 제공하고 있다. 주요 경쟁자로는 Visa, MasterCard, Discover, JCB 및 China UnionPay, PayPal 등이 있다.

기준일 : 2018/ 01 /25
한글 회사명 : 아메리칸 익스프레스컴퍼니
영문 회사명 : American Express Company
상장일 : 1972년 01월 21일 | 결산월 : 12월
시가총액 : 865 (억$) | 52주 최고 : $102.39 (-3.02%) / 52주 최저 : $75.51 (+31.49%)

주요 주주정보

보유자/ 보유 기관	보유율
Berkshire Hathaway, Inc.	17.47%
The Vanguard Group, Inc.	5.62%
SSgA Funds Management, Inc.	4.51%

애널리스트 추천 및 최근 투자의견

아메리칸 익스프레스 컴퍼니의 2018년 01월 25일 현재 31개 기관의 **평균적인 목표가**는 108.81$이며, 2018년 추정 주당순이익(EPS)은 7.9$로 2017년 추정 EPS 7.09$에 비해 **11.42% 증가**할 것으로 예상된다.

최근, 1개월, 3개월의 투자 의견 변화

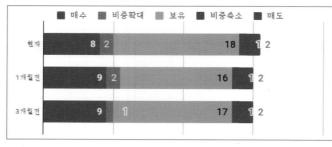

투자의견	금융사 및 투자의견	날짜
Downgrade	JP Morgan: Overweight to Neutral	12/1/2018
Initiated	Deutsche Bank: to Buy	3/1/2018
Maintains	Credit Suisse: to Underperform	10/19/2017
Maintains	Morgan Stanley: to Equal-Weight	10/19/2017
Maintains	Bank of America: to Buy	10/19/2017

내부자 거래

(3M 비중은 12개월 거래 중 최근 3개월의 비중)

구분	성격	3개월	12개월	3M비중
매수	매수 건수 (장내 매매만 해당)	15	16	93.75%
매도	매도 건수 (장내 매매만 해당)	17	44	38.64%
매수	매수 수량 (장내 매매만 해당)	294,636	323,045	91.21%
매도	매도 수량 (장내 매매만 해당)	177,049	1,745,032	10.15%
	순매수량 (-인 경우 순매도량)	117,587	-1,421,987	

ETF 노출

(편입 ETF 수 : 99개 / 시가총액 대비 ETF의 보유비중 : 8.35%)

티커	ETF	보유 지분	비중
VTI	Vanguard Total Stock Market ETF	$1,673,495,748	0.24%
VOO	Vanguard 500 Index Fund	$1,227,944,144	0.30%
SPY	SPDR S&P 500 Trust ETF	$898,466,593	0.30%
XLF	Financial Select Sector SPDR Fund	$677,894,240	1.96%
DIA	Dia	$656,708,608	2.58%

기간 수익률

1M : -0.49%	3M : 12.69%	6M : 14.53%	1Y : 28.64%	3Y : 13.93%

재무 지표

	2014	2015	2016	2017(E)
매출액 (백만$)	36,292	34,725	35,270	33,322
영업이익 (백만$)	9,132	8,705	8,695	10,216
순이익 (백만$)	5,839	5,125	5,365	5,206
자산총계 (백만$)	159,103	161,184	158,893	172,095
자본총계 (백만$)	20,673	20,673	20,501	
부채총계 (백만$)	138,430	140,511	138,392	

안정성 비율	2013	2014	2015	2016
유동비율 (%)				
부채비율 (%)	699.61	669.62	679.68	675.05
이자보상배율 (배)				

투자 지표

	2014	2015	2016	2017(E)
영업이익률 (%)	25.16	25.07	24.65	30.66
매출액 증가율 (%)	2.87	-4.32	1.57	-5.52
EPS ($)	5.59	5.07	5.66	5.85
EPS 증가율 (%)	13.80	-9.26	11.73	3.32
주당자산가치($)	20.21	21.33	22.68	22.43
잉여현금흐름 (백만$)	9,792	9,589	6,847	12,478

	2013	2014	2015	2016
배당성향(%)	18.24	18.17	22.38	21.59
배당수익률(%)	0.98	1.09	1.62	1.65
ROE (%)	27.68	29.07	24.79	26.06
ROA (%)	3.41	3.71	3.20	3.35
재고회전율				
EBITDA (백만$)	12,876	13,805	13,168	13,146

매출비중

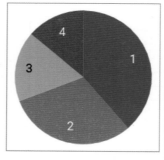

제품명	비중
1. 미국 카드 서비스	38.67%
2. 글로벌 상업 서비스	30.56%
3. 국제 카드 서비스	17.09%
4. 글로벌 네트워크 및 가맹점 서비스	13.93%
5. 기업 및 기타	-0.24%

COF
캐피탈 원 파이낸셜 코퍼레이션
Capital One Financial Corporation

섹터 금융 (Financials)
세부섹터 소비자 금융 (Consumer Finance)

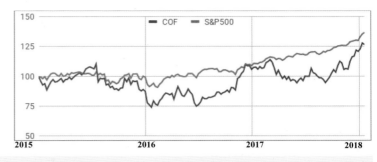

캐피탈 원 파이낸셜 코퍼레이션(Capital One Financial Corporation)은 자회사와 함께 지사, 인터넷 및 기타 유통 채널을 통해 소비자, 중소기업 및 상업 고객에게 다양한 금융 상품 및 서비스를 제공하는 금융 서비스 지주회사이다. 회사는 1994년에 설립되었고 본사는 버지니아주 맥린에 있으며 47,300명의 직원이 근무하고 있다. 사업 부문은 신용카드, 소비자 금융, 상업 은행 및 기타 부문으로 나뉘어 있다. 신용카드 부문에서는 신용카드 서비스 및 카드 대출 서비스를 제공하고 있으며, 소비자 금융 부문은 소비자 및 중소기업을 위한 대출, 채권 추심, 자동차 대출 및 소비자 주택 담보 대출 등을 제공하고 있다. 회사의 대출 포트폴리오에는 신용카드, 소비자, 은행 대출 부문이 포함되어 있으며, 2016년 12월 현재 총대출 규모는 10억 달러이다. 투자 및 예금을 통해 서비스 재원을 마련하고 있으며, 투자는 약 664억 규모의 채권을 통해, 예금은 2천368억 달러 규모의 당좌예금, MMF 등을 통해 이루어지고 있다.

기준일 : 2018/ 01 /25
한글 회사명 : 캐피탈 원 파이낸셜 코퍼레이션
영문 회사명 : Capital One Financial Corporation
상장일 : 1994년 11월 16일 | 결산월 : 12월
시가총액 : 505 (억$) |
52주 최고 : $106.5 (-0.42%) / 52주 최저 : $76.05 (+39.44%)

주요 주주정보

보유자/ 보유 기관	보유율
Dodge & Cox	9.06%
Capital Research & Management (World)	7.92%
The Vanguard Group, Inc.	6.52%

애널리스트 추천 및 최근 투자의견

캐피탈 원 파이낸셜 코퍼레이션의 2018년 01월 25일 현재 27개 기관의 **평균적인 목표가는 114.87S**이며, 2018 추정 주당순이익(EPS)은 10.64$로 2017년 추정 EPS 9.72$에 비해 **9.46% 증가할 것으로 예상**된다.

최근, 1개월, 3개월의 투자 의견 변화

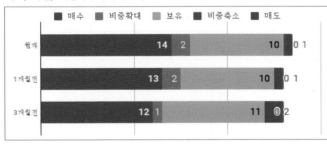

투자의견	금융사 및 투자의견	날짜
Maintains	Morgan Stanley: Equal-Weight to Equal-Weight	1/25/2018
Maintains	Credit Suisse: Neutral to Neutral	1/24/2018
Maintains	Buckingham: Buy to Buy	1/24/2018
Initiated	Deutsche Bank: to Hold	3/1/2018
Upgrade	Compass Point: Neutral to Buy	12/22/2017

내부자 거래

(3M 비중은 12개월 거래 중 최근 3개월의 비중)

구분	성격	3개월	12개월	3M비중
매수	매수 건수 (장내 매매만 해당)	28	37	75.68%
매도	매도 건수 (장내 매매만 해당)	41	63	65.08%
매수	매수 수량 (장내 매매만 해당)	436,294	454,843	95.92%
매도	매도 수량 (장내 매매만 해당)	1,288,650	2,016,528	63.90%
	순매수량 (-인 경우 순매도량)	-852,356	-1,561,685	

ETF 노출
(편입 ETF 수 : 91개 / 시가총액 대비 ETF의 보유비중 : 9.68%)

티커	ETF	보유 지분	비중
VTI	Vanguard Total Stock Market ETF	$1,222,482,503	0.18%
VOO	Vanguard 500 Index Fund	$866,311,500	0.21%
SPY	SPDR S&P 500 Trust ETF	$633,624,235	0.21%
XLF	Financial Select Sector SPDR Fund	$478,176,808	1.38%
PFF	iShares S&P US Pref Stock Idx Fnd (ETF)	$396,198,868	2.26%

기간 수익률

1M : 8.37%	3M : 30.4%	6M : 18.69%	1Y : 19.5%	3Y : 36.17%

재무 지표

	2014	2015	2016	2017(E)
매출액 (백만$)	23,772	24,977	27,483	27,281
영업이익 (백만$)	6,868	6,227	5,798	13,238
순이익 (백만$)	4,405	3,992	3,746	3,671
자산총계 (백만$)	308,167	334,048	357,033	368,397
자본총계 (백만$)	45,053	47,284	47,514	
부채총계 (백만$)	263,114	286,764	309,519	

안정성 비율	2013	2014	2015	2016
유동비율 (%)				
부채비율 (%)	615.06	584.01	606.47	651.43
이자보상배율 (배)				

투자 지표

	2014	2015	2016	2017(E)
영업이익률 (%)	28.89	24.93	21.10	48.52
매출액 증가율 (%)	-1.59	5.07	10.03	-0.73
EPS ($)	7.71	7.15	6.96	7.37
EPS 증가율 (%)	9.36	-7.26	-2.66	5.88
주당자산가치($)	81.41	89.68	98.94	100.40
잉여현금흐름 (백만$)	9,056	9,732	11,332	13,164

	2013	2014	2015	2016
배당성향(%)	13.65	15.81	21.22	23.22
배당수익률(%)	1.24	1.45	2.08	1.83
ROE (%)	10.64	10.15	8.65	7.90
ROA (%)	1.43	1.45	1.24	1.08
재고회전율				
EBITDA (백만$)	3,341	3,136	3,099	3,049

매출비중

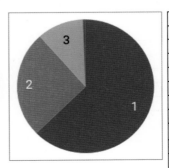

제품명	비중
1. 신용 카드	62.8%
2. 소비자 금융	25.73%
3. 상업 은행	10.96%
4. 기타	0.51%

DFS
디스커버 파이낸셜 서비스
Discover Financial Services

섹터 금융 (Financials)
세부섹터 소비자 금융 (Consumer Finance)

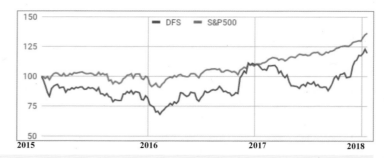

디스커버 파이낸셜 서비스(Discover Financial Services)는 자회사를 통해 직접 금융 상품 및 서비스, 각종 대출 서비스를 제공하는 금융 지주회사이다. 회사는 1986년에 설립되었고 본사는 일리노이주 리버우드에 있으며 15,549명의 직원이 근무하고 있다. 사업 부문은 다이렉트 뱅킹, 지급 서비스 등으로 이뤄져 있으며 다이렉트 뱅킹 부문에서는 소비자 뱅킹 및 대출 상품, 특히 Discover Network 및 기타 소비자 금융 상품 및 서비스에 대한 개인 및 소규모 기업에 발행된 Discover 신용카드가 포함된다. 예금 상품에는 일반 예금, MMF, 온라인 저축 및 개인 퇴직 계좌(IRA) 등이 있다. 지급 서비스 부문에서는 펄스(PULSE) 네트워크를 통해 직불 카드를 발급하는 금융 기관이 미국 내외의 ATM(현금 자동 지급기) 및 POS(Point-Of-Sale) 단말기에 접근할 수 있다. 2016년 12월 현재, 90개 이상의 금융 기관을 통해 185개 국가 및 지역에서 서비스를 제공하고 있다.

기준일 : 2018/ 01 /25
한글 회사명 : 디스커버 파이낸셜 서비스
영문 회사명 : Discover Financial Services
상장일 : 2007년 06월 14일 | 결산월 : 12월
시가총액 : 292 (억$) |
52주 최고 : $81.23 (-2.1%) / 52주 최저 : $57.5 (+38.29%)

주요 주주정보

보유자/ 보유 기관	보유율
The Vanguard Group, Inc.	6.81%
BlackRock Fund Advisors	4.84%
SSgA Funds Management, Inc.	4.67%

애널리스트 추천 및 최근 투자의견

디스커버 파이낸셜 서비스'의 2018년 01월 25일 현재 28개 기관의 **평균적인 목표가는 89.04$**이며, 2018년 추정 주당순이익(EPS)은 8.52$로 2017년 추정 EPS 7.67$에 비해 **11.08% 증가할 것으로 예상**된다.

최근, 1개월, 3개월의 투자 의견 변화

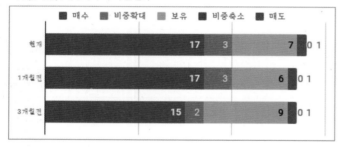

투자의견	금융사 및 투자의견	날짜
Maintains	BMO Capital: Market Perform	1/25/2018
Maintains	Wells Fargo: Market Perform to Market Perform	1/25/2018
Maintains	Credit Suisse: Outperform to Outperform	1/25/2018
Downgrade	Evercore ISI Group: Outperform to In-Line	1/25/2018
Maintains	Morgan Stanley: Overweight to Overweight	1/25/2018

내부자 거래

(3M 비중은 12개월 거래 중 최근 3개월의 비중)

구분	성격	3개월	12개월	3M비중
매수	매수 건수 (장내 매매만 해당)	24	36	66.67%
매도	매도 건수 (장내 매매만 해당)	34	88	38.64%
매수	매수 수량 (장내 매매만 해당)	369,879	398,737	92.76%
매도	매도 수량 (장내 매매만 해당)	491,275	1,228,912	39.98%
	순매수량 (-인 경우 순매도량)	-121,396	-830,175	

ETF 노출
(편입 ETF 수 : 85개 / 시가총액 대비 ETF의 보유비중 : 9.62%)

티커	ETF	보유 지분	비중
VTI	Vanguard Total Stock Market ETF	$703,831,314	0.10%
VOO	Vanguard 500 Index Fund	$497,625,128	0.12%
SPY	SPDR S&P 500 Trust ETF	$364,055,068	0.12%
XLF	Financial Select Sector SPDR Fund	$274,689,638	0.79%
IVV	Ishares S&P 500	$183,623,823	0.12%

기간 수익률

1M : 5%	3M : 31.78%	6M : 25.25%	1Y : 11.56%	3Y : 30.16%

재무 지표

	2014	2015	2016	2017(E)
매출액 (백만$)	9,526	9,927	10,496	9,882
영업이익 (백만$)	3,855	3,742	3,763	6,179
순이익 (백만$)	2,307	2,283	2,376	2,238
자산총계 (백만$)	83,427	87,199	92,831	100,236
자본총계 (백만$)	11,134	11,275	11,323	
부채총계 (백만$)	72,293	75,924	81,508	

안정성 비율	2013	2014	2015	2016
유동비율 (%)				
부채비율 (%)	636.53	649.30	673.38	719.85
이자보상배율 (배)				

투자 지표

	2014	2015	2016	2017(E)
영업이익률 (%)	40.47	37.70	35.85	62.53
매출액 증가율 (%)	2.22	4.21	5.73	-5.85
EPS ($)	4.91	5.14	5.78	5.83
EPS 증가율 (%)	-1.35	4.68	12.36	0.91
주당자산가치($)	23.54	25.41	27.69	30.07
잉여현금흐름 (백만$)	3,570	3,491	4,246	4,990

	2013	2014	2015	2016
배당성향(%)	14.92	18.78	21.05	20.14
배당수익률(%)	1.32	1.40	2.01	1.61
ROE (%)	45.35	21.03	20.38	21.03
ROA (%)		2.83	2.68	2.64
재고회전율				
EBITDA (백만$)	3,341	3,136	3,099	3,049

매출비중

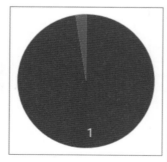

제품명	비중
1. 은행 서비스	
	97.43%
2. 결제 서비스	
	2.57%

HRB
에이치 앤 알 블록
H&R Block, Inc.

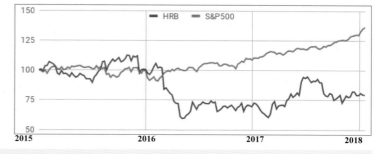

섹터 금융 (Financials)
세부섹터 소비자 금융 (Consumer Finance)

에이치 앤 알 블록(H&R Block, Inc.)은 소득세 환급, 세금 솔루션 및 기타 소득세 환급 등 세금과 관련된 서비스를 제공하는 회사이다. 회사는 1955년에 설립되었고 본사는 미주리주 캔자스시티에 있으며 88,000명의 직원이 근무하고 있다. 미국, 캐나다, 오스트레일리아에서 일반인을 대상으로 서비스를 제공하고 있으며, 세무 전문가가 회사 또는 가맹업자가 직접 운영하는 소매점 시스템을 통해 제공된다. 또한, 고객에게 세금 지원, 비즈니스 회계 및 자문 서비스를 제공하고 있으며, 주로 세금과 관련된 내용을 제공하고 있다. 단순히 자문 수준을 넘어서서 개인/기업 고객이 자금 출납을 관리하고 세금을 계산/지급하는 서비스까지 제공하고 있다. 주요 경쟁회사로는 인튜잇(Intuit, Inc.)이 있다.

기준일 : 2018/ 01 /25

한글 회사명 : 에이치 앤 알 블록
영문 회사명 : H&R Block, Inc.
상장일 : 1972년 01월 21일 | 결산월 : 4월
시가총액 : 56 (억$) |
52주 최고 : $31.8 (-14.77%) / 52주 최저 : $19.85 (+36.52%)

주요 주주정보

보유자/ 보유 기관	보유율
The Vanguard Group, Inc.	11.97%
BlackRock Fund Advisors	7.37%
The Caisse de depot (Quebec)	6.18%

애널리스트 추천 및 최근 투자의견

에이치 앤 알 블록의 2018년 01월 25일 현재 11개 기관의 **평균적인 목표가는 29.71$**이며, 2018년 추정 주당순이익(EPS)은 2.19$로 2017년 추정 EPS 2.35$에 비해 **-6.8% 감소할 것으로 예상**된다.

최근, 1개월, 3개월의 투자 의견 변화

투자의견	금융사 및 투자의견	날짜
Maintains	Credit Suisse: to Neutral	8/30/2017
Downgrade	BTIG Research: to Sell	11/28/2016
Downgrade	Morgan Stanley: to Equal-Weight	11/16/2016
Maintains	BMO Capital: to Market Perform	8/31/2016
Initiated	Macquarie: to Outperform	8/25/2016

내부자 거래

(3M 비중은 12개월 거래 중 최근 3개월의 비중)

구분	성격	3개월	12개월	3M비중
매수	매수 건수 (장내 매매만 해당)	0	23	0.00%
매도	매도 건수 (장내 매매만 해당)	0	22	0.00%
매수	매수 수량 (장내 매매만 해당)	0	351,150	0.00%
매도	매도 수량 (장내 매매만 해당)	0	1,551,265	0.00%
	순매수량 (-인 경우 순매도량)	0	-1,200,115	

ETF 노출
(편입 ETF 수 : 85개 / 시가총액 대비 ETF의 보유비중 : 12.55%)

티커	ETF	보유 지분	비중
VTI	Vanguard Total Stock Market ETF	$134,068,382	0.02%
VOO	Vanguard 500 Index Fund	$95,163,705	0.02%
DVY	iShares Select Dividend ETF	$83,408,686	0.46%
SPY	SPDR S&P 500 Trust ETF	$68,692,085	0.02%
VO	Vanguard Mid Cap Index Fund	$68,426,870	0.07%

기간 수익률

1M : -3.38%	3M : 1.54%	6M : -11.81%	1Y : 13.56%	3Y : -20.04%

재무 지표

	2014	2015	2016	2017(E)
매출액 (백만$)	3,079	3,038	3,036	3,066
영업이익 (백만$)	795	633	716	715
순이익 (백만$)	486	383	420	488
자산총계 (백만$)	4,515	2,847	2,694	2,969
자본총계 (백만$)	1,833	23	-61	
부채총계 (백만$)	2,682	2,824	2,755	

안정성 비율	2013	2014	2015	2016
유동비율 (%)	134.62	157.13	117.41	143.31
부채비율 (%)	201.53	146.35	12,224.05	-4,525.06
이자보상배율 (배)	14.90	17.56	9.18	7.70

투자 지표

	2014	2015	2016	2017(E)
영업이익률 (%)	25.82	20.84	23.58	23.31
매출액 증가율 (%)	1.80	-1.32	-0.06	0.99
EPS ($)	1.72	1.50	1.92	2.35
EPS 증가율 (%)	-0.58	-12.79	28.00	22.28
주당자산가치($)	6.66	0.10	-0.29	1.05
잉여현금흐름 (백만$)	480	445	463	599

	2013	2014	2015	2016
배당성향(%)	46.51	46.78	53.69	46.07
배당수익률(%)	2.81	2.65	3.95	3.55
ROE (%)	35.42	28.68	41.25	
ROA (%)	10.82	10.55	10.40	15.16
재고회전율				
EBITDA (백만$)	939.3	954.47	806.79	898.15

매출비중

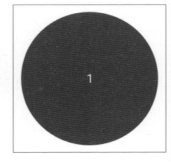

제품명	비중
1. 세금 서비스	
	100%

NAVI
나비언트 코퍼레이션
Navient Corporation

섹터 금융 (Financials)
세부섹터 소비자 금융 (Consumer Finance)

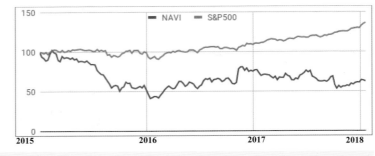

나비언트 코퍼레이션(Navient Corporation)은 교육, 의료 기관 및 정부 기관을 대상으로 자산 관리 및 FFELP(Federal Family Education Loan Program)에 따른 피보험자 또는 연방 정부가 보장하는 교육 대출을 진행하는 회사이다. 회사는 2013년에 설립되었고 본사는 델라웨어주 윌밍턴에 있으며 6,773명의 직원이 근무하고 있다. 회사의 주요 비즈니스 모델은 대출을 진행하고, 이를 유동화하는 것이다. 현재 FFELP 융자, 사설 교육 융자, 비즈니스 서비스 및 기타의 네 가지 부문으로 운영되며, 미국 교육부(ED), 금융 기관 및 비영리 교육 기관이 소유한 교육 대출뿐만 아니라 자체 교육 포트폴리오를 제공한다. 2016년 12월 31일 현재 FFELP 대출 877억 달러를 자산으로 보유하고 있으며, 사립교육 대출금 제공액은 233억 달러 규모이다.

기준일 : 2018/ 01 /25
한글 회사명 : 나비언트 코퍼레이션
영문 회사명 : Navient Corporation
상장일 : 2014년 04월 17일 | 결산월 : 12월
시가총액 : 39 (억$) | 52주 최고 : $16.97 (-15.26%) / 52주 최저 : $11.48 (+25.26%)

주요 주주정보

보유자/ 보유 기관	보유율
The Vanguard Group, Inc.	13.45%
Barrow, Hanley, Mewhinney & Strauss LLC	11.32%
Boston Partners Global Investors, Inc.	9.26%

애널리스트 추천 및 최근 투자의견

나비언트 코퍼레이션의 2018년 01월 25일 현재 11개 기관의 **평균적인 목표가는 16.89$**이며, 2018년 추정 주당순이익(EPS)은 1.95$로 2017년 추정 EPS 1.91$에 비해 **2.09% 증가**할 것으로 예상된다.

최근, 1개월, 3개월의 투자 의견 변화

투자의견	금융사 및 투자의견	날짜
Downgrade	JP Morgan: Neutral to Underweight	12/1/2018
Initiated	Oppenheimer: to Perform	9/1/2018
Maintains	BMO Capital: to Market Perform	10/19/2017
Initiated	Citigroup: to Buy	10/17/2017
Maintains	Credit Suisse: to Outperform	5/10/2017

내부자 거래

구분	성격	3개월	12개월	3M비중
매수	매수 건수 (장내 매매만 해당)	11	14	78.57%
매도	매도 건수 (장내 매매만 해당)	19	27	70.37%
매수	매수 수량 (장내 매매만 해당)	512,462	598,632	85.61%
매도	매도 수량 (장내 매매만 해당)	2,273,510	2,378,525	95.58%
	순매수량 (-인 경우 순매도량)	-1,761,048	-1,779,893	

(3M 비중은 12개월 거래 중 최근 3개월의 비중)

ETF 노출   (편입 ETF 수 : 63개 / 시가총액 대비 ETF의 보유비중 : 15.26%)

티커	ETF	보유 지분	비중
VTI	Vanguard Total Stock Market ETF	$92,309,332	0.01%
VB	Vanguard Small Cap Index Fund	$88,839,197	0.12%
VOO	Vanguard 500 Index Fund	$65,100,057	0.02%
VBR	Vanguard Small Cap Value Index Fund	$57,491,301	0.31%
SPY	SPDR S&P 500 Trust ETF	$47,774,415	0.02%

기간 수익률

1M : 3.03%	3M : -2.43%	6M : -9.03%	1Y : -14.78%	3Y : -32.5%

재무 지표

	2014	2015	2016	2017(E)
매출액 (백만$)	6,075	5,362	5,042	2,171
영업이익 (백만$)	1,951	1,611	1,107	1,064
순이익 (백만$)	1,149	996	681	494
자산총계 (백만$)	146,352	134,112	121,136	116,776
자본총계 (백만$)	4,198	3,999	3,723	
부채총계 (백만$)	142,154	130,113	117,413	

안정성 비율	2013	2014	2015	2016
유동비율 (%)				
부채비율 (%)	2,727.77	3,386.23	3,253.64	3,153.72
이자보상배율 (배)				

투자 지표

	2014	2015	2016	2017(E)
영업이익률 (%)	32.12	30.04	21.96	49.02
매출액 증가율 (%)	-6.38	-11.74	-5.97	-56.94
EPS ($)	2.74	2.65	2.16	1.75
EPS 증가율 (%)	-15.09	0.00	-20.00	-18.85
주당자산가치($)	10.44	11.42	12.72	13.48
잉여현금흐름 (백만$)	1,728	1,844	1,347	1,157

	2013	2014	2015	2016
배당성향(%)		16.70	24.50	30.26
배당수익률(%)		2.08	5.59	3.90
ROE (%)	24.53	23.37	24.37	17.75
ROA (%)	0.77	0.75	0.71	0.53
재고회전율				
EBITDA (백만$)	5,179	5,221	4,596	4,136

매출비중

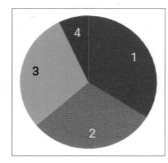

제품명	비중
1. 회사 서비스	40.17%
2. 사립 교육 대출	35.58%
3. FFELP 대출	34.63%
4. 조정	8.4%
5. 기타	-3.37%

SYF
싱크로니 파이낸셜
Synchrony Financial

섹터 금융 (Financials)
세부섹터 소비자 금융 (Consumer Finance)

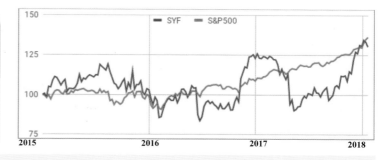

싱크로니 파이낸셜(Synchrony Financial)은 정부 기관, 지역 소매 업체, 제조업체 등을 대상으로 다양한 신용 상품을 제공하는 소비자 금융 서비스 회사이다. 회사는 2003년에 설립되었고 본사는 코네티컷주 스템포드에 있으며 15,000명의 직원이 근무하고 있다. 회사의 주요 비즈니스 모델은 소매 카드, 지급 솔루션 및 CareCredit의 세 가지 판매 플랫폼을 통해 이뤄지며, 자회사인 싱크로니 은행(Synchrony Bank)을 통해 신용 상품을 제공하고 있다. 회사의 소매카드 부문은 개인 신용 카드를 제공하며, 지급 솔루션은 개인 구매 신용 카드 및 할부 대출을 제공하는 프로모션 파이낸싱을 제공한다. 케어크레딧(Care Credit) 부문은 치과, 미용, 시각/청력 검사와 같은 건강과 관련된 제품 및 서비스에 대해 자금을 제공한다. 주요 경쟁회사로는 아메리칸 익스프레스(American Express), 씨티은행(Citibank), 웰스파고(Wells Fargo), 페이팔(PayPal) 등이 있다.

기준일 : 2018/ 01 /25
한글 회사명 : 싱크로니 파이낸셜
영문 회사명 : Synchrony Financial
상장일 : 2014년 07월 31일 | 결산월 : 12월
시가총액 : 310 (억$) |
52주 최고 : $40.19 (-0.54%) / 52주 최저 : $26.01 (+53.67%)

주요 주주정보

보유자/ 보유 기관	보유율
GIC Pte Ltd. (Investment Management)	7.1%
The Vanguard Group, Inc.	6.48%
Fidelity Management & Research Co.	4.91%

애널리스트 추천 및 최근 투자의견

싱크로니 파이낸셜의 2018년 01월 25일 현재 23개 기관의 **평균적인 목표가는 45.64$**이며, 2018년 추정 주당순이익(EPS)은 4.24$로 2017년 추정 EPS 3.4$에 비해 **24.7% 증가할 것으로 예상**된다.

최근, 1개월, 3개월의 투자 의견 변화

투자의견	금융사 및 투자의견	날짜
Upgrade	Wells Fargo: Market Perform to Outperform	9/1/2018
Upgrade	Bank of America: Neutral to Buy	12/18/2017
Maintains	Barclays: to Overweight	10/23/2017
Maintains	Wells Fargo: to Market Perform	10/23/2017
Maintains	Morgan Stanley: to Equal-Weight	10/23/2017

내부자 거래

(3M 비중은 12개월 거래 중 최근 3개월의 비중)

구분	성격	3개월	12개월	3M비중
매수	매수 건수 (장내 매매만 해당)	8	45	17.78%
매도	매도 건수 (장내 매매만 해당)	6	32	18.75%
매수	매수 수량 (장내 매매만 해당)	7,810	285,414	2.74%
매도	매도 수량 (장내 매매만 해당)	40,420	91,322	44.26%
	순매수량 (-인 경우 순매도량)	-32,610	194,092	

ETF 노출   (편입 ETF 수 : 81개 / 시가총액 대비 ETF의 보유비중 : 9.03%)

티커	ETF	보유 지분	비중
VTI	Vanguard Total Stock Market ETF	$712,668,315	0.10%
VOO	Vanguard 500 Index Fund	$499,317,419	0.12%
SPY	SPDR S&P 500 Trust ETF	$369,323,233	0.12%
XLF	Financial Select Sector SPDR Fund	$275,599,643	0.79%
IVV	Ishares S&P 500	$184,282,926	0.12%

기간 수익률

1M : 3.44%	3M : 32.56%	6M : 24.61%	1Y : 6.15%	3Y : 32.7%

재무 지표

	2014	2015	2016	2017(E)
매출액 (백만$)	12,727	10,882	12,220	12,326
영업이익 (백만$)	3,856	3,531	3,570	8,551
순이익 (백만$)	2,109	2,214	2,251	2,016
자산총계 (백만$)	75,707	83,990	90,207	97,103
자본총계 (백만$)	10,478	12,604	14,196	
부채총계 (백만$)	65,229	71,386	76,011	

안정성 비율	2013	2014	2015	2016
유동비율 (%)				
부채비율 (%)	891.36	622.53	566.38	535.44
이자보상배율 (배)				

투자 지표

	2014	2015	2016	2017(E)
영업이익률 (%)	30.30	32.45	29.21	69.37
매출액 증가율 (%)	7.85	-14.50	12.30	0.87
EPS ($)	2.78	2.66	2.71	2.56
EPS 증가율 (%)	-1.07	-4.32	1.88	-5.57
주당자산가치($)	12.57	15.12	17.37	18.46
잉여현금흐름 (백만$)	5,340	6,184	6,823	8,916

	2013	2014	2015	2016
배당성향(%)				9.59
배당수익률(%)	0.00	0.00	0.00	0.72
ROE (%)	37.55	25.66	19.18	16.80
ROA (%)	3.52	3.13	2.77	2.58
재고회전율				
EBITDA (백만$)	3,620	3,987	7,158	8,251

매출비중

제품명	비중
1. 신용 제품	
	100%

BAC
뱅크 오브 아메리카
Bank of America Corporation

섹터 금융 (Financials)
세부섹터 종합 금융 (Diversified Banks)

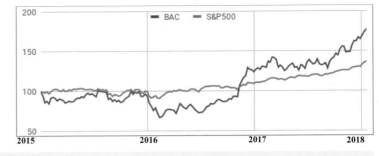

뱅크 오브 아메리카(Bank of America Corporation)는 개인 소비자, 중소기업, 기관 투자가, 기업 및 정부 기관을 대상으로 은행 서비스, 투자, 자산 관리 기타 금융, 리스크 관리 서비스를 제공하는 은행 지주회사(BHC) 및 금융 지주회사이다. 회사는 1904년에 설립되었고 본사는 노스캐롤라이나주 샬럿에 있으며 208,000명의 직원이 근무하고 있다. 은행 및 다양한 비은행 자회사를 통해 미국 및 국제 시장에서 금융 서비스 및 제품을 제공하고 있으며, 소비자 금융, 글로벌 자산 및 투자 관리(GWIM), 글로벌 뱅킹, 글로벌 마켓 및 기타를 주요 부문으로 두고 있다. 소비자 금융 부문에서는 예금 및 소비자 대출을 위주로 다양한 채널을 통해 서비스를 제공하고 있으며, 글로벌 자산 및 투자 관리 부문은 메릴린치 글로벌 웰스 매니지먼트(MLGWM)와 미국 트러스티, 뱅크 오브 아메리카 프라이빗 웰스 매니지먼트(US Trust)를 통해 투자 관리, 프라이빗 뱅크 서비스 등 자산관리 서비스를 제공하고 있다. 기타 부문을 통해 자산 및 부채 관리 활동, 지분투자 등을 진행한다.

기준일 : 2018/ 01 /25

한글 회사명 : 뱅크 오브 아메리카
영문 회사명 : Bank of America Corporation
상장일 : 1972년 01월 21일 | 결산월 : 12월
시가총액 : 3301 (억$) |

52주 최고 : $32.21 (-0.4%) / 52주 최저 : $22.07 (+45.35%)

주요 주주정보

보유자/ 보유 기관	보유율
Berkshire Hathaway, Inc.	6.71%
Berkshire Hathaway (Investment)	6.51%
The Vanguard Group, Inc.	6.2%

애널리스트 추천 및 최근 투자의견

뱅크 오브 아메리카의 2018년 01월 25일 현재 32개 기관의 **평균적인 목표가는 33.82$**이며, 2018년 추정 주당순이익(EPS)은 2.85$로 2017년 추정 EPS 2.49$에 비해 **14.45% 증가할 것으로 예상**된다.

최근, 1개월, 3개월의 투자 의견 변화

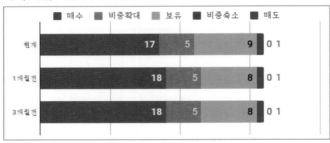

투자의견	금융사 및 투자의견	날짜
Maintains	JP Morgan: to Overweight	1/11/2017
Maintains	Nomura: to Buy	10/16/2017
Maintains	BMO Capital: to Market Perform	10/16/2017
Maintains	UBS: to Neutral	10/16/2017
Maintains	Citigroup: to Neutral	10/10/2017

내부자 거래

(3M 비중은 12개월 거래 중 최근 3개월의 비중)

구분	성격	3개월	12개월	3M비중
매수	매수 건수 (장내 매매만 해당)	0	8	0.00%
매도	매도 건수 (장내 매매만 해당)	31	44	70.45%
매수	매수 수량 (장내 매매만 해당)	0	81,929	0.00%
매도	매도 수량 (장내 매매만 해당)	2,087,337	2,378,590	87.76%
	순매수량 (-인 경우 순매도량)	-2,087,337	-2,296,661	

ETF 노출
(편입 ETF 수 : 109개 / 시가총액 대비 ETF의 보유비중 : 8.45%)

티커	ETF	보유 지분	비중
VTI	Vanguard Total Stock Market ETF	$7,669,184,895	1.12%
VOO	Vanguard 500 Index Fund	$5,322,498,660	1.28%
SPY	SPDR S&P 500 Trust ETF	$3,893,198,785	1.30%
XLF	Financial Select Sector SPDR Fund	$2,937,712,432	8.47%
IVV	Ishares S&P 500	$1,972,230,429	1.28%

기간 수익률

1M : 9.22%	3M : 30.1%	6M : 33.27%	1Y : 40.1%	3Y : 106.24%

재무 지표

	2014	2015	2016	2017(E)
매출액 (백만$)	97,753	92,562	93,145	88,689
영업이익 (백만$)	22,141	23,064	26,247	33,185
순이익 (백만$)	4,833	15,836	17,906	19,348
자산총계 (백만$)	2,114,110	2,152,346	2,196,847	2,272,068
자본총계 (백만$)	243,471	256,176	266,840	
부채총계 (백만$)	1,870,639	1,896,170	1,930,007	

안정성 비율	2013	2014	2015	2016
유동비율 (%)				
부채비율 (%)	808.42	768.32	740.18	723.28
이자보상배율 (배)				

투자 지표

	2014	2015	2016	2017(E)
영업이익률 (%)	22.65	24.92	28.18	37.42
매출액 증가율 (%)	-0.02	-5.31	0.63	-4.78
EPS ($)	0.36	1.37	1.58	1.81
EPS 증가율 (%)	-61.70	280.56	15.33	14.44
주당자산가치($)	21.32	22.53	24.04	24.10
잉여현금흐름 (백만$)	27,164	30,076	20,037	10,403

	2013	2014	2015	2016
배당성향(%)	4.44	33.33	15.27	16.67
배당수익률(%)	0.26	0.67	1.19	1.13
ROE (%)	4.87	2.03	6.34	6.85
ROA (%)	0.53	0.23	0.74	0.82
재고회전율				
EBITDA (백만$)	18,855	10,485	24,576	27,262

매출비중

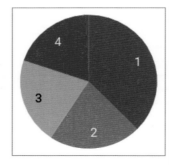

제품명	비중
1. 소비자 금융	37.91%
2. 글로벌 뱅킹	22.02%
3. 자산 및 투자 관리	21.09%
4. 글로벌 시장	19.22%
5. 기타	0.84%

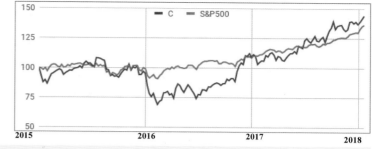

C
씨티 그룹
Citigroup Inc.

섹터 금융 (Financials)
세부섹터 종합 금융 (Diversified Banks)

씨티 그룹(Citigroup Inc.)은 전 세계 소비자, 기업, 정부 및 기관을 대상으로 다양한 금융 상품 및 서비스를 제공하는 금융 지주회사이다. 회사는 1812년에 설립되었고 본사는 뉴욕주 뉴욕에 있으며 219,000명의 직원이 근무하고 있다. 회사는 씨티 코프(Citi corp)와 씨티 홀딩스(Citi Holdings)의 두 부문으로 나누어져 있다. 시티코프(Citicorp) 부문은 소매 금융, 상업 은행, 씨티(Citi) 브랜드 카드 및 씨티(Citi) 소매 서비스를 통해 소매 고객에게 전통적인 은행 서비스를 제공한다. 지점 네트워크를 통해 은행 업무, 신용 카드 대출 및 투자 서비스를 제공하고 있다. 또한, 이 부문은 채권 및 주식 중개, 외환, 프라임 브로커리지, 파생 상품, 주식 및 채권 리서치, 기업 대출, 투자 금융 및 자문 서비스, 개인 금융, 현금 관리 등을 포함한 도매 금융 제품 및 서비스를 제공하고 있다. 씨티 홀딩스(Citi Holdings) 부문은 소비자 대출을 제공하고 있다. 씨티 그룹(Citigroup Inc.)은 2016년 12월 현재, 19개국에 2,649개의 지점을 운영하고 있다.

기준일 : 2018/ 01 /25
한글 회사명 : 씨티 그룹
영문 회사명 : Citigroup Inc.
상장일 : 1986년 10월 29일 | 결산월 : 12월
시가총액 : 2100 (억$) |
52주 최고 : $79.54 (-0.11%) / 52주 최저 : $55.23 (+43.85%)

주요 주주정보

보유자/ 보유 기관	보유율
The Vanguard Group, Inc.	6.79%
SSgA Funds Management, Inc.	4.6%
BlackRock Fund Advisors	4.41%

애널리스트 추천 및 최근 투자의견

씨티 그룹의 2018년 01월 25일 현재 30개 기관의 **평균적인 목표가는 83.41$**이며, 2018년 추정 주당순이익(EPS)은 7.36$로 2017년 추정 EPS 6.36$에 비해 **15.72% 증가할 것으로 예상**된다.

최근, 1개월, 3개월의 투자 의견 변화

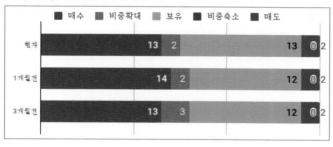

투자의견	금융사 및 투자의견	날짜
Upgrade	UBS: Sell to Neutral	9/6/2017
Upgrade	Keefe Bruyette: Mkt Perform to Outperform	5/4/2017
Downgrade	Standpoint Research: Buy to Hold	10/1/2017
Downgrade	Jefferies: Buy to Hold	11/28/2016
Downgrade	Macquarie: Outperform to Neutral	11/18/2016

내부자 거래

(3M 비중은 12개월 거래 중 최근 3개월의 비중)

구분	성격	3개월	12개월	3M비중
매수	매수 건수 (장내 매매만 해당)	48	109	44.04%
매도	매도 건수 (장내 매매만 해당)	23	26	88.46%
매수	매수 수량 (장내 매매만 해당)	527,634	542,290	97.30%
매도	매도 수량 (장내 매매만 해당)	323,254	378,784	85.34%
	순매수량 (-인 경우 순매도량)	204,380	163,506	

ETF 노출
(편입 ETF 수 : 101개 / 시가총액 대비 ETF의 보유비중 : 9.41%)

티커	ETF	보유 지분	비중
VTI	Vanguard Total Stock Market ETF	$5,072,226,607	0.74%
VOO	Vanguard 500 Index Fund	$3,595,273,863	0.87%
SPY	SPDR S&P 500 Trust ETF	$2,631,306,048	0.88%
XLF	Financial Select Sector SPDR Fund	$1,986,283,378	5.73%
IVV	Ishares S&P 500	$1,332,427,651	0.87%

기간 수익률

1M : 4.72%	3M : 13.41%	6M : 18.63%	1Y : 39.54%	3Y : 64.46%

재무 지표

	2014	2015	2016	2017(E)
매출액 (백만$)	91,992	87,860	84,030	71,320
영업이익 (백만$)	15,125	25,091	22,097	30,096
순이익 (백만$)	7,201	17,072	14,775	15,609
자산총계 (백만$)	1,845,657	1,734,553	1,795,099	1,897,990
자본총계 (백만$)	211,696	223,092	226,143	
부채총계 (백만$)	1,633,961	1,511,461	1,568,956	

안정성 비율	2013	2014	2015	2016
유동비율 (%)				
부채비율 (%)	813.66	771.84	677.51	693.79
이자보상배율 (배)				

투자 지표

	2014	2015	2016	2017(E)
영업이익률 (%)	16.44	28.56	26.30	42.20
매출액 증가율 (%)	-1.29	-4.49	-4.36	-15.13
EPS ($)	2.21	5.41	4.72	4.97
EPS 증가율 (%)	-49.28	145.16	-12.74	5.37
주당자산가치($)	66.05	69.46	74.26	74.58
잉여현금흐름 (백만$)	53,815	-10,291	53,886	-11,948

	2013	2014	2015	2016
배당성향(%)	0.92	1.82	2.96	8.90
배당수익률(%)	0.08	0.07	0.31	0.71
ROE (%)	6.68	3.47	7.90	6.61
ROA (%)	0.71	0.40	0.96	0.84
재고회전율				
EBITDA (백만$)	23,105	18,290	28,332	25,197

매출비중

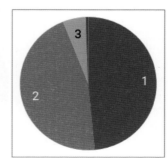

제품명	비중
1. 기관 고객 그룹	
	48.44%
2. 글로벌 소비자 금융	
	45.46%
3. 씨티 홀딩스	
	5.51%
4. 기업 / 기타	
	0.59%

CMA
코메리카 인코퍼릿
Comerica Inc.

섹터 금융 (Financials)
세부섹터 종합 금융 (Diversified Banks)

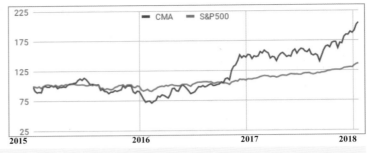

코메리카 인코퍼릿(Comerica Inc.)은 상업 대출 및 신용 제공, 예금/현금 관리, 국제 무역 금융, 신용장, 외환 관리 및 일반 대출 서비스등을 제공하는 회사이다. 회사는 1973년에 설립되었고 본사는 텍사스주 댈러스에 있으며 8,149명의 직원이 근무하고 있다. 회사는 기업은행, 소매은행, 자산관리, 재무 부문으로 나누어져 있으며, 기업 은행 부문은 신디케이트 서비스, 다국적 기업/정부 기관 등을 위한 상품 및 서비스를 제공하고 있다. 소매 은행 부문은 소비자 대출, 소비자 예금 및 주택 담보 대출 등을 제공하고 있다. 자산 관리 부문은 신탁, 퇴직 자금 관리, 투자 관리 및 자문과 관련된 제품 및 서비스, 연금 상품, 생명 보험, 장애 보험, 장기 요양 보험 상품을 제공하고 있다. 이 회사는 미국 텍사스, 캘리포니아, 미시간, 애리조나, 플로리다가 주 사업지역이다.

기준일 : 2018/ 01 /25
한글 회사명 : 코메리카 인코퍼릿
영문 회사명 : Comerica Inc.
상장일 : 1982년 07월 01일 | 결산월 : 12월
시가총액 : 164 (억$) |
52주 최고 : $95.97 (-0.2%) / 52주 최저 : $64.04 (+49.54%)

주요 주주정보

보유자/ 보유 기관	보유율
The Vanguard Group, Inc.	10.46%
SSgA Funds Management, Inc.	5.89%
BlackRock Fund Advisors	5.05%

애널리스트 추천 및 최근 투자의견

코메리카 인코퍼릿의 2018년 01월 25일 현재 29개 기관의 **평균적인 목표가는 99.39$**이며, 2018년 추정 주당순이익(EPS)은 7.14$로 2017년 추정 EPS 6.36$에 비해 **12.26% 증가할 것으로 예상**된다.

최근, 1개월, 3개월의 투자 의견 변화

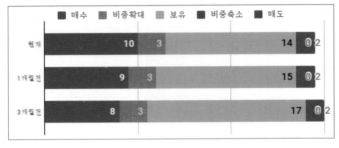

투자의견	금융사 및 투자의견	날짜
Upgrade	Instinet: Neutral to Buy	5/1/2018
Maintains	Morgan Stanley: to Equal-Weight	12/13/2017
Upgrade	Macquarie: Neutral to Outperform	11/17/2017
Maintains	Deutsche Bank: to Hold	8/11/2017
Maintains	Nomura: to Neutral	10/23/2017

내부자 거래

구분	성격 (3M 비중은 12개월 거래 중 최근 3개월의 비중)	3개월	12개월	3M비중
매수	매수 건수 (장내 매매만 해당)	30	52	57.69%
매도	매도 건수 (장내 매매만 해당)	56	67	83.58%
매수	매수 수량 (장내 매매만 해당)	162,244	184,310	88.03%
매도	매도 수량 (장내 매매만 해당)	356,573	569,191	62.65%
	순매수량 (-인 경우 순매도량)	-194,329	-384,881	

ETF 노출 (편입 ETF 수 : 89개 / 시가총액 대비 ETF의 보유비중 : 14.37%)

티커	ETF	보유 지분	비중
VO	Vanguard Mid Cap Index Fund	$404,100,277	0.41%
VTI	Vanguard Total Stock Market ETF	$397,491,695	0.06%
VOO	Vanguard 500 Index Fund	$281,954,991	0.07%
SPY	SPDR S&P 500 Trust ETF	$207,625,430	0.07%
XLF	Financial Select Sector SPDR Fund	$155,621,986	0.45%

기간 수익률

1M : 11.37%	3M : 37.48%	6M : 31.09%	1Y : 41.86%	3Y : 129.05%

재무 지표

	2014	2015	2016	2017(E)
매출액 (백만$)	2,592	2,803	2,938	3,155
영업이익 (백만$)	859	737	785	1,339
순이익 (백만$)	586	515	473	839
자산총계 (백만$)	69,464	72,104	73,221	72,343
자본총계 (백만$)	7,402	7,560	7,796	
부채총계 (백만$)	62,062	64,544	65,425	

안정성 비율	2013	2014	2015	2016
유동비율 (%)				
부채비율 (%)	815.29	838.45	853.76	839.21
이자보상배율 (배)				

투자 지표

	2014	2015	2016	2017(E)
영업이익률 (%)	33.14	26.29	26.72	42.44
매출액 증가율 (%)	1.37	8.14	4.82	7.38
EPS ($)	3.27	2.93	2.75	4.63
EPS 증가율 (%)	12.11	-10.50	-6.14	68.26
주당자산가치($)	32.44	43.03	44.47	46.52
잉여현금흐름 (백만$)	556	743	398	1,034

	2013	2014	2015	2016
배당성향(%)	23.86	24.94	29.17	33.30
배당수익률(%)	1.43	1.69	1.98	1.31
ROE (%)	7.56	8.05	6.88	6.16
ROA (%)	0.81	0.87	0.73	0.65
재고회전율				
EBITDA (백만$)	908	993	868	791

매출비중

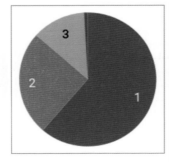

제품명	비중
1. 기업 은행	69.87%
2. 소매 은행	28.48%
3. 자산 관리	14.47%
4. 기타	0.95%
5. 공제	-13.76%

JPM
제이피모건 체이스&컴퍼니
JPMorgan Chase & Co.

섹터 금융 (Financials)
세부섹터 종합 금융 (Diversified Banks)

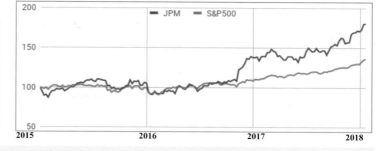

제이피모건 체이스&컴퍼니(JPMorgan Chase & Co.)는 세계적인 금융 서비스 회사로 소비자 및 지역사회 금융, 기업 및 투자 은행, 상업 은행 및 자산 및 자산 관리 부문을 통해 운영되는 회사이다. 회사는 1968년에 설립되었고 본사는 뉴욕주 뉴욕에 있으며 243,355명의 직원이 근무하고 있다. 소비자 및 지역사회 금융 부문은 예금 및 투자 제품 및 서비스를 소비자에게 제공하며, 중소기업에 대한 대출, 예금, 현금 관리 및 지급 솔루션, 주택 담보 대출 및 주택 담보 대출 부문 등이 있다. 기업 및 투자 은행 부문은 기업 전략 및 구조에 대한 자문, 주식 및 채권 시장에서의 자본 확충, 대출과 같은 서비스를 제공한다. 자산 관리, 보험 회사 및 공공/민간 기금을 위한 회계 및 관리, 대출 등의 서비스를 제공하고 있다. 상업 은행 부문은 기업, 지방 자치 단체, 금융 기관 및 비영리 단체에 대한 대출, 재무, 투자 금융 및 자산 관리를 제공한다.

기준일 : 2018/ 01 /25

한글 회사명 : 제이피모건 체이스&컴퍼니
영문 회사명 : JPMorgan Chase & Co.
상장일 : 1972년 01월 21일 | 결산월 : 12월
시가총액 : 4014 (억$) | 52주 최고 : $115.83 (-0.44%) / 52주 최저 : $81.64 (+41.25%)

주요 주주정보

보유자/ 보유 기관	보유율
The Vanguard Group, Inc.	7.09%
SSgA Funds Management, Inc.	4.75%
BlackRock Fund Advisors	4.34%

애널리스트 추천 및 최근 투자의견

제이피모건 체이스&컴퍼니의 2018년 01월 25일 현재 31개 기관의 **평균적인 목표가는 117.75$**이며, 2018년 추정 주당순이익(EPS)은 9.64$로 2017년 추정 EPS 8.72$에 비해 **10.55% 증가**할 것으로 예상된다.

최근, 1개월, 3개월의 투자 의견 변화

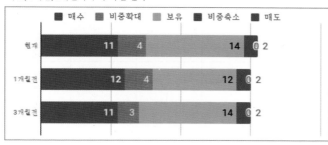

투자의견	금융사 및 투자의견	날짜
Upgrade	DZ Bank: Sell to Hold	1/17/2018
Upgrade	Buckingham: Neutral to Buy	12/21/2017
Maintains	BMO Capital: to Market Perform	10/13/2017
Maintains	Baird: to Neutral	10/13/2017
Maintains	Morgan Stanley: to Overweight	10/13/2017

내부자 거래

(3M 비중은 12개월 거래 중 최근 3개월의 비중)

구분	성격	3개월	12개월	3M비중
매수	매수 건수 (장내 매매만 해당)	20	46	43.48%
매도	매도 건수 (장내 매매만 해당)	23	40	57.50%
매수	매수 수량 (장내 매매만 해당)	34,805	107,206	32.47%
매도	매도 수량 (장내 매매만 해당)	636,488	2,670,186	23.84%
	순매수량 (-인 경우 순매도량)	-601,683	-2,562,980	

ETF 노출
(편입 ETF 수 : 109개 / 시가총액 대비 ETF의 보유비중 : 9.6%)

티커	ETF	보유 지분	비중
VTI	Vanguard Total Stock Market ETF	$9,693,554,493	1.41%
VOO	Vanguard 500 Index Fund	$6,870,268,277	1.66%
SPY	SPDR S&P 500 Trust ETF	$5,026,663,666	1.67%
XLF	Financial Select Sector SPDR Fund	$3,792,819,851	10.94%
IVV	Ishares S&P 500	$2,546,247,201	1.66%

기간 수익률

1M : 6.47%	3M : 23.34%	6M : 24.33%	1Y : 35.06%	3Y : 102.05%

재무 지표

	2014	2015	2016	2017(E)
매출액 (백만$)	96,224	98,001	102,467	103,113
영업이익 (백만$)	30,703	30,724	34,564	42,426
순이익 (백만$)	21,202	23,921	24,230	24,376
자산총계 (백만$)	2,593,211	2,371,579	2,512,986	2,596,600
자본총계 (백만$)	231,727	247,573	254,190	
부채총계 (백만$)	2,361,484	2,124,006	2,258,796	

안정성 비율	2013	2014	2015	2016
유동비율 (%)				
부채비율 (%)	1,053.19	1,019.08	857.93	888.63
이자보상배율 (배)				

투자 지표

	2014	2015	2016	2017(E)
영업이익률 (%)	31.91	31.35	33.73	41.14
매출액 증가율 (%)	-9.99	1.85	4.56	0.63
EPS ($)	5.33	6.06	6.24	6.88
EPS 증가율 (%)	21.52	13.50	3.06	10.21
주당자산가치($)	56.98	60.46	64.06	67.57
잉여현금흐름 (백만$)	57,525	10,000	41,114	-2,501

	2013	2014	2015	2016
배당성향(%)	33.10	29.87	28.67	30.37
배당수익률(%)	2.46	2.52	2.60	2.18
ROE (%)	8.38	9.57	9.98	9.66
ROA (%)	0.72	0.84	0.96	0.99
재고회전율				
EBITDA (백만$)	31,981	35,458	35,642	40,014

매출비중

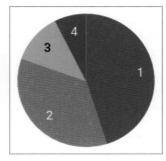

제품명	비중
1. 소비자 및 커뮤니티 은행	
	46.95%
2. 기업 및 투자 은행	
	36.81%
3. 자산 관리	
	12.59%
4. 상업 은행	
	7.79%
5. 기업	
	-0.51%

USB
유에스뱅코프
U.S. Bancorp

섹터 금융 (Financials)
세부섹터 종합 금융 (Diversified Banks)

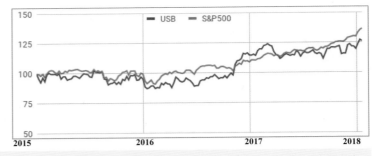

유에스뱅코프(U.S. Bancorp)는 미국 내에서 다양한 금융서비스를 제공하는 금융 지주회사이다. 회사는 1929년에 설립되었고 본사는 미네소타주 미니애폴리스에 있으며 71,191명의 직원이 근무하고 있다. 소매 부문은 예금 계좌, 신용 카드 서비스, 리스 자금조달, 수입/수출 무역, 자산 담보 대출, 농업 금융 등을 제공한다. 회사는 기업 고객에게 채권 회수, 재무 관리 서비스를 포함한 부수적인 서비스를 제공하며 개인, 재단, 기업 및 자선 단체를 위한 자산 관리 및 신탁 서비스를 제공하고 있다. 자금 관리 서비스 부문에서는 투자 및 보험 상품을 제공하고, 기업 신탁 서비스를 제공하고 있다. 현금 처리 및 투자 관리, ATM 처리, 모기지 금융 및 중개 및 임대 서비스를 제공하고 있으며 주로 미국 중서부 및 서부 지역의 3,106개 지점 및 4,842대의 ATM을 통해 서비스를 제공하고 있다.

기준일 : 2018/ 01 /25
한글 회사명 : 유에스뱅코프
영문 회사명 : U.S. Bancorp
상장일 : 1974년 01월 08일 | 결산월 : 12월
시가총액 : 960 (억$) |
52주 최고 : $57.69 (-0.08%) / 52주 최저 : $49.53 (+16.37%)

주요 주주정보

보유자/ 보유 기관	보유율
The Vanguard Group, Inc.	6.27%
Berkshire Hathaway, Inc. (Investment)	5.13%
SSgA Funds Management, Inc.	4.37%

애널리스트 추천 및 최근 투자의견

유에스뱅코프의 2018년 01월 25일 현재 31개 기관의 **평균적인 목표가는 59.21$**이며, 2018년 추정 주당순이익(EPS)은 4.38$로 2017년 추정 EPS 4.07$에 비해 **7.61% 증가**할 것으로 예상된다.

최근, 1개월, 3개월의 투자 의견 변화

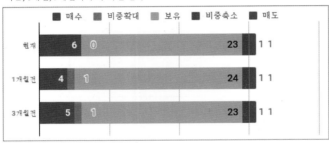

투자의견	금융사 및 투자의견	날짜
Upgrade	Deutsche Bank: Hold to Buy	1/25/2018
Upgrade	PiperJaffray: Neutral to Overweight	5/1/2018
Downgrade	UBS: Buy to Neutral	12/12/2017
Maintains	JP Morgan: to Neutral	1/11/2017
Maintains	Nomura: to Neutral	10/23/2017

내부자 거래

(3M 비중은 12개월 거래 중 최근 3개월의 비중)

구분	성격	3개월	12개월	3M비중
매수	매수 건수 (장내 매매만 해당)	29	31	93.55%
매도	매도 건수 (장내 매매만 해당)	37	47	78.72%
매수	매수 수량 (장내 매매만 해당)	806,125	828,247	97.33%
매도	매도 수량 (장내 매매만 해당)	445,925	531,590	83.89%
	순매수량 (-인 경우 순매도량)	360,200	296,657	

ETF 노출 (편입 ETF 수 : 99개 / 시가총액 대비 ETF의 보유비중 : 9.13%)

티커	ETF	보유 지분	비중
VTI	Vanguard Total Stock Market ETF	$2,197,639,469	0.32%
VOO	Vanguard 500 Index Fund	$1,558,145,553	0.38%
SPY	SPDR S&P 500 Trust ETF	$1,139,846,434	0.38%
XLF	Financial Select Sector SPDR Fund	$860,145,733	2.48%
IVV	Ishares S&P 500	$577,454,535	0.38%

기간 수익률

1M : 3.59%	3M : 8.97%	6M : 8.32%	1Y : 10.27%	3Y : 35.98%

재무 지표

	2014	2015	2016	2017(E)
매출액 (백만$)	20,436	20,555	22,332	21,947
영업이익 (백만$)	8,003	8,031	8,110	9,807
순이익 (백만$)	5,826	5,855	5,870	5,751
자산총계 (백만$)	406,214	425,673	450,954	462,571
자본총계 (백만$)	44,168	46,817	47,933	
부채총계 (백만$)	362,046	378,856	403,021	

안정성 비율	2013	2014	2015	2016
유동비율 (%)				
부채비율 (%)	779.61	819.70	809.23	840.80
이자보상배율 (배)				

투자 지표

	2014	2015	2016	2017(E)
영업이익률 (%)	39.16	39.07	36.32	44.68
매출액 증가율 (%)	1.95	0.58	8.65	-1.72
EPS ($)	3.10	3.18	3.25	3.41
EPS 증가율 (%)	2.65	2.58	2.20	5.01
주당자산가치($)	21.68	23.28	24.63	26.34
잉여현금흐름 (백만$)	5,332	8,782	5,336	6,472

	2013	2014	2015	2016
배당성향(%)	29.50	31.33	31.96	33.02
배당수익률(%)	2.19	2.15	2.37	2.08
ROE (%)	14.49	13.77	13.07	12.57
ROA (%)	1.57	1.52	1.42	1.35
재고회전율				
EBITDA (백만$)	8,284	8,496	8,511	8,575

매출비중

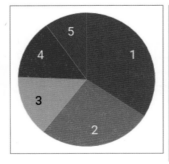

제품명	비중
1. 소비자 및 소기업 금융	
	34.16%
2. 결제 서비스	
	26.76%
3. 도매 및 상업용 부동산	
	14.73%
4. 재무 및 기업 지원	
	14.37%
5. WM 및 증권 서비스	
	9.98%

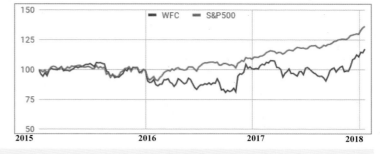

WFC
웰스파고&컴퍼니
Wells Fargo & Company

섹터 금융 (Financials)
세부섹터 종합 금융 (Diversified Banks)

웰스파고&컴퍼니(Wells Fargo & Company)는 소매, 상업/기업 금융 서비스를 개인/기업/기관에 제공하는 금융회사이다. 회사는 1852년에 설립되었고 본사는 캘리포니아주 샌프란시스코에 있으며 269,100명의 직원이 근무하고 있다. 지역사회 금융 부문은 예금 및 송금, 개인 은퇴 계좌를 제공하며, 각종 대출, 교육 및 주택 담보 대출, 체크카드 및 신용 카드와 같은 다양한 금융 서비스를 제공하고 있다. 홀세일 뱅킹 부문은 상업용 대출 및 신용 한도, 담보 대출, 장비 임대, 무역 금융, 외환, 재무 관리, 상품 및 주식 위험 관리를 제공하며 보험/기업 신탁/투자 은행 서비스 등이 포함된다. 이 회사의 자산 및 투자 관리 부문은 재무 계획, 개인 금융, 신용 및 투자 관리 및 신탁 및 은행 및 신탁 서비스를 제공하고 있으며, 약 8,600개의 지점과 13,000개의 ATM을 통해 고객에게 서비스를 제공하고 있다.

기준일 : 2018/ 01 /25

한글 회사명 : 웰스파고&컴퍼니
영문 회사명 : Wells Fargo & Company
상장일 : 1983년 05월 02일 | 결산월 : 12월
시가총액 : 3211 (억$) |
52주 최고 : $65.42 (-0.38%) / 52주 최저 : $49.27 (+32.27%)

주요 주주정보

보유자/ 보유 기관	보유율
Berkshire Hathaway, Inc. (Investment)	9.43%
The Vanguard Group, Inc.	6.3%
SSgA Funds Management, Inc.	4.03%

애널리스트 추천 및 최근 투자의견

웰스파고&컴퍼니의 2018년 01월 25일 현재 33개 기관의 **평균적인 목표가는 67.16$**이며, 2018년 추정 주당순이익(EPS)은 5.38$로 2017년 추정 EPS 4.8$에 비해 **12.08% 증가할 것으로 예상**된다.

재무 지표

	2014	2015	2016	2017(E)
매출액 (백만$)	90,180	90,740	95,613	88,974
영업이익 (백만$)	34,209	34,125	32,718	33,959
순이익 (백만$)	23,057	22,894	21,938	20,777
자산총계 (백만$)	1,701,408	1,801,478	1,943,443	1,957,588
자본총계 (백만$)	185,262	193,891	200,497	
부채총계 (백만$)	1,516,146	1,607,587	1,742,946	

안정성 비율	2013	2014	2015	2016
유동비율 (%)				
부채비율 (%)	802.32	818.38	829.12	869.31
이자보상배율 (배)				

최근, 1개월, 3개월의 투자 의견 변화

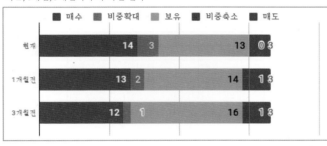

투자의견	금융사 및 투자의견	날짜
Upgrade	Atlantic Equities: Underweight to Neutral	10/1/2018
Upgrade	Sandler O'Neill: Hold to Buy	9/1/2018
Upgrade	Bernstein: Market Perform to Outperform	3/1/2018
Upgrade	Buckingham: Neutral to Buy	12/21/2017
Maintains	BMO Capital: to Market Perform	10/16/2017

투자 지표

	2014	2015	2016	2017(E)
영업이익률 (%)	37.93	37.61	34.22	38.17
매출액 증가율 (%)	0.76	0.62	5.37	-6.94
EPS ($)	4.17	4.18	4.03	4.13
EPS 증가율 (%)	5.57	0.24	-3.59	2.41
주당자산가치($)	31.95	33.54	34.89	37.50
잉여현금흐름 (백만$)	17,529	14,772	169	18,722

	2013	2014	2015	2016
배당성향(%)	29.56	32.93	35.80	37.97
배당수익률(%)	2.53	2.46	2.71	2.75
ROE (%)	13.35	13.01	12.13	11.18
ROA (%)	1.49	1.46	1.33	1.18
재고회전율				
EBITDA (백만$)	35,922	36,430	36,929	37,090

내부자 거래

(3M 비중은 12개월 거래 중 최근 3개월의 비중)

구분	성격	3개월	12개월	3M비중
매수	매수 건수 (장내 매매만 해당)	5	29	17.24%
매도	매도 건수 (장내 매매만 해당)	4	54	7.41%
매수	매수 수량 (장내 매매만 해당)	26,468	432,218	6.12%
매도	매도 수량 (장내 매매만 해당)	159,980	8,320,442	1.92%
	순매수량 (-인 경우 순매도량)	-133,512	-7,888,224	

매출비중

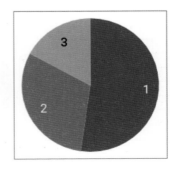

제품명	비중
1. 커뮤니티 은행	
	55.36%
2. 기업 금융	
	32.34%
3. 자산 및 투자 관리	
	18.07%
4. 기타	
	-5.76%

ETF 노출

(편입 ETF 수 : 103개 / 시가총액 대비 ETF의 보유비중 : 8.6%)

티커	ETF	보유 지분	비중
VTI	Vanguard Total Stock Market ETF	$7,044,789,012	1.02%
VOO	Vanguard 500 Index Fund	$4,993,978,844	1.20%
SPY	SPDR S&P 500 Trust ETF	$3,652,650,686	1.22%
XLF	Financial Select Sector SPDR Fund	$2,756,313,980	7.95%
IVV	Ishares S&P 500	$1,850,500,846	1.20%

기간 수익률

1M : 7.26%	3M : 24.31%	6M : 18.55%	1Y : 16.61%	3Y : 24.36%

CBOE
씨비오이 글로벌 마켓
CBOE Global Markets, Inc.

섹터 금융 (Financials)
세부섹터 금융 거래 및 데이터 서비스 (Financial Exchanges & Data)

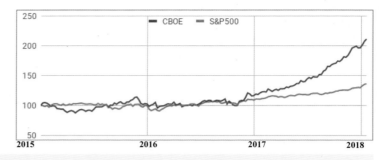

씨비오이 글로벌 마켓(CBOE Global Markets, Inc.)은 자회사를 통해 미국 내 옵션 거래소를 운영하고 있다. 회사는 1973년에 설립되었고 본사는 일리노이주 시카고에 있으며 553명의 직원이 근무하고 있다. 옵션, 선물, 미국 및 유럽 주식, ETF/ETN을 포함한 ETP(Exchange-Traded Product), 글로벌 외환(FX) 및 멀티 자산 변동성 상품을 포함한 다양한 자산 클래스 및 지역의 다양한 상품을 제공하고 있다. 씨비오이 글로벌 마켓 비엑스티알(CBOE BXTR)은 유럽의 무역 신고 시설이며, 씨비오이 글로벌 마켓 위험 관리부서(CBOE Risk Management)는 파생 상품 및 변동성 상품에 관한 금융 산업 포럼을 주최한다. 자회사인 사이레스 파이낸셜 시스템즈(Silexx Financial Systems, LLC)를 통해 주문 실행 및 관리 시스템(OEMS)을 개발 및 운영하고 있다.

기준일 : 2018/ 01 /25

한글 회사명 : 씨비오이 글로벌 마켓
영문 회사명 : CBOE Global Markets, Inc.
상장일 : 2010년 06월 15일 | 결산월 : 12월
시가총액 : 156 (억$) |
52주 최고 : $135.55 (-0.02%) / 52주 최저 : $76.28 (+77.66%)

주요 주주정보

보유자/ 보유 기관	보유율
T. Rowe Price Associates, Inc.	15.09%
The Vanguard Group, Inc.	10%
Fidelity Management & Research Co.	8.07%

애널리스트 추천 및 최근 투자의견

씨브오이 글로벌 마켓의 2018년·01월 25일 현재 14개 기관의 **평균적인 목표가는 131.67$**이며, 2018년 추정 주당순이익(EPS)은 4.66$로 2017년 추정 EPS 3.41$에 비해 **36.65% 증가할 것으로 예상**된다.

최근, 1개월, 3개월의 투자 의견 변화

투자의견	금융사 및 투자의견	날짜
Maintains	Deutsche Bank: to Hold	8/11/2017
Maintains	Citigroup: to Neutral	10/19/2017
Downgrade	RBC Capital: Outperform to Sector Perform	10/16/2017
Maintains	Bank of America: to Buy	9/10/2017
Initiated	Barclays: to Equal-Weight	8/9/2017

내부자 거래

(3M 비중은 12개월 거래 중 최근 3개월의 비중)

구분	성격	3개월	12개월	3M비중
매수	매수 건수 (장내 매매만 해당)	2	17	11.76%
매도	매도 건수 (장내 매매만 해당)	15	45	33.33%
매수	매수 수량 (장내 매매만 해당)	33,740	67,218	50.19%
매도	매도 수량 (장내 매매만 해당)	59,631	1,042,014	5.72%
	순매수량 (-인 경우 순매도량)	-25,891	-974,796	

ETF 노출   (편입 ETF 수 : 79개 / 시가총액 대비 ETF의 보유비중 : 14.27%)

티커	ETF	보유 지분	비중
VO	Vanguard Mid Cap Index Fund	$378,985,621	0.38%
VTI	Vanguard Total Stock Market ETF	$372,868,511	0.05%
VOO	Vanguard 500 Index Fund	$264,379,541	0.06%
SPY	SPDR S&P 500 Trust ETF	$192,289,827	0.06%
XLF	Financial Select Sector SPDR Fund	$145,888,428	0.42%

기간 수익률

1M : 5.94%	3M : 27.9%	6M : 42.51%	1Y : 74.68%	3Y : 101.35%

재무 지표

	2014	2015	2016	2017(E)
매출액 (백만$)	617	635	657	995
영업이익 (백만$)	314	320	298	614
순이익 (백만$)	188	204	185	214
자산총계 (백만$)	411	418	512	
자본총계 (백만$)	250	260	331	
부채총계 (백만$)	161	159	181	

안정성 비율	2013	2014	2015	2016
유동비율 (%)	2.87	3.31	2.76	
부채비율 (%)	64.04	64.30	61.13	54.84
이자보상배율 (배)				54.35

투자 지표

	2014	2015	2016	2017(E)
영업이익률 (%)	50.89	50.39	45.36	61.64
매출액 증가율 (%)	7.90	2.81	3.53	51.50
EPS ($)	2.21	2.46	2.27	3.42
EPS 증가율 (%)	10.50	11.31	-7.72	50.44
주당자산가치($)	2.97	3.16	3.91	25.98
잉여현금흐름 (백만$)	213	206	185	212

	2013	2014	2015	2016
배당성향(%)	58.29	35.29	35.80	42.29
배당수익률(%)	2.23	1.23	1.36	1.30
ROE (%)	66.41	70.48	80.09	64.04
ROA (%)	41.97	42.93	49.23	39.77
재고회전율				
EBITDA (백만$)	321.42	353.8	366.28	342.66

매출비중

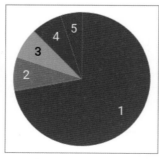

제품명	비중
1. 거래 수수료	
	70.52%
2. 액세스 요금	
	7.97%
3. 규제 요금	
	7.36%
4. 교환 서비스 및 기타 수수료	
	7.04%
5. 시장 데이터 수수료	
	5.05%

CME
씨엠이 그룹
CME Group Inc.

섹터 금융 (Financials)
세부섹터 금융 거래 및 데이터 서비스 (Financial Exchanges & Data)

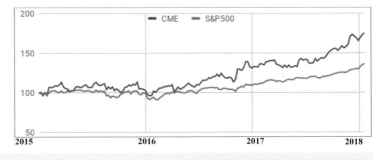

씨엠이 그룹(CME Group Inc.)은 자회사를 통해 금리, 주식 지수, 외환, 에너지, 농산물 및 금속에 기초한 선물 및 옵션을 포함한 다양한 자산에 대해 서비스를 제공하고 있다. 회사는 1898년에 설립되었고 본사는 일리노이주 시카고에 있으며 2,700명의 직원이 근무하고 있다. 회사는 씨엠이 그룹(CME), 시카고시 무역위원회(CBOT), 뉴욕 상업 거래소(NYMEX) 및 상품 거래소(COMEX) 부문으로 구성되어 있으며, 전 세계 씨엠이 그룹 글로벡스(CME Globex) 플랫폼에서 전자 거래를 제공하고 있다. 거래소(clearing house)인 씨엠이 그룹 클리어링(CME Clearing) 및 씨엠이 그룹 클리어링 유럽(CME Clearing Europe)을 통해 거래소 및 장외 파생 상품에 대한 청산 및 결제 서비스를 제공하고 있다. 또한, 금리, 외화, 신용 위험 및 농업, 에너지 가격의 변화에 의한 위험과 관련된 헤지 및 자산 배분 수단을 제공하고 있다. 이 회사의 주요 경쟁사는 인터콘티넨털 익스체인지(Inter continental Exchange, Inc.), 홍콩 거래소 및 클리어링 리미트(Clearing Limited), 도이치 보스 에이지, 엘씨에 이피 크리어넷(Borse AG, LCH.Clearnet Ltd.) 등이 있다.

기준일 : 2018/ 01 /25
한글 회사명 : 씨엠이 그룹
영문 회사명 : CME Group Inc.
상장일 : 2002년 12월 06일 | 결산월 : 12월
시가총액 : 525 (억$) |
52주 최고 : $156.02 (-0.38%) / 52주 최저 : $114.82 (+35.35%)

주요 주주정보

보유자/ 보유 기관	보유율
Capital Research & Management (World)	9.2%
The Vanguard Group, Inc.	6.8%
BlackRock Fund Advisors	5.68%

애널리스트 추천 및 최근 투자의견

씨엠이그룹의 2018년 01월 25일 현재 17개 기관의 **평균적인 목표가는 160.93$**이며, 2018년 추정 주당순이익(EPS)은 6.11$로 2017년 추정 EPS 4.75$에 비해 **28.63% 증가할 것으로 예상**된다.

최근, 1개월, 3개월의 투자 의견 변화

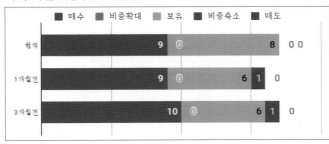

투자의견	금융사 및 투자의견	날짜
Initiated	Berenberg: to Hold	1/25/2018
Maintains	Citigroup: to Buy	10/19/2017
Maintains	Barclays: to Overweight	10/10/2017
Maintains	Wells Fargo: to Market Perform	4/10/2017
Initiated	Barclays: to Overweight	8/9/2017

내부자 거래

(3M 비중은 12개월 거래 중 최근 3개월의 비중)

구분	성격	3개월	12개월	3M비중
매수	매수 건수 (장내 매매만 해당)	0	32	0.00%
매도	매도 건수 (장내 매매만 해당)	10	68	14.71%
매수	매수 수량 (장내 매매만 해당)	0	101,612	0.00%
매도	매도 수량 (장내 매매만 해당)	64,120	226,974	28.25%
	순매수량 (-인 경우 순매도량)	-64,120	-125,362	

ETF 노출
(편입 ETF 수 : 86개 / 시가총액 대비 ETF의 보유비중 : 10.5%)

티커	ETF	보유 지분	비중
VTI	Vanguard Total Stock Market ETF	$1,262,227,915	0.18%
VOO	Vanguard 500 Index Fund	$894,933,243	0.22%
SPY	SPDR S&P 500 Trust ETF	$654,496,426	0.22%
DVY	iShares Select Dividend ETF	$625,688,938	3.46%
XLF	Financial Select Sector SPDR Fund	$493,882,569	1.42%

기간 수익률

1M : 2.12%	3M : 17.51%	6M : 27.5%	1Y : 32.24%	3Y : 81.42%

재무 지표

	2014	2015	2016	2017(E)
매출액 (백만$)	3,114	3,320	3,694	3,628
영업이익 (백만$)	1,642	1,860	2,203	2,377
순이익 (백만$)	1,127	1,247	1,534	1,617
자산총계 (백만$)	72,401	67,463	69,524	76,280
자본총계 (백만$)	20,924	20,552	20,341	
부채총계 (백만$)	51,477	46,911	49,183	

안정성 비율	2013	2014	2015	2016
유동비율 (%)	1.04	1.02	1.03	
부채비율 (%)	157.38	246.03	228.26	241.80
이자보상배율 (배)	11.57	15.84	17.67	19.52

투자 지표

	2014	2015	2016	2017(E)
영업이익률 (%)	52.73	56.02	59.64	65.53
매출액 증가율 (%)	6.11	6.60	11.27	-1.79
EPS ($)	3.37	3.71	4.55	4.75
EPS 증가율 (%)	14.63	10.09	22.64	4.41
주당자산가치($)	62.37	61.00	60.14	62.10
잉여현금흐름 (백만$)	1,151	1,401	1,624	1,673

	2013	2014	2015	2016
배당성향(%)	61.64	56.12	54.20	52.98
배당수익률(%)	2.29	2.12	2.21	2.08
ROE (%)	4.59	5.36	6.01	7.50
ROA (%)	2.09	1.78	1.78	2.24
재고회전율				
EBITDA (백만$)	1,867.50	1,996.00	2,206.90	2,553.10

매출비중

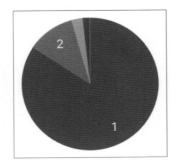

제품명	비중
1. 청산 및 거래	84.46%
2. 시장 자료 및 정보	11.31%
3. 액세스 및 통신	2.54%
4. 기타	1.69%

ICE
인터콘티넨털 익스체인지
Intercontinental Exchange, Inc

섹터 금융 (Financials)
세부섹터 금융 거래 및 데이터 서비스 (Financial Exchanges & Data)

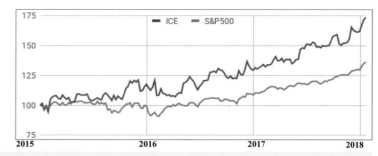

인터콘티넨털 익스체인지(Intercontinental Exchange, Inc.)는 미국, 영국, 유럽, 캐나다 및 싱가포르에서 금융 상품의 거래소를 운영하는 금융회사이다. 회사는 2000년에 설립되었고 본사는 조지아주 애틀란타에 있으며 5,631명의 직원이 근무하고 있다. 파생 상품 거래소에서는 ICE 선물 유럽, ICE 선물 미국, ICE 선물 캐나다, 뉴욕 증권 거래소(NYSE) 운영을 통해 파생 상품 사업을 수행하고 있다. 장외 시장(OTC Markets)에서는 CDS, 스왑 거래 등을 가능하게 하며, 청산소(Clearing Houses)를 통해서는 각종 선물 및 CDS, 외환 거래에서 계약 당사자들이 안심하고 거래를 수행할 수 있도록 시스템을 제공하고 있다. 증권 거래 및 상장 서비스를 제공하여 기업 및 ETF 발행자가 미국 금융 시장에 등록될 수 있도록 하고 있다. 금융 기관, 기관 투자가, 헤지 펀드, 알고리즘 트레이더 및 개인 투자자와 같은 주식 시장의 다양한 시장 참가자들이 회사의 주된 고객이다.

기준일 : 2018/ 01 /25
한글 회사명 : 인터콘티넨털 익스체인지
영문 회사명 : Intercontinental Exchange, Inc
상장일 : 2005년 11월 16일 | 결산월 : 12월
시가총액 : 438 (억$) |
52주 최고 : $76.14 (-0.51%) / 52주 최저 : $56.8 (+33.36%)

주요 주주정보

보유자/ 보유 기관	보유율
T. Rowe Price Associates, Inc.	7.03%
The Vanguard Group, Inc.	6.76%
Wellington Management Co. LLP	4.39%

애널리스트 추천 및 최근 투자의견

인터콘티넨털 익스체인지의 2018년 01월 25일 현재 16개 기관의 **평균적인 목표가는 80.1$**이며, 2018년 추정 주당순이익(EPS)은 3.61$로 2017년 추정 EPS 2.94$에 비해 **22.78% 증가**할 것으로 예상된다.

최근, 1개월, 3개월의 투자 의견 변화

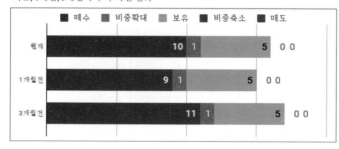

투자의견	금융사 및 투자의견	날짜
Initiated	Berenberg: to Buy	1/25/2018
Maintains	UBS: to Buy	3/11/2017
Maintains	Citigroup: to Neutral	3/11/2017
Maintains	Citigroup: to Neutral	10/19/2017
Maintains	Barclays: to Overweight	10/10/2017

내부자 거래

(3M 비중은 12개월 거래 중 최근 3개월의 비중)

구분	성격	3개월	12개월	3M비중
매수	매수 건수 (장내 매매만 해당)	10	22	45.45%
매도	매도 건수 (장내 매매만 해당)	38	68	55.88%
매수	매수 수량 (장내 매매만 해당)	311,198	349,526	89.03%
매도	매도 수량 (장내 매매만 해당)	405,808	861,964	47.08%
	순매수량 (-인 경우 순매도량)	-94,610	-512,438	

ETF 노출 (편입 ETF 수 : 83개 / 시가총액 대비 ETF의 보유비중 : 9%)

티커	ETF	보유 지분	비중
VTI	Vanguard Total Stock Market ETF	$1,056,663,967	0.15%
VOO	Vanguard 500 Index Fund	$749,140,183	0.18%
SPY	SPDR S&P 500 Trust ETF	$549,054,954	0.18%
XLF	Financial Select Sector SPDR Fund	$413,473,207	1.19%
VUG	Vanguard Growth ETF	$295,183,189	0.38%

기간 수익률

1M : 7.24%	3M : 15.63%	6M : 13.54%	1Y : 31.7%	3Y : 80.51%

재무 지표

	2014	2015	2016	2017(E)
매출액 (백만$)	4,352	4,682	5,958	4,626
영업이익 (백만$)	1,481	1,741	2,102	2,686
순이익 (백만$)	970	1,274	1,422	1,673
자산총계 (백만$)	68,254	77,987	82,003	81,157
자본총계 (백만$)	12,557	14,875	15,790	
부채총계 (백만$)	55,697	63,112	66,213	

안정성 비율	2013	2014	2015	2016
유동비율 (%)	1.00	0.99	0.97	
부채비율 (%)	401.03	443.55	424.28	419.34
이자보상배율 (배)	9.93	15.66	18.04	12.40

투자 지표

	2014	2015	2016	2017(E)
영업이익률 (%)	34.03	37.18	35.28	58.06
매출액 증가율 (%)	142.45	7.58	27.25	-22.35
EPS ($)	1.72	2.30	2.39	2.95
EPS 증가율 (%)	164.26	33.37	4.12	23.20
주당자산가치($)	21.88	24.89	26.42	33.55
잉여현금흐름 (백만$)	1,291	1,121	1,899	1,769

	2013	2014	2015	2016
배당성향(%)	20.22	30.48	25.49	28.69
배당수익률(%)	0.29	1.19	1.13	1.21
ROE (%)	3.13	7.78	9.38	9.32
ROA (%)	0.53	1.51	1.77	1.81
재고회전율				
EBITDA (백만$)	1,123	1,910	2,212	2,857

매출비중

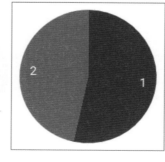

제품명	비중
1. 데이터 및 목록 부문	
	53.28%
2. 거래 및 청산 부문	
	46.72%

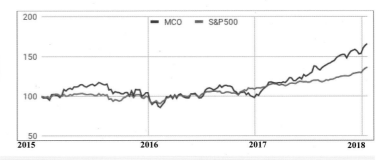

MCO
무디스 코퍼레이션
Moody's Corporation

섹터 금융 (Financials)
세부섹터 금융 거래 및 데이터 서비스 (Financial Exchanges & Data)

무디스 코퍼레이션(Moody's Corporation)은 신용, 자본 시장/경제 관련 연구, 데이터 및 분석 도구를 제공하는 신용등급 평가사이다. 회사는 1900년에 설립되었고 본사는 뉴욕주 뉴욕에 있으며 10,600 명의 직원이 근무하고 있다. 사업 부문은 무디스 인베스터 서비스(Moody's Investors Service)와 무디스 분석(Moody's Analytics) 두 개 부문으로 운영되고 있으며, 투자자 서비스 부문은 다양한 기업 및 정부의 규정, 구조화 금융 증권을 포함한 다양한 부채 및 기관에 대한 신용 등급을 게시한다. 이 부문에서는 약 120개 국가, 11,000개의 법인, 18,000개의 공공 발행자, 64,000건의 구조화 금융 채권에 대한 신용 등급을 평가하고 모니터링하고 있다. 분석 부문은 금융 시장의 기관 참가자의 재무 분석 및 리스크 관리 활동을 지원하는 서비스를 개발하고 있으며 부채 발행 기관 연구, 신용 관련 사건에 대한 논평과 같은 연구 및 데이터를 배포하고 있다.

기준일 : 2018/ 01 /25
한글 회사명 : 무디스 코퍼레이션
영문 회사명 : Moody's Corporation
상장일 : 1973년 06월 01일 | 결산월 : 12월
시가총액 : 311 (억$) | 52주 최고 : $163.41 (-0.31%) / 52주 최저 : $98.25 (+65.79%)

주요 주주정보

보유자/ 보유 기관	보유율
Berkshire Hathaway, Inc. (Investment)	12.91%
The Vanguard Group, Inc.	8.4%
BlackRock Fund Advisors	4.07%

애널리스트 추천 및 최근 투자의견

무디스 코퍼레이션의 2018년 01월 25일 현재 16개 기관의 **평균적인 목표가는 164.17$**이며, 2018년 추정 주당순이익(EPS)은 6.79$로 2017년 추정 EPS 5.97$에 비해 **13.73% 증가할 것으로 예상**된다.

최근, 1개월, 3개월의 투자 의견 변화

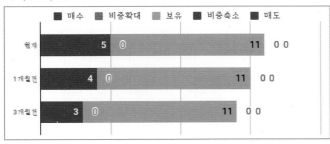

투자의견	금융사 및 투자의견	날짜
Initiated	Nomura: to Buy	11/1/2018
Initiated	Stifel Nicolaus: to Hold	12/20/2017
Upgrade	Barclays: Equal-Weight to Overweight	11/17/2017
Maintains	UBS: to Neutral	6/11/2017
Maintains	Credit Suisse: to Neutral	6/11/2017

내부자 거래

(3M 비중은 12개월 거래 중 최근 3개월의 비중)

구분	성격	3개월	12개월	3M비중
매수	매수 건수 (장내 매매만 해당)	28	47	59.57%
매도	매도 건수 (장내 매매만 해당)	17	31	54.84%
매수	매수 수량 (장내 매매만 해당)	80,656	84,271	95.71%
매도	매도 수량 (장내 매매만 해당)	176,114	547,665	32.16%
	순매수량 (- 인 경우 순매도량)	-95,458	-463,394	

ETF 노출
(편입 ETF 수 : 84개 / 시가총액 대비 ETF의 보유비중 : 11.33%)

티커	ETF	보유 지분	비중
VO	Vanguard Mid Cap Index Fund	$648,924,093	0.65%
VTI	Vanguard Total Stock Market ETF	$639,140,929	0.09%
VOO	Vanguard 500 Index Fund	$463,851,841	0.11%
SPY	SPDR S&P 500 Trust ETF	$339,034,524	0.11%
XLF	Financial Select Sector SPDR Fund	$255,910,039	0.74%

기간 수익률

1M : 5.71%	3M : 16.76%	6M : 20.07%	1Y : 57.57%	3Y : 69.1%

재무 지표

	2014	2015	2016	2017(E)
매출액 (백만$)	3,334	3,485	3,604	4,113
영업이익 (백만$)	1,444	1,473	1,515	1,794
순이익 (백만$)	989	941	267	1,207
자산총계 (백만$)	4,669	5,103	5,327	8,389
자본총계 (백만$)	43	-333	-1,027	
부채총계 (백만$)	4,626	5,436	6,355	

안정성 비율	2013	2014	2015	2016
유동비율 (%)	260.12	223.92	266.16	133.97
부채비율 (%)	927.13	10,783.45	-1,632.43	-618.57
이자보상배율 (배)	13.04	10.77	10.94	9.94

투자 지표

	2014	2015	2016	2017(E)
영업이익률 (%)	43.31	42.27	42.04	43.63
매출액 증가율 (%)	12.17	4.51	3.44	14.11
EPS ($)	4.69	4.70	1.38	5.97
EPS 증가율 (%)	27.03	0.21	-70.64	332.36
주당자산가치($)	-0.92	-2.88	-6.42	-0.13
잉여현금흐름 (백만$)	944	1,065	1,111	762

	2013	2014	2015	2016
배당성향(%)	25.00	24.30	29.37	108.82
배당수익률(%)	1.15	1.17	1.36	1.57
ROE (%)	222.79			
ROA (%)	19.53	22.20	19.44	5.29
재고회전율				
EBITDA (백만$)	1,335.90	1,540.00	1,586.90	1,641.20

매출비중

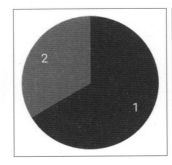

제품명	비중
1. 무디스 투자자 서비스	
	68.56%
2. 무디스 분석 서비스	
	34.6%
3. 공제	
	-3.15%

NDAQ
나스닥
Nasdaq, Inc.

섹터 금융 (Financials)
세부섹터 금융 거래 및 데이터 서비스 (Financial Exchanges & Data)

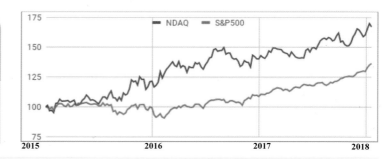

나스닥(Nasdaq, Inc.)은 미국 내 유가 증권의 거래, 청산(결제), 매매 서비스, 정보 제공 사업을 영위하는 회사이다. 회사는 1971년에 설립되었고 본사는 뉴욕주 뉴욕에 있으며 4,325명의 직원이 근무하고 있다. 시장 서비스, 기업 서비스, 정보 서비스 및 시장 기술의 네 가지 부문으로 운영된다. 시장 서비스 부문에는 파생, 채권(FICC) 거래 및 청산, 무역 관리 서비스 사업이 포함된다. 파생 상품, 일반 상품, 구조화 상품 및 ETF/ETN과 같은 상장 지수 상품(ETP)을 포함한 다양한 자산군에서 매매 및 청산과 관련된 플랫폼을 제공한다. 기업 서비스 부문에서는 상장사 및 비상장사 등 기업 고객에게 기업 홍보(IR) 및 마케팅, 내부 리서치 등의 서비스를 18,000여 개 기업에 제공하고 있다. 시장 서비스 부문에서는 전 세계의 다양한 거래소에 거래, 청산, 결제, 감독에 필요한 다양한 기술 솔루션을 제공하고 있으며 현금 자산, 주식, 파생, 통화, 상품, 에너지 등 다양한 상품군을 거래할 수 있게 한다.

기준일 : 2018/ 01 /25
한글 회사명 : 나스닥
영문 회사명 : Nasdaq, Inc.
상장일 : 2002년 07월 01일 | 결산월 : 12월
시가총액 : 135 (억$) |
52주 최고 : $82.15 (-1.95%) / 52주 최저 : $65.98 (+22.06%)

주요 주주정보

보유자/ 보유 기관	보유율
Investment Corporation of Dubai	17.92%
Investor AB (Investment Company)	11.67%
Massachusetts Financial Services Co.	8.56%

애널리스트 추천 및 최근 투자의견

나스닥의 2018년 01월 25일 현재 15개 기관의 **평균적인 목표가는 85.39$**이며, 2018년 추정 주당순이익(EPS)은 4.85$로 2017년 추정 EPS 4.19$에 비해 **15.75% 증가할 것으로 예상**된다.

최근, 1개월, 3개월의 투자 의견 변화

투자의견	금융사 및 투자의견	날짜
Maintains	Barclays: to Overweight	10/26/2017
Maintains	Citigroup: to Neutral	10/19/2017
Downgrade	Bank of America: Neutral to Underperform	9/10/2017
Initiated	Barclays: to Overweight	8/9/2017
Maintains	Jefferies: to Hold	7/17/2017

내부자 거래

(3M 비중은 12개월 거래 중 최근 3개월의 비중)

구분	성격	3개월	12개월	3M비중
매수	매수 건수 (장내 매매만 해당)	10	20	50.00%
매도	매도 건수 (장내 매매만 해당)	19	35	54.29%
매수	매수 수량 (장내 매매만 해당)	229,899	282,107	81.49%
매도	매도 수량 (장내 매매만 해당)	155,368	255,000	60.93%
	순매수량 (-인 경우 순매도량)	74,531	27,107	

ETF 노출 (편입 ETF 수 : 70개 / 시가총액 대비 ETF의 보유비중 : 9.71%)

티커	ETF	보유 지분	비중
VO	Vanguard Mid Cap Index Fund	$230,344,872	0.23%
VTI	Vanguard Total Stock Market ETF	$227,100,778	0.03%
VOO	Vanguard 500 Index Fund	$160,781,332	0.04%
SPY	SPDR S&P 500 Trust ETF	$117,627,730	0.04%
XLF	Financial Select Sector SPDR Fund	$88,774,915	0.26%

기간 수익률

1M : 3.3%	3M : 7.11%	6M : 10.07%	1Y : 18.86%	3Y : 72.97%

재무 지표

	2014	2015	2016	2017(E)
매출액 (백만$)	3,500	3,403	3,705	2,422
영업이익 (백만$)	718	791	821	1,145
순이익 (백만$)	414	428	108	706
자산총계 (백만$)	12,087	11,861	14,150	15,121
자본총계 (백만$)	5,794	5,609	5,430	
부채총계 (백만$)	6,293	6,252	8,720	

안정성 비율	2013	2014	2015	2016
유동비율 (%)	1.13	1.14	1.12	1.12
부채비율 (%)	103.38	108.61	111.46	160.59
이자보상배율 (배)	6.41	6.08	6.68	2.05

투자 지표

	2014	2015	2016	2017(E)
영업이익률 (%)	20.51	23.24	22.16	47.27
매출액 증가율 (%)	7.99	-2.77	8.88	-34.63
EPS ($)	2.45	2.56	0.65	4.19
EPS 증가율 (%)	6.52	6.12	-73.08	544.39
주당자산가치($)	34.32	34.13	32.60	34.42
잉여현금흐름 (백만$)	547	552	588	821

	2013	2014	2015	2016
배당성향(%)	23.11	24.27	36.00	189.06
배당수익률(%)	1.31	1.21	1.55	1.80
ROE (%)	6.76	6.91	7.51	1.96
ROA (%)	3.54	3.35	3.57	0.83
재고회전율				
EBITDA (백만$)	915	972	1,040	1,126

매출비중

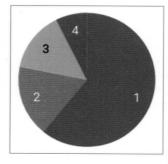

제품명	비중
1. 시장 서비스	
	60.86%
2. 기업 서비스	
	17.14%
3. 정보 서비스	
	14.57%
4. 시장 기술	
	7.42%

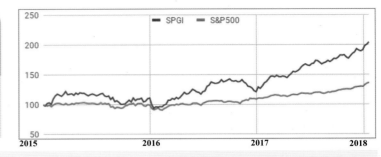

SPGI
에스앤피
S&P Global, Inc.

섹터 금융 (Financials)
세부섹터 금융 거래 및 데이터 서비스 (Financial Exchanges & Data)

에스앤피(S&P Global Inc.)는 전 세계 증권 및 상품 시장에 분석, 등급 및 벤치마크를 부여하고 데이터를 제공하는 회사이다. 회사는 1888년에 설립되었고 본사는 뉴욕주 뉴욕에 있으며 20,000명의 직원이 근무하고 있다. 회사는 평가, 시장 및 상품 정보, S&P 다우존스 지수의 세 부문으로 운영되며, 평가 부문에서는 기업 및 정부 채무 증서 및 구조화 채권 증서의 신규 발행과 관련된 평가를 제공한다. 또한, 자회사인 크리실(CRISIL Limited)을 통해 데이터 및 연구, 분석 및 솔루션 제공 서비스를 하고 있으며, 신용도 평가를 위한 자료를 제공하고 있다. 또한, 대출 및 담보대출 채무(CLO), 모기지, 국가 및 펀드, 보험사, 스와프 등에 대한 평가가 포함된다. 시장 및 상품 정보 제공 부문은 상품 및 에너지 시장에서 고객에게 정보, 데이터, 분석 서비스 및 가격 책정에 대한 다양한 수단을 제공한다. S&P 다우존스 지수 부문은 다양한 지수 벤치마크를 제공하고 있다.

금융

기준일 : 2018/ 01 /25
한글 회사명 : 에스앤피
영문 회사명 : S&P Global, Inc.
상장일 : 1972년 01월 21일 | 결산월 : 12월
시가총액 : 464 (억$) | 52주 최고 : $184.5 (-0.48%) / 52주 최저 : $115.56 (+58.88%)

주요 주주정보

보유자/ 보유 기관	보유율
The Vanguard Group, Inc.	7.68%
SSgA Funds Management, Inc.	5.12%
BlackRock Fund Advisors	4.62%

애널리스트 추천 및 최근 투자의견

에스앤피의 2018년 01월 25일 현재 17개 기관의 **평균적인 목표가는 187.93$**이며, 2018년 추정 주당순이익(EPS)은 7.57$로 2017년 추정 EPS 6.66$에 비해 **13.66% 증가**할 것으로 예상된다.

최근, 1개월, 3개월의 투자 의견 변화

투자의견	금융사 및 투자의견	날짜
Initiated	Nomura: to Neutral	11/1/2018
Initiated	Stifel Nicolaus: to Hold	12/20/2017
Maintains	Barclays: to Overweight	11/17/2017
Maintains	UBS: to Buy	10/27/2017
Maintains	Barclays: to Overweight	10/27/2017

내부자 거래

(3M 비중은 12개월 거래 중 최근 3개월의 비중)

구분	성격	3개월	12개월	3M비중
매수	매수 건수 (장내 매매만 해당)	11	13	84.62%
매도	매도 건수 (장내 매매만 해당)	26	35	74.29%
매수	매수 수량 (장내 매매만 해당)	122,211	122,676	99.62%
매도	매도 수량 (장내 매매만 해당)	97,120	131,981	73.59%
	순매수량 (-인 경우 순매도량)	25,091	-9,305	

ETF 노출 (편입 ETF 수 : 80개 / 시가총액 대비 ETF의 보유비중 : 4.3%)

티커	ETF	보유 지분	비중
SPY	SPDR S&P 500 Trust ETF	$585,102,046	0.19%
XLF	Financial Select Sector SPDR Fund	$437,732,292	1.26%
IVV	Ishares S&P 500	$293,919,964	0.19%
IWF	iShares Russell 1000	$143,669,063	0.34%
SDY	SPDR S&P Dividend (ETF)	$79,946,507	0.48%

기간 수익률

1M : 7.15%	3M : 17.62%	6M : 17.73%	1Y : 56.15%	3Y : 99.55%

재무 지표

	2014	2015	2016	2017(E)
매출액 (백만$)	5,051	5,313	5,661	5,976
영업이익 (백만$)	1,808	1,945	2,360	2,781
순이익 (백만$)	-293	1,156	2,106	1,709
자산총계 (백만$)	6,771	8,183	8,669	8,997
자본총계 (백만$)	1,349	1,163	1,781	
부채총계 (백만$)	5,422	7,020	6,888	

안정성 비율	2013	2014	2015	2016
유동비율 (%)	123.99	99.98	113.34	140.60
부채비율 (%)	181.38	401.93	603.61	386.75
이자보상배율 (배)	26.31	30.64	19.07	13.04

투자 지표

	2014	2015	2016	2017(E)
영업이익률 (%)	35.79	36.61	41.69	46.53
매출액 증가율 (%)	7.42	5.19	6.55	5.57
EPS ($)	-1.01	4.26	8.01	6.66
EPS 증가율 (%)	-135.33	520.21	88.28	-16.88
주당자산가치($)	1.79	0.73	2.51	3.91
잉여현금흐름 (백만$)	1,117	56	1,349	1,654

	2013	2014	2015	2016
배당성향(%)	39.82	35.90	31.36	18.13
배당수익률(%)	1.43	1.35	1.34	1.34
ROE (%)	75.73	-32.76	339.00	499.05
ROA (%)	13.33	-2.98	16.96	26.44
재고회전율				
EBITDA (백만$)	1,689	1,942	2,102	2,541

매출비중

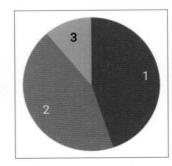

제품명	비중
1. 시장 및 상품 인텔리전스	45.66%
2. 등급	44.78%
3. 지수	11.29%
4. 부문간 공제	-1.73%

AJG
아서 제이 갤러거
Arthur J. Gallagher & Co.

섹터 금융 (Financials)
세부섹터 보험 중개사 (Insurance Brokers)

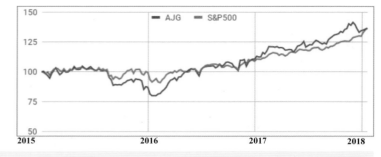

아서 제이 갤러거(Arthur J. Gallagher&Co.)는 세계에서 세 번째로 큰 보험 브로커 회사이다. 회사는 1927년에 설립되었고 본사는 일리노이주 이스타카에 있으며 24,800명의 직원이 근무하고 있다. 전 세계적으로 보험 중개, 컨설팅 서비스 등을 제공하며, 중개, 리스크 관리 및 기업 서비스의 세 가지 부문으로 운영되고 있다. 2016년 현재 호주 35개, 캐나다 35개, 뉴질랜드 25개, 영국 100여 개의 지점 등 150여 국가에서 지점을 운영하면서 소매 보험 등을 제공하고 있다. 중개 부문은 주로 소매/도매 보험 중개로 구성되며, 일반인, 공공기관, 종교 단체 등을 대상으로 손해보험 및 건강/복지 보험 등을 제공하고 있다. 소매 중개 부문은 주로 미국, 호주, 캐나다 등에 있는 520개 이상의 사무소를 통해 제공되고 있으며, 각종 부동산, 자동차, 의료 등에 보험을 제공하고 있다.

기준일 : 2018/ 01 /25
한글 회사명 : 아서 제이 갤러거
영문 회사명 : Arthur J. Gallagher & Co.
상장일 : 1984년 06월 20일 | 결산월 : 12월
시가총액 : 119 (억$) | 52주 최고 : $67.32 (-3.44%) / 52주 최저 : $52.77 (+23.17%)

주요 주주정보

보유자/보유 기관	보유율
The Vanguard Group, Inc.	10.03%
BlackRock Fund Advisors	6.2%
SSgA Funds Management, Inc.	4.86%

애널리스트 추천 및 최근 투자의견

아서 제이 갤러거의 2018년 01월 25일 현재 16개 기관의 **평균적인 목표가는 70.73$**이며, 2018년 추정 주당순이익(EPS)은 3.92$로 2017년 추정 EPS 3.53$에 비해 **11.04% 증가할 것으로 예상**된다.

최근, 1개월, 3개월의 투자 의견 변화

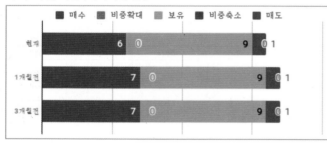

투자의견	금융사 및 투자의견	날짜
Maintains	Credit Suisse: to Outperform	10/27/2017
Maintains	Barclays: to Overweight	10/16/2017
Downgrade	Deutsche Bank: Buy to Hold	4/10/2017
Maintains	Barclays: to Overweight	11/8/2017
Maintains	Citigroup: to Neutral	7/8/2017

내부자 거래

(3M 비중은 12개월 거래 중 최근 3개월의 비중)

구분	성격	3개월	12개월	3M비중
매수	매수 건수 (장내 매매만 해당)	0	20	0.00%
매도	매도 건수 (장내 매매만 해당)	24	44	54.55%
매수	매수 수량 (장내 매매만 해당)	0	103,950	0.00%
매도	매도 수량 (장내 매매만 해당)	109,521	212,601	51.51%
	순매수량 (-인 경우 순매도량)	-109,521	-108,651	

ETF 노출 (편입 ETF 수 : 84개 / 시가총액 대비 ETF의 보유비중 : 16.33%)

티커	ETF	보유 지분	비중
VO	Vanguard Mid Cap Index Fund	$302,524,891	0.30%
VTI	Vanguard Total Stock Market ETF	$297,242,408	0.04%
VOO	Vanguard 500 Index Fund	$211,319,037	0.05%
DVY	iShares Select Dividend ETF	$161,808,121	0.89%
SPY	SPDR S&P 500 Trust ETF	$153,098,775	0.05%

기간 수익률

1M : 0.48%	3M : 6.47%	6M : 9.61%	1Y : 21.66%	3Y : 39.21%

재무 지표

	2014	2015	2016	2017(E)
매출액 (백만$)	4,617	5,386	5,586	6,056
영업이익 (백만$)	279	289	348	489
순이익 (백만$)	303	357	414	533
자산총계 (백만$)	10,010	10,911	11,490	12,977
자본총계 (백만$)	3,229	3,688	3,656	
부채총계 (백만$)	6,781	7,222	7,834	

안정성 비율	2013	2014	2015	2016
유동비율 (%)				
부채비율 (%)	228.96	209.97	195.82	214.28
이자보상배율 (배)				

투자 지표

	2014	2015	2016	2017(E)
영업이익률 (%)	6.04	5.37	6.23	8.08
매출액 증가율 (%)	45.62	16.64	3.72	8.41
EPS ($)	1.98	2.07	2.33	2.99
EPS 증가율 (%)	-4.81	4.55	12.56	28.33
주당자산가치($)	19.62	20.57	20.17	24.82
잉여현금흐름 (백만$)	383	599	455	652

	2013	2014	2015	2016
배당성향(%)	67.96	73.10	71.84	65.52
배당수익률(%)	2.98	3.06	3.62	2.93
ROE (%)	14.35	11.42	10.39	11.46
ROA (%)	4.40	3.60	3.72	3.97
재고회전율				
EBITDA (백만$)	505.3	625.5	725.7	808.7

매출비중

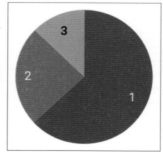

제품명	비중
1. 중개	63.06%
2. 기업	24.11%
3. 위기 관리	12.84%

AON
아온
Aon plc

섹터 금융 (Financials)
세부섹터 보험 중개사 (Insurance Brokers)

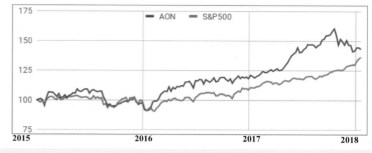

아온(Aon plc)은 리스크 관리, 은퇴 및 건강 솔루션을 전문적으로 제공하는 서비스 사업을 영위하는 업체이다. 회사는 1979년에 설립되었고 본사는 영국의 런던에 있으며 69,000명의 직원이 근무하고 있다. 회사의 주요 제품 및 서비스에는 상업 위험 솔루션, 재보험 솔루션, 퇴직 솔루션, 건강 솔루션 및 데이터 및 분석 서비스가 포함되어 있으며 투자 컨설팅, 데이터 분석 등을 통해 서비스를 제공하고 있다. 리스크 관리 부문에는 데이터 분석을 통해 고객이 직면한 리스크를 식별하고 정량화하여 위험에 대해 대응할 수 있게 하며, 캡티비스(Captives)를 통해 전 세계 1,100개의 보험 회사를 관리하는 글로벌 보험 솔루션을 제공한다. 은퇴 솔루션에는 은퇴 계획, 투자 컨설팅, 퇴직 프로그램, 보험 계리 서비스, 통합 연금 관리 등이 포함된다. 건강 솔루션 부문에서는 고객사가 직원들에게 의료서비스를 제공할 수 있는 솔루션을 제공한다.

기준일 : 2018/ 01 /25

한글 회사명 : 아온

영문 회사명 : Aon plc

상장일 : 1984년 11월 05일 | 결산월 : 12월

시가총액 : 349 (억$) | 52주 최고 : $152.78 (-9.85%) / 52주 최저 : $109.82 (+25.4%)

주요 주주정보

보유자/ 보유 기관	보유율
Massachusetts Financial Services Co.	7.05%
The Vanguard Group, Inc.	6.87%
SSgA Funds Management, Inc.	5.17%

애널리스트 추천 및 최근 투자의견

아온의 2018년 01월 25일 현재 21개 기관의 **평균적인 목표가는 147.19$**이며, 2018년 추정 주당순이익(EPS)은 8.01$로 2017년 추정 EPS 6.52$에 비해 **22.85% 증가할 것으로 예상**된다.

최근, 1개월, 3개월의 투자 의견 변화

투자의견	금융사 및 투자의견	날짜
Downgrade	William Blair: Outperform to Market Perform	1/16/2018
Initiated	Goldman Sachs: to Neutral	4/12/2017
Maintains	Wells Fargo: to Market Perform	10/30/2017
Maintains	Jefferies: to Buy	10/30/2017
Downgrade	Sandler O'Neill: Buy to Hold	10/30/2017

내부자 거래

(3M 비중은 12개월 거래 중 최근 3개월의 비중)

구분	성격	3개월	12개월	3M비중
매수	매수 건수 (장내 매매만 해당)	10	21	47.62%
매도	매도 건수 (장내 매매만 해당)	35	53	66.04%
매수	매수 수량 (장내 매매만 해당)	834,066	869,119	95.97%
매도	매도 수량 (장내 매매만 해당)	520,438	613,777	84.79%
	순매수량 (-인 경우 순매도량)	313,628	255,342	

ETF 노출
(편입 ETF 수 : 65개 / 시가총액 대비 ETF의 보유비중 : 4.35%)

티커	ETF	보유 지분	비중
SPY	SPDR S&P 500 Trust ETF	$438,513,813	0.15%
XLF	Financial Select Sector SPDR Fund	$330,901,355	0.95%
IVV	Ishares S&P 500	$221,630,367	0.14%
IWF	iShares Russell 1000	$106,560,066	0.25%
SPLV	PowerShares Exchange-Traded Fund Trust II	$77,927,918	1.03%

기간 수익률

1M : -2.31%	3M : -5.67%	6M : -2.84%	1Y : 20.62%	3Y : 41.46%

재무 지표

	2014	2015	2016	2017(E)
매출액 (백만$)	12,034	11,665	11,617	9,922
영업이익 (백만$)	1,696	1,564	1,628	2,319
순이익 (백만$)	1,397	1,385	1,396	1,708
자산총계 (백만$)	29,772	26,883	26,615	25,072
자본총계 (백만$)	6,631	6,059	5,532	
부채총계 (백만$)	23,141	20,824	21,083	

안정성 비율	2013	2014	2015	2016
유동비율 (%)	1.06	1.05	1.07	1.05
부채비율 (%)	269.14	348.98	343.69	381.11
이자보상배율 (배)	8.32	7.92	7.19	6.92

투자 지표

	2014	2015	2016	2017(E)
영업이익률 (%)	14.09	13.41	14.01	23.37
매출액 증가율 (%)	1.71	-3.07	-0.41	-14.59
EPS ($)	4.73	4.93	5.21	6.52
EPS 증가율 (%)	32.49	4.23	5.68	25.18
주당자산가치($)	23.47	22.25	20.90	19.71
잉여현금흐름 (백만$)	1,789	1,369	2,702	3,496

	2013	2014	2015	2016
배당성향(%)	19.33	19.85	23.57	25.00
배당수익률(%)	0.81	0.98	1.25	1.16
ROE (%)	13.99	18.99	22.03	24.33
ROA (%)	3.78	4.77	5.02	5.35
재고회전율				
EBITDA (백만$)	2,508	2,525	2,371	2,417

매출비중

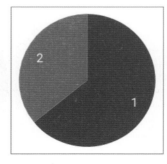

제품명	비중
1. 리스크 솔루션	64.38%
2. HR 솔루션	35.98%
3. 부문간 공제	-0.35%

MMC
마쉬 앤 맥레넌
Marsh & McLennan Corporation

섹터 금융 (Financials)
세부섹터 보험 중개사 (Insurance Brokers)

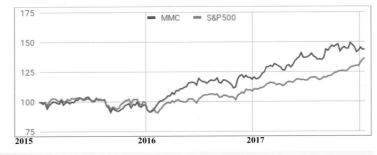

마쉬 앤 맥레넌(Marsh & McLennan Companies, Inc.)은 위험 관리 및 은퇴 등에 대한 컨설팅을 제공하는 전문 서비스 회사이다. 회사는 1871년에 설립되었고 본사는 뉴욕 주 뉴욕에 있으며 60,000명의 직원이 근무하고 있다. 회사는 130개 이상의 기업, 정부 기관 등에 위험 자문 및 보험 솔루션을 제공하고 있는 마쉬(Marsh), 인적자원(HR), 보험 전문가, 투자 관련 금융 자문 서비스 제공업체인 머셔(Mercer) 및 경영/경제/브랜드 컨설팅 업체인 올리버 와이만(Oliver Wyman Group) 등을 산하에 두고 있다. 위험 및 보험 서비스 부문에서는 위험 관리 활동(위험 자문, 위험 관리 및 위험 제어 솔루션)과 보험/재보험의 중개 및 서비스를 제공하고 있다. 컨설팅 서비스 부문에서는 건강, 은퇴, 재능 투자 컨설팅, 경제 및 브랜드 컨설팅 서비스를 제공하고 있다.

기준일 : 2018/ 01 /25
한글 회사명 : 마쉬 앤 맥레넌
영문 회사명 : Marsh & McLennan Corporation
상장일 : 1975년 05월 22일 | 결산월 : 12월
시가총액 : 427 (억$) | 52주 최고 : $86.54 (-3.35%) / 52주 최저 : $67.32 (+24.24%)

주요 주주정보

보유자/ 보유 기관	보유율
Wellington Management Co. LLP	7.9%
T. Rowe Price Associates, Inc.	6.83%
The Vanguard Group, Inc.	6.74%

애널리스트 추천 및 최근 투자의견

마쉬 앤 맥레넌의 2018년 01월 25일 현재 21개 기관의 **평균적인 목표가는 89.53$**이며, 2018년 추정 주당순이익(EPS)은 4.33$로 2017년 추정 EPS 3.81$에 비해 **13.64% 증가**할 것으로 예상된다.

최근, 1개월, 3개월의 투자 의견 변화

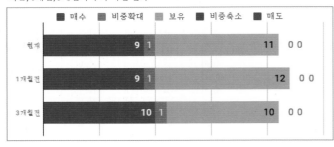

투자의견	금융사 및 투자의견	날짜
Downgrade	UBS: Buy to Neutral	6/12/2017
Initiated	Goldman Sachs: to Neutral	4/12/2017
Maintains	Barclays: to Overweight	10/16/2017
Downgrade	Deutsche Bank: Buy to Hold	4/10/2017
Maintains	Citigroup: to Buy	7/13/2017

내부자 거래

(3M 비중은 12개월 거래 중 최근 3개월의 비중)

구분	성격	3개월	12개월	3M비중
매수	매수 건수 (장내 매매만 해당)	1	11	9.09%
매도	매도 건수 (장내 매매만 해당)	22	32	68.75%
매수	매수 수량 (장내 매매만 해당)	413	15,339	2.69%
매도	매도 수량 (장내 매매만 해당)	1,057,822	1,277,430	82.81%
	순매수량 (-인 경우 순매도량)	-1,057,409	-1,262,091	

ETF 노출
(편입 ETF 수 : 86개 / 시가총액 대비 ETF의 보유비중 : 9.84%)

티커	ETF	보유 지분	비중
VTI	Vanguard Total Stock Market ETF	$1,036,533,432	0.15%
VOO	Vanguard 500 Index Fund	$735,105,734	0.18%
SPY	SPDR S&P 500 Trust ETF	$540,413,029	0.18%
XLF	Financial Select Sector SPDR Fund	$405,708,674	1.17%
VUG	Vanguard Growth ETF	$289,563,544	0.37%

기간 수익률

1M : -1.23%	3M : 0.93%	6M : 2.58%	1Y : 20.72%	3Y : 44.68%

재무 지표

	2014	2015	2016	2017(E)
매출액 (백만$)	12,988	12,931	13,200	13,904
영업이익 (백만$)	2,216	2,367	2,517	2,925
순이익 (백만$)	1,439	1,599	1,768	1,931
자산총계 (백만$)	17,840	18,216	18,190	19,291
자본총계 (백만$)	7,133	6,602	6,272	
부채총계 (백만$)	10,707	11,614	11,918	

안정성 비율	2013	2014	2015	2016
유동비율 (%)	1.65	1.63	1.36	1.20
부채비율 (%)	112.92	150.11	175.92	190.02
이자보상배율 (배)	12.81	13.47	15.15	14.12

투자 지표

	2014	2015	2016	2017(E)
영업이익률 (%)	17.06	18.30	19.07	21.03
매출액 증가율 (%)	5.34	-0.44	2.08	5.33
EPS ($)	2.64	3.01	3.41	3.81
EPS 증가율 (%)	7.30	14.00	13.29	11.62
주당자산가치($)	13.06	12.48	12.04	14.18
잉여현금흐름 (백만$)	1,744	1,563	1,754	2,337

	2013	2014	2015	2016
배당성향(%)	40.48	41.89	40.60	39.42
배당수익률(%)	2.03	1.90	2.18	1.97
ROE (%)	18.70	19.24	23.57	27.83
ROA (%)	8.29	8.45	9.08	9.86
재고회전율				
EBITDA (백만$)	2,563	2,769	2,953	3,144

매출비중

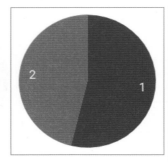

제품명	비중
1. 위험 및 보험 서비스	
	54.07%
2. 컨설팅	
	46.26%
3. 기업 / 공제	
	-0.33%

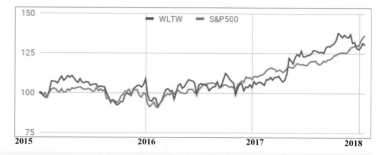

WLTW
윌리스 타워스 왓슨
Willis Towers Watson PLC

섹터 금융 (Financials)
세부섹터 보험 중개사 (Insurance Brokers)

윌리스 타워스 왓슨(Willis Towers Watson Public Limited Company)은 보험 중계를 포함한 글로벌 자문 서비스를 제공하는 금융 지주회사이다. 회사는 1828년에 설립되었고 본사는 영국의 런던에 있으며 41,500명의 직원이 근무하고 있다. 회사는 리스크 관리, 보험 중개, 컨설팅, 솔루션 제공 등을 하고 있으며, 윌스 영국 부문(Willis GB Segment), 윌스 캐피탈(소매 및 재보험) 부문(Willis Capital, Wholesale and Reinsurance Segment), 타워스 왓슨 복지 부문(Towers Watson Benefits Segment), 타워스 왓슨 리스크 및 금융 서비스 부문(Towers Watson Risk and Financial Services Segment) 등 총 여덟 가지 부문으로 구성되어 있다. 이들 부문을 통해 위험 관리자 및 보험 중개인으로서 고객에게 자문을 제공하고 전 세계의 보험 회사와 고객을 중개하고 있으며 일반 개인/화물 업체 등 기업/정부 기관 등에 보험/재보험 서비스를 제공하고 있다. 또한, 보험 컨설팅, 리스크 컨설팅, 경영관리 서비스도 주요 서비스 중 하나이다.

기준일 : 2018/ 01 /25
한글 회사명 : 윌리스 타워스 왓슨
영문 회사명 : Willis Towers Watson PLC
상장일 : 2001년 06월 12일 | 결산월 : 12월
시가총액 : 211 (억$) | 52주 최고 : $165 (-4.11%) / 52주 최저 : $120.87 (+30.89%)

주요 주주정보

보유자/ 보유 기관	보유율
The Vanguard Group, Inc.	10.03%
T. Rowe Price Associates, Inc.	9.2%
Harris Associates LP	7.28%

애널리스트 추천 및 최근 투자의견

윌리엄스 타워스 왓슨의 2018년 01월 25일 현재 22개 기관의 **평균적인 목표가는 169.06$**이며, 2018년 추정 주당순이익(EPS)은 9.78$로 2017년 추정 EPS 8.42$에 비해 **16.15% 증가할 것으로 예상**된다.

최근, 1개월, 3개월의 투자 의견 변화

투자의견	금융사 및 투자의견	날짜
Downgrade	William Blair: Outperform to Market Perform	1/16/2018
Initiated	Goldman Sachs: to Sell	4/12/2017
Upgrade	Wells Fargo: Underperform to Market Perform	3/11/2017
Maintains	Barclays: to Overweight	10/16/2017
Maintains	Citigroup: to Buy	7/8/2017

내부자 거래

구분	성격	3개월	12개월	3M비중
	(3M 비중은 12개월 거래 중 최근 3개월의 비중)			
매수	매수 건수 (장내 매매만 해당)	7	26	26.92%
매도	매도 건수 (장내 매매만 해당)	13	82	15.85%
매수	매수 수량 (장내 매매만 해당)	40,322	112,698	35.78%
매도	매도 수량 (장내 매매만 해당)	37,327	5,989,828	0.62%
	순매수량 (-인 경우 순매도량)	2,995	-5,877,130	

ETF 노출   (편입 ETF 수 : 66개 / 시가총액 대비 ETF의 보유비중 : 13.09%)

티커	ETF	보유 지분	비중
VO	Vanguard Mid Cap Index Fund	$520,914,615	0.52%
VTI	Vanguard Total Stock Market ETF	$511,661,165	0.07%
VOO	Vanguard 500 Index Fund	$363,221,219	0.09%
SPY	SPDR S&P 500 Trust ETF	$269,322,304	0.09%
XLF	Financial Select Sector SPDR Fund	$200,529,475	0.58%

기간 수익률

1M : -1.35%	3M : 0.48%	6M : 4.24%	1Y : 22.06%	3Y : 32.27%

재무 지표

	2014	2015	2016	2017(E)
매출액 (백만$)	3,789	3,828	7,845	8,109
영업이익 (백만$)	536	470	695	1,785
순이익 (백만$)	362	373	420	454
자산총계 (백만$)	15,435	18,839	30,253	27,920
자본총계 (백만$)	2,066	2,413	10,234	
부채총계 (백만$)	13,369	16,426	20,019	

안정성 비율	2013	2014	2015	2016
유동비율 (%)	1.10	1.06	0.98	1.03
부채비율 (%)	559.83	647.10	680.73	195.61
이자보상배율 (배)	4.96	4.83	3.39	2.85

투자 지표

	2014	2015	2016	2017(E)
영업이익률 (%)	14.15	12.28	8.86	22.01
매출액 증가율 (%)	3.64	1.03	104.94	3.37
EPS ($)	5.38	5.49	3.07	8.42
EPS 증가율 (%)	-1.93	2.09	-44.08	174.13
주당자산가치($)	29.43	32.49	73.85	72.91
잉여현금흐름 (백만$)	364	97	702	841

	2013	2014	2015	2016
배당성향(%)	54.90	60.00	60.72	63.16
배당수익률(%)	2.50	2.68	2.55	1.57
ROE (%)	18.65	17.24	17.70	6.83
ROA (%)	2.52	2.47	2.24	1.78
재고회전율				
EBITDA (백만$)	882	815	783	1,647

매출비중

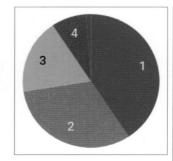

제품명	비중
1. 인적 자본 및 장점	40.9%
2. 기업 리스크 및 중개업	32.09%
3. 투자, 리스크 및 재보험	18.27%
4. 교환 솔루션	8.29%
5. 상환 비용 및 기타	1.18%

ETFC
이트레이드 파이낸셜
E-Trade Financial Corporation

섹터 금융 (Financials)
세부섹터 투자 금융과 중개 (Investment Banking & Brokerage)

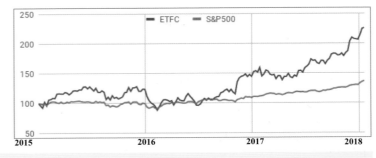

이트레이드 파이낸셜(E-Trade Financial Corporation)은 주로 개인 투자자를 대상으로 온라인 증권 거래 및 관련 제품/서비스 및 단기 예금 상품 등을 제공하는 회사이다. 회사는 1982년에 설립되었고 본사는 뉴욕주 뉴욕에 있으며 3,600명의 직원이 근무하고 있다. 고객의 주식 거래 및 주식 포트폴리오 계정을 관리하고, 데스크톱 및 스마트 폰을 통해 거래 플랫폼을 제공한다. 회사의 중개 사업은 거래 부문, 투자 부문 및 기업 서비스 부문의 세 가지 영역으로 이뤄져 있다. 거래 부문은 미국 주식, ETF, 옵션, 채권, 선물, 및 ADR 등에 대한 다양한 투자 수단을 제공한다. 거래를 위한 채널은 웹, 데스크톱 및 모바일 채널을 통해 제공한다. 투자 부문은 퇴직계좌(IRA), 투자 포트폴리오, 카운셀링 등을 제공하고 있다. 기업 서비스 부문에서는 공공 기관 및 기업을 대상으로 자사주 관리 서비스 등을 제공하고 있다.

기준일 : 2018/ 01 /25
한글 회사명 : 이트레이드 파이낸셜
영문 회사명 : E*Trade Financial Corporation
상장일 : 1996년 08월 16일 | 결산월 : 12월
시가총액 : 145 (억$) |
52주 최고 : $56 (-1.62%) / 52주 최저 : $32.25 (+70.82%)

주요 주주정보

보유자/ 보유 기관	보유율
The Vanguard Group, Inc.	10.79%
BlackRock Fund Advisors	5.01%
PRIMECAP Management Co.	4.78%

애널리스트 추천 및 최근 투자의견

이트레이드 파이낸셜의 2018년 01월 25일 현재 17개 기관의 **평균적인 목표가는 61.56$**이며, 2018년 추정 주당순이익(EPS)은 3.62$로 2017년 추정 EPS 3.17$에 비해 **14.19% 증가**할 것으로 예상된다.

최근, 1개월, 3개월의 투자 의견 변화

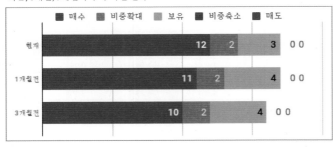

투자의견	금융사 및 투자의견	날짜
Maintains	Morgan Stanley: Overweight to Overweight	1/25/2018
Maintains	Morgan Stanley: Overweight to Overweight	1/23/2018
Downgrade	Atlantic Equities: Overweight to Neutral	1/22/2018
Downgrade	Longbow Research: Buy to Neutral	1/17/2018
Downgrade	Instinet: Buy to Neutral	12/19/2017

내부자 거래

(3M 비중은 12개월 거래 중 최근 3개월의 비중)

구분	성격	3개월	12개월	3M비중
매수	매수 건수 (장내 매매만 해당)	12	35	34.29%
매도	매도 건수 (장내 매매만 해당)	26	37	70.27%
매수	매수 수량 (장내 매매만 해당)	205,524	256,329	80.18%
매도	매도 수량 (장내 매매만 해당)	340,828	476,361	71.55%
	순매수량 (-인 경우 순매도량)	-135,304	-220,032	

ETF 노출

(편입 ETF 수 : 72개 / 시가총액 대비 ETF의 보유비중 : 13.66%)

티커	ETF	보유 지분	비중
VO	Vanguard Mid Cap Index Fund	$350,035,011	0.35%
VTI	Vanguard Total Stock Market ETF	$344,201,276	0.05%
VOO	Vanguard 500 Index Fund	$245,060,997	0.06%
SPY	SPDR S&P 500 Trust ETF	$182,606,097	0.06%
FDN	First Trust DJ Internet Index Fund (ETF)	$153,411,305	2.54%

기간 수익률

1M : 8.82%	3M : 32.19%	6M : 30.38%	1Y : 49.16%	3Y : 144.83%

재무 지표

	2014	2015	2016	2017(E)
매출액 (백만$)	1,904	1,487	2,037	2,358
영업이익 (백만$)	528	211	878	1,073
순이익 (백만$)	293	268	552	619
자산총계 (백만$)	45,921	45,860	49,517	62,178
자본총계 (백만$)	5,375	5,799	6,272	
부채총계 (백만$)	40,546	40,061	43,245	

안정성 비율	2013	2014	2015	2016
유동비율 (%)				
부채비율 (%)	853.06	754.34	690.83	689.49
이자보상배율 (배)				

투자 지표

	2014	2015	2016	2017(E)
영업이익률 (%)	27.73	14.19	43.10	45.49
매출액 증가율 (%)	4.76	-21.90	36.99	15.74
EPS ($)	1.01	0.92	1.99	2.30
EPS 증가율 (%)	238.30	-9.35	116.30	15.62
주당자산가치($)	18.58	19.90	21.46	23.86
잉여현금흐름 (백만$)	103	1,264	1,953	

	2013	2014	2015	2016
배당성향(%)				
배당수익률(%)	0.00	0.00	0.00	0.00
ROE (%)	1.76	5.73	4.80	9.15
ROA (%)	0.18	0.64	0.58	1.16
재고회전율				
EBITDA (백만$)	1,086.76	1,071.00	388.00	908.00

매출비중

제품명	비중
1. 투자 및 관련 활동	
	100%

GS
골드만 삭스
Goldman Sachs Group, Inc

섹터 금융 (Financials)
세부섹터 투자 금융과 중개 (Investment Banking & Brokerage)

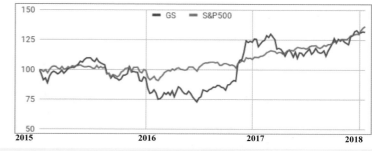

골드만 삭스(Goldman Sachs Group, Inc.)는 기업, 금융 기관, 정부 및 개인에게 다양한 금융 서비스를 제공하는 투자은행 및 증권, 투자 관리 회사이다. 회사는 1869년에 설립되었고 본사는 뉴욕주 뉴욕에 있으며 34,400명의 직원이 근무하고 있다. 회사의 사업 부문은 투자은행, 기관고객 서비스, 투자 및 대출, 투자 관리의 네 부문으로 운영된다. 투자 은행 부문은 인수 합병, 매각, 구조 조정, 리스크 관리와 관련된 전략적 자문 업무를 포함한 재무 자문 서비스를 제공하며, 공공 및 민간 부문 고객과의 파생 상품 거래뿐만 아니라 공모 및 사모 상품 발행, 보험 인수 업무를 수행하고 있다. 기관 고객 서비스 부문은 금 시장, 금리 상품, 신용 상품, 모기지, 통화, 상품 및 주식에 대한 파생 상품을 제공하며, 증권 대출 및 프라임 브로커 서비스를 포함한 증권 서비스를 제공하고 있다. 투자 관리 부문은 포트폴리오 관리 및 재무 상담, 중개 및 기타 거래 서비스로 구성된 자산 자문 서비스를 포함한 투자 관리 제품 및 서비스를 제공하고 있다.

기준일 : 2018/ 01 /25

한글 회사명 : 골드만 삭스
영문 회사명 : Goldman Sachs Group, Inc
상장일 : 1999년 05월 04일 | 결산월 : 12월
시가총액 : 1015 (억$) |
52주 최고 : $265.3 (-0.79%) / 52주 최저 : $209.62 (+25.56%)

주요 주주정보

보유자/ 보유 기관	보유율
The Vanguard Group, Inc.	6.2%
SSgA Funds Management, Inc.	5.93%
Goldman Sachs Shareholders Agreement	5.8%

애널리스트 추천 및 최근 투자의견

골드만 삭스의 2018년 01월 25일 현재 30개 기관의 **평균적인 목표가는 267.44$**이며, 2018년 추정 주당순이익(EPS)은 23.74$로 2017년 추정 EPS 21.34$에 비해 **11.24% 증가할 것으로 예상**된다.

최근, 1개월, 3개월의 투자 의견 변화

투자의견	금융사 및 투자의견	날짜
Maintains	Wells Fargo: Outperform to Outperform	1/25/2018
Upgrade	Vertical Group: Hold to Buy	12/29/2017
Downgrade	Vertical Group: Hold to Sell	6/11/2017
Maintains	Morgan Stanley: to Overweight	10/18/2017
Maintains	BMO Capital: to Market Perform	10/18/2017

내부자 거래

(3M 비중은 12개월 거래 중 최근 3개월의 비중)

구분	성격	3개월	12개월	3M비중
매수	매수 건수 (장내 매매만 해당)	6	6	100.00%
매도	매도 건수 (장내 매매만 해당)	27	66	40.91%
매수	매수 수량 (장내 매매만 해당)	113,347	113,347	100.00%
매도	매도 수량 (장내 매매만 해당)	406,432	1,420,273	28.62%
	순매수량 (-인 경우 순매도량)	-293,085	-1,306,926	

ETF 노출 (편입 ETF 수 : 99개 / 시가총액 대비 ETF의 보유비중 : 11.61%)

티커	ETF	보유 지분	비중
VTI	Vanguard Total Stock Market ETF	$2,195,629,694	0.32%
DIA	SPDR DJA ETF	$1,766,286,789	6.94%
VOO	Vanguard 500 Index Fund	$1,608,320,626	0.39%
PFF	iShares S&P US Pref Stock Idx Fnd (ETF)	$1,567,193,302	8.95%
SPY	SPDR S&P 500 Trust ETF	$1,176,804,368	0.39%

기간 수익률

1M : -0.4%	3M : 13.71%	6M : 16.32%	1Y : 10.3%	3Y : 44.51%

재무 지표

	2014	2015	2016	2017(E)
매출액 (백만$)	38,986	37,032	36,459	31,865
영업이익 (백만$)	13,379	12,891	10,700	11,143
순이익 (백만$)	8,477	6,083	7,398	7,795
자산총계 (백만$)	855,842	861,395	860,165	924,566
자본총계 (백만$)	83,201	87,187	87,399	
부채총계 (백만$)	772,641	774,208	772,766	

안정성 비율	2013	2014	2015	2016
유동비율 (%)				
부채비율 (%)	1,056.84	928.64	887.99	884.18
이자보상배율 (배)				

투자 지표

	2014	2015	2016	2017(E)
영업이익률 (%)	34.32	34.81	29.35	34.97
매출액 증가율 (%)	-1.37	-5.01	-1.55	-12.60
EPS ($)	17.60	12.40	16.58	18.88
EPS 증가율 (%)	7.37	-29.53	33.68	13.85
주당자산가치($)	171.05	180.05	192.78	185.86
잉여현금흐름 (백만$)	11,614	16,496	-14,597	-20,927

	2013	2014	2015	2016
배당성향(%)	13.26	13.18	21.00	15.96
배당수익률(%)	1.16	1.16	1.41	1.09
ROE (%)	10.43	10.51	7.18	8.52
ROA (%)	0.87	0.96	0.71	0.86
재고회전율				
EBITDA (백만$)	13,059	13,694	9,769	11,302

매출비중

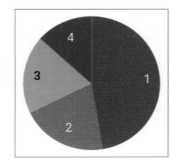

제품명	비중
1. 기관 고객 서비스	47.27%
2. 투자 은행	20.49%
3. 투자 관리	18.91%
4. 투자 및 대출	13.33%

MS
모건스탠리
Morgan Stanley

섹터 금융 (Financials)
세부섹터 투자 금융과 중개 (Investment Banking & Brokerage)

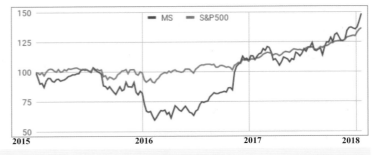

모건스탠리(Morgan Stanley)는 다국적 금융회사로, 자회사 및 계열사를 통해 정부/ 기관/ 개인 고객을 대상으로 자문을 제공하고 각종 증권 업무를 수행하는 금융 지주 회사이다. 회사는 1935년에 설립되었고 본사는 뉴욕주 뉴욕에 있으며 55,311명의 직원이 근무하고 있다. 기관 부문, 자산 관리 및 투자 운용 부문으로 나뉘어 있으며, 기관 부문에서는 투자 은행, 영업 및 거래 및 기타 서비스를 기업, 정부, 금융 기관 및 고액 자산 고객에게 제공하고 있다. 투자 운용 부문은 인수합병(M&A), 구조 조정, 부동산 및 프로젝트 파이낸싱에 대한 자문 서비스 및 부채, 주식 및 기타 유가 증권 인수와 관련된 서비스를 포함한 자본 확충 및 재무 자문 서비스로 구성된다. 회사는 선물, 장외 시장(OTC) 스와프, 옵션 및 기타 파생 상품, 통화, 투자 등급 및 비 투자 등급 기업 크레딧, 대출, 채권과 관련된 서비스를 제공하고 있으며, 보험 상품, 신용 및 기타 대출 상품, 은행 및 은퇴 플랜 서비스를 포함한 자산 관리 서비스 활동도 수행하고 있다.

기준일 : 2018/ 01 /25
한글 회사명 : 모건스탠리
영문 회사명 : Morgan Stanley
상장일 : 1993년 02월 23일 | 결산월 : 12월
시가총액 : 1027 (억$) |
52주 최고 : $57.73 (-0.65%) / 52주 최저 : $40.06 (+43.16%)

주요 주주정보

보유자/ 보유 기관	보유율
Mitsubishi UFJ Financial Group, Inc.	23.9%
SSgA Funds Management, Inc.	8.35%
T. Rowe Price Associates, Inc.	6.8%

애널리스트 추천 및 최근 투자의견

모건스탠리의 2018년 01월 25일 현재 30개 기관의 **평균적인 목표가는 59.94$**이며, 2018년 추정 주당순이익(EPS)은 5$로 2017년 추정 EPS 4.47$에 비해 **11.85% 증가할 것으로 예상**된다.

최근, 1개월, 3개월의 투자 의견 변화

투자의견	금융사 및 투자의견	날짜
Upgrade	Atlantic Equities: Neutral to Overweight	10/1/2018
Upgrade	Keefe Bruyette & Woods: to Outperform	12/13/2017
Maintains	BMO Capital: to Outperform	10/18/2017
Maintains	Buckingham: to Buy	10/18/2017
Maintains	Barclays: to Equal-Weight	10/18/2017

내부자 거래

(3M 비중은 12개월 거래 중 최근 3개월의 비중)

구분	성격	3개월	12개월	3M비중
매수	매수 건수 (장내 매매만 해당)	15	30	50.00%
매도	매도 건수 (장내 매매만 해당)	26	39	66.67%
매수	매수 수량 (장내 매매만 해당)	691,835	762,745	90.70%
매도	매도 수량 (장내 매매만 해당)	893,014	1,472,170	60.66%
	순매수량 (-인 경우 순매도량)	-201,179	-709,425	

ETF 노출
(편입 ETF 수 : 95개 / 시가총액 대비 ETF의 보유비중 : 7.06%)

티커	ETF	보유 지분	비중
VTI	Vanguard Total Stock Market ETF	$1,865,930,872	0.27%
VOO	Vanguard 500 Index Fund	$1,358,216,291	0.33%
SPY	SPDR S&P 500 Trust ETF	$993,772,366	0.33%
XLF	Financial Select Sector SPDR Fund	$749,836,824	2.16%
IVV	Ishares S&P 500	$503,381,818	0.33%

기간 수익률

1M : 8.21%	3M : 23.3%	6M : 23.33%	1Y : 34.91%	3Y : 64.68%

재무 지표

	2014	2015	2016	2017(E)
매출액 (백만$)	37,933	37,900	37,868	37,613
영업이익 (백만$)	3,431	8,882	9,096	10,234
순이익 (백만$)	3,477	6,139	5,975	6,073
자산총계 (백만$)	803,065	788,450	815,992	856,758
자본총계 (백만$)	72,104	76,184	77,177	
부채총계 (백만$)	730,961	712,266	738,815	

안정성 비율	2013	2014	2015	2016
유동비율 (%)				
부채비율 (%)	1,108.93	1,013.76	934.93	957.30
이자보상배율 (배)				

투자 지표

	2014	2015	2016	2017(E)
영업이익률 (%)	9.04	23.44	24.02	27.21
매출액 증가율 (%)	4.06	-0.09	-0.08	-0.67
EPS ($)	1.64	2.97	2.98	3.44
EPS 증가율 (%)	17.99	81.10	0.34	15.53
주당자산가치($)	33.26	35.24	36.99	38.00
잉여현금흐름 (백만$)	36,310	12,887	8,262	-6,134

	2013	2014	2015	2016
배당성향(%)	14.71	21.88	18.97	23.97
배당수익률(%)	0.64	0.90	1.73	1.66
ROE (%)	4.40	5.08	8.41	7.90
ROA (%)	0.43	0.45	0.79	0.76
재고회전율				
EBITDA (백만$)	6,069	4,752	9,928	10,584

매출비중

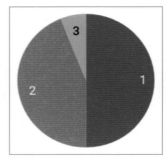

제품명	비중
1. 기관 증권	50.41%
2. 자산 관리	44.32%
3. 투자 관리	6.1%
4. 부문간 공제	-0.84%

RJF
레이먼드 제임스 파이낸셜
Raymond James Financial Inc.

섹터 금융 (Financials)
세부섹터 투자 금융과 중개 (Investment Banking & Brokerage)

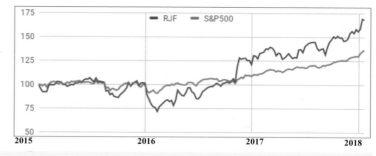

레이먼드 제임스 파이낸셜(Raymond James Financial, Inc.)은 자회사를 통해 자산 관리, 소매 영업 등을 제공하는 금융 지주회사이다. 회사는 1962년에 설립되었고 본사는 플로리다주 세인트피터스버그에 있으며 11,900명의 직원이 근무하고 있다. 자회사로는 레미먼드 제임스&어소시에이트(Raymond James & Associates, Inc.), 레이먼드 제임스 파이낸셜 서비스(Raymond James Financial Services Advisors, Inc.), 레이먼드 제임스 은행(Raymond James Bank, NA) 등이 있으며, 개인 고객 부문, 자본 부문, 자산관리 부문, 은행 부문 등을 통해 운영된다. 개인 고객 부문에서는 미국, 영국 등에 위치한 자회사를 통해 주식, 채권 및 보험 상품 등을 제공하고 있으며, 자본 부문은 미국, 캐나다 및 유럽에서 기관을 대상으로 각종 중개 서비스를 제공하고 있다. 기타 부문에서는 자본 확충 및 사모펀드 관련 활동이 포함된다.

금융

기준일 : 2018/ 01 /25

한글 회사명 : 레이먼드 제임스 파이낸셜
영문 회사명 : Raymond James Financial Inc.
상장일 : 1984년 11월 05일 | 결산월 : 9월
시가총액 : 139 (억$) |
52주 최고 : $97.83 (-1.2%) / 52주 최저 : $71.35 (+35.45%)

주요 주주정보

보유자/ 보유 기관	보유율
JAMES THOMAS ALAN	9.14%
The Vanguard Group, Inc.	8.98%
BlackRock Fund Advisors	4.33%

애널리스트 추천 및 최근 투자의견

레이먼드 제임스 파이낸셜의 2018년 01월 25일 현재 10개 기관의 **평균적인 목표가는 105.5$**이며, 2018년 추정 주당순이익(EPS)은 7.58$로 2017년 추정 EPS 6.57$에 비해 **15.37% 증가할 것으로 예상**된다.

최근, 1개월, 3개월의 투자 의견 변화

투자의견	금융사 및 투자의견	날짜
Maintains	Buckingham: Buy to Buy	1/26/2018
Initiated	Credit Suisse: to Underperform	1/12/2017
Maintains	Citigroup: to Neutral	11/13/2017
Maintains	Buckingham: to Buy	10/27/2017
Upgrade	Wells Fargo: Market Perform to Outperform	9/14/2017

내부자 거래

(3M 비중은 12개월 거래 중 최근 3개월의 비중)

구분	성격	3개월	12개월	3M비중
매수	매수 건수 (장내 매매만 해당)	0	13	0.00%
매도	매도 건수 (장내 매매만 해당)	15	63	23.81%
매수	매수 수량 (장내 매매만 해당)	0	107,014	0.00%
매도	매도 수량 (장내 매매만 해당)	54,303	516,349	10.52%
	순매수량 (-인 경우 순매도량)	-54,303	-409,335	

ETF 노출   (편입 ETF 수 : 81개 / 시가총액 대비 ETF의 보유비중 : 11.81%)

티커	ETF	보유 지분	비중
VO	Vanguard Mid Cap Index Fund	$307,744,081	0.31%
VTI	Vanguard Total Stock Market ETF	$302,346,440	0.04%
VOO	Vanguard 500 Index Fund	$212,582,949	0.05%
SPY	SPDR S&P 500 Trust ETF	$156,402,073	0.05%
XLF	Financial Select Sector SPDR Fund	$117,349,694	0.34%

기간 수익률

1M : 9%	3M : 20.58%	6M : 16.28%	1Y : 32.31%	3Y : 82.69%

재무 지표

	2014	2015	2016	2017(E)
매출액 (백만$)	4,990	5,245	5,520	6,347
영업이익 (백만$)	769	777	777	897
순이익 (백만$)	477	501	528	707
자산총계 (백만$)	23,375	26,530	31,638	34,851
자본총계 (백만$)	4,433	4,786	5,150	
부채총계 (백만$)	18,942	21,744	26,489	

안정성 비율	2013	2014	2015	2016
유동비율 (%)				
부채비율 (%)	481.22	427.28	454.31	514.35
이자보상배율 (배)				

투자 지표

	2014	2015	2016	2017(E)
영업이익률 (%)	15.41	14.81	14.08	14.13
매출액 증가율 (%)	9.34	5.11	5.25	14.98
EPS ($)	3.41	3.51	3.72	5.02
EPS 증가율 (%)	31.15	2.64	5.71	34.81
주당자산가치($)	29.33	31.64	34.72	38.19
잉여현금흐름 (백만$)	321	806	-139	1,116

	2013	2014	2015	2016
배당성향(%)	21.70	19.28	21.00	21.90
배당수익률(%)	1.34	1.19	1.45	1.37
ROE (%)	10.47	12.23	11.56	11.19
ROA (%)	1.77	1.91	1.92	1.74
재고회전율				
EBITDA (백만$)	660.27	780.11	1,041.89	1,032.74

매출비중

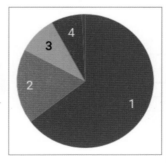

제품명	비중
1. 개인 고객 그룹	65.7%
2. 자본 시장	18.41%
3. 레이몬드 제임스 은행	9.37%
4. 자산 관리	7.33%
5. 기타	0.84%

SCHW
찰스 슈왑
Charles Schwab Corporation

섹터 금융 (Financials)
세부섹터 투자 금융과 중개 (Investment Banking & Brokerage)

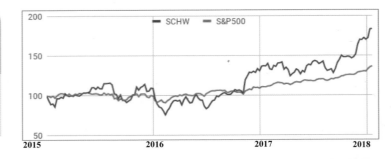

찰스 슈왑(Charles Schwab Corporation)은 자회사를 통해 자산 관리, 증권 중개, 금융, 자산 관리 및 재정과 관련된 자문 서비스를 제공하는 금융회사이다. 회사는 1986년에 설립되었고 본사는 캘리포니아주 샌프란시스코에 있으며 16,200명의 직원이 근무하고 있다. 사업 부문은 투자자 서비스 및 자문 서비스의 두 부문으로 구성되어있다. 투자자 서비스 부문은 소매 중개 및 은행 서비스, 퇴직 연금 플랜 서비스 등을 제공한다. 자문 서비스 부문은 개인/기업의 퇴직 관련 서비스 및 중개 계정을 제공하고 있다. 뮤추얼 펀드 마켓을 통해 펀드의 거래, 브로커-딜러간 청산 서비스, ETF 관리 포트폴리오, 맞춤 포트폴리오에 대한 개별 자문과 같은 서비스를 제공하고 있으며, 수표 및 예금 계좌, 예금 증서, 주택 담보 대출 및 주택 담보 대출과 같은 은행 서비스도 제공하고 있다.

기준일 : 2018/ 01 /25

한글 회사명 : 찰스 슈왑
영문 회사명 : Charles Schwab Corporation
상장일 : 1987년 09월 23일 | 결산월 : 12월
시가총액 : 726 (억$) |
52주 최고 : $56.25 (-1.36%) / 52주 최저 : $37.16 (+49.3%)

주요 주주정보

보유자/ 보유 기관	보유율
SCHWAB CHARLES ROBERT	11.14%
Dodge & Cox	6.58%
The Vanguard Group, Inc.	6.01%

애널리스트 추천 및 최근 투자의견

찰스 슈왑의 2018년 01월 25일 현재 22개 기관의 **평균적인 목표가는 60.76$**이며, 2018년 추정 주당순이익(EPS)은 2.85$로 2017년 추정 EPS 2.42$에 비해 **17.76% 증가할 것으로 예상**된다.

최근, 1개월, 3개월의 투자 의견 변화

투자의견	금융사 및 투자의견	날짜
Downgrade	Citigroup: Buy to Neutral	1/22/2018
Downgrade	JMP Securities: to Market Perform	3/1/2018
Initiated	Credit Suisse: to Outperform	1/12/2018
Maintains	Deutsche Bank: to Hold	10/25/2017
Maintains	Barclays: to Overweight	10/10/2017

내부자 거래

(3M 비중은 12개월 거래 중 최근 3개월의 비중)

구분	성격	3개월	12개월	3M비중
매수	매수 건수 (장내 매매만 해당)	0	16	0.00%
매도	매도 건수 (장내 매매만 해당)	21	99	21.21%
매수	매수 수량 (장내 매매만 해당)	0	105,195	0.00%
매도	매도 수량 (장내 매매만 해당)	1,228,458	5,700,655	21.55%
	순매수량 (-인 경우 순매도량)	-1,228,458	-5,595,460	

ETF 노출   (편입 ETF 수 : 91개 / 시가총액 대비 ETF의 보유비중 : 8.37%)

티커	ETF	보유 지분	비중
VTI	Vanguard Total Stock Market ETF	$1,577,474,230	0.23%
VOO	Vanguard 500 Index Fund	$1,106,004,949	0.27%
SPY	SPDR S&P 500 Trust ETF	$808,801,803	0.27%
XLF	Financial Select Sector SPDR Fund	$610,392,139	1.76%
VUG	Vanguard Growth ETF	$440,700,038	0.56%

기간 수익률

1M : 8.19%	3M : 37.97%	6M : 31.62%	1Y : 34.3%	3Y : 106.24%

재무 지표

	2014	2015	2016	2017(E)
매출액 (백만$)	6,084	6,426	7,628	8,609
영업이익 (백만$)	2,043	2,204	2,977	3,685
순이익 (백만$)	1,321	1,447	1,889	2,205
자산총계 (백만$)	154,642	183,718	223,383	241,318
자본총계 (백만$)	11,803	13,402	16,421	
부채총계 (백만$)	142,839	170,316	206,962	

안정성 비율	2013	2014	2015	2016
유동비율 (%)				
부채비율 (%)	1,286.00	1,210.19	1,270.83	1,260.35
이자보상배율 (배)				

투자 지표

	2014	2015	2016	2017(E)
영업이익률 (%)	33.58	34.30	39.03	42.80
매출액 증가율 (%)	9.64	5.62	18.71	12.86
EPS ($)	0.97	1.04	1.32	1.62
EPS 증가율 (%)	23.13	7.46	26.92	22.32
주당자산가치($)	8.34	9.05	10.23	12.68
잉여현금흐름 (백만$)	-825	-186	4,808	1,188

	2013	2014	2015	2016
배당성향(%)	30.77	25.03	23.30	20.61
배당수익률(%)	0.92	0.79	0.73	0.68
ROE (%)	10.73	11.91	11.48	12.67
ROA (%)	0.77	0.89	0.86	0.93
재고회전율				
EBITDA (백만$)	1,985	2,311	2,509	3,319

매출비중

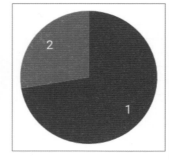

제품명	비중
1. 투자 서비스	
	72.36%
2. 자문 서비스	
	27.64%

AFL
아플락
AFLAC Inc

섹터 금융 (Financials)
세부섹터 생명/건강 보험 (Life & Health Insurance)

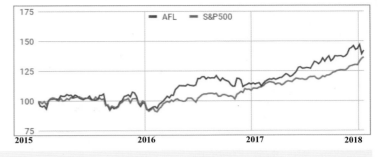

아플락(Aflac Incorporated)은 자회사인 콜럼버스(Columbus)의 아메리칸 패밀리 라이프 어슈어런스 컴퍼니(American Family Life Assurance Company)를 통해 생명 보험 및 기타 보험 사업을 영위하는 보험 지주회사이다. 회사는 1955년에 설립되었고 본사는 조지아주 콜럼부스에 있으며 10,221명의 직원이 근무하고 있다. 회사의 보험 사업은 아플락 일본(Aflac Japan)과 아플락 미국(Aflac U.S)의 두 부분으로 구성되어 있으며, 생명보험 및 손해보험을 일본과 미국의 5천만 명 이상에게 제공하고 있다. 아플락 일본의 주요 상품은 암 플랜, 일반 의료 보상 플랜, 간병 플랜, 생활 보장 플랜, 일반 생명 보험 플랜 및 연금 플랜 등이 있다. 아플락 미국은 사고, 암, 중환자 돌봄 서비스, 중환자 치료 서비스, 치과 및 안과 서비스, 손실보험과 같은 보험 상품을 판매하고 있다.

기준일 : 2018/ 01 /25

한글 회사명 : 아플락
영문 회사명 : AFLAC Inc
상장일 : 1973년 08월 24일 | 결산월 : 12월
시가총액 : 352 (억$) |
52주 최고 : $91.73 (-3.47%) / 52주 최저 : $66.5 (+33.14%)

주요 주주정보

보유자/ 보유 기관	보유율
The Vanguard Group, Inc.	8.11%
Norges Bank Investment Management	5.31%
SSgA Funds Management, Inc.	5.19%

애널리스트 추천 및 최근 투자의견

아플락의 2018년 01월 25일 현재 16개 기관의 **평균적인 목표가는 89.38$**이며, 2018년 추정 주당순이익(EPS)은 7.5$로 2017년 추정 EPS 6.75$에 비해 **11.11% 증가할 것으로 예상**된다.

최근, 1개월, 3개월의 투자 의견 변화

투자의견	금융사 및 투자의견	날짜
Upgrade	Raymond James: Outperform to Strong Buy	1/22/2018
Maintains	Morgan Stanley: to Equal-Weight	11/13/2017
Initiated	Goldman Sachs: to Neutral	10/18/2017
Downgrade	Citigroup: Neutral to Sell	9/26/2017
Downgrade	Bank of America: Neutral to Underperform	8/9/2017

내부자 거래

(3M 비중은 12개월 거래 중 최근 3개월의 비중)

구분	성격	3개월	12개월	3M비중
매수	매수 건수 (장내 매매만 해당)	9	30	30.00%
매도	매도 건수 (장내 매매만 해당)	16	53	30.19%
매수	매수 수량 (장내 매매만 해당)	126,927	355,786	35.68%
매도	매도 수량 (장내 매매만 해당)	88,101	2,074,052	4.25%
	순매수량 (-인 경우 순매도량)	38,826	-1,718,266	

ETF 노출

(편입 ETF 수 : 103개 / 시가총액 대비 ETF의 보유비중 : 11.41%)

티커	ETF	보유 지분	비중
VTI	Vanguard Total Stock Market ETF	$849,222,859	0.12%
VOO	Vanguard 500 Index Fund	$602,575,897	0.15%
SPY	SPDR S&P 500 Trust ETF	$441,369,871	0.15%
XLF	Financial Select Sector SPDR Fund	$332,536,258	0.96%
VIG	Vanguard Dividend Appreciation ETF	$312,296,096	0.87%

기간 수익률

1M : -2.73%	3M : 4.84%	6M : 11.92%	1Y : 23.88%	3Y : 49.22%

재무 지표

	2014	2015	2016	2017(E)
매출액 (백만$)	22,728	21,035	22,897	21,528
영업이익 (백만$)	4,522	4,245	4,287	3,117
순이익 (백만$)	2,951	2,533	2,659	2,689
자산총계 (백만$)	119,767	118,256	129,819	24,270
자본총계 (백만$)	18,347	17,708	20,482	
부채총계 (백만$)	101,420	100,548	109,337	

안정성 비율	2013	2014	2015	2016
유동비율 (%)				
부채비율 (%)	750.04	552.79	567.81	533.82
이자보상배율 (배)	17.09	14.26	14.69	16.00

투자 지표

	2014	2015	2016	2017(E)
영업이익률 (%)	19.90	20.18	18.72	14.48
매출액 증가율 (%)	-4.52	-7.45	8.85	-5.98
EPS ($)	6.54	5.88	6.46	6.75
EPS 증가율 (%)	-3.82	-10.09	9.86	4.56
주당자산가치($)	41.47	41.73	50.47	55.72
잉여현금흐름 (백만$)	6,550	6,776	5,987	6,128

	2013	2014	2015	2016
배당성향(%)	21.01	23.08	27.01	25.86
배당수익률(%)	2.13	2.46	2.64	2.39
ROE (%)	20.64	17.90	14.05	13.93
ROA (%)	2.44	2.42	2.13	2.14
재고회전율				
EBITDA (백만$)	5,109	4,808	4,151	4,335

매출비중

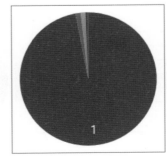

제품명	비중
1. 건강 및 생명 보험	
	98.84%
2. 기업	
	1.26%
3. 기타 사업 분야	
	1.22%
4. 기타 영업 외 수익 (손실)	
	0.48%
5. 부문간 공제	
	-0.88%

BHF
브라이트하우스 파이낸셜
Brighthouse Financial, Inc.

섹터 금융 (Financials)
세부섹터 생명/건강 보험(Life & Health Insurance)

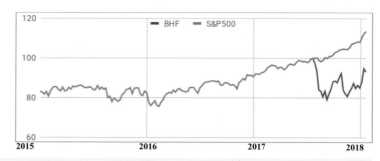

브라이트하우스 파이낸셜(Brighthouse Financial, Inc.)은 미국에서 생명 보험 및 연금 상품을 제공하는 회사이다. 회사는 2016년에 설립되었고 본사는 노스캐롤라이나주 샬롯에 있으며 1,200명의 직원이 근무하고 있다. 사업 부문은 연금 부문, 생명보험 부문 등으로 나누어진다. 회사는 변동형, 고정형, 장기형, 종신형 보험 상품 등을 다양한 소매 유통 채널을 통해 판매하고 있다. 연금 부문은 개인에게 생명 보험 및 연금 상품을 제공하고 있으며 주식 인덱스에 투자하는 인덱스 연금(indexed annuities), 고정된 연금을 제공하는 소득 연금(Income annuities) 등을 제공하고 있다. 생명 보험 부문에는 장기, 단기 상품 등이 포함되며, 유니버설 생명 보험 상품은 확정된 이자율로 보험금을 적립하고 사전에 약정된 이슈에 대해 보험금을 지급한다. 보험에 대한 담보 대출 서비스도 제공하고 있다. 총 자산규모는 240조 원 규모이며, 270만 건의 계약 수를 보유하고 있다.

기준일 : 2018/ 01 /25

한글 회사명 : 브라이트하우스파이낸셜
영문 회사명 : Brighthouse Financial, Inc.
상장일 : 2017년 07월 17일 | 결산월 : 12월
시가총액 : 78 (억$) |
52주 최고 : $75 (-12.9%) / 52주 최저 : $52.75 (+23.82%)

주요 주주정보

보유자/ 보유 기관	보유율
Metropolitan Life Insurance Co.	19.37%
The Vanguard Group, Inc.	7.04%
Greenlight Capital, Inc.	5.67%

애널리스트 추천 및 최근 투자의견

브라이트하우스 파이낸셜의 2018년 01월 25일 현재 14개 기관의 **평균적인 목표가는 65.92$**이며, 2018년 추정 주당순이익(EPS)은 9.64$로 2017년 추정 EPS 1.5$에 비해 **542.66% 증가**할 것으로 예상된다.

최근, 1개월, 3개월의 투자 의견 변화

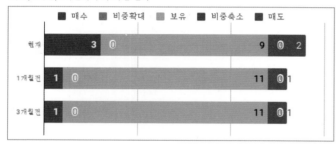

투자의견	금융사 및 투자의견	날짜
Downgrade	JP Morgan: Neutral to Underweight	2/1/2018
Initiated	Goldman Sachs: to Neutral	10/18/2017
Initiated	Argus: to Hold	9/21/2017
Upgrade	Bank of America: Underperform to Neutral	8/9/2017
Initiated	Morgan Stanley: to Equal-Weight	8/14/2017

내부자 거래

구분	성격	3개월	12개월	3M비중
매수	매수 건수 (장내 매매만 해당)	0	2	0.00%
매도	매도 건수 (장내 매매만 해당)	0	2	0.00%
매수	매수 수량 (장내 매매만 해당)	0	119,675,106	0.00%
매도	매도 수량 (장내 매매만 해당)	0	80,138	0.00%
	순매수량 (-인 경우 순매도량)	0	119,755,244	

(3M 비중은 12개월 거래 중 최근 3개월의 비중)

ETF 노출
(편입 ETF 수 : 56개 / 시가총액 대비 ETF의 보유비중 : 10.34%)

티커	ETF	보유 지분	비중
VO	Vanguard Mid Cap Index Fund	$152,717,569	0.15%
VTI	Vanguard Total Stock Market ETF	$150,127,696	0.02%
VOO	Vanguard 500 Index Fund	$106,480,359	0.03%
SPY	SPDR S&P 500 Trust ETF	$80,223,381	0.03%
XLF	Financial Select Sector SPDR Fund	$58,808,085	0.17%

기간 수익률

1M : 9.82%	3M : 13.49%	6M : -6.86%

재무 지표

	2014	2015	2016	2017(E)
매출액 (백만$)		8,925	3,042	6,842
영업이익 (백만$)		1,496	-4,520	-615
순이익 (백만$)		1,119	-2,939	-378
자산총계 (백만$)		227,011	222,604	
자본총계 (백만$)		16,839	14,862	
부채총계 (백만$)		210,172	207,742	

안정성 비율	2013	2014	2015	2016
유동비율 (%)				
부채비율 (%)			1,248.13	1,397.81
이자보상배율 (배)			7.67	-24.04

투자 지표

	2014	2015	2016	2017(E)
영업이익률 (%)		16.76	-148.59	-9.00
매출액 증가율 (%)		-5.83	-65.92	126.71
EPS ($)		9.34	-24.54	-3.16
EPS 증가율 (%)		-3.45	-362.65	
주당자산가치($)		140.59	124.08	114.93
잉여현금흐름 (백만$)		4,631	3,736	3,396

	2013	2014	2015	2016
배당성향(%)				
배당수익률(%)			0.00	0.00
ROE (%)			13.29	-18.54
ROA (%)			0.49	-1.35
재고회전율				
EBITDA (백만$)			1,658	-4,513

매출비중

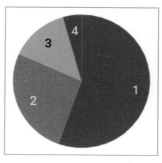

제품명	비중
1. 연금	164.28%
2. 실행 - 오프	77.63%
3. 생명	41.39%
4. 기업 및 기타	13.29%
5. 기타 조정	-0.13%

MET
메트라이프
MetLife, Inc.

섹터 금융 (Financials)
세부섹터 생명/건강 보험 (Life & Health Insurance)

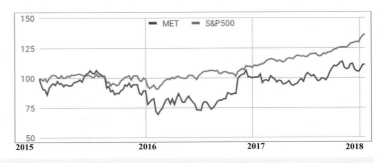

메트라이프(MetLife, Inc.)는 전 세계에 걸쳐 생명 보험, 연금, 자산 관리 서비스를 제공하는 미국 최대 생명보험 회사이다. 회사는 1999년에 설립되었고 본사는 뉴욕주 뉴욕에 있으며 58,00명의 직원이 근무하고 있다. 회사는 미국, 아시아, 라틴아메리카, 유럽, 중동 및 아프리카, 메트라이프(MetLife) 홀딩스의 여섯 가지 부문으로 이뤄져 있으며, 전 세계 40여 개 국가에서 9천만 명 이상의 고객에게 서비스를 제공하고 있다. 미국에서는 생명보험, 치과, 장애, 재산 및 재해, 연금 등의 보험 및 금융 서비스 제품을 제공하고 있으며, 미국 이외의 지역에서는 개인, 단체 고객을 대상으로 생명 보험, 의료 보험, 치과 보험, 신용 보험 및 기타 사고 및 건강 보험은 물론 연금 및 은퇴 서비스를 제공하고 있다.

기준일 : 2018/ 01 /25
한글 회사명 : 메트라이프
영문 회사명 : MetLife, Inc.
상장일 : 2000년 04월 05일 | 결산월 : 12월
시가총액 : 568 (억$) |
52주 최고 : $55.91 (-3.36%) / 52주 최저 : $44.43 (+21.6%)

주요 주주정보

보유자/ 보유 기관	보유율
MetLife Policyholder Trust	14.85%
The Vanguard Group, Inc.	6.21%
Wellington Management Co. LLP	5.13%

애널리스트 추천 및 최근 투자의견

메트라이프의 2018년 01월 25일 현재 19개 기관의 **평균적인 목표가는 56.6$**이며, 2018년 추정 주당순이익(EPS)은 4.9$로 2017년 추정 EPS 4.54$에 비해 **7.92% 증가할 것으로 예상**된다.

최근, 1개월, 3개월의 투자 의견 변화

투자의견	금융사 및 투자의견	날짜
Maintains	Morgan Stanley: to Equal-Weight	11/13/2017
Downgrade	Sandler O'Neill: Buy to Hold	10/11/2017
Maintains	Argus: to Buy	6/11/2017
Maintains	Morgan Stanley: to Equal-Weight	3/11/2017
Initiated	Goldman Sachs: to Buy	10/18/2017

내부자 거래

(3M 비중은 12개월 거래 중 최근 3개월의 비중)

구분		성격	3개월	12개월	3M비중
매수	매수 건수 (장내 매매만 해당)		26	66	39.39%
매도	매도 건수 (장내 매매만 해당)		9	12	75.00%
매수	매수 수량 (장내 매매만 해당)		136,192	176,305	77.25%
매도	매도 수량 (장내 매매만 해당)		127,241	267,175	47.62%
	순매수량 (-인 경우 순매도량)		8,951	-90,870	

ETF 노출
(편입 ETF 수 : 94개 / 시가총액 대비 ETF의 보유비중 : 8.78%)

티커	ETF	보유 지분	비중
VTI	Vanguard Total Stock Market ETF	$1,111,238,435	0.16%
VOO	Vanguard 500 Index Fund	$975,843,034	0.24%
SPY	SPDR S&P 500 Trust ETF	$717,817,351	0.24%
XLF	Financial Select Sector SPDR Fund	$538,615,857	1.55%
IVV	Ishares S&P 500	$361,588,202	0.24%

기간 수익률

1M : 3.87%	3M : 10.01%	6M : 9.65%	1Y : 10.28%	3Y : 22.3%

재무 지표

	2014	2015	2016	2017(E)
매출액 (백만$)	72,301	70,449	70,674	63,743
영업이익 (백만$)	8,209	6,991	-663	6,552
순이익 (백만$)	6,312	5,268	800	5,014
자산총계 (백만$)	910,401	884,178	905,164	57,575
자본총계 (백만$)	72,659	68,496	67,480	
부채총계 (백만$)	837,742	815,682	837,684	

안정성 비율	2013	2014	2015	2016
유동비율 (%)				
부채비율 (%)	1,305.61	1,152.98	1,190.85	1,241.38
이자보상배율 (배)	2.67	6.75	5.79	-0.55

투자 지표

	2014	2015	2016	2017(E)
영업이익률 (%)	11.35	9.92	-0.94	10.28
매출액 증가율 (%)	2.18	-2.56	0.32	-9.81
EPS ($)	5.48	4.61	0.63	4.54
EPS 증가율 (%)	86.40	-15.88	-86.33	620.50
주당자산가치($)	63.65	61.88	61.44	46.08
잉여현금흐름 (백만$)	16,376	14,129	14,827	12,283

	2013	2014	2015	2016
배당성향(%)	34.71	24.45	32.28	250.00
배당수익률(%)	2.10	2.75	3.43	3.28
ROE (%)	5.34	9.45	7.53	1.18
ROA (%)	0.39	0.71	0.59	0.09
재고회전율				
EBITDA (백만$)	6,048	10,733	7,512	6,090

매출비중

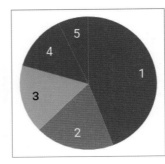

제품명	비중
1. 미국	46.44%
2. 메트 라이프 홀딩스	19.64%
3. 아시아	17.58%
4. Brighthouse 금융	14.1%
5. 라틴 아메리카	7.36%

PFG
프린시플 파이낸셜 그룹
Principal Financial Group, Inc.

섹터 금융 (Financials)
세부섹터 생명/건강 보험 (Life & Health Insurance)

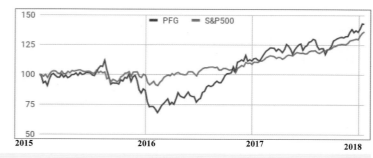

프린시플 파이낸셜 그룹(Principal Financial Group, Inc.)은 전 세계의 개인, 기업, 기관 고객을 대상으로 은퇴, 자산 관리 및 보험 상품 및 서비스를 제공하는 자산 관리 회사이다. 회사는 1879년에 설립되었고 본사는 아이오와주 디모인에 있으며 14,854명의 직원이 근무하고 있다. 회사의 주요 부문에는 은퇴 및 소득 솔루션 부문(Retirement and Income Solutions), 글로벌 투자자 부문(Principal Global Investors), 국제 부문(Principal International) 및 미국 보험 솔루션 부문(U.S. Insurance Solutions)이 있다. 은퇴 및 소득 솔루션 부문은 퇴직 저축 및 소득을 포함한 자산 축적 상품 및 서비스 포트폴리오를 제공하며, 글로벌 투자자 부문은 자산 배분, 자산 관리 및 주식, 채권, 부동산, 기타 대체 투자를 제공하고 있다. 국제 부문은 브라질, 중국 등에서 연금, 자산 관리 및 생명 보험 서비스를 제공하고 있다.

기준일 : 2018/ 01 /25

한글 회사명 : 프린시플 파이낸스 그룹
영문 회사명 : Principal Financial Group
상장일 : 2001년 10월 23일 | 결산월 : 12월
시가총액 : 214 (억$) |
52주 최고 : $74.8 (-1.04%) / 52주 최저 : $56.12 (+31.89%)

주요 주주정보

보유자/ 보유 기관	보유율
The Vanguard Group, Inc.	10.29%
Nissay Asset Management Corp.	6.28%
BlackRock Fund Advisors	4.91%

애널리스트 추천 및 최근 투자의견

프린시플 파이낸스 그룹의 2018년 01월 25일 현재 13개 기관의 **평균적인 목표가는 75.73$**이며, 2018년 추정 주당순이익(EPS)은 5.89$로 2017년 추정 EPS 5.22$에 비해 **12.83% 증가할 것으로 예상**된다.

최근, 1개월, 3개월의 투자 의견 변화

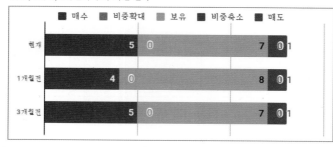

투자의견	금융사 및 투자의견	날짜
Downgrade	Wells Fargo: Outperform to Market Perform	9/1/2018
Maintains	Wells Fargo: to Outperform	10/19/2017
Initiated	Goldman Sachs: to Neutral	10/18/2017
Maintains	Morgan Stanley: to Equal-Weight	5/10/2017
Maintains	Barclays: to Equal-Weight	11/8/2017

내부자 거래

(3M 비중은 12개월 거래 중 최근 3개월의 비중)

구분	성격	3개월	12개월	3M비중
매수	매수 건수 (장내 매매만 해당)	26	91	28.57%
매도	매도 건수 (장내 매매만 해당)	6	52	11.54%
매수	매수 수량 (장내 매매만 해당)	88,768	119,499	74.28%
매도	매도 수량 (장내 매매만 해당)	158,402	1,123,475	14.10%
	순매수량 (-인 경우 순매도량)	-69,634	-1,003,976	

ETF 노출

(편입 ETF 수 : 93개 / 시가총액 대비 ETF의 보유비중 : 12.97%)

티커	ETF	보유 지분	비중
VO	Vanguard Mid Cap Index Fund	$524,309,092	0.53%
VTI	Vanguard Total Stock Market ETF	$515,596,805	0.07%
VOO	Vanguard 500 Index Fund	$340,011,269	0.08%
SPY	SPDR S&P 500 Trust ETF	$245,767,467	0.08%
XLF	Financial Select Sector SPDR Fund	$187,714,978	0.54%

기간 수익률

1M : 5.22%	3M : 18.46%	6M : 11.48%	1Y : 27.14%	3Y : 54.17%

재무 지표

	2014	2015	2016	2017(E)
매출액 (백만$)	10,526	12,053	12,524	13,861
영업이익 (백만$)	1,573	1,449	1,777	1,870
순이익 (백만$)	1,124	1,234	1,317	1,536
자산총계 (백만$)	219,087	218,660	228,014	130,567
자본총계 (백만$)	10,290	9,463	10,391	
부채총계 (백만$)	208,797	209,197	217,623	

안정성 비율	2013	2014	2015	2016
유동비율 (%)				
부채비율 (%)	1,976.89	2,029.13	2,210.66	2,094.28
이자보상배율 (배)	344.44	524.30	1,317.55	1,615.00

투자 지표

	2014	2015	2016	2017(E)
영업이익률 (%)	14.94	12.02	14.19	13.49
매출액 증가율 (%)	10.66	14.50	3.91	10.67
EPS ($)	3.70	4.11	4.55	5.22
EPS 증가율 (%)	23.75	11.08	10.71	14.76
주당자산가치($)	34.65	31.95	35.55	41.33
잉여현금흐름 (백만$)	2,967	4,241	3,703	4,023

	2013	2014	2015	2016
배당성향(%)	33.22	35.07	36.95	35.78
배당수익률(%)	1.99	2.46	3.33	2.78
ROE (%)	9.39	11.32	12.66	13.48
ROA (%)	0.51	0.54	0.57	0.61
재고회전율				
EBITDA (백만$)	1,277.90	1,664.40	1,623.80	1,778.30

매출비중

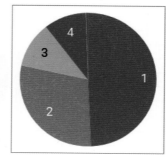

제품명	비중
1. 퇴직 소득 솔루션	
	49.63%
2. 미국 보험 솔루션	
	29.35%
3. 주요 글로벌 투자자	
	11.19%
4. 주요 국제	
	10.1%
5. 순 실현 자본 이익 (손실)	
	0.65%

PRU
푸르덴셜 파이낸셜
Prudential Financial, Inc.

섹터 금융 (Financials)
세부섹터 생명/건강 보험 (Life & Health Insurance)

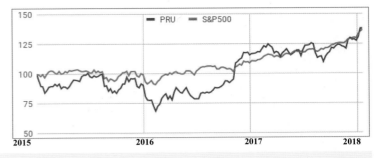

푸르덴셜 파이낸셜(Prudential Financial, Inc.)은 자회사를 통해 미국을 포함한 전 세계에 보험, 투자 관리, 기타 금융 상품 및 서비스를 제공하며, 주로 생명 보험, 연금, 퇴직 관련 뮤추얼 펀드 및 투자 관리 서비스를 제공하고 있는 지주회사이다. 회사는 1875년에 설립되었고 본사는 뉴저지주 뉴왁에 있으며 49,739명의 직원이 근무하고 있다. 주요 부문에는 퇴직 솔루션 및 투자 관리(미국), 개인 생명 및 단체 보험(미국), 국제 보험 부문이 있다. 퇴직 솔루션 및 투자 관리 부문(미국)은 미국 내에서 변동식과 고정식 연금 서비스, 보험료 자문, 맞춤식 보험 계약자 교육, 기관 투자 및 소매 투자 서비스와 같은 다양한 서비스를 제공한다. 국제 보험 부문에서는 다양한 국가에서 개인 생명 보험, 퇴직 관련 서비스를 제공하고 있다.

기준일 : 2018/ 01 /25

한글 회사명 : 푸르덴셜 파이낸셜
영문 회사명 : Prudential Financial, Inc.
상장일 : 2001년 12월 13일 | 결산월 : 12월
시가총액 : 527 (억$) |
52주 최고 : $125.95 (-0.18%) / 52주 최저 : $97.88 (+28.44%)

주요 주주정보

보유자 / 보유 기관	보유율
The Vanguard Group, Inc.	7%
BlackRock Fund Advisors	4.6%
SSgA Funds Management, Inc.	4.52%

애널리스트 추천 및 최근 투자의견

푸르덴셜 파이낸셜의 2018년 01월 25일 현재 19개 기관의 **평균적인 목표가는 128.73$**이며, 2018년 추정 주당순이익(EPS)은 12.15$로 2017년 추정 EPS 10.53$에 비해 **15.38% 증가**할 것으로 예상된다.

최근, 1개월, 3개월의 투자 의견 변화

투자의견	금융사 및 투자의견	날짜
Upgrade	Atlantic Equities: Neutral to Overweight	11/1/2018
Maintains	Morgan Stanley: to Equal-Weight	2/11/2017
Initiated	Goldman Sachs: to Neutral	10/18/2017
Upgrade	Citigroup: Neutral to Buy	10/17/2017
Upgrade	FBR Capital: Neutral to Buy	10/10/2017

내부자 거래

(3M 비중은 12개월 거래 중 최근 3개월의 비중)

구분	성격	3개월	12개월	3M비중
매수	매수 건수 (장내 매매만 해당)	0	0	-
매도	매도 건수 (장내 매매만 해당)	15	26	57.69%
매수	매수 수량 (장내 매매만 해당)	0	0	-
매도	매도 수량 (장내 매매만 해당)	114,241	664,749	17.19%
	순매수량 (-인 경우 순매도량)	-114,241	-664,749	

ETF 노출
(편입 ETF 수 : 98개 / 시가총액 대비 ETF의 보유비중 : 9.46%)

티커	ETF	보유 지분	비중
VTI	Vanguard Total Stock Market ETF	$1,273,292,995	0.19%
VOO	Vanguard 500 Index Fund	$903,476,066	0.22%
SPY	SPDR S&P 500 Trust ETF	$665,042,309	0.22%
XLF	Financial Select Sector SPDR Fund	$498,681,660	1.44%
IVV	Ishares S&P 500	$334,201,861	0.22%

기간 수익률

1M : 7.25%	3M : 20.77%	6M : 11.08%	1Y : 17.55%	3Y : 53.24%

재무 지표

	2014	2015	2016	2017(E)
매출액 (백만$)	56,414	55,071	57,497	51,256
영업이익 (백만$)	1,759	7,769	5,705	6,305
순이익 (백만$)	1,355	5,587	4,318	4,707
자산총계 (백만$)	766,655	757,255	783,962	573,067
자본총계 (백만$)	42,349	41,923	46,088	
부채총계 (백만$)	724,306	715,332	737,874	

안정성 비율	2013	2014	2015	2016
유동비율 (%)				
부채비율 (%)	1,939.47	1,710.33	1,706.30	1,601.01
이자보상배율 (배)				

투자 지표

	2014	2015	2016	2017(E)
영업이익률 (%)	3.30	13.60	9.70	12.30
매출액 증가율 (%)	18.88	-2.38	4.41	-10.86
EPS ($)	2.97	12.37	9.85	10.53
EPS 증가율 (%)	304.63	316.53	-20.37	6.93
주당자산가치($)	91.84	93.69	106.76	85.84
잉여현금흐름 (백만$)	19,396	13,895	14,778	13,445

	2013	2014	2015	2016
배당성향(%)		73.07	20.05	28.84
배당수익률(%)	1.88	2.40	3.00	2.69
ROE (%)	-1.85	3.52	13.36	9.84
ROA (%)	-0.08	0.19	0.74	0.57
재고회전율				
EBITDA (백만$)	-1,273	2,390	7,882	6,023

매출비중

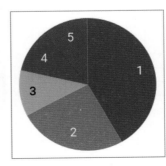

제품명	비중
1. 국제 보험	35.74%
2. 퇴직	21.91%
3. 중대 보험	9.64%
4. 개인생명 보험	9.11%
5. 그룹 보험	9.09%

TMK
토치마크 코퍼레이션
Torchmark Corporation

섹터 금융 (Financials)
세부섹터 생명/건강 보험 (Life & Health Insurance))

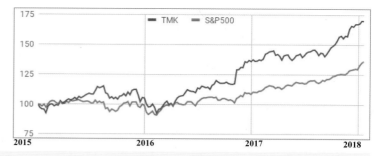

토치마크 코퍼레이션(Torchmark Corporation)은 자회사를 통해 미국, 캐나다 및 뉴질랜드에서 다양한 생명보험 및 연금 서비스를 제공하는 지주회사이다. 회사는 1900년에 설립되었고 본사는 텍사스주 맥키니에 있으며 3,128명의 직원이 근무하고 있다. 사업 부문에는 생명보험 부문, 건강보험 부문 및 연금보험 부문이 있다. 생명보험 부문은 정기 생명 보험 및 기타 생명 보험을 포함한 생명 보험 상품을 제공하고 있다. 건강보험 부문은 메디케어 서비스, 중환자 보험, 사고 보험 및 장기 요양 보험을 제공한다. 연금보험 부문은 가입자들을 대상으로 연금 컨설팅 및 연금 지급 서비스를 제공하고 있다. 이 회사는 주로 직판, 독점 대리점 및 독립 대리점을 통해 자사의 제품을 판매하고 있으며, 인터넷, TV 및 잡지 유통 채널을 통해서도 제품을 판매하고 있다.

기준일 : 2018/ 01 /25

한글 회사명 : 토치마크 코퍼레이션
영문 회사명 : Torchmark Corporation
상장일 : 1982년 07월 01일 | 결산월 : 12월
시가총액 : 107 (억$) |

52주 최고 : $93.34 (-0.26%) / 52주 최저 : $72.59 (+28.24%)

주요 주주정보

보유자/ 보유 기관	보유율
The Vanguard Group, Inc.	10.34%
Berkshire Hathaway, Inc. (Investment)	5.5%
BlackRock Fund Advisors	5%

애널리스트 추천 및 최근 투자의견

토치마크 코퍼레이션의 2018년 01월 25일 현재 10개 기관의 **평균적인 목표가는 86.75$**이며, 2018년 추정 주당순이익(EPS)은 5.88$로 2017년 추정 EPS 4.8$에 비해 **22.5% 증가할 것으로 예상**된다.

최근, 1개월, 3개월의 투자 의견 변화

투자의견	금융사 및 투자의견	날짜
Maintains	Morgan Stanley: to Underweight	11/13/2017
Maintains	SunTrust Robinson Humphrey: to Hold	10/26/2017
Initiated	Goldman Sachs: to Neutral	10/18/2017
Maintains	Barclays: to Underweight	11/8/2017
Downgrade	Bank of America: to Underperform	11/18/2016

내부자 거래

(3M 비중은 12개월 거래 중 최근 3개월의 비중)

구분	성격	3개월	12개월	3M비중
매수	매수 건수 (장내 매매만 해당)	27	29	93.10%
매도	매도 건수 (장내 매매만 해당)	24	57	42.11%
매수	매수 수량 (장내 매매만 해당)	181,357	186,193	97.40%
매도	매도 수량 (장내 매매만 해당)	234,921	854,545	27.49%
	순매수량 (-인 경우 순매도량)	-53,564	-668,352	

ETF 노출 (편입 ETF 수 : 86개 / 시가총액 대비 ETF의 보유비중 : 14.39%)

티커	ETF	보유 지분	비중
VO	Vanguard Mid Cap Index Fund	$248,875,007	0.25%
VTI	Vanguard Total Stock Market ETF	$244,872,909	0.04%
VOO	Vanguard 500 Index Fund	$170,135,634	0.04%
SPY	SPDR S&P 500 Trust ETF	$127,698,091	0.04%
VIG	Vanguard Dividend Appreciation ETF	$94,702,956	0.26%

기간 수익률

1M : 2.83%	3M : 19.33%	6M : 17.65%	1Y : 24.54%	3Y : 77.72%

재무 지표

	2014	2015	2016	2017(E)
매출액 (백만$)	3,620	3,766	3,935	4,136
영업이익 (백만$)	787	768	776	880
순이익 (백만$)	528	516	540	571
자산총계 (백만$)	20,272	19,853	21,436	6,002
자본총계 (백만$)	4,697	4,056	4,567	
부채총계 (백만$)	15,575	15,798	16,869	

안정성 비율	2013	2014	2015	2016
유동비율 (%)				
부채비율 (%)	381.73	331.56	389.53	369.38
이자보상배율 (배)	9.52	10.34	10.02	9.31

투자 지표

	2014	2015	2016	2017(E)
영업이익률 (%)	21.74	20.39	19.72	21.27
매출액 증가율 (%)	-4.09	4.03	4.48	5.11
EPS ($)	4.15	4.21	4.57	4.80
EPS 증가율 (%)	8.07	1.45	8.47	5.19
주당자산가치($)	36.72	33.14	38.69	40.58
잉여현금흐름 (백만$)	845	1,083	1,374	1,409

	2013	2014	2015	2016
배당성향(%)	11.97	11.36	12.98	12.50
배당수익률(%)	0.87	0.86	0.94	0.76
ROE (%)	12.99	12.46	11.80	12.52
ROA (%)	2.86	2.75	2.57	2.61
재고회전율				
EBITDA (백만$)	835.78	860.8	842.83	855.58

매출비중

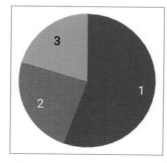

제품명	비중
1. 생명	55.64%
2. 건강	24.09%
3. 투자	20.51%
4. 기타	0.04%
5. 연금	0%

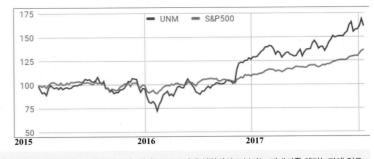

UNM
우넘 그룹
Unum Group

섹터 금융 (Financials)
세부섹터 생명/건강 보험 (Life & Health Insurance)

우넘 그룹(Unum Group)은 자회사를 통해 주로 미국과 영국에서 그룹 및 개인 장애 보험 상품 및 서비스를 제공하고 있는 지주회사이다. 회사는 1848년에 설립되었고 본사는 테네시주 채터누가에 있으며 9,400명의 직원이 근무하고 있다. 사업 부문은 우넘 미국(Unum US), 우넘 영국(Unum UK), 콜러니얼 라이프(Colonial Life)로 운영되고 있다. 회사는 기업과 단체 고객을 대상으로 장기 및 단기 장애 보험, 단체 보험, 사고 및 사망 보험을 제공하고 있다. 개인 장애 보험, 치과 및 안과 보험, 사고 보험, 질병, 장애, 생명보험 및 암과 같은 중대 보험을 제공하고 있으며, 단체 연금, 단체 생명 보험을 제공하고 있다. 우넘 그룹은 회사가 직원을 위해 복지 차원에서 제공하는 의료 보험 서비스에 주력하고 있으며, 현장 판매 인력, 독립 중개인 및 컨설턴트 등을 통해 제품을 판매한다.

금융

기준일 : 2018/ 01 /25
한글 회사명 : 우넘 그룹
영문 회사명 : Unum Group
상장일 : 1986년 11월 06일 | 결산월 : 12월
시가총액 : 123 (억$) |
52주 최고 : $58.73 (-3.03%) / 52주 최저 : $43.55 (+30.76%)

주요 주주정보

보유자/ 보유 기관	보유율
The Vanguard Group, Inc.	10.81%
Fidelity Management & Research Co.	9.01%
SSgA Funds Management, Inc.	5.11%

애널리스트 추천 및 최근 투자의견

우넘 그룹의 2018년 01월 25일 현재 15개 기관의 **평균적인 목표가는 57.75$**이며, 2018년 추정 주당순이익(EPS)은 5.1$로 2017년 추정 EPS 4.24$에 비해 **20.28% 증가할 것으로 예상**된다.

재무 지표

	2014	2015	2016	2017(E)
매출액 (백만$)	10,543	10,785	11,082	11,311
영업이익 (백만$)	562	1,294	1,385	1,374
순이익 (백만$)	402	867	931	974
자산총계 (백만$)	64,629	61,883	63,558	38,297
자본총계 (백만$)	8,522	8,664	8,968	
부채총계 (백만$)	56,107	53,219	54,590	

안정성 비율	2013	2014	2015	2016
유동비율 (%)				
부채비율 (%)	601.44	658.38	614.26	608.72
이자보상배율 (배)	8.25	3.39	8.57	8.44

최근, 1개월, 3개월의 투자 의견 변화

범례: 매수, 비중확대, 보유, 비중축소, 매도

	매수	비중확대	보유	비중축소	매도
현재	3	0	10	0	2
1개월 전	3	0	9	0	2
3개월 전	3	0	8	0	3

투자의견	금융사 및 투자의견	날짜
Upgrade	B. Riley: Sell to Neutral	6/11/2017
Initiated	Goldman Sachs: to Sell	10/18/2017
Maintains	Morgan Stanley: to Equal-Weight	5/10/2017
Maintains	Barclays: to Overweight	11/8/2017
Downgrade	Citigroup: to Neutral	3/13/2017

투자 지표

	2014	2015	2016	2017(E)
영업이익률 (%)	5.33	12.00	12.50	12.15
매출액 증가율 (%)	1.81	2.30	2.75	2.07
EPS ($)	1.57	3.51	3.96	4.24
EPS 증가율 (%)	-51.54	123.57	12.82	7.05
주당자산가치($)	33.78	35.96	39.02	41.79
잉여현금흐름 (백만$)	1,109	1,192	1,031	1,044

	2013	2014	2015	2016
배당성향(%)	17.03	39.49	20.00	19.49
배당수익률(%)	1.57	1.78	2.10	1.75
ROE (%)	9.94	4.68	10.09	10.57
ROA (%)	1.39	0.64	1.37	1.49
재고회전율				
EBITDA (백만$)	1,454.20	797.4	1,490.60	1,615.40

내부자 거래

(3M 비중은 12개월 거래 중 최근 3개월의 비중)

구분		성격	3개월	12개월	3M비중
매수	매수 건수 (장내 매매만 해당)		18	28	64.29%
매도	매도 건수 (장내 매매만 해당)		40	52	76.92%
매수	매수 수량 (장내 매매만 해당)		262,397	302,924	86.62%
매도	매도 수량 (장내 매매만 해당)		119,415	195,389	61.12%
	순매수량 (-인 경우 순매도량)		142,982	107,535	

매출비중

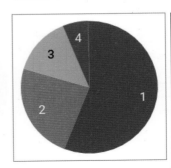

제품명	비중
1. Unum 미국	55.97%
2. 중대 보험	23.61%
3. 콜로니얼 라이프 부문	14.12%
4. Unum 영국	5.86%
5. 순 실현 투자 이득	0.22%

ETF 노출

(편입 ETF 수 : 89개 / 시가총액 대비 ETF의 보유비중 : 13.09%)

티커	ETF	보유 지분	비중
VO	Vanguard Mid Cap Index Fund	$302,058,810	0.30%
VTI	Vanguard Total Stock Market ETF	$297,094,652	0.04%
VOO	Vanguard 500 Index Fund	$210,969,016	0.05%
SPY	SPDR S&P 500 Trust ETF	$156,622,437	0.05%
XLF	Financial Select Sector SPDR Fund	$116,404,681	0.34%

기간 수익률

1M : 3.62%	3M : 15.61%	6M : 17.13%	1Y : 24.36%	3Y : 76.34%

AIZ
어슈어런트
Assurant, Inc

섹터 금융 (Financials)
세부섹터 종합 보험 (Multi-line Insurance)

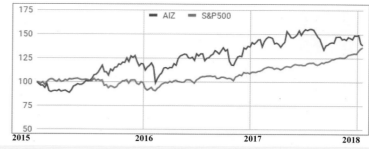

어슈어런트(Assurant, Inc.)는 자회사를 통해 전 세계 부동산, 전자제품, 차량, 장례와 관련된 보험을 제공하는 지주회사이다. 회사는 2004년에 설립되었고 본사는 뉴욕주 뉴욕에 있으며 14,700명의 직원이 근무하고 있다. 사업 부문은 글로벌 하우징 부문, 글로벌 라이프 스타일 부문, 글로벌 상조 부문이 있다. 글로벌 하우징 부문은 주택 소유자를 대상으로 주택 보험, 홍수 보험, 현장 서비스, 평가 서비스 및 기타 부동산 리스크 관리 서비스 등의 다양한 주택 관련 보험 서비스를 제공하고 있다. 글로벌 라이프 스타일 부문에서는 글로벌 이동 통신 사업자, 소매 업체 등과 함께 전자제품의 분실, 도난, 고장 등과 관련된 다양한 서비스를 제공하고 있다. 자동차, 트럭, 오토바이의 신용 구매에 대한 보험도 제공하고 있다. 글로벌 상조 부문은 미국과 캐나다에서 장례비용을 미리 준비할 수 있는 보험도 제공하고 있다.

기준일 : 2018/ 01 /25

한글 회사명 : 어슈어런트
영문 회사명 : Assurant, Inc
상장일 : 2004년 02월 05일 | 결산월 : 12월
시가총액 : 50 (억$) |
52주 최고 : $106.99 (-10.74%) / 52주 최저 : $86 (+11.03%)

주요 주주정보

보유자/ 보유 기관	보유율
The Vanguard Group, Inc.	10.85%
Fidelity Management & Research Co.	6.51%
SSgA Funds Management, Inc.	5.13%

애널리스트 추천 및 최근 투자의견

어슈어런트의 2018년 01월 25일 현재 4개 기관의 **평균적인 목표가는 112$**이며, 2018년 추정 주당순이익(EPS)은 8.08$로 2017년 추정 EPS 3.73$에 비해 **116.62% 증가할 것으로 예상**된다.

최근, 1개월, 3개월의 투자 의견 변화

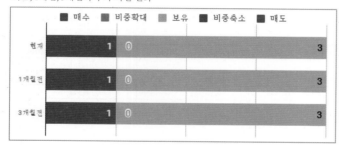

투자의견	금융사 및 투자의견	날짜
Downgrade	Bank of America: to Neutral	10/20/2016
Initiated	Credit Suisse: to Neutral	7/10/2016
Maintains	PiperJaffray: to Neutral	10/21/2015
Maintains	Jefferies: to Hold	8/14/2015
Upgrade	Bank of America: to Buy	3/8/2015

내부자 거래

구분	성격	3개월	12개월	3M비중
매수	매수 건수 (장내 매매만 해당)	0	20	0.00%
매도	매도 건수 (장내 매매만 해당)	16	35	45.71%
매수	매수 수량 (장내 매매만 해당)	0	73,705	0.00%
매도	매도 수량 (장내 매매만 해당)	14,831	54,714	27.11%
	순매수량 (-인 경우 순매도량)	-14,831	18,991	

(3M 비중은 12개월 거래 중 최근 3개월의 비중)

ETF 노출

(편입 ETF 수 : 81개 / 시가총액 대비 ETF의 보유비중 : 13.45%)

티커	ETF	보유 지분	비중
VTI	Vanguard Total Stock Market ETF	$124,036,293	0.02%
VOO	Vanguard 500 Index Fund	$88,273,936	0.02%
SPY	SPDR S&P 500 Trust ETF	$66,115,474	0.02%
VO	Vanguard Mid Cap Index Fund	$63,508,816	0.06%
XLF	Financial Select Sector SPDR Fund	$48,686,128	0.14%

기간 수익률

1M : -4.3%	3M : 0.24%	6M : -10.74%	1Y : -2.15%	3Y : 44.33%

재무 지표

	2014	2015	2016	2017(E)
매출액 (백만$)	10,385	10,323	7,095	6,313
영업이익 (백만$)	766	278	525	315
순이익 (백만$)	471	142	565	286
자산총계 (백만$)	31,562	30,036	29,709	4,182
자본총계 (백만$)	5,181	4,524	4,098	
부채총계 (백만$)	26,381	25,512	25,611	

안정성 비율	2013	2014	2015	2016
유동비율 (%)				
부채비율 (%)	536.33	509.16	563.94	624.95
이자보상배율 (배)	10.22	13.11	5.04	9.12

투자 지표

	2014	2015	2016	2017(E)
영업이익률 (%)	7.38	2.69	7.40	4.99
매출액 증가율 (%)	14.72	-0.60	-31.27	-11.03
EPS ($)	6.52	2.08	9.23	3.73
EPS 증가율 (%)	2.19	-68.10	343.75	-59.59
주당자산가치($)	74.77	68.70	73.26	75.71
잉여현금흐름 (백만$)	310	140	49	468

	2013	2014	2015	2016
배당성향(%)	15.24	16.46	66.83	22.23
배당수익률(%)	1.45	1.55	1.70	2.19
ROE (%)	9.76	9.40	2.92	13.11
ROA (%)	1.64	1.51	0.46	1.89
재고회전율				
EBITDA (백만$)	975.98	934.75	393.4	1,031.30

매출비중

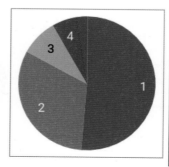

제품명	비중
1. 글로벌 라이프 스타일	50.71%
2. 글로벌 주택	31.35%
3. 기업 및 기타	8.69%
4. 글로벌 Preneed	5.72%
5. 종업원 보험	2.65%

L
로위스 코퍼레이션
Loews Corporation

섹터 금융 (Financials)
세부섹터 종합 보험 (Multi-line Insurance)

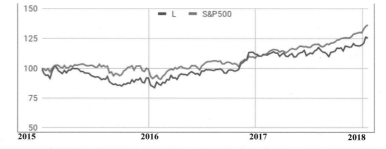

로위스 코퍼레이션(Loews Corporation)은 자회사를 통해 미국, 캐나다, 영국, 유럽 및 싱가포르에서 주로 기업 고객을 대상으로 손해보험 서비스와 천연가스 및 탄화수소시추사업을 영위하는 지주회사이다. 회사는 1954년에 설립되었고 본사는 뉴욕주 뉴욕에 있으며 15,800명의 직원이 근무하고 있다. 회사는 책임 보험, 위험 관리 서비스 및 재해 보상 범위 산정 서비스를 제공하고 있다. 손해보험 분야는 중소기업, 보험 회사 등 다양한 고객에게 독립 대리점, 중개인 및 일반 보험업자를 통해 판매되고 있다. 탄화수소 탐사 및 생산에 종사하는 자회사를 운영하고 있고 4개의 시추선, 19개의 반잠수정 굴착 장치 및 24개의 해양 굴착 장치를 소유하고 운영하고 있다. 보드워크 파이프라인 파트너스(Boardwalk Pipeline Partners, LP)를 통해 천연가스 및 액화 천연가스의 운송 및 저장 사업을 하고 있으며, 2만 2천km에 달하는 파이프라인을 가지고 있다.

금융

기준일 : 2018/ 01 /25
한글 회사명 : 로위스 코퍼레이션
영문 회사명 : Loews Corporation
상장일 : 1972년 01월 21일 | 결산월 : 12월
시가총액 : 179 (억$) |
52주 최고 : $53.36 (-0.52%) / 52주 최저 : $45.01 (+17.92%)

주요 주주정보

보유자/ 보유 기관	보유율
T. Rowe Price Associates, Inc.	6.77%
TISCH JOAN H	6%
The Vanguard Group, Inc.	5.49%

애널리스트 추천 및 최근 투자의견

로위스 코퍼레이션의 2018년 01월 25일 현재 4개 기관의 **평균적인 목표가는 48.5$**이며, 2018년 추정 주당순이익(EPS)은 3.35$로 2017년 추정 EPS 2.7$에 비해 **24.07% 증가할 것으로 예상**된다.

최근, 1개월, 3개월의 투자 의견 변화

투자의견	금융사 및 투자의견	날짜
Maintains	Deutsche Bank: to Hold	6/11/2015
Maintains	JP Morgan: to Hold	8/8/2014
Downgrade	Deutsche Bank: to Hold	3/24/2014
Initiated	Deutsche Bank: to Buy	4/9/2013
Initiated	Deutsche Bank: to Buy	3/9/2013

내부자 거래

(3M 비중은 12개월 거래 중 최근 3개월의 비중)

구분	성격	3개월	12개월	3M비중
매수	매수 건수 (장내 매매만 해당)	2	10	20.00%
매도	매도 건수 (장내 매매만 해당)	25	52	48.08%
매수	매수 수량 (장내 매매만 해당)	614,788	1,044,438	58.86%
매도	매도 수량 (장내 매매만 해당)	256,025	1,794,960	14.26%
	순매수량 (-인 경우 순매도량)	358,763	-750,522	

ETF 노출
(편입 ETF 수 : 87개 / 시가총액 대비 ETF의 보유비중 : 8.84%)

티커	ETF	보유 지분	비중
VTI	Vanguard Total Stock Market ETF	$387,416,420	0.06%
VOO	Vanguard 500 Index Fund	$251,754,512	0.06%
SPY	SPDR S&P 500 Trust ETF	$183,134,694	0.06%
XLF	Financial Select Sector SPDR Fund	$138,979,669	0.40%
IVV	Ishares S&P 500	$93,996,459	0.06%

기간 수익률

1M : 5.54%	3M : 10.57%	6M : 9.64%	1Y : 14.07%	3Y : 33.57%

재무 지표

	2014	2015	2016	2017(E)
매출액 (백만$)	14,099	13,452	12,987	13,735
영업이익 (백만$)	1,754	1,119	777	1,582
순이익 (백만$)	982	260	654	890
자산총계 (백만$)	78,367	76,029	76,594	
자본총계 (백만$)	24,650	22,810	23,361	
부채총계 (백만$)	53,717	53,219	53,233	

안정성 비율	2013	2014	2015	2016
유동비율 (%)				
부채비율 (%)	220.96	217.92	233.31	227.87
이자보상배율 (배)	4.29	3.52	2.15	1.45

투자 지표

	2014	2015	2016	2017(E)
영업이익률 (%)	12.44	8.32	5.98	
매출액 증가율 (%)	-0.56	-4.59	-3.46	
EPS ($)	2.10	0.72	1.94	2.70
EPS 증가율 (%)	40.00	-66.67	171.43	39.60
주당자산가치($)	51.70	51.67	53.96	58.46
잉여현금흐름 (백만$)	237	1,318	1,331	1,559

	2013	2014	2015	2016
배당성향(%)	16.37	11.90	34.70	13.00
배당수익률(%)	0.52	0.59	0.65	0.53
ROE (%)	5.90	5.07	1.41	3.66
ROA (%)	2.03	1.71	0.37	0.94
재고회전율				
EBITDA (백만$)	3,573.00	3,207.00	1,719.00	2,313.00

매출비중

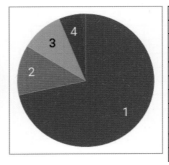

제품명	비중
1. CNA 금융	71.61%
2. 다이아몬드 오프 쇼어	12.13%
3. 파이프 라인 부문	10.04%
4. 로위스 호텔	5.09%
5. 기업 및 기타	1.14%

LNC
링컨 내셔널 코퍼레이션
Lincoln National Corporation

섹터 금융 (Financials)
세부섹터 종합 보험 (Multi-line Insurance)

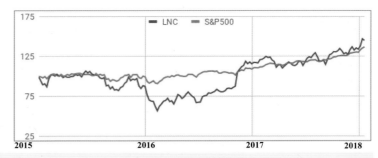

링컨 내셔널 코퍼레이션(Lincoln National Corporation)은 자회사를 통해 미국 내 각종 보험 및 퇴직 사업을 영위하는 지주회사이다. 회사는 1968년에 설립되었고 본사는 펜실베니아주 레드노에 있으며 9,057명의 직원이 근무하고 있다. 사업 부문은 연금 부문, 은퇴 연금 서비스 부문, 생명보험 부문으로 운영되고 있다. 회사는 변액 연금을 포함한 주식 투자 보험, 유니버설 생명 보험, 연계 급여(UL), 정기 생명 보험 및 고용주가 직원을 위해 제공하는 퇴직연금 플랜 및 서비스, 장애, 치과 보험 등을 제공하고 있다. 회사는 컨설턴트, 브로커, 에이전트 및 기타 중개자를 통해 자사 제품을 제공하고 있다. 회사의 총 자본은 145억 달러이며, 총자산은 2,620억 달러이다.

기준일 : 2018/ 01 /25

한글 회사명 : 링컨 내셔널 코퍼레이션
영문 회사명 : Lincoln National Corporation
상장일 : 1972년 01월 21일 | 결산월 : 12월
시가총액 : 183 (억$) | 52주 최고 : $85.2 (-1.85%) / 52주 최저 : $61.45 (+36.07%)

주요 주주정보

보유자/ 보유 기관	보유율
The Vanguard Group, Inc.	10.67%
BlackRock Fund Advisors	5.86%
SSgA Funds Management, Inc.	4.91%

애널리스트 추천 및 최근 투자의견

링컨 내셔널 코퍼레이션의 2018년 01월 25일 현재 14개 기관의 **평균적인 목표가는 87.55$**이며, 2018년 추정 주당순이익(EPS)은 8.47$로 2017년 추정 EPS 7.73$에 비해 **9.57% 증가할 것으로 예상**된다.

최근, 1개월, 3개월의 투자 의견 변화

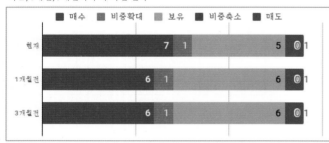

투자의견	금융사 및 투자의견	날짜
Upgrade	JP Morgan: Neutral to Overweight	2/1/2018
Maintains	Morgan Stanley: to Equal-Weight	11/13/2017
Maintains	Morgan Stanley: to Equal-Weight	2/11/2017
Initiated	Goldman Sachs: to Sell	10/18/2017
Maintains	Morgan Stanley: to Equal-Weight	5/10/2017

내부자 거래

(3M 비중은 12개월 거래 중 최근 3개월의 비중)

구분	성격	3개월	12개월	3M비중
매수	매수 건수 (장내 매매만 해당)	9	10	90.00%
매도	매도 건수 (장내 매매만 해당)	22	29	75.86%
매수	매수 수량 (장내 매매만 해당)	223,894	250,089	89.53%
매도	매도 수량 (장내 매매만 해당)	268,531	314,343	85.43%
	순매수량 (-인 경우 순매도량)	-44,637	-64,254	

ETF 노출 (편입 ETF 수 : 85개 / 시가총액 대비 ETF의 보유비중 : 13.13%)

티커	ETF	보유 지분	비중
VO	Vanguard Mid Cap Index Fund	$447,848,795	0.45%
VTI	Vanguard Total Stock Market ETF	$440,435,314	0.06%
VOO	Vanguard 500 Index Fund	$312,560,085	0.08%
SPY	SPDR S&P 500 Trust ETF	$228,678,771	0.08%
XLF	Financial Select Sector SPDR Fund	$172,515,204	0.50%

기간 수익률

1M : 9.16%	3M : 19.47%	6M : 17.58%	1Y : 24.26%	3Y : 61.71%

재무 지표

	2014	2015	2016	2017(E)
매출액 (백만$)	13,443	13,768	13,371	14,464
영업이익 (백만$)	1,883	1,396	1,493	2,328
순이익 (백만$)	1,514	1,154	1,192	1,747
자산총계 (백만$)	255,230	253,983	263,467	150,392
자본총계 (백만$)	15,740	13,617	14,478	
부채총계 (백만$)	239,490	240,366	248,989	

안정성 비율	2013	2014	2015	2016
유동비율 (%)				
부채비율 (%)	1,676.75	1,521.54	1,765.19	1,719.78
이자보상배율 (배)	5.37	6.24	4.58	4.23

투자 지표

	2014	2015	2016	2017(E)
영업이익률 (%)	14.01	10.14	11.17	16.09
매출액 증가율 (%)	11.77	2.42	-2.88	8.17
EPS ($)	5.80	4.60	5.09	7.73
EPS 증가율 (%)	24.01	-20.74	10.65	51.90
주당자산가치($)	61.35	55.84	63.97	67.18
잉여현금흐름 (백만$)	2,217	2,243	1,272	788

	2013	2014	2015	2016
배당성향(%)	11.50	12.00	18.78	20.68
배당수익률(%)	1.01	1.18	1.69	1.57
ROE (%)	8.75	10.37	7.86	8.49
ROA (%)	0.54	0.61	0.45	0.46
재고회전율				
EBITDA (백만$)	1,896.00	2,264.00	1,702.00	1,789.00

매출비중

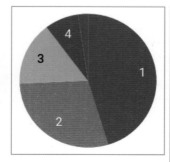

제품명	비중
1. 생명 보험	46.86%
2. 연금	30.26%
3. 단체 보험	15.98%
4. 은퇴 계획 서비스	8.27%
5. 기타 운영	2.49%

BRK.B
버크셔 해서웨이
Berkshire Hathaway Inc.

섹터 금융 (Financials)
세부섹터 종합 지주회사 (Multi-Sector Holdings)

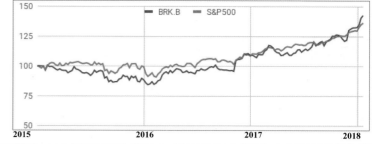

버크셔 해서웨이(Berkshire Hathaway Inc.)는 자회사를 통해 보험, 에너지, 제조업, 서비스, 소매업 및 금융 등 다양한 사업을 영위하는 지주회사이다. 회사는 1955년에 설립되었고 본사는 네브라스카주 오마하에 있으며 367,700명의 직원이 근무하고 있다. 워런 버핏(Warren Buffett)이 CEO로 있는 것으로 유명한 회사이다. 회사는 100여 개 자회사를 보유하고 있으며 총자산 규모는 6,208억 달러에 달한다. 회사의 부문에는 보험, 버링턴 노던 산타(Burlington Northern Santa Fe, LLC), 버크셔 해서웨이 에너지(Berkshire Hathaway Energy), 제조, 맥레인 컴퍼니(McLane Company), 서비스 및 소매업 등이 포함된다. 보험 부문은 게이코(GEICO), 제너럴 리 코퍼레이션(General Re Corporation) 등을 통해 제공되며, 1차 보험 및 재보험 서비스를 제공한다.

기준일 : 2018/ 01 /25

한글 회사명 : 버크셔 해서웨이
영문 회사명 : Berkshire Hathaway Inc.
상장일 : 1996년 05월 09일 | 결산월 : 12월
시가총액 : 2876 (억$) | 52주 최고 : $216.89 (-0.3%) / 52주 최저 : $158.77 (+36.19%)

주요 주주정보

보유자/ 보유 기관	보유율
The Vanguard Group, Inc.	8.98%
SSgA Funds Management, Inc.	6.09%
BlackRock Fund Advisors	5.87%

애널리스트 추천 및 최근 투자의견

버크셔 해서웨이의 2018년 01월 25일 현재 8개 기관의 **평균적인 목표가는 221.62$**이며, 2018년 추정 주당순이익(EPS)은 9$로 2017년 추정 EPS 6.36$에 비해 **41.5% 증가**할 것으로 예상된다.

최근, 1개월, 3개월의 투자 의견 변화

투자의견	금융사 및 투자의견	날짜
Maintains	Nomura: to Buy	2/29/2016
Maintains	Nomura: to Buy	10/11/2014
Maintains	Barclays: to Overweight	10/11/2014
Maintains	Keefe Bruyette & Woods:to Market Perform	10/11/2014
Maintains	Barclays: to Overweight	2/10/2014

내부자 거래

구분	성격	3개월	12개월	3M비중
	(3M 비중은 12개월 거래 중 최근 3개월의 비중)			
매수	매수 건수 (장내 매매만 해당)	0	0	-
매도	매도 건수 (장내 매매만 해당)	0	0	-
매수	매수 수량 (장내 매매만 해당)	0	0	-
매도	매도 수량 (장내 매매만 해당)	0	0	-
	순매수량 (-인 경우 순매도량)	0	0	

ETF 노출   (편입 ETF 수 : 41개 / 시가총액 대비 ETF의 보유비중 : 12.11%)

티커	ETF	보유 지분	비중
VTI	Vanguard Total Stock Market ETF	$9,805,624,172	0.0143
VOO	Vanguard 500 Index Fund	$6,761,595,946	0.0163
SPY	SPDR S&P 500 Trust ETF	$5,185,227,872	0.0172
XLF	Financial Select Sector SPDR Fund	$3,913,336,042	0.1129
VTV	Vanguard Value ETF	$2,157,565,964	0.0315

기간 수익률

1M : 7.82%	3M : 18.54%	6M : 24.46%	1Y : 33.1%	3Y : 42.91%

재무 지표

	2014	2015	2016	2017(E)
매출액 (백만$)	194,864	209,995	222,935	242,507
영업이익 (백만$)	31,549	37,635	35,572	5,743
순이익 (백만$)	19,872	24,083	24,074	12,159
자산총계 (백만$)	526,186	552,257	620,854	311,712
자본총계 (백만$)	243,027	258,627	286,359	
부채총계 (백만$)	283,159	293,630	334,495	

안정성 비율	2013	2014	2015	2016
유동비율 (%)	205.66	222.49	359.96	300.67
부채비율 (%)	116.02	116.51	113.53	116.81
이자보상배율 (배)	10.43	9.70	10.71	10.17

투자 지표

	2014	2015	2016	2017(E)
영업이익률 (%)	16.19	17.92	15.96	2.37
매출액 증가율 (%)	8.40	7.77	6.16	8.78
EPS ($)	8.06	9.77	9.76	6.36
EPS 증가율 (%)	2.04	21.21	-0.08	-34.85
주당자산가치($)	97.46	103.67	114.74	126.91
잉여현금흐름 (백만$)	16,825	15,409	19,581	34,068

	2013	2014	2015	2016
배당성향(%)				
배당수익률(%)	0.00	0.00	0.00	0.00
ROE (%)	9.51	8.60	9.72	8.94
ROA (%)	4.35	3.99	4.53	4.16
재고회전율	18.33	19.31	18.96	16.13
EBITDA (백만$)	35,725	38,919	45,414	44,473

매출비중

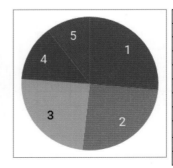

제품명	비중
1. 보험 그룹	22.54%
2. 맥 레인 회사	21.5%
3. 운영 부문	20.8%
4. 서비스 및 소매업	11.39%
5. 벌링턴 노던 산타페	8.87%

LUK
루카디아 내셔널 코퍼레이션
Leucadia National Corporation

섹터 금융 (Financials)
세부섹터 종합 지주회사(Multi-Sector Holdings)

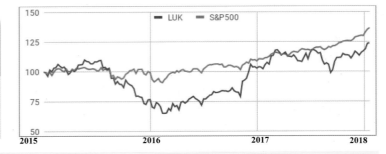

루카디아 내셔널 코퍼레이션(Leucadia National Corporation)은 금융 서비스 사업 및 보험, 온라인 외환 거래, 자동차 금융, 에너지, 광산 사업 등을 영위하는 종합 투자 지주회사이다. 회사는 1968년에 설립되었고 본사는 뉴욕주 뉴욕에 있으며 13,000명의 직원이 근무하고 있다. 회사는 주식 자산에 대한 리서치, 중개 서비스를 제공하고 있으며, 증권 대여, 자산관리, 선물, 외환 거래, 차익 거래, 마진 제공 등의 사업을 영위하고 있다. 부동산 부문에서는 캘리포니아, 뉴욕, 플로리다, 버지니아 등에서 주거용 부동산을 개발하고 소유 및 임대하고 있으며, 이와 관련된 상업용 부동산에 대한 자본 제공, 투자 자문 및 모기지 서비스를 제공하고 있다. 노스다코타와 몬태나에서 세일 오일 채굴사업 및 금과 은을 채굴하는 광산도 운영하고 있다.

기준일 : 2018/ 01 /25
한글 회사명 : 루카디아 내셔널 코퍼레이션
영문 회사명 : Leucadia National Corporation
상장일 : 1979년 09월 17일 | 결산월 : 12월
시가총액 : 98 (억$) |
52주 최고 : $28.3 (-1.9%) / 52주 최저 : $22.23 (+24.87%)

주요 주주정보

보유자/ 보유 기관	보유율
The Vanguard Group, Inc.	9.12%
STEINBERG JOSEPH S	6.03%
First Pacific Advisors LLC	5.41%

애널리스트 추천 및 최근 투자의견

루카디아 내셔널 코퍼레이션의 2018년 01월 25일 현재 2개 기관의 **평균적인 목표가**는 34$이며, 2018년 추정 주당순이익(EPS)은 1.62$로 2017년 추정 EPS 1.59$에 비해 **1.88% 증가할 것으로 예상**된다.

최근, 1개월, 3개월의 투자 의견 변화

투자의견	금융사 및 투자의견	날짜
Maintains	Oppenheimer: to Outperform	11/30/2016
Maintains	Oppenheimer: to Outperform	6/10/2016
Maintains	Oppenheimer: to Outperform	5/8/2016
Initiated	Oppenheimer: to Outperform	1/12/2015

내부자 거래

(3M 비중은 12개월 거래 중 최근 3개월의 비중)

구분	성격	3개월	12개월	3M비중
매수	매수 건수 (장내 매매만 해당)	9	38	23.68%
매도	매도 건수 (장내 매매만 해당)	3	4	75.00%
매수	매수 수량 (장내 매매만 해당)	3,670,044	3,814,749	96.21%
매도	매도 수량 (장내 매매만 해당)	140,880	188,463	74.75%
	순매수량 (-인 경우 순매도량)	3,529,164	3,626,286	

ETF 노출
(편입 ETF 수 : 77개 / 시가총액 대비 ETF의 보유비중 : 12.03%)

티커	ETF	보유 지분	비중
VO	Vanguard Mid Cap Index Fund	$215,922,525	0.22%
VTI	Vanguard Total Stock Market ETF	$213,209,664	0.03%
VOO	Vanguard 500 Index Fund	$147,481,541	0.04%
SPY	SPDR S&P 500 Trust ETF	$112,128,121	0.04%
XLF	Financial Select Sector SPDR Fund	$81,398,667	0.23%

기간 수익률

1M : 9.11%	3M : 22.15%	6M : 5.89%	1Y : 21.09%	3Y : 28.25%

재무 지표

	2014	2015	2016	2017(E)
매출액 (백만$)	12,720	11,333	11,611	11,399
영업이익 (백만$)	820	118	1,080	1,089
순이익 (백만$)	220	273	129	592
자산총계 (백만$)	52,794	46,650	45,347	
자본총계 (백만$)	10,682	10,783	10,765	
부채총계 (백만$)	42,112	35,868	34,581	

안정성 비율	2013	2014	2015	2016
유동비율 (%)	93.69	92.20	95.22	90.57
부채비율 (%)	354.18	394.24	332.65	321.23
이자보상배율 (배)	1.06	7.00	1.02	9.93

투자 지표

	2014	2015	2016	2017(E)
영업이익률 (%)	6.45	1.04	9.30	0.00
매출액 증가율 (%)	20.28	-10.91	2.45	-1.82
EPS ($)	0.53	0.72	0.34	1.59
EPS 증가율 (%)	-48.37	35.66	-53.38	370.83
주당자산가치($)	28.03	28.68	28.18	27.23
잉여현금흐름 (백만$)	1,538	-4,495	1,821	879

	2013	2014	2015	2016
배당성향(%)	24.34	47.01	34.52	74.10
배당수익률(%)	0.88	1.12	1.44	1.08
ROE (%)	4.32	2.13	2.61	1.25
ROA (%)	1.25	0.42	0.49	0.42
재고회전율	28.28	32.32	31.88	38.83
EBITDA (백만$)	868.38	1,006.11	322.31	1,291.10

매출비중

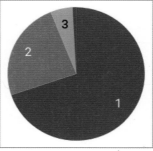

제품명	비중
1. National Beef	69.84%
2. 제프리	24.06%
3. 기타	5.22%
4. 기업 및 기타	0.88%

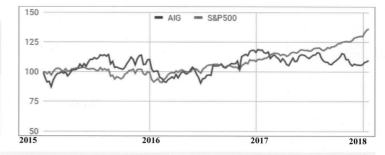

AIG
아메리칸 인터내셔널 그룹
American International Group, Inc.

섹터 금융 (Financials)
세부섹터 손해/사고 보험 (Property & Casualty Insurance)

아메리칸 인터내셔널 그룹(American International Group, Inc.)은 각종 보험 및 다양한 금융 서비스 사업을 영위하는 글로벌 종합 보험 회사이다. 회사는 1919년에 설립되었고 본사는 뉴욕주 뉴욕에 있으며 56,400명의 직원이 근무하고 있다. 개인, 기업, 기관 고객을 대상으로 다양한 상해보험, 생명보험 및 퇴직상품 등의 서비스를 제공하고 있다. 주요 부문으로는 상업보험 부문, 소비자보험 부문, 퇴직보험 부문이 있다. 소비자 보험은 개인 퇴직, 그룹 퇴직, 생명보험 및 개인보험의 네 가지 분야로 구성되어 있으며, 상업보험은 기업과 기관 고객을 대상으로 재산 보험 등을 제공하고 있다. 현재 전 세계 80개국 이상에서 보험사업을 운영하고 있으며 총자산규모는 4,983억 달러이다.

금융

기준일 : 2018/ 01 /25
한글 회사명 : 아메리칸 인터내셔널 그룹
영문 회사명 : American International Group, Inc.
상장일 : 1972년 01월 21일 | 결산월 : 12월
시가총액 : 583 (억$) |
52주 최고 : $67.3 (-5.49%) / 52주 최저 : $57.85 (+9.93%)

주요 주주정보

보유자/ 보유 기관	보유율
The Vanguard Group, Inc.	6.6%
Capital Research & Management (Global)	6.4%
Icahn Associates Holding LLC	4.78%

애널리스트 추천 및 최근 투자의견

아메리칸 인터내셔널 그룹의 2018년 01월 25일 현재 20개 기관의 **평균적인 목표가는 67.87$**이며, 2018년 추정 주당순이익(EPS)은 5.61$로 2017년 추정 EPS 2.56$에 비해 **119.14% 증가할 것으로 예상**된다.

최근, 1개월, 3개월의 투자 의견 변화

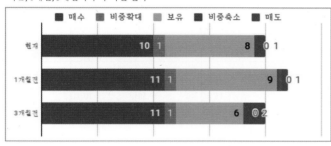

투자의견	금융사 및 투자의견	날짜
Upgrade	Deutsche Bank: Sell to Hold	6/12/2017
Initiated	Goldman Sachs: to Neutral	4/12/2017
Downgrade	Bank of America: Buy to Neutral	3/11/2017
Maintains	Barclays: to Overweight	10/16/2017
Maintains	Bank of America: to Buy	10/10/2017

내부자 거래

(3M 비중은 12개월 거래 중 최근 3개월의 비중)

구분		성격	3개월	12개월	3M비중
매수	매수 건수 (장내 매매만 해당)		0	3	0.00%
매도	매도 건수 (장내 매매만 해당)		21	23	91.30%
매수	매수 수량 (장내 매매만 해당)		0	119,200	0.00%
매도	매도 수량 (장내 매매만 해당)		82,232	121,432	67.72%
	순매수량 (-인 경우 순매도량)		-82,232	-2,232	

ETF 노출   (편입 ETF 수 : 81개 / 시가총액 대비 ETF의 보유비중 : 9.04%)

티커	ETF	보유 지분	비중
VTI	Vanguard Total Stock Market ETF	$1,403,938,653	0.20%
VOO	Vanguard 500 Index Fund	$995,549,326	0.24%
SPY	SPDR S&P 500 Trust ETF	$729,384,896	0.24%
XLF	Financial Select Sector SPDR Fund	$549,461,772	1.58%
IVV	Ishares S&P 500	$368,902,862	0.24%

기간 수익률

1M : 3.63%	3M : 3.23%	6M : -4.12%	1Y : -7.49%	3Y : 20.42%

재무 지표

	2014	2015	2016	2017(E)
매출액 (백만$)	63,815	58,330	55,558	50,040
영업이익 (백만$)	10,436	4,843	1,637	3,871
순이익 (백만$)	7,579	2,196	-759	2,424
자산총계 (백만$)	515,581	496,842	498,264	406,057
자본총계 (백만$)	107,272	90,210	76,858	
부채총계 (백만$)	408,309	406,632	421,406	

안정성 비율	2013	2014	2015	2016
유동비율 (%)				
부채비율 (%)	435.38	380.63	450.76	548.29
이자보상배율 (배)	4.91	6.07	3.78	1.30

투자 지표

	2014	2015	2016	2017(E)
영업이익률 (%)	16.35	8.30	2.95	7.74
매출액 증가율 (%)	-6.36	-8.60	-4.75	-9.93
EPS ($)	5.31	1.69	-0.78	2.55
EPS 증가율 (%)	-13.07	-68.16	-146.15	427.49
주당자산가치($)	77.69	75.10	76.66	74.10
잉여현금흐름 (백만$)	5,007	2,877	2,383	-8,585

	2013	2014	2015	2016
배당성향(%)	3.29	9.55	49.09	
배당수익률(%)	0.39	0.89	1.31	1.96
ROE (%)	9.07	7.31	2.23	-0.92
ROA (%)	1.65	1.43	0.44	-0.05
재고회전율				
EBITDA (백만$)	16,223	16,667	9,191	5,276

매출비중

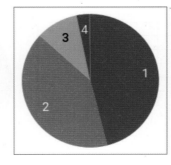

제품명	비중
1. 소비자 보험	45.92%
2. 상업 보험	40.8%
3. 기존 포트폴리오	10.03%
4. 기타	2.93%
5. 기준 변경 반영	0.23%

ALL
올스테이트 코퍼레이션
Allstate Corporation

섹터 금융 (Financials)
세부섹터 손해/사고 보험 (Property & Casualty Insurance)

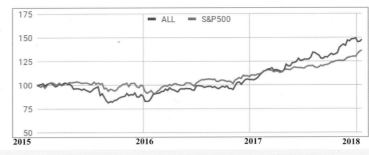

올스테이트 코퍼레이션(Allstate Corporation)은 올스테이트 보험사(Allstate Insurance Company)와 올스테이트 생명보험(Allstate Life Insurance Company)을 지배하는 지주회사이다. 회사는 1931년에 설립되었고 본사는 텍사스주 달라스에 있으며 43,500명의 직원이 근무하고 있다. 자회사를 통해 각종 생명보험, 퇴직, 투자 상품 등을 제공하고 있다. 오토바이, 트레일러 및 자동차 보험을 포함한 특수 자동차 보험, 콘도, 임차인, 임대인을 대상으로 하는 주택 보험, 자동차 대출 및 자동차 판매 거래와 관련된 보험 등이 포함된다. 2016년 12월 현재 약 10,360개의 독점 대리점 및 약 23,800명의 판매 전문가를 통해 약 10,200개 지역에서 서비스를 제공하고 있다. 생명보험과 건강 보험 부문에서는 독점 대리점 및 7천여 명의 대리인을 통해 장애 보험 및 장기 요양 보험과 같은 퇴직 및 투자 제품을 판매하고 있다. 2016년 12월 기준 총자산규모는 1,086억 달러 규모이다.

기준일 : 2018/ 01 /25

한글 회사명 : 올스테이트 코퍼레이션
영문 회사명 : Allstate Corporation
상장일 : 1993년 06월 03일 | 결산월 : 12월
시가총액 : 361 (억$) |
52주 최고 : $105.36 (-5.01%) / 52주 최저 : $73.97 (+35.29%)

주요 주주정보

보유자/ 보유 기관	보유율
The Vanguard Group, Inc.	6.69%
SSgA Funds Management, Inc.	4.88%
BlackRock Fund Advisors	4.84%

애널리스트 추천 및 최근 투자의견

올스테이트 코퍼레이션의 2018년 01월 25일 현재 21개 기관의 **평균적인 목표가는 106.56$**이며, 2018년 추정 주당순이익(EPS)은 8.13$로 2017년 추정 EPS 6.13$에 비해 **32.62% 증가할 것으로 예상**된다.

최근, 1개월, 3개월의 투자 의견 변화

투자의견	금융사 및 투자의견	날짜
Downgrade	Wells Fargo: Outperform to Market Perform	9/1/2018
Downgrade	Keefe Bruyette & Woods: to Underperform	2/1/2018
Initiated	Goldman Sachs: to Neutral	4/12/2017
Maintains	UBS: to Neutral	6/11/2017
Maintains	Credit Suisse: to Neutral	2/11/2017

내부자 거래

(3M 비중은 12개월 거래 중 최근 3개월의 비중)

구분	성격	3개월	12개월	3M비중
매수	매수 건수 (장내 매매만 해당)	8	9	88.89%
매도	매도 건수 (장내 매매만 해당)	9	38	23.68%
매수	매수 수량 (장내 매매만 해당)	117,962	183,962	64.12%
매도	매도 수량 (장내 매매만 해당)	45,692	1,401,515	3.26%
	순매수량 (-인 경우 순매도량)	72,270	-1,217,553	

ETF 노출
(편입 ETF 수 : 109개 / 시가총액 대비 ETF의 보유비중 : 10.75%)

티커	ETF	보유 지분	비중
VTI	Vanguard Total Stock Market ETF	$880,139,314	0.13%
VOO	Vanguard 500 Index Fund	$622,013,332	0.15%
SPY	SPDR S&P 500 Trust ETF	$455,074,178	0.15%
XLF	Financial Select Sector SPDR Fund	$343,422,272	0.99%
PFF	iShares S&P US Pref Stock Idx Fnd (ETF)	$329,365,735	1.88%

기간 수익률

1M : -0.25%	3M : 14.1%	6M : 16.3%	1Y : 39.11%	3Y : 46.38%

재무 지표

	2014	2015	2016	2017(E)
매출액 (백만$)	34,870	35,520	36,276	32,592
영업이익 (백만$)	3,960	3,185	2,521	2,904
순이익 (백만$)	2,850	2,171	1,877	2,386
자산총계 (백만$)	110,306	106,495	110,374	113,780
자본총계 (백만$)	22,304	20,025	20,573	
부채총계 (백만$)	88,002	86,470	89,801	

안정성 비율	2013	2014	2015	2016
유동비율 (%)				
부채비율 (%)	475.05	394.56	431.81	436.50
이자보상배율 (배)	11.77	12.30	10.91	8.55

투자 지표

	2014	2015	2016	2017(E)
영업이익률 (%)	11.36	8.97	6.95	8.91
매출액 증가율 (%)	2.00	1.86	2.13	-10.16
EPS ($)	6.37	5.12	4.72	6.13
EPS 증가율 (%)	30.80	-19.62	-7.81	29.92
주당자산가치($)	49.18	47.98	51.44	56.93
잉여현금흐름 (백만$)	2,948	3,313	3,680	4,015

	2013	2014	2015	2016
배당성향(%)	20.79	17.86	23.76	28.27
배당수익률(%)	1.83	1.59	1.93	1.78
ROE (%)	10.84	13.02	10.26	9.25
ROA (%)	1.80	2.44	2.00	1.73
재고회전율				
EBITDA (백만$)	4,131	4,924	3,945	3,431

매출비중

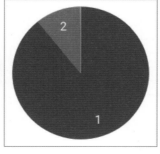

제품명	비중
1. 재산권 부문	
	89.14%
2. 올 스테이트 금융	
	10.75%
3. 기업	
	0.11%

CB
처브
Chubb Limited

섹터 금융 (Financials)
세부섹터 손해/사고 보험 (Property & Casualty Insurance)

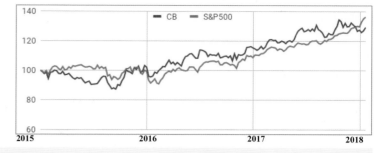

처브(Chubb Limited)는 자회사를 통해 전 세계 고객을 대상으로 다양한 보험과 재보험 제품 및 서비스를 제공하고 있는 보험 지주회사이다. 회사는 1985년에 설립되었고 본사는 스위스 취리히에 있으며 31,000명의 직원이 근무하고 있다. 상업용 재산 및 상해(P&C)보험 부문, 개인보험 부문, 농업보험 부문, 해외보험 부문, 글로벌 재보험 및 생명 보험 부문 등이 있다. 회사는 다양한 영역에 걸친 보험을 제공하고 있는데, 항공 및 에너지 분야에 특화된 보험, 상업용 부동산 보험, 농산물 보험 및 우박 보험 등이 있다. 재보험은 처브 템페스트 리(Chubb Tempest Re)라는 브랜드로 제공되며, 재해에 대해 재보험을 제공하고 있다. 전 세계 54개국에서 사업을 영위하고 있으며 자산 총액은 1,598억 달러에 달한다. 처브(Chubb corporation)는 1882년 설립되었으며, 1985년 설립된 에이스(ACE Limited)가 2016년 처브를 인수하여 현재의 모습을 갖추었다.

금융

기준일 : 2018/ 01 /25

한글 회사명 : 처브
영문 회사명 : Chubb Limited
상장일 : 1993년 03월 25일 | 결산월 : 12월
시가총액 : 719 (억$) |
52주 최고 : $156 (-1.58%) / 52주 최저 : $127.15 (+20.74%)

주요 주주정보

보유자/ 보유 기관	보유율
The Vanguard Group, Inc.	7.54%
Wellington Management Co. LLP	6.12%
Fidelity Management & Research Co.	5.4%

애널리스트 추천 및 최근 투자의견

처브의 2018년 01월 25일 현재 21개 기관의 **평균적인 목표가는 161.24$**이며, 2018년 추정 주당순이익(EPS)은 10.77$로 2017년 추정 EPS 7.19$에 비해 **49.79% 증가할 것으로 예상**된다.

최근, 1개월, 3개월의 투자 의견 변화

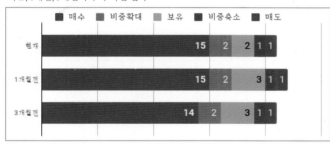

투자의견	금융사 및 투자의견	날짜
Downgrade	Credit Suisse: Outperform to Neutral	12/19/2017
Initiated	Goldman Sachs: to Buy	4/12/2017
Upgrade	JP Morgan: Neutral to Overweight	8/11/2017
Maintains	UBS: to Buy	1/11/2017
Maintains	Citigroup: to Neutral	10/31/2017

내부자 거래

(3M 비중은 12개월 거래 중 최근 3개월의 비중)

구분	성격	3개월	12개월	3M비중
매수	매수 건수 (장내 매매만 해당)	10	29	34.48%
매도	매도 건수 (장내 매매만 해당)	37	75	49.33%
매수	매수 수량 (장내 매매만 해당)	231,687	313,128	73.99%
매도	매도 수량 (장내 매매만 해당)	197,539	609,426	32.41%
	순매수량 (-인 경우 순매도량)	34,148	-296,298	

ETF 노출
(편입 ETF 수 : 89개 / 시가총액 대비 ETF의 보유비중 : 10.36%)

티커	ETF	보유 지분	비중
VTI	Vanguard Total Stock Market ETF	$1,651,188,136	0.24%
VOO	Vanguard 500 Index Fund	$1,233,055,002	0.30%
SPY	SPDR S&P 500 Trust ETF	$901,075,110	0.30%
XLF	Financial Select Sector SPDR Fund	$680,524,403	1.96%
VIG	Vanguard Dividend Appreciation ETF	$628,111,745	1.75%

기간 수익률

1M : -0.34%	3M : 3.26%	6M : 0.81%	1Y : 12.77%	3Y : 32.61%

재무 지표

	2014	2015	2016	2017(E)
매출액 (백만$)	19,279	19,179	31,454	27,687
영업이익 (백만$)	3,387	3,432	5,197	3,757
순이익 (백만$)	2,853	2,834	4,135	3,389
자산총계 (백만$)	98,248	102,306	159,786	164,470
자본총계 (백만$)	29,587	29,135	48,275	
부채총계 (백만$)	68,661	73,171	111,511	

안정성 비율	2013	2014	2015	2016
유동비율 (%)				
부채비율 (%)	234.26	232.07	251.15	230.99
이자보상배율 (배)	15.07	12.10	11.44	8.59

투자 지표

	2014	2015	2016	2017(E)
영업이익률 (%)	17.57	17.89	16.52	13.57
매출액 증가율 (%)	2.12	-0.52	64.00	-11.98
EPS ($)	8.50	8.71	8.94	7.19
EPS 증가율 (%)	-22.87	2.47	2.64	-19.62
주당자산가치($)	90.02	89.77	103.60	109.93
잉여현금흐름 (백만$)	4,496	3,864	5,292	4,503

	2013	2014	2015	2016
배당성향(%)	19.60	30.64	30.86	30.89
배당수익률(%)	2.07	2.25	2.28	2.07
ROE (%)	13.34	9.77	9.65	10.68
ROA (%)	3.94	2.93	2.83	3.16
재고회전율				
EBITDA (백만$)	4,608	3,875	3,767	5,574

매출비중

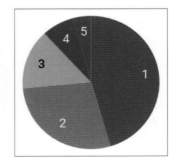

제품명	비중
1. NA 상업 P&C 보험	
	44.73%
2. 보험 - 해외 일반	
	27.75%
3. NA 개인 P&C 보험	
	14.38%
4. 생명 보험	
	7.43%
5. 보험 - NA 농업	
	4.25%

CINF
신시내티 파이낸셜 코퍼레이션
Cincinnati Financial Corporation

섹터 금융 (Financials)
세부섹터 손해/사고 보험 (Property & Casualty Insurance)

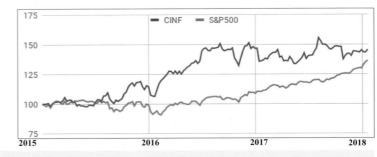

신시내티 파이낸셜 코퍼레이션(Cincinnati Financial Corporation)은 자회사를 통해 각종 보험서비스를 제공하는 보험 지주회사이다. 회사는 1950년에 설립되었고 본사는 오하이오주 페이필드에 있으며 4,754명의 직원이 근무하고 있다. 상업보험 부문, 개인보험 부문, 특수 보험(Excess and surplus lines insurance) 부문, 생명보험 부문, 투자 부문의 다섯 가지 부문으로 운영되고 있다. 상업보험 부문은 상업용 부동산, 상업용 자동차 및 근로자 재해 보험을 제공하고 있으며, 이사 및 임원의 배상 책임 보험, 계약 및 상업 보증 보험을 제공한다. 개인보험 부문에서는 개인 자동차, 주택 보험 등을 제공한다. 특수보험 부문에서는 기업 고객을 대상으로 사업장에서 발생하는 상해/손해 보험, 풍수해나 우박과 같은 재해 보험 등을 제공한다. 고용주가 직원에게 제공하는 장애보험, 연금 보험도 서비스하고 있으며, 투자 부문에서는 채권 및 주식 투자를 하고 있다.

기준일 : 2018/ 01 /25

한글 회사명 : 신시내티 파이낸셜 코퍼레이션

영문 회사명 : Cincinnati Financial Corporation

상장일 : 1972년 01월 21일 | 결산월 : 12월

시가총액 : 127 (억$) | 52주 최고 : $81.98 (-5.45%) / 52주 최저 : $68.24 (+13.58%)

주요 주주정보

보유자/ 보유 기관	보유율
The Vanguard Group, Inc.	10.28%
SCHIFF JOHN J JR	6.92%
BlackRock Fund Advisors	6.19%

애널리스트 추천 및 최근 투자의견

신시내티 파이낸셜 코퍼레이션의 2018년 01월 25일 현재 8개 기관의 **평균적인 목표가는 76.8$**이며, 2018년 추정 주당순이익(EPS)은 3.21$로 2017년 추정 EPS 2.67$에 비해 **20.22% 증가할 것으로 예상**된다.

최근, 1개월, 3개월의 투자 의견 변화

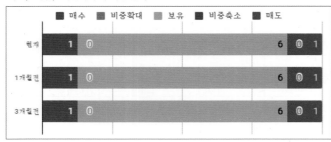

투자의견	금융사 및 투자의견	날짜
Downgrade	Deutsche Bank: to Sell	7/15/2015
Maintains	Deutsche Bank: to Hold	4/30/2015
Maintains	Deutsche Bank: to Hold	4/29/2014
Downgrade	Keefe Bruyette & Woods: to Market Perform	3/18/2013
Maintains	Stifel Nicolaus: to Buy	8/2/2013

내부자 거래

(3M 비중은 12개월 거래 중 최근 3개월의 비중)

구분	성격	3개월	12개월	3M비중
매수	매수 건수 (장내 매매만 해당)	14	33	42.42%
매도	매도 건수 (장내 매매만 해당)	25	38	65.79%
매수	매수 수량 (장내 매매만 해당)	15,250	17,716	86.08%
매도	매도 수량 (장내 매매만 해당)	89,045	232,162	38.35%
	순매수량 (-인 경우 순매도량)	-73,795	-214,446	

ETF 노출   (편입 ETF 수 : 82개 / 시가총액 대비 ETF의 보유비중 : 16.74%)

티커	ETF	보유 지분	비중
VO	Vanguard Mid Cap Index Fund	$295,367,843	0.30%
VTI	Vanguard Total Stock Market ETF	$290,610,142	0.04%
VOO	Vanguard 500 Index Fund	$197,490,899	0.05%
DVY	iShares Select Dividend ETF	$181,089,220	1.00%
SDY	SPDR S&P Dividend (ETF)	$177,474,098	1.06%

기간 수익률

1M : 1.18%	3M : -0.07%	6M : 0.99%	1Y : 6.95%	3Y : 45.23%

재무 지표

	2014	2015	2016	2017(E)
매출액 (백만$)	4,969	5,194	5,451	4,942
영업이익 (백만$)	745	933	814	730
순이익 (백만$)	525	634	591	551
자산총계 (백만$)	19,152	19,297	20,800	
자본총계 (백만$)	6,573	6,427	7,060	
부채총계 (백만$)	12,579	12,870	13,740	

안정성 비율	2013	2014	2015	2016
유동비율 (%)				
부채비율 (%)	197.69	191.37	200.25	194.62
이자보상배율 (배)	13.26	14.06	17.60	15.36

투자 지표

	2014	2015	2016	2017(E)
영업이익률 (%)	14.99	17.96	14.93	0.00
매출액 증가율 (%)	9.69	4.53	4.95	-9.33
EPS ($)	3.21	3.87	3.59	2.67
EPS 증가율 (%)	1.58	21.50	-7.69	-25.63
주당자산가치($)	40.15	39.21	42.94	44.64
잉여현금흐름 (백만$)	864	1,054	1,090	1,036

	2013	2014	2015	2016
배당성향(%)	53.04	55.35	48.04	54.08
배당수익률(%)	3.16	3.40	3.11	2.53
ROE (%)	8.97	8.31	9.75	8.76
ROA (%)	2.95	2.82	3.30	2.95
재고회전율				
EBITDA (백만$)	818	825	986	913

매출비중

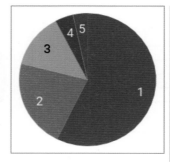

제품명	비중
1. 상업 보험	56.78%
2. 개인 보험	21.38%
3. 투자	13.2%
4. 생명 보험	4.28%
5. 과잉과 잉여 라인 보험	3.38%

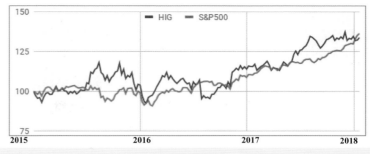

HIG
하트포드 파이낸셜 서비스 그룹
Hartford Financial Svc. Gp.

섹터 금융 (Financials)
세부섹터 손해/사고 보험 (Property & Casualty Insurance)

하트포드 파이낸셜 서비스 그룹(Hartford Financial Services Group, Inc.)은 자회사를 통해 재산 및 상해 보험, 기업 보험을 개인과 기업 고객에게 제공하는 보험 및 금융 서비스 지주회사이다. 회사는 1810년에 설립되었고 본사는 코네티컷주 하트포드에 있으며 16,900명의 직원이 근무하고 있다. 사업 부문으로는 상업보험 부문, 개인보험 부문, 기업 부문이 있다. 상업보험 부문에서는 미국에서 근로자 보험, 부동산, 자동차, 가축보험 등을 제공하고 있고 중소기업을 주된 대상으로 하고 있다. 개인보험 부문에서는 개인을 대상으로 자동차, 부동산 및 기타 개인 보험을 제공한다. 기업보험 부문에서는 고용주가 근로자들을 위해 제공하는 장애보험 등을 서비스하고 있다. 현재 운영 중인 총자산규모는 2,300억 달러이다.

기준일 : 2018/ 01 /25

한글 회사명 : 하트포드 파이낸셜 서비스 그룹
영문 회사명 : Hartford Financial Svc.Gp.
상장일 : 1995년 12월 18일 | 결산월 : 12월
시가총액 : 209 (억$) | 52주 최고 : $58.61 (-1.31%) / 52주 최저 : $46.35 (+24.78%)

주요 주주정보

보유자/ 보유 기관	보유율
The Vanguard Group, Inc.	10.01%
SSgA Funds Management, Inc.	6.26%
JPMorgan Investment Management, Inc.	5.87%

애널리스트 추천 및 최근 투자의견

하트포드 파이낸셜 서비스 그룹의 2018년 01월 25일 현재 18개 기관의 **평균적인 목표가는 59.79$**이며, 2018년 추정 주당순이익(EPS)은 4.31$로 2017년 추정 EPS 3.1$에 비해 **39.03% 증가할 것으로 예상**된다.

최근, 1개월, 3개월의 투자 의견 변화

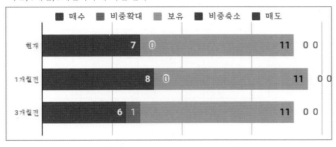

투자의견	금융사 및 투자의견	날짜
Initiated	Citigroup: to Neutral	12/20/2017
Upgrade	Credit Suisse: Neutral to Outperform	12/19/2017
Initiated	Goldman Sachs: to Neutral	4/12/2017
Maintains	UBS: to Buy	1/11/2017
Maintains	Barclays: to Overweight	10/16/2017

내부자 거래

(3M 비중은 12개월 거래 중 최근 3개월의 비중)

구분	성격	3개월	12개월	3M비중
매수	매수 건수 (장내 매매만 해당)	4	15	26.67%
매도	매도 건수 (장내 매매만 해당)	22	28	78.57%
매수	매수 수량 (장내 매매만 해당)	6,596	53,141	12.41%
매도	매도 수량 (장내 매매만 해당)	295,814	320,040	92.43%
	순매수량 (-인 경우 순매도량)	-289,218	-266,899	

ETF 노출 (편입 ETF 수 : 89개 / 시가총액 대비 ETF의 보유비중 : 13.33%)

티커	ETF	보유 지분	비중
VO	Vanguard Mid Cap Index Fund	$512,688,373	0.52%
VTI	Vanguard Total Stock Market ETF	$504,265,947	0.07%
VOO	Vanguard 500 Index Fund	$357,623,700	0.09%
SPY	SPDR S&P 500 Trust ETF	$261,704,520	0.09%
XLF	Financial Select Sector SPDR Fund	$197,448,243	0.57%

기간 수익률

1M : 0.37%	3M : 4.18%	6M : 4.03%	1Y : 15.83%	3Y : 40.04%

재무 지표

	2014	2015	2016	2017(E)
매출액 (백만$)	18,383	18,257	18,142	18,246
영업이익 (백만$)	1,512	1,866	1,298	2,049
순이익 (백만$)	1,349	1,673	896	1,158
자산총계 (백만$)	247,806	230,404	225,188	12,846
자본총계 (백만$)	18,720	17,642	16,903	
부채총계 (백만$)	229,086	212,762	208,285	

안정성 비율	2013	2014	2015	2016
유동비율 (%)				
부채비율 (%)	1,379.14	1,223.75	1,206.00	1,232.24
이자보상배율 (배)	4.29	4.02	5.23	3.83

투자 지표

	2014	2015	2016	2017(E)
영업이익률 (%)	8.22	10.22	7.15	11.23
매출액 증가율 (%)	-29.36	-0.69	-0.63	0.58
EPS ($)	3.21	4.03	2.31	3.10
EPS 증가율 (%)	436.94	25.28	-42.63	34.17
주당자산가치($)	44.11	43.91	45.20	36.94
잉여현금흐름 (백만$)	-2,228	2,449	1,842	1,936

	2013	2014	2015	2016
배당성향(%)	90.37	21.39	19.82	37.89
배당수익률(%)	1.38	1.58	1.79	1.80
ROE (%)	1.50	7.17	9.20	5.19
ROA (%)	0.11	0.51	0.70	0.39
재고회전율				
EBITDA (백만$)	2,057	2,351	2,197	1,172

매출비중

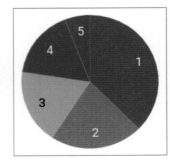

제품명	비중
1. 상업 보험	
	36.34%
2. 개인 보험	
	21.3%
3. 기업 보험	
	17.61%
4. 순 투자 소득	
	16.18%
5. 기타	
	5.7%

PGR
프로그레시브 코퍼레이션
Progressive Corporation

섹터 금융 (Financials)
세부섹터 손해/사고 보험 (Property & Casualty Insurance)

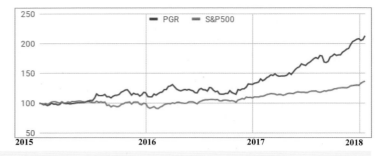

프로그레시브 코퍼레이션(Progressive Corporation)은 자회사를 통해 개인 및 상업용 자동차 보험, 재산 보험, 기타 특수 재산 피해 보험 및 관련 서비스를 제공하는 보험지주회사이다. 회사는 1937년에 설립되었고 본사는 오하이오주 메이필드 빌리지에 있으며 31,721명의 직원이 근무하고 있다. 사업 부문으로는 개인 보험 부문, 상업 보험 부문, 부동산 보험 부문, 상업 부동산, 부동산 부문이 있으며 각종 자동차 보험 및 상해 보험 상품, ATV, RV, 스노우 모빌과 같은 특별 보험도 제공하고 있다. 부동산 보험 부문은 주택 소유자에 대해 주거용 보험, 홍수 보험 등을 제공하고 있으며 보험을 발행하고 보험의 발행 및 청구의 조정을 담당하고 있다. 회사는 독립적인 보험 기관을 통해 제품을 판매하며, 인터넷 및 자체 지점을 통해 마케팅을 진행하고 있다.

기준일 : 2018/ 01 /25
한글 회사명 : 프로그레시브 코퍼레이션
영문 회사명 : Progressive Corporation
상장일 : 1972년 11월 17일 | 결산월 : 12월
시가총액 : 324 (억$) | 52주 최고 : $58.25 (-6.02%) / 52주 최저 : $36.28 (+50.88%)

주요 주주정보

보유자/ 보유 기관	보유율
The Vanguard Group, Inc.	6.61%
BlackRock Fund Advisors	4.81%
SSgA Funds Management, Inc.	4.44%

애널리스트 추천 및 최근 투자의견

프로그레시브 코퍼레이션의 2018년 01월 25일 현재 21개 기관의 **평균적인 목표가는 57.56$**이며, 2018년 추정 주당순이익(EPS)은 3.69$로 2017년 추정 EPS 3.32$에 비해 **11.14% 증가**할 것으로 예상된다.

최근, 1개월, 3개월의 투자 의견 변화

투자의견	금융사 및 투자의견	날짜
Maintains	MKM Partners: to Buy	1/25/2018
Maintains	UBS: Buy to Buy	1/25/2018
Initiated	Goldman Sachs: to Buy	4/12/2017
Maintains	Citigroup: to Neutral	10/18/2017
Maintains	Morgan Stanley: to Equal-Weight	10/18/2017

내부자 거래

(3M 비중은 12개월 거래 중 최근 3개월의 비중)

구분	성격	3개월	12개월	3M비중
매수	매수 건수 (장내 매매만 해당)	8	28	28.57%
매도	매도 건수 (장내 매매만 해당)	23	51	45.10%
매수	매수 수량 (장내 매매만 해당)	151,422	1,277,318	11.85%
매도	매도 수량 (장내 매매만 해당)	285,203	1,003,937	28.41%
	순매수량 (-인 경우 순매도량)	-133,781	273,381	

ETF 노출
(편입 ETF 수 : 93개 / 시가총액 대비 ETF의 보유비중 : 10.28%)

티커	ETF	보유 지분	비중
VTI	Vanguard Total Stock Market ETF	$788,008,136	0.11%
VOO	Vanguard 500 Index Fund	$558,732,463	0.13%
SPY	SPDR S&P 500 Trust ETF	$406,958,252	0.14%
XLF	Financial Select Sector SPDR Fund	$308,343,594	0.89%
IVV	Ishares S&P 500	$206,517,705	0.13%

기간 수익률

1M : 3.96%	3M : 25.29%	6M : 24.37%	1Y : 57.79%	3Y : 118.65%

재무 지표

	2014	2015	2016	2017(E)
매출액 (백만$)	19,381	20,855	23,504	26,946
영업이익 (백만$)	1,915	1,936	1,556	1,755
순이익 (백만$)	1,281	1,268	1,031	1,454
자산총계 (백만$)	26,519	30,642	34,335	28,888
자본총계 (백만$)	6,929	7,754	8,441	
부채총계 (백만$)	19,591	22,888	25,894	

안정성 비율	2013	2014	2015	2016
유동비율 (%)				
부채비율 (%)	306.68	282.75	295.17	306.78
이자보상배율 (배)	14.37	16.61	14.23	11.04

투자 지표

	2014	2015	2016	2017(E)
영업이익률 (%)	9.88	9.28	6.62	6.51
매출액 증가율 (%)	6.72	7.61	12.70	14.65
EPS ($)	2.17	2.16	1.77	2.42
EPS 증가율 (%)	11.28	-0.46	-18.06	36.66
주당자산가치($)	11.79	12.49	13.72	15.91
잉여현금흐름 (백만$)	1,618	2,162	2,502	3,601

	2013	2014	2015	2016
배당성향(%)	14.74	22.93	31.92	50.47
배당수익률(%)	1.04	1.83	2.16	2.50
ROE (%)	19.11	19.53	17.83	13.52
ROA (%)	4.80	4.96	4.55	3.25
재고회전율				
EBITDA (백만$)	1,939.50	2,121.40	2,198.10	1,811.10

매출비중

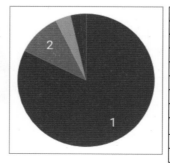

제품명	비중
1. 개인 보험	81.86%
2. 상업 보험	10.33%
3. 재산 보험	3.69%
4. 투자	2.26%
5. 수수료 및 기타 수익	1.42%

TRV
트래블러스 컴퍼니스
The Travelers Companies, Inc.

섹터 금융 (Financials)
세부섹터 손해/사고 보험 (Property & Casualty Insurance)

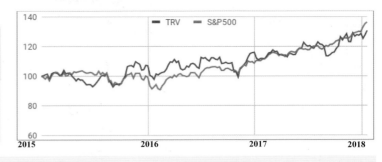

트래블러스 컴퍼니스(The Travelers Companies, Inc.)는 자회사를 통해 미국을 포함한 전 세계에서 개인과 기업 및 정부 기관에 다양한 상업보험, 개인 재산 보험 및 상해 보험상품을 제공하는 회사이다. 회사는 1853년에 설립되었고 본사는 뉴욕주 뉴욕에 있으며 30,900명의 직원이 근무하고 있다. 사업 부문은 비즈니스와 국제 보험 부문, 채권 및 특수 보험 부문, 개인 보험 부문의 세 가지 부문으로 운영되고 있다. 비즈니스와 국제 보험 부문은 각종 재해 보험, 상업용 부동산 보험, 일반 책임 보험, 상업용 자동차보험 및 근로자 재해 보상 보험 등을 제공하고 있다. 채권 및 특수 보험 부문은 자산 보험, 근로자 보상 보험, 상업용 자동차 보험 및 일반 책임 보험을 제공하고 있다. 개인 보험 부문은 재산 및 손해 보험, 자동차 및 주택 보험 등을 제공하고 있다. 회사는 미국에서 2번째로 큰 상업보험 회사이며, 개인보험 시장에서는 3번째 규모이다.

기준일 : 2018/ 01 /25
한글 회사명 : 트래블러스컴퍼니스
영문 회사명 : The Travelers Companies, Inc.
상장일 : 1972년 01월 21일 | 결산월 : 12월
시가총액 : 406 (억$) |
52주 최고 : $148 (-0.36%) / 52주 최저 : $113.76 (+29.62%)

주요 주주정보

보유자/ 보유 기관	보유율
The Vanguard Group, Inc.	7.85%
SSgA Funds Management, Inc.	6.77%
Massachusetts Financial Services Co.	4.74%

애널리스트 추천 및 최근 투자의견

트래블러스 컴퍼니스의 2018년 01월 25일 현재 25개 기관의 **평균적인 목표가는 143.11$**이며, 2018년 추정 주당순이익(EPS)은 11.27$로 2017년 추정 EPS 10.54$에 비해 **6.92% 증가할 것으로 예상**된다.

최근, 1개월, 3개월의 투자 의견 변화

투자의견	금융사 및 투자의견	날짜
Upgrade	Atlantic Equities: Underweight to Neutral	1/26/2018
Maintains	Credit Suisse: Neutral to Neutral	1/24/2018
Initiated	Goldman Sachs: to Sell	4/12/2017
Maintains	UBS: to Neutral	1/11/2017
Maintains	Argus: to Buy	10/23/2017

내부자 거래

(3M 비중은 12개월 거래 중 최근 3개월의 비중)

구분	성격	3개월	12개월	3M비중
매수	매수 건수 (장내 매매만 해당)	27	37	72.97%
매도	매도 건수 (장내 매매만 해당)	27	66	40.91%
매수	매수 수량 (장내 매매만 해당)	144,036	149,336	96.45%
매도	매도 수량 (장내 매매만 해당)	323,801	722,413	44.82%
	순매수량 (-인 경우 순매도량)	-179,765	-573,077	

ETF 노출   (편입 ETF 수 : 103개 / 시가총액 대비 ETF의 보유비중 : 13.24%)

티커	ETF	보유 지분	비중
VTI	Vanguard Total Stock Market ETF	$987,923,543	0.14%
DIA	Dia	$986,182,002	3.87%
VOO	Vanguard 500 Index Fund	$700,652,831	0.17%
SPY	SPDR S&P 500 Trust ETF	$512,500,010	0.17%
XLF	Financial Select Sector SPDR Fund	$386,723,729	1.12%

기간 수익률

1M : 2.19%	3M : 14.2%	6M : 10.14%	1Y : 16.8%	3Y : 29.38%

재무 지표

	2014	2015	2016	2017(E)
매출액 (백만$)	27,188	26,852	27,528	26,082
영업이익 (백만$)	5,115	4,792	3,956	2,118
순이익 (백만$)	3,665	3,414	2,992	1,970
자산총계 (백만$)	105,213	101,956	101,741	50,953
자본총계 (백만$)	24,836	23,598	23,221	
부채총계 (백만$)	80,377	78,358	78,520	

안정성 비율	2013	2014	2015	2016
유동비율 (%)				
부채비율 (%)	326.07	323.63	332.05	338.14
이자보상배율 (배)	13.57	13.86	12.85	10.90

투자 지표

	2014	2015	2016	2017(E)
영업이익률 (%)	18.81	17.85	14.37	8.12
매출액 증가율 (%)	4.11	-1.24	2.52	-5.25
EPS ($)	10.82	10.99	10.39	6.60
EPS 증가율 (%)	9.89	1.57	-5.46	-36.52
주당자산가치($)	77.08	79.75	83.05	86.31
잉여현금흐름 (백만$)	3,693	3,434	4,202	3,762

	2013	2014	2015	2016
배당성향(%)	20.12	20.09	21.88	25.49
배당수익률(%)	2.16	2.03	2.11	2.14
ROE (%)	14.53	14.77	14.10	12.78
ROA (%)	3.43	3.48	3.30	2.94
재고회전율				
EBITDA (백만$)	6,173	6,322	5,931	5,242

매출비중

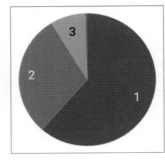

제품명	비중
1. 비즈니스 및 국제 보험	
	61.54%
2. 개인 보험	
	29.78%
3. 채권 및 특수 보험	
	8.39%
4. 순 실현 투자 수익	
	0.25%
5. 기타 수익	
	0.04%

XL
엑스엘 그룹
XL Group Ltd

섹터 금융 (Financials)
세부섹터 손해/사고 보험 (Property & Casualty Insurance)

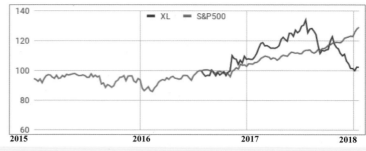

엑스엘 그룹(XL Group Ltd)은 전 세계 200여 개국의 고객에게 재해 보험, 전문 책임 보험, 에너지 보험 등을 제공하는 보험 및 재보험 회사이다. 회사는 1986년에 설립되었고 본사는 버뮤다 해밀턴에 있으며 7,400명의 직원이 근무하고 있다. 사업 부문은 보험 및 재보험의 두 부문으로 운영되고 있다. 보험 부문은 에너지, 재산, 건설, 기업에서 임직원의 책임, 항공, 위성, 해양, 신용, 미술과 같은 다양한 범위에서 보험을 제공하고 있으며, 생명보험 및 건강보험도 제공한다. 에너지 부문은 각종 시추 프로젝트, 유정 관리를 포함하고 있으며, 부동산과 관련해서는 부동산의 평가 및 리스크 관리 서비스를 제공한다. 재보험 분야에서는 재산, 자동차, 근로자 보험뿐만 아니라 항공, 우주산업, 모기지와 관련된 전문 분야에서의 재보험도 제공하고 있다. 회사는 미국을 포함하여 캐나다, 유럽, 아프리카, 호주 등에서 보험 서비스를 제공하고 있다.

기준일 : 2018/ 01 /25
한글 회사명 : 엑스엘 그룹
영문 회사명 : XL Group Ltd
상장일 : 1991년 07월 19일 | 결산월 : 12월
시가총액 : 94 (억$) |
52주 최고 : $47.27 (-22.08%) / 52주 최저 : $33.77 (+9.06%)

주요 주주정보

보유자/ 보유 기관	보유율
The Vanguard Group, Inc.	9.86%
Franklin Mutual Advisers LLC	8.25%
T. Rowe Price Associates, Inc.	8.12%

애널리스트 추천 및 최근 투자의견

엑스엘 그룹의 2018년 01월 25일 현재 16개 기관의 **평균적인 목표가는 42.15$**이며, 2018년 추정 주당순이익(EPS)은 3.74$로 2017년 추정 EPS -2.09$에 비해 **-278.94% 감소할 것으로 예상**된다.

최근, 1개월, 3개월의 투자 의견 변화

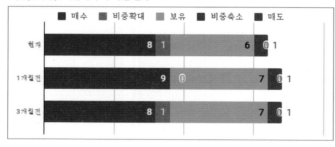

투자의견	금융사 및 투자의견	날짜
Maintains	Citigroup: to Neutral	2/11/2017
Maintains	UBS: to Buy	10/30/2017
Maintains	Credit Suisse: to Neutral	10/25/2017
Maintains	Barclays: to Overweight	10/16/2017
Maintains	Bank of America: to Buy	12/10/2017

내부자 거래

(3M 비중은 12개월 거래 중 최근 3개월의 비중)

구분	성격	3개월	12개월	3M비중
매수	매수 건수 (장내 매매만 해당)	5	26	19.23%
매도	매도 건수 (장내 매매만 해당)	16	24	66.67%
매수	매수 수량 (장내 매매만 해당)	17,682	54,571	32.40%
매도	매도 수량 (장내 매매만 해당)	333,702	531,415	62.79%
	순매수량 (-인 경우 순매도량)	-316,020	-476,844	

ETF 노출 (편입 ETF 수 : 70개 / 시가총액 대비 ETF의 보유비중 : 13.32%)

티커	ETF	보유 지분	비중
VO	Vanguard Mid Cap Index Fund	$228,696,116	0.23%
VTI	Vanguard Total Stock Market ETF	$224,799,526	0.03%
VOO	Vanguard 500 Index Fund	$159,430,866	0.04%
SPY	SPDR S&P 500 Trust ETF	$121,314,379	0.04%
XLF	Financial Select Sector SPDR Fund	$88,032,925	0.25%

기간 수익률

1M : -2.2%	3M : -9.95%	6M : -23.61%	1Y : -4.85%	#DIV/0!

재무 지표

	2014	2015	2016	2017(E)
매출액 (백만$)	6,867	9,332	10,556	14,512
영업이익 (백만$)	848	1,181	562	-308
순이익 (백만$)	188	1,207	441	-533
자산총계 (백만$)	45,047	58,683	58,434	62,049
자본총계 (백만$)	11,436	13,654	12,961	
부채총계 (백만$)	33,611	45,028	45,473	

안정성 비율	2013	2014	2015	2016
유동비율 (%)				
부채비율 (%)	302.25	293.91	329.77	350.86
이자보상배율 (배)	6.06	6.31	6.20	2.68

투자 지표

	2014	2015	2016	2017(E)
영업이익률 (%)	12.35	12.66	5.32	-2.12
매출액 증가율 (%)	-7.45	35.90	13.12	37.47
EPS ($)	0.71	4.22	1.58	-2.09
EPS 증가율 (%)	-80.71	494.37	-62.56	-232.53
주당자산가치($)	39.32	39.62	40.99	38.35
잉여현금흐름 (백만$)	963	616	915	-555

	2013	2014	2015	2016
배당성향(%)	15.43	92.75	17.35	51.28
배당수익률(%)	1.76	1.86	1.84	2.15
ROE (%)	10.34	1.88	11.12	3.90
ROA (%)	2.50	0.59	2.53	0.97
재고회전율				
EBITDA (백만$)	1,306.04	448.74	1,206.56	895.7

매출비중

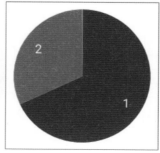

제품명	비중
1. 보험	
	68.03%
2. 재보험	
	31.85%
3. 기업 및 기타	
	0.12%

BBT
비비앤드티 코퍼레이션
BB&T Corporation

섹터 금융 (Financials)
세부섹터 지역 은행 (Regional Banks)

비비앤드티 코퍼레이션(BB&T Corporation)은 주로 지점 은행, 신탁 회사 및 기타 비은행 자회사를 통해 영업 활동을 수행하는 금융 지주회사이다. 회사는 1872년에 설립되었고 본사는 노스캐롤라이나주 윈스턴 세일럼에 있으며 37,500명의 직원이 근무하고 있다. 사업 부문에는 지역 은행 부문, 모기지 은행 부문, 금융 서비스 부문, 대여 부문으로 나누어진다. 지역 은행 부문은 2016년 12월 현재 2,196개의 지점을 통해 중소기업, 공공 기관, 지방 정부 및 개인을 대상으로 다양한 은행 및 신탁 서비스를 제공하고 있다. 자산 관리, 자동차 대출, 은행 카드 대출, 소비자 금융, 주택 담보 대출, 주택 담보 대출 서비스도 제공하고 있다. 투자 부문에서는 약 2,693만 달러의 매도 가능 증권을 보유하고 있으며, 모기지 담보부 채권인 MBS(mortgage-backed securities), 기업 채권, 예금증서(CD)에 투자하고 있다. 이외에도 다양한 자회사를 통해 각종 보험상품을 판매하고 있다.

금융

기준일 : 2018/ 01 /25
한글 회사명 : 비비앤드티 코퍼레이션
영문 회사명 : BB&T Corporation
상장일 : 1972년 01월 21일 | 결산월 : 12월
시가총액 : 428 (억$) |
52주 최고 : $55.7 (-0.93%) / 52주 최저 : $41.17 (+34.02%)

주요 주주정보

보유자/ 보유 기관	보유율
The Vanguard Group, Inc.	6.96%
SSgA Funds Management, Inc.	4.86%
BlackRock Fund Advisors	4.76%

애널리스트 추천 및 최근 투자의견

비비앤드티 코퍼레이션의 2018년 01월 25일 현재 31개 기관의 **평균적인 목표가는 56.63$**이며, 2018년 추정 주당순이익(EPS)은 4.23$로 2017년 추정 EPS 3.91$에 비해 **8.18% 증가할 것으로 예상**된다.

최근, 1개월, 3개월의 투자 의견 변화

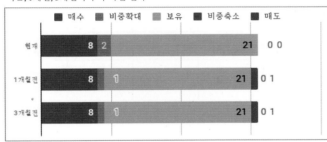

투자의견	금융사 및 투자의견	날짜
Upgrade	Raymond James: Market Perform to Outperform	9/1/2018
Upgrade	Morgan Stanley: Underweight to Equal-Weight	8/1/2018
Maintains	JP Morgan: to Neutral	1/11/2017
Maintains	Morgan Stanley: to Underweight	10/20/2017
Maintains	BMO Capital: to Market Perform	10/20/2017

내부자 거래

(3M 비중은 12개월 거래 중 최근 3개월의 비중)

구분	성격	3개월	12개월	3M비중
매수	매수 건수 (장내 매매만 해당)	37	38	97.37%
매도	매도 건수 (장내 매매만 해당)	28	71	39.44%
매수	매수 수량 (장내 매매만 해당)	238,661	239,353	99.71%
매도	매도 수량 (장내 매매만 해당)	206,820	552,416	37.44%
	순매수량 (-인 경우 순매도량)	31,841	-313,063	

ETF 노출
(편입 ETF 수 : 95개 / 시가총액 대비 ETF의 보유비중 : 10.86%)

티커	ETF	보유 지분	비중
VTI	Vanguard Total Stock Market ETF	$1,042,660,818	0.15%
VOO	Vanguard 500 Index Fund	$739,208,095	0.18%
SPY	SPDR S&P 500 Trust ETF	$540,965,577	0.18%
XLF	Financial Select Sector SPDR Fund	$408,133,620	1.18%
IVV	Ishares S&P 500	$273,587,098	0.18%

기간 수익률

1M : 10.64%	3M : 24.15%	6M : 18.4%	1Y : 20.65%	3Y : 52.13%

재무 지표

	2014	2015	2016	2017(E)
매출액 (백만$)	9,738	10,263	11,436	11,402
영업이익 (백만$)	3,160	3,258	3,670	4,583
순이익 (백만$)	2,151	2,084	2,426	2,218
자산총계 (백만$)	188,404	211,841	221,151	220,890
자본총계 (백만$)	24,426	27,340	29,926	
부채총계 (백만$)	163,978	184,501	191,225	

안정성 비율	2013	2014	2015	2016
유동비율 (%)				
부채비율 (%)	709.06	671.33	674.84	638.99
이자보상배율 (배)				

투자 지표

	2014	2015	2016	2017(E)
영업이익률 (%)	32.45	31.75	32.09	40.20
매출액 증가율 (%)	-8.40	5.39	11.43	-0.30
EPS ($)	2.79	2.59	2.81	2.74
EPS 증가율 (%)	25.68	-7.17	8.49	-2.66
주당자산가치($)	30.16	31.66	33.14	34.37
잉여현금흐름 (백만$)	3,258	2,915	2,672	4,635

	2013	2014	2015	2016
배당성향(%)	42.01	34.55	41.10	41.52
배당수익률(%)	2.47	2.44	2.78	2.45
ROE (%)	7.65	9.13	8.07	8.48
ROA (%)	0.93	1.19	1.06	1.13
재고회전율				
EBITDA (백만$)	3,704	3,551	3,378	4,055

매출비중

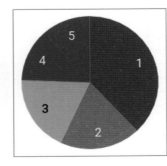

제품명	비중
1. 커뮤니티 은행	
	31.83%
2. 보험 서비스	
	16.02%
3. 주택 모기지 은행	
	15.61%
4. 금융 서비스	
	10.64%
5. 전문 대출	
	9.72%

CFG
씨티즌 파이낸셜 그룹
Citizens Financial Group, Inc.

섹터 금융 (Financials)
세부섹터 지역 은행 (Regional Banks)

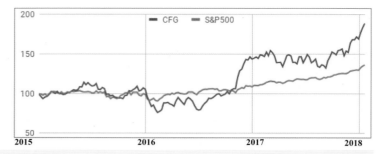

씨티즌 파이낸셜 그룹(Citizens Financial Group, Inc.)은 소비자 금융 및 상업 은행 부문을 중심으로 소매 영업을 영위하는 소매 은행 지주 회사이다. 회사는 1828년에 설립되었고 본사는 로드아일랜드 주 프로비던스에 있으며 17,600명의 직원이 근무하고 있다. 주요 자회사로는 펜실베니아 저축은행이 있으며 2016년 12월 현재, 뉴 잉글랜드, 중부 대서양 및 중서부 지역의 11개 지역, 1,230개 지점과 전화 및 모바일 뱅킹 플랫폼을 통해 사업을 영위하고 있다. 소비자 금융 부문은 소매 고객 및 중소기업을 대상으로 예금 상품, 모기지 및 주택 담보 대출, 자동차 융자, 학생 융자, 개인 무담보 대출, 신용 카드, 사업 융자, 자산 관리 및 투자 서비스가 포함된다. 상업은행 부문은 대출 및 리스, 예금 및 재무 관리 서비스, 외환, 기업 금융, 합병 및 인수 서비스 등을 제공하고 있다.

기준일 : 2018/ 01 /25
한글 회사명 : 씨티즌 파이낸셜 그룹
영문 회사명 : Citizens Financial Group, Inc.
상장일 : 2014년 09월 24일 | 결산월 : 12월
시가총액 : 230 (억$) |
52주 최고 : $48.23 (-0.95%) / 52주 최저 : $31.51 (+51.6%)

주요 주주정보

보유자/ 보유 기관	보유율
The Vanguard Group, Inc.	10.62%
BlackRock Fund Advisors	5.87%
SSgA Funds Management, Inc.	5.54%

애널리스트 추천 및 최근 투자의견

씨티즌 파이낸셜 그룹의 2018년 01월 25일 현재 24개 기관의 **평균적인 목표가는 49.43$**이며, 2018년 추정 주당순이익(EPS)은 3.7$로 2017년 추정 EPS 3.34$에 비해 **10.77% 증가**할 것으로 예상된다.

최근, 1개월, 3개월의 투자 의견 변화

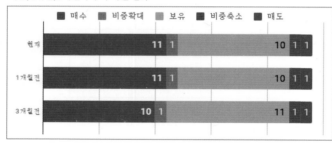

투자의견	금융사 및 투자의견	날짜
Upgrade	BMO Capital: Market Perform to Outperform	12/19/2017
Maintains	Morgan Stanley: to Overweight	12/13/2017
Maintains	Barclays: to Equal-Weight	10/23/2017
Maintains	Citigroup: to Neutral	10/10/2017
Maintains	Citigroup: to Neutral	9/10/2017

내부자 거래

(3M 비중은 12개월 거래 중 최근 3개월의 비중)

구분	성격	3개월	12개월	3M비중
매수	매수 건수 (장내 매매만 해당)	19	63	30.16%
매도	매도 건수 (장내 매매만 해당)	9	18	50.00%
매수	매수 수량 (장내 매매만 해당)	100,744	135,273	74.47%
매도	매도 수량 (장내 매매만 해당)	45,458	63,312	71.80%
	순매수량 (-인 경우 순매도량)	55,286	71,961	

ETF 노출

(편입 ETF 수 : 87개 / 시가총액 대비 ETF의 보유비중 : 13.96%)

티커	ETF	보유 지분	비중
VO	Vanguard Mid Cap Index Fund	$563,507,771	0.57%
VTI	Vanguard Total Stock Market ETF	$553,827,932	0.08%
VOO	Vanguard 500 Index Fund	$392,721,490	0.09%
SPY	SPDR S&P 500 Trust ETF	$287,368,705	0.10%
XLF	Financial Select Sector SPDR Fund	$216,828,695	0.63%

기간 수익률

1M : 12.27%	3M : 33.16%	6M : 35.78%	1Y : 30.7%	3Y : 101.89%

재무 지표

	2014	2015	2016	2017(E)
매출액 (백만$)	5,355	5,279	5,743	5,676
영업이익 (백만$)	1,447	1,296	1,546	2,248
순이익 (백만$)	865	840	1,045	1,316
자산총계 (백만$)	133,793	139,144	150,611	153,103
자본총계 (백만$)	19,268	19,646	19,747	
부채총계 (백만$)	114,525	119,498	130,864	

안정성 비율	2013	2014	2015	2016
유동비율 (%)				
부채비율 (%)	542.29	594.38	608.26	662.70
이자보상배율 (배)				

투자 지표

	2014	2015	2016	2017(E)
영업이익률 (%)	27.02	24.55	26.92	39.61
매출액 증가율 (%)	5.60	-1.42	8.79	-1.17
EPS ($)	1.55	1.56	1.97	2.72
EPS 증가율 (%)	125.33	0.34	26.66	38.09
주당자산가치($)	35.30	36.76	38.09	40.60
잉여현금흐름 (백만$)	1,116	930	1,384	1,443

	2013	2014	2015	2016
배당성향(%)		6.45	25.81	23.35
배당수익률(%)		0.40	1.53	1.29
ROE (%)	-15.82	4.50	4.32	5.31
ROA (%)	-2.73	0.67	0.62	0.72
재고회전율				
EBITDA (백만$)	-3,064	1,654	1,734	2,057

매출비중

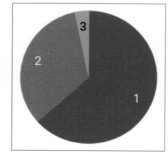

제품명	비중
1. 소비자 금융	
	63.29%
2. 상업 은행	
	33.38%
3. 기타	
	3.33%

FITB
피프스써드 은행
Fifth Third Bancorp

섹터 금융 (Financials)
세부섹터 지역 은행 (Regional Banks)

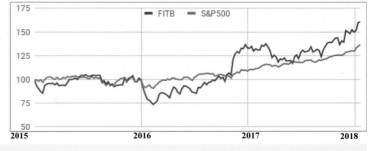

피프스써드 은행(Fifth Third Bancorp)은 미국 내에서 소매 및 자산 관리 서비스 등 다양한 금융 서비스를 제공하는 금융 회사이다. 회사는 1974년에 설립되었고 본사는 오하이오주 신시내티에 있으며 17,844명의 직원이 근무하고 있다. 사업 부문은 상업 은행 부문, 지점 금융 부문, 소비자 대출 부문, 자산 관리 부문으로 나누어진다. 상업 은행 부문은 신용 중개, 현금 관리 및 금융 서비스를 제공한다. 지점 금융 부문은 개인 및 소규모 기업을 대상으로 예금 및 주택 담보 대출, 자동차 대출과 같은 대출 상품을 제공한다. 소비자 대출 부문에서는 주택 담보 대출, 상업 리스, 신용 한도의 제공을 하고 있다. 자산 관리 부문은 개인, 회사 및 비영리 조직에 다양한 투자 방법을 제공하고 있다. 2016년 12월 현재 오하이오주, 켄터키주, 인디애나주, 미시간주 등에 1,191개의 지점을 운영하고 있으며 총자산규모는 1,414억 달러이다.

기준일 : 2018/ 01 /25

한글 회사명 : 피프스써드 은행
영문 회사명 : Fifth Third Bancorp
상장일 : 1975년 04월 23일 | 결산월 : 12월
시가총액 : 232 (억$) |
52주 최고 : $33.38 (-0.14%) / 52주 최저 : $23.2 (+43.66%)

주요 주주정보

보유자/ 보유 기관	보유율
T. Rowe Price Associates, Inc.	10.43%
The Vanguard Group, Inc.	7.85%
SSgA Funds Management, Inc.	5.67%

애널리스트 추천 및 최근 투자의견

피프스써드 은행의 2018년 01월 25일 현재 30개 기관의 **평균적인 목표가는 33.88$**이며, 2018년 추정 주당순이익(EPS)은 2.63$로 2017년 추정 EPS 2.58$에 비해 **1.93% 증가**할 것으로 예상된다.

최근, 1개월, 3개월의 투자 의견 변화

투자의견	금융사 및 투자의견	날짜
Maintains	Morgan Stanley: Equal-Weight to Equal-Weight	1/26/2018
Maintains	Bank of America: Neutral to Neutral	1/24/2018
Maintains	Morgan Stanley: to Equal-Weight	12/13/2017
Downgrade	Macquarie: Neutral to Underperform	11/17/2017
Maintains	Nomura: to Neutral	10/26/2017

내부자 거래

(3M 비중은 12개월 거래 중 최근 3개월의 비중)

구분	성격	3개월	12개월	3M비중
매수	매수 건수 (장내 매매만 해당)	10	22	45.45%
매도	매도 건수 (장내 매매만 해당)	41	70	58.57%
매수	매수 수량 (장내 매매만 해당)	354,812	418,325	84.82%
매도	매도 수량 (장내 매매만 해당)	422,652	865,236	48.85%
	순매수량 (-인 경우 순매도량)	-67,840	-446,911	

ETF 노출
(편입 ETF 수 : 81개 / 시가총액 대비 ETF의 보유비중 : 11.08%)

티커	ETF	보유 지분	비중
VTI	Vanguard Total Stock Market ETF	$561,123,126	0.08%
VOO	Vanguard 500 Index Fund	$397,849,361	0.10%
SPY	SPDR S&P 500 Trust ETF	$291,322,196	0.10%
XLF	Financial Select Sector SPDR Fund	$219,720,601	0.63%
IVV	Ishares S&P 500	$148,119,171	0.10%

기간 수익률

1M : 8.22%	3M : 22.54%	6M : 24.14%	1Y : 23.62%	3Y : 77.59%

재무 지표

	2014	2015	2016	2017(E)
매출액 (백만$)	6,184	6,613	6,381	7,065
영업이익 (백만$)	2,149	2,440	1,837	2,192
순이익 (백만$)	1,469	1,697	1,549	1,876
자산총계 (백만$)	139,632	141,048	142,177	142,590
자본총계 (백만$)	15,665	15,870	16,232	
부채총계 (백만$)	123,967	125,178	125,945	

안정성 비율	2013	2014	2015	2016
유동비율 (%)				
부채비율 (%)	798.85	791.36	788.77	775.91
이자보상배율 (배)				

투자 지표

	2014	2015	2016	2017(E)
영업이익률 (%)	34.75	36.90	28.79	31.02
매출액 증가율 (%)	-9.22	6.94	-3.51	10.72
EPS ($)	1.68	2.03	1.95	2.73
EPS 증가율 (%)	-18.05	20.83	-3.94	40.03
주당자산가치($)	17.35	18.48	19.82	21.66
잉여현금흐름 (백만$)	1,810	2,341	2,045	1,443

	2013	2014	2015	2016
배당성향(%)	23.27	30.72	25.87	27.46
배당수익률(%)	2.23	2.50	2.59	1.97
ROE (%)	12.87	9.72	10.79	9.67
ROA (%)	1.42	1.09	1.21	1.09
재고회전율				
EBITDA (백만$)	3,105	2,442	2,806	2,518

매출비중

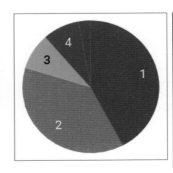

제품명	비중
1. 상업 은행	43.12%
2. 지점 은행	38.41%
3. 자산 및 자산 관리	8.98%
4. 소비자 대출	8.73%
5. 일반 기업 및 기타	2.84%

HBAN
헌팅턴 뱅크쉐어 인코퍼릿
Huntington Bancshares Incorporated

섹터 금융 (Financials)
세부섹터 지역 은행 (Regional Banks)

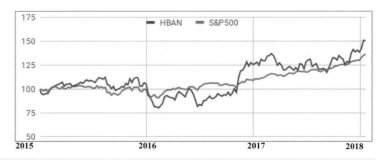

헌팅턴 뱅크쉐어 인코퍼릿(Huntington Bancshares Incorporated)은 중소기업, 소비자를 대상으로 소매 은행 서비스 및 모기지 서비스를 제공하는 헌팅턴 내셔널 은행(Huntington National Bank)의 지주회사이다. 회사는 1966년에 설립되었고 본사는 오하이오주 콜럼부스에 있으며 15,993명의 직원이 근무하고 있다. 소비자 및 비즈니스 뱅킹 부문, 상업은행 부문, 상업용 부동산 및 차량 금융 부문, 보험 부문 등으로 운영되고 있으며 1,091여 개 지점을 기반으로 사업을 영위하고 있다. 소비자 및 비즈니스 뱅킹 부문은 예금, 단기 금융, 소비자와 중소기업 대출 서비스를 제공하고 있다. 상업은행 부문은 기업 리스크 관리, 상업적 재산/상해에 대한 보험 인수, 생명 및 장애 보험 서비스를 제공하고 있다. 상업용 부동산 및 차량 금융 부문은 토지, 부동산 등에 자금 조달을 제공한다. 주택 대출 부문은 소비자 대출 및 모기지 서비스를 제공하며, 장비 임대 서비스도 제공하고 있다.

기준일 : 2018/ 01 /25

한글 회사명 : 헌팅턴 뱅크쉐어 인코퍼릿
영문 회사명 : Huntington Bancshares Incorporated
상장일 : 1972년 01월 21일 | 결산월 : 12월
시가총액 : 173 (억$) |
52주 최고 : $16.33 (-1.04%) / 52주 최저 : $12.14 (+33.11%)

주요 주주정보

보유자/ 보유 기관	보유율
The Vanguard Group, Inc.	10.13%
Fidelity Management & Research Co.	8.47%
SSgA Funds Management, Inc.	5.46%

애널리스트 추천 및 최근 투자의견

헌팅턴 뱅크쉐어 인코퍼릿의 2018년 01월 25일 현재 28개 기관의 **평균적인 목표가는 17.3$**이며, 2018년 추정 주당순이익(EPS)은 1.32$로 2017년 추정 EPS 1.21$에 비해 **9.09% 증가**할 것으로 예상된다.

최근, 1개월, 3개월의 투자 의견 변화

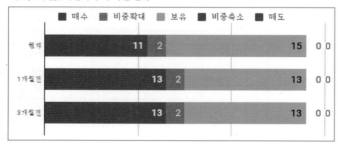

투자의견	금융사 및 투자의견	날짜
Maintains	Morgan Stanley: Equal-Weight to Equal-Weight	1/26/2018
Maintains	JP Morgan: Neutral to Neutral	1/25/2018
Downgrade	Hilliard Lyons: Buy to Neutral	1/24/2018
Maintains	Bank of America: Buy to Buy	1/24/2018
Maintains	Morgan Stanley: to Equal-Weight	12/13/2017

내부자 거래

(3M 비중은 12개월 거래 중 최근 3개월의 비중)

구분	성격	3개월	12개월	3M비중
매수	매수 건수 (장내 매매만 해당)	19	76	25.00%
매도	매도 건수 (장내 매매만 해당)	22	59	37.29%
매수	매수 수량 (장내 매매만 해당)	134,404	1,632,470	8.23%
매도	매도 수량 (장내 매매만 해당)	594,349	1,492,029	39.83%
	순매수량 (-인 경우 순매도량)	-459,945	140,441	

ETF 노출
(편입 ETF 수 : 78개 / 시가총액 대비 ETF의 보유비중 : 14.45%)

티커	ETF	보유 지분	비중
VO	Vanguard Mid Cap Index Fund	$427,211,478	0.43%
VTI	Vanguard Total Stock Market ETF	$420,094,377	0.06%
VOO	Vanguard 500 Index Fund	$298,010,078	0.07%
SPY	SPDR S&P 500 Trust ETF	$215,957,213	0.07%
XLF	Financial Select Sector SPDR Fund	$164,494,873	0.47%

기간 수익률

1M : 8.43%	3M : 23.9%	6M : 21.89%	1Y : 20.5%	3Y : 59.37%

재무 지표

	2014	2015	2016	2017(E)
매출액 (백만$)	2,988	3,181	3,817	4,322
영업이익 (백만$)	897	966	1,205	1,722
순이익 (백만$)	632	693	712	1,015
자산총계 (백만$)	66,298	71,018	99,714	103,019
자본총계 (백만$)	6,328	6,595	10,308	
부채총계 (백만$)	59,970	64,424	89,406	

안정성 비율	2013	2014	2015	2016
유동비율 (%)				
부채비율 (%)	875.13	947.67	976.92	867.33
이자보상배율 (배)				

투자 지표

	2014	2015	2016	2017(E)
영업이익률 (%)	30.02	30.37	31.57	39.86
매출액 증가율 (%)	4.46	6.46	19.97	13.23
EPS ($)	0.73	0.82	0.71	0.89
EPS 증가율 (%)	0.00	12.33	-12.82	24.37
주당자산가치($)	7.32	7.81	8.51	9.01
잉여현금흐름 (백만$)	870	881	1,314	1,760

	2013	2014	2015	2016
배당성향(%)	26.39	29.17	30.86	41.43
배당수익률(%)	1.97	2.00	2.26	2.19
ROE (%)	10.75	10.18	10.73	8.42
ROA (%)	1.11	1.01	1.01	0.83
재고회전율				
EBITDA (백만$)	1,150.30	1,185.82	1,255.00	1,300.00

매출비중

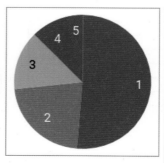

제품명	비중
1. 소매 및 기업 금융	52.05%
2. 상업 은행	22.4%
3. CREVF	14.48%
4. RBHPCG	8.47%
5. 가정 대출	4.23%

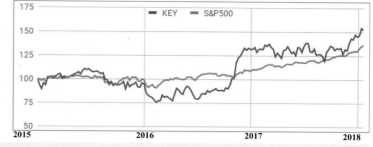

KEY
키코프
KeyCorp

섹터 금융 (Financials)
세부섹터 지역 은행(Regional Banks)

키코프(KeyCorp)는 자회사인 키뱅크 내셔널 어소시에이션(KeyBank National Association)을 통해 은행 업무를 제공하는 은행 중심의 금융 지주회사이다. 회사는 1849년에 설립되었고 본사는 오하이오 주 클리브랜드에 있으며 15,700명의 직원이 근무하고 있다. 키 커뮤니티 은행(Key Community Bank)과 키 코퍼레이션 은행(Key Corporate Bank)의 두 부문을 통해 소매, 상업은행, 임대, 투자 관리, 소비자 금융, 상업 모기지 서비스, 투자은행 서비스를 개인, 기업 및 기관 고객에게 제공하고 있다. 기본 은행 업무 외에도 신탁 서비스, 증권 대출, 재산 및 상해보험, 퇴직 연금, 합작 투자 서비스 등도 제공하고 있다. 2016년 12월 현재 1,217개 지점에서 은행업무를 제공하고 있으며, 총대출 채권 규모는 8억 6,040만 달러, 예금은 638억 달러 규모이다. 주요 영업 지역은 워싱턴, 오리건, 알래스카, 로키산맥, 인디애나, 오하이오, 펜실베니아 서부 등에 있다.

기준일 : 2018/ 01 /25

한글 회사명 : 키코프

영문 회사명 : KeyCorp

상장일 : 1972년 11월 17일 | 결산월 : 12월

시가총액 : 232 (억$) |

52주 최고 : $21.87 (-0.36%) / 52주 최저 : $16.28 (+33.84%)

주요 주주정보

보유자/ 보유 기관	보유율
The Vanguard Group, Inc.	10.28%
SSgA Funds Management, Inc.	5.24%
BlackRock Fund Advisors	5.03%

애널리스트 추천 및 최근 투자의견

키코퍼레이션의 2018년 01월 25일 현재 30개 기관의 **평균적인 목표가는 23.37$**이며, 2018년 추정 주당순이익(EPS)은 **1.84$**로 2017년 추정 EPS 1.68$에 비해 **9.52% 증가**할 것으로 예상된다.

최근, 1개월, 3개월의 투자 의견 변화

투자의견	금융사 및 투자의견	날짜
Upgrade	Deutsche Bank: Hold to Buy	1/25/2018
Upgrade	Stephens & Co.: Equal-Weight to Overweight	12/14/2017
Maintains	Morgan Stanley: to Overweight	12/14/2017
Maintains	Citigroup: to Neutral	10/10/2017
Maintains	Citigroup: to Neutral	9/10/2017

내부자 거래

(3M 비중은 12개월 거래 중 최근 3개월의 비중)

구분	성격	3개월	12개월	3M비중
매수	매수 건수 (장내 매매만 해당)	11	17	64.71%
매도	매도 건수 (장내 매매만 해당)	32	56	57.14%
매수	매수 수량 (장내 매매만 해당)	485,900	503,274	96.55%
매도	매도 수량 (장내 매매만 해당)	573,048	1,329,089	43.12%
	순매수량 (-인 경우 순매도량)	-87,148	-825,815	

ETF 노출
(편입 ETF 수 : 89개 / 시가총액 대비 ETF의 보유비중 : 14%)

티커	ETF	보유 지분	비중
VO	Vanguard Mid Cap Index Fund	$568,971,786	0.57%
VTI	Vanguard Total Stock Market ETF	$559,912,291	0.08%
VOO	Vanguard 500 Index Fund	$396,949,962	0.10%
SPY	SPDR S&P 500 Trust ETF	$294,628,125	0.10%
XLF	Financial Select Sector SPDR Fund	$219,181,521	0.63%

기간 수익률

1M : 7.08%	3M : 18.08%	6M : 17.42%	1Y : 18.47%	3Y : 70.64%

재무 지표

	2014	2015	2016	2017(E)
매출액 (백만$)	4,314	4,448	5,332	6,240
영업이익 (백만$)	1,272	1,222	1,442	2,320
순이익 (백만$)	939	915	790	1,485
자산총계 (백만$)	93,821	95,911	137,282	138,198
자본총계 (백만$)	10,542	10,759	15,240	
부채총계 (백만$)	83,279	85,152	122,042	

안정성 비율	2013	2014	2015	2016
유동비율 (%)				
부채비율 (%)	800.52	789.97	791.45	800.80
이자보상배율 (배)				

투자 지표

	2014	2015	2016	2017(E)
영업이익률 (%)	29.49	27.47	27.04	37.17
매출액 증가율 (%)	-0.60	3.11	19.87	17.03
EPS ($)	1.01	1.06	0.81	1.36
EPS 증가율 (%)	3.06	4.95	-23.59	67.92
주당자산가치($)	11.91	12.51	12.58	13.49
잉여현금흐름 (백만$)	1,235	833	1,412	1,703

	2013	2014	2015	2016
배당성향(%)	22.16	25.25	27.62	41.25
배당수익률(%)	1.60	1.80	2.20	1.81
ROE (%)	8.46	9.02	8.60	6.08
ROA (%)	0.96	1.01	0.97	0.68
재고회전율				
EBITDA (백만$)	1,362	1,518	1,469	1,282

매출비중

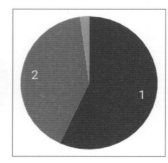

제품명	비중
1. 주요 커뮤니티 은행	57.17%
2. 주요 기업 은행	41.04%
3. 기타 부문	2.17%
4. 매출 조정	-0.38%

MTB
엠엔드티 뱅크 코퍼레이션
M&T Bank Corporation

섹터 금융 (Financials)
세부섹터 지역 은행 (Regional Banks)

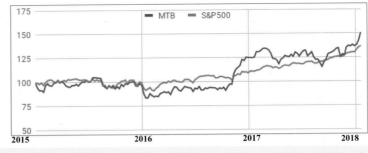

엠엔드티 뱅크 코퍼레이션(M&T Bank Corporation)은 소매 및 상업 은행 서비스를 제공하는 매뉴팩처러스 앤 트레이더스 트러스트 컴퍼니(Manufacturers and Traders Trust Company) 및 윌밍턴 트러스트(Wilmington Trust), 내셔널 어소시에이션(National Association)의 금융 지주회사이다. 회사는 1856년에 설립되었고 본사는 뉴욕주 버팔로에 있으며 16,973명의 직원이 근무하고 있다. 사업 부문은 비즈니스뱅킹 부문, 상업은행 부문, 주택 담보 대출 부문으로 나누어진다. 비즈니스 뱅킹 부문은 중소기업에 예금, 대출, 현금 관리 및 기타 금융 서비스를 제공하고 있다. 상업 은행 부문은 중소기업 및 대기업 고객에게 상업용 대출 및 리스, 신용장, 예금 상품 및 현금 관리 서비스를 제공하고 있다. 주택 담보 대출 부문에서는 소비자를 대상으로 주거용 부동산 대출을 제공하고 있다. 2016년 12월 현재 미국에 799개의 은행지점을 가지고 있다.

기준일 : 2018/ 01 /25

한글 회사명 : 엠엔드티 뱅크 코퍼레이션
영문 회사명 : M&T Bank Corporation
상장일 : 1972년 01월 21일 | 결산월 : 12월
시가총액 : 282 (억$) |
52주 최고 : $190.1 (-0.07%) / 52주 최저 : $141.12 (+34.6%)

주요 주주정보

보유자/ 보유 기관	보유율
The Vanguard Group, Inc.	9.22%
SSgA Funds Management, Inc.	5.15%
BlackRock Fund Advisors	4.77%

애널리스트 추천 및 최근 투자의견

엠엔드티 뱅크 코퍼레이션의 2018년 01월 25일 현재 23개 기관의 **평균적인 목표가는 188.32$**이며, 2018년 추정 주당순이익(EPS)은 12.92$로 2017년 추정 EPS 12.07$에 비해 **7.04% 증가**할 것으로 예상된다.

최근, 1개월, 3개월의 투자 의견 변화

투자의견	금융사 및 투자의견	날짜
Maintains	Morgan Stanley: to Equal-Weight	12/14/2017
Upgrade	UBS: Sell to Neutral	12/12/2017
Maintains	Nomura: to Neutral	10/23/2017
Maintains	Citigroup: to Neutral	10/10/2017
Maintains	Citigroup: to Neutral	9/10/2017

재무 지표

	2014	2015	2016	2017(E)
매출액 (백만$)	4,670	4,870	5,686	5,607
영업이익 (백만$)	1,606	1,627	2,086	2,514
순이익 (백만$)	1,054	1,069	1,305	1,394
자산총계 (백만$)	97,162	123,276	123,449	120,886
자본총계 (백만$)	12,336	16,173	16,487	
부채총계 (백만$)	84,826	107,102	106,963	

안정성 비율	2013	2014	2015	2016
유동비율 (%)				
부채비율 (%)	656.97	687.63	662.22	648.78
이자보상배율 (배)				

투자 지표

	2014	2015	2016	2017(E)
영업이익률 (%)	34.39	33.41	36.69	44.83
매출액 증가율 (%)	-2.18	4.28	16.76	-1.38
EPS ($)	7.47	7.22	7.80	9.11
EPS 증가율 (%)	-9.56	-3.35	8.03	16.78
주당자산가치($)	83.93	93.64	97.68	100.86
잉여현금흐름 (백만$)	1,004	1,345	1,741	2,703

	2013	2014	2015	2016
배당성향(%)	34.15	37.74	39.00	35.99
배당수익률(%)	2.41	2.23	2.31	1.79
ROE (%)	10.46	8.92	7.50	7.99
ROA (%)	1.33	1.15	0.97	1.06
재고회전율				
EBITDA (백만$)	1,969.30	1,840.98	1,850.04	2,258.99

내부자 거래

(3M 비중은 12개월 거래 중 최근 3개월의 비중)

구분	성격	3개월	12개월	3M비중
매수	매수 건수 (장내 매매만 해당)	60	101	59.41%
매도	매도 건수 (장내 매매만 해당)	69	94	73.40%
매수	매수 수량 (장내 매매만 해당)	77,442	85,138	90.96%
매도	매도 수량 (장내 매매만 해당)	107,883	381,014	28.31%
	순매수량 (-인 경우 순매도량)	-30,441	-295,876	

ETF 노출 (편입 ETF 수 : 73개 / 시가총액 대비 ETF의 보유비중 : 5.19%)

티커	ETF	보유 지분	비중
SPY	SPDR S&P 500 Trust ETF	$355,504,364	0.12%
XLF	Financial Select Sector SPDR Fund	$268,314,017	0.77%
IVV	Ishares S&P 500	$180,088,571	0.12%
KRE	SPDR KBW Regional Banking (ETF)	$111,706,130	2.44%
IWD	iShares Russell 1000	$82,593,571	0.20%

기간 수익률

1M : 10.46%	3M : 25.86%	6M : 19.39%	1Y : 20.21%	3Y : 64.11%

매출비중

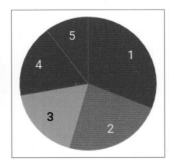

제품명	비중
1. 소매 은행	26.38%
2. 상업 은행	20.03%
3. 기타	15.13%
4. 상업용 부동산	14.88%
5. 기업 금융	8.74%

PNC
피앤씨 파이낸셜 서비스 그룹
PNC Financial Services Group, Inc.

섹터 금융 (Financials)
세부섹터 지역 은행 (Regional Banks)

피앤씨 파이낸셜 서비스 그룹(PNC Financial Services Group, Inc.)은 미국을 포함한 전 세계에서 다양한 금융 서비스를 제공하는 기업이다. 회사는 1983년에 설립되었고 본사는 펜실베니아주 피츠버그에 있으며 52,006명의 직원이 근무하고 있다. 소매 금융 부문은 지점 네트워크 및 모바일 채널 등을 통해 소비자 및 중소기업 고객에게 예금, 대출, 투자 관리 및 현금 관리 서비스를 제공하며 2016년 12월 현재 2,520개의 지점과 9,024개의 ATM을 통해 서비스를 제공하고 있다. 기업은행 부문은 기업 고객들을 대상으로 담보 및 무담보 대출, 신용장, 장비 임대 서비스를 제공하고 있으며, 거래, 외환, 파생 상품, 증권, 대출 신디케이트, 합병 및 인수 자문 서비스를 제공하고 있다. 자산관리 부문은 투자 및 퇴직 계획, 맞춤형 투자 관리, 개인 금융 서비스를 제공한다. 총자산 규모는 3,636억 달러 규모이다.

기준일 : 2018/ 01 /25
한글 회사명 : 피앤씨 파이낸셜 서비스 그룹
영문 회사명 : PNC Financial Services Group, Inc.
상장일 : 1983년 01월 20일 | 결산월 : 12월
시가총액 : 746 (억$) |
52주 최고 : $157.6 (-0.17%) / 52주 최저 : $115.25 (+36.5%)

주요 주주정보

보유자/ 보유 기관	보유율
Wellington Management Co. LLP	7.47%
The Vanguard Group, Inc.	6.71%
SSgA Funds Management, Inc.	4.85%

애널리스트 추천 및 최근 투자의견

피앤씨 파이낸셜 서비스 그룹의 2018년 01월 25일 현재 31개 기관의 **평균적인 목표가는 159.42$**이며, 2018년 추정 주당순이익(EPS)은 11.55$로 2017년 추정 EPS 10.48$에 비해 **10.2% 증가할 것으로 예상**된다.

최근, 1개월, 3개월의 투자 의견 변화

투자의견	금융사 및 투자의견	날짜
Maintains	JP Morgan: to Overweight	1/11/2017
Maintains	Nomura: to Neutral	10/23/2017
Maintains	Credit Suisse: to Neutral	10/16/2017
Maintains	Barclays: to Equal-Weight	10/16/2017
Maintains	UBS: to Neutral	10/16/2017

내부자 거래

(3M 비중은 12개월 거래 중 최근 3개월의 비중)

구분	성격	3개월	12개월	3M비중
매수	매수 건수 (장내 매매만 해당)	52	52	100.00%
매도	매도 건수 (장내 매매만 해당)	54	72	75.00%
매수	매수 수량 (장내 매매만 해당)	262,427	262,427	100.00%
매도	매도 수량 (장내 매매만 해당)	121,419	290,347	41.82%
	순매수량 (-인 경우 순매도량)	141,008	-27,920	

ETF 노출 (편입 ETF 수 : 101개 / 시가총액 대비 ETF의 보유비중 : 10.87%)

티커	ETF	보유 지분	비중
VTI	Vanguard Total Stock Market ETF	$1,809,658,764	0.26%
VOO	Vanguard 500 Index Fund	$1,283,348,824	0.31%
PFF	iShares S&P US Pref Stock Idx Fnd (ETF)	$1,025,238,829	5.86%
SPY	SPDR S&P 500 Trust ETF	$941,731,637	0.31%
XLF	Financial Select Sector SPDR Fund	$708,414,174	2.04%

기간 수익률

1M : 7.1%	3M : 21.1%	6M : 22.98%	1Y : 32.29%	3Y : 83.85%

재무 지표

	2014	2015	2016	2017(E)
매출액 (백만$)	15,929	15,657	16,270	16,309
영업이익 (백만$)	5,625	5,511	5,255	6,371
순이익 (백만$)	4,173	4,089	3,877	4,256
자산총계 (백만$)	348,742	361,777	369,353	378,258
자본총계 (백만$)	46,074	45,980	46,854	
부채총계 (백만$)	302,668	315,797	322,499	

안정성 비율	2013	2014	2015	2016
유동비율 (%)				
부채비율 (%)	634.90	656.92	686.81	688.31
이자보상배율 (배)				

투자 지표

	2014	2015	2016	2017(E)
영업이익률 (%)	35.31	35.20	32.30	39.07
매출액 증가율 (%)	-4.76	-1.71	3.92	0.24
EPS ($)	7.44	7.52	7.41	8.75
EPS 증가율 (%)	-0.62	1.08	-1.42	17.97
주당자산가치($)	77.64	81.86	94.22	91.49
잉여현금흐름 (백만$)	5,962	4,900	5,737	5,699

	2013	2014	2015	2016
배당성향(%)	23.27	25.75	27.23	29.04
배당수익률(%)	2.22	2.06	2.11	1.81
ROE (%)	10.32	9.60	9.16	8.58
ROA (%)	1.33	1.25	1.16	1.08
재고회전율				
EBITDA (백만$)	6,834	6,602	6,595	6,446

매출비중

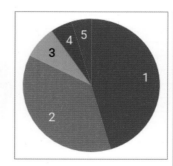

제품명	비중
1. 소매 은행	
	43.51%
2. 기업 및 기관 금융	
	35.48%
3. 자산 관리 그룹	
	7.59%
4. 주택 모기지 은행	
	4.88%
5. 블랙록	
	4.52%

465

RF
리젼 파이낸셜 코퍼레이션
Regions Financial Corporation

섹터 금융 (Financials)
세부섹터 지역 은행 (Regional Banks)

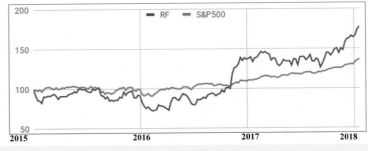

리젼 파이낸셜 코퍼레이션(Regions Financial Corporation)은 연방준비제도(Federal Reserve System)의 멤버인 알라바마 주정부 상업 은행(Regions Bank)을 통해 은행 업무를 수행하고 있는 금융 지주 회사이다. 회사는 1971년에 설립되었고 본사는 알라바마주 버밍엄에 있으며 22,166명의 직원이 근무하고 있다. 사업 부문은 기업 은행, 소비자은행 및 자산 관리의 세 부문으로 운영되고 있다. 자산 관리, 증권 중개, 보험 중개, 신탁 서비스, 합병 및 인수 자문 서비스 등을 제공하고 있다. 2016년 12월 현재 알라바마, 알칸사스, 플로리다, 그루지야, 일리노이, 인디애나 등에서 1,527개 이상의 은행 지점을 운영하고 있다. 자회사인 리젼 인슈어런스 그룹(Regions Insurance Group, Inc.)을 통해 자동차, 상해, 생명, 건강보험, 기업 내 직원 보험과 같은 개인과 기업 보험을 제공하고 있다. 리젼 인베스트먼트 서비스(Regions Investment Services, Inc.)는 고객들에게 각종 투자 및 보험 상품을 제공하고 있다. 총자산 규모는 1조 2,596억 달러이다.

기준일 : 2018/ 01 /25
한글 회사명 : 리젼 파이낸셜 코퍼레이션
영문 회사명 : Regions Financial Corporation
상장일 : 1972년 01월 21일 | 결산월 : 12월
시가총액 : 217 (억$) |

52주 최고 : $19.6 (-0.35%) / 52주 최저 : $13 (+50.23%)

주요 주주정보

보유자/ 보유 기관	보유율
The Vanguard Group, Inc.	11.49%
SSgA Funds Management, Inc.	5.75%
BlackRock Fund Advisors	5.1%

애널리스트 추천 및 최근 투자의견

리젼 파이낸셜 코퍼레이션의 2018년 01월 25일 현재 29개 기관의 **평균적인 목표가는 19.47$**이며, 2018년 추정 주당순이익(EPS)은 1.47$로 2017년 추정 EPS 1.33$에 비해 **10.52% 증가할 것으로 예상**된다.

최근, 1개월, 3개월의 투자 의견 변화

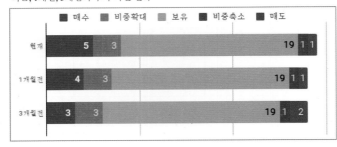

투자의견	금융사 및 투자의견	날짜
Upgrade	BofA/Merrill: Neutral to Buy	4/5/2017
Downgrade	Wedbush: Outperform to Neutral	1/5/2017
Downgrade	Rafferty: Buy to Hold	4/20/2017
Upgrade	SunTrust: Hold to Buy	2/16/2017
Downgrade	Susquehanna: Positive to Neutral	1/12/2016

내부자 거래

(3M 비중은 12개월 거래 중 최근 3개월의 비중)

구분	성격	3개월	12개월	3M비중
매수	매수 건수 (장내 매매만 해당)	34	135	25.19%
매도	매도 건수 (장내 매매만 해당)	9	51	17.65%
매수	매수 수량 (장내 매매만 해당)	24,912	205,661	12.11%
매도	매도 수량 (장내 매매만 해당)	614,217	1,966,225	31.24%
	순매수량 (- 인 경우 순매도량)	-589,305	-1,760,564	

ETF 노출   (편입 ETF 수 : 92개 / 시가총액 대비 ETF의 보유비중 : 14.5%)

티커	ETF	보유 지분	비중
VO	Vanguard Mid Cap Index Fund	$546,119,750	0.55%
VTI	Vanguard Total Stock Market ETF	$537,377,427	0.08%
VOO	Vanguard 500 Index Fund	$381,041,200	0.09%
SPY	SPDR S&P 500 Trust ETF	$278,932,554	0.09%
XLF	Financial Select Sector SPDR Fund	$210,409,814	0.61%

기간 수익률

1M : 9.05%	3M : 35.78%	6M : 31.2%	1Y : 32.97%	3Y : 105.84%

재무 지표

	2014	2015	2016	2017(E)
매출액 (백만$)	5,449	5,509	5,866	5,668
영업이익 (백만$)	1,774	1,563	1,682	2,124
순이익 (백만$)	1,142	1,075	1,158	1,183
자산총계 (백만$)	120,395	126,786	126,704	123,368
자본총계 (백만$)	16,989	16,844	16,664	
부채총계 (백만$)	103,406	109,942	110,040	

안정성 비율	2013	2014	2015	2016
유동비율 (%)				
부채비율 (%)	649.17	608.66	652.71	660.35
이자보상배율 (배)				

투자 지표

	2014	2015	2016	2017(E)
영업이익률 (%)	32.56	28.37	28.67	37.47
매출액 증가율 (%)	-4.97	1.10	6.48	-3.38
EPS ($)	0.80	0.75	0.88	1.00
EPS 증가율 (%)	2.56	-6.25	16.76	13.92
주당자산가치($)	11.89	12.35	13.04	13.73
잉여현금흐름 (백만$)	1,766	1,414	1,786	2,240

	2013	2014	2015	2016
배당성향(%)	12.99	22.50	30.67	29.31
배당수익률(%)	1.01	1.70	2.40	1.78
ROE (%)	7.26	6.97	6.36	6.91
ROA (%)	0.95	0.96	0.87	0.91
재고회전율				
EBITDA (백만$)	2,310	2,205	2,053	2,246

매출비중

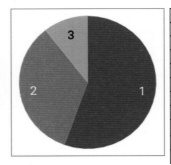

제품명	비중
1. 소비자 은행	57.12%
2. 기업 은행	34.82%
3. 자산 관리	10.84%
4. 기타	-2.79%

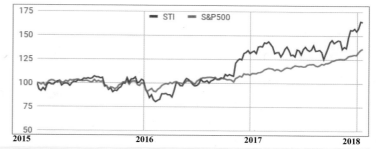

STI
썬트러스트 뱅크
SunTrust Banks, Inc

섹터 금융 (Financials)
세부섹터 지역 은행 (Regional Banks)

썬트러스트 뱅크(SunTrust Banks, Inc)는 자회사를 통해 금융 서비스를 제공하는 업체이다. 회사는 1891년에 설립되었고 본사는 조지아주 애틀랜타에 있으며 24,000명의 직원이 근무하고 있다. 주요 사업 부문에는 소비자 금융, 개인 자산 관리, 도매 금융, 모기지 금융 등이 있으며, 주로 플로리다, 그루지야, 메릴랜드, 노스캐롤라이나, 사우스캐롤라이나, 테네시 및 버지니아에서 개인, 기업, 기관 등에 서비스를 제공하고 있다. 주요 채널은 지점, 콜센터, 텔러 커넥트(Teller Connect) 기계, ATM(현금 자동인출기), 인터넷, 모바일 및 태블릿을 포함하고 있으며 2016년 12월 31일 현재, 총예금 자산은 1,600억 달러, 투자 총액은 1,433억 달러 규모이다.

기준일 : 2018/ 01 /25
한글 회사명 : 썬트러스트 뱅크
영문 회사명 : SunTrust Banks, Inc
상장일 : 1984년 11월 05일 | 결산월 : 12월
시가총액 : 336 (억$) |
52주 최고 : $70.86 (-0.26%) / 52주 최저 : $51.96 (+36%)

주요 주주정보

보유자/ 보유 기관	보유율
The Vanguard Group, Inc.	6.76%
Capital Research & Management Co.	5.87%
Fidelity Management & Research Co.	5.62%

애널리스트 추천 및 최근 투자의견

썬트러스트 뱅크의 2018년 01월 25일 현재 32개 기관의 **평균적인 목표가는 73.76$**이며, 2018년 추정 주당순이익(EPS)은 5.5$로 2017년 추정 EPS 5.01$에 비해 **9.78% 증가**할 것으로 예상된다.

최근, 1개월, 3개월의 투자 의견 변화

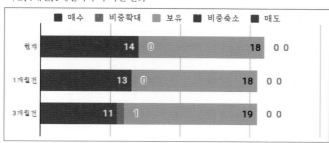

투자의견	금융사 및 투자의견	날짜
Upgrade	Morgan Stanley: Equal-Weight to Overweight	8/1/2018
Downgrade	Wedbush: Outperform to Neutral	12/21/2017
Upgrade	Keefe Bruyette & Woods: Market Perform to Outperf	12/13/2017
Upgrade	UBS: Neutral to Buy	12/12/2017
Maintains	Nomura: to Neutral	10/26/2017

내부자 거래

(3M 비중은 12개월 거래 중 최근 3개월의 비중)

구분	성격	3개월	12개월	3M비중
매수	매수 건수 (장내 매매만 해당)	1	5	20.00%
매도	매도 건수 (장내 매매만 해당)	52	63	82.54%
매수	매수 수량 (장내 매매만 해당)	9,867	18,611	53.02%
매도	매도 수량 (장내 매매만 해당)	758,978	811,418	93.54%
	순매수량 (-인 경우 순매도량)	-749,111	-792,807	

ETF 노출   (편입 ETF 수 : 88개 / 시가총액 대비 ETF의 보유비중 : 10.2%)

티커	ETF	보유지분	비중
VTI	Vanguard Total Stock Market ETF	$811,674,524	0.12%
VOO	Vanguard 500 Index Fund	$575,687,247	0.14%
SPY	SPDR S&P 500 Trust ETF	$422,787,414	0.14%
XLF	Financial Select Sector SPDR Fund	$317,751,794	0.92%
IVV	Ishares S&P 500	$212,833,660	0.14%

기간 수익률

1M : 5.5%	3M : 25.07%	6M : 22.5%	1Y : 25.05%	3Y : 79.57%

재무 지표

	2014	2015	2016	2017(E)
매출액 (백만$)	8,239	8,223	9,161	9,074
영업이익 (백만$)	2,174	2,708	2,692	3,411
순이익 (백만$)	1,764	1,927	1,877	1,982
자산총계 (백만$)	190,328	190,817	204,875	209,165
자본총계 (백만$)	23,005	23,437	23,618	
부채총계 (백만$)	167,323	167,380	181,257	

안정성 비율	2013	2014	2015	2016
유동비율 (%)				
부채비율 (%)	718.48	727.33	714.17	767.45
이자보상배율 (배)				

투자 지표

	2014	2015	2016	2017(E)
영업이익률 (%)	26.39	32.93	29.39	37.59
매출액 증가율 (%)	-2.07	-0.19	11.41	-0.95
EPS ($)	3.26	3.62	3.63	4.07
EPS 증가율 (%)	34.16	11.04	0.28	12.23
주당자산가치($)	41.52	43.66	45.59	48.24
잉여현금흐름 (백만$)	-1,459	3,193	-1,135	5,092

	2013	2014	2015	2016
배당성향(%)	14.52	21.67	25.70	27.78
배당수익률(%)	0.95	1.67	2.15	1.82
ROE (%)	6.29	7.94	8.30	7.98
ROA (%)	0.78	0.97	1.02	0.95
재고회전율				
EBITDA (백만$)	2,391	2,971	3,493	3,417

매출비중

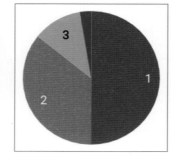

제품명	비중
1. 소매 금융 및 개인 WM	50.31%
2. 기업 금융	35.83%
3. 모기지 은행	11.7%
4. 기업 기타	2.7%
5. 수익 조정	-0.55%

ZION
자이언스 뱅코퍼레이션
Zions Bancorp

섹터 금융 (Financials)
세부섹터 지역 은행 (Regional Banks)

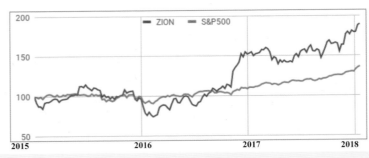

자이언스 뱅코퍼레이션(Zions Bancorp)은 여러 자회사를 통해 은행 업무를 수행하는 금융 지주회사이다. 회사는 1955년에 설립되었고 본사는 유타주 솔트레이크에 있으며 10,057명의 직원이 근무하고 있다. 주요 자회사는 자이언스 은행(Zions Bank), 애머지 은행(Amegy Bank), 애리조나 국립 은행, 네바다 주립 은행(NSB), 워싱턴 상거래 은행(TCBW) 등이 있다. 회사의 주요 사업 부문으로는 지역 은행 서비스가 있으며, 상업 및 주거 개발, 주택 모기지 서비스 및 대출, 저축 예금 등을 제공하고 있다. 자이언스 다이렉트(Zions Direct)를 통해 각종 증권의 중개 서비스를 제공하고 개인 자산 관리 및 투자 서비스를 제공하고 있다. 2016년 12월 현재 436개의 지점을 운영하고 있으며 총자산 규모는 6,323억 달러이다.

기준일 : 2018/ 01 /25

한글 회사명 : 자이언스 뱅코퍼레이션
영문 회사명 : Zions Bancorp
상장일 : 1984년 11월 05일 | 결산월 : 12월
시가총액 : 105 (억$) |
52주 최고 : $54.88 (-1.69%) / 52주 최저 : $38.43 (+40.38%)

주요 주주정보

보유자/ 보유 기관	보유율
The Vanguard Group, Inc.	11.1%
Invesco Advisers, Inc.	6.58%
SSgA Funds Management, Inc.	6.26%

애널리스트 추천 및 최근 투자의견

자이언스 뱅코퍼레이션의 2018년 01월 25일 현재 28개 기관의 **평균적인 목표가는 58.21$**이며, 2018년 추정 주당순이익(EPS)은 4$로 2017년 추정 EPS 3.62$에 비해 **10.49% 증가할 것으로 예상**된다.

최근, 1개월, 3개월의 투자 의견 변화

투자의견	금융사 및 투자의견	날짜
Maintains	Morgan Stanley: Equal-Weight to Equal-Weight	1/26/2018
Upgrade	Keefe Bruyette & Woods: Market Perform to Outperf	12/13/2017
Maintains	Barclays: to Overweight	10/24/2017
Downgrade	Baird: Neutral to Underperform	2/10/2017
Upgrade	Baird: Underperform to Neutral	8/9/2017

내부자 거래

(3M 비중은 12개월 거래 중 최근 3개월의 비중)

구분	성격	3개월	12개월	3M비중
매수	매수 건수 (장내 매매만 해당)	20	31	64.52%
매도	매도 건수 (장내 매매만 해당)	49	146	33.56%
매수	매수 수량 (장내 매매만 해당)	79,851	117,351	68.04%
매도	매도 수량 (장내 매매만 해당)	85,090	331,155	25.69%
	순매수량 (-인 경우 순매도량)	-5,239	-213,804	

ETF 노출
(편입 ETF 수 : 72개 / 시가총액 대비 ETF의 보유비중 : 15.03%)

티커	ETF	보유 지분	비중
VO	Vanguard Mid Cap Index Fund	$259,615,913	0.26%
VTI	Vanguard Total Stock Market ETF	$255,576,686	0.04%
VOO	Vanguard 500 Index Fund	$181,280,151	0.04%
SPY	SPDR S&P 500 Trust ETF	$133,340,144	0.04%
KRE	SPDR KBW Regional Banking (ETF)	$105,841,432	2.31%

기간 수익률

1M : 7.43%	3M : 24.14%	6M : 23.4%	1Y : 26.54%	3Y : 116.82%

재무 지표

	2014	2015	2016	2017(E)
매출액 (백만$)	2,373	2,174	2,442	2,619
영업이익 (백만$)	667	454	705	981
순이익 (백만$)	395	307	455	579
자산총계 (백만$)	57,450	59,899	63,445	66,562
자본총계 (백만$)	7,370	7,508	7,634	
부채총계 (백만$)	50,080	52,391	55,810	

안정성 비율	2013	2014	2015	2016
유동비율 (%)				
부채비율 (%)	771.89	679.56	697.85	731.05
이자보상배율 (배)				

투자 지표

	2014	2015	2016	2017(E)
영업이익률 (%)	28.11	20.88	28.87	37.44
매출액 증가율 (%)	-4.24	-8.38	12.33	7.25
EPS ($)	1.68	1.20	2.00	2.81
EPS 증가율 (%)	6.33	-28.57	66.67	40.29
주당자산가치($)	31.35	32.67	34.10	36.41
잉여현금흐름 (백만$)	276	291	466	759

	2013	2014	2015	2016
배당성향(%)	8.23	9.52	18.33	14.07
배당수익률(%)	0.43	0.56	0.81	0.65
ROE (%)	6.18	5.72	4.13	6.01
ROA (%)	0.69	0.70	0.52	0.74
재고회전율				
EBITDA (백만$)	537.05	679.11	537	828

매출비중

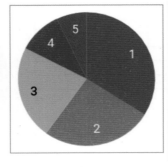

제품명	비중
1. Zions 은행	32.8%
2. Amegy	25.26%
3. 캘리포니아 뱅크 & 트러스트	21.7%
4. 애리조나의 국립 은행	9.92%
5. 네바다 주립 은행	6.89%

RE
에베레스트 리 그룹
Everest Re Group, Ltd

섹터 금융 (Financials)
세부섹터 재보험 (Reinsurance)

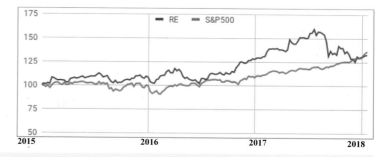

에베레스트 리 그룹(Everest Re Group, Ltd.)은 자회사를 통해 미국, 버뮤다 및 국제 시장에서 재보험 및 보험 인수 사업을 영위하고 있는 지주회사이다. 회사는 1999년에 설립되었고 본사는 버뮤다의 헤밀턴에 있으며 1,121명의 직원이 근무하고 있다. 미국 재보험 부문, 국제 부문, 버뮤다 및 보험 부문으로 운영되고 있다. 회사의 사업 부문은 해상, 항공, 보증인, 임직원 책임(D&O), 의료 과실, 재해 및 재해 재보험 및 보험 보상 등이 있다. 미국 재보험 부문은 중계 회사와 함께 재해 및 재해 재보험, 해양, 항공 분야에 대해 서비스를 제공한다. 국제 부문에서는 캐나다, 아시아, 싱가포르, 브라질 등 다양한 국가에 지사를 두고 사업을 영위하고 있다. 보험 부문에서는 로이즈(Lloyd's Syndicate) 등을 통해 직접적인 보험 서비스를 제공하고 있다. 전 세계 재보험 업체 중에서 10위권에 속해 있다.

금융

기준일 : 2018/ 01 /25

한글 회사명 : 에베레스트리 그룹
영문 회사명 : Everest Re Group, Ltd
상장일 : 1995년 10월 03일 | 결산월 : 12월
시가총액 : 95 (억$) |
52주 최고 : $277.17 (-16.25%) / 52주 최저 : $208.81 (+11.15%)

주요 주주정보

보유자/ 보유 기관	보유율
The Vanguard Group, Inc.	10.06%
BlackRock Fund Advisors	5.95%
SSgA Funds Management, Inc.	5.27%

애널리스트 추천 및 최근 투자의견

에베레스트 리 그룹의 2018년 01월 25일 현재 11개 기관의 **평균적인 목표가는 245.38$**이며, 2018년 추정 주당순이익(EPS)은 20.53$로 2017년 추정 EPS 0.89$에 비해 **2206.74% 증가할 것으로 예상**된다.

최근, 1개월, 3개월의 투자 의견 변화

투자의견	금융사 및 투자의견	날짜
Upgrade	Keefe Bruyette & Woods: Underperform to Market Per	11/27/2017
Maintains	UBS: to Neutral	6/11/2017
Maintains	Barclays: to Overweight	10/16/2017
Maintains	UBS: to Neutral	2/10/2017
Maintains	UBS: to Neutral	9/19/2017

내부자 거래

(3M 비중은 12개월 거래 중 최근 3개월의 비중)

구분	성격	3개월	12개월	3M비중
매수	매수 건수 (장내 매매만 해당)	14	23	60.87%
매도	매도 건수 (장내 매매만 해당)	29	36	80.56%
매수	매수 수량 (장내 매매만 해당)	43,905	62,733	69.99%
매도	매도 수량 (장내 매매만 해당)	16,087	29,922	53.76%
	순매수량 (-인 경우 순매도량)	27,818	32,811	

ETF 노출

(편입 ETF 수 : 74개 / 시가총액 대비 ETF의 보유비중 : 14.17%)

티커	ETF	보유 지분	비중
VO	Vanguard Mid Cap Index Fund	$232,366,285	0.23%
VTI	Vanguard Total Stock Market ETF	$228,359,015	0.03%
VOO	Vanguard 500 Index Fund	$162,009,491	0.04%
SPY	SPDR S&P 500 Trust ETF	$117,578,020	0.04%
XLF	Financial Select Sector SPDR Fund	$89,448,836	0.26%

기간 수익률

1M : 1.12%	3M : -3.04%	6M : -16.85%	1Y : 2.73%	3Y : 31.57%

재무 지표

	2014	2015	2016	2017(E)
매출액 (백만$)	5,801	5,804	5,748	6,974
영업이익 (백만$)	1,445	1,200	1,121	-22
순이익 (백만$)	1,187	968	986	104
자산총계 (백만$)	20,818	20,545	21,322	
자본총계 (백만$)	7,873	7,609	8,075	
부채총계 (백만$)	12,945	12,937	13,246	

안정성 비율	2013	2014	2015	2016
유동비율 (%)				
부채비율 (%)	180.50	164.43	170.03	164.03
이자보상배율 (배)	32.72	37.49	33.15	30.94

투자 지표

	2014	2015	2016	2017(E)
영업이익률 (%)	24.91	20.68	19.50	-0.32
매출액 증가율 (%)	9.50	0.05	-0.96	21.32
EPS ($)	26.16	22.29	23.85	0.89
EPS 증가율 (%)	1.79	-14.79	7.00	-96.28
주당자산가치($)	166.74	178.21	197.45	198.51
잉여현금흐름 (백만$)	1,314	1,308	1,373	1,163

	2013	2014	2015	2016
배당성향(%)	8.60	12.35	18.10	19.85
배당수익률(%)	1.41	1.88	2.18	2.17
ROE (%)	18.22	16.46	12.85	12.57
ROA (%)	6.34	6.14	4.68	4.71
재고회전율				
EBITDA (백만$)	1,601.08	1,425.34	1,148.08	1,136.07

매출비중

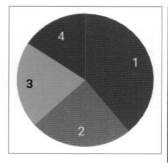

제품명	비중
1. 미국 재보험	38.95%
2. 보험	24.27%
3. 국제	21.03%
4. 버뮤다	15.75%

PBCT
피플스 유나이티드 파이낸셜
People's United Financial, Inc.

섹터 금융 (Financials)
세부섹터 저축/모기지 금융 (Thrifts & Mortgage Finance)

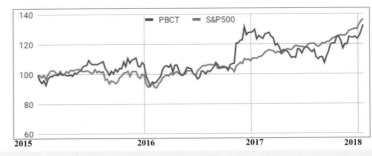

피플스 유나이티드 파이낸셜(People 's United Financial, Inc.)은 피플스 유나이티드 은행(People 's United Bank)을 자회사로 두고 있으며 상업은행, 소매 금융 및 자산 관리 서비스를 개인, 기업 및 기관 고객에게 제공하고 있는 금융 지주회사이다. 회사는 2006년에 설립되었고 본사는 코네티컷주 브릿지포트에 있으며 5,173명의 직원이 근무하고 있다. 사업 부문은 상업 은행 부문과 소매 은행 부문의 두 부문으로 운영되고 있다. 상업 은행 부문은 상업용 부동산 대출, 상업 및 산업 대출 서비스, 기관 신탁, 보험서비스 등을 제공하고 있다. 소매 금융 부문은 주택 담보 대출 및 주택 담보 대출을 포함한 소비자 대출, 예금 서비스를 제공한다. 2016년 12월 현재 387개 지점을 운영하고 있으며 총자산규모는 406억 달러이다.

기준일 : 2018/ 01 /25

한글 회사명 : 피플스 유나이티드 파이낸셜
영문 회사명 : People's United Financial, Inc.
상장일 : 1988년 07월 06일 | 결산월 : 12월
시가총액 : 69 (억$) |
52주 최고 : $20.14 (-0.29%) / 52주 최저 : $15.97 (+25.73%)

주요 주주정보

보유자/ 보유 기관	보유율
SSgA Funds Management, Inc.	11.73%
The Vanguard Group, Inc.	10.02%
BlackRock Fund Advisors	5.97%

애널리스트 추천 및 최근 투자의견

피플스 유나이티드 파이낸셜의 2018년 01월 25일 현재 12개 기관의 **평균적인 목표가는 20.11$**이며, 2018년 추정 주당순이익(EPS)은 1.38$로 2017년 추정 EPS 1.28$에 비해 **7.81% 증가할 것으로 예상**된다.

최근, 1개월, 3개월의 투자 의견 변화

투자의견	금융사 및 투자의견	날짜
Upgrade	Morgan Stanley: to Equal-Weight	5/6/2017
Upgrade	FBR Capital: to Market Perform	12/20/2016
Maintains	Barclays: to Underweight	5/12/2016
Downgrade	Sandler O'Neill: to Sell	2/12/2016
Downgrade	PiperJaffray: to Underweight	11/16/2016

내부자 거래

(3M 비중은 12개월 거래 중 최근 3개월의 비중)

구분	성격	3개월	12개월	3M비중
매수	매수 건수 (장내 매매만 해당)	12	24	50.00%
매도	매도 건수 (장내 매매만 해당)	18	37	48.65%
매수	매수 수량 (장내 매매만 해당)	103,580	418,570	24.75%
매도	매도 수량 (장내 매매만 해당)	138,087	1,276,553	10.82%
	순매수량 (-인 경우 순매도량)	-34,507	-857,983	

ETF 노출 (편입 ETF 수 : 91개 / 시가총액 대비 ETF의 보유비중 : 22.98%)

티커	ETF	보유 지분	비중
SDY	SPDR S&P Dividend (ETF)	$267,719,101	1.60%
VO	Vanguard Mid Cap Index Fund	$168,376,631	0.17%
VTI	Vanguard Total Stock Market ETF	$164,141,639	0.02%
VOO	Vanguard 500 Index Fund	$117,607,649	0.03%
SPY	SPDR S&P 500 Trust ETF	$85,248,360	0.03%

기간 수익률

1M : 6.75%	3M : 18.74%	6M : 14.67%	1Y : 7.43%	3Y : 40.61%

재무 지표

	2014	2015	2016	2017(E)
매출액 (백만$)	1,347	1,388	1,448	1,503
영업이익 (백만$)	376	385	407	512
순이익 (백만$)	251	259	280	308
자산총계 (백만$)	36,263	39,222	40,908	44,693
자본총계 (백만$)	4,633	4,732	5,142	
부채총계 (백만$)	31,630	34,490	35,766	

안정성 비율	2013	2014	2015	2016
유동비율 (%)				
부채비율 (%)	632.43	682.69	728.94	695.59
이자보상배율 (배)				

투자 지표

	2014	2015	2016	2017(E)
영업이익률 (%)	27.91	27.74	28.11	34.06
매출액 증가율 (%)	2.12	3.07	4.30	3.81
EPS ($)	0.84	0.86	0.92	1.00
EPS 증가율 (%)	13.51	2.38	6.98	8.43
주당자산가치($)	15.05	15.26	15.50	16.52
잉여현금흐름 (백만$)	297	241	292	573

	2013	2014	2015	2016
배당성향(%)	87.50	78.27	77.62	73.64
배당수익률(%)	4.28	4.33	4.13	3.50
ROE (%)	4.81	5.45	5.53	5.67
ROA (%)	0.72	0.72	0.69	0.70
재고회전율				
EBITDA (백만$)	414.1	445	453.7	470

매출비중

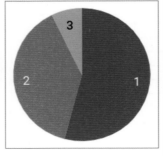

제품명	비중
1. 상업 은행	54.98%
2. 소매 은행	39.28%
3. 채권	7.36%
4. 기타	-1.62%

Real Estate

리츠

섹터 설명 및 전망

2016년 편입된 리츠(REITs) 섹터는 S&P500에서 약 3%를 차지하고 있다. 2017년 평균 주가수익비율(PER) 값은 29.34배로 다소 고평가되어 있으며, 2018년에는 작년과 유사한 29.43배로 전망되고 있다.

최근 리츠 산업의 성장을 이끈 가장 큰 요소는 정보 기술과 통신 서비스 산업의 발전으로 보인다. 현재 휴대용 기기를 중심으로 데이터 사용량이 증가하고 관련 기업 수의 증가로 데이터를 저장하기 위한 데이터 센터 리츠와 통신 셀 타워 리츠사업의 수요는 꾸준히 성장하고 있다. 이것은 4차 산업혁명과 5G의 도입과 맞물리면서 앞으로 관련 리츠 산업의 성장을 촉진할 것으로 예상한다. 4차 산업혁명의 핵심인 자율 주행차에 부착된 센서로부터 축적되는 데이터의 양은 하루 약 4테라바이트(TB)에 육박할 정도로 양이 엄청나다. 늘어나고 있는 데이터 양은 보다 많은 저장 공간을 요구하게 되고 데이터센터 리츠의 수익에 긍정적인 영향을 줄 것이다. 기존 고객들의 수요가 유지 및 증가하는 가운데 새로운 고객층으로 떠오른 자율 주행차 업계와 인공지능 산업은 데이터 센터의 새로운 수익원이 되고 있다. 완성차 업체인 포드는 데이터 센터를 확보하기 위해 2억 달러를 투자하고 있으며 도요타 역시 통신사 및 데이터 센터 업체와 긴밀한 관계를 구축하고 있다.

리츠 산업은 거시적인 경제 상황의 불확실성과 미국 연방 준비 이사회의 양적 완화 종료로 인한 금리 인상, 자산축소 영향으로 인해 위축되고 있다. 2018년부터 적용되는 미국 세제개편안 또한 혜택이 제한적이라는 회의론이 팽배하고 있으며 리츠 산업 전반이 부정적인 견해를 얻고 있다. 리츠 산업의 가장 큰 매력인 배당은 금리 인상으로 인해 반감되고 있으며 부채가 많은 리츠 업체들은 투자에서 유의가 필요한 시점이다.

리츠 섹터 둘러보기

대표 ETF	시가총액 (1억$)	S&P500내 비중	편입 종목수
XLRE	6,463	2.89%	33

S&P500 VS Real Estate

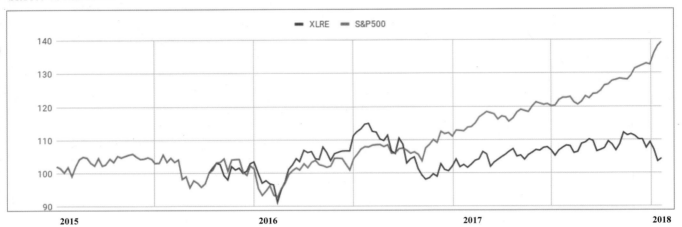

리츠 섹터는 2015년 1월 1일 이후 4.24% 상승했으며, 같은 기간 S&P500은 36.49% 상승했다. 리츠 섹터의 S&P500 대비 상대 수익률은 -32.25%p 이다.

S&P500내 리츠 섹터 비중 추이 (리츠 섹터 편입 : 2016.09.19)

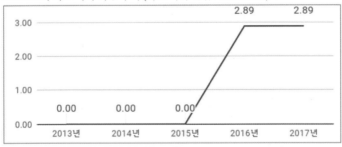

리츠 섹터 관련주요 데이터

	리츠 섹터	S&P500 평균
PER (Trailing)	34.43	23.53
PER (Projected)	41.04	20.49
PBR	3.2	3.11
시가 배당률	3.34	1.87
P/Sales	6.56	2.09
P/Cash flow	17.49	21.71
변동성 3년	13	10.07
변동성 5년	13	9.49

리츠 섹터 대표 ETF 'XLRE'의 최근 자금 유입 동향(100만$) 및 수익률(%)

자금동향

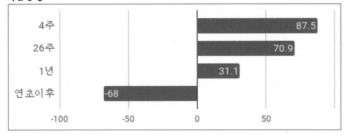

수익률

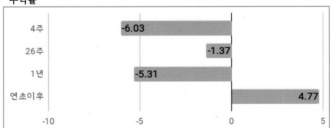

시가 총액 상위 종목

순위	티커	종목명/세부 섹터
1위	AMT	American Tower Corp A (아메리칸 타워 코퍼레이션)
		전문 리츠
2위	SPG	Simon Property Group Inc (시몬 프로퍼티 그룹)
		소매 리츠
3위	CCI	Crown Castle International Corp. (크라운 캐슬 인터내셔널 코퍼레이션)
		전문 리츠
4위	EQIX	Equinix (에퀴닉스)
		전문 리츠
5위	PSA	Public Storage (퍼블릭 스토로지)
		전문 리츠

(2018년 1월 13일 기준)

섹터 내 상승/하락 상위 종목 (최근 1년)

상승률 상위 종목

순위	티커	상승률
1위	CBG	42.19%
2위	EQIX	21.53%
3위	CCI	19.32%

하락률 상위 종목

순위	티커	하락률
1위	KIM	-36.24%
2위	HCP	-18.14%
3위	VNO	-17.46%

WELL
웰타워
Welltower

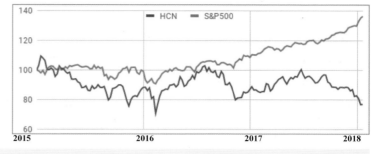

섹터 리츠 (Real Estate)
세부섹터 헬스케어 리츠 (Health Care REITs)

웰타워(Welltower)는 미국, 캐나다 및 영국에서 은퇴자들의 주택 및 노인 복지시설과 요양병원, 고령 환자들의 재활을 돕는 재활센터, 의료용 사무실 및 병원 등의 부동산에 직접 투자 하는 부동산 전문 투자신탁 회사이다. 회사는 1970년에 설립되었고 본사는 오하이오 토레도에 있으며 476명의 직원이 근무하고 있다. 회사사업 부문은 세입자가 대부분의 비용을 부담하는 트리플넷(Triple-Net), 노인 주거 시설 운영 및 외래 환자 의료의 세 부문으로 운영되고 있다. 미국, 영국, 캐나다 3개 지역에서 총 1,482개에 달하는 의료 시설들을 보유하고 운영하고 있다. 외래 환자 의료 부문은 의사 사무실, 외래 수술 센터, 진단 시설, 외래 환자 서비스 및 실험실을 포함하는 의료 관련 건물로 구성되어 있다. 회사는 미국에서 84%의 매출을 올리고 있으며 영국과 캐나다에서 각 8% 정도의 매출을 올리고 있다.

기준일 : 2018/ 01 /25

한글 회사명 : 웰타워
영문 회사명 : Welltower Inc.
상장일 : 1985년 08월 08일 | 결산월 : 12월
시가총액 : 225 (억$) | 　　52주 최고 : $78.17 (-22.87%) / 52주 최저 : $58.24 (+3.51%)

주요 주주정보

보유자/ 보유 기관	보유율
The Vanguard Group, Inc.	14.12%
BlackRock Fund Advisors	7.39%
SSgA Funds Management, Inc.	5.67%

애널리스트 추천 및 최근 투자의견

웰타워의 2018년 01월 25일 현재 24개 기관의 **평균적인 목표가는 69.55$**이며, 2018년 추정 주당순이익(EPS)은 1.85$로 2017년 추정 EPS 2.02$에 비해 **-8.41% 감소할 것으로 예상**된다.

최근, 1개월, 3개월의 투자 의견 변화

투자의견	금융사 및 투자의견	날짜
Maintains	Stifel Nicolaus: to Buy	8/11/2017
Maintains	UBS: to Neutral	2/10/2017
Maintains	Bank of America: to Neutral	9/22/2017
Downgrade	Evercore ISI Group: to Underperform	4/24/2017
Upgrade	Morgan Stanley: to Overweight	3/20/2017

내부자 거래

(3M 비중은 12개월 거래 중 최근 3개월의 비중)

구분	성격	3개월	12개월	3M비중
매수	매수 건수 (장내 매매만 해당)	20	22	90.91%
매도	매도 건수 (장내 매매만 해당)	10	12	83.33%
매수	매수 수량 (장내 매매만 해당)	105,608	121,429	86.97%
매도	매도 수량 (장내 매매만 해당)	44,913	51,504	87.20%
	순매수량 (-인 경우 순매도량)	60,695	69,925	

ETF 노출　(편입 ETF 수 : 83개 / 시가총액 대비 ETF의 보유비중 : 17.62%)

티커	ETF	보유 지분	비중
VNQ	Vanguard Real Estate Index Fund	$1,506,561,648	2.43%
VTI	Vanguard Total Stock Market ETF	$541,239,942	0.08%
VOO	Vanguard 500 Index Fund	$383,976,526	0.09%
SPY	SPDR S&P 500 Trust ETF	$280,690,502	0.09%
VUG	Vanguard Growth ETF	$151,434,293	0.19%

기간 수익률

1M : -11.42%	3M : -20.49%	6M : -19.8%	1Y : -11.18%	3Y : -29.67%

재무 지표

	2014	2015	2016	2017(E)
매출액 (백만$)	3,341	3,863	4,282	4,267
영업이익 (백만$)	394	673	764	1,122
순이익 (백만$)	358	603	714	713
자산총계 (백만$)	25,014	29,024	28,865	27,893
자본총계 (백만$)	13,559	15,359	15,680	
부채총계 (백만$)	11,455	13,665	13,185	

안정성 비율	2013	2014	2015	2016
유동비율 (%)				
부채비율 (%)	95.77	84.48	88.97	84.09
이자보상배율 (배)				

투자 지표

	2014	2015	2016	2017(E)
영업이익률 (%)	11.79	17.42	17.84	26.29
매출액 증가율 (%)	16.07	15.60	10.86	-0.34
EPS ($)	0.96	1.54	1.81	2.02
EPS 증가율 (%)	796.44	61.35	17.14	11.65
주당자산가치($)	37.01	38.29	38.06	47.20
잉여현금흐름 (백만$)	858	1,063	1,109	3,454

	2013	2014	2015	2016
배당성향(%)	2,884.07	333.75	214.34	191.13
배당수익률(%)	5.71	4.20	4.85	5.14
ROE (%)	0.86	2.91	4.35	4.86
ROA (%)	0.41	1.49	2.25	2.48
재고회전율				
EBITDA (백만$)	1,442.41	1,724.85	2,000.43	2,207.18

매출비중

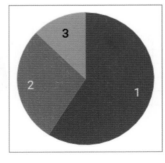

제품명	비중
1. 노인 주택 운영	
	59%
2. 트리플 네트	
	28.24%
3. 외래 의료	
	12.74%
4. 기타	
	0.02%

HCP
에이치씨피
HCP, Inc.

섹터 리츠 (Real Estate)
세부섹터 헬스케어 리츠 (Health Care REITs)

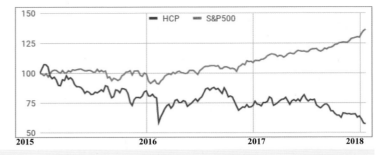

에이치씨피(HCP, Inc)는 주로 고령자를 위한 주거시설과 의료 산업 분야의 부동산에 투자하는 부동산 투자 신탁회사이다. 회사는 1985년 설립되었고 본사는 캘리포니아주 어바인에 있으며 188명의 직원이 근무하고 있다. 회사의 사업 부문은 노인주거시설, 생명과학, 의료 사무실로 나누어진다. 현재 미국과 영국에 799개의 건물과 46,000개의 고령자를 위한 주택을 임대하고 있다. 생명 과학 부문은 주로 생명 공학, 의료 기기 및 글로벌 제약 회사, 과학 연구 기관, 정부 기관에 실험실 및 사무실 공간을 임대하고 있다. 의료 사무실 건물(MOB)에는 의사 사무실과 진료실이 포함되어 있으며 약국, 의료 시설 및 진단 센터, 재활 병원 및 수술실과 같은 외래 환자 이용시설이 포함되어 있다. 내슈빌, 로스앤젤레스 및 샌프란시스코에는 지사를 두고 있다. 2016년 12월 31일 현재 15개의 병원과 영국에 61개의 보호시설 및 5개의 요양 시설을 운영하고 있다. S&P500에 최초로 등록된 헬스케어 리츠 회사이며 헬스케어 리츠 섹터에서 3번째로 큰 회사이기도 하다.

기준일 : 2018/ 01 /25

한글 회사명 : 에이치씨피
영문 회사명 : HCP, Inc.
상장일 : 1985년 05월 23일 | 결산월 : 12월
시가총액 : 114 (억$) |
52주 최고 : $33.67 (-28.24%) / 52주 최저 : $23.16 (+4.31%)

주요 주주정보

보유자/ 보유 기관	보유율
The Vanguard Group, Inc.	15.67%
Cohen & Steers Capital Management, Inc.	7.62%
BlackRock Fund Advisors	7.35%

애널리스트 추천 및 최근 투자의견

에이치씨피의 2018년 01월 25일 현재 22개 기관의 **평균적인 목표가는 28.21$**이며, 2018년 추정 주당순이익(EPS)은 0.72$로 2017년 추정 EPS 1.18$에 비해 **-38.98% 감소**할 것으로 예상된다.

재무 지표

	2014	2015	2016	2017(E)
매출액 (백만$)	2,263	1,939	2,128	1,807
영업이익 (백만$)	883	222	245	507
순이익 (백만$)	927	139	361	545
자산총계 (백만$)	21,370	21,450	15,759	13,874
자본총계 (백만$)	10,997	9,746	5,941	
부채총계 (백만$)	10,373	11,704	9,818	

안정성 비율	2013	2014	2015	2016
유동비율 (%)				
부채비율 (%)	83.66	94.32	120.08	165.25
이자보상배율 (배)				

최근, 1개월, 3개월의 투자 의견 변화

범례: ■ 매수 ■ 비중확대 □ 보유 ■ 비중축소 ■ 매도

	매수	비중확대	보유	비중축소	매도
현재	4	1	16	0	1
1개월 전	4	1	16	0	1
3개월 전	1	1	18	0	1

투자의견	금융사 및 투자의견	날짜
Upgrade	JP Morgan: Neutral to Overweight	12/15/2017
Maintains	Morgan Stanley: to Equal-Weight	12/14/2017
Upgrade	Stifel Nicolaus: Hold to Buy	5/12/2017
Upgrade	Mizuho: Neutral to Buy	2/11/2017
Downgrade	UBS: Neutral to Sell	2/10/2017

투자 지표

	2014	2015	2016	2017(E)
영업이익률 (%)	39.02	11.45	11.51	28.06
매출액 증가율 (%)	7.22	-14.32	9.74	-15.09
EPS ($)	2.02	-1.21	1.34	1.18
EPS 증가율 (%)	2.40	-159.85	210.73	-11.70
주당자산가치($)	23.35	20.07	11.85	11.78
잉여현금흐름 (백만$)	1,180	1,169	1,151	

내부자 거래

(3M 비중은 12개월 거래 중 최근 3개월의 비중)

구분	성격	3개월	12개월	3M비중
매수	매수 건수 (장내 매매만 해당)	6	16	37.50%
매도	매도 건수 (장내 매매만 해당)	16	26	61.54%
매수	매수 수량 (장내 매매만 해당)	343,010	538,081	63.75%
매도	매도 수량 (장내 매매만 해당)	56,975	120,528	47.27%
	순매수량 (-인 경우 순매도량)	286,035	417,553	

	2013	2014	2015	2016
배당성향(%)	106.42	107.81		156.28
배당수익률(%)	6.35	5.44	6.49	7.05
ROE (%)	8.41	8.64	1.38	4.85
ROA (%)	4.55	4.54	0.71	2.01
재고회전율				
EBITDA (백만$)	1,731.36	1,780.36	1,205.24	1,276.27

ETF 노출

(편입 ETF 수 : 92개 / 시가총액 대비 ETF의 보유비중 : 21.5%)

티커	ETF	보유 지분	비중
VNQ	Vanguard Real Estate Index Fund	$768,201,430	1.24%
VO	Vanguard Mid Cap Index Fund	$279,476,910	0.28%
VTI	Vanguard Total Stock Market ETF	$274,988,195	0.04%
VOO	Vanguard 500 Index Fund	$195,063,147	0.05%
SPY	SPDR S&P 500 Trust ETF	$140,178,584	0.05%

매출비중

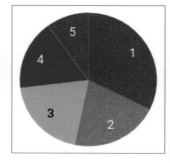

제품명	비중
1. 노인 주택 운영 포트폴리오	32.26%
2. 의료 사무실	20.96%
3. 노인 주택 트리플 네트 운영	19.87%
4. 생명 과학	16.84%
5. 기타 비보고 부문	10.08%

기간 수익률

1M : -12.7%	3M : -20.47%	6M : -25.86%	1Y : -22.11%	3Y : -46.63%

VTR
벤타스
Ventas, Inc

섹터 리츠 (Real Estate)
세부섹터 헬스케어 리츠 (Health Care REITs)

벤타스(Ventas, Inc)는 미국, 캐나다 및 영국 전역에 1,200여 개 넘는 노인주거시설과 요양시설 및 병원 등의 부동산을 보유하고 운영하는 부동산 투자 신탁회사이다. 회사는 1983년 설립되었고 본사는 일리노이주 시카고에 있으며 493명의 직원이 근무하고 있다. 2016년 12월 31일 현재 노인주거시설 단지, 의사 사무실 건물(MOB), 생명과학 연구소, 간호시설(SNF) 등 1,300여 개의 자산을 보유하고 운영 중이다. 사업 부문은 고품질 노인 주거시설 단지 운영, 각종 의료시설 및 사무 임대 및 운영 부문이 있다. 노인주거시설은 세입자가 대부분의 관리비를 지불하는 트리플넷으로 운영 중이며 임대 부동산 부문에서 미국 및 영국 전역의 부동산에 투자하고 있다. 의료 사무실 운영 부문에서 미국 전역에 의사 사무실 건물(MOB) 및 생명 과학 연구소를 인수, 소유, 개발, 임대 및 관리를 하고 있다. 30개의 장기 요양병원과 8개 재활병원, 외래 환자도 진료하는 일반요양병원 12개를 보유하고 운영 중이다. 주로 연방정부로부터 은퇴자 의료보험을 받거나 주 정부로부터 저소득층 의료지원을 받은 고령 환자들이 주 고객층이다.

기준일 : 2018/ 01 /25
한글 회사명 : 벤타스
영문 회사명 : Ventas, Inc
상장일 : 1989년 09월 19일 | 결산월 : 12월
시가총액 : 201 (억$) |
52주 최고 : $72.36 (-22.91%) / 52주 최저 : $53.75 (+3.77%)

주요 주주정보

보유자/ 보유 기관	보유율
The Vanguard Group, Inc.	14.2%
BlackRock Fund Advisors	7.66%
SSgA Funds Management, Inc.	5.64%

애널리스트 추천 및 최근 투자의견

벤타스의 2018년 01월 25일 현재 21개 기관의 **평균적인 목표가는 62.59$**이며, 2018년 추정 주당순이익(EPS)은 1.94$로 2017년 추정 EPS 3.14$에 비해 **-38.21% 감소할 것으로 예상**된다.

최근, 1개월, 3개월의 투자 의견 변화

투자의견	금융사 및 투자의견	날짜
Downgrade	Raymond James: Market Perform to Underperform	4/12/2017
Upgrade	Capital One Financial: Equal-Weight to Overweight	10/30/2017
Maintains	UBS: to Neutral	2/10/2017
Downgrade	Bank of America: Buy to Neutral	9/22/2017
Downgrade	Goldman Sachs: to Sell	3/15/2017

내부자 거래
(3M 비중은 12개월 거래 중 최근 3개월의 비중)

구분	성격	3개월	12개월	3M비중
매수	매수 건수 (장내 매매만 해당)	16	51	31.37%
매도	매도 건수 (장내 매매만 해당)	13	15	86.67%
매수	매수 수량 (장내 매매만 해당)	126,063	153,208	82.28%
매도	매도 수량 (장내 매매만 해당)	73,418	181,685	40.41%
	순매수량 (-인 경우 순매도량)	52,645	-28,477	

ETF 노출
(편입 ETF 수 : 85개 / 시가총액 대비 ETF의 보유비중 : 17.73%)

티커	ETF	보유 지분	비중
VNQ	Vanguard Real Estate Index Fund	$1,345,035,564	2.17%
VTI	Vanguard Total Stock Market ETF	$481,515,150	0.07%
VOO	Vanguard 500 Index Fund	$341,199,116	0.08%
SPY	SPDR S&P 500 Trust ETF	$249,611,662	0.08%
VUG	Vanguard Growth ETF	$134,472,017	0.17%

기간 수익률

1M : -15.22%	3M : -21.46%	6M : -20.65%	1Y : -12%	3Y : -20.26%

재무 지표

	2014	2015	2016	2017(E)
매출액 (백만$)	3,076	3,286	3,444	3,506
영업이익 (백만$)	499	511	581	1,226
순이익 (백만$)	456	388	552	1,118
자산총계 (백만$)	21,226	22,262	23,167	23,590
자본총계 (백만$)	8,926	9,822	10,729	
부채총계 (백만$)	12,300	12,440	12,437	

안정성 비율	2013	2014	2015	2016
유동비율 (%)				
부채비율 (%)	117.78	137.79	126.66	115.92
이자보상배율 (배)				

투자 지표

	2014	2015	2016	2017(E)
영업이익률 (%)	16.22	15.55	16.87	34.97
매출액 증가율 (%)	9.46	6.85	4.78	1.82
EPS ($)	1.55	1.21	1.60	3.14
EPS 증가율 (%)	0.96	-22.12	32.25	96.63
주당자산가치($)	29.08	28.61	29.54	45.77
잉여현금흐름 (백만$)	1,060	1,165	1,106	

	2013	2014	2015	2016
배당성향(%)	179.40	192.66	254.31	187.47
배당수익률(%)	5.45	4.72	5.39	4.74
ROE (%)	5.48	5.21	4.26	5.51
ROA (%)	2.53	2.23	1.79	2.44
재고회전율				
EBITDA (백만$)	1,558.57	1,702.89	1,730.20	1,864.59

매출비중

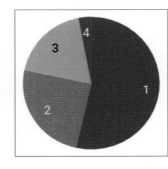

제품명	비중
1. 노년 부문	53.65%
2. 트리플 네트 임대	24.71%
3. 사무실 운영	18.68%
4. 기타	2.96%

HST
호스트 호텔스 앤드 리조트
Host Hotels & Resorts, Inc.

섹터 리츠 (Real Estate)
세부섹터 호텔 & 리조트 리츠 (Hotel & Resort REITs)

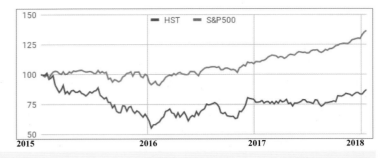

호스트 호텔스 앤드 리조트(Host Hotels & Resorts, Inc.)는 전 세계에서 호텔 소유권을 가지고 운영하는 호텔에 특화된 부동산 신탁회사이다. 회사는 1998년 설립되었고 본사는 메릴랜드 베데스다에 있으며 220명의 직원이 근무하고 있다. 2017년 2월 현재 숙박 시설로는 약 53,500개의 객실을 보유하고 있으며 대다수는 미국에 있으며 96개의 중급 이상의 고급호텔로 구성되어 있다. 미국 이외의 7개의 호텔이 멕시코, 캐나다, 브라질, 오스트레일리아에 있다. 또한, 영국, 네덜란드, 스웨덴, 스페인, 독일에는 10개의 고급 호텔에 약 3,900개의 객실을 보유하고 있고 유럽의 경우는 2개의 국제 합작 투자회사에 약 33%의 지분을 투자하고 있다. 인도는 5개 호텔을 운영하고 있으며 2개 호텔은 거의 완공단계이다. 호텔의 중요 브랜드를 보면 매리엇, 마르퀴스, 힐턴, 하얏트, 웨스틴, 리츠칼튼 등이 있으며, 이들 브랜드에서 매출의 80%가 발생하고 있다. 2017년 2월 현재 회사의 호텔 시설은 114개의 호텔과 60,931개의 객실을 보유하고 있다. 회사의 매출 94%는 미국에서 나오고 있으며 국제 합작 투자회사를 통해서 유럽에서 3%의 매출이 나오고 있다. 아시아에서는 3%의 매출을 올리고 있다.

기준일 : 2018/ 01 /25

한글 회사명 : 호스트 호텔스 앤드 리조트
영문 회사명 : Host Hotels & Resorts, Inc.
상장일 : 1972년 01월 21일 | 결산월 : 12월
시가총액 : 157 (억$) |
52주 최고 : $21.53 (-0.74%) / 52주 최저 : $17.26 (+23.81%)

주요 주주정보

보유자/ 보유 기관	보유율
The Vanguard Group, Inc.	17.51%
BlackRock Fund Advisors	7.52%
SSgA Funds Management, Inc.	5.98%

애널리스트 추천 및 최근 투자의견

호스트 호텔스 앤드 리조트의 2018년 01월 25일 현재 24개 기관의 **평균적인 목표가는 20.27$**이며, 2018년 추정 주당순이익(EPS)은 0.68$로 2017년 추정 EPS 0.77$에 비해 **-11.68% 감소할 것으로 예상**된다.

최근, 1개월, 3개월의 투자 의견 변화

투자의견	금융사 및 투자의견	날짜
Upgrade	Raymond James: Market Perform to Outperform	8/1/2018
Upgrade	BTIG Research: Neutral to Buy	4/12/2017
Upgrade	Wells Fargo: Market Perform to Outperform	6/11/2017
Upgrade	Deutsche Bank: Hold to Buy	12/10/2017
Upgrade	Boenning & Scattergood: Neutral to Outperform	8/24/2017

내부자 거래

(3M 비중은 12개월 거래 중 최근 3개월의 비중)

구분	성격	3개월	12개월	3M비중
매수	매수 건수 (장내 매매만 해당)	16	50	32.00%
매도	매도 건수 (장내 매매만 해당)	13	19	68.42%
매수	매수 수량 (장내 매매만 해당)	419,612	566,487	74.07%
매도	매도 수량 (장내 매매만 해당)	188,039	343,918	54.68%
	순매수량 (-인 경우 순매도량)	231,573	222,569	

ETF 노출   (편입 ETF 수 : 91개 / 시가총액 대비 ETF의 보유비중 : 21.31%)

티커	ETF	보유 지분	비중
VNQ	Vanguard Real Estate Index Fund	$1,058,898,784	1.71%
VO	Vanguard Mid Cap Index Fund	$385,060,710	0.39%
VTI	Vanguard Total Stock Market ETF	$378,871,350	0.06%
VOO	Vanguard 500 Index Fund	$268,704,104	0.06%
SPY	SPDR S&P 500 Trust ETF	$195,836,005	0.07%

기간 수익률

1M : 2.87%	3M : 13.53%	6M : 15.36%	1Y : 13.03%	3Y : -12.64%

재무 지표

	2014	2015	2016	2017(E)
매출액 (백만$)	5,354	5,350	5,430	5,387
영업이익 (백만$)	429	439	514	699
순이익 (백만$)	732	558	762	584
자산총계 (백만$)	12,172	11,656	11,408	11,603
자본총계 (백만$)	7,593	7,247	7,198	
부채총계 (백만$)	4,579	4,409	4,210	

안정성 비율	2013	2014	2015	2016
유동비율 (%)				
부채비율 (%)	71.95	60.31	60.84	58.49
이자보상배율 (배)				

투자 지표

	2014	2015	2016	2017(E)
영업이익률 (%)	8.01	8.21	9.47	12.97
매출액 증가율 (%)	2.98	-0.08	1.50	-0.80
EPS ($)	0.97	0.74	1.03	0.77
EPS 증가율 (%)	233.33	-30.00	47.14	-25.01
주당자산가치($)	9.71	9.41	9.48	9.48
잉여현금흐름 (백만$)	689	501	784	585

	2013	2014	2015	2016
배당성향(%)	156.36	71.90	108.11	78.43
배당수익률(%)	2.37	2.90	5.22	4.25
ROE (%)	2.88	10.05	7.75	10.84
ROA (%)	1.63	5.98	4.74	6.69
재고회전율				
EBITDA (백만$)	1,253	1,340	1,333	1,392

매출비중

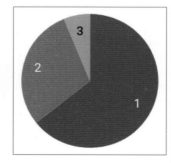

제품명	비중
1. 객실	64.31%
2. 음식 및 음료	29.45%
3. 기타	6.24%

DRE
듀크 리얼티 코퍼레이션
Duke Realty Corporation

섹터 리츠 (Real Estate)
세부섹터 산업 리츠 (Industrial REITs)

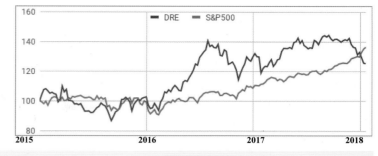

듀크 리얼티 코퍼레이션(Duke Realty Corporation)은 산업용 및 상업용 부동산 투자 신탁 회사이다. 회사는 1972년 설립되었고 본사는 인디애나주 인디애나 폴리스에 있으며 500명의 직원이 근무하고 있다. 자회사 듀크 리얼티 리미티드 파트너십(Duke Realty Limited Partnership)은 대량 유통업 및 의료 사무실 부동산의 소유, 관리 및 개발을 합자회사와 함께하고 있다. 미국 21개 주요 도시를 거점으로 약 1,282헥타르에 달하는 건물과 토지를 소유하고 있으며, 산업 및 상업용 건물과 물류 창고 임대 및 건설 사업을 영위하고 있다. 산업용, 상업용 건물과 대지의 개발 및 관리와 산업용 물류창고를 일괄수주 방식으로 건설하는 것도 사업 분야이다. 주요 건물의 임대 고객사는 미국 정부를 포함한 아마존, 월마트, 홈디포와 같은 회사들이다.

기준일 : 2018/ 01 /25

한글 회사명 : 듀크 리얼티 코퍼레이션
영문 회사명 : Duke Realty Corporation
상장일 : 1986년 02월 06일 | 결산월 : 12월
시가총액 : 93 (억$) |

52주 최고 : $30.14 (-13.76%) / 52주 최저 : $23.93 (+8.6%)

주요 주주정보

보유자/ 보유 기관	보유율
The Vanguard Group, Inc.	17.3%
Fidelity Management & Research Co.	8.43%
BlackRock Fund Advisors	7.39%

애널리스트 추천 및 최근 투자의견

듀크 리얼티 코퍼레이션의 2018년 01월 25일 현재 17개 기관의 **평균적인 목표가는 29.49$**이며, 2018년 추정 주당순이익(EPS)은 0.4$로 2017년 추정 EPS 4.08$에 비해 **-90.19% 감소할 것으로 예상**된다.

최근, 1개월, 3개월의 투자 의견 변화

투자의견	금융사 및 투자의견	날짜
Downgrade	RBC Capital: Outperform to Sector Perform	3/1/2018
Downgrade	JP Morgan: Neutral to Underweight	12/15/2017
Maintains	Morgan Stanley: to Overweight	12/14/2017
Upgrade	Citigroup: Neutral to Buy	12/14/2017
Maintains	Baird: to Outperform	10/31/2017

내부자 거래

(3M 비중은 12개월 거래 중 최근 3개월의 비중)

구분	성격	3개월	12개월	3M비중
매수	매수 건수 (장내 매매만 해당)	23	30	76.67%
매도	매도 건수 (장내 매매만 해당)	14	21	66.67%
매수	매수 수량 (장내 매매만 해당)	183,492	191,003	96.07%
매도	매도 수량 (장내 매매만 해당)	90,847	131,739	68.96%
	순매수량 (- 인 경우 순매도량)	92,645	59,264	

ETF 노출   (편입 ETF 수 : 75개 / 시가총액 대비 ETF의 보유비중 : 20.5%)

티커	ETF	보유 지분	비중
VNQ	Vanguard Real Estate Index Fund	$625,823,900	1.01%
VO	Vanguard Mid Cap Index Fund	$227,589,870	0.23%
VTI	Vanguard Total Stock Market ETF	$223,858,872	0.03%
VOO	Vanguard 500 Index Fund	$158,917,199	0.04%
SPY	SPDR S&P 500 Trust ETF	$115,064,396	0.04%

기간 수익률

1M : -7.83%	3M : -13.29%	6M : -7.67%	1Y : -3.46%	3Y : 16.49%

재무 지표

	2014	2015	2016	2017(E)
매출액 (백만$)	1,165	949	902	728
영업이익 (백만$)	7	36	77	274
순이익 (백만$)	207	180	308	1,479
자산총계 (백만$)	7,755	6,896	6,772	7,488
자본총계 (백만$)	2,880	3,205	3,493	
부채총계 (백만$)	4,875	3,691	3,279	

안정성 비율	2013	2014	2015	2016
유동비율 (%)				
부채비율 (%)	154.63	169.28	115.16	93.86
이자보상배율 (배)				

투자 지표

	2014	2015	2016	2017(E)
영업이익률 (%)	0.60	3.79	8.54	37.55
매출액 증가율 (%)	7.62	-18.48	-4.97	-19.27
EPS ($)	0.54	0.55	0.88	4.08
EPS 증가율 (%)	921.81	1.56	59.83	362.71
주당자산가치($)	8.31	9.22	9.77	12.11
잉여현금흐름 (백만$)	437	386	517	2,285

	2013	2014	2015	2016
배당성향(%)	1,156.46	125.05	121.50	82.95
배당수익률(%)	4.52	3.37	3.28	2.75
ROE (%)	1.68	7.04	5.94	9.26
ROA (%)	0.69	2.70	2.54	4.55
재고회전율				
EBITDA (백만$)	570.39	610.92	527.21	536.46

매출비중

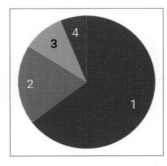

제품명	비중
1. 산업 부문	64.62%
2. 의료 사무실	19.44%
3. 서비스 운영	9.84%
4. 비보고 임대 운영	5.21%
5. 기타 수익	0.89%

PLD
프로로지스
Prologis, Inc

섹터 리츠 (Real Estate)
세부섹터 산업 리츠 (Industrial REITs)

프로로지스(Prologis, Inc.)는 전 세계에서 물류시설에 대한 투자 및 개발을 하는 부동산 신탁 지주회사이다. 회사는 1983년에 설립되었고 본사는 캘리포니아 샌프란시스코에 있으며 1,600명의 직원이 근무하고 있다. 전 세계에서 생산된 상품의 유통을 쉽게 하기 위해 세계 최고 브랜드를 보유하고 있는 회사들과 파트너십을 맺고 물류 유통 공간을 건설, 임대 및 운영하는 사업을 영위하고 있다. 현재 4개 대륙에 19개국에서 3,307개의 건물과 63.82㎢에 달하는 물류 유통공간을 소유 또는 공동 투자 벤처를 통해 부동산 및 개발 계획을 통해 투자하고 있다. 회사는 프로로지스(Prologis, L.P)의 동업자이며 전 세계 공항, 항만, 철도 및 고속도로 시스템을 지원하는 물류 시설에도 투자하고 있다. 현재 회사는 5,200개가 넘는 고객사를 보유하고 있으며 공동 투자 벤처 운영 및 자산 관리 서비스도 포함되며, 회사가 투자자의 자본을 이용해 투자자산을 원하는 회사에 연결해 주는 사업도 진행하고 있다. 회사는 전 세계의 기관 파트너와 공동 투자도 진행하고 있으며 일본의 뉴프로로지스 리츠(NPR)와 멕시코의 피브라 프로로지스(FIBRA Prologis)를 통해 물류 부동산의 임대, 취득, 건설, 개발, 자금 조달 및 처분 서비스를 제공하고 있다.

기준일 : 2018/ 01 /25

한글 회사명 : 프로로지스
영문 회사명 : Prologis, Inc
상장일 : 1997년 11월 21일 | 결산월 : 12월
시가총액 : 342 (억$) |
52주 최고 : $67.53 (-4.87%) / 52주 최저 : $48.33 (+32.91%)

주요 주주정보

보유자/ 보유 기관	보유유율
The Vanguard Group, Inc.	14.33%
BlackRock Fund Advisors	7.2%
SSgA Funds Management, Inc.	5.57%

애널리스트 추천 및 최근 투자의견

프로로지스의 2018년 01월 25일 현재 19개 기관의 **평균적인 목표가는 67.44$**이며, 2018년 추정 주당순이익(EPS)은 1.6$로 2017년 추정 EPS 1.38$에 비해 **15.94% 증가할 것으로 예상**된다.

최근, 1개월, 3개월의 투자 의견 변화

투자의견	금융사 및 투자의견	날짜
Maintains	Baird: Outperform to Outperform	1/24/2018
Downgrade	JP Morgan: Overweight to Neutral	12/15/2017
Upgrade	Evercore ISI Group: In-Line to Outperform	4/12/2017
Maintains	Bank of America: to Buy	10/25/2017
Maintains	Citigroup: to Neutral	10/19/2017

내부자 거래

(3M 비중은 12개월 거래 중 최근 3개월의 비중)

구분	성격	3개월	12개월	3M비중
매수	매수 건수 (장내 매매만 해당)	0	0	-
매도	매도 건수 (장내 매매만 해당)	5	27	18.52%
매수	매수 수량 (장내 매매만 해당)	0	0	-
매도	매도 수량 (장내 매매만 해당)	79,077	1,068,697	7.40%
	순매수량 (-인 경우 순매도량)	-79,077	-1,068,697	

ETF 노출

(편입 ETF 수 : 90개 / 시가총액 대비 ETF의 보유비중 : 17.15%)

티커	ETF	보유 지분	비중
VNQ	Vanguard REIT Index Fund	$2,301,438,839	3.72%
VTI	Vanguard Total Stock Market ETF	$820,432,772	0.12%
VOO	Vanguard 500 Index Fund	$584,310,769	0.14%
SPY	SPDR S&P 500 ETF Trust	$427,345,691	0.14%
VUG	Vanguard Growth ETF	$229,262,723	0.29%

기간 수익률

1M : -6.36%	3M : -5.24%	6M : 4.72%	1Y : 17.51%	3Y : 39.93%

재무 지표

	2014	2015	2016	2017(E)
매출액 (백만$)	1,761	2,197	2,533	2,208
영업이익 (백만$)	11	79	365	1,204
순이익 (백만$)	630	869	1,210	1,497
자산총계 (백만$)	25,818	31,395	30,250	29,917
자본총계 (백만$)	15,184	18,421	18,458	
부채총계 (백만$)	10,635	12,974	11,792	

안정성 비율	2013	2014	2015	2016
유동비율 (%)				
부채비율 (%)	73.33	70.04	70.43	63.88
이자보상배율 (배)				

투자 지표

	2014	2015	2016	2017(E)
영업이익률 (%)	0.62	3.60	14.41	54.51
매출액 증가율 (%)	0.59	24.78	15.30	-12.82
EPS ($)	1.25	1.66	2.29	2.86
EPS 증가율 (%)	204.45	32.90	38.34	24.67
주당자산가치($)	27.28	27.82	28.21	29.48
잉여현금흐름 (백만$)	492	726	1,149	1,611

	2013	2014	2015	2016
배당성향(%)	275.05	106.80	92.83	74.01
배당수익률(%)	3.03	3.07	3.54	3.18
ROE (%)	1.57	4.55	6.07	8.16
ROA (%)	0.85	2.91	3.24	4.19
재고회전율				
EBITDA (백만$)	953.08	962.27	1,260.55	1,599.36

매출비중

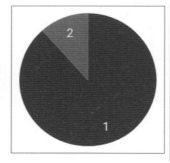

제품명	비중
1. 부동산 운영	
	88.37%
2. 자본 운영 부문	
	11.63%

ARE
알렉산드리아 리얼 에스테이트 에쿼티스
Alexandria Real Estate Equities, Inc.

섹터 리츠 (Real Estate)
세부섹터 오피스 리츠 (Office REITs)

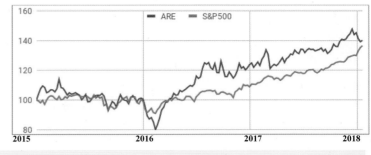

알렉산드리아 리얼 에스테이트 에쿼티스(Alexandria Real Estate Equities, Inc.)는 생명과학기술 산업에 종사하는 기업과 연구소에 특화된 부동산 투자 신탁회사이다. 회사는 1994년에 설립되었고 본사는 캘리포니아주 패서디나에 있으며 285명의 직원이 근무하고 있다. 회사는 자사의 자산을 다국적 제약사, 생명 공학 연구소, 진단 및 개인위생 용품 생산 회사, 연구 기관 및 정부 기관에 임대하고 있다. 2016년 12월 31일 현재 북미 지역에 199개의 부동산이 있으며 회사의 부동산 및 개발 프로젝트에는 연결 부동산 합작 회사가 보유한 9개의 부동산과 비 연결 부동산 합작 투자사가 보유한 1개의 부동산이 포함되어 있다. 회사의 부동산은 미국 전역의 각 대도시에 있으며 주 고객은 다국적 제약 회사도 포함되며 공공 및 사립 생명 공학 회사, 생명 과학 제품 및 서비스, 의료 기기 회사, 디지털 건강관리 및 기술 회사, 학술 및 의료 연구 기관, 미국 정부 연구 기관, 비영리 법인 및 벤처 캐피탈 회사들이 있다. 현재 캐나다에 3개와 중국에 2개의 운영 자산을 보유하고 있다.

기준일 : 2018/ 01 /25
한글 회사명 : 알렉산드리아 리얼 에스테이트 에쿼티스
영문 회사명 : Alexandria Real Estate Equities, Inc.
상장일 : 1997년 05월 28일 | 결산월 : 12월
시가총액 : 137 (억$) | 52주 최고 : $134.37 (-5.67%) / 52주 최저 : $106.89 (+18.57%)

주요 주주정보

보유자 / 보유 기관	보유율
The Vanguard Group, Inc.	16.7%
BlackRock Fund Advisors	7.15%
SSgA Funds Management, Inc.	5.32%

애널리스트 추천 및 최근 투자의견

알렉산드리아 리얼 에스티 에쿼티스의 2018년 01월 25일 현재 13개 기관의 **평균적인 목표가는 133.17$**이며, 2018년 추정 주당순이익(EPS)은 2.11$로 2017년 추정 EPS 1.6$에 비해 **31.87% 증가할 것으로 예상**된다.

최근, 1개월, 3개월의 투자 의견 변화

투자의견	금융사 및 투자의견	날짜
Upgrade	Bank of America: Neutral to Buy	4/12/2017
Maintains	Citigroup: to Neutral	11/13/2017
Maintains	Bank of America: to Neutral	6/11/2017
Maintains	Barclays: to Overweight	7/18/2017
Upgrade	Evercore ISI Group: to Outperform	3/21/2017

내부자 거래

(3M 비중은 12개월 거래 중 최근 3개월의 비중)

구분	성격	3개월	12개월	3M비중
매수	매수 건수 (장내 매매만 해당)	8	24	33.33%
매도	매도 건수 (장내 매매만 해당)	7	40	17.50%
매수	매수 수량 (장내 매매만 해당)	62,356	310,687	20.07%
매도	매도 수량 (장내 매매만 해당)	72,250	308,186	23.44%
	순매수량 (-인 경우 순매도량)	-9,894	2,501	

ETF 노출 (편입 ETF 수 : 77개 / 시가총액 대비 ETF의 보유비중 : 20.94%)

티커	ETF	보유 지분	비중
VNQ	Vanguard Real Estate Index Fund	$802,080,625	1.30%
VO	Vanguard Mid Cap Index Fund	$297,860,951	0.30%
VTI	Vanguard Total Stock Market ETF	$293,346,221	0.04%
VOO	Vanguard 500 Index Fund	$208,124,559	0.05%
SPY	SPDR S&P 500 Trust ETF	$152,464,821	0.05%

기간 수익률

1M : -5.18%	3M : 4.5%	6M : 4.09%	1Y : 13.31%	3Y : 30.24%

재무 지표

	2014	2015	2016	2017(E)
매출액 (백만$)	724	835	911	862
영업이익 (백만$)	151	156	159	261
순이익 (백만$)	90	142	-131	148
자산총계 (백만$)	8,136	8,881	10,355	11,294
자본총계 (백만$)	3,910	4,294	5,382	
부채총계 (백만$)	4,226	4,587	4,973	

안정성 비율	2013	2014	2015	2016
유동비율 (%)				
부채비율 (%)	89.24	108.11	106.83	92.39
이자보상배율 (배)				

투자 지표

	2014	2015	2016	2017(E)
영업이익률 (%)	20.86	18.68	17.45	30.28
매출액 증가율 (%)	15.17	15.28	9.11	-5.32
EPS ($)	0.90	1.63	-1.99	1.60
EPS 증가율 (%)	-41.31	82.04	-221.63	180.44
주당자산가치($)	48.43	49.73	53.37	55.19
잉여현금흐름 (백만$)	-291	-471	-1,167	-1,179

	2013	2014	2015	2016
배당성향(%)	170.67	320.89	186.68	
배당수익률(%)	4.10	3.25	3.38	2.91
ROE (%)	3.50	2.33	3.64	-2.95
ROA (%)	1.81	1.22	1.69	-1.20
재고회전율				
EBITDA (백만$)	375.71	451.34	513.8	568.42

매출비중

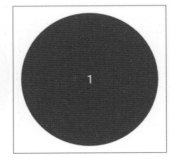

제품명	비중
1. 부동산 투자 신탁	
	100%

BXP
보스턴 프로퍼티스
Boston Properties, Inc

섹터 리츠 (Real Estate)
세부섹터 오피스 리츠 (Office REITs)

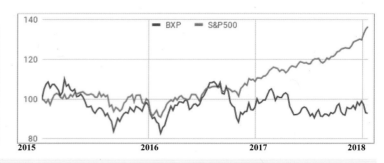

보스턴 프로퍼티스(Boston Properties, Inc.)는 다양한 부동산을 개발, 재개발, 인수, 관리, 운영 및 소유하는 부동산 투자 신탁회사이다. 회사는 1970년에 설립되었고 본사는 매사추세츠 보스턴에 있으며 785명의 직원이 근무하고 있다. 미국 내 클래스 A급 오피스 자산의 최대 소유, 관리 및 개발업체 중 하나이다. 회사는 현재 보스턴, 뉴욕, 샌프란시스코 및 워싱턴 D. C.에 부동산을 소유하고 있으며 부동산 유형별 부문에는 사무실, 주거 및 호텔이 포함되어 있다. 2016년 12월 31일 현재 174개 상업용 부동산을 소유 또는 보유하고 있으며, 건설과 재개발 중인 8개 자산을 가지고 있다. 현재 166개의 사무실 건물(건설/재개발 중인 7개 포함), 1개 호텔, 5개 소매 부동산 및 5개의 주거용 부동산(3개 공사 중)을 보유하고 있다. 회사의 주 임차인들은 미국 정부와 다국적 제약사와 미디어 기술, 법률 서비스업체, 소매업 종사자 및 금융 서비스를 하는 상업 및 투자 은행들이다.

기준일 : 2018/ 01 /25
한글 회사명 : 보스턴 프로퍼티스
영문 회사명 : Boston Properties, Inc
상장일 : 1997년 06월 18일 | 결산월 : 12월
시가총액 : 189 (억$) |
52주 최고 : $140.13 (-12.13%) / 52주 최저 : $116.77 (+5.44%)

주요 주주정보

보유자/ 보유 기관	보유율
The Vanguard Group, Inc.	14.23%
BlackRock Fund Advisors	7.23%
SSgA Funds Management, Inc.	5.58%

애널리스트 추천 및 최근 투자의견

보스턴 프로퍼티스의 2018년 01월 25일 현재 24개 기관의 **평균적인 목표가는 133.45$**이며, 2018년 추정 주당순이익(EPS)은 2.78$로 2017년 추정 EPS 2.68$에 비해 **3.73% 증가할 것으로 예상**된다.

최근, 1개월, 3개월의 투자 의견 변화

투자의견	금융사 및 투자의견	날짜
Downgrade	BMO Capital: Outperform to Market Perform	9/1/2018
Maintains	Barclays: to Overweight	8/31/2017
Downgrade	RBC Capital: Top Pick to Outperform	8/17/2017
Maintains	Barclays: to Overweight	7/18/2017
Downgrade	Deutsche Bank: to Hold	9/1/2017

내부자 거래

(3M 비중은 12개월 거래 중 최근 3개월의 비중)

구분	성격	3개월	12개월	3M비중
매수	매수 건수 (장내 매매만 해당)	0	2	0.00%
매도	매도 건수 (장내 매매만 해당)	3	4	75.00%
매수	매수 수량 (장내 매매만 해당)	0	1,575	0.00%
매도	매도 수량 (장내 매매만 해당)	4,281	10,149	42.18%
	순매수량 (-인 경우 순매도량)	-4,281	-8,574	

ETF 노출
(편입 ETF 수 : 82개 / 시가총액 대비 ETF의 보유비중 : 17.21%)

티커	ETF	보유 지분	비중
VNQ	Vanguard Real Estate Index Fund	$1,284,417,363	2.07%
VTI	Vanguard Total Stock Market ETF	$459,861,826	0.07%
VOO	Vanguard 500 Index Fund	$325,859,106	0.08%
SPY	SPDR S&P 500 Trust ETF	$237,008,343	0.08%
VUG	Vanguard Growth ETF	$128,705,727	0.16%

기간 수익률

1M : -5.76%	3M : -0.36%	6M : 2.55%	1Y : -5.64%	3Y : -13.56%

재무 지표

	2014	2015	2016	2017(E)
매출액 (백만$)	2,387	2,454	2,582	2,553
영업이익 (백만$)	336	417	476	917
순이익 (백만$)	444	583	513	459
자산총계 (백만$)	19,887	18,351	18,852	19,297
자본총계 (백만$)	8,008	7,887	7,932	
부채총계 (백만$)	11,879	10,465	10,920	

안정성 비율	2013	2014	2015	2016
유동비율 (%)				
부채비율 (%)	180.24	148.33	132.68	137.67
이자보상배율 (배)				

투자 지표

	2014	2015	2016	2017(E)
영업이익률 (%)	14.08	16.99	18.44	35.92
매출액 증가율 (%)	11.76	2.82	5.22	-1.15
EPS ($)	2.83	3.73	3.27	2.70
EPS 증가율 (%)	-31.50	31.80	-12.33	-17.43
주당자산가치($)	35.90	35.87	36.32	33.00
잉여현금흐름 (백만$)	96	167	78	-145

	2013	2014	2015	2016
배당성향(%)	63.07	91.87	69.89	82.82
배당수익률(%)	2.59	2.02	2.04	2.15
ROE (%)	11.55	7.76	10.22	8.92
ROA (%)	3.95	2.63	4.18	3.06
재고회전율				
EBITDA (백만$)	1,251.93	1,420.27	1,452.35	1,553.27

매출비중

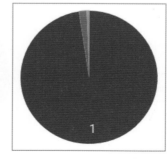

제품명	비중
1. 사무실	
	97.56%
2. 호텔	
	1.78%
3. 거주	
	0.66%

SLG
에스엘 그린 리얼티 코페레이션
SL Green Realty Corp.

섹터 리츠 (Real Estate)
세부섹터 오피스 리츠 (Office REITs)

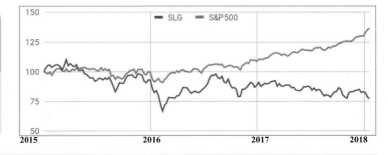

에스엘 그린 리얼티 코페레이션(SL Green Realty Corp.)은 맨해튼 상업용 부동산을 소유 및 관리하여 건물의 가치를 극대화하는 데 주력하는 부동산 투자 신탁 회사이다. 회사는 1997년에 설립되었고 본사는 뉴욕에 있으며 1,075명의 직원이 근무하고 있다. 회사의 핵심 사업은 고품질의 상업용 부동산의 소유와 임대이며, 주된 사업 목적은 주로 맨해튼에 위치한 사무실 자산을 인수, 재개발 및 재배치하여 임대 및 관리함으로써 수익을 내고 있다. 주로 뉴욕 맨해튼에서 34년 이상 소유, 운영, 투자 및 대출을 통해 얻은 상업용 부동산을 취급하고 있다. 2017년 9월 30일 현재, 회사는 118개 맨해튼 빌딩에 대한 지분을 보유하고 있다. 또한, 뉴욕 외곽의 브루클린, 롱 아일랜드, 웨스트 체스터 카운티, 코네티컷 및 뉴저지에 27개의 건물에 대한 소유권을 보유하고 있다.

리 츠

기준일 : 2018/ 01 /25
한글 회사명 : 에스엘 그린 리얼티 코페레이션
영문 회사명 : SL Green Realty Corp.
상장일 : 1997년 08월 15일 | 결산월 : 12월
시가총액 : 95 (억$) |
52주 최고 : $115.34 (-16.09%) / 52주 최저 : $92.95 (+4.12%)

주요 주주정보

보유자/ 보유 기관	보유율
The Vanguard Group, Inc.	17.75%
BlackRock Fund Advisors	7.18%
SSgA Funds Management, Inc.	5.69%

애널리스트 추천 및 최근 투자의견

에스엘 그린 리얼티 코페레이션의 2018년 01월 25일 현재 21개 기관의 **평균적인 목표주가는 113.32$**이며, 2018년 추정 주당순이익(EPS)은 1.62$로 2017년 추정 EPS 1.48$에 비해 **9.45% 증가할 것으로 예상**된다.

최근, 1개월, 3개월의 투자 의견 변화

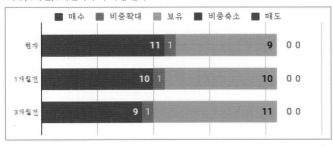

투자의견	금융사 및 투자의견	날짜
Upgrade	Stifel Nicolaus: Hold to Buy	1/26/2018
Upgrade	BTIG Research: Neutral to Buy	5/12/2017
Maintains	Barclays: to Equal-Weight	1/11/2017
Maintains	Baird: to Outperform	10/23/2017
Maintains	Citigroup: to Buy	10/23/2017

내부자 거래

(3M 비중은 12개월 거래 중 최근 3개월의 비중)

구분	성격	3개월	12개월	3M비중
매수	매수 건수 (장내 매매만 해당)	5	11	45.45%
매도	매도 건수 (장내 매매만 해당)	5	11	45.45%
매수	매수 수량 (장내 매매만 해당)	77,146	78,063	98.83%
매도	매도 수량 (장내 매매만 해당)	173,730	192,210	90.39%
	순매수량 (-인 경우 순매도량)	-96,584	-114,147	

ETF 노출

(편입 ETF 수 : 77개 / 시가총액 대비 ETF의 보유비중 : 20.88%)

티커	ETF	보유 지분	비중
VNQ	Vanguard Real Estate Index Fund	$658,842,491	1.06%
VO	Vanguard Mid Cap Index Fund	$237,619,412	0.24%
VTI	Vanguard Total Stock Market ETF	$235,138,368	0.03%
VOO	Vanguard 500 Index Fund	$165,904,651	0.04%
SPY	SPDR S&P 500 Trust ETF	$124,997,485	0.04%

기간 수익률

1M : -9.02%	3M : -4.6%	6M : -7.86%	1Y : -13.12%	3Y : -26.63%

재무 지표

	2014	2015	2016	2017(E)
매출액 (백만$)	1,518	1,613	1,658	1,288
영업이익 (백만$)	244	114	-8	281
순이익 (백만$)	339	277	261	112
자산총계 (백만$)	17,097	19,728	15,858	14,679
자본총계 (백만$)	8,000	8,426	8,527	
부채총계 (백만$)	9,097	11,302	7,331	

안정성 비율	2013	2014	2015	2016
유동비율 (%)				
부채비율 (%)	104.03	113.71	134.13	85.98
이자보상배율 (배)				

투자 지표

	2014	2015	2016	2017(E)
영업이익률 (%)	16.07	7.07	-0.48	21.83
매출액 증가율 (%)	2.70	6.30	2.79	-22.35
EPS ($)	3.55	2.57	2.35	1.04
EPS 증가율 (%)	279.04	-27.70	-8.64	-55.53
주당자산가치($)	69.00	70.67	70.63	66.26
잉여현금흐름 (백만$)	356	207	430	448

	2013	2014	2015	2016
배당성향(%)	158.68	59.15	98.43	125.60
배당수익률(%)	1.61	1.76	2.23	2.73
ROE (%)	1.63	4.99	3.79	3.44
ROA (%)	0.84	2.27	1.65	1.57
재고회전율				
EBITDA (백만$)	852.9	974.3	979.43	956.35

매출비중

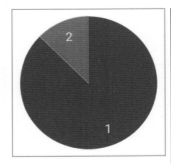

제품명	비중
1. 부동산 부문	
	87.44%
2. 대출 및 기타부문	
	12.56%

VNO
보르나도 리얼티 트러스트
Vornado Realty Trust

섹터 리츠 (Real Estate)
세부섹터 오피스 리츠 (Office REITs)

보르나도 리얼티 트러스트(Vornado Realty Trust)는 대도시의 사무실 건물과 광고판, 호텔 등의 임대와 관리를 하는 부동산 투자 신탁회사이다. 회사는 보르나도 리얼티(Vornado Realty L.P.) 운영 파트너십을 통해 사업을 수행하고 있다. 회사는 1982년에 설립되었고 본사는 뉴욕주 뉴욕에 있으며 4,225명의 직원이 근무하고 있다. 회사는 뉴욕 맨해튼 37개의 사무실 건물을 소유하고 있으며 뉴욕 맨해튼의 소매점들이 입점한 건물 72개와 12개 주거용 부동산 2,008개의 유닛을 보유 중이다. 1,700개의 방을 보유한 호텔 펜실베이니아(Hotel Pennsylvania)도 보유하고 있다. 회사는 또한 알렉산더스(Alexander 's, Inc.)라는 뉴욕 상장주식에 대한 32.4%의 지분도 보유 중이다. 뉴욕주 대도시 지역에 7개의 부동산을 소유하고 있으며 펜 플라자(Penn Plaza)와 타임스퀘어(Times Square)의 각종 광고물 간판도 보유 중이다. 자회사인 BMS는 건물 및 임차인을 위한 청소 및 보안 서비스를 2,540명의 직원을 통해서 제공하고 있다. 샌프란시스코에 뱅크 오브 아메리카 센터(Bank of America Center)의 지분 70%를 소유하고 있으며, 시카고에서는 마트(THE MART)라는 건물을 소유하고 있다.

기준일 : 2018/ 01 /25
한글 회사명 : 보르나도 리얼티 트러스트
영문 회사명 : Vornado Realty Trust
상장일 : 1972년 01월 21일 | 결산월 : 12월
시가총액 : 137 (억$) |
52주 최고 : $111.72 (-35.06%) / 52주 최저 : $70.4 (+3.03%)

주요 주주정보

보유자/ 보유 기관	보유율
The Vanguard Group, Inc.	14.19%
Norges Bank Investment Management	6.54%
BlackRock Fund Advisors	6.52%

애널리스트 추천 및 최근 투자의견

보르나도 리얼티 트러스트의 2018년 01월 25일 현재 13개 기관의 **평균적인 목표가는 84.92$**이며, 2018년 추정 주당순이익(EPS)은 1.49$로 2017년 추정 EPS 1.24$에 비해 **20.16% 증가**할 것으로 **예상**된다.

최근, 1개월, 3개월의 투자 의견 변화

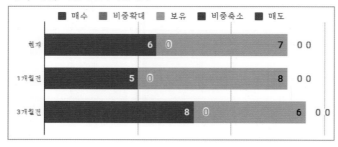

투자의견	금융사 및 투자의견	날짜
Upgrade	SunTrust Robinson Humphrey: Hold to Buy	1/22/2018
Downgrade	JP Morgan: Overweight to Neutral	12/15/2017
Downgrade	Evercore ISI Group: Outperform to In-Line	4/12/2017
Upgrade	Morgan Stanley: Equal-Weight to Overweight	10/10/2017
Downgrade	Stifel Nicolaus: Buy to Hold	8/30/2017

내부자 거래

(3M 비중은 12개월 거래 중 최근 3개월의 비중)

구분		성격	3개월	12개월	3M비중
매수	매수 건수 (장내 매매만 해당)		0	0	-
매도	매도 건수 (장내 매매만 해당)		1	1	100.00%
매수	매수 수량 (장내 매매만 해당)		0	0	-
매도	매도 수량 (장내 매매만 해당)		950	950	100.00%
	순매수량 (-인 경우 순매도량)		-950	-950	

ETF 노출

(편입 ETF 수 : 85개 / 시가총액 대비 ETF의 보유비중 : 18.88%)

티커	ETF	보유 지분	비중
VNQ	Vanguard Real Estate Index Fund	$827,357,394	1.34%
VO	Vanguard Mid Cap Index Fund	$301,554,454	0.30%
VTI	Vanguard Total Stock Market ETF	$296,611,354	0.04%
VOO	Vanguard 500 Index Fund	$212,307,496	0.05%
SPY	SPDR S&P 500 Trust ETF	$154,414,347	0.05%

기간 수익률

1M : -7.77%	3M : -4.42%	6M : -8.76%	1Y : -16.02%	3Y : -22.26%

재무 지표

	2014	2015	2016	2017(E)
매출액 (백만$)	2,666	2,426	2,644	2,303
영업이익 (백만$)	532	440	449	672
순이익 (백만$)	379	711	900	296
자산총계 (백만$)	21,248	21,143	20,815	
자본총계 (백만$)	8,827	8,705	8,897	
부채총계 (백만$)	12,421	12,438	11,918	

안정성 비율	2013	2014	2015	2016
유동비율 (%)				
부채비율 (%)	133.73	140.72	142.88	133.96
이자보상배율 (배)				

투자 지표

	2014	2015	2016	2017(E)
영업이익률 (%)	19.95	18.14	16.98	29.17
매출액 증가율 (%)	-1.55	-8.99	8.95	-12.87
EPS ($)	1.47	3.26	4.33	1.24
EPS 증가율 (%)	1,318.38	121.62	32.87	-71.40
주당자산가치($)	29.10	28.75	30.99	21.82
잉여현금흐름 (백만$)	312	-120	7	233

	2013	2014	2015	2016
배당성향(%)		199.51	77.74	58.49
배당수익률(%)	4.49	3.39	3.12	2.99
ROE (%)	1.13	5.61	10.58	13.24
ROA (%)	0.66	2.39	3.81	4.65
재고회전율				
EBITDA (백만$)	1,453.33	1,470.65	1,284.15	1,365.47

매출비중

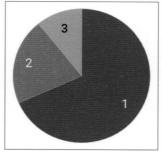

제품명	비중
1. 뉴욕	68.37%
2. 워싱턴 DC	20.67%
3. 기타	10.96%

482

CBRE
씨비알이 그룹
CBRE Group, Inc.

섹터 리츠 (Real Estate)
세부섹터 부동산 서비스 (Real Estate Services)

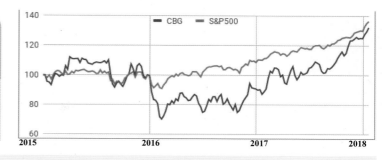

씨비알이 그룹(CBRE Group, Inc.)은 상업용 및 주거용 부동산과 투자 서비스를 제공하는 자회사를 거느린 글로벌 부동산 신탁 지주회사이다. 회사는 1906년에 설립되었고 본사는 캘리포니아주 로스앤젤레스에 있고 7,500명의 직원이 근무하고 있다. 미주 지역은 자회사인 씨비알이(CBRE, Inc.)를 통해 부동산 투자서비스를 제공하고 있으며 캐나다에서 자회사인 씨비알이 리미티드(CBRE Limited)를 통해 사업을 진행하고 있다. 유럽, 중동 및 아프리카(EMEA) 지역은 약 60개 국가에서 상업용 및 주거용 부동산 사업을 영위하고 있다. 아시아 태평양 지역은 현재 16국에서 상업용 및 주거용 부동산 사업을 영위하고 있으며, 글로벌 투자 관리 부문은 자회사인 씨비알이 글로벌인베스터(CBRE Global Investors)를 통해 각국 연금펀드, 보험회사, 국부펀드, 재단, 기부단체 및 기관 투자자에게 투자 관리 서비스를 제공하고 있다. 개발 서비스 부문은 자회사인 메인스트림 소프트웨어(Mainstream Software, Inc.)를 통해 시설 관리 프로그램을 모바일과 사스(software-as-a-service)로 제공하고 있다.

기준일 : 2018/ 01 /25

한글 회사명 : 씨비알이 그룹
영문 회사명 : CBRE Group, Inc.
상장일 : 2004년 06월 10일 | 결산월 : 12월
시가총액 : 156 (억$) |
52주 최고 : $46.03 (-1.78%) / 52주 최저 : $29.84 (+51.5%)

주요 주주정보

보유자/ 보유 기관	보유율
The Vanguard Group, Inc.	8.71%
ValueAct Capital Management LP	7.34%
BlackRock Fund Advisors	4.68%

애널리스트 추천 및 최근 투자의견

씨비알이 그룹의 2018년 01월 25일 현재 11개 기관의 **평균적인 목표가는 45.81$**이며, 2018년 추정 주당순이익(EPS)은 2.82$로 2017년 추정 EPS 2.63$에 비해 **7.22% 증가**할 것으로 예상된다.

최근, 1개월, 3개월의 투자 의견 변화

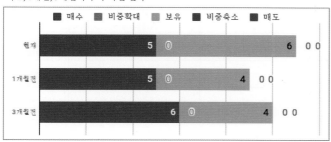

투자의견	금융사 및 투자의견	날짜
Downgrade	JMP Securities: Market Outperform to Market Perform	1/24/2018
Initiated	Evercore ISI Group: to In-Line	1/22/2018
Maintains	Bank of America: to Buy	6/11/2017
Maintains	Barclays: to Overweight	8/15/2017
Initiated	UBS: to Neutral	7/26/2017

내부자 거래

(3M 비중은 12개월 거래 중 최근 3개월의 비중)

구분	성격	3개월	12개월	3M비중
매수	매수 건수 (장내 매매만 해당)	13	39	33.33%
매도	매도 건수 (장내 매매만 해당)	24	97	24.74%
매수	매수 수량 (장내 매매만 해당)	558,544	888,659	62.85%
매도	매도 수량 (장내 매매만 해당)	5,316,976	23,204,326	22.91%
	순매수량 (-인 경우 순매도량)	-4,758,432	-22,315,667	

ETF 노출
(편입 ETF 수 : 80개 / 시가총액 대비 ETF의 보유비중 : 11.7%)

티커	ETF	보유 지분	비중
VO	Vanguard Mid Cap Index Fund	$342,151,198	0.34%
VTI	Vanguard Total Stock Market ETF	$336,135,360	0.05%
VOO	Vanguard 500 Index Fund	$235,990,729	0.06%
SPY	SPDR S&P 500 Trust ETF	$170,400,040	0.06%
VUG	Vanguard Growth ETF	$94,014,082	0.12%

기간 수익률

1M : 6.08%	3M : 25.28%	6M : 21.05%	1Y : 51.66%	3Y : 38.65%

재무 지표

	2014	2015	2016	2017(E)
매출액 (백만$)	9,050	10,856	13,072	14,010
영업이익 (백만$)	757	663	753	1,111
순이익 (백만$)	485	547	572	814
자산총계 (백만$)	7,647	11,018	10,780	11,624
자본총계 (백만$)	2,301	2,759	3,057	
부채총계 (백만$)	5,346	8,259	7,722	

안정성 비율	2013	2014	2015	2016
유동비율 (%)	110.52	122.56	106.23	113.19
부채비율 (%)	261.49	232.28	299.34	252.59
이자보상배율 (배)	6.13	7.57	5.24	4.97

투자 지표

	2014	2015	2016	2017(E)
영업이익률 (%)	8.36	6.11	5.76	7.93
매출액 증가율 (%)	25.96	19.96	20.41	7.18
EPS ($)	1.47	1.64	1.71	2.63
EPS 증가율 (%)	53.13	11.57	4.27	53.66
주당자산가치($)	6.79	8.12	8.94	11.64
잉여현금흐름 (백만$)	595	704	473	1,029

	2013	2014	2015	2016
배당성향(%)				
배당수익률(%)	0.00	0.00	0.00	0.00
ROE (%)	16.86	23.32	22.01	19.97
ROA (%)	4.35	7.01	5.99	5.36
재고회전율				
EBITDA (백만$)	947.28	1,022.50	976.97	1,120.35

매출비중

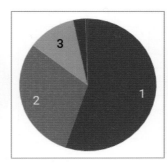

제품명	비중
1. 미주	
	55.28%
2. EMEA	
	29.97%
3. 아시아 태평양	
	11.37%
4. 글로벌 투자 관리	
	2.83%
5. 개발 서비스	
	0.55%

리
츠

AIV
아파트먼트 인베스트먼트 앤드 매니지먼트
Apartment Investment & Management Co

섹터 리츠 (Real Estate)
세부섹터 거주 리츠 (Residential REITs)

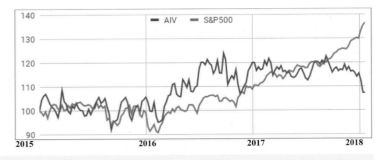

아파트먼트 인베스트먼트 앤드 매니지먼트(Apartment Investment and Management Co)는 아파트 투자 및 관리에 특화된 부동산 투자 신탁 회사이다. 회사는 1994년에 설립되었고 본사는 콜로라도주 덴버에 있으며 1,456명의 직원이 근무하고 있다. 회사는 자회사인 아임코-제너럴 파트너(AIMCO-GP, Inc.) 및 아임코-제한 파트너 트러스트(AIMCO-LP Trust)를 통해 아파트의 개발, 투자 및 관리를 하고 있다. 2016년 12월 31일 현재 애틀랜타, 샌프란시스코, 보스턴, 시카고, 덴버, 워싱턴 메트로폴리탄 지역, 로스앤젤레스, 마이애미, 뉴욕시, 필라델피아 등의 대도시를 포함하여 23개 주 및 워싱턴 D.C.에서 주거시설을 제공하고 있다. 회사는 32,433개의 입주율이 높은(90% 이상) 아파트 유닛과 5,489개의 입주율이 낮은(90% 이하) 아파트 유닛, 8,389개의 저소득층을 위한 아파트 유닛을 포함해 총 46,311개의 아파트 유닛으로 구성된 189개의 아파트 공동체를 소유하고 있으며 25만 명에게 주거시설을 제공하고 있다.

기준일 : 2018/ 01 /25

한글 회사명 : 아파트먼트 인베스트먼트 앤드 매니지먼트
영문 회사명 : Apartment Investment & Management Co
상장일 : 1994년 07월 22일 | 결산월 : 12월
시가총액 : 66 (억$) |
52주 최고 : $46.85 (-9.98%) / 52주 최저 : $40.36 (+4.48%)

주요 주주정보

보유자/ 보유 기관	보유율
The Vanguard Group, Inc.	17.23%
Cohen & Steers Capital Management, Inc.	10.56%
BlackRock Fund Advisors	6.62%

애널리스트 추천 및 최근 투자의견

아파트먼트 인베스트먼트 앤드 매니지먼트의 2018년 01월 25일 현재 17개 기관의 **평균적인 목표가는 46.87$**이며, 2018년 추정 주당순이익(EPS)은 0.38$로 2017년 추정 EPS 3.01$에 비해 **-87.37% 감소할 것으로 예상**된다.

최근, 1개월, 3개월의 투자 의견 변화

투자의견	금융사 및 투자의견	날짜
Downgrade	JMP Securities: Market Outperform to Market Perform	1/24/2018
Initiated	Evercore ISI Group: to In-Line	1/22/2018
Maintains	Bank of America: to Buy	6/11/2017
Maintains	Barclays: to Overweight	8/15/2017
Initiated	UBS: to Neutral	7/26/2017

내부자 거래

(3M 비중은 12개월 거래 중 최근 3개월의 비중)

구분	성격	3개월	12개월	3M비중
매수	매수 건수 (장내 매매만 해당)	13	14	92.86%
매도	매도 건수 (장내 매매만 해당)	6	15	40.00%
매수	매수 수량 (장내 매매만 해당)	305,052	306,222	99.62%
매도	매도 수량 (장내 매매만 해당)	79,139	265,655	29.79%
	순매수량 (-인 경우 순매도량)	225,913	40,567	

ETF 노출

(편입 ETF 수 : 69개 / 시가총액 대비 ETF의 보유비중 : 21.15%)

티커	ETF	보유 지분	비중
VNQ	Vanguard Real Estate Index Fund	$446,872,100	0.72%
VTI	Vanguard Total Stock Market ETF	$159,628,428	0.02%
VB	Vanguard Small Cap Index Fund	$157,379,410	0.21%
VOO	Vanguard 500 Index Fund	$113,428,797	0.03%
VBR	Vanguard Small Cap Value Index Fund	$99,555,953	0.54%

기간 수익률

1M : -7.39%	3M : -10.94%	6M : -8.2%	1Y : -9.29%	3Y : 0.91%

재무 지표

	2014	2015	2016	2017(E)
매출액 (백만$)	985	978	993	970
영업이익 (백만$)	43	57	50	247
순이익 (백만$)	20	67	36	57
자산총계 (백만$)	6,097	6,119	6,233	5,921
자본총계 (백만$)	1,530	1,852	2,048	
부채총계 (백만$)	4,567	4,267	4,185	

안정성 비율	2013	2014	2015	2016
유동비율 (%)				
부채비율 (%)	385.31	298.49	230.41	204.31
이자보상배율 (배)				

투자 지표

	2014	2015	2016	2017(E)
영업이익률 (%)	4.37	5.83	5.04	25.47
매출액 증가율 (%)	1.23	-0.69	1.50	-2.30
EPS ($)	0.08	0.36	0.15	3.01
EPS 증가율 (%)	300.00	348.81	-56.90	1,857.09
주당자산가치($)	7.11	9.36	10.64	8.90
잉여현금흐름 (백만$)	-330	-177	-260	16

	2013	2014	2015	2016
배당성향(%)	4,549.76	1,311.48	331.55	860.50
배당수익률(%)	3.71	2.80	2.95	2.90
ROE (%)	4.71	1.78	4.71	2.11
ROA (%)	0.54	1.09	1.48	1.44
재고회전율				
EBITDA (백만$)	539.66	547.12	559.09	576.53

매출비중

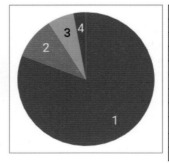

제품명	비중
1. 기존 부동산	80.77%
2. 염가 부동산	10.12%
3. 기타 수익	6.18%
4. 비례 조정	2.94%

AVB
아발론 베이 커뮤니티스
Avalon Bay Communities, Inc.

섹터 리츠 (Real Estate)
세부섹터 거주 리츠 (Residential REITs)

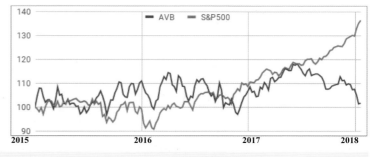

아발론 베이 커뮤니티스(Avalon Bay Communities, Inc.)는 아파트의 운영, 개발 및 재개발 부동산 투자 신탁 회사이다. 회사는 1978년에 설립되었고 본사는 버지니아 알링턴에 있으며 2,071명의 직원이 근무하고 있다. 주로 뉴잉글랜드와 뉴욕 및 뉴저지의 대도시, 대서양 중부지역, 미 북서부 및 캘리포니아에서 다세대 단지의 개발, 재개발, 취득, 소유 및 운영을 하고 있다. 2017년 6월 30일 현재 회사는 10개 주에 83,123개의 아파트가 있는 287개의 아파트 단지에 대해 직, 간접적인 소유권을 가지고 있으며, 23개 아파트 단지가 개발 중이며 9개 아파트 단지가 재개발 중이다. 회사는 아발론(Avalon), 에바(AVA) 및 이브스 바이 아발론(Eaves by Avalon)의 3가지 핵심 브랜드로 아파트 단지를 운영하고 있다. 아발론(Avalon)은 고급 아파트이며 생활, 편의 시설 및 서비스에 중점을 두고 있다. 에바(AVA) 브랜드는 도시 주변이나 대중교통, 서비스, 쇼핑 및 야간 활동에 적합한 세입자들을 위해 소형이며 룸메이트 생활을 하기 쉽게 설계되어 있다. 이브스 바이 아발론(Eaves by Avalon)은 도시 외곽에서 아파트 생활을 원하는 세입자를 위해 설계되었고 실질적인 편의 시설과 서비스가 제공되고 있다.

기준일 : 2018/ 01 /25

한글 회사명 : 아발론 베이 커뮤니티스

영문 회사명 : Avalon Bay Communities, Inc.

상장일 : 1994년 03월 11일 | 결산월 : 12월

시가총액 : 235 (억$) |

52주 최고 : $199.52 (-13.98%) / 52주 최저 : $167.09 (+2.7%)

주요 주주정보

보유자/ 보유 기관	보유율
The Vanguard Group, Inc.	15.78%
BlackRock Fund Advisors	7.97%
SSgA Funds Management, Inc.	5.79%

애널리스트 추천 및 최근 투자의견

아발론 베이 커뮤니티스의 2018년 01월 25일 현재 25개 기관의 **평균적인 목표가는 196.77$**이며, 2018년 추정 주당순이익(EPS)은 4.68$로 2017년 추정 EPS 5.26$에 비해 **-11.02% 감소할 것으로 예상**된다.

최근, 1개월, 3개월의 투자 의견 변화

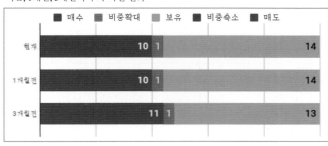

투자의견	금융사 및 투자의견	날짜
Downgrade	JP Morgan: Overweight to Neutral	12/15/2017
Upgrade	UBS: Neutral to Buy	9/11/2017
Upgrade	Evercore ISI Group: In-Line to Outperform	9/25/2017
Downgrade	Goldman Sachs: Buy to Neutral	5/9/2017
Maintains	Deutsche Bank: to Hold	8/18/2017

내부자 거래

(3M 비중은 12개월 거래 중 최근 3개월의 비중)

구분	성격	3개월	12개월	3M비중
매수	매수 건수 (장내 매매만 해당)	12	31	38.71%
매도	매도 건수 (장내 매매만 해당)	9	26	34.62%
매수	매수 수량 (장내 매매만 해당)	101,179	108,940	92.88%
매도	매도 수량 (장내 매매만 해당)	43,053	124,349	34.62%
	순매수량 (-인 경우 순매도량)	58,126	-15,409	

ETF 노출
(편입 ETF 수 : 97개 / 시가총액 대비 ETF의 보유비중 : 19.49%)

티커	ETF	보유 지분	비중
VNQ	Vanguard Real Estate Index Fund	$1,581,485,282	2.55%
VTI	Vanguard Total Stock Market ETF	$566,154,658	0.08%
VOO	Vanguard 500 Index Fund	$401,466,575	0.10%
SPY	SPDR S&P 500 Trust ETF	$290,945,937	0.10%
VO	Vanguard Mid Cap Index Fund	$287,243,663	0.29%

기간 수익률

1M : -7.13%	3M : -8.2%	6M : -11.74%	1Y : -4.67%	3Y : -5.79%

재무 지표

	2014	2015	2016	2017(E)
매출액 (백만$)	1,679	1,850	2,019	2,151
영업이익 (백만$)	431	511	567	847
순이익 (백만$)	644	740	1,031	790
자산총계 (백만$)	16,177	16,931	17,867	18,278
자본총계 (백만$)	9,059	9,851	10,179	
부채총계 (백만$)	7,118	7,081	7,688	

안정성 비율	2013	2014	2015	2016
유동비율 (%)				
부채비율 (%)	77.88	78.57	71.88	75.53
이자보상배율 (배)				

투자 지표

	2014	2015	2016	2017(E)
영업이익률 (%)	25.67	27.62	28.08	39.37
매출액 증가율 (%)	19.61	10.21	9.09	6.56
EPS ($)	4.93	5.54	7.53	5.26
EPS 증가율 (%)	741.65	12.35	36.36	-30.13
주당자산가치($)	68.51	71.83	74.07	73.56
잉여현금흐름 (백만$)	834	1,122	1,190	697

	2013	2014	2015	2016
배당성향(%)	730.25	94.30	90.69	71.80
배당수익률(%)	3.62	2.84	2.72	3.05
ROE (%)	0.75	7.30	7.84	10.31
ROA (%)	0.43	4.18	4.47	5.93
재고회전율				
EBITDA (백만$)	757.9	1,048.09	1,158.79	1,279.55

매출비중

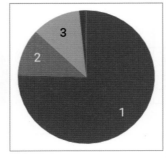

제품명	비중
1. 임대 수익	
	75.42%
2. 기타 수익	
	11.51%
3. 개발 / 재개발	
	11.41%
4. 기타 수입	
	1.39%
5. 기타	
	0.27%

EQR
에퀴티 레지덴셜
Equity Residential

섹터 리츠 (Real Estate)
세부섹터 거주 리츠 (Residential REITs)

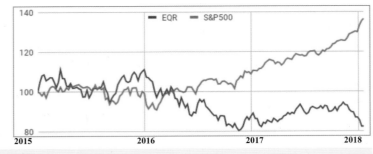

에퀴티 레지덴셜(Equity Residential)은 다세대 주거용 부동산에 특화된 투자 신탁회사이다. 회사는 1993년 설립되었고 본사는 시카고 일리노이에 있으며 2,700명의 직원이 근무하고 있다. 회사의 주요 사업은 다세대 주거용 부동산의 취득, 개발 및 관리이며, 회사의 주요 사업지역은 보스턴, 뉴욕, 워싱턴 D.C. 남부 캘리포니아주(로스앤젤레스, 샌디에이고, 오렌지카운티), 샌프란시스코, 시애틀이며, 애리조나주 피닉스에서도 주민들에게 임대 아파트를 제공하고 있다. 회사의 부동산 소유, 개발 및 관련 사업 운영은 운영 파트너십인 이알피오피(ERPOP Limited Partnership)를 통해 사업을 수행하고 있다. 2017년 9월 30일 현재, 미국 10개 주에서 78,302개의 아파트로 구성된 305개의 부동산을 소유 또는 투자 및 임대사업을 영위하고 있다.

기준일 : 2018/ 01 /25

한글 회사명 : 에퀴티 레지덴셜
영문 회사명 : Equity Residential
상장일 : 1993년 08월 12일 | 결산월 : 12월
시가총액 : 225 (억$) | 52주 최고 : $70.46 (-12.95%) / 52주 최저 : $59.49 (+3.09%)

주요 주주정보

보유자 / 보유 기관	보유율
The Vanguard Group, Inc.	14.07%
BlackRock Fund Advisors	7.09%
SSgA Funds Management, Inc.	5.81%

애널리스트 추천 및 최근 투자의견

에퀴티 레지덴셜의 2018년 01월 25일 현재 26개 기관의 **평균적인 목표가는 67.93$**이며, 2018년 추정 주당순이익(EPS)은 1.36$로 2017년 추정 EPS 1.66$에 비해 **-18.07% 감소할 것으로 예상**된다.

최근, 1개월, 3개월의 투자 의견 변화

투자의견	금융사 및 투자의견	날짜
Upgrade	Edward Jones: Hold to Buy	1/16/2018
Upgrade	Mizuho: Neutral to Buy	6/11/2017
Maintains	Stifel Nicolaus: to Hold	10/27/2017
Maintains	Deutsche Bank: to Hold	8/18/2017
Maintains	Barclays: to Equal-Weight	1/8/2017

내부자 거래

(3M 비중은 12개월 거래 중 최근 3개월의 비중)

구분	성격	3개월	12개월	3M비중
매수	매수 건수 (장내 매매만 해당)	13	25	52.00%
매도	매도 건수 (장내 매매만 해당)	9	30	30.00%
매수	매수 수량 (장내 매매만 해당)	43,693	60,971	71.66%
매도	매도 수량 (장내 매매만 해당)	17,714	545,443	3.25%
	순매수량 (-인 경우 순매도량)	25,979	-484,472	

ETF 노출   (편입 ETF 수 : 93개 / 시가총액 대비 ETF의 보유비중 : 17.24%)

티커	ETF	보유 지분	비중
VNQ	Vanguard Real Estate Index Fund	$1,514,500,597	2.45%
VTI	Vanguard Total Stock Market ETF	$542,177,317	0.08%
VOO	Vanguard 500 Index Fund	$384,656,830	0.09%
SPY	SPDR S&P 500 Trust ETF	$279,930,367	0.09%
IVV	Ishares S&P 500	$142,676,830	0.09%

기간 수익률

1M : -7.9%	3M : -10.91%	6M : -9.96%	1Y : -4.56%	3Y : -23.83%

재무 지표

	2014	2015	2016	2017(E)
매출액 (백만$)	2,599	2,723	2,383	2,460
영업이익 (백만$)	453	553	319	885
순이익 (백만$)	412	531	232	616
자산총계 (백만$)	22,951	23,110	20,704	20,534
자본총계 (백만$)	11,209	11,263	10,903	
부채총계 (백만$)	11,742	11,847	9,801	

안정성 비율	2013	2014	2015	2016
유동비율 (%)				
부채비율 (%)	103.73	104.76	105.18	89.89
이자보상배율 (배)				

투자 지표

	2014	2015	2016	2017(E)
영업이익률 (%)	17.43	20.31	13.39	35.96
매출액 증가율 (%)	9.81	4.76	-12.48	3.23
EPS ($)	1.13	1.45	0.63	1.66
EPS 증가율 (%)	280.54	28.30	-56.77	164.97
주당자산가치($)	28.44	28.60	27.86	26.89
잉여현금흐름 (백만$)	1,238	1,227	942	615

	2013	2014	2015	2016
배당성향(%)		174.13	159.27	320.81
배당수익률(%)	3.57	2.78	2.71	3.13
ROE (%)	-2.87	3.95	5.10	2.24
ROA (%)	-0.90	1.92	2.47	1.92
재고회전율				
EBITDA (백만$)	1,474.12	1,666.68	1,757.26	1,523.33

매출비중

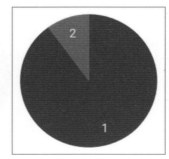

제품명	비중
1. 동일 스토어	
	89.89%
2. 비 동일 스토어 / 기타	
	10.11%

ESS
에섹스 프로퍼티 트러스트
Essex Property Trust, Inc.

섹터 리츠 (Real Estate)
세부섹터 거주 리츠 (Residential REITs)

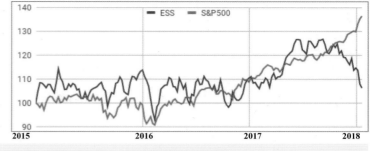

에섹스 프로퍼티 트러스트(Essex Property Trust, Inc.)는 주거용 아파트와 상업용 건물에 특화된 부동산 투자 신탁회사이다. 회사는 1971년 설립되었고 본사는 캘리포니아주 샌마테오에 있으며 1,799명의 직원이 근무하고 있다. 회사는 주로 다세대 아파트 단지를 인수, 개발, 재개발 및 관리하는 부동산 사업을 영위하고 있다. 남부 캘리포니아, 북 캘리포니아, 시애틀 대도시를 포함한 서부 해안의 일부 해안 시장에 집중되어 있다. 회사는 에섹스 포트폴리오(Essex Portfolio, L.P.)라는 운영 파트너십을 통해 직간접적으로 부동산 및 기타 투자에 대한 모든 지분을 소유하고 있다. 2016년 12월 31일 현재 회사는 우선주 투자에 대한 회사의 소유권을 제외한 59,645개의 아파트 유닛을 보유한 245개 아파트 단지와 2개의 상업용 건물을 포함한 지분을 소유 및 보유하고 있다. 현재 2개의 통합 개발 계획과 4개의 합작 개발을 통해 2,223개의 아파트를 신축하고 있으며 캘리포니아주 얼바인에 사무실 건물과 상업용 건물인 에섹스 할리우드(Essex-Hollywood)를 소유하고 있다.

기준일 : 2018/ 01 /25

한글 회사명 : 에섹스 프로퍼티 트러스트
영문 회사명 : Essex Property Trust, Inc.
상장일 : 1994년 06월 07일 | 결산월 : 12월
시가총액 : 153 (억$) |
52주 최고 : $270.04 (-14.44%) / 52주 최저 : $218.41 (+5.77%)

주요 주주정보

보유자/ 보유 기관	보유율
The Vanguard Group, Inc.	17.35%
BlackRock Fund Advisors	7.59%
SSgA Funds Management, Inc.	6.85%

애널리스트 추천 및 최근 투자의견

에섹스 프로퍼티 트러스트의 2018년 01월 25일 현재 26개 기관의 **평균적인 목표가는 263.46$**이며, 2018년 추정 주당순이익(EPS)은 4.62$로 2017년 추정 EPS 6.01$에 비해 **-23.12% 감소**할 것으로 **예상**된다.

최근, 1개월, 3개월의 투자 의견 변화

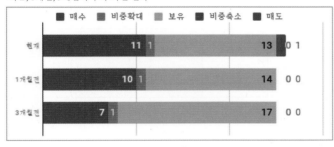

투자의견	금융사 및 투자의견	날짜
Upgrade	SunTrust Robinson Humphrey: Hold to Buy	1/22/2018
Downgrade	Stifel Nicolaus: Buy to Hold	1/19/2018
Downgrade	Raymond James: Market Perform to Underperform	8/1/2018
Upgrade	Citigroup: Neutral to Buy	12/14/2017
Upgrade	BTIG Research: Neutral to Buy	12/13/2017

내부자 거래

(3M 비중은 12개월 거래 중 최근 3개월의 비중)

구분	성격	3개월	12개월	3M비중
매수	매수 건수 (장내 매매만 해당)	0	11	0.00%
매도	매도 건수 (장내 매매만 해당)	1	46	2.17%
매수	매수 수량 (장내 매매만 해당)	0	9,569	0.00%
매도	매도 수량 (장내 매매만 해당)	500	89,661	0.56%
	순매수량 (-인 경우 순매도량)	-500	-80,092	

ETF 노출   (편입 ETF 수 : 84개 / 시가총액 대비 ETF의 보유비중 : 22%)

티커	ETF	보유 지분	비중
VNQ	Vanguard Real Estate Index Fund	$1,025,161,899	1.66%
VO	Vanguard Mid Cap Index Fund	$373,007,593	0.37%
VTI	Vanguard Total Stock Market ETF	$367,173,332	0.05%
VOO	Vanguard 500 Index Fund	$260,330,559	0.06%
SPY	SPDR S&P 500 Trust ETF	$188,730,783	0.06%

기간 수익률

1M : -10.47%	3M : -14.64%	6M : -15.56%	1Y : -2.14%	3Y : -1.98%

재무 지표

	2014	2015	2016	2017(E)
매출액 (백만$)	967	1,192	1,290	1,356
영업이익 (백만$)	94	170	213	457
순이익 (백만$)	122	232	412	401
자산총계 (백만$)	11,563	12,008	12,217	12,621
자본총계 (백만$)	6,159	6,382	6,337	
부채총계 (백만$)	5,404	5,626	5,880	

안정성 비율	2013	2014	2015	2016
유동비율 (%)				
부채비율 (%)	159.01	87.73	88.15	92.80
이자보상배율 (배)				

투자 지표

	2014	2015	2016	2017(E)
영업이익률 (%)	9.72	14.26	16.51	33.71
매출액 증가율 (%)	57.18	23.26	8.19	5.10
EPS ($)	2.07	3.50	6.28	6.00
EPS 증가율 (%)	-36.59	69.08	79.43	-4.55
주당자산가치($)	93.42	94.28	94.50	92.12
잉여현금흐름 (백만$)	551	592	729	413

	2013	2014	2015	2016
배당성향(%)	148.62	248.06	165.04	102.07
배당수익률(%)	3.37	2.47	2.41	2.75
ROE (%)	6.84	3.09	3.79	6.64
ROA (%)	2.81	1.61	2.11	3.60
재고회전율				
EBITDA (백만$)	387.08	616.36	820.17	858.27

매출비중

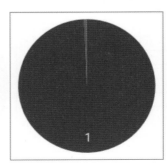

제품명	비중
1. 임대 및 기타 재산권	
	99.36%
2. 관리 수수료	
	0.64%

MAA
미드 아메리카 아파트먼트 커뮤니티스
Mid-America Apartments Communities, Inc.

섹터 리츠 (Real Estate)
세부섹터 거주 리츠 (Residential REITs)

미드 아메리카 아파트먼트 커뮤니티스(Mid-America Apartment Communities, Inc.)는 미국 동남부 및 남서부 지역의 다세대 주택을 인수, 개발, 재개발 및 관리에 특화된 부동산 투자 신탁회사이다. 회사는 1977년 설립되었고 본사는 테네시주 멤피스에 있으며 2,466명의 직원이 근무하고 있다. 회사는 상장된 미국 최대의 아파트 부동산 신탁 회사이며 사업은 주로 미드-아메리카 아파트먼트(Mid-America Apartments, L.P.)라는 운영 파트너십을 통해 운영되고 있다. 2017년 3월 31일 현재 회사는 17개 주의 40개 대도시 및 워싱턴 D. C.에서 304개 아파트단지 100,986개의 아파트 유닛을 소유하거나 지분을 보유하고 있다. 상업용 부동산 관리부문은 17개 주의 대도시에서 상업용 및 다용도 편의시설로 사용되고 있는 건물을 관리하고 있다.

기준일 : 2018/ 01 /25

한글 회사명 : 미드 아메리카 아파트먼트 커뮤니티스
영문 회사명 : Mid-America Apartments Communities, Inc.
상장일 : 1994년 01월 28일 | 결산월 : 12월
시가총액 : 107 (억$) |
52주 최고 : $110.95 (-14.87%) / 52주 최저 : $90.88 (+3.92%)

주요 주주정보

보유자/보유 기관	보유율
The Vanguard Group, Inc.	17.4%
BlackRock Fund Advisors	6.7%
SSgA Funds Management, Inc.	5.62%

애널리스트 추천 및 최근 투자의견

미드 아메리카 아파트먼트 커뮤니티스의 2018년 01월 25일 현재 19개 기관의 **평균적인 목표가는 107.53$**이며, 2018년 추정 주당순이익(EPS)은 2.05$로 2017년 추정 EPS 2.13$에 비해 **-3.75% 감소**할 것으로 예상된다.

최근, 1개월, 3개월의 투자 의견 변화

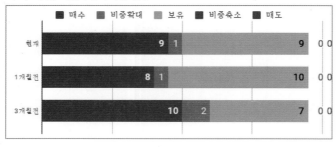

투자의견	금융사 및 투자의견	날짜
Upgrade	Stifel Nicolaus: Hold to Buy	1/19/2018
Downgrade	Jefferies: Buy to Hold	12/14/2017
Downgrade	Raymond James: Outperform to Market Perform	11/29/2017
Downgrade	BMO Capital: Outperform to Market Perform	11/27/2017
Maintains	Stifel Nicolaus: to Hold	10/27/2017

내부자 거래

(3M 비중은 12개월 거래 중 최근 3개월의 비중)

구분	성격	3개월	12개월	3M비중
매수	매수 건수 (장내 매매만 해당)	9	23	39.13%
매도	매도 건수 (장내 매매만 해당)	20	30	66.67%
매수	매수 수량 (장내 매매만 해당)	22,201	56,775	39.10%
매도	매도 수량 (장내 매매만 해당)	16,214	41,126	39.43%
	순매수량 (- 인 경우 순매도량)	5,987	15,649	

ETF 노출

(편입 ETF 수 : 74개 / 시가총액 대비 ETF의 보유비중 : 20.12%)

티커	ETF	보유 지분	비중
VNQ	Vanguard Real Estate Index Fund	$721,786,910	1.17%
VO	Vanguard Mid Cap Index Fund	$262,221,345	0.26%
VTI	Vanguard Total Stock Market ETF	$258,113,854	0.04%
VOO	Vanguard 500 Index Fund	$183,244,855	0.04%
SPY	SPDR S&P 500 Trust ETF	$131,891,690	0.04%

기간 수익률

1M : -10.26%	3M : -14.5%	6M : -8.56%	1Y : -3.49%	3Y : 13.6%

재무 지표

	2014	2015	2016	2017(E)
매출액 (백만$)	981	1,036	1,121	1,532
영업이익 (백만$)	118	166	183	368
순이익 (백만$)	143	332	212	261
자산총계 (백만$)	6,822	6,848	11,604	11,446
자본총계 (백만$)	3,052	3,158	6,642	
부채총계 (백만$)	3,764	3,682	4,952	

안정성 비율	2013	2014	2015	2016
유동비율 (%)				
부채비율 (%)	119.39	123.34	116.59	74.56
이자보상배율 (배)				

투자 지표

	2014	2015	2016	2017(E)
영업이익률 (%)	12.03	16.02	16.32	23.99
매출액 증가율 (%)	58.57	5.63	8.23	36.70
EPS ($)	1.90	4.41	2.69	2.13
EPS 증가율 (%)	137.50	132.11	-38.78	-20.99
주당자산가치($)	27.52	25.86	26.75	27.58
잉여현금흐름 (백만$)	312	334	361	426

	2013	2014	2015	2016
배당성향(%)	372.21	156.00	71.00	123.80
배당수익률(%)	4.63	3.96	3.45	3.40
ROE (%)	1.87	4.88	11.27	4.51
ROA (%)	0.78	2.21	5.12	2.43
재고회전율				
EBITDA (백만$)	330.75	531.5	575.48	631.51

매출비중

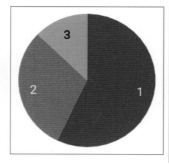

제품명	비중
1. 대형 시장	
	57.11%
2. 이차 시장	
	30.02%
3. 비 동일 스토어 및 기타	
	12.87%

UDR
유디알
UDR, Inc

섹터 리츠 (Real Estate)
세부섹터 거주 리츠 (Residential REITs)

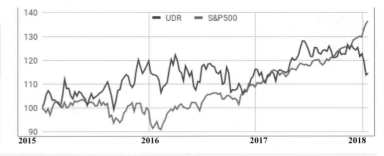

유디알(UDR, Inc)은 미국 시장에서 주거용 다세대 부동산을 관리, 구매, 판매, 개발 및 재개발하는 투자 신탁 회사이다. 회사는 1972년 설립되었고 본사는 콜로라도주 하이랜드 랜치에 있으며 1,550명의 직원이 근무하고 있다. 회사는 미국 전역에서 다세대 아파트 단지를 소유, 운영, 인수, 개조, 개발, 재개발, 처분 및 관리하고 있다. 회사의 사업 부문은 입주율이 90% 이상인 아파트 단지 및 입주율이 90% 이하인 아파트 단지 및 기타이다. 2017년 9월 30일 현재 회사는 개발 중인 2,935채의 주택을 포함하여 50,127개의 아파트 주택을 소유하거나 지분을 보유하고 있다. 회사는 비 합작 투자 또는 파트너십을 통해 6,849개의 아파트 유닛을 보유한 27개 단지에 대한 지분도 투자하고 있다. 1,101개의 아파트 유닛이 있는 2개의 단지와 1,069개의 아파트가 있는 4개의 단지도 개발 중이다. 회사는 3개의 아파트 단지 425개의 아파트 유닛도 재개발하고 있다.

기준일 : 2018/ 01 /25

한글 회사명 : 유디알
영문 회사명 : UDR, Inc.
상장일 : 1984년 08월 14일 | 결산월 : 12월
시가총액 : 98 (억$) |

52주 최고 : $40.71 (-9.82%) / 52주 최저 : $34.41 (+6.68%)

주요 주주정보

보유자/ 보유 기관	보유율
The Vanguard Group, Inc.	17.48%
Cohen & Steers Capital Management, Inc.	14.09%
BlackRock Fund Advisors	8.21%

애널리스트 추천 및 최근 투자의견

유디알의 2018년 01월 25일 현재 22개 기관의 **평균적인 목표가는 40.42$**이며, 2018년 추정 주당순이익(EPS)은 0.28$로 2017년 추정 EPS 0.25$에 비해 **12% 증가**할 것으로 예상된다.

최근,1개월,3개월의 투자 의견 변화

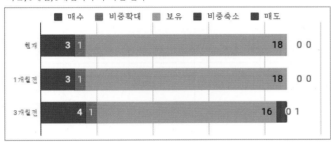

투자의견	금융사 및 투자의견	날짜
Upgrade	Evercore ISI Group: Underperform to In-Line	11/12/2017
Downgrade	SunTrust Robinson Humphrey: Buy to Hold	11/29/2017
Upgrade	Baird: Neutral to Outperform	5/10/2017
Upgrade	Morgan Stanley: Underweight to Equal-Weight	8/16/2017
Downgrade	BTIG Research: to Neutral	6/30/2017

내부자 거래

(3M 비중은 12개월 거래 중 최근 3개월의 비중)

구분	성격	3개월	12개월	3M비중
매수	매수 건수 (장내 매매만 해당)	8	10	80.00%
매도	매도 건수 (장내 매매만 해당)	10	23	43.48%
매수	매수 수량 (장내 매매만 해당)	261,628	266,259	98.26%
매도	매도 수량 (장내 매매만 해당)	133,554	609,841	21.90%
	순매수량 (-인 경우 순매도량)	128,074	-343,582	

ETF 노출   (편입 ETF 수 : 87개 / 시가총액 대비 ETF의 보유비중 : 22.04%)

티커	ETF	보유 지분	비중
VNQ	Vanguard Real Estate Index Fund	$660,069,087	1.07%
VO	Vanguard Mid Cap Index Fund	$239,923,263	0.24%
VTI	Vanguard Total Stock Market ETF	$236,069,285	0.03%
VOO	Vanguard 500 Index Fund	$167,567,068	0.04%
SPY	SPDR S&P 500 Trust ETF	$120,233,610	0.04%

기간 수익률

1M : -8.61%	3M : -7.6%	6M : -8.63%	1Y : -0.27%	3Y : 8.6%

재무 지표

	2014	2015	2016	2017(E)
매출액 (백만$)	813	892	956	985
영업이익 (백만$)	-3	40	52	200
순이익 (백만$)	11	89	82	76
자산총계 (백만$)	6,847	7,664	7,680	7,776
자본총계 (백만$)	3,018	3,847	4,006	
부채총계 (백만$)	3,828	3,817	3,673	

안정성 비율	2013	2014	2015	2016
유동비율 (%)				
부채비율 (%)	124.67	126.83	99.22	91.68
이자보상배율 (배)				

투자 지표

	2014	2015	2016	2017(E)
영업이익률 (%)	-0.37	4.48	5.44	20.27
매출액 증가율 (%)	7.54	9.74	7.15	3.04
EPS ($)	0.03	0.33	0.29	0.25
EPS 증가율 (%)		1,000.00	-12.12	-15.86
주당자산가치($)	10.54	10.90	11.40	9.45
잉여현금흐름 (백만$)	-131	25	165	275

	2013	2014	2015	2016
배당성향(%)		309.30	148.60	106.30
배당수익률(%)	4.03	3.37	2.95	3.23
ROE (%)	0.03	0.39	3.15	2.73
ROA (%)	0.03	0.24	1.45	1.43
재고회전율				
EBITDA (백만$)	448.46	486.4	540.92	597.33

매출비중

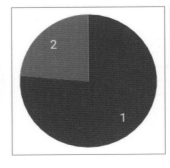

제품명	비중
1. 커뮤니티 임대	76.48%
2. 커뮤니티 임대 / 기타	23.52%

FRT
페드럴 리얼티 인베스먼트 트러스트
Federal Realty Investment Trust

섹터 리츠 (Real Estate)
세부섹터 소매 리츠 (Retail REITs)

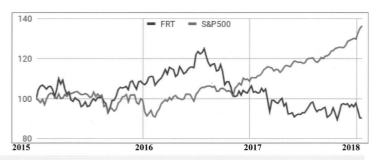

페드럴 리얼티 인베스먼트 트러스트(Federal Realty Investment Trust)는 상업용과 주거용 부동산 자산에 특화된 부동산 신탁회사이다. 회사는 1999년 설립되었고 본사는 메릴랜드주 락빌리에 있으며 329명의 직원이 근무하고 있다. 미국 동북부 및 중부 대서양 지역과 캘리포니아 및 남부 플로리다 지역의 주요 대도시에서 사무실, 의류 할인점, 식당, 의류 소매점, 숙박시설, 각종 편의시설 등의 다양한 상업용 시설과 주거 시설 등의 자산에 대해 소유, 관리와 인수 및 재개발 사업을 영위하고 있다. 2017년 9월 30일 현재, 104개의 각종 소매점이 입주한 쇼핑센터 및 1,800개의 주거시설과 2.23㎢의 복합 용도 부지를 미국 전역 12개 주에 보유 중이다. 약 2,900명의 임차인은 다양한 소매 제품 판매와 각종 편의시설 서비스를 제공하고 있다. 회사의 세입자들은 개인에서부터 전국적인 소매 체인점 또는 다국적 기업에 이르기까지 아주 다양하다.

기준일 : 2018/ 01 /25
한글 회사명 : 페드럴 리얼티 인베스먼트 트러스트
영문 회사명 : Federal Realty Investment Trust
상장일 : 1972년 11월 21일 | 결산월 : 12월
시가총액 : 89 (억$) | 52주 최고 : $143.79 (-14.2%) / 52주 최저 : $119.37 (+3.35%)

주요 주주정보

보유자/ 보유 기관	보유율
The Vanguard Group, Inc.	16.9%
SSgA Funds Management, Inc.	8.24%
BlackRock Fund Advisors	7.75%

애널리스트 추천 및 최근 투자의견

페드럴 리얼티 인베스먼트 트러스트의 2018년 01월 25일 현재 19개 기관의 **평균적인 목표가는 132.41S**이며, 2018년 추정 주당순이익(EPS)은 3.43$로 2017년 추정 EPS 3.21$에 비해 **6.85% 증가할 것으로 예상**된다.

최근, 1개월, 3개월의 투자 의견 변화

투자의견	금융사 및 투자의견	날짜
Upgrade	UBS: Neutral to Buy	9/11/2017
Initiated	BMO Capital: to Outperform	12/9/2017
Downgrade	Evercore ISI Group: In-Line to Underperform	8/14/2017
Upgrade	Bank of America: Neutral to Buy	7/21/2017
Upgrade	Sandler O'Neill: to Buy	3/13/2017

내부자 거래

(3M 비중은 12개월 거래 중 최근 3개월의 비중)

구분	성격	3개월	12개월	3M비중
매수	매수 건수 (장내 매매만 해당)	9	9	100.00%
매도	매도 건수 (장내 매매만 해당)	1	10	10.00%
매수	매수 수량 (장내 매매만 해당)	63,893	63,893	100.00%
매도	매도 수량 (장내 매매만 해당)	30,000	130,897	22.92%
	순매수량 (-인 경우 순매도량)	33,893	-67,004	

ETF 노출 (편입 ETF 수 : 90개 / 시가총액 대비 ETF의 보유비중 : 20.64%)

티커	ETF	보유 지분	비중
VNQ	Vanguard REIT Index Fund	$488,045,395	0.0086
VTI	Vanguard Total Stock Market ETF	$206,704,944	0.0004
VO	Vanguard Mid-Cap ETF	$206,533,217	0.0022
SDY	SPDR S&P Dividend (ETF)	$192,608,377	0.0127
SPY	SPDR S&P 500 ETF Trust	$94,657,168	0.0004

기간 수익률

1M : -7.11%	3M : -5.68%	6M : -6.03%	1Y : -12.86%	3Y : -14.99%

재무 지표

	2014	2015	2016	2017(E)
매출액 (백만$)	679	741	800	848
영업이익 (백만$)	177	208	226	314
순이익 (백만$)	159	181	217	289
자산총계 (백만$)	4,547	4,897	5,423	5,709
자본총계 (백만$)	1,812	1,919	2,220	
부채총계 (백만$)	2,735	2,977	3,204	

# 안정성 비율	2013	2014	2015	2016
유동비율 (%)				
부채비율 (%)	167.77	150.99	155.13	144.34
이자보상배율 (배)				

투자 지표

	2014	2015	2016	2017(E)
영업이익률 (%)	26.07	28.07	28.25	37.05
매출액 증가율 (%)	7.31	9.11	7.89	5.99
EPS ($)	2.36	2.62	3.05	4.03
EPS 증가율 (%)	16.25	11.41	16.24	32.03
주당자산가치($)	23.24	23.80	27.32	31.88
잉여현금흐름 (백만$)	32	78	-14	108

	2013	2014	2015	2016
배당성향(%)	149.37	140.44	138.31	126.19
배당수익률(%)	2.98	2.47	2.48	2.70
ROE (%)	9.65	10.43	11.08	11.91
ROA (%)	3.37	3.81	4.01	4.38
재고회전율				
EBITDA (백만$)	410.69	435.15	472.25	512.78

매출비중

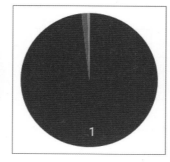

제품명	비중
1. 임대 소득	
	98.13%
2. 기타 객실 소득	
	1.37%
3. 모기지이자 수익	
	0.5%

GGP
제네럴 그로쓰 프로퍼티스
General Growth Properties, Inc.

섹터 리츠 (Real Estate)
세부섹터 소매 리츠 (Retail REITs)

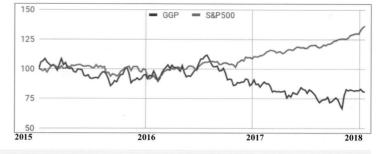

제네럴 그로쓰 프로퍼티스(General Growth Properties, Inc.)는 지역 쇼핑센터의 소매점 및 기타 임대 부동산을 운영, 관리, 개발 및 인수하는 상업용 부동산에 특화된 투자신탁 지주회사이다. 회사는 1954년 설립되었고 본사는 일리노이주 시카고에 있으며 1,800명의 직원이 근무하고 있다. 2016년 12월 31일 현재, 회사는 전액 출자 또는 합작 파트너와 함께 미국 전역에 위치한 총 11.6km²의 임대 가능 면적을 포함하는 127개의 쇼핑센터 자산을 소유하고 있다. 회사는 3개의 운영 파트너십을 통해 사업을 하고 있으며 운영 파트너십의 약 99%의 보통주 지분을 보유하고 있다. 또한, 브라질에 있는 쇼핑센터에 대한 35%의 지분을 소유하고 있다. 3개의 운영 파트너십은 일반적으로 제네럴 그로쓰 메니지먼트(General Growth Management, Inc.), 제네럴 그로쓰 서비스(General Growth Services, Inc.)를 통해 회사 자산의 관리, 임대, 임차인 조정, 사업 개발, 마케팅, 전략적 파트너십 및 기타 서비스를 제공하고 있다. 지지피엘피 리츠 서비스(GGPLP REIT Services, LLC)는 재무, 회계, 세무, 법률, 개발 및 기타 서비스를 제공하고 있다.

기준일 : 2018/ 01 /25
한글 회사명 : 제네럴 그로쓰 프로퍼티스
영문 회사명 : General Growth Properties, Inc.
상장일 : 1993년 04월 08일 | 결산월 : 12월
시가총액 : 226 (억$) | 52주 최고 : $25.91 (-9.49%) / 52주 최저 : $18.83 (+24.53%)

주요 주주정보

보유자/ 보유 기관	보유율
Brookfield Property Partners Ltd.	34.19%
The Vanguard Group, Inc.	9.13%
BlackRock Fund Advisors	4.62%

애널리스트 추천 및 최근 투자의견

제네럴 그로쓰 프로퍼티스의 2018년 01월 25일 현재 17개 기관의 **평균적인 목표가는 25.03$**이며, 2018년 추정 주당순이익(EPS)은 0.66$로 2017년 추정 EPS 0.69$에 비해 **-4.34% 감소할 것으로 예상**된다.

최근, 1개월, 3개월의 투자 의견 변화

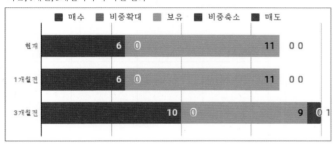

투자의견	금융사 및 투자의견	날짜
Downgrade	Evercore ISI Group: Outperform to In-Line	11/13/2017
Upgrade	JP Morgan: Neutral to Overweight	9/26/2017
Initiated	BMO Capital: to Market Perform	12/9/2017
Maintains	Citigroup: to Buy	8/14/2017
Downgrade	Sandler O'Neill: Buy to Hold	3/8/2017

내부자 거래

(3M 비중은 12개월 거래 중 최근 3개월의 비중)

구분	성격	3개월	12개월	3M비중
매수	매수 건수 (장내 매매만 해당)	7	10	70.00%
매도	매도 건수 (장내 매매만 해당)	5	22	22.73%
매수	매수 수량 (장내 매매만 해당)	262,372	37,460,164	0.70%
매도	매도 수량 (장내 매매만 해당)	18,433	527,443,377	0.00%
	순매수량 (-인 경우 순매도량)	243,939	-489,983,213	

ETF 노출 (편입 ETF 수 : 78개 / 시가총액 대비 ETF의 보유비중 : 3.68%)

티커	ETF	보유 지분	비중
SPY	SPDR S&P 500 Trust ETF	$184,246,923	0.06%
IVV	Ishares S&P 500	$93,639,466	0.06%
ICF	iShares Cohen & Steers Realty Maj. (ETF)	$87,988,895	3.14%
RWR	Dj Wilshire Reit Etf	$60,133,083	2.26%
XLRE	Real Estate Select Sector SPDR Fund (The)	$53,648,063	2.29%

기간 수익률

1M : -1.11%	3M : 5.63%	6M : -0.98%	1Y : -7.76%	3Y : -24.25%

재무 지표

	2014	2015	2016	2017(E)
매출액 (백만$)	2,536	2,459	2,367	2,279
영업이익 (백만$)	242	325	1,012	973
순이익 (백만$)	384	1,375	1,288	629
자산총계 (백만$)	25,336	24,074	22,733	26,310
자본총계 (백만$)	7,985	8,596	8,963	
부채총계 (백만$)	17,351	15,478	13,769	

안정성 비율	2013	2014	2015	2016
유동비율 (%)				
부채비율 (%)	206.18	217.30	180.06	153.62
이자보상배율 (배)				

투자 지표

	2014	2015	2016	2017(E)
영업이익률 (%)	9.54	13.22	42.75	42.69
매출액 증가율 (%)	-2.35	-3.02	-3.74	-3.72
EPS ($)	0.59	1.54	1.44	0.69
EPS 증가율 (%)	107.62	162.93	-6.49	-51.83
주당자산가치($)	8.32	9.10	9.49	9.82
잉여현금흐름 (백만$)	713	519	672	389

	2013	2014	2015	2016
배당성향(%)	181.43	114.57	49.65	59.70
배당수익률(%)	2.54	2.24	2.61	3.20
ROE (%)	3.72	4.89	17.32	15.24
ROA (%)	1.16	1.56	5.64	5.59
재고회전율				
EBITDA (백만$)	1,736.77	1,736.19	1,713.65	2,360.44

매출비중

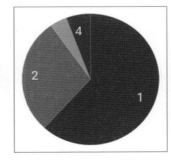

제품명	비중
1. 최소 임대료	61.78%
2. 입주 회수	28.47%
3. 관리 및 기타 수수료	4.08%
4. 기타	3.85%
5. 고연령자 임대	1.81%

KIM
킴코 리얼티 코퍼레이션
KIMCO Realty Corp.

섹터 리츠 (Real Estate)
세부섹터 소매 리츠 (Retail REITs)

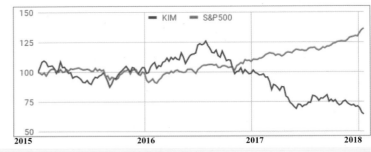

킴코 리얼티 코퍼레이션(KIMCO Realty Corp.)은 야외 쇼핑센터 운영, 관리, 개발 및 인수하는 상업용 부동산에 특화된 투자 신탁회사이다. 회사는 1966년 설립되었고 본사는 뉴욕주 뉴하이드 파크에 있으며 546명의 직원이 근무하고 있다. 2017년 9월 30일 현재, 회사는 미국과 푸에르토리코, 캐나다에 있는 507개 쇼핑센터에 대한 지분을 소유하고 있으며 주로 미국의 주요 10개 대도시에 쇼핑센터들이 집중되어 있으며 임대 가능한 공간은 7.80km²를 보유하고 있다. 현재 회사가 보유 중인 각종 쇼핑센터에 입주해 있는 주된 임차업체들은 티제이맥스, 홈디포, 로스, 월마트, 베스트 바이, 홀푸드와 같은 다양한 이름 있는 브랜드 업체들이다.

기준일 : 2018/ 01 /25
한글 회사명 : 킴코 리얼티 코퍼레이션
영문 회사명 : KIMCO Realty Corp.
상장일 : 1991년 11월 22일 | 결산월 : 12월
시가총액 : 69 (억$) |
52주 최고 : $25.48 (-35.79%) / 52주 최저 : $16.28 (+0.49%)

주요 주주정보

보유자/ 보유 기관	보유율
The Vanguard Group, Inc.	16.88%
BlackRock Fund Advisors	7.18%
SSgA Funds Management, Inc.	5.77%

애널리스트 추천 및 최근 투자의견

킴코 리얼티 코퍼레이션의 2018년 01월 25일 현재 24개 기관의 **평균적인 목표가는 20.14$**이며, 2018년 추정 주당순이익(EPS)은 0.59$로 2017년 추정 EPS 0.68$에 비해 **-13.23% 감소**할 것으로 예상된다.

최근, 1개월, 3개월의 투자 의견 변화

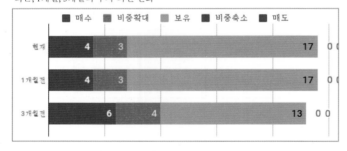

투자의견	금융사 및 투자의견	날짜
Downgrade	JP Morgan: Overweight to Neutral	12/15/2017
Downgrade	Baird: Outperform to Neutral	11/27/2017
Maintains	Citigroup: to Neutral	11/13/2017
Upgrade	JP Morgan: Neutral to Overweight	9/26/2017
Initiated	BMO Capital: to Market Perform	12/9/2017

내부자 거래

(3M 비중은 12개월 거래 중 최근 3개월의 비중)

구분	성격	3개월	12개월	3M비중
매수	매수 건수 (장내 매매만 해당)	15	20	75.00%
매도	매도 건수 (장내 매매만 해당)	9	16	56.25%
매수	매수 수량 (장내 매매만 해당)	337,670	422,670	79.89%
매도	매도 수량 (장내 매매만 해당)	36,082	61,608	58.57%
	순매수량 (-인 경우 순매도량)	301,588	361,062	

ETF 노출
(편입 ETF 수 : 84개 / 시가총액 대비 ETF의 보유비중 : 21.39%)

티커	ETF	보유 지분	비중
VNQ	Vanguard Real Estate Index Fund	$455,685,425	0.74%
VO	Vanguard Mid Cap Index Fund	$160,973,882	0.16%
VTI	Vanguard Total Stock Market ETF	$158,303,577	0.02%
VOO	Vanguard 500 Index Fund	$118,135,281	0.03%
SPY	SPDR S&P 500 Trust ETF	$84,171,583	0.03%

기간 수익률

1M : -11.15%	3M : -20.14%	6M : -13.12%	1Y : -34.75%	3Y : -40.77%

재무 지표

	2014	2015	2016	2017(E)
매출액 (백만$)	980	1,188	1,149	1,171
영업이익 (백만$)	153	215	203	375
순이익 (백만$)	266	615	233	325
자산총계 (백만$)	10,261	11,344	11,231	11,743
자본총계 (백만$)	4,993	5,269	5,490	
부채총계 (백만$)	5,268	6,076	5,741	

안정성 비율	2013	2014	2015	2016
유동비율 (%)				
부채비율 (%)	99.02	105.51	115.31	104.57
이자보상배율 (배)				

투자 지표

	2014	2015	2016	2017(E)
영업이익률 (%)	15.61	18.10	17.67	32.05
매출액 증가율 (%)	3.56	21.19	-3.26	1.89
EPS ($)	0.16	1.34	0.45	0.68
EPS 증가율 (%)	-40.74	737.50	-66.42	52.27
주당자산가치($)	11.59	12.21	12.37	12.21
잉여현금흐름 (백만$)	497	684	514	269

	2013	2014	2015	2016
배당성향(%)	318.80	566.90	72.90	233.00
배당수익률(%)	4.33	3.64	3.68	4.11
ROE (%)	4.79	5.65	12.52	4.52
ROA (%)	2.46	2.77	5.75	2.13
재고회전율				
EBITDA (백만$)	529.67	578.96	732.33	615.89

매출비중

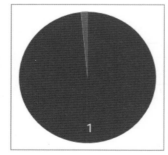

제품명	비중
1. 임대 주택	
	98.43%
2. 관리 비용	
	1.57%

MAC
메스리치 컴퍼니
Macerich Company

섹터 리츠 (Real Estate)
세부섹터 소매 리츠 (Retail REITs)

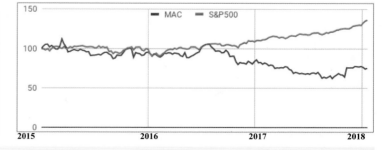

메스리치 컴퍼니(Macerich Company)는 각종 쇼핑센터에 특화된 상업용 부동산 투자 신탁회사이다. 회사는 1993년에 설립되었고 본사는 캘리포니아주 산타 모니카에 있으며 997명의 직원이 근무하고 있다. 미국 전역에 위치한 대도시에 각기 다른 규모의 쇼핑센터 인수, 소유, 개발, 재개발, 관리 및 임대사업을 영위하고 있다. 회사는 미국에서 세 번째로 많은 쇼핑센터 자산을 운용하고 소유하고 있으며 더 메스리치 파트너십(The Macerich Partnership, L.P.)이라는 운영 파트너십에 대한 소유권도 가지고 있다. 2016년 12월 31일 현재, 회사는 운영 파트너십을 통해 50개의 40개 이상 상점이 입점하는 대형 쇼핑센터, 7개의 15개 이상 상점이 입점하는 커뮤니티 쇼핑센터, 3개 이상 상점이 입점하는 파워 쇼핑센터에 대한 소유권을 가지고 있다. 57개의 대형 쇼핑센터, 커뮤니티, 파워쇼핑 센터는 약 5.20km²의 임대 가능한 공간을 보유하고 있다.

기준일 : 2018/ 01 /25

한글 회사명 : 메스리치 컴퍼니
영문 회사명 : Macerich Company
상장일 : 1994년 03월 11일 | 결산월 : 12월
시가총액 : 92 (억$) |
52주 최고 : $70.7 (-5.51%) / 52주 최저 : $52.12 (+28.16%)

주요 주주정보

보유자 / 보유 기관	보유율
Ontario Teachers' Pension Plan Board	16.54%
The Vanguard Group, Inc.	15.6%
GIC Pte Ltd. (Investment Management)	6.53%

애널리스트 추천 및 최근 투자의견

메스리치 컴퍼니의 2018년 01월 25일 현재 21개 기관의 **평균적인 목표가는 65.72$**이며, 2018년 추정 주당순이익(EPS)은 0.79$로 2017년 추정 EPS 0.96$에 비해 **-17.7% 감소할 것으로 예상**된다.

최근, 1개월, 3개월의 투자 의견 변화

투자의견	금융사 및 투자의견	날짜
Downgrade	RBC Capital: Outperform to Sector Perform	3/1/2018
Upgrade	Wells Fargo: Market Perform to Outperform	12/19/2017
Downgrade	Evercore ISI Group: In-Line to Underperform	11/12/2017
Upgrade	JP Morgan: Neutral to Overweight	9/26/2017
Initiated	BMO Capital: to Market Perform	12/9/2017

내부자 거래

(3M 비중은 12개월 거래 중 최근 3개월의 비중)

구분	성격	3개월	12개월	3M비중
매수	매수 건수 (장내 매매만 해당)	7	11	63.64%
매도	매도 건수 (장내 매매만 해당)	2	9	22.22%
매수	매수 수량 (장내 매매만 해당)	14,819	15,881	93.31%
매도	매도 수량 (장내 매매만 해당)	167,795	268,459	62.50%
	순매수량 (-인 경우 순매도량)	-152,976	-252,578	

ETF 노출
(편입 ETF 수 : 76개 / 시가총액 대비 ETF의 보유비중 : 18.34%)

티커	ETF	보유 지분	비중
VNQ	Vanguard Real Estate Index Fund	$534,312,932	0.86%
VO	Vanguard Mid Cap Index Fund	$227,664,754	0.23%
VTI	Vanguard Total Stock Market ETF	$223,956,939	0.03%
VOO	Vanguard 500 Index Fund	$122,338,229	0.03%
SPY	SPDR S&P 500 Trust ETF	$89,314,827	0.03%

기간 수익률

1M : -2.64%	3M : 14.59%	6M : 8.41%	1Y : -8.77%	3Y : -28.14%

재무 지표

	2014	2015	2016	2017(E)
매출액 (백만$)	1,096	1,272	1,028	932
영업이익 (백만$)	65	110	95	388
순이익 (백만$)	1	86	101	160
자산총계 (백만$)	13,122	11,236	9,958	10,612
자본총계 (백만$)	6,040	5,071	4,427	
부채총계 (백만$)	7,082	6,164	5,531	

안정성 비율	2013	2014	2015	2016
유동비율 (%)				
부채비율 (%)	144.04	117.25	121.56	124.93
이자보상배율 (배)				

투자 지표

	2014	2015	2016	2017(E)
영업이익률 (%)	5.93	8.65	9.24	41.68
매출액 증가율 (%)	6.48	16.01	-19.12	-9.37
EPS ($)	0.01	0.54	0.69	0.96
EPS 증가율 (%)	-99.46	8,656.45	26.75	39.67
주당자산가치($)	35.65	30.54	28.52	29.17
잉여현금흐름 (백만$)	227	320	602	343

	2013	2014	2015	2016
배당성향(%)	205.86	40,483.87	484.88	400.00
배당수익률(%)	4.01	3.01	3.26	3.88
ROE (%)	4.87	0.02	1.66	2.29
ROA (%)	2.02	0.98	0.99	1.31
재고회전율				
EBITDA (백만$)	604.28	633.89	776.46	601.16

매출비중

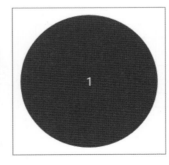

제품명	비중
1. 부동산 투자 신탁	
	100%

O
리얼티 인컴 코퍼레이션
Realty Income Corporation

섹터 리츠 (Real Estate)
세부섹터 소매 리츠 (Retail REITs)

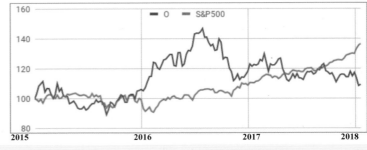

리얼티 인컴 코퍼레이션(Realty Income Corporation)은 미국 전역에서 상업용 부동산에 특화된 부동산 투자 신탁회사이다. 회사는 1969년에 설립되었고 본사는 캘리포니아주 샌디에이고에 있으며 146명의 직원이 근무하고 있다. 회사는 부동산 자산 인수, 자산 관리, 임차인 신용 조사, 부동산 조사, 법률, 재무 및 회계, 정보 기술 사업을 영위하고 있다. 회사의 특이점은 22년간 월 배당금을 지급하고 배당금을 늘려온 몇 안 되는 회사 중 하나라는 점이다. 2017년 9월 30일 현재, 미국 49개 주와 푸에르토리코에 위치한 5,062개의 부동산 자산을 보유 및 관리하고 있다. 회사의 임차인들은 47개 산업 분야에 종사하고, 251개의 상업용 임차인이 있으며 임대 가능 공간은 7.71km²이다. 회사의 임차인은 다양한 제품을 판매하고 서비스를 제공하는 소매업자들과 세계적 업체 및 소매 체인점들이 포함되며 회사의 가장 높은 매출 비중을 가지고 있는 임차인들은 월그린, 페덱스, 달러제너럴, LA 피트니스, 달러 트리순이다.

기준일 : 2018/ 01 /25
한글 회사명 : 리얼티 인컴 코퍼레이션
영문 회사명 : Realty Income Corporation
상장일 : 1994년 10월 18일 | 결산월 : 12월
시가총액 : 153 (억$) |
52주 최고 : $63.6 (-15.14%) / 52주 최저 : $52.6 (+2.6%)

주요 주주정보

보유자/ 보유 기관	보유율
The Vanguard Group, Inc.	16.78%
BlackRock Fund Advisors	7.29%
SSgA Funds Management, Inc.	6.48%

애널리스트 추천 및 최근 투자의견

리얼티 인컴 코퍼레이션의 2018년 01월 25일 현재 22개 기관의 **평균적인 목표가는 58.81$**이며, 2018년 추정 주당순이익(EPS)은 1.29$로 2017년 추정 EPS 1.18$에 비해 **9.32% 증가할 것으로 예상**된다.

최근, 1개월, 3개월의 투자 의견 변화

투자의견	금융사 및 투자의견	날짜
Initiated	Canaccord Genuity: to Buy	7/18/2017
Maintains	Morgan Stanley: to Overweight	7/17/2017
Initiated	FBR Capital: to Market Perform	7/17/2017
Downgrade	Raymond James: to Underperform	9/1/2017
Upgrade	Morgan Stanley: to Overweight	12/13/2016

내부자 거래

(3M 비중은 12개월 거래 중 최근 3개월의 비중)

구분	성격	3개월	12개월	3M비중
매수	매수 건수 (장내 매매만 해당)	7	14	50.00%
매도	매도 건수 (장내 매매만 해당)	15	37	40.54%
매수	매수 수량 (장내 매매만 해당)	119,699	147,699	81.04%
매도	매도 수량 (장내 매매만 해당)	106,980	209,998	50.94%
	순매수량 (-인 경우 순매도량)	12,719	-62,299	

ETF 노출

(편입 ETF 수 : 85개 / 시가총액 대비 ETF의 보유비중 : 22.71%)

티커	ETF	보유 지분	비중
VNQ	Vanguard Real Estate Index Fund	$1,005,127,883	1.62%
VO	Vanguard Mid Cap Index Fund	$375,810,590	0.38%
VTI	Vanguard Total Stock Market ETF	$369,736,859	0.05%
SDY	SPDR S&P Dividend (ETF)	$291,362,754	1.74%
VOO	Vanguard 500 Index Fund	$262,219,560	0.06%

기간 수익률

1M : -7.42%	3M : -11.28%	6M : -7.27%	1Y : -10.97%	3Y : 0.68%

재무 지표

	2014	2015	2016	2017(E)
매출액 (백만$)	942	1,031	1,112	1,216
영업이익 (백만$)	238	276	318	542
순이익 (백만$)	262	284	316	330
자산총계 (백만$)	11,013	11,845	13,153	14,137
자본총계 (백만$)	5,641	6,553	6,787	
부채총계 (백만$)	5,372	5,292	6,366	

안정성 비율	2013	2014	2015	2016
유동비율 (%)				
부채비율 (%)	83.06	95.22	80.75	93.79
이자보상배율 (배)				

투자 지표

	2014	2015	2016	2017(E)
영업이익률 (%)	25.27	26.77	28.60	44.61
매출액 증가율 (%)	20.96	9.53	7.88	9.30
EPS ($)	1.03	1.09	1.13	1.18
EPS 증가율 (%)	47.14	5.83	3.67	4.50
주당자산가치($)	23.20	24.50	24.49	26.52
잉여현금흐름 (백만$)	622	681	791	130

	2013	2014	2015	2016
배당성향(%)	300.80	213.50	209.08	212.70
배당수익률(%)	5.84	4.60	4.41	4.18
ROE (%)	4.58	4.76	4.67	4.75
ROA (%)	2.33	2.51	2.49	2.53
재고회전율				
EBITDA (백만$)	685.69	835.2	923.49	999.28

매출비중

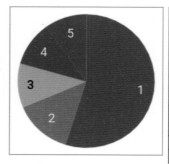

제품명	비중
1. 기타	42.54%
2. 약국	10.67%
3. 편의점	8.32%
4. 염가 판매점	8.23%
5. 건강과 피트니스	7.79%

REG
레전시 센터스 코퍼레이션
Regency Centers Corporation

섹터 리츠 (Real Estate)
세부섹터 소매 리츠 (Retail REITs)

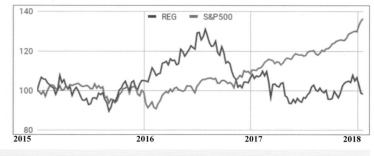

레전시 센터스 코퍼레이션(Regency Centers Corporation)은 미국 전역에서 쇼핑센터에 특화된 부동산 투자 신탁 회사이다. 회사는 1993년에 설립되었고 본사는 플로리다주 잭슨빌에 있으며 371명의 직원이 근무하고 있다. 회사는 레전시 센터스(Regency Centers, L.P.) 운영 파트너십으로 두고 있으며 회사가 보유한 쇼핑센터의 소유, 관리, 임대, 취득 및 개발을 영위하고 있는 운영 파트너십의 지분 약 99.9%를 소유하고 있다. 2017년 9월 30일 현재 427개의 쇼핑센터에서 9,300여 임차업체들이 있으며 각 쇼핑센터 중앙에 미국에서 시장 점유율 3위 이상의 소매 식료품점을 중심으로 다른 기타 소매점을 입점시키는 그로서리 앵커드 센터스(GROCERY-ANCHORED CENTERS)가 80% 이상 차지한다. 각 쇼핑센터는 미국 25개 주와 워싱턴 D.C.에 있으며 3.51km²의 임대 가능 면적을 보유하고 있다.

기준일 : 2018/ 01 /25
한글 회사명 : 레전시 센터스 코퍼레이션
영문 회사명 : Regency Centers Corporation
상장일 : 1993년 10월 29일 | 결산월 : 12월
시가총액 : 109 (억$) |
52주 최고 : $72.05 (-10.92%) / 52주 최저 : $58.63 (+9.46%)

주요 주주정보

보유자/ 보유 기관	보유율
The Vanguard Group, Inc.	15.15%
Gazit-Globe Ltd.	10.69%
BlackRock Fund Advisors	6.63%

애널리스트 추천 및 최근 투자의견

레전시 센터스 코퍼레이션의 2018년 01월 25일 현재 19개 기관의 **평균적인 목표가는 72.5$**이며, 2018년 추정 주당순이익(EPS)은 1.43$로 2017년 추정 EPS 0.82$에 비해 **74.39% 증가할 것으로 예상**된다.

최근, 1개월, 3개월의 투자 의견 변화

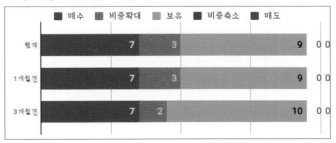

투자의견	금융사 및 투자의견	날짜
Upgrade	Boenning & Scattergood: Underperform to Neutral	3/10/2017
Downgrade	Jefferies: Buy to Hold	9/15/2017
Initiated	BMO Capital: to Market Perform	12/9/2017
Maintains	Argus: to Buy	8/31/2017
Upgrade	RBC Capital: Outperform to Top Pick	8/17/2017

내부자 거래

(3M 비중은 12개월 거래 중 최근 3개월의 비중)

구분	성격	3개월	12개월	3M비중
매수	매수 건수 (장내 매매만 해당)	8	18	44.44%
매도	매도 건수 (장내 매매만 해당)	30	44	68.18%
매수	매수 수량 (장내 매매만 해당)	58,365	64,372	90.67%
매도	매도 수량 (장내 매매만 해당)	2,583,059	4,732,342	54.58%
	순매수량 (-인 경우 순매도량)	-2,524,694	-4,667,970	

ETF 노출   (편입 ETF 수 : 71개 / 시가총액 대비 ETF의 보유비중 : 18.21%)

티커	ETF	보유 지분	비중
VNQ	Vanguard Real Estate Index Fund	$660,011,315	1.07%
VO	Vanguard Mid Cap Index Fund	$240,080,101	0.24%
VTI	Vanguard Total Stock Market ETF	$236,236,316	0.03%
VOO	Vanguard 500 Index Fund	$161,963,501	0.04%
SPY	SPDR S&P 500 Trust ETF	$116,509,436	0.04%

기간 수익률

1M : -8.9%	3M : -1.89%	6M : -0.71%	1Y : -8.58%	3Y : -7.91%

재무 지표

	2014	2015	2016	2017(E)
매출액 (백만$)	539	557	556	989
영업이익 (백만$)	100	101	80	236
순이익 (백만$)	132	114	118	132
자산총계 (백만$)	4,197	4,183	4,489	11,216
자본총계 (백만$)	1,936	2,083	2,625	
부채총계 (백만$)	2,261	2,100	1,864	

안정성 비율	2013	2014	2015	2016
유동비율 (%)				
부채비율 (%)	110.28	116.74	100.85	71.04
이자보상배율 (배)				

투자 지표

	2014	2015	2016	2017(E)
영업이익률 (%)	18.55	18.13	14.39	23.83
매출액 증가율 (%)	12.99	3.34	-0.27	78.08
EPS ($)	1.20	0.99	0.96	0.82
EPS 증가율 (%)	55.84	-17.52	-3.27	-14.07
주당자산가치($)	16.88	17.86	21.76	37.56
잉여현금흐름 (백만$)	39	93	114	137

	2013	2014	2015	2016
배당성향(%)	240.35	156.73	197.05	209.84
배당수익률(%)	4.00	2.95	2.85	2.90
ROE (%)	4.70	7.03	5.78	5.06
ROA (%)	2.20	3.29	2.79	2.76
재고회전율				
EBITDA (백만$)	273.48	340.09	336.51	273.65

매출비중

제품명	비중
1. 부동산 투자 신탁	
	100%

SPG
시몬 프로퍼티 그룹
Simon Property Group, Inc.

섹터 리츠 (Real Estate)
세부섹터 소매 리츠 (Retail REITs)

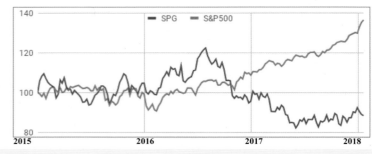

시몬 프로퍼티 그룹(Simon Property Group, Inc.)은 전 세계를 대상으로 하는 상업용 쇼핑센터에 특화된 미국 최대 부동산 투자 신탁 회사이자 쇼핑센터 운영 업체이다. 회사는 1998년 설립되었고 본사는 인디애나주 인디애나 폴리스에 있으며 전 세계적으로 5,000명 이상의 직원이 근무하고 있다. 시몬 프로퍼티 그룹 제한 파트너(Simon Property Group, L.P.)는 회사의 각종 부동산 및 기타 자산을 소유한 회사의 운영 파트너십 자회사이다. 회사는 주로 쇼핑몰, 프리미엄 아울렛 및 밀스로 구성된 소매 부동산을 소유, 개발 및 운영사업을 영위하고 있다. 2017년 9월 30일 현재 전 세계적으로 임대 가능한 면적이 약 22.4km²이며 325개 이상의 부동산을 보유하고 있다. 미국에서 37개 주 108곳의 쇼핑센터, 67곳의 프리미엄 아울렛, 14곳의 밀스, 4곳의 라이프 스타일 센터 및 13곳의 기타 소매업 부동산의 지분을 소유했거나 보유하고 있다. 현재 일본 9곳, 한국 3곳, 캐나다 2곳, 멕시코, 말레이시아의 프리미엄 아울렛에 대한 소유권이 있다. 유럽 6곳, 캐나다 1곳의 디자이너 아울렛에 대한 지분을 소유하고 있다. 현재 합작 투자 회사가 10개의 부동산을 관리하고 59곳의 부동산을 비상장 합작 투자회사의 지분으로 보유하고 있으며, 회사의 국제자산들은 해당 국가의 합작 회사가 현지에서 관리하고 있다.

기준일 : 2018/ 01 /25

한글 회사명 : 시몬 프로퍼티 그룹
영문 회사명 : Simon Property Group, Inc
상장일 : 1993년 12월 14일 | 결산월 : 12월
시가총액 : 510 (억$) | 52주 최고 : $187.35 (-11.82%) / 52주 최저 : $150.15 (+10.02%)

주요 주주정보

보유자/ 보유 기관	보유율
The Vanguard Group, Inc.	14.29%
Capital Research & Management Co.	6.83%
BlackRock Fund Advisors	6.58%

애널리스트 추천 및 최근 투자의견

시몬 프로퍼티 그룹의 2018년 01월 25일 현재 24개 기관의 **평균적인 목표가는 186.05$**이며, 2018년 추정 주당순이익(EPS)은 6.95$로 2017년 추정 EPS 6.1$에 비해 **13.93% 증가할 것으로 예상**된다.

최근, 1개월, 3개월의 투자 의견 변화

투자의견	금융사 및 투자의견	날짜
Maintains	Argus: to Buy	10/31/2017
Initiated	BMO Capital: to Outperform	12/9/2017
Maintains	Argus: to Buy	8/22/2017
Maintains	Barclays: to Overweight	8/8/2017
Maintains	Barclays: to Overweight	7/18/2017

내부자 거래

(3M 비중은 12개월 거래 중 최근 3개월의 비중)

구분	성격	3개월	12개월	3M비중
매수	매수 건수 (장내 매매만 해당)	1	14	7.14%
매도	매도 건수 (장내 매매만 해당)	1	4	25.00%
매수	매수 수량 (장내 매매만 해당)	236	12,511	1.89%
매도	매도 수량 (장내 매매만 해당)	621	5,785	10.73%
	순매수량 (-인 경우 순매도량)	-385	6,726	

ETF 노출 (편입 ETF 수 : 94개 / 시가총액 대비 ETF의 보유비중 : 16.57%)

티커	ETF	보유 지분	비중
VNQ	Vanguard Real Estate Index Fund	$3,457,651,133	5.58%
VTI	Vanguard Total Stock Market ETF	$1,237,989,164	0.18%
VOO	Vanguard 500 Index Fund	$877,536,125	0.21%
SPY	SPDR S&P 500 Trust ETF	$642,462,761	0.21%
VUG	Vanguard Growth ETF	$345,801,660	0.44%

기간 수익률

1M : -2.12%	3M : -0.32%	6M : 2.27%	1Y : -10.99%	3Y : -18.2%

재무 지표

	2014	2015	2016	2017(E)
매출액 (백만$)	4,871	5,269	5,428	5,393
영업이익 (백만$)	1,393	1,745	1,863	2,812
순이익 (백만$)	1,221	1,577	1,754	2,085
자산총계 (백만$)	29,532	30,565	31,104	33,340
자본총계 (백만$)	5,977	5,242	5,098	
부채총계 (백만$)	23,555	25,323	26,006	

안정성 비율	2013	2014	2015	2016
유동비율 (%)				
부채비율 (%)	375.18	394.10	483.09	510.15
이자보상배율 (배)				

투자 지표

	2014	2015	2016	2017(E)
영업이익률 (%)	28.60	33.12	34.32	52.14
매출액 증가율 (%)	-5.91	8.16	3.03	-0.66
EPS ($)	4.01	5.08	5.60	6.10
EPS 증가율 (%)	3.00	26.48	10.33	8.96
주당자산가치($)	16.06	14.31	13.63	10.26
잉여현금흐름 (백만$)	2,424	2,825	3,107	1,748

	2013	2014	2015	2016
배당성향(%)	119.35	128.34	119.20	116.08
배당수익률(%)	3.25	2.83	3.11	3.66
ROE (%)	20.61	22.32	32.98	39.95
ROA (%)	4.38	4.66	6.29	6.65
재고회전율				
EBITDA (백만$)	3,763.37	3,541.68	3,855.68	3,973.99

매출비중

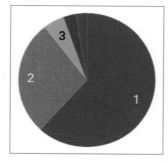

제품명	비중
1. 임대	61.79%
2. 입주 상환	27.5%
3. 기타 수입	5.09%
4. 고연령자 임대	2.97%
5. 관리 수수료 및 기타 수익	2.65%

AMT
아메리칸 타워 코퍼레이션
American Tower Corporation

섹터 리츠 (Real Estate)
세부섹터 전문 리츠 (Specialized REITs)

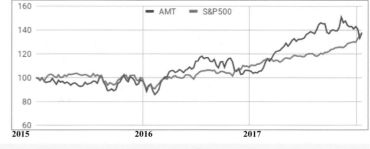

아메리칸 타워 코퍼레이션(American Tower Corporation)은 각종 통신용 인프라를 소유, 운영 및 개발하는 부동산 투자 신탁 지주회사이다. 회사는 1995년 설립되었고 본사는 매사추세츠주 보스턴에 있으며 현재 4,507명의 직원이 근무하고 있다. 사업 부문은 미국, 아시아, 유럽, 중동 및 아프리카(EMEA), 라틴 아메리카로 구성되며 주요 업무는 무선 통신 및 데이터 제공 업체, 라디오 및 TV 방송국, 각 정부 기관 및 기타 여러 산업의 임차인에게 통신용 장비와 부지를 임대하고 있다. 회사는 자회사 및 각국 합작회사를 통해 사업을 하고 있다. 자회사는 국제업무를 주로 하는 아메리칸 타워 유한회사(American Towers LLC)와 스펙트라 사이트 커뮤니케이션 유한회사(Spectra Site Communications, LLC)가 있다. 회사는 주로 소유 중인 통신용 타워와 장기 임대 계약에 따라 운영되는 통신용 타워 및 800개 이상의 분산 안테나 시스템(Distributed Antenna System)으로 구성되며 실내 및 실외 무선 환경에서 적용되는 기술을 제공하고 있다. 다양한 계약 방식으로 부동산 소유주를 위한 옥상 및 타워 부지를 관리하고 있다. 각 무선 통신 서비스 제공 업체 및 제3의 타워 운영자에게 임대사업도 하고 있다. 2017년 3월 31일 현재 미국 40,414곳, 아시아 57,963곳, 유럽, 중동 및 아프리카(EMEA) 15,381곳, 라틴아메리카 33,760곳의 통신용 장비와 부지가 포함된 총147,518곳을 운영하고 있다.

기준일 : 2018/ 01 /25

한글 회사명 : 아메리칸 타워 코퍼레이션
영문 회사명 : American Tower Corporation
상장일 : 1998년 02월 25일 | 결산월 : 12월
시가총액 : 613 (억$) |
52주 최고 : $155.28 (-8.64%) / 52주 최저 : $102.73 (+38.08%)

주요 주주정보

보유자/ 보유 기관	보유율
The Vanguard Group, Inc.	6.62%
Wellington Management Co. LLP	5.2%
T. Rowe Price Associates, Inc.	5%

애널리스트 추천 및 최근 투자의견

아메리칸 타워 코퍼레이션의 2018년 01월 25일 현재 23개 기관의 **평균적인 목표가는 161.43$**이며, 2018년 추정 주당순이익(EPS)은 3.61$로 2017년 추정 EPS 2.91$에 비해 **24.05% 증가할 것으로 예상**된다.

최근, 1개월, 3개월의 투자 의견 변화

투자의견	금융사 및 투자의견	날짜
Maintains	Morgan Stanley: to Overweight	12/13/2017
Maintains	Morgan Stanley: to Overweight	11/14/2017
Maintains	KeyBanc: to Overweight	1/11/2017
Maintains	Jefferies: to Buy	1/11/2017
Maintains	UBS: to Buy	11/9/2017

내부자 거래

(3M 비중은 12개월 거래 중 최근 3개월의 비중)

구분	성격	3개월	12개월	3M비중
매수	매수 건수 (장내 매매만 해당)	22	23	95.65%
매도	매도 건수 (장내 매매만 해당)	11	30	36.67%
매수	매수 수량 (장내 매매만 해당)	150,014	150,221	99.86%
매도	매도 수량 (장내 매매만 해당)	129,879	571,883	22.71%
	순매수량 (-인 경우 순매도량)	20,135	-421,662	

ETF 노출   (편입 ETF 수 : 97개 / 시가총액 대비 ETF의 보유비중 : 9.19%)

티커	ETF	보유 지분	비중
VTI	Vanguard Total Stock Market ETF	$1,481,181,687	0.22%
VOO	Vanguard 500 Index Fund	$1,049,920,055	0.25%
SPY	SPDR S&P 500 Trust ETF	$767,843,726	0.26%
VUG	Vanguard Growth ETF	$413,719,008	0.53%
IVV	Ishares S&P 500	$389,054,514	0.25%

기간 수익률

1M : -3.6%	3M : -5.09%	6M : 0.52%	1Y : 32.07%	3Y : 41.26%

재무 지표

	2014	2015	2016	2017(E)
매출액 (백만$)	4,100	4,772	5,786	6,652
영업이익 (백만$)	974	1,082	1,222	2,240
순이익 (백만$)	825	685	956	1,271
자산총계 (백만$)	21,264	26,904	30,879	32,334
자본총계 (백만$)	4,053	6,713	8,067	
부채총계 (백만$)	17,210	20,191	22,812	

안정성 비율	2013	2014	2015	2016
유동비율 (%)				
부채비율 (%)	464.69	424.59	300.79	282.76
이자보상배율 (배)				

투자 지표

	2014	2015	2016	2017(E)
영업이익률 (%)	23.76	22.67	21.12	33.67
매출액 증가율 (%)	22.08	16.38	21.25	14.98
EPS ($)	2.02	1.42	2.00	2.91
EPS 증가율 (%)	44.29	-29.70	40.85	45.37
주당자산가치($)	9.97	15.69	15.84	15.50
잉여현금흐름 (백만$)	1,153	1,438	2,016	2,559

	2013	2014	2015	2016
배당성향(%)	79.71	70.00	128.37	109.60
배당수익률(%)	1.38	1.42	1.87	2.05
ROE (%)	15.52	22.03	12.92	14.26
ROA (%)	2.81	3.87	2.79	3.36
재고회전율				
EBITDA (백만$)	2,074.60	2,559.48	2,964.41	3,465.91

매출비중

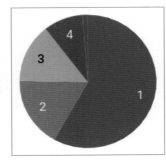

제품명	비중
1. 미국 부동산	58.25%
2. 라틴 아메리카 재산권	17.04%
3. 아시아 재산권	14.3%
4. EMEA 재산권	9.15%
5. 서비스	1.25%

CCI
크라운 캐슬 인터내셔널 코퍼레이션
Crown Castle International Corp.

섹터 리츠 (Real Estate)
세부섹터 전문 리츠 (Specialized REITs)

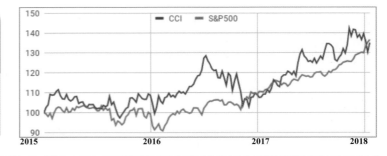

크라운 캐슬 인터내셔널 코퍼레이션(Crown Castle International Corp.)은 미국 및 푸에르토리코 전역에 있는 무선 기지국 타워를 소유, 운영 및 임대하는 부동산 투자 신탁회사이다. 회사는 1994년 설립되었고 본사는 텍사스주 휴스턴에 있으며 현재 회사는 약 4만 개의 무선 기지국 및 기타 구조물을 보유하고 있으며 무선기지국 사업 부문은 미국 전역에 분산되어 있는 무선기지국에 대한 각종 서비스를 포함하며 특정 무선통신망 사업자의 무선 서비스를 위해 부지 개발 및 장비설치와 관리를 하고 있다. 소형 중계기 사업 부문은 약 100,000km에 달하는 광통신망을 주로 지원하며 소형 중계기 네트워크를 통해 광통신망을 기반으로 하는 기술을 제공하고 있다. 회사는 아메리칸 타워 코퍼레이션(American Tower Corporation) 및 에스비에이 커뮤니케이션즈 코퍼레이션(SBA Communications Corporation)과 미국 내에서 경쟁 관계에 있다.

기준일 : 2018/ 01 /25

한글 회사명 : 크라운 캐슬 인터내셔널 코퍼레이션
영문 회사명 : Crown Castle International Corp.
상장일 : 1998년 08월 18일 | 결산월 : 12월
시가총액 : 441 (억$) |
52주 최고 : $114.97 (-4.35%) / 52주 최저 : $86.22 (+27.53%)

주요 주주정보

보유자/ 보유 기관	보유율
T. Rowe Price Associates, Inc.	7.1%
The Vanguard Group, Inc.	6.55%
Capital Research & Management Co.	5.46%

애널리스트 추천 및 최근 투자의견

크라운 캐슬 인터내셔널 코퍼레이션의 2018년 01월 25일 현재 21개 기관의 **평균적인 목표가는 115.65$**이며, 2018년 추정 주당순이익(EPS)은 1.61$로 2017년 추정 EPS 1.23$에 비해 **30.89% 증가**할 것으로 예상된다.

최근, 1개월, 3개월의 투자 의견 변화

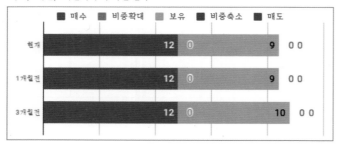

투자의견	금융사 및 투자의견	날짜
Maintains	Deutsche Bank: to Buy	11/17/2017
Maintains	Wells Fargo: to Outperform	10/23/2017
Maintains	Barclays: to Equal-Weight	10/20/2017
Downgrade	Oppenheimer: Outperform to Market Perform	10/16/2017
Maintains	Bank of America: to Buy	8/9/2017

내부자 거래

(3M 비중은 12개월 거래 중 최근 3개월의 비중)

구분	성격	3개월	12개월	3M비중
매수	매수 건수 (장내 매매만 해당)	11	14	78.57%
매도	매도 건수 (장내 매매만 해당)	15	24	62.50%
매수	매수 수량 (장내 매매만 해당)	16,897	46,997	35.95%
매도	매도 수량 (장내 매매만 해당)	104,352	154,633	67.48%
	순매수량 (-인 경우 순매도량)	-87,455	-107,636	

ETF 노출

(편입 ETF 수 : 86개 / 시가총액 대비 ETF의 보유비중 : 8.8%)

티커	ETF	보유 지분	비중
VTI	Vanguard Total Stock Market ETF	$1,074,554,705	0.16%
VOO	Vanguard 500 Index Fund	$761,602,761	0.18%
SPY	SPDR S&P 500 Trust ETF	$555,147,630	0.18%
VUG	Vanguard Growth ETF	$300,179,177	0.38%
IVV	Ishares S&P 500	$282,223,709	0.18%

기간 수익률

1M : -2.98%	3M : 1.77%	6M : 8.24%	1Y : 23.64%	3Y : 29.91%

재무 지표

	2014	2015	2016	2017(E)
매출액 (백만$)	3,660	3,654	3,909	4,272
영업이익 (백만$)	470	533	486	1,059
순이익 (백만$)	391	522	357	423
자산총계 (백만$)	21,143	21,937	22,675	31,964
자본총계 (백만$)	6,737	7,089	7,557	
부채총계 (백만$)	14,406	14,848	15,118	

안정성 비율	2013	2014	2015	2016
유동비율 (%)				
부채비율 (%)	196.71	213.83	209.44	200.05
이자보상배율 (배)				

투자 지표

	2014	2015	2016	2017(E)
영업이익률 (%)	12.84	14.59	12.43	24.79
매출액 증가율 (%)	22.31	-0.19	6.98	9.31
EPS ($)	1.04	1.49	0.95	1.10
EPS 증가율 (%)	300.00	43.69	-36.30	15.14
주당자산가치($)	20.12	21.24	20.96	31.73
잉여현금흐름 (백만$)	886	885	908	871

	2013	2014	2015	2016
배당성향(%)		179.81	224.54	379.31
배당수익률(%)	0.00	2.38	3.87	4.15
ROE (%)	1.83	5.73	7.56	4.88
ROA (%)	0.51	1.91	2.44	1.60
재고회전율				
EBITDA (백만$)	1,710.28	2,025.13	2,106.82	2,116.44

매출비중

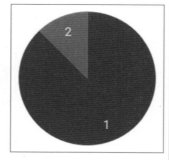

제품명	비중
1. 타워	
	87.58%
2. 소규모 무선	
	12.42%

498

DLR
디지털 리얼티 트러스트
Digital Realty Trust, Inc.

섹터 리츠 (Real Estate)
세부섹터 전문 리츠 (Specialized REITs)

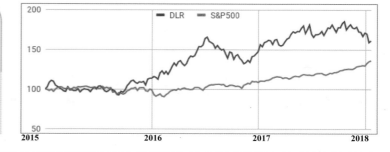

디지털 리얼티 트러스트(Digital Realty Trust, Inc.)는 데이터 센터에 특화된 부동산 투자 신탁 지주회사이다. 회사는 2004년 설립되었고 본사는 캘리포니아주 샌프란시스코에 있으며 현재 1,345명의 직원이 근무하고 있다. 회사는 자회사를 통해 데이터센터에 관련된 부동산을 소유, 취득, 개발 및 관리를 하고 있다. 일반 파트너로서 디지털리얼티 트러스트 유한회사(Digital Realty Trust L.P)를 통해 사업을 수행하고 약 98.5%의 지분을 소유하고 있다. 사업 부문에는 일괄수주 데이터 센터 구축, 디지털 컨설팅 서비스, 데이터 센터 관리 및 임대를 하고 있으며 여기에는 해당 건물 및 핵심 설비 관리도 포함된다. 2017년 9월 30일 현재 4개 대륙 12개국에 182곳의 건물 및 부지를 보유하고 있으며 미국 전역에 33개 도시를 기반으로 하고 있다. 또한, 2,300개가 넘는 고객사를 기반으로 데이터 센터 임대사업을 영위하고 있다.

기준일 : 2018/ 01 /25

한글 회사명 : 디지털 리얼티 트러스트
영문 회사명 : Digital Realty Trust, Inc.
상장일 : 2004년 10월 29일 | 결산월 : 12월
시가총액 : 229 (억$) |
52주 최고 : $127.23 (-13%) / 52주 최저 : $101.7 (+8.83%)

주요 주주정보

보유자/ 보유 기관	보유율
The Vanguard Group, Inc.	17.31%
BlackRock Fund Advisors	7.26%
Cohen & Steers Capital Management, Inc.	6.44%

애널리스트 추천 및 최근 투자의견

디지털 리얼티 트러스트의 2018년 01월 25일 현재 20개 기관의 **평균적인 목표가는 123.65$**이며, 2018년 추정 주당순이익(EPS)은 1.8$로 2017년 추정 EPS 1.15$에 비해 **56.52% 증가할 것으로 예상**된다.

최근, 1개월, 3개월의 투자 의견 변화

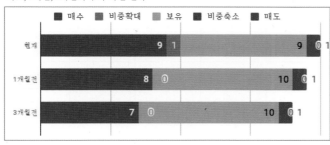

투자의견	금융사 및 투자의견	날짜
Initiated	Credit Suisse: to Neutral	1/17/2018
Upgrade	Baird: Neutral to Outperform	1/16/2018
Upgrade	Deutsche Bank: Hold to Buy	10/1/2018
Upgrade	Wells Fargo: Market Perform to Outperform	12/22/2017
Maintains	Jefferies: to Hold	11/13/2017

내부자 거래

(3M 비중은 12개월 거래 중 최근 3개월의 비중)

구분	성격	3개월	12개월	3M비중
매수	매수 건수 (장내 매매만 해당)	0	3	0.00%
매도	매도 건수 (장내 매매만 해당)	0	6	0.00%
매수	매수 수량 (장내 매매만 해당)	0	24,622	0.00%
매도	매도 수량 (장내 매매만 해당)	0	47,567	0.00%
	순매수량 (-인 경우 순매도량)	0	-22,945	

ETF 노출
(편입 ETF 수 : 86개 / 시가총액 대비 ETF의 보유비중 : 21.27%)

티커	ETF	보유 지분	비중
VNQ	Vanguard Real Estate Index Fund	$1,544,099,994	2.49%
VO	Vanguard Mid Cap Index Fund	$562,381,104	0.57%
VTI	Vanguard Total Stock Market ETF	$553,793,567	0.08%
VOO	Vanguard 500 Index Fund	$392,697,307	0.09%
SPY	SPDR S&P 500 Trust ETF	$286,205,736	0.10%

기간 수익률

1M : -6.25%	3M : -8.75%	6M : -4.58%	1Y : 1.41%	3Y : 48.82%

재무 지표

	2014	2015	2016	2017(E)
매출액 (백만$)	1,606	1,754	2,139	2,461
영업이익 (백만$)	186	156	261	525
순이익 (백만$)	200	297	426	206
자산총계 (백만$)	9,527	11,451	12,193	21,282
자본총계 (백만$)	3,914	4,537	5,132	
부채총계 (백만$)	5,613	6,915	7,060	

안정성 비율	2013	2014	2015	2016
유동비율 (%)				
부채비율 (%)	165.62	143.39	152.43	137.57
이자보상배율 (배)				

투자 지표

	2014	2015	2016	2017(E)
영업이익률 (%)	11.58	8.89	12.20	21.33
매출액 증가율 (%)	8.78	9.19	21.94	15.04
EPS ($)	1.00	1.57	2.21	1.15
EPS 증가율 (%)	-52.83	57.00	40.76	-48.09
주당자산가치($)	20.87	21.93	25.68	49.46
잉여현금흐름 (백만$)	-230	19	137	694

	2013	2014	2015	2016
배당성향(%)	147.17	335.35	217.95	160.00
배당수익률(%)	6.35	5.01	4.50	3.58
ROE (%)	8.89	5.35	7.08	8.88
ROA (%)	3.46	2.12	2.88	3.65
재고회전율				
EBITDA (백만$)	850.03	905.57	918.83	1,193.23

매출비중

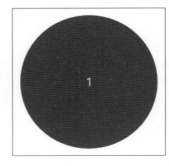

제품명	비중
1. 부동산 투자 신탁	
	100%

499

EQIX
에퀴닉스
Equinix, Inc.

섹터 리츠 (Real Estate)
세부섹터 전문 리츠 (Specialized REITs)

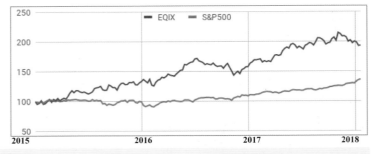

에퀴닉스(Equinix, Inc.)는 데이터 센터를 연결하는 플랫폼 서비스에 특화된 부동산 신탁회사이다. 애플리케이션 및 콘텐츠, 클라우드 인프라 솔루션, 광역 네트워크 최적화, 재해 복구 및 기업의 비즈니스 솔루션을 제공하고 있다. 회사는 1998년 설립되었고 본사는 캘리포니아주 레드 우드 시티에 있으며 현재 5,993명의 직원이 근무하고 있다. 2017년 9월 30일 현재, 북미와 아시아 태평양 및 유럽, 중동 및 아프리카의 5개 대륙 21개국 48개 도시에서 플랫폼인 에퀴닉스티엠(EquinixTM)을 통해 190여 개의 IBX®(International Business Exchange ™) 데이터 센터들을 연결하여 플랫폼에 가입된 9,500개가 넘는 업체와 파트너들을 상호 연결해주는 기술을 제공하는 사업을 영위하고 있다. 주 고객사들은 유무선 통신 사업자, 모바일 및 기타 대역폭 제공 업체, 클라우드 및 정보 기술 서비스 제공 업체, 콘텐츠 제공 업체, 세계적인 금융 회사 및 기업들이 포함된다.

기준일 : 2018/ 01 /25
한글 회사명 : 에퀴닉스
영문 회사명 : Equinix
상장일 : 2000년 08월 11일 | 결산월 : 12월
시가총액 : 344 (억$) | 52주 최고 : $495.35 (-11.03%) / 52주 최저 : $361.9 (+21.76%)

주요 주주정보

보유자/ 보유 기관	보유율
The Vanguard Group, Inc.	14.09%
BlackRock Fund Advisors	5.95%
Cohen & Steers Capital Management, Inc.	4.52%

애널리스트 추천 및 최근 투자의견

에퀴닉스의 2018년 01월 25일 현재 25개 기관의 **평균적인 목표가는 524.13$**이며, 2018년 추정 주당순이익(EPS)은 6.32$로 2017년 추정 EPS 3.39$에 비해 **86.43% 증가할 것으로 예상**된다.

최근, 1개월, 3개월의 투자 의견 변화

투자의견	금융사 및 투자의견	날짜
Upgrade	JP Morgan: Neutral to Overweight	2/11/2017
Maintains	Citigroup: to Buy	2/11/2017
Maintains	Nomura: to Buy	2/11/2017
Maintains	Morgan Stanley: to Equal-Weight	2/11/2017
Maintains	Oppenheimer: to Outperform	2/11/2017

내부자 거래

(3M 비중은 12개월 거래 중 최근 3개월의 비중)

구분	성격	3개월	12개월	3M비중
매수	매수 건수 (장내 매매만 해당)	0	0	-
매도	매도 건수 (장내 매매만 해당)	24	53	45.28%
매수	매수 수량 (장내 매매만 해당)	0	0	-
매도	매도 수량 (장내 매매만 해당)	61,759	111,541	55.37%
	순매수량 (-인 경우 순매도량)	-61,759	-111,541	

ETF 노출

(편입 ETF 수 : 80개 / 시가총액 대비 ETF의 보유비중 : 16.06%)

티커	ETF	보유 지분	비중
VNQ	Vanguard Real Estate Index Fund	$2,296,271,985	3.71%
VTI	Vanguard Total Stock Market ETF	$825,143,887	0.12%
VOO	Vanguard 500 Index Fund	$584,949,581	0.14%
SPY	SPDR S&P 500 Trust ETF	$427,814,739	0.14%
VUG	Vanguard Growth ETF	$230,384,098	0.30%

기간 수익률

1M : -4.35%	3M : -3.82%	6M : -0.8%	1Y : 14.25%	3Y : 98.82%

재무 지표

	2014	2015	2016	2017(E)
매출액 (백만$)	2,456	2,726	3,612	4,361
영업이익 (백만$)	254	286	340	825
순이익 (백만$)	-260	188	114	268
자산총계 (백만$)	7,817	10,357	12,608	18,183
자본총계 (백만$)	2,270	2,745	4,366	
부채총계 (백만$)	5,547	7,611	8,243	

안정성 비율	2013	2014	2015	2016
유동비율 (%)				
부채비율 (%)	190.07	244.36	277.24	188.80
이자보상배율 (배)				

투자 지표

	2014	2015	2016	2017(E)
영업이익률 (%)	10.34	10.49	9.41	18.92
매출액 증가율 (%)	14.11	10.97	32.51	20.75
EPS ($)	-4.96	3.25	1.77	3.39
EPS 증가율 (%)	-358.33	165.52	-45.39	90.73
주당자산가치($)	40.21	44.21	61.14	82.99
잉여현금흐름 (백만$)	29	27	-97	178

	2013	2014	2015	2016
배당성향(%)			210.59	398.32
배당수익률(%)	0.00	0.00	2.24	1.96
ROE (%)	3.95	-10.98	7.49	3.22
ROA (%)	1.41	-3.41	2.07	1.00
재고회전율				
EBITDA (백만$)	899.42	1,006.12	1,110.33	1,575.50

매출비중

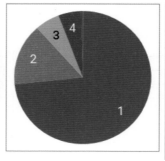

제품명	비중
1. 데이터 센터	73.29%
2. 상호 연결	15.03%
3. 관리 Infrastructure	5.82%
4. 비 경상적 수익	5.39%
5. 임대	0.47%

EXR
엑스트라 스페이스 스토리지
Extra Space Storage, Inc.

섹터 리츠 (Real Estate)
세부섹터 전문 리츠 (Specialized REITs)

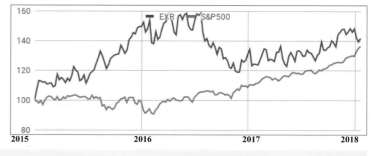

엑스트라 스페이스 스토리지(Extra Space Storage Inc.)는 워싱턴주, 워싱턴 D.C. 푸에르토리코(Puerto Rico)와 35개 주에서 1,450개가 넘는 자체 창고 시설을 소유 및 운영하고 있으며 미국에서 두 번째로 큰 창고시설에 특화된 부동산 신탁회사이다. 회사는 2004년 설립되었고 본사는 유타주 솔트레이크에 있으며 현재 3,209명의 직원이 근무하고 있다. 개인의 물품 보관, 레저용 보트 보관, 여행용 차량인 RV 보관 및 개인사업자들의 업무용 상품 보관 공간을 임대하고 있다. 회사는 세 가지 부문으로 운영되고 있는데 창고시설의 임대 운영과 임차인들의 보험 및 자산 관리와 창고시설에 대한 부동산 취득 및 개발이다. 회사는 자회사인 엑스트라 스페이스 스토러지 유한회사(Extra Space Storage LP)를 통해 사업을 영위하고 있으며 합작회사의 지분을 취득하여 투자하거나 타인으로부터 위탁받은 시설을 운영하기도 한다. 2017년 9월 30일 현재 1,427곳의 운영권을 가지고 있는데 844곳은 완전소유이며, 184곳은 합작회사와 운영하며 485곳은 타인이 소유하고 회사가 운영하는 방식이다.

기준일 : 2018/ 01 /25

한글 회사명 : 엑스트라 스페이스 스토리지
영문 회사명 : Extra Space Storage, Inc.
상장일 : 2004년 08월 12일 | 결산월 : 12월
시가총액 : 107 (억$) |
52주 최고 : $88.56 (-3%) / 52주 최저 : $71.34 (+20.4%)

주요 주주정보

보유자/ 보유 기관	보유율
The Vanguard Group, Inc.	17.02%
Fidelity Management & Research Co.	8.27%
BlackRock Fund Advisors	7.31%

애널리스트 추천 및 최근 투자의견

엑스트라 스페이스 스토리지의 2018년 01월 25일 현재 18개 기관의 **평균적인 목표가**는 **87.88$**이며, 2018년 추정 주당순이익(EPS)은 2.88$로 2017년 추정 EPS 2.85$에 비해 **1.05% 증가할 것으로 예상**된다.

최근, 1개월, 3개월의 투자 의견 변화

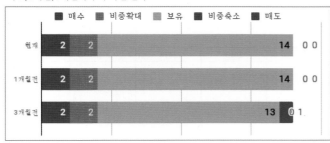

투자의견	금융사 및 투자의견	날짜
Maintains	Cantor Fitzgerald: to Neutral	10/11/2017
Initiated	BMO Capital: to Market Perform	12/9/2017
Downgrade	KeyBanc: Overweight to Sector Weight	11/9/2017
Downgrade	Bank of America: to Neutral	7/20/2017
Upgrade	Evercore ISI Group: to In-Line	3/4/2017

내부자 거래

(3M 비중은 12개월 거래 중 최근 3개월의 비중)

구분	성격	3개월	12개월	3M비중
매수	매수 건수 (장내 매매만 해당)	5	11	45.45%
매도	매도 건수 (장내 매매만 해당)	9	42	21.43%
매수	매수 수량 (장내 매매만 해당)	28,735	37,006	77.65%
매도	매도 수량 (장내 매매만 해당)	53,470	341,325	15.67%
	순매수량 (-인 경우 순매도량)	-24,735	-304,319	

ETF 노출
(편입 ETF 수 : 87개 / 시가총액 대비 ETF의 보유비중 : 20.91%)

티커	ETF	보유 지분	비중
VNQ	Vanguard Real Estate Index Fund	$720,999,152	1.16%
VO	Vanguard Mid Cap Index Fund	$249,177,082	0.25%
VTI	Vanguard Total Stock Market ETF	$245,165,469	0.04%
VOO	Vanguard 500 Index Fund	$182,910,634	0.04%
SPY	SPDR S&P 500 Trust ETF	$130,802,500	0.04%

기간 수익률

1M : -4.47%	3M : 5.77%	6M : 5.91%	1Y : 13.91%	3Y : 25.39%

재무 지표

	2014	2015	2016	2017(E)
매출액 (백만$)	638	770	973	1,099
영업이익 (백만$)	194	197	315	521
순이익 (백만$)	178	189	365	356
자산총계 (백만$)	4,402	6,071	7,091	7,504
자본총계 (백만$)	1,912	2,373	2,596	
부채총계 (백만$)	2,490	3,699	4,495	

안정성 비율	2013	2014	2015	2016
유동비율 (%)				
부채비율 (%)	105.87	130.24	155.90	173.15
이자보상배율 (배)				

투자 지표

	2014	2015	2016	2017(E)
영업이익률 (%)	30.41	25.58	32.37	47.40
매출액 증가율 (%)	24.76	20.59	26.41	12.92
EPS ($)	1.54	1.58	2.92	2.85
EPS 증가율 (%)	0.00	2.60	84.81	-2.40
주당자산가치($)	14.93	16.83	17.83	16.56
잉여현금흐름 (백만$)	333	360	534	593

	2013	2014	2015	2016
배당성향(%)	94.77	118.30	143.59	100.69
배당수익률(%)	3.44	3.09	2.54	3.79
ROE (%)	10.55	10.18	9.87	16.86
ROA (%)	5.14	4.66	3.99	6.02
재고회전율				
EBITDA (백만$)	299.8	384.76	417.13	617.6

매출비중

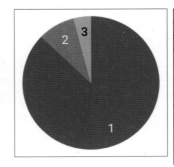

제품명	비중
1. 임대 운영	
	87.18%
2. 입주 재보험	
	8.8%
3. 자산 관리	
	4.02%

IRM
아이런 마운틴 인코퍼레이티드
Iron Mountain Incorporated

섹터 리츠 (Real Estate)
세부섹터 전문 리츠 (Specialized REITs)

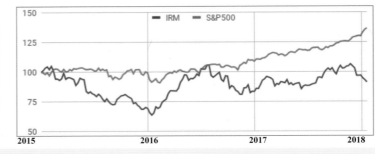

아이런 마운틴 인코퍼레이티드(Iron Mountain Incorporated)는 문서보관 및 정보 관리와 데이터 보안에 특화된 부동산 신탁 지주회사이다. 회사는 1951년 설립되었고 본사는 매사추세츠주 보스턴에 있으며 24,000명이 근무하고 있다. 회사는 전 세계 53개국 1,433개 시설을 통해 사업을 영위하고 있다. 회사는 북미 기록 및 정보 관리 사업, 북미 데이터 관리 사업, 서유럽 사업, 기타 국제 사업 및 기업 및 기타 사업의 다섯 가지 부문을 통해 운영되고 있다. 문서를 포함한 각종 기록 및 정보 관리, 각종 데이터의 복구와 보안 서비스를 제공하고 있다. 법률, 금융, 의료, 보험, 생명 과학, 에너지, 비즈니스 서비스, 엔터테인먼트 사업을 영위하는 고객들과 정부 기관에 문서보관 및 정보 관리 서비스를 제공하고 있다. 현재 약 4,500대의 소유 또는 임대 차량을 통해 기록물 운송사업도 영위하고 있다. 기타 사업 부문으로는 주로 보안 정보 파쇄와 파기, 보안규정에 의한 기록물 관리 및 상담 업무와 기타 사업이 포함되어 있다.

기준일 : 2018/ 01 /25
한글 회사명 : 아이런 마운틴 인코퍼레이티드
영문 회사명 : Iron Mountain Incorporated
상장일 : 1997년 07월 01일 | 결산월 : 12월
시가총액 : 101 (억$) | 52주 최고 : $41.53 (-13.65%) / 52주 최저 : $32.53 (+10.23%)

주요 주주정보

보유자/ 보유 기관	보유율
The Vanguard Group, Inc.	15.6%
Capital Research & Management Co.	11.47%
BlackRock Fund Advisors	5.41%

애널리스트 추천 및 최근 투자의견

아이런 마운틴 인코퍼레이티드의 2018년 01월 25일 현재 8개 기관의 **평균적인 목표 가**는 **40.57$**이며, 2018년 추정 주당순이익(EPS)은 1.35$로 2017년 추정 EPS 1.15$에 비해 **17.39% 증가할 것으로 예상**된다.

최근, 1개월, 3개월의 투자 의견 변화

투자의견	금융사 및 투자의견	날짜
Maintains	Baird: to Neutral	10/25/2017
Initiated	Evercore ISI Group: to Outperform	10/18/2017
Downgrade	Deutsche Bank: to Sell	7/6/2017
Initiated	Deutsche Bank: to Hold	2/22/2017
Maintains	JP Morgan: to Overweight	5/8/2016

내부자 거래

(3M 비중은 12개월 거래 중 최근 3개월의 비중)

구분		성격	3개월	12개월	3M비중
매수	매수 건수 (장내 매매만 해당)		2	10	20.00%
매도	매도 건수 (장내 매매만 해당)		33	56	58.93%
매수	매수 수량 (장내 매매만 해당)		6,935	38,331	18.09%
매도	매도 수량 (장내 매매만 해당)		119,783	231,495	51.74%
	순매수량 (-인 경우 순매도량)		-112,848	-193,164	

ETF 노출   (편입 ETF 수 : 83개 / 시가총액 대비 ETF의 보유비중 : 20.36%)

티커	ETF	보유 지분	비중
VNQ	Vanguard Real Estate Index Fund	$637,137,426	1.03%
VO	Vanguard Mid Cap Index Fund	$235,741,570	0.24%
VTI	Vanguard Total Stock Market ETF	$230,171,643	0.03%
VOO	Vanguard 500 Index Fund	$171,844,812	0.04%
SPY	SPDR S&P 500 Trust ETF	$118,004,449	0.04%

기간 수익률

1M : -5.81%	3M : -10.08%	6M : 1.4%	1Y : 2.33%	3Y : -12%

재무 지표

	2014	2015	2016	2017(E)
매출액 (백만$)	3,118	3,008	3,511	3,816
영업이익 (백만$)	305	270	185	719
순이익 (백만$)	318	122	99	246
자산총계 (백만$)	6,627	6,381	9,487	10,203
자본총계 (백만$)	870	529	1,991	
부채총계 (백만$)	5,757	5,852	7,495	

안정성 비율	2013	2014	2015	2016
유동비율 (%)				
부채비율 (%)	528.93	661.77	1,107.09	376.40
이자보상배율 (배)				

투자 지표

	2014	2015	2016	2017(E)
영업이익률 (%)	9.78	8.98	5.27	18.83
매출액 증가율 (%)	3.03	-3.52	16.74	8.68
EPS ($)	1.63	0.58	0.42	1.16
EPS 증가율 (%)	219.62	-62.50	-30.00	177.57
주당자산가치($)	4.08	2.41	7.34	7.19
잉여현금흐름 (백만$)	111	252	215	377

	2013	2014	2015	2016
배당성향(%)	213.65	92.24	331.02	483.02
배당수익률(%)	3.56	3.85	7.07	6.17
ROE (%)	8.78	33.41	17.93	8.12
ROA (%)	1.54	4.83	1.91	1.28
재고회전율				
EBITDA (백만$)	813.01	921.17	883.16	955.34

매출비중

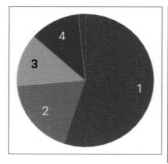

제품명	비중
1. NA 정보 관리	54.98%
2. 기타 국제 비즈니스	18.58%
3. 서유럽 사업	12.94%
4. 북미 데이터 관리	11.79%
5. 기업 및 기타 비즈니스	1.7%

PSA
퍼블릭 스토로지
Public Storage

섹터 리츠 (Real Estate)
세부섹터 전문 리츠 (Specialized REITs)

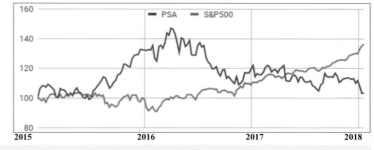

퍼블릭 스토로지(Public Storage)는 개인 및 상업용 물품 보관시설의 임대업에 특화된 부동산 투자 신탁회사이다. 회사는 1980년 설립되었고 본사는 캘리포니아주 글렌데일에 있으며 5,500명이 근무하고 있다. 회사는 개인 및 업무용으로 1개월 단위로 계약하는 임차인의 임대용 보관 시설의 소유 및 운영, 상품 판매 및 임차인과 회사를 위한 보험과 같은 보조적인 활동과 임차인을 위한 보관 공간의 확보 및 개발도 하고 있다. 회사의 사업 부문에는 자체 보관시설 운영, 부수적 운영, 피에스 비즈니스 파크(PS Business Parks, Inc. 이하 PSB)를 통한 사업 및 유럽에서 셔갈드(Shurgard)를 통한 사업으로 나누어진다. 2016년 12월 31일 현재, 회사 명의로 운영되는 미국 38개 주 2,348곳의 시설을 보유하고 있다. PSB가 소유 및 운영하는 미국 8개 주에 있는 상업용 시설의 지분을 직간접적으로 소유하고 있다. 제3자가 위탁한 약 28곳의 시설을 주로 PSB에서 관리하고 있으며 12곳은 일정 지분을 소유하고 있다. 자체 보관시설 운영 부문은 회사 및 자회사가 보유한 모든 시설의 임대 관리 및 운영을 관장하고 있다. 부수적인 운영은 고객들이 회사 시설에 보관된 상품의 손실과 분실에 대한 보험 가입을 대행하는 일을 하고 있다. 서유럽 7개국에는 셔갈드 셀프 스토러지 유럽 유한회사(Shurgard Self Storage Europe Limited)가 셔갈드(Shurgard)의 이름으로 소유하고 운영하는 218곳의 보관시설이 있다.

기준일 : 2018/ 01 /25

한글 회사명 : 퍼블릭 스토로지
영문 회사명 : Public Storage
상장일 : 1980년 11월 18일 | 결산월 : 12월
시가총액 : 335 (억$) |
52주 최고 : $232.21 (-16.11%) / 52주 최저 : $192.15 (+1.37%)

주요 주주정보

보유자/ 보유 기관	보유율
HUGHES BRADLEY WAYNE SR	14.08%
The Vanguard Group, Inc.	12.53%
BlackRock Fund Advisors	6.32%

애널리스트 추천 및 최근 투자의견

퍼블릭 스토로지의 2018년 01월 25일 현재 20개 기관의 **평균적인 목표가는 208.59$**이며, 2018년 추정 주당순이익(EPS)은 7.6$로 2017년 추정 EPS 7.04$에 비해 **7.95% 증가할 것으로 예상**된다.

최근, 1개월, 3개월의 투자 의견 변화

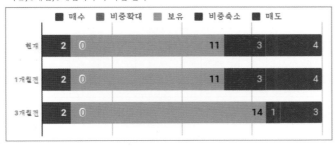

투자의견	금융사 및 투자의견	날짜
Downgrade	Bank of America: Neutral to Underperform	4/12/2017
Downgrade	Baird: Neutral to Underperform	11/28/2017
Initiated	BMO Capital: to Underperform	12/9/2017
Maintains	Jefferies: to Hold	8/18/2017
Maintains	Argus Research: to Buy	1/8/2017

내부자 거래

(3M 비중은 12개월 거래 중 최근 3개월의 비중)

구분	성격	3개월	12개월	3M비중
매수	매수 건수 (장내 매매만 해당)	4	5	80.00%
매도	매도 건수 (장내 매매만 해당)	8	14	57.14%
매수	매수 수량 (장내 매매만 해당)	44,000	46,000	95.65%
매도	매도 수량 (장내 매매만 해당)	32,760	225,166	14.55%
	순매수량 (-인 경우 순매도량)	11,240	-179,166	

ETF 노출

(편입 ETF 수 : 97개 / 시가총액 대비 ETF의 보유비중 : 16.22%)

티커	ETF	보유 지분	비중
VNQ	Vanguard Real Estate Index Fund	$2,027,365,166	3.27%
VTI	Vanguard Total Stock Market ETF	$685,727,397	0.10%
VOO	Vanguard 500 Index Fund	$491,704,950	0.12%
PFF	iShares S&P US Pref Stock Idx Fnd (ETF)	$419,519,203	2.40%
SPY	SPDR S&P 500 Trust ETF	$359,475,059	0.12%

기간 수익률

1M : -8.5%	3M : -9.61%	6M : -7.36%	1Y : -11.19%	3Y : -4.29%

재무 지표

	2014	2015	2016	2017(E)
매출액 (백만$)	2,195	2,382	2,561	2,698
영업이익 (백만$)	1,069	1,231	1,370	1,467
순이익 (백만$)	1,141	1,307	1,449	1,231
자산총계 (백만$)	9,819	9,778	10,130	10,588
자본총계 (백만$)	9,507	9,198	9,442	
부채총계 (백만$)	312	581	689	

안정성 비율	2013	2014	2015	2016
유동비율 (%)				
부채비율 (%)	11.99	3.28	6.31	7.29
이자보상배율 (배)				

투자 지표

	2014	2015	2016	2017(E)
영업이익률 (%)	48.70	51.68	53.49	54.36
매출액 증가율 (%)	10.78	8.49	7.51	5.36
EPS ($)	5.27	6.10	6.84	7.04
EPS 증가율 (%)	7.11	15.75	12.13	2.95
주당자산가치($)	29.90	29.58	29.11	39.86
잉여현금흐름 (백만$)	1,117	1,490	1,515	824

	2013	2014	2015	2016
배당성향(%)	105.32	106.67	107.08	107.20
배당수익률(%)	3.42	3.03	2.62	3.27
ROE (%)	12.43	12.49	14.02	15.60
ROA (%)	11.29	11.64	13.41	14.63
재고회전율				
EBITDA (백만$)	1,349.91	1,513.03	1,658.02	1,807.81

매출비중

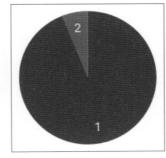

제품명	비중
1. 셀프 스토리지 운영	
	93.96%
2. 보조 작업	
	6.04%

SBAC
에스비에이 커뮤니케이션스 코퍼레이션
SBA Communications Corporation

섹터 리츠 (Real Estate)
세부섹터 전문 리츠 (Specialized REITs)

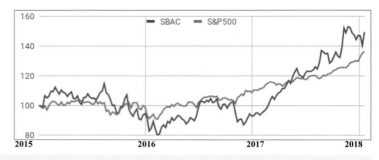

에스비에이 커뮤니케이션스 코퍼레이션(SBA Communications Corporation)은 북미와 중남미에서 무선기지국 부지를 임대하고 관리하는 부동산 투자 신탁회사이다. 회사는 1989년 설립되었고 본사는 플로리다주 보카래톤에 있으며 1,241명이 근무하고 있다. 회사의 영업 부문에는 기지국 부지 임대 및 기지국 부지 개발이 있다. 기지국 부지 임대 사업에는 미국 내 부지 임대 및 국제 부지 임대가 있다. 기지국 부지 임대 사업에서 회사는 무선 안테나 공간을 소유 또는 운영하는 건물을 무선 통신 서비스 사업자에게 임대하고 계약에 의거 건물 소유자를 위해 옥상과 기지국 부지를 관리하고 있다. 2017년 9월 30일 현재 미국에 15,780곳과 중남미 및 캐나다에 9,690개를 포함한 약 25,470개의 기지국을 소유하고 있으며 약 5,500개는 제3자에게 위탁받은 기지국을 관리 또는 임대하고 있는데 일반적으로 계약 기간은 5년에서 10년 정도이다. 기지국 부지 개발 사업은 미국에서만 진행되며 무선 안테나 및 장비 설치는 무선 통신 서비스 제공 업체와 협업을 통하여 위치선정, 구역지정 및 승인과 허가취득을 통해 진행된다. 회사는 아메리칸 타워 코퍼레이션(American Tower Corporation) 및 크라운 캐슬 인터내셔널(Crown Castle International)과 미국 내에서 경쟁 관계에 있다.

기준일 : 2018/ 01 /25

한글 회사명 : 에스비에이 커뮤니케이션스코퍼레이션
영문 회사명 : SBA Communications Corporation
상장일 : 1999년 06월 16일 | 결산월 : 12월
시가총액 : 200 (억$) |
52주 최고 : $173.97 (-2.98%) / 52주 최저 : $102.29 (+64.99%)

주요 주주정보

보유자/ 보유 기관	보유율
The Vanguard Group, Inc.	10.19%
BlackRock Fund Advisors	5.16%
Principal Global Investors LLC	4.72%

애널리스트 추천 및 최근 투자의견

에스비에이 커뮤니케이션스 코퍼레이션의 2018년 01월 25일 현재 21개 기관의 **평균적인 목표가는 177.65$**이며, 2018년 추정 주당순이익(EPS)은 1.46$로 2017년 추정 EPS 1.01$에 비해 **44.55% 증가**할 것으로 예상된다.

최근, 1개월, 3개월의 투자 의견 변화

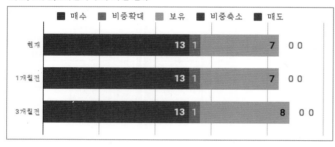

투자의견	금융사 및 투자의견	날짜
Maintains	Morgan Stanley: to Overweight	11/14/2017
Maintains	KeyBanc: to Overweight	6/11/2017
Upgrade	KeyBanc: Sector Weight to Overweight	9/27/2017
Maintains	Citigroup: to Neutral	8/28/2017
Maintains	Morgan Stanley: to Overweight	8/24/2017

내부자 거래

구분	성격	3개월	12개월	3M비중
매수	매수 건수 (장내 매매만 해당)	1	1	100.00%
매도	매도 건수 (장내 매매만 해당)	14	33	42.42%
매수	매수 수량 (장내 매매만 해당)	500	500	100.00%
매도	매도 수량 (장내 매매만 해당)	25,362	219,690	11.54%
	순매수량 (-인 경우 순매도량)	-24,862	-219,190	

(3M 비중은 12개월 거래 중 최근 3개월의 비중)

ETF 노출
(편입 ETF 수 : 71개 / 시가총액 대비 ETF의 보유비중 : 12.6%)

티커	ETF	보유 지분	비중
VO	Vanguard Mid Cap Index Fund	$490,885,065	0.49%
VTI	Vanguard Total Stock Market ETF	$483,288,872	0.07%
VOO	Vanguard 500 Index Fund	$342,432,041	0.08%
SPY	SPDR S&P 500 Trust ETF	$255,299,062	0.08%
VUG	Vanguard Growth ETF	$134,967,232	0.17%

기간 수익률

1M : 1.28%	3M : 10.53%	6M : 21.36%	1Y : 57.1%	3Y : 51.37%

재무 지표

	2014	2015	2016	2017(E)
매출액 (백만$)	1,545	1,676	1,633	1,722
영업이익 (백만$)	61	113	305	459
순이익 (백만$)	-24	-176	76	118
자산총계 (백만$)	7,841	7,403	7,361	7,500
자본총계 (백만$)	-661	-1,706	-1,996	
부채총계 (백만$)	8,502	9,109	9,357	

안정성 비율	2013	2014	2015	2016
유동비율 (%)	45.96			
부채비율 (%)	1,800.23	-1,286.61	-533.92	-468.80
이자보상배율 (배)				

투자 지표

	2014	2015	2016	2017(E)
영업이익률 (%)	3.95	6.74	18.68	26.67
매출액 증가율 (%)	18.40	8.47	-2.54	5.45
EPS ($)	-0.19	-1.37	0.61	1.01
EPS 증가율 (%)	56.82	-621.05	144.53	64.80
주당자산가치($)	-5.12	-13.57	-16.49	-20.19
잉여현금흐름 (백만$)	460	528	603	668

	2013	2014	2015	2016
배당성향(%)				
배당수익률(%)	0.00	0.00	0.00	0.00
ROE (%)	-11.07			
ROA (%)	-0.84	-0.33	-2.31	1.03
재고회전율				
EBITDA (백만$)	816.64	1,025.59	1,116.32	1,322.58

매출비중

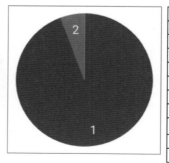

제품명	비중
1. 부동산 임대	
	94.18%
2. 부동산 개발	
	5.82%

504

WY
와이어호이져 컴퍼니
Weyerhaeuser Corporation

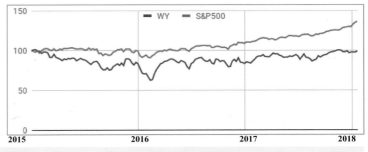

섹터 리츠 (Real Estate)
세부섹터 전문 리츠 (Specialized REITs)

와이어호이져 컴퍼니(Weyerhaeuser Company)는 목재, 토지, 임야 등을 소유 및 관리하며 목재 제품의 생산과 보유 산림지를 이용한 임대 및 자원개발을 영위하는 업체이다. 회사는 1900년에 설립되었고 본사는 워싱턴주 시애틀에 있으며 13,200여 명의 직원이 근무하고 있다. 2016년 12월 31일 기준으로 회사는 미국에 526만 헥타르의 산림지를 소유, 관리하고 있으며, 캐나다에서 장기 계약으로 567만 헥타르의 산림지를 관리하고 있다. 회사의 사업 부문은 산림지 개발과 벌목, 에너지 및 천연자원 개발, 목재 제품 생산 부문으로 나누어진다. 산림지를 개발하고 관리하여 통나무, 목재용 산림지 육성 및 산림지를 휴양지로 대여하는 사업을 영위하고 있으며 장기 임대한 산림지에서 광물, 석유 및 가스의 생산, 석탄 등을 탐사 및 개발을 하고 있다. 목재 제품 부문에는 목재 제품의 생산과 유통을 담당하고 주택용 구조목, 각종 건설용 목재, 합판 및 건축 자재, 펄프 제품의 생산 및 판매사업을 하고 있다.

기준일 : 2018/ 01 /25
한글 회사명 : 와이어호이져 컴퍼니
영문 회사명 : Weyerhaeuser Corporation
상장일 : 1972년 01월 21일 | 결산월 : 12월
시가총액 : 285 (억$) |

52주 최고 : $37.61 (-0.71%) / 52주 최저 : $30.55 (+22.22%)

주요 주주정보

보유자 / 보유 기관	보유율
The Vanguard Group, Inc.	6.48%
BlackRock Fund Advisors	5.11%
First Eagle Investment Management LLC	5%

애널리스트 추천 및 최근 투자의견

와이어호이져 컴퍼니의 2018년 01월 25일 현재 15개 기관의 **평균적인 목표가**는 **36.88$**이며, 2018년 추정 주당순이익(EPS)은 1.34$로 2017년 추정 EPS 1.17$에 비해 **14.52% 증가할 것으로 예상**된다.

최근, 1개월, 3개월의 투자 의견 변화

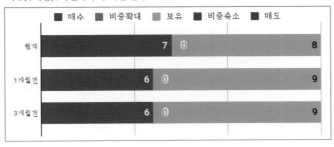

투자의견	금융사 및 투자의견	날짜
Upgrade	Bank of America: Neutral to Buy	1/24/2018
Maintains	Argus: to Buy	2/11/2017
Initiated	Stephens & Co.: to Equal-Weight	10/24/2017
Downgrade	BMO Capital: Outperform to Market Perform	8/14/2017
Downgrade	Bank of America: to Neutral	5/7/2017

내부자 거래

(3M 비중은 12개월 거래 중 최근 3개월의 비중)

구분	성격	3개월	12개월	3M비중
매수	매수 건수 (장내 매매만 해당)	8	16	50.00%
매도	매도 건수 (장내 매매만 해당)	21	40	52.50%
매수	매수 수량 (장내 매매만 해당)	247,963	281,963	87.94%
매도	매도 수량 (장내 매매만 해당)	85,348	659,000	12.95%
	순매수량 (-인 경우 순매도량)	162,615	-377,037	

ETF 노출
(편입 ETF 수 : 77개 / 시가총액 대비 ETF의 보유비중 : 9.24%)

티커	ETF	보유 지분	비중
VTI	Vanguard Total Stock Market ETF	$684,848,192	0.10%
VOO	Vanguard 500 Index Fund	$485,792,910	0.12%
SPY	SPDR S&P 500 Trust ETF	$355,196,240	0.12%
VUG	Vanguard Growth ETF	$191,570,244	0.25%
IVV	Ishares S&P 500	$179,290,372	0.12%

기간 수익률

1M : -0.11%	3M : 8.51%	6M : 3.97%	1Y : 18.42%	3Y : -2.26%

재무 지표

	2014	2015	2016	2017(E)
매출액 (백만$)	7,462	5,252	6,364	7,272
영업이익 (백만$)	878	414	567	1,511
순이익 (백만$)	828	411	415	857
자산총계 (백만$)	13,457	12,720	19,243	18,529
자본총계 (백만$)	5,304	4,869	9,180	
부채총계 (백만$)	8,153	7,851	10,063	

안정성 비율	2013	2014	2015	2016
유동비율 (%)				
부채비율 (%)	112.21	153.71	161.25	109.62
이자보상배율 (배)				

투자 지표

	2014	2015	2016	2017(E)
영업이익률 (%)	11.77	7.88	8.91	20.78
매출액 증가율 (%)	-12.91	-29.62	21.17	14.27
EPS ($)	1.46	0.89	0.64	1.17
EPS 증가율 (%)	53.16	-38.83	-28.23	82.53
주당자산가치($)	10.09	9.51	12.26	12.02
잉여현금흐름 (백만$)	693	556	261	1,063

	2013	2014	2015	2016
배당성향(%)	85.26	70.63	134.83	195.15
배당수익률(%)	2.57	2.84	4.00	4.12
ROE (%)	10.36	13.69	8.08	5.91
ROA (%)	4.16	5.92	3.14	2.60
재고회전율				
EBITDA (백만$)	1,623	1,715	1,234	1,563

매출비중

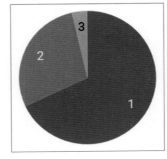

제품명	비중
1. 목재 제품	68.09%
2. 삼림지	28.36%
3. 부동산 및 ENR	3.55%

Telecommunication Services

<hr>

통신

섹터 설명 및 전망

통신 서비스(Telecommunication Services) 섹터는 S&P500에서 약 2% 비중에 해당하는 규모로 제일 작은 섹터에 해당한다. 통신 섹터의 평균 주가수익비율(PER) 값은 이익 증가로 2017년 18.55배에서 2018년에는 16.03배로 낮아질 전망이다.

통신 섹터의 성장 배경에는 꾸준히 증가 중인 광대역 인터넷망 소비에 기인한다. 모바일 데이터 트래픽은 매년 50% 이상 증가하고 있으며 유선 트래픽은 약 20% 정도 증가하고 있다. 데이터 트래픽 증가의 이유는 인터넷 영상 스트리밍 이용률의 증가와 클라우드 서비스 때문이다. 하지만 트래픽이 증가하지만 통신 기업들을 이로부터 어떻게 수익을 극대화할지 여전히 고심하고 있다. 2017년 미국의 주요 통신사들이 모두 무제한 데이터 요금제를 출시했다는 사실이 경쟁의 치열함을 엿볼 수 있는 대목이다.

그러나 경쟁 속에서도 통신사들은 콘텐츠 기업들의 인수 또는 제휴를 통해 사업 다각화를 꾀하고 있으며, 사물인터넷 시대에 연결성을 가능케 하는 중추적인 역할을 할 것이기 때문에 주목할 필요가 있다. 망 중립성 폐기로 인한 트래픽 과다사용업체에 대해서는 과금을 차별적으로 부여할 수 있어 이후 통신 서비스 섹터 업체들엔 수익성이 개선될 것이라고 본다.

경쟁이 상대적으로 약한 인터넷 케이블 회사 기업들 또한 광대역 인터넷망 소비와 성장의 혜택을 받고 있다. 인터넷 케이블 회사들은 최근 큰 인기를 끌고 있는 콘텐츠 스트리밍 서비스들인 넷플릭스, 아마존 프라임, 훌루, 애플 TV를 시청하는 고객들이 증가함에 따라 이익 증가가 되리라 전망된다.

통신 섹터 둘러보기

대표 ETF	시가총액 (1억$)	S&P500내 비중	편입 종목수
XTL	4,760	2.06%	3

S&P500 VS Telecoms Services

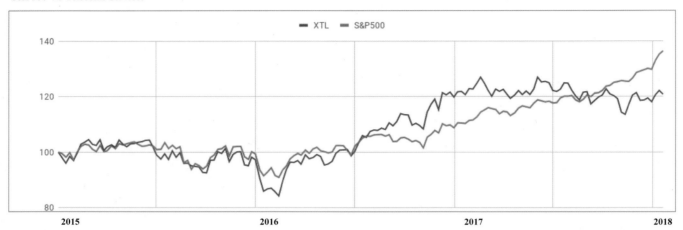

통신 섹터는 2015년 1월 1일 이후 20.87% 상승했으며, 같은 기간 S&P500은 36.49% 상승했다. 통신 섹터의 S&P500 대비 상대 수익률은 -15.62%p 이다.

S&P500내 통신 섹터 비중 추이

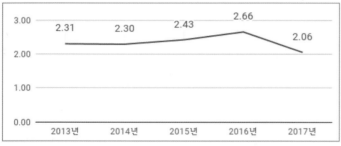

통신 섹터 관련 주요 데이터

	통신 섹터	S&P500 평균
PER (Trailing)	15.99	23.53
PER (Projected)	13.64	20.49
PBR	2.69	3.11
시가 배당률	5.1	1.87
P/Sales	1.51	2.09
P/Cash flow	11.96	21.71
변동성 3년	15.69	10.07
변동성 5년	14.57	9.49

통신 섹터 대표 ETF 'XTL'의 최근 자금 유입 동향(100만$) 및 수익률(%)

자금동향

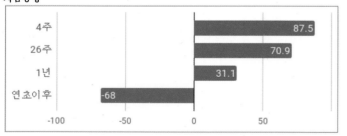

수익률

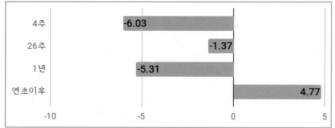

시가총액 상위 종목

순위	티커	종목명/세부 섹터
1위	T	AT&T Inc (에이티 앤 티)
		종합 통신 서비스
2위	VZ	Verizon Communications (버라이즌 커뮤니케이션)
		종합 통신 서비스
3위	CTL	CenturyLink Inc (센츄리링크)
		종합 통신 서비스
4위		
5위		

섹터 내 상승/하락 상위 종목 (최근 1년)

상승률 상위 종목

순위	티커	상승률
1위		
2위		
3위		

하락률 상위 종목

순위	티커	하락률
1위	CTL	-30.08%
2위	T	-14.23%
3위	VZ	-4.98%

(2018년 1월 13일 기준)

CTL
센츄리링크
CenturyLink, Inc

섹터 통신 (Telecommunication Services)
세부섹터 종합 통신 서비스 (Integrated Telecommunication Services)

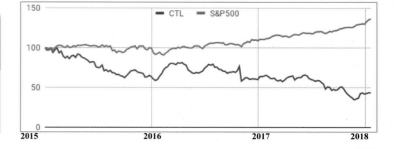

센츄리링크(CenturyLink, Inc)는 주거지 및 사업을 영위하는 비즈니스 고객에게 다양한 통신 서비스를 제공하고 있는 통합 커뮤니케이션 업체이다. 회사는 1968년 설립되었고 본사는 루이지애나 몬로에 있으며 40,000명의 직원이 근무하고 있다. 회사의 사업 부문에는 음성 및 데이터 통합 제품을 서비스하고 있으며 중소기업과 비즈니스, 도매 사업도 진행하고 있으며, 정부와 주거지 고객에게도 같은 사업을 영위하고 있다. 현재 북미와 유럽, 아시아에서 55개 이상 데이터센터를 운영하고 있다. 통신 서비스는 근거리 지역 및 장거리 음성, 광대역, 다중 프로토콜 레이블 스위칭(MPLS), 전용 회선(특별 액세스 포함), 이더넷, 코-로케이션, 호스팅(클라우드 호스팅 및 관리호스팅 포함), 데이터 통합, 비디오, 네트워크, 공공 액세스, VoIP(음성 인터넷 폰 서비스), 정보 기술 및 기타 부수적 서비스를 하고 있다. 현재 회사는 레벨3 커뮤니케이션스(Level 3 Communications)를 약 240억 달러(27조 4,800억 원)에 인수한다. 인수합병은 2018년 3분기에 마무리될 예정이다.

기준일 : 2018/ 01 /25
한글 회사명 : 센츄리링크
영문 회사명 : CenturyLink, Inc
상장일 : 1972년 01월 21일 | 결산월 : 12월
시가총액 : 190 (억$) | 52주 최고 : $27.61 (-36.61%) / 52주 최저 : $13.16 (+32.97%)

주요 주주정보

보유자/ 보유 기관	보유율
Temasek Holdings Pte Ltd.	8.69%
Southeastern Asset Management, Inc.	6.7%
The Vanguard Group, Inc.	5.28%

애널리스트 추천 및 최근 투자의견

센츄리링크의 2018년 01월 25일 현재 19개 기관의 **평균적인 목표가는 19.41$**이며, 2018년 추정 주당순이익(EPS)은 1.46$로 2017년 추정 EPS 1.66$에 비해 **-12.04% 감소**할 것으로 **예상**된다.

최근, 1개월, 3개월의 투자 의견 변화

투자의견	금융사 및 투자의견	날짜
Upgrade	RBC Capital: Sector Perform to Outperform	1/25/2018
Upgrade	Goldman Sachs: Sell to Neutral	8/1/2018
Upgrade	Barclays: Underweight to Equal-Weight	12/15/2017
Maintains	Morgan Stanley: to Overweight	12/13/2017
Maintains	Bank of America: to Buy	10/11/2017

내부자 거래

(3M 비중은 12개월 거래 중 최근 3개월의 비중)

구분	성격	3개월	12개월	3M비중
매수	매수 건수 (장내 매매만 해당)	6	42	14.29%
매도	매도 건수 (장내 매매만 해당)	13	18	72.22%
매수	매수 수량 (장내 매매만 해당)	1,043,294	6,170,128	16.91%
매도	매도 수량 (장내 매매만 해당)	373,942	797,442	46.89%
	순매수량 (-인 경우 순매도량)	669,352	5,372,686	

ETF 노출
(편입 ETF 수 : 97개 / 시가총액 대비 ETF의 보유비중 : 13.46%)

티커	ETF	보유 지분	비중
VO	Vanguard Mid Cap Index Fund	$423,981,846	0.43%
VTI	Vanguard Total Stock Market ETF	$417,220,074	0.06%
VOO	Vanguard 500 Index Fund	$299,163,636	0.07%
SPY	SPDR S&P 500 Trust ETF	$216,722,070	0.07%
DVY	iShares Select Dividend ETF	$147,454,974	0.82%

기간 수익률

1M : 1.88%	3M : -8.79%	6M : -25.93%	1Y : -32.27%	3Y : -54.92%

재무 지표

	2014	2015	2016	2017(E)
매출액 (백만$)	18,031	17,900	17,470	17,938
영업이익 (백만$)	2,478	2,637	2,347	2,191
순이익 (백만$)	772	878	626	1,019
자산총계 (백만$)	50,147	47,604	47,017	50,172
자본총계 (백만$)	15,023	14,060	13,399	
부채총계 (백만$)	35,124	33,544	33,618	

안정성 비율	2013	2014	2015	2016
유동비율 (%)	86.48	88.64	55.28	94.62
부채비율 (%)	201.25	233.80	238.58	250.90
이자보상배율 (배)	2.18	1.89	2.01	1.78

투자 지표

	2014	2015	2016	2017(E)
영업이익률 (%)	13.74	14.73	13.43	12.21
매출액 증가율 (%)	-0.35	-0.73	-2.40	2.68
EPS ($)	1.36	1.58	1.16	1.66
EPS 증가율 (%)	440.00	16.18	-26.58	43.39
주당자산가치($)	26.42	25.86	24.52	21.95
잉여현금흐름 (백만$)	2,141	2,280	1,627	1,146

	2013	2014	2015	2016
배당성향(%)		158.82	136.71	186.21
배당수익률(%)	6.78	5.46	8.59	9.08
ROE (%)	-1.31	4.79	6.04	4.56
ROA (%)	-0.45	1.52	1.80	1.32
재고회전율	123.94	120.61	129.71	125.68
EBITDA (백만$)	7,374	6,906	6,826	6,263

매출비중

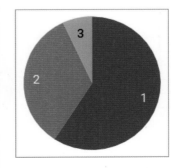

제품명	비중
1. 사업	
	59.26%
2. 소비자	
	33.79%
3. 기타 운영	
	6.95%

T
에이티 앤 티
AT&T Inc

섹터 통신 (Telecommunication Services)
세부섹터 종합 통신 서비스 (Integrated Telecommunication Services)

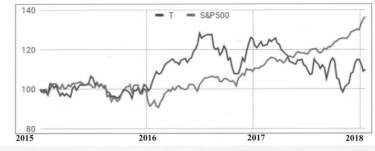

에이티 앤 티(AT&T Inc)는 지주회사이며 미국 및 전 세계에서 통신 및 디지털 엔터테인먼트 서비스를 제공하는 업체이다. 회사는 1885년 알렉산더 그레이엄 벨에 의해 설립되었고 본사는 텍사스주 댈러스에 있으며 273,000명의 직원이 근무하고 있다. 회사는 비즈니스 솔루션, 엔터테인먼트 그룹, 소비자 모빌리티 서비스 제공 및 국제 부문의 네 가지 부문으로 운영된다. 미국 제2위 이동통신 서비스 제공자이기도 하다. 회사는 미국, 멕시코 및 라틴 아메리카의 소비자와 전 세계의 기업 및 기타 통신 서비스 공급자에게 서비스 및 제품을 제공한다. 또한, 3개의 지역 TV 스포츠 네트워크를 소유하고 운영하고 있다. 현재 타임워너를 인수하는 절차를 진행 중이다. 서비스 및 제품에는 무선 통신, 데이터 / 광대역 및 인터넷 서비스, 디지털 비디오 서비스, 지역 및 장거리 전화 서비스, 통신 장비, 관리 네트워킹 및 도매 서비스가 포함된다. 자회사로는 에이티앤티 모빌리티(AT&T Mobility) 및 스카이 브라질 세르비코스(SKY Brasil Services Ltd)가 있다.

기준일 : 2018/ 01 /25

한글 회사명 : 에이티 앤 티
영문 회사명 : AT&T Inc
상장일 : 1983년 11월 21일 | 결산월 : 12월
시가총액 : 2299 (억$) | 52주 최고 : $42.7 (-13.23%) / 52주 최저 : $32.55 (+13.82%)

주요 주주정보

보유자/ 보유 기관	보유율
The Vanguard Group, Inc.	6.92%
BlackRock Fund Advisors	4.57%
SSgA Funds Management, Inc.	4.07%

애널리스트 추천 및 최근 투자의견

에이티 앤 티의 2018년 01월 25일 현재 26개 기관의 **평균적인 목표가는 39.52$**이며, 2018년 추정 주당순이익(EPS)은 3.07$로 2017년 추정 EPS 2.91$에 비해 **5.49% 증가**할 것으로 예상된다.

재무 지표

	2014	2015	2016	2017(E)
매출액 (백만$)	132,447	146,801	163,786	160,091
영업이익 (백만$)	13,866	24,634	25,874	27,077
순이익 (백만$)	6,224	13,345	12,976	13,746
자산총계 (백만$)	292,829	402,672	403,821	438,210
자본총계 (백만$)	86,924	123,640	124,110	
부채총계 (백만$)	205,905	279,032	279,711	

안정성 비율	2013	2014	2015	2016
유동비율 (%)	66.28	85.91	75.27	75.86
부채비율 (%)	203.65	236.88	225.68	225.37
이자보상배율 (배)	7.83	3.89	6.01	5.29

최근, 1개월, 3개월의 투자 의견 변화

범례: 매수 | 비중확대 | 보유 | 비중축소 | 매도

현재	5	3		17	0 1
1개월전	6	3		18	0 1
3개월전	7	3		17	0 1

투자의견	금융사 및 투자의견	날짜
Downgrade	BofA/Merrill: Buy to Neutral	7/13/2017
Upgrade	MoffettNathanson: Sell to Neutral	5/30/2017
Upgrade	Tigress Financial: Underperform to Neutral	9/5/2017
Upgrade	Robert W. Baird: Neutral to Outperform	12/12/2016
Downgrade	Oppenheimer: Outperform to Perform	8/11/2016

투자 지표

	2014	2015	2016	2017(E)
영업이익률 (%)	10.47	16.78	15.80	16.91
매출액 증가율 (%)	2.87	10.84	11.57	-2.26
EPS ($)	1.20	2.37	2.10	2.91
EPS 증가율 (%)	-64.83	98.19	-11.39	38.68
주당자산가치($)	16.65	19.96	20.06	20.36
잉여현금흐름 (백만$)	9,905	15,865	16,936	18,203

	2013	2014	2015	2016
배당성향(%)	53.39	155.46	79.75	91.90
배당수익률(%)	5.15	5.51	5.49	4.54
ROE (%)	19.91	7.02	12.77	10.56
ROA (%)	6.75	2.29	3.94	3.31
재고회전율	117.90	85.98	49.21	53.95
EBITDA (백만$)	48,874	32,139	46,650	51,721

내부자 거래

(3M 비중은 12개월 거래 중 최근 3개월의 비중)

구분	성격	3개월	12개월	3M비중
매수	매수 건수 (장내 매매만 해당)	43	136	31.62%
매도	매도 건수 (장내 매매만 해당)	36	37	97.30%
매수	매수 수량 (장내 매매만 해당)	954,035	1,144,531	83.36%
매도	매도 수량 (장내 매매만 해당)	939,036	939,584	99.94%
	순매수량 (-인 경우 순매도량)	14,999	204,947	

매출비중

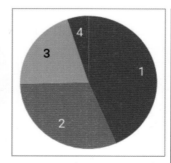

제품명	비중
1. 비즈니스 솔루션	43.34%
2. 엔터테인먼트 그룹	31.32%
3. 무선 통신	20.27%
4. 국제 사업	4.45%
5. 기타	0.64%

ETF 노출

(편입 ETF 수 : 119개 / 시가총액 대비 ETF의 보유비중 : 9.26%)

티커	ETF	보유 지분	비중
VTI	Vanguard Total Stock Market ETF	$5,557,446,956	0.81%
VOO	Vanguard 500 Index Fund	$3,940,592,026	0.95%
SPY	SPDR S&P 500 Trust ETF	$2,881,702,632	0.96%
IVV	Ishares S&P 500	$1,460,178,088	0.95%
VTV	Vanguard Value ETF	$1,187,169,567	1.73%

기간 수익률

1M : -2.69%	3M : 0.29%	6M : 1.91%	1Y : -10.22%	3Y : 10.08%

510

VZ
버라이즌 커뮤니케이션
Verizon Communications, Inc

섹터 통신 (Telecommunication Services)
세부섹터 종합 통신 서비스 (Integrated Telecommunication Services)

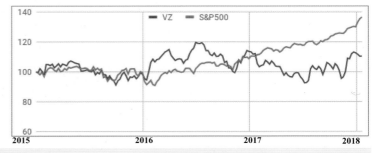

버라이즌 커뮤니케이션(Verizon Communications Inc)은 통신 지주회사이다. 회사는 1993년 설립되었고 본사는 뉴욕주 뉴욕에 있으며 162,000명의 직원이 근무하고 있다. 회사는 자회사를 통해 소비자, 기업 및 정부 기관에 통신, 정보 및 엔터테인먼트 제품 및 서비스를 제공하는 사업을 영위한다. 사업영역으로는 무선 통신과 유선 통신을 포함한다. 무선 부문은 무선 음성 및 데이터 서비스 및 장비 판매를 포함한 통신 제품 및 서비스를 미국 전역의 개인 소비자, 비즈니스 사업자 및 정부를 상대로 제공한다. 현재 미국 1위 무선 통신 및 데이터 제공업체이다. 유선 부문은 광대역 비디오, 데이터 센터 및 클라우드 서비스, 보안 및 관리형 네트워크 서비스, 로컬 및 장거리 음성 서비스와 음성, 데이터 및 비디오 통신 제품 및 서비스를 제공한다. 2017년 Yahoo!의 인터넷 사업을 인수하면서 오쓰(Oath)를 설립했다. 오쓰(Oath Inc)는 50개 이상의 미디어 및 기술 브랜드로 구성된 인터넷 서비스 기업이다. 오쓰(Oath) 포트폴리오에는 허프포스트(HuffPost), 야후스포츠(Yahoo Sports), 에이오엘닷컴(AOL.com), 매이커스(MAKERS), 텀블러(Tumblr), 야후 파이낸스(Yahoo Finance) 및 야후 메일(Yahoo Mail)이 포함된다.

기준일 : 2018/ 01 /25
한글 회사명 : 버라이즌 커뮤니케이션
영문 회사명 : Verizon Communications, Inc
상장일 : 1983년 11월 21일 | 결산월 : 12월
시가총액 : 2215 (억$) |
52주 최고 : $54.6 (-1.41%) / 52주 최저 : $42.8 (+25.77%)

주요 주주정보

보유자/ 보유 기관	보유율
The Vanguard Group, Inc.	6.88%
BlackRock Fund Advisors	4.48%
SSgA Funds Management, Inc.	3.95%

애널리스트 추천 및 최근 투자의견

버라이즌의 2018년 01월 25일 현재 30개 기관의 **평균적인 목표가는 55.48$**이며, 2018년 추정 주당순이익(EPS)은 4.61$로 2017년 추정 EPS 4.5$에 비해 **2.44% 증가할 것으로 예상**된다.

재무 지표

	2014	2015	2016	2017(E)
매출액 (백만$)	127,079	131,620	125,980	125,215
영업이익 (백만$)	18,892	32,806	25,910	29,347
순이익 (백만$)	9,625	17,879	13,127	15,322
자산총계 (백만$)	232,708	244,175	244,180	255,927
자본총계 (백만$)	13,676	17,842	24,032	
부채총계 (백만$)	219,032	226,333	220,148	

안정성 비율	2013	2014	2015	2016
유동비율 (%)	262.46	105.56	63.78	87.00
부채비율 (%)	187.27	1,601.58	1,268.54	916.06
이자보상배율 (배)	11.88	3.84	6.67	5.92

최근, 1개월, 3개월의 투자 의견 변화

투자 지표

	2014	2015	2016	2017(E)
영업이익률 (%)	14.87	24.92	20.57	23.44
매출액 증가율 (%)	5.42	3.57	-4.29	-0.61
EPS ($)	2.42	4.38	3.22	3.76
EPS 증가율 (%)	-39.65	80.99	-26.48	16.82
주당자산가치($)	2.96	4.03	5.53	7.44
잉여현금흐름 (백만$)	13,440	21,155	5,656	16,500

투자의견	금융사 및 투자의견	날짜
Maintains	JP Morgan: Neutral to Neutral	1/24/2018
Maintains	Bank of America: Buy to Buy	1/24/2018
Maintains	Nomura: Buy to Buy	1/24/2018
Upgrade	Scotia Howard Weil: Sector Perform to Sector Outperform	1/22/2018
Downgrade	Moffett Nathanson: Buy to Neutral	1/16/2018

	2013	2014	2015	2016
배당성향(%)	52.25	89.26	51.03	71.18
배당수익률(%)	4.25	4.62	4.82	4.28
ROE (%)	31.94	37.65	124.48	67.40
ROA (%)	9.43	4.72	7.71	5.57
재고회전율	115.08	116.96	109.46	102.67
EBITDA (백만$)	48,296	35,425	48,823	41,838

내부자 거래

(3M 비중은 12개월 거래 중 최근 3개월의 비중)

구분	성격	3개월	12개월	3M비중
매수	매수 건수 (장내 매매만 해당)	0	0	-
매도	매도 건수 (장내 매매만 해당)	13	25	52.00%
매수	매수 수량 (장내 매매만 해당)	0	0	-
매도	매도 수량 (장내 매매만 해당)	147,576	347,057	42.52%
	순매수량 (-인 경우 순매도량)	-147,576	-347,057	

매출비중

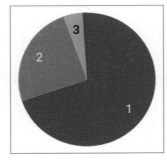

제품명	비중
1. 무선 전화	
	70.79%
2. 유선	
	24.88%
3. 기업 및 기타	
	4.5%
4. 매각 효과 조정	
	1.02%
5. 공제	
	-1.19%

ETF 노출
(편입 ETF 수 : 120개 / 시가총액 대비 ETF의 보유비중 : 8.98%)

티커	ETF	보유 지분	비중
VTI	Vanguard Total Stock Market ETF	$5,356,941,856	0.78%
VOO	Vanguard 500 Index Fund	$3,796,741,545	0.91%
SPY	SPDR S&P 500 Trust ETF	$2,777,123,230	0.92%
IVV	Ishares S&P 500	$1,407,193,775	0.92%
VTV	Vanguard Value ETF	$1,144,215,710	1.67%

기간 수익률

1M : -1.44%	3M : 8.46%	6M : 17.36%	1Y : -1.53%	3Y : 8.16%

Utilities
유틸리티

섹터 설명 및 전망

유틸리티(Utilities) 섹터는 S&P500에서 약 3% 비중을 차지하는 섹터로 규모가 3번째로 작은 섹터에 해당한다. 유틸리티 섹터의 평균 주가수익률(PER) 값은 2017년 18.18배에서 2018년 16.06배로 낮아질 전망이다.

지난 몇 년간 미국의 전력 공급은 수요와 비교하면 공급 과잉 상태였다. 이런 이유로 전력 가격에 하방 압력을 가하게 되는 상황임에도 불구하고 유틸리티 섹터 기업들의 주가는 꾸준히 증가하였는데 거시 경제적 요소 중 하나인 기준금리가 지난 몇 년간 저금리로 유지되면서 상대적으로 안정적인 배당 성장을 해온 유틸리티 기업들의 매력이 주목받았기 때문이라고 해석할 수 있다.

현재 200년간 미국 기준금리의 평균인 5.18%를 밑도는 저금리 상태이긴 하지만 몇 차례의 금리 인상으로 인해 이자율이 점진적으로 높아지고 있고, 미국의 경제적인 성장이 가속화됨에 따라 상대적으로 경기 방어적인 성향이 있는 유틸리티 섹터의 매력은 상대적으로 낮아질 것으로 전망하고 있다.

그러나 유틸리티 기업들의 근본은 여전히 탄탄하고 지속적인 배당 성장은 기대된다. 현재 발전소가 성장하고 있는 지역과 주택 시장이 개선되고 있는 지역 등 지역에 따라 전력의 수요가 증가할 수 있으리라 전망되기 때문에 유틸리티 섹터는 비즈니스를 수행하고 있는 지역적인 요소도 함께 고려해야 할 것으로 판단되며 이전 화석연료 발전에서 신재생에너지 분야에 주력하고 있는 기업들을 잘 살펴봐야 할 것이다.

유틸리티 섹터 둘러보기

대표 ETF	시가총액 (1억$)	S&P500내 비중	편입 종목수
XLU	6,400	2.94%	28

S&P500 VS Utilities

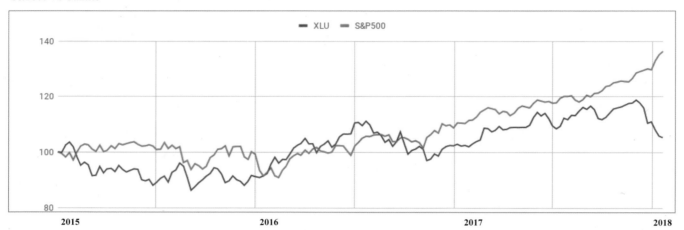

유틸리티 섹터는 2015년 1월 1일 이후 5.37% 상승했으며, 같은 기간 S&P500은 36.49% 상승했다. 유틸리티 섹터의 S&P500 대비 상대 수익률은 -31.12%p 이다.

S&P500내 유틸리티 섹터 비중 추이

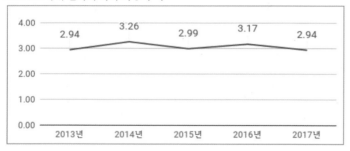

유틸리티 섹터 관련 주요 데이터

	유틸리티 섹터	S&P500 평균
PER (Trailing)	29.38	23.53
PER (Projected)	18.15	20.49
PBR	1.98	3.11
시가 배당률	3.38	1.87
P/Sales	2.08	2.09
P/Cash flow	N/A	21.71
변동성 3년	13.4	10.07
변동성 5년	13.79	9.49

유틸리티 섹터 대표 ETF 'XLU'의 최근 자금 유입 동향(100만$) 및 수익률(%)

자금동향

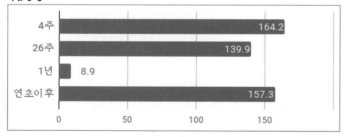

수익률

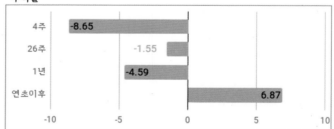

시가 총액 상위 종목

순위	티커	종목명/세부 섹터
1위	NEE	NextEra Energy (넥스트에라 에너지)
		멀티 유틸리티
2위	DUK	Duke Energy (듀크 에너지 코퍼레이션)
		전기 유틸리티
3위	D	Dominion Energy (도미니언 에너지)
		전기 유틸리티
4위	SO	Southern Co. (서던컴퍼니)
		전기 유틸리티
5위	EXC	Exelon Corp. (엑슬론 코퍼레이션)
		멀티 유틸리티

섹터 내 상승/하락 상위 종목 (최근 1년)

상승률 상위 종목

순위	티커	상승률
1위	NRG	133.33%
2위	NEE	26.62%
3위	PEG	15.46%

하락률 상위 종목

순위	티커	하락률
1위	SCG	-36.98%
2위	PCG	-28.34%
3위	EIX	-13.20%

(2018년 1월 13일 기준)

AEP
아메리칸 일렉트릭 파워 컴퍼니
American Electric Power Company, Inc

섹터 유틸리티 (Utilities)
세부섹터 전기 유틸리티 (Electric Utilities)

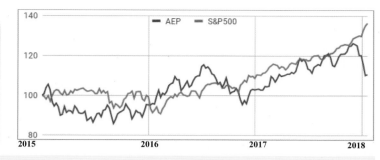

아메리칸 일렉트릭 파워 컴퍼니(American Electric Power Company, Inc.)는 11개 자회사의 발행 주식 및 자산을 직접 및 간접적으로 소유하는 유틸리티 지주회사이다. 회사는 1906년 설립되었고 본사는 오하이오주 콜롬부스에 있으며 17,600명의 직원이 근무하고 있다. 회사는 미국 최대 전기 공급업체 중 하나로 11개 주에서 약 540만 고객에게 전력 서비스를 제공하고 있다. 66,640Km 이상의 송전 네트워크를 가지고 있으며 이는 미국 최대 규모이다. 회사의 서비스 영역은 아칸소, 인디애나, 켄터키, 루이지애나, 미시간, 오하이오, 오클라호마, 테네시, 텍사스, 버지니아 및 웨스트 버지니아주를 포함하고 있다. 현재 765KV의 초고압 송전시스템을 가지고 있고 약 26,000MW를 발전하고 있다.

기준일 : 2018/ 01 /25

한글 회사명 : 아메리칸 일렉트릭 파워 컴퍼니
영문 회사명 : American Electric Power Company, Inc
상장일 : 1972년 01월 21일 | 결산월 : 12월
시가총액 : 343 (억$) |

52주 최고 : $78.07 (-12.24%) / 52주 최저 : $62.14 (+10.25%)

주요 주주정보

보유자/ 보유 기관	보유율
The Vanguard Group, Inc.	7.04%
BlackRock Fund Advisors	5.15%
SSgA Funds Management, Inc.	4.94%

유틸리티

애널리스트 추천 및 최근 투자의견

아메리칸 일렉트릭 파워 컴퍼니의 2018년 01월 25일 현재 19개 기관의 **평균적인 목표가는 73.94$**이며, 2018년 추정 주당순이익(EPS)은 4.12$로 2017년 추정 EPS 3.89$에 비해 **5.91% 증가할 것으로 예상**된다.

최근, 1개월, 3개월의 투자 의견 변화

투자의견	금융사 및 투자의견	날짜
Upgrade	Macquarie: Neutral to Outperform	1/22/2018
Upgrade	Deutsche Bank: Hold to Buy	1/18/2018
Upgrade	Mizuho: Neutral to Buy	1/17/2018
Downgrade	Guggenheim: Neutral to Sell	2/1/2018
Upgrade	Morgan Stanley: Equal-Weight to Overweight	12/13/2017

내부자 거래

(3M 비중은 12개월 거래 중 최근 3개월의 비중)

구분	성격	3개월	12개월	3M비중
매수	매수 건수 (장내 매매만 해당)	0	0	-
매도	매도 건수 (장내 매매만 해당)	0	13	0.00%
매수	매수 수량 (장내 매매만 해당)	0	0	-
매도	매도 수량 (장내 매매만 해당)	0	93,346	0.00%
	순매수량 (-인 경우 순매도량)	0	-93,346	

ETF 노출 (편입 ETF 수 : 102개 / 시가총액 대비 ETF의 보유비중 : 11.4%)

티커	ETF	보유 지분	비중
VTI	Vanguard Total Stock Market ETF	$822,731,165	0.12%
VOO	Vanguard 500 Index Fund	$582,663,535	0.14%
SPY	SPDR S&P 500 ETF Trust	$424,404,138	0.14%
XLU	Utilities SPDR (ETF)	$406,798,920	5.54%
IVV	iShares S&P 500 Index (ETF)	$215,935,022	0.14%

기간 수익률

1M : -11.47%	3M : -7.21%	6M : -3.17%	1Y : 7.7%	3Y : 6.59%

재무 지표

	2014	2015	2016	2017(E)
매출액 (백만$)	16,901	16,281	16,226	15,125
영업이익 (백만$)	3,103	3,225	3,334	3,314
순이익 (백만$)	1,634	1,763	613	1,816
자산총계 (백만$)	59,633	64,187	66,221	64,121
자본총계 (백만$)	16,824	17,905	17,420	
부채총계 (백만$)	42,809	46,282	48,801	

안정성 비율	2013	2014	2015	2016
유동비율 (%)	70.52	56.21	57.29	63.53
부채비율 (%)	250.70	254.45	258.49	280.14
이자보상배율 (배)	3.33	3.53	3.70	3.81

투자 지표

	2014	2015	2016	2017(E)
영업이익률 (%)	18.36	19.81	20.55	21.91
매출액 증가율 (%)	10.86	-3.67	-0.33	-6.79
EPS ($)	3.34	3.66	1.25	3.61
EPS 증가율 (%)	9.87	9.53	-65.89	189.58
주당자산가치($)	34.37	36.44	35.38	36.84
잉여현금흐름 (백만$)	363	149	-388	217

	2013	2014	2015	2016
배당성향(%)	64.14	60.78	58.80	181.95
배당수익률(%)	4.17	3.34	3.69	3.61
ROE (%)	9.45	9.93	10.16	3.48
ROA (%)	2.68	2.82	2.86	0.95
재고회전율	10.36	12.30	12.22	14.07
EBITDA (백만$)	4,868	5,176	5,379.60	5,425.20

매출비중

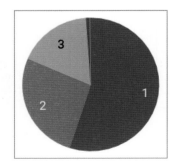

제품명	비중
1. 수직 통합 유틸리티	
	55.02%
2. 전송 및 유틸리티	
	26.42%
3. 발전 및 마케팅	
	17.45%
4. 전송 부문	
	0.89%
5. 기타	
	0.21%

D
도미니언 에너지
Dominion Energy

섹터 유틸리티 (Utilities)
세부섹터 전기 유틸리티 (Electric Utilities)

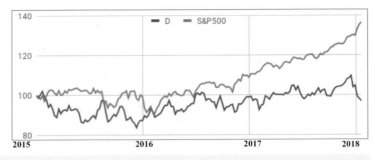

도미니언 에너지(Dominion Energy)는 전력 생산과 천연가스 수송, 수집, 저장 사업을 영위하는 업체이다. 회사는 1778년에 설립되었고 버지니아주 리치먼드에 본사를 두고 있으며 16,200명의 직원이 근무하고 있다. 약 107,000Km의 전력 송전 라인과 110,000Km의 천연가스 파이프라인을 갖춘 미국 내 최대 규모의 에너지 생산 및 운송업체 중 하나이다. 회사는 1조 세제곱피트(ft³)의 용량을 가진 미국 최대의 천연가스 저장소 중 하나를 운영하며 600만 고객에게 천연가스를 제공하고 있다. 버지니아 및 노스캐롤라이나 일부 지역에 전기를 공급하고 웨스트 버지니아, 오하이오, 펜실베이니아 및 노스캐롤라이나 동부에 천연가스를 공급하고 있다. 인디애나, 일리노이, 코네티컷 및 로드 아일랜드에도 발전 설비를 갖추고 있다. 2016년 9월 유타 및 와이오밍 지역을 포함한 미국 서부의 퀘스타(Questar) 가스를 인수합병하였다.

기준일 : 2018/ 01 /25

한글 회사명 : 도미니언 에너지
영문 회사명 : Dominion Energy
상장일 : 1983년 05월 20일 | 결산월 : 12월
시가총액 : 494 (억$) |
52주 최고 : $85.3 (-11.68%) / 52주 최저 : $70.87 (+6.29%)

주요 주주정보

보유자/ 보유 기관	보유율
The Vanguard Group, Inc.	7.03%
BlackRock Fund Advisors	5.06%
SSgA Funds Management, Inc.	4.77%

애널리스트 추천 및 최근 투자의견

도미니언 에너지의 2018년 01월 25일 현재 17개 기관의 **평균적인 목표가는 81.33$**이며, 2018년 추정 주당순이익(EPS)은 4.04$로 2017년 추정 EPS 3.58$에 비해 **12.84% 증가할 것으로 예상**된다.

최근, 1개월, 3개월의 투자 의견 변화

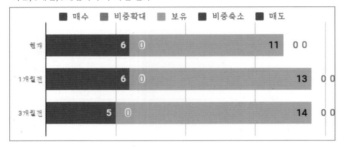

투자의견	금융사 및 투자의견	날짜
Downgrade	Tudor Pickering: Buy to Hold	3/4/2017
Initiated	Credit Suisse: to Outperform	1/25/2017
Downgrade	Morgan Stanley: Overweight to Equal-Weight	8/8/2016
Downgrade	JP Morgan: Overweight to Neutral	6/16/2016
Downgrade	Citigroup: Buy to Neutral	2/2/2016

내부자 거래

(3M 비중은 12개월 거래 중 최근 3개월의 비중)

구분	성격	3개월	12개월	3M비중
매수	매수 건수 (장내 매매만 해당)	10	24	41.67%
매도	매도 건수 (장내 매매만 해당)	8	12	66.67%
매수	매수 수량 (장내 매매만 해당)	133,757	160,787	83.19%
매도	매도 수량 (장내 매매만 해당)	42,685	67,917	62.85%
	순매수량 (-인 경우 순매도량)	91,072	92,870	

ETF 노출
(편입 ETF 수 : 103개 / 시가총액 대비 ETF의 보유비중 : 11.1%)

티커	ETF	보유 지분	비중
VTI	Vanguard Total Stock Market ETF	$1,179,324,265	0.17%
VOO	Vanguard 500 Index Fund	$835,454,349	0.20%
SPY	SPDR S&P 500 ETF Trust	$608,534,174	0.20%
XLU	Utilities SPDR (ETF)	$580,703,965	7.92%
IVV	iShares S&P 500 Index (ETF)	$309,663,821	0.20%

기간 수익률

1M : -11.68%	3M : -5.67%	6M : -3.32%	1Y : -1.05%	3Y : -3.56%

재무 지표

	2014	2015	2016	2017(E)
매출액 (백만$)	12,566	11,480	11,407	12,997
영업이익 (백만$)	2,698	3,349	3,320	4,501
순이익 (백만$)	1,310	1,899	2,123	2,276
자산총계 (백만$)	54,327	58,648	71,610	76,080
자본총계 (백만$)	11,957	13,602	16,840	
부채총계 (백만$)	42,370	45,046	54,770	

안정성 비율	2013	2014	2015	2016
유동비율 (%)	84.93	78.01	51.60	52.35
부채비율 (%)	321.01	354.35	331.17	325.24
이자보상배율 (배)	4.07	2.29	3.75	3.39

투자 지표

	2014	2015	2016	2017(E)
영업이익률 (%)	21.47	29.17	29.10	34.63
매출액 증가율 (%)	-4.64	-8.64	-0.64	13.94
EPS ($)	2.25	3.21	3.44	3.58
EPS 증가율 (%)	-23.21	42.67	7.17	4.15
주당자산가치($)	19.75	21.25	23.26	27.81
잉여현금흐름 (백만$)	-2,112	-1,518	-1,998	110

	2013	2014	2015	2016
배당성향(%)	76.79	107.14	80.94	81.40
배당수익률(%)	3.48	3.12	3.83	3.66
ROE (%)	15.75	11.17	15.68	15.57
ROA (%)	3.74	2.54	3.40	3.40
재고회전율	10.82	9.72	8.32	7.94
EBITDA (백만$)	4,896	4,258	5,018	5,169

매출비중

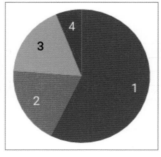

제품명	비중
1. 발전	
	57.48%
2. 도미니언 버지니아 파워	
	18.83%
3. 에너지	
	17.63%
4. 조정 및 공제	
	6.12%
5. 기타	
	-0.06%

DUK
듀크 에너지 코퍼레이션
Duke Energy Corporation

섹터 유틸리티 (Utilities)
세부섹터 전기 유틸리티 (Electric Utilities)

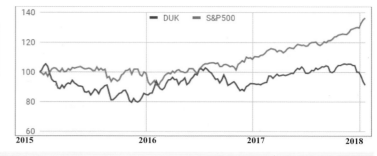

듀크 에너지 코퍼레이션(Duke Energy Corporation)은 미국 최대의 전력 회사 중 하나인 지주회사이다. 회사는 2012년 설립되었고 본사는 노스캐롤라이나 주 샬롯이며 28,798명의 직원이 근무하고 있다. 회사는 전기 유틸리티 및 인프라, 가스 유틸리티 및 인프라, 상업용 재생 에너지 분야 등 세 가지 부문으로 운영되고 있다. 전기 유틸리티 및 인프라 부문은 미국 오하이오, 켄터키, 테네시 및 캐롤라이나 지역의 약 750만 고객에게 전기의 발전, 송전, 분배 및 판매를 통한 전력 서비스를 제공하고 있다. 가스 유틸리티 및 인프라 부문은 주거용, 상업용, 산업 및 발전에 필요한 천연가스를 중서부 및 플로리다의 캐롤라이나주 150만 명의 고객에게 제공한다. 상업용 재생 에너지는 주로 미국 전역에서 풍력 및 태양광 재생 에너지를 생산, 건설, 개발 및 운영을 하고 있다.

기준일 : 2018/ 01 /25

한글 회사명 : 듀크 에너지 코퍼레이션
영문 회사명 : Duke Energy Corporation
상장일 : 1972년 01월 21일 | 결산월 : 12월
시가총액 : 552 (억$) |
52주 최고 : $91.8 (-15.66%) / 52주 최저 : $76.28 (+1.49%)

주요 주주정보

보유자/ 보유 기관	보유율
The Vanguard Group, Inc.	7.08%
BlackRock Fund Advisors	4.89%
SSgA Funds Management, Inc.	4.76%

애널리스트 추천 및 최근 투자의견

듀크 에너지 코퍼레이션의 2018년 01월 25일 현재 18개 기관의 **평균적인 목표가는 85.57$**이며, 2018년 추정 주당순이익(EPS)은 4.8$로 2017년 추정 EPS 4.56$에 비해 **5.26% 증가할 것으로 예상**된다.

최근, 1개월, 3개월의 투자 의견 변화

투자의견	금융사 및 투자의견	날짜
Upgrade	Credit Suisse: Neutral to Outperform	1/23/2018
Downgrade	Goldman Sachs: Buy to Neutral	11/1/2018
Maintains	Morgan Stanley: to Equal-Weight	12/13/2017
Maintains	Morgan Stanley: to Equal-Weight	11/13/2017
Maintains	Citigroup: to Sell	10/17/2017

내부자 거래

(3M 비중은 12개월 거래 중 최근 3개월의 비중)

구분	성격	3개월	12개월	3M비중
매수	매수 건수 (장내 매매만 해당)	10	20	50.00%
매도	매도 건수 (장내 매매만 해당)	35	46	76.09%
매수	매수 수량 (장내 매매만 해당)	81,236	120,953	67.16%
매도	매도 수량 (장내 매매만 해당)	52,113	102,166	51.01%
	순매수량 (-인 경우 순매도량)	29,123	18,787	

ETF 노출

(편입 ETF 수 : 114개 / 시가총액 대비 ETF의 보유비중 : 10.87%)

티커	ETF	보유 지분	비중
VTI	Vanguard Total Stock Market ETF	$1,329,767,404	0.19%
VOO	Vanguard 500 Index Fund	$942,225,265	0.23%
SPY	SPDR S&P 500 ETF Trust	$686,291,891	0.23%
XLU	Utilities SPDR (ETF)	$603,899,277	8.23%
IVV	iShares S&P 500 Index (ETF)	$349,112,625	0.23%

기간 수익률

1M : -12.54%	3M : -12%	6M : -9.83%	1Y : -0.65%	3Y : -12.05%

재무 지표

	2014	2015	2016	2017(E)
매출액 (백만$)	23,932	22,371	22,743	24,419
영업이익 (백만$)	5,330	5,154	5,551	6,418
순이익 (백만$)	2,459	2,639	2,560	3,164
자산총계 (백만$)	120,557	126,753	139,473	138,674
자본총계 (백만$)	40,899	39,771	41,041	
부채총계 (백만$)	79,658	86,982	98,432	

안정성 비율	2013	2014	2015	2016
유동비율 (%)	121.66	103.05	73.00	69.60
부채비율 (%)	177.19	194.77	218.71	239.84
이자보상배율 (배)	3.58	3.29	3.38	3.22

투자 지표

	2014	2015	2016	2017(E)
영업이익률 (%)	22.27	23.04	24.41	26.28
매출액 증가율 (%)	-2.66	-6.52	1.66	7.37
EPS ($)	3.98	4.12	3.86	4.56
EPS 증가율 (%)	5.37	3.65	-6.41	18.16
주당자산가치($)	57.81	57.74	58.62	59.01
잉여현금흐름 (백만$)	1,202	-90	-1,103	-55

	2013	2014	2015	2016
배당성향(%)	81.86	79.20	78.59	87.09
배당수익률(%)	4.48	3.77	4.54	4.33
ROE (%)	6.44	5.98	6.55	6.34
ROA (%)	2.33	2.10	2.15	1.94
재고회전율	7.60	7.13	6.21	6.26
EBITDA (백만$)	8,549	8,396	8,207	8,845

매출비중

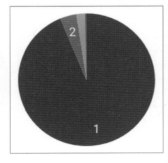

제품명	비중
1. 전기 유틸리티 및 인프라	
	93.81%
2. 가스 유틸리티 및 인프라	
	3.85%
3. 상업 재생 에너지	
	2.13%
4. 기타	
	0.21%

유틸리티

ED
콘솔리데이티드 에디슨
Consolidated Edison, Inc

섹터 유틸리티 (Utilities)
세부섹터 전기 유틸리티 (Electric Utilities)

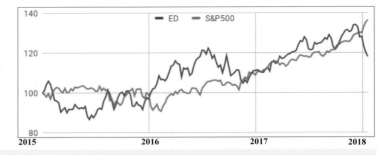

콘솔리데이티드 에디슨(Consolidated Edison, Inc.)은 에너지 지주회사이다. 회사는 1823년에 설립되었고 본사는 뉴욕주 뉴욕에 있으며 14,796명의 직원이 근무하고 있다. 회사는 유틸리티와 트랜스미션 클린에너지 사업부로 나누어 세 가지 부문의 사업을 영위하고 있으며 콘솔리데이티드 에디슨 오브 뉴욕(Consolidated Edison Company of New York, Inc.), 오렌지 앤 락랜드 유틸리티(Orange and Rockland Utilities, Inc.), 콘에디슨 트랜스미션(Con Edison Transmission, Inc), 콘 에디슨 클린 에너지 비즈니스(Con Edison Clean Energy Businesses, Inc.)로 4개의 자회사를 두고 있다. 현재 전기, 가스 및 스팀 서비스를 뉴욕시와 웨스트 체스터 카운티에 거주하는 1천만 명의 고객들에게 에너지를 공급하고 있다. 뉴욕시와 웨스트 체스터 카운티 전역에 62개의 지역 변전소 및 다양한 배전 시설을 소유하고 있다.

기준일 : 2018/ 01 /25

한글 회사명 : 콘솔리데이티드에디슨
영문 회사명 : Consolidated Edison, Inc
상장일 : 1972년 01월 21일 | 결산월 : 12월
시가총액 : 249 (억$) |
52주 최고 : $89.7 (-11.62%) / 52주 최저 : $72.13 (+9.89%)

주요 주주정보

보유자/ 보유 기관	보유율
The Vanguard Group, Inc.	7.05%
SSgA Funds Management, Inc.	6.19%
BlackRock Fund Advisors	5.95%

애널리스트 추천 및 최근 투자의견

콘솔리데이티드 에디슨의 2018년 01월 25일 현재 16개 기관의 **평균적인 목표가는 80.46$**이며, 2018년 추정 주당순이익(EPS)은 4.27$로 2017년 추정 EPS 4.09$에 비해 **4.4% 증가**할 것으로 예상된다.

재무 지표

	2014	2015	2016	2017(E)
매출액 (백만$)	12,890	12,524	12,066	12,094
영업이익 (백만$)	2,023	2,613	2,676	2,653
순이익 (백만$)	1,092	1,193	1,245	1,261
자산총계 (백만$)	44,308	45,642	48,255	49,941
자본총계 (백만$)	12,585	13,061	14,306	
부채총계 (백만$)	31,723	32,581	33,949	

안정성 비율	2013	2014	2015	2016
유동비율 (%)	82.26	101.93	81.27	88.63
부채비율 (%)	231.95	252.07	249.45	237.31
이자보상배율 (배)	3.02	3.42	4.00	3.84

최근, 1개월, 3개월의 투자 의견 변화

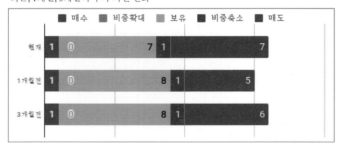

투자의견	금융사 및 투자의견	날짜
Initiated	JP Morgan: to Underweight	12/1/2018
Maintains	Morgan Stanley: to Underweight	11/13/2017
Downgrade	Evercore ISI Group: In-Line to Underperform	9/26/2017
Maintains	Morgan Stanley: to Underweight	8/9/2017
Maintains	Morgan Stanley: to Underweight	10/8/2017

투자 지표

	2014	2015	2016	2017(E)
영업이익률 (%)	15.69	20.86	22.18	21.94
매출액 증가율 (%)	4.42	-2.84	-3.66	0.23
EPS ($)	3.73	4.07	4.14	4.09
EPS 증가율 (%)	2.87	9.12	1.83	-1.23
주당자산가치($)	42.94	44.55	46.88	49.12
잉여현금흐름 (백만$)	412	223	-221	-200

	2013	2014	2015	2016
배당성향(%)	68.14	67.92	64.20	65.05
배당수익률(%)	4.45	3.82	4.05	3.64
ROE (%)	8.81	8.80	9.31	9.10
ROA (%)	2.60	2.57	2.65	2.65
재고회전율	35.63	35.07	34.69	35.02
EBITDA (백만$)	3,196	3,094	3,743	3,892

내부자 거래

(3M 비중은 12개월 거래 중 최근 3개월의 비중)

구분	성격	3개월	12개월	3M비중
매수	매수 건수 (장내 매매만 해당)	30	131	22.90%
매도	매도 건수 (장내 매매만 해당)	14	16	87.50%
매수	매수 수량 (장내 매매만 해당)	1,944	25,105	7.74%
매도	매도 수량 (장내 매매만 해당)	211,938	214,128	98.98%
	순매수량 (-인 경우 순매도량)	-209,994	-189,023	

매출비중

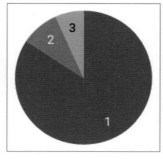

제품명	비중
1. CECONY	84.18%
2. 청정 에너지 비즈니스	9.04%
3. O&R	6.8%
4. 기타	-0.02%

ETF 노출
(편입 ETF 수 : 105개 / 시가총액 대비 ETF의 보유비중 : 12.8%)

티커	ETF	보유 지분	비중
VTI	Vanguard Total Stock Market ETF	$598,938,252	0.09%
VOO	Vanguard 500 Index Fund	$424,953,013	0.10%
SPY	SPDR S&P 500 ETF Trust	$310,714,128	0.10%
XLU	Utilities SPDR (ETF)	$297,308,939	4.05%
SDY	SPDR S&P Dividend (ETF)	$210,672,809	1.26%

기간 수익률

1M : -11.29%	3M : -7.3%	6M : -5.61%	1Y : 7.1%	3Y : 13.27%

EIX
에디슨 인터내셔널
Edison Int'l

섹터 유틸리티 (Utilities)
세부섹터 전기 유틸리티 (Electric Utilities)

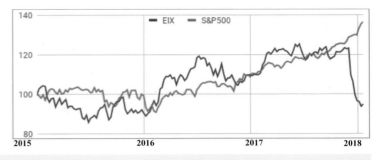

에디슨 인터내셔널(Edison International)은 캘리포니아 남부지역에 전력을 공급하고 있는 에너지 지주회사이다. 회사는 1866년에 설립되었고 본사는 캘리포니아주 로즈미드에 있으며 12,390명의 직원이 근무하고 있다. 자회사로는 규정에 따른 전력을 공급하는 에디슨 컴퍼니(Southern California Edison Company)와 비영리 자산인 에디슨 에너지 그룹(Edison Energy Group, Inc.)이 있다. 2016년 12월 31일 현재 공공 유틸리티 업체인 서던 캘리포니아 에디슨 컴퍼니(Southern California Edison Company)는 남부 캘리포니아의 약 70,000km²의 1,300만 고객들에게 전력을 공급하는 사업을 영위하고 있다. 전력을 생산하기 위해 사용하는 연료의 최소 21%는 풍력, 태양광 등의 신재생 에너지원을 사용하고 있다. 회사는 향후 신재생 에너지 사업에서 경쟁력을 확보하기 위해 태양광 사업을 하는 에디슨 에너지 그룹(Edison Energy Group, Inc.)을 소유하고 있다.

기준일 : 2018/ 01 /25

한글 회사명 : 에디슨 인터내셔널
영문 회사명 : Edison Int'l
상장일 : 1972년 01월 21일 | 결산월 : 12월
시가총액 : 203 (억$) |
52주 최고 : $83.38 (-26.07%) / 52주 최저 : $60.64 (+1.64%)

주요 주주정보

보유자/ 보유 기관	보유율
Maple-Brown Abbott Ltd.	12.32%
The Vanguard Group, Inc.	8.03%
SSgA Funds Management, Inc.	7.66%

유틸리티

애널리스트 추천 및 최근 투자의견

에디슨 인터내셔널의 2018년 01월 25일 현재 16개 기관의 **평균적인 목표가는 71.73$**이며, 2018년 추정 주당순이익(EPS)은 4.26$로 2017년 추정 EPS 4.31$에 비해 **-1.16% 감소할 것으로 예상**된다.

최근, 1개월, 3개월의 투자 의견 변화

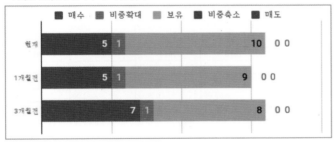

투자의견	금융사 및 투자의견	날짜
Initiated	JP Morgan: to Neutral	12/1/2018
Downgrade	Edward Jones: Hold to Sell	12/27/2017
Maintains	Morgan Stanley: to Equal-Weight	12/13/2017
Downgrade	Mizuho: Buy to Neutral	6/12/2017
Maintains	Citigroup: to Neutral	10/17/2017

내부자 거래

(3M 비중은 12개월 거래 중 최근 3개월의 비중)

구분	성격	3개월	12개월	3M비중
매수	매수 건수 (장내 매매만 해당)	0	3	0.00%
매도	매도 건수 (장내 매매만 해당)	12	21	57.14%
매수	매수 수량 (장내 매매만 해당)	0	4,980	0.00%
매도	매도 수량 (장내 매매만 해당)	8,341	496,541	1.68%
	순매수량 (-인 경우 순매도량)	-8,341	-491,561	

ETF 노출

(편입 ETF 수 : 101개 / 시가총액 대비 ETF의 보유비중 : 13.5%)

티커	ETF	보유 지분	비중
VTI	Vanguard Total Stock Market ETF	$489,830,628	0.07%
VOO	Vanguard 500 Index Fund	$347,210,332	0.08%
SPY	SPDR S&P 500 ETF Trust	$253,043,047	0.08%
XLU	Utilities SPDR (ETF)	$242,430,071	3.30%
VIG	Vanguard Dividend Appreciation ETF	$176,332,358	0.49%

기간 수익률

1M : -10.88%	3M : -23.49%	6M : -21.34%	1Y : -13.68%	3Y : -8.64%

재무 지표

	2014	2015	2016	2017(E)
매출액 (백만$)	13,413	11,524	11,869	12,364
영업이익 (백만$)	2,629	2,013	2,113	2,279
순이익 (백만$)	1,426	984	1,299	1,415
자산총계 (백만$)	50,186	50,229	51,319	53,931
자본총계 (백만$)	12,988	13,394	14,192	
부채총계 (백만$)	37,198	36,835	37,127	

안정성 비율	2013	2014	2015	2016
유동비율 (%)	67.86	73.35	53.87	35.91
부채비율 (%)	298.99	286.40	275.01	261.61
이자보상배율 (배)	4.20	4.69	3.63	3.64

투자 지표

	2014	2015	2016	2017(E)
영업이익률 (%)	19.60	17.47	17.80	18.43
매출액 증가율 (%)	6.61	-14.08	2.99	4.17
EPS ($)	4.94	3.13	4.02	4.31
EPS 증가율 (%)	75.86	-36.66	28.44	7.32
주당자산가치($)	33.64	34.89	36.82	39.64
잉여현금흐름 (백만$)	-658	284	-478	916

	2013	2014	2015	2016
배당성향(%)	49.19	30.28	55.89	49.86
배당수익률(%)	2.95	2.26	2.93	2.75
ROE (%)	9.08	13.65	8.81	11.12
ROA (%)	2.15	3.17	2.15	2.78
재고회전율	42.22	49.96	42.06	46.91
EBITDA (백만$)	3,908	4,444	4,018	4,211

매출비중

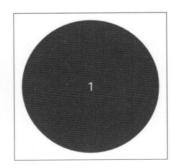

제품명	비중
1. 전기	
	100%

ETR
엔터지 코퍼레이션
Entergy Corporation

섹터 유틸리티 (Utilities)
세부섹터 전기 유틸리티 (Electric Utilities)

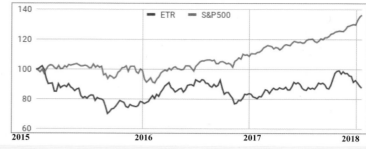

엔터지 코퍼레이션(Entergy Corporation)은 원자력과 발전소를 통해 전력을 생산하며 도매 및 소매 전력 유통사업을 영위하는 통합 에너지 지주회사이다. 회사는 1913년 설립되었고 본사는 루이지애나 주 뉴올리언스에 있으며 13,000명의 직원이 근무하고 있다. 회사는 두 개의 사업 부문으로 나누는데 유틸리티 및 원자력 발전을 담당하는 엔터지 홀세일 커머디티(Entergy Wholesale Commodities)와 유틸리티 부문으로 나눠지며, 유틸리티 부문은 뉴올리언스, 아칸소, 미시시피, 텍사스, 루이지애나 지역의 소매 및 도매사업자에게 생산된 전력의 송전, 분배 및 판매를 포함한다. 또한, 천연가스도 제공하는 사업을 영위한다. 엔터지 홀세일 커머디티는 미국 북부에 위치한 원자력발전소의 소유권, 운영 및 해체와 생산된 원자력을 도매 고객에게 판매하는 것을 포함하고 있다. 2016년 12월 31일 기준으로 회사는 약 10,000MW의 원자력 발전을 포함하여 총 발전 용량이 30,000MW 이상인 발전소를 소유 및 운영하고 있다.

기준일 : 2018/ 01 /25

한글 회사명 : 엔터지 코퍼레이션
영문 회사명 : Entergy Corporation
상장일 : 1972년 01월 21일 | 결산월 : 12월
시가총액 : 141 (억$) |
52주 최고 : $87.95 (-12.83%) / 52주 최저 : $69.63 (+10.09%)

주요 주주정보

보유자/ 보유 기관	보유율
The Vanguard Group, Inc.	11.27%
BlackRock Fund Advisors	7.28%
SSgA Funds Management, Inc.	5.2%

애널리스트 추천 및 최근 투자의견

엔터지 코퍼레이션의 2018년 01월 25일 현재 18개 기관의 **평균적인 목표가는 85.82$**이며, 2018년 추정 주당순이익(EPS)은 5.1$로 2017년 추정 EPS 6.91$에 비해 **-26.19% 감소할 것으로 예상**된다.

최근, 1개월, 3개월의 투자 의견 변화

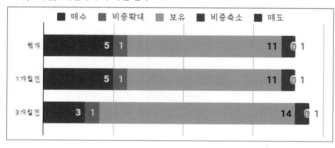

투자의견	금융사 및 투자의견	날짜
Maintains	Morgan Stanley: to Equal-Weight	12/13/2017
Upgrade	Mizuho: Neutral to Buy	11/17/2017
Maintains	Morgan Stanley: to Equal-Weight	11/13/2017
Maintains	Wells Fargo: to Outperform	10/25/2017
Upgrade	Jefferies: Hold to Buy	10/16/2017

내부자 거래

(3M 비중은 12개월 거래 중 최근 3개월의 비중)

구분	성격	3개월	12개월	3M비중
매수	매수 건수 (장내 매매만 해당)	38	65	58.46%
매도	매도 건수 (장내 매매만 해당)	53	82	64.63%
매수	매수 수량 (장내 매매만 해당)	77,531	92,829	83.52%
매도	매도 수량 (장내 매매만 해당)	35,613	114,966	30.98%
	순매수량 (-인 경우 순매도량)	41,918	-22,137	

ETF 노출

(편입 ETF 수 : 87개 / 시가총액 대비 ETF의 보유비중 : 17.38%)

티커	ETF	보유 지분	비중
VO	Vanguard Mid-Cap ETF	$345,810,438	0.35%
VTI	Vanguard Total Stock Market ETF	$340,192,261	0.05%
DVY	iShares Select Dividend ETF	$316,488,674	1.75%
VOO	Vanguard 500 Index Fund	$241,265,895	0.06%
SPY	SPDR S&P 500 ETF Trust	$174,995,981	0.06%

기간 수익률

1M : -8.12%	3M : -2.38%	6M : -0.24%	1Y : 8.17%	3Y : -13.17%

재무 지표

	2014	2015	2016	2017(E)
매출액 (백만$)	12,625	11,139	10,564	11,176
영업이익 (백만$)	2,102	1,327	1,531	1,907
순이익 (백만$)	960	-157	-565	1,240
자산총계 (백만$)	46,528	44,648	45,904	47,451
자본총계 (백만$)	10,312	9,575	8,285	
부채총계 (백만$)	36,215	35,073	37,619	

안정성 비율	2013	2014	2015	2016
유동비율 (%)	92.04	108.48	124.79	107.17
부채비율 (%)	346.27	351.18	366.30	454.07
이자보상배율 (배)	3.00	3.35	2.06	2.30

투자 지표

	2014	2015	2016	2017(E)
영업이익률 (%)	16.65	11.91	14.49	17.07
매출액 증가율 (%)	10.81	-11.77	-5.16	5.80
EPS ($)	5.24	-0.99	-3.26	6.91
EPS 증가율 (%)	31.33	-118.89	-229.29	311.86
주당자산가치($)	55.83	51.89	45.12	48.67
잉여현금흐름 (백만$)	1,233	297	-1,046	-362

	2013	2014	2015	2016
배당성향(%)	83.21	63.60		
배당수익률(%)	5.25	3.80	4.89	4.65
ROE (%)	7.68	9.58	-1.58	-6.32
ROA (%)	1.69	2.14	-0.34	-1.25
재고회전율	10.05	11.23	10.06	10.73
EBITDA (백만$)	3,823.62	4,230.06	3,444.69	3,654.55

매출비중

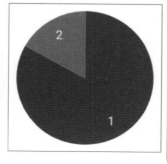

제품명	비중
1. 유틸리티	82.95%
2. 원자재	17.05%
3. 공제	0%

FE
퍼스트 에너지
FirstEnergy Corp

섹터 유틸리티 (Utilities)
세부섹터 전기 유틸리티(Electric Utilities)

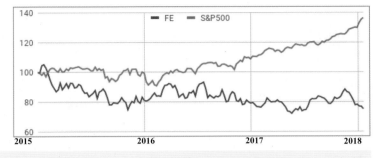

퍼스트 에너지(FirstEnergy Corp)는 전력 발전 및 공급 사업을 영위하는 에너지 지주회사이다. 회사는 1996년에 설립되었고 본사는 오하이오주 애크론에 있으며 15,707명의 직원이 근무하고 있다. 미국 중동부 지역의 전기공급 사업을 영위하고 있다. 회사의 사업 부문에는 미국 전력법 규정에 의한 배전과 송전 및 경쟁 입찰 에너지 서비스(CES) 및 기타가 포함된다. 10개의 자회사를 통하여 미국 중부 및 미국 동부 대서양 지역을 연결하여 6백만 고객들에게 전기를 공급하고 있다. 현재 40,000Km 이상의 송전선 보유하고 있으며 2개의 지역 송전 운영 센터를 운영하고 있다. 원자력, 스크러빙 석탄, 천연가스, 수력을 이용한 발전 및 기타 재생에너지를 통해 최대 17,000㎿의 전력 생산 능력을 갖춘 미국 내 최대 전기공급회사 중 하나이다.

기준일 : 2018/ 01 /25
한글 회사명 : 퍼스트 에너지
영문 회사명 : FirstEnergy Corp
상장일 : 1972년 01월 21일 | 결산월 : 12월
시가총액 : 143 (억$) |
52주 최고 : $35.22 (-11.66%) / 52주 최저 : $27.93 (+11.38%)

주요 주주정보

보유자/ 보유 기관	보유율
The Vanguard Group, Inc.	9.93%
SSgA Funds Management, Inc.	7.51%
BlackRock Fund Advisors	5.95%

애널리스트 추천 및 최근 투자의견

퍼스트 에너지의 2018년 01월 25일 현재 18개 기관의 **평균적인 목표가는 36.14$**이며, 2018년 추정 주당순이익(EPS)은 2.5$로 2017년 추정 EPS 3.04$에 비해 **-17.76% 감소할 것으로 예상**된다.

최근, 1개월, 3개월의 투자 의견 변화

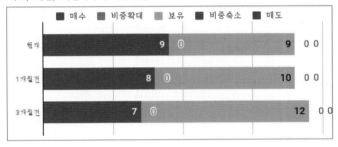

투자의견	금융사 및 투자의견	날짜
Maintains	Morgan Stanley: to Overweight	11/13/2017
Maintains	Citigroup: to Neutral	10/17/2017
Maintains	JP Morgan: to Neutral	12/10/2017
Maintains	Morgan Stanley: to Overweight	8/9/2017
Upgrade	Evercore ISI Group: In-Line to Outperform	8/14/2017

내부자 거래

(3M 비중은 12개월 거래 중 최근 3개월의 비중)

구분	성격	3개월	12개월	3M비중
매수	매수 건수 (장내 매매만 해당)	3	14	21.43%
매도	매도 건수 (장내 매매만 해당)	12	13	92.31%
매수	매수 수량 (장내 매매만 해당)	3,251	13,239	24.56%
매도	매도 수량 (장내 매매만 해당)	488,241	490,559	99.53%
	순매수량 (-인 경우 순매도량)	-484,990	-477,320	

ETF 노출   (편입 ETF 수 : 88개 / 시가총액 대비 ETF의 보유비중 : 14.16%)

티커	ETF	보유 지분	비중
VTI	Vanguard Total Stock Market ETF	$347,875,086	0.05%
VOO	Vanguard 500 Index Fund	$246,743,489	0.06%
SPY	SPDR S&P 500 ETF Trust	$178,996,742	0.06%
VO	Vanguard Mid-Cap ETF	$176,591,067	0.18%
XLU	Utilities SPDR (ETF)	$171,459,693	2.34%

기간 수익률

1M : -7.63%	3M : -7.02%	6M : -7.37%	1Y : -2.13%	3Y : -28.15%

재무 지표

	2014	2015	2016	2017(E)
매출액 (백만$)	14,987	14,865	14,315	14,503
영업이익 (백만$)	1,574	2,552	2,439	3,062
순이익 (백만$)	213	578	-6,177	1,361
자산총계 (백만$)	52,166	52,094	43,148	43,232
자본총계 (백만$)	12,422	12,422	6,241	
부채총계 (백만$)	39,744	39,672	36,907	

안정성 비율	2013	2014	2015	2016
유동비율 (%)	50.90	69.70	54.27	41.40
부채비율 (%)	297.20	319.95	319.37	591.36
이자보상배율 (배)	2.54	1.56	2.42	2.25

투자 지표

	2014	2015	2016	2017(E)
영업이익률 (%)	10.50	17.17	17.04	21.11
매출액 증가율 (%)	0.92	-0.81	-3.70	1.31
EPS ($)	0.71	1.37	-14.50	3.04
EPS 증가율 (%)	-24.47	92.96	-1,158.39	120.99
주당자산가치($)	29.49	29.33	14.11	14.87
잉여현금흐름 (백만$)	-832	553	304	1,233

	2013	2014	2015	2016
배당성향(%)	234.04	202.82	105.63	
배당수익률(%)	6.67	3.69	4.54	4.65
ROE (%)	2.91	1.70	4.65	-66.20
ROA (%)	0.74	0.42	1.11	-12.97
재고회전율	18.41	19.10	18.56	21.22
EBITDA (백만$)	3,724	3,134	4,566	4,531

매출비중

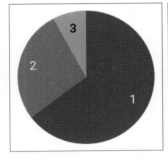

제품명	비중
1. 배전 부문	66.12%
2. 에너지 부문	27.95%
3. 운송 부문	7.9%
4. 조정	-1.98%

LNT
알리안츠 에너지 코퍼레이션
Alliant Energy Corporation

섹터 유틸리티 (Utilities)
세부섹터 전기 유틸리티(Electric Utilities)

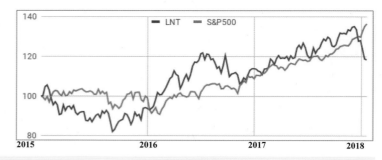

알리안츠 에너지 코퍼레이션(Alliant Energy Corporation)은 미국 중서부 지역에 전력과 천연가스 유통 및 공급을 하고 있는 공공 유틸리티 지주회사이다. 회사는 1981년에 설립되었고 본사는 위스콘신주 메디슨에 있으며 3,978명의 직원이 근무하고 있다. 회사는 2개의 자회사를 두고 있으며 주로 전력 발전과 전력 및 천연가스의 유통사업을 영위한다. 공공 유틸리티 자회사인 아이오와주를 기반으로 사업하는 인터스테이트 파워 앤드 라이트(Interstate Power and Light)와 위스콘신주를 기반으로 사업하는 위스콘신 파워 앤드 라이트(Wisconsin Power and Light)를 통해 약 96만 명의 고객에게 전력 서비스를, 41만 명의 고객에게 천연가스 서비스를 제공하고 있다.

기준일 : 2018/ 01 /25

한글 회사명 : 알리안츠 에너지 코퍼레이션
영문 회사명 : Alliant Energy Corporation
상장일 : 1972년 01월 21일 | 결산월 : 12월
시가총액 : 93 (억$) |
52주 최고 : $45.55 (-12.51%) / 52주 최저 : $36.56 (+8.99%)

주요 주주정보

보유자/ 보유 기관	보유율
The Vanguard Group, Inc.	10.32%
BlackRock Fund Advisors	6.25%
SSgA Funds Management, Inc.	5.12%

애널리스트 추천 및 최근 투자의견

알리안츠 에너지 코퍼레이션의 2018년 01월 25일 현재 9개 기관의 **평균적인 목표가는 42.17$**이며, 2018년 추정 주당순이익(EPS)은 2.11$로 2017년 추정 EPS 1.94$에 비해 **8.76% 증가할 것으로 예상**된다.

최근, 1개월, 3개월의 투자 의견 변화

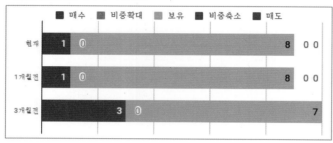

투자의견	금융사 및 투자의견	날짜
Downgrade	Wells Fargo: Outperform to Market Perform	12/18/2017
Initiated	Jefferies: to Hold	5/26/2017
Initiated	UBS: to Neutral	3/16/2017
Downgrade	Macquarie: to Neutral	1/24/2017
Initiated	Guggenheim: to Neutral	4/11/2016

내부자 거래

(3M 비중은 12개월 거래 중 최근 3개월의 비중)

구분	성격	3개월	12개월	3M비중
매수	매수 건수 (장내 매매만 해당)	7	8	87.50%
매도	매도 건수 (장내 매매만 해당)	6	9	66.67%
매수	매수 수량 (장내 매매만 해당)	70,883	74,583	95.04%
매도	매도 수량 (장내 매매만 해당)	32,747	40,021	81.82%
	순매수량 (-인 경우 순매도량)	38,136	34,562	

ETF 노출
(편입 ETF 수 : 96개 / 시가총액 대비 ETF의 보유비중 : 16.87%)

티커	ETF	보유 지분	비중
VO	Vanguard Mid-Cap ETF	$228,504,673	0.23%
VTI	Vanguard Total Stock Market ETF	$224,814,181	0.03%
VOO	Vanguard 500 Index Fund	$159,304,261	0.04%
SPY	SPDR S&P 500 ETF Trust	$114,667,679	0.04%
DVY	iShares Select Dividend ETF	$112,795,076	0.62%

기간 수익률

1M : -11.29%	3M : -8.13%	6M : -4.76%	1Y : 5.48%	3Y : 13.24%

재무 지표

	2014	2015	2016	2017(E)
매출액 (백만$)	3,350	3,254	3,320	3,436
영업이익 (백만$)	544	577	623	659
순이익 (백만$)	396	391	384	447
자산총계 (백만$)	12,086	13,172	13,971	14,687
자본총계 (백만$)	3,641	3,924	4,062	
부채총계 (백만$)	8,445	9,248	9,909	

안정성 비율	2013	2014	2015	2016
유동비율 (%)	70.55	85.87	60.83	75.48
부채비율 (%)	219.03	231.99	235.68	243.94
이자보상배율 (배)	3.09	3.01	3.30	3.54

투자 지표

	2014	2015	2016	2017(E)
영업이익률 (%)	16.24	17.73	18.77	19.18
매출액 증가율 (%)	2.24	-2.89	2.04	3.49
EPS ($)	1.73	1.68	1.64	1.94
EPS 증가율 (%)	7.12	-2.89	-2.38	18.41
주당자산가치($)	15.50	16.41	16.96	18.91
잉여현금흐름 (백만$)	-11	-163	-337	-622

	2013	2014	2015	2016
배당성향(%)	58.20	58.96	65.48	71.65
배당수익률(%)	3.64	3.07	3.52	3.10
ROE (%)	11.20	11.12	10.34	9.62
ROA (%)	3.49	3.41	3.10	2.83
재고회전율	15.77	15.38	14.55	14.89
EBITDA (백만$)	945	985.9	990.7	1,035

매출비중

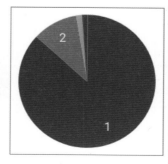

제품명	비중
1. 유틸리티 전기	86.61%
2. 유틸리티 가스	10.7%
3. 유틸리티 기타	1.46%
4. 기타	1.22%

PEG
퍼브릭 서비스 엔터프라이즈 그룹
Public Service Enterprise Group

섹터 유틸리티 (Utilities)
세부섹터 전기 유틸리티 (Electric Utilities)

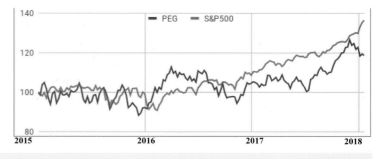

퍼브릭 서비스 엔터프라이즈 그룹(Public Service Enterprise Group)은 미국에서 전기와 가스 및 신재생 에너지를 생산하고 있는 미국 최대의 에너지 회사 중 하나이다. 회사는 1985년에 설립되었고 본사는 뉴저지 뉴왁에 있으며 13,100명의 직원이 근무하고 있다. 미국 동부지역 220만 명에게 전기와 180만 명에게 가스를 공급하고 있다. 회사의 부문에는 PSEG 파워 아래 4개의 자회사가 속해 있으며 PSEG와 PSEG 롱아일랜드, PSEG 에너지 홀딩스, PSEG 서비스 코퍼레이션이 있다. PSEG는 뉴저지의 일부 지역에서 전력 및 천연가스를 고객들에게 제공하는 서비스를 영위하고 있다. 자회사들은 주요 고객에게 전기와 가스를 공급하는 사업을 하고 있으며 미국 전역에서 태양광 발전을 통해서 전력을 생산하고 운영하고 있다.

기준일 : 2018/ 01 /25
한글 회사명 : 퍼브릭 서비스 엔터프라이즈 그룹
영문 회사명 : Public Service Enterprise Group
상장일 : 1972년 01월 21일 | 결산월 : 12월
시가총액 : 259 (억$) |
52주 최고 : $53.28 (-5.83%) / 52주 최저 : $41.67 (+20.39%)

주요 주주정보

보유자/보유 기관	보유율
The Vanguard Group, Inc.	7.04%
BlackRock Fund Advisors	5.62%
SSgA Funds Management, Inc.	5.18%

유틸리티

애널리스트 추천 및 최근 투자의견

퍼브릭 서비스 엔터프라이즈 그룹의 2018년 01월 25일 현재 15개 기관의 **평균적인 목표가는 52.68$**이며, 2018년 추정 주당순이익(EPS)은 3.08$로 2017년 추정 EPS 2.91$에 비해 **5.84% 증가할 것으로 예상**된다.

최근, 1개월, 3개월의 투자 의견 변화

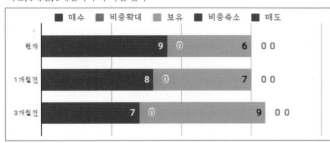

투자의견	금융사 및 투자의견	날짜
Upgrade	Macquarie: Neutral to Outperform	1/22/2018
Maintains	Morgan Stanley: to Overweight	12/13/2017
Maintains	Morgan Stanley: to Overweight	11/13/2017
Upgrade	Wells Fargo: Market Perform to Outperform	1/11/2017
Maintains	Argus: to Buy	10/25/2017

내부자 거래

(3M 비중은 12개월 거래 중 최근 3개월의 비중)

구분	성격	3개월	12개월	3M비중
매수	매수 건수 (장내 매매만 해당)	13	13	100.00%
매도	매도 건수 (장내 매매만 해당)	9	32	28.13%
매수	매수 수량 (장내 매매만 해당)	148,413	148,413	100.00%
매도	매도 수량 (장내 매매만 해당)	75,031	552,381	13.58%
	순매수량 (-인 경우 순매도량)	73,382	-403,968	

ETF 노출

(편입 ETF 수 : 104개 / 시가총액 대비 ETF의 보유비중 : 12.47%)

티커	ETF	보유 지분	비중
VTI	Vanguard Total Stock Market ETF	$624,320,048	0.09%
VOO	Vanguard 500 Index Fund	$442,622,014	0.11%
SPY	SPDR S&P 500 ETF Trust	$322,576,293	0.11%
XLU	Utilities SPDR (ETF)	$307,579,057	4.19%
DVY	iShares Select Dividend ETF	$170,483,125	0.94%

기간 수익률

1M : -4.78%	3M : 8.68%	6M : 11.35%	1Y : 13.85%	3Y : 14.35%

재무 지표

	2014	2015	2016	2017(E)
매출액 (백만$)	11,257	9,983	8,831	9,520
영업이익 (백만$)	2,993	2,569	1,354	2,705
순이익 (백만$)	1,518	1,679	887	1,477
자산총계 (백만$)	35,333	37,535	40,070	41,842
자본총계 (백만$)	12,186	13,067	13,130	
부채총계 (백만$)	23,147	24,468	26,940	

안정성 비율	2013	2014	2015	2016
유동비율 (%)	117.99	118.43	97.73	99.33
부채비율 (%)	180.15	189.95	187.25	205.18
이자보상배율 (배)	5.78	7.69	6.54	3.49

투자 지표

	2014	2015	2016	2017(E)
영업이익률 (%)	26.59	25.73	15.33	28.42
매출액 증가율 (%)	11.64	-11.32	-11.54	7.81
EPS ($)	3.00	3.32	1.76	2.91
EPS 증가율 (%)	21.95	10.67	-46.99	65.20
주당자산가치($)	24.09	25.86	26.01	26.68
잉여현금흐름 (백만$)	340	56	-888	-496

	2013	2014	2015	2016
배당성향(%)	58.78	49.50	47.20	93.71
배당수익률(%)	4.49	3.57	4.03	3.74
ROE (%)	11.10	12.76	13.30	6.77
ROA (%)	3.87	4.47	4.61	2.29
재고회전율	9.94	11.00	9.99	9.48
EBITDA (백만$)	3,689	4,420	3,996	3,033

매출비중

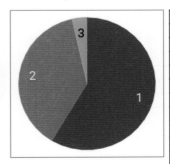

제품명	비중
1. PSE & G	68.66%
2. 전력	44.4%
3. 기타	4.08%
4. 공제	-17.14%

PPL
피피엘 코퍼레이션
PPL Corporation

섹터 유틸리티 (Utilities)
세부섹터 전기 유틸리티 (Electric Utilities)

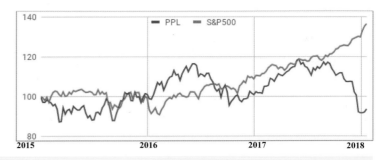

피피엘 코퍼레이션(PPL Corporation)은 유틸리티 지주 회사이다. 회사는 1920년에 설립되었고 본사는 펜실베이니아주 엘링타운에 있으며 12,689명의 직원이 근무하고 있다. 자회사를 통해 회사는 영국, 펜실베이니아주, 켄터키주, 버지니아주 및 테네시주의 고객에게 전기를 공급한다. 피피엘 일렉트릭 유틸리티(PPL Electric Utilities)는 주요 자회사이다. 켄터키주의 321,000명의 고객에게 천연가스 공급 및 발전소를 통해 전기 생산 및 공급을 하고 있다. 회사는 2016년 12월 31일 기준으로 현재 미국 및 영국의 1,050만 명 이상의 고객에게 전력을 공급 중이다. 미국에서 약 8,000MW 전력을 생산하고 약 363,188km의 전력 송전선을 보유하고 있다. 현재 시간당 14.4BKW의 전력을 공급 중이다.

기준일 : 2018/ 01 /25
한글 회사명 : 피피엘 코퍼레이션
영문 회사명 : PPL Corporation
상장일 : 1972년 01월 21일 | 결산월 : 12월
시가총액 : 220 (억$) |
52주 최고 : $40.2 (-20.57%) / 52주 최저 : $30.44 (+4.89%)

주요 주주정보

보유자/ 보유 기관	보유율
The Vanguard Group, Inc.	7.06%
BlackRock Fund Advisors	5.61%
SSgA Funds Management, Inc.	4.98%

애널리스트 추천 및 최근 투자의견

피피엘 코퍼레이션의 2018년 01월 25일 현재 15개 기관의 **평균적인 목표가는 35.67$**이며, 2018년 추정 주당순이익(EPS)은 2.33$로 2017년 추정 EPS 2.18$에 비해 **6.88% 증가**할 것으로 예상된다.

최근, 1개월, 3개월의 투자 의견 변화

투자의견	금융사 및 투자의견	날짜
Upgrade	Deutsche Bank: Hold to Buy	1/18/2018
Downgrade	Macquarie: Neutral to Underperform	12/19/2017
Upgrade	Jefferies: to Buy	7/19/2017
Upgrade	Goldman Sachs: to Neutral	6/26/2017
Downgrade	Goldman Sachs: to Sell	1/17/2017

내부자 거래

(3M 비중은 12개월 거래 중 최근 3개월의 비중)

구분		성격	3개월	12개월	3M비중
매수	매수 건수 (장내 매매만 해당)		0	0	-
매도	매도 건수 (장내 매매만 해당)		24	32	75.00%
매수	매수 수량 (장내 매매만 해당)		0	0	-
매도	매도 수량 (장내 매매만 해당)		144,339	225,820	63.92%
	순매수량 (-인 경우 순매도량)		-144,339	-225,820	

ETF 노출
(편입 ETF 수 : 108개 / 시가총액 대비 ETF의 보유비중 : 12.35%)

티커	ETF	보유 지분	비중
VTI	Vanguard Total Stock Market ETF	$535,094,815	0.08%
VOO	Vanguard 500 Index Fund	$376,564,632	0.09%
SPY	SPDR S&P 500 ETF Trust	$273,192,302	0.09%
XLU	Utilities SPDR (ETF)	$262,756,055	3.58%
IVV	iShares S&P 500 Index (ETF)	$139,037,618	0.09%

기간 수익률

1M : -7%	3M : -19.63%	6M : -18.05%	1Y : -8.16%	3Y : -3.63%

재무 지표

	2014	2015	2016	2017(E)
매출액 (백만$)	7,852	7,669	7,517	7,487
영업이익 (백만$)	2,867	2,852	3,048	2,956
순이익 (백만$)	1,428	1,601	1,896	1,478
자산총계 (백만$)	48,606	39,301	38,315	39,469
자본총계 (백만$)	13,628	9,919	9,899	
부채총계 (백만$)	34,978	29,382	28,416	

안정성 비율	2013	2014	2015	2016
유동비율 (%)	104.91	81.01	68.27	53.87
부채비율 (%)	271.08	256.66	296.22	287.06
이자보상배율 (배)	2.82	3.49	3.34	3.48

투자 지표

	2014	2015	2016	2017(E)
영업이익률 (%)	36.51	37.19	40.55	39.49
매출액 증가율 (%)	-32.64	-2.33	-1.98	-0.40
EPS ($)	2.64	2.33	2.80	2.18
EPS 증가율 (%)	42.93	-11.98	20.30	-22.18
주당자산가치($)	20.47	14.72	14.56	14.96
잉여현금흐름 (백만$)	-271	-918	-30	20

	2013	2014	2015	2016
배당성향(%)	83.52	57.13	64.71	54.48
배당수익률(%)	5.26	4.42	4.39	4.46
ROE (%)	9.78	10.95	13.60	19.13
ROA (%)	2.50	3.01	3.64	4.89
재고회전율	16.96	14.50	20.78	21.09
EBITDA (백만$)	4,180	3,871	3,813	4,078

매출비중

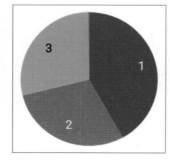

제품명	비중
1. 켄터키 부문	41.79%
2. 영국 부문	29.36%
3. 펜실베니아 부문	28.68%
4. 기타	0.17%

SO
서던컴퍼니
Southern Co.

섹터 유틸리티 (Utilities)
세부섹터 전기 유틸리티 (Electric Utilities)

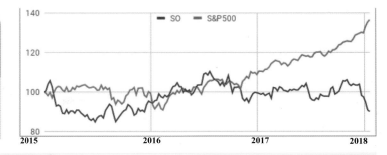

서던컴퍼니(Southern Company)는 미국 앨라배마, 조지아, 플로리다, 미시시피 지역에 전력과 천연가스를 공급하는 자회사의 지주회사이다. 회사는 1920년에 설립되었고 본사는 조지아주 애틀랜타에 있으며 32,015명의 직원이 근무하고 있다. 회사는 73개의 발전소를 가지고 있으며 4개 주 450만 명의 고객에게 전력을 공급한다. 앨라배마 파워, 조지아 파워, 걸프 파워, 미시시피 파워 등 12개의 자회사로 이루어진 회사는 포춘 500대 기업 중 149위 기업이다. 2016년 7개 주 450만 명의 고객을 보유한 에이지엘(AGL)의 인수로 회사는 뉴저지에서 플로리다까지 총 17개 주 900만 명의 주민에게 전력과 천연가스를 공급하는 기업으로 변신했다. 현재 신재생 에너지 및 이동통신과 광통신 사업도 영위하고 있으며 현재 미국에서 2번째로 큰 유틸리티 회사이다.

기준일 : 2018/ 01 /25
한글 회사명 : 서던컴퍼니
영문 회사명 : Southern Co.
상장일 : 1972년 01월 21일 | 결산월 : 12월
시가총액 : 448 (억$) |
52주 최고 : $53.51 (-17.52%) / 52주 최저 : $43.16 (+2.24%)

주요 주주정보

보유자/ 보유 기관	보유율
The Vanguard Group, Inc.	7.02%
SSgA Funds Management, Inc.	4.79%
BlackRock Fund Advisors	4.65%

애널리스트 추천 및 최근 투자의견

서던컴퍼니의 2018년 01월 25일 현재 20개 기관의 **평균적인 목표가는 48.5$**이며, 2018년 추정 주당순이익(EPS)은 2.99$로 2017년 추정 EPS 2.96$에 비해 **1.01% 증가**할 것으로 예상된다.

최근, 1개월, 3개월의 투자 의견 변화

투자의견	금융사 및 투자의견	날짜
Downgrade	Mizuho: Buy to Neutral	1/23/2018
Initiated	JP Morgan: to Underweight	12/1/2018
Downgrade	Goldman Sachs: Neutral to Sell	11/1/2018
Maintains	Morgan Stanley: to Underweight	11/13/2017
Maintains	Citigroup: to Sell	3/10/2017

내부자 거래

구분	성격	3개월	12개월	3M비중
	(3M 비중은 12개월 거래 중 최근 3개월의 비중)			
매수	매수 건수 (장내 매매만 해당)	12	12	100.00%
매도	매도 건수 (장내 매매만 해당)	20	34	58.82%
매수	매수 수량 (장내 매매만 해당)	412,126	412,126	100.00%
매도	매도 수량 (장내 매매만 해당)	208,940	661,012	31.61%
	순매수량 (-인 경우 순매도량)	203,186	-248,886	

ETF 노출   (편입 ETF 수 : 106개 / 시가총액 대비 ETF의 보유비중 : 10.77%)

티커	ETF	보유 지분	비중
VTI	Vanguard Total Stock Market ETF	$1,077,832,324	0.16%
VOO	Vanguard 500 Index Fund	$767,076,695	0.18%
SPY	SPDR S&P 500 ETF Trust	$561,031,681	0.19%
XLU	Utilities SPDR (ETF)	$533,155,977	7.27%
IVV	iShares S&P 500 Index (ETF)	$284,307,309	0.18%

기간 수익률

1M : -13.38%	3M : -12.24%	6M : -7.18%	1Y : -9.41%	3Y : -13.45%

재무 지표

	2014	2015	2016	2017(E)
매출액 (백만$)	18,467	17,494	19,861	22,299
영업이익 (백만$)	4,510	4,676	5,094	6,012
순이익 (백만$)	2,031	2,421	2,493	2,958
자산총계 (백만$)	70,233	78,318	109,697	110,872
자본총계 (백만$)	21,340	22,143	26,894	
부채총계 (백만$)	48,893	56,175	82,803	

안정성 비율	2013	2014	2015	2016
유동비율 (%)	101.14	65.44	71.49	75.27
부채비율 (%)	220.50	229.11	253.69	307.89
이자보상배율 (배)	5.33	5.45	5.61	3.96

투자 지표

	2014	2015	2016	2017(E)
영업이익률 (%)	24.42	26.73	25.65	26.96
매출액 증가율 (%)	8.08	-5.27	13.53	12.28
EPS ($)	2.19	2.60	2.57	2.96
EPS 증가율 (%)	16.49	18.72	-1.15	15.09
주당자산가치($)	21.96	22.59	25.00	25.19
잉여현금흐름 (백만$)	-332	433	-2,661	-1,919

	2013	2014	2015	2016
배당성향(%)	107.62	95.53	83.11	86.98
배당수익률(%)	4.90	4.24	4.60	4.52
ROE (%)	8.65	9.86	11.42	10.65
ROA (%)	2.68	3.01	3.28	2.69
재고회전율	6.68	8.66	8.98	8.43
EBITDA (백만$)	6,671	6,803	7,071	8,019

매출비중

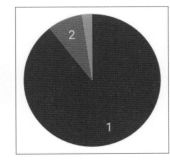

제품명	비중
1. 전기 유틸리티	
	90.17%
2. 가스	
	8.3%
3. 기타	
	2.33%
4. 공제	
	-0.8%

WEC
더블유이씨 에너지 그룹
Wec Energy Group, Inc.

섹터 유틸리티 (Utilities)
세부섹터 전기 유틸리티(Electric Utilities)

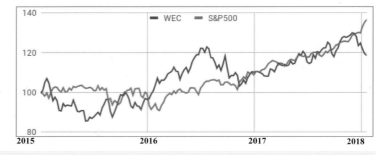

더블유이씨 에너지 그룹(WEC Energy Group, Inc.)은 미국 위스콘신주, 일리노이주, 미시간주 및 미네소타의 약 440만 고객에게 전력 및 천연가스를 공급하는 서비스를 제공하고 있는 업체이다. 회사는 1981년 설립되었고 본사는 위스콘신 밀워키에 있으며 8,400여 명의 직원이 근무 중인 포춘 500대 기업 중 하나이다. 회사는 4개 주에 116,000Km의 전력 네트워크, 73,000km의 천연가스 파이프라인을 보유하고 있으며 8,800MW의 전력생산을 하고 있다. 회사는 전력사업부, 천연가스 사업부, 발전 사업부, 천연가스 저장소, 전력 송전로 나누어져 운영되고 있다. 회사는 자회사 아메리칸 트랜스미션 컴퍼니 엘엘씨(American Transmission Company LLC)에 대한 지분을 약 60% 소유하고 있으며 2016년 12월 31일 현재 위 파워(We Power)를 통해 비 전력유틸리티 사업도 진행하고 있다.

기준일 : 2018/ 01 /25

한글 회사명 : 더블유이씨 에너지 그룹
영문 회사명 : Wec Energy Group, Inc.
상장일 : 1984년 11월 05일 | 결산월 : 12월
시가총액 : 202 (억$) |
52주 최고 : $70.09 (-9.83%) / 52주 최저 : $56.05 (+12.75%)

주요 주주정보

보유자/ 보유 기관	보유율
The Vanguard Group, Inc.	10.35%
BlackRock Fund Advisors	6.58%
SSgA Funds Management, Inc.	5.11%

애널리스트 추천 및 최근 투자의견

더블유이씨 에너지 그룹의 2018년 01월 25일 현재 13개 기관의 **평균적인 목표가는 66.11$**이며, 2018년 추정 주당순이익(EPS)은 3.29$로 2017년 추정 EPS 3.11$에 비해 **5.78% 증가할 것으로 예상**된다.

최근, 1개월, 3개월의 투자 의견 변화

투자의견	금융사 및 투자의견	날짜
Initiated	Credit Suisse: to Neutral	12/7/2017
Maintains	Bank of America: to Neutral	11/15/2017
Downgrade	Goldman Sachs: to Sell	6/26/2017
Downgrade	Mizuho: to Neutral	2/2/2017
Initiated	Guggenheim: to Buy	11/4/2016

내부자 거래

(3M 비중은 12개월 거래 중 최근 3개월의 비중)

구분	성격	3개월	12개월	3M비중
매수	매수 건수 (장내 매매만 해당)	27	27	100.00%
매도	매도 건수 (장내 매매만 해당)	39	64	60.94%
매수	매수 수량 (장내 매매만 해당)	132,676	132,676	100.00%
매도	매도 수량 (장내 매매만 해당)	25,156	520,955	4.83%
	순매수량 (-인 경우 순매도량)	107,520	-388,279	

ETF 노출
(편입 ETF 수 : 104개 / 시가총액 대비 ETF의 보유비중 : 16.37%)

티커	ETF	보유 지분	비중
VO	Vanguard Mid-Cap ETF	$496,891,932	0.50%
VTI	Vanguard Total Stock Market ETF	$489,171,431	0.07%
VOO	Vanguard 500 Index Fund	$347,024,840	0.08%
SPY	SPDR S&P 500 ETF Trust	$252,898,985	0.08%
XLU	Utilities SPDR (ETF)	$241,048,048	3.29%

기간 수익률

1M : -7.42%	3M : -4.48%	6M : -0.41%	1Y : 7.88%	3Y : 12.97%

재무 지표

	2014	2015	2016	2017(E)
매출액 (백만$)	4,997	5,926	7,472	7,653
영업이익 (백만$)	1,074	1,404	1,724	1,756
순이익 (백만$)	588	640	940	984
자산총계 (백만$)	15,163	30,407	31,253	31,754
자본총계 (백만$)	4,450	8,685	8,960	
부채총계 (백만$)	10,713	21,722	22,293	

안정성 비율	2013	2014	2015	2016
유동비율 (%)	103.66	92.01	81.46	89.19
부채비율 (%)	246.42	240.74	250.11	248.80
이자보상배율 (배)	4.07	4.45	4.22	4.26

투자 지표

	2014	2015	2016	2017(E)
영업이익률 (%)	21.49	23.69	23.07	22.95
매출액 증가율 (%)	10.58	18.59	26.09	2.42
EPS ($)	2.61	2.36	2.98	3.11
EPS 증가율 (%)	2.76	-9.58	26.27	4.25
주당자산가치($)	19.60	27.42	28.29	29.33
잉여현금흐름 (백만$)	462	27	680	-111

	2013	2014	2015	2016
배당성향(%)	57.57	60.23	74.48	66.89
배당수익률(%)	3.50	2.96	3.40	3.38
ROE (%)	13.70	13.50	9.75	10.66
ROA (%)	3.88	3.93	2.81	3.05
재고회전율	13.10	13.69	10.90	11.72
EBITDA (백만$)	1,413.30	1,483.00	1,965.60	2,486.80

매출비중

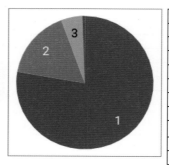

제품명	비중
1. 위스콘신	
	77.69%
2. 일리노이	
	16.62%
3. 기타 주	
	5.04%
4. We 전력	
	0.33%
5. 기타	
	0.31%

AES
에이이에스 코퍼레이션
AES Corporation

섹터 유틸리티 (Utilities)
세부섹터 전력생산 및 에너지 거래
(Independent Power Producers & Energy Traders)

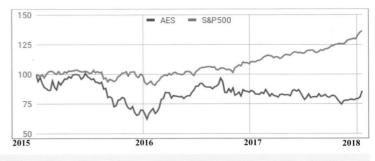

에이이에스 코퍼레이션(AES Corporation)은 포춘 200대에 속해 있는 글로벌 전력 회사이며 지주회사이다. 회사는 1981년 설립되었고 본사는 버지니아주 알링턴에 있으며 19,000명의 직원이 근무하고 있다. 현재 17개국에 진출하여 에너지 저장 기술 및 전력 공급을 서비스하고 있으며 사업부는 미국, 안데스(콜롬비아, 칠레, 아르헨티나), 브라질, MCAC(멕시코, 샌트럴 아메리카, 캐리비언), 유럽(영국, 불가리아, 요르단, 카자흐스탄), 아시아(인도, 베트남, 필리핀) 등에서 서비스를 제공하고 있다. 자회사는 6개의 전략 사업 단위 에스비유(SBU)로 조직되어 있다. 2016년 12월 31일 기준으로 미국은 18대의 발전설비와 2개의 통합 유틸리티를 보유하고 있다. 안데스는 3개국에 발전설비가 있고 브라질은 자회사 에레트로파울로(Eletropaulo) 및 티에테(Tiete)로 사업을 하고 있다. 엠씨에이씨(MCAC)는 5개국에 신재생 에너지를 포함한 전력 유통사업 및 발전 설비를 보유하고 있다. 유럽은 현재 5개국에 발전 설비를 갖추고 있고 아시아는 현재 3개국에 발전 설비를 보유하고 있다.

기준일 : 2018/ 01 /25
한글 회사명 : 에이이에스 코퍼레이션
영문 회사명 : AES Corporation
상장일 : 1991년 06월 26일 | 결산월 : 12월
시가총액 : 76 (억$) |
52주 최고 : $12.05 (-7.88%) / 52주 최저 : $10 (+11%)

주요 주주정보

보유자/ 보유 기관	보유율
The Vanguard Group, Inc.	11.25%
BlackRock Fund Advisors	5.5%
SSgA Funds Management, Inc.	4.97%

애널리스트 추천 및 최근 투자의견

에이이에스 코퍼레이션의 2018년 01월 25일 현재 9개 기관의 **평균적인 목표가**는 **12.66$**이며, 2018년 추정 주당순이익(EPS)은 1.17$로 2017년 추정 EPS 1.02$에 비해 **14.7% 증가할 것으로 예상**된다.

최근, 1개월, 3개월의 투자 의견 변화

투자의견	금융사 및 투자의견	날짜
Maintains	Morgan Stanley: to Equal-Weight	12/13/2017
Upgrade	Bank of America: Neutral to Buy	11/13/2017
Maintains	Morgan Stanley: to Equal-Weight	8/9/2017
Maintains	Morgan Stanley: to Equal-Weight	10/7/2017
Maintains	Argus: to Hold	3/23/2017

내부자 거래

(3M 비중은 12개월 거래 중 최근 3개월의 비중)

구분	성격	3개월	12개월	3M비중
매수	매수 건수 (장내 매매만 해당)	8	12	66.67%
매도	매도 건수 (장내 매매만 해당)	28	30	93.33%
매수	매수 수량 (장내 매매만 해당)	259,418	307,750	84.30%
매도	매도 수량 (장내 매매만 해당)	111,054	137,531	80.75%
	순매수량 (-인 경우 순매도량)	148,364	170,219	

ETF 노출

(편입 ETF 수 : 69개 / 시가총액 대비 ETF의 보유비중 : 15.08%)

티커	ETF	보유 지분	비중
VO	Vanguard Mid-Cap ETF	$187,586,004	0.19%
VTI	Vanguard Total Stock Market ETF	$185,165,074	0.03%
VOO	Vanguard 500 Index Fund	$130,786,521	0.03%
SPY	SPDR S&P 500 ETF Trust	$93,877,099	0.03%
XLU	Utilities SPDR (ETF)	$91,418,431	1.25%

기간 수익률

1M : 8.79%	3M : 3.52%	6M : 2.88%	1Y : 2.97%	3Y : -12.11%

재무 지표

	2014	2015	2016	2017(E)
매출액 (백만$)	17,111	14,112	13,475	13,991
영업이익 (백만$)	2,879	2,633	2,185	2,335
순이익 (백만$)	789	331	3	671
자산총계 (백만$)	38,966	36,470	36,119	37,106
자본총계 (백만$)	7,403	6,709	6,482	
부채총계 (백만$)	31,563	29,761	29,637	

안정성 비율	2013	2014	2015	2016
유동비율 (%)	101.12	111.85	98.79	121.61
부채비율 (%)	422.85	426.35	443.60	457.22
이자보상배율 (배)	2.25	2.17	2.14	1.65

투자 지표

	2014	2015	2016	2017(E)
영업이익률 (%)	16.83	18.66	16.22	16.69
매출액 증가율 (%)	7.73	-17.53	-4.51	3.83
EPS ($)	1.15	0.45	-1.72	1.02
EPS 증가율 (%)	220.06	-60.73	-482.22	159.12
주당자산가치($)	6.07	4.72	4.24	4.97
잉여현금흐름 (백만$)	-225	-174	539	1,011

	2013	2014	2015	2016
배당성향(%)	44.99	17.55	90.91	
배당수익률(%)	1.10	1.45	4.18	3.79
ROE (%)	6.27	18.02	8.24	0.08
ROA (%)	1.78	2.96	2.09	1.01
재고회전율	21.86	24.69	20.56	20.71
EBITDA (백만$)	4,317	4,124	3,777	3,361

매출비중

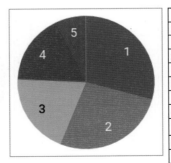

제품명	비중
1. 브라질 부문	
	27.64%
2. 미국 부문	
	25.24%
3. 안데스 전략 부문	
	18.45%
4. 중부 미국 부문	
	15.99%
5. 유럽 부문	
	6.76%

유틸리티

527

NRG
엔알지 에너지
NRG Energy, Inc.

섹터 유틸리티 (Utilities)
세부섹터 전력생산 및 에너지 거래
(Independent Power Producers & Energy Traders)

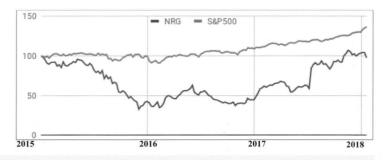

엔알지 에너지(NRG Energy, Inc)는 미국에서 다양한 고객에게 전기 및 관련 제품과 서비스를 생산, 판매 및 제공하는 업무를 영위하고 있는 통합 전력 회사이다. 회사는 1989년 설립되었고 포춘 500대 기업에 속해 있으며 본사는 뉴저지 프린스턴에 있으며 8,500여 명의 직원이 근무하고 있다. 미국 최대 48,096MW의 전력을 생산하고 29개 주 140개의 발전설비시설을 보유하고 있다. 신재생 에너지 분야에선 미국 내 7개 주에 35개의 풍력 발전 타워를 소유하고 있으며 미국에서 3번째로 큰 태양광 개발업체이기도 하다. 현재 미국 내 50개 주와 워싱턴 D. C.에서 정부 및 상업용과 주거용을 포함한 300만 고객에게 에너지를 서비스하고 있다.

기준일 : 2018/ 01 /25
한글 회사명 : 엔알지 에너지
영문 회사명 : NRG Energy, Inc.
상장일 : 2003년 12월 02일 | 결산월 : 12월
시가총액 : 88 (억$) |
52주 최고 : $29.78 (-8.79%) / 52주 최저 : $14.52 (+87.05%)

주요 주주정보

보유자/ 보유 기관	보유율
The Vanguard Group, Inc.	10.45%
T. Rowe Price Associates, Inc.	5.29%
BlackRock Fund Advisors	4.86%

애널리스트 추천 및 최근 투자의견

엔알지 에너지의 2018년 01월 25일 현재 10개 기관의 **평균적인 목표가는 31.22$**이며, 2018년 추정 주당순이익(EPS)은 2.24$로 2017년 추정 EPS 0.9$에 비해 **148.88% 증가할 것으로 예상**된다.

최근, 1개월, 3개월의 투자 의견 변화

투자의견	금융사 및 투자의견	날짜
Maintains	Barclays: to Overweight	7/13/2017
Upgrade	UBS: to Buy	1/6/2017
Upgrade	Goldman Sachs: to Buy	3/29/2017
Upgrade	Citigroup: to Buy	2/24/2017
Downgrade	Bank of America: to Neutral	11/22/2016

내부자 거래

(3M 비중은 12개월 거래 중 최근 3개월의 비중)

구분	성격	3개월	12개월	3M비중
매수	매수 건수 (장내 매매만 해당)	22	79	27.85%
매도	매도 건수 (장내 매매만 해당)	14	14	100.00%
매수	매수 수량 (장내 매매만 해당)	130,463	723,356	18.04%
매도	매도 수량 (장내 매매만 해당)	136,774	136,774	100.00%
	순매수량 (-인 경우 순매도량)	-6,311	586,582	

ETF 노출

(편입 ETF 수 : 63개 / 시가총액 대비 ETF의 보유비중 : 13.19%)

티커	ETF	보유 지분	비중
VTI	Vanguard Total Stock Market ETF	$201,255,682	0.03%
VB	Vanguard Small-Cap Index Fund	$196,267,061	0.26%
VOO	Vanguard 500 Index Fund	$142,749,141	0.03%
VBR	Vanguard Small-Cap Value ETF	$125,315,413	0.68%
SPY	SPDR S&P 500 ETF Trust	$106,343,951	0.04%

기간 수익률

1M : -2.18%	3M : 17.31%	6M : 9.84%	1Y : 66.97%	3Y : 2.28%

재무 지표

	2014	2015	2016	2017(E)
매출액 (백만$)	15,353	14,937	13,117	11,849
영업이익 (백만$)	1,406	1,370	1,424	1,224
순이익 (백만$)	134	-6,382	-774	230
자산총계 (백만$)	40,665	32,882	30,355	26,645
자본총계 (백만$)	11,986	5,765	4,492	
부채총계 (백만$)	28,679	27,117	25,863	

안정성 비율	2013	2014	2015	2016
유동비율 (%)	180.69	176.62	168.94	145.94
부채비율 (%)	216.31	239.27	470.37	575.76
이자보상배율 (배)	1.37	1.29	1.20	1.30

투자 지표

	2014	2015	2016	2017(E)
영업이익률 (%)	9.16	9.17	10.86	10.33
매출액 증가율 (%)	29.56	-2.71	-12.19	-9.66
EPS ($)	0.23	-19.46	-2.47	0.90
EPS 증가율 (%)	118.85	-8,560.87	87.33	136.58
주당자산가치($)	29.00	8.62	6.47	7.84
잉여현금흐름 (백만$)	601	26	828	791

	2013	2014	2015	2016
배당성향(%)		234.78		
배당수익률(%)		2.00	4.93	1.92
ROE (%)	-3.84	1.35	-97.72	-30.65
ROA (%)	-1.02	0.35	-17.50	-2.82
재고회전율	12.96	14.32	11.95	11.10
EBITDA (백만$)	2,474	2,975	2,981	2,840

매출비중

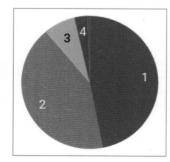

제품명	비중
1. 소매	
	51.3%
2. 세대	
	45.98%
3. NRG 부문	
	8.27%
4. 재생 에너지	
	3.38%
5. 기타	
	0.62%

AEE
에머런 코퍼레이션
Ameren Corp

섹터 유틸리티 (Utilities)
세부섹터 멀티 유틸리티 (Multi-Utilities)

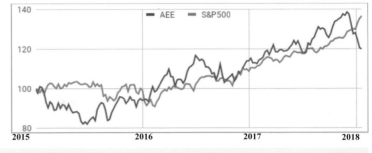

에머런 코퍼레이션(Ameren Corp)은 미주리주와 일리노이주에 전력 및 천연가스를 공급하는 에너지 지주회사이다. 회사는 1995년에 설립되었고 본사는 미주리주 세인트루이스에 있으며 8,500명의 직원이 근무하고 있다. 자회사는 에머런 미주리(Ameren Missouri), 에머런 일리노이스 일렉트릭 디스트리뷰션(Ameren Illinois Electric Distribution), 애머런 일리노이스 내츄럴 가스(Ameren Illinois Natural Gas) 및 애머런 트랜스미션(Ameren Transmission)의 네 개 부문이 있다. 현재 4개의 자회사를 통해 전력은 240만 명, 천연가스는 90만 명에게 제공하고 있으며 전기와 천연가스 서비스는 미주리의 중앙 및 동부에 공급하고 있다. 일리노이주에서도 전기와 천연가스를 공급하고 있는데 중앙과 남부에서 서비스를 제공하고 있다.

기준일 : 2018/ 01 /25
한글 회사명 : 에머런 코퍼레이션
영문 회사명 : Ameren Corp
상장일 : 1972년 01월 21일 | 결산월 : 12월
시가총액 : 138 (억$) |
52주 최고 : $64.89 (-13.77%) / 52주 최저 : $51.35 (+8.95%)

주요 주주정보

보유자/ 보유 기관	보유율
The Vanguard Group, Inc.	10.9%
SSgA Funds Management, Inc.	5.12%
BlackRock Fund Advisors	4.92%

애널리스트 추천 및 최근 투자의견

에머런 코퍼레이션의 2018년 01월 25일 현재 9개 기관의 **평균적인 목표가는 58.5$**이며, 2018년 추정 주당순이익(EPS)은 3.02$로 2017년 추정 EPS 2.8$에 비해 **7.85% 증가할 것으로 예상**된다.

최근, 1개월, 3개월의 투자 의견 변화

투자의견	금융사 및 투자의견	날짜
Downgrade	Morgan Stanley: Equal-Weight to Underweight	12/13/2017
Maintains	Morgan Stanley: to Equal-Weight	11/13/2017
Maintains	Morgan Stanley: to Equal-Weight	8/9/2017
Maintains	Morgan Stanley: to Overweight	10/8/2017
Maintains	Morgan Stanley: to Overweight	10/7/2017

내부자 거래

(3M 비중은 12개월 거래 중 최근 3개월의 비중)

구분	성격	3개월	12개월	3M비중
매수	매수 건수 (장내 매매만 해당)	37	38	97.37%
매도	매도 건수 (장내 매매만 해당)	16	21	76.19%
매수	매수 수량 (장내 매매만 해당)	501,222	508,265	98.61%
매도	매도 수량 (장내 매매만 해당)	173,573	207,886	83.49%
	순매수량 (-인 경우 순매도량)	327,649	300,379	

ETF 노출
(편입 ETF 수 : 91개 / 시가총액 대비 ETF의 보유비중 : 14.71%)

티커	ETF	보유 지분	비중
VO	Vanguard Mid-Cap ETF	$338,440,027	0.34%
VTI	Vanguard Total Stock Market ETF	$332,930,116	0.05%
VOO	Vanguard 500 Index Fund	$236,104,075	0.06%
SPY	SPDR S&P 500 ETF Trust	$170,436,067	0.06%
XLU	Utilities SPDR (ETF)	$165,504,572	2.26%

기간 수익률

1M : -9.48%	3M : -7.77%	6M : -2.42%	1Y : 5.97%	3Y : 18.52%

재무 지표

	2014	2015	2016	2017(E)
매출액 (백만$)	6,053	6,098	6,076	6,297
영업이익 (백만$)	1,254	1,259	1,381	1,444
순이익 (백만$)	587	579	653	683
자산총계 (백만$)	22,289	23,640	24,699	26,284
자본총계 (백만$)	6,855	7,088	7,245	
부채총계 (백만$)	15,434	16,552	17,454	

안정성 비율	2013	2014	2015	2016
유동비율 (%)	80.13	75.32	91.59	59.57
부채비율 (%)	214.72	225.15	233.52	240.91
이자보상배율 (배)	2.97	3.68	3.55	3.62

투자 지표

	2014	2015	2016	2017(E)
영업이익률 (%)	20.72	20.65	22.73	22.93
매출액 증가율 (%)	3.68	0.74	-0.36	3.64
EPS ($)	2.42	2.60	2.69	2.80
EPS 증가율 (%)	103.36	7.44	3.85	4.04
주당자산가치($)	27.67	28.63	29.28	30.12
잉여현금흐름 (백만$)	-308	48	-8	-107

	2013	2014	2015	2016
배당성향(%)	135.60	67.08	63.90	64.00
배당수익률(%)	4.42	3.49	3.83	3.27
ROE (%)	7.78	8.86	8.48	9.30
ROA (%)	2.42	2.74	2.55	2.73
재고회전율	9.49	11.53	11.48	11.41
EBITDA (백만$)	1,960	2,080	2,152	2,314

매출비중

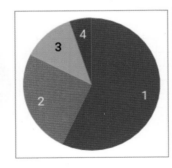

제품명	비중
1. 미주리	57.09%
2. 일리노이 전기 배송	25.43%
3. 일리노이 천연가스	12.39%
4. 전달	5.09%

CMS
씨엠에스 에너지 코퍼레이션
CMS Energy Corporation

섹터 유틸리티 (Utilities)
세부섹터 멀티 유틸리티(Multi-Utilities)

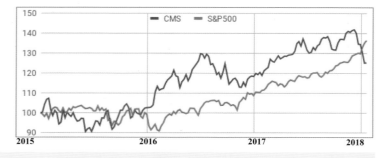

씨엠에스 에너지 코퍼레이션(CMS Energy Corporation)은 미시간주에서 전력 및 가스를 공급하고 있는 에너지 회사이다. 회사는 1886년 설립되었고 본사는 미시간주 잭슨에 있으며 7,500여 명의 직원이 근무하고 있다. 현재 미시간주에서 670만 명의 고객에게 에너지를 공급하고 있는데 미시간주 68개 카운티 중 62개의 카운티에는 전력을, 54개의 카운티에는 천연가스를 공급하고 있다. 회사는 세 가지 부문으로 나누어 운영되고 있다. 고객 에너지 서비스를 통해 각종 산업(자동차, 화학, 철강, 식품생산) 인프라에 에너지를 공급하고 전력과 가스회사를 통해 고객에게 에너지를 공급하며 CMS 엔터프라이즈의 발전설비 운영 및 천연가스 운송사업을 하고 있다. 자회사인 에너지은행을 통해 미시간주 주택소유자들에게 무보증으로 신재생 에너지 시스템을 구축하는 재정적인 지원 사업도 하고 있다.

기준일 : 2018/ 01 /25

한글 회사명 : 씨엠에스 에너지 코퍼레이션
영문 회사명 : CMS Energy Corporation
상장일 : 1987년 05월 27일 | 결산월 : 12월
시가총액 : 127 (억$) |
52주 최고 : $50.85 (-12.92%) / 52주 최저 : $41.58 (+6.49%)

주요 주주정보

보유자/ 보유 기관	보유율
The Vanguard Group, Inc.	10.34%
BlackRock Fund Advisors	6.58%
JPMorgan Investment Management, Inc.	6.02%

애널리스트 추천 및 최근 투자의견

씨엠에스 에너지 코퍼레이션의 2018년 01월 25일 현재 16개 기관의 **평균적인 목표가는 48.42$**이며, 2018년 추정 주당순이익(EPS)은 2.33$로 2017년 추정 EPS 2.17$에 비해 **7.37% 증가할 것으로 예상**된다.

최근, 1개월, 3개월의 투자 의견 변화

투자의견	금융사 및 투자의견	날짜
Upgrade	Wells Fargo: Market Perform to Outperform	12/18/2017
Maintains	Morgan Stanley: to Equal-Weight	12/13/2017
Maintains	Morgan Stanley: to Equal-Weight	11/13/2017
Initiated	Bank of America: to Buy	10/24/2017
Maintains	Morgan Stanley: to Equal-Weight	8/9/2017

내부자 거래

(3M 비중은 12개월 거래 중 최근 3개월의 비중)

구분	성격	3개월	12개월	3M비중
매수	매수 건수 (장내 매매만 해당)	19	41	46.34%
매도	매도 건수 (장내 매매만 해당)	10	35	28.57%
매수	매수 수량 (장내 매매만 해당)	265,771	385,059	69.02%
매도	매도 수량 (장내 매매만 해당)	58,837	317,042	18.56%
	순매수량 (-인 경우 순매도량)	206,934	68,017	

ETF 노출

(편입 ETF 수 : 88개 / 시가총액 대비 ETF의 보유비중 : 16.19%)

티커	ETF	보유 지분	비중
VO	Vanguard Mid-Cap ETF	$310,461,919	0.31%
VTI	Vanguard Total Stock Market ETF	$304,701,666	0.04%
VOO	Vanguard 500 Index Fund	$216,592,789	0.05%
SPY	SPDR S&P 500 ETF Trust	$158,415,667	0.05%
XLU	Utilities SPDR (ETF)	$153,822,316	2.10%

기간 수익률

1M : -10.55%	3M : -7.97%	6M : -5.77%	1Y : 4.06%	3Y : 20.22%

재무 지표

	2014	2015	2016	2017(E)
매출액 (백만$)	7,179	6,456	6,399	6,591
영업이익 (백만$)	1,152	1,164	1,296	1,333
순이익 (백만$)	477	523	551	610
자산총계 (백만$)	19,185	20,299	21,622	22,494
자본총계 (백만$)	3,707	3,975	4,290	
부채총계 (백만$)	15,478	16,324	17,332	

안정성 비율	2013	2014	2015	2016
유동비율 (%)	129.87	128.95	100.78	85.88
부채비율 (%)	398.88	417.53	410.67	404.01
이자보상배율 (배)	2.87	2.83	2.94	2.98

투자 지표

	2014	2015	2016	2017(E)
영업이익률 (%)	16.05	18.03	20.25	20.22
매출액 증가율 (%)	9.34	-10.07	-0.88	3.00
EPS ($)	1.76	1.90	1.98	2.17
EPS 증가율 (%)	2.92	7.96	4.35	9.56
주당자산가치($)	13.34	14.21	15.23	16.32
잉여현금흐름 (백만$)	-130	76	-43	-196

	2013	2014	2015	2016
배당성향(%)	61.45	62.07	61.38	62.63
배당수익률(%)	3.81	3.11	3.22	2.98
ROE (%)	13.60	13.39	13.75	13.45
ROA (%)	2.63	2.62	2.66	2.64
재고회전율	6.68	7.98	7.61	9.12
EBITDA (백만$)	1,770	1,837	1,934	2,130

매출비중

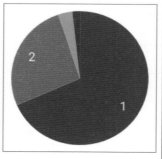

제품명	비중
1. 전기 유틸리티	68.43%
2. 가스 유틸리티	26.33%
3. 기업	3.36%
4. 기타	1.88%

CNP
센터 포인트 에너지
CenterPoint Energy, Inc.

섹터 유틸리티 (Utilities)
세부섹터 멀티 유틸리티 (Multi-Utilities)

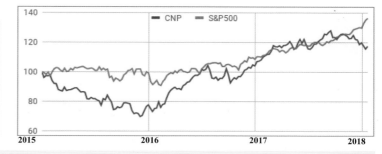

센터 포인트 에너지(CenterPoint Energy, Inc)는 미국 남부 6개 주에서 송전 및 배전, 천연가스 수송 및 에너지 서비스 운영을 포함하는 에너지 공급 회사이다. 회사는 1882년 설립되었고 본사는 텍사스 휴스턴에 있으며 8,720여 명의 직원이 근무하고 있다. 회사는 아칸소, 루이지애나, 미네소타, 미시시피, 오클라호마 및 텍사스에서 500만 명의 고객을 대상으로 에너지 서비스를 제공하고 있다. 회사는 천연가스 및 원유 기반 인프라를 소유, 운영 및 개발하는 오지이 에너지 코퍼레이션(OGE Energy Corp)과 공동으로 이내이블 미드스트림 파트너스(Enable Midstream Partners)에 대해 54.1%의 지분을 소유하고 있다.

기준일 : 2018/ 01 /25

한글 회사명 : 센터 포인트 에너지
영문 회사명 : CenterPoint Energy, Inc.
상장일 : 1977년 01월 18일 | 결산월 : 12월
시가총액 : 122 (억$) |
52주 최고 : $30.45 (-7.98%) / 52주 최저 : $25.38 (+10.4%)

주요 주주정보

보유자/ 보유 기관	보유율
The Vanguard Group, Inc.	11.7%
BlackRock Fund Advisors	5.87%
SSgA Funds Management, Inc.	5.47%

유틸리티

애널리스트 추천 및 최근 투자의견

센터 포인트 에너지의 2018년 01월 25일 현재 16개 기관의 **평균적인 목표가는 28.67$**이며, 2018년 추정 주당순이익(EPS)은 1.48$로 2017년 추정 EPS 1.34$에 비해 **10.44% 증가할 것으로 예상**된다.

최근, 1개월, 3개월의 투자 의견 변화

투자의견	금융사 및 투자의견	날짜
Downgrade	Guggenheim: Buy to Neutral	4/12/2017
Maintains	Citigroup: to Neutral	11/20/2017
Maintains	JP Morgan: to Neutral	12/10/2017
Upgrade	Credit Suisse: Underperform to Neutral	8/14/2017
Initiated	UBS: to Neutral	12/20/2016

내부자 거래

(3M 비중은 12개월 거래 중 최근 3개월의 비중)

구분	성격	3개월	12개월	3M비중
매수	매수 건수 (장내 매매만 해당)	18	26	69.23%
매도	매도 건수 (장내 매매만 해당)	22	33	66.67%
매수	매수 수량 (장내 매매만 해당)	296,677	333,413	88.98%
매도	매도 수량 (장내 매매만 해당)	120,121	142,390	84.36%
	순매수량 (-인 경우 순매도량)	176,556	191,023	

ETF 노출

(편입 ETF 수 : 93개 / 시가총액 대비 ETF의 보유비중 : 16.08%)

티커	ETF	보유 지분	비중
VO	Vanguard Mid-Cap ETF	$299,976,652	0.30%
VTI	Vanguard Total Stock Market ETF	$295,039,104	0.04%
VOO	Vanguard 500 Index Fund	$209,308,355	0.05%
SPY	SPDR S&P 500 ETF Trust	$150,244,660	0.05%
XLU	Utilities SPDR (ETF)	$147,516,312	2.01%

기간 수익률

1M : -3.47%	3M : -8.15%	6M : -1.24%	1Y : 8.59%	3Y : 20.86%

재무 지표

	2014	2015	2016	2017(E)
매출액 (백만$)	9,202	7,258	7,545	8,948
영업이익 (백만$)	900	910	906	1,078
순이익 (백만$)	611	-692	432	580
자산총계 (백만$)	23,683	21,855	22,317	21,787
자본총계 (백만$)	4,548	3,461	3,460	
부채총계 (백만$)	19,135	18,394	18,857	

안정성 비율	2013	2014	2015	2016
유동비율 (%)	88.04	94.04	109.40	94.90
부채비율 (%)	414.05	420.73	531.47	545.00
이자보상배율 (배)	2.09	1.91	1.99	2.11

투자 지표

	2014	2015	2016	2017(E)
영업이익률 (%)	9.78	12.54	12.01	12.04
매출액 증가율 (%)	13.37	-21.13	3.95	18.60
EPS ($)	1.42	-1.61	1.00	1.34
EPS 증가율 (%)	94.52	-213.38	162.11	33.51
주당자산가치($)	10.58	8.04	8.03	9.00
잉여현금흐름 (백만$)	25	429	811	1,073

	2013	2014	2015	2016
배당성향(%)	115.28	66.90		103.00
배당수익률(%)	3.58	4.05	5.39	4.18
ROE (%)	7.21	13.77	-17.28	12.48
ROA (%)	1.38	2.66	-3.04	1.96
재고회전율	26.74	27.72	19.99	22.90
EBITDA (백만$)	1,965	1,913	1,880	2,032

매출비중

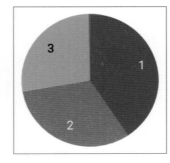

제품명	비중
1. 전송 및 배포	
	40.65%
2. 천연가스 공급	
	31.62%
3. 에너지 서비스	
	27.54%
4. 기타	
	0.2%

DTE
디티이 에너지
DTE Energy

섹터 유틸리티 (Utilities)
세부섹터 멀티 유틸리티 (Multi-Utilities)

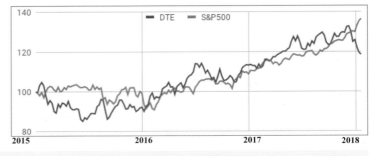

디티이 에너지(DTE Energy)는 미 전역에서 에너지 관련 비즈니스와 서비스 개발 및 관리에 관여하는 디트로이트 기반의 에너지 지주회사이다. 회사는 1995년 설립되었고 본사는 미시간주 디트로이트에 있으며 10,000명의 직원이 근무하고 있다. 자회사인 디티이 일렉트릭(DTE Electric)은 미시간에서 가장 큰 전력 회사이자 미국 최대 규모이고, 미시간주 남동부에 220만 고객을 대상으로 전력 공급 및 판매를 하고 있다. 디이티 가스(DTE Gas)는 미국 최대 천연가스 회사 중 하나이며 미시간주의 130만 고객에게 천연가스를 공급하고 있으며 278개 천연가스 저장시설도 보유하고 있다. 회사는 이외에 원자력발전, 신재생 에너지 개발, 에너지 마케팅 및 거래에 중점을 둔 비유틸리티 에너지 비즈니스도 영위하고 있다.

기준일 : 2018/ 01 /25

한글 회사명 : 디티이 에너지
영문 회사명 : DTE Energy
상장일 : 1972년 01월 21일 | 결산월 : 12월
시가총액 : 190 (억$) |
52주 최고 : $116.74 (-10.5%) / 52주 최저 : $96.56 (+8.2%)

주요 주주정보

보유자/ 보유 기관	보유율
The Vanguard Group, Inc.	10.67%
BlackRock Fund Advisors	6.43%
SSgA Funds Management, Inc.	5.09%

애널리스트 추천 및 최근 투자의견

디티이 에너지의 2018년 01월 25일 현재 12개 기관의 **평균적인 목표가는 110.55$**이며, 2018년 추정 주당순이익(EPS)은 5.71$로 2017년 추정 EPS 5.53$에 비해 **3.25% 증가**할 것으로 예상된다.

최근, 1개월, 3개월의 투자 의견 변화

투자의견	금융사 및 투자의견	날짜
Upgrade	Wells Fargo: Market Perform to Outperform	12/1/2018
Maintains	Credit Suisse: to Neutral	10/26/2017
Initiated	Credit Suisse: to Neutral	1/25/2017
Downgrade	UBS: to Neutral	9/1/2017
Upgrade	Bank of America: to Buy	11/22/2016

내부자 거래

(3M 비중은 12개월 거래 중 최근 3개월의 비중)

구분	성격	3개월	12개월	3M비중
매수	매수 건수 (장내 매매만 해당)	12	14	85.71%
매도	매도 건수 (장내 매매만 해당)	33	49	67.35%
매수	매수 수량 (장내 매매만 해당)	188,762	219,762	85.89%
매도	매도 수량 (장내 매매만 해당)	105,175	228,410	46.05%
	순매수량 (-인 경우 순매도량)	83,587	-8,648	

ETF 노출
(편입 ETF 수 : 100개 / 시가총액 대비 ETF의 보유비중 : 16.53%)

티커	ETF	보유 지분	비중
VO	Vanguard Mid-Cap ETF	$464,172,821	0.47%
VTI	Vanguard Total Stock Market ETF	$456,963,822	0.07%
VOO	Vanguard 500 Index Fund	$323,909,288	0.08%
DVY	iShares Select Dividend ETF	$296,422,045	1.64%
SPY	SPDR S&P 500 ETF Trust	$236,128,761	0.08%

기간 수익률

1M : -8.9%	3M : -7.44%	6M : -4.43%	1Y : 4.82%	3Y : 14.66%

재무 지표

	2014	2015	2016	2017(E)
매출액 (백만$)	12,217	10,321	10,737	11,274
영업이익 (백만$)	1,499	1,378	1,561	1,677
순이익 (백만$)	905	725	866	1,009
자산총계 (백만$)	27,974	28,662	32,041	33,728
자본총계 (백만$)	8,342	8,795	9,499	
부채총계 (백만$)	19,632	19,867	22,542	

안정성 비율	2013	2014	2015	2016
유동비율 (%)	87.99	119.79	101.86	113.34
부채비율 (%)	226.06	235.34	225.89	237.31
이자보상배율 (배)	2.76	3.49	3.06	3.31

투자 지표

	2014	2015	2016	2017(E)
영업이익률 (%)	12.27	13.35	14.54	14.88
매출액 증가율 (%)	26.89	-15.52	4.03	5.00
EPS ($)	5.11	4.05	4.84	5.53
EPS 증가율 (%)	35.29	-20.74	19.51	14.16
주당자산가치($)	47.05	48.88	50.22	53.21
잉여현금흐름 (백만$)	-210	-104	39	-579

	2013	2014	2015	2016
배당성향(%)	68.44	52.75	70.12	63.15
배당수익률(%)	3.89	3.11	3.54	3.10
ROE (%)	8.64	11.14	8.48	9.74
ROA (%)	2.56	3.38	2.54	2.74
재고회전율	13.86	17.06	12.85	13.63
EBITDA (백만$)	2,337	2,692	2,276	2,595

매출비중

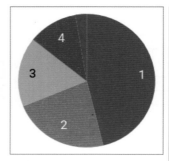

제품명	비중
1. 전기	49.15%
2. 에너지 거래	24.22%
3. 전력 및 산업 프로젝트	17.93%
4. 가스	12.46%
5. 가스 저장 및 파이프 라인	2.84%

ES
에버소스 에너지
Eversource Energy

섹터 유틸리티 (Utilities)
세부섹터 멀티 유틸리티 (Multi-Utilities)

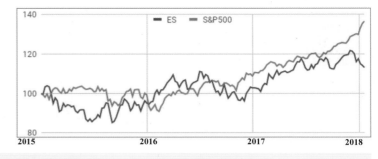

에버소스 에너지(Eversource Energy)는 전력과 천연가스 서비스 사업에 종사하는 지주회사이다. 회사는 1966년에 설립되었고 본사는 매사추세츠주 스프링필드에 있으며 39,191명의 직원이 근무하고 있다. 회사는 전력 송전, 전력 판매 및 천연가스 판매 사업을 영위하고 있다. 회사의 에너지 서비스 지역은 코네티컷주의 149개 도시에 전력을 71개 도시에는 천연가스를 공급하고 있다. 매사추세츠의 동부와 서부에서는 140여 개 도시에 전력이 51개 도시에 천연가스를 공급하고 있다. 뉴햄프셔주에서는 211개 도시에 전력을 공급 중이다. 미 동부 3개 주에서 총 370만 명의 고객에게 전력과 천연가스를 공급하고 있다. 현재 북미 최초의 대규모 해상 풍력 발전소 건설을 진행 중이며 매사추세츠주에 대규모 태양광 발전소도 개발 중이다.

기준일 : 2018/ 01 /25

한글 회사명 : 에버소스 에너지
영문 회사명 : Eversource Energy
상장일 : 1972년 01월 21일 | 결산월 : 12월
시가총액 : 205 (억$) |
52주 최고 : $66.15 (-7.96%) / 52주 최저 : $54.1 (+12.53%)

주요 주주정보

보유자/ 보유 기관	보유율
The Vanguard Group, Inc.	10.38%
BlackRock Fund Advisors	5.95%
SSgA Funds Management, Inc.	4.93%

유틸리티

애널리스트 추천 및 최근 투자의견

에버소스 에너지의 2018년 01월 25일 현재 15개 기관의 **평균적인 목표가는 64.92$**이며, 2018년 추정 주당순이익(EPS)은 3.32$로 2017년 추정 EPS 3.13$에 비해 **6.07% 증가할 것으로 예상**된다.

최근, 1개월, 3개월의 투자 의견 변화

투자의견	금융사 및 투자의견	날짜
Downgrade	Credit Suisse: Neutral to Underperform	1/23/2018
Upgrade	Morgan Stanley: Equal-Weight to Overweight	12/13/2017
Maintains	Morgan Stanley: to Equal-Weight	11/13/2017
Maintains	Morgan Stanley: to Equal-Weight	10/24/2017
Maintains	Credit Suisse: to Neutral	2/10/2017

내부자 거래

(3M 비중은 12개월 거래 중 최근 3개월의 비중)

구분	성격	3개월	12개월	3M비중
매수	매수 건수 (장내 매매만 해당)	20	20	100.00%
매도	매도 건수 (장내 매매만 해당)	15	20	75.00%
매수	매수 수량 (장내 매매만 해당)	188,076	188,076	100.00%
매도	매도 수량 (장내 매매만 해당)	63,437	198,313	31.99%
	순매수량 (-인 경우 순매도량)	124,639	-10,237	

ETF 노출
(편입 ETF 수 : 104개 / 시가총액 대비 ETF의 보유비중 : 16.41%)

티커	ETF	보유 지분	비중
VO	Vanguard Mid-Cap ETF	$499,981,218	0.50%
VTI	Vanguard Total Stock Market ETF	$491,687,472	0.07%
VOO	Vanguard 500 Index Fund	$348,912,633	0.08%
SPY	SPDR S&P 500 ETF Trust	$252,087,654	0.08%
XLU	Utilities SPDR (ETF)	$242,539,259	3.31%

기간 수익률

1M : -5.92%	3M : -3.29%	6M : -1.21%	1Y : 10.52%	3Y : 9.43%

재무 지표

	2014	2015	2016	2017(E)
매출액 (백만$)	7,742	7,955	7,639	7,823
영업이익 (백만$)	1,648	1,764	1,860	1,928
순이익 (백만$)	820	878	942	992
자산총계 (백만$)	29,740	30,580	32,053	34,073
자본총계 (백만$)	10,132	10,508	10,867	
부채총계 (백만$)	19,608	20,073	21,186	

안정성 비율	2013	2014	2015	2016
유동비율 (%)	63.71	85.90	87.59	68.09
부채비율 (%)	184.58	193.52	191.03	194.95
이자보상배율 (배)	4.20	4.59	4.78	4.68

투자 지표

	2014	2015	2016	2017(E)
영업이익률 (%)	21.29	22.17	24.35	24.65
매출액 증가율 (%)	6.04	2.75	-3.97	2.40
EPS ($)	2.59	2.77	2.97	3.13
EPS 증가율 (%)	4.02	6.95	7.22	5.34
주당자산가치($)	31.47	32.64	33.80	35.18
잉여현금흐름 (백만$)	32	-290	198	-394

	2013	2014	2015	2016
배당성향(%)	59.04	60.85	60.51	60.14
배당수익률(%)	3.47	2.93	3.27	3.22
ROE (%)	8.34	8.37	8.64	8.95
ROA (%)	2.83	2.88	2.94	3.03
재고회전율	25.58	23.72	23.19	22.97
EBITDA (백만$)	2,397.82	2,273.21	2,452.36	2,647.02

매출비중

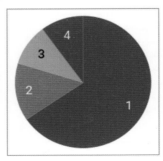

제품명	비중
1. 전기 전송	73.23%
2. 전기 전송	15.84%
3. 기타	11.39%
4. 천연가스 공급	11.23%
5. 공제	-11.69%

EXC
엑슬론 코퍼레이션
Exelon Corporation

섹터 유틸리티 (Utilities)
세부섹터 멀티 유틸리티 (Multi-Utilities)

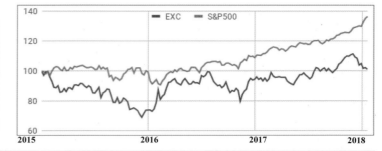

엑슬론 코퍼레이션(Exelon Corporation)은 전력과 천연가스 서비스 사업에 종사하는 지주회사이다. 회사는 1999년에 설립되었고 본사는 일리노이주 시카고에 있으며 포춘 100대 기업 중 하나이며 약 34,000명의 직원이 근무하고 있다. 현재 48개 주와 워싱턴 D.C. 및 캐나다에서 에너지 서비스 사업을 영위하고 있으며 엑슬론 제네레이션 컴퍼니(Exelon Generation Company)를 통해 전력을 생산하고 있다. 자회사로는 커먼 에디슨 컴퍼니(ComEd), 페코 에너지 회사(PECO), 볼티모어 가스 및 전기 회사(BGE), 펩코 홀딩스 엘엘씨(PHI), 포토맥 전력 회사(Pepco), 델마바 파워 앤 라이트 컴퍼니(DPL)와 애틀랜틱 시티 일렉트릭 컴퍼니(ACE)를 통해 델라웨어, 콜롬비아, 일리노이, 메릴랜드, 뉴저지 및 펜실베이니아주에 약 1천만 고객에게 전기 및 천연가스를 공급하고 있다. 35,500MW 이상의 전력을 생산하고 있으며 원자력, 가스, 풍력, 태양력 및 수력 발전은 최대 규모로 미국 내 경쟁력 있는 전력회사 중 하나이다.

기준일 : 2018/ 01 /25

한글 회사명 : 엑슬론 코퍼레이션
영문 회사명 : Exelon Corporation
상장일 : 1972년 01월 21일 | 결산월 : 12월
시가총액 : 371 (억$) | 52주 최고 : $42.67 (-10.26%) / 52주 최저 : $33.3 (+14.98%)

주요 주주정보

보유자/ 보유 기관	보유율
The Vanguard Group, Inc.	6.99%
SSgA Funds Management, Inc.	5.93%
Fidelity Management & Research Co.	5.03%

애널리스트 추천 및 최근 투자의견

엑슬론 코퍼레이션의 2018년 01월 25일 현재 19개 기관의 **평균적인 목표가는 42.47$**이며, 2018년 추정 주당순이익(EPS)은 2.95$로 2017년 추정 EPS 2.66$에 비해 **10.9% 증가할 것으로 예상**된다.

최근, 1개월, 3개월의 투자 의견 변화

투자의견	금융사 및 투자의견	날짜
Upgrade	Mizuho: Underperform to Neutral	1/23/2018
Initiated	Mizuho: to Underperform	12/15/2017
Maintains	Morgan Stanley: to Equal-Weight	12/13/2017
Maintains	Morgan Stanley: to Equal-Weight	11/13/2017
Maintains	JP Morgan: to Overweight	12/10/2017

내부자 거래

(3M 비중은 12개월 거래 중 최근 3개월의 비중)

구분	성격	3개월	12개월	3M비중
매수	매수 건수 (장내 매매만 해당)	12	49	24.49%
매도	매도 건수 (장내 매매만 해당)	14	32	43.75%
매수	매수 수량 (장내 매매만 해당)	10,596	48,972	21.64%
매도	매도 수량 (장내 매매만 해당)	671,471	2,827,880	23.74%
	순매수량 (-인 경우 순매도량)	-660,875	-2,778,908	

ETF 노출

(편입 ETF 수 : 103개 / 시가총액 대비 ETF의 보유비중 : 10.87%)

티커	ETF	보유 지분	비중
VTI	Vanguard Total Stock Market ETF	$899,032,590	0.13%
VOO	Vanguard 500 Index Fund	$637,367,583	0.15%
SPY	SPDR S&P 500 ETF Trust	$464,879,488	0.15%
XLU	Utilities SPDR (ETF)	$442,888,485	6.04%
IVV	iShares S&P 500 Index (ETF)	$236,170,044	0.15%

기간 수익률

1M : -6.79%	3M : 0.95%	6M : 1.3%	1Y : 6.06%	3Y : 1.57%

재무 지표

	2014	2015	2016	2017(E)
매출액 (백만$)	26,157	28,325	32,182	33,533
영업이익 (백만$)	2,602	3,386	4,509	5,066
순이익 (백만$)	1,623	2,269	1,134	2,518
자산총계 (백만$)	86,814	95,384	114,904	118,400
자본총계 (백만$)	24,133	27,322	27,612	
부채총계 (백만$)	62,681	68,062	87,292	

안정성 비율	2013	2014	2015	2016
유동비율 (%)	131.17	138.06	168.17	92.24
부채비율 (%)	248.41	259.73	249.11	316.14
이자보상배율 (배)	2.05	2.65	3.04	2.93

투자 지표

	2014	2015	2016	2017(E)
영업이익률 (%)	9.95	11.95	14.01	15.11
매출액 증가율 (%)	7.43	8.29	13.62	4.20
EPS ($)	1.89	2.55	1.23	2.66
EPS 증가율 (%)	-5.97	34.92	-51.77	115.97
주당자산가치($)	26.29	28.04	27.96	31.59
잉여현금흐름 (백만$)	-1,607	-8	-108	436

	2013	2014	2015	2016
배당성향(%)	72.75	65.96	48.82	103.61
배당수익률(%)	5.31	3.34	4.47	3.56
ROE (%)	7.79	7.16	9.38	4.39
ROA (%)	2.18	1.95	2.47	1.15
재고회전율	22.98	19.32	17.88	20.09
EBITDA (백만$)	6,526	6,470	7,373	10,085

매출비중

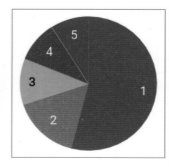

제품명	비중
1. 발전	56.61%
2. 커먼 웰스 에디슨 회사	16.75%
3. Pepco 홀딩스	11.62%
4. 볼티모어 가스/전기 회사	10.31%
5. PECO	9.55%

NEE
넥스트에라 에너지
NextEra Energy, Inc

섹터 유틸리티 (Utilities)
세부섹터 멀티 유틸리티 (Multi-Utilities)

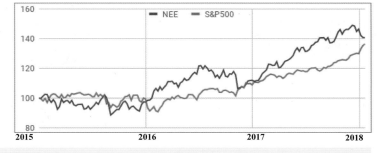

넥스트에라 에너지(NextEra Energy, Inc)는 에너지 지주회사이다. 회사는 1984년에 설립되었고 본사는 플로리다주 주노비치에 있으며 포춘 200대 기업 중 하나이며 14,200명의 직원이 근무하고 있다. 회사는 북미 지역에서 플로리다 파워 앤 라이트 컴퍼니(Florida Power & Light Company, FPL)와 넥스트에라 에너지 리소스(NextEra Energy Resources, LLC) 및 계열사를 통해 전기발전과 풍력 및 태양광 신재생 에너지 사업을 영위하고 있다. 약 45,900MW의 발전을 하고 있으며 현재 미국 내 30개 주와 캐나다에 전력을 공급하고 있다. 플로리다 파워 앤 라이트 컴퍼니(Florida Power & Light Company, FPL)는 플로리다에서 500만 명의 고객에게 전력 생산, 송전, 판매 사업을 영위하고 있다. 넥스트에라 에너지 리소스(NextEra Energy Resources, LLC)는 도매 에너지 시장에서 발전 시설을 소유, 개발, 건설, 운영하고 있다. 또한, 자회사를 통해 플로리다, 뉴햄프셔, 아이오와 및 위스콘신주에 있는 8개의 상업용 원자력 발전소에서 전기를 생산하고 있다.

기준일 : 2018/ 01 /25
한글 회사명 : 넥스트에라 에너지
영문 회사명 : NextEra Energy, Inc
상장일 : 1984년 08월 14일 | 결산월 : 12월
시가총액 : 720 (억$) |
52주 최고 : $159.4 (-5.23%) / 52주 최저 : $117.91 (+28.1%)

주요 주주정보

보유자/ 보유 기관	보유율
The Vanguard Group, Inc.	7.26%
BlackRock Fund Advisors	5.16%
SSgA Funds Management, Inc.	5.08%

유틸리티

애널리스트 추천 및 최근 투자의견

넥스트에라 에너지의 2018년 01월 25일 현재 18개 기관의 **평균적인 목표가는 161.87$**이며, 2018 추정 주당순이익(EPS)은 7.86$로 2017년 추정 EPS 7.32$에 비해 **7.37% 증가할 것으로 예상**된다.

최근, 1개월, 3개월의 투자 의견 변화

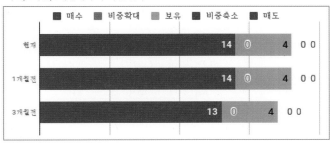

투자의견	금융사 및 투자의견	날짜
Maintains	Morgan Stanley: to Overweight	12/13/2017
Initiated	Credit Suisse: to Outperform	7/12/2017
Maintains	Morgan Stanley: to Overweight	11/13/2017
Upgrade	Goldman Sachs: Buy to Conviction Buy	10/16/2017
Maintains	JP Morgan: to Neutral	12/10/2017

내부자 거래

(3M 비중은 12개월 거래 중 최근 3개월의 비중)

구분	성격	3개월	12개월	3M비중
매수	매수 건수 (장내 매매만 해당)	23	24	95.83%
매도	매도 건수 (장내 매매만 해당)	18	31	58.06%
매수	매수 수량 (장내 매매만 해당)	237,827	272,427	87.30%
매도	매도 수량 (장내 매매만 해당)	136,548	415,444	32.87%
	순매수량 (-인 경우 순매도량)	101,279	-143,017	

ETF 노출 (편입 ETF 수 : 110개 / 시가총액 대비 ETF의 보유비중 : 12.07%)

티커	ETF	보유 지분	비중
VTI	Vanguard Total Stock Market ETF	$1,777,597,376	0.26%
VOO	Vanguard 500 Index Fund	$1,260,496,329	0.30%
SPY	SPDR S&P 500 ETF Trust	$921,650,932	0.31%
XLU	Utilities SPDR (ETF)	$875,830,893	11.94%
IVV	iShares S&P 500 Index (ETF)	$467,051,999	0.30%

기간 수익률

1M : -5.21%	3M : 0.04%	6M : 4.01%	1Y : 25.9%	3Y : 38.75%

재무 지표

	2014	2015	2016	2017(E)
매출액 (백만$)	16,599	16,092	15,299	17,351
영업이익 (백만$)	3,972	3,258	3,442	5,795
순이익 (백만$)	2,465	2,752	2,912	3,182
자산총계 (백만$)	74,929	82,479	89,993	96,416
자본총계 (백만$)	20,168	23,112	25,331	
부채총계 (백만$)	54,761	59,367	64,662	

안정성 비율	2013	2014	2015	2016
유동비율 (%)	63.58	71.86	67.23	67.85
부채비율 (%)	284.18	271.52	256.87	255.27
이자보상배율 (배)	3.00	3.85	2.90	2.75

투자 지표

	2014	2015	2016	2017(E)
영업이익률 (%)	23.93	20.25	22.50	33.40
매출액 증가율 (%)	12.48	-3.05	-4.93	13.41
EPS ($)	5.67	6.11	6.29	6.75
EPS 증가율 (%)	39.95	7.65	2.97	7.26
주당자산가치($)	44.96	48.97	52.01	58.38
잉여현금흐름 (백만$)	1,997	2,244	2,096	-3,848

	2013	2014	2015	2016
배당성향(%)	65.54	51.78	50.81	55.68
배당수익률(%)	3.08	2.73	2.96	2.91
ROE (%)	10.09	12.99	12.95	12.41
ROA (%)	2.57	3.42	3.51	3.49
재고회전율	13.26	13.58	12.62	12.01
EBITDA (백만$)	5,684	6,868	6,461	6,819

매출비중

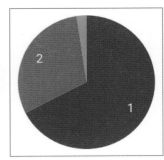

제품명	비중
1. FPL	67.44%
2. Neer	30.29%
3. 기타	2.27%

NI
니소스
NiSource Inc.

섹터 유틸리티 (Utilities)
세부섹터 멀티 유틸리티 (Multi-Utilities)

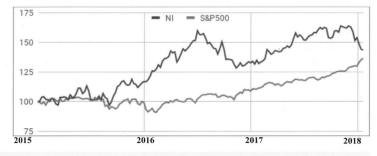

니소스(NiSource Inc.)는 자회사를 통해 전력과 천연가스를 고객에게 공급하는 에너지 지주회사이다. 회사는 1987년에 설립되었고 본사는 인디애나주 메릴빌리에 있으며 포춘 100대 기업 중 하나이며 8,007명의 직원이 근무하고 있다. 회사는 천연가스 사업과 전력사업 부문으로 운영하고 있다. 천연가스 사업 부문은 매출의 66%를 차지하고 오하이오, 펜실베이니아, 버지니아, 켄터키, 메릴랜드, 인디애나 및 매사추세츠주에서 주거용, 상업용, 산업용 천연가스 서비스 및 운송 서비스를 제공하고 있다. 전력 사업 부문은 매출의 34%를 차지하고 현재 인디애나주 북부의 20개 카운티에 46만 6천 명의 고객에게 전력을 공급하고 있다. 자회사인 컬럼비아 가스 및 닙스코(NIPSCO) 브랜드로 7개 주에 4백만 고객에게 천연가스 및 전력을 제공하는 미국 최대의 유틸리티 회사 중 하나이다.

기준일 : 2018/ 01 /25
한글 회사명 : 니소스
영문 회사명 : NiSource Inc.
상장일 : 1972년 01월 21일 | 결산월 : 12월
시가총액 : 82 (억$) | 52주 최고 : $27.76 (-13.43%) / 52주 최저 : $21.65 (+10.99%)

주요 주주정보

보유자 / 보유 기관	보유율
The Vanguard Group, Inc.	10.06%
T. Rowe Price Associates, Inc.	7.03%
BlackRock Fund Advisors	5.38%

애널리스트 추천 및 최근 투자의견

니소스의 2018년 01월 25일 현재 15개 기관의 **평균적인 목표가는 28.05$**이며, 2018년 추정 주당순이익(EPS)은 1.28$로 2017년 추정 EPS 1.19$에 비해 **7.56% 증가할 것으로 예상**된다.

최근, 1개월, 3개월의 투자 의견 변화

투자의견	금융사 및 투자의견	날짜
Maintains	JP Morgan: Neutral to Neutral	1/25/2018
Upgrade	Goldman Sachs: Neutral to Buy	11/1/2018
Maintains	Citigroup: to Buy	11/20/2017
Maintains	Credit Suisse: to Outperform	2/11/2017
Maintains	JP Morgan: to Neutral	12/10/2017

내부자 거래

(3M 비중은 12개월 거래 중 최근 3개월의 비중)

구분	성격	3개월	12개월	3M비중
매수	매수 건수 (장내 매매만 해당)	237,827	272,427	87.30%
매도	매도 건수 (장내 매매만 해당)	136,548	415,444	32.87%
매수	매수 수량 (장내 매매만 해당)	68,152	126,968	53.68%
매도	매도 수량 (장내 매매만 해당)	46,572	203,139	22.93%
	순매수량 (- 인 경우 순매도량)	21,580	-76,171	

ETF 노출   (편입 ETF 수 : 81개 / 시가총액 대비 ETF의 보유비중 : 15.92%)

티커	ETF	보유 지분	비중
VO	Vanguard Mid-Cap ETF	$201,578,281	0.20%
VTI	Vanguard Total Stock Market ETF	$198,453,829	0.03%
VOO	Vanguard 500 Index Fund	$140,768,789	0.03%
SPY	SPDR S&P 500 ETF Trust	$102,921,236	0.03%
XLU	Utilities SPDR (ETF)	$99,394,081	1.35%

기간 수익률

1M : -9.69%	3M : -11.3%	6M : -7.85%	1Y : 6.35%	3Y : 38.46%

재무 지표

	2014	2015	2016	2017(E)
매출액 (백만$)	6,471	4,652	4,493	4,916
영업이익 (백만$)	1,184	802	857	957
순이익 (백만$)	531	199	328	369
자산총계 (백만$)	24,866	17,493	18,692	20,032
자본총계 (백만$)	6,175	3,844	4,071	
부채총계 (백만$)	18,691	13,649	14,621	

안정성 비율	2013	2014	2015	2016
유동비율 (%)	67.93	62.37	59.35	51.04
부채비율 (%)	284.84	302.67	355.12	359.13
이자보상배율 (배)	2.62	2.67	2.11	2.45

투자 지표

	2014	2015	2016	2017(E)
영업이익률 (%)	18.30	17.24	19.07	19.47
매출액 증가율 (%)	14.38	-28.11	-3.42	9.43
EPS ($)	1.68	0.90	1.03	1.19
EPS 증가율 (%)	5.68	-46.39	14.23	15.82
주당자산가치($)	19.54	12.04	12.60	13.47
잉여현금흐름 (백만$)	-709	96	-672	-438

	2013	2014	2015	2016
배당성향(%)	61.82	60.94	92.65	62.75
배당수익률(%)	7.58	6.12	4.25	2.89
ROE (%)	8.58	8.80	3.97	8.29
ROA (%)	2.21	2.23	0.94	1.81
재고회전율	11.36	11.59	8.07	8.71
EBITDA (백만$)	1,659.80	1,789.80	1,325.90	1,404.30

매출비중

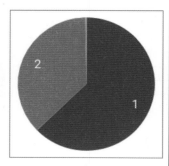

제품명	비중
1. 가스 공급 운영	62.73%
2. 전기 운영	36.97%
3. 기타	0.3%

PCG
퍼시픽 가스 앤드 일렉트릭 컴퍼니
PG&E Corporation

섹터 유틸리티 (Utilities)
세부섹터 멀티 유틸리티 (Multi-Utilities)

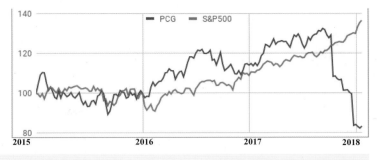

퍼시픽 가스 앤드 일렉트릭 컴퍼니(PG & E Corporation)는 캘리포니아 지역에 전력과 천연가스를 공급하는 미국 최대 에너지 지주회사 중 하나이다. 회사는 1905년 설립되었고 본사는 캘리포니아 샌 프란시스코에 있으며 24,000명의 직원이 근무하고 있다. 회사는 자회사를 통해 캘리포니아 북부와 중부에서 주거용, 산업용, 상업용 전력을 530만 고객에게 공급하고 있으며 440만 고객에게도 주거용, 산업용, 상업용 천연가스를 공급하고 있다. 회사는 수력, 원자력, 천연가스, 태양광 발전소를 통해 7,691㎿의 전력을 생산하고 있고 약 71,300Km의 천연가스 파이프라인을 보유하고 있으며 3개의 대규모 천연가스 저장시설도 보유하고 있다.

기준일 : 2018/ 01 /25
한글 회사명 : 퍼시픽 가스 앤드 일렉트릭 컴퍼니
영문 회사명 : PG&E Corporation
상장일 : 1972년 01월 21일 | 결산월 : 12월
시가총액 : 223 (억$) |
52주 최고 : $71.57 (-39.15%) / 52주 최저 : $41.61 (+4.66%)

주요 주주정보

보유자/ 보유 기관	보유율
T. Rowe Price Associates, Inc.	7.94%
The Vanguard Group, Inc.	7.41%
BlackRock Fund Advisors	5.23%

애널리스트 추천 및 최근 투자의견

퍼시픽 가스 앤드 일렉트릭 컴퍼니의 2018년 01월 25일 현재 16개 기관의 **평균적인 목표가는 52.36$**이며, 2018년 추정 주당순이익(EPS)은 3.82$로 2017년 추정 EPS 3.68$에 비해 **3.8% 증가할 것으로 예상**된다.

최근, 1개월, 3개월의 투자 의견 변화

투자의견	금융사 및 투자의견	날짜
Downgrade	Guggenheim: Neutral to Sell	2/1/2018
Downgrade	Goldman Sachs: Buy to Neutral	2/1/2018
Downgrade	RBC Capital: Outperform to Sector Perform	12/21/2017
Downgrade	Wells Fargo: Outperform to Market Perform	12/18/2017
Downgrade	Mizuho: Buy to Neutral	1/12/2017

내부자 거래

(3M 비중은 12개월 거래 중 최근 3개월의 비중)

구분	성격	3개월	12개월	3M비중
매수	매수 건수 (장내 매매만 해당)	11	23	47.83%
매도	매도 건수 (장내 매매만 해당)	9	22	40.91%
매수	매수 수량 (장내 매매만 해당)	237,439	430,493	55.16%
매도	매도 수량 (장내 매매만 해당)	72,405	123,658	58.55%
	순매수량 (-인 경우 순매도량)	165,034	306,835	

ETF 노출 (편입 ETF 수 : 89개 / 시가총액 대비 ETF의 보유비중 : 10.04%)

티커	ETF	보유 지분	비중
VTI	Vanguard Total Stock Market ETF	$543,284,114	0.08%
VOO	Vanguard 500 Index Fund	$384,201,464	0.09%
SPY	SPDR S&P 500 ETF Trust	$278,959,410	0.09%
XLU	Utilities SPDR (ETF)	$268,281,195	3.66%
IVV	iShares S&P 500 Index (ETF)	$141,768,310	0.09%

기간 수익률

1M : -16.32%	3M : -36.83%	6M : -34.96%	1Y : -27.65%	3Y : -23.67%

재무 지표

	2014	2015	2016	2017(E)
매출액 (백만$)	17,090	16,833	17,666	17,651
영업이익 (백만$)	2,541	2,376	2,999	3,377
순이익 (백만$)	1,450	888	1,407	1,887
자산총계 (백만$)	61,877	65,694	70,912	71,939
자본총계 (백만$)	16,000	16,828	18,192	
부채총계 (백만$)	45,877	48,866	52,720	

안정성 비율	2013	2014	2015	2016
유동비율 (%)	79.77	107.92	91.36	81.49
부채비율 (%)	292.68	286.73	290.39	289.80
이자보상배율 (배)	2.65	3.46	3.07	3.62

투자 지표

	2014	2015	2016	2017(E)
영업이익률 (%)	14.87	14.12	16.98	19.13
매출액 증가율 (%)	9.57	-1.50	4.95	-0.08
EPS ($)	3.07	1.81	2.79	3.68
EPS 증가율 (%)	67.76	-41.04	54.14	31.86
주당자산가치($)	33.09	33.69	35.39	38.87
잉여현금흐름 (백만$)	-1,156	-1,393	-1,300	720

	2013	2014	2015	2016
배당성향(%)	99.45	59.48	101.68	69.24
배당수익률(%)	4.52	3.42	3.42	3.17
ROE (%)	5.93	9.56	5.49	8.15
ROA (%)	1.48	2.43	1.39	2.06
재고회전율	34.74	36.75	36.79	39.17
EBITDA (백만$)	3,969	4,974	4,988	5,754

매출비중

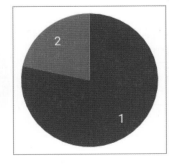

제품명	비중
1. 전기 같은	78.48%
2. 천연가스	21.52%

PNW
피나클 웨스트 캐피탈 코퍼레이션
Pinnacle West Capital Corporation

섹터 유틸리티 (Utilities)
세부섹터 멀티 유틸리티 (Multi-Utilities)

피나클 웨스트 캐피탈 코퍼레이션(Pinnacle West Capital Corporation)은 애리조나주에 자회사를 통해 전력을 공급하는 지주회사이다. 회사는 1920년 설립되었고 본사는 애리조나주 피닉스에 있으며 7,600명의 직원이 근무하고 있다. 회사는 자회사를 통해 애리조나주에서 6,200MW의 전력을 생산하고 있으며 170억 달러에 달하는 자산을 보유하고 있다. 자회사인 애리조나 퍼브릭 서비스 컴퍼니(Arizona Public Service Company)는 애리조나주의 15개의 카운티 중 11곳에서 120만 고객에게 전력을 공급하고 있다. 다른 자회사 브라이트 캐년 에너지(Bright Canyon Energy)는 애리조나와 미국 남서부에서 송전 인프라를 개발, 건설, 소유, 운영하고 있다.

기준일 : 2018/ 01 /25

한글 회사명 : 피나클 웨스트 캐피탈 코퍼레이션
영문 회사명 : Pinnacle West Capital Corporation
상장일 : 1984년 11월 05일 | 결산월 : 12월
시가총액 : 91 (억$) |
52주 최고 : $92.48 (-13.67%) / 52주 최저 : $75.79 (+5.33%)

주요 주주정보

보유자/ 보유 기관	보유율
The Vanguard Group, Inc.	10.69%
BlackRock Fund Advisors	8.14%
SSgA Funds Management, Inc.	5.26%

애널리스트 추천 및 최근 투자의견

피나클 웨스트 캐피탈 코퍼레이션의 2018년 01월 25일 현재 15개 기관의 **평균적인 목표가는 86.58$**이며, 2018년 추정 주당순이익(EPS)은 4.42$로 2017년 추정 EPS 4.27$에 비해 **3.51% 증가할 것으로 예상**된다.

최근, 1개월, 3개월의 투자 의견 변화

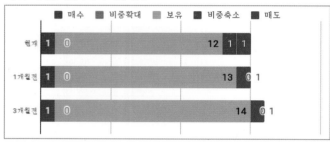

투자의견	금융사 및 투자의견	날짜
Downgrade	Bank of America: Neutral to Underperform	3/1/2018
Maintains	Morgan Stanley: to Underweight	12/13/2017
Maintains	Morgan Stanley: to Underweight	11/13/2017
Maintains	Morgan Stanley: to Underweight	8/9/2017
Maintains	Morgan Stanley: to Underweight	10/8/2017

내부자 거래

(3M 비중은 12개월 거래 중 최근 3개월의 비중)

구분	성격	3개월	12개월	3M비중
매수	매수 건수 (장내 매매만 해당)	15	36	41.67%
매도	매도 건수 (장내 매매만 해당)	20	53	37.74%
매수	매수 수량 (장내 매매만 해당)	60,678	143,860	42.18%
매도	매도 수량 (장내 매매만 해당)	160,085	360,647	44.39%
	순매수량 (-인 경우 순매도량)	-99,407	-216,787	

ETF 노출
(편입 ETF 수 : 92개 / 시가총액 대비 ETF의 보유비중 : 18.16%)

티커	ETF	보유 지분	비중
DVY	iShares Select Dividend ETF	$222,888,976	1.23%
VO	Vanguard Mid-Cap ETF	$221,478,453	0.22%
VTI	Vanguard Total Stock Market ETF	$217,664,701	0.03%
VOO	Vanguard 500 Index Fund	$154,409,270	0.04%
SPY	SPDR S&P 500 ETF Trust	$110,436,972	0.04%

기간 수익률

1M : -11.68%	3M : -11.41%	6M : -9.34%	1Y : 2.67%	3Y : 10.72%

재무 지표

	2014	2015	2016	2017(E)
매출액 (백만$)	3,491	3,495	3,498	3,600
영업이익 (백만$)	899	969	833	928
순이익 (백만$)	398	437	442	483
자산총계 (백만$)	14,314	15,028	16,004	17,086
자본총계 (백만$)	4,519	4,719	4,936	
부채총계 (백만$)	9,794	10,309	11,068	

안정성 비율	2013	2014	2015	2016
유동비율 (%)	63.19	61.99	61.74	62.63
부채비율 (%)	211.23	216.73	218.43	224.24
이자보상배율 (배)	4.82	4.84	5.42	4.49

투자 지표

	2014	2015	2016	2017(E)
영업이익률 (%)	25.75	27.73	23.81	25.78
매출액 증가율 (%)	1.07	0.10	0.09	2.93
EPS ($)	3.59	3.94	3.97	4.27
EPS 증가율 (%)	-2.71	9.75	0.76	7.47
주당자산가치($)	39.50	41.30	43.14	45.56
잉여현금흐름 (백만$)	189	2	-252	-410

	2013	2014	2015	2016
배당성향(%)	60.18	64.18	61.48	64.05
배당수익률(%)	4.16	3.36	3.74	3.24
ROE (%)	9.94	9.29	9.77	9.42
ROA (%)	3.27	3.05	3.11	2.97
재고회전율	13.57	13.54	13.04	12.44
EBITDA (백만$)	1,394.02	1,395.19	1,540.65	1,398.44

매출비중

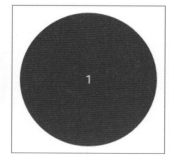

제품명	비중
1. 전력	
	100%

SCG
스캐나 코퍼레이션
SCANA Corporation

섹터 유틸리티 (Utilities)
세부섹터 멀티 유틸리티(Multi-Utilities)

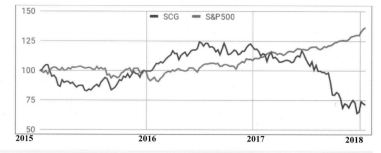

스캐나 코퍼레이션(SCANA Corporation)은 전력과 천연가스를 자회사를 통해 공급하는 에너지 지주 회사이다. 회사는 1981년 설립되었고 본사는 사우스캐롤라이나 케이시에 있으며 6,000명의 직원이 근무하고 있다. 회사는 자회사 사우스 캐롤라이나 일렉트릭 앤드 가스(South Carolina Electric & Gas Co.)와 노스캐롤라이나(North Carolina, Inc.) 및 스캐니아 에너지(SCANA Energy)를 통해 전력 사업, 가스 사업, 가스 판촉 및 기타 사업을 영위하고 있다. 전력사업부를 통해 수력, 천연가스, 석탄 및 원자력을 이용하여 전력을 생산하고 있다. 회사는 사우스캐롤라이나 25개 카운티에 50만 고객에게 전력을 공급하고 있으며 광섬유 통신사업도 제공하고 있다. 사우스캐롤라이나, 노스캐롤라이나, 조지아에 있는 36개의 카운티에서 130만 고객에게 천연가스도 공급하고 있다.

기준일 : 2018/ 01 /25
한글 회사명 : 스캐나 코퍼레이션
영문 회사명 : SCANA Corporation
상장일 : 1984년 08월 14일 | 결산월 : 12월
시가총액 : 60 (억$) |

52주 최고 : $71.28 (-43.3%) / 52주 최저 : $37.1 (+8.92%)

주요 주주정보

보유자/ 보유 기관	보유율
The Vanguard Group, Inc.	9.99%
BlackRock Fund Advisors	6.85%
Evercore Trust Company, NA	5.54%

애널리스트 추천 및 최근 투자의견

스캐나 코퍼레이션의 2018년 01월 25일 현재 10개 기관의 **평균적인 목표가는 45.75$**이며, 2018년 추정 주당순이익(EPS)은 3.19$로 2017년 추정 EPS 4.06$에 비해 **-21.42% 감소할 것으로 예상**된다.

최근, 1개월, 3개월의 투자 의견 변화

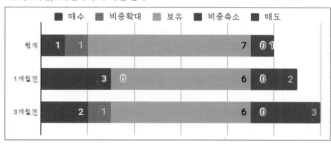

투자의견	금융사 및 투자의견	날짜
Downgrade	Wells Fargo: Outperform to Market Perform	5/1/2018
Upgrade	Guggenheim: Sell to Neutral	11/16/2017
Maintains	Morgan Stanley: to Underweight	11/13/2017
Upgrade	Edward Jones: Hold to Buy	11/13/2017
Downgrade	Williams Capital: Hold to Sell	9/29/2017

내부자 거래

(3M 비중은 12개월 거래 중 최근 3개월의 비중)

구분	성격	3개월	12개월	3M비중
매수	매수 건수 (장내 매매만 해당)	3	12	25.00%
매도	매도 건수 (장내 매매만 해당)	2	3	66.67%
매수	매수 수량 (장내 매매만 해당)	2,184	7,239	30.17%
매도	매도 수량 (장내 매매만 해당)	9,587	51,610	18.58%
	순매수량 (-인 경우 순매도량)	-7,403	-44,371	

ETF 노출
(편입 ETF 수 : 87개 / 시가총액 대비 ETF의 보유비중 : 18.55%)

티커	ETF	보유 지분	비중
VO	Vanguard Mid-Cap ETF	$137,726,640	0.14%
VTI	Vanguard Total Stock Market ETF	$136,148,856	0.02%
DVY	iShares Select Dividend ETF	$127,519,961	0.71%
VOO	Vanguard 500 Index Fund	$101,222,539	0.02%
SPY	SPDR S&P 500 ETF Trust	$72,923,877	0.02%

기간 수익률

1M : -2.4%	3M : -27.55%	6M : -33.92%	1Y : -38.81%	3Y : -30.77%

재무 지표

	2014	2015	2016	2017(E)
매출액 (백만$)	4,951	4,380	4,227	4,401
영업이익 (백만$)	1,003	1,089	1,159	1,113
순이익 (백만$)	538	746	595	520
자산총계 (백만$)	16,818	17,146	18,707	20,063
자본총계 (백만$)	4,987	5,443	5,725	
부채총계 (백만$)	11,831	11,703	12,982	

안정성 비율	2013	2014	2015	2016
유동비율 (%)	98.54	86.91	70.59	72.93
부채비율 (%)	225.13	237.24	215.01	226.76
이자보상배율 (배)	3.10	3.32	3.54	3.50

투자 지표

	2014	2015	2016	2017(E)
영업이익률 (%)	20.26	24.86	27.42	25.29
매출액 증가율 (%)	10.15	-11.53	-3.49	4.11
EPS ($)	3.79	5.22	4.16	4.06
EPS 증가율 (%)	11.77	37.37	-20.31	-2.47
주당자산가치($)	34.95	38.09	40.06	42.34
잉여현금흐름 (백만$)	-362	-94	-487	991

	2013	2014	2015	2016
배당성향(%)	59.90	55.41	41.80	55.29
배당수익률(%)	4.33	3.48	3.60	3.14
ROE (%)	10.68	11.15	14.31	10.66
ROA (%)	3.16	3.36	4.39	3.32
재고회전율	11.18	13.68	13.02	14.02
EBITDA (백만$)	1,360	1,451	1,503	1,605

매출비중

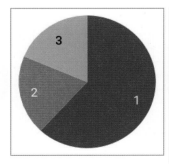

제품명	비중
1. 전기	61.84%
2. 가스 마케팅	19.52%
3. 가스 공급	18.64%

SRE
셈프라 에너지
Sempra Energy

섹터 유틸리티 (Utilities)
세부섹터 멀티 유틸리티 (Multi-Utilities)

셈프라 에너지(Sempra Energy)는 미국과 중남미를 대상으로 전력과 천연가스를 제공하는 에너지 서비스 지주회사이다. 회사는 1998년 설립되었고 본사는 캘리포니아 샌디에이고에 있으며 포춘 500 대 기업에 속해 있으며 약 16,600명의 직원이 근무하고 있다. 회사는 에너지 인프라를 개발하고 유틸리티를 운영하며 3천 2백만 명의 고객이 있다. 자회사로는 샌디에이고 가스 앤 일렉트릭 컴퍼니(San Diego Gas & Electric Company)가 360만 고객에게 전기와 가스를 공급하고 있다. 서던 캘리포니아 가스 컴퍼니(Southern California Gas Company)는 12개 카운티의 223개 도시에 천연가스를 공급하고 있다. 셈프라 사우스 아메리칸 유틸리티(Sempra South American Utilities)는 남미 720만 명에게 전력을 공급 중이다. 셈프라 멕시코(Sempra Mexico)는 멕시코의 에너지 인프라를 개발, 구축, 운영 및 투자하고 있다. 셈프라 리뉴워블스(Sempra Renewables)는 신재생 에너지 사업을 하고 있다. 셈프라 천연가스 앤 미드스트림(Sempra LNG & Midstream)은 액화 천연가스의 저장 및 운송, 개발, 건설을 수행하고 있다.

기준일 : 2018/ 01 /25
한글 회사명 : 셈프라 에너지
영문 회사명 : Sempra Energy
상장일 : 1972년 01월 21일 | 결산월 : 12월
시가총액 : 292 (억$) |
52주 최고 : $122.97 (-14.12%) / 52주 최저 : $99.71 (+5.9%)

주요 주주정보

보유자/ 보유 기관	보유율
The Vanguard Group, Inc.	7.04%
BlackRock Fund Advisors	5.82%
SSgA Funds Management, Inc.	4.97%

애널리스트 추천 및 최근 투자의견

셈프라 에너지의 2018년 01월 25일 현재 11개 기관의 **평균적인 목표가는 119.33$**이며, 2018년 추정 주당순이익(EPS)은 5.53$로 2017년 추정 EPS 5.29$에 비해 **4.53% 증가할 것으로 예상**된다.

최근, 1개월, 3개월의 투자 의견 변화

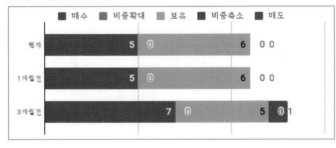

투자의견	금융사 및 투자의견	날짜
Downgrade	Bank of America: Buy to Neutral	12/22/2017
Maintains	JP Morgan: to Neutral	1/11/2017
Maintains	JP Morgan: to Neutral	12/10/2017
Upgrade	Goldman Sachs: Neutral to Buy	11/10/2017
Maintains	Wells Fargo: to Outperform	10/10/2017

내부자 거래

(3M 비중은 12개월 거래 중 최근 3개월의 비중)

구분	성격	3개월	12개월	3M비중
매수	매수 건수 (장내 매매만 해당)	16	19	84.21%
매도	매도 건수 (장내 매매만 해당)	10	13	76.92%
매수	매수 수량 (장내 매매만 해당)	164,805	167,488	98.40%
매도	매도 수량 (장내 매매만 해당)	42,514	65,694	64.72%
	순매수량 (-인 경우 순매도량)	122,291	101,794	

ETF 노출
(편입 ETF 수 : 95개 / 시가총액 대비 ETF의 보유비중 : 11.88%)

티커	ETF	보유 지분	비중
VTI	Vanguard Total Stock Market ETF	$641,720,428	0.09%
VOO	Vanguard 500 Index Fund	$454,952,909	0.11%
SPY	SPDR S&P 500 ETF Trust	$330,168,859	0.11%
XLU	Utilities SPDR (ETF)	$317,862,817	4.33%
DVY	iShares Select Dividend ETF	$273,716,853	1.51%

기간 수익률

1M : -9.04%	3M : -11.14%	6M : -7.77%	1Y : 3.46%	3Y : -6.16%

재무 지표

	2014	2015	2016	2017(E)
매출액 (백만$)	11,010	10,175	10,195	11,049
영업이익 (백만$)	1,768	2,087	1,689	2,212
순이익 (백만$)	1,162	1,350	1,371	1,128
자산총계 (백만$)	39,732	41,150	47,786	50,479
자본총계 (백만$)	12,100	12,579	15,241	
부채총계 (백만$)	27,632	28,571	32,545	

안정성 비율	2013	2014	2015	2016
유동비율 (%)	91.49	82.54	62.68	52.47
부채비율 (%)	214.30	228.36	227.13	213.54
이자보상배율 (배)	3.29	3.27	3.80	3.13

투자 지표

	2014	2015	2016	2017(E)
영업이익률 (%)	16.06	20.51	16.57	20.02
매출액 증가율 (%)	4.28	-7.58	0.20	8.38
EPS ($)	4.72	5.43	5.48	5.29
EPS 증가율 (%)	15.12	15.04	0.92	-3.42
주당자산가치($)	46.04	47.56	51.77	62.29
잉여현금흐름 (백만$)	-949	-236	-1,870	

	2013	2014	2015	2016
배당성향(%)	62.84	57.02	52.08	55.36
배당수익률(%)	2.81	2.37	2.98	3.00
ROE (%)	9.40	10.39	11.65	11.06
ROA (%)	2.94	3.28	3.58	3.42
재고회전율	30.38	32.24	29.32	36.67
EBITDA (백만$)	2,943	2,924	3,337	3,001

매출비중

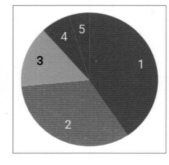

제품명	비중
1. 샌디에고 가스 및 전기	41.77%
2. 남부 캘리포니아 가스	34.09%
3. 셈프라 남미 유틸리티	15.28%
4. 셈 프라 멕시코	7.12%
5. 셈 프라 LNG 및 중류	4.99%

XEL
엑셀 에너지
Xcel Energy

섹터 유틸리티 (Utilities))
세부섹터 멀티 유틸리티 (Multi-Utilities)

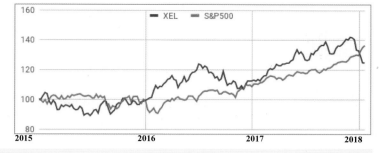

엑셀 에너지(XCEL Energy)는 미국 중서부 8개 주에 4개의 자회사를 통해서 전력과 천연가스를 공급하는 에너지 지주회사이다. 회사는 1998년 설립되었고 본사는 미네소타주 미니애폴리스에 있으며 포춘 500대 기업이며 11,000명의 직원이 근무하고 있다. 현재 노던 스테이트 파워 미네소타(Northern States Power-Minnesota), 노던 스테이트 파워 위스콘신(Northern States Power-Wisconsin), 콜로라도 퍼블릭 서비스 컴퍼니(Colorado Public Service Company) 및 서던 퍼블릭 서비스(Southwestern Public Service Co) 4개의 자회사를 통해 미네소타, 미시간, 위스콘신, 노스다코타, 사우스다코타, 콜로라도, 텍사스 및 뉴멕시코 8개 주 에서 330만 명에게 전력을 공급하고 있고 190만 명의 고객에게는 천연가스를 공급하고 있다.

기준일 : 2018/ 01 /25

한글 회사명 : 엑셀 에너지
영문 회사명 : Xcel Energy
상장일 : 1972년 01월 21일 | 결산월 : 12월
시가총액 : 234 (억$) |
52주 최고 : $52.22 (-12.88%) / 52주 최저 : $40.43 (+12.51%)

주요 주주정보

보유자/ 보유 기관	보유율
The Vanguard Group, Inc.	7.07%
BlackRock Fund Advisors	6.45%
JPMorgan Investment Management, Inc.	5%

애널리스트 추천 및 최근 투자의견

엑셀 에너지의 2018년 01월 25일 현재 14개 기관의 **평균적인 목표가는 47.96$**이며, 2018년 추정 주당순이익(EPS)은 2.44$로 2017년 추정 EPS 2.31$에 비해 **5.62% 증가할 것으로 예상**된다.

최근, 1개월, 3개월의 투자 의견 변화

투자의견	금융사 및 투자의견	날짜
Maintains	Morgan Stanley: to Equal-Weight	12/13/2017
Maintains	Morgan Stanley: to Equal-Weight	11/13/2017
Maintains	JP Morgan: to Overweight	12/10/2017
Maintains	Morgan Stanley: to Equal-Weight	8/9/2017
Maintains	Morgan Stanley: to Equal-Weight	10/8/2017

내부자 거래

(3M 비중은 12개월 거래 중 최근 3개월의 비중)

구분	성격	3개월	12개월	3M비중
매수	매수 건수 (장내 매매만 해당)	13	14	92.86%
매도	매도 건수 (장내 매매만 해당)	18	26	69.23%
매수	매수 수량 (장내 매매만 해당)	363,826	364,826	99.73%
매도	매도 수량 (장내 매매만 해당)	253,365	298,984	84.74%
	순매수량 (-인 경우 순매도량)	110,461	65,842	

ETF 노출   (편입 ETF 수 : 90개 / 시가총액 대비 ETF의 보유비중 : 12.4%)

티커	ETF	보유 지분	비중
VTI	Vanguard Total Stock Market ETF	$561,777,515	0.08%
VOO	Vanguard 500 Index Fund	$398,278,412	0.10%
SPY	SPDR S&P 500 ETF Trust	$290,410,937	0.10%
XLU	Utilities SPDR (ETF)	$279,166,951	3.81%
IVV	iShares S&P 500 Index (ETF)	$146,956,840	0.10%

기간 수익률

1M : -11.12%	3M : -8.04%	6M : -4.82%	1Y : 9.88%	3Y : 21.9%

재무 지표

	2014	2015	2016	2017(E)
매출액 (백만$)	11,685	11,032	11,104	11,716
영업이익 (백만$)	1,960	2,149	2,220	2,293
순이익 (백만$)	1,021	984	1,123	1,178
자산총계 (백만$)	36,958	40,324	42,567	43,264
자본총계 (백만$)	10,214	10,601	11,021	
부채총계 (백만$)	26,743	29,723	31,546	

안정성 비율	2013	2014	2015	2016
유동비율 (%)	88.06	82.77	68.26	87.53
부채비율 (%)	254.46	261.82	280.38	286.24
이자보상배율 (배)	3.51	3.74	3.81	3.62

투자 지표

	2014	2015	2016	2017(E)
영업이익률 (%)	16.77	19.48	19.99	19.57
매출액 증가율 (%)	7.16	-5.59	0.66	5.51
EPS ($)	2.03	1.94	2.21	2.31
EPS 증가율 (%)	6.28	-4.43	13.92	4.51
주당자산가치($)	20.20	20.89	21.73	23.28
잉여현금흐름 (백만$)	-552	-646	-203	-758

	2013	2014	2015	2016
배당성향(%)	58.12	59.11	65.98	61.54
배당수익률(%)	3.97	3.34	3.56	3.34
ROE (%)	10.29	10.33	9.46	10.39
ROA (%)	2.92	2.88	2.55	2.71
재고회전율	19.61	19.91	18.30	18.31
EBITDA (백만$)	2,949.30	3,116.86	3,403.85	3,659.32

매출비중

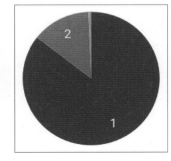

제품명	비중
1. 전기	
	85.53%
2. 천연가스	
	13.79%
3. 기타	
	0.68%

AWK
아메리칸 워터
American Water

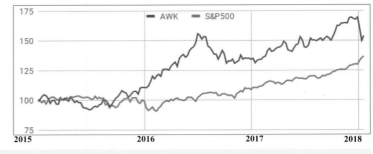

섹터 유틸리티 (Utilities)
세부섹터 수자원 유틸리티 (Water Utilities)

아메리칸 워터(American Water)는 미국에 상장된 최대 규모의 상하수도 유틸리티 회사이다. 회사는 캐나다 온타리오주와 미국 47개 주에서 1,500만 명의 고객들에게 규정에 의해 관리되는 식수와 생활용수, 산업용수 및 하수도 시설 및 기타 관련 서비스를 제공하고 있다. 회사는 1886년 설립되었고 본사는 뉴저지 부리스에 있으며 6,700명의 직원이 근무하고 있다. 2016년 12월 31일 현재 미국의 16개 주에서 공공 상수도와 하수도 서비스를 제공하고 있다. 밀리터리 서비스 그룹(Military Services Group)을 통해서 군사기지용 식수 및 폐수 처리 시스템도 운영 중이다. 1,300여 개의 주택 소유자 서비스 그룹(Homeowner Services Group)과 계약을 통하여 상하수도 시설을 유지 보수하며 관리하고 있다. 또한, 천연가스 탐사 및 생산회사에 산업용수도 공급한다. 아메리칸 워터 웍스 서비스 컴퍼니(American Water Works Service Company, Inc.)를 통해 각 자회사에 대한 지원 및 운영 서비스도 제공하고 있다.

기준일 : 2018/ 01 /25

한글 회사명 : 아메리칸 워터
영문 회사명 : American Water
상장일 : 2008년 04월 23일 | 결산월 : 12월
시가총액 : 151 (억$) |
52주 최고 : $92.37 (-9.36%) / 52주 최저 : $71 (+17.91%)

주요 주주정보

보유자/ 보유 기관	보유율
The Vanguard Group, Inc.	10.1%
BlackRock Fund Advisors	5.13%
SSgA Funds Management, Inc.	4.89%

애널리스트 추천 및 최근 투자의견

아메리칸 워터의 2018년 01월 25일 현재 15개 기관의 **평균적인 목표가는 93.96$**이며, 2018년 추정 주당순이익(EPS)은 3.28$로 2017년 추정 EPS 3.01$에 비해 **8.97% 증가**할 것으로 예상된다.

최근, 1개월, 3개월의 투자 의견 변화

투자의견	금융사 및 투자의견	날짜
Downgrade	Bank of America: Buy to Neutral	11/1/2018
Downgrade	Guggenheim: Buy to Neutral	2/1/2018
Maintains	Baird: to Neutral	3/11/2017
Downgrade	Janney Capital: Buy to Neutral	3/11/2017
Downgrade	Baird: to Neutral	4/26/2017

내부자 거래

(3M 비중은 12개월 거래 중 최근 3개월의 비중)

구분	성격	3개월	12개월	3M비중
매수	매수 건수 (장내 매매만 해당)	22	30	73.33%
매도	매도 건수 (장내 매매만 해당)	18	30	60.00%
매수	매수 수량 (장내 매매만 해당)	75,305	85,718	87.85%
매도	매도 수량 (장내 매매만 해당)	27,095	56,262	48.16%
	순매수량 (-인 경우 순매도량)	48,210	29,456	

ETF 노출
(편입 ETF 수 : 89개 / 시가총액 대비 ETF의 보유비중 : 14.81%)

티커	ETF	보유 지분	비중
VO	Vanguard Mid-Cap ETF	$368,913,178	0.37%
VTI	Vanguard Total Stock Market ETF	$362,391,406	0.05%
VOO	Vanguard 500 Index Fund	$257,466,486	0.06%
SPY	SPDR S&P 500 ETF Trust	$187,546,445	0.06%
XLU	Utilities SPDR (ETF)	$178,925,514	2.44%

기간 수익률

1M : -8.59%	3M : 0.39%	6M : 1.33%	1Y : 15.4%	3Y : 49%

재무 지표

	2014	2015	2016	2017(E)
매출액 (백만$)	3,011	3,159	3,302	3,424
영업이익 (백만$)	1,001	1,072	1,070	1,234
순이익 (백만$)	430	476	468	540
자산총계 (백만$)	17,019	18,132	19,580	19,692
자본총계 (백만$)	4,915	5,049	5,218	
부채총계 (백만$)	12,104	13,083	14,362	

안정성 비율	2013	2014	2015	2016
유동비율 (%)	44.55	46.33	42.86	32.78
부채비율 (%)	240.87	246.27	259.12	275.24
이자보상배율 (배)	2.96	3.23	3.34	3.16

투자 지표

	2014	2015	2016	2017(E)
영업이익률 (%)	33.24	33.93	32.40	36.03
매출액 증가율 (%)	3.76	4.92	4.53	3.69
EPS ($)	2.36	2.66	2.63	3.01
EPS 증가율 (%)	13.46	12.71	-1.13	14.46
주당자산가치($)	27.43	28.32	29.30	29.39
잉여현금흐름 (백만$)	141	19	-35	-232

	2013	2014	2015	2016
배당성향(%)	54.37	52.77	51.52	57.37
배당수익률(%)	2.65	2.33	2.28	2.07
ROE (%)	8.05	8.92	9.55	9.12
ROA (%)	2.32	2.60	2.71	2.48
재고회전율	92.50	86.06	84.24	85.77
EBITDA (백만$)	1,354.49	1,425	1,512	1,540

매출비중

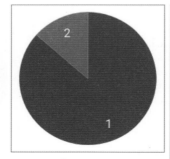

제품명	비중
1. 상하수도 서비스	
	86.95%
2. 시장 기반 운영 사업	
	13.66%
3. 기타	
	-0.61%

Health Care

헬스케어

섹터 설명 및 전망

헬스케어(Health care) 섹터는 S&P500에서 약 14%를 차지하고 있는 섹터이다. 헬스케어 섹터의 평균 주가수익비율(PER) 값은 41.56배로 상대적으로 가장 고평가된 섹터이다. 하지만 이익 증가로 2018년 주가수익비율(PER) 값은 36.32배로 낮아질 전망이다.

현재 헬스케어의 섹터 비중은 약 14%이지만, 미국의 헬스케어 지출 규모가 2025년까지 미국 경제의 20% 비중을 차지할 정도로 증가하리라 전망되고 있기 때문에 섹터 이익과 비중도 증가하리라 전망된다. 현재 미국은 매년 1인당 평균 1만 달러 이상의 금액이 의료비용으로 지출되고 있고, 지출 증가의 이유는 노령화, 인구 증가, 시장 확대, 임상 실험, 의료 종사자 인건비 상승에 기인한 것이다. 미국에서 의료 보험료의 상승과 비싼 치료 비용 때문에 미국 내 개인들의 의료비 부담은 더욱 증가할 전망이다. 이것은 고스란히 헬스케어 업체들의 수익성과 직결된다. 헬스케어 업체들은 헬스케어와 접목된 모바일 앱, 로봇 수술, 원격 의료, 신체 모니터링 장비 등 통해 비용을 절감과 동시에 환자들에게 더욱 나은 의료 서비스 제공으로 수익성을 극대화할 것으로 전망된다.

2018년 매켄지의 보고서에 따르면 2018년 헬스케어 섹터 투자는 최고조에 이를 것으로 전망하고 있다. 2017년 브렉시트(Brexit), 미국의 대통령 선거 및 세제개혁 등으로 인한 불확실성으로 냉각됐던 헬스케어 분야 투자 붐이 올해 풀리면서 세계적인 제약사들의 투자 소식은 계속 이어질 것으로 보인다. 미 행정부의 세제개편안으로 인해 미국이 아닌 해외에 있는 세계적인 제약사들의 현금 유입으로 중소규모의 기술력이 있는 헬스케어 업체들의 인수합병이 늘어날 것으로 전망된다.

헬스케어 섹터 둘러보기

대표 ETF	시가총액 (1억$)	S&P500내 비중	편입 종목수
XLV	33,833	13.78%	61

S&P500 VS Health Care

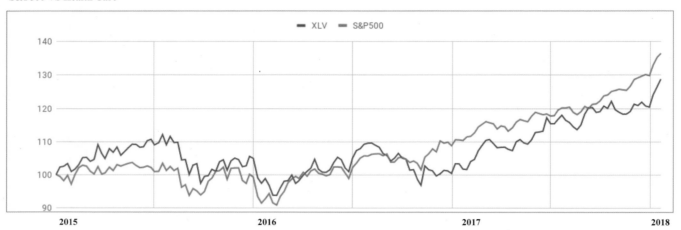

헬스 케어 섹터는 2015년 1월 1일 이후 28.86% 상승했으며, 같은 기간 S&P500은 36.49% 상승했다. 헬스 케어 섹터의 S&P500 대비 상대 수익률은 -7.63%p 이다.

S&P500내 헬스 케어 섹터 비중 추이

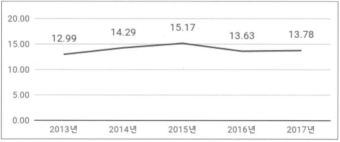

헬스 케어 섹터 관련 주요 데이터

	헬스 케어 섹터	S&P500 평균
PER (Trailing)	26.96	23.53
PER (Projected)	17.64	20.49
PBR	3.92	3.11
시가 배당률	1.67	1.87
P/Sales	1.86	2.09
P/Cashflow	19.51	21.71
변동성 3년	12.26	10.07
변동성 5년	11.78	9.49

헬스 케어 섹터 대표 ETF 'XLV'의 최근 자금 유입 동향(100만$) 및 수익률(%)

자금동향

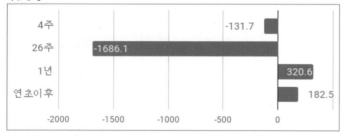

수익률

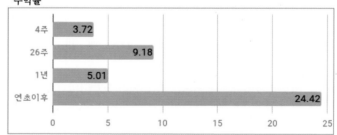

시가 총액 상위 종목

순위	티커	종목명/세부 섹터
1위	JNJ	Johnson & Johnson (존슨 앤드존슨)
		건강 관리 장비
2위	UNH	United Health Group Inc. (유나이티드 그룹)
		헬스 케어 관리
3위	PFE	Pfizer Inc. (화이자)
		제약
4위	MRK	Merck & Co. (머크)
		제약
5위	ABBV	AbbVie Inc. (애브비)
		제약

(2018년 1월 13일 기준)

섹터 내 상승/하락 상위 종목 (최근 1년)

상승률 상위 종목

순위	티커	상승률
1위	ALGN	166.53%
2위	VRTX	110.88%
3위	ISRG	95.88%

하락률 상위 종목

순위	티커	하락률
1위	INCY	-20.83%
2위	AGN	-11.32%
3위	PDCO	-10.06%

ALXN
알렉시온 파마슈티컬스
Alexion Pharmaceuticals, Inc.

섹터 헬스케어 (Health Care)
세부섹터 생명 공학 (Biotechnology)

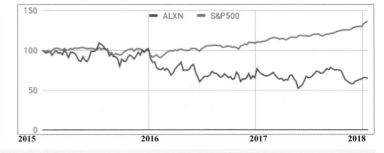

알렉시온 파마슈티컬스(Alexion Pharmaceuticals, Inc)는 생명 변형 치료제를 개발하고 상용화하는 바이오 제약 업체이다. 회사는 1992년 설립되었고 본사는 코네티컷주 뉴헤이번에 있으며 3,121명의 직원이 근무하고 있다. 회사는 유전성 혈액 질환인 발작성 야간 혈색소뇨증 치료용 단일 클론항체인 솔리리스를 제공하고 있다. 비정상적인 용혈성 요독 증후군, 리소좀 산성 리파아제 결핍증 환자 치료제를 제조하고 있다. 미국, 유럽, 아시아 태평양 지역의 유통 업체, 약국, 병원 및 기타 의료 서비스 제공 업체를 대상으로 하고 있다. 솔리리스 외에 저인산증 치료에 사용되는 스트렌식, 리포좀산 리파제 결핍증 치료에 사용되는 카누마를 제공하고 있다.

기준일 : 2018/ 01 /25

한글 회사명 : 알렉시온 파마슈티컬스
영문 회사명 : Alexion Pharmaceuticals, Inc.
상장일 : 1996년 02월 28일 | 결산월 : 12월
시가총액 : 279 (억$) |
52주 최고 : $149.34 (-16.41%) / 52주 최저 : $96.18 (+29.77%)

주요 주주정보

보유자/ 보유 기관	보유율
T. Rowe Price Associates, Inc.	9.97%
Fidelity Management & Research Co.	8.02%
The Vanguard Group, Inc.	6.57%

애널리스트 추천 및 최근 투자의견

알렉시온 파마슈티컬스의 2018년 01월 25일 현재 23개 기관의 **평균적인 목표가**는 **160.23$**이며, 2018년 추정 주당순이익(EPS)은 6.97$로 2017년 추정 EPS 5.66$에 비해 **23.14% 증가할 것으로 예상**된다.

최근, 1개월, 3개월의 투자 의견 변화

투자의견	금융사 및 투자의견	날짜
Downgrade	Raymond James: Strong Buy to Outperform	4/1/2018
Upgrade	Baird: Neutral to Outperform	12/18/2017
Maintains	Stifel Nicolaus: to Buy	10/27/2017
Initiated	RBC Capital: to Outperform	9/15/2017
Maintains	BMO Capital: to Outperform	9/14/2017

내부자 거래

(3M 비중은 12개월 거래 중 최근 3개월의 비중)

구분	성격	3개월	12개월	3M비중
매수	매수 건수 (장내 매매만 해당)	17	40	42.50%
매도	매도 건수 (장내 매매만 해당)	15	23	65.22%
매수	매수 수량 (장내 매매만 해당)	350,556	2,557,368	13.71%
매도	매도 수량 (장내 매매만 해당)	41,269	59,294	69.60%
	순매수량 (-인 경우 순매도량)	309,287	2,498,074	

ETF 노출
(편입 ETF 수 : 129개 / 시가총액 대비 ETF의 보유비중 : 9.11%)

티커	ETF	보유 지분	비중
VTI	Vanguard Total Stock Market ETF	$19,119,361,566	2.78%
VOO	Vanguard 500 Index Fund	$15,059,259,785	3.63%
SPY	SPDR S&P 500 ETF Trust	$11,014,053,971	3.66%
QQQ	PowerShares QQQ Trust, Series 1 (ETF)	$6,940,830,055	11.24%
IVV	iShares S&P 500 Index (ETF)	$5,580,237,298	3.63%

기간 수익률

1M : 4.56%	3M : -17.47%	6M : -8.14%	1Y : -8.27%	3Y : -32.91%

재무 지표

	2014	2015	2016	2017(E)
매출액 (백만$)	2,215	2,486	3,011	3,519
영업이익 (백만$)	892	564	720	1,512
순이익 (백만$)	657	144	399	1,289
자산총계 (백만$)	4,202	13,097	13,253	13,676
자본총계 (백만$)	3,302	8,259	8,694	
부채총계 (백만$)	900	4,838	4,559	

안정성 비율	2013	2014	2015	2016
유동비율 (%)	375.47	460.83	340.76	313.24
부채비율 (%)	39.28	27.25	58.58	52.44
이자보상배율 (배)	130.44	299.09	11.75	7.42

투자 지표

	2014	2015	2016	2017(E)
영업이익률 (%)	40.27	22.69	23.91	42.96
매출액 증가율 (%)	46.49	12.24	21.12	16.87
EPS ($)	3.32	0.68	1.78	5.66
EPS 증가율 (%)	157.36	-79.52	161.77	217.80
주당자산가치($)	16.59	36.71	38.81	40.92
잉여현금흐름 (백만$)	503	389	753	918

	2013	2014	2015	2016
배당성향(%)				
배당수익률(%)	0.00	0.00	0.00	0.00
ROE (%)	11.62	23.11	2.49	4.71
ROA (%)	8.53	17.47	1.67	3.03
재고회전율	15.34	15.87	10.66	9.06
EBITDA (백만$)	563.69	938.82	725	1,106

매출비중

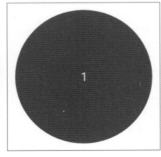

제품명	비중
1. 치료 제품	
	100%

AMGN
암젠
Amgen

섹터 헬스케어 (Health Care)
세부섹터 생명 공학 (Biotechnology)

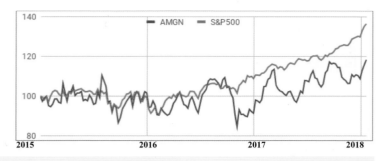

암젠(Amgen)은 다양한 의약품을 개발, 제조 및 판매하는 바이오제약 업체이다. 회사는 1986년 설립되었고 본사는 캘리포니아주 사우전드오크스에 있으며 19,200명의 직원이 근무하고 있다. 암, 신장질환, 류머티즘 관절염, 골질환 및 기타 중증 질환 치료제를 공급하고 있다. 치료 대안이 부족하거나 치료법이 전혀 없는 희귀질환의 치료제 개발에 매진하고 있다. 주요 제품군은 재조합 단백질 기술에 기반을 둔 항암제 및 신장 관련 약품이다. 항암화학요법 환자의 감염을 예방하는 뉴포젠, 뉴라스타, 류마티스, 엔브렐과 빈혈 치료제인 에포젠, 아라네스포, 혈소판 촉진제 엔플레이트, 골다공증 치료제 프롤리아가 주요 제품이다.

기준일 : 2018/ 01 /25

한글 회사명 : 암젠
영문 회사명 : Amgen
상장일 : 1983년 06월 22일 | 결산월 : 12월
시가총액 : 1380 (억$) |
52주 최고 : $196.03 (-2.4%) / 52주 최저 : $150.38 (+27.22%)

주요 주주정보

보유자/ 보유 기관	보유율
Fidelity Management & Research Co.	7.79%
Capital Research & Management Co. (Global Inv	7.23%
The Vanguard Group, Inc.	7.06%

애널리스트 추천 및 최근 투자의견

암젠의 2018년 01월 25일 현재 25개 기관의 **평균적인 목표가는 191.27$**이며, 2018년 추정 주당순이익(EPS)은 12.71$로 2017년 추정 EPS 12.7$에 비해 **0.07% 증가할 것으로 예상**된다.

최근, 1개월, 3개월의 투자 의견 변화

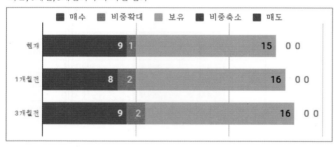

투자의견	금융사 및 투자의견	날짜
Maintains	JP Morgan: Neutral to Neutral	1/24/2018
Upgrade	Argus Research: Hold to Buy	1/23/2018
Downgrade	Argus: Buy to Hold	1/11/2017
Maintains	Morgan Stanley: to Overweight	10/26/2017
Maintains	BMO Capital: to Market Perform	10/26/2017

내부자 거래

구분	성격		3개월	12개월	3M비중
매수	매수 건수 (장내 매매만 해당)		8	33	24.24%
매도	매도 건수 (장내 매매만 해당)		15	40	37.50%
매수	매수 수량 (장내 매매만 해당)		110,457	170,727	64.70%
매도	매도 수량 (장내 매매만 해당)		11,089	124,516	8.91%
	순매수량 (-인 경우 순매도량)		99,368	46,211	

(3M 비중은 12개월 거래 중 최근 3개월의 비중)

ETF 노출
(편입 ETF 수 : 109개 / 시가총액 대비 ETF의 보유비중 : 10.46%)

티커	ETF	보유 지분	비중
VTI	Vanguard Total Stock Market ETF	$3,356,444,029	0.49%
VOO	Vanguard 500 Index Fund	$2,380,333,741	0.57%
SPY	SPDR S&P 500 ETF Trust	$1,743,285,230	0.58%
QQQ	PowerShares QQQ Trust, Series 1 (ETF)	$1,084,016,810	1.76%
IVV	iShares S&P 500 Index (ETF)	$882,022,294	0.57%

기간 수익률

1M : 6.91%	3M : 0.96%	6M : 5.03%	1Y : 22.37%	3Y : 19.47%

재무 지표

	2014	2015	2016	2017(E)
매출액 (백만$)	20,035	21,336	22,683	22,901
영업이익 (백만$)	6,836	8,158	9,524	11,961
순이익 (백만$)	5,158	6,939	7,722	9,366
자산총계 (백만$)	69,009	71,449	77,626	80,286
자본총계 (백만$)	25,778	28,083	29,875	
부채총계 (백만$)	43,231	43,366	47,751	

안정성 비율	2013	2014	2015	2016
유동비율 (%)	344.37	495.33	444.54	410.66
부채비율 (%)	199.26	167.71	154.42	159.84
이자보상배율 (배)	5.82	6.39	7.80	7.51

투자 지표

	2014	2015	2016	2017(E)
영업이익률 (%)	34.12	38.24	41.99	52.23
매출액 증가율 (%)	7.30	6.49	6.31	0.96
EPS ($)	6.80	9.15	10.32	12.70
EPS 증가율 (%)	0.74	34.56	12.79	23.07
주당자산가치($)	33.90	37.25	40.47	43.19
잉여현금흐름 (백만$)	7,837	9,137	9,616	9,766

	2013	2014	2015	2016
배당성향(%)	28.31	36.42	34.88	39.06
배당수익률(%)	1.65	1.53	1.95	2.74
ROE (%)	24.69	21.55	25.77	26.65
ROA (%)	8.44	7.63	9.88	10.36
재고회전율	6.48	7.07	8.40	8.76
EBITDA (백만$)	7,226	8,928	10,266	11,629

매출비중

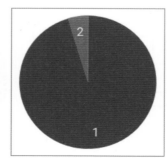

제품명	비중
1. 약제품	
	95.22%
2 기타	
	4.78%

BIIB
바이오젠
Biogen Inc.

섹터 헬스케어 (Health Care)
세부섹터 생명 공학 (Biotechnology)

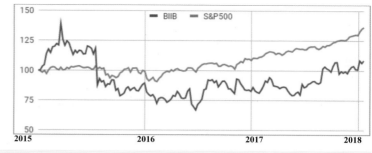

바이오젠(Biogen Inc)은 신경질환, 자가면역질환, 각종 희귀병, 혈액 질환 치료를 위한 치료법을 발견, 개발, 제조, 판매하는 바이오 업체이다. 회사는 1978년 설립되었고 본사는 매사추세츠주 케임브리지에 있으며 7,400명의 직원이 근무하고 있다. 다발성 경화증 치료제, 척수성 근 위축 치료제 분야 선두에 있다. 알츠하이머, 파킨슨병, 루게릭병 치료제 개발을 진행하고 있다. 대표 의약품으로는 다발성 경화증 치료제인 아보넥스, 팜피라, 프레그리디, 척수성 근 위축 치료제인 스핀라자 및 로슈와 공동으로 개발하고 판매하는 항암제 리툭산을 포함하고 있다. 2003년 파마슈티컬과 합병하여 지금의 사명으로 변경하였다.

기준일 : 2018/ 01 /25

한글 회사명 : 바이오젠
영문 회사명 : Biogen Inc.
상장일 : 1991년 09월 17일 | 결산월 : 12월
시가총액 : 748 (억$) |
52주 최고 : $354.28 (-2.2%) / 52주 최저 : $244.28 (+41.82%)

주요 주주정보

보유자/ 보유 기관	보유율
PRIMECAP Management Co.	7.2%
The Vanguard Group, Inc.	6.77%
BlackRock Fund Advisors	5.61%

애널리스트 추천 및 최근 투자의견

바이오젠의 2018년 01월 25일 현재 34개 기관의 **평균적인 목표가는 376.95$**이며, 2018년 추정 주당순이익(EPS)은 26.07$로 2017년 추정 EPS 24.69$에 비해 **5.58% 증가할 것으로 예상**된다.

최근, 1개월, 3개월의 투자 의견 변화

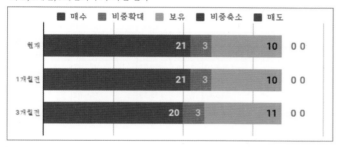

투자의견	금융사 및 투자의견	날짜
Maintains	H.C. Wainwright: Buy to Buy	1/26/2018
Maintains	Oppenheimer: Outperform to Outperform	1/26/2018
Maintains	Canaccord Genuity: Hold to Hold	1/24/2018
Initiated	Oppenheimer: to Outperform	9/11/2017
Maintains	BMO Capital: to Outperform	6/11/2017

내부자 거래

(3M 비중은 12개월 거래 중 최근 3개월의 비중)

구분	성격	3개월	12개월	3M비중
매수	매수 건수 (장내 매매만 해당)	1	18	5.56%
매도	매도 건수 (장내 매매만 해당)	19	28	67.86%
매수	매수 수량 (장내 매매만 해당)	780	121,418	0.64%
매도	매도 수량 (장내 매매만 해당)	17,113	45,120	37.93%
	순매수량 (-인 경우 순매도량)	-16,333	76,298	

ETF 노출
(편입 ETF 수 : 94개 / 시가총액 대비 ETF의 보유비중 : 11.49%)

티커	ETF	보유 지분	비중
VTI	Vanguard Total Stock Market ETF	$1,856,029,216	0.27%
VOO	Vanguard 500 Index Fund	$1,315,601,848	0.32%
SPY	SPDR S&P 500 ETF Trust	$958,855,018	0.32%
IBB	iShares NASDAQ Biotechnology Index (ETF)	$891,804,442	8.32%
QQQ	PowerShares QQQ Trust, Series 1 (ETF)	$595,541,470	0.96%

기간 수익률

1M : 4.41%	3M : 6.58%	6M : 21.02%	1Y : 32.45%	3Y : 5.38%

재무 지표

	2014	2015	2016	2017(E)
매출액 (백만$)	8,582	9,321	10,194	11,377
영업이익 (백만$)	2,847	3,572	4,466	5,344
순이익 (백만$)	2,935	3,547	3,703	2,359
자산총계 (백만$)	14,317	19,505	22,877	23,653
자본총계 (백만$)	10,814	9,375	12,129	15,981
부채총계 (백만$)	3,503	10,130	10,748	7,672

안정성 비율	2013	2014	2015	2016
유동비율 (%)	181.14	210.51	259.93	255.34
부채비율 (%)	37.61	32.39	108.05	88.62
이자보상배율 (배)	44.45	96.50	37.40	17.18

투자 지표

	2014	2015	2016	2017(E)
영업이익률 (%)	33.17	38.32	43.81	0.00
매출액 증가율 (%)	46.45	8.60	9.37	11.61
EPS ($)	12.42	15.38	16.95	11.92
EPS 증가율 (%)	58.02	23.79	10.27	-29.59
주당자산가치($)	46.08	42.88	56.23	60.81
잉여현금흐름 (백만$)	2,654	3,073	3,906	2,588

	2013	2014	2015	2016
배당성향(%)				
배당수익률(%)	0.00	0.00	0.00	0.00
ROE (%)	23.90	30.21	35.15	34.42
ROA (%)	16.94	22.47	21.25	17.44
재고회전율	10.59	11.73	10.98	10.76
EBITDA (백만$)	1,949.80	3,484.01	4,172.30	5,148.90

매출비중

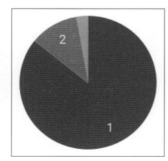

제품명	비중
1. 약제품	
	85.75%
2. 안티 CD20 치료 프로그램	
	11.48%
3. 기타	
	2.76%

CELG
셀진
Celgene Corporation

섹터 헬스케어 (Health Care)
세부섹터 생명 공학 (Biotechnology)

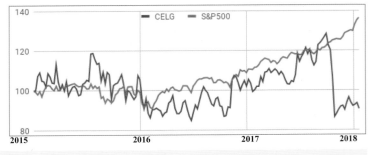

셀진 코퍼레이션(Celgene Corporation)은 종양과 염증 질환 치료제 개발을 주로 하는 세계적인 바이오 제약 업체이다. 회사는 1986년 설립되었고 본사는 뉴저지주 서밋에 있으며 7,000여 명의 직원이 근무하고 있고, 대표 제품은 다발골수종 표적치료제 레블리미드(Revlimid)로 매출의 절반 이상을 차지한다. 레블리미드 외에 항암제 아브락산 등 7개 약품을 미국 식품의약처(FDA)에서 승인받아 판매하고 있으며, 자회사들과 함께 암 및 염증 질환 치료를 위한 치료법의 개발 및 상용화를 시도하고 있다. 전략적 제휴나 인수합병을 통한 '파이프라인(신약 후보 물질)' 확보에도 적극적이며, 혈액암과 종양 분야에서 제품군을 늘리고 염증, 면역 분야에도 진출하면서 영역을 넓혀가고 있다.

기준일 : 2018/ 01 /25

한글 회사명 : 셀진
영문 회사명 : Celgene Corporation
상장일 : 1987년 07월 28일 | 결산월 : 12월
시가총액 : 822 (억$) |
52주 최고 : $147.17 (-29.46%) / 52주 최저 : $94.55 (+9.78%)

주요 주주정보

보유자/ 보유 기관	보유율
The Vanguard Group, Inc.	6.76%
BlackRock Fund Advisors	5.01%
SSgA Funds Management, Inc.	4.01%

애널리스트 추천 및 최근 투자의견

셀진의 2018년 01월 25일 현재 32개 기관의 **평균적인 목표가는 126.74$**이며, 2018년 추정 주당순이익(EPS)은 10.19$로 2017년 추정 EPS 8.45$에 비해 **20.59% 증가할 것으로 예상**된다.

최근, 1개월, 3개월의 투자 의견 변화

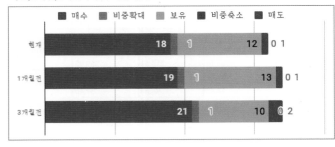

투자의견	금융사 및 투자의견	날짜
Downgrade	Bank of America: Buy to Neutral	5/1/2018
Downgrade	Bernstein: Outperform to Market Perform	12/27/2017
Initiated	Deutsche Bank: to Hold	12/13/2017
Upgrade	Atlantic Equities: Neutral to Overweight	8/12/2017
Maintains	BMO Capital: to Outperform	11/17/2017

내부자 거래

(3M 비중은 12개월 거래 중 최근 3개월의 비중)

구분	성격	3개월	12개월	3M비중
매수	매수 건수 (장내 매매만 해당)	1	2	50.00%
매도	매도 건수 (장내 매매만 해당)	14	37	37.84%
매수	매수 수량 (장내 매매만 해당)	3,260	12,510	26.06%
매도	매도 수량 (장내 매매만 해당)	61,324	425,293	14.42%
	순매수량 (-인 경우 순매도량)	-58,064	-412,783	

ETF 노출
(편입 ETF 수 : 83개 / 시가총액 대비 ETF의 보유비중 : 10.88%)

티커	ETF	보유 지분	비중
VTI	Vanguard Total Stock Market ETF	$2,005,716,481	0.29%
VOO	Vanguard 500 Index Fund	$1,422,006,940	0.34%
SPY	SPDR S&P 500 ETF Trust	$1,039,753,882	0.35%
IBB	iShares NASDAQ Biotechnology Index (ETF)	$827,101,337	7.72%
QQQ	PowerShares QQQ Trust, Series 1 (ETF)	$643,708,983	1.04%

기간 수익률

1M : -6.17%	3M : -27.73%	6M : -25.47%	1Y : -8.88%	3Y : -15.72%

재무 지표

	2014	2015	2016	2017(E)
매출액 (백만$)	7,643	8,902	10,922	12,983
영업이익 (백만$)	2,669	2,200	2,980	7,605
순이익 (백만$)	2,000	1,602	1,999	5,988
자산총계 (백만$)	17,340	26,964	28,086	32,436
자본총계 (백만$)	6,525	5,919	6,599	
부채총계 (백만$)	10,815	21,045	21,486	

안정성 비율	2013	2014	2015	2016
유동비율 (%)	388.10	459.83	477.47	367.25
부채비율 (%)	139.33	165.76	355.56	325.59
이자보상배율 (배)	16.47	15.55	6.02	5.54

투자 지표

	2014	2015	2016	2017(E)
영업이익률 (%)	34.92	24.71	27.28	58.58
매출액 증가율 (%)	17.89	16.47	22.70	18.87
EPS ($)	2.49	2.02	2.57	7.38
EPS 증가율 (%)	42.29	-18.88	27.23	187.30
주당자산가치($)	8.15	7.52	8.48	12.19
잉여현금흐름 (백만$)	2,656	2,198	3,740	5,091

	2013	2014	2015	2016
배당성향(%)				
배당수익률(%)	0.00	0.00	0.00	0.00
ROE (%)	25.70	33.02	25.75	31.94
ROA (%)	11.55	13.02	7.23	7.26
재고회전율	21.61	20.84	21.28	23.21
EBITDA (백만$)	2,343.40	3,043.00	2,599.40	3,484.10

매출비중

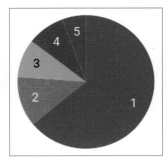

제품명	비중
1. 레 블리 미드-상품	62.1%
2. POMALYST / IMNOVID-상품	11.67%
3. OTEZLA-상품	9.06%
4. ABRAXANE-상품	8.67%
5. VIDAZA-상품	5.41%

GILD
길리어드 사이언스
Gilead Sciences, Inc

섹터 헬스케어 (Health Care)
세부섹터 생명 공학 (Biotechnology)

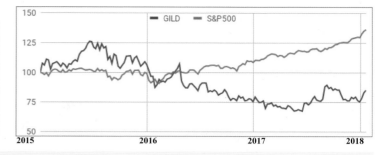

길리어드 사이언스(Gilead Sciences Inc)는 의약품을 개발 및 상업화하는 연구 기반의 바이오 제약 업체이다. 회사는 1987년 설립되었고 본사는 캘리포니아주 포스터시티에 있으며 9,000명의 직원이 근무하고 있다. 회사의 제품 포트폴리오 및 임상 시험용 약물 파이프라인에는 인간 면역 결핍 바이러스/후천성 면역 결핍 증후군(HIV /AIDS), 간 질환, 암, 염증 및 호흡기 질환 및 심혈 관계 질환 치료제 가 포함된다. 회사는 자회사인 카이트(Kite Pharma, Inc)를 통해 암 면역요법의 개발에 참여하고 있다. 카이트(Kite)는 종양을 인식하고 죽일 수 있는 면역 체계의 능력을 강화하도록 고안된 키메라 항원 수용체(CAR) 및 T세포 수용체(TCR) 조작 세포 치료법에 중점을 두고 있다.

기준일 : 2018/ 01 /25
한글 회사명 : 길리어드 사이언스
영문 회사명 : Gilead Sciences, Inc
상장일 : 1992년 01월 22일 | 결산월 : 12월
시가총액 : 1061 (억$) |
52주 최고 : $86.27 (-5.76%) / 52주 최저 : $63.76 (+27.5%)

주요 주주정보

보유자/ 보유 기관	보유율
The Vanguard Group, Inc.	7.07%
BlackRock Fund Advisors	5.26%
SSgA Funds Management, Inc.	4.24%

애널리스트 추천 및 최근 투자의견

길리어드 사이언스의 2018년 01월 25일 현재 29개 기관의 **평균적인 목표가는 86.45$**이며, 2018년 추정 주당순이익(EPS)은 6.7$로 2017년 추정 EPS 8.71$에 비해 **-23.07% 감소할 것으로 예상**된다.

최근, 1개월, 3개월의 투자 의견 변화

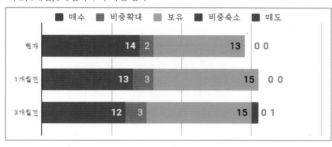

투자의견	금융사 및 투자의견	날짜
Upgrade	Jefferies: Hold to Buy	1/26/2018
Upgrade	Wells Fargo: Market Perform to Outperform	1/16/2018
Downgrade	Credit Suisse: Outperform to Neutral	12/20/2017
Upgrade	Maxim Group: Hold to Buy	11/30/2017
Downgrade	Argus: Buy to Hold	11/13/2017

내부자 거래

(3M 비중은 12개월 거래 중 최근 3개월의 비중)

구분	성격	3개월	12개월	3M비중
매수	매수 건수 (장내 매매만 해당)	19	27	70.37%
매도	매도 건수 (장내 매매만 해당)	23	57	40.35%
매수	매수 수량 (장내 매매만 해당)	203,065	223,755	90.75%
매도	매도 수량 (장내 매매만 해당)	499,479	1,861,579	26.83%
	순매수량 (-인 경우 순매도량)	-296,414	-1,637,824	

ETF 노출
(편입 ETF 수 : 117개 / 시가총액 대비 ETF의 보유비중 : 11.24%)

티커	ETF	보유 지분	비중
VTI	Vanguard Total Stock Market ETF	$2,634,804,290	0.38%
VOO	Vanguard 500 Index Fund	$1,868,063,102	0.45%
SPY	SPDR S&P 500 ETF Trust	$1,366,070,870	0.45%
IBB	iShares NASDAQ Biotechnology Index (ETF)	$883,016,579	8.24%
QQQ	PowerShares QQQ Trust, Series 1 (ETF)	$843,401,004	1.37%

기간 수익률

1M : 7.15%	3M : -1.67%	6M : 9.78%	1Y : 14.04%	3Y : -19.59%

재무 지표

	2014	2015	2016	2017(E)
매출액 (백만$)	24,890	32,037	30,317	25,790
영업이익 (백만$)	15,265	21,591	18,392	15,726
순이익 (백만$)	12,101	18,108	13,501	11,504
자산총계 (백만$)	34,664	51,716	56,977	66,001
자본총계 (백만$)	15,819	19,113	19,363	
부채총계 (백만$)	18,845	32,603	37,614	

안정성 비율	2013	2014	2015	2016
유동비율 (%)	114.99	307.48	250.37	221.77
부채비율 (%)	91.55	119.13	170.58	194.26
이자보상배율 (배)	15.00	37.05	31.38	19.08

투자 지표

	2014	2015	2016	2017(E)
영업이익률 (%)	61.33	67.39	60.67	60.98
매출액 증가율 (%)	121.81	28.71	-5.37	-14.93
EPS ($)	7.95	12.37	10.08	8.71
EPS 증가율 (%)	295.52	55.60	-18.51	-13.64
주당자산가치($)	10.29	13.03	14.42	18.36
잉여현금흐름 (백만$)	12,261	19,582	15,921	12,336

	2013	2014	2015	2016
배당성향(%)			10.83	18.51
배당수익률(%)	0.00	0.00	1.27	2.57
ROE (%)	29.74	90.32	106.64	72.16
ROA (%)	13.98	42.19	41.92	24.82
재고회전율	5.90	14.46	19.18	17.12
EBITDA (백만$)	4,946.67	16,315	22,689	19,550

매출비중

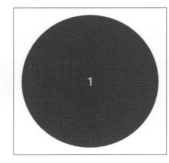

제품명	비중
1. 의약개선품	
	100%

INCY
인싸이트 코퍼레이션
Incyte Corporation

섹터 헬스케어 (Health Care)
세부섹터 생명 공학 (Biotechnology)

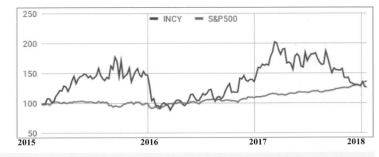

인사이트 코퍼레이션(Incyte Corporation)은 종양학에서 독점적인 치료법의 개발 및 상용화에 중점을 두고 있는 바이오 제약 업체이다. 회사는 1991년 설립되었고 본사는 델라웨어주 윌밍턴에 있으며 980명의 직원이 근무하고 있다. 임상 단계 주요 제품에는 원형 탈모증 및 아토피성 피부염 치료를 위한 제품, 류머티즘성 관절염 치료제 및 악성 종양 치료제 등이 있다. 특히 희귀혈액 질환에 대한 치료제에서 많은 수익을 내고 있으며, 울루미안트(Olumiant)라고 불리는 류머티즘성 관절염 치료제를 포함한 견고한 파이프라인을 가지고 있다. 노바티스(Novartis)와 일라이 릴리(Eli Lilly)와 같은 세계적인 제약회사와도 협력 계약을 맺고 있다.

기준일 : 2018/ 01 /25

한글 회사명 : 인싸이트 코퍼레이션
영문 회사명 : Incyte Corporation
상장일 : 1993년 11월 04일 | 결산월 : 12월
시가총액 : 199 (억$) |
52주 최고 : $153.15 (-37.87%) / 52주 최저 : $88.81 (+7.13%)

주요 주주정보

보유자/ 보유 기관	보유율
Baker Bros. Advisors LP	16.25%
The Vanguard Group, Inc.	8.1%
Wellington Management Co. LLP	7.09%

애널리스트 추천 및 최근 투자의견

인싸이트 코퍼레이션 2018년 01월 25일 현재 23개 기관의 **평균적인 목표가는 143.15$**이며, 2018년 추정 주당순이익(EPS)은 0.14$로 2017년 추정 EPS -1.22$에 비해 **-111.47% 감소**할 것으로 예상된다.

최근, 1개월, 3개월의 투자 의견 변화

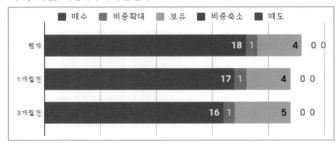

투자의견	금융사 및 투자의견	날짜
Upgrade	RBC Capital: Sector Perform to Outperform	2/1/2018
Initiated	Deutsche Bank: to Hold	12/13/2017
Maintains	BMO Capital: to Outperform	1/11/2017
Maintains	BMO Capital: to Outperform	10/26/2017
Initiated	RBC Capital: to Sector Perform	9/15/2017

내부자 거래

(3M 비중은 12개월 거래 중 최근 3개월의 비중)

구분	성격	3개월	12개월	3M비중
매수	매수 건수 (장내 매매만 해당)	4	32	12.50%
매도	매도 건수 (장내 매매만 해당)	12	53	22.64%
매수	매수 수량 (장내 매매만 해당)	1,174	150,353	0.78%
매도	매도 수량 (장내 매매만 해당)	60,691	423,055	14.35%
	순매수량 (-인 경우 순매도량)	-59,517	-272,702	

ETF 노출
(편입 ETF 수 : 63개 / 시가총액 대비 ETF의 보유비중 : 13.1%)

티커	ETF	보유 지분	비중
VO	Vanguard Mid Cap Index Fund	$415,625,987	0.42%
VTI	Vanguard Total Stock Market ETF	$408,969,985	0.06%
VOO	Vanguard 500 Index Fund	$283,125,818	0.07%
IBB	Ishares Nasdaq Biotechnology	$274,256,225	2.56%
SPY	SPDR S&P 500 Trust ETF	$206,909,137	0.07%

기간 수익률

1M : -3.37%	3M : -21.81%	6M : -30.59%	1Y : -20.52%	3Y : 25.24%

재무 지표

	2014	2015	2016	2017(E)
매출액 (백만$)	512	754	1,106	1,515
영업이익 (백만$)	-5	51	164	-203
순이익 (백만$)	-48	7	104	-251
자산총계 (백만$)	830	1,007	1,639	1,951
자본총계 (백만$)	-82	171	419	
부채총계 (백만$)	912	836	1,219	

안정성 비율	2013	2014	2015	2016
유동비율 (%)	513.60	306.78	501.39	363.50
부채비율 (%)	426.02	1,116.89	488.61	290.64
이자보상배율 (배)	-0.42	-0.10	1.11	4.23

투자 지표

	2014	2015	2016	2017(E)
영업이익률 (%)	-0.98	6.76	14.83	-13.42
매출액 증가율 (%)	44.11	47.36	46.70	36.99
EPS ($)	-0.29	0.04	0.55	-1.22
EPS 증가율 (%)	48.21	113.79	1,275.00	-321.78
주당자산가치($)	-0.48	0.92	2.22	4.62
잉여현금흐름 (백만$)	-2	61	184	2

	2013	2014	2015	2016
배당성향(%)				
배당수익률(%)	0.00	0.00	0.00	0.00
ROE (%)			14.59	35.29
ROA (%)	-17.32	-6.64	0.71	7.88
재고회전율	1,037.86	1,338.99	704.11	375.52
EBITDA (백만$)	13.11	36.61	95.53	222.45

매출비중

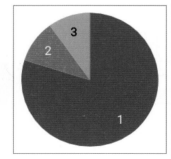

제품명	비중
1. 약제품	79.8%
2. 계약	10.18%
3. 제품 로열티	10.01%
4. 기타	0.01%

REGN
리제네론 파마슈티컬스
Regeneron Pharmaceuticals

섹터 헬스케어 (Health Care)
세부섹터 생명 공학 (Biotechnology)

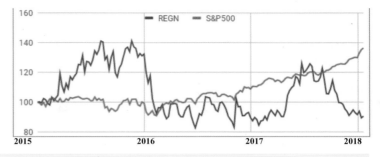

리제네론 파마슈티컬스(Regeneron Pharmaceuticals, Inc)는 중증 치료 약을 개발, 제조, 상업화하는 바이오제약 업체이다. 회사는 1988년 설립되었고 본사는 뉴욕주 타리타운에 있으며 5,400명의 직원이 근무하고 있다. 회사는 신생혈관 관련 제품, 당뇨 부종 및 고콜레스테롤 치료제 등을 주로 다루고 있으며 류머티즘성 관절염 주사제도 시장에 내놓고 있다. 최근에는 성인과 청소년을 모두 대상으로 하는 천식 치료제에 집중하며 2018년 승인을 목표로 제품 개발에 몰두하고 있으며, 전염병 퇴치를 위한 치료법을 미국 보건복지부와 함께 개발하고 있다. 생체 내 치료를 위한 유전자 편집 관련 기술도 보유하고 있다. 주요 제품은 통증 치료제인 알칼리스트, 아토피 피부염 치료제인 투픽센트, 망막질환 치료제인 아일리아, 류머티즘성 관절염 치료제인 케브자라, 콜레스테롤 저해제인 프랄런트 등이 있다.

기준일 : 2018/ 01 /25

한글 회사명 : 리제네론 파마슈티컬스
영문 회사명 : Regeneron Pharmaceuticals
상장일 : 1991년 04월 02일 | 결산월 : 12월
시가총액 : 414 (억$) |

52주 최고 : $543.55 (-29.6%) / 52주 최저 : $340.09 (+12.51%)

주요 주주정보

보유자/ 보유 기관	보유율
Sanofi	22.63%
Fidelity Management & Research Co.	6.5%
Capital Research & Management Co. (World Inve	6.22%

애널리스트 추천 및 최근 투자의견

리제네론 파마슈티컬스의 2018년 01월 25일 현재 29개 기관의 **평균적인 목표가는 449.16$**이며, 2018년 추정 주당순이익(EPS)은 17.29$로 2017년 추정 EPS 15.67$에 비해 **10.33% 증가할 것으로 예상**된다.

최근, 1개월, 3개월의 투자 의견 변화

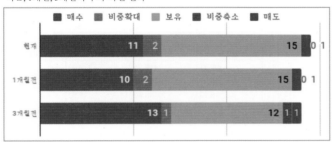

투자의견	금융사 및 투자의견	날짜
Maintains	JP Morgan: Neutral to Neutral	1/24/2018
Initiated	Deutsche Bank: to Hold	12/13/2017
Downgrade	Citigroup: Buy to Neutral	1/12/2017
Maintains	BTIG Research: Buy to Buy	11/28/2017
Maintains	Morgan Stanley: to Equal-Weight	9/11/2017

내부자 거래

(3M 비중은 12개월 거래 중 최근 3개월의 비중)

구분	성격	3개월	12개월	3M비중
매수	매수 건수 (장내 매매만 해당)	1	5	20.00%
매도	매도 건수 (장내 매매만 해당)	3	44	6.82%
매수	매수 수량 (장내 매매만 해당)	2,500	377,343	0.66%
매도	매도 수량 (장내 매매만 해당)	260,850	963,508	27.07%
	순매수량 (-인 경우 순매도량)	-258,350	-586,165	

ETF 노출   (편입 ETF 수 : 71개 / 시가총액 대비 ETF의 보유비중 : 8.87%)

티커	ETF	보유 지분	비중
VTI	Vanguard Total Stock Market ETF	$726,876,603	0.11%
IBB	Ishares Nasdaq Biotechnology	$537,365,482	5.01%
VOO	Vanguard 500 Index Fund	$501,672,418	0.12%
SPY	SPDR S&P 500 Trust ETF	$366,870,488	0.12%
QQQ	PowerShares QQQ Trust, Series 1 (ETF)	$315,856,442	0.51%

기간 수익률

1M : -4.47%	3M : -14.28%	6M : -27.98%	1Y : 2.47%	3Y : -9.09%

재무 지표

	2014	2015	2016	2017(E)
매출액 (백만$)	2,820	4,104	4,860	5,788
영업이익 (백만$)	838	1,252	1,331	2,565
순이익 (백만$)	348	636	896	1,834
자산총계 (백만$)	3,872	5,609	6,973	8,774
자본총계 (백만$)	2,542	3,655	4,449	
부채총계 (백만$)	1,330	1,954	2,524	

안정성 비율	2013	2014	2015	2016
유동비율 (%)	601.31	331.08	359.37	256.16
부채비율 (%)	51.17	52.30	53.47	56.73
이자보상배율 (배)	16.38	22.43	87.91	184.95

투자 지표

	2014	2015	2016	2017(E)
영업이익률 (%)	29.72	30.51	27.39	44.31
매출액 증가율 (%)	33.96	45.55	18.44	19.09
EPS ($)	3.46	6.17	8.55	15.67
EPS 증가율 (%)	-20.09	78.32	38.57	83.27
주당자산가치($)	24.82	34.92	41.97	58.01
잉여현금흐름 (백만$)	410	653	961	1,597

	2013	2014	2015	2016
배당성향(%)				
배당수익률(%)	0.00	0.00	0.00	0.00
ROE (%)	26.54	15.49	20.53	22.10
ROA (%)	16.87	10.20	13.42	14.23
재고회전율	42.52	28.31	22.34	15.24
EBITDA (백만$)	801.73	891.12	1,326.83	1,435.49

매출비중

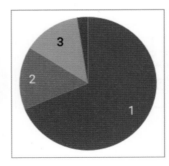

제품명	비중
1. 약제품	68.69%
2. 바이엘 브랜드	15.31%
3. 사노피 브랜드	13.55%
4. 기타	2.45%

헬스케어

VRTX
버텍스 파마슈티걸스
Vertex Pharmaceuticals Inc

섹터 헬스케어 (Health Care)
세부섹터 생명 공학 (Biotechnology)

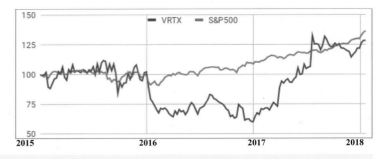

버텍스 파마슈티컬스(Vertex Pharmaceuticals Incorporated)는 중증질병에 대한 의약품을 개발, 제조, 판매하는 바이오제약 업체이다. 회사는 1989년 설립되었고 본사는 매사추세츠주 보스턴에 있으며 2,150명의 직원이 근무하고 있다. 낭성 섬유증(CF) 치료제 개발 및 상용화에 중점을 두고 연구개발 프로그램을 진행하고 있다. 회사의 CF 관련 치료제가 주력 제품이며, 성장성도 뛰어나다. 다른 주력 제품인 칼리 데코(Kalydeco) 판매는 치료 확대 승인으로 인해 지속해서 성장 중이다. 종양학, 통증 및 신경학 분야의 연구 개발 프로그램에 많은 투자를 하고 있다. 회사 제품을 주로 북미 지역의 전문 약국 제공업체 및 도매업체에 판매하고 있다. 대표적인 의약품으로는 C형 간염 치료제인 텔라프레비르, 낭성 섬유증 치료제인 칼리데코 등이 있다.

기준일 : 2018/ 01 /25
한글 회사명 : 버텍스 파마슈티컬스
영문 회사명 : Vertex Pharmaceuticals Inc
상장일 : 1991년 07월 24일 | 결산월 : 12월
시가총액 : 420 (억$) |
52주 최고 : $168.43 (-0.28%) / 52주 최저 : $80.55 (+108.5%)

주요 주주정보

보유자/ 보유 기관	보유율
T. Rowe Price Associates, Inc.	10.47%
The Vanguard Group, Inc.	6.8%
Fidelity Management & Research Co.	6.17%

애널리스트 추천 및 최근 투자의견

버텍스 파마슈티컬스의 2018년 01월 25일 현재 29개 기관의 **평균적인 목표가는 183.04$**이며, 2018년 추정 주당순이익(EPS)은 3.01$로 2017년 추정 EPS 1.89$에 비해 **59.25% 증가할 것으로 예상**된다.

최근, 1개월, 3개월의 투자 의견 변화

투자의견	금융사 및 투자의견	날짜
Upgrade	Bank of America: Neutral to Buy	5/1/2018
Initiated	Deutsche Bank: to Buy	12/13/2017
Initiated	DA Davidson: to Buy	9/29/2017
Initiated	RBC Capital: to Outperform	9/15/2017
Upgrade	Barclays: to Overweight	7/19/2017

내부자 거래

(3M 비중은 12개월 거래 중 최근 3개월의 비중)

구분	성격	3개월	12개월	3M비중
매수	매수 건수 (장내 매매만 해당)	9	19	47.37%
매도	매도 건수 (장내 매매만 해당)	46	125	36.80%
매수	매수 수량 (장내 매매만 해당)	242,125	271,394	89.22%
매도	매도 수량 (장내 매매만 해당)	445,962	2,209,657	20.18%
	순매수량 (-인 경우 순매도량)	-203,837	-1,938,263	

ETF 노출
(편입 ETF 수 : 79개 / 시가총액 대비 ETF의 보유비중 : 11.02%)

티커	ETF	보유 지분	비중
VTI	Vanguard Total Stock Market ETF	$1,016,208,769	0.15%
VOO	Vanguard 500 Index Fund	$720,561,574	0.17%
SPY	SPDR S&P 500 Trust ETF	$523,881,073	0.17%
IBB	Ishares Nasdaq Biotechnology	$455,877,164	4.25%
QQQ	PowerShares QQQ Trust, Series 1 (ETF)	$330,450,167	0.54%

기간 수익률

1M : 8.3%	3M : 2.83%	6M : -3.18%	1Y : 94.13%	3Y : 28.57%

재무 지표

	2014	2015	2016	2017(E)
매출액 (백만$)	580	1,032	1,702	2,144
영업이익 (백만$)	-641	-465	11	120
순이익 (백만$)	-738	-556	-112	452
자산총계 (백만$)	2,335	2,499	2,897	3,284
자본총계 (백만$)	1,096	1,094	1,338	
부채총계 (백만$)	1,239	1,405	1,559	

안정성 비율	2013	2014	2015	2016
유동비율 (%)	399.31	419.96	278.00	231.10
부채비율 (%)	70.97	112.98	128.47	116.47
이자보상배율 (배)	-8.77	-8.80	-5.52	0.14

투자 지표

	2014	2015	2016	2017(E)
영업이익률 (%)	-110.52	-45.06	0.65	5.61
매출액 증가율 (%)	-52.11	77.86	64.89	25.97
EPS ($)	-3.14	-2.31	-0.46	1.89
EPS 증가율 (%)	-58.59	26.43	80.09	510.16
주당자산가치($)	4.45	3.82	4.66	6.70
잉여현금흐름 (백만$)	-564	-411	180	317

	2013	2014	2015	2016
배당성향(%)				
배당수익률(%)	0.00	0.00	0.00	0.00
ROE (%)	-37.79	-60.68	-55.22	-10.69
ROA (%)	-27.08	-31.88	-24.34	-3.12
재고회전율	54.34	25.80	23.45	25.25
EBITDA (백만$)	-151.06	-578.23	-402.33	72.6

매출비중

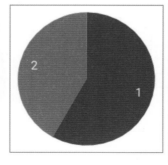

제품명	비중
1. ORKAMBI 브랜드	
	58.18%
2. KALYDECO 브랜드	
	41.78%
3. INCIVEK 브랜드	
	0.04%

ABC
아메리소스버젠 코퍼레이션
AmerisourceBergen Corp

섹터 헬스케어 (Health Care)
세부섹터 건강제품 판매 (Health Care Distributors)

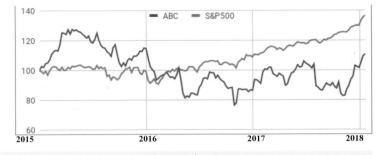

아메리소스버젠 코퍼레이션(AmerisourceBergen Corporation)은 세계적인 의약품 유통 업체이다. 회사는 1985년 설립되었고 본사는 펜실베이니아주 체스터브룩에 있으며 19,000명의 직원이 근무하고 있다. 회사의 의약품 유통부문은 브랜드 및 제네릭 의약품, 처방전 없이 구매할 수 있는 의료 제품, 가정용 의료용품 및 장비, 복합 살균제 및 관련 서비스를 병원 및 다양한 의료 서비스 공급자에게 공급하고 있다. 소매약국, 진료소, 장기 요양 보호 및 기타 고객에게 의료 관련 컨설팅 서비스를 제공하고 있다. 회사가 개발한 공급관리 소프트웨어, 솔루션을 다양한 의료 기관에 제공하고 있으며 생명공학 및 기타제약업체를 대상으로 3자 물류를 제공하고 있다.

기준일 : 2018/ 01 /25
한글 회사명 : 아메리소스버젠 코퍼레이션
영문 회사명 : AmerisourceBergen Corp
상장일 : 1995년 04월 04일 | 결산월 : 9월
시가총액 : 228 (억$) |

52주 최고 : $104.9 (-0.25%) / 52주 최저 : $71.9 (+45.52%)

주요 주주정보

보유자/ 보유 기관	보유율
Walgreens Boots Alliance, Inc.	26.07%
The Vanguard Group, Inc.	7.05%
BlackRock Fund Advisors	3.74%

애널리스트 추천 및 최근 투자의견

아메리소스버젠 코퍼레이션의 2018년 01월 25일 현재 18개 기관의 **평균적인 목표가는 102.93$**이며, 2018년 추정 주당순이익(EPS)은 6.97$로 2017년 추정 EPS 6.29$에 비해 **10.81% 증가할 것으로 예상**된다.

최근, 1개월, 3개월의 투자 의견 변화

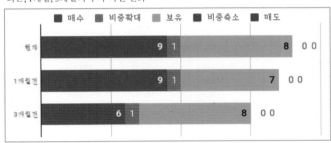

투자의견	금융사 및 투자의견	날짜
Initiated	Evercore ISI Group: to Outperform	5/1/2018
Upgrade	Goldman Sachs: Neutral to Buy	12/15/2017
Initiated	Deutsche Bank: to Buy	4/12/2017
Upgrade	Cowen & Co.: Market Perform to Outperform	10/10/2017
Upgrade	Baird: Neutral to Outperform	5/10/2017

내부자 거래

(3M 비중은 12개월 거래 중 최근 3개월의 비중)

구분	성격	3개월	12개월	3M비중
매수	매수 건수 (장내 매매만 해당)	2	13	15.38%
매도	매도 건수 (장내 매매만 해당)	21	74	28.38%
매수	매수 수량 (장내 매매만 해당)	294	76,478	0.38%
매도	매도 수량 (장내 매매만 해당)	195,718	590,162	33.16%
	순매수량 (-인 경우 순매도량)	-195,424	-513,684	

ETF 노출   (편입 ETF 수 : 84개 / 시가총액 대비 ETF의 보유비중 : 9.37%)

티커	ETF	보유 지분	비중
VTI	Vanguard Total Stock Market ETF	$416,771,076	0.06%
VOO	Vanguard 500 Index Fund	$291,462,428	0.07%
SPY	SPDR S&P 500 Trust ETF	$218,006,163	0.07%
VO	Vanguard Mid Cap Index Fund	$211,470,659	0.21%
VIG	Vanguard Dividend Appreciation ETF	$199,311,062	0.55%

기간 수익률

1M : 7.39%	3M : 22.62%	6M : 9.21%	1Y : 19.47%	3Y : 8.26%

재무 지표

매출액 (백만$)	2014	2015	2016	2017(E)
매출액 (백만$)	119,569	135,962	146,850	154,150
영업이익 (백만$)	1,185	1,307	1,683	2,015
순이익 (백만$)	284	-138	1,428	1,303
자산총계 (백만$)	21,532	27,963	33,638	35,610
자본총계 (백만$)	1,957	616	2,129	
부채총계 (백만$)	19,575	27,347	31,508	

안정성 비율	2013	2014	2015	2016
유동비율 (%)	96.79	97.39	94.24	90.39
부채비율 (%)	715.55	1,000.32	4,436.60	1,479.67
이자보상배율 (배)	13.18	15.26	11.67	11.66

투자 지표

	2014	2015	2016	2017(E)
영업이익률 (%)	0.99	0.96	1.15	1.31
매출액 증가율 (%)	35.94	13.71	8.01	4.97
EPS ($)	1.22	-0.63	6.73	5.88
EPS 증가율 (%)	-35.11	-151.64	1,168.25	-12.61
주당자산가치($)	8.82	2.98	9.68	11.80
잉여현금흐름 (백만$)	1,199	3,691	2,714	907

	2013	2014	2015	2016
배당성향(%)	45.65	80.34		21.52
배당수익률(%)	1.37	1.22	1.22	1.68
ROE (%)	20.66	13.28	-10.74	104.01
ROA (%)	2.87	1.40	-0.56	4.64
재고회전율	13.88	15.35	14.82	14.34
EBITDA (백만$)	1,159.81	1,370.67	1,557.12	2,067.87

매출비중

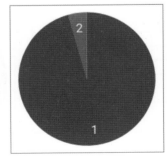

제품명	비중
1. 제약 유통	
	95.83%
2. 기타	
	4.35%
3. 부문간 공제	
	-0.18%

BMY
브리스톨 마이어스 스큅
Bristol-Myers Squibb

섹터 헬스케어 (Health Care)
세부섹터 건강제품 판매 (Health Care Distributors)

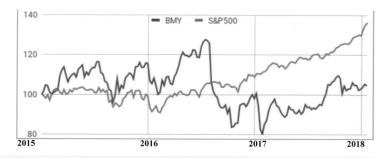

브리스톨 마이어스 스큅(Bristol-Myers Squibb Co)은 바이오제약 관련 제품의 발견, 개발, 허가, 제조, 마케팅, 유통, 판매 사업을 영위하는 업체이다. 회사는 1887년 설립되었고 본사는 뉴욕주 뉴욕에 있으며 25,000명의 직원이 근무하고 있다. 암, 에이즈, 심혈관 질환, 당뇨병, 간염, 류머티즘성 관절염 등을 포함한 여러 가지 치료 분야에서 처방을 위한 약을 생산하고 있다. 회사의 목표는 환자들이 심각한 병을 극복할 수 있도록 돕는 혁신적인 약을 연구, 개발, 생산하는 것이다. 1989년 각기 1세기가 넘는 오랜 역사를 지닌 두 대형 제약사의 합병으로 큰 관심을 모았는데 브리스톨 마이어스는 스큅을 합병하면서 세계 2위의 거대 글로벌 제약사로 도약할 수 있었다. 지난 1900년대 초중반 브리스톨 마이어스는 항생제 분야의 개척자로서 전 세계 수십 개국에 진출하며 빠른 성장세를 이어가고 있다.

기준일 : 2018/ 01 /25
한글 회사명 : 브리스톨 마이어스스큅
영문 회사명 : Bristol-Myers Squibb
상장일 : 1972년 01월 21일 | 결산월 : 12월
시가총액 : 1040 (억$) |
52주 최고 : $66.1 (-3.85%) / 52주 최저 : $46.01 (+38.12%)

주요 주주정보

보유자/ 보유 기관	보유율
Wellington Management Co. LLP	9.02%
The Vanguard Group, Inc.	7.27%
BlackRock Fund Advisors	4.37%

애널리스트 추천 및 최근 투자의견

브리스톨 마이어스 스큅의 2018년 01월 25일 현재 24개 기관의 **평균적인 목표가는 64.48$**이며, 2018년 추정 주당순이익(EPS)은 3.23$로 2017년 추정 EPS 3$에 비해 **7.66% 증가할 것으로 예상**된다.

최근, 1개월, 3개월의 투자 의견 변화

투자의견	금융사 및 투자의견	날짜
Maintains	Credit Suisse: to Neutral	10/27/2017
Maintains	Leerink Swann: to Outperform	10/23/2017
Maintains	Citigroup: to Buy	10/18/2017
Downgrade	Jefferies: Buy to Hold	10/16/2017
Maintains	Barclays: to Equal-Weight	10/13/2017

내부자 거래

(3M 비중은 12개월 거래 중 최근 3개월의 비중)

구분	성격	3개월	12개월	3M비중
매수	매수 건수 (장내 매매만 해당)	9	12	75.00%
매도	매도 건수 (장내 매매만 해당)	10	24	41.67%
매수	매수 수량 (장내 매매만 해당)	18,696	29,155	64.13%
매도	매도 수량 (장내 매매만 해당)	283,745	538,222	52.72%
	순매수량 (-인 경우 순매도량)	-265,049	-509,067	

ETF 노출
(편입 ETF 수 : 106개 / 시가총액 대비 ETF의 보유비중 : 9.32%)

티커	ETF	보유 지분	비중
VTI	Vanguard Total Stock Market ETF	$2,538,614,928	0.37%
VOO	Vanguard 500 Index Fund	$1,800,195,697	0.43%
SPY	SPDR S&P 500 Trust ETF	$1,314,606,252	0.44%
VUG	Vanguard Growth ETF	$709,411,534	0.91%
IVV	Ishares S&P 500	$667,133,768	0.43%

기간 수익률

1M : -0.2%	3M : -0.32%	6M : 11.91%	1Y : 26.5%	3Y : -0.04%

재무 지표

	2014	2015	2016	2017(E)
매출액 (백만$)	15,879	16,560	19,427	20,666
영업이익 (백만$)	3,274	3,938	5,179	5,509
순이익 (백만$)	2,004	1,565	4,457	4,962
자산총계 (백만$)	33,749	31,748	33,707	33,475
자본총계 (백만$)	14,983	14,424	16,347	
부채총계 (백만$)	18,766	17,324	17,360	

안정성 비율	2013	2014	2015	2016
유동비율 (%)	152.06	172.65	129.91	155.01
부채비율 (%)	153.30	125.25	120.11	106.20
이자보상배율 (배)	15.28	16.13	21.40	31.01

투자 지표

	2014	2015	2016	2017(E)
영업이익률 (%)	20.62	23.78	26.66	26.66
매출액 증가율 (%)	-3.09	4.29	17.31	6.38
EPS ($)	1.21	0.94	2.67	3.00
EPS 증가율 (%)	-22.44	-22.31	184.04	12.41
주당자산가치($)	8.98	8.59	9.72	9.05
잉여현금흐름 (백만$)	2,622	1,012	1,635	4,580

	2013	2014	2015	2016
배당성향(%)	91.56	120.83	160.22	57.74
배당수익률(%)	2.65	2.46	2.17	2.62
ROE (%)	17.81	13.36	10.75	29.28
ROA (%)	6.93	5.61	4.98	13.77
재고회전율	10.39	10.39	11.91	15.78
EBITDA (백만$)	4,351	4,103	4,621	5,805

매출비중

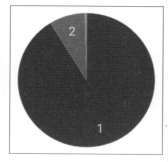

제품명	비중
1. 제품 판매	91.12%
2. 얼라이언스 수익	8.39%
3. 기타 수익	0.49%

CAH
카디날 헬스
Cardinal Health Inc.

섹터 헬스케어 (Health Care)
세부섹터 건강제품 판매 (Health Care Distributors)

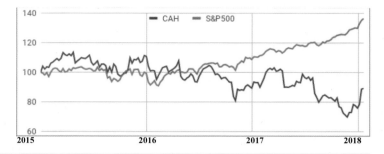

카디날 헬스(Cardinal Health, Inc.)는 전 세계적으로 통합된 의료 서비스 및 제품을 공급하는 업체이다. 회사는 1979년 설립되었고 본사는 오하이오주 더블린에 있으며 26,500명의 직원이 근무하고 있다. 회사의 제약 부문은 브랜드 의약품, 일반 의약품, 전문 의약품, 처방전 없이 구매할 수 있는 건강 관리 및 소비자 제품을 소매 업체, 병원 및 기타 의료 서비스 제공 업체에 판매하고 있다. 제약 회사에 유통, 재고 관리, 데이터 보고, 신제품 출시 지원 및 환급 관리 서비스를 제공하며 약국 및 약물치료 관리 결과를 병원, 기타 의료 서비스 제공자에게 제공하고 있다. 의료 부문은 심혈관 및 혈관 내피 제품을 포함한 의료, 외과 및 실험 제품을 제조 및 공급한다. 제품 라인에는 상처 치료 제품, 외과용 커튼, 가운 및 의류, 시험 및 수술용 장갑, 유체 흡입 및 수집 시스템, 비뇨기과, 요실금, 수술실 공급 장치, 전극 및 바늘, 주사기 등이 있다. 다른 부문은 방사성 의약품을 제조, 준비 및 제공하는 방사선과 및 제조 시설을 운영하며, 직접 환자를 위한 약국을 운영하고 있다.

기준일 : 2018/ 01 /25
한글 회사명 : 카디날 헬스
영문 회사명 : Cardinal Health Inc.
상장일 : 1983년 08월 04일 | 결산월 : 6월
시가총액 : 233 (억$) |
52주 최고 : $84.88 (-12.29%) / 52주 최저 : $54.66 (+36.18%)

주요 주주정보

보유자/ 보유 기관	보유율
Wellington Management Co. LLP	13.14%
The Vanguard Group, Inc.	7.48%
Barrow, Hanley, Mewhinney & Strauss LLC	6.37%

애널리스트 추천 및 최근 투자의견

카디날 헬스의 2018년 01월 25일 현재 18개 기관의 **평균적인 목표가는 72.14$**이며, 2018년 추정 주당순이익(EPS)은 5.83$로 2017년 추정 EPS 5.13$에 비해 **13.64% 증가**할 것으로 예상된다.

최근, 1개월, 3개월의 투자 의견 변화

투자의견	금융사 및 투자의견	날짜
Initiated	Evercore ISI Group: to In-Line	5/1/2018
Initiated	Deutsche Bank: to Hold	4/12/2017
Downgrade	Morgan Stanley: Equal-Weight to Underweight	11/20/2017
Downgrade	Argus: Buy to Hold	11/15/2017
Maintains	Jefferies: to Hold	7/11/2017

내부자 거래

(3M 비중은 12개월 거래 중 최근 3개월의 비중)

구분	성격	3개월	12개월	3M비중
매수	매수 건수 (장내 매매만 해당)	1	28	3.57%
매도	매도 건수 (장내 매매만 해당)	5	23	21.74%
매수	매수 수량 (장내 매매만 해당)	14,684	310,031	4.74%
매도	매도 수량 (장내 매매만 해당)	57,226	167,926	34.08%
	순매수량 (-인 경우 순매도량)	-42,542	142,105	

ETF 노출
(편입 ETF 수 : 97개 / 시가총액 대비 ETF의 보유비중 : 11.55%)

티커	ETF	보유 지분	비중
VTI	Vanguard Total Stock Market ETF	$567,006,110	0.08%
VOO	Vanguard 500 Index Fund	$401,905,359	0.10%
SPY	SPDR S&P 500 Trust ETF	$293,628,570	0.10%
VIG	Vanguard Dividend Appreciation ETF	$204,691,556	0.57%
SDY	SPDR S&P Dividend (ETF)	$204,318,678	1.22%

기간 수익률

1M : 13.79%	3M : 6.53%	6M : -5.74%	1Y : -4.15%	3Y : -12.58%

재무 지표

	2014	2015	2016	2017(E)
매출액 (백만$)	91,084	102,530	121,545	129,703
영업이익 (백만$)	2,071	2,376	2,912	2,812
순이익 (백만$)	1,163	1,212	1,427	1,708
자산총계 (백만$)	26,033	30,142	34,122	36,417
자본총계 (백만$)	6,401	6,256	6,688	
부채총계 (백만$)	19,632	23,886	27,434	

안정성 비율	2013	2014	2015	2016
유동비율 (%)	121.80	118.68	126.15	111.45
부채비율 (%)	332.12	306.70	381.81	410.20
이자보상배율 (배)	17.15	15.57	16.85	16.36

투자 지표

	2014	2015	2016	2017(E)
영업이익률 (%)	2.27	2.32	2.40	2.17
매출액 증가율 (%)	-9.90	12.57	18.55	6.71
EPS ($)	3.42	3.66	4.36	5.35
EPS 증가율 (%)	248.98	7.02	19.13	22.76
주당자산가치($)	18.99	19.07	20.35	22.05
잉여현금흐름 (백만$)	2,275	2,240	2,506	1,889

	2013	2014	2015	2016
배당성향(%)	112.37	36.98	39.00	37.27
배당수익률(%)	2.31	1.82	1.69	2.06
ROE (%)	5.48	18.79	19.15	22.28
ROA (%)	1.34	4.49	4.32	4.45
재고회전율	12.45	10.95	11.73	12.26
EBITDA (백만$)	2,523	2,530	2,827	3,553

매출비중

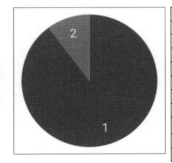

제품명	비중
1. 제약	89.79%
2. 의료	10.23%
3. 기타	-0.01%

ESRX
익스프레스 스크립트
Express Scripts

섹터 헬스케어 (Health Care)
세부섹터 건강제품 판매 (Health Care Distributors)

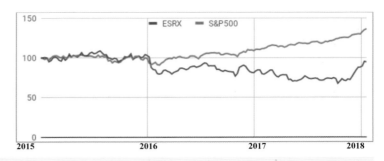

익스프레스 스크립트(Express Scripts)는 미국, 캐나다, 유럽에서 약국 관련 사업을 영위하는 업체이다. 회사는 1986년 설립되었고 본사는 미주리주 세인트루이스에 있으며 25,600명의 직원이 근무하고 있다. 회사의 사업 부문은 약제 수혜 관리 및 기타 비즈니스 두 가지 부문으로 나누어진다. 약제 수혜 관리 부문은 임상 솔루션, 전문 약국 간호, 가정배달 및 전문 약국, 소매 네트워크 약국 관리, 복리후생 설계 컨설팅, 약물 사용 검토, 그룹 구매 조직 관리, 소비자 건강 및 약물 정보 서비스를 제공하고 있다. 기타 사업 운영 부문은 의약품 및 의료용품 유통, 마케팅 전문 서비스를 전담하며, 전문 의약품 및 희귀 고아 질환을 치료하기 위한 주사제 및 불용성의약품 및 의약품을 포함하고 있다.

기준일 : 2018/ 01 /25
한글 회사명 : 익스프레스스크립트
영문 회사명 : Express Scripts
상장일 : 1992년 06월 09일 | 결산월 : 12월
시가총액 : 458 (억$) |
52주 최고 : $81.99 (-0.93%) / 52주 최저 : $55.8 (+45.55%)

주요 주주정보

보유자/ 보유 기관	보유율
The Vanguard Group, Inc.	6.8%
Dodge & Cox	6.17%
Capital Research & Management Co.	5.57%

애널리스트 추천 및 최근 투자의견

익스프레스 스크립트의 2018년 01월 25일 현재 24개 기관의 **평균적인 목표가는 79.67$**이며, 2018년 추정 주당순이익(EPS)은 8.61$로 2017년 추정 EPS 7.03$에 비해 **22.47% 증가할 것으로 예상**된다.

최근, 1개월, 3개월의 투자 의견 변화

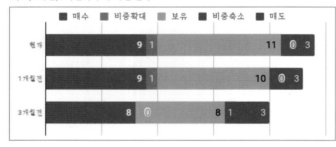

투자의견	금융사 및 투자의견	날짜
Initiated	Evercore ISI Group: to In-Line	5/1/2018
Upgrade	Baird: Neutral to Outperform	12/15/2017
Upgrade	Bernstein: Underperform to Market Perform	6/12/2017
Initiated	Deutsche Bank: to Buy	4/12/2017
Maintains	Baird: to Neutral	10/25/2017

내부자 거래

(3M 비중은 12개월 거래 중 최근 3개월의 비중)

구분	성격	3개월	12개월	3M비중
매수	매수 건수 (장내 매매만 해당)	16	31	51.61%
매도	매도 건수 (장내 매매만 해당)	30	46	65.22%
매수	매수 수량 (장내 매매만 해당)	507,920	687,508	73.88%
매도	매도 수량 (장내 매매만 해당)	395,570	546,713	72.35%
	순매수량 (-인 경우 순매도량)	112,350	140,795	

ETF 노출
(편입 ETF 수 : 88개 / 시가총액 대비 ETF의 보유비중 : 9.61%)

티커	ETF	보유 지분	비중
VTI	Vanguard Total Stock Market ETF	$1,106,533,605	0.16%
VOO	Vanguard 500 Index Fund	$784,462,365	0.19%
SPY	SPDR S&P 500 Trust ETF	$573,944,600	0.19%
QQQ	PowerShares QQQ Trust, Series 1 (ETF)	$358,331,728	0.58%
IVV	Ishares S&P 500	$290,354,002	0.19%

기간 수익률

1M : 12.11%	3M : 28.04%	6M : 28.35%	1Y : 11.8%	3Y : -6.04%

재무 지표

	2014	2015	2016	2017(E)
매출액 (백만$)	101,000	101,847	100,488	99,878
영업이익 (백만$)	4,679	4,916	5,088	7,056
순이익 (백만$)	2,008	2,476	3,404	4,111
자산총계 (백만$)	53,799	54,008	51,745	51,191
자본총계 (백만$)	20,064	17,381	16,244	
부채총계 (백만$)	33,735	36,628	35,501	

안정성 비율	2013	2014	2015	2016
유동비율 (%)	64.16	62.10	70.30	75.26
부채비율 (%)	145.13	168.14	210.74	218.55
이자보상배율 (배)	8.11	9.15	9.83	7.32

투자 지표

	2014	2015	2016	2017(E)
영업이익률 (%)	4.63	4.83	5.06	7.06
매출액 증가율 (%)	-3.08	0.84	-1.33	-0.61
EPS ($)	2.68	3.59	5.43	7.03
EPS 증가율 (%)	20.91	33.96	51.25	29.48
주당자산가치($)	27.62	25.67	26.81	23.16
잉여현금흐름 (백만$)	4,112	4,552	4,589	5,041

	2013	2014	2015	2016
배당성향(%)				
배당수익률(%)	0.00	0.00	0.00	0.00
ROE (%)	8.40	9.59	13.23	20.26
ROA (%)	3.45	3.79	4.64	6.48
재고회전율	58.99	50.70	49.25	50.47
EBITDA (백만$)	6,723.9	6,922	7,275.2	7,242.4

매출비중

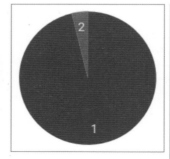

제품명	비중
1. 약국 관리	
	96.23%
2. 기타 기업 운영	
	3.77%

HSIC
헨리 세인
Henry Schein, Inc

섹터 헬스케어 (Health Care)
세부섹터 건강제품 판매 (Health Care Distributors)

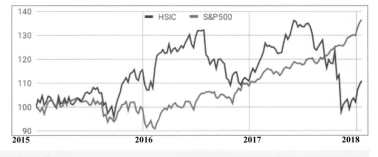

헨리 세인(Henry Schein, Inc)은 전 세계 치과 의사 및 실험실, 동물 건강 클리닉, 정부, 기관 건강 클리닉, 기타 대체 클리닉에 건강 관리 제품 및 서비스를 제공하는 업체이다. 회사는 1932년 설립되었고 본사는 뉴욕주 멜빌에 있으며 21,000명의 직원이 근무하고 있다. 회사의 사업 부문은 보건 배급 및 기술과 부가가치 서비스의 두 부문으로 나누어진다. 보건 배급 부문에서는 감염 관리 제품, 핸드 피스, 예방 접종, 인상재, 복합 재료, 마취제, 치아, 치과용 임플란트, 석고, 아크릴, 교합기, 연마기, 치과용 의자, 배달 장치 및 조명, X-레이 공급 및 장비, 첨단기술 및 디지털 복구 장비는 물론 장비 수리 서비스를 제공하고 있다. 기술 및 부가가치 서비스 부문은 치과 및 의료 종사자를 위한 실무 관리 소프트웨어 시스템 및 동물 건강 진료소를 포함하는 소프트웨어, 기술 및 기타 부가가치 서비스를 제공하고 있다.

기준일 : 2018/ 01 /25

한글 회사명 : 헨리 세인

영문 회사명 : Henry Schein, Inc

상장일 : 1995년 11월 03일 | 결산월 : 12월

시가총액 : 123 (억$) | 52주 최고 : $93.5 (-17.02%) / 52주 최저 : $65.28 (+18.84%)

주요 주주정보

보유자/ 보유 기관	보유율
The Vanguard Group, Inc.	10.22%
Fidelity Management & Research Co.	8.2%
T. Rowe Price Associates, Inc.	5.79%

애널리스트 추천 및 최근 투자의견

헨리 세인의 2018년 01월 25일 현재 20개 기관의 **평균적인 목표가는 80$**이며, 2018년 추정 주당순이익(EPS)은 3.97$로 2017년 추정 EPS 3.6$에 비해 **10.27% 증가할 것으로 예상**된다.

최근, 1개월, 3개월의 투자 의견 변화

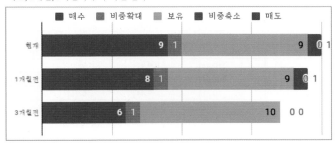

투자의견	금융사 및 투자의견	날짜
Initiated	Evercore ISI Group: to Outperform	5/1/2018
Initiated	Deutsche Bank: to Buy	8/12/2017
Downgrade	Morgan Stanley: Equal-Weight to Underweight	6/12/2017
Initiated	Stephens & Co.: to Equal-Weight	11/28/2017
Maintains	Jefferies: to Hold	7/11/2017

내부자 거래

(3M 비중은 12개월 거래 중 최근 3개월의 비중)

구분	성격	3개월	12개월	3M비중
매수	매수 건수 (장내 매매만 해당)	19	20	95.00%
매도	매도 건수 (장내 매매만 해당)	25	33	75.76%
매수	매수 수량 (장내 매매만 해당)	216,728	217,228	99.77%
매도	매도 수량 (장내 매매만 해당)	101,260	154,156	65.69%
	순매수량 (-인 경우 순매도량)	115,468	63,072	

ETF 노출   (편입 ETF 수 : 71개 / 시가총액 대비 ETF의 보유비중 : 14.57%)

티커	ETF	보유 지분	비중
VO	Vanguard Mid Cap Index Fund	$303,599,699	0.31%
VTI	Vanguard Total Stock Market ETF	$298,678,982	0.04%
VOO	Vanguard 500 Index Fund	$211,815,744	0.05%
SPY	SPDR S&P 500 Trust ETF	$155,576,817	0.05%
VOE	Vanguard Mid-Cap Value ETF	$102,693,423	0.57%

기간 수익률

1M : 8.26%	3M : -8.34%	6M : -17.84%	1Y : -3.17%	3Y : 8.9%

재무 지표

	2014	2015	2016	2017(E)
매출액 (백만$)	10,371	10,630	11,572	12,449
영업이익 (백만$)	715	769	817	856
순이익 (백만$)	466	479	507	571
자산총계 (백만$)	6,139	6,505	6,730	7,730
자본총계 (백만$)	3,381	3,429	3,408	
부채총계 (백만$)	2,758	3,076	3,322	

안정성 비율	2013	2014	2015	2016
유동비율 (%)	182.80	163.65	150.49	144.62
부채비율 (%)	71.19	81.57	89.70	97.46
이자보상배율 (배)	24.59	29.73	29.56	25.63

투자 지표

	2014	2015	2016	2017(E)
영업이익률 (%)	6.89	7.23	7.06	6.87
매출액 증가율 (%)	8.48	2.49	8.86	7.58
EPS ($)	5.53	5.78	6.27	3.60
EPS 증가율 (%)	7.02	4.55	8.43	-42.61
주당자산가치($)	33.49	35.00	35.18	20.85
잉여현금흐름 (백만$)	510	515	545	615

	2013	2014	2015	2016
배당성향(%)				
배당수익률(%)	0.00	0.00	0.00	0.00
ROE (%)	16.45	16.65	16.82	17.85
ROA (%)	8.83	8.59	8.28	8.41
재고회전율	7.79	8.05	7.49	7.36
EBITDA (백만$)	805.09	867.38	928.03	987.25

매출비중

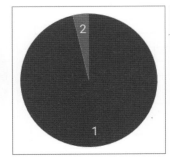

제품명	비중
1. 건강 관리	
	96.32%
2. 기술 및 부가가치 서비스	
	3.68%

MCK
매케슨 코퍼레이션
McKesson Corp.

섹터 헬스케어 (Health Care)
세부섹터 건강제품 판매 (Health Care Distributors)

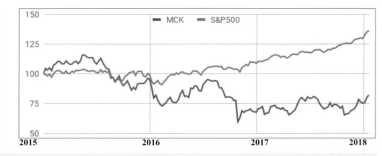

매케슨 코퍼레이션(McKesson Corporation)은 국제적 제약 유통 서비스 및 관련 정보 기술을 제공하는 업체이다. 회사는 1833년 설립되었고 본사는 캘리포니아주 샌프란시스코에 있으며 68,000명의 직원이 근무하고 있다. 회사의 사업 부문은 유통, 기술 두 부문으로 나누어진다. 유통 부문은 브랜드 및 일반 의약품과 기타 의료 관련 제품을 제공하고 있으며 주로 북미에서 의약품, 외과 용품 및 장비, 보건 제품을 유통하고 있다. 바이오테크 및 제약회사들을 위한 특수 의약 솔루션, 약국용 소프트웨어를 판매하고 있다. 기술 솔루션 부문은 임상, 환자 관리, 전략관리 소프트웨어, 병원을 위한 약국 자동화, 위탁 및 기타 서비스를 제공하고 있으며 바이오테크 및 제약회사들이 주요 고객들이다.

기준일 : 2018/ 01 /25

한글 회사명 : 매케슨 코퍼레이션
영문 회사명 : McKesson Corp.
상장일 : 1983년 07월 28일 | 결산월 : 3월
시가총액 : 365 (억$) |
52주 최고 : $177.97 (-2.08%) / 52주 최저 : $133.82 (+30.21%)

주요 주주정보

보유자/ 보유 기관	보유율
Wellington Management Co. LLP	11.29%
The Vanguard Group, Inc.	6.64%
BlackRock Fund Advisors	4.73%

애널리스트 추천 및 최근 투자의견

매케슨 코퍼레이션의 2018년 01월 25일 현재 17개 기관의 **평균적인 목표가는 184.13$**이며, 2018년 추정 주당순이익(EPS)은 13.23$로 2017년 추정 EPS 12.24$에 비해 **8.08% 증가**할 것으로 예상된다.

최근, 1개월, 3개월의 투자 의견 변화

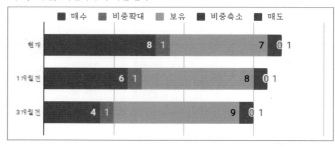

투자의견	금융사 및 투자의견	날짜
Upgrade	Jefferies: Hold to Buy	1/24/2018
Initiated	Evercore ISI Group: to Outperform	5/1/2018
Initiated	Deutsche Bank: to Buy	4/12/2017
Upgrade	Cowen & Co.: Market Perform to Outperform	10/10/2017
Upgrade	Baird: Neutral to Outperform	9/19/2017

내부자 거래

(3M 비중은 12개월 거래 중 최근 3개월의 비중)

구분	성격	3개월	12개월	3M비중
매수	매수 건수 (장내 매매만 해당)	0	2	0.00%
매도	매도 건수 (장내 매매만 해당)	2	28	7.14%
매수	매수 수량 (장내 매매만 해당)	0	2,166	0.00%
매도	매도 수량 (장내 매매만 해당)	3,074	1,032,345	0.30%
	순매수량 (-인 경우 순매도량)	-3,074	-1,030,179	

ETF 노출
(편입 ETF 수 : 92개 / 시가총액 대비 ETF의 보유비중 : 8.97%)

티커	ETF	보유 지분	비중
VTI	Vanguard Total Stock Market ETF	$890,725,733	0.13%
VOO	Vanguard 500 Index Fund	$631,463,394	0.15%
SPY	SPDR S&P 500 Trust ETF	$466,102,925	0.16%
IVV	Ishares S&P 500	$233,530,180	0.15%
XLV	Health Care SPDR (ETF)	$194,107,282	1.12%

기간 수익률

1M : 4.77%	3M : 13.66%	6M : 2.67%	1Y : 13.36%	3Y : -20.38%

재무 지표

	2014	2015	2016	2017(E)
매출액 (백만$)	179,045	190,884	198,533	205,566
영업이익 (백만$)	3,531	3,851	3,408	3,528
순이익 (백만$)	1,775	2,290	5,194	2,590
자산총계 (백만$)	53,870	56,523	60,969	61,780
자본총계 (백만$)	9,471	10,414	12,600	
부채총계 (백만$)	44,399	46,109	48,369	

안정성 비율	2013	2014	2015	2016
유동비율 (%)	110.41	109.47	109.60	103.75
부채비율 (%)	401.64	468.79	442.76	383.88
이자보상배율 (배)	10.31	9.44	10.91	11.06

투자 지표

	2014	2015	2016	2017(E)
영업이익률 (%)	1.97	2.02	1.72	1.72
매출액 증가율 (%)	30.11	6.61	4.01	3.54
EPS ($)	6.36	9.82	23.45	12.24
EPS 증가율 (%)	15.35	54.31	138.89	-47.79
주당자산가치($)	34.49	39.66	52.58	53.10
잉여현금흐름 (백만$)	2,736	3,184	4,340	3,087

	2013	2014	2015	2016
배당성향(%)	16.97	15.28	11.14	4.82
배당수익률(%)	0.52	0.42	0.69	0.76
ROE (%)	17.43	21.49	27.06	51.89
ROA (%)	3.13	3.49	4.24	8.98
재고회전율	11.64	12.97	12.88	12.97
EBITDA (백만$)	3,354	4,548	4,736	4,318

매출비중

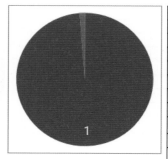

제품명	비중
1. 유통 솔루션	
	98.69%
2. 기술 솔루션	
	1.31%

WAT
워터스 코퍼레이션
Waters Corporation

섹터 헬스케어 (Health Care)
세부섹터 건강제품 판매 (Health Care Distributors)

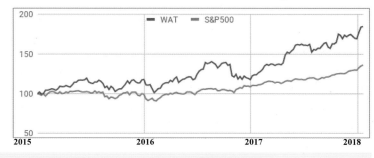

워터스 코퍼레이션(Waters Corporation)은 세계적인 분석 장비 제조업체이다. 회사는 1958년에 설립되었고 본사는 매사추세츠 밀퍼드에 있으며 6,900명의 직원이 근무하고 있다. 회사는 초고성능 액체 크로마토그래피, 질량 분석 기술 시스템을 설계, 제조, 판매 및 서비스하고 있다. 크로마토그래피 컬럼, 기타 소모품 및 포괄적인 사후 보증 서비스 계획을 포함한 지원 제품을 제공하고 있다. 열분석, 레오 메타 및 열량 측정 장비를 설계, 제조, 판매 및 서비스하고 있다. 다양한 산업, 소비재 및 건강 관리 제품에 사용되는 정밀 화학, 제약, 물, 고분자 및 점성 액체의 적합성을 예측하는데 사용되는 열분석, 레오 메타 및 열량 측정기를 제공하고 있다.

기준일 : 2018/ 01 /25
한글 회사명 : 워터스 코퍼레이션
영문 회사명 : Waters Corporation
상장일 : 1995년 11월 17일 | 결산월 : 12월
시가총액 : 173 (억$) |
52주 최고 : $218.72 (-2.43%) / 52주 최저 : $137.72 (+54.94%)

주요 주주정보

보유자/ 보유 기관	보유율
The Vanguard Group, Inc.	9.58%
Massachusetts Financial Services Co.	7.85%
Fundsmith LLP	5.48%

애널리스트 추천 및 최근 투자의견

워터스 코퍼레이션의 2018년 01월 25일 현재 18개 기관의 **평균적인 목표가**는 **215.88$**이며,2018년 추정 주당순이익(EPS)은 8.97$로 2017년 추정 EPS 8.18$에 비해 **9.65% 증가할 것으로 예상**된다.

최근, 1개월, 3개월의 투자 의견 변화

투자의견	금융사 및 투자의견	날짜
Maintains	Barclays: Equal-Weight to Equal-Weight	1/24/2018
Maintains	JP Morgan: Neutral to Neutral	1/24/2018
Maintains	Baird: Outperform to Outperform	1/24/2018
Maintains	Citigroup: Neutral to Neutral	1/24/2018
Initiated	BTIG Research: to Buy	5/1/2018

내부자 거래

(3M 비중은 12개월 거래 중 최근 3개월의 비중)

구분	성격	3개월	12개월	3M비중
매수	매수 건수 (장내 매매만 해당)	8	9	88.89%
매도	매도 건수 (장내 매매만 해당)	15	57	26.32%
매수	매수 수량 (장내 매매만 해당)	5,253	5,847	89.84%
매도	매도 수량 (장내 매매만 해당)	101,969	461,630	22.09%
	순매수량 (-인 경우 순매도량)	-96,716	-455,783	

ETF 노출   (편입 ETF 수 : 84개 / 시가총액 대비 ETF의 보유비중 : 13.51%)

티커	ETF	보유 지분	비중
VO	Vanguard Mid Cap Index Fund	$402,745,439	0.40%
VTI	Vanguard Total Stock Market ETF	$397,158,643	0.06%
VOO	Vanguard 500 Index Fund	$295,828,519	0.07%
SPY	SPDR S&P 500 Trust ETF	$216,253,246	0.07%
VUG	Vanguard Growth ETF	$110,734,114	0.14%

기간 수익률

1M : 7.2%	3M : 12.24%	6M : 13.75%	1Y : 48.98%	3Y : 85.72%

재무 지표

	2014	2015	2016	2017(E)
매출액 (백만$)	1,989	2,042	2,167	2,291
영업이익 (백만$)	541	580	637	699
순이익 (백만$)	432	469	522	598
자산총계 (백만$)	3,875	4,269	4,662	5,308
자본총계 (백만$)	1,895	2,059	2,302	
부채총계 (백만$)	1,980	2,210	2,360	

안정성 비율	2013	2014	2015	2016
유동비율 (%)	524.33	485.29	569.70	698.69
부채비율 (%)	103.19	104.51	107.33	102.53
이자보상배율 (배)	16.92	15.81	16.01	14.19

투자 지표

	2014	2015	2016	2017(E)
영업이익률 (%)	27.20	28.40	29.40	30.54
매출액 증가율 (%)	4.47	2.66	6.13	5.68
EPS ($)	5.12	5.70	6.46	7.43
EPS 증가율 (%)	-2.85	11.33	13.33	15.03
주당자산가치($)	22.79	25.27	28.77	34.37
잉여현금흐름 (백만$)	405	457	534	619

	2013	2014	2015	2016
배당성향(%)				
배당수익률(%)	0.00	0.00	0.00	0.00
ROE (%)	27.86	23.60	23.73	23.92
ROA (%)	13.33	11.58	11.52	11.68
재고회전율	8.06	8.13	8.01	8.24
EBITDA (백만$)	588.01	634.79	670.09	733.6

매출비중

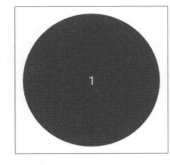

제품명	비중
1. 분석기기 시스템	
	100%

A
애질런트 테크놀로지스
Agilent Technologies Inc

섹터 헬스케어 (Health Care)
세부섹터 건강 관리 장비 (Health Care Equipment)

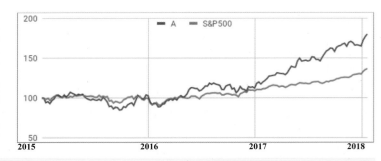

애질런트 테크놀로지스(Agilent Technologies, Inc.)는 생명 과학, 유전자 진단, 응용 화학 시장에 애플리케이션 중심 솔루션을 제공하는 업체이다. 회사는 1999년에 설립되었고 본사는 캘리포니아주 산타클래라에 있으며 12,500명의 직원이 근무하고 있다. 회사의 사업 부문은 음식, 환경, 제약, 진단, 화학, 에너지, 연구 일곱 가지 부문으로 나누어진다. 생명과학 및 화학 분석 분야 업계 선두에 있으며 핵심 바이오 분석 및 계측 솔루션을 제공하고 있다. 회사는 유전자 돌연변이 검출, 유전자 타이핑, 유전자 복사 수 결정, 유전자 재배열 식별, 유전자 메틸화 프로파일링, 유전자 발현 프로파일링 및 시퀀싱 표적 농축 서비스를 위한 어레이 등을 제공하고 있다. 회사는 운영, 교육, 준법 지원, 자산 관리 및 컨설팅 서비스를 제공하고 있다.

기준일 : 2018/ 01 /25
한글 회사명 : 애질런트 테크놀로지스
영문 회사명 : Agilent Technologies Inc
상장일 : 1999년 11월 18일 | 결산월 : 10월
시가총액 : 239 (억$) |
52주 최고 : $74.07 (-0.63%) / 52주 최저 : $47.05 (+56.42%)

주요 주주정보

보유자/ 보유 기관	보유율
T. Rowe Price Associates, Inc.	8.84%
The Vanguard Group, Inc.	7.03%
Fidelity Management & Research Co.	5.05%

애널리스트 추천 및 최근 투자의견

애질런트 테크놀로지스의 2018년 01월 25일 현재 16개 기관의 **평균적인 목표가는 74.73$**이며, 2018년 추정 주당순이익(EPS)은 2.88$로 2017년 추정 EPS 2.58$에 비해 **11.62% 증가할 것으로 예상**된다.

최근, 1개월, 3개월의 투자 의견 변화

투자의견	금융사 및 투자의견	날짜
Downgrade	Morgan Stanley: to Equal-Weight	2/15/2017

내부자 거래

(3M 비중은 12개월 거래 중 최근 3개월의 비중)

구분	성격	3개월	12개월	3M비중
매수	매수 건수 (장내 매매만 해당)	0	10	0.00%
매도	매도 건수 (장내 매매만 해당)	9	73	12.33%
매수	매수 수량 (장내 매매만 해당)	0	367,485	0.00%
매도	매도 수량 (장내 매매만 해당)	120,900	717,930	16.84%
	순매수량 (-인 경우 순매도량)	-120,900	-350,445	

ETF 노출 (편입 ETF 수 : 89개 / 시가총액 대비 ETF의 보유비중 : 9.78%)

티커	ETF	보유 지분	비중
VTI	Vanguard Total Stock Market ETF	$575,520,838	0.08%
VOO	Vanguard 500 Index Fund	$407,846,690	0.10%
SPY	SPDR S&P 500 Trust ETF	$298,015,369	0.10%
VUG	Vanguard Growth ETF	$160,831,382	0.21%
IVV	Ishares S&P 500	$151,966,196	0.10%

기간 수익률

1M : 8.07%	3M : 10.77%	6M : 19.06%	1Y : 53.44%	3Y : 91.03%

재무 지표

	2014	2015	2016	2017(E)
매출액 (백만$)	4,048	4,038	4,202	4,454
영업이익 (백만$)	499	548	735	963
순이익 (백만$)	232	438	462	754
자산총계 (백만$)	10,815	7,479	7,802	8,346
자본총계 (백만$)	5,304	4,170	4,246	
부채총계 (백만$)	5,511	3,309	3,556	

안정성 비율	2013	2014	2015	2016
유동비율 (%)	311.05	325.59	377.66	384.66
부채비율 (%)	102.04	103.90	79.35	83.75
이자보상배율 (배)	9.40	4.54	8.30	10.21

투자 지표

	2014	2015	2016	2017(E)
영업이익률 (%)	12.33	13.57	17.49	21.61
매출액 증가율 (%)	-40.31	-0.25	4.06	5.99
EPS ($)	1.65	1.20	1.42	2.32
EPS 증가율 (%)	-22.17	-27.27	18.33	63.11
주당자산가치($)	15.83	12.57	13.10	14.45
잉여현금흐름 (백만$)	506	393	654	694

	2013	2014	2015	2016
배당성향(%)	21.90	32.59	33.33	32.86
배당수익률(%)	1.27	1.34	1.06	1.06
ROE (%)	13.83	4.38	9.25	10.99
ROA (%)	6.82	2.16	4.79	6.05
재고회전율	6.52	4.94	7.24	7.82
EBITDA (백만$)	1,386	808	802	981

매출비중

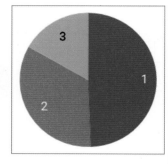

제품명	비중
1. 생명 과학 및 응용 시장	49.33%
2. 애질런트 Crosslab	33.79%
3. 진단 및 유전체학	16.87%

ABT
애보트 래보레토리스
Abbott Laboratories

섹터 헬스케어 (Health Care)
세부섹터 건강 관리 장비 (Health Care Equipment)

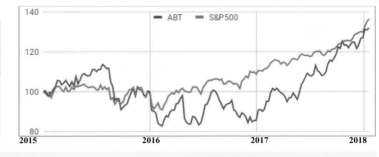

애보트 래보레토리스(Abbott Laboratories)는 전 세계에 건강 관리 제품을 제조, 판매하는 업체이다. 회사는 1888년에 설립되었고 본사는 일리노이주 노스시카고에 있으며 75,000명의 직원이 근무하고 있다. 회사의 제약 부문은 췌장 외분비 부전을 치료하기 위해 상표가 붙은 제네릭 의약품을 제공한다. 과민성 장 증후군 또는 담즙 경련, 간 내 담즙 정체 또는 우울 증상, 부인과 질환, 호르몬 대체 요법, 이상 지질 혈증, 고혈압, 갑상선 기능 항진증, 통증, 발열 및 염증, 편두통, 항 감염성 클라리스로 마이신, 심장혈관 및 신진대사 제품, 인플루엔자 백신, 결장의 생리적인 리듬 조절에 사용된다. 또한, 진단 제품 부분은 각종 임상 검사용 시스템을 제공하고 있다. 회사는 또한 테스트 스트립, 센서, 데이터 관리 의사 결정 소프트웨어 및 당뇨병 환자를 위한 액세서리를 포함한 혈액 및 플래시 포도당 감시 체계를 제공하고 있다.

기준일 : 2018/ 01 /25

한글 회사명 : 애보트 래보레토리스
영문 회사명 : Abbott Laboratories
상장일 : 1972년 01월 21일 | 결산월 : 12월
시가총액 : 1100 (억$) |

52주 최고 : $64.57 (-4.75%) / 52주 최저 : $39.25 (+56.68%)

주요 주주정보

보유자/ 보유 기관	보유율
The Vanguard Group, Inc.	7.41%
BlackRock Fund Advisors	4.38%
SSgA Funds Management, Inc.	4.2%

애널리스트 추천 및 최근 투자의견

애보트 래보레토리스의 2018년 01월 25일 현재 23개 기관의 **평균적인 목표가는 67.44$**이며, 2018년 추정 주당순이익(EPS)은 3.21$로 2017년 추정 EPS 2.85$에 비해 **12.63% 증가할 것으로 예상**된다.

최근, 1개월, 3개월의 투자 의견 변화

투자의견	금융사 및 투자의견	날짜
Maintains	BMO Capital: Outperform to Outperform	1/25/2018
Maintains	Wells Fargo: to Outperform	1/25/2018
Upgrade	William Blair: Market Perform to Outperform	1/25/2018
Maintains	Morgan Stanley: Overweight to Overweight	1/25/2018
Maintains	JP Morgan: Overweight to Overweight	1/25/2018

내부자 거래

(3M 비중은 12개월 거래 중 최근 3개월의 비중)

구분	성격	3개월	12개월	3M비중
매수	매수 건수 (장내 매매만 해당)	22	42	52.38%
매도	매도 건수 (장내 매매만 해당)	50	89	56.18%
매수	매수 수량 (장내 매매만 해당)	675,550	755,849	89.38%
매도	매도 수량 (장내 매매만 해당)	864,090	2,289,832	37.74%
	순매수량 (-인 경우 순매도량)	-188,540	-1,533,983	

ETF 노출 (편입 ETF 수 : 98개 / 시가총액 대비 ETF의 보유비중 : 9.97%)

티커	ETF	보유 지분	비중
VTI	Vanguard Total Stock Market ETF	$2,638,544,726	0.38%
VOO	Vanguard 500 Index Fund	$1,871,352,798	0.45%
SPY	SPDR S&P 500 Trust ETF	$1,368,485,084	0.46%
VIG	Vanguard Dividend Appreciation ETF	$943,355,281	2.62%
IVV	Ishares S&P 500	$693,442,704	0.45%

기간 수익률

1M : 6.86%	3M : 14.58%	6M : 16.66%	1Y : 46.58%	3Y : 33.31%

재무 지표

	2014	2015	2016	2017(E)
매출액 (백만$)	20,247	20,405	20,853	27,199
영업이익 (백만$)	2,916	2,949	3,249	5,981
순이익 (백만$)	1,710	2,586	1,056	4,376
자산총계 (백만$)	43,791	44,001	55,011	63,014
자본총계 (백만$)	21,639	21,326	20,717	
부채총계 (백만$)	22,152	22,675	34,294	

안정성 비율	2013	2014	2015	2016
유동비율 (%)	202.45	129.51	154.09	402.04
부채비율 (%)	70.00	102.37	106.33	165.54
이자보상배율 (배)	45.66	17.78	16.57	10.69

투자 지표

	2014	2015	2016	2017(E)
영업이익률 (%)	14.40	14.45	15.58	21.99
매출액 증가율 (%)	3.00	0.78	2.20	30.43
EPS ($)	1.50	1.77	0.93	2.50
EPS 증가율 (%)	-8.58	18.20	-47.39	167.88
주당자산가치($)	14.27	14.40	13.94	16.47
잉여현금흐름 (백만$)	2,598	1,856	2,082	4,180

	2013	2014	2015	2016
배당성향(%)	39.51	60.46	55.67	112.55
배당수익률(%)	1.67	2.00	2.18	2.72
ROE (%)	7.59	7.32	12.10	5.06
ROA (%)	3.58	3.94	5.89	2.13
재고회전율	6.06	7.59	7.79	8.29
EBITDA (백만$)	3,865	4,389	4,421	4,602

매출비중

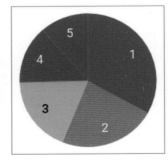

제품명	비중
1. 영양부문	33.08%
2. 진단	23.08%
3. 설립 제약	18.51%
4. 혈관의	13.89%
5. 기타	11.44%

BAX
벡스터 인터내셔널
Baxter International Inc.

섹터 헬스케어 (Health Care)
세부섹터 건강 관리 장비 (Health Care Equipment)

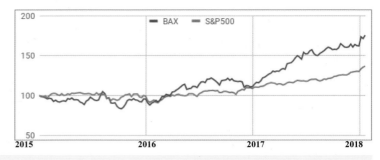

벡스터 인터내셔널(Baxter International Inc)은 병원 제품 포트폴리오를 제공하는 업체이다. 회사는 1931년에 설립되었고 본사는 일리노이주 디어필드에 있으며 48,000명의 직원이 근무하고 있다. 사업 부문은 병원 용품 부문과 신장 부문으로 나누어진다. 병원 용품 부문은 정맥 내 용액 및 투여 세트, 사전혼합약물 및 약물 재구성 시스템, 주사용 약제, 정맥 영양 제품, 비경구 영양 치료제, 주입 펌프, 흡입 마취제 및 생체 수술 제품을 위한 주사기를 제조하고 있으며 약물 배합 및 포장 기술과 관련된 제품 및 서비스를 제공하고 있다. 신장 부문은 말기 신장 질환, 신부전 및 급성 신장 요법을 치료할 수 있는 제품을 제공하고 있으며 병원, 신장투석센터, 요양원, 재활 센터 등에 제품을 판매하고 있다.

기준일 : 2018/ 01 /25

한글 회사명 : 벡스터 인터내셔널
영문 회사명 : Baxter International Inc.
상장일 : 1976년 05월 05일 | 결산월 : 12월
시가총액 : 387 (억$) |
52주 최고 : $70.45 (-0.31%) / 52주 최저 : $45.47 (+54.45%)

주요 주주정보

보유자/보유 기관	보유율
Third Point LLC	6.61%
The Vanguard Group, Inc.	6.21%
BlackRock Fund Advisors	4.94%

애널리스트 추천 및 최근 투자의견

벡스터 인터네셔널의 2018년 01월 25일 현재 19개 기관의 **평균적인 목표가는 69.63$**이며, 2018년 추정 주당순이익(EPS)은 2.72$로 2017년 추정 EPS 2.43$에 비해 **11.93% 증가할 것으로 예상**된다.

최근, 1개월, 3개월의 투자 의견 변화

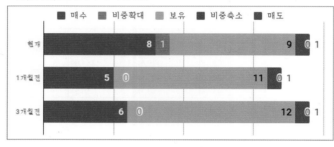

투자의견	금융사 및 투자의견	날짜
Initiated	Evercore ISI Group: to Outperform	3/1/2018
Upgrade	Raymond James: Market Perform to Outperform	3/1/2018
Upgrade	Bank of America: Neutral to Buy	2/1/2018
Upgrade	JP Morgan: Neutral to Overweight	2/1/2018
Maintains	Morgan Stanley: to Equal-Weight	10/26/2017

내부자 거래

(3M 비중은 12개월 거래 중 최근 3개월의 비중)

구분	성격	3개월	12개월	3M비중
매수	매수 건수 (장내 매매만 해당)	9	25	36.00%
매도	매도 건수 (장내 매매만 해당)	8	27	29.63%
매수	매수 수량 (장내 매매만 해당)	108,382	311,052	34.84%
매도	매도 수량 (장내 매매만 해당)	42,022	10,291,653	0.41%
	순매수량 (-인 경우 순매도량)	66,360	-9,980,601	

ETF 노출   (편입 ETF 수 : 98개 / 시가총액 대비 ETF의 보유비중 : 9%)

티커	ETF	보유 지분	비중
VTI	Vanguard Total Stock Market ETF	$885,124,220	0.13%
VOO	Vanguard 500 Index Fund	$607,907,003	0.15%
SPY	SPDR S&P 500 Trust ETF	$443,410,782	0.15%
IVV	Ishares S&P 500	$225,512,687	0.15%
XLV	Health Care SPDR (ETF)	$184,103,026	1.06%

기간 수익률

1M : 7.16%	3M : 9.45%	6M : 11.71%	1Y : 51.43%	3Y : 78.96%

재무 지표

	2014	2015	2016	2017(E)
매출액 (백만$)	10,718	9,968	10,163	10,555
영업이익 (백만$)	827	613	1,149	1,675
순이익 (백만$)	457	393	4,966	1,347
자산총계 (백만$)	26,138	20,962	15,546	15,759
자본총계 (백만$)	8,156	8,865	8,280	
부채총계 (백만$)	17,982	12,097	7,266	

안정성 비율	2013	2014	2015	2016
유동비율 (%)	169.39	168.33	205.15	239.58
부채비율 (%)	204.84	220.48	136.46	87.75
이자보상배율 (배)	29.78	3.50	5.95	11.72

투자 지표

	2014	2015	2016	2017(E)
영업이익률 (%)	7.72	6.15	11.31	15.87
매출액 증가율 (%)	-29.76	-7.00	1.96	3.86
EPS ($)	4.61	1.78	9.06	2.43
EPS 증가율 (%)	24.60	-61.39	408.91	-73.17
주당자산가치($)	14.97	16.15	15.36	18.29
잉여현금흐름 (백만$)	2,290	860	935	950

	2013	2014	2015	2016
배당성향(%)	52.46	44.96	72.16	5.63
배당수익률(%)	5.08	5.15	3.33	1.14
ROE (%)	26.13	5.51	4.63	57.96
ROA (%)	8.57	1.76	1.67	27.21
재고회전율	4.84	4.22	6.27	6.70
EBITDA (백만$)	4,069	1,619	1,372	1,901

매출비중

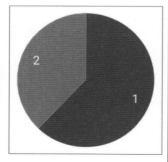

제품명	비중
1. 병원 제품	
	62.07%
2. 신장병	
	37.93%

BDX
벡톤 디킨슨
Becton Dickinson and Company

섹터 헬스케어 (Health Care)
세부섹터 건강 관리 장비 (Health Care Equipment)

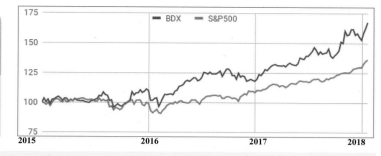

벡톤 디킨슨(Becton Dickinson and Company)은 글로벌 의료용품, 장치, 실험실 장비 및 진단 제품을 개발, 제조 및 판매하는 업체이다. 회사는 1897년에 설립되었고 본사는 뉴저지주 프랭클린 레이크에 있으며 50,000명의 직원이 근무하고 있다. 회사의 사업 부문은 의료와 생명과학의 두 부문으로 나누어진다. 의료 부문은 당뇨병 환자를 위한 주사기, 펜 니들 및 정맥주사 세트를 제공하고 있으며 생명과학 부문은 표본 수집을 위한 통합 시스템을 제공하고 있다. 독립적인 유통 채널을 통해 제품을 판매하고 건강관리 기관, 연구소, 임상 실험실, 제약 업계, 일반인에게 영업 직원을 파견하여 판매 활동을 하고 있다.

기준일 : 2018/ 01 /25

한글 회사명 : 벡톤 디킨슨
영문 회사명 : Becton Dickinson and Company
상장일 : 1972년 01월 21일 | 결산월 : 9월
시가총액 : 646 (억$) |
52주 최고 : $238.11 (-0.02%) / 52주 최저 : $169.19 (+40.69%)

주요 주주정보

보유자/ 보유 기관	보유율
T. Rowe Price Associates, Inc.	13.14%
The Vanguard Group, Inc.	7.49%
BlackRock Fund Advisors	4.99%

애널리스트 추천 및 최근 투자의견

벡톤 디킨슨의 2018년 01월 25일 현재 20개 기관의 **평균적인 목표가는 244.67$**이며, 2018년 추정 주당순이익(EPS)은 12.62$로 2017년 추정 EPS 10.8$에 비해 **16.85% 증가할 것으로 예상**된다.

최근, 1개월, 3개월의 투자 의견 변화

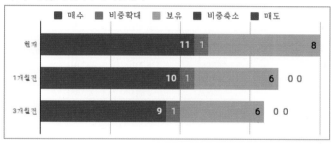

투자의견	금융사 및 투자의견	날짜
Initiated	KeyBanc: to Overweight	5/1/2018
Initiated	Evercore ISI Group: to Outperform	3/1/2018
Maintains	Morgan Stanley: to Equal-Weight	3/11/2017
Maintains	Wells Fargo: to Outperform	10/24/2017
Initiated	Wells Fargo: to Outperform	9/22/2017

내부자 거래

(3M 비중은 12개월 거래 중 최근 3개월의 비중)

구분	성격	3개월	12개월	3M비중
매수	매수 건수 (장내 매매만 해당)	16	39	41.03%
매도	매도 건수 (장내 매매만 해당)	11	44	25.00%
매수	매수 수량 (장내 매매만 해당)	19,206	116,352	16.51%
매도	매도 수량 (장내 매매만 해당)	520,681	778,376	66.89%
	순매수량 (-인 경우 순매도량)	-501,475	-662,024	

ETF 노출
(편입 ETF 수 : 97개 / 시가총액 대비 ETF의 보유비중 : 12.1%)

티커	ETF	보유 지분	비중
VTI	Vanguard Total Stock Market ETF	$1,549,030,786	0.23%
VOO	Vanguard 500 Index Fund	$1,092,367,214	0.26%
SPY	SPDR S&P 500 Trust ETF	$800,848,916	0.27%
VIG	Vanguard Dividend Appreciation ETF	$521,974,049	1.45%
VUG	Vanguard Growth ETF	$432,771,379	0.55%

기간 수익률

1M : 5.89%	3M : 20.05%	6M : 14.22%	1Y : 36.11%	3Y : 67.05%

재무 지표

	2014	2015	2016	2017(E)
매출액 (백만$)	8,432	10,282	12,483	12,072
영업이익 (백만$)	1,744	1,500	2,158	2,819
순이익 (백만$)	1,185	695	976	2,067
자산총계 (백만$)	12,447	26,478	25,586	23,548
자본총계 (백만$)	5,053	7,164	7,633	
부채총계 (백만$)	7,394	19,314	17,953	

안정성 비율	2013	2014	2015	2016
유동비율 (%)	275.73	274.44	129.17	144.71
부채비율 (%)	140.91	146.33	269.60	235.20
이자보상배율 (배)	12.18	12.92	3.94	5.30

투자 지표

	2014	2015	2016	2017(E)
영업이익률 (%)	20.68	14.59	17.29	23.35
매출액 증가율 (%)	4.69	21.94	21.41	-3.29
EPS ($)	6.13	3.43	4.59	9.46
EPS 증가율 (%)	-7.54	-44.05	33.82	106.04
주당자산가치($)	26.33	34.00	35.79	50.27
잉여현금흐름 (백만$)	1,154	1,134	1,866	1,736

	2013	2014	2015	2016
배당성향(%)	30.51	36.39	71.64	58.80
배당수익률(%)	1.98	1.92	1.81	1.47
ROE (%)	20.24	23.48	11.38	13.19
ROA (%)	7.90	9.64	3.57	3.75
재고회전율	6.10	5.82	5.95	6.79
EBITDA (백만$)	2,166	2,306	2,391	3,272

매출비중

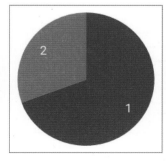

제품명	비중
1. 의료	
	69.33%
2. 생명 과학	
	30.67%

BSX
보스턴 사이언티픽
Boston Scientific

섹터 헬스케어 (Health Care)
세부섹터 건강 관리 장비 (Health Care Equipment)

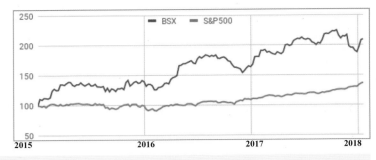

보스턴 사이언티픽(Boston Scientific Corporation)은 다양한 의료 전문분야에서 사용되는 의료 기기를 개발, 제조 및 판매하는 회사이다. 회사는 1979년에 설립되었고 본사는 매사추세추주 말보루에 있으며 27,000명의 직원이 근무하고 있다. 회사는 관상 동맥질환 치료에 사용되는 관상 동맥 스텐트 시스템을 포함하는 심장 관련 제품을 판매하고 있다. 담즙성 스텐트, 배수 카테터 및 미세 천공 세트를 사용하여 양성 및 악성 종양을 치료, 진단을 하고 있다. 비정상적으로 빠른 심장 리듬을 감지하고 치료하기 위한 이식형 심장 제세동기 시스템과 같은 심장 리듬 관리 장치를 제조하고 있으며 폐와 위장 상태의 질병을 진단하고 치료하는 제품을 제공하고 있다.

기준일 : 2018/ 01 /25

한글 회사명 : 보스턴 사이언티픽
영문 회사명 : Boston Scientific
상장일 : 1992년 05월 19일 | 결산월 : 12월
시가총액 : 388 (억$) | 52주 최고 : $29.93 (-7.15%) / 52주 최저 : $23.29 (+19.32%)

주요 주주정보

보유자/ 보유 기관	보유율
Fidelity Management & Research Co.	12.66%
Capital Research & Management Co.	7.36%
The Vanguard Group, Inc.	6.77%

애널리스트 추천 및 최근 투자의견

보스턴 사이언티픽의 2018년 01월 25일 현재 28개 기관의 **평균적인 목표가는 30.76$**이며, 2018년 추정 주당순이익(EPS)은 1.38$로 2017년 추정 EPS 1.26$에 비해 **9.52% 증가할 것으로 예상**된다.

최근, 1개월, 3개월의 투자 의견 변화

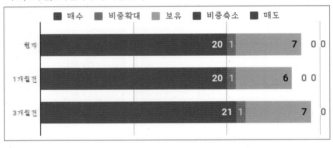

투자의견	금융사 및 투자의견	날짜
Upgrade	RBC Capital: Outperform to Top Pick	5/1/2018
Initiated	Evercore ISI Group: to In-Line	3/1/2018
Upgrade	Needham: Buy to Strong Buy	8/12/2017
Upgrade	BTIG Research: Neutral to Buy	11/30/2017
Maintains	BMO Capital: to Outperform	10/27/2017

내부자 거래

(3M 비중은 12개월 거래 중 최근 3개월의 비중)

구분	성격	3개월	12개월	3M비중
매수	매수 건수 (장내 매매만 해당)	12	19	63.16%
매도	매도 건수 (장내 매매만 해당)	97	139	69.78%
매수	매수 수량 (장내 매매만 해당)	530,340	579,424	91.53%
매도	매도 수량 (장내 매매만 해당)	696,036	1,613,857	43.13%
	순매수량 (-인 경우 순매도량)	-165,696	-1,034,433	

ETF 노출   (편입 ETF 수 : 75개 / 시가총액 대비 ETF의 보유비중 : 9.15%)

티커	ETF	보유 지분	비중
VTI	Vanguard Total Stock Market ETF	$940,185,738	0.14%
VOO	Vanguard 500 Index Fund	$666,583,631	0.16%
SPY	SPDR S&P 500 Trust ETF	$484,783,865	0.16%
VUG	Vanguard Growth ETF	$262,556,839	0.34%
IVV	Ishares S&P 500	$246,556,384	0.16%

기간 수익률

1M : 7.25%	3M : -4.42%	6M : 0.1%	1Y : 15.69%	3Y : 91.21%

재무 지표

	2014	2015	2016	2017(E)
매출액 (백만$)	7,308	7,399	8,386	9,050
영업이익 (백만$)	845	790	1,236	1,690
순이익 (백만$)	-119	-239	347	1,751
자산총계 (백만$)	17,024	18,133	18,096	18,953
자본총계 (백만$)	6,457	6,320	6,733	
부채총계 (백만$)	10,567	11,813	11,363	

안정성 비율	2013	2014	2015	2016
유동비율 (%)	165.08	126.70	142.84	90.30
부채비율 (%)	153.42	163.65	186.92	168.77
이자보상배율 (배)	3.42	3.89	3.28	5.28

투자 지표

	2014	2015	2016	2017(E)
영업이익률 (%)	11.56	10.68	14.74	18.68
매출액 증가율 (%)	2.31	1.25	13.34	7.92
EPS ($)	-0.09	-0.18	0.26	1.26
EPS 증가율 (%)	0.00	-100.00	244.44	383.70
주당자산가치($)	4.86	4.69	4.94	5.81
잉여현금흐름 (백만$)	1,010	353	596	912

	2013	2014	2015	2016
배당성향(%)				
배당수익률(%)	0.00	0.00	0.00	0.00
ROE (%)	-1.81	-1.83	-3.74	5.32
ROA (%)	-0.72	-0.71	-1.36	1.92
재고회전율	8.02	7.93	7.54	8.51
EBITDA (백만$)	1,560	1,570	1,559	2,051

매출비중

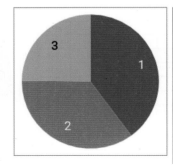

제품명	비중
1. 심장 혈관	43.13%
2. 내과,외과 간호 부문	38.21%
3. 리듬 관리	26.89%
4. 외화 변동 효과	-8.23%

DHR
다나허
Danaher Corp.

섹터 헬스케어 (Health Care)
세부섹터 건강 관리 장비 (Health Care Equipment)

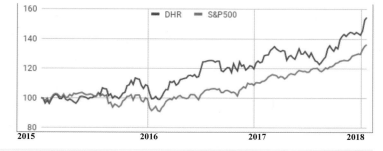

다나허(Danaher Corporation)는 의료 산업 및 상업 제품 및 서비스를 설계, 제조, 판매하는 업체이다. 회사는 1969년에 설립되었고 본사는 워싱턴 D.C.에 있으며 62,000명의 직원이 근무하고 있다. 회사의 생명과학 부문은 레이저 스캐닝, 화합물 및 수술 및 기타 스테레오 현미경을 제공하고 있으며 바이오, 식품 및 음료, 의료, 우주 항공, 마이크로일렉트로닉스 및 일반 산업 분야에 여과, 분리, 정제 기술을 제공하고 있다. 또한 분석 장비, 시약, 소모품, 소프트웨어 및 서비스를 병원, 실험실, 진료실에 제공하고 있다. 회사의 치과 부문은 소모품, 장비 및 서비스를 제공하고 치아, 잇몸 및 뼈의 질병을 치료, 예방하고 있다. 회사의 제품은 임플란트 시스템, 치과 보철 및 관련 치료 관리 소프트웨어를 포함하고 있다. 환경 및 응용 솔루션 부문은 주거용, 상업용, 산업 및 천연자원 분야의 물을 분석, 처리 및 관리하는 서비스 및 소독 시스템을 제공하고 있다.

기준일 : 2018/ 01 /25
한글 회사명 : 다나허
영문 회사명 : Danaher Corp.
상장일 : 1984년 08월 14일 | 결산월 : 12월
시가총액 : 714 (억$) |
52주 최고 : $100.97 (-0.57%) / 52주 최저 : $78.97 (+27.12%)

주요 주주정보

보유자/ 보유 기관	보유율
T. Rowe Price Associates, Inc.	6.34%
RALES STEPHEN M	6.19%
The Vanguard Group, Inc.	5.91%

애널리스트 추천 및 최근 투자의견

다나허의 2018년 01월 25일 현재 22개 기관의 **평균적인 목표가는 102.17$**이며, 2018년 추정 주당순이익(EPS)은 4.35$로 2017년 추정 EPS 4$에 비해 **8.74% 증가할 것으로 예상**된다.

최근, 1개월, 3개월의 투자 의견 변화

투자의견	금융사 및 투자의견	날짜
Initiated	UBS: to Buy	1/23/2018
Maintains	Baird: to Outperform	10/20/2017
Maintains	Credit Suisse: to Outperform	10/20/2017
Maintains	Morgan Stanley: to Overweight	10/20/2017
Maintains	Morgan Stanley: to Overweight	6/10/2017

내부자 거래

(3M 비중은 12개월 거래 중 최근 3개월의 비중)

구분	성격	3개월	12개월	3M비중
매수	매수 건수 (장내 매매만 해당)	9	31	29.03%
매도	매도 건수 (장내 매매만 해당)	27	50	54.00%
매수	매수 수량 (장내 매매만 해당)	120,134	282,861	42.47%
매도	매도 수량 (장내 매매만 해당)	375,467	842,928	44.54%
	순매수량 (-인 경우 순매도량)	-255,333	-560,067	

ETF 노출
(편입 ETF 수 : 102개 / 시가총액 대비 ETF의 보유비중 : 9.18%)

티커	ETF	보유 지분	비중
VTI	Vanguard Total Stock Market ETF	$1,553,290,643	0.23%
VOO	Vanguard 500 Index Fund	$1,077,436,627	0.26%
SPY	SPDR S&P 500 Trust ETF	$788,114,744	0.26%
IVV	Ishares S&P 500	$399,282,547	0.26%
VB	Vanguard Small Cap Index Fund	$357,021,991	0.47%

기간 수익률

1M : 6.97%	3M : 14%	6M : 21.08%	1Y : 24.87%	3Y : 60.74%

재무 지표

	2014	2015	2016	2017(E)
매출액 (백만$)	19,914	14,434	16,882	18,226
영업이익 (백만$)	3,602	2,418	2,987	3,012
순이익 (백만$)	2,598	1,747	2,153	2,312
자산총계 (백만$)	36,992	48,222	45,295	46,527
자본총계 (백만$)	23,450	23,764	23,077	
부채총계 (백만$)	13,542	24,458	22,219	

안정성 비율	2013	2014	2015	2016
유동비율 (%)	201.30	174.77	127.01	96.96
부채비율 (%)	54.43	57.75	102.92	96.28
이자보상배율 (배)	23.08	29.36	17.29	16.20

투자 지표

	2014	2015	2016	2017(E)
영업이익률 (%)	18.09	16.75	17.69	16.53
매출액 증가율 (%)	4.16	-27.52	16.97	7.96
EPS ($)	3.70	3.72	3.69	4.00
EPS 증가율 (%)	-4.39	0.54	-0.68	8.18
주당자산가치($)	33.19	34.49	33.23	37.84
잉여현금흐름 (백만$)	3,161	3,289	2,932	3,015

	2013	2014	2015	2016
배당성향(%)	2.63	11.02	14.73	15.61
배당수익률(%)	0.17	0.62	0.77	0.73
ROE (%)	13.02	11.36	7.42	9.22
ROA (%)	7.97	7.25	4.10	4.61
재고회전율	10.63	11.02	8.48	10.29
EBITDA (백만$)	4,262.9	4,540.9	3,298.5	4,115.4

매출비중

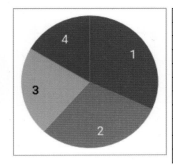

제품명	비중
1. 생명 과학	
	31.78%
2. 진단	
	29.84%
3. 환경 및 응용 솔루션	
	21.87%
4. 이의	
	16.5%

EW
에드워즈 라이프사이언스
Edwards Lifesciences

섹터 헬스케어 (Health Care)
세부섹터 건강 관리 장비 (Health Care Equipment)

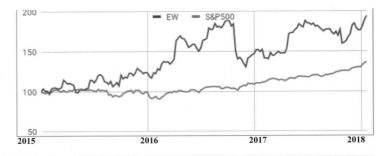

에드워즈 라이프사이언스(Edwards Lifesciences Corporation)는 심장병 및 중증 환자를 치료할 수 있는 제품과 기술을 제공하는 업체이다. 회사는 1999년에 설립되었고 본사는 캘리포니아주 어바인에 있으며 11,100명의 직원이 근무하고 있다. 회사는 대동맥 및 승모판 치환술을 위한 심낭 밸브 및 대동맥 심장판막 시스템과 같은 외과적 심장판막 치료제품을 제공하고 있다. 중환자 치료제품, 외과 및 중환자 치료 과정에서 환자의 심장 기능을 측정하는 모니터링 시스템, 정맥 산소 포화도 측정을 위한 제품 등을 제공하고 있다. 환자를 감염으로부터 보호하기 위한 일회용 압력 모니터링 장치 및 폐쇄형 혈액 샘플링 시스템을 제공하고 있다. 회사는 직판 인력과 대리점 네트워크를 통해 제품을 판매하고 있다.

기준일 : 2018/ 01 /25
한글 회사명 : 에드워즈 라이프사이언스
영문 회사명 : Edwards Lifesciences
상장일 : 2000년 03월 27일 | 결산월 : 12월
시가총액 : 267 (억$) |
52주 최고 : $125.71 (-1.19%) / 52주 최저 : $86.55 (+43.51%)

주요 주주정보

보유자/ 보유 기관	보유율
The Vanguard Group, Inc.	10.02%
BlackRock Fund Advisors	5.09%
SSgA Funds Management, Inc.	4.18%

애널리스트 추천 및 최근 투자의견

에드워즈 라이프사이언스의 2018년 01월 25일 현재 25개 기관의 **평균적인 목표가는 132.3$**이며, 2018년 추정 주당순이익(EPS)은 4.22$로 2017년 추정 EPS 3.76$에 비해 **12.23% 증가할 것으로 예상**된다.

재무 지표

	2014	2015	2016	2017(E)
매출액 (백만$)	2,323	2,494	2,964	3,392
영업이익 (백만$)	487	576	816	1,021
순이익 (백만$)	811	495	570	811
자산총계 (백만$)	3,524	4,056	4,510	5,558
자본총계 (백만$)	2,191	2,503	2,619	
부채총계 (백만$)	1,333	1,553	1,891	

안정성 비율	2013	2014	2015	2016
유동비율 (%)	499.36	528.22	430.05	420.66
부채비율 (%)	74.75	60.82	62.05	72.20
이자보상배율 (배)	74.66	22.56	31.30	45.31

최근, 1개월, 3개월의 투자 의견 변화

	매수	비중확대	보유	비중축소	매도
현재	18	1		5	0
1개월전	17	1		5	0 1
3개월전	18	1		5	0

투자의견	금융사 및 투자의견	날짜
Upgrade	Barclays: Equal-Weight to Overweight	4/1/2018
Initiated	Evercore ISI Group: to Outperform	3/1/2018
Downgrade	JP Morgan: Overweight to Neutral	2/1/2018
Maintains	Morgan Stanley: to Overweight	10/26/2017
Maintains	Deutsche Bank: to Hold	10/26/2017

투자 지표

	2014	2015	2016	2017(E)
영업이익률 (%)	20.96	23.10	27.53	30.10
매출액 증가율 (%)	13.56	7.35	18.85	14.45
EPS ($)	3.81	2.30	2.67	3.76
EPS 증가율 (%)	117.09	-39.63	16.09	40.76
주당자산가치($)	10.16	11.62	12.38	13.05
잉여현금흐름 (백만$)	939	447	528	766

	2013	2014	2015	2016
배당성향(%)				
배당수익률(%)	0.00	0.00	0.00	0.00
ROE (%)	25.78	43.25	21.08	22.24
ROA (%)	15.84	25.96	13.06	13.30
재고회전율	6.94	7.67	7.83	8.05
EBITDA (백만$)	501.7	555.8	641.7	886.7

내부자 거래

(3M 비중은 12개월 거래 중 최근 3개월의 비중)

구분	성격	3개월	12개월	3M비중
매수	매수 건수 (장내 매매만 해당)	1	17	5.88%
매도	매도 건수 (장내 매매만 해당)	15	67	22.39%
매수	매수 수량 (장내 매매만 해당)	14,055	59,111	23.78%
매도	매도 수량 (장내 매매만 해당)	189,206	888,430	21.30%
	순매수량 (-인 경우 순매도량)	-175,151	-829,319	

매출비중

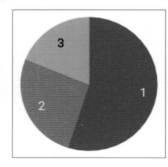

제품명	비중
1. 경피적 심장 밸브 치료	54.95%
2. 외과 심장 밸브 치료	26.15%
3. 중환자	18.91%

ETF 노출

(편입 ETF 수 : 76개 / 시가총액 대비 ETF의 보유비중 : 12.7%)

티커	ETF	보유 지분	비중
VO	Vanguard Mid Cap Index Fund	$654,269,008	0.66%
VTI	Vanguard Total Stock Market ETF	$644,194,104	0.09%
VOO	Vanguard 500 Index Fund	$456,909,167	0.11%
SPY	SPDR S&P 500 Trust ETF	$331,923,611	0.11%
VUG	Vanguard Growth ETF	$180,176,658	0.23%

기간 수익률

1M : 8.48%	3M : 9.17%	6M : 4.99%	1Y : 29.73%	3Y : 91.87%

HOLX
홀로직
Hologic, Inc

섹터 헬스케어 (Health Care)
세부섹터 건강 관리 장비 (Health Care Equipment)

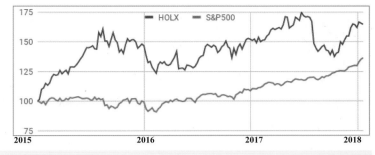

홀로직(Hologic, Inc)은 미국, 유럽, 아시아 태평양 지역에 여성용 진단 제품, 의료 이미지 처리 시스템 및 수술 제품을 개발, 제조, 공급하는 업체이다. 회사는 1985년에 설립되었고 본사는 매사추세츠주 말보로에 있으며 5,333명의 직원이 근무하고 있다. 회사의 사업 부문은 진단, 유방 건강, 외과, 골격 건강의 네 가지 부문으로 나누어진다. 진단 분야는 혈액 스크리닝, 계측 등을 검사하는 제품을 제공하고 있다. 유방 건강 부문에서는 유방 영상 및 관련 제품 및 액세서리를 제공하고 있다. 외과 부문은 비정상적인 자궁 출혈로 고통받는 여성을 치료할 수 있는 시스템을 제공하고 있다. 골격 건강 부문은 골절 부위의 골밀도를 평가하는 골밀도 측정기를 취급하고 있다.

기준일 : 2018/ 01 /25

한글 회사명 : 홀로직
영문 회사명 : Hologic, Inc
상장일 : 1990년 03월 01일 | 결산월 : 9월
시가총액 : 118 (억$) |

52주 최고 : $46.8 (-8.24%) / 52주 최저 : $35.76 (+20.07%)

주요 주주정보

보유자/ 보유 기관	보유율
T. Rowe Price Associates, Inc.	15.96%
The Vanguard Group, Inc.	9.99%
Wellington Management Co. LLP	8.37%

애널리스트 추천 및 최근 투자의견

홀로직의 2018년 01월 25일 현재 22개 기관의 **평균적인 목표가는 48.76$**이며, 2018년 추정 주당순이익(EPS)은 2.45$로 2017년 추정 EPS 2.2$에 비해 **11.36% 증가할 것으로 예상**된다.

최근, 1개월, 3개월의 투자 의견 변화

투자의견	금융사 및 투자의견	날짜
Downgrade	Deutsche Bank: Buy to Hold	1/19/2018
Initiated	Evercore ISI Group: to Outperform	3/1/2018
Upgrade	Cowen & Co.: Market Perform to Outperform	11/12/2017
Maintains	Goldman Sachs: Buy to Buy	3/8/2017
Maintains	Deutsche Bank: to Buy	3/8/2017

내부자 거래

(3M 비중은 12개월 거래 중 최근 3개월의 비중)

구분	성격	3개월	12개월	3M비중
매수	매수 건수 (장내 매매만 해당)	10	19	52.63%
매도	매도 건수 (장내 매매만 해당)	2	51	3.92%
매수	매수 수량 (장내 매매만 해당)	40,581	154,858	26.21%
매도	매도 수량 (장내 매매만 해당)	18,034	384,374	4.69%
	순매수량 (-인 경우 순매도량)	22,547	-229,516	

ETF 노출 (편입 ETF 수 : 68개 / 시가총액 대비 ETF의 보유비중 : 13.9%)

티커	ETF	보유 지분	비중
VO	Vanguard Mid Cap Index Fund	$289,206,366	0.29%
VTI	Vanguard Total Stock Market ETF	$284,508,969	0.04%
VOO	Vanguard 500 Index Fund	$201,760,646	0.05%
SPY	SPDR S&P 500 Trust ETF	$149,238,962	0.05%
VOE	Vanguard Mid-Cap Value ETF	$97,802,721	0.55%

기간 수익률

1M : -0.16%	3M : 15.21%	6M : -3.44%	1Y : 10.44%	3Y : 49.7%

재무 지표

	2014	2015	2016	2017(E)
매출액 (백만$)	2,531	2,705	2,833	3,048
영업이익 (백만$)	365	484	559	951
순이익 (백만$)	17	132	331	577
자산총계 (백만$)	8,415	7,670	7,317	8,208
자본총계 (백만$)	2,063	2,079	2,143	
부채총계 (백만$)	6,352	5,591	5,174	

안정성 비율	2013	2014	2015	2016
유동비율 (%)	149.22	252.71	134.15	147.09
부채비율 (%)	363.60	307.89	268.90	241.49
이자보상배율 (배)	1.01	1.66	2.35	3.60

투자 지표

	2014	2015	2016	2017(E)
영업이익률 (%)	14.42	17.89	19.73	31.19
매출액 증가율 (%)	1.54	6.89	4.72	7.61
EPS ($)	0.06	0.47	1.18	2.01
EPS 증가율 (%)	101.38	683.33	151.06	70.25
주당자산가치($)	7.42	7.36	7.72	6.91
잉여현금흐름 (백만$)	428	697	693	285

	2013	2014	2015	2016
배당성향(%)				
배당수익률(%)	0.00	0.00	0.00	0.00
ROE (%)	-47.85	0.86	6.35	15.67
ROA (%)	-12.04	0.20	1.64	4.41
재고회전율	7.59	8.16	8.82	10.16
EBITDA (백만$)	799.05	888.30	975	1,024.50

매출비중

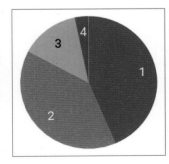

제품명	비중
1. 진단	43.67%
2. 유방 건강	39.28%
3. 산부인과 수술	13.88%
4. 골격 건강	3.17%

IDXX
아이덱스 래버러토리스
IDEXX Laboratories, Inc

섹터 헬스케어 (Health Care)
세부섹터 건강 관리 장비 (Health Care Equipment)

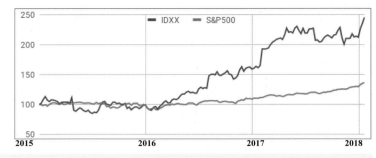

아이덱스 래버러토리스(IDEXX Laboratories, Inc)는 동물용 수의학, 가축 및 가금류, 유제품 및 수질 테스트 시장에서 제품과 서비스를 개발, 제조, 유통하는 업체이다. 회사는 1983년에 설립되었고 본사는 메인주 웨트브룩에 있으며 7,000명의 직원이 근무하고 있다. 회사는 계측기, 소모품 및 신속한 분석을 포함하여 포인트 오브 케어(point-of-care) 진단 제품을 제공하고 있다. 실험 진단 및 컨설팅 서비스, 수의사를 위한 이미지 처리 시스템 및 실험 동물 진단 장비를 제공하고 있다. 또한 가축, 가금류 및 유제품 시장을 대상으로 진단 및 건강 모니터링 제품을 제공하고 있다. 다양한 미생물학적 오염물질에 관해 물을 시험하는 제품 및 혈액 가스 분석기 등을 제공하고 있다. 회사는 마케팅, 고객 서비스, 영업, 기술 서비스 그룹을 통해 제품을 판매할 뿐만 아니라 독립 유통 업체 및 기타 재판매 업체를 통해 제품을 판매하고 있다.

기준일 : 2018/ 01 /25

한글 회사명 : 아이덱스 래버러토리스
영문 회사명 : IDEXX Laboratories, Inc
상장일 : 1991년 06월 21일 | 결산월 : 12월
시가총액 : 162 (억$) |
52주 최고 : $183.27 (-0.5%) / 52주 최저 : $117.4 (+55.32%)

주요 주주정보

보유자/ 보유 기관	보유율
The Vanguard Group, Inc.	10.36%
BlackRock Fund Advisors	5.69%
BAMCO, Inc.	5.42%

애널리스트 추천 및 최근 투자의견

아이덱스 래버러토리스의 2018년 01월 25일 현재 12개 기관의 **평균적인 목표가는 174.5$**이며, 2018년 추정 주당순이익(EPS)은 3.74$로 2017년 추정 EPS 3.15$에 비해 **18.73% 증가할 것으로 예상**된다.

최근, 1개월, 3개월의 투자 의견 변화

투자의견	금융사 및 투자의견	날짜
Initiated	PiperJaffray: to Overweight	1/16/2018
Upgrade	Bank of America: Neutral to Buy	8/23/2017
Initiated	Aegis Capital: to Sell	1/6/2017
Maintains	Credit Suisse: to Outperform	4/13/2016
Initiated	CL King: to Neutral	1/4/2016

내부자 거래

(3M 비중은 12개월 거래 중 최근 3개월의 비중)

구분	성격	3개월	12개월	3M비중
매수	매수 건수 (장내 매매만 해당)	5	14	35.71%
매도	매도 건수 (장내 매매만 해당)	16	40	40.00%
매수	매수 수량 (장내 매매만 해당)	2,232	4,813	46.37%
매도	매도 수량 (장내 매매만 해당)	130,953	429,397	30.50%
	순매수량 (-인 경우 순매도량)	-128,721	-424,584	

ETF 노출   (편입 ETF 수 : 67개 / 시가총액 대비 ETF의 보유비중 : 13.92%)

티커	ETF	보유 지분	비중
VO	Vanguard Mid Cap Index Fund	$395,550,239	0.40%
VTI	Vanguard Total Stock Market ETF	$389,307,655	0.06%
VOO	Vanguard 500 Index Fund	$275,863,324	0.07%
SPY	SPDR S&P 500 Trust ETF	$202,542,772	0.07%
QQQ	PowerShares QQQ Trust, Series 1 (ETF)	$126,140,917	0.20%

기간 수익률

1M : 15.34%	3M : 13.62%	6M : 8.4%	1Y : 51.94%	3Y : 126.49%

재무 지표

	2014	2015	2016	2017(E)
매출액 (백만$)	1,486	1,602	1,775	1,953
영업이익 (백만$)	258	287	347	410
순이익 (백만$)	182	192	222	277
자산총계 (백만$)	1,384	1,475	1,531	1,547
자본총계 (백만$)	118	-84	-108	
부채총계 (백만$)	1,267	1,559	1,639	

안정성 비율	2013	2014	2015	2016
유동비율 (%)	136.45	91.14	93.98	88.54
부채비율 (%)	137.45	1,077.16	-1,856.05	-1,514.53
이자보상배율 (배)	59.56	17.99	10.19	10.96

투자 지표

	2014	2015	2016	2017(E)
영업이익률 (%)	17.36	17.92	19.55	21.00
매출액 증가율 (%)	7.90	7.81	10.83	10.03
EPS ($)	1.82	2.07	2.47	3.15
EPS 증가율 (%)	0.00	15.00	19.32	27.49
주당자산가치($)	1.24	-0.93	-1.23	-0.17
잉여현금흐름 (백만$)	175	133	270	327

	2013	2014	2015	2016
배당성향(%)				
배당수익률(%)	0.00	0.00	0.00	0.00
ROE (%)	32.54	57.23		
ROA (%)	16.09	13.92	13.44	14.78
재고회전율	10.04	10.12	9.18	10.24
EBITDA (백만$)	321.79	317.32	356.2	424.84

매출비중

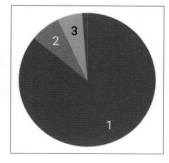

제품명	비중
1. 반려동물	
	85.76%
2. 가축, 가금류 및 유제품	
	7.12%
3. 물	
	5.83%
4. 기타	
	1.28%

ISRG
인튜이티브 서지컬
Intuitive Surgical, Inc.

섹터 헬스케어 (Health Care)
세부섹터 건강 관리 장비 (Health Care Equipment)

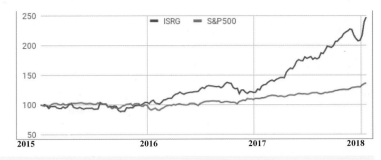

인튜이티브 서지컬(Intuitive Surgical, Inc)은 다빈치 수술 시스템과 관련된 기구 및 소모품을 설계, 제조, 판매하는 업체이다. 회사는 1995년에 설립되었고 본사는 캘리포니아주 서니베일에 있으며 3,755명의 직원이 근무하고 있다. 회사의 다빈치 외과 시스템은 외과 의사의 자연스러운 손 움직임을 작은 절개나 포트를 통해 환자 내부에 있는 로봇기기의 미세한 움직임으로 변환시키고 있다. 다빈치 (DaVinci) 외과 수술 시스템에는 외과 의사의 콘솔, 환자 측 카트, 3차원 비전 시스템, 다빈치 기술 시뮬레이터, 다빈치 통합 테이블 모션이 있으며, 외과 의사가 산부인과, 비뇨 생식기 등 다양한 수술 절차를 수행할 수 있게 해주는 형광 이미지 처리 제품이 포함되어 있다. 다빈치 단일 장비 및 소모품을 제공하여 수술 시스템이 단일 절개를 통해 작동하게 만들고 있다. 회사의 로봇 수술 기구는 미국, 유럽, 아시아 및 전 세계의 유통 업체를 통해 판매하고 있다.

기준일 : 2018/ 01 /25
한글 회사명 : 인튜이티브 서지컬
영문 회사명 : Intuitive Surgical, Inc.
상장일 : 2000년 06월 13일 | 결산월 : 12월
시가총액 : 504 (억$) | 52주 최고 : $442.21 (-1.17%) / 52주 최저 : $217.89 (+100.56%)

주요 주주정보

보유자/ 보유 기관	보유율
T. Rowe Price Associates, Inc.	11.54%
Edgewood Management LLC	7.76%
The Vanguard Group, Inc.	6.72%

애널리스트 추천 및 최근 투자의견

인튜이티브 서지컬의 2018년 01월 25일 현재 20개 기관의 **평균적인 목표가는 439.22$**이며, 2018년 추정 주당순이익(EPS)은 11.02$로 2017년 추정 EPS 9.75$에 비해 **13.02% 증가할 것으로 예상**된다.

최근, 1개월, 3개월의 투자 의견 변화

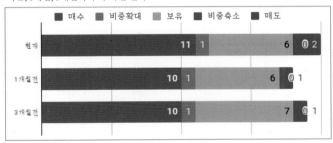

투자의견	금융사 및 투자의견	날짜
Maintains	Morgan Stanley: Overweight to Overweight	1/26/2018
Initiated	Evercore ISI Group: to In-Line	3/1/2018
Maintains	Citigroup: to Buy	10/23/2017
Maintains	Barclays: to Overweight	10/20/2017
Maintains	Morgan Stanley: to Overweight	10/20/2017

내부자 거래

(3M 비중은 12개월 거래 중 최근 3개월의 비중)

구분	성격	3개월	12개월	3M비중
매수	매수 건수 (장내 매매만 해당)	1	5	20.00%
매도	매도 건수 (장내 매매만 해당)	43	104	41.35%
매수	매수 수량 (장내 매매만 해당)	2,121	55,503	3.82%
매도	매도 수량 (장내 매매만 해당)	131,478	362,593	36.26%
	순매수량 (-인 경우 순매도량)	-129,357	-307,090	

ETF 노출 (편입 ETF 수 : 84개 / 시가총액 대비 ETF의 보유비중 : 10.11%)

티커	ETF	보유 지분	비중
VTI	Vanguard Total Stock Market ETF	$1,154,560,256	0.17%
VOO	Vanguard 500 Index Fund	$818,687,567	0.20%
SPY	SPDR S&P 500 ETF Trust	$595,919,434	0.20%
QQQ	PowerShares QQQ Trust, Series 1 (ETF)	$376,658,130	0.61%
VUG	Vanguard Growth ETF	$322,531,684	0.41%

기간 수익률

1M : 17.13%	3M : 25.2%	6M : 40.13%	1Y : 97.89%	3Y : 144.92%

재무 지표

	2014	2015	2016	2017(E)
매출액 (백만$)	2,124	2,377	2,704	3,096
영업이익 (백만$)	620	746	956	1,283
순이익 (백만$)	419	589	736	1,025
자산총계 (백만$)	3,959	4,907	6,487	6,281
자본총계 (백만$)	3,379	4,320	5,778	
부채총계 (백만$)	580	588	709	

안정성 비율	2013	2014	2015	2016
유동비율 (%)	507.33	368.52	446.33	544.91
부채비율 (%)	12.82	17.16	13.61	12.27
이자보상배율 (배)				

투자 지표

	2014	2015	2016	2017(E)
영업이익률 (%)	29.19	31.38	35.36	41.46
매출액 증가율 (%)	-6.22	11.91	13.73	14.51
EPS ($)	3.78	5.29	6.40	8.76
EPS 증가율 (%)	-33.70	39.83	21.05	36.83
주당자산가치($)	30.78	38.50	49.64	46.29
잉여현금흐름 (백만$)	560	691	989	915

	2013	2014	2015	2016
배당성향(%)				
배당수익률(%)	0.00	0.00	0.00	0.00
ROE (%)	18.95	12.17	15.30	14.58
ROA (%)	16.76	10.59	13.28	12.92
재고회전율	15.05	11.76	13.60	15.44
EBITDA (백만$)	919.8	694.1	831.5	1,045.3

매출비중

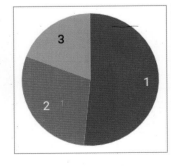

제품명	비중
1. 악기 및 액세서리	51.61%
2. 시스템	29.27%
3. 서비스	19.12%

JNJ
존슨 앤드 존슨
Johnson & Johnson

섹터 헬스케어 (Health Care)
세부섹터 건강 관리 장비 (Health Care Equipment)

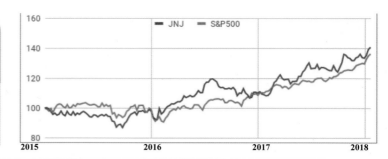

존슨 앤드 존슨(Johnson & Johnson)은 의료분야와 생활용품 제조 및 판매로 성장한 세계적인 제약 업체이다. 회사는 1886년에 설립되었고 본사는 뉴저지주 뉴브런즈윅에 있으며 126,400명의 직원이 근무하고 있다. 회사의 사업 부문은 소비자 제품, 의료용구 및 진단 제품, 제약 세 부문으로 나누어진다. 2017년 현재 전 세계 57개국 250개에 달하는 지사와 자회사가 있으며 175개국에 제품을 판매하고 있다. 2017년 현재 미국 제약 회사 중 매출액과 자산 규모에서 가장 큰 업체이다. 회사의 제품으로는 존슨즈 베이비, 클린 앤드 클리어, 뉴트리지나, 아베노, 아큐브, 밴드에이드, 리스테린, 니조랄, 심포니, 수다페드, 타이레놀, 토파맥스(항전간제), 리스페달(조현병 치료제), 콘서타(장용성 서방형 ADHD 치료제), 니코레트(금연보조제), 타이레놀 베이비, 타이레놀 칠드런, 지르텍(알레르기 치료제) 등이 있다.

기준일 : 2018/ 01 /25
한글 회사명 : 존슨 앤드 존슨
영문 회사명 : Johnson & Johnson
상장일 : 1972년 01월 21일 | 결산월 : 12월
시가총액 : 3879 (억$) | 52주 최고 : $148.32 (-4.06%) / 52주 최저 : $110.76 (+28.46%)

주요 주주정보

보유자/ 보유 기관	보유율
The Vanguard Group, Inc.	7.34%
SSgA Funds Management, Inc.	5.77%
BlackRock Fund Advisors	4.42%

애널리스트 추천 및 최근 투자의견

존슨 앤드 존슨의 2018년 01월 25일 현재 22개 기관의 **평균적인 목표가는 149.4$**이며, 2018년 추정 주당순이익(EPS)은 8.53$로 2017년 추정 EPS 8.09$에 비해 **5.43% 증가**할 것으로 예상된다.

최근, 1개월, 3개월의 투자 의견 변화

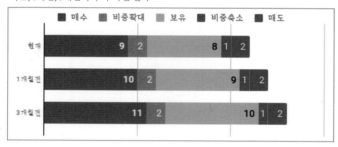

투자의견	금융사 및 투자의견	날짜
Maintains	Stifel Nicolaus: Hold to Hold	1/24/2018
Downgrade	JP Morgan: Overweight to Neutral	2/1/2018
Maintains	Citigroup: to Buy	10/23/2017
Maintains	Credit Suisse: to Outperform	10/19/2017
Maintains	Morgan Stanley: to Equal-Weight	10/18/2017

내부자 거래

(3M 비중은 12개월 거래 중 최근 3개월의 비중)

구분	성격	3개월	12개월	3M비중
매수	매수 건수 (장내 매매만 해당)	8	8	100.00%
매도	매도 건수 (장내 매매만 해당)	19	25	76.00%
매수	매수 수량 (장내 매매만 해당)	81,704	81,704	100.00%
매도	매도 수량 (장내 매매만 해당)	346,896	576,883	60.13%
	순매수량 (-인 경우 순매도량)	-265,192	-495,179	

ETF 노출
(편입 ETF 수 : 129개 / 시가총액 대비 ETF의 보유비중 : 9.79%)

티커	ETF	보유 지분	비중
VTI	Vanguard Total Stock Market ETF	$9,394,510,564	1.37%
VOO	Vanguard 500 Index Fund	$6,662,173,374	1.61%
SPY	SPDR S&P 500 ETF Trust	$4,872,740,710	1.62%
IVV	iShares S&P 500 Index (ETF)	$2,469,121,968	1.61%
VTV	Vanguard Value ETF	$2,007,339,060	2.93%

기간 수익률

1M : 3.43%	3M : 9.6%	6M : 8.9%	1Y : 29.09%	3Y : 41.63%

재무 지표

	2014	2015	2016	2017(E)
매출액 (백만$)	74,334	70,200	71,937	76,260
영업이익 (백만$)	20,929	18,368	21,350	23,842
순이익 (백만$)	16,323	15,409	16,540	19,978
자산총계 (백만$)	131,119	133,411	141,208	159,966
자본총계 (백만$)	69,752	71,150	70,418	
부채총계 (백만$)	61,367	62,261	70,790	

안정성 비율	2013	2014	2015	2016
유동비율 (%)	219.70	236.44	217.00	247.39
부채비율 (%)	79.17	87.98	87.51	100.53
이자보상배율 (배)	39.88	40.40	33.28	27.98

투자 지표

	2014	2015	2016	2017(E)
영업이익률 (%)	28.16	26.17	29.68	31.26
매출액 증가율 (%)	4.31	-5.56	2.47	6.01
EPS ($)	5.80	5.56	6.04	7.28
EPS 증가율 (%)	17.89	-4.14	8.63	20.48
주당자산가치($)	25.06	25.82	26.02	27.25
잉여현금흐름 (백만$)	14,757	15,816	15,541	17,508

	2013	2014	2015	2016
배당성향(%)	53.85	48.42	53.83	53.12
배당수익률(%)	2.83	2.64	2.87	2.73
ROE (%)	19.92	22.70	21.87	23.37
ROA (%)	10.89	12.38	11.65	12.05
재고회전율	9.27	9.26	8.65	8.88
EBITDA (백만$)	22,927	24,824	22,114	25,104

매출비중

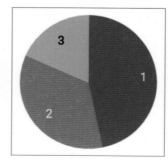

제품명	비중
1. 제약	46.55%
2. 의료 기기	34.94%
3. 소비자	18.51%

MDT
메드트로닉
Medtronic plc

섹터 헬스케어 (Health Care)
세부섹터 건강 관리 장비 (Health Care Equipment)

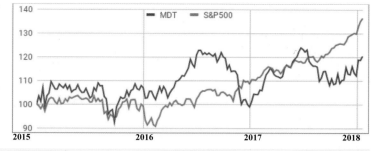

메드트로닉(Medtronic plc)은 의학 기술, 서비스, 솔루션을 통해 환자들을 치료하고 있는 세계적인 의료 기기 업체이다. 회사는 1949년에 설립되었고 본사는 아일랜드 더블린에 있으며 68,000명의 직원이 근무하고 있다. 회사의 사업 부문은 다음과 같이 네 가지 부문으로 나누어진다. 심장 및 혈관 사업부(CVG)에서 심장리듬질환 사업(CRHF), 대동맥 및 말초혈관질환 사업(APV), 심혈관 및 구조적 심장질환 사업(CSH)을 진행하고 있다. 재건 치료 사업부(RTG)에서 척추질환 사업, 뇌 질환 사업, 통증 질환 사업, 특수질환(ENT) 사업을 진행하고 있다. 최소 침습적 치료 사업부(MITG)에서 조기진단 및 치료기술 사업, 환자 모니터링 및 회복/신장 케어 솔루션, 외과수술 혁신 사업을 진행하고 있다. 당뇨 사업부에서는 당뇨 치료를 진행하고 있다.

기준일 : 2018/ 01 /25

한글 회사명 : 메드트로닉
영문 회사명 : Medtronic plc
상장일 : 1978년 01월 03일 | 결산월 : 4월
시가총액 : 1175 (억$) |
52주 최고 : $89.72 (-4.7%) / 52주 최저 : $73.59 (+16.18%)

주요 주주정보

보유자/ 보유 기관	보유율
The Vanguard Group, Inc.	7.62%
Wellington Management Co. LLP	4.85%
BlackRock Fund Advisors	4.48%

헬스케어

애널리스트 추천 및 최근 투자의견

메드트로닉의 2018년 01월 25일 현재 27개 기관의 **평균적인 목표가는 92.02$**이며, 2018년 추정 주당순이익(EPS)은 5.18$로 2017년 추정 EPS 4.77$에 비해 **8.59% 증가**할 것으로 예상된다.

재무 지표

	2014	2015	2016	2017(E)
매출액 (백만$)	20,261	28,833	29,710	29,458
영업이익 (백만$)	4,740	6,104	6,535	8,392
순이익 (백만$)	2,675	3,538	4,028	6,516
자산총계 (백만$)	106,685	99,644	99,816	98,845
자본총계 (백만$)	53,230	52,063	50,416	
부채총계 (백만$)	53,455	47,581	49,400	

안정성 비율	2013	2014	2015	2016
유동비율 (%)	381.54	336.25	329.38	174.92
부채비율 (%)	95.15	100.42	91.39	97.99
이자보상배율 (배)	12.35	7.00	4.99	5.97

최근, 1개월, 3개월의 투자 의견 변화

투자의견	금융사 및 투자의견	날짜
Initiated	Evercore ISI Group: to Outperform	3/1/2018
Upgrade	Bank of America: Neutral to Buy	2/1/2018
Upgrade	Argus: Hold to Buy	12/12/2017
Maintains	BMO Capital: to Outperform	10/10/2017
Downgrade	Wells Fargo: Outperform to Market Perform	9/10/2017

내부자 거래

(3M 비중은 12개월 거래 중 최근 3개월의 비중)

구분	성격	3개월	12개월	3M비중
매수	매수 건수 (장내 매매만 해당)	0	23	0.00%
매도	매도 건수 (장내 매매만 해당)	7	36	19.44%
매수	매수 수량 (장내 매매만 해당)	0	198,189	0.00%
매도	매도 수량 (장내 매매만 해당)	172,279	530,524	32.47%
	순매수량 (-인 경우 순매도량)	-172,279	-332,335	

투자 지표

	2014	2015	2016	2017(E)
영업이익률 (%)	23.39	21.17	22.00	28.49
매출액 증가율 (%)	19.15	42.31	3.04	-0.85
EPS ($)	2.44	2.51	2.92	4.77
EPS 증가율 (%)	-20.26	2.87	16.34	63.41
주당자산가치($)	37.44	37.21	36.73	30.48
잉여현금흐름 (백만$)	4,331	4,172	5,626	8,524

	2013	2014	2015	2016
배당성향(%)	37.09	50.62	61.29	59.52
배당수익률(%)	1.90	1.64	1.92	2.07
ROE (%)	16.08	7.36	6.72	7.87
ROA (%)	8.42	3.70	3.43	4.04
재고회전율	9.90	7.81	8.31	8.72
EBITDA (백만$)	5,530	6,046	8,924	9,452

ETF 노출
(편입 ETF 수 : 90개 / 시가총액 대비 ETF의 보유비중 : 10%)

티커	ETF	보유 지분	비중
VTI	Vanguard Total Stock Market ETF	$2,829,609,690	0.41%
VOO	Vanguard 500 Index Fund	$2,006,150,857	0.48%
SPY	SPDR S&P 500 ETF Trust	$1,467,416,106	0.49%
VIG	Vanguard Dividend Appreciation ETF	$1,033,509,147	2.88%
VUG	Vanguard Growth ETF	$790,699,161	1.01%

매출비중

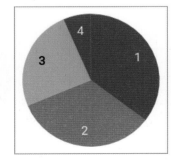

제품명	비중
1. 심장 및 혈관	35.33%
2. 최소 침습 치료	33.39%
3. 원기를 회복시키는 치료 부문	24.79%
4. 당뇨병 부문	6.49%

기간 수익률

1M : 3.8%	3M : 5.55%	6M : 1.77%	1Y : 15.58%	3Y : 19.13%

PKI
퍼킨엘머
PerkinElmer, Inc

섹터 헬스케어 (Health Care)
세부섹터 건강 관리 장비 (Health Care Equipment)

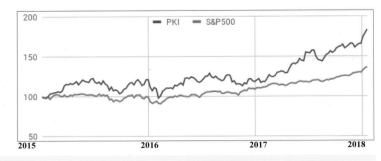

퍼킨엘머(PerkinElmer, Inc)는 진단, 검출, 분석 및 광학 시장에 관련 기술과 서비스 및 솔루션을 제공하는 업체이다. 회사는 1931년에 설립되었고 본사는 매사추세츠 월섬에 있으며 7,600명의 직원이 근무하고 있다. 회사의 사업 부문은 인류 건강 부문과 환경 건강 부문으로 나누어진다. 인류 건강 부문에서는 질병을 조기 발견하고 새로운 치료법의 발견과 개발에 도움이 되는 각종 도구 및 프로그램을 개발하고 있다. 진단을 위한 평면 패널 엑스레이 탐지기, 전염병 테스트, 초기 유전병 발견을 위한 기술을 제공하고 있다. 환경 보건 부문은 더욱 안전한 식품 및 제품 생산을 쉽게 하기 위한 각종 서비스 및 솔루션을 제공하고 있다. 주요 고객으로는 제약 및 생명 공학 회사, 실험실, 학술 및 연구 기관, 공공보건 당국이 있다.

기준일 : 2018/ 01 /25
한글 회사명 : 퍼킨엘머
영문 회사명 : PerkinElmer, Inc
상장일 : 1972년 01월 21일 | 결산월 : 12월
시가총액 : 91 (억$) | 52주 최고 : $82.24 (-0.88%) / 52주 최저 : $50.59 (+61.11%)

주요 주주정보

보유자/ 보유 기관	보유율
T. Rowe Price Associates, Inc.	11.41%
The Vanguard Group, Inc.	9.94%
Capital Research & Management Co.	6.91%

애널리스트 추천 및 최근 투자의견

퍼킨엘머의 2018년 01월 25일 현재 16개 기관의 **평균적인 목표가는 82$**이며, 2018년 추정 주당순이익(EPS)은 3.96$로 2017년 추정 EPS 3.52$에 비해 **12.5% 증가할 것으로 예상**된다.

최근, 1개월, 3개월의 투자 의견 변화

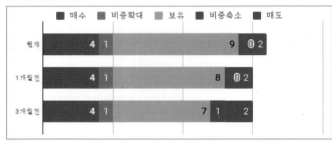

투자의견	금융사 및 투자의견	날짜
Initiated	Evercore ISI Group: to In-Line	4/1/2018
Upgrade	Bank of America: Underperform to Neutral	12/19/2017
Maintains	Morgan Stanley: to Overweight	3/11/2017
Maintains	Baird: to Outperform	3/11/2017
Maintains	Morgan Stanley: to Overweight	6/10/2017

내부자 거래

(3M 비중은 12개월 거래 중 최근 3개월의 비중)

구분	성격	3개월	12개월	3M비중
매수	매수 건수 (장내 매매만 해당)	9	17	52.94%
매도	매도 건수 (장내 매매만 해당)	13	28	46.43%
매수	매수 수량 (장내 매매만 해당)	41,967	63,019	66.59%
매도	매도 수량 (장내 매매만 해당)	136,329	446,534	30.53%
	순매수량 (-인 경우 순매도량)	-94,362	-383,515	

ETF 노출 (편입 ETF 수 : 66개 / 시가총액 대비 ETF의 보유비중 : 12.87%)

티커	ETF	보유 지분	비중
VTI	Vanguard Total Stock Market ETF	$219,415,688	0.03%
VB	Vanguard Small Cap Index Fund	$215,479,354	0.29%
VOO	Vanguard 500 Index Fund	$155,912,943	0.04%
VBR	Vanguard Small Cap Value Index Fund	$136,694,652	0.74%
SPY	SPDR S&P 500 Trust ETF	$110,604,874	0.04%

기간 수익률

1M : 12.1%	3M : 17.05%	6M : 16.31%	1Y : 56.37%	3Y : 86.44%

재무 지표

	2014	2015	2016	2017(E)
매출액 (백만$)	2,237	2,105	2,116	2,234
영업이익 (백만$)	230	267	306	429
순이익 (백만$)	161	189	216	320
자산총계 (백만$)	4,134	4,166	4,277	4,985
자본총계 (백만$)	2,042	2,110	2,154	
부채총계 (백만$)	2,092	2,056	2,123	

안정성 비율	2013	2014	2015	2016
유동비율 (%)	173.33	178.89	184.01	197.22
부채비율 (%)	97.88	102.44	97.41	98.59
이자보상배율 (배)	5.18	6.35	7.02	7.36

투자 지표

	2014	2015	2016	2017(E)
영업이익률 (%)	10.28	12.68	14.46	19.22
매출액 증가율 (%)	3.28	-5.92	0.51	5.58
EPS ($)	1.40	1.89	2.13	2.89
EPS 증가율 (%)	-6.41	34.89	13.03	35.52
주당자산가치($)	18.16	18.76	19.22	20.92
잉여현금흐름 (백만$)	253	259	319	258

	2013	2014	2015	2016
배당성향(%)	18.93	20.14	14.93	13.22
배당수익률(%)	0.68	0.64	0.52	0.54
ROE (%)	8.54	7.99	9.09	10.12
ROA (%)	4.28	3.99	4.55	5.11
재고회전율	8.52	8.19	7.72	8.36
EBITDA (백만$)	387.23	347.23	372.16	405.65

매출비중

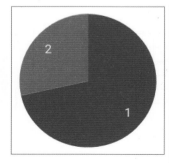

제품명	비중
1. 발견 및 분석 솔루션	71.52%
2. 진단	28.48%

RMD
레스메드
ResMed, Inc

섹터 헬스케어 (Health Care)
세부섹터 건강 관리 장비 (Health Care Equipment)

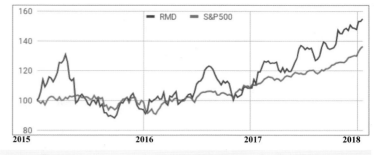

레스메드(ResMed, Inc.)는 의료 기기 및 클라우드 기반 소프트웨어 응용 프로그램을 개발, 제조, 유통, 판매하는 업체이다. 회사는 1989년에 설립되었고 본사는 캘리포니아 샌디에이고에 있으며 6,000명의 직원이 근무하고 있다. 회사는 수면장애, 호흡, 만성 폐색성 폐 질환, 신경 질환, 기타 만성 질환 치료용 의료기기를 제공하고 있다. 호흡기 질환을 진단, 치료 관리하는 의료 및 소비재, 환기 장치, 진단 제품을 포함하고 있다. 병원 및 가정에서 사용하기 위한 헤드기어 및 기타 액세서리, 치과용 기기, 휴대용 산소 등 다양한 호흡기 질환에 대한 제품 및 솔루션을 제공하고 있다. 약 120개국의 유통업체 및 직영 영업소 판매망을 통해 클리닉, 가정용 건강관리 판매업체, 환자, 병원, 의사에게 제품을 판매하고 있다.

기준일 : 2018/ 01 /25

한글 회사명 : 레스메드
영문 회사명 : ResMed, Inc
상장일 : 1995년 06월 02일 | 결산월 : 6월
시가총액 : 145 (억$) |
52주 최고 : $104.78 (-4.76%) / 52주 최저 : $66.18 (+50.78%)

주요 주주정보

보유자/ 보유 기관	보유율
The Vanguard Group, Inc.	10.03%
Capital Research & Management Co.	7.48%
BlackRock Fund Advisors	5.34%

애널리스트 추천 및 최근 투자의견

레스메드의 2018년 01월 25일 현재 18개 기관의 **평균적인 목표가는 88.78$**이며, 2018년 추정 주당순이익(EPS)은 3.52$로 2017년 추정 EPS 3.26$에 비해 **7.97% 증가할 것으로 예상**된다.

최근, 1개월, 3개월의 투자 의견 변화

투자의견	금융사 및 투자의견	날짜
Upgrade	Needham: Underperform to Hold	1/23/2018
Maintains	JP Morgan: to Overweight	10/30/2017
Maintains	BMO Capital: to Market Perform	10/27/2017
Maintains	Barclays: to Underweight	10/27/2017
Maintains	Barclays: to Underweight	9/25/2017

내부자 거래

(3M 비중은 12개월 거래 중 최근 3개월의 비중)

구분	성격	3개월	12개월	3M비중
매수	매수 건수 (장내 매매만 해당)	0	24	0.00%
매도	매도 건수 (장내 매매만 해당)	14	67	20.90%
매수	매수 수량 (장내 매매만 해당)	0	272,545	0.00%
매도	매도 수량 (장내 매매만 해당)	51,762	742,038	6.98%
	순매수량 (-인 경우 순매도량)	-51,762	-469,493	

ETF 노출

(편입 ETF 수 : 79개 / 시가총액 대비 ETF의 보유비중 : 13.44%)

티커	ETF	보유 지분	비중
VO	Vanguard Mid-Cap ETF	$354,179,644	0.36%
VTI	Vanguard Total Stock Market ETF	$348,657,109	0.05%
VOO	Vanguard 500 Index Fund	$247,074,158	0.06%
SPY	SPDR S&P 500 ETF Trust	$179,026,659	0.06%
VUG	Vanguard Growth ETF	$97,359,895	0.12%

기간 수익률

1M : 3.97%	3M : 11.92%	6M : 15.16%	1Y : 39.32%	3Y : 46.02%

재무 지표

	2014	2015	2016	2017(E)
매출액 (백만$)	1,555	1,679	1,839	2,072
영업이익 (백만$)	405	409	436	471
순이익 (백만$)	345	353	352	364
자산총계 (백만$)	2,361	2,184	3,257	3,557
자본총계 (백만$)	1,758	1,587	1,695	
부채총계 (백만$)	603	597	1,562	

안정성 비율	2013	2014	2015	2016
유동비율 (%)	252.39	577.32	540.37	222.53
부채비율 (%)	37.27	34.28	37.61	92.16
이자보상배율 (배)	57.12	66.10	70.80	38.90

투자 지표

	2014	2015	2016	2017(E)
영업이익률 (%)	26.05	24.36	23.71	22.72
매출액 증가율 (%)	2.68	7.97	9.52	12.66
EPS ($)	2.44	2.51	2.51	2.79
EPS 증가율 (%)	13.49	2.87	0.00	11.04
주당자산가치($)	12.53	11.30	12.05	14.13
잉여현금흐름 (백만$)	319	321	489	364

	2013	2014	2015	2016
배당성향(%)	32.38	41.84	45.34	48.19
배당수익률(%)	1.51	1.98	1.99	1.90
ROE (%)	19.09	20.50	21.10	21.47
ROA (%)	14.13	15.11	15.53	12.95
재고회전율	9.46	9.99	8.14	7.80
EBITDA (백만$)	443.1	478.58	482.16	522.72

매출비중

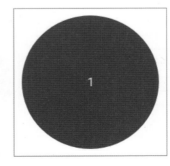

제품명	비중
1. 의료 기기	
	100%

헬스케어

573

SYK
스트라이커
Stryker Corp.

섹터 헬스케어 (Health Care)
세부섹터 건강 관리 장비 (Health Care Equipment)

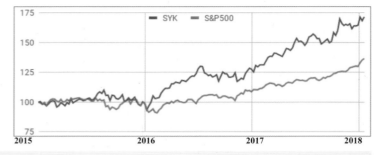

스트라이커 코퍼레이션(Stryker Corporation)은 정형외과, 의료 및 수술, 신경 과학, 척추 제품을 포함한 다양한 의료 기술을 제공하는 업체이다. 회사는 1941년에 설립되었고 본사는 미시간주 캘러마주에 있으며 33,000명의 직원이 근무하고 있다. 회사의 사업 부문은 정형외과, 수술, 신경기술 세 가지 부문으로 나누어진다. 정형외과 부문은 고관절 및 무릎 관절 대체술, 외상 수술에 사용하기 위한 임플란트를 제공하고 있다. 수술 부문은 외과 장비 및 수술 내비게이션 시스템, 내시경 및 통신 시스템, 환자처리, 응급 의료 장비 및 집중 치료 일회용 제품, 재처리 기기는 물론 다양한 의료 전문 분야에서 사용되는 기타 의료 기기를 제공하고 있다. 신경기술 부문은 신경외과 및 신경 혈관 장치를 제공하고 있으며 이 장치에는 최소 침습성 혈관 내 초음파 기술에 사용되는 제품이 포함되어 있다.

기준일 : 2018/ 01 /25

한글 회사명 : 스트라이커
영문 회사명 : Stryker Corp.
상장일 : 1979년 05월 02일 | 결산월 : 12월
시가총액 : 620 (억$) |
52주 최고 : $164.98 (-0.18%) / 52주 최저 : $119.17 (+38.18%)

주요 주주정보

보유자/ 보유 기관	보유율
Capital Research & Management Co.	8.25%
T. Rowe Price Associates, Inc.	6.89%
The Vanguard Group, Inc.	6.47%

애널리스트 추천 및 최근 투자의견

스트라이커의 2018년 01월 25일 현재 28개 기관의 **평균적인 목표가는 164.35$**이며, 2018년 추정 주당순이익(EPS)은 7.12$로 2017년 추정 EPS 6.48$에 비해 **9.87% 증가**할 것으로 예상된다.

최근, 1개월, 3개월의 투자 의견 변화

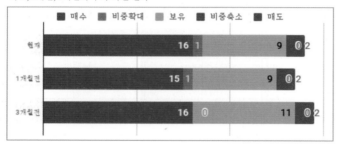

투자의견	금융사 및 투자의견	날짜
Upgrade	JP Morgan: Neutral to Overweight	2/1/2018
Upgrade	Baird: Neutral to Outperform	11/16/2017
Maintains	Canaccord Genuity: to Buy	10/27/2017
Maintains	Barclays: to Underweight	10/27/2017
Maintains	Stifel Nicolaus: to Buy	10/27/2017

내부자 거래

(3M 비중은 12개월 거래 중 최근 3개월의 비중)

구분	성격	3개월	12개월	3M비중
매수	매수 건수 (장내 매매만 해당)	0	8	0.00%
매도	매도 건수 (장내 매매만 해당)	10	44	22.73%
매수	매수 수량 (장내 매매만 해당)	0	116,467	0.00%
매도	매도 수량 (장내 매매만 해당)	52,687	537,405	9.80%
	순매수량 (-인 경우 순매도량)	-52,687	-420,938	

ETF 노출

(편입 ETF 수 : 89개 / 시가총액 대비 ETF의 보유비중 : 8.75%)

티커	ETF	보유 지분	비중
VTI	Vanguard Total Stock Market ETF	$1,196,778,637	0.17%
VOO	Vanguard 500 Index Fund	$912,404,367	0.22%
SPY	SPDR S&P 500 Trust ETF	$665,173,446	0.22%
VIG	Vanguard Dividend Appreciation ETF	$536,794,505	1.49%
IVV	Ishares S&P 500	$338,116,256	0.22%

기간 수익률

1M : 4.55%	3M : 12.09%	6M : 10.32%	1Y : 32.46%	3Y : 74.45%

재무 지표

	2014	2015	2016	2017(E)
매출액 (백만$)	9,675	9,946	11,325	12,384
영업이익 (백만$)	2,202	2,252	2,568	3,140
순이익 (백만$)	515	1,439	1,647	2,459
자산총계 (백만$)	17,713	16,223	20,435	21,815
자본총계 (백만$)	8,595	8,511	9,550	
부채총계 (백만$)	9,118	7,712	10,885	

안정성 비율	2013	2014	2015	2016
유동비율 (%)	313.70	216.69	226.81	249.71
부채비율 (%)	74.01	106.09	90.61	113.98
이자보상배율 (배)	21.89	19.49	20.85	11.26

투자 지표

	2014	2015	2016	2017(E)
영업이익률 (%)	22.76	22.64	22.68	25.36
매출액 증가율 (%)	7.25	2.80	13.87	9.35
EPS ($)	1.36	3.82	4.40	6.48
EPS 증가율 (%)	-48.87	180.88	15.18	47.25
주당자산가치($)	22.74	22.82	25.47	28.31
잉여현금흐름 (백만$)	1,549	629	1,322	1,398

	2013	2014	2015	2016
배당성향(%)	41.83	93.65	37.43	35.98
배당수익률(%)	1.46	1.34	1.52	1.31
ROE (%)	11.40	5.84	16.83	18.24
ROA (%)	6.95	3.08	8.48	8.99
재고회전율	6.71	6.43	6.16	6.17
EBITDA (백만$)	2,387	2,580	2,649	3,114

매출비중

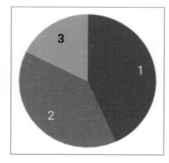

제품명	비중
1. 내과,외과 간호 부문	43.21%
2. 정형 외과	39.05%
3. 신경기술 및 척추	17.74%

TMO
서모피셔 사이언티픽
Thermo Fisher Scientific, Inc

섹터 헬스케어 (Health Care)
세부섹터 건강 관리 장비(Health Care Equipment)

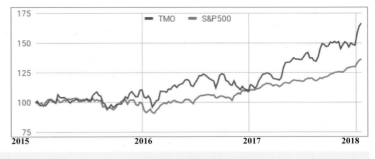

서모피셔 사이언티픽(Thermo Fisher Scientific, Inc)은 연구, 제조, 분석, 발견, 진단을 위한 분석 장비, 시약, 소모품, 소프트웨어, 서비스를 제공하는 업체이다. 회사는 1956년에 설립되었고 본사는 매사추세츠주 월탐에 있으며 55,000명의 직원이 근무하고 있다. 회사의 대표 브랜드는 서모 싸이언티픽, 어플라이드 바이오시스템즈, 인비트로겐, 피셔 싸이언티픽, 유니티 랩 서비스를 포함하고 있다. 회사의 사업 부문은 생명과학 솔루션, 분석 장비 부문으로 나누어진다. 생명과학 솔루션 부문은 제약, 생명공학, 농업, 임상, 학술 및 정부 시장에 대한 질병의 진단, 신약 및 백신의 생물학적 및 의학적 연구에 필요한 소모품을 제공하고 있다. 분석 장비 부문은 실험실, 생산 설비 및 제약, 생명 공학, 학술, 정부, 환경, 산업 분야에서 사용되는 도구, 소모품, 소프트웨어, 서비스를 제공하고 있다.

기준일 : 2018/ 01 /25

한글 회사명 : 서모피셔 사이언티픽
영문 회사명 : Thermo Fisher Scientific, Inc
상장일 : 1972년 01월 21일 | 결산월 : 12월
시가총액 : 874 (억$) |
52주 최고 : $217.22 (-0.84%) / 52주 최저 : $140 (+53.84%)

주요 주주정보

보유자/ 보유 기관	보유율
The Vanguard Group, Inc.	6.7%
Massachusetts Financial Services Co.	6.46%
Capital Research & Management Co.	4.6%

애널리스트 추천 및 최근 투자의견

서모피셔 사이언티픽의 2018년 01월 25일 현재 18개 기관의 **평균적인 목표가는 220.81$**이며, 2018년 추정 주당순이익(EPS)은 10.63$로 2017년 추정 EPS 9.36$에 비해 **13.56% 증가할 것으로 예상**된다.

최근, 1개월, 3개월의 투자 의견 변화

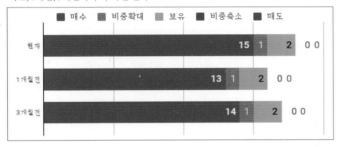

투자의견	금융사 및 투자의견	날짜
Initiated	BTIG Research: to Buy	5/1/2018
Initiated	Evercore ISI Group: to Outperform	4/1/2018
Maintains	Deutsche Bank: to Buy	10/26/2017
Maintains	Leerink Swann: to Outperform	9/10/2017
Maintains	Barclays: to Overweight	9/25/2017

내부자 거래

(3M 비중은 12개월 거래 중 최근 3개월의 비중)

구분	성격	3개월	12개월	3M비중
매수	매수 건수 (장내 매매만 해당)	10	23	43.48%
매도	매도 건수 (장내 매매만 해당)	29	70	41.43%
매수	매수 수량 (장내 매매만 해당)	132,998	191,699	69.38%
매도	매도 수량 (장내 매매만 해당)	86,044	304,298	28.28%
	순매수량 (-인 경우 순매도량)	46,954	-112,599	

ETF 노출

(편입 ETF 수 : 88개 / 시가총액 대비 ETF의 보유비중 : 8.86%)

티커	ETF	보유 지분	비중
VTI	Vanguard Total Stock Market ETF	$2,104,237,192	0.31%
VOO	Vanguard 500 Index Fund	$1,492,389,188	0.36%
SPY	SPDR S&P 500 Trust ETF	$1,091,266,649	0.36%
VUG	Vanguard Growth ETF	$588,078,510	0.75%
IVV	Ishares S&P 500	$552,969,215	0.36%

기간 수익률

1M : 11.04%	3M : 12%	6M : 17.19%	1Y : 48.77%	3Y : 70.41%

재무 지표

	2014	2015	2016	2017(E)
매출액 (백만$)	16,890	16,965	18,274	20,588
영업이익 (백만$)	2,348	2,495	2,859	4,793
순이익 (백만$)	1,896	1,980	2,025	3,719
자산총계 (백만$)	42,852	40,834	45,908	52,797
자본총계 (백만$)	20,548	21,350	21,539	
부채총계 (백만$)	22,304	19,484	24,368	

안정성 비율	2013	2014	2015	2016
유동비율 (%)	316.08	122.24	138.47	144.29
부채비율 (%)	89.03	108.55	91.26	113.13
이자보상배율 (배)	6.86	4.89	6.01	6.09

투자 지표

	2014	2015	2016	2017(E)
영업이익률 (%)	13.90	14.71	15.65	23.28
매출액 증가율 (%)	29.02	0.45	7.71	12.66
EPS ($)	4.76	4.95	5.12	9.36
EPS 증가율 (%)	34.15	4.09	3.34	82.79
주당자산가치($)	51.31	53.42	54.74	62.50
잉여현금흐름 (백만$)	2,192	2,394	2,712	2,255

	2013	2014	2015	2016
배당성향(%)	17.17	12.74	12.20	11.79
배당수익률(%)	0.54	0.48	0.42	0.43
ROE (%)	7.92	10.14	9.45	9.44
ROA (%)	4.31	5.07	4.73	4.67
재고회전율	8.91	10.07	8.81	8.69
EBITDA (백만$)	2,798.6	4,033.2	4,182.7	4,616.9

매출비중

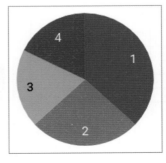

제품명	비중
1. 연구소 제품 및 서비스	38.47%
2. 생명 과학 솔루션	27.24%
3. 분석 기기	20.07%
4. 전문 진단	18.27%
5. 공제	-4.06%

VAR
배리언 메디칼 시스템즈
Varian Medical Systems, Inc

섹터 헬스케어 (Health Care)
세부섹터 건강 관리 장비(Health Care Equipment)

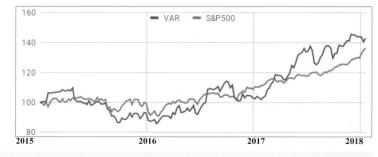

배리언 메디칼 시스템즈(Varian Medical Systems, Inc.)는 각종 암과 기타 질병을 치료하기 위한 의료 기기 및 소프트웨어 제품을 설계, 제조, 판매, 서비스하는 업체이다. 회사는 1948년에 설립되었고 본사는 캘리포니아주 팔로 알토에 있으며 7,300명의 직원이 근무하고 있다. 회사의 사업 부문은 종양학 시스템과 이미지 처리 컴포넌트 부문으로 나누어진다. 종양학 시스템 부문은 방사선 치료, 영상 유도 방사선 요법, 용적 조정 요법, 정위 방사선 수술, 정위 방사선 요법, 근접 치료와 함께 암 치료를 위한 하드웨어 및 소프트웨어 제품을 제공하고 있다. 제품군으로는 선형 가속기, 치료 시뮬레이션, 검증 장비 및 액세서리가 포함되어 있다. 이미지 처리 컴포넌트 부문은 정보 관리, 치료 계획, 이미지 처리, 임상 지식 교환, 환자 간호 관리, 의사 결정 지원, 실습 관리 소프트웨어가 포함되어 있으며 대학 연구소, 지역병원, 개인, 정부 기관, 의료 기관, 방사선 치료 센터, 항암 치료 클리닉에 서비스를 제공하고 있다.

기준일 : 2018/ 01 /25
한글 회사명 : 배리언 메디칼 시스템즈
영문 회사명 : Varian Medical Systems, Inc
상장일 : 1972년 01월 21일 | 결산월 : 9월
시가총액 : 116 (억$) |
52주 최고 : $114.09 (-0.91%) / 52주 최저 : $75.54 (+49.65%)

주요 주주정보

보유자/ 보유 기관	보유율
The Vanguard Group, Inc.	9.99%
Loomis, Sayles & Co. LP	7.62%
BlackRock Fund Advisors	6.5%

애널리스트 추천 및 최근 투자의견

배리언 메디칼 시스템즈의 2018년 01월 25일 현재 11개 기관의 **평균적인 목표가는 113.11$**이며, 2018년 추정 주당순이익(EPS)은 4.81$로 2017년 추정 EPS 4.38$에 비해 **9.81% 증가**할 것으로 예상된다.

최근, 1개월, 3개월의 투자 의견 변화

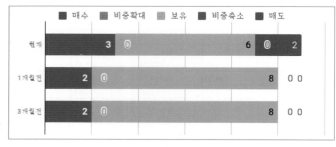

투자의견	금융사 및 투자의견	날짜
Maintains	JP Morgan: Neutral to Neutral	1/25/2018
Maintains	Citigroup: Neutral to Buy	1/25/2018
Initiated	Evercore ISI Group: to Underperform	3/1/2018
Maintains	Citigroup: to Neutral	10/31/2017
Maintains	Citigroup: to Neutral	10/30/2017

내부자 거래

(3M 비중은 12개월 거래 중 최근 3개월의 비중)

구분		성격	3개월	12개월	3M비중
매수	매수 건수 (장내 매매만 해당)		0	0	-
매도	매도 건수 (장내 매매만 해당)		22	53	41.51%
매수	매수 수량 (장내 매매만 해당)		0	0	-
매도	매도 수량 (장내 매매만 해당)		201,721	413,417	48.79%
	순매수량 (-인 경우 순매도량)		-201,721	-413,417	

ETF 노출 (편입 ETF 수 : 78개 / 시가총액 대비 ETF의 보유비중 : 15.75%)

티커	ETF	보유 지분	비중
VO	Vanguard Mid Cap Index Fund	$288,842,946	0.29%
VTI	Vanguard Total Stock Market ETF	$284,363,876	0.04%
VOO	Vanguard 500 Index Fund	$201,403,048	0.05%
SPY	SPDR S&P 500 Trust ETF	$149,958,052	0.05%
USMV	OSSIAM LUX OSSIAM US MIN VAR NR ETF	$80,244,314	0.51%

기간 수익률

1M : -1.38%	3M : 3.75%	6M : 6.19%	1Y : 38.54%	3Y : 42.23%

재무 지표

	2014	2015	2016	2017(E)
매출액 (백만$)	3,049	3,095	2,622	2,714
영업이익 (백만$)	594	534	446	463
순이익 (백만$)	404	411	325	289
자산총계 (백만$)	3,357	3,601	3,815	3,135
자본총계 (백만$)	1,616	1,726	1,755	
부채총계 (백만$)	1,741	1,874	2,060	

안정성 비율	2013	2014	2015	2016
유동비율 (%)	233.06	207.56	182.59	162.11
부채비율 (%)	102.38	107.70	108.58	117.43
이자보상배율 (배)	146.81	83.00	67.30	38.45

투자 지표

	2014	2015	2016	2017(E)
영업이익률 (%)	19.48	17.25	17.01	17.04
매출액 증가율 (%)	3.68	1.54	-15.29	-15.67
EPS ($)	3.88	4.13	4.22	3.95
EPS 증가율 (%)	-3.96	6.44	2.18	-6.47
주당자산가치($)	16.01	17.45	18.58	15.16
잉여현금흐름 (백만$)	359	378	276	440

	2013	2014	2015	2016
배당성향(%)				
배당수익률(%)	0.00	0.00	0.00	0.00
ROE (%)	27.19	24.24	24.73	18.85
ROA (%)	13.81	11.83	11.84	8.77
재고회전율	5.92	5.51	5.22	4.89
EBITDA (백만$)	669.05	656.66	602.52	515.3

매출비중

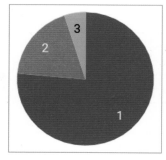

제품명	비중
1. 종양 치료 부문	
	76.36%
2. 이미징 부문	
	18.57%
3. 기타	
	5.07%

ZBH
지머 바이오멧 홀딩스
Zimmer Biomet Holdings, Inc

섹터 헬스케어 (Health Care)
세부섹터 건강 관리 장비 (Health Care Equipment)

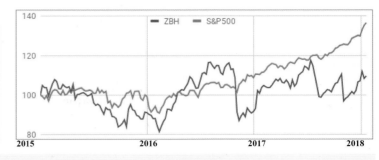

지머 바이오멧 홀딩스(Zimmer Biomet Holdings, Inc.)는 전 세계에서 근골격계 의료 제품과 솔루션을 판매하는 의료기기 업체이다. 회사는 1927년에 설립되었고 본사는 인디애나주 바르샤바에 있으며 18,500명의 직원이 근무하고 있다. 회사의 대표 제품은 무릎, 둔부, 어깨, 팔꿈치, 발, 발목 등 다양한 부위에 사용되는 인공 관절과 치과에서 사용되는 보철물을 포함하고 있다. 무릎 및 엉덩이 재건 제품과 같은 정형외과 재건 제품을 제공하고 있으며, 얼굴과 두개골 재건 제품뿐만 아니라 개심 수술, 외상 후 또는 가슴 기형에 대한 치유 또는 재건을 쉽게 하려고 가슴의 뼈를 고정하고 안정시키는 제품에 특화되어 있다. 회사의 제품과 솔루션은 뼈, 관절, 연조직(근육, 인대, 피부 등) 장애로 고통받는 환자를 치료하는 데 광범위하게 사용되고 있다.

기준일 : 2018/ 01 /25

한글 회사명 : 지머 바이오멧 홀딩스
영문 회사명 : Zimmer Biomet Holdings
상장일 : 2001년 07월 25일 | 결산월 : 12월
시가총액 : 253 (억$) |
52주 최고 : $133.49 (-6.37%) / 52주 최저 : $108.03 (+15.69%)

주요 주주정보

보유자/ 보유 기관	보유율
Massachusetts Financial Services Co.	8.88%
The Vanguard Group, Inc.	6.57%
BlackRock Fund Advisors	4.96%

애널리스트 추천 및 최근 투자의견

지머 바이오멧의 2018년 01월 25일 현재 29개 기관의 **평균적인 목표가는 135.38$**이며, 2018년 추정 주당순이익(EPS)은 8.15$로 2017년 추정 EPS 8.03$에 비해 **1.49% 증가할 것으로 예상**된다.

최근, 1개월, 3개월의 투자 의견 변화

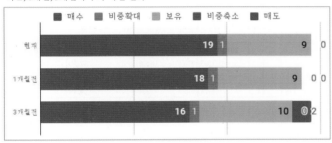

투자의견	금융사 및 투자의견	날짜
Upgrade	Goldman Sachs: Sell to Neutral	12/20/2017
Upgrade	Deutsche Bank: Hold to Buy	11/14/2017
Upgrade	Edward Jones: Hold to Buy	9/11/2017
Maintains	Morgan Stanley: to Overweight	2/11/2017
Maintains	BMO Capital: to Outperform	2/11/2017

내부자 거래

(3M 비중은 12개월 거래 중 최근 3개월의 비중)

구분	성격	3개월	12개월	3M비중
매수	매수 건수 (장내 매매만 해당)	3	3	100.00%
매도	매도 건수 (장내 매매만 해당)	2	17	11.76%
매수	매수 수량 (장내 매매만 해당)	25,077	25,077	100.00%
매도	매도 수량 (장내 매매만 해당)	20,887	185,583	11.25%
	순매수량 (-인 경우 순매도량)	4,190	-160,506	

ETF 노출
(편입 ETF 수 : 75개 / 시가총액 대비 ETF의 보유비중 : 9.32%)

티커	ETF	보유 지분	비중
VTI	Vanguard Total Stock Market ETF	$607,647,690	0.09%
VOO	Vanguard 500 Index Fund	$431,021,342	0.10%
SPY	SPDR S&P 500 Trust ETF	$312,015,436	0.10%
IVV	Ishares S&P 500	$160,413,550	0.10%
XLV	Health Care SPDR (ETF)	$130,658,430	0.75%

기간 수익률

1M : 7.15%	3M : 6.93%	6M : -4.72%	1Y : 8.64%	3Y : 5.53%

재무 지표

	2014	2015	2016	2017(E)
매출액 (백만$)	4,673	5,998	7,684	7,778
영업이익 (백만$)	1,364	1,429	1,350	2,434
순이익 (백만$)	720	147	306	1,637
자산총계 (백만$)	9,635	27,161	26,684	26,920
자본총계 (백만$)	6,523	9,889	9,670	
부채총계 (백만$)	3,112	17,271	17,015	

안정성 비율	2013	2014	2015	2016
유동비율 (%)	406.91	413.20	361.81	195.83
부채비율 (%)	52.07	47.71	174.64	175.95
이자보상배율 (배)	18.42	13.28	5.01	3.79

투자 지표

	2014	2015	2016	2017(E)
영업이익률 (%)	29.19	23.82	17.57	31.29
매출액 증가율 (%)	1.08	28.34	28.11	1.22
EPS ($)	4.26	0.78	1.53	8.03
EPS 증가율 (%)	-5.12	-81.22	87.50	424.84
주당자산가치($)	38.43	48.78	48.20	52.27
잉여현금흐름 (백만$)	711	416	1,102	1,228

	2013	2014	2015	2016
배당성향(%)	18.06	21.00	114.29	63.60
배당수익률(%)	0.86	0.78	0.86	0.93
ROE (%)	12.52	11.24	1.79	3.13
ROA (%)	8.17	7.48	0.80	1.13
재고회전율	4.47	4.17	3.50	3.65
EBITDA (백만$)	1,650	1,739.90	2,141.50	2,389.30

매출비중

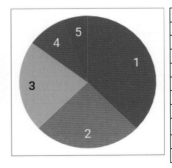

제품명	비중
1. 무릎 재생 부문	35.81%
2. 엉덩이 재건 부문	24.31%
3. 세트.	21.41%
4. 척추/얼굴 윤곽	8.62%
5. 치과 부문	5.57%

DVA
다비타
DaVita Inc.

섹터 헬스케어 (Health Care)
세부섹터 건강 관리 시설 (Health Care Facilities)

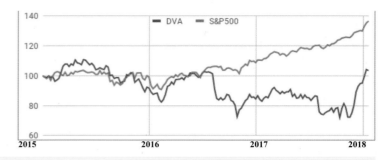

다비타(DaVita Inc.)는 만성 신부전 또는 말기 신부전으로 고통받는 환자에게 신장 투석 서비스를 제공하는 업체이다. 회사는 1994년에 설립되었고 본사는 콜로라도주덴버에 있으며 70,300명의 직원이 근무하고 있다. 회사의 사업 부문은 신장 케어와 메디컬 그룹의 두 부문으로 나누어진다. 회사는 신장 투석 센터를 운영하고 외래 투석 센터에서 관련 서비스를 제공하고 있다. 외래 환자 및 가정 내 혈액 투석 서비스를 제공하고 있다. 만성 신부전 및 말기 신질환 환자에게 투석 서비스를 제공하는 데 중점을 두고 있다. 외래 환자 투석 센터에 대한 관리 및 행정 서비스, 환자 및 의사 중심의 통합된 의료 서비스 및 관리 서비스를 제공하고 있다. 2017년 현재 미국 내 2,000개 직영 투석 센터 운영 및 800개 이상의 병원체인과 투석치료 계약을 맺고 있으며, 미국 48개 주에서 18만 8천 명 이상의 환자를 치료하고 있다.

기준일 : 2018/ 01 /25
한글 회사명 : 다비타
영문 회사명 : DaVita Inc.
상장일 : 1995년 10월 31일 | 결산월 : 12월
시가총액 : 145 (억$) | 52주 최고 : $80.71 (-2.32%) / 52주 최저 : $52.51 (+50.12%)

주요 주주정보

보유자/ 보유 기관	보유율
Berkshire Hathaway, Inc.	21.04%
The Vanguard Group, Inc.	8.19%
BlackRock Fund Advisors	4.04%

애널리스트 추천 및 최근 투자의견

다비타의 2018년 01월 25일 현재 13개 기관의 **평균적인 목표가는 78.73$**이며, 2018년 추정 주당순이익(EPS)은 3.9$로 2017년 추정 EPS 3.44$에 비해 **13.37% 증가할 것으로 예상**된다.

최근, 1개월, 3개월의 투자 의견 변화

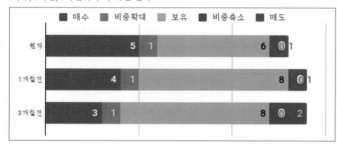

투자의견	금융사 및 투자의견	날짜
Upgrade	Bank of America: Neutral to Buy	4/1/2018
Upgrade	Citigroup: Neutral to Buy	11/12/2017
Upgrade	Raymond James: Outperform to Strong Buy	7/12/2017
Maintains	Bank of America: to Neutral	8/11/2017
Downgrade	JP Morgan: Neutral to Underweight	9/10/2017

내부자 거래

(3M 비중은 12개월 거래 중 최근 3개월의 비중)

구분	성격	3개월	12개월	3M비중
매수	매수 건수 (장내 매매만 해당)	0	0	-
매도	매도 건수 (장내 매매만 해당)	0	0	-
매수	매수 수량 (장내 매매만 해당)	0	0	-
매도	매도 수량 (장내 매매만 해당)	0	0	-
	순매수량 (-인 경우 순매도량)	0	0	

ETF 노출   (편입 ETF 수 : 77개 / 시가총액 대비 ETF의 보유비중 : 10.29%)

티커	ETF	보유 지분	비중
VO	Vanguard Mid Cap Index Fund	$265,548,707	0.27%
VTI	Vanguard Total Stock Market ETF	$261,606,288	0.04%
VOO	Vanguard 500 Index Fund	$204,357,460	0.05%
SPY	SPDR S&P 500 Trust ETF	$152,592,152	0.05%
VOE	Vanguard Mid-Cap Value ETF	$89,896,526	0.50%

기간 수익률

1M : 11.47%	3M : 31.82%	6M : 19.54%	1Y : 24.73%	3Y : 4.74%

재무 지표

	2014	2015	2016	2017(E)
매출액 (백만$)	12,795	13,782	14,745	15,411
영업이익 (백만$)	1,809	1,858	1,774	1,655
순이익 (백만$)	723	270	880	686
자산총계 (백만$)	17,943	19,018	19,301	18,762
자본총계 (백만$)	6,190	5,948	5,823	
부채총계 (백만$)	11,752	13,070	13,478	

안정성 비율	2013	2014	2015	2016
유동비율 (%)	141.03	185.61	187.70	147.61
부채비율 (%)	222.45	189.85	219.73	231.46
이자보상배율 (배)	4.11	3.44	4.49	4.24

투자 지표

	2014	2015	2016	2017(E)
영업이익률 (%)	14.14	13.48	12.03	10.74
매출액 증가율 (%)	8.76	7.71	6.99	4.52
EPS ($)	3.41	1.27	4.36	3.44
EPS 증가율 (%)	15.45	-62.67	242.47	-21.14
주당자산가치($)	23.98	23.22	23.89	26.69
잉여현금흐름 (백만$)	819	849	1,134	986

	2013	2014	2015	2016
배당성향(%)				
배당수익률(%)	0.00	0.00	0.00	0.00
ROE (%)	15.14	15.06	5.37	18.49
ROA (%)	4.49	4.93	2.31	5.39
재고회전율	140.95	113.79	85.69	84.15
EBITDA (백만$)	2,384.34	2,399.84	2,495.63	2,493.99

매출비중

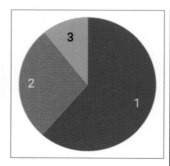

제품명	비중
1. 투석 및 관련 연구소 서비스	61.97%
2. DAVITA 의료 그룹	27.9%
3. 서비스 및 전략 기획	11%
4. 부문간 공제	-0.87%

HCA
에이치씨에이 헬스케어
HCA Healthcare, Inc.

섹터 헬스케어 (Health Care)
세부섹터 건강 관리 시설 (Health Care Facilities)

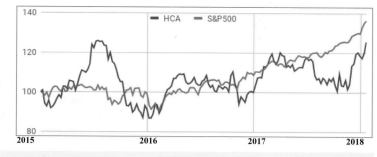

에이치씨에이 헬스케어(HCA Healthcare, Inc.)는 미국과 영국에서 의료 서비스를 제공하는 업체이다. 회사는 1968년에 설립되었고 본사는 테네시주 내슈빌에 있으며 241,000명의 직원이 근무하고 있다. 회사는 입원 치료, 집중 치료, 심장 치료, 진단 및 응급 서비스를 포함한 의료 및 수술 서비스를 제공하는 치료 병원을 운영하고 있다. 외래 환자 수술, 검사실, 방사선과 호흡기 치료, 심장학 및 물리 치료 서비스와 같은 외래 환자 서비스를 제공하고 있으며, 또한 모든 연령의 환자들을 대상으로 하는 정신 치료, 청소년과 성인들에게 알코올과 약물 남용으로 인한 부작용을 치료하는 프로그램을 운영하는 정신병원을 보유하고 있다. 자립형 외래 수술 센터, 독립적인 응급 치료 시설, 긴급 치료 시설, 진단 및 영상 센터, 재활 및 물리 치료 센터, 방사선 및 종양 치료 센터 등의 여러 시설이 포함되어 있다.

기준일 : 2018/ 01 /25

한글 회사명 : 에이치씨에이 헬스케어
영문 회사명 : HCA Holdings, Inc.
상장일 : 2011년 03월 10일 | 결산월 : 12월
시가총액 : 329 (억$) |
52주 최고 : $93.39 (-1.7%) / 52주 최저 : $71.18 (+28.96%)

주요 주주정보

보유자/보유 기관	보유율
FRIST THOMAS FEARN JR	18.24%
Wellington Management Co. LLP	6.23%
The Vanguard Group, Inc.	5.42%

애널리스트 추천 및 최근 투자의견

에이치씨에이 헬스케어의 2018년 01월 25일 현재 25개 기관의 **평균적인 목표가는 95.33$**이며, 2018년 추정 주당순이익(EPS)은 7.52$로 2017년 추정 EPS 6.56$에 비해 **14.63% 증가**할 것으로 예상된다.

최근, 1개월, 3개월의 투자 의견 변화

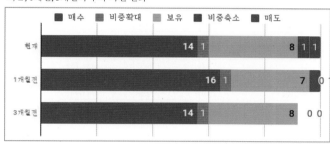

투자의견	금융사 및 투자의견	날짜
Downgrade	Bank of America: Neutral to Underperform	4/1/2018
Downgrade	PiperJaffray: Overweight to Neutral	3/1/2018
Downgrade	Morgan Stanley: Equal-Weight to Underweight	12/20/2017
Upgrade	JP Morgan: Neutral to Overweight	11/30/2017
Maintains	Jefferies: to Buy	1/11/2017

내부자 거래

(3M 비중은 12개월 거래 중 최근 3개월의 비중)

구분	성격	3개월	12개월	3M비중
매수	매수 건수 (장내 매매만 해당)	27	43	62.79%
매도	매도 건수 (장내 매매만 해당)	88	119	73.95%
매수	매수 수량 (장내 매매만 해당)	547,027	1,290,557	42.39%
매도	매도 수량 (장내 매매만 해당)	1,977,223	2,592,715	76.26%
	순매수량 (-인 경우 순매도량)	-1,430,196	-1,302,158	

ETF 노출
(편입 ETF 수 : 73개 / 시가총액 대비 ETF의 보유비중 : 2.99%)

티커	ETF	보유 지분	비중
SPY	SPDR S&P 500 Trust ETF	$334,829,360	0.11%
IVV	Ishares S&P 500	$168,115,327	0.11%
XLV	Health Care SPDR (ETF)	$134,762,945	0.77%
IWD	iShares Russell 1000	$75,430,595	0.18%
RSP	Guggenheim Invest S&P 500 Pure Value ETF	$32,653,135	0.21%

기간 수익률

1M : 5.14%	3M : 17.37%	6M : 8.49%	1Y : 16.68%	3Y : 33.17%

재무 지표

	2014	2015	2016	2017(E)
매출액 (백만$)	36,918	39,678	41,490	43,248
영업이익 (백만$)	5,440	5,918	6,186	5,929
순이익 (백만$)	1,875	2,129	2,890	2,437
자산총계 (백만$)	31,199	32,744	33,758	36,117
자본총계 (백만$)	-6,498	-6,046	-5,633	
부채총계 (백만$)	37,697	38,790	39,391	

안정성 비율	2013	2014	2015	2016
유동비율 (%)	141.12	162.96	167.37	155.74
부채비율 (%)	-516.15	-580.13	-641.58	-699.29
이자보상배율 (배)	2.66	3.38	3.84	3.87

투자 지표

	2014	2015	2016	2017(E)
영업이익률 (%)	14.74	14.92	14.91	13.71
매출액 증가율 (%)	8.00	7.48	4.57	4.24
EPS ($)	4.30	5.14	7.53	6.56
EPS 증가율 (%)	22.86	19.54	46.50	-12.88
주당자산가치($)	-18.77	-19.06	-19.71	-17.84
잉여현금흐름 (백만$)	2,272	2,359	2,893	2,334

	2013	2014	2015	2016
배당성향(%)				
배당수익률(%)	0.00	0.00	0.00	0.00
ROE (%)				
ROA (%)	7.02	7.91	8.43	10.32
재고회전율	30.18	30.04	29.20	28.21
EBITDA (백만$)	6,316	7,260	7,822	8,152

매출비중

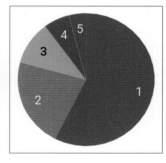

제품명	비중
1. 관리 및 기타 보험 관리	
	56.5%
2. 메디 케어	
	21.44%
3. 관리 메디 케어	
	10.5%
4. 메디 케이드 관리	
	5.97%
5. 기타	
	3.98%

UHS
유니버설 헬스 서비스
Universal Health Services, Inc.

섹터 헬스케어 (Health Care)
세부섹터 건강 관리 시설 (Health Care Facilities)

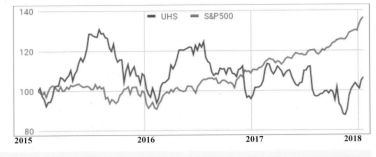

유니버설 헬스 서비스(Universal Health Services, Inc)는 자회사를 통해 급성 치료 병원, 행동 건강 시설 및 외래 센터를 소유하고 운영하는 업체이다. 회사는 1978년에 설립되었고 본사는 펜실베이니아 주 킹 오브 프러시아에 있으며 81,125명의 직원이 근무하고 있다. 회사의 병원은 일반 및 전문 외과, 내과, 산과학, 응급실 관리, 방사선학, 종양학, 진단 치료, 관상 동맥 질환 치료, 소아청소년과 서비스, 약국 서비스 및 행동 건강 서비스를 제공하고 있다. 2017년 현재 워싱턴 D. C.와 미국 37개 주에 26개의 입원환자 진료병원, 4개의 독립 응급실, 1개의 외과 병원, 319개의 입원환자 시설 및 33개의 외래 행동 건강관리시설을 소유 및 운영하고 있다.

기준일 : 2018/ 01 /25

한글 회사명 : 유니버설 헬스 서비스
영문 회사명 : Universal Health Services, Inc.
상장일 : 1981년 07월 09일 | 결산월 : 12월
시가총액 : 104 (억$) |
52주 최고 : $129.74 (-9.31%) / 52주 최저 : $95.26 (+23.5%)

주요 주주정보

보유자/ 보유 기관	보유율
The Vanguard Group, Inc.	10.05%
Wellington Management Co. LLP	8.16%
Maverick Capital Ltd.	6.69%

애널리스트 추천 및 최근 투자의견

유니버설 헬스 서비스의 2018년 01월 25일 현재 18개 기관의 **평균적인 목표가는 128$**이며, 2018년 추정 주당순이익(EPS)은 8.46$로 2017년 추정 EPS 7.36$에 비해 **14.94% 증가할 것으로 예상**된다.

최근, 1개월, 3개월의 투자 의견 변화

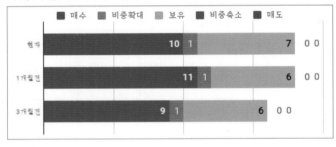

투자의견	금융사 및 투자의견	날짜
Initiated	Goldman Sachs: to Buy	3/1/2018
Downgrade	PiperJaffray: Overweight to Neutral	3/1/2018
Upgrade	Citigroup: Neutral to Buy	12/12/2017
Maintains	Credit Suisse: to Outperform	10/11/2017
Maintains	Citigroup: to Neutral	10/27/2017

내부자 거래

(3M 비중은 12개월 거래 중 최근 3개월의 비중)

구분	성격	3개월	12개월	3M비중
매수	매수 건수 (장내 매매만 해당)	1	2	50.00%
매도	매도 건수 (장내 매매만 해당)	0	17	0.00%
매수	매수 수량 (장내 매매만 해당)	12,926	28,983	44.60%
매도	매도 수량 (장내 매매만 해당)	0	599,495	0.00%
	순매수량 (-인 경우 순매도량)	12,926	-570,512	

ETF 노출   (편입 ETF 수 : 77개 / 시가총액 대비 ETF의 보유비중 : 13.56%)

티커	ETF	보유 지분	비중
VO	Vanguard Mid Cap Index Fund	$257,490,246	0.26%
VTI	Vanguard Total Stock Market ETF	$253,663,264	0.04%
VOO	Vanguard 500 Index Fund	$179,787,279	0.04%
SPY	SPDR S&P 500 Trust ETF	$132,413,653	0.04%
VOE	Vanguard Mid-Cap Value ETF	$87,169,572	0.49%

기간 수익률

1M : 4.09%	3M : 6.7%	6M : -5.08%	1Y : 4.73%	3Y : 9.12%

재무 지표

	2014	2015	2016	2017(E)
매출액 (백만$)	8,062	9,042	9,765	11,273
영업이익 (백만$)	1,068	1,242	1,275	1,260
순이익 (백만$)	545	680	702	707
자산총계 (백만$)	9,060	9,615	10,318	10,782
자본총계 (백만$)	4,031	4,552	4,607	
부채총계 (백만$)	5,030	5,064	5,711	

안정성 비율	2013	2014	2015	2016
유동비율 (%)	135.14	136.55	156.15	127.63
부채비율 (%)	139.17	124.78	111.25	123.96
이자보상배율 (배)	7.19	9.28	11.99	10.92

투자 지표

	2014	2015	2016	2017(E)
영업이익률 (%)	13.25	13.74	13.06	11.18
매출액 증가율 (%)	10.70	12.16	8.00	15.45
EPS ($)	5.52	6.89	7.22	7.36
EPS 증가율 (%)	5.95	24.82	4.79	1.97
주당자산가치($)	37.85	43.23	46.91	50.44
잉여현금흐름 (백만$)	645	642	769	486

	2013	2014	2015	2016
배당성향(%)	3.89	5.54	5.92	5.60
배당수익률(%)	0.25	0.27	0.33	0.38
ROE (%)	17.12	15.61	17.04	15.99
ROA (%)	6.61	6.92	8.04	7.49
재고회전율	72.55	76.82	80.68	80.90
EBITDA (백만$)	1,290.95	1,444	1,640.80	1,691.68

매출비중

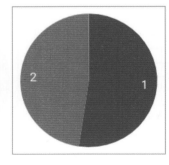

제품명	비중
1. 급성 케어 병원 서비스	
	52.35%
2. 행동 건강 서비스	
	47.56%
3. 기타	
	0.08%

DGX
퀘스트 다이아그노스틱스
Quest Diagnostics

섹터 헬스케어 (Health Care)
세부섹터 건강 관리 서비스 (Health Care Services)

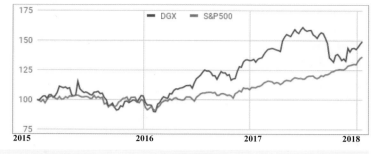

퀘스트 다이아그노스틱스(Quest Diagnostics Incorporated)는 미국 및 해외에서 진단 테스트 정보 및 서비스를 제공하는 업체이다. 회사는 1967년에 설립되었고 본사는 뉴저지주 매디슨에 있으며 43,000명의 직원이 근무하고 있다. 회사의 사업 부문은 진단 정보 서비스사업과 진단 솔루션으로 나누어진다. 회사의 진단 정보 서비스 사업 부문은 일상 검사, 유전자 검사 및 약물 남용 검사, 해부학 병리학 서비스 및 관련 서비스 진단 검사 정보 및 서비스를 개발 및 제공하고 있다. 퀘스트 진단서비스를 환자, 임상의, 병원, 통합 전달 네트워크, 건강 보험, 의료 보험 회사에 제공하고 있다. 회사의 진단 솔루션 부문은 생명 보험 업계를 위한 위험 평가 서비스를 제공하고 있으며 의료 기관 및 임상의를 위한 건강 정보 기술 솔루션도 제공하고 있다.

기준일 : 2018/ 01 /25
한글 회사명 : 퀘스트 다이아그노스틱스
영문 회사명 : Quest Diagnostics
상장일 : 1996년 12월 17일 | 결산월 : 12월
시가총액 : 143 (억$) |
52주 최고 : $112.96 (-7.66%) / 52주 최저 : $90.1 (+15.76%)

주요 주주정보

보유자/ 보유 기관	보유율
The Vanguard Group, Inc.	10.37%
BlackRock Fund Advisors	5.84%
Macquarie Investment Management Business Trust	5.03%

애널리스트 추천 및 최근 투자의견

퀘스트 다이아그노스틱스의 2018년 01월 25일 현재 23개 기관의 **평균적인 목표가는 103.65$**이며, 2018년 추정 주당순이익(EPS)은 6.11$로 2017년 추정 EPS 5.65$에 비해 **8.14% 증가할 것으로 예상**된다.

최근, 1개월, 3개월의 투자 의견 변화

투자의견	금융사 및 투자의견	날짜
Initiated	Evercore ISI Group: to In-Line	5/1/2018
Maintains	Canaccord Genuity: to Buy	10/26/2017
Maintains	Wells Fargo: to Market Perform	10/20/2017
Maintains	Citigroup: to Neutral	10/20/2017
Maintains	Credit Suisse: to Neutral	9/28/2017

내부자 거래

(3M 비중은 12개월 거래 중 최근 3개월의 비중)

구분	성격	3개월	12개월	3M비중
매수	매수 건수 (장내 매매만 해당)	1	2	50.00%
매도	매도 건수 (장내 매매만 해당)	0	17	0.00%
매수	매수 수량 (장내 매매만 해당)	149,455	162,039	92.23%
매도	매도 수량 (장내 매매만 해당)	381,516	699,114	54.57%
	순매수량 (-인 경우 순매도량)	-232,061	-537,075	

ETF 노출   (편입 ETF 수 : 84개 / 시가총액 대비 ETF의 보유비중 : 13.1%)

티커	ETF	보유 지분	비중
VO	Vanguard Mid Cap Index Fund	$351,898,685	0.35%
VTI	Vanguard Total Stock Market ETF	$346,140,070	0.05%
VOO	Vanguard 500 Index Fund	$245,468,697	0.06%
SPY	SPDR S&P 500 Trust ETF	$180,107,189	0.06%
VOE	Vanguard Mid-Cap Value ETF	$119,101,661	0.66%

기간 수익률

1M : 4.11%	3M : -1.81%	6M : -5.78%	1Y : 13.25%	3Y : 47.77%

재무 지표

	2014	2015	2016	2017(E)
매출액 (백만$)	7,435	7,493	7,515	7,708
영업이익 (백만$)	1,119	1,204	1,229	1,288
순이익 (백만$)	549	706	642	701
자산총계 (백만$)	9,857	9,962	10,100	10,633
자본총계 (백만$)	4,330	4,783	4,737	
부채총계 (백만$)	5,527	5,179	5,363	

안정성 비율	2013	2014	2015	2016
유동비율 (%)	122.17	93.80	127.96	156.07
부채비율 (%)	125.22	127.64	108.28	113.22
이자보상배율 (배)	7.11	6.70	8.14	8.53

투자 지표

	2014	2015	2016	2017(E)
영업이익률 (%)	15.05	16.07	16.35	16.71
매출액 증가율 (%)	4.04	0.78	0.29	2.56
EPS ($)	3.82	4.90	4.59	5.65
EPS 증가율 (%)	-31.53	28.32	-6.47	23.14
주당자산가치($)	29.87	32.76	33.78	35.66
잉여현금흐름 (백만$)	630	547	776	895

	2013	2014	2015	2016
배당성향(%)	21.66	34.55	31.21	36.50
배당수익률(%)	2.24	1.97	2.14	1.80
ROE (%)	20.00	13.31	15.72	13.79
ROA (%)	9.27	6.22	7.57	6.91
재고회전율	77.65	73.98	77.25	90.54
EBITDA (백만$)	1,435	1,433	1,508	1,478

매출비중

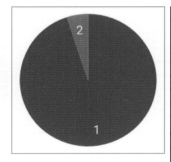

제품명	비중
1. 진단 정보 서비스	
	94.98%
2. 기타 모든 영업 부문	
	5.02%

EVHC
엔비전 헬스케어 코퍼레이션
Envision Healthcare Corporation

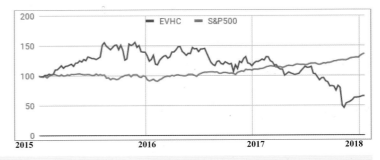

섹터 헬스케어 (Health Care)
세부섹터 건강 관리 서비스 (Health Care Services)

엔비전 헬스케어 코퍼레이션(Envision Healthcare Corporation)은 의사 주도형 서비스, 의료 수송, 외래 진료 서비스, 긴급 치료후 간병서비스를 포함한 광범위한 임상 솔루션을 제공하는 업체이다. 회사는 1992년에 설립되었고 본사는 테네시주 내슈빌에 있으며 44,100명의 직원이 근무하고 있다. 회사의 사업 부문은 의료 서비스, 의료 수송, 외래 서비스 세 가지 부문으로 나누어진다. 2017년 현재 워싱턴 D.C.와 45개 주에 약 1,600개의 임상 부서, 응급실, 병원, 클리닉에서 다양한 의료 서비스를 하고 있다. 주로 여성 건강에 초점을 맞추고 의사의 인력 배치 및 관련 관리 서비스를 제공하는 의료 활동을 하고 있으며, 의료 시스템을 환자 및 의료 인력에게 제공하는 임상 솔루션도 판매하고 있다.

기준일 : 2018/ 01 /25
한글 회사명 : 엔비전 헬스케어 코퍼레이션
영문 회사명 : Envision Healthcare Corporation
상장일 : 1997년 12월 03일 | 결산월 : 12월
시가총액 : 44 (억$) |
52주 최고 : $73 (-50.6%) / 52주 최저 : $23.77 (+51.7%)

주요 주주정보

보유자/ 보유 기관	보유율
T. Rowe Price Associates, Inc.	12.67%
The Vanguard Group, Inc.	9.62%
Wellington Management Co. LLP	9.35%

애널리스트 추천 및 최근 투자의견

엔비전 헬스케어의 2018년 01월 25일 현재 18개 기관의 **평균적인 목표가는 37.5$**이며, 2018년 추정 주당순이익(EPS)은 3.32$로 2017년 추정 EPS 2.73$에 비해 **21.61% 증가할 것으로 예상**된다.

최근, 1개월, 3개월의 투자 의견 변화

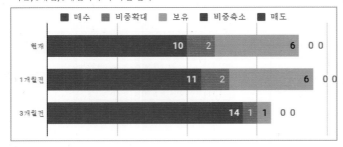

투자의견	금융사 및 투자의견	날짜
Initiated	PiperJaffray: to Neutral	12/13/2017
Initiated	Credit Suisse: to Outperform	11/12/2017
Maintains	Baird: to Outperform	3/11/2017
Downgrade	Citigroup: Buy to Neutral	3/11/2017
Downgrade	Stephens & Co.: Overweight to Equal-Weight	2/11/2017

내부자 거래

(3M 비중은 12개월 거래 중 최근 3개월의 비중)

구분	성격	3개월	12개월	3M비중
매수	매수 건수 (장내 매매만 해당)	8	24	33.33%
매도	매도 건수 (장내 매매만 해당)	14	23	60.87%
매수	매수 수량 (장내 매매만 해당)	117,516	173,207	67.85%
매도	매도 수량 (장내 매매만 해당)	55,642	82,360	67.56%
	순매수량 (-인 경우 순매도량)	61,874	90,847	

ETF 노출   (편입 ETF 수 : 59개 / 시가총액 대비 ETF의 보유비중 : 14.08%)

티커	ETF	보유 지분	비중
VTI	Vanguard Total Stock Market ETF	$105,905,797	0.02%
VB	Vanguard Small Cap Index Fund	$102,599,411	0.14%
VOO	Vanguard 500 Index Fund	$74,897,518	0.02%
VBR	Vanguard Small Cap Value Index Fund	$65,737,523	0.35%
SPY	SPDR S&P 500 Trust ETF	$52,528,319	0.02%

기간 수익률

1M : 4.46%	3M : -26.1%	6M : -42.77%	1Y : -46.67%	3Y : -33.7%

재무 지표

	2014	2015	2016	2017(E)
매출액 (백만$)	1,622	2,567	3,696	7,777
영업이익 (백만$)	557	618	646	670
순이익 (백만$)	55	163	-19	-343
자산총계 (백만$)	5,524	6,546	16,709	16,551
자본총계 (백만$)	2,282	2,699	7,571	
부채총계 (백만$)	3,241	3,847	9,138	

안정성 비율	2013	2014	2015	2016
유동비율 (%)	234.81	205.07	137.00	208.90
부채비율 (%)	67.12	142.01	113.00	120.70
이자보상배율 (배)	11.27	6.69	-	4.53

투자 지표

	2014	2015	2016	2017(E)
영업이익률 (%)	34.34	24.10	17.48	8.62
매출액 증가율 (%)	50.27	58.26	43.99	110.42
EPS ($)	1.30	3.20	-0.47	2.73
EPS 증가율 (%)	-41.96	154.84	-780.85	680.29
주당자산가치($)	31.45	29.75	57.30	55.91
잉여현금흐름 (백만$)	372	478	320	451

	2013	2014	2015	2016
배당성향(%)				
배당수익률(%)	0.00	0.00	0.00	0.00
ROE (%)	10.00	4.52	8.46	-0.55
ROA (%)	12.26	6.39	2.55	-0.24
재고회전율	58.63	84.50	8.90	120.78
EBITDA (백만$)	366.01	617.25	679.28	795.5

매출비중

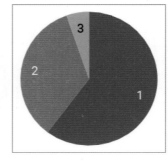

제품명	비중
1. 의사 서비스	60.33%
2. 외래 서비스	34.31%
3. 교통 의료	5.36%

LH
래버레토리 코페리션 오브 아메리카 홀딩스
Laboratory Corp. of America Holdings

섹터 헬스케어 (Health Care)
세부섹터 건강 관리 서비스 (Health Care Services)

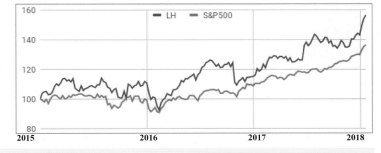

래버레토리 코페리션 오브 아메리카 홀딩스(Laboratory Corporation of America Holdings)는 임상 시험실 및 엔드 투 엔드(end to end : 불필요한 중간단계를 생략하여 효율성을 높이는 방법) 약물 개발 서비스를 제공하는 세계적인 임상 시험 업체이다. 회사는 1971년에 설립되었고 본사는 노스캐롤라이나주 벌링턴에 있으며 52,000명의 직원이 근무하고 있다. 회사의 사업 부문은 진단과 제약으로 나누어진다. 회사는 혈액분석, 소변검사, 혈구검사, 갑상샘 검사 등의 다양한 임상 검사를 제공하고 있다. 각종 의료기관, 바이오 제약사, 정부 기관, 의사, 기타 의료서비스 제공업체, 병원 등에 영업 인력을 통해 서비스를 제공하고 있다. 미국의 듀크 대학, 존스홉킨스대학, 보스턴대학 등 각종 대학 병원과 제휴하여 새로운 진단 검사를 라이센스하고 상업화했다.

기준일 : 2018/ 01 /25
한글 회사명 : 래버레토리 코페리션 오브 아메리카 홀딩스
영문 회사명 : Laboratory Corp. of America Holdings
상장일 : 1988년 07월 07일 | 결산월 : 12월
시가총액 : 178 (억$) | 52주 최고 : $177.8 (-1.08%) / 52주 최저 : $128 (+37.39%)

주요 주주정보

보유자/ 보유 기관	보유율
The Vanguard Group, Inc.	10.04%
BlackRock Fund Advisors	5.55%
Boston Partners Global Investors, Inc.	4.54%

애널리스트 추천 및 최근 투자의견

래버레토리 코페리션 오브 아메리카 홀딩스의 2018년 01월 25일 현재 22개 기관의 **평균적인 목표가는 179.06$**이며, 2018년 추정 주당순이익(EPS)은 10.69$로 2017년 추정 EPS 9.53$에 비해 **12.17% 증가할 것으로 예상**된다.

최근, 1개월, 3개월의 투자 의견 변화

투자의견	금융사 및 투자의견	날짜
Initiated	Evercore ISI Group: to Outperform	5/1/2018
Maintains	Barclays: to Overweight	10/26/2017
Maintains	Deutsche Bank: to Buy	10/26/2017
Maintains	Canaccord Genuity: to Buy	11/9/2017
Maintains	Morgan Stanley: to Overweight	10/8/2017

내부자 거래

(3M 비중은 12개월 거래 중 최근 3개월의 비중)

구분	성격	3개월	12개월	3M비중
매수	매수 건수 (장내 매매만 해당)	0	5	0.00%
매도	매도 건수 (장내 매매만 해당)	25	43	58.14%
매수	매수 수량 (장내 매매만 해당)	0	143,990	0.00%
매도	매도 수량 (장내 매매만 해당)	28,252	330,847	8.54%
	순매수량 (-인 경우 순매도량)	-28,252	-186,857	

ETF 노출   (편입 ETF 수 : 81개 / 시가총액 대비 ETF의 보유비중 : 12.57%)

티커	ETF	보유 지분	비중
VO	Vanguard Mid Cap Index Fund	$435,463,334	0.44%
VTI	Vanguard Total Stock Market ETF	$428,688,643	0.06%
VOO	Vanguard 500 Index Fund	$303,861,650	0.07%
SPY	SPDR S&P 500 Trust ETF	$220,287,441	0.07%
VOE	Vanguard Mid-Cap Value ETF	$147,395,089	0.82%

기간 수익률

1M : 9.63%	3M : 13.53%	6M : 11.39%	1Y : 31.71%	3Y : 49%

재무 지표

	2014	2015	2016	2017(E)
매출액 (백만$)	6,012	8,680	9,642	10,187
영업이익 (백만$)	952	1,276	1,402	1,716
순이익 (백만$)	511	438	732	771
자산총계 (백만$)	7,302	14,105	14,247	15,503
자본총계 (백만$)	2,838	4,960	5,521	
부채총계 (백만$)	4,464	9,145	8,726	

안정성 비율	2013	2014	2015	2016
유동비율 (%)	194.66	173.38	154.14	135.63
부채비율 (%)	177.45	157.27	184.37	158.05
이자보상배율 (배)	10.49	8.79	5.74	6.57

투자 지표

	2014	2015	2016	2017(E)
영업이익률 (%)	15.83	14.70	14.54	16.84
매출액 증가율 (%)	3.50	44.39	11.08	5.66
EPS ($)	6.03	4.43	7.14	9.53
EPS 증가율 (%)	-5.19	-26.53	61.17	33.47
주당자산가치($)	33.34	48.82	53.61	59.40
잉여현금흐름 (백만$)	536	727	897	1,131

	2013	2014	2015	2016
배당성향(%)				
배당수익률(%)	0.00	0.00	0.00	0.00
ROE (%)	22.03	19.25	11.27	14.01
ROA (%)	8.36	7.19	4.10	5.17
재고회전율	45.11	43.56	52.53	48.67
EBITDA (백만$)	1,239.1	1,185.9	1,710.7	1,892.3

매출비중

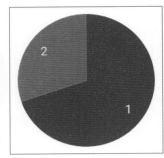

제품명	비중
1. 진단 부문	69.87%
2. 신약개발 부문	30.14%
3. 부문간 공제	-0.01%

ALGN
얼라인 테크놀로지
Align Technology, Inc

섹터 헬스케어 (Health Care)
세부섹터 건강 관리 용품 (Health Care Supplies)

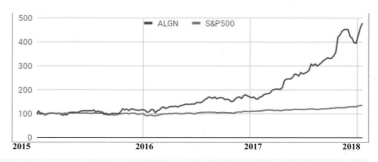

얼라인 테크놀로지(Align Technology, Inc)는 투명 정렬 치료, 구강 내 스캐너 및 컴퓨터 지원 설계 및 디지털 서비스 시스템을 설계, 제조, 판매하는 업체이다. 회사는 1997년에 설립되었고 본사는 캘리포니아주 산호세에 있으며 6,000명의 직원이 근무하고 있다. 회사의 사업 부문은 클리어 얼라이너 부문과 스캐너 및 서비스 부문으로 나누어진다. 클리어 얼라이너 부문은 치아의 다양한 부정 교합 치료에 사용되는 치료제인 '인비절라인 풀'을 제공하고 있다. 스캐너 및 서비스 부문에서는 치아의 복구 또는 교정 절차를 위한 소프트웨어 옵션을 갖춘 단일 하드웨어 플랫폼인 '아이테로 스캐너'를 제공하고 있다. 디지털 기록 저장, 치열 교정 및 고정 장치 제작을 위한 소프트웨어인 아이테로를 제공하고 있다.

기준일 : 2018/ 01 /25

한글 회사명 : 얼라인 테크놀로지
영문 회사명 : Align Technology, Inc
상장일 : 2001년 01월 26일 | 결산월 : 12월
시가총액 : 219 (억$) |

52주 최고 : $276.99 (-2.18%) / 52주 최저 : $88.56 (+205.92%)

주요 주주정보

보유자/보유 기관	보유율
The Vanguard Group, Inc.	8.94%
GUND GORDON	7.38%
BlackRock Fund Advisors	4.57%

애널리스트 추천 및 최근 투자의견

얼라인 테크놀로지의 2018년 01월 25일 현재 13개 기관의 **평균적인 목표가는 278.27$**이며, 2018년 추정 주당순이익(EPS)은 4.42$로 2017년 추정 EPS 3.67$에 비해 **20.43% 증가할 것으로 예상**된다.

최근, 1개월, 3개월의 투자 의견 변화

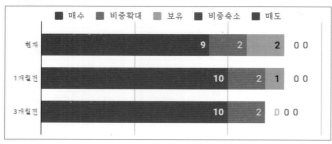

투자의견	금융사 및 투자의견	날짜
Downgrade	Stephens & Co.: Overweight to Equal-Weight	1/19/2018
Initiated	Deutsche Bank: to Hold	8/12/2017
Maintains	Credit Suisse: to Outperform	10/27/2017
Maintains	Stifel Nicolaus: to Buy	10/27/2017
Maintains	Stifel Nicolaus: to Buy	10/23/2017

내부자 거래

(3M 비중은 12개월 거래 중 최근 3개월의 비중)

구분	성격	3개월	12개월	3M비중
매수	매수 건수 (장내 매매만 해당)	2	2	100.00%
매도	매도 건수 (장내 매매만 해당)	16	37	43.24%
매수	매수 수량 (장내 매매만 해당)	2,019	2,019	100.00%
매도	매도 수량 (장내 매매만 해당)	149,671	277,318	53.97%
	순매수량 (-인 경우 순매도량)	-147,652	-275,299	

ETF 노출
(편입 ETF 수 : 79개 / 시가총액 대비 ETF의 보유비중 : 12.85%)

티커	ETF	보유 지분	비중
VO	Vanguard Mid Cap Index Fund	$482,947,885	0.49%
VTI	Vanguard Total Stock Market ETF	$475,159,963	0.07%
VOO	Vanguard 500 Index Fund	$336,883,430	0.08%
SPY	SPDR S&P 500 Trust ETF	$245,247,255	0.08%
QQQ	PowerShares QQQ Trust, Series 1 (ETF)	$168,940,979	0.27%

기간 수익률

1M : 15.37%	3M : 46.04%	6M : 69.61%	1Y : 193.84%	3Y : 373.4%

재무 지표

	2014	2015	2016	2017(E)
매출액 (백만$)	761	852	1,080	1,448
영업이익 (백만$)	194	189	249	343
순이익 (백만$)	146	144	190	300
자산총계 (백만$)	988	1,159	1,396	1,391
자본총계 (백만$)	753	848	995	
부채총계 (백만$)	235	311	401	

안정성 비율	2013	2014	2015	2016
유동비율 (%)	310.64	325.63	269.45	268.95
부채비율 (%)	31.26	31.25	36.64	40.26
이자보상배율 (배)				

투자 지표

	2014	2015	2016	2017(E)
영업이익률 (%)	25.49	22.18	23.06	23.66
매출액 증가율 (%)	16.57	11.94	26.70	34.10
EPS ($)	1.81	1.80	2.38	3.67
EPS 증가율 (%)	126.25	-0.55	32.22	54.06
주당자산가치($)	9.39	10.67	12.51	15.35
잉여현금흐름 (백만$)	203	185	177	244

	2013	2014	2015	2016
배당성향(%)				
배당수익률(%)	0.00	0.00	0.00	0.00
ROE (%)	10.58	21.03	18.00	20.58
ROA (%)	8.10	16.02	13.42	14.85
재고회전율	44.90	50.93	48.16	46.35
EBITDA (백만$)	179.75	211.43	206.64	272.92

매출비중

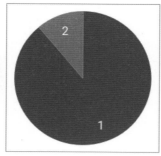

제품명	비중
1. 부정교합 치료제 부문	
	88.74%
2. 스캐너	
	11.26%

COO
쿠퍼 컴퍼니스
The Cooper Companies, Inc

섹터 헬스케어 (Health Care)
세부섹터 건강 관리 용품 (Health Care Supplies)

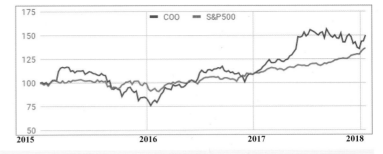

쿠퍼 컴퍼니스(Cooper Companies, Inc)는 각종 시력교정 제품 제조와 여성 건강 관리기기를 판매하는 세계적인 의료기기 업체이다. 회사는 1980년에 설립되었고 본사는 캘리포니아주 플레 젠턴에 있으며 8,000명의 직원이 근무하고 있다. 회사의 제품은 난시, 노안, 안구 건조, 눈의 피로와 같은 시력 문제를 해결하는 제품을 제조하고 있으며 구면 렌즈, 다초점 렌즈, 난시와 노안 같은 복잡한 시각적 결함을 해결하는 다양한 콘택트렌즈를 개발, 제조, 판매하고 있다. 병원, 임상의 사무실 및 불임 클리닉의 여성 건강, 임신 및 유전 테스트에 초점을 맞춘 건강 관리 전문가 및 기관을 위한 의료 기기, 수술 도구, 액세서리, 진단 제품, 서비스를 제공하고 있다. 회사는 현장 영업 담당자, 독립 대리점, 유통 업체 판매망을 통해 제품을 판매하고 있다.

기준일 : 2018/ 01 /25
한글 회사명 : 쿠퍼 컴퍼니스
영문 회사명 : The Cooper Companies, Inc
상장일 : 1983년 01월 21일 | 결산월 : 10월
시가총액 : 119 (억$) |
52주 최고 : $256.39 (-6.01%) / 52주 최저 : $179.41 (+34.31%)

주요 주주정보

보유자/ 보유 기관	보유율
T. Rowe Price Associates, Inc.	11.51%
The Vanguard Group, Inc.	10.12%
Massachusetts Financial Services Co.	5.47%

애널리스트 추천 및 최근 투자의견

쿠퍼의 2018년 01월 25일 현재 16개 기관의 **평균적인 목표가는 263$**이며, 2018년 추정 주당순이익(EPS)은 12.47$로 2017년 추정 EPS 11.52$에 비해 **8.24% 증가할 것으로 예상**된다.

최근, 1개월, 3개월의 투자 의견 변화

투자의견	금융사 및 투자의견	날짜
Downgrade	KeyBanc: Overweight to Sector Weight	7/21/2017
Initiated	Guggenheim: to Neutral	6/29/2017
Upgrade	Wells Fargo: to Outperform	12/12/2016
Maintains	Jefferies: to Buy	8/24/2016
Maintains	Baird: to Outperform	8/18/2016

내부자 거래

(3M 비중은 12개월 거래 중 최근 3개월의 비중)

구분	성격	3개월	12개월	3M비중
매수	매수 건수 (장내 매매만 해당)	6	7	85.71%
매도	매도 건수 (장내 매매만 해당)	23	42	54.76%
매수	매수 수량 (장내 매매만 해당)	14,429	15,245	94.65%
매도	매도 수량 (장내 매매만 해당)	116,948	200,985	58.19%
	순매수량 (-인 경우 순매도량)	-102,519	-185,740	

ETF 노출
(편입 ETF 수 : 76개 / 시가총액 대비 ETF의 보유비중 : 13.13%)

티커	ETF	보유 지분	비중
VO	Vanguard Mid Cap Index Fund	$290,495,350	0.29%
VTI	Vanguard Total Stock Market ETF	$286,067,632	0.04%
VOO	Vanguard 500 Index Fund	$203,010,244	0.05%
SPY	SPDR S&P 500 Trust ETF	$146,109,854	0.05%
VUG	Vanguard Growth ETF	$80,005,127	0.10%

기간 수익률

1M : 4.94%	3M : -1.85%	6M : -3.12%	1Y : 32.56%	3Y : 50.64%

재무 지표

	2014	2015	2016	2017(E)
매출액 (백만$)	1,718	1,797	1,967	2,137
영업이익 (백만$)	345	360	412	549
순이익 (백만$)	270	204	274	480
자산총계 (백만$)	4,458	4,461	4,479	4,934
자본총계 (백만$)	2,588	2,674	2,696	
부채총계 (백만$)	1,870	1,787	1,783	

안정성 비율	2013	2014	2015	2016
유동비율 (%)	232.60	179.03	147.90	172.52
부채비율 (%)	29.45	72.24	66.82	66.13
이자보상배율 (배)	35.67	43.36	19.87	15.72

투자 지표

	2014	2015	2016	2017(E)
영업이익률 (%)	20.08	20.03	20.95	25.68
매출액 증가율 (%)	8.19	4.62	9.45	8.65
EPS ($)	5.61	4.20	5.65	9.71
EPS 증가율 (%)	-7.88	-25.13	34.52	71.91
주당자산가치($)	53.38	55.26	55.24	9.44
잉여현금흐름 (백만$)	217	148	357	423

	2013	2014	2015	2016
배당성향(%)	1.01	1.09	1.45	1.07
배당수익률(%)	0.05	0.04	0.04	0.03
ROE (%)	12.88	10.85	7.77	10.21
ROA (%)	9.77	7.16	4.60	6.15
재고회전율	4.82	4.77	4.49	4.70
EBITDA (백만$)	452.36	483.59	551.07	610.2

매출비중

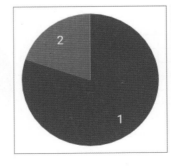

제품명	비중
1. CooperVision	80.19%
2. CooperSurgical	19.81%

PDCO
페터슨 컴퍼니스
Patterson Companies, Inc

섹터 헬스케어 (Health Care)
세부섹터 건강 관리 용품 (Health Care Supplies)

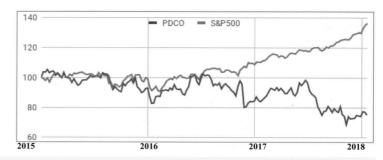

페터슨 컴퍼니스(Patterson Companies, Inc.)는 미국, 영국, 캐나다에서 치과와 동물 건강 제품을 제조, 판매하는 업체이다. 회사는 1877년에 설립되었고 본사는 미네소타주 세인트 폴에 있으며 7,000명의 직원이 근무하고 있다. 회사의 사업 부문은 치과, 동물 건강, 기업의 세 가지 부문으로 나누어진다. 회사의 치과 부문은 치과용 제품, 장비, 소프트웨어, 일괄수주 방식의 실무관리와 전자 상거래 디지털 솔루션을 개발, 판매하고 있다. 동물건강 부문은 동물을 키우는 고객에게 다양한 부가가치 서비스를 제공하고 있다. 회사의 제품군은 동물 의약품, 백신, 기생충 약, 식단과 같은 서비스가 있다. 기업 부문은 정보 기술, 금융, 법률, 인력, 시설과 같은 분야에 본사가 지원과 관리를 담당하고 있다.

기준일 : 2018/ 01 /25
한글 회사명 : 페터슨 컴퍼니스
영문 회사명 : Patterson Companies, Inc
상장일 : 1992년 10월 28일 | 결산월 : 4월
시가총액 : 35 (억$) |

52주 최고 : $48.29 (-22.94%) / 52주 최저 : $32.07 (+16.02%)

주요 주주정보

보유자/ 보유 기관	보유율
Patterson Cos., Inc. Employee Stock Ownership Plan	13.92%
Parnassus Investments	9.12%
The Vanguard Group, Inc.	8.52%

애널리스트 추천 및 최근 투자의견

페터슨의 2018년 01월 25일 현재 17개 기관의 **평균적인 목표가는 38.82$**이며, 2018년 추정 주당순이익(EPS)은 2.35$로 2017년 추정 EPS 2.1$에 비해 **11.9% 증가할 것으로 예상**된다.

최근, 1개월, 3개월의 투자 의견 변화

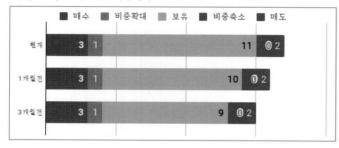

투자의견	금융사 및 투자의견	날짜
Initiated	Evercore ISI Group: to In-Line	5/1/2018
Initiated	Deutsche Bank: to Hold	8/12/2017
Downgrade	Morgan Stanley: Equal-Weight to Underweight	6/12/2017
Upgrade	Stifel Nicolaus: Sell to Hold	11/16/2017
Initiated	PiperJaffray: to Neutral	10/19/2017

내부자 거래

(3M 비중은 12개월 거래 중 최근 3개월의 비중)

구분	성격	3개월	12개월	3M비중
매수	매수 건수 (장내 매매만 해당)	4	21	19.05%
매도	매도 건수 (장내 매매만 해당)	3	21	14.29%
매수	매수 수량 (장내 매매만 해당)	8,796	113,887	7.72%
매도	매도 수량 (장내 매매만 해당)	1,461	25,674	5.69%
	순매수량 (-인 경우 순매도량)	7,335	88,213	

ETF 노출
(편입 ETF 수 : 60개 / 시가총액 대비 ETF의 보유비중 : 10.8%)

티커	ETF	보유 지분	비중
VTI	Vanguard Total Stock Market ETF	$73,759,954	0.01%
VOO	Vanguard 500 Index Fund	$52,940,987	0.01%
SPY	SPDR S&P 500 Trust ETF	$38,654,714	0.01%
RSP	Guggenheim Invest S&P 500 Pure Value ETF	$31,557,652	0.20%
FVD	First Trust Value Line Dividend Index Fud	$24,356,902	0.53%

기간 수익률

1M : 0.27%	3M : -5%	6M : -14.66%	1Y : -10.38%	3Y : -27.23%

재무 지표

	2014	2015	2016	2017(E)
매출액 (백만$)	4,415	5,456	5,683	5,524
영업이익 (백만$)	418	428	414	335
순이익 (백만$)	223	186	174	194
자산총계 (백만$)	2,948	3,521	3,551	3,583
자본총계 (백만$)	1,514	1,442	1,394	
부채총계 (백만$)	1,434	2,079	2,156	

안정성 비율	2013	2014	2015	2016
유동비율 (%)	260.13	272.10	210.72	199.53
부채비율 (%)	94.66	94.68	144.20	154.63
이자보상배율 (배)	10.51	12.41	9.05	10.29

투자 지표

	2014	2015	2016	2017(E)
영업이익률 (%)	9.47	7.84	7.28	6.06
매출액 증가율 (%)	8.28	23.58	4.16	-2.80
EPS ($)	2.26	1.68	1.80	2.09
EPS 증가율 (%)	13.57	-25.88	7.46	16.21
주당자산가치($)	14.66	14.55	14.44	15.61
잉여현금흐름 (백만$)	200	77	116	312

	2013	2014	2015	2016
배당성향(%)	34.52	36.61	54.10	54.75
배당수익률(%)	1.67	1.75	2.08	2.20
ROE (%)	14.00	14.96	12.56	12.26
ROA (%)	7.23	7.68	5.74	4.92
재고회전율	10.23	9.89	9.26	7.93
EBITDA (백만$)	425.32	469.56	509.9	497.95

매출비중

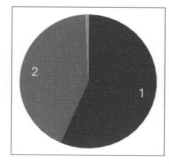

제품명	비중
1. 동물 부문	56.49%
2. 치과 부문	42.73%
3. 기타	0.77%

XRAY
덴츠플라이 시로나
Dentsply Sirona, Inc

섹터 헬스케어 (Health Care)
세부섹터 건강 관리 용품 (Health Care Supplies)

덴츠플라이 시로나(Dentsply Sirona, Inc.)는 전 세계 치과 시장을 대상으로 치과에서 필요한 구강 건강 제품과 소모성 의료 제품을 설계, 개발, 제조, 판매하는 업체이다. 회사는 1899년에 설립되었고 본사는 펜실베이니아주 요크에 있으며 15,700명의 직원이 근무하고 있다. 회사의 사업 부문은 치과, 의료 소모품 부문으로 나누어진다. 치과용 핸드 피스, 구강 내 경화용 조명 시스템, 치과 진단 시스템, 초음파 스케일러, 연마기를 포함하는 소형 장비 제품을 제공하고 있다. 인공 치아, 귀금속 치과용 합금, 치과용 세라믹스, 크라운, 교량 물자를 제작하고 있다. 다양한 수술 제품, 의료용 훈련 장비, 기타 비의료용 제품과 같은 의료 소모품도 제작하고 있다. 유통 업체, 중간판매상, 수입 업체를 통해 치과 의사, 치과 위생사, 치과 보조원, 치과 기공소, 치과 학원에 각종 용품을 판매하고 있다.

기준일 : 2018/ 01 /25

한글 회사명 : 덴츠플라이 시로나
영문 회사명 : Dentsply Sirona, Inc
상장일 : 1987년 08월 18일 | 결산월 : 12월
시가총액 : 144 (억$) |
52주 최고 : $68.98 (-9.93%) / 52주 최저 : $52.53 (+18.27%)

주요 주주정보

보유자 / 보유 기관	보유율
The Vanguard Group, Inc.	10.03%
BlackRock Fund Advisors	4.61%
SSgA Funds Management, Inc.	4.16%

애널리스트 추천 및 최근 투자의견

덴츠플라이의 2018년 01월 25일 현재 16개 기관의 **평균적인 목표가는 69.54$**이며, 2018년 추정 주당순이익(EPS)은 2.88$로 2017년 추정 EPS 2.65$에 비해 **8.67% 증가할 것으로 예상**된다.

최근, 1개월, 3개월의 투자 의견 변화

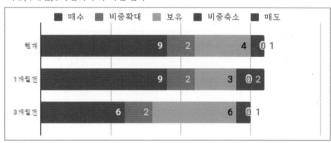

투자의견	금융사 및 투자의견	날짜
Upgrade	JP Morgan: Neutral to Overweight	12/13/2017
Initiated	Deutsche Bank: to Buy	8/12/2017
Downgrade	H.C. Wainright: Buy to Neutral	11/30/2017
Initiated	Stephens & Co.: to Overweight	11/28/2017
Upgrade	Barrington Research: Market Perform to Outperform	6/11/2017

내부자 거래

(3M 비중은 12개월 거래 중 최근 3개월의 비중)

구분	성격	3개월	12개월	3M비중
매수	매수 건수 (장내 매매만 해당)	25	80	31.25%
매도	매도 건수 (장내 매매만 해당)	4	8	50.00%
매수	매수 수량 (장내 매매만 해당)	119,878	348,400	34.41%
매도	매도 수량 (장내 매매만 해당)	27,109	177,454	15.28%
	순매수량 (-인 경우 순매도량)	92,769	170,946	

ETF 노출
(편입 ETF 수 : 67개 / 시가총액 대비 ETF의 보유비중 : 13.25%)

티커	ETF	보유 지분	비중
VO	Vanguard Mid Cap Index Fund	$352,763,401	0.35%
VTI	Vanguard Total Stock Market ETF	$346,832,801	0.05%
VOO	Vanguard 500 Index Fund	$246,025,965	0.06%
SPY	SPDR S&P 500 Trust ETF	$180,745,865	0.06%
QQQ	PowerShares QQQ Trust, Series 1 (ETF)	$112,746,147	0.18%

기간 수익률

1M : -6.81%	3M : 4.39%	6M : -1.54%	1Y : 10.6%	3Y : 22.04%

재무 지표

	2014	2015	2016	2017(E)
매출액 (백만$)	2,923	2,674	3,745	3,964
영업이익 (백만$)	464	438	503	793
순이익 (백만$)	323	251	430	617
자산총계 (백만$)	4,650	4,403	11,656	10,925
자본총계 (백만$)	2,322	2,339	8,126	
부채총계 (백만$)	2,328	2,064	3,530	

안정성 비율	2013	2014	2015	2016
유동비율 (%)	143.62	184.67	251.41	244.18
부채비율 (%)	96.98	100.25	88.21	43.44
이자보상배율 (배)	9.06	11.09	9.51	15.24

투자 지표

	2014	2015	2016	2017(E)
영업이익률 (%)	15.87	16.38	13.43	20.00
매출액 증가율 (%)	-0.95	-8.50	40.05	5.85
EPS ($)	2.28	1.79	1.97	2.65
EPS 증가율 (%)	3.64	-21.49	10.06	34.70
주당자산가치($)	16.48	16.69	35.26	32.85
잉여현금흐름 (백만$)	461	425	438	653

	2013	2014	2015	2016
배당성향(%)	11.57	11.83	16.48	15.98
배당수익률(%)	0.52	0.50	0.48	0.54
ROE (%)	13.20	13.30	10.78	8.23
ROA (%)	6.33	6.64	5.55	5.37
재고회전율	7.01	7.08	7.35	8.74
EBITDA (백만$)	559.68	592.74	561.2	774.7

매출비중

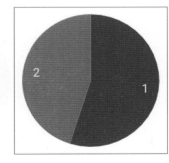

제품명	비중
1. 치과 및 의료 소모품	
	54.95%
2. 기술	
	45.05%

CERN
커너
Cerner Corporation

섹터 헬스케어 (Health Care)
세부섹터 건강 관리 기술 (Health Care Technology)

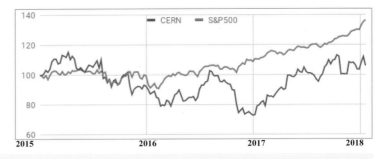

커너(Cerner Corporation)는 의료기관과 소비자를 대상으로 의료 정보기술, 의료기기, 하드웨어, 콘텐츠 솔루션을 설계, 개발, 판매, 설치, 호스팅을 지원하는 업체이다. 회사는 1979년에 설립되었고 본사는 미주리주 노스 캔자스시티에 있으며 24,400명의 직원이 근무하고 있다. 회사의 사업 부문은 국내, 글로벌 두 부문으로 나누어진다. 회사는 제공자가 의료진료에서 개인의 전자건강기록에 액세스할 수 있게 해주는 임상, 재정, 관리 정보 시스템을 포함하는 플랫폼을 제공하고 있다. 회사가 제공하는 플랫폼은 연속적인 치료를 통해 데이터를 집계, 변환, 조정할 수 있을뿐만 아니라 성과 향상 및 비용 절감을 지원하는 클라우드 기반 플랫폼이다. 인구 보건 및 케어 조정 솔루션뿐 아니라 임상 및 금융 보건 정보 기술 솔루션 포트폴리오를 제공한다는 특징이 있다. 회사는 의료기관, 병원, 보건 센터, 혈액은행, 영상 센터, 약국, 제약 회사들과 협업을 하고 있다.

기준일 : 2018/ 01 /25

한글 회사명 : 커너
영문 회사명 : Cerner Corporation
상장일 : 1986년 12월 05일 | 결산월 : 12월
시가총액 : 226 (억$) | 52주 최고 : $73.86 (-6.72%) / 52주 최저 : $50.33 (+36.87%)

주요 주주정보

보유자/ 보유 기관	보유율
The Vanguard Group, Inc.	9.29%
Estate of Neal L Patterson	6.51%
Generation Investment Management LLP	5.18%

애널리스트 추천 및 최근 투자의견

커너의 2018년 01월 25일 현재 25개 기관의 **평균적인 목표가는 72$**이며, 2018년 추정 주당순이익(EPS)은 2.66$로 2017년 추정 EPS 2.42$에 비해 **9.91% 증가**할 것으로 예상된다.

최근, 1개월, 3개월의 투자 의견 변화

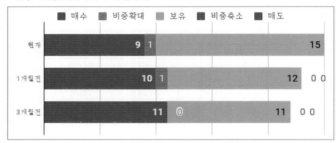

투자의견	금융사 및 투자의견	날짜
Initiated	Evercore ISI Group: to In-Line	1/19/2018
Downgrade	SunTrust Robinson Humphrey: Buy to Hold	1/16/2018
Downgrade	RBC Capital: Top Pick to Outperform	2/11/2017
Upgrade	Baird: Neutral to Outperform	10/31/2017
Downgrade	JP Morgan: Overweight to Neutral	10/27/2017

내부자 거래

(3M 비중은 12개월 거래 중 최근 3개월의 비중)

구분	성격	3개월	12개월	3M비중
매수	매수 건수 (장내 매매만 해당)	9	18	50.00%
매도	매도 건수 (장내 매매만 해당)	5	36	13.89%
매수	매수 수량 (장내 매매만 해당)	20,891	11,048,777	0.19%
매도	매도 수량 (장내 매매만 해당)	561,247	14,254,396	3.94%
	순매수량 (-인 경우 순매도량)	-540,356	-3,205,619	

ETF 노출   (편입 ETF 수 : 78개 / 시가총액 대비 ETF의 보유비중 : 12.95%)

티커	ETF	보유 지분	비중
VO	Vanguard Mid Cap Index Fund	$528,132,802	0.53%
VTI	Vanguard Total Stock Market ETF	$519,784,760	0.08%
VOO	Vanguard 500 Index Fund	$368,359,675	0.09%
SPY	SPDR S&P 500 Trust ETF	$268,235,062	0.09%
QQQ	PowerShares QQQ Trust, Series 1 (ETF)	$177,395,362	0.29%

기간 수익률

1M : -0.73%	3M : -3.59%	6M : 5.39%	1Y : 32.85%	3Y : 5.06%

재무 지표

	2014	2015	2016	2017(E)
매출액 (백만$)	3,403	4,425	4,796	5,154
영업이익 (백만$)	779	873	951	1,182
순이익 (백만$)	525	539	636	819
자산총계 (백만$)	4,531	5,562	5,630	6,318
자본총계 (백만$)	3,566	3,870	3,928	
부채총계 (백만$)	965	1,692	1,702	

안정성 비율	2013	2014	2015	2016
유동비율 (%)	275.08	370.29	234.98	191.55
부채비율 (%)	29.38	27.05	43.71	43.33
이자보상배율 (배)	161.43	195.06	73.87	212.33

투자 지표

	2014	2015	2016	2017(E)
영업이익률 (%)	22.89	19.73	19.83	22.93
매출액 증가율 (%)	16.90	30.05	8.39	7.46
EPS ($)	1.54	1.57	1.88	2.42
EPS 증가율 (%)	32.76	1.95	19.75	28.69
주당자산가치($)	10.42	11.38	11.92	13.85
잉여현금흐름 (백만$)	570	585	696	593

	2013	2014	2015	2016
배당성향(%)				
배당수익률(%)	0.00	0.00	0.00	0.00
ROE (%)	13.28	15.61	14.51	16.32
ROA (%)	10.21	12.18	10.69	11.37
재고회전율	103.99	121.33	223.63	314.23
EBITDA (백만$)	945.75	1,081.24	1,325.36	1,455.25

매출비중

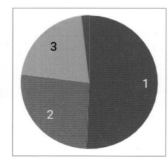

제품명	비중
1. 서비스	
	50.58%
2. 시스템 판매	
	26.39%
3. 지원 및 유지 보수	
	21.18%
4. 배상부문	
	1.85%

IQV
퀸타일즈 아이엠에스 홀딩스
IQVIA Holdings

섹터 헬스케어 (Health Care)
세부섹터 생명 과학 도구 및 서비스 (Life Sciences Tools & Service)

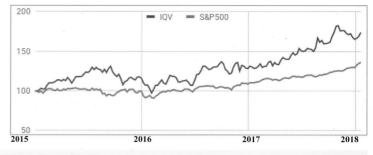

퀸타일즈 아이엠에스 홀딩스(IQVIA Holdings)는 아이큐헬스(IQ Health)와 퀸타일즈(Quintiles)의 합병을 통해 형성된 지주회사이며 자회사 아이큐비아(IQVIA)는 건강 관리 정보, 기술 지원, 분석을 통해 의료 서비스를 제공하는 업체이다. 회사는 1982년에 설립되었고 본사는 노스캐롤라이나주 더럼에 있으며 47,000명의 직원이 근무하고 있다. 회사의 사업 부문은 상업 솔루션, 연구 개발 솔루션, 통합 참여 서비스의 세 가지 부문으로 나누어진다. 상업용 솔루션 부문은 다양한 판매망을 통해 의약품 판매, 처방 동향, 의료 치료, 판촉 활동을 하고 있다. 연구 개발 솔루션 부문은 의료 프로젝트 관리, 임상 모니터링, 임상 시험 지원, 전략 기획 및 설계 서비스, 임상 시험, 게놈 및 생물 분석 실험을 포함하는 생물 약제 개발 서비스를 제공하고 있다. 통합 참여 서비스 부문은 환자 참여 서비스, 과학 전략, 의료 서비스를 제공하고 있다.

기준일 : 2018/ 01 /25

한글 회사명 : 퀸타일즈 아이엠에스 홀딩스
영문 회사명 : IQVIA Holdings
상장일 : 2013년 05월 09일 | 결산월 : 12월
시가총액 : 218 (억$) |
52주 최고 : $40.29 (-0.76%) / 52주 최저 : $28.01 (+42.73%)

주요 주주정보

보유자/ 보유 기관	보유율
TPG Group Holdings (SBS) Advisors, Inc.	10.99%
The Vanguard Group, Inc.	7.66%
Canada Pension Plan Investment Board	5.07%

애널리스트 추천 및 최근 투자의견

퀸타일즈 아이엠에스 홀딩스의 2018년 01월 25일 현재 22개 기관의 **평균적인 목표가**는 **112.88$**이며, 2018년 추정 주당순이익(EPS)은 5.34$로 2017년 추정 EPS 4.63$에 비해 **15.33% 증가할 것으로 예상**된다.

최근, 1개월, 3개월의 투자 의견 변화

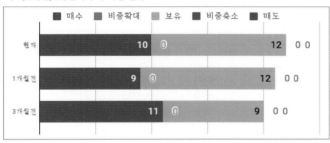

투자의견	금융사 및 투자의견	날짜
Initiated	Evercore ISI Group: to Outperform	1/19/2018
Initiated	Mitsubishi UFJ: to Neutral	12/15/2017

내부자 거래

(3M 비중은 12개월 거래 중 최근 3개월의 비중)

구분	성격	3개월	12개월	3M비중
매수	매수 건수 (장내 매매만 해당)	0	0	-
매도	매도 건수 (장내 매매만 해당)	18	27	66.67%
매수	매수 수량 (장내 매매만 해당)	0	0	-
매도	매도 수량 (장내 매매만 해당)	278,832	15,334,558	1.82%
	순매수량 (-인 경우 순매도량)	-278,832	-15,334,558	

ETF 노출   (편입 ETF 수 : 70개 / 시가총액 대비 ETF의 보유비중 : 9.58%)

티커	ETF	보유 지분	비중
VO	Vanguard Mid Cap Index Fund	$402,498,359	0.40%
VTI	Vanguard Total Stock Market ETF	$396,086,811	0.06%
VOO	Vanguard 500 Index Fund	$261,178,587	0.06%
SPY	SPDR S&P 500 Trust ETF	$191,148,109	0.06%
VUG	Vanguard Growth ETF	$110,690,072	0.14%

기간 수익률

1M : 0.92%	3M : 9.02%	6M : 13%	1Y : 35.34%	3Y : 72.87%

재무 지표

	2014	2015	2016	2017(E)
매출액 (백만$)	5,456	5,744	6,897	8,035
영업이익 (백만$)	596	686	847	892
순이익 (백만$)	356	387	115	1,033
자산총계 (백만$)	3,306	3,926	21,208	21,946
자본총계 (백만$)	-704	-336	8,860	
부채총계 (백만$)	4,010	4,262	12,348	

안정성 비율	2013	2014	2015	2016
유동비율 (%)	131.27	145.80	151.30	123.36
부채비율 (%)	-559.46	-569.57	-1,269.66	139.37
이자보상배율 (배)	4.43	6.76	7.67	6.14

투자 지표

	2014	2015	2016	2017(E)
영업이익률 (%)	10.92	11.94	12.28	11.10
매출액 증가율 (%)	6.98	5.27	20.08	16.51
EPS ($)	2.78	3.15	0.77	4.63
EPS 증가율 (%)	51.91	13.31	-75.56	500.82
주당자산가치($)	-5.67	-4.73	36.67	37.66
잉여현금흐름 (백만$)	349	397	696	899

	2013	2014	2015	2016
배당성향(%)				
배당수익률(%)	0.00	0.00	0.00	0.00
ROE (%)				2.85
ROA (%)	8.12	11.19	10.74	1.03
재고회전율				
EBITDA (백만$)	598.51	716.6	813.53	1,136

매출비중

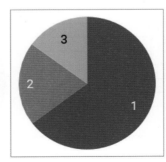

제품명	비중
1. 연구 개발(R&D) 솔루션	
	64.73%
2. 상업 솔루션	
	20.43%
3. 통합 참여 서비스	
	14.84%

ILMN
일루미나
Illumina, Inc.

섹터 헬스케어 (Health Care)
세부섹터 생명 과학 도구 및 서비스 (Life Sciences Tools & Services)

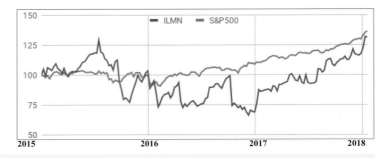

일루미나(Illumina, Inc.)는 유전자 분석을 위한 도구와 솔루션을 제공하는 업체이다. 회사는 1998년에 설립되었고 본사는 캘리포니아주 샌디에이고에 있으며 5,500명의 직원이 근무하고 있다. 제품과 서비스를 유전자 염기서열 분석, 유전형질 분석, 유전자발현 관련 시장에 공급해 관련 분야의 비용 절감에 기여하고 있다. 연구원에게 포유류 게놈을 시퀀싱 할 수 있는 다양한 응용 프로그램과 기능을 제공하고 있다. 단일 뉴클레오타이드 다형성 유전자 타이핑, 카피 수 변화 분석, 유전자 발현 분석 및 메틸화 분석, 단일배열에서 알려진 유전 표지자의 검출을 허용하는 분석 애플리케이션을 위한 어레이를 제공하고 있다. 대표적인 제품으로는 유전자 염기서열분석 키트인 노바섹, 미니섹, 하이섹, 넥스트섹, 미섹 시리즈, 유전자 형질 분석 키트인 보바인HD, 인피움 코어-24 등이 있다.

기준일 : 2018/ 01 /25
한글 회사명 : 일루미나
영문 회사명 : Illumina Inc.
상장일 : 2000년 07월 28일 | 결산월 : 12월
시가총액 : 355 (억$) |
52주 최고 : $248.97 (-2.56%) / 52주 최저 : $156.5 (+55%)

주요 주주정보

보유자/ 보유 기관	보유율
Baillie Gifford & Co.	12.52%
Capital Research & Management Co.	8.23%
The Vanguard Group, Inc.	6.72%

애널리스트 추천 및 최근 투자의견

일루미나의 2018년 01월 25일 현재 22개 기관의 **평균적인 목표가는 236.17$**이며, 2018년 추정 주당순이익(EPS)은 4.52$로 2017년 추정 EPS 3.78$에 비해 **19.57% 증가**할 것으로 예상된다.

최근, 1개월, 3개월의 투자 의견 변화

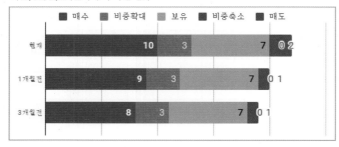

투자의견	금융사 및 투자의견	날짜
Initiated	BTIG Research: to Neutral	5/1/2018
Downgrade	William Blair: Outperform to Market Perform	5/1/2018
Initiated	Evercore ISI Group: to Outperform	4/1/2018
Upgrade	Wells Fargo: Market Perform to Outperform	2/1/2018
Maintains	Morgan Stanley: to Underweight	12/14/2017

내부자 거래

(3M 비중은 12개월 거래 중 최근 3개월의 비중)

구분	성격	3개월	12개월	3M비중
매수	매수 건수 (장내 매매만 해당)	1	19	5.26%
매도	매도 건수 (장내 매매만 해당)	34	110	30.91%
매수	매수 수량 (장내 매매만 해당)	1,542	57,862	2.66%
매도	매도 수량 (장내 매매만 해당)	107,421	550,301	19.52%
	순매수량 (-인 경우 순매도량)	-105,879	-492,439	

ETF 노출   (편입 ETF 수 : 73개 / 시가총액 대비 ETF의 보유비중 : 11.46%)

티커	ETF	보유 지분	비중
VTI	Vanguard Total Stock Market ETF	$852,816,460	0.12%
VOO	Vanguard 500 Index Fund	$604,566,823	0.15%
SPY	SPDR S&P 500 Trust ETF	$439,492,354	0.15%
IBB	Ishares Nasdaq Biotechnology	$415,592,073	3.88%
QQQ	PowerShares QQQ Trust, Series 1 (ETF)	$272,587,081	0.44%

기간 수익률

1M : 12.46%	3M : 15.57%	6M : 40.98%	1Y : 52.46%	3Y : 32.49%

재무 지표

	2014	2015	2016	2017(E)
매출액 (백만$)	1,861	2,220	2,398	2,726
영업이익 (백만$)	486	623	583	663
순이익 (백만$)	353	462	454	553
자산총계 (백만$)	3,340	3,688	4,281	5,112
자본총계 (백만$)	1,463	1,881	2,314	
부채총계 (백만$)	1,877	1,807	1,966	

안정성 비율	2013	2014	2015	2016
유동비율 (%)	502.24	261.66	343.46	328.96
부채비율 (%)	96.91	128.31	96.04	84.97
이자보상배율 (배)	7.84	11.65	14.79	17.58

투자 지표

	2014	2015	2016	2017(E)
영업이익률 (%)	26.11	28.06	24.31	24.32
매출액 증가율 (%)	30.97	19.26	8.05	13.66
EPS ($)	2.61	3.19	3.09	3.78
EPS 증가율 (%)	160.00	22.69	-3.14	22.22
주당자산가치($)	10.18	12.61	15.03	19.76
잉여현금흐름 (백만$)	395	517	427	439

	2013	2014	2015	2016
배당성향(%)				
배당수익률(%)	0.00	0.00	0.00	0.00
ROE (%)	8.79	23.59	27.88	22.45
ROA (%)	4.49	11.11	13.02	10.53
재고회전율	9.09	10.78	9.61	8.40
EBITDA (백만$)	409.14	598.61	749.53	724.08

매출비중

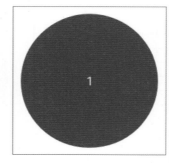

제품명	비중
1. 일루미나 사업 본부	
	101.24%
2. 공제	
	-1.24%

MTD
메틀러 토레도 인터내셔널
Mettler Toledo International Inc.

섹터 헬스케어 (Health Care)
세부섹터 생명 과학 도구 및 서비스 (Life Sciences Tools & Services)

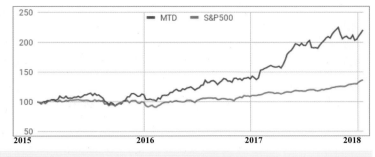

메틀러 토레도 인터내셔널(Mettler-Toledo International Inc.)은 실험실, 산업과 식품 소매업 분야에서 사용되는 정밀 기기를 제조, 판매하는 업체이다. 회사는 1991년에 설립되었고 본사는 오하이오주 콜럼버스에 있으며 14,200명의 직원이 근무하고 있다. 회사는 실험실, 산업, 포장, 물류, 식품 소매업용 계량기를 제공하고 있다. 실험실용 장비에는 실험실 저울, 액체 피펫팅 솔루션, 적정기, 물리적 가치 분석기, 열분석 시스템이 포함되어 있다. 회사의 산업 솔루션은 산업용 계량 장비 및 터미널, 자동 치수 측정, 데이터 캡처 솔루션, 차량 스케일 시스템, 산업용 소프트웨어 및 제품 검사 시스템으로 구성되어 있다. 회사의 소매 계량 솔루션은 여러 가지 계량 및 식품 라벨링 솔루션, 독립형 저울 및 고기, 채소, 과일 및 치즈와 같은 신선한 제품을 처리하기 위한 네트워크 스케일 및 소프트웨어로 제공하고 있다. 회사는 제약 및 생명 공학 회사 및 독립적인 연구 기관을 대상으로 생명 과학 산업을 제공하고 있다.

기준일 : 2018/ 01 /25
한글 회사명 : 메틀러 토레도 인터내셔널
영문 회사명 : Mettler Toledo International Inc.
상장일 : 1997년 11월 14일 | 결산월 : 12월
시가총액 : 173 (억$) | 52주 최고 : $694.48 (-3.14%) / 52주 최저 : $410.06 (+64.03%)

주요 주주정보

보유자/ 보유 기관	보유율
The Vanguard Group, Inc.	10.24%
Fidelity Management & Research Co.	10.22%
BlackRock Fund Advisors	5.16%

애널리스트 추천 및 최근 투자의견

메틀러 토레도 인터내셔널의 2018년 01월 25일 현재 27개 기관의 **평균적인 목표가는 92.02$**이며, 2018년 추정 주당순이익(EPS)은 5.18$로 2017년 추정 EPS 4.77$에 비해 **8.59% 증가할 것으로 예상**된다.

최근, 1개월, 3개월의 투자 의견 변화

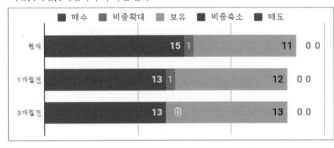

투자의견	금융사 및 투자의견	날짜
Initiated	Evercore ISI Group: to Outperform	3/1/2018
Upgrade	Bank of America: Neutral to Buy	2/1/2018
Upgrade	Argus: Hold to Buy	12/12/2017
Maintains	BMO Capital: to Outperform	10/10/2017
Downgrade	Wells Fargo: Outperform to Market Perform	9/10/2017

내부자 거래

(3M 비중은 12개월 거래 중 최근 3개월의 비중)

구분	성격	3개월	12개월	3M비중
매수	매수 건수 (장내 매매만 해당)	0	9	0.00%
매도	매도 건수 (장내 매매만 해당)	14	75	18.67%
매수	매수 수량 (장내 매매만 해당)	0	526	0.00%
매도	매도 수량 (장내 매매만 해당)	32,981	179,467	18.38%
	순매수량 (-인 경우 순매도량)	-32,981	-178,941	

ETF 노출   (편입 ETF 수 : 90개 / 시가총액 대비 ETF의 보유비중 : 10%)

티커	ETF	보유 지분	비중
VTI	Vanguard Total Stock Market ETF	$2,829,609,690	0.41%
VOO	Vanguard 500 Index Fund	$2,006,150,857	0.48%
SPY	SPDR S&P 500 Trust ETF	$1,467,416,106	0.49%
VIG	Vanguard Dividend Appreciation ETF	$1,033,509,147	2.88%
VUG	Vanguard Growth ETF	$790,699,161	1.01%

기간 수익률

1M : 4.18%	3M : 6.5%	6M : 8.67%	1Y : 60.64%	3Y : 128.31%

재무 지표

	2014	2015	2016	2017(E)
매출액 (백만$)	2,486	2,395	2,508	2,714
영업이익 (백만$)	477	514	540	654
순이익 (백만$)	338	353	384	461
자산총계 (백만$)	2,009	1,959	2,167	2,592
자본총계 (백만$)	720	580	435	
부채총계 (백만$)	1,290	1,379	1,732	

안정성 비율	2013	2014	2015	2016
유동비율 (%)	162.00	125.12	142.48	152.64
부채비율 (%)	130.24	179.20	237.55	398.18
이자보상배율 (배)	22.94	22.26	17.00	20.01

투자 지표

	2014	2015	2016	2017(E)
영업이익률 (%)	19.19	21.46	21.53	24.08
매출액 증가율 (%)	4.50	-3.64	4.71	8.19
EPS ($)	11.71	12.75	14.49	17.54
EPS 증가율 (%)	14.48	8.88	13.65	21.01
주당자산가치($)	25.48	21.43	16.72	21.10
잉여현금흐름 (백만$)	330	344	319	395

	2013	2014	2015	2016
배당성향(%)				
배당수익률(%)	0.00	0.00	0.00	0.00
ROE (%)	34.74	40.88	54.28	75.71
ROA (%)	14.34	16.25	17.78	18.63
재고회전율	11.62	11.98	11.44	11.49
EBITDA (백만$)	509.67	539.66	577.72	608.98

매출비중

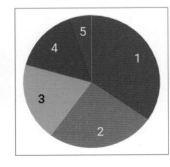

제품명	비중
1. 미국 부문	
	34.6%
2. 서유럽 부문	
	25.54%
3. 기타 부문	
	19.24%
4. 중국 부문	
	15.41%
5. 스위스 부문	
	5.21%

AET
에트나
Aetna Inc

섹터 헬스케어 (Health Care)
세부섹터 헬스케어 관리 (Managed Health Care)

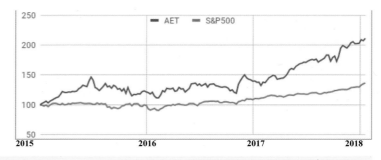

에트나(Aetna Inc)는 전통적 의료보험과 소비자 의료보험을 판매하는 업체이다. 회사는 1853년에 설립되었고 본사는 코네티컷주 하트포드에 있으며 49,500명의 직원이 근무하고 있다. 회사의 사업 부문은 건강 관리 부문, 그룹 보험 부문, 대규모 연금 세 가지 부문으로 나누어진다. 건강 관리 부문은 기금을 기반으로 의료, 약국 복리 후생 관리 서비스, 치과 보험을 제공하고 있다. 그룹 보험 부문은 그룹 정기 생명 보험, 배우자 및 부양 의무 생명 보험, 그룹 유니버셜 생명 보험 및 사고 사망 보험을 포함한 생명 보험 상품을 제공하고 있다. 대규모 연금 부문은 주로 연금 계획을 위한 연금 제품 및 다양한 퇴직 제품을 관리하고 있다. 회사는 고용주, 개인, 대학생, 시간제 근로자, 건강 보험, 의료 제공자, 정부 기관, 노동 단체, 외국인에게 보험상품과 서비스를 제공하고 있다.

기준일 : 2018/ 01 /25

한글 회사명 : 에트나
영문 회사명 : Aetna Inc
상장일 : 1972년 01월 21일 | 결산월 : 12월
시가총액 : 626 (억$) |
52주 최고 : $192.37 (-0.91%) / 52주 최저 : $116.04 (+64.26%)

주요 주주정보

보유자/ 보유 기관	보유율
Capital Research & Management Co.	7.82%
The Vanguard Group, Inc.	6.78%
T. Rowe Price Associates, Inc.	6.53%

애널리스트 추천 및 최근 투자의견

에트나의 2018년 01월 25일 현재 22개 기관의 **평균적인 목표가는 198.39$**이며, 2018년 추정 주당순이익(EPS)은 10.58$로 2017년 추정 EPS 9.77$에 비해 **8.29% 증가할 것으로 예상**된다.

최근, 1개월, 3개월의 투자 의견 변화

투자의견	금융사 및 투자의견	날짜
Upgrade	Deutsche Bank: Hold to Buy	1/22/2018
Upgrade	PiperJaffray: Neutral to Overweight	3/1/2018
Downgrade	Morgan Stanley: Overweight to Equal-Weight	12/20/2017
Downgrade	Argus: Buy to Hold	6/12/2017
Upgrade	Raymond James: Market Perform to Outperform	3/11/2017

내부자 거래

(3M 비중은 12개월 거래 중 최근 3개월의 비중)

구분	성격	3개월	12개월	3M비중
매수	매수 건수 (장내 매매만 해당)	0	1	0.00%
매도	매도 건수 (장내 매매만 해당)	12	35	34.29%
매수	매수 수량 (장내 매매만 해당)	0	141	0.00%
매도	매도 수량 (장내 매매만 해당)	221,495	928,216	23.86%
	순매수량 (-인 경우 순매도량)	-221,495	-928,075	

ETF 노출

(편입 ETF 수 : 92개 / 시가총액 대비 ETF의 보유비중 : 8.86%)

티커	ETF	보유 지분	비중
VTI	Vanguard Total Stock Market ETF	$1,513,491,398	0.22%
VOO	Vanguard 500 Index Fund	$1,072,966,725	0.26%
SPY	SPDR S&P 500 Trust ETF	$784,886,627	0.26%
IVV	Ishares S&P 500	$397,601,975	0.26%
XLV	Health Care SPDR (ETF)	$328,846,975	1.89%

기간 수익률

1M : 4.5%	3M : 15.44%	6M : 20.14%	1Y : 53.26%	3Y : 102.89%

재무 지표

	2014	2015	2016	2017(E)
매출액 (백만$)	58,008	60,400	63,185	60,621
영업이익 (백만$)	3,783	4,299	4,351	5,312
순이익 (백만$)	2,041	2,390	2,271	3,274
자산총계 (백만$)	53,402	54,481	70,203	56,156
자본총계 (백만$)	14,552	16,179	17,943	
부채총계 (백만$)	38,850	38,303	52,260	

안정성 비율	2013	2014	2015	2016
유동비율 (%)	77.00	77.00	82.00	152.00
부채비율 (%)	254.25	266.98	236.75	291.26
이자보상배율 (배)	9.86	11.49	11.82	7.20

투자 지표

	2014	2015	2016	2017(E)
영업이익률 (%)	6.52	7.12	6.89	8.76
매출액 증가율 (%)	22.56	4.12	4.61	-4.06
EPS ($)	5.74	6.84	6.46	9.77
EPS 증가율 (%)	6.69	19.16	-5.56	51.23
주당자산가치($)	41.40	46.11	50.84	46.82
잉여현금흐름 (백만$)	3,003	3,503	3,449	2,769

	2013	2014	2015	2016
배당성향(%)	15.48	16.29	14.75	15.60
배당수익률(%)	1.20	1.04	0.92	0.81
ROE (%)	15.67	14.32	15.62	13.36
ROA (%)	4.19	3.96	4.44	3.62
재고회전율				
EBITDA (백만$)	3843	4463	5276	5276

매출비중

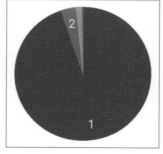

제품명	비중
1. 건강 관리	
	94.78%
2. 그룹 보험	
	3.56%
3. 순 투자 소득	
	1.44%
4. 순 실현 자본 이득	
	0.14%
5. 단체 연금	
	0.08%

ANTM
앤섬
Anthem, Inc.

섹터 헬스케어 (Health Care)
세부섹터 헬스케어 관리 (Managed Health Care)

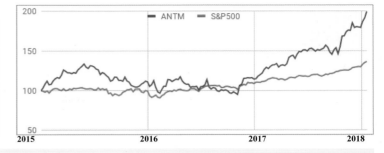

앤섬(Anthem, Inc.)은 다양한 의료보험 상품을 판매하는 건강보험 업체이다. 회사는 1944년에 설립되었고 본사는 인디애나주 인디애나 폴리스에 있으며 53,000명의 직원이 근무하고 있다. 회사의 사업부문은 상업 및 특수 사업, 정부 사업, 기타 세 가지 부문으로 나누어진다. 다양한 고용주, 개인, 빈곤층 의료보험(메디케이드), 노인 의료보험(메디케어) 시장에 네트워크 기반 관리 의료 혜택 서비스를 제공하고 있다. 진료계약기관 방식, 의료보험기관 방식, 혼합 방식을 포함한 다양한 형태의 건강 및 의료보험 상품을 개발해 판매하고 있다. 회사는 앤섬 블루크로스, 엠파이어 블루크로스 블루실드, 앤섬 라이프 보험을 자회사로 두고 있으며 약 4,000만 명의 의료보험 가입자를 보유하고 있다.

기준일 : 2018/ 01 /25

한글 회사명 : 앤섬
영문 회사명 : Anthem, Inc.
상장일 : 2001년 10월 30일 | 결산월 : 12월
시가총액 : 645 (억$) |
52주 최고 : $253.69 (-0.07%) / 52주 최저 : $148.8 (+70.35%)

주요 주주정보

보유자/보유 기관	보유율
The Vanguard Group, Inc.	6.83%
T. Rowe Price Associates, Inc.	5.63%
BlackRock Fund Advisors	4.76%

애널리스트 추천 및 최근 투자의견

앤섬의 2018년 01월 25일 현재 22개 기관의 **평균적인 목표가는 256.75$**이며, 2018년 추정 주당순이익(EPS)은 13.98$로 2017년 추정 EPS 12$에 비해 **16.5% 증가할 것으로 예상**된다.

최근, 1개월, 3개월의 투자 의견 변화

투자의견	금융사 및 투자의견	날짜
Upgrade	Jefferies: Hold to Buy	12/1/2018
Upgrade	PiperJaffray: Neutral to Overweight	3/1/2018
Maintains	Bank of America: to Buy	11/17/2017
Maintains	Leerink Swann: to Outperform	7/11/2017
Maintains	Morgan Stanley: to Equal-Weight	10/26/2017

내부자 거래

(3M 비중은 12개월 거래 중 최근 3개월의 비중)

구분	성격	3개월	12개월	3M비중
매수	매수 건수 (장내 매매만 해당)	18	27	66.67%
매도	매도 건수 (장내 매매만 해당)	23	43	53.49%
매수	매수 수량 (장내 매매만 해당)	145,742	154,749	94.18%
매도	매도 수량 (장내 매매만 해당)	287,501	414,817	69.31%
	순매수량 (-인 경우 순매도량)	-141,759	-260,068	

ETF 노출   (편입 ETF 수 : 97개 / 시가총액 대비 ETF의 보유비중 : 8.86%)

티커	ETF	보유 지분	비중
VTI	Vanguard Total Stock Market ETF	$1,554,262,219	0.23%
VOO	Vanguard 500 Index Fund	$1,101,920,045	0.27%
SPY	SPDR S&P 500 Trust ETF	$806,265,544	0.27%
IVV	Ishares S&P 500	$408,353,509	0.27%
XLV	Health Care SPDR (ETF)	$337,553,766	1.94%

기간 수익률

1M : 10.54%	3M : 34.01%	6M : 31.16%	1Y : 66%	3Y : 83.85%

재무 지표

	2014	2015	2016	2017(E)
매출액 (백만$)	73,981	79,224	85,188	88,980
영업이익 (백만$)	4,506	4,707	4,716	5,310
순이익 (백만$)	2,560	2,560	2,470	2,912
자산총계 (백만$)	62,065	61,718	65,083	67,094
자본총계 (백만$)	24,251	23,044	25,100	
부채총계 (백만$)	37,814	38,674	39,983	

안정성 비율	2013	2014	2015	2016
유동비율 (%)				
부채비율 (%)	140.56	155.92	167.83	159.29
이자보상배율 (배)	6.91	7.56	7.27	6.58

투자 지표

	2014	2015	2016	2017(E)
영업이익률 (%)	6.09	5.94	5.54	5.97
매출액 증가율 (%)	3.95	7.09	7.53	4.45
EPS ($)	9.31	9.73	9.39	12.00
EPS 증가율 (%)	4.70	4.51	-3.49	27.75
주당자산가치($)	90.45	88.21	95.17	96.83
잉여현금흐름 (백만$)	2,655	3,478	2,621	3,914

	2013	2014	2015	2016
배당성향(%)	17.17	19.47	26.65	28.23
배당수익률(%)	1.62	1.39	1.79	1.81
ROE (%)	10.85	10.45	10.83	10.26
ROA (%)	4.45	4.21	4.14	3.90
재고회전율				
EBITDA (백만$)	5,351	5,819	6,191	6,190

매출비중

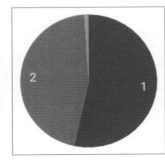

제품명	비중
1. 정부 사업	
	53.59%
2. 상업 및 특수 사업	
	45.59%
3. 순 투자 소득	
	0.92%
4. 기타	
	0.03%
5. 투자의 순 실현 이익	
	0.01%

CI
시그나
Cigna Corporation

섹터 헬스케어 (Health Care)
세부섹터 헬스케어 관리 (Managed Health Care)

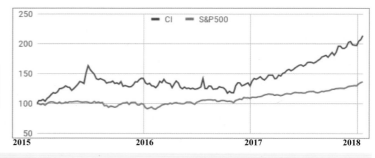

시그나(Cigna Corporation)는 미국 및 해외에서 의료 보험과 관련 제품의 서비스를 제공하는 업체이다. 회사는 1792년에 설립되었고 본사는 코네티컷주 블룸필드에 있으며 41,000명의 직원이 근무하고 있다. 회사의 사업 부문은 글로벌 건강관리, 글로벌 보험 혜택, 기타 운영의 세 가지 부문으로 나누어진다. 글로벌 건강관리 부문은 보험, 자가보험 고객을 대상으로 의료, 치과, 행동 건강, 안과, 처방약 혜택 플랜, 건강 프로그램, 기타 제품 및 서비스를 제공하고 있다. 글로벌 보험 혜택 부문은 생명, 상해 보험 상품을 제공하고 있다. 기타 운영 부문은 장/단기 장애, 특수 보험 상품, 관련 서비스를 제공하고 있으며 노인 의료보험, 빈곤층 의료보험 상품을 포함하고 있다.

기준일 : 2018/ 01 /25

한글 회사명 : 시그나
영문 회사명 : Cigna Corporation
상장일 : 1972년 01월 21일 | 결산월 : 12월
시가총액 : 547 (억$) |
52주 최고 : $222.68 (-0.21%) / 52주 최저 : $141.93 (+56.55%)

주요 주주정보

보유자/ 보유 기관	보유율
T. Rowe Price Associates, Inc.	6.93%
The Vanguard Group, Inc.	6.9%
Dodge & Cox	5.28%

애널리스트 추천 및 최근 투자의견

시그나의 2018년 01월 25일 현재 21개 기관의 **평균적인 목표가는 224.53$**이며, 2018년 추정 주당순이익(EPS)은 12.16$로 2017년 추정 EPS 10.38$에 비해 **17.14% 증가할 것으로 예상**된다.

최근, 1개월, 3개월의 투자 의견 변화

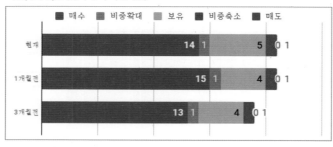

투자의견	금융사 및 투자의견	날짜
Maintains	Jefferies: to Buy	3/11/2017
Maintains	Morgan Stanley: to Overweight	3/11/2017
Maintains	Citigroup: to Buy	3/11/2017
Initiated	BMO Capital: to Market Perform	10/17/2017
Maintains	Jefferies: to Buy	10/13/2017

내부자 거래

(3M 비중은 12개월 거래 중 최근 3개월의 비중)

구분	성격	3개월	12개월	3M비중
매수	매수 건수 (장내 매매만 해당)	21	48	43.75%
매도	매도 건수 (장내 매매만 해당)	20	45	44.44%
매수	매수 수량 (장내 매매만 해당)	120,724	127,366	94.79%
매도	매도 수량 (장내 매매만 해당)	132,409	442,185	29.94%
	순매수량 (-인 경우 순매도량)	-11,685	-314,819	

ETF 노출   (편입 ETF 수 : 95개 / 시가총액 대비 ETF의 보유비중 : 9.03%)

티커	ETF	보유 지분	비중
VTI	Vanguard Total Stock Market ETF	$1,325,148,179	0.19%
VOO	Vanguard 500 Index Fund	$939,255,510	0.23%
SPY	SPDR S&P 500 Trust ETF	$687,360,877	0.23%
IVV	Ishares S&P 500	$348,115,933	0.23%
XLV	Health Care SPDR (ETF)	$290,023,916	1.67%

기간 수익률

1M : 7.84%	3M : 18.32%	6M : 26.35%	1Y : 52.06%	3Y : 104.05%

재무 지표

	2014	2015	2016	2017(E)
매출액 (백만$)	34,950	37,988	39,702	41,323
영업이익 (백만$)	3,340	3,505	3,220	4,073
순이익 (백만$)	2,102	2,094	1,867	2,626
자산총계 (백만$)	57,006	58,015	60,344	61,529
자본총계 (백만$)	10,879	12,113	13,785	
부채총계 (백만$)	46,127	45,902	46,559	

안정성 비율	2013	2014	2015	2016
유동비율 (%)				
부채비율 (%)	419.35	424.00	378.95	337.75
이자보상배율 (배)	8.32	12.60	13.91	12.83

투자 지표

	2014	2015	2016	2017(E)
영업이익률 (%)	9.56	9.23	8.11	9.86
매출액 증가율 (%)	7.90	8.69	4.51	4.08
EPS ($)	7.97	8.17	7.31	10.38
EPS 증가율 (%)	50.95	2.51	-10.53	41.97
주당자산가치($)	41.55	46.91	53.42	59.14
잉여현금흐름 (백만$)	1,521	2,207	3,565	2,983

	2013	2014	2015	2016
배당성향(%)	0.77	0.51	0.50	0.56
배당수익률(%)	0.05	0.04	0.03	0.03
ROE (%)	14.52	19.70	18.36	14.50
ROA (%)	2.68	3.72	3.61	3.11
재고회전율				
EBITDA (백만$)	3,043	4,157	4,164	3,840

매출비중

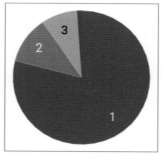

제품명	비중
1. 글로벌 헬스케어	
	78.95%
2. 단체 장애 및 생명보험	
	11.35%
3. 글로벌 보조부문(생명/상해보험)	
	8.52%
4. 기타 부문	
	1.18%
5. 기업	
	0%

CNC
센텐
Centene Corporation

섹터 헬스케어 (Health Care)
세부섹터 헬스케어 관리 (Managed Health Care)

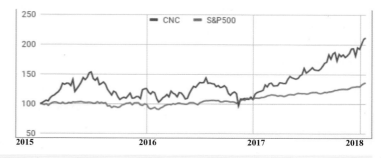

센텐(Centene Corporation)은 미국 내 의료 보험 미적용자와 의료 보험이 없는 개인에게 의료보험 프로그램과 서비스를 제공하는 다국적 의료업체이다. 회사는 1984년에 설립되었고 본사는 미주리주 세인트루이스에 있으며 30,500명의 직원이 근무하고 있다. 회사의 사업 부문은 매니지드 케어와 전문 서비스 부문으로 나누어진다. 매니지드 케어 부문은 빈곤층 의료보험(메디케이드), 주 정부 아동 건강 보험 프로그램, 장기 간병, 노인, 시각장애인 등 정부 보조금 프로그램을 통해 개인에게 빈곤층 의료보험(메디케이드) 및 관련 건강 보험 혜택을 제공하고 있다. 전문 서비스 부문은 약국 급여 관리 서비스를 제공하고 있으며 주로 의료기관, 교정시설, 기타 상업기관에 의료 서비스 및 상품을 제공하고 있다.

기준일 : 2018/ 01 /25
한글 회사명 : 센텐
영문 회사명 : Centene Corporation
상장일 : 2001년 12월 13일 | 결산월 : 12월
시가총액 : 191 (억$) |
52주 최고 : $112.33 (-0.62%) / 52주 최저 : $61.73 (+80.83%)

주요 주주정보

보유자/ 보유 기관	보유율
The Vanguard Group, Inc.	10.13%
T. Rowe Price Associates, Inc.	7.76%
BlackRock Fund Advisors	4.79%

애널리스트 추천 및 최근 투자의견

센텐의 2018년 01월 25일 현재 20개 기관의 **평균적인 목표가는 120.22$**이며, 2018년 추정 주당순이익(EPS)은 5.97$로 2017년 추정 EPS 4.99$에 비해 **19.63% 증가할 것으로 예상**된다.

최근, 1개월, 3개월의 투자 의견 변화

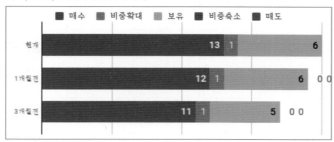

투자의견	금융사 및 투자의견	날짜
Initiated	Goldman Sachs: to Buy	3/1/2018
Maintains	Oppenheimer: to Outperform	10/25/2017
Initiated	BMO Capital: to Outperform	10/17/2017
Maintains	Jefferies: to Buy	10/13/2017
Maintains	Morgan Stanley: to Overweight	9/21/2017

내부자 거래

(3M 비중은 12개월 거래 중 최근 3개월의 비중)

구분	성격	3개월	12개월	3M비중
매수	매수 건수 (장내 매매만 해당)	5	40	12.50%
매도	매도 건수 (장내 매매만 해당)	7	63	11.11%
매수	매수 수량 (장내 매매만 해당)	1,807	349,425	0.52%
매도	매도 수량 (장내 매매만 해당)	41,809	361,992	11.55%
	순매수량 (-인 경우 순매도량)	-40,002	-12,567	

ETF 노출
(편입 ETF 수 : 82개 / 시가총액 대비 ETF의 보유비중 : 12.56%)

티커	ETF	보유 지분	비중
VO	Vanguard Mid Cap Index Fund	$444,528,018	0.45%
VTI	Vanguard Total Stock Market ETF	$437,564,833	0.06%
VOO	Vanguard 500 Index Fund	$326,322,771	0.08%
SPY	SPDR S&P 500 Trust ETF	$237,727,976	0.08%
VUG	Vanguard Growth ETF	$122,240,756	0.16%

기간 수익률

1M : 16.66%	3M : 15.3%	6M : 30.61%	1Y : 74.8%	3Y : 104.37%

재무 지표

	2014	2015	2016	2017(E)
매출액 (백만$)	16,560	22,760	40,607	47,845
영업이익 (백만$)	429	683	1,318	1,496
순이익 (백만$)	268	356	559	748
자산총계 (백만$)	5,838	7,339	20,197	22,407
자본총계 (백만$)	1,891	2,324	6,054	
부채총계 (백만$)	3,947	5,015	14,143	

안정성 비율	2013	2014	2015	2016
유동비율 (%)				
부채비율 (%)	183.83	208.73	215.79	233.61
이자보상배율 (배)	9.29	12.26	15.88	6.07

투자 지표

	2014	2015	2016	2017(E)
영업이익률 (%)	2.59	3.00	3.25	3.13
매출액 증가율 (%)	52.44	37.44	78.41	17.83
EPS ($)	2.33	2.98	3.52	4.99
EPS 증가율 (%)	52.79	27.90	18.12	41.77
주당자산가치($)	14.73	17.92	34.29	38.44
잉여현금흐름 (백만$)	1,120	508	1,545	1,677

	2013	2014	2015	2016
배당성향(%)				
배당수익률(%)	0.00	0.00	0.00	0.00
ROE (%)	14.74	18.00	18.25	13.89
ROA (%)	5.16	5.57	5.43	4.05
재고회전율				
EBITDA (백만$)	363	581	851	1,652

매출비중

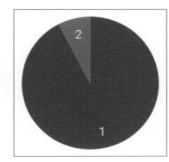

제품명	비중
1. 체계적 관리	
	92.41%
2. 전문 서비스	
	7.59%

HUM
휴매나
Humana Inc.

섹터 헬스케어 (Health Care)
세부섹터 헬스케어 관리 (Managed Health Care)

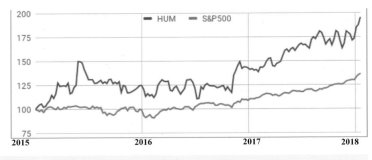

휴매나(Humana Inc.)는 자회사와 함께 미국에서 건강 및 복지 서비스를 제공하는 보험 업체이다. 회사는 1961년에 설립되었고 본사는 켄터키주 루이빌에 있으며 51,600명의 직원이 근무하고 있다. 회사의 사업 부문은 소매, 그룹, 건강 관리 서비스의 세 부문으로 나누어진다. 소매 부문에서는 치과, 안과, 기타 건강 보조제를 포함하고 있으며 상업적으로 보험이 보장되는 의료 및 전문 건강 보험 혜택과 개인 또는 그룹 계좌에 직접 노인의료보험(메디케어) 혜택을 제공하고 있다. 그룹 부문은 치과, 안과, 기타 보조적이고 자발적인 보험 혜택을 포함하는 상업적 완전보장 의료 및 전문 건강보험 혜택을 제공하고 있다. 건강 관리 서비스 부문은 의료 보험 가입자와 3자에게 약국 솔루션, 제공 업체 서비스, 가정 기반 서비스, 임상 프로그램, 예측 모형화, 정보 서비스를 제공하고 있다.

기준일 : 2018/ 01 /25

한글 회사명 : 휴매나
영문 회사명 : Humana Inc.
상장일 : 1974년 01월 21일 | 결산월 : 12월
시가총액 : 408 (억$) |

52주 최고 : $286.04 (-0.38%) / 52주 최저 : $189.01 (+50.74%)

주요 주주정보

보유자/ 보유 기관	보유율
Capital Research & Management (World)	8.07%
The Vanguard Group, Inc.	6.85%
T. Rowe Price Associates, Inc.	6.54%

애널리스트 추천 및 최근 투자의견

휴매나의 2018년 01월 25일 현재 21개 기관의 **평균적인 목표가는 273.28$**이며, 2018년 추정 주당순이익(EPS)은 12.89$로 2017년 추정 EPS 11.63$에 비해 **10.83% 증가할 것으로 예상**된다.

최근, 1개월, 3개월의 투자 의견 변화

투자의견	금융사 및 투자의견	날짜
Upgrade	Jefferies: Hold to Buy	12/1/2018
Initiated	Goldman Sachs: to Buy	3/1/2018
Maintains	BMO Capital: to Outperform	10/11/2017
Maintains	Credit Suisse: to Neutral	10/11/2017
Maintains	Morgan Stanley: to Overweight	9/11/2017

내부자 거래

(3M 비중은 12개월 거래 중 최근 3개월의 비중)

구분	성격	3개월	12개월	3M비중
매수	매수 건수 (장내 매매만 해당)	4	4	100.00%
매도	매도 건수 (장내 매매만 해당)	30	61	49.18%
매수	매수 수량 (장내 매매만 해당)	2,632	2,632	100.00%
매도	매도 수량 (장내 매매만 해당)	104,157	348,960	29.85%
	순매수량 (-인 경우 순매도량)	-101,525	-346,328	

ETF 노출

(편입 ETF 수 : 96개 / 시가총액 대비 ETF의 보유비중 : 8.88%)

티커	ETF	보유 지분	비중
VTI	Vanguard Total Stock Market ETF	$984,833,678	0.14%
VOO	Vanguard 500 Index Fund	$698,168,143	0.17%
SPY	SPDR S&P 500 Trust ETF	$513,872,451	0.17%
IVV	Ishares S&P 500	$258,692,327	0.17%
XLV	Health Care SPDR (ETF)	$223,832,570	1.29%

기간 수익률

1M : 10.11%	3M : 12.04%	6M : 18.38%	1Y : 39.28%	3Y : 86.27%

재무 지표

	2014	2015	2016	2017(E)
매출액 (백만$)	48,500	54,289	54,379	53,485
영업이익 (백만$)	2,207	2,183	1,656	3,441
순이익 (백만$)	1,147	1,276	614	1,759
자산총계 (백만$)	24,096	25,123	25,812	29,370
자본총계 (백만$)	9,646	10,346	10,685	
부채총계 (백만$)	14,450	14,777	15,127	

안정성 비율	2013	2014	2015	2016
유동비율 (%)				
부채비율 (%)	129.17	149.80	142.83	141.57
이자보상배율 (배)	13.72	14.24	11.74	8.76

투자 지표

	2014	2015	2016	2017(E)
영업이익률 (%)	4.55	4.02	3.05	6.43
매출액 증가율 (%)	17.40	11.94	0.17	-1.64
EPS ($)	7.44	8.54	4.11	11.63
EPS 증가율 (%)	-4.81	14.79	-51.87	183.02
주당자산가치($)	64.48	69.77	71.56	84.97
잉여현금흐름 (백만$)	1,090	345	1,409	3,769

	2013	2014	2015	2016
배당성향(%)	13.84	15.08	13.63	28.50
배당수익률(%)	1.04	0.77	0.64	0.57
ROE (%)	13.56	12.10	12.77	5.84
ROA (%)	5.96	5.05	5.19	2.41
재고회전율				
EBITDA (백만$)	2,487	2,811	3,064	2,206

매출비중

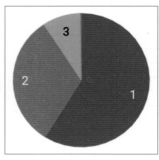

제품명	비중
1. 소매	85.8%
2. 의료 서비스	46.2%
3. 고용주 그룹	13.33%
4. 기타 사업	0.21%
5. 공제/기타	-45.53%

UNH
유나이티드 헬스 그룹
United Health Group Inc.

섹터 헬스케어 (Health Care)
세부섹터 헬스케어 관리 (Managed Health Care)

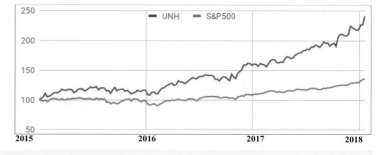

헬스케어

유나이티드 헬스 그룹(United Health Group Incorporated)은 건강관리와 복지 서비스를 제공하는 업체이다. 회사는 1974년에 설립되었고 미네소타주 미니통커에 있으며 230,000명의 직원이 근무하고 있다. 건강관리 부문은 전국 고용주, 공공 부문 고용주, 중소기업 고용주, 중소기업, 개인, 군 복무자를 대상으로 다양한 의약품과 의료 관련 서비스를 제공하고 있다. 50세 이상 개인에게 보건, 건강 보험, 건강관리 서비스를 제공하고 있다. 노인들에게 만성 질환과 기타 질병 문제를 해결해주는 서비스를 제공하고 있다. 회사는 약 100만 명의 의사, 기타 의료 전문가, 약 6,000개의 병원, 기타 의료시설 네트워크를 통해 서비스를 제공하고 있다. 간호 및 관리, 건강관리 및 소비자 참여 서비스와 같은 건강 관리 서비스를 제공하고 있다. 회사는 고용주와 정부 기관에서 직접 제공하는 건강관리 프로그램을 통해 개인을 도와주고 있다.

기준일 : 2018/ 01 /25

한글 회사명 : 유나이티드 헬스 그룹
영문 회사명 : United Health Group Inc.
상장일 : 1984년 10월 17일 | 결산월 : 12월
시가총액 : 2376 (억$) | 52주 최고 : $247.31 (-0.32%) / 52주 최저 : $156.49 (+57.51%)

주요 주주정보

보유자/ 보유 기관	보유율
The Vanguard Group, Inc.	6.62%
Fidelity Management & Research Co.	5.73%
SSgA Funds Management, Inc.	4.64%

애널리스트 추천 및 최근 투자의견

유나이티드 헬스 그룹의 2018년 01월 25일 현재 24개 기관의 **평균적인 목표가는 264.14$**이며, 2018년 추정 주당순이익(EPS)은 13.93$로 2017년 추정 EPS 12.46$에 비해 **11.79% 증가할 것으로 예상**된다.

최근, 1개월, 3개월의 투자 의견 변화

투자의견	금융사 및 투자의견	날짜
Initiated	Goldman Sachs: to Buy	3/1/2018
Maintains	Argus: to Buy	10/19/2017
Maintains	Morgan Stanley: to Overweight	10/18/2017
Maintains	Citigroup: to Buy	10/18/2017
Maintains	Bank of America: to Buy	10/18/2017

내부자 거래

(3M 비중은 12개월 거래 중 최근 3개월의 비중)

구분	성격	3개월	12개월	3M비중
매수	매수 건수 (장내 매매만 해당)	18	111	16.22%
매도	매도 건수 (장내 매매만 해당)	40	66	60.61%
매수	매수 수량 (장내 매매만 해당)	254,261	275,352	92.34%
매도	매도 수량 (장내 매매만 해당)	359,248	693,962	51.77%
	순매수량 (-인 경우 순매도량)	-104,987	-418,610	

ETF 노출   (편입 ETF 수 : 116개 / 시가총액 대비 ETF의 보유비중 : 9.42%)

티커	ETF	보유 지분	비중
VTI	Vanguard Total Stock Market ETF	$5,741,302,644	0.83%
VOO	Vanguard 500 Index Fund	$4,071,923,190	0.98%
SPY	SPDR S&P 500 Trust ETF	$2,977,612,497	0.99%
DIA	SPDR DJI ETF	$1,618,764,336	6.36%
IVV	Ishares S&P 500	$1,508,835,457	0.98%

기간 수익률

1M : 9.7%	3M : 22.79%	6M : 26.89%	1Y : 53.37%	3Y : 130.07%

재무 지표

	2014	2015	2016	2017(E)
매출액 (백만$)	130,500	157,129	184,885	200,610
영업이익 (백만$)	9,682	10,253	11,908	15,188
순이익 (백만$)	5,619	5,813	7,017	9,256
자산총계 (백만$)	86,382	112,216	125,037	134,944
자본총계 (백만$)	33,842	35,461	40,189	
부채총계 (백만$)	52,540	76,755	84,848	

안정성 비율	2013	2014	2015	2016
유동비율 (%)				
부채비율 (%)	145.72	155.25	216.45	211.12
이자보상배율 (배)	12.60	15.67	12.98	11.16

투자 지표

	2014	2015	2016	2017(E)
영업이익률 (%)	7.42	6.53	6.44	7.57
매출액 증가율 (%)	6.53	20.41	17.66	8.51
EPS ($)	5.78	6.10	7.37	10.00
EPS 증가율 (%)	3.40	5.54	20.82	35.70
주당자산가치($)	34.02	35.50	40.20	51.11
잉여현금흐름 (백만$)	6,526	8,184	8,090	10,465

	2013	2014	2015	2016
배당성향(%)	19.14	24.65	31.20	32.76
배당수익률(%)	1.40	1.39	1.59	1.48
ROE (%)	17.77	17.40	17.54	19.46
ROA (%)	6.97	6.68	5.91	5.96
재고회전율				
EBITDA (백만$)	10,998	11,752	12,714	14,985

매출비중

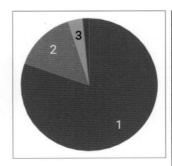

제품명	비중
1. 헬스 케어-미국	
	80.38%
2. Optum 처방약	
	14.64%
3. Optum 건강	
	3.47%
4. Optum 인사이트	
	1.5%

ABBV
애브비
AbbVie Inc.

섹터 헬스케어 (Health Care)
세부섹터 제약 (Pharmaceuticals)

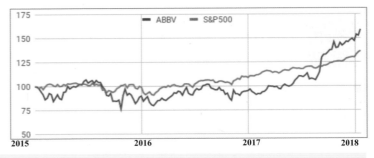

애브비(AbbVie Inc)는 다양한 의약품의 개발, 개발, 제조, 판매 사업을 영위하고 있는 연구 기반 바이오제약 업체이다. 회사는 2013년에 설립되었고 본사는 일리노이주 노스시카고에 있으며 30,000명의 직원이 근무하고 있다. 회사의 난치성 질환 치료를 위한 제품 포트폴리오 류머티즘성 관절염, 강직 척추염, 크론병, 마른버짐, 건선성 관절염, 궤양성 대장염, 소아 특발성 관절염, 중증의 축성 척추 관절염, 소아 중증 활성 크론병 등 다양한 면역 관련 질환을 위한 항 종양괴사인자(TNF) 제제를 보유하고 있으며, 또한 에이즈(AIDS) 환자를 위한 단백분해효소 억제제를 보유하고 있다. 전신 혹은 국소 부위 마취를 위해 광범위하게 사용되는 의약품을 보유하고 있다. 미숙아, 기관지 페이형성증, 선천성 심장질환 등이 있는 호흡기 세포융합 바이러스 감염의 고위험군 영유아를 위한 단일클론항체를 보유하고 있다. 만성 신부전의 합병증 중 하나인 이차적부갑상샘 기능항진증을 치료와 예방을 위한 의약품을 보유하고 있다. 회사의 제품들은 휴미라, 칼트레라, 시나지스, 젬플라, 비카라, 엑스비라, 마비렛, 세보레인, 카이로케인, 루크린데포, 노비르, 듀오도파장내겔이 있다.

기준일 : 2018/ 01 /25

한글 회사명 : 애브비
영문 회사명 : AbbVie Inc.
상장일 : 2012년 12월 10일 | 결산월 : 12월
시가총액 : 1726 (억$) |
52주 최고 : $106.97 (-1.23%) / 52주 최저 : $59.27 (+78.25%)

주요 주주정보

보유자/ 보유 기관	보유율
Capital Research & Management (Global)	11.86%
The Vanguard Group, Inc.	7.23%
BlackRock Fund Advisors	4.38%

애널리스트 추천 및 최근 투자의견

애브비의 2018년 01월 25일 현재 22개 기관의 **평균적인 목표가는 103.7$**이며, 2018년 추정 주당순이익(EPS)은 7.92$로 2017년 추정 EPS 6.71$에 비해 **18.03% 증가할 것으로 예상**된다.

최근, 1개월, 3개월의 투자 의견 변화

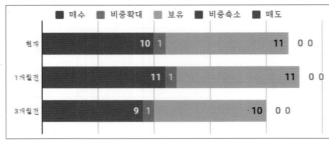

투자의견	금융사 및 투자의견	날짜
Maintains	BMO Capital: to Market Perform	11/16/2017
Maintains	Leerink Swann: to Outperform	10/30/2017
Maintains	Barclays: to Equal-Weight	10/13/2017
Maintains	UBS: to Neutral	10/13/2017
Upgrade	Cowen & Co.: Market Perform to Outperform	11/10/2017

내부자 거래

(3M 비중은 12개월 거래 중 최근 3개월의 비중)

구분	성격	3개월	12개월	3M비중
매수	매수 건수 (장내 매매만 해당)	9	20	45.00%
매도	매도 건수 (장내 매매만 해당)	22	44	50.00%
매수	매수 수량 (장내 매매만 해당)	401,614	433,199	92.71%
매도	매도 수량 (장내 매매만 해당)	537,118	1,581,538	33.96%
	순매수량 (-인 경우 순매도량)	-135,504	-1,148,339	

ETF 노출
(편입 ETF 수 : 112개 / 시가총액 대비 ETF의 보유비중 : 10.26%)

티커	ETF	보유 지분	비중
VTI	Vanguard Total Stock Market ETF	$4,421,272,642	0.64%
VOO	Vanguard 500 Index Fund	$3,131,096,772	0.75%
SPY	SPDR S&P 500 Trust ETF	$2,289,741,313	0.76%
VUG	Vanguard Growth ETF	$1,235,630,736	1.58%
IVV	Ishares S&P 500	$1,160,245,820	0.75%

기간 수익률

1M : 7.37%	3M : 19.76%	6M : 40.21%	1Y : 71.12%	3Y : 62.13%

재무 지표

	2014	2015	2016	2017(E)
매출액 (백만$)	19,960	22,859	25,638	28,003
영업이익 (백만$)	6,047	8,441	9,795	11,915
순이익 (백만$)	1,765	5,118	5,923	8,917
자산총계 (백만$)	27,547	53,050	66,099	68,412
자본총계 (백만$)	1,742	3,945	4,636	
부채총계 (백만$)	25,805	49,105	61,463	

안정성 비율	2013	2014	2015	2016
유동비율 (%)	259.46	141.12	149.75	165.49
부채비율 (%)	550.00	1,481.34	1,244.74	1,325.78
이자보상배율 (배)	21.12	14.10	11.74	9.72

투자 지표

	2014	2015	2016	2017(E)
영업이익률 (%)	30.30	36.93	38.21	42.55
매출액 증가율 (%)	6.23	14.52	12.16	9.22
EPS ($)	1.11	3.15	3.65	5.56
EPS 증가율 (%)	-56.98	183.78	15.87	52.34
주당자산가치($)	1.09	2.45	2.91	4.33
잉여현금흐름 (백만$)	2,937	7,003	6,562	8,633

	2013	2014	2015	2016
배당성향(%)	62.50	159.09	67.09	64.74
배당수익률(%)	3.03	2.67	3.54	3.75
ROE (%)	104.44	56.63	179.99	138.05
ROA (%)	14.60	6.22	12.70	9.94
재고회전율	16.77	17.55	16.08	16.21
EBITDA (백만$)	7,213	6,833	9,277	10,984

매출비중

제품명	비중
1. 제약	
	100%

AGN
엘러간
Allergan, Plc

섹터 헬스케어 (Health Care)
세부섹터 제약 (Pharmaceuticals)

엘러간(Allergan, Plc)은 바이오시밀러와 일반 의약품을 개발, 제조, 판매, 유통을 영위하는 제약 업체이다. 회사는 1983년에 설립되었고 본사는 아일랜드 더블린에 있으며 16,700명의 직원이 근무하고 있다. 회사의 사업 부문은 미국 특화 치료제 부문, 미국 및 전 세계 제네릭 의약품 부문으로 나누어진다. 회사는 중추 신경계, 위장병, 여성건강 및 비뇨기과, 안과학, 신경 과학, 의학적 미학, 피부과, 성형외과, 간 질환, 염증, 대사 증후군 및 섬유증, 알츠하이머 치료제 포트폴리오를 포함하고 있다. 회사의 주요 제품 포트폴리오는 골다공증 예방과 치료 및 파젯병 치료에 사용되는 악토넬, 고혈압 치료제인 바이스톨릭, 과민성 방광 치료제인 에나블렉스, 조현병(정신분열증)과 조울증 치료제인 사프리스가 있다.

기준일 : 2018/ 01 /25

한글 회사명 : 엘러간
영문 회사명 : Allergan, Plc
상장일 : 1993년 02월 18일 | 결산월 : 12월
시가총액 : 622 (억$) |
52주 최고 : $256.8 (-26.99%) / 52주 최저 : $160.07 (+17.12%)

주요 주주정보

보유자/ 보유 기관	보유율
The Vanguard Group, Inc.	6.77%
Wellington Management Co. LLP	5.9%
GIC Pte Ltd. (Investment Management)	5.11%

애널리스트 추천 및 최근 투자의견

엘러간의 2018년 01월 25일 현재 25개 기관의 **평균적인 목표가는 224.33$**이며, 2018년 추정 주당순이익(EPS)은 15.47$로 2017년 추정 EPS 16.25$에 비해 **-4.8% 감소할 것으로 예상**된다.

최근, 1개월, 3개월의 투자 의견 변화

투자의견	금융사 및 투자의견	날짜
Downgrade	Argus: Buy to Hold	7/12/2017
Upgrade	Morgan Stanley: Equal-Weight to Overweight	11/29/2017
Maintains	Credit Suisse: to Outperform	6/11/2017
Maintains	Morgan Stanley: to Equal-Weight	2/11/2017
Downgrade	Mizuho: Buy to Neutral	10/19/2017

내부자 거래

(3M 비중은 12개월 거래 중 최근 3개월의 비중)

구분	성격	3개월	12개월	3M비중
매수	매수 건수 (장내 매매만 해당)	6	36	16.67%
매도	매도 건수 (장내 매매만 해당)	20	39	51.28%
매수	매수 수량 (장내 매매만 해당)	31,312	132,675	23.60%
매도	매도 수량 (장내 매매만 해당)	86,601	115,560	74.94%
	순매수량 (-인 경우 순매도량)	-55,289	17,115	

ETF 노출
(편입 ETF 수 : 84개 / 시가총액 대비 ETF의 보유비중 : 9.08%)

티커	ETF	보유 지분	비중
VTI	Vanguard Total Stock Market ETF	$1,496,333,727	0.22%
VOO	Vanguard 500 Index Fund	$1,060,883,212	0.26%
SPY	SPDR S&P 500 Trust ETF	$780,524,201	0.26%
IVV	Ishares S&P 500	$393,108,504	0.26%
XLV	Health Care SPDR (ETF)	$334,059,380	1.92%

기간 수익률

1M : 5.62%	3M : -17.68%	6M : -27.74%	1Y : -15.4%	3Y : -32.5%

재무 지표

	2014	2015	2016	2017(E)
매출액 (백만$)	13,062	12,688	14,571	15,891
영업이익 (백만$)	-27	-951	-664	7,653
순이익 (백만$)	-1,631	-2,946	-941	5,782
자산총계 (백만$)	52,529	135,583	128,986	126,052
자본총계 (백만$)	28,336	76,589	76,201	
부채총계 (백만$)	24,194	58,994	52,786	

안정성 비율	2013	2014	2015	2016
유동비율 (%)	134.59	137.12	103.46	226.78
부채비율 (%)	138.29	85.38	77.03	69.27
이자보상배율 (배)	3.01	-0.06	-0.65	-0.51

투자 지표

	2014	2015	2016	2017(E)
영업이익률 (%)	-0.21	-7.50	-4.56	48.16
매출액 증가율 (%)	50.53	-2.87	14.84	9.06
EPS ($)	-7.42	10.01	38.18	16.25
EPS 증가율 (%)	-40.80	234.91	281.42	-57.43
주당자산가치($)	106.55	181.65	212.79	199.28
잉여현금흐름 (백만$)	2,004	4,075	1,094	4,320

	2013	2014	2015	2016
배당성향(%)				
배당수익률(%)	0.00	0.00	0.00	0.00
ROE (%)	-11.23	-8.61	-5.62	-1.23
ROA (%)	-4.08	-4.33	-3.13	-0.71
재고회전율	5.21	6.76	8.96	19.75
EBITDA (백만$)	1,767.1	2,801.7	4,617	5,959.8

매출비중

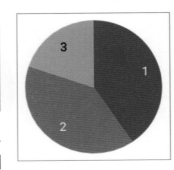

제품명	비중
1. 일반 의학-미국	
	40.66%
2. 전문 치료학-미국	
	39.89%
3. 국제 브랜드	
	19.77%
4. 기타	
	-0.32%

LLY
일라이 릴리 앤드 컴퍼니
Eli Lilly and Company

섹터 헬스케어 (Health Care)
세부섹터 제약 (Pharmaceuticals)

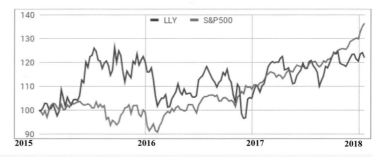

일라이 릴리(Eli Lilly and Company)는 신약의 연구, 개발, 제조, 판매 사업을 영위하는 제약 업체이다. 회사는 1876년에 설립되었고 본사는 인디애나주 인디애나 폴리스에 있으며 52,000명의 직원이 근무하고 있다. 회사는 사람을 대상으로 하는 제품과 동물을 대상으로 하는 제품의 두 부문으로 나누어진다. 회사는 페니실린, 소아마비 백신, 인슐린을 최초로 대량 생산하였다. 회사의 대표 포트폴리오는 항우울제 프로작, 골다공증 치료제 에비스타, 조현병 치료제 자이프렉사, 발기부전 치료제 시알리스, 당뇨병 치료제 휴물린이 있다. 회사는 우울 장애, 당뇨병 말초 신경 병증 통증, 불안 장애, 섬유 근육통, 만성 근골격 통증 치료, 결장암, 두경부, 췌장암, 전이성 유방암, 난소암, 방광암, 전이성 위암, 악성 흉막종을 치료할 수 있는 제품을 제공하고 있다. 동물들을 대상으로 하는 사료 첨가제와 같은 동물 건강 제품을 제공하고 있다. 회사는 현재 전 세계 120개 국가에 전문 치료제를 공급하고 있고, 주요 연구개발 시설은 미국, 캐나다, 중국 등 6개국에, 제조공장은 세계 13개국에 있으며, 전 세계 55개국 이상에서 임상시험이 진행되고 있다.

기준일 : 2018/ 01 /25

한글 회사명 : 일라이 릴리 앤드 컴퍼니
영문 회사명 : Eli Lilly and Company
상장일 : 1972년 07월 18일 | 결산월 : 12월
시가총액 : 936 (억$) |
52주 최고 : $89.09 (-4.81%) / 52주 최저 : $74 (+14.59%)

주요 주주정보

보유자/ 보유 기관	보유율
Lilly Endowment, Inc.	11.18%
The Vanguard Group, Inc.	6.32%
Wellington Management Co. LLP	5.53%

애널리스트 추천 및 최근 투자의견

일라이 릴리 앤드 컴퍼니의 2018년 01월 25일 현재 25개 기관의 **평균적인 목표가는 92.22$**이며, 2018년 추정 주당순이익(EPS)은 4.65$로 2017년 추정 EPS 4.22$에 비해 **10.18% 증가할 것으로 예상**된다.

최근, 1개월, 3개월의 투자 의견 변화

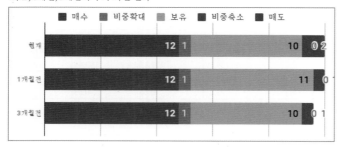

투자의견	금융사 및 투자의견	날짜
Downgrade	Credit Suisse: Neutral to Underperform	1/22/2018
Downgrade	Goldman Sachs: Buy to Neutral	1/16/2018
Upgrade	Argus: Hold to Buy	5/1/2018
Maintains	Morgan Stanley: Equal-Weight to Equal-Weight	11/21/2017
Maintains	Leerink Swann: to Market Perform	10/23/2017

내부자 거래

(3M 비중은 12개월 거래 중 최근 3개월의 비중)

구분	성격	3개월	12개월	3M비중
매수	매수 건수 (장내 매매만 해당)	23	54	42.59%
매도	매도 건수 (장내 매매만 해당)	14	39	35.90%
매수	매수 수량 (장내 매매만 해당)	133,314	548,274	24.32%
매도	매도 수량 (장내 매매만 해당)	106,448	2,463,802	4.32%
	순매수량 (- 인 경우 순매도량)	26,866	-1,915,528	

ETF 노출   (편입 ETF 수 : 100개 / 시가총액 대비 ETF의 보유비중 : 8.37%)

티커	ETF	보유 지분	비중
VOO	Vanguard 500 Index Fund	$1,416,313,529	0.34%
SPY	SPDR S&P 500 Trust ETF	$1,034,653,420	0.34%
IVV	Ishares S&P 500	$524,816,313	0.34%
VTV	Vanguard Value ETF	$436,413,306	0.64%
XLV	Health Care SPDR (ETF)	$422,596,468	2.43%

기간 수익률

1M : -1.21%	3M : 3.69%	6M : 0.98%	1Y : 11.3%	3Y : 20.95%

재무 지표

	2014	2015	2016	2017(E)
매출액 (백만$)	19,616	19,959	21,222	22,645
영업이익 (백만$)	3,329	3,592	3,871	5,616
순이익 (백만$)	2,391	2,408	2,738	4,455
자산총계 (백만$)	37,178	35,569	38,806	42,128
자본총계 (백만$)	15,388	14,590	14,081	
부채총계 (백만$)	21,790	20,979	24,725	

안정성 비율	2013	2014	2015	2016
유동비율 (%)	146.97	108.68	152.79	137.45
부채비율 (%)	99.82	141.60	143.79	175.60
이자보상배율 (배)	34.65	22.37	22.28	20.90

투자 지표

	2014	2015	2016	2017(E)
영업이익률 (%)	16.97	18.00	18.24	24.80
매출액 증가율 (%)	-15.13	1.75	6.33	6.70
EPS ($)	2.23	2.27	2.59	4.22
EPS 증가율 (%)	-48.50	1.79	14.10	62.79
주당자산가치($)	13.84	13.18	12.72	13.41
잉여현금흐름 (백만$)	3,205	1,707	3,814	2,285

	2013	2014	2015	2016
배당성향(%)	45.37	87.89	88.50	79.07
배당수익률(%)	3.84	2.84	2.37	2.77
ROE (%)	28.92	14.49	16.09	19.16
ROA (%)	13.45	6.60	6.62	7.36
재고회전율	8.30	6.92	6.45	6.06
EBITDA (백만$)	6,993.7	4,707.7	5,019.8	5,367.9

매출비중

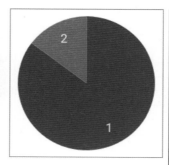

제품명	비중
1. 인간용 제약 제품	
	85.12%
2. 동물 건강	
	14.88%

MRK
머크
Merck

섹터 헬스케어 (Health Care)
세부섹터 제약 (Pharmaceuticals)

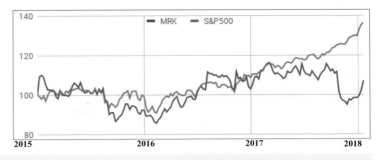

머크(Merck)는 전 세계에 의약품, 백신, 치료제를 판매하는 제약 업체이다. 회사는 1891년 설립되었고 본사는 뉴저지주 케닐 워스에 있으며 68,000명의 직원이 근무하고 있다. 회사의 사업 부문은 건강관리(바이오파마, 일반의약품, 알레르고파마), 생명과학, 기능성 소재의 세 가지 부문으로 나누어진다. 바이오파마 포트폴리오에는 대장암, 두경부암, 다발성 경화증, 난임, 성장 호르몬 질환, 심혈관 질환, 당뇨병, 갑상샘 질환(갑상샘항진증, 갑상샘저하증 등)을 치료하는 전문 의약품이 포함되어 있다. 일반의약품 사업부는 근육통, 관절통, 요통 완화제, 감기약, 두통약과 같은 일반의약품(OTC)을 제공하고 있다. 프로바이오틱 성분의 식이보충제, 비타민 C, 임신, 수유, 갱년기 여성의 건강을 돕는 비타민, 미네랄, 영양소 제품을 제공하고 있다. 알레르고파마 사업부의 포트폴리오는 항원 면역요법(AIT)에 사용되는 진단 제품과 치료제로 구성되어 있다. 바이오시밀러 사업부는 각종 종양과 염증 질환 치료를 위한 바이오시밀러를 개발하고 있다. 생명과학 사업부는 생명과학 업계를 위한 광범위한 제품과 기술포트폴리오를 보유하고 있으며 식음료 업계를 위한 분석 시스템과 테스트 키트를 제공하고 있다. 기능성 소재 사업부의 가전, 조명, 태양광, 인쇄 기술, 코팅, 플라스틱, 화장품, 식품 업계를 위한 특수 화학제품과 기능성 원료로 구성되어 있다.

기준일 : 2018/ 01 /25

한글 회사명 : 머크
영문 회사명 : Merck
상장일 : 1972년 01월 21일 | 결산월 : 12월
시가총액 : 1677 (억$) |
52주 최고 : $66.8 (-8.12%) / 52주 최저 : $53.63 (+14.43%)

주요 주주정보

보유자/ 보유 기관	보유율
The Vanguard Group, Inc.	7.04%
BlackRock Fund Advisors	4.61%
SSgA Funds Management, Inc.	4.31%

애널리스트 추천 및 최근 투자의견

머크의 2018년 01월 25일 현재 23개 기관의 **평균적인 목표가는 66.82$**이며, 2018년 추정 주당순이익(EPS)은 4.09$로 2017년 추정 EPS 3.94$에 비해 **3.8% 증가할 것으로 예상**된다.

최근,1개월, 3개월의 투자 의견 변화

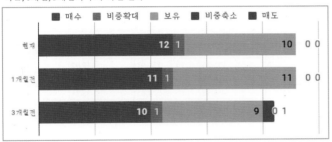

투자의견	금융사 및 투자의견	날짜
Upgrade	SunTrust Robinson Humphrey: Hold to Buy	1/16/2018
Upgrade	Jefferies: Underperform to Hold	10/31/2017
Maintains	BMO Capital: to Outperform	10/31/2017
Downgrade	Morgan Stanley: Overweight to Equal-Weight	10/30/2017
Downgrade	SunTrust Robinson Humphrey: Buy to Hold	10/30/2017

내부자 거래

(3M 비중은 12개월 거래 중 최근 3개월의 비중)

구분	성격	3개월	12개월	3M비중
매수	매수 건수 (장내 매매만 해당)	11	11	100.00%
매도	매도 건수 (장내 매매만 해당)	7	16	43.75%
매수	매수 수량 (장내 매매만 해당)	276,540	276,540	100.00%
매도	매도 수량 (장내 매매만 해당)	187,076	300,178	62.32%
	순매수량 (-인 경우 순매도량)	89,464	-23,638	

재무 지표

	2014	2015	2016	2017(E)
매출액 (백만$)	42,109	38,773	39,496	40,206
영업이익 (백만$)	9,191	7,437	10,491	13,729
순이익 (백만$)	11,920	4,442	3,920	10,830
자산총계 (백만$)	98,335	101,677	95,377	93,074
자본총계 (백만$)	48,791	44,767	40,308	
부채총계 (백만$)	49,544	56,910	55,069	

안정성 비율	2013	2014	2015	2016
유동비율 (%)	199.72	176.77	154.95	177.95
부채비율 (%)	101.90	101.54	127.13	136.62
이자보상배율 (배)	11.62	12.56	11.07	15.14

투자 지표

	2014	2015	2016	2017(E)
영업이익률 (%)	21.83	19.18	26.56	34.15
매출액 증가율 (%)	-4.48	-7.92	1.87	1.80
EPS ($)	4.12	1.58	1.42	3.94
EPS 증가율 (%)	176.51	-61.65	-10.13	177.65
주당자산가치($)	17.14	16.06	14.58	13.55
잉여현금흐름 (백만$)	6,543	11,255	8,762	8,677

	2013	2014	2015	2016
배당성향(%)	117.69	43.49	116.03	131.21
배당수익률(%)	3.46	3.12	3.43	3.14
ROE (%)	8.57	24.23	9.52	9.25
ROA (%)	4.27	11.70	4.46	4.00
재고회전율	6.91	7.14	7.55	8.26
EBITDA (백만$)	16,298	15,882	13,812	15,932

ETF 노출
(편입 ETF 수 : 115개 / 시가총액 대비 ETF의 보유비중 : 9.5%)

티커	ETF	보유 지분	비중
VTI	Vanguard Total Stock Market ETF	$4,055,075,385	0.59%
VOO	Vanguard 500 Index Fund	$2,885,524,333	0.70%
SPY	SPDR S&P 500 Trust ETF	$2,110,525,462	0.70%
IVV	Ishares S&P 500	$1,069,414,596	0.70%
VTV	Vanguard Value ETF	$866,057,150	1.26%

매출비중

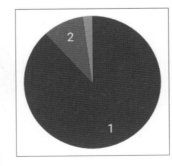

제품명	비중
1. 제약	
	88.3%
2. 기타 판매 부문	
	9.7%
3. 기타	
	1.99%

기간 수익률

1M : 8.96%	3M : -7.37%	6M : -2.15%	1Y : -1.99%	3Y : -2.77%

MYL
밀란
Mylan N.V.

섹터 헬스케어 (Health Care)
세부섹터 제약 (Pharmaceuticals)

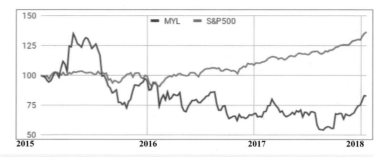

밀란(Mylan N.V.)은 전 세계적으로 자회사를 통해 창구 판매용 의료 제품을 개발, 라이센스, 제조, 판매, 유통을 영위하는 제약 업체이다. 회사는 1961년 설립되었고 본사는 영국 햇필에 있으며 35,000명의 직원이 근무하고 있다. 회사의 사업 부문은 지역별로 북미, 유럽, 전 세계 세 부문으로 나누어진다. 회사는 주로 정제, 캡슐, 주사제, 젤, 분무기, 크림 또는 연고 형태의 의약품을 제공하고 있으며, 호흡기 및 알레르기, 전염병, 심장혈관, 종양학, 중추 신경계 마취 등 다양한 치료 영역에서 주사용 제품 포트폴리오를 제조, 판매하고 있다. 회사는 도매상, 유통업자, 소매 약국 체인, 우편 주문 약국 및 단체 구매 조직에 제품을 판매하고 있다.

기준일 : 2018/ 01 /25
한글 회사명 : 밀란
영문 회사명 : Mylan N.V.
상장일 : 1973년 02월 26일 | 결산월 : 12월
시가총액 : 247 (억$) |
52주 최고 : $47.82 (-3.59%) / 52주 최저 : $29.39 (+56.85%)

주요 주주정보

보유자/ 보유 기관	보유율
Wellington Management Co. LLP	8.19%
The Vanguard Group, Inc.	6.43%
BlackRock Fund Advisors	6.26%

애널리스트 추천 및 최근 투자의견

밀란의 2018년 01월 25일 현재 24개 기관의 **평균적인 목표가는 48.64$**이며, 2018년 추정 주당순이익(EPS)은 5.39$로 2017년 추정 EPS 4.54$에 비해 **18.72% 증가할 것으로 예상**된다.

최근, 1개월, 3개월의 투자 의견 변화

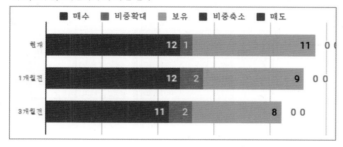

투자의견	금융사 및 투자의견	날짜
Initiated	Leerink Swann: to Market Perform	3/1/2018
Initiated	Guggenheim: to Buy	12/12/2017
Maintains	Morgan Stanley: to Equal-Weight	6/10/2017
Maintains	BTIG Research: to Buy	4/10/2017
Downgrade	Argus: Buy to Hold	8/22/2017

내부자 거래

(3M 비중은 12개월 거래 중 최근 3개월의 비중)

구분	성격	3개월	12개월	3M비중
매수	매수 건수 (장내 매매만 해당)	0	1	0.00%
매도	매도 건수 (장내 매매만 해당)	31	38	81.58%
매수	매수 수량 (장내 매매만 해당)	0	349	0.00%
매도	매도 수량 (장내 매매만 해당)	441,799	44,482,123	0.99%
	순매수량 (-인 경우 순매도량)	-441,799	-44,481,774	

ETF 노출
(편입 ETF 수 : 70개 / 시가총액 대비 ETF의 보유비중 : 11.58%)

티커	ETF	보유 지분	비중
VTI	Vanguard Total Stock Market ETF	$570,475,954	0.08%
VOO	Vanguard 500 Index Fund	$425,803,898	0.10%
IBB	Ishares Nasdaq Biotechnology	$342,266,128	3.19%
SPY	SPDR S&P 500 Trust ETF	$311,042,392	0.10%
QQQ	PowerShares QQQ Trust, Series 1 (ETF)	$196,711,151	0.32%

기간 수익률

1M : 15.32%	3M : 45.89%	6M : 19.3%	1Y : 26.05%	3Y : -16.55%

재무 지표

	2014	2015	2016	2017(E)
매출액 (백만$)	7,768	9,470	11,121	11,947
영업이익 (백만$)	1,510	1,797	1,568	3,400
순이익 (백만$)	929	848	480	2,437
자산총계 (백만$)	15,887	22,268	34,726	33,628
자본총계 (백만$)	3,276	9,766	11,118	
부채총계 (백만$)	12,611	12,502	23,609	

안정성 비율	2013	2014	2015	2016
유동비율 (%)	151.26	127.92	157.02	149.24
부채비율 (%)	414.76	384.94	128.02	212.35
이자보상배율 (배)	4.36	4.63	5.31	3.52

투자 지표

	2014	2015	2016	2017(E)
영업이익률 (%)	19.44	18.98	14.10	28.46
매출액 증가율 (%)	11.45	21.91	17.44	7.43
EPS ($)	2.49	1.80	0.94	4.54
EPS 증가율 (%)	55.63	-27.71	-50.00	383.06
주당자산가치($)	8.68	19.85	20.77	22.66
잉여현금흐름 (백만$)	690	1,646	1,657	2,180

	2013	2014	2015	2016
배당성향(%)				
배당수익률(%)	0.00	0.00	0.00	0.00
ROE (%)	19.86	29.99	13.02	4.60
ROA (%)	4.61	6.00	4.44	1.68
재고회전율	4.37	4.68	5.26	5.05
EBITDA (백만$)	1,921.8	2,048.7	2,798.1	3,091.1

매출비중

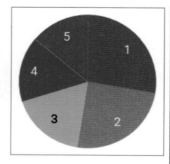

제품명	비중
1. 중추 신경계	18.51%
2. 호흡기 및 알레르기	16.53%
3. 감염성 질병	11.88%
4. 심장 혈관	10.62%
5. 소화기	9.39%

PFE
화이자
Pfizer

섹터 헬스케어 (Health Care)
세부섹터 제약 (Pharmaceuticals)

화이자(Pfizer)는 각종 의료 제품 개발, 제조 사업을 영위하는 세계적인 제약 바이오 업체이다. 회사는 1942년 설립되었고 본사는 뉴욕주 브루클린에 있으며 96,500명의 직원이 근무하고 있다. 회사의 사업 부문은 혁신헬스케어 부문과 필수헬스케어 부문으로 나누어진다. 회사는 현재 젤라틴 캡슐 제조, 대량 제약 화학물질 생산 계약 등 다양한 분야로 확장 중이다. 1950년 테라마이신을 시작으로 본격적인 제약회사로 발돋움했으며 1959년부터 동물의약품 개발 사업에 진출했다. 1980년 관절염 특효약인 펠덴 출시, 1998년 비아그라를 출시해 엄청난 도약을 하게 되었다. 혁신 헬스케어 부문은 소비자 건강을 위한 제품 및 환자의 삶을 개선하는 의약품, 백신 개발, 상용화에 중점을 두고 있다. 필수헬스케어 부문은 브랜드 제네릭, 일반무균 주사용 제품, 바이오시밀러 등을 포함하며 연구개발조직 및 위탁생산 사업이 포함되어 있다. 2015년 9월 미국 제약사 호스피라의 인수로 현재 북미지역 셀트리온의 바이오시밀러 램시마 판권을 보유하고 있다.

기준일 : 2018/ 01 /25
한글 회사명 : 화이자
영문 회사명 : Pfizer
상장일 : 1972년 01월 21일 | 결산월 : 12월
시가총액 : 2219 (억$) |
52주 최고 : $37.37 (-1.01%) / 52주 최저 : $30.9 (+19.7%)

주요 주주정보

보유자/ 보유 기관	보유율
The Vanguard Group, Inc.	6.97%
SSgA Funds Management, Inc.	5.19%
BlackRock Fund Advisors	4.63%

애널리스트 추천 및 최근 투자의견

화이자의 2018년 01월 25일 현재 23개 기관의 **평균적인 목표가는 39$**이며, 2018년 추정 주당순이익(EPS)은 2.78$로 2017년 추정 EPS 2.6$에 비해 **6.92% 증가할 것으로 예상**된다.

최근, 1개월, 3개월의 투자 의견 변화

투자의견	금융사 및 투자의견	날짜
Maintains	BMO Capital: to Outperform	10/19/2017
Upgrade	Morgan Stanley: Equal-Weight to Overweight	9/20/2017
Upgrade	BMO Capital: Market Perform to Outperform	2/8/2017
Downgrade	Credit Suisse: to Neutral	7/20/2017
Maintains	Credit Suisse: to Neutral	7/20/2017

내부자 거래

(3M 비중은 12개월 거래 중 최근 3개월의 비중)

구분	성격	3개월	12개월	3M비중
매수	매수 건수 (장내 매매만 해당)	16	16	100.00%
매도	매도 건수 (장내 매매만 해당)	56	74	75.68%
매수	매수 수량 (장내 매매만 해당)	865,291	865,291	100.00%
매도	매도 수량 (장내 매매만 해당)	3,141,176	3,655,858	85.92%
	순매수량 (-인 경우 순매도량)	-2,275,885	-2,790,567	

ETF 노출
(편입 ETF 수 : 125개 / 시가총액 대비 ETF의 보유비중 : 9.58%)

티커	ETF	보유 지분	비중
VTI	Vanguard Total Stock Market ETF	$5,407,846,977	0.79%
VOO	Vanguard 500 Index Fund	$3,835,722,293	0.92%
SPY	SPDR S&P 500 Trust ETF	$2,805,156,920	0.93%
IVV	Ishares S&P 500	$1,421,355,359	0.92%
VTV	Vanguard Value ETF	$1,155,468,453	1.69%

기간 수익률

1M : -0.69%	3M : 4.46%	6M : 10.33%	1Y : 16.27%	3Y : 12.62%

재무 지표

	2014	2015	2016	2017(E)
매출액 (백만$)	49,605	48,851	52,824	52,524
영업이익 (백만$)	14,029	13,296	14,274	20,107
순이익 (백만$)	9,087	6,949	7,198	15,693
자산총계 (백만$)	169,274	167,381	171,615	172,555
자본총계 (백만$)	71,622	64,998	59,840	
부채총계 (백만$)	97,652	102,384	111,775	

안정성 비율	2013	2014	2015	2016
유동비율 (%)	240.71	266.76	149.00	125.18
부채비율 (%)	124.62	136.34	157.52	186.79
이자보상배율 (배)	11.94	10.32	11.09	12.04

투자 지표

	2014	2015	2016	2017(E)
영업이익률 (%)	28.28	27.22	27.02	38.28
매출액 증가율 (%)	-3.84	-1.52	8.13	-0.57
EPS ($)	1.43	1.13	1.18	2.60
EPS 증가율 (%)	-16.31	-21.17	4.63	120.04
주당자산가치($)	11.33	10.48	9.81	9.73
잉여현금흐름 (백만$)	15,684	13,292	14,078	13,994

	2013	2014	2015	2016
배당성향(%)	58.02	74.99	102.40	104.27
배당수익률(%)	3.20	3.40	3.53	3.76
ROE (%)	14.45	12.31	10.22	11.59
ROA (%)	6.38	5.34	4.14	4.27
재고회전율	8.43	8.39	7.42	7.39
EBITDA (백만$)	23,298	19,566	18,453	20,031

매출비중

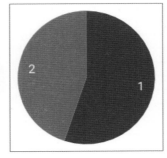

제품명	비중
1. 건강 개선 부문	
	55.27%
2. 필수 건강	
	44.73%

PRGO
페리고 컴퍼니
Perrigo Company plc

섹터 헬스케어 (Health Care)
세부섹터 제약 (Pharmaceuticals)

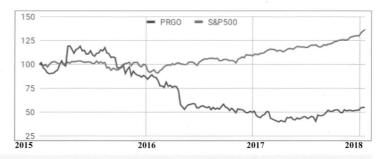

페리고 컴퍼니(Perrigo Company plc)는 전 세계에 자회사를 통해 일반 의약품을 개발, 제조, 판매, 유통 사업을 영위하는 제약 업체이다. 회사는 1887년에 설립되었고 본사는 아일랜드 더블린에 있으며 10,220명의 직원이 근무하고 있다. 회사는 기침, 감기, 알레르기 및 부비강, 진통제, 위장, 금연, 유아용 조제분유 및 식품, 동물 건강, 진단 제품, 유기농 건강식품 및 비타민, 개인 병간호 및 피부 치료제 등 다양한 범주의 일반 의약품을 제공하고 있다. 또한 크림, 연고, 로션, 젤, 샴푸, 거품, 좌약, 스프레이, 액체, 현탁액, 용액, 분말, 관리 물질, 주사제, 호르몬, 구강 고형 제제 및 제형과 같은 특수 의약품 처방 약을 제공하고 있다. 회사는 슈퍼마켓, 멤버십 체인, 도매업자, 약국, 식료품점, 병원 등의 다양한 판매망을 통해 제품을 공급하고 있다.

기준일 : 2018/ 01 /25

한글 회사명 : 페리고 컴퍼니

영문 회사명 : Perrigo Company plc

상장일 : 1991년 12월 17일 | 결산월 : 12월

시가총액 : 133 (억$) |

52주 최고 : $94.81 (-1.36%) / 52주 최저 : $63.68 (+46.85%)

주요 주주정보

보유자/ 보유 기관	보유율
The Vanguard Group, Inc.	10.26%
T. Rowe Price Associates, Inc.	8.6%
Starboard Value LP	6.85%

애널리스트 추천 및 최근 투자의견

페리고 컴퍼니의 2018년 01월 25일 현재 20개 기관의 **평균적인 목표가는 91.13$**이며, 2018년 추정 주당순이익(EPS)은 5.36$로 2017년 추정 EPS 4.89$에 비해 **9.61% 증가** 할 것으로 예상된다.

최근, 1개월, 3개월의 투자 의견 변화

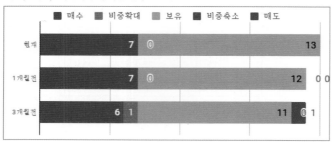

투자의견	금융사 및 투자의견	날짜
Initiated	Leerink Swann: to Market Perform	3/1/2018
Upgrade	Argus: Hold to Buy	8/12/2017
Upgrade	RBC Capital: Underperform to Market Perform	10/11/2017
Maintains	Morgan Stanley: to Equal-Weight	10/11/2017
Maintains	UBS: to Buy	5/10/2017

내부자 거래

(3M 비중은 12개월 거래 중 최근 3개월의 비중)

구분	성격	3개월	12개월	3M비중
매수	매수 건수 (장내 매매만 해당)	1	12	8.33%
매도	매도 건수 (장내 매매만 해당)	5	38	13.16%
매수	매수 수량 (장내 매매만 해당)	7,500	19,183	39.10%
매도	매도 수량 (장내 매매만 해당)	3,430	26,354	13.02%
	순매수량 (-인 경우 순매도량)	4,070	-7,171	

ETF 노출

(편입 ETF 수 : 63개 / 시가총액 대비 ETF의 보유비중 : 4.48%)

티커	ETF	보유 지분	비중
SPY	SPDR S&P 500 Trust ETF	$156,957,287	0.05%
IVV	Ishares S&P 500	$78,398,628	0.05%
XLV	Health Care SPDR (ETF)	$63,881,961	0.37%
IWD	iShares Russell 1000	$38,353,398	0.09%
IWS	iShares Russell Mid-Cap Value ETF	$34,239,251	0.30%

기간 수익률

1M : 6.21%	3M : 5.73%	6M : 20.56%	1Y : 22.4%	3Y : -42.76%

재무 지표

	2014	2015	2016	2017(E)
매출액 (백만$)	4,063	5,268	5,279	4,888
영업이익 (백만$)	753	622	656	1,003
순이익 (백만$)	205	85	-4,013	698
자산총계 (백만$)	13,880	19,350	13,870	11,671
자본총계 (백만$)	8,694	10,107	5,958	
부채총계 (백만$)	5,187	9,243	7,913	

안정성 비율	2013	2014	2015	2016
유동비율 (%)	298.49	237.36	109.38	152.77
부채비율 (%)	129.39	59.66	91.45	132.81
이자보상배율 (배)	10.11	7.81	3.53	3.12

투자 지표

	2014	2015	2016	2017(E)
영업이익률 (%)	18.53	11.81	12.43	20.52
매출액 증가율 (%)	14.88	29.66	0.21	-7.42
EPS ($)	1.78	0.58	-28.00	4.89
EPS 증가율 (%)	-62.21	-67.20	-4,896.64	117.47
주당자산가치($)	64.97	70.63	41.55	49.64
잉여현금흐름 (백만$)	522	123	549	536

	2013	2014	2015	2016
배당성향(%)	7.48	22.60	122.04	
배당수익률(%)	0.29	0.27	0.49	0.70
ROE (%)	21.13	3.72	0.90	-49.96
ROA (%)	9.43	2.14	0.51	-24.16
재고회전율	5.65	6.08	6.89	6.23
EBITDA (백만$)	867.90	1,111.80	986.80	1,113.10

매출비중

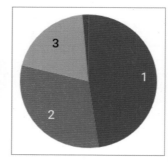

제품명	비중
1. 소비자 헬스케어-미국	
	47.48%
2. 소비자 헬스케어-국제	
	31.29%
3. 처방용 제약	
	19.75%
4. 기타	
	1.49%

ZTS
조에티스
Zoetis Inc.

섹터 헬스케어 (Health Care)
세부섹터 제약 (Pharmaceuticals)

조에티스(Zoetis Inc.)는 애완동물, 가축을 위한 백신과 의약품을 개발, 제조, 판매하는 업체이다. 회사는 1952년 설립되었고 본사는 뉴저지주 파시파니에 있으며 9,000명의 직원이 근무하고 있다. 회사는 세계 최대의 제약 회사인 화이자의 자회사로 처음 설립되었고 2012년 화이자로부터 분리되어 하나의 독립된 회사가 되었다. 회사는 벼룩, 진드기, 벌레와 같은 외부 및 내부 기생충을 예방하거나 제거하는 기생충제 등 항 감염 물질을 생산하고 있다. 가축에게 의약품을 제공하는 약용 사료 첨가제를 판매하고 있다. 마취, 통증 관리, 종양학, 항염증제, 알레르기 및 생식 제품을 포함한 동물용 제약 제품을 판매하고 있으며 수의학 전문가, 축산업자에게 회사의 제품과 솔루션을 판매하고 있다.

기준일 : 2018/ 01 /25

한글 회사명 : 조에티스
영문 회사명 : Zoetis Inc.
상장일 : 2013년 02월 01일 | 결산월 : 12월
시가총액 : 386 (억$) |
52주 최고 : $78.32 (-0.31%) / 52주 최저 : $52 (+50.13%)

주요 주주정보

보유자/ 보유 기관	보유율
The Vanguard Group, Inc.	6.86%
T. Rowe Price Associates, Inc.	6%
BlackRock Fund Advisors	5.11%

애널리스트 추천 및 최근 투자의견

조에티스의 2018년 01월 25일 현재 22개 기관의 **평균적인 목표가는 79.61$**이며, 2018년 추정 주당순이익(EPS)은 2.94$로 2017년 추정 EPS 2.37$에 비해 **24.05% 증가할 것으로 예상**된다.

최근, 1개월, 3개월의 투자 의견 변화

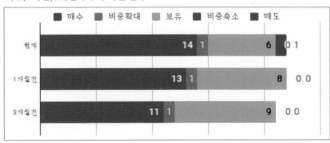

투자의견	금융사 및 투자의견	날짜
Upgrade	Morgan Stanley: Equal-Weight to Overweight	11/29/2017
Downgrade	UBS: Buy to Neutral	11/24/2017
Maintains	BMO Capital: to Market Perform	3/11/2017
Maintains	Morgan Stanley: to Equal-Weight	3/11/2017
Downgrade	Deutsche Bank: Buy to Hold	7/26/2017

내부자 거래

(3M 비중은 12개월 거래 중 최근 3개월의 비중)

구분	성격	3개월	12개월	3M비중
매수	매수 건수 (장내 매매만 해당)	0	0	-
매도	매도 건수 (장내 매매만 해당)	24	27	88.89%
매수	매수 수량 (장내 매매만 해당)	0	0	-
매도	매도 수량 (장내 매매만 해당)	326,153	335,889	97.10%
	순매수량 (-인 경우 순매도량)	-326,153	-335,889	

ETF 노출
(편입 ETF 수 : 92개 / 시가총액 대비 ETF의 보유비중 : 9.82%)

티커	ETF	보유 지분	비중
VTI	Vanguard Total Stock Market ETF	$935,863,732	0.14%
VOO	Vanguard 500 Index Fund	$663,369,307	0.16%
SPY	SPDR S&P 500 Trust ETF	$487,333,821	0.16%
VUG	Vanguard Growth ETF	$261,470,646	0.33%
IVV	Ishares S&P 500	$246,561,760	0.16%

기간 수익률

1M : 6.47%	3M : 17.51%	6M : 21.31%	1Y : 41.96%	3Y : 73.27%

재무 지표

	2014	2015	2016	2017(E)
매출액 (백만$)	4,785	4,765	4,888	5,250
영업이익 (백만$)	1,133	1,196	1,453	1,786
순이익 (백만$)	583	339	821	1,167
자산총계 (백만$)	6,607	7,913	7,649	8,772
자본총계 (백만$)	1,337	1,091	1,499	
부채총계 (백만$)	5,270	6,822	6,150	

안정성 비율	2013	2014	2015	2016
유동비율 (%)	237.24	319.06	215.05	303.49
부채비율 (%)	581.71	394.17	625.30	410.27
이자보상배율 (배)	9.15	9.68	9.65	8.75

투자 지표

	2014	2015	2016	2017(E)
영업이익률 (%)	23.68	25.10	29.73	34.02
매출액 증가율 (%)	4.91	-0.42	2.58	7.41
EPS ($)	1.16	0.68	1.66	2.37
EPS 증가율 (%)	14.85	-41.38	144.12	42.60
주당자산가치($)	2.62	2.15	3.02	3.16
잉여현금흐름 (백만$)	446	440	497	1,499

	2013	2014	2015	2016
배당성향(%)	26.44	25.78	50.59	23.64
배당수익률(%)	0.82	0.69	0.72	0.73
ROE (%)	20.30	51.80	28.50	64.27
ROA (%)	7.85	8.92	4.67	10.53
재고회전율	3.46	3.71	3.46	3.29
EBITDA (백만$)	1243	1337	1395	1693

매출비중

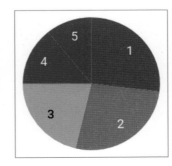

제품명	비중
1. 항 감염제	
	25.68%
2. 백신	
	25.47%
3. 기타 제약	
	20.21%
4. 구충제	
	13.48%
5. 약용 사료 첨가제	
	10.23%

Materials

원자재

섹터 설명 및 전망

원자재(Materials) 섹터는 S&P500에서 약 3%를 차지하는 섹터이다. 원자재 섹터의 평균 주가수익비율(PER) 값은 지속적인 이익 증가로 2017년 24.32배에서 2018년 21.40배로 낮아질 전망이다.

강달러의 영향으로 몇 년간 지속해서 하락하던 원자재 가격의 하락세가 2016년 1월을 기점으로 멈춘 후 지속해서 반등 중이다. 미국을 제외한 일본과 유로존 중앙은행은 2008년 금융위기 이후 지속적인 통화 완화 기조를 유지하고 있다. 지난 몇 년간 강달러와 원자재의 공급 과잉으로 인해 가격이 하락하는 동안 관련 기업들의 생산성은 향상하였기 때문에 원자재의 절대적인 공급량은 앞으로도 증가하리라 판단된다.

이후 미국, 유럽, 중국의 경기회복으로 원자재의 수요가 공급을 앞설 것이라고 예상되며, 각종 원자재의 가격은 상승하리라 전망된다. 농산물 시장의 경우도 지난 몇 년간 유리한 기상 조건으로 옥수수, 밀, 대두 등의 농산물 수확량이 증가함에 따라 농산물 가격은 추세적으로 하락하고 있다. 농산물 업황 악화로 인해 종자, 비료, 농산물 관련 화학 물질 제조업체들의 인수합병 소식을 많이 접할 수 있었다. 농산물을 경작할 수 있는 농지 공급이 해가 갈수록 감소하고 있기 때문에 최근 몇 년간 저점 부근에 머물러 있는 원자재와 관련된 기업들은 주목할 필요가 있다.

또한 앞으로 전기차의 수요가 꾸준히 증가함에 따라 리튬, 구리, 알루미늄, 니켈을 비롯한 비철금속의 가격도 상승세로 이어질 것으로 예상되므로, 원자재의 채굴과 관련된 글로벌 광산업체들에 관심 갖기를 권한다.

원자재 섹터 둘러보기

대표 ETF	시가총액 (1억$)	S&P500내 비중	편입 종목수
XLB	7,358	2.99%	25

S&P500 VS Materials

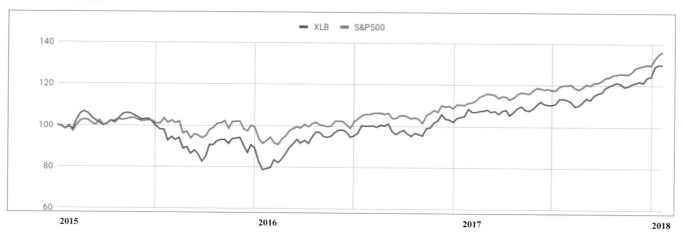

원자재 섹터는 2015년 1월 1일 이후 30.07% 상승했으며, 같은 기간 S&P500은 36.49% 상승했다. 원자재 섹터의 S&P500 대비 상대 수익률은 -6.42%p 이다.

S&P500내 원자재 섹터 비중 추이

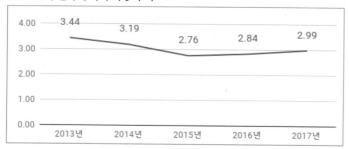

원자재 섹터 관련 주요 데이터

	원자재 섹터	S&P500 평균
PER (Trailing)	26.24	23.53
PER (Projected)	21.53	20.49
PBR	2.79	3.11
시가 배당률	1.29	1.87
P/Sales	2.01	2.09
P/Cash flow	27.17	21.71
변동성 3년	16.5	10.07
변동성 5년	14.31	9.49

원자재 섹터 대표 ETF 'XLB'의 최근 자금 유입 동향(100만$) 및 수익률(%)

자금동향

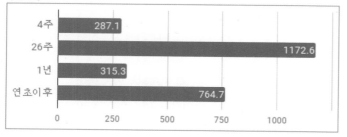

수익률

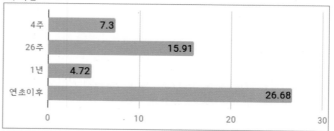

시가 총액 상위 종목

순위	티커	종목명/세부 섹터
1위	DWDP	DowDuPont (다우듀폰)
		다양한 화학제품
2위	MON	Monsanto Co. (몬산토)
		화학 비료와 농약
3위	PX	Praxair Inc. (프렉스에어)
		산업용 가스
4위	LYB	LyondellBasell (리온델바젤 인더스트리)
		특수 화학 제품
5위	SHW	Sherwin-Williams (셔윈 윌리엄스)
		특수 화학 제품

(2018년 1월 13일 기준)

섹터 내 상승/하락 상위 종목 (최근 1년)

상승률 상위 종목

순위	티커	상승률
1위	FMC	71.63%
2위	AVY	70.16%
3위	SHW	57.66%

하락률 상위 종목

순위	티커	하락률
1위	MOS	-13.25%
2위	MLM	-0.69%
3위	SEE	-0.51%

MLM
마틴 마리에타 메테리얼스
Martin Marietta Materials

섹터 원자재 (Materials)
세부섹터 건축 자재 (Construction Materials)

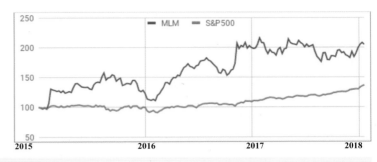

마틴 마리에타 메테리얼스(Martin Marietta Materials)는 고속도로, 인프라, 상업, 주거를 비롯한 건설 산업에 필요한 골재 생산 업체이다. 회사는 1993년 설립되었고 본사는 노스캐롤라이나주 롤리에 있으며 8,111명의 직원이 근무하고 있다. 회사는 철강 산업을 위한 내열 내화물 제품, 산업, 농업, 환경 용도의 화학제품, 석회 등의 마그네슘 기반제품을 제조 및 판매하고 있다. 자회사와 함께 건설 산업에 필요한 골재 제품과 건축 자재를 공급하고 있다. 회사는 공공 인프라, 비주거용 및 주거용 건설 산업뿐만 아니라 농업, 철도, 화학 및 기타 응용 분야에서 사용되는 화강암, 석회암, 모래, 자갈, 기타 골재 제품을 채굴, 가공, 판매하고 있다. 아스팔트 제품, 준비 혼합 콘크리트 등의 도로포장 건설 서비스를 제공하고 있으며 포틀랜드 및 특수 시멘트를 생산하고 있다. 회사는 산업, 농업, 환경 응용 분야를 위한 마그네슘 기반 화학제품을 제조 및 판매하고 있다.

기준일 : 2018/ 01 /25
한글 회사명 : 마틴 마리에타 메테리얼스
영문 회사명 : Martin Marietta Materials
상장일 : 1994년 02월 17일 | 결산월 : 12월
시가총액 : 150 (억$) |
52주 최고 : $244.32 (-5.11%) / 52주 최저 : $191.09 (+21.31%)

주요 주주정보

보유자 / 보유 기관	보유율
The Vanguard Group, Inc.	10.06%
BlackRock Fund Advisors	4.62%
SSgA Funds Management, Inc.	4.13%

애널리스트 추천 및 최근 투자의견

마틴 마리에타 메테리얼스의 2018년 01월 25일 현재 15개 기관의 **평균적인 목표가는 246.64$**이며, 2018년 추정 주당순이익(EPS)은 8.85$로 2017년 추정 EPS 6.82$에 비해 **29.76% 증가할 것으로 예상**된다.

최근, 1개월, 3개월의 투자 의견 변화

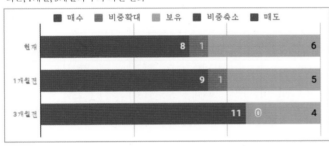

투자의견	금융사 및 투자의견	날짜
Maintains	Citigroup: Buy to Buy	1/25/2018
Initiated	Barclays: to Equal-Weight	12/13/2017
Maintains	Bank of America: to Neutral	10/19/2017
Maintains	Citigroup: to Buy	9/10/2017
Upgrade	Cleveland Research: to Buy	3/31/2017

내부자 거래

(3M 비중은 12개월 거래 중 최근 3개월의 비중)

구분	성격	3개월	12개월	3M비중
매수	매수 건수 (장내 매매만 해당)	13	44	29.55%
매도	매도 건수 (장내 매매만 해당)	13	33	39.39%
매수	매수 수량 (장내 매매만 해당)	33,388	66,940	49.88%
매도	매도 수량 (장내 매매만 해당)	10,735	47,623	22.54%
	순매수량 (-인 경우 순매도량)	22,653	19,317	

ETF 노출
(편입 ETF 수 : 71개 / 시가총액 대비 ETF의 보유비중 : 13%)

티커	ETF	보유 지분	비중
VO	Vanguard Mid Cap Index Fund	$368,179,750	0.37%
VTI	Vanguard Total Stock Market ETF	$362,238,978	0.05%
VOO	Vanguard 500 Index Fund	$256,950,075	0.06%
SPY	SPDR S&P 500 Trust ETF	$188,774,487	0.06%
XLB	Materials Select Sector SPDR	$120,173,602	2.18%

기간 수익률

1M : 11.02%	3M : 13.94%	6M : 1.02%	1Y : -0.33%	3Y : 110.28%

재무 지표

	2014	2015	2016	2017(E)
매출액 (백만$)	2,958	3,540	3,819	3,737
영업이익 (백만$)	353	488	652	676
순이익 (백만$)	155	288	424	428
자산총계 (백만$)	7,464	7,251	7,560	7,582
자본총계 (백만$)	4,353	4,060	4,143	
부채총계 (백만$)	3,112	3,191	3,417	

안정성 비율	2013	2014	2015	2016
유동비율 (%)	358.76	324.93	295.00	198.76
부채비율 (%)	106.98	71.49	78.59	82.49
이자보상배율 (배)	4.09	5.44	6.50	8.12

투자 지표

	2014	2015	2016	2017(E)
영업이익률 (%)	11.93	13.79	17.07	18.10
매출액 증가율 (%)	37.23	19.66	7.89	-2.15
EPS ($)	2.73	4.31	6.66	6.82
EPS 증가율 (%)	4.20	57.88	54.52	2.45
주당자산가치($)	64.66	62.92	65.53	70.69
잉여현금흐름 (백만$)	135	255	291	270

	2013	2014	2015	2016
배당성향(%)	61.30	59.04	37.30	24.74
배당수익률(%)	1.60	1.45	1.17	0.74
ROE (%)	8.25	5.26	6.84	10.34
ROA (%)	3.73	2.87	3.91	5.72
재고회전율	6.34	7.11	7.42	7.71
EBITDA (백만$)	387.68	575.86	758.23	946.21

매출비중

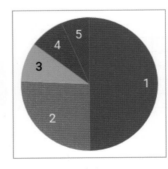

제품명	비중
1. 미국 서부	51.59%
2. 미국 중부	26.63%
3. 시멘트	9.84%
4. 동남 그룹	8.41%
5. 산화마그네슘 특수제품	6.73%

VMC
벌칸 메테리얼
Vulcan Materials Company

섹터 원자재 (Materials)
세부섹터 건축 자재 (Construction Materials)

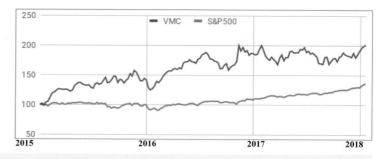

벌칸 메테리얼(Vulcan Materials Company)은 주로 미국에서 건설 골재, 아스팔트 혼합물, 즉시 사용 가능한 혼합 콘크리트를 생산, 판매하는 업체이다. 회사는 1909년 설립되었고 본사는 앨라배마주 버밍햄에 있으며 7,533명의 직원이 근무하고 있다. 회사의 사업 부문은 골재, 아스팔트 혼합물, 콘크리트, 칼슘의 네 가지 부문으로 나누어진다. 골재 부문은 부서진 석재, 모래 및 자갈, 모래 및 기타 골재뿐만 아니라 관련 제품 및 서비스를 제공하고 있다. 고속도로, 공항 및 정부 건물과 같은 공공기관 건설에 사용되고 있다. 연방, 주, 카운티, 지방 자치 단체/기관에 판매하고 있다. 아스팔트 혼합물 부문은 애리조나, 캘리포니아, 뉴멕시코, 텍사스에서 아스팔트 혼합물을 제공하고 있다. 콘크리트 부문은 애리조나, 조지아, 메릴랜드, 뉴멕시코, 텍사스, 버지니아, 워싱턴 D.C. 바하마에서 혼합 콘크리트를 제공하고 있다. 칼슘 부문은 광산 생산, 동물 사료, 플라스틱, 수처리 산업에 칼슘 제품을 판매하고 있다.

기준일 : 2018/ 01 /25

한글 회사명 : 벌칸 메테리얼
영문 회사명 : Vulcan Materials Company
상장일 : 1972년 01월 21일 | 결산월 : 12월
시가총액 : 183 (억$) |
52주 최고 : $137.65 (-2.11%) / 52주 최저 : $108.95 (+23.67%)

주요 주주정보

보유자/ 보유 기관	보유율
The Vanguard Group, Inc.	10.06%
State Farm Investment Management Corp.	9.59%
T. Rowe Price Associates, Inc.	7.09%

애널리스트 추천 및 최근 투자의견

벌칸 메테리얼의 2018년 01월 25일 현재 17개 기관의 **평균적인 목표가는 144.43$**이며, 2018년 추정 주당순이익(EPS)은 4.22$로 2017년 추정 EPS 3$에 비해 **40.66% 증가**할 것으로 예상된다.

최근, 1개월, 3개월의 투자 의견 변화

투자의견	금융사 및 투자의견	날짜
Maintains	Citigroup: Buy to Buy	1/25/2018
Initiated	Barclays: to Overweight	12/13/2017
Maintains	Jefferies: to Hold	3/11/2017
Maintains	Bank of America: to Neutral	10/19/2017
Maintains	Citigroup: to Buy	9/10/2017

내부자 거래

(3M 비중은 12개월 거래 중 최근 3개월의 비중)

구분	성격	3개월	12개월	3M비중
매수	매수 건수 (장내 매매만 해당)	0	0	-
매도	매도 건수 (장내 매매만 해당)	20	32	62.50%
매수	매수 수량 (장내 매매만 해당)	0	0	-
매도	매도 수량 (장내 매매만 해당)	86,711	115,893	74.82%
	순매수량 (-인 경우 순매도량)	-86,711	-115,893	

ETF 노출

(편입 ETF 수 : 74개 / 시가총액 대비 ETF의 보유비중 : 13.02%)

티커	ETF	보유 지분	비중
VO	Vanguard Mid Cap Index Fund	$455,654,980	0.46%
VTI	Vanguard Total Stock Market ETF	$448,439,321	0.07%
VOO	Vanguard 500 Index Fund	$317,964,835	0.08%
SPY	SPDR S&P 500 Trust ETF	$230,270,464	0.08%
XLB	Materials Select Sector SPDR	$147,241,706	2.67%

기간 수익률

1M : 11.76%	3M : 19.27%	6M : 7%	1Y : 3.97%	3Y : 101.86%

재무 지표

	2014	2015	2016	2017(E)
매출액 (백만$)	2,994	3,422	3,593	3,859
영업이익 (백만$)	316	572	676	680
순이익 (백만$)	207	233	422	357
자산총계 (백만$)	8,062	8,643	8,797	9,526
자본총계 (백만$)	4,177	4,454	4,572	
부채총계 (백만$)	3,885	4,189	4,225	

안정성 비율	2013	2014	2015	2016
유동비율 (%)	318.08	203.70	306.83	305.49
부채비율 (%)	109.72	93.02	94.04	92.40
이자보상배율 (배)	0.85	1.34	2.59	5.12

투자 지표

	2014	2015	2016	2017(E)
영업이익률 (%)	10.55	16.72	18.81	17.61
매출액 증가율 (%)	8.07	14.30	4.98	7.42
EPS ($)	1.56	1.66	3.15	3.00
EPS 증가율 (%)	721.05	6.44	89.71	-4.88
주당자산가치($)	31.66	33.45	34.55	35.52
잉여현금흐름 (백만$)	35	214	294	264

	2013	2014	2015	2016
배당성향(%)	21.05	14.29	24.43	25.89
배당수익률(%)	0.07	0.33	0.42	0.64
ROE (%)	0.54	5.11	5.40	9.36
ROA (%)	0.25	2.54	2.79	4.84
재고회전율	8.15	8.99	10.23	10.37
EBITDA (백만$)	474.56	595.79	846.91	960.51

매출비중

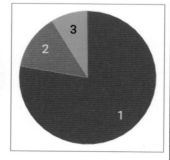

제품명	비중
1. 골재	82.44%
2. 혼합 아스팔트	14.26%
3. 콘크리트	9.19%
4. 칼슘	0.25%
5. 골재 거래	-6.14%

FCX
프리포트 맥모란
Freeport-McMoRan Inc.

섹터 원자재 (Materials)
세부섹터 구리 (Copper)

프리포트 맥모란(Freeport-McMoRan Inc.)은 미국, 인도네시아, 페루, 칠레에 광산을 보유한 세계적인 자원 광산업체이다. 회사는 1987년에 설립되었고 본사는 애리조나주 피닉스에 있으며 30,000명의 직원이 근무하고 있다. 회사는 구리 농축물, 구리 음극, 구리 막대, 금, 몰리브덴, 은, 기타 금속 채굴과 석유와 가스를 탐사하고 있다. 회사의 주력 생산품은 구리, 금, 몰리브덴, 석유이며 세계 광물 생산량 시장 점유율 기준 세계 최대의 구리, 몰리브덴 판매업체이다. 2017년 현재 전 세계 구리 시장의 9%를 점유하고 있으며 회사 매출 중 구리가 상당수를 차지하고 있으며 석유, 금, 몰리브덴 순으로 차지하고 있다. 북미 지역에 9곳, 남미 2곳, 인도네시아 1곳의 광산을 소유 및 개발하고 있다. 북미 지역의 경우 본사가 위치한 애리조나주에 광산이 집중되어 있다.

기준일 : 2018/ 01 /25

한글 회사명 : 프리포트 맥모란
영문 회사명 : Freeport-McMoRan Inc.
상장일 : 1995년 07월 10일 | 결산월 : 12월
시가총액 : 287 (억$) | 52주 최고 : $20.18 (-2.77%) / 52주 최저 : $11.05 (+77.55%)

주요 주주정보

보유자/ 보유 기관	보유율
The Vanguard Group, Inc.	10.27%
Capital Research & Management Co.	6.34%
Icahn Associates Holding LLC	5.33%

애널리스트 추천 및 최근 투자의견

프리포트 맥모란의 2018년 01월 25일 현재 24개 기관의 **평균적인 목표가는 18.49$**이며, 2018년 추정 주당순이익(EPS)은 1.27$로 2017년 추정 EPS 1.84$에 비해 **-30.97% 감소할 것으로 예상**된다.

최근, 1개월, 3개월의 투자 의견 변화

투자의견	금융사 및 투자의견	날짜
Downgrade	CIBC: Outperform to Neutral	1/22/2018
Upgrade	Morgan Stanley: Underweight to Equal-Weight	12/12/2017
Maintains	UBS: to Neutral	10/30/2017
Downgrade	Deutsche Bank: Hold to Sell	10/17/2017
Maintains	Jefferies: to Buy	4/10/2017

내부자 거래

(3M 비중은 12개월 거래 중 최근 3개월의 비중)

구분	성격	3개월	12개월	3M비중
매수	매수 건수 (장내 매매만 해당)	8	26	30.77%
매도	매도 건수 (장내 매매만 해당)	5	8	62.50%
매수	매수 수량 (장내 매매만 해당)	246,272	630,391	39.07%
매도	매도 수량 (장내 매매만 해당)	27,833	118,852	23.42%
	순매수량 (-인 경우 순매도량)	218,439	511,539	

ETF 노출

(편입 ETF 수 : 82개 / 시가총액 대비 ETF의 보유비중 : 12.85%)

티커	ETF	보유 지분	비중
VO	Vanguard Mid Cap Index Fund	$660,112,993	0.66%
VTI	Vanguard Total Stock Market ETF	$650,124,601	0.09%
VOO	Vanguard 500 Index Fund	$451,254,155	0.11%
SPY	SPDR S&P 500 Trust ETF	$329,910,554	0.11%
VOE	Vanguard Mid-Cap Value ETF	$223,503,961	1.25%

기간 수익률

1M : 17.55%	3M : 43.8%	6M : 53.42%	1Y : 28.69%	3Y : 3.74%

재무 지표

	2014	2015	2016	2017(E)
매출액 (백만$)	21,231	14,960	14,598	16,187
영업이익 (백만$)	4,750	-69	740	3,797
순이익 (백만$)	-1,311	-12,251	-3,901	1,653
자산총계 (백만$)	58,795	46,577	37,317	37,005
자본총계 (백만$)	23,225	12,808	9,257	
부채총계 (백만$)	35,570	33,769	28,060	

안정성 비율	2013	2014	2015	2016
유동비율 (%)	208.93	174.88	173.25	244.67
부채비율 (%)	144.63	153.15	263.66	303.12
이자보상배율 (배)	11.62	7.54	-0.11	0.98

투자 지표

	2014	2015	2016	2017(E)
영업이익률 (%)	22.37	-0.46	5.07	23.46
매출액 증가율 (%)	-0.83	-29.54	-2.42	10.88
EPS ($)	-1.26	-11.31	-3.00	1.20
EPS 증가율 (%)	-147.55	-797.74	73.45	139.95
주당자산가치($)	17.60	6.28	4.19	5.38
잉여현금흐름 (백만$)	-1,584	-3,133	916	2,365

	2013	2014	2015	2016
배당성향(%)	47.35			
배당수익률(%)	3.31	5.35	6.83	0.00
ROE (%)	13.82	-6.69	-93.82	-56.21
ROA (%)	6.96	-1.22	-23.12	-9.14
재고회전율	4.46	4.09	3.17	3.78
EBITDA (백만$)	8815	8613	3171	3270

매출비중

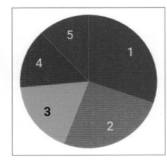

제품명	비중
1. 봉 제품 및 정제	25.85%
2. 인도네시아 광업	21.8%
3. 남아메리카 - 세로 베르데	15.11%
4. 구리 제련 및 정제	12.31%
5. 미국 석유 및 가스 운영	10.2%

DWDP
다우 듀폰
DowDuPont Inc.

섹터 원자재 (Materials)
세부섹터 다양한 화학제품 (Diversified Chemicals)

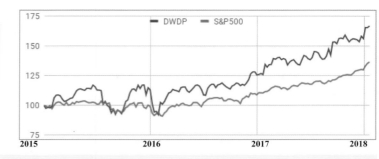

다우 듀폰(Dow DuPont Inc.)은 다우케미컬과 듀폰으로 합병으로 이루어진 세계적인 화학업체이자 지주회사이다. 회사는 2017년 설립되었고 본사는 미시간주 미들랜드에 있으며 102,000명의 직원이 근무하고 있다. 다우케미컬과 듀폰 간의 대등합병이 2017년 8월 31일에 발표되었으며 합병 기업은 다우 듀폰(DowDuPont)이라는 명칭의 지주회사로 운영하게 되었다. 회사의 사업 부문은 농업, 소재 과학, 특수제품의 세 가지 부문으로 나누어진다. 기존의 다우는 포장과 인프라, 소비자용 소재를 전담하고 특수화학 회사는 전자, 이미지 처리, 수송 건설 부문용 제품을 생산, 판매하는데 주력할 계획이다. 농업 부문은 기존과 달라진 것이 없다. 회사는 합병 계약에 따라 다우 주주들은 다우 주식 1주당 다우 듀폰 주식 1주 고정 교환 비율로 받았고, 듀폰 주주들은 듀폰 주식 1주당 다우 듀폰 주식 1.282주 고정 교환 비율로 받았다.

기준일 : 2018/ 01 /25

한글 회사명 : 다우듀폰
영문 회사명 : DowDuPont Inc.
상장일 : 1972년 07월 18일 | 결산월 : 12월
시가총액 : 1794 (억$) |
52주 최고 : $77.08 (-0.68%) / 52주 최저 : $64.01 (+19.59%)

주요 주주정보

보유자 / 보유 기관	보유율
The Vanguard Group, Inc.	7.1%
Capital Research & Management Co.	5.44%
SSgA Funds Management, Inc.	4.27%

애널리스트 추천 및 최근 투자의견

다우 듀폰의 2018년 01월 25일 현재 26개 기관의 **평균적인 목표가는 81.13$**이며, 2018년 추정 주당순이익(EPS)은 4.15$로 2017년 추정 EPS 3.3$에 비해 **25.75% 증가할 것으로 예상**된다.

최근, 1개월, 3개월의 투자 의견 변화

투자의견	금융사 및 투자의견	날짜
Initiated	Stephens & Co.: to Overweight	5/12/2017
Maintains	UBS: to Buy	3/11/2017
Maintains	Credit Suisse: to Outperform	3/11/2017
Maintains	UBS: to Buy	10/27/2017
Maintains	Credit Suisse: to Outperform	12/10/2017

내부자 거래

(3M 비중은 12개월 거래 중 최근 3개월의 비중)

구분	성격	3개월	12개월	3M비중
매수	매수 건수 (장내 매매만 해당)	5	40	12.50%
매도	매도 건수 (장내 매매만 해당)	24	45	53.33%
매수	매수 수량 (장내 매매만 해당)	123,850	136,806	90.53%
매도	매도 수량 (장내 매매만 해당)	968,319	1,810,570	53.48%
	순매수량 (-인 경우 순매도량)	-844,469	-1,673,764	

ETF 노출
(편입 ETF 수 : 88개 / 시가총액 대비 ETF의 보유비중 : 9.27%)

티커	ETF	보유 지분	비중
VTI	Vanguard Total Stock Market ETF	$4,288,737,482	0.62%
VOO	Vanguard 500 Index Fund	$3,041,694,477	0.73%
SPY	SPDR S&P 500 Trust ETF	$2,224,315,692	0.74%
XLB	Materials Select Sector SPDR	$1,264,369,923	22.97%
IVV	Ishares S&P 500	$1,127,149,870	0.73%

기간 수익률

1M : 8.58%	3M : 8.8%	6M : 14.92%	1Y : 32.46%	3Y : 69.7%

재무 지표

	2014	2015	2016	2017(E)
매출액 (백만$)	58,108	48,729	48,124	78,939
영업이익 (백만$)	5,594	6,097	5,900	11,027
순이익 (백만$)	3,745	7,634	4,296	7,833
자산총계 (백만$)	68,796	67,938	79,511	185,232
자본총계 (백만$)	23,556	26,183	27,229	
부채총계 (백만$)	45,240	41,755	52,282	

안정성 비율	2013	2014	2015	2016
유동비율 (%)	208.65	209.33	215.39	187.71
부채비율 (%)	147.51	192.05	159.47	192.01
이자보상배율 (배)	4.08	5.69	6.45	6.88

투자 지표

	2014	2015	2016	2017(E)
영업이익률 (%)	9.63	12.51	12.26	13.97
매출액 증가율 (%)	1.88	-16.14	-1.24	64.03
EPS ($)	2.91	6.45	3.57	3.30
EPS 증가율 (%)	-21.77	121.65	-44.65	-7.44
주당자산가치($)	15.91	19.14	21.46	14.73
잉여현금흐름 (백만$)	2,882	3,767	1,611	3,397

	2013	2014	2015	2016
배당성향(%)	34.78	53.31	27.97	52.27
배당수익률(%)	2.88	3.35	3.34	3.22
ROE (%)	19.88	15.19	31.94	16.73
ROA (%)	6.87	5.51	11.31	5.94
재고회전율	6.80	7.08	6.51	6.76
EBITDA (백만$)	7174	8341	8618	8762

매출비중

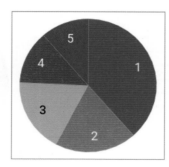

제품명	비중
1. 강화 플라스틱	38.22%
2. 기능성 원료 및 화학 제품	19.16%
3. 인프라 솔루션	17.9%
4. 농업 과학	12.82%
5. 소비자 솔루션	11.33%

EMN
이스트맨 케미컬
Eastman Chemical Company

섹터 원자재 (Materials)
세부섹터 다양한 화학제품 (Diversified Chemicals)

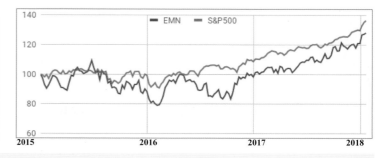

이스트맨 케미컬(Eastman Chemical Company)은 전 세계에 자재, 특수 첨가제, 화학 물질, 섬유를 제조하고 판매하는 업체이다. 회사는 1920년에 설립되었고 본사는 테네시주 킹스포트에 있으며 14,000명의 직원이 근무하고 있다. 회사의 사업 부문은 코팅 및 접착제 부문, 섬유 부문, 기능성 화학물질 및 폴리머 부문, 특수 플라스틱 네 가지 부문으로 나누어진다. 코팅 및 접착제 부문은 특수 응집제 및 페인트 첨가제를 주로 제공하고 있다. 섬유 부문은 탄화수소 및 열전달 특수 섬유를 제공하고 있다. 기능성 화학물질 부문은 운송, 소모품, 건축 건설 자재 및 내구재에 쓰이는 소재를 제공하고 있다. 특수 플라스틱 부문은 아세틸, 에틸렌 등의 고성능 소재를 주로 다루고 있다. 현재 회사는 건강관리와 웰빙 소비재로 포트폴리오를 다각화하고 있다.

기준일 : 2018/ 01 /25

한글 회사명 : 이스트맨 케미컬
영문 회사명 : Eastman Chemical Company
상장일 : 1993년 12월 14일 | 결산월 : 12월
시가총액 : 144 (억$) | 52주 최고 : $99.31 (-0.46%) / 52주 최저 : $74.78 (+32.18%)

주요 주주정보

보유자/ 보유 기관	보유율
The Vanguard Group, Inc.	9.58%
BlackRock Fund Advisors	5.81%
SSgA Funds Management, Inc.	4.99%

애널리스트 추천 및 최근 투자의견

이스트맨 케미컬의 2018년 01월 25일 현재 19개 기관의 **평균적인 목표가는 100.78$**이며, 2018년 추정 주당순이익(EPS)은 8.23$로 2017년 추정 EPS 7.08$에 비해 **16.24% 증가할 것으로 예상**된다.

최근, 1개월, 3개월의 투자 의견 변화

투자의견	금융사 및 투자의견	날짜
Maintains	JP Morgan: to Overweight	10/30/2017
Maintains	UBS: to Buy	10/27/2017
Downgrade	Nomura: Buy to Neutral	10/10/2017
Maintains	Deutsche Bank: to Buy	10/10/2017
Upgrade	Goldman Sachs: Neutral to Buy	9/28/2017

내부자 거래

(3M 비중은 12개월 거래 중 최근 3개월의 비중)

구분	성격	3개월	12개월	3M비중
매수	매수 건수 (장내 매매만 해당)	11	21	52.38%
매도	매도 건수 (장내 매매만 해당)	25	33	75.76%
매수	매수 수량 (장내 매매만 해당)	123,850	136,806	90.53%
매도	매도 수량 (장내 매매만 해당)	968,319	1,810,570	53.48%
	순매수량 (-인 경우 순매도량)	-844,469	-1,673,764	

ETF 노출

(편입 ETF 수 : 80개 / 시가총액 대비 ETF의 보유비중 : 12.78%)

티커	ETF	보유 지분	비중
VO	Vanguard Mid Cap Index Fund	$316,960,800	0.32%
VTI	Vanguard Total Stock Market ETF	$311,599,700	0.05%
VOO	Vanguard 500 Index Fund	$245,463,900	0.06%
SPY	SPDR S&P 500 Trust ETF	$182,709,300	0.06%
XLB	Materials Select Sector SPDR	$115,076,100	2.09%

기간 수익률

1M : 8.75%	3M : 15.5%	6M : 14.57%	1Y : 27.87%	3Y : 38.07%

재무 지표

	2014	2015	2016	2017(E)
매출액 (백만$)	9,512	9,558	8,945	9,440
영업이익 (백만$)	1,277	1,722	1,542	1,530
순이익 (백만$)	749	848	854	1,031
자산총계 (백만$)	16,072	15,580	15,457	15,649
자본총계 (백만$)	3,590	4,021	4,608	
부채총계 (백만$)	12,482	11,559	10,849	

안정성 비율	2013	2014	2015	2016
유동비율 (%)	193.20	156.92	139.98	159.67
부채비율 (%)	205.68	347.69	287.47	235.44
이자보상배율 (배)	11.06	6.45	6.04	5.41

투자 지표

	2014	2015	2016	2017(E)
영업이익률 (%)	13.43	18.02	17.24	16.20
매출액 증가율 (%)	1.65	0.48	-6.41	5.53
EPS ($)	5.02	5.71	5.80	7.08
EPS 증가율 (%)	-33.95	13.55	1.75	22.11
주당자산가치($)	23.62	26.67	30.95	34.79
잉여현금흐름 (백만$)	815	972	759	967

	2013	2014	2015	2016
배당성향(%)	16.80	29.18	29.33	32.90
배당수익률(%)	1.55	1.91	2.46	2.51
ROE (%)	34.58	20.50	22.76	20.16
ROA (%)	9.99	5.41	5.40	5.54
재고회전율	7.42	6.86	6.40	6.21
EBITDA (백만$)	2,401	1,727	2,293	2,122

매출비중

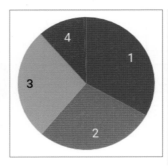

제품명	비중
1. 첨가제 및 기능성 제품	33.07%
2. 화학 중간체	28.13%
3. 고기능 재료	27.28%
4. 섬유	11.01%
5. 기타	0.51%

CF
씨에프 인더스트리
CF Industries Holdings, Inc

섹터 원자재 (Materials)
세부섹터 화학 비료와 농약 (Fertilizers & Agricultural Chemicals)

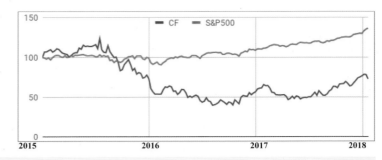

씨에프 인더스트리(CF Industries Holdings, Inc)는 질소 비료와 기타 질소 제품의 제조 및 유통을 영위하는 업체이다. 회사는 1946년 설립되었고 본사는 일리노이주 데어필드에 있으며 2,900명의 직원이 근무하고 있다. 회사의 사업 부문은 질소비료 부문과 인산비료 부문으로 나누어진다. 질소 비료 사업 부문의 주요 제품에는 암모니아, 요소, 질산염 암모니아 등이 있다. 인산 비료 사업 부문의 주요 제품에는 인산 암모니아 등이 있다. 회사는 배급업체, 농부, 비료산업 고객에게 해당 제품들을 제공하고 있다. 현재 고품질의 복합 비료 제품을 포함한 다양한 제품군으로 포트폴리오를 확장하고 있다.

기준일 : 2018/ 01 /25

한글 회사명 : 씨에프 인더스트리
영문 회사명 : CF Industries Holdings, Inc
상장일 : 2005년 08월 11일 | 결산월 : 12월
시가총액 : 94 (억$) |

52주 최고 : $43.98 (-4.91%) / 52주 최저 : $25.04 (+67.01%)

주요 주주정보

보유자/ 보유 기관	보유율
T. Rowe Price Associates, Inc.	10.66%
The Vanguard Group, Inc.	10.31%
Capital Research & Management Co.	8.96%

애널리스트 추천 및 최근 투자의견

씨에프 인더스트리의 2018년 01월 25일 현재 19개 기관의 **평균적인 목표가는 37.74$**이며, 2018년 추정 주당순이익(EPS)은 0.47$로 2017년 추정 EPS -0.37$에 비해 **-227.02% 감소할 것으로 예상**된다.

최근, 1개월, 3개월의 투자 의견 변화

투자의견	금융사 및 투자의견	날짜
Initiated	Stephens & Co.: to Equal-Weight	5/12/2017
Downgrade	Atlantic Equities: Neutral to Underweight	11/14/2017
Maintains	BMO Capital: to Market Perform	3/11/2017
Initiated	HSBC: to Hold	11/10/2017
Downgrade	Credit Suisse: Overweight to Neutral	7/26/2017

내부자 거래

(3M 비중은 12개월 거래 중 최근 3개월의 비중)

구분	성격	3개월	12개월	3M비중
매수	매수 건수 (장내 매매만 해당)	8	20	40.00%
매도	매도 건수 (장내 매매만 해당)	8	11	72.73%
매수	매수 수량 (장내 매매만 해당)	114,363	177,231	64.53%
매도	매도 수량 (장내 매매만 해당)	10,971	28,371	38.67%
	순매수량 (- 인 경우 순매도량)	103,392	148,860	

ETF 노출 (편입 ETF 수 : 78개 / 시가총액 대비 ETF의 보유비중 : 15.23%)

티커	ETF	보유 지분	비중
VO	Vanguard Mid Cap Index Fund	$232,826,755	0.23%
VTI	Vanguard Total Stock Market ETF	$229,091,162	0.03%
VOO	Vanguard 500 Index Fund	$162,324,772	0.04%
DVY	iShares Select Dividend ETF	$140,550,214	0.78%
SPY	SPDR S&P 500 Trust ETF	$117,133,674	0.04%

기간 수익률

1M : -1.7%	3M : 22.8%	6M : 29.7%	1Y : 18.09%	3Y : -32.15%

재무 지표

	2014	2015	2016	2017(E)
매출액 (백만$)	4,743	4,308	3,685	4,017
영업이익 (백만$)	1,675	1,553	406	225
순이익 (백만$)	1,390	700	-277	-143
자산총계 (백만$)	11,549	13,022	15,463	14,144
자본총계 (백만$)	4,573	4,387	6,492	
부채총계 (백만$)	6,976	8,635	8,971	

안정성 비율	2013	2014	2015	2016
유동비율 (%)	317.53	266.87	92.76	387.03
부채비율 (%)	100.54	152.57	196.83	138.19
이자보상배율 (배)	15.02	9.40	11.68	2.03

투자 지표

	2014	2015	2016	2017(E)
영업이익률 (%)	35.32	36.05	11.02	5.60
매출액 증가율 (%)	-13.36	-9.18	-14.46	9.00
EPS ($)	5.43	2.97	-1.19	-0.37
EPS 증가율 (%)	9.21	-45.32	-140.07	68.90
주당자산가치($)	17.42	17.31	14.36	12.97
잉여현금흐름 (백만$)	-400	-1,262	-1,594	994

	2013	2014	2015	2016
배당성향(%)	8.89	18.46	40.54	
배당수익률(%)	0.94	1.83	2.94	3.81
ROE (%)	26.68	29.95	16.98	-7.50
ROA (%)	14.44	12.80	5.98	-1.11
재고회전율	19.83	19.88	16.45	11.17
EBITDA (백만$)	2697.1	2067.1	2033	1084

매출비중

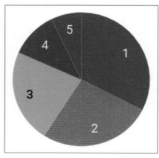

제품명	비중
1. 우레아 질산 암모늄	
	32.46%
2. 암모니아	
	26.62%
3. 질소화합물	
	22.55%
4. 질산 암모늄	
	11.15%
5. 기타	
	7.22%

FMC
에프엠씨
FMC Corporation

섹터 원자재 (Materials)
세부섹터 화학 비료와 농약 (Fertilizers & Agricultural Chemicals)

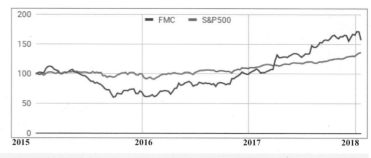

에프엠씨(FMC Corporation)는 농업, 산업, 소비자 시장을 위한 혁신적인 솔루션, 프로그램, 제품을 제공하는 화학 업체이다. 회사는 1883년 설립되었고 본사는 펜실베이니아주 필라델피아에 있으며 1,200명의 직원이 근무하고 있다. 푸드 머시너리 코퍼레이션의 앞머리를 따 에프엠씨(FMC)라는 회사명을 쓰고 있다. 회사의 사업 부문은 농작물과 리튬의 두 가지 부문으로 나누어진다. 농작물 부문은 해충이나 잡초 및 각종 질병으로부터 농작물을 보호하기 위한 각종 살충제 및 제초제, 화학제품 포트폴리오를 가지고 있다. 리튬 부문은 전기 에너지 저장, 특수 고분자 및 화학 합성 응용 분야에서 주로 사용되는 리튬 제품을 제조, 판매하고 있다.

기준일 : 2018/ 01 /25
한글 회사명 : 에프엠씨
영문 회사명 : FMC Corporation
상장일 : 1972년 01월 21일 | 결산월 : 12월
시가총액 : 123 (억$) |
52주 최고 : $98.7 (-9.64%) / 52주 최저 : $56.53 (+57.75%)

주요 주주정보

보유자/ 보유 기관	보유율
The Vanguard Group, Inc.	10.11%
Glenview Capital Management LLC	8.73%
Fidelity Management & Research Co.	5.54%

애널리스트 추천 및 최근 투자의견

에프엠씨의 2018년 01월 25일 현재 23개 기관의 **평균적인 목표가는 101.2$**이며, 2018년 추정 주당순이익(EPS)은 5.34$로 2017년 추정 EPS 2.66$에 비해 **100.75% 증가할 것으로 예상**된다.

최근, 1개월, 3개월의 투자 의견 변화

투자의견	금융사 및 투자의견	날짜
Initiated	Stephens & Co.: to Equal-Weight	5/12/2017
Maintains	Citigroup: to Neutral	11/13/2017
Maintains	Bank of America: to Buy	8/11/2017
Maintains	Credit Suisse: to Outperform	8/11/2017
Maintains	BMO Capital: to Market Perform	8/11/2017

내부자 거래

(3M 비중은 12개월 거래 중 최근 3개월의 비중)

구분	성격	3개월	12개월	3M비중
매수	매수 건수 (장내 매매만 해당)	15	56	26.79%
매도	매도 건수 (장내 매매만 해당)	9	17	52.94%
매수	매수 수량 (장내 매매만 해당)	125,984	156,195	80.66%
매도	매도 수량 (장내 매매만 해당)	59,971	121,075	49.53%
	순매수량 (-인 경우 순매도량)	66,013	35,120	

ETF 노출
(편입 ETF 수 : 81개 / 시가총액 대비 ETF의 보유비중 : 16.54%)

티커	ETF	보유 지분	비중
LIT	Lithium Australia	$306,732,762	26.71%
VO	Vanguard Mid Cap Index Fund	$302,708,532	0.30%
VTI	Vanguard Total Stock Market ETF	$297,816,495	0.04%
VOO	Vanguard 500 Index Fund	$211,272,349	0.05%
SPY	SPDR S&P 500 Trust ETF	$151,265,322	0.05%

기간 수익률

1M : -2.53%	3M : 0.33%	6M : 18.14%	1Y : 48.99%	3Y : 54.16%

재무 지표

	2014	2015	2016	2017(E)
매출액 (백만$)	3,259	3,277	3,282	2,892
영업이익 (백만$)	589	505	567	503
순이익 (백만$)	297	-187	242	362
자산총계 (백만$)	5,326	6,326	6,139	8,075
자본총계 (백만$)	1,564	1,908	1,993	
부채총계 (백만$)	3,762	4,418	4,146	

안정성 비율	2013	2014	2015	2016
유동비율 (%)	148.24	153.60	204.49	198.11
부채비율 (%)	233.01	240.54	231.49	208.04
이자보상배율 (배)	17.63	11.45	6.20	6.81

투자 지표

	2014	2015	2016	2017(E)
영업이익률 (%)	18.07	15.41	17.28	17.40
매출액 증가율 (%)	-15.90	0.55	0.18	-11.88
EPS ($)	2.30	-1.59	1.56	2.66
EPS 증가율 (%)	6.48	-169.13	200.63	70.58
주당자산가치($)	11.48	13.96	14.64	16.37
잉여현금흐름 (백만$)	192	-466	367	509

	2013	2014	2015	2016
배당성향(%)	25.15	26.28	57.60	42.60
배당수익률(%)	0.72	1.05	1.69	1.17
ROE (%)	30.11	19.49	-11.04	12.66
ROA (%)	9.69	5.81	-3.05	3.93
재고회전율	5.68	5.03	4.65	4.37
EBITDA (백만$)	871.2	725.7	642	741.3

매출비중

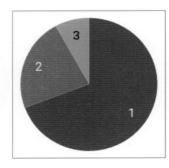

제품명	비중
1. FMC 농업 솔루션	69.3%
2. FMC 건강 및 영양	22.65%
3. FMC 리튬	8.05%

MON
몬산토
Monsanto Company

섹터 원자재 (Materials)
세부섹터 화학 비료와 농약 (Fertilizers & Agricultural Chemicals)

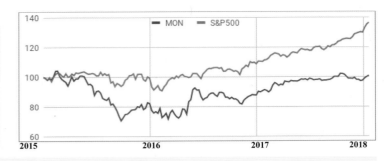

몬산토(Monsanto Company)는 종자 개발, 생명공학기술 개발을 통해 농업 솔루션을 제공하는 세계적인 농업 생명 공학 업체이다. 회사는 1901년 설립되었고 본사는 미국미주리주 세인트루이스에 있으며 24,100명의 직원이 근무하고 있다. 회사의 사업 부문은 종자와 농업 생산성 두 가지 부문으로 나누어진다. 종자 부문은 농업 종사자들이 해충, 잡초를 제거하는 데 도움을 주는 생명공학 제품을 개발, 판매하고 있다. 애그로, 델타파인, 세미니스, 디루이터 등의 주요 종자 브랜드를 포함하고 있으며, 농업 생산성 부문은 다른 종자 회사에게 제품을 공급, 판매하고 있다. 라운드업, 하니스 등의 주요 브랜드를 포함하고 있다. 물, 에너지 등 세계 천연자원을 보존하는 데 도움이 되는 각종 작물에서 선도적인 종자 브랜드를 개발, 생산하고 있다.

기준일 : 2018/ 01 /25
한글 회사명 : 몬산토
영문 회사명 : Monsanto Company
상장일 : 2000년 10월 18일 | 결산월 : 8월
시가총액 : 540 (억$) |
52주 최고 : $122.79 (-1%) / 52주 최저 : $106.97 (+13.62%)

주요 주주정보

보유자/ 보유 기관	보유율
The Vanguard Group, Inc.	6.91%
SSgA Funds Management, Inc.	4.53%
BlackRock Fund Advisors	4.44%

애널리스트 추천 및 최근 투자의견

몬산토의 2018년 01월 25일 현재 19개 기관의 **평균적인 목표가는 126.63$**이며, 2018년 추정 주당순이익(EPS)은 6.27$로 2017년 추정 EPS 5.71$에 비해 **9.8% 증가할 것으로 예상**된다.

최근, 1개월, 3개월의 투자 의견 변화

투자의견	금융사 및 투자의견	날짜
Maintains	Wells Fargo: to Market Perform	10/10/2017
Maintains	Barclays: to Equal-Weight	10/5/2017
Downgrade	UBS: Buy to Neutral	8/18/2017
Downgrade	Jefferies: to Hold	7/12/2017
Downgrade	Susquehanna: to Neutral	6/27/2017

내부자 거래

(3M 비중은 12개월 거래 중 최근 3개월의 비중)

구분	성격	3개월	12개월	3M비중
매수	매수 건수 (장내 매매만 해당)	11	70	15.71%
매도	매도 건수 (장내 매매만 해당)	4	45	8.89%
매수	매수 수량 (장내 매매만 해당)	1,166	290,209	0.40%
매도	매도 수량 (장내 매매만 해당)	8,184	498,416	1.64%
	순매수량 (-인 경우 순매도량)	-7,018	-208,207	

ETF 노출
(편입 ETF 수 : 89개 / 시가총액 대비 ETF의 보유비중 : 9.72%)

티커	ETF	보유 지분	비중
VTI	Vanguard Total Stock Market ETF	$1,296,792,194	0.19%
VOO	Vanguard 500 Index Fund	$918,337,060	0.22%
SPY	SPDR S&P 500 ETF Trust	$668,928,576	0.22%
XLB	Materials Select Sector SPDR	$409,522,428	7.44%
VUG	Vanguard Growth ETF	$362,619,761	0.46%

기간 수익률

1M : 2.82%	3M : 2.02%	6M : 2.79%	1Y : 11.12%	3Y : 2.61%

재무 지표

	2014	2015	2016	2017(E)
매출액 (백만$)	15,848	14,973	13,490	14,413
영업이익 (백만$)	4,111	4,060	3,091	3,271
순이익 (백만$)	2,727	2,286	1,319	2,176
자산총계 (백만$)	21,981	21,920	19,736	20,991
자본총계 (백만$)	7,914	7,005	4,545	
부채총계 (백만$)	14,067	14,915	15,191	

안정성 비율	2013	2014	2015	2016
유동비율 (%)	232.40	189.26	205.24	121.22
부채비율 (%)	62.35	177.75	212.92	334.24
이자보상배율 (배)	21.66	17.42	9.67	7.34

투자 지표

	2014	2015	2016	2017(E)
영업이익률 (%)	25.94	27.12	22.91	22.70
매출액 증가율 (%)	6.58	-5.52	-9.90	6.84
EPS ($)	5.28	4.85	3.02	4.89
EPS 증가율 (%)	13.55	-8.14	-37.73	61.77
주당자산가치($)	16.23	14.94	10.36	12.96
잉여현금흐름 (백만$)	2,049	2,141	1,665	2,050

	2013	2014	2015	2016
배당성향(%)	33.80	34.10	41.79	72.24
배당수익률(%)	1.59	1.54	2.06	2.03
ROE (%)	20.26	26.69	30.76	22.89
ROA (%)	12.30	12.89	10.46	6.22
재고회전율	5.13	4.84	4.22	4.00
EBITDA (백만$)	4,081	4,802	4,776	3,818

매출비중

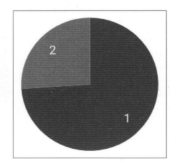

제품명	비중
1. 종자 및 유전체학	73.97%
2. 농업 생산성	26.03%

MOS
모자이크
Mosaic Company

섹터 원자재 (Materials)
세부섹터 화학 비료와 농약 (Fertilizers & Agricultural Chemicals)

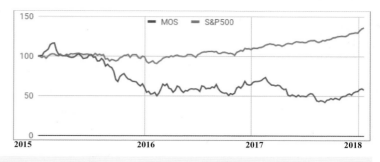

모자이크(Mosaic Company)는 농축 인산염과 칼륨을 생산, 판매하는 업체이다. 회사는 2004년 설립되었고 본사는 미네소타주 플리머스에 있으며 9,000명의 직원이 근무하고 있다. 회사의 사업 부문은 인산염, 칼륨, 국제 유통 세 가지 부문으로 나누어진다. 인산염 부문은 영양분과 인산염 기반의 동물 사료 성분을 생산하는 플로리다의 광산과 생산 시설을 소유하고 있다. 칼륨 사업 부문은 캐나다 및 미국의 칼륨 광산 및 생산 시설을 소유, 운영하고 있다. 칼륨 기반 작물 영양분, 동물 사료 원료, 제품을 생산하고 있다. 국제 유통 부문은 브라질, 파라과이, 인도 및 중국의 항구 터미널, 창고를 포함하고 있다. 회사는 인산염 부문에서 2, 3위 업체의 생산량보다 더 많은 수량을 다루는 세계 최대 생산자이다. 제품의 1/3이 북미 지역으로 운송되며 나머지는 전 세계로 수출되고 있다.

기준일 : 2018/ 01 /25
한글 회사명 : 모자이크
영문 회사명 : Mosaic Company
상장일 : 1988년 01월 26일 | 결산월 : 12월
시가총액 : 103 (억$) |
52주 최고 : $34.36 (-20.6%) / 52주 최저 : $19.23 (+41.86%)

주요 주주정보

보유자/ 보유 기관	보유율
The Vanguard Group, Inc.	10.28%
Vale SA	9.74%
SSgA Funds Management, Inc.	5.54%

애널리스트 추천 및 최근 투자의견

모자이크의 2018년 01월 25일 현재 19개 기관의 **평균적인 목표가는 26.21$**이며, 2018년 추정 주당순이익(EPS)은 1.28$로 2017년 추정 EPS 1.01$에 비해 **26.73% 증가할 것으로 예상**된다.

최근, 1개월, 3개월의 투자 의견 변화

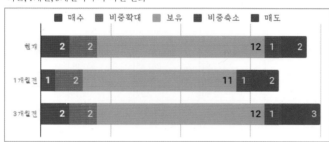

투자의견	금융사 및 투자의견	날짜
Maintains	Citigroup: to Neutral	2/11/2017
Upgrade	Scotiabank: Sector Underperform to Sector Perform	1/11/2017
Maintains	BMO Capital: to Market Perform	1/11/2017
Initiated	HSBC: to Buy	11/10/2017
Upgrade	Vertical Research: Sell to Hold	8/17/2017

내부자 거래

(3M 비중은 12개월 거래 중 최근 3개월의 비중)

구분	성격	3개월	12개월	3M비중
매수	매수 건수 (장내 매매만 해당)	8	14	57.14%
매도	매도 건수 (장내 매매만 해당)	7	10	70.00%
매수	매수 수량 (장내 매매만 해당)	23,422	66,259	35.35%
매도	매도 수량 (장내 매매만 해당)	9,268	20,692	44.79%
	순매수량 (-인 경우 순매도량)	14,154	45,567	

ETF 노출
(편입 ETF 수 : 85개 / 시가총액 대비 ETF의 보유비중 : 14.36%)

티커	ETF	보유 지분	비중
VO	Vanguard Mid Cap Index Fund	$234,096,382	0.24%
VTI	Vanguard Total Stock Market ETF	$230,337,709	0.03%
VOO	Vanguard 500 Index Fund	$163,199,715	0.04%
SPY	SPDR S&P 500 Trust ETF	$117,779,143	0.04%
VOE	Vanguard Mid-Cap Value ETP	$79,126,090	0.44%

기간 수익률

1M : 6.46%	3M : 28.41%	6M : 8.86%	1Y : -15.18%	3Y : -42.31%

재무 지표

	2014	2015	2016	2017(E)
매출액 (백만$)	9,056	8,895	7,163	7,179
영업이익 (백만$)	1,464	1,319	286	457
순이익 (백만$)	1,006	1,000	298	380
자산총계 (백만$)	18,283	17,412	16,841	18,324
자본총계 (백만$)	10,721	9,565	9,623	
부채총계 (백만$)	7,562	7,847	7,218	

안정성 비율	2013	2014	2015	2016
유동비율 (%)	248.20	332.06	193.78	204.91
부채비율 (%)	72.73	70.54	82.04	75.01
이자보상배율 (배)	-108.73	11.36	9.87	2.04

투자 지표

	2014	2015	2016	2017(E)
영업이익률 (%)	16.17	14.83	3.99	6.36
매출액 증가율 (%)	90.01	-1.77	-19.48	0.22
EPS ($)	2.69	2.79	0.85	1.01
EPS 증가율 (%)	93.53	3.72	-69.53	18.77
주당자산가치($)	29.12	27.04	27.37	28.60
잉여현금흐름 (백만$)	1,365	807	423	19

	2013	2014	2015	2016
배당성향(%)	107.91	37.31	38.67	129.41
배당수익률(%)	3.17	2.19	3.90	3.75
ROE (%)	6.02	9.15	9.89	3.12
ROA (%)	10.86	5.33	5.61	1.76
재고회전율	6.65	5.75	5.42	4.85
EBITDA (백만$)	-2,092.79	2,257.40	2,091.20	1,037.90

매출비중

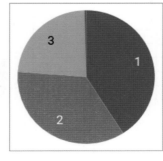

제품명	비중
1. 인산염	40.88%
2. 국제 유통	35.36%
3. 칼륨	23.36%
4. 기업, 공제 및 기타	0.4%

NEM
뉴몬트 마이닝
Newmont Mining Corporation

섹터 원자재 (Materials)
세부섹터 채굴(금) (Gold)

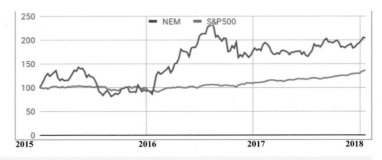

뉴몬트마이닝 코퍼레이션(Newmont Mining Corporation)은 금과 구리 생산과 탐사에 주력하고 있는 업체이다. 회사는 1916년 설립되었고 본사는 콜로라도주 그린우드빌리지에 있으며 23,200명의 직원이 근무하고 있다. 미국, 호주, 페루, 가나, 베트남 지역에 자산을 보유하고 있고, 전 세계 많은 회사와 합작 계약을 맺고 있다. 미국 네바다주, 콜로라도주, 인도네시아, 호주, 수리남, 가나, 페루에 총 16곳의 금광을 소유하고 있다. 회사는 현재 세계 최대 금 생산 회사인 캐나다의 배릭골드에 이어 금 생산량 2위를 차지하고 있으며, 금 외에는, 은, 구리와 같은 광물을 생산하고 있다. 금 가격의 등락이 영업이익에 많은 영향을 미치고 있다.

기준일 : 2018/ 01 /25
한글 회사명 : 뉴몬트 마이닝
영문 회사명 : Newmont Mining Corporation
상장일 : 1972년 01월 21일 | 결산월 : 12월
시가총액 : 217 (억$) |
52주 최고 : $42.04 (-0.8%) / 52주 최저 : $31.42 (+32.71%)

주요 주주정보

보유자/ 보유 기관	보유율
The Vanguard Group, Inc.	10.08%
BlackRock Fund Advisors	6.54%
Van Eck Associates Corp.	4.99%

애널리스트 추천 및 최근 투자의견

뉴몬트 마이닝의 2018년 01월 25일 현재 18개 기관의 **평균적인 목표가는 42.88$**이며, 2018년 추정 주당순이익(EPS)은 1.29$로 2017년 추정 EPS 1.4$에 비해 **-7.85% 감소할 것으로 예상**된다.

최근, 1개월, 3개월의 투자 의견 변화

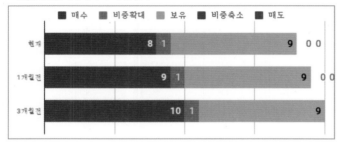

투자의견	금융사 및 투자의견	날짜
Downgrade	Deutsche Bank: Buy to Hold	1/16/2018
Upgrade	Argus: Hold to Buy	7/27/2017
Initiated	Raymond James: to Outperform	6/15/2017
Downgrade	RBC Capital: to Sector Perform	3/16/2017
Downgrade	Scotiabank: to Sector Perform	1/10/2017

내부자 거래

(3M 비중은 12개월 거래 중 최근 3개월의 비중)

구분	성격	3개월	12개월	3M비중
매수	매수 건수 (장내 매매만 해당)	9	21	42.86%
매도	매도 건수 (장내 매매만 해당)	37	68	54.41%
매수	매수 수량 (장내 매매만 해당)	1,060,609	1,110,141	95.54%
매도	매도 수량 (장내 매매만 해당)	504,855	598,430	84.36%
	순매수량 (-인 경우 순매도량)	555,754	511,711	

ETF 노출   (편입 ETF 수 : 87개 / 시가총액 대비 ETF의 보유비중 : 17.75%)

티커	ETF	보유 지분	비중
GDX	VanEck Vectors Gold Miners ETF	$706,296,215	9.41%
VO	Vanguard Mid-Cap ETF	$536,428,923	0.54%
VTI	Vanguard Total Stock Market ETF	$528,309,046	0.08%
VOO	Vanguard 500 Index Fund	$374,347,733	0.09%
SPY	SPDR S&P 500 ETF Trust	$272,977,018	0.09%

기간 수익률

1M : 10.03%	3M : 4.28%	6M : 14.77%	1Y : 12.64%	3Y : 77.07%

재무 지표

	2014	2015	2016	2017(E)
매출액 (백만$)	7,321	6,085	6,711	7,296
영업이익 (백만$)	778	500	950	1,334
순이익 (백만$)	548	-1	-220	737
자산총계 (백만$)	24,916	25,130	21,031	21,023
자본총계 (백만$)	13,089	14,292	11,874	
부채총계 (백만$)	11,827	10,838	9,157	

안정성 비율	2013	2014	2015	2016
유동비율 (%)	177.88	247.45	351.91	267.26
부채비율 (%)	89.56	90.36	75.83	77.12
이자보상배율 (배)	2.60	2.27	1.79	3.96

투자 지표

	2014	2015	2016	2017(E)
영업이익률 (%)	10.63	8.22	14.16	18.29
매출액 증가율 (%)	-12.32	-16.88	10.29	8.72
EPS ($)	1.02	0.43	-0.05	1.40
EPS 증가율 (%)	120.65	-58.20	-111.94	2,857.76
주당자산가치($)	20.60	21.43	20.21	21.17
잉여현금흐름 (백만$)	328	834	1,653	1,334

	2013	2014	2015	2016
배당성향(%)	-	22.06	23.45	62.50
배당수익률(%)	5.32	1.19	0.56	0.37
ROE (%)	-21.10	5.37	-0.01	-1.99
ROA (%)	-10.21	1.49	-0.56	-3.42
재고회전율	5.42	5.11	4.49	4.93
EBITDA (백만$)	2,180	2,160	1,855	2,349

매출비중

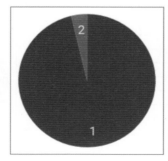

제품명	비중
1. 금	
	96.27%
2. 구리	
	3.73%

APD
에어프로덕츠 앤드 케미컬
Air Products & Chemicals Inc

섹터 원자재 (Materials)
세부섹터 산업용 가스 (Industrial Gases)

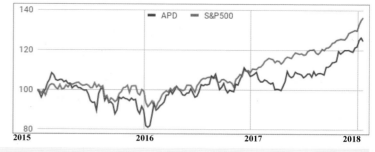

에어프로덕츠 앤드 케미컬(Air Products & Chemicals, Inc.)은 공업용 가스 및 각종 화학물질을 산업적 용도로 판매하고 있는 업체이다. 회사는 1940년에 설립되었고 본사는 펜실베이니아 주 알렌 타운에 있으며 18,600명의 직원이 근무하고 있다. 회사는 전 세계의 다양한 고객들에게 산소, 질소, 아르곤, 헬륨, 수소 등의 각종 화학제품 공급하고 있다. 회사의 매출 비중은 미국, 아시아, 유럽, 기타지역 순으로 이루어져 있다. 회사는 저온 가스, 압축가스, 가스 혼합물을 생산 및 판매하고 있다. 미국 나사(NASA)와도 관계가 있으며 50년 이상 우주 왕복선 발사와 각종 임무에 사용된 액체 수소를 공급해 오고 있다.

기준일 : 2018/ 01 /25

한글 회사명 : 에어프로덕츠 앤드 케미컬
영문 회사명 : Air Products & Chemicals Inc
상장일 : 1972년 01월 21일 | 결산월 : 9월
시가총액 : 381 (억$) |
52주 최고 : $171.49 (-0.68%) / 52주 최저 : $133.63 (+27.44%)

주요 주주정보

보유자/ 보유 기관	보유율
The Vanguard Group, Inc.	7.86%
State Farm Investment Management Corp.	7.03%
SSgA Funds Management, Inc.	4.75%

애널리스트 추천 및 최근 투자의견

에어프로덕츠 앤드 케미컬의 2018년 01월 25일 현재 21개 기관의 **평균적인 목표가는 179.06$**이며, 2018년 추정 주당순이익(EPS)은 7.77$로 2017년 추정 EPS 7.08$에 비해 **9.74% 증가할 것으로 예상**된다.

최근, 1개월, 3개월의 투자 의견 변화

투자의견	금융사 및 투자의견	날짜
Upgrade	Jefferies: Hold to Buy	11/12/2017
Upgrade	HSBC: Hold to Buy	11/13/2017
Maintains	Citigroup: to Buy	10/31/2017
Maintains	Barclays: to Overweight	10/27/2017
Maintains	Citigroup: to Buy	10/27/2017

내부자 거래

(3M 비중은 12개월 거래 중 최근 3개월의 비중)

구분	성격	3개월	12개월	3M비중
매수	매수 건수 (장내 매매만 해당)	0	12	0.00%
매도	매도 건수 (장내 매매만 해당)	0	11	0.00%
매수	매수 수량 (장내 매매만 해당)	0	78,858	0.00%
매도	매도 수량 (장내 매매만 해당)	0	21,200	0.00%
	순매수량 (-인 경우 순매도량)	0	57,658	

ETF 노출
(편입 ETF 수 : 94개 / 시가총액 대비 ETF의 보유비중 : 10.72%)

티커	ETF	보유 지분	비중
VTI	Vanguard Total Stock Market ETF	$885,659,107	0.13%
VOO	Vanguard 500 Index Fund	$626,841,354	0.15%
SPY	SPDR S&P 500 Trust ETF	$458,380,133	0.15%
VIG	Vanguard Dividend Appreciation ETF	$317,762,912	0.88%
XLB	Materials Select Sector SPDR	$280,550,221	5.10%

기간 수익률

1M : 4.6%	3M : 11.76%	6M : 15.21%	1Y : 14.44%	3Y : 29.91%

재무 지표

	2014	2015	2016	2017(E)
매출액 (백만$)	10,439	9,895	7,504	8,096
영업이익 (백만$)	1,598	1,849	1,565	1,713
순이익 (백만$)	987	1,278	1,100	1,369
자산총계 (백만$)	17,779	17,438	18,029	18,043
자본총계 (백만$)	7,809	7,381	7,213	
부채총계 (백만$)	9,971	10,057	10,815	

안정성 비율	2013	2014	2015	2016
유동비율 (%)	106.55	111.20	79.79	131.50
부채비율 (%)	135.65	127.69	136.25	149.93
이자보상배율 (배)	12.39	13.19	16.79	16.24

투자 지표

	2014	2015	2016	2017(E)
영업이익률 (%)	15.31	18.69	20.86	21.16
매출액 증가율 (%)	2.54	-5.21	-24.17	-15.00
EPS ($)	4.64	5.95	6.83	6.23
EPS 증가율 (%)	-3.37	28.04	14.83	-8.77
주당자산가치($)	34.49	33.66	32.57	46.89
잉여현금흐름 (백만$)	502	823	1,351	1,190

	2013	2014	2015	2016
배당성향(%)	58.35	65.79	54.41	50.08
배당수익률(%)	2.81	2.51	2.71	2.44
ROE (%)	14.86	13.70	17.49	15.35
ROA (%)	5.99	5.55	7.48	6.33
재고회전율	13.64	14.79	14.51	14.92
EBITDA (백만$)	2,415.30	2,555.10	2,785.50	2,420.00

매출비중

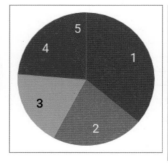

제품명	비중
1. 산업용 가스-미국	35.11%
2. 재료 기술	21.2%
3. 산업용 가스-아시아	18.02%
4. 산업용 가스-EMEA	17.85%
5. 산업용 가스-글로벌	5.24%

PX
프렉스에어
Praxair, Inc.

섹터 원자재 (Materials)
세부섹터 산업용 가스 (Industrial Gases)

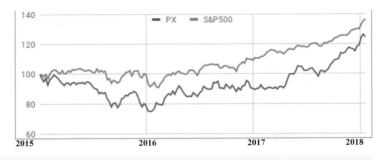

프렉스에어(Praxair, Inc)는 다양한 산업현장에 필요한 산업용 가스공급 사업을 영위하는 업체이다. 회사는 1988년 설립되었고 본사는 코네티컷주 댄베리에 있으며 26,000명의 직원이 근무하고 있다. 회사의 사업 부문은 다섯 가지 부문으로 나누어지며, 네 가지 부문은 지리적(북미, 유럽, 아시아, 남미)으로 세분되어 나누어진다. 회사는 자회사인 프렉스에어 설피스 테크놀로지(Praxair Surface Technologies, Inc.)를 통해 표면 기술 사업을 운영하고 있다. 전 세계 각국에 소유한 산업용 가스 생산·유통 시설을 통해 고객 업체들에 산업용 가스를 공급하고 있다. 산업 가스 제품 라인은 대기 가스(산소, 질소, 아르곤, 희소 가스) 및 공정 가스(이산화탄소, 헬륨, 수소, 전자가스, 특수 가스, 아세틸렌)의 제조 및 유통을 중심으로 하고 있다. 의료, 석유 정제, 제조, 식품, 음료 탄산, 광섬유, 제철, 우주 항공, 화학 및 수처리를 포함한 다양한 산업군에 제공하고 있다.

기준일 : 2018/ 01 /25
한글 회사명 : 프렉스에어
영문 회사명 : Praxair Inc.
상장일 : 1992년 06월 17일 | 결산월 : 12월
시가총액 : 468 (억$) |

52주 최고 : $166.08 (-3.7%) / 52주 최저 : $115.53 (+38.42%)

주요 주주정보

보유자/ 보유 기관	보유율
The Vanguard Group, Inc.	7.23%
Capital Research & Management Co. (World Inve	6.53%
SSgA Funds Management, Inc.	4.58%

애널리스트 추천 및 최근 투자의견

프렉스 에어의 2018년 01월 25일 현재 20개 기관의 **평균적인 목표가는 170.35$**이며, 2018년 추정 주당순이익(EPS)은 7.08$로 2017년 추정 EPS 6.5$에 비해 **8.92% 증가할 것으로 예상**된다.

최근, 1개월, 3개월의 투자 의견 변화

투자의견	금융사 및 투자의견	날짜
Upgrade	BofA/Merrill: Neutral to Buy	7/6/2017
Upgrade	JP Morgan: Neutral to Overweight	1/27/2017
Upgrade	BofA/Merrill: Underperform to Neutral	6/1/2017
Downgrade	CLSA: Outperform to Underperform	12/22/2016
Downgrade	Deutsche Bank: Buy to Hold	4/4/2016

내부자 거래

(3M 비중은 12개월 거래 중 최근 3개월의 비중)

구분	성격	3개월	12개월	3M비중
매수	매수 건수 (장내 매매만 해당)	7	15	46.67%
매도	매도 건수 (장내 매매만 해당)	14	26	53.85%
매수	매수 수량 (장내 매매만 해당)	66,850	77,706	86.03%
매도	매도 수량 (장내 매매만 해당)	317,954	767,515	41.43%
	순매수량 (-인 경우 순매도량)	-251,104	-689,809	

ETF 노출 (편입 ETF 수 : 81개 / 시가총액 대비 ETF의 보유비중 : 10.14%)

티커	ETF	보유 지분	비중
VTI	Vanguard Total Stock Market ETF	$1,124,029,222	0.16%
VOO	Vanguard 500 Index Fund	$796,878,781	0.19%
SPY	SPDR S&P 500 Trust ETF	$582,775,402	0.19%
XLB	Materials Select Sector SPDR	$355,858,471	6.46%
VUG	Vanguard Growth ETF	$314,014,837	0.40%

기간 수익률

1M : 8.2%	3M : 20.6%	6M : 20.14%	1Y : 37.89%	3Y : 31.04%

재무 지표

	2014	2015	2016	2017(E)
매출액 (백만$)	12,273	10,776	10,534	11,312
영업이익 (백만$)	2,717	2,471	2,315	2,480
순이익 (백만$)	1,694	1,547	1,500	1,677
자산총계 (백만$)	19,769	18,319	19,332	20,010
자본총계 (백만$)	6,186	4,906	5,452	
부채총계 (백만$)	13,583	13,413	13,880	

안정성 비율	2013	2014	2015	2016
유동비율 (%)	109.46	114.02	138.72	116.22
부채비율 (%)	177.09	219.58	273.40	254.59
이자보상배율 (배)	20.18	18.87	14.42	11.13

투자 지표

	2014	2015	2016	2017(E)
영업이익률 (%)	22.14	22.93	21.98	21.92
매출액 증가율 (%)	2.92	-12.20	-2.25	7.39
EPS ($)	5.79	5.39	5.25	5.81
EPS 증가율 (%)	-2.53	-6.91	-2.60	10.68
주당자산가치($)	19.44	15.41	17.62	21.53
잉여현금흐름 (백만$)	1,179	1,141	1,308	1,208

	2013	2014	2015	2016
배당성향(%)	40.89	45.38	53.46	57.58
배당수익률(%)	1.85	2.01	2.79	2.56
ROE (%)	27.70	27.70	30.90	31.88
ROA (%)	9.58	8.73	8.35	8.17
재고회전율	24.29	23.22	19.92	19.49
EBITDA (백만$)	3,773	3,887	3,577	3,437

매출비중

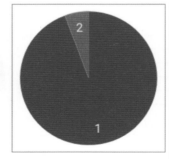

제품명	비중
1. 산업용 가스	
	94.34%
2. 표면 기술	
	5.66%

BLL
볼
Ball Corporation

섹터 원자재 (Materials)
세부섹터 금속 및 유리 용기 (Metal & Glass Containers)

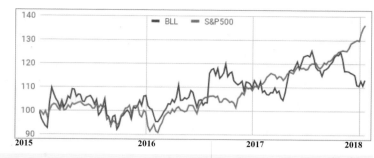

볼(Ball Corporation)은 음식료, 개인위생, 가정용품 산업에 필요한 금속 포장 용품을 공급하는 업체이다. 회사는 1992년 설립되었고 본사는 콜로라도주 브룸필드에 있으며 18,450명의 직원이 근무하고 있다. 회사의 포장제품은 다양한 용도로 생산되며 전 세계의 설비공장에서 제조되고 있다. 회사의 주요 제품들은 알루미늄, 강철 음료 용기들이 있다. 탄산청량음료, 맥주, 에너지 음료, 각종 음료 생산자를 위한 금속 음료 용기 및 마감재를 제조 및 공급하고 있다. 에어로졸 용기, 알루미늄 슬러거를 생산하고 있으며 포장 제품을 다국적 기업에 판매하고 있다. 항공 우주 시스템의 개발 및 제조, 우주선, 계기, 센서 등의 다양한 제품을 생산하고 있다.

기준일 : 2018/ 01 /25
한글 회사명 : 볼
영문 회사명 : Ball Corporation
상장일 : 1972년 07월 20일 | 결산월 : 12월
시가총액 : 137 (억$) |
52주 최고 : $43.24 (-10.56%) / 52주 최저 : $35.65 (+8.47%)

주요 주주정보

보유자/ 보유 기관	보유율
T. Rowe Price Associates, Inc.	14.16%
The Vanguard Group, Inc.	10.05%
Fidelity Management & Research Co.	4.73%

애널리스트 추천 및 최근 투자의견

볼의 2018년 01월 25일 현재 15개 기관의 **평균적인 목표가는 44.64$**이며, 2018년 추정 주당순이익(EPS)은 2.29$로 2017년 추정 EPS 1.94$에 비해 **18.04% 증가할 것으로 예상**된다.

재무 지표

	2014	2015	2016	2017(E)
매출액 (백만$)	8,572	7,990	9,062	10,874
영업이익 (백만$)	996	821	691	1,182
순이익 (백만$)	470	281	263	694
자산총계 (백만$)	7,571	9,777	16,173	16,238
자본총계 (백만$)	1,240	1,261	3,541	
부채총계 (백만$)	6,331	8,516	12,632	

최근, 1개월, 3개월의 투자 의견 변화

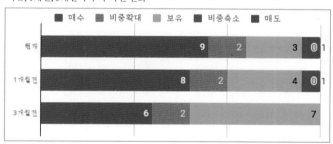

안정성 비율	2013	2014	2015	2016
유동비율 (%)	127.93	115.28	101.98	123.04
부채비율 (%)	462.05	510.76	675.15	356.74
이자보상배율 (배)	4.32	5.17	3.60	2.18

투자 지표

	2014	2015	2016	2017(E)
영업이익률 (%)	11.62	10.28	7.63	10.87
매출액 증가율 (%)	1.29	-6.78	13.41	19.99
EPS ($)	1.70	1.03	0.83	1.94
EPS 증가율 (%)	21.51	-39.53	-19.02	134.21
주당자산가치($)	3.77	4.40	9.82	10.37
잉여현금흐름 (백만$)	622	479	-412	832

투자의견	금융사 및 투자의견	날짜
Upgrade	Citigroup: Neutral to Buy	1/17/2018
Upgrade	Vertical Research: Hold to Buy	12/15/2017
Downgrade	KeyBanc: Sector Weight to Underweight	12/8/2017
Upgrade	BMO Capital: Market Perform to Outperform	12/4/2017
Maintains	Baird: to Neutral	11/3/2017

	2013	2014	2015	2016
배당성향(%)	19.05	15.76	26.13	31.90
배당수익률(%)	1.01	0.76	0.71	0.69
ROE (%)	35.12	42.10	24.59	11.22
ROA (%)	5.67	6.47	3.49	2.05
재고회전율	8.17	8.38	8.34	7.84
EBITDA (백만$)	1,208.50	1,277.20	1,106.80	1,144.00

내부자 거래

(3M 비중은 12개월 거래 중 최근 3개월의 비중)

구분	성격	3개월	12개월	3M비중
매수	매수 건수 (장내 매매만 해당)	2	4	50.00%
매도	매도 건수 (장내 매매만 해당)	32	82	39.02%
매수	매수 수량 (장내 매매만 해당)	23,190	133,690	17.35%
매도	매도 수량 (장내 매매만 해당)	577,820	1,397,081	41.36%
	순매수량 (-인 경우 순매도량)	-554,630	-1,263,391	

매출비중

ETF 노출
(편입 ETF 수 : 72개 / 시가총액 대비 ETF의 보유비중 : 12.87%)

티커	ETF	보유지분	비중
VO	Vanguard Mid-Cap ETF	$334,194,597	0.34%
VTI	Vanguard Total Stock Market ETF	$329,113,147	0.05%
VOO	Vanguard 500 Index Fund	$233,241,572	0.06%
SPY	SPDR S&P 500 ETF Trust	$170,087,520	0.06%
VOE	Vanguard Mid-Cap Value ETF	$113,166,993	0.63%

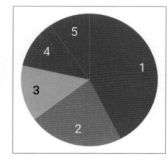

제품명	비중
1. 음료 포장, 미국	39.86%
2. 음료 포장, 유럽	21.13%
3. 식품 및 에어로졸 포장	12.92%
4. 음료 포장, 남미	11.19%
5. 항공 우주	9.03%

기간 수익률

1M : -1.72%	3M : -4.46%	6M : -9.78%	1Y : 3.28%	3Y : 19.35%

AVY
에이버리 데니슨
Avery Dennison Corporation

섹터 원자재 (Materials)
세부섹터 종이 포장 (Paper Packaging)

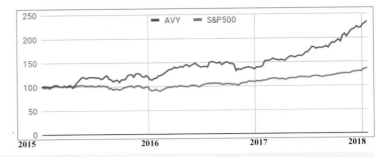

에이버리 데니슨(Avery Dennison Corporation)은 압력에 민감한 재료, 티켓, 태그, 라벨 및 기타 변환 제품을 생산하는 업체이다. 회사는 1977년 설립되었고 본사는 캘리포니아주 글렌데일에 있으며 32,100명이 근무하고 있다. 회사의 사업 부문은 라벨 및 그래픽 소재 부문, 소매 브랜딩 및 정보 솔루션 부문, 의료자재 세 가지 부문으로 나누어진다. 라벨 및 그래픽 소재 부문은 압력 민감 라벨, 각종 포장재, 반사용 제품을 제조 및 판매하고 있다. 소매 브랜딩 및 정보 솔루션 부문은 브랜드 및 가격표, 태그 및 레이블, 소모품 및 장비를 설계, 제조, 판매하고 있다. 의료자재 부문은 밀봉에 사용되는 코팅 테이프 및 접착테이프를 제조 및 판매하고 있다.

기준일 : 2018/ 01 /25

한글 회사명 : 에이버리 데니슨
영문 회사명 : Avery Dennison Corporation
상장일 : 1972년 01월 21일 | 결산월 : 12월
시가총액 : 107 (억$) | 52주 최고 : $123.2 (-2.51%) / 52주 최저 : $71.71 (+67.48%)

주요 주주정보

보유자/ 보유 기관	보유율
The Vanguard Group, Inc.	10.7%
SSgA Funds Management, Inc.	5.35%
BlackRock Fund Advisors	5.15%

애널리스트 추천 및 최근 투자의견

에이버리 데니슨의 2018년 01월 25일 현재 12개 기관의 **평균적인 목표가는 114.44$**이며, 2018년 추정 주당순이익(EPS)은 5.56$로 2017년 추정 EPS 4.93$에 비해 **12.77% 증가할 것으로 예상**된다.

최근, 1개월, 3개월의 투자 의견 변화

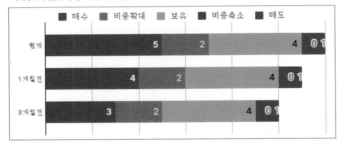

투자의견	금융사 및 투자의견	날짜
Initiated	UBS: to Buy	1/18/2018
Maintains	Barclays: to Overweight	10/30/2017
Maintains	Loop Capital: to Hold	10/26/2017
Downgrade	JP Morgan: Overweight to Neutral	10/26/2017
Initiated	Loop Capital: to Hold	9/29/2017

내부자 거래

(3M 비중은 12개월 거래 중 최근 3개월의 비중)

구분	성격	3개월	12개월	3M비중
매수	매수 건수 (장내 매매만 해당)	0	0	-
매도	매도 건수 (장내 매매만 해당)	15	42	35.71%
매수	매수 수량 (장내 매매만 해당)	0	0	-
매도	매도 수량 (장내 매매만 해당)	230,657	452,341	50.99%
	순매수량 (-인 경우 순매도량)	-230,657	-452,341	

ETF 노출
(편입 ETF 수 : 90개 / 시가총액 대비 ETF의 보유비중 : 14.49%)

티커	ETF	보유 지분	비중
VO	Vanguard Mid-Cap ETF	$260,316,745	0.26%
VTI	Vanguard Total Stock Market ETF	$256,828,782	0.04%
VOO	Vanguard 500 Index Fund	$182,411,059	0.04%
SPY	SPDR S&P 500 ETF Trust	$132,457,485	0.04%
VOE	Vanguard Mid-Cap Value ETF	$88,133,809	0.49%

기간 수익률

1M : 4.68%	3M : 25.31%	6M : 29.23%	1Y : 67.57%	3Y : 130.15%

재무 지표

	2014	2015	2016	2017(E)
매출액 (백만$)	6,330	5,967	6,087	6,577
영업이익 (백만$)	542	529	613	680
순이익 (백만$)	251	274	321	443
자산총계 (백만$)	4,360	4,134	4,396	5,133
자본총계 (백만$)	1,067	966	926	
부채총계 (백만$)	3,294	3,168	3,471	

안정성 비율	2013	2014	2015	2016
유동비율 (%)	134.60	120.25	121.68	95.04
부채비율 (%)	208.98	308.83	328.05	375.03
이자보상배율 (배)	8.37	8.57	8.76	10.25

투자 지표

	2014	2015	2016	2017(E)
영업이익률 (%)	8.56	8.87	10.07	10.34
매출액 증가율 (%)	3.10	-5.74	2.00	8.05
EPS ($)	2.68	3.02	3.60	4.93
EPS 증가율 (%)	13.64	12.64	19.39	36.96
주당자산가치($)	11.79	10.73	10.48	13.50
잉여현금흐름 (백만$)	226	338	408	378

	2013	2014	2015	2016
배당성향(%)	49.23	51.07	49.43	45.20
배당수익률(%)	2.27	2.58	2.33	2.28
ROE (%)	15.90	19.63	27.01	33.92
ROA (%)	5.03	5.60	6.46	7.52
재고회전율	12.69	12.84	12.30	12.20
EBITDA (백만$)	697.20	743.50	717.60	792.90

매출비중

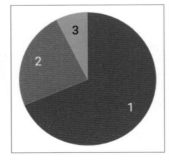

제품명	비중
1. 라벨 및 그래픽 자료	68.8%
2. 브랜딩 및 정보 솔루션	23.75%
3. 산업 및 의료 재료	7.46%

IP
인터네셔널 페이퍼
International Paper

섹터 원자재 (Materials)
세부섹터 종이 포장 (Paper Packaging)

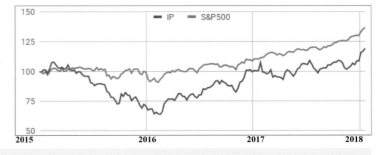

인터네셔널 페이퍼(International Paper)는 섬유 기반의 포장재, 펄프, 각종 종이를 생산하는 세계적인 업체이다. 회사는 1898년 설립되었고 본사는 테네시주 멤피스에 있으며 55,000명이 근무하고 있다. 회사는 현재 제지업계 1위이며 북미, 유럽, 중남미, 러시아, 아시아, 아프리카, 중동에서 제지 생산 작업을 진행하고 있다. 회사의 사업 부문은 산업 포장, 글로벌 셀룰로스 섬유, 인쇄용지, 소비자 포장 네 가지 부문으로 나누어진다. 회사는 과일, 음료수, 가공식품과 전자 상거래에 쓰이는 포장용지(골판지) 판매가 전체 매출의 2/3가량을 차지하고 있다. 2017년 현재 회사는 민간 업체로는 전 세계에서 가장 많은 삼림과 임야를 보유하고 있는 업체이다.

기준일 : 2018/ 01 /25
한글 회사명 : 인터네셔널 페이퍼
영문 회사명 : International Paper
상장일 : 1972년 01월 21일 | 결산월 : 12월
시가총액 : 262 (억$) |
52주 최고 : $64.31 (-0.71%) / 52주 최저 : $49.6 (+28.72%)

주요 주주정보

보유자/ 보유 기관	보유율
Wellington Management Co. LLP	9.33%
The Vanguard Group, Inc.	7%
SSgA Funds Management, Inc.	6.06%

애널리스트 추천 및 최근 투자의견

인터네셔널 페이퍼의 2018년 01월 25일 현재 18개 기관의 **평균적인 목표가는 65.07$**이며, 2018년 추정 주당순이익(EPS)은 4.54$로 2017년 추정 EPS 3.51$에 비해 **29.34% 증가할 것으로 예상**된다.

최근, 1개월, 3개월의 투자 의견 변화

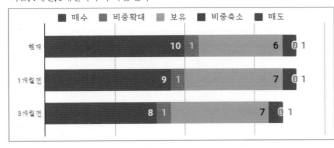

투자의견	금융사 및 투자의견	날짜
UpgradeBank of	UBS: to Buy	1/18/2018
Maintains	Barclays: to Overweight	10/30/2017
Maintains	Loop Capital: to Hold	10/26/2017
Downgrade	JP Morgan: Overweight to Neutral	10/26/2017
Initiated	Loop Capital: to Hold	9/29/2017

내부자 거래

(3M 비중은 12개월 거래 중 최근 3개월의 비중)

구분	성격	3개월	12개월	3M비중
매수	매수 건수 (장내 매매만 해당)	13	19	68.42%
매도	매도 건수 (장내 매매만 해당)	12	16	75.00%
매수	매수 수량 (장내 매매만 해당)	248,594	271,310	91.63%
매도	매도 수량 (장내 매매만 해당)	78,075	82,923	94.15%
	순매수량 (-인 경우 순매도량)	170,519	188,387	

ETF 노출

(편입 ETF 수 : 95개 / 시가총액 대비 ETF의 보유비중 : 11.04%)

티커	ETF	보유 지분	비중
VTI	Vanguard Total Stock Market ETF	$631,303,239	0.09%
VOO	Vanguard 500 Index Fund	$447,395,786	0.11%
SPY	SPDR S&P 500 ETF Trust	$326,144,326	0.11%
XLB	Materials Select Sector SPDR	$204,422,553	3.71%
DVY	iShares Select Dividend ETF	$193,712,858	1.07%

기간 수익률

1M : 12.88%	3M : 12.92%	6M : 12.11%	1Y : 18.27%	3Y : 17.41%

재무 지표

	2014	2015	2016	2017(E)
매출액 (백만$)	23,617	22,365	21,079	23,187
영업이익 (백만$)	2,520	2,432	1,614	2,415
순이익 (백만$)	568	938	909	1,431
자산총계 (백만$)	28,684	30,531	33,345	34,230
자본총계 (백만$)	5,263	3,909	4,359	
부채총계 (백만$)	23,421	26,622	28,986	

안정성 비율	2013	2014	2015	2016
유동비율 (%)	176.03	162.13	165.06	171.14
부채비율 (%)	273.25	445.01	681.04	664.97
이자보상배율 (배)	3.45	3.66	3.70	2.31

투자 지표

	2014	2015	2016	2017(E)
영업이익률 (%)	10.67	10.87	7.66	10.42
매출액 증가율 (%)	-18.79	-5.30	-5.75	10.00
EPS ($)	1.35	2.25	2.20	3.51
EPS 증가율 (%)	-57.56	66.20	-2.22	59.61
주당자산가치($)	12.17	9.42	10.53	12.25
잉여현금흐름 (백만$)	1,711	1,093	1,130	1,193

	2013	2014	2015	2016
배당성향(%)	39.61	108.18	73.54	81.77
배당수익률(%)	2.59	2.71	4.35	3.36
ROE (%)	18.74	8.59	20.85	22.10
ROA (%)	4.19	1.82	3.10	2.84
재고회전율	10.47	9.00	9.62	9.04
EBITDA (백만$)	3,851	3,926	3,726	2,841

매출비중

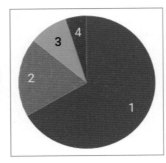

제품명	비중
1. 산업 포장	66.87%
2. 인쇄 용지	19.11%
3. 소비자 포장	9.18%
4. 글로벌 셀룰로오스 섬유	4.43%
5. 기업 및 기타	0.42%

원자재

PKG
패키징 코퍼레이션 오브 아메리카
Packaging Corporation of America, PCA

섹터 원자재 (Materials)
세부섹터 종이 포장 (Paper Packaging)

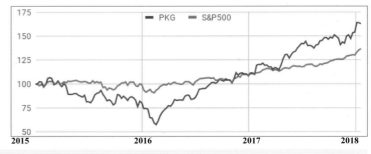

패키징 코퍼레이션 오브 아메리카(Packaging Corporation of America, PCA)는 컨테이너 보드 제품과 코팅되지 않은 프리 시트를 생산하는 업체이다. 회사는 1999년 설립되었고 본사는 일리노이주 레이크포리스트에 있으며 14,000명이 근무하고 있다. 회사의 사업 부문은 포장, 제지, 기업 및 기타 세 부문으로 나누어진다. 포장 부문은 각종 용도로 쓰이는 다양한 포장용 골판지 제품을 생산하고 있다. 제지 부문은 미국 현지에서 코팅되지 않은 프리 시트(나무와 섬유 식물에서 뽑아낸 펄프가 거의 없는 사무용 용지)를 생산하고 있으며 특수 용지와 흰색 용지를 제조, 판매하고 있다. 기업 및 기타 부문에는 기업 인력 지원 서비스 및 관련 자산과 부채가 포함되어 있으며 현재 회사가 보유 중인 기차, 트럭과 같은 운송 자산도 포함되어 있다.

기준일 : 2018/ 01 /25

한글 회사명 : 패키징 코퍼레이션 오브 아메리카
영문 회사명 : Packaging Corporation of America, PCA
상장일 : 2000년 01월 28일 | 결산월 : 12월
시가총액 : 119 (억$) |
52주 최고 : $130.19 (-2.74%) / 52주 최저 : $88.47 (+43.12%)

주요 주주정보

보유자/ 보유 기관	보유율
The Vanguard Group, Inc.	10.95%
BlackRock Fund Advisors	7.57%
Wellington Management Co. LLP	4.74%

애널리스트 추천 및 최근 투자의견

패키징 코퍼레이션 오브 아메리카의 2018년 01월 25일 현재 15개 기관의 **평균적인 목표가는 123.33$**이며, 2018년 추정 주당순이익(EPS)은 7.33$로 2017년 추정 EPS 5.99$에 비해 **22.37% 증가할 것으로 예상**된다.

최근, 1개월, 3개월의 투자 의견 변화

투자의견	금융사 및 투자의견	날짜
Maintains	Barclays: to Equal-Weight	10/30/2017
Initiated	Stephens & Co.: to Overweight	10/24/2017
Maintains	BMO Capital: to Outperform	8/22/2017
Upgrade	Goldman Sachs: to Neutral	7/13/2017
Downgrade	Wells Fargo: to Market Perform	2017. 10. 7

내부자 거래

(3M 비중은 12개월 거래 중 최근 3개월의 비중)

구분	성격	3개월	12개월	3M비중
매수	매수 건수 (장내 매매만 해당)	5	26	19.23%
매도	매도 건수 (장내 매매만 해당)	1	14	7.14%
매수	매수 수량 (장내 매매만 해당)	43,369	110,090	39.39%
매도	매도 수량 (장내 매매만 해당)	800	76,560	1.04%
	순매수량 (-인 경우 순매도량)	42,569	33,530	

ETF 노출

(편입 ETF 수 : 87개 / 시가총액 대비 ETF의 보유비중 : 15.7%)

티커	ETF	보유 지분	비중
DVY	iShares Select Dividend ETF	$289,129,152	1.60%
VTI	Vanguard Total Stock Market ETF	$285,155,919	0.04%
VOO	Vanguard 500 Index Fund	$202,219,212	0.05%
SPY	SPDR S&P 500 Trust ETF	$146,271,824	0.05%
VO	Vanguard Mid Cap Index Fund	$144,686,016	0.15%

기간 수익률

1M : 10.66%	3M : 10.07%	6M : 16.53%	1Y : 48.23%	3Y : 58.71%

재무 지표

	2014	2015	2016	2017(E)
매출액 (백만$)	5,853	5,742	5,779	6,373
영업이익 (백만$)	799	760	804	952
순이익 (백만$)	387	432	445	543
자산총계 (백만$)	5,273	5,272	5,777	5,921
자본총계 (백만$)	1,521	1,633	1,760	
부채총계 (백만$)	3,751	3,639	4,017	

안정성 비율	2013	2014	2015	2016
유동비율 (%)	225.15	245.97	276.65	271.23
부채비율 (%)	296.03	246.58	222.80	228.28
이자보상배율 (배)	9.91	9.66	9.53	9.33

투자 지표

	2014	2015	2016	2017(E)
영업이익률 (%)	13.65	13.24	13.91	14.94
매출액 증가율 (%)	59.68	-1.90	0.65	10.29
EPS ($)	3.99	4.47	4.76	6.00
EPS 증가율 (%)	-11.73	12.03	6.49	25.97
주당자산가치($)	15.46	16.99	18.68	22.12
잉여현금흐름 (백만$)	316	448	527	578

	2013	2014	2015	2016
배당성향(%)	33.84	40.15	49.29	49.68
배당수익률(%)	2.39	2.05	3.49	2.78
ROE (%)	38.23	27.30	27.36	26.24
ROA (%)	11.40	7.39	8.19	8.06
재고회전율	9.26	9.86	8.56	8.25
EBITDA (백만$)	739.36	1,179.80	1,116.00	1,161.60

매출비중

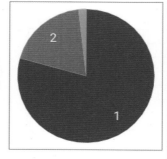

제품명	비중
1. 포장	79.21%
2. 종이	18.93%
3. 기업 및 기타	1.86%

SEE
씰드 에어
Sealed Air

섹터 원자재 (Materials)
세부섹터 종이 포장 (Paper Packaging)

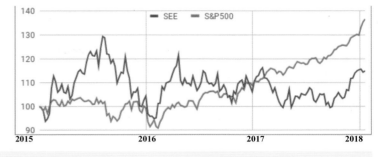

씰드 에어(Sealed Air)는 식품포장, 각종 세척, 위생용품을 생산하는 세계적인 포장용품 제조업체이다. 회사는 1960년 설립되었고 본사는 노스캐롤라이나주 샬럿에 있으며 23,000명의 직원이 근무하고 있다. 회사의 사업 부문은 식품관리, 제품관리, 의료 용품 제품의 세 가지 부문으로 나누어진다. 회사의 식품관리 부문은 주로 산업용 식품포장으로 식품 가공업자들에게 가공육류와 신선식품들의 신선도를 유지하기 위해 포장하는 용품을 제공하고 있다. 각종 포장용기, 장비, 서비스를 제공하고 있으며 소비자를 위한 보호 포장 기술과 솔루션을 제공하고 있다. 식품 분야 외에도 산업 분야, 의료 분야, 소비자 응용 분야 등에 포장 관련 장비 시스템, 솔루션을 제공하고 있다. 제품관리 부문에서 회사 제품들은 우레탄 발포 포장, 에어캡, 에어 패드, 수축 필름, 맞춤 포장, 종이 포장, 우편물 포장, 포장자동화시스템, 파워오브에어가 있다. 의료 응용 제품 부문에서는 고성능 포장 솔루션과 플라스틱 포장 수액 제품을 제약사 및 의료 기기 제조업체에 제공하고 있다. 2017년 현재 전 세계 1,500명 이상의 연구원, 엔지니어, 기기 및 설비 전문가들과 전 세계 56개의 연구소 및 실험실을 운영하고 있으며 전 세계 62개국에 지사망과 145개의 공장을 보유하고 있다.

기준일 : 2018/ 01 /25

한글 회사명 : 씰드 에어
영문 회사명 : Sealed Air
상장일 : 1972년 01월 21일 | 결산월 : 12월
시가총액 : 89 (억$) |
52주 최고 : $50.62 (-2.84%) / 52주 최저 : $41.22 (+19.31%)

주요 주주정보

보유자/보유 기관	보유율
The Vanguard Group, Inc.	10.75%
Henderson Global Investors Ltd.	5.86%
BlackRock Fund Advisors	5.15%

애널리스트 추천 및 최근 투자의견

씰드 에어의 2018년 01월 25일 현재 17개 기관의 **평균적인 목표가는 51.21$**이며, 2018년 추정 주당순이익(EPS)은 2.47$로 2017년 추정 EPS 1.8$에 비해 **37.22% 증가할 것으로 예상**된다.

최근, 1개월, 3개월의 투자 의견 변화

투자의견	금융사 및 투자의견	날짜
Upgrade	Barclays: Equal-Weight to Overweight	12/15/2017
Maintains	Barclays: to Equal-Weight	9/11/2017
Maintains	Bank of America: to Buy	10/13/2017
Upgrade	Bank of America: Neutral to Buy	9/21/2017
Downgrade	Barclays: Overweight to Equal-Weight	9/19/2017

내부자 거래

(3M 비중은 12개월 거래 중 최근 3개월의 비중)

구분	성격	3개월	12개월	3M비중
매수	매수 건수 (장내 매매만 해당)	7	22	31.82%
매도	매도 건수 (장내 매매만 해당)	7	19	36.84%
매수	매수 수량 (장내 매매만 해당)	165,835	1,231,194	13.47%
매도	매도 수량 (장내 매매만 해당)	65,650	1,081,065	6.07%
	순매수량 (-인 경우 순매도량)	100,185	150,129	

ETF 노출

(편입 ETF 수 : 78개 / 시가총액 대비 ETF의 보유비중 : 13.37%)

티커	ETF	보유 지분	비중
VO	Vanguard Mid Cap Index Fund	$216,740,625	0.22%
VTI	Vanguard Total Stock Market ETF	$213,637,125	0.03%
VOO	Vanguard 500 Index Fund	$151,345,744	0.04%
SPY	SPDR S&P 500 Trust ETF	$110,697,962	0.04%
VOE	Vanguard Mid-Cap Value ETF	$73,379,533	0.41%

기간 수익률

1M : 0.86%	3M : 13%	6M : 7.43%	1Y : 1.71%	3Y : 17.26%

재무 지표

	2014	2015	2016	2017(E)
매출액 (백만$)	7,934	7,032	7,021	4,421
영업이익 (백만$)	755	710	900	665
순이익 (백만$)	257	333	483	341
자산총계 (백만$)	8,042	7,405	7,389	5,477
자본총계 (백만$)	1,163	527	610	
부채총계 (백만$)	6,879	6,878	6,779	

안정성 비율	2013	2014	2015	2016
유동비율 (%)	126.54	155.50	122.61	104.55
부채비율 (%)	556.90	591.58	1,304.86	1,111.92
이자보상배율 (배)	2.16	2.60	3.12	4.21

투자 지표

	2014	2015	2016	2017(E)
영업이익률 (%)	9.52	10.10	12.82	15.03
매출액 증가율 (%)	3.16	-11.37	-0.15	-37.04
EPS ($)	1.22	1.63	2.49	1.80
EPS 증가율 (%)	136.02	33.45	52.76	-27.63
주당자산가치($)	5.52	2.69	3.15	1.35
잉여현금흐름 (백만$)	-356	798	631	387

	2013	2014	2015	2016
배당성향(%)	110.24	43.35	32.26	24.91
배당수익률(%)	1.53	1.23	1.17	1.35
ROE (%)	6.57	20.10	39.43	84.98
ROA (%)	1.00	2.99	4.31	6.53
재고회전율	10.85	11.37	10.28	10.63
EBITDA (백만$)	1,062.90	1,021.50	923.00	1,114.70

매출비중

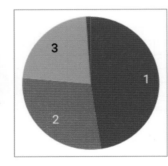

제품명	비중
1. 식품 케어	47.54%
2. 기타 케어	28.96%
3. 제품 지원	22.48%
4. 기타	1.02%

WRK
웨스트록
WestRock Company

섹터 원자재 (Materials))
세부섹터 종이 포장 (Paper Packaging)

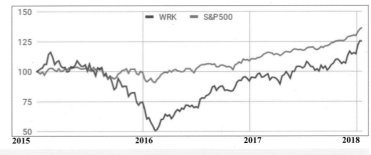

웨스트록(WestRock Company)은 북미, 남미, 유럽 및 아시아 지역에서 이나주의 찰스턴에 위치한 부동산 관리와 판매를 하고 있다. 회사는 1936년 설립되었고 본사는 버지니아주 리치먼드에 있으며 39,000명의 직원이 근무하고 있다. 회사의 사업 부문은 골판지 포장, 소비자 포장, 토지 및 개발 세 가지 부문으로 나누어진다. 골판지 포장 부문은 가전 및 산업 제품 제조업체 및 골판지 제조업체를 위해 컨테이너 보드, 골판지 시트, 골판지 포장재 및 사전 인쇄된 간판을 생산하고 있고 고객을 위해 재활용 및 폐기물 처리 서비스도 제공하고 있다. 소비자 포장 부문은 접이식 및 음료용 상자, 판촉용 간판, 용기, 실내 칸막이를 제조 및 판매하고 있다. 회사의 토지 및 개발 부문은 사우스캐롤라이나주의 찰스턴에 위치한 부동산의 관리와 판매를 하고 있다.

기준일 : 2018/ 01 /25
한글 회사명 : 웨스트록
영문 회사명 : WestRock Company
상장일 : 1994년 03월 03일 | 결산월 : 9월
시가총액 : 176 (억$) |
52주 최고 : $69.97 (-1.12%) / 52주 최저 : $49.23 (+40.52%)

주요 주주정보

보유자/ 보유 기관	보유율
The Vanguard Group, Inc.	10.3%
Capital Research & Management Co.	6.89%
BlackRock Fund Advisors	6.25%

애널리스트 추천 및 최근 투자의견

웨스트록의 2018년 01월 25일 현재 17개 기관의 **평균적인 목표가는 70.33$**이며, 2018년 추정 주당순이익(EPS)은 4.42$로 2017년 추정 EPS 3.82$에 비해 **15.7% 증가할 것으로 예상**된다.

최근, 1개월, 3개월의 투자 의견 변화

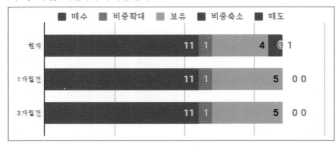

투자의견	금융사 및 투자의견	날짜
Maintains	Barclays: to Equal-Weight	6/11/2017
Initiated	Stephens & Co.: to Equal-Weight	10/24/2017
Maintains	Barclays: to Equal-Weight	7/8/2017
Maintains	Barclays: to Equal-Weight	7/18/2017
Upgrade	Goldman Sachs: to Buy	4/19/2017

내부자 거래

(3M 비중은 12개월 거래 중 최근 3개월의 비중)

구분	성격	3개월	12개월	3M비중
매수	매수 건수 (장내 매매만 해당)	22	22	100.00%
매도	매도 건수 (장내 매매만 해당)	30	66	45.45%
매수	매수 수량 (장내 매매만 해당)	237,437	237,437	100.00%
매도	매도 수량 (장내 매매만 해당)	736,323	1,471,779	50.03%
	순매수량 (- 인 경우 순매도량)	-498,886	-1,234,342	

ETF 노출

(편입 ETF 수 : 84개 / 시가총액 대비 ETF의 보유비중 : 6.14%)

티커	ETF	보유 지분	비중
SPY	SPDR S&P 500 Trust ETF	$220,819,418	0.07%
DVY	iShares Select Dividend ETF	$184,232,224	1.02%
XLB	Materials Select Sector SPDR	$140,094,379	2.55%
IVV	Ishares S&P 500	$112,406,000	0.07%
IWD	iShares Russell 1000	$53,587,135	0.13%

기간 수익률

1M : 9.58%	3M : 20.15%	6M : 17.81%	1Y : 32.46%	3Y : 22.64%

재무 지표

	2014	2015	2016	2017(E)
매출액 (백만$)	9,895	11,381	14,172	14,921
영업이익 (백만$)	910	1,028	799	1,208
순이익 (백만$)	480	507	153	707
자산총계 (백만$)	11,040	25,357	23,038	24,752
자본총계 (백만$)	4,321	11,798	9,844	
부채총계 (백만$)	6,719	13,559	13,195	

안정성 비율	2013	2014	2015	2016
유동비율 (%)	194.34	178.80	192.33	179.23
부채비율 (%)	148.11	155.48	114.92	134.04
이자보상배율 (배)	8.35	9.55	7.74	3.11

투자 지표

	2014	2015	2016	2017(E)
영업이익률 (%)	9.20	9.03	5.64	8.10
매출액 증가율 (%)	3.66	15.02	24.52	5.28
EPS ($)	3.34	2.97	-1.56	2.65
EPS 증가율 (%)	-33.86	-11.08	-152.53	269.54
주당자산가치($)	30.76	45.34	38.76	40.41
잉여현금흐름 (백만$)	618	618	892	1,029

	2013	2014	2015	2016
배당성향(%)	10.55	21.28	36.54	
배당수익률(%)	1.15	1.63	2.31	3.09
ROE (%)	18.84	11.13	6.35	1.43
ROA (%)	6.84	4.44	2.81	0.64
재고회전율	10.61	10.06	7.61	7.87
EBITDA (백만$)	1444.4	1494.5	1759.1	1883.3

매출비중

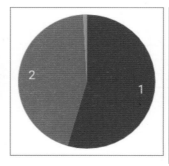

제품명	비중
1. 골판지 포장	
	54.56%
2. 소비자용 포장	
	44.59%
3. 토지 및 개발	
	0.85%

ALB
알버말
Albemarle Corporation

섹터 원자재 (Materials)
세부섹터 특수 화학 제품 (Specialty Chemicals)

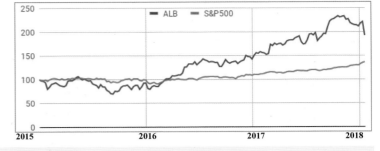

알버말(Albemarle Corporation)은 소비자 가전, 석유 정제, 유틸리티, 포장, 건설, 운송, 의약품, 작물 생산, 식품 안전 및 맞춤 화학에 필요한 특수 화학제품을 개발, 제조, 판매하는 업체이다. 회사는 1994년에 설립되었고 본사는 노스캐롤라이나주 샬롯에 있으며 5,000명의 직원이 근무하고 있다. 회사의 사업 부문은 리튬 및 고급 재료, 브롬 특수, 정제 솔루션 세 가지 부문으로 나누어진다. 리튬 사업 부문은 리튬 탄산염, 리튬 수산화물, 염화리튬 및 부가 가치 리튬 특산품 및 시약(부틸 리튬 및 리튬 알루미늄 수소화물)을 개발 및 제조하고 있으며 리튬 배터리, 고성능 그리스, 자동차 타이어용 열가소성 엘라스토머, 고무 밀창 및 플라스틱병을 생산하고 있다. 브롬 및 브롬 기반 사업 부문은 화재 안전 솔루션 및 기타 특수 화학제품에 사용되는 제품을 생산하고 있다. 정제 솔루션 부문은 수소화 처리 촉매(HPC)를 포함하는 불순물이 제거된 연료와 유동화 촉매 분해(FCC) 촉매 및 첨가제를 포함하는 중질유 업그레이드(HOU) 두 가지 제품이 있다.

기준일 : 2018/ 01 /25

한글 회사명 : 알버말
영문 회사명 : Albemarle Corporation
상장일 : 1994년 02월 22일 | 결산월 : 12월
시가총액 : 129 (억$) |

52주 최고 : $144.99 (-21.81%) / 52주 최저 : $90.35 (+25.46%)

주요 주주정보

보유자/ 보유 기관	보유율
The Vanguard Group, Inc.	11.38%
Franklin Advisory Services LLC	7.44%
Jennison Associates LLC	7.13%

애널리스트 추천 및 최근 투자의견

알버말의 2018년 01월 25일 현재 23개 기관의 **평균적인 목표가는 143.15$**이며, 2018년 추정 주당순이익(EPS)은 5.14$로 2017년 추정 EPS 4.46$에 비해 **15.24% 증가할 것으로 예상**된다.

최근, 1개월, 3개월의 투자 의견 변화

투자의견	금융사 및 투자의견	날짜
Upgrade	Baird: Neutral to Outperform	1/8/2018
Maintains	Citigroup: to Neutral	11/13/2017
Maintains	UBS: to Neutral	11/9/2017
Initiated	BMO Capital: to Outperform	10/25/2017
Maintains	KeyBanc: to Buy	10/16/2017

내부자 거래

(3M 비중은 12개월 거래 중 최근 3개월의 비중)

구분	성격	3개월	12개월	3M비중
매수	매수 건수 (장내 매매만 해당)	0	7	0.00%
매도	매도 건수 (장내 매매만 해당)	10	17	58.82%
매수	매수 수량 (장내 매매만 해당)	0	8,050	0.00%
매도	매도 수량 (장내 매매만 해당)	52,689	177,086	29.75%
	순매수량 (-인 경우 순매도량)	-52,689	-169,036	

ETF 노출
(편입 ETF 수 : 89개 / 시가총액 대비 ETF의 보유비중 : 15.69%)

티커	ETF	보유 지분	비중
VO	Vanguard Mid-Cap ETF	$317,875,387	0.32%
VTI	Vanguard Total Stock Market ETF	$312,727,883	0.05%
VOO	Vanguard 500 Index Fund	$221,776,042	0.05%
SPY	SPDR S&P 500 ETF Trust	$161,772,897	0.05%
VIG	Vanguard Dividend Appreciation ETF	$114,751,292	0.32%

기간 수익률

1M : -10.46%	3M : -8.86%	6M : -1.96%	1Y : 24.26%	3Y : 98.23%

재무 지표

	2014	2015	2016	2017(E)
매출액 (백만$)	2,446	2,826	2,677	3,009
영업이익 (백만$)	327	471	510	663
순이익 (백만$)	203	302	442	501
자산총계 (백만$)	5,223	9,598	8,161	7,755
자본총계 (백만$)	1,489	3,401	3,943	
부채총계 (백만$)	3,734	6,197	4,219	

안정성 비율	2013	2014	2015	2016
유동비율 (%)	339.84	293.79	113.26	290.03
부채비율 (%)	105.70	250.87	182.18	107.00
이자보상배율 (배)	19.53	7.92	5.76	7.82

투자 지표

	2014	2015	2016	2017(E)
영업이익률 (%)	13.37	16.67	19.05	22.02
매출액 증가율 (%)	-6.53	15.57	-5.28	12.40
EPS ($)	2.53	3.01	4.53	4.46
EPS 증가율 (%)	-48.70	19.11	50.28	-1.44
주당자산가치($)	17.42	29.00	33.73	35.48
잉여현금흐름 (백만$)	382	231	537	16

	2013	2014	2015	2016
배당성향(%)	19.59	43.72	38.64	27.16
배당수익률(%)	1.51	1.83	2.07	1.42
ROE (%)	23.88	13.58	13.11	12.53
ROA (%)	12.53	5.23	4.42	5.39
재고회전율	6.06	6.16	7.08	6.02
EBITDA (백만$)	723.64	430.98	730.68	735.81

매출비중

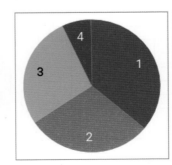

제품명	비중
1. 리튬 신소재	36.17%
2. 브롬 특수제품	29.6%
3. 정제 솔루션	27.35%
4. 기타	6.76%
5. 기업	0.13%

ECL
에코랩
Ecolab Inc.

섹터 원자재 (Materials)
세부섹터 특수 화학 제품 (Specialty Chemicals)

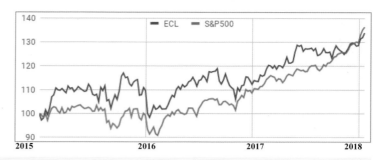

에코랩(Ecolab Inc.)은 전 세계 고객에게 물, 위생 및 에너지 관련 기술, 서비스를 제공하는 업체이다. 회사는 1923년에 설립되었고 본사는 미네소타주 세인트 폴에 있으며 47,565명의 직원이 근무하고 있다. 회사의 사업 부문은 글로벌 산업, 글로벌 기관, 글로벌 에너지의 세 가지 부문으로 나누어진다. 글로벌 산업 부문에서는 물 관리와 청소 및 위생 솔루션을 음식 및 음료 가공, 화학, 광산 및 1차 금속, 발전, 펄프, 상업용 세탁 산업 관련 고객들에게 제공하고 있다. 글로벌 기관 부문에서는 요식업종, 숙박, 헬스케어, 정부 기관 등에 특화된 청소 및 위생 제품들을 공급하고 있다. 글로벌 에너지 부문에서는 정유 산업 관련 관리 프로그램을 제공하고 있다. 각종 해충 제거 서비스로 포트폴리오를 확장하고 있다.

기준일 : 2018/ 01 /25

한글 회사명 : 에코랩
영문 회사명 : Ecolab Inc.
상장일 : 1972년 01월 21일 | 결산월 : 12월
시가총액 : 400 (억$) |
52주 최고 : $140.5 (-2.2%) / 52주 최저 : $119.09 (+15.37%)

주요 주주정보

보유자/ 보유 기관	보유율
Cascade Investment LLC	9.86%
The Vanguard Group, Inc.	7.14%
BlackRock Fund Advisors	3.96%

애널리스트 추천 및 최근 투자의견

에코랩의 2018년 01월 25일 현재 24개 기관의 **평균적인 목표가는 144.65$**이며, 2018년 추정 주당순이익(EPS)은 5.33$로 2017년 추정 EPS 4.69$에 비해 **13.64% 증가할 것으로 예상**된다.

최근, 1개월, 3개월의 투자 의견 변화

투자의견	금융사 및 투자의견	날짜
Maintains	Stifel Nicolaus: Hold to Hold	1/24/2018
Maintains	Baird: Neutral to Neutral	1/24/2018
Maintains	Credit Suisse: Neutral to Neutral	1/24/2018
Maintains	UBS: to Buy	1/11/2017
Maintains	Barclays: to Overweight	1/11/2017

내부자 거래

(3M 비중은 12개월 거래 중 최근 3개월의 비중)

구분	성격	3개월	12개월	3M비중
매수	매수 건수 (장내 매매만 해당)	32	76	42.11%
매도	매도 건수 (장내 매매만 해당)	19	49	38.78%
매수	매수 수량 (장내 매매만 해당)	1,800,099	1,897,958	94.84%
매도	매도 수량 (장내 매매만 해당)	56,789	402,373	14.11%
	순매수량 (-인 경우 순매도량)	1,743,310	1,495,585	

ETF 노출
(편입 ETF 수 : 94개 / 시가총액 대비 ETF의 보유비중 : 9.98%)

티커	ETF	보유 지분	비중
VTI	Vanguard Total Stock Market ETF	$865,503,103	0.13%
VOO	Vanguard 500 Index Fund	$613,378,503	0.15%
SPY	SPDR S&P 500 Trust ETF	$450,573,279	0.15%
VIG	Vanguard Dividend Appreciation ETF	$349,402,433	0.97%
XLB	Materials Select Sector SPDR	$244,477,044	4.44%

기간 수익률

1M : 3.37%	3M : 6.63%	6M : 5.03%	1Y : 18.03%	3Y : 36.72%

재무 지표

	2014	2015	2016	2017(E)
매출액 (백만$)	14,281	13,545	13,153	13,782
영업이익 (백만$)	2,022	1,983	2,007	2,061
순이익 (백만$)	1,203	1,002	1,230	1,379
자산총계 (백만$)	19,467	18,642	18,330	19,829
자본총계 (백만$)	7,382	6,980	6,971	
부채총계 (백만$)	12,085	11,661	11,359	

안정성 비율	2013	2014	2015	2016
유동비율 (%)	134.68	111.05	93.35	141.73
부채비율 (%)	165.02	163.70	167.06	162.95
이자보상배율 (배)	6.85	7.93	8.18	7.27

투자 지표

	2014	2015	2016	2017(E)
영업이익률 (%)	14.16	14.64	15.26	14.95
매출액 증가율 (%)	7.75	-5.15	-2.90	4.78
EPS ($)	4.01	3.38	4.20	4.69
EPS 증가율 (%)	24.15	-15.71	24.26	11.76
주당자산가치($)	24.40	23.35	23.65	25.49
잉여현금흐름 (백만$)	1,022	1,185	1,183	1,549

	2013	2014	2015	2016
배당성향(%)	30.54	29.39	40.36	34.30
배당수익률(%)	0.93	1.11	1.17	1.21
ROE (%)	14.42	16.41	14.09	17.81
ROA (%)	5.23	6.25	5.34	6.75
재고회전율	11.00	10.24	9.49	9.72
EBITDA (백만$)	2,593.90	2,893.50	2,842.40	2,858.10

매출비중

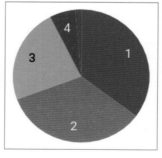

제품명	비중
1. 산업체 고객	35.1%
2. 기관 고객	34.18%
3. 글로벌 에너지	23.08%
4. 기타	6.13%
5. 외화 환산 수익	1.5%

IFF
인터내셔널 플래이버스 앤 프라그란스
Intl Flavors & Fragrances

섹터 원자재 (Materials)
세부섹터 특수 화학 제품 (Specialty Chemicals)

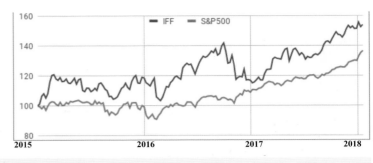

인터내셔널 플래이버스 앤 프라그란스(International Flavors & Fragrances Inc)는 각종 소비재 제품에 풍미와 향을 부여하거나 향상하는데 사용되는 향과 향료(화장품 활성 성분 포함)를 생산, 제조, 공급하는 업체이다. 회사는 1909년에 설립되었고 본사는 뉴욕주 뉴욕에 있으며 6,900명의 직원이 근무하고 있다. 회사의 사업 부문은 풍미와 향기, 향료 두 가지 부문으로 나누어진다. 풍미와 향기 부문은 음료, 유제품, 식품, 달콤한 제품에 사용하기 위해 식품 및 음료 산업에 필요한 식품 첨가제를 생산하고 있다. 향료 부문은 향기 화합물과 향기 성분을 생산하고 있으며 화장품 활성 성분은 고객의 화장품 및 개인 위생 제품을 지원하는 활성 및 기능성 성분, 식물성 및 전달 시스템으로 구성되어 있다. 회사의 제품은 향수, 화장품 제조업체에 판매되며, 비누, 세제, 청소 제품, 유제품, 육류, 기타 가공식품, 음료, 간식, 소금이 가미된 식품, 설탕이 가미된 제품, 약품, 구강 위생 제품에 사용되고 있다.

기준일 : 2018/ 01 /25

한글 회사명 : 인터내셔널 플래이버스 앤 프라그란스
영문 회사명 : Intl Flavors & Fragrances
상장일 : 1972년 01월 21일 | 결산월 : 12월
시가총액 : 122 (억$) |
52주 최고 : $157.4 (-3.05%) / 52주 최저 : $114.81 (+32.9%)

주요 주주정보

보유자/ 보유 기관	보유율
Winder Investment Pte Ltd.	13.19%
The Vanguard Group, Inc.	11.02%
BlackRock Fund Advisors	4.84%

애널리스트 추천 및 최근 투자의견

인터내셔널 플래이버스 앤 프라그란스의 2018년 01월 25일 현재 17개 기관의 **평균적인 목표가는 154$**이며, 2018년 추정 주당순이익(EPS)은 6.36$로 2017년 추정 EPS 5.78$에 비해 **10.03% 증가할 것으로 예상**된다.

최근, 1개월, 3개월의 투자 의견 변화

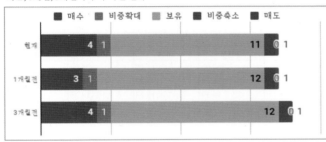

투자의견	금융사 및 투자의견	날짜
Upgrade	Evercore ISI Group: In-Line to Outperform	1/17/2018
Maintains	KeyBanc: to Overweight	8/11/2017
Maintains	UBS: to Buy	7/11/2017
Maintains	KeyBanc: to Overweight	10/16/2017
Maintains	Deutsche Bank: to Hold	10/8/2017

내부자 거래

(3M 비중은 12개월 거래 중 최근 3개월의 비중)

구분	성격	3개월	12개월	3M비중
매수	매수 건수 (장내 매매만 해당)	0	56	0.00%
매도	매도 건수 (장내 매매만 해당)	3	21	14.29%
매수	매수 수량 (장내 매매만 해당)	0	1,866,651	0.00%
매도	매도 수량 (장내 매매만 해당)	4,855	36,982	13.13%
	순매수량 (-인 경우 순매도량)	-4,855	1,829,669	

ETF 노출
(편입 ETF 수 : 83개 / 시가총액 대비 ETF의 보유비중 : 14.52%)

티커	ETF	보유 지분	비중
VO	Vanguard Mid Cap Index Fund	$298,080,524	0.30%
VTI	Vanguard Total Stock Market ETF	$293,421,480	0.04%
VOO	Vanguard 500 Index Fund	$207,978,741	0.05%
SPY	SPDR S&P 500 Trust ETF	$150,456,054	0.05%
VIG	Vanguard Dividend Appreciation ETF	$105,704,936	0.29%

기간 수익률

1M : 0.66%	3M : 7.93%	6M : 16.67%	1Y : 31.37%	3Y : 44.55%

재무 지표

	2014	2015	2016	2017(E)
매출액 (백만$)	3,089	3,023	3,116	3,375
영업이익 (백만$)	606	577	606	647
순이익 (백만$)	412	417	404	461
자산총계 (백만$)	3,495	3,702	4,017	4,476
자본총계 (백만$)	1,523	1,595	1,631	
부채총계 (백만$)	1,972	2,107	2,386	

안정성 비율	2013	2014	2015	2016
유동비율 (%)	294.97	329.61	198.18	179.12
부채비율 (%)	127.10	129.50	132.10	146.27
이자보상배율 (배)	11.58	13.23	12.61	11.57

투자 지표

	2014	2015	2016	2017(E)
영업이익률 (%)	19.62	19.09	19.45	19.17
매출액 증가율 (%)	4.59	-2.12	3.08	8.29
EPS ($)	5.09	5.19	5.07	5.78
EPS 증가율 (%)	17.82	1.97	-2.31	13.97
주당자산가치($)	18.80	19.87	20.53	22.44
잉여현금흐름 (백만$)	375	333	409	292

	2013	2014	2015	2016
배당성향(%)	34.03	34.00	39.90	47.50
배당수익률(%)	1.70	1.70	1.72	2.04
ROE (%)	26.07	27.65	26.84	25.12
ROA (%)	10.74	12.08	11.60	10.47
재고회전율	5.50	5.60	5.30	5.35
EBITDA (백만$)	622.28	695.04	667.08	708.62

매출비중

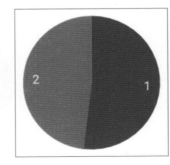

제품명	비중
1. 향수	
	51.98%
2. 향료	
	48.02%

LYB
리온델바젤 인더스트리
LyondellBasell Industries

섹터 원자재 (Materials)
세부섹터 특수 화학 제품 (Specialty Chemicals)

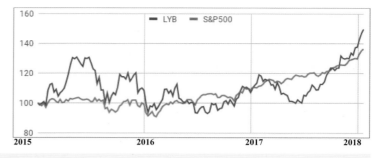

리온델바젤 인더스트리(LyondellBasell Industries)은 원유를 정제하여 각종 산업과 생활에 필요한 석유화합물을 생산하는 업체이다. 회사는 2005년에 설립되었고 본사는 영국 런던에 있으며 5,900명의 직원이 근무하고 있다. 회사는 화학 물질, 고분자 제조업체, 원유 정제기, 휘발유 혼합 부품 생산 업체 및 전 세계 폴리머 생산 기술 개발 업체를 운영하고 있다. 회사의 사업 부문은 올레핀, 폴리올레핀 부문으로 나누어진다. 각 부문은 폴리올레핀, 에틸렌, 에틸렌 부산품이 포함된 올레핀을 생산하고 각 부문이 담당한 지역에 판매하고 있다. 채굴된 원유를 휘발유, 디젤, 제트 연료로 정제하고 화학 및 폴리올레핀 공정 기술을 개발 및 라이센스하고 있으며 에틸렌과 폴리올레핀 촉매를 제조, 판매하고 있다.

기준일 : 2018/ 01 /25
한글 회사명 : 리온델바젤 인더스트리
영문 회사명 : LyondellBasell Industries
상장일 : 2010년 04월 28일 | 결산월 : 12월
시가총액 : 476 (억$) |
52주 최고 : $120.43 (-1.07%) / 52주 최저 : $78.01 (+52.71%)

주요 주주정보

보유자/ 보유 기관	보유율
Access Industries, Inc. (New York)	18.15%
Fidelity Management & Research Co.	7.1%
The Vanguard Group, Inc.	6.08%

애널리스트 추천 및 최근 투자의견

리온델바젤 인더스트리의 2018년 01월 25일 현재 25개 기관의 **평균적인 목표가는 110.26$**이며, 2018년 추정 주당순이익(EPS)은 9.81$로 2017년 추정 EPS 10.1$에 비해 **-2.87% 감소할 것으로 예상**된다.

최근, 1개월, 3개월의 투자 의견 변화

투자의견	금융사 및 투자의견	날짜
Upgrade	Citigroup: Neutral to Buy	12/18/2017
Maintains	Barclays: to Overweight	10/31/2017
Maintains	UBS: to Neutral	10/30/2017
Maintains	UBS: to Neutral	10/13/2017
Downgrade	HSBC: Buy to Hold	10/10/2017

내부자 거래

(3M 비중은 12개월 거래 중 최근 3개월의 비중)

구분	성격	3개월	12개월	3M비중
매수	매수 건수 (장내 매매만 해당)	16	42	38.10%
매도	매도 건수 (장내 매매만 해당)	25	52	48.08%
매수	매수 수량 (장내 매매만 해당)	120,072	151,697	79.15%
매도	매도 수량 (장내 매매만 해당)	288,461	299,497	96.32%
	순매수량 (-인 경우 순매도량)	-168,389	-147,800	

ETF 노출
(편입 ETF 수 : 89개 / 시가총액 대비 ETF의 보유비중 : 7.98%)

티커	ETF	보유 지분	비중
VTI	Vanguard Total Stock Market ETF	$918,807,699	0.13%
VOO	Vanguard 500 Index Fund	$667,656,889	0.16%
SPY	SPDR S&P 500 ETF Trust	$488,095,420	0.16%
XLB	Materials Select Sector SPDR	$298,800,491	5.43%
IVV	iShares S&P 500 Index (ETF)	$246,775,918	0.16%

기간 수익률

1M : 13.1%	3M : 26%	6M : 38.04%	1Y : 31.93%	3Y : 50.2%

재무 지표

	2014	2015	2016	2017(E)
매출액 (백만$)	45,608	32,749	29,171	34,046
영업이익 (백만$)	5,742	6,086	5,042	5,767
순이익 (백만$)	4,166	4,473	3,842	4,020
자산총계 (백만$)	24,283	22,757	23,442	25,340
자본총계 (백만$)	8,344	6,574	6,073	
부채총계 (백만$)	15,939	16,183	17,369	

안정성 비율	2013	2014	2015	2016
유동비율 (%)	264.96	214.18	225.09	211.43
부채비율 (%)	118.14	191.02	246.17	286.00
이자보상배율 (배)	16.39	15.23	14.25	12.39

투자 지표

	2014	2015	2016	2017(E)
영업이익률 (%)	12.59	18.58	17.28	16.94
매출액 증가율 (%)	3.51	-28.20	-10.93	16.71
EPS ($)	8.03	9.61	9.15	10.10
EPS 증가율 (%)	18.09	19.66	-4.77	10.38
주당자산가치($)	17.07	14.88	14.97	17.42
잉여현금흐름 (백만$)	4,549	4,402	3,363	3,299

	2013	2014	2015	2016
배당성향(%)	29.63	33.79	31.70	36.50
배당수익률(%)	2.49	3.40	3.50	3.88
ROE (%)	32.63	40.07	60.19	60.99
ROA (%)	14.94	16.13	19.01	16.64
재고회전율	8.31	8.91	7.37	7.34
EBITDA (백만$)	6,085.00	6,761.00	7,133.00	6,106.00

매출비중

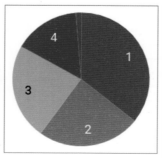

제품명	비중
1. 올레핀, 폴리올레핀	35.65%
2. 중간제품 및 파생제품	24.28%
3. 올레핀, 폴리올레핀	23.15%
4. 정제	15.62%
5. 과학 기술	1.3%

PPG
피피지 인더스트리
PPG Industries, Inc.

섹터 원자재 (Materials)
세부섹터 특수 화학 제품 (Specialty Chemicals)

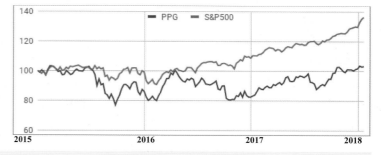

피피지 인더스트리(PPG Industries, Inc.)는 코팅, 특수 재료, 유리 제품을 제조, 유통하는 업체이다. 회사는 1883년에 설립되었고 본사는 펜실베이니아주 피츠버그에 있으며 47,000명의 직원이 근무하고 있다. 회사의 사업 부문은 퍼포먼스 코팅, 산업 코팅, 유리 세 부문으로 나누어진다. 퍼포먼스 코팅 부문은 자동차 및 상업용 운송 차량 수리 및 재생을 위한 코팅 제품을 생산하고 있다. 산업 코팅 부문은 자동차 산업을 위한 접착제 및 밀봉제를 생산하고 있다. 유리 부문은 상업 및 주거용 건축, 풍력 에너지, 에너지 인프라, 운송 및 전자 산업에서 사용하기 위한 섬유 유리를 생산하고 있다. 회사의 고객은 교통, 소비재, 건축, 산업 등 다양한 업종 내의 기업들이다.

기준일 : 2018/ 01 /25
한글 회사명 : 피피지 인더스트리
영문 회사명 : PPG Industries, Inc.
상장일 : 1972년 01월 21일 | 결산월 : 12월
시가총액 : 306 (억$) |

52주 최고 : $122.07 (-2.91%) / 52주 최저 : $99 (+19.7%)

주요 주주정보

보유자/ 보유 기관	보유율
The Vanguard Group, Inc.	7.69%
Massachusetts Financial Services Co.	7.56%
SSgA Funds Management, Inc.	4.54%

애널리스트 추천 및 최근 투자의견

피피지 인더스트리의 2018년 01월 25일 현재 26개 기관의 **평균적인 목표가는 126.09$**이며, 2018년 추정 주당순이익(EPS)은 7.38$로 2017년 추정 EPS 6.61$에 비해 **11.64% 증가할 것으로 예상**된다.

최근, 1개월, 3개월의 투자 의견 변화

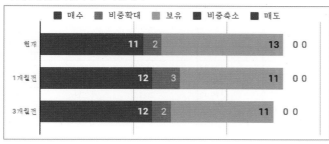

투자의견	금융사 및 투자의견	날짜
Maintains	Citigroup: Neutral to Neutral	1/24/2018
Downgrade	JP Morgan: Overweight to Neutral	1/19/2018
Downgrade	Atlantic Equities: Overweight to Neutral	1/17/2018
Initiated	Raymond James: to Outperform	12/19/2017
Maintains	Citigroup: to Neutral	10/25/2017

내부자 거래

(3M 비중은 12개월 거래 중 최근 3개월의 비중)

구분	성격	3개월	12개월	3M비중
매수	매수 건수 (장내 매매만 해당)	7	7	100.00%
매도	매도 건수 (장내 매매만 해당)	7	9	77.78%
매수	매수 수량 (장내 매매만 해당)	21,431	21,431	100.00%
매도	매도 수량 (장내 매매만 해당)	17,112	55,540	30.81%
	순매수량 (-인 경우 순매도량)	4,319	-34,109	

ETF 노출
(편입 ETF 수 : 89개 / 시가총액 대비 ETF의 보유비중 : 10.26%)

티커	ETF	보유 지분	비중
VTI	Vanguard Total Stock Market ETF	$734,892,854	0.11%
VOO	Vanguard 500 Index Fund	$520,936,643	0.13%
SPY	SPDR S&P 500 ETF Trust	$383,067,808	0.13%
VIG	Vanguard Dividend Appreciation ETF	$267,231,870	0.74%
XLB	Materials Select Sector SPDR	$236,538,271	4.30%

기간 수익률

1M : 2.91%	3M : 11.42%	6M : 11.34%	1Y : 19.63%	3Y : 2.82%

재무 지표

	2014	2015	2016	2017(E)
매출액 (백만$)	15,360	14,766	14,751	14,710
영업이익 (백만$)	1,513	1,919	1,917	2,102
순이익 (백만$)	1,133	1,338	564	1,510
자산총계 (백만$)	17,583	17,076	15,769	16,284
자본총계 (백만$)	5,265	5,069	4,913	
부채총계 (백만$)	12,318	12,007	10,856	

안정성 비율	2013	2014	2015	2016
유동비율 (%)	174.46	140.48	142.96	152.17
부채비율 (%)	205.18	233.96	236.87	220.97
이자보상배율 (배)	7.32	18.23	15.35	15.34

투자 지표

	2014	2015	2016	2017(E)
영업이익률 (%)	9.85	13.00	13.00	14.29
매출액 증가율 (%)	7.68	-3.87	-0.10	-0.28
EPS ($)	4.18	5.18	1.72	5.87
EPS 증가율 (%)	-62.90	23.96	-66.86	242.15
주당자산가치($)	19.05	18.67	18.75	21.81
잉여현금흐름 (백만$)	941	1,383	923	1,464

	2013	2014	2015	2016
배당성향(%)	10.87	31.68	27.54	91.48
배당수익률(%)	1.28	1.13	1.43	1.65
ROE (%)	21.12	22.41	26.33	11.50
ROA (%)	6.13	6.92	7.84	3.57
재고회전율	8.13	8.42	8.48	9.20
EBITDA (백만$)	1,907	2,133	2,390	2,461

매출비중

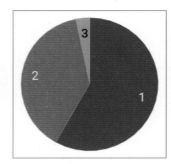

제품명	비중
1. 차량 코팅	
	58.17%
2. 산업 코팅	
	38.57%
3. 유리	
	3.26%

SHW
셔윈 윌리엄스
Sherwin-Williams Company

섹터 원자재 (Materials)
세부섹터 특수 화학 제품 (Specialty Chemicals)

셔윈 윌리엄스(Sherwin-Williams Company)는 페인트, 코팅에 관련된 제품을 주로 북미 및 남미, 카리브해, 유럽 및 아시아의 고객에게 개발, 제조, 유통, 판매하는 업체이다. 회사는 1866년에 설립되었고 본사는 오하이오주 클리블랜드에 있으며 42,550명의 직원이 근무하고 있다. 회사는 페인트 스토어즈 그룹, 소비자 그룹, 글로벌 마감 그룹 및 라틴 아메리카 코팅 그룹의 네 부문으로 나누어지며 셔윈 윌리암스라는 브랜드로 건축 도료 및 코팅, 보호 및 해양 제품, 자동차 마감재 및 도료 제품, 장비 제조업체 제품 마감재 및 관련 품목을 제공하고 있다. 회사는 기술 및 상표명에 라이센스를 부여하고 있으며, 글로벌 마감 그룹 부문은 288개의 회사 운영 지점을 통해 사업을 영위하고 있고, 직접 판매 직원과 외부 영업 담당자를 통해 제품을 소매 업체, 딜러, 중개인, 라이센스 업체, 기타 배급자에게 판매하고 있다.

기준일 : 2018/ 01 /25
한글 회사명 : 셔윈 윌리엄스
영문 회사명 : Sherwin-Williams Company
상장일 : 1972년 01월 21일 | 결산월 : 12월
시가총액 : 397 (억$) | 52주 최고 : $435.15 (-0.57%) / 52주 최저 : $280.14 (+54.43%)

주요 주주정보

보유자/ 보유 기관	보유율
Sherwin-Williams ESOP	11.45%
The Vanguard Group, Inc.	7.05%
Fidelity Management & Research Co.	4.35%

애널리스트 추천 및 최근 투자의견

셔윈 윌리엄스의 2018년 01월 25일 현재 24개 기관의 **평균적인 목표가는 444.78$**이며, 2018년 추정 주당순이익(EPS)은 21.52$로 2017년 추정 EPS 18.5$에 비해 **16.32% 증가할 것으로 예상**된다.

최근, 1개월, 3개월의 투자 의견 변화

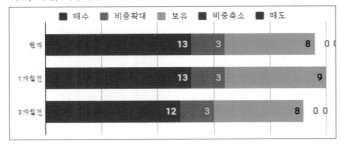

투자의견	금융사 및 투자의견	날짜
Initiated	Raymond James: to Strong Buy	12/19/2017
Initiated	Moffett Nathanson: to Buy	4/12/2017
Maintains	Citigroup: to Buy	10/25/2017
Maintains	Wells Fargo: to Market Perform	10/25/2017
Maintains	UBS: to Neutral	10/25/2017

내부자 거래

(3M 비중은 12개월 거래 중 최근 3개월의 비중)

구분	성격	3개월	12개월	3M비중
매수	매수 건수 (장내 매매만 해당)	23	35	65.71%
매도	매도 건수 (장내 매매만 해당)	11	33	33.33%
매수	매수 수량 (장내 매매만 해당)	14,456	15,696	92.10%
매도	매도 수량 (장내 매매만 해당)	11,945	79,588	15.01%
	순매수량 (-인 경우 순매도량)	2,511	-63,892	

ETF 노출   (편입 ETF 수 : 92개 / 시가총액 대비 ETF의 보유비중 : 9.4%)

티커	ETF	보유 지분	비중
VTI	Vanguard Total Stock Market ETF	$859,613,526	0.13%
VOO	Vanguard 500 Index Fund	$595,757,446	0.14%
SPY	SPDR S&P 500 Trust ETF	$435,702,264	0.14%
VIG	Vanguard Dividend Appreciation ETF	$343,018,244	0.95%
XLB	Materials Select Sector SPDR	$245,309,023	4.46%

기간 수익률

1M : 6.68%	3M : 26.34%	6M : 22.32%	1Y : 51.89%	3Y : 57.32%

재무 지표

	2014	2015	2016	2017(E)
매출액 (백만$)	11,130	11,339	11,856	14,905
영업이익 (백만$)	1,294	1,615	1,780	2,203
순이익 (백만$)	861	1,054	1,133	1,411
자산총계 (백만$)	5,706	5,779	6,753	17,999
자본총계 (백만$)	996	868	1,878	
부채총계 (백만$)	4,710	4,911	4,874	

안정성 비율	2013	2014	2015	2016
유동비율 (%)	124.92	95.75	124.06	125.91
부채비율 (%)	259.67	472.63	565.85	259.48
이자보상배율 (배)	19.43	20.15	22.16	19.80

투자 지표

	2014	2015	2016	2017(E)
영업이익률 (%)	11.63	14.24	15.01	14.78
매출액 증가율 (%)	9.27	1.89	4.55	25.72
EPS ($)	8.95	11.43	12.33	14.80
EPS 증가율 (%)	20.78	27.71	7.87	20.06
주당자산가치($)	10.52	9.41	20.20	30.87
잉여현금흐름 (백만$)	881	1,213	1,070	1,533

	2013	2014	2015	2016
배당성향(%)	27.55	25.06	24.04	28.02
배당수익률(%)	1.09	0.84	1.03	1.25
ROE (%)	41.95	62.14	113.05	82.49
ROA (%)	11.86	14.25	18.35	18.08
재고회전율	10.77	11.11	11.05	11.36
EBITDA (백만$)	1,344.05	1,492.87	1,813.68	1,977.54

매출비중

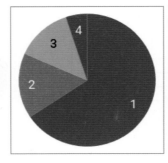

제품명	비중
1. 상점 판매	65.71%
2. 글로벌 판매	15.93%
3. 소비자 판매	13.37%
4. 라틴 아메리카 판매	4.95%
5. 관리	0.04%

NUE
누코
Nucor Corporation

섹터 원자재 (Materials)
세부섹터 강철 (Steel)

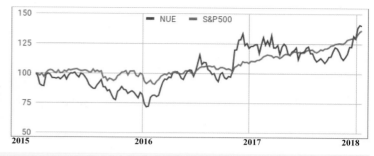

누코(Nucor Corporation)는 미국에서 전기로를 운영하는 가장 규모가 큰 철강 및 관련 제품을 생산하는 업체이다. 회사는 1905년 설립되었고 본사는 노스캐롤라이나주 샬럿에 있으며 23,900명의 직원이 근무하고 있다. 회사는 미국에서 가장 큰 전기로 미니 밀을 운영하는 제강업체이다. 회사는 2015년에 북미 최대 규모의 고철 재활용 기업으로 1,690만 톤의 스크랩을 재활용하였다. 2016년 기준 약 2,200만 톤의 철강을 생산 및 판매하고 있으며 23개의 스크랩 기반 철강 생산 공장을 운영하고 있다. 회사는 강철 막대(탄소 및 합금강), 빔, 판 / 평면 압연 강판, 강판 장선, 장선 대들보, 강철 갑판, 조선 콘크리트 보강재, 냉간 마무리 강판, 강철 패스너, 금속 건축 시스템, 경량 철 구조물, 철 격자, 확장 금속, 철사, 와이어 메쉬 등을 생산하고 있다.

기준일 : 2018/ 01 /25

한글 회사명 : 누코
영문 회사명 : Nucor Corporation
상장일 : 1972년 01월 21일 | 결산월 : 12월
시가총액 : 217 (억$) |
52주 최고 : $70.48 (-1.44%) / 52주 최저 : $51.67 (+34.43%)

주요 주주정보

보유자/ 보유 기관	보유율
State Farm Investment Management Corp.	9.58%
The Vanguard Group, Inc.	7.94%
SSgA Funds Management, Inc.	5.58%

애널리스트 추천 및 최근 투자의견

누코의 2018년 01월 25일 현재 16개 기관의 **평균적인 목표가는 70.54$**이며, 2018년 추정 주당순이익(EPS)은 4.73$로 2017년 추정 EPS 3.52$에 비해 **34.37% 증가할 것으로 예상**된다.

최근, 1개월, 3개월의 투자 의견 변화

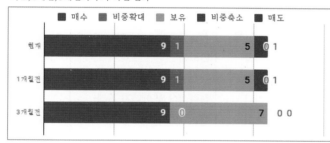

투자의견	금융사 및 투자의견	날짜
Upgrade	Longbow Research: Neutral to Buy	12/20/2017
Maintains	Citigroup: to Buy	10/20/2017
Maintains	Credit Suisse: to Outperform	10/20/2017
Maintains	Bank of America: to Buy	10/20/2017
Downgrade	Longbow Research: Buy to Neutral	10/2/2017

내부자 거래

		(3M 비중은 12개월 거래 중 최근 3개월의 비중)		
구분	성격	3개월	12개월	3M비중
매수	매수 건수 (장내 매매만 해당)	15	32	46.88%
매도	매도 건수 (장내 매매만 해당)	7	30	23.33%
매수	매수 수량 (장내 매매만 해당)	87,481	244,857	35.73%
매도	매도 수량 (장내 매매만 해당)	140,919	259,043	54.40%
	순매수량 (-인 경우 순매도량)	-53,438	-14,186	

ETF 노출
(편입 ETF 수 : 92개 / 시가액 대비 ETF의 보유비중 : 12.21%)

티커	ETF	보유 지분	비중
VTI	Vanguard Total Stock Market ETF	$523,882,998	0.08%
VOO	Vanguard 500 Index Fund	$371,231,240	0.09%
SPY	SPDR S&P 500 ETF Trust	$271,336,166	0.09%
SDY	SPDR S&P Dividend (ETF)	$204,509,168	1.22%
VIG	Vanguard Dividend Appreciation ETF	$189,118,347	0.53%

기간 수익률

1M : 14.32%	3M : 28.44%	6M : 14.09%	1Y : 12.67%	3Y : 54.7%

재무 지표

	2014	2015	2016	2017(E)
매출액 (백만$)	21,105	16,439	16,208	20,021
영업이익 (백만$)	1,380	658	1,465	1,931
순이익 (백만$)	712	79	794	1,128
자산총계 (백만$)	15,616	14,774	15,552	16,215
자본총계 (백만$)	8,075	7,850	8,255	
부채총계 (백만$)	7,541	6,924	7,298	

안정성 비율	2013	2014	2015	2016
유동비율 (%)	327.01	307.08	422.65	272.24
부채비율 (%)	92.20	93.38	88.20	88.41
이자보상배율 (배)	6.13	7.92	3.71	8.08

투자 지표

	2014	2015	2016	2017(E)
영업이익률 (%)	6.54	4.00	9.04	9.64
매출액 증가율 (%)	10.78	-22.11	-1.41	23.53
EPS ($)	2.22	0.25	2.48	3.53
EPS 증가율 (%)	46.05	-88.74	892.00	42.13
주당자산가치($)	24.36	23.52	24.72	26.21
잉여현금흐름 (백만$)	675	1,783	1,133	800

	2013	2014	2015	2016
배당성향(%)	96.88	66.78	597.00	60.58
배당수익률(%)	2.76	3.02	3.70	2.52
ROE (%)	6.36	9.23	1.04	10.34
ROA (%)	3.98	5.28	1.26	5.92
재고회전율	7.73	7.89	6.59	6.86
EBITDA (백만$)	1,541.20	2,104.16	1,358.13	2,151.69

매출비중

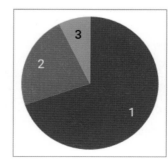

제품명	비중
1. 제철소	
	69.79%
2. 철강 제품	
	22.75%
3. 원료	
	7.46%

알파벳순(기업명 기준)

티커	기업명	섹터(대분류)	섹터(소분류)	페이지
MO	Altria Group Inc (알트리아 그룹)	필수소비재	담배	224
AMZN	Amazon.com (아마존닷컴)	자유소비재	인터넷 및 직접 마케팅 판매	167
AEE	Ameren Corp (에머런 코퍼레이션)	유틸리티	멀티 유틸리티	529
AAL	American Airlines Group (아메리칸 에어라인 그룹)	산업재	항공	246
AEP	American Electric Power (아메리칸 일렉트릭 파워 컴퍼니)	유틸리티	전기 유틸리티	515
AXP	American Express Co (아메리칸 익스프레스 컴퍼니)	금융	소비자 금융	412
AIG	American International Group, Inc. (아메리칸 인터내셔널 그룹)	금융	손해/사고 보험	451
AMT	American Tower Corp A (아메리칸 타워 코퍼레이션)	리츠	전문 리츠	497
AWK	American Water Works Company Inc (아메리칸 워터)	유틸리티	수자원 유틸리티	542
AMP	Ameriprise Financial (아메리프라이즈 파이낸셜)	금융	자산관리, 유가증권 보관	404
ABC	AmerisourceBergen Corp (아메리소스버젠 코퍼레이션)	헬스케어	건강제품 판매	553
AME	AMETEK Inc (아메텍)	산업재	전기 장비	263
AMGN	Amgen (암젠)	헬스케어	생명 공학	546
APH	Amphenol Corp (암페놀 코퍼레이션)	정보기술	전자 부품	314
APC	Anadarko Petroleum Corp (아나다코 페트롤레움 코퍼레이션)	에너지	석유 및 가스 시추	379
ADI	Analog Devices, Inc. (아날로그 디바이스)	정보기술	반도체	347
ANDV	Andeavor (앤디버)	에너지	석유/가스 정제 및 마케팅	394
ANSS	ANSYS (앤시스)	정보기술	응용 소프트웨어	301
ANTM	Anthem Inc. (앤섬)	헬스케어	헬스 케어 관리	593
AON	Aon plc (아온)	금융	보험 중개사	431
APA	Apache Corporation (아파치 코퍼레이션)	에너지	석유/가스 탐사 및 생산	378
AIV	Apartment Investment & Management (아파트먼트 인베스트먼트 앤드 매니지먼트)	리츠	거주 리츠	484
AAPL	Apple Inc. (애플)	필수소비재	전자 장비	197
AMAT	Applied Materials Inc (어플라이드 머티리얼즈)	정보기술	반도체 장비	344
APTV	Aptiv PLC (앱티브)	자유소비재	자동차 부품 및 장비	125
ADM	Archer-Daniels-Midland Co (아쳐-다니엘-미드랜드 컴퍼니)	필수소비재	농산물	191
ARNC	Arconic Inc (알코닉)	산업재	항공 우주 및 방위	229
AJG	Arthur J. Gallagher & Co. (아서 제이 갤러거)	금융	보험 중개사	430
AIZ	Assurant Inc (어슈어런트)	금융	종합 보험	446
T	AT&T Inc (에이티 앤 티)	통신	종합 통신 서비스	510
ADSK	Autodesk Inc (오토데스크)	정보기술	응용 소프트웨어	300
ADP	Automatic Data Processing (오토매틱 데이터 프로세싱)	정보기술	인터넷 S/W, 서비스	320
AZO	AutoZone Inc (오토존)	자유소비재	전문점	181
AVB	AvalonBay Communities, Inc. (아발론 베이 커뮤니티스)	리츠	거주 리츠	485
AVY	Avery Dennison Corp (에이버리 데니슨)	원자재	종이 포장	622
BHGE	Baker Hughes (베이커 휴스)	에너지	석유/가스 장비 및 서비스	373

티커	기업명	섹터(대분류)	섹터(소분류)	페이지
BLL	Ball Corp (볼)	원자재	금속 및 유리 용기	621
BAC	Bank of America Corp (뱅크 오브 아메리카)	금융	종합 금융	418
BAX	Baxter International Inc. (벡스터 인터네셔널)	헬스케어	건강 관리 장비	562
BBT	BB&T Corporation (비비앤드티 코퍼레이션)	금융	지역 은행	459
BDX	Becton Dickinson and Company (벡톤 디킨슨)	헬스케어	건강 관리 장비	563
BRK.B	Berkshire Hathaway (버크셔 해서웨이)	금융	종합 지주회사	449
BBY	Best Buy Co. Inc. (베스트 바이)	자유소비재	전자제품 소매	141
BIIB	Biogen Inc. (바이오젠)	헬스케어	생명 공학	547
BLK	BlackRock (블랙록)	금융	자산관리, 유가증권 보관	407
BA	Boeing Company (더 보잉 컴퍼니)	산업재	항공 우주 및 방위	230
BWA	BorgWarner (보그워너)	자유소비재	자동차 부품 및 장비	126
BXP	Boston Properties (보스턴 프로퍼티스)	리츠	오피스 리츠	480
BSX	Boston Scientific (보스턴 사이언티픽)	헬스케어	건강 관리 장비	564
BHF	Brighthouse Financial Inc (브라이트하우스 파이낸셜)	금융	생명/건강 보험	440
BMY	Bristol-Myers Squibb (브리스톨 마이어스 스큅)	헬스케어	건강제품 판매	554
AVGO	Broadcom Limited (브로드컴)	정보기술	반도체	349
BF.B	Brown-Forman Corp. (브라운-포맨 코퍼레이션)	필수소비재	증류 및 양조	193
CHRW	C. H. Robinson Worldwide (씨에이치 로빈슨)	산업재	항공화물 운송과 물류	242
CA	CA, Inc. (씨에이)	정보기술	시스템 소프트웨어	359
COG	Cabot Oil & Gas (캐봇 오일&가스 코퍼레이션)	에너지	석유/가스 탐사 및 생산	381
CDNS	Cadence Design Systems (카덴스 디자인 시스템즈)	정보기술	응용 소프트웨어	302
CPB	Campbell Soup Company (캠벨 수프 컴퍼니)	필수소비재	포장 식품과 고기	207
COF	Capital One Financial (캐피탈 원 파이낸셜 코퍼레이션)	금융	소비자 금융	413
CAH	Cardinal Health Inc. (카디날 헬스)	헬스케어	건강제품 판매	555
KMX	CarMax Inc (카맥스)	자유소비재	전문점	183
CCL	Carnival Corp. (카니발 코퍼레이션)	자유소비재	호텔, 리조트, 크루즈	157
CAT	Caterpillar Inc. (캐터필러)	산업재	건설 기계 중 트럭	260
CBOE	CBOE Holdings (씨비오이 글로벌 마켓)	금융	금융 거래 및 데이터 서비스	424
CBRE	CBRE Group (씨비알이 그룹)	리츠	부동산 서비스	483
CBS	CBS Corp. (씨비에스 코퍼레이션)	자유소비재	방송	130
CELG	Celgene Corp. (셀진)	헬스케어	생명 공학	548
CNC	Centene Corporation (센텐)	헬스케어	헬스 케어 관리	595
CNP	CenterPoint Energy (센터 포인트 에너지)	유틸리티	멀티 유틸리티	531
CTL	CenturyLink Inc (센츄리링크)	통신	종합 통신 서비스	509
CERN	Cerner (커너)	헬스케어	건강 관리 기술	588
CF	CF Industries Holdings Inc (씨에프 인더스트리)	원자재	화학 비료와 농약	614
SCHW	Charles Schwab Corporation (찰스 슈왑)	금융	투자 금융과 중개	438
CHTR	Charter Communications (차터 커뮤니케이션즈)	자유소비재	방송(케이블 및 위성)	131
CHK	Chesapeake Energy (체서피크 에너지 코퍼레이션)	에너지	석유/가스 탐사 및 생산	380

티커	기업명	섹터(대분류)	섹터(소분류)	페이지
CVX	Chevron Corp. (쉐브론 코퍼레이션)	에너지	종합 석유 및 가스	369
CMG	Chipotle Mexican Grill (치폴레 멕시칸 그릴)	자유소비재	레스토랑	176
CB	Chubb Limited (처브)	금융	손해/사고 보험	453
CHD	Church & Dwight (처치 앤 드와이트)	필수소비재	가정용품	200
CI	Cigna Corp. (시그나)	헬스케어	헬스 케어 관리	594
XEC	Cimarex Energy (시마렉스 에너지)	에너지	석유/가스 탐사 및 생산	393
CINF	Cincinnati Financial (신시내티 파이낸셜 코퍼레이션)	금융	손해/사고 보험	454
CTAS	Cintas Corporation (신타스 코퍼레이션)	산업재	다양한 지원 서비스	262
CSCO	Cisco Systems (시스코 시스템즈)	정보기술	통신 장비	306
C	Citigroup Inc. (씨티 그룹)	금융	종합 금융	419
CFG	Citizens Financial Group (씨티즌 파이낸셜 그룹)	금융	지역 은행	460
CTXS	Citrix Systems (시트릭스 시스템즈)	정보기술	인터넷 S/W, 서비스	323
CME	CME Group Inc. (시엠이 그룹)	금융	금융 거래 및 데이터 서비스	425
CMS	CMS Energy (씨엠에스 에너지 코퍼레이션)	유틸리티	멀티 유틸리티	530
TPR	Coach Inc. (테피스트리)	자유소비재	의류, 액세서리, 사치품	116
KO	Coca-Cola Company(The) (코카콜라 컴퍼니)	필수소비재	청량 음료	221
CTSH	Cognizant Technology Solutions Corporation (코그니전트 테크놀로지 솔루션 코퍼레이션)	정보기술	IT 컨설팅, 기타 서비스	340
CL	Colgate-Palmolive (콜게이트 팔모리브 컴퍼니)	필수소비재	가정용품	201
CMCSA	Comcast Corp. (컴캐스트 코퍼레이션)	자유소비재	방송(케이블 및 위성)	132
CMA	Comerica Inc. (코메리카 인코퍼릿)	금융	종합 금융	420
CAG	Conagra Brands (콘애그라 브랜드)	필수소비재	포장 식품과 고기	206
CXO	Concho Resources (콘초 리소스)	에너지	석유/가스 탐사 및 생산	383
COP	ConocoPhillips (코노코 필립스)	에너지	석유/가스 탐사 및 생산	382
ED	Consolidated Edison Inc (콘솔리데이티드 에디슨)	유틸리티	전기 유틸리티	518
STZ	Constellation Brands (콘스텔레이션 브랜드)	필수소비재	증류 및 양조	194
GLW	Corning Inc. (코닝 인코퍼레이티드)	정보기술	전자 부품	315
COST	Costco Wholesale Corp. (코스트코 홀세일 코퍼레이션)	필수소비재	대형 마켓	204
COTY	Coty, Inc (코티)	필수소비재	개인 용품	217
CCI	Crown Castle International Corp. (크라운 캐슬 인터내셔널 코퍼레이션)	리츠	전문 리츠	498
CSRA	CSRA Inc. (씨에스알에이)	정보기술	IT 컨설팅, 기타 서비스	339
CSX	CSX Corp. (씨에스엑스)	산업재	철도	286
CMI	Cummins Inc. (커민스)	산업재	산업 기계	276
CVS	CVS Health Corporation (씨브이에스 헬스 코퍼레이션)	필수소비재	약물 소매	195
DHI	D. R. Horton (디알 호튼)	자유소비재	주택 건설	154
DHR	Danaher Corp. (다나허)	헬스케어	건강 관리 장비	565
DRI	Darden Restaurants (다든 레스토랑)	자유소비재	레스토랑	177
DVA	DaVita Inc. (다비타)	헬스케어	건강 관리 시설	578

티커	기업명	섹터(대분류)	섹터(소분류)	페이지
DE	Deere & Co. (디어 앤 컴퍼니)	산업재	농업 및 농업 기계	241
DAL	Delta Air Lines Inc. (델타 항공)	산업재	항공	248
XRAY	Dentsply Sirona (덴츠플라이 시로나)	헬스케어	건강 관리 용품	587
DVN	Devon Energy Corp. (데본 에너지 코퍼레이션)	에너지	석유/가스 탐사 및 생산	384
DLR	Digital Realty Trust Inc (디지털 리얼티 트러스트)	리츠	전문 리츠	499
DFS	Discover Financial Services (디스커버 파이낸셜 서비스)	금융	소비자 금융	414
DISCA	Discovery Communications-A (디스커버리 커뮤니케이션즈)	자유소비재	방송(케이블 및 위성)	134
DISH	Dish Network Corporation (디쉬 네트워크 코퍼레이션)	자유소비재	방송(케이블 및 위성)	135
DG	Dollar General Corporation (달러 제네럴 코퍼레이션)	자유소비재	일반 상품 판매	146
DLTR	Dollar Tree (달러 트리)	자유소비재	일반 상품 판매	147
D	Dominion Energy (도미니언 에너지)	유틸리티	전기 유틸리티	516
DOV	Dover Corp. (도버 코퍼레이션)	산업재	산업 기계	277
DWDP	DowDuPont (다우듀폰)	원자재	다양한 화학제품	612
DPS	Dr Pepper Snapple Group (닥터 페퍼 스내플)	필수소비재	청량 음료	220
DTE	DTE Energy Co. (디티이 에너지)	유틸리티	멀티 유틸리티	532
DUK	Duke Energy (듀크 에너지 코퍼레이션)	유틸리티	전기 유틸리티	517
DRE	Duke Realty Corp (듀크 리얼티 코퍼레이션)	리츠	산업 리츠	477
DXC	DXC Technology Company (디엑스씨 테크놀러지 컴퍼니)	정보기술	IT 컨설팅, 기타 서비스	341
ETFC	E-Trade Financial Corporation (이트레이드 파이낸셜)	금융	투자 금융과 중개	434
EMN	Eastman Chemical (이스트맨 케미컬)	원자재	다양한 화학제품	613
ETN	Eaton Corporation (이튼 코퍼레이션)	산업재	전기 장비	266
EBAY	eBay Inc. (이베이)	정보기술	인터넷 S/W, 서비스	324
ECL	Ecolab Inc. (에코랩)	원자재	특수 화학 제품	628
EIX	Edison Int'l (에디슨 인터내셔널)	유틸리티	전기 유틸리티	519
EW	Edwards Lifesciences (에드워즈 라이프사이언스)	헬스케어	건강 관리 장비	566
EA	Electronic Arts (일렉트로닉스 아츠)	정보기술	홈 엔터테인먼트 SW	319
EMR	Emerson Electric Company (에머슨 일렉트릭)	산업재	전기 장비	265
ETR	Entergy Corp. (엔터지 코퍼레이션)	유틸리티	전기 유틸리티	520
EVHC	Envision Healthcare (엔비전 헬스케어 코퍼레이션)	헬스케어	건강 관리 서비스	582
EOG	EOG Resources (이오지 리소스)	에너지	석유/가스 탐사 및 생산	385
EQT	EQT Corporation (이큐티 코퍼레이션)	에너지	석유/가스 탐사 및 생산	386
EFX	Equifax Inc. (에퀴팩스)	산업재	연구 및 컨설팅 서비스	290
EQIX	Equinix (에퀴닉스)	리츠	전문 리츠	500
EQR	Equity Residential (에쿼티 레지덴셜)	리츠	거주 리츠	486
ESS	Essex Property Trust, Inc. (에섹스 프로퍼티 트러스트)	리츠	거주 리츠	487
EL	Estee Lauder Companies, Inc (에스티 로더 컴퍼니스)	필수소비재	개인 용품	218
RE	Everest Re Group Ltd (에베레스트 리 그룹)	금융	재보험	469
ES	Eversource Energy (에버소스 에너지)	유틸리티	멀티 유틸리티	533
EXC	Exelon Corp. (엑슬론 코퍼레이션)	유틸리티	멀티 유틸리티	534

티커	기업명	섹터(대분류)	섹터(소분류)	페이지
EXPE	Expedia Inc. (익스피디아)	자유소비재	인터넷 및 직접 마케팅 판매	168
EXPD	Expeditors International (익스피다이터스)	산업재	항공화물 운송과 물류	243
ESRX	Express Scripts (익스프레스 스크립트)	헬스케어	건강제품 판매	556
EXR	Extra Space Storage (엑스트라 스페이스 스토리지)	리츠	전문 리츠	501
XOM	Exxon Mobil Corp. (엑슨 모빌 코퍼레이션)	에너지	종합 석유 및 가스	371
FFIV	F5 Networks (에프파이브 네트워크스)	정보기술	통신 장비	307
FB	Facebook, Inc. (페이스북)	정보기술	인터넷 S/W, 서비스	325
FAST	Fastenal Co (파스테날 컴퍼니)	산업재	건축 제품	253
FRT	Federal Realty Investment Trust (페드럴 리얼티 인베스먼트 트러스트)	리츠	소매 리츠	490
FDX	FedEx Corporation (페덱스 코퍼레이션)	산업재	항공화물 운송과 물류	244
FIS	Fidelity National Information Services (피델리티 내셔널 인포메이션 서비스)	정보기술	인터넷 S/W, 서비스	326
FITB	Fifth Third Bancorp (피프스써드 은행)	금융	지역 은행	461
FE	FirstEnergy Corp (퍼스트 에너지)	유틸리티	전기 유틸리티	521
FISV	Fiserv Inc (피서브)	정보기술	인터넷 S/W, 서비스	327
FLIR	FLIR Systems (플러 시스템즈)	정보기술	전자 장비	316
FLS	Flowserve Corporation (플로서브 코퍼레이션)	산업재	산업 기계	278
FLR	Fluor Corp. (플루어 코퍼레이션)	산업재	건설 및 엔지니어링	257
FMC	FMC Corporation (에프엠씨)	원자재	화학 비료와 농약	615
FL	Foot Locker Inc (풋 라커)	자유소비재	의류 소매	111
F	Ford Motors Company (포드 모터스 컴퍼니)	자유소비재	자동차	127
FTV	Fortive Corp (포티브 코퍼레이션)	산업재	산업 기계	279
FBHS	Fortune Brands Home & Security (포츈 브랜드스 홈 앤 시큐리티)	산업재	건축 제품	254
BEN	Franklin Resources (프랭클린 리소시즈)	금융	자산관리, 유가증권 보관	405
FCX	Freeport-McMoRan Inc. (프리포트 맥모란)	원자재	구리	611
GPS	Gap Inc. (갭)	자유소비재	의류 소매	112
GRMN	Garmin Ltd. (가민)	자유소비재	가전	142
IT	Gartner Inc (가트너)	정보기술	IT 컨설팅, 기타 서비스	343
GD	General Dynamics (제너럴 다이내믹스)	산업재	항공 우주 및 방위	232
GE	General Electric Company (제너럴 일렉트릭 컴퍼니)	산업재	복합 기업	272
GGP	General Growth Properties Inc. (제너럴 그로쓰 프로퍼티스)	리츠	소매 리츠	491
GIS	General Mills (제너럴 밀스)	필수소비재	포장 식품과 고기	208
GM	General Motors Company (제너럴 모터스 컴퍼니)	자유소비재	자동차	128
GPC	Genuine Parts Company (재뉴인 파츠 컴퍼니)	자유소비재	전문점	182
GILD	Gilead Sciences (길리어드 사이언스)	헬스케어	생명 공학	549
GPN	Global Payments Inc (글로벌 페이먼트)	정보기술	데이터 처리/아웃소싱 서비스	312
GS	Goldman Sachs Group (골드만 삭스)	금융	투자 금융과 중개	435

티커	기업명	섹터(대분류)	섹터(소분류)	페이지
GT	Goodyear Tire & Rubber (굿이어 타이어 앤 러버 컴퍼니)	자유소비재	타이어 및 고무	188
HAL	Halliburton Co. (할리버튼)	에너지	석유/가스 장비 및 서비스	375
HBI	Hanesbrands Inc (헤인즈 브랜즈)	자유소비재	의류, 액세서리, 사치품	117
HOG	Harley-Davidson (할리 데이빗슨)	자유소비재	오토바이 제조업체	173
HRS	Harris Corporation (해리스 코퍼레이션)	정보기술	통신 장비	308
HIG	Hartford Financial Svc.Gp. (하트포드 파이낸셜 서비스 그룹)	금융	손해/사고 보험	455
HAS	Hasbro Inc. (해즈브로)	자유소비재	레저 제품	171
HCA	HCA Holdings (에이치씨에이 헬스케어)	헬스케어	건강 관리 시설	579
HCP	HCP Inc. (에이치씨피)	리츠	헬스케어 리츠	474
HP	Helmerich & Payne (헬머리치 & 패인)	에너지	석유 및 가스 시추	372
HSIC	Henry Schein (헨리 세인)	헬스케어	건강제품 판매	557
HES	Hess Corporation (헤스 코퍼레이션)	에너지	종합 석유 및 가스	370
HPE	Hewlett Packard Enterprise (휴렛 팩커드 엔터프라이즈 컴퍼니)	정보기술	H/W, 저장장치, 주변기기	362
HLT	Hilton Worldwide Holdings Inc (힐튼 월드와이드 홀딩스)	자유소비재	호텔, 리조트, 크루즈	158
HRB	H&R Block (에이치 앤 알 블록)	금융	소비자 금융	415
HOLX	Hologic (홀로직)	헬스케어	건강 관리 장비	567
HD	Home Depot (홈 디포)	자유소비재	가정 소모품 판매	152
HON	Honeywell Int'l Inc. (하니웰 인터내셔널)	산업재	복합 기업	273
HRL	Hormel Foods Corp. (호멜 푸드 코퍼레이션)	필수소비재	포장 식품과 고기	209
HST	Host Hotels & Resorts (호스트 호텔스 앤드 리조트)	리츠	호텔 & 리조트 리츠	476
HPQ	HP Inc. (에이치피)	정보기술	H/W, 저장장치, 주변기기	363
HUM	Humana Inc. (휴매나)	헬스케어	헬스 케어 관리	596
HBAN	Huntington Bancshares (헌팅턴 뱅크쉐어 인코퍼릿)	금융	지역 은행	462
HII	Huntington Ingalls Industries, Inc. (헌팅턴 잉갈스)	산업재	항공 우주 및 방위	233
IDXX	IDEXX Laboratories (아이덱스 래버러토리스)	헬스케어	건강 관리 장비	568
INFO	IHS Markit Ltd. (아이에이치에스 마킷)	산업재	연구 및 컨설팅 서비스	291
ITW	Illinois Tool Works (일리노이 툴 웍스)	산업재	산업 기계	282
ILMN	Illumina Inc (일루미나)	헬스케어	생명 과학 도구 및 서비스	590
INCY	Incyte Corporation (인싸이트 코퍼레이션)	헬스케어	생명 공학	550
IR	Ingersoll-Rand PLC (인저솔 랜드)	산업재	산업 기계	281
INTC	Intel Corp. (인텔)	정보기술	반도체	350
ICE	Intercontinental Exchange (인터콘티넨털 익스체인지)	금융	금융 거래 및 데이터 서비스	426
IBM	International Business Machines (아이비엠)	정보기술	IT 컨설팅, 기타 서비스	342
IP	International Paper (인터네셔널 페이퍼)	원자재	종이 포장	623
IPG	Interpublic Group (인터퍼블릭 그룹 오브 컴퍼니)	자유소비재	광고	109
IFF	Intl Flavors & Fragrances (인터내셔널 플레이버스 앤 프라그란스)	원자재	특수 화학 제품	629
INTU	Intuit Inc. (인튜이트)	정보기술	인터넷 S/W, 서비스	329

티커	기업명	섹터(대분류)	섹터(소분류)	페이지
ISRG	Intuitive Surgical Inc. (인튜이티브 서지컬)	헬스케어	건강 관리 장비	569
IVZ	Invesco Ltd. (인베스코)	금융	자산관리, 유가증권 보관	408
IRM	Iron Mountain Incorporated (아이런 마운틴 인코퍼레이티드)	리츠	전문 리츠	502
JBHT	J. B. Hunt Transport Services (제이비 헌트 트랜스포트 서비스)	산업재	운송	295
JEC	Jacobs Engineering Group (제이콥스 엔지니어링 그룹)	산업재	건설 및 엔지니어링	258
SJM	JM Smucker (제이엠 스머커)	필수소비재	포장 식품과 고기	215
JNJ	Johnson & Johnson (존슨 앤드 존슨)	헬스케어	건강 관리 장비	570
JCI	Johnson Controls International (존슨 컨트롤스)	산업재	건축 제품	255
JPM	JPMorgan Chase & Co. (제이피모건 체이스&컴퍼니)	금융	종함 금융	421
JNPR	Juniper Networks (주니퍼 네트웍스)	정보기술	통신 장비	309
KSU	Kansas City Southern (캔사스 시티 싸우던)	산업재	철도	287
K	Kellogg Co. (켈로그)	필수소비재	포장 식품과 고기	211
KEY	KeyCorp (키코프)	금융	지역 은행	463
KMB	Kimberly-Clark Corporation (킴벌리-클라크 코퍼레이션)	필수소비재	가정용품	203
KIM	Kimco Realty (킴코 리얼티 코퍼레이션)	리츠	소매 리츠	492
KMI	Kinder Morgan (킨더 모간)	에너지	석유/가스 저장 및 수송	398
KLAC	KLA-Tencor Corp. (케이엘에이 텐커 코퍼레이션)	정보기술	반도체 장비	345
KSS	Kohl's Corp. (콜스 코퍼레이션)	자유소비재	일반 상품 판매	148
KHC	Kraft Heinz Co (크래프트 하인즈)	필수소비재	포장 식품과 고기	212
KR	Kroger Co. (크로거)	필수소비재	식품 소매	199
LB	L Brands Inc. (엘브랜드)	자유소비재	의류 소매	113
LLL	L-3 Communications Holdings (엘쓰리 테크놀러지스 홀딩스)	산업재	항공 우주 및 방위	234
LH	Laboratory Corp. of America Holding (래버레토리 코페리션 오브 아메리카 홀딩스)	헬스케어	건강 관리 서비스	583
LRCX	Lam Research (램 리서치 코퍼레이션)	정보기술	반도체 장비	346
LEG	Leggett & Platt (레겟 앤 플렛)	자유소비재	주택 가구	150
LEN	Lennar Corp. (레나 코퍼레이션)	자유소비재	주택 건설	155
LUK	Leucadia National Corp. (루카디아 내셔널 코퍼레이션)	금융	종합 지주회사	450
LLY	Eli Lilly and Company (일라이 릴리 앤드 컴퍼니)	헬스케어	제약	600
LNC	Lincoln National (링컨 내셔널 코퍼레이션)	금융	종합 보험	448
LKQ	LKQ Corporation (엘케이큐 코퍼레이션)	자유소비재	유통	145
LMT	Lockheed Martin Corp. (록히드 마틴)	산업재	항공 우주 및 방위	235
L	Loews Corp. (로위스 코퍼레이션)	금융	종합 보험	447
LOW	Lowe's Companies, Inc (로위스 컴퍼니)	자유소비재	가정 소모품 판매	153
LYB	LyondellBasell (리온델바젤 인더스트리)	원자재	특수 화학 제품	630
MTB	M&T Bank Corp. (엠엔드티 뱅크 코퍼레이션)	금융	지역 은행	464
MAC	Macerich (메스리치 컴퍼니)	리츠	소매 리츠	493
M	Macy's Inc. (메이시스)	자유소비재	백화점	144

티커	기업명	섹터(대분류)	섹터(소분류)	페이지
MRO	Marathon Oil Corp. (마라톤 오일 코퍼레이션)	에너지	석유/가스 탐사 및 생산	387
MPC	Marathon Petroleum (마라톤 페트롤레움)	에너지	석유/가스 정제 및 마케팅	395
MAR	Marriott Int'l. (메리어트 인터내셔널)	자유소비재	호텔, 리조트, 크루즈	159
MMC	Marsh & McLennan (마쉬 앤 맥레난)	금융	보험 중개사	432
MLM	Martin Marietta Materials (마틴 마리에타 메테리얼스)	원자재	건축 자재	609
MAS	Masco Corp. (마스코 코퍼레이션)	산업재	건축 제품	256
MA	Mastercard Inc. (마스터카드 인코퍼레이티드)	정보기술	인터넷 S/W, 서비스	330
MAT	Mattel Inc. (마텔)	자유소비재	레저 제품	172
MKC	McCormick & Co. (맥코믹 앤 컴퍼니)	필수소비재	포장 식품과 고기	214
MCD	McDonald's Corp. (맥도날드 코퍼레이션)	자유소비재	레스토랑	178
MCK	McKesson Corp. (매케슨 코퍼레이션)	헬스케어	건강제품 판매	558
MDT	Medtronic plc (메드트로닉)	헬스케어	건강 관리 장비	571
MRK	Merck (머크)	헬스케어	제약	601
MET	MetLife Inc. (메트라이프)	금융	생명/건강 보험	441
MTD	Mettler Toledo (메틀러 토레도 인터내셔널)	헬스케어	생명 과학 도구 및 서비스	591
MGM	MGM Resorts International (엠지엠 리조트 인터내셔널)	자유소비재	카지노	139
KORS	Michael Kors Holdings (마이클 코어스 홀딩스)	자유소비재	의류, 액세서리, 사치품	118
MCHP	Microchip Technology Incorporated (마이크로 칩 테크놀로지 인코퍼레이티드)	정보기술	반도체	351
MU	Micron Technology (마이크론 테크놀로지)	정보기술	반도체	352
MSFT	Microsoft Corp. (마이크로소프트 코퍼레이션)	정보기술	시스템 소프트웨어	360
MAA	Mid-America Apartments (미드 아메리카 아파트먼트 커뮤니티스)	리츠	거주 리츠	488
MHK	Mohawk Industries (모 호크 인더스트리)	자유소비재	주택 가구	151
TAP	Molson Coors Brewing Company (몰슨 쿨스 브류잉 컴퍼니)	필수소비재	양조(주류 제조)	192
MDLZ	Mondelez International (몬델레즈)	필수소비재	포장 식품과 고기	213
MON	Monsanto Co. (몬산토)	원자재	화학 비료와 농약	616
MNST	Monster Beverage Corporation (몬스터 베버리지 코퍼레이션)	필수소비재	청량 음료	222
MCO	Moody's Corp (무디스 코퍼레이션)	금융	금융 거래 및 데이터 서비스	427
MS	Morgan Stanley (모건스탠리)	금융	투자 금융과 중개	436
MSI	Motorola Solutions Inc. (모토롤라 솔루션스)	정보기술	통신 장비	310
MYL	Mylan N.V. (밀란)	헬스케어	제약	602
NDAQ	Nasdaq, Inc. (나스닥)	금융	금융 거래 및 데이터 서비스	428
NOV	National Oilwell Varco Inc. (내셔널 오일웰 발코)	에너지	석유/가스 장비 및 서비스	376
NAVI	Navient (나비언트 코퍼레이션)	금융	소비자 금융	416
NTAP	NetApp (넷앱)	정보기술	인터넷 S/W, 서비스	332
NFLX	Netflix Inc. (넷플릭스)	정보기술	인터넷 S/W, 서비스	331
NWL	Newell Brands (뉴웰 브랜드)	자유소비재	가정 용품 및 특산품	166
NFX	Newfield Exploration Co (뉴필드 익스플로레이션 컴퍼니)	에너지	석유/가스 탐사 및 생산	389

티커	기업명	섹터(대분류)	섹터(소분류)	페이지
NEM	Newmont Mining Corporation (뉴몬트 마이닝)	원자재	채굴(금)	618
NWSA	News Corp. Class A (뉴스 코퍼레이션)	자유소비재	출판	175
NEE	NextEra Energy (넥스트에라 에너지)	유틸리티	멀티 유틸리티	535
NLSN	Nielsen Holdings (닐슨 홀딩스)	산업재	연구 및 컨설팅 서비스	292
NKE	Nike (나이키)	자유소비재	의류, 액세서리, 사치품	119
NI	NiSource Inc. (니소스)	유틸리티	멀티 유틸리티	536
NBL	Noble Energy Inc (노블 에너지)	에너지	석유/가스 탐사 및 생산	388
JWN	Nordstrom (노드스트롬)	자유소비재	백화점	143
NSC	Norfolk Southern Corp. (노펙 서던 코퍼레이션)	산업재	철도	288
NTRS	Northern Trust Corp. (노던 트러스트 코퍼레이션)	금융	자산관리, 유가증권 보관	409
NOC	Northrop Grumman Corp. (노스럽 그루먼 코퍼레이션)	산업재	항공 우주 및 방위	236
NCLH	Norwegian Cruise Line Holdings Ltd. (노르웨인 크루즈 라인)	자유소비재	호텔, 크루즈, 리조트	160
NRG	NRG Energy (엔알지 에너지)	유틸리티	전력생산 및 에너지 거래	528
NUE	Nucor Corp. (누코)	원자재	강철	633
NVDA	Nvidia Corporation (엔비디아 코퍼레이션)	정보기술	반도체	353
OXY	Occidental Petroleum (옥시덴탈 페트롤레움 코퍼레이션)	에너지	석유/가스 탐사 및 생산	390
OMC	Omnicom Group (옴니콤 그룹)	자유소비재	광고	110
OKE	ONEOK (원옥)	에너지	석유/가스 저장 및 수송	399
ORCL	Oracle Corp. (오라클 코퍼레이션)	정보기술	응용 소프트웨어	303
ORLY	O'Reilly Automotive (오레일리 오토모티브)	자유소비재	전문점	184
PCAR	PACCAR Inc. (파카르)	산업재	건설 기계 중 트럭	261
PKG	Packaging Corporation of America (패키징 코퍼레이션 오브 아메리카)	원자재	종이 포장	624
PH	Parker-Hannifin (파커 하니핀 코퍼레이션)	산업재	산업 기계	283
PDCO	Patterson Companies (페터슨 컴퍼니스)	헬스케어	건강 관리 용품	586
PAYX	Paychex Inc. (페이첵스)	정보기술	인터넷 S/W, 서비스	333
PYPL	PayPal (페이팔 홀딩스)	정보기술	데이터 처리/아웃소싱 서비스	313
PNR	Pentair Ltd. (펜타이어)	산업재	산업 기계	284
PBCT	People's United Financial (피플스 유나이티드 파이낸셜)	금융	저축/모기지 금융	470
PEP	PepsiCo Inc. (펩시코)	필수소비재	청량 음료	223
PKI	PerkinElmer (퍼킨엘머)	헬스케어	건강 관리 장비	572
PRGO	Perrigo (페리고 컴퍼니)	헬스케어	제약	604
PFE	Pfizer Inc. (화이자)	헬스케어	제약	603
PCG	PG&E Corp. (퍼시픽 가스 앤드 일렉트릭 컴퍼니)	유틸리티	멀티 유틸리티	537
PM	Philip Morris International (필립 모리스 인터내셔널)	필수소비재	담배	225
PSX	Phillips 66 (필립스66)	에너지	석유/가스 정제 및 마케팅	396
PNW	Pinnacle West Capital (피나클 웨스트 캐피탈 코퍼레이션)	유틸리티	멀티 유틸리티	538
PXD	Pioneer Natural Resources (파이오니어 내츄럴 리소스 컴퍼니)	에너지	석유/가스 탐사 및 생산	391

티커	기업명	섹터(대분류)	섹터(소분류)	페이지
CRM	Salesforce.com (세일즈포스닷컴)	정보기술	인터넷 S/W, 서비스	322
SBAC	SBA Communications Corp (에스비에이 커뮤니케이션스 코퍼레이션)	리츠	전문 리츠	504
SCG	SCANA Corp (스캐나 코퍼레이션)	유틸리티	멀티 유틸리티	539
SLB	Schlumberger Ltd. (슐럼버거 리미티드)	에너지	석유/가스 장비 및 서비스	377
SNI	Scripps Networks Interactive Inc. (스크립스 네트워크 인터랙티브)	자유소비재	방송(케이블 및 위성)	136
STX	Seagate Technology (시게이트 테크놀로지)	정보기술	H/W, 저장장치, 주변기기	364
SEE	Sealed Air (씰드 에어)	원자재	종이 포장	625
SRE	Sempra Energy (셈프라 에너지)	유틸리티	멀티 유틸리티	540
SHW	Sherwin-Williams (셔윈 윌리엄스)	원자재	특수 화학 제품	632
SIG	Signet Jewelers Limited (시그넷 쥬얼리 리미티드)	자유소비재	전문점	185
SPG	Simon Property Group Inc (시몬 프로퍼티 그룹)	리츠	소매 리츠	496
SWKS	Skyworks Solutions (스카이웍스 솔루션즈)	정보기술	반도체	356
SLG	SL Green Realty (에스엘 그린 리얼티 코퍼레이션)	리츠	오피스 리츠	481
SNA	Snap-On Inc. (스냅온 인코퍼레이티드)	자유소비재	가전 제품	163
SO	Southern Co. (서던컴퍼니)	유틸리티	전기 유틸리티	525
LUV	Southwest Airlines (사우스웨스트 항공)	산업재	항공	249
SWK	Stanley Black & Decker (스탠리 블랙 앤 데커)	자유소비재	가전 제품	164
SBUX	Starbucks Corp. (스타벅스 코퍼레이션)	자유소비재	레스토랑	179
STT	State Street Corp. (스테이트 스트리트 코퍼레이션)	금융	자산관리, 유가증권 보관	410
SRCL	Stericycle Inc (스테리사이클)	산업재	환경 및 시설 서비스	269
SYK	Stryker Corp. (스트라이커)	헬스케어	건강 관리 장비	574
STI	SunTrust Banks (썬트러스트 뱅크)	금융	지역 은행	467
SYMC	Symantec Corp. (시만텍)	정보기술	응용 소프트웨어	305
SYF	Synchrony Financial (싱크로니 파이낸셜)	금융	소비자 금융	417
SNPS	Synopsys Inc. (시놉시스)	정보기술	응용 소프트웨어	304
SYY	Sysco Corp. (시스코 코퍼레이션)	필수소비재	식품 도매	198
TROW	T. Rowe Price Group (티 로위 프라이스 그룹)	금융	자산관리, 유가증권 보관	411
TGT	Target Corp. (타겟 코퍼레이션)	자유소비재	일반 상품 판매	149
TEL	TE Connectivity Ltd. (티이 커넥티비티)	정보기술	전자 제조 서비스	317
FTI	TechnipFMC (테크닙에프엠씨)	에너지	석유/가스 장비 및 서비스	374
TXN	Texas Instruments (텍사스 인스트루먼트 인코퍼레이티드)	정보기술	반도체	357
TXT	Textron Inc. (텍스트론)	산업재	항공 우주 및 방위	239
BK	The Bank of New York Mellon Corp. (뉴욕 멜론 코퍼레이션 은행)	금융	자산관리, 유가증권 보관	406
CLX	The Clorox Company (클로락스 컴퍼니)	필수소비재	가정용품	202
COO	The Cooper Companies (쿠퍼 컴퍼니스)	헬스케어	건강 관리 용품	585
HSY	The Hershey Company (허쉬)	필수소비재	포장 식품과 고기	210

티커	기업명	섹터(대분류)	섹터(소분류)	페이지
MOS	The Mosaic Company (모자이크)	원자재	화학 비료와 농약	617
TRV	The Travelers Companies Inc. (트래블러스 컴퍼니스)	금융	손해/사고 보험	457
DIS	The Walt Disney Company (월트 디즈니 컴퍼니)	자유소비재	방송(케이블 및 위성)	133
TMO	Thermo Fisher Scientific (서모피셔 사이언티픽)	헬스케어	건강 관리 장비	575
TIF	Tiffany & Co. (티파니 앤 코)	자유소비재	의류, 액세서리, 사치품	122
TWX	Time Warner Inc. (타임 워너)	자유소비재	방송(케이블 및 위성)	137
TJX	TJX Companies Inc. (티제이엑스 컴퍼니)	자유소비재	의류 소매	115
TMK	Torchmark Corp. (토치마크 코퍼레이션)	금융	생명/건강 보험	444
TSS	Total System Services (토탈 시스템 서비스)	정보기술	인터넷 S/W, 서비스	334
TSCO	Tractor Supply Company (트랙터 서플라이 컴퍼니)	자유소비재	전문점	186
TDG	TransDigm Group, Inc.(트랜스딤 그룹 인코퍼레이티드)	산업재	항공 우주 및 방위	238
TRIP	Trip Advisor (트립 어드바이저)	자유소비재	인터넷 및 직접 마케팅 판매	170
FOXA	Twenty-First Century Fox Class A (21세기 폭스)	자유소비재	출판	174
TSN	Tyson Foods (타이슨 푸드)	필수소비재	포장 식품과 고기	216
USB	U.S. Bancorp (유에스밴코프)	금융	종합 금융	422
UDR	UDR Inc (유디알)	리츠	거주 리츠	489
ULTA	Ulta Beauty, Inc (울타 뷰티)	자유소비재	전문점	187
UAA	Under Armour Class A (언더아머)	자유소비재	의류, 액세서리, 사치품	123
UNP	Union Pacific (유니언 퍼시픽 코퍼레이션)	산업재	철도	289
UAL	United Continental Holdings (유나이티드 콘티넨털 홀딩스)	산업재	항공	250
UNH	United Health Group Inc. (유나이티드 헬스 그룹)	헬스케어	헬스 케어 관리	597
UPS	United Parcel Service (유나이티드 파르셀 서비스)	산업재	항공화물 운송과 물류	245
URI	United Rentals, Inc. (유나이티드 렌탈)	산업재	무역 회사와 판매 업체	294
UTX	United Technologies (유나이티드 테크놀러지 코퍼레이션)	산업재	항공 우주 및 방위	240
UHS	Universal Health Services, Inc. (유니버설 헬스 서비스)	헬스케어	건강 관리 시설	580
UNM	Unum Group (우넘 그룹)	금융	생명/건강 보험	445
VFC	V.F. Corp. (브이 에프 코퍼레이션)	자유소비재	의류, 액세서리, 사치품	124
VLO	Valero Energy (발레로)	에너지	석유/가스 정제 및 마케팅	397
VAR	Varian Medical Systems (배리언 메디칼 시스템즈)	헬스케어	건강 관리 장비	576
VTR	Ventas Inc (벤타스)	리츠	헬스케어 리츠	475
VRSN	Verisign Inc. (베리사인)	정보기술	인터넷 S/W, 서비스	336
VRSK	Verisk Analytics (베리스크 애널리틱스)	산업재	연구 및 컨설팅 서비스	293
VZ	Verizon Communications (버라이즌 커뮤니케이션)	통신	종합 통신 서비스	511
VRTX	Vertex Pharmaceuticals Inc (버텍스 파마슈티컬스)	헬스케어	생명 공학	552
VIAB	Viacom Inc. (비아컴)	자유소비재	방송(케이블 및 위성)	138
V	Visa Inc. (비자)	정보기술	인터넷 S/W, 서비스	335
VNO	Vornado Realty Trust (보르나도 리얼티 트러스트)	리츠	오피스 리츠	482
VMC	Vulcan Materials (벌칸 메테리얼)	원자재	건축 자재	610

티커	기업명	섹터(대분류)	섹터(소분류)	페이지
WBA	Walgreens Boots Alliance (월그린 부츠 얼라이언스)	필수소비재	약물 소매	196
WMT	Wal-Mart Stores (월마트 스토어)	필수소비재	대형 마켓	205
WM	Waste Management Inc. (웨이스트 매니지먼트)	산업재	환경 및 시설 서비스	270
WAT	Waters Corporation (워터스 코퍼레이션)	헬스케어	건강제품 판매	559
WEC	Wec Energy Group Inc (더블유이씨 에너지 그룹)	유틸리티	전기 유틸리티	526
WFC	Wells Fargo (웰스파고&컴퍼니)	금융	종합 금융	423
WELL	Welltower Inc. (웰타워)	리츠	헬스케어 리츠	473
WDC	Western Digital (웨스턴 디지털 코퍼레이션)	정보기술	H/W, 저장장치, 주변기기	365
WU	Western Union Co (더 웨스턴 유니온 컴퍼니)	정보기술	인터넷 S/W, 서비스	337
WRK	WestRock Company (웨스트록)	원자재	종이 포장	626
WY	Weyerhaeuser Corp. (와이어호이져 컴퍼니)	리츠	전문 리츠	505
WHR	Whirlpool Corp. (월풀 코퍼레이션)	자유소비재	가전 제품	165
WMB	Williams Cos. (윌리엄스)	에너지	석유/가스 저장 및 수송	400
WLTW	Willis Towers Watson (윌리스 타워스 왓슨)	금융	보험 중개사	433
GWW	WW Grainger, Inc. (더블유더블유 그레인져)	산업재	산업 기계	280
WYN	Wyndham Worldwide Corporation (윈드햄 월드와이드 코퍼레이션)	자유소비재	호텔, 리조트, 크루즈	162
WYNN	Wynn Resorts Ltd (윈 리조트)	자유소비재	카지노	140
XEL	Xcel Energy Inc (엑셀 에너지)	유틸리티	멀티 유틸리티	541
XRX	Xerox Corp. (제록스 코퍼레이션)	정보기술	H/W, 저장장치, 주변기기	366
XLNX	Xilinx Inc (자일링스)	정보기술	반도체	358
XL	XL Group, Ltd (엑스엘 그룹)	금융	손해/사고 보험	458
XYL	Xylem Inc. (자일렘)	산업재	산업 기계	285
YUM	YUM! Brands Inc (얌 브랜드)	자유소비재	레스토랑	180
ZBH	Zimmer Biomet Holdings (지머 바이오멧 홀딩스)	헬스케어	건강 관리 장비	577
ZION	Zions Bancorp (자이언스 뱅코퍼레이션)	금융	지역 은행	468
ZTS	Zoetis (조에티스)	헬스케어	제약	605

미국주식 S&P 500 가이드북

초판 1쇄 펴낸 날 : 2018년 4월 30일
초판 4쇄 펴낸 날 : 2018년 12월 5일

저   자 : 인베스테인먼트(임성준, 윤재홍, 홍승초, 조치연, 서상영)
펴낸이 : 이금석

기획·편집 : 박수진, 박지원
디자인 : 책봄 디자인 스튜디오
마케팅 : 곽순식
물류지원 : 현란

펴낸곳 : 도서출판 무한
등록일 : 1993년 4월 2일
등록번호 : 제3-468호

주 소 : 서울시 마포구 서교동 469-19
전 화 : (02)322-6144
팩 스 : (02)325-6143
홈페이지 : www.muhan-book.co.kr
e-mail : muhan7@muhan-book.co.kr

값 : 32,000원
ISBN : 978-89-5601-369-5 (13320)